7TH EDITION

초국적 경영

TRANSNATIONAL MANAGEMENT

Text, Cases & Readings in Cross-Border Management

7TH EDITION

초국적 경영

TRANSNATIONAL MANAGEMENT

Text, Cases & Readings in Cross-Border Management

박정민 • 이재은 옮김

CHRISTOPHER A. BARTLETT
PAUL W. BEAMISH

McGraw Hill Education

TRANSNATIONAL MANAGEMENT:
Text, Cases, and Readings in Cross-Border Management, Seventh Edition

1 2 3 4 5 6 7 8 9 0 MHE-KOREA 20 15

Original: TRANSNATIONAL MANAGEMENT: Text, Cases, and Readings in Cross-Border Management, Seventh edition
By Christopher A. Bartlett, Paul W. Beamish
ISBN 978-0-07-802939-4

Korean ISBN 979-11-321-0072-0 93320

Printed in Korea

초국적 경영

발 행 일 | 2015년 7월 30일 초판발행
저 자 | Christopher A. Bartlett, Paul W. Beamish
역 자 | 박정민, 이재은
발 행 인 | 신디존스(CINDY JONES)
발 행 처 | 맥그로힐에듀케이션코리아 유한회사
주 소 | 서울시 마포구 동교로 18길 38, 2–3층(서교동, 지우빌딩)
전 화 | (02)325–2351
등 록 번 호 | 제 2013–000122호(2012.12.28.)

ISBN 979–11–321–0072–0

판 매 처 | 경영경문사
문 의 | 02)738–7035
정 가 | 32,000원

저자 소개

크리스토퍼 바틀렛(Christopher Bartlett)은 하버드 경영대학원의 명예교수이다. 그는 호주의 퀸즈랜드 대학교(University of Queensland)에서 경제학으로 학사학위를 받았으며, 하버드 대학교(Harvard University)에서 경영학으로 석사학위와 박사학위를 받았다. 바틀렛 교수는 대학 강단에 서기 전에, 알코아(Alcoa)사의 호주법인에서 마케팅 매니저, 맥킨지 앤 컴퍼니(McKinsey and Company)의 영국 사무소에서 경영컨설턴트, 박스터 레이버토리(Baxter Laboratories)의 프랑스 자회사에서 국가담당 총괄 매니저를 역임하였다.

그는 1979년에 하버드 경영대학의 교수진으로 합류하였으며, 그 후 30년이 넘는 기간 동안 자신의 연구, 강의, 컨설팅의 관심사를 주로 전략적인 그리고 조직적인 도전에 직면하는 다국적기업의 관리자들과 혁신적 변화를 관리하는 프로세스에 집중시켰다.

또한 하버드경영대학에 재직하는 동안 바틀렛 교수는 국제 고위 경영자 프로그램의 의장(chair of the International Senior Management Program), 일반관리자부서의 지역책임자(area head of the General Management Unit), 글로벌 리더십 프로그램의 교수 의장(faculty chairman of the Program for Global Leadership), 인도주의 리더십 프로그램의 의장(chair of the Humanitarian Leadership Program) 등을 역임하였다.

바틀렛 교수는 파이낸셜 타임즈에 의해 세계에서 가장 영향력 있는 50권의 경영서 중 하나로 선정된 「Managing Across Borders: The Transnational Solution」(Sumantra Ghoshal과 공저)을 포함하여 9권의 저서를 단독 또는 공동으로 출판하였다. 고샬(Ghoshal)과 함께 출판한 또 다른 주요 저서인 「The Individualized Corporation」은 전략경영 분야에서 최고, 최신의 연구업적을 기리는 이고르 앤소프 상(Igor Ansoff Award)을 수상하였으며, 'Strategy+Business magazine'에 의해 세기의 경영서 중 한 권으로 선정되었다. 이 두 권의 책은 10개 이상의 외국어로 번역되었다.

그의 논문들은 Harvard Business Review, Sloan Management Review, Strategic Management Journal, Academy of Management Review, Journal of International Business Studies와 같은 저널들에 게재되었다. 또한, 그는 100편 이상의 케이스 스터디와 티칭노트를 연구하고 작성하였으며, 이러한 연구 성과들은 400만부 이상이 팔려, 하버드 대학교 최고의 베스트셀러 저자의 대열에 올랐다.

바틀렛 교수는 그의 동료들에 의해 Academy of Management, Academy of International Business, Strategic Management Society, World Economic Forum의 펠로우(Fellow)로 선출되었다.

폴 비미시(Paul Beamish)는 웨스턴 대학교 아이비 경영대학 국제경영학 전공의 도날드 트릭스 캐나다 연구 의장(the Donald Triggs Canada Research Chair in International Business at the Ivey Business School, Western University)이다.

그는 상당히 많은 저서, 논문, 북 챕터, 학습 케이스를 단독 또는 공동저술 하였다. 그의 논문들은 Academy of Management Review, Academy of Management Journal, Strategic Management Journal, Journal of International Business Studies (JIBS), Organization Science 등 다양한 저널들에 출판되었다.

그는 Academy of Management와 Academy of International Business(AIB)로부터 최고 연구상을 수상하였다. 2008년에는 International Business Review로부터 지난 10년 간 세계에서 두 번째로 생산적인 국제경영학 분야의 학자로 인정받기도 하였다.

그는 1987년 아이비(Ivey)의 교수로 합류하기 전까지 P&G(Procter & Gamble) 캐나다 법인과 윌프리드 로리에 대학교(Wilfrid Laurier University)에서 근무하였으며, 1993년부터 1997년까지 JIBS의 편집장을 역임하였다.

비미시교수는 다양한 국제합작투자와 제휴를 포함한 27개의 박사학위 논문을 지도하였으며, 공공부문과 민간부문 모두에서 컨설팅과 경영자훈련, 합작투자 촉진활동 등을 활발하게 수행하였다.

아이비(Ivey)에 재직하는 동안 비미시교수는 홍콩 캠퍼스에서 제안한 최고위 MBA 및 국제경영 석사프로그램을 포함한 다양한 학술 프로그램에서 강의를 하였다. 2012년에는 Academy of Management 으로부터 국제경영 우수 교육자상(International Management Outstanding Educator Award)을 수상하기도 하였다. 1999년부터 2004년까지 연구부학장(associate dean of research)을 역임하였다.

그는 현재 Ivey's Asian Management Institute (AMI), cross-enterprise center, Engaging Emerging Markets 등에서 출판되는 4,600개 이상의 케이스를 유통시키는 아이비 출판사(Ivey Publishing)의 책임자로 근무하고 있다. 그는 Academy of International Business, Royal Society of Canada, Asia Pacific Foundation of Canada의 펠로우(Fellow)이다.

저자 서문

이 책은 국제경영 및 다국적 경영에 관한 학문 분야에서 최고의 연구는 해당 분야의 문제들, 활동, 인식 및 모범 사례들을 단순히 파악하는 수준을 넘어섰다는 저자들의 강한 신념으로 집필되었습니다. 이 책은 또한 이런 연구 결과들을 일선의 경영자와 경영학 전공 학생들을 위한 실용적이고 중요한 교훈들에 대입시키고자 노력하였습니다. 그러한 철학과 사명의식이 이 책의 핵심입니다.

그래서 새로운 제7판을 준비하면서 우리는 지금까지 다루어왔던 체계, 개념 및 실용적인 예들을 바탕으로 오늘날 글로벌 비즈니스 환경에서 일하는 실무자들에게 시사적이고, 실제적이며, 중요한 시사점들을 제공할 수 있도록 최선을 다했습니다. 우리는 이것들이 사례 연구들에 기술되고, 읽을거리들로 설명되고 있으며, '초국적 경영의 긴 여정'이라는 이 강의의 체계를 제공하는 개념적인 장들에 포함된 사안들이라고 생각합니다.

'초국적 경영' 초판이 나온 지 22년이 지난 지금, 다국적 경영의 분야에서는 새로운 외적 요구들이 생겨나고, 새로운 전략적 반응이 전개되었으며, 새로운 조직적 역량들이 진화하고, 새로운 경영 능력이 필수가 되어가는 식으로 아주 많은 변화들이 일고 있습니다. 그러나 나이 든 세계적인 전문가들은 이런 차이들은 대체로 피상적이라고 주장할 것입니다. 그들은 불가피하고 끝없는 조정 외에도 다음과 같은 세계적 경영의 기본적인 도전들은 항상 그래왔듯이 여전히 많다는 꽤 설득력 있는 주장을 하고 있습니다. 그런 도전들로는 현지국의 환경을 이해할 것, 초문화적 차이들에 민감할 것, 세계를 통합된 전략적 실체로 볼 것, 거리, 언어, 시간, 문화라는 장벽들로 인한 복잡한 문제들을 극복하고 운영해야 할 것 등이 있습니다.

여러 면에서 볼 때 두 관점들이 모두 옳으며, 이 책의 각 개정판을 통해 우리는 그런 사실을 다시금 상기하게 됩니다. 한편으로 우리는 국제경영 분야의 활력을 반영하는 새로운 자료를 원하고, 최신의 발전을 따라가려고 애쓰는 교수들로부터 열정적인 조언을 얻었습니다. 동시에 우리는 인기 있는 고전적 사례들 및 글들에서 가장 흔히 다뤄지는 시대를 막론한 국제경영 사안들을 가르치는 것의 중요성을 인정한 이들의 의견도 들었습니다.

우리는 이 책의 독자들로부터 계속 얻어온 의견을 토대로 하면서 다음과 같이 균형을 맞추려고 노력해왔습니다. 각 장의 내용을 갱신시키는 동시에 그것들의 지적 진정성을 유지하는 것, 기존의 고전적 사례들도 제공하면서 최신의 지식이 반영된 새로운 사례들을 추가시키는 것, 그리고 새로운 추세에 적합한 강의를 위해 최신의 사안들이 들어간 새로운 사례 자료들을 추가하는 동시에 학생들에게 도전과제를 준다고 밝혀진 시대를 막론한 고전적 사례들을 계속 제시하는 것입니다. 그 결과로 이전의 판들에서와 같이 모든 장의 내용들이 갱신되었으며, 사례나 내용의 절반은 이전과 같으며, 나머지 절반이 이번 제7판에 추가로 포함되었습니다.

역자 약력

박정민 교수(경영학박사, 국제경영)

울산대학교 경영학부 교수

- 학력

연세대학교 경영학과 졸업(경영학사)
미국 University of Washington, Seattle(경영학석사)
연세대학교 일반대학원 경영학과 졸업(경영학박사)

- 주요경력

삼성전자 과장(전)
한국인터넷진흥원 선임연구원(전)
대한경영학회 이사
한국경영사학회 이사

- 수상경력

우수 논문상(한국국제경영학회, 2010.11.)

- 주요저서 및 논문

국제경영연구, 동서연구, 무역학회지, 기업가정신과 벤처연구(구 벤처경영연구), 경영연구, 벤처창업연구, 국제지역연구 등에 다수의 논문을 게재하였다.

이재은 교수(경영학박사, 국제경영)

국립 순천대학교 무역학과 교수

- 학력

강남대학교 경영학과 졸업(경영학사)
연세대학교 일반대학원 경영학과 졸업(경영학석사, 경영학박사)

- 주요경력

한국국제상학회 이사, 대한경영학회 이사, 한국경영사학회 이사,
한국산업경영학회 이사, 한국전문경영인학회 이사, 한국해운물류학회 이사,
한국국제상학회 사무국장, 한국전문경영인학회 편집위원,
순천대학교 산학협력선도대학육성사업단 창업교육센터장,
순천대학교 창업지원단 스타트업PLUS센터장

- 수상경력

학업우수상(강남대학교 총장, 2003.02.)
우수 박사학위 논문상(한국국제경영학회, 2010.11.)
우수강의상(순천대학교 총장, 2014.02.)
장관표창(산업통상자원부 장관, 2014.09.)
우수논문상(연세대학교 경영연구소, 2014.11.)
우수심사자상(연세대학교 경영연구소, 2014.11.)

- 주요저서 및 논문

저서로는 『현대 무역개론』(2014), 『내 안의 리더십』(2009) 등이 있고, Chinese Business Review, 경영학연구, 국제경영연구, 국제경영리뷰, 무역학회지, 중소기업연구, 기업가정신과 벤처연구(구 벤처경영연구), 대한경영학회지, 경영연구, 벤처창업연구, 국제지역연구, 연세경영연구, 해운물류연구 등에 다수의 논문을 게재하였다.

역자 서문

"초국적 경영(Transnational Management)"은 1992년에 처음 출간된 이후 지금까지 7번이나 개정이 이루어졌다. 이 책은 글로벌 조직 내의 긴밀한 연계 및 지식과 노하우의 효율적 이동을 강조함으로써 10여 년 동안 기업이 나아가야 할 지표를 효과적으로 제시했으며, 또한 새로운 조직 모델을 창출해주고 있다.

"초국적 경영"이 처음 출간되었던 1992년에는 글로벌화에 대한 이해가 아직 걸음마 단계에 불과했다. 이 시기까지의 국제경영 모델은 단순히 국내에서의 기존 사업방식을 그대로 해외시장으로 이전하는 것에 주안점을 두고 있었으며 심지어 식민지화가 국제경영의 본질이었던 시대도 있었다. 뿐만 아니라 일부의 기업들은 글로벌화가 단순히 규모의 경제를 창출하기 위한 수단일 뿐이라고 생각하기도 했다. 그 결과 지역적 특수성은 무시하고 세계적 규격화만을 강조하는 결과가 초래되기도 하였다. 글로벌화의 가치와 지역의 가치는 상호 배타적인 특성이 있다. 기업들은 각 현지 자회사에 상당한 재량권을 주거나, 아니면 지역의 현실을 무시한 채 전제군주처럼 규정을 마련하고 이를 강제했다. 지금도 여전히 전제적인 기업이 있지만, 그동안 상당한 변화가 이루어졌다. 이제 지역의 특수성을 고려하면서 동시에 글로벌화를 추진하는 것이 화두가 되었다. 기업들은 차츰 글로벌화가 진정 어떠한 모습이 되어야 하는지의 문제에 눈을 돌리기 시작하였다. 이들은 세계 곳곳에 퍼져 있는 자사 조직들이 혁신을 이루고 축적된 지식을 널리 공유하도록 해야 하는 어려운 숙제를 안고 있다. 그런데 "초국적 경영"을 읽은 경영자라면 이런 당면한 문제들을 훨씬 더 수월하게 해결해 나아갈 수 있을 것이다.

"초국적 경영"은 근래에 나온 경영서로는 보기 드물게 이미 고전으로 평가받고 있다. "초국적 경영"은 글로벌화의 경제 현실을 치밀하게 그려내고 있으며, 국경이 사라진 환경에서 기업이 어떤 모습을 갖추어야 하는지에 대해서도 상세하게 제시하고 있다. 고전으로 평가받는 이 책은 많은 다국적 기업들이 세계 경제에서 성공하는데 필요한 유형의 기업이 될 수 있도록 도움을 줄 것이다. 모쪼록 본 역서가 국제경영 분야를 공부하는 국내의 학부생, 석사 및 박사과정생뿐만 아니라 국제경영활동을 수행하고 있는 많은 일선의 기업경영자들에게 실질적인 도움이 될 수 있기를 기대한다.

본 역서가 나올 수 있도록 많은 도움을 주시고 수고해주신 한국맥그로힐 에듀케이션(Mcgraw-Hil Education Korea) 직원분들께 깊은 감사의 마음을 전한다. 마지막으로 이

책을 번역하느라 역자들이 연구실에서 밤늦게까지 작업을 하는 동안 가정에서 이를 잘 이해하고 격려해준 가족들에게 깊은 사랑을 전한다.

2015년 7월
역자 일동

감사의 말

초국적 경영은 이 책을 채택한 전 세계의 수많은 기관의 동료들이 아낌없이 제공해준 의견, 제안, 통찰력으로부터 많은 도움을 받았습니다. 특히 페이지 xiv에 나열된 멤버들로 구성된 편집자문위원회의 도움에 깊이 감사드립니다. 이들은 6판이 지닌 세세한 문제점들을 저자들에게 제공하기 위한 상당한 노력을 다했으며, 이를 바탕으로 저자들은 7판에 포함할 내용들과 변경해야 할 것들을 결정하는데 도움을 받을 수 있었습니다.

또한, 7판에 새로운 소재에 기여한 연구자들과 동료들에게 매우 깊은 감사의 말씀을 전합니다. 우리가 보유한 강의자료 뿐만 아니라 새로운 사례연구들을 Megan (Min) Zhang, Jean-Louis Schaan, Chandrasekhar Ramasastry, Francesca Spigarelli, Ilan Alon, William Wei, Carole Carlson, Michael Roberts, Laura Winig, Heather Beckham, Derek Lehmberg, Arar Han, Benjamin H. Barlow, Tsedal Neeley, Thomas J. DeLong, Aloysius Newenham-Kahindi 등 많은 분들이 제공해주셨습니다. 뿐만 아니라, Daniel J. Isenberg, Ian Bremmer, David Court, Laxman Narasimhan, Matthew J. Eyring, Mark W. Johnson, Hari Nair, Nirmalya Kumar, Phanish Puranam, Toby Gibbs, Suzanne Heywood, Leigh Weiss, Jeffrey R. Immelt, Vijay Govindarajan, Chris Trimble, Morten T. Hansen, Nitin Nohria, Ulrich Wassmer, Pierre Dussauge, Marcel Planellas, Rick Lash, Lynn S. Paine, Rohit Deshpandé, Joshua D. Margolis 등 많은 분들이 7판을 위하여 처음으로 중요한 최근의 연구를 바탕으로 한 읽을거리들을 제공해주셨습니다.

우리는 또한 미국과 캐나다 그리고 호주 사이에서 이메일, 전화, 원고 및 다른 서류들의 원활한 흐름을 조정하기 위해 여러 달에 걸쳐 성실히 작업에 임해준 각 기관 직원들의 노고에 깊이 감사를 드립니다. 여기에는 아이비(Ivey)에서 박사과정 중에 있는 Bassam Farah, Majid Eghbali-Zarch, Michael Sartor, Vanessa Hasse, Megan Zhang 등도 포함됩니다. 특히 길고 험난한 교정과정에서 성심성의껏 우리를 도와준 Mary Roberts에게 정말 깊은 감사를 표하고 싶습니다.

긴 출판과정 내내 인내와 관용으로 우리의 편집을 도와준 맥그로힐 에듀케이션(McGraw-Hill Education)의 Anke Weekes와 Heather Darr에게도 깊은 감사를 드리며, 향후에도 우리의 생산적인 작업관계가 지속될 수 있기를 기대해봅니다.

마지막으로, 이 책의 초판 공동저자였던 우리의 좋은 친구이자 동료인 고 Sumantra Ghoshal의 지속적인 공헌에도 감사를 드립니다. Sumantra는 국제경영분야에서 지속적인 업적을 남겼으며, 그의 지혜와 혜안은 여전히 이 책에서 빛을 발하고 있습니다. 하지만 그의 탁월함보다도 우리는 유쾌하고 에너지 넘쳤던 그의 모습이 그립습니다.

그러나 모든 기여자들의 최선의 노력에도 불구하고, 이 책이 지닌 단점들은 전적으로 저자들의 책임이며 몫입니다. 우리의 유일한 바람은 독자들이 이 책에서 찾게 될 가치와 지속적으로 변화하는 초국적 경영의 분야에서 발생되는 흥미로운 도전에 의해 그러한 단점들이 보완되는 것입니다.

편집자문위원회

차례

서론:

그래서 초국적 경영이란 무엇인가?

오늘날 국제 비즈니스 환경에서 운영하는 경영자들은 국제경영을 하는데 매우 흥미로운 시기라고 말한다. 빠르게 변하는 글로벌 발전은 예외적으로 복잡해 보이는 큰 도전들을 창출했지만, 동시에 무궁무진한 새로운 기회들을 열었다.

전 세계적으로 경영자들은 다음과 같은 질문들을 한다. 우리는 유로존에서의 계속되는 경제적 위기에서 우리의 노출을 막으려면 무엇을 할 수 있을까? 어떻게 우리는 아시아 시장에서 두드러지는 성장을 이용할 수 있을까? 어떻게 우리는 개발도상국들의 새로운 경쟁자들의 위협을 막을 수 있을까? 우리는 새로운 글로벌 트렌드를 추적하고 활용하기 위해 방대한 데이터를 이용할 수 있을까? 우리는 국제경영 연결들과 조직적 프로세스들을 활용하기 위해 빠르게 성장하는 소셜 네트워크를 이용해야 할까?

이들은 우리가 이 책에서 직면하게 될 문제들이다. 그러나 이러한 풍부하고 매력적인 논의에 앞서, 아마도 우리는 발견의 여행을 탐험할 넓은 영역을 재검토해야 한다. 이 책의 제목과 함께 시작한다면 좋은 출발이 될 것이다. 정확히 초국적 경영은 무엇을 의미하는가?

초국적(Transnational): 그것은 무엇을 의미하나?

이 책의 첫 표지에 있는 첫 단어는 몇몇 사람들에게는 익숙하지 않을지도 모른다. "다국적", "국제적", 그리고 "글로벌"라는 용어들은 광범위하게 일반적으로 사용되는 반면에, 이 책 제목의 "초국적"이라는 생소한 표현을 사용한 이유는 여러분들에게 명확하지 않을 수 있다.

좋은 질문이다. 그리고 우리는 이 질문에 1장의 맨 끝에서 답을 할 것이라고 약속한다. 1장의 끝에서는, 이러한 네 개의 용어를 구체적으로 사용하는 것이 여러분들에게 명확해 질 것이다. 게다가, "다국적", "국제적", "글로벌", "초국적" 간의 우리의 구분이 전략, 조직, 관리의 측면에서 살펴볼 강력한 주제가 될 것이다.

그러나 대부분의 내용은 나중에 다루어질 것이다. 서문의 목적상, 초국적이라는 용어를 국경을 가로질러 확장하는 기업에게 직면한 관리 도전에 집중하도록 하자. 사실 책에서 나타내고 있는 개념은 "국경을 가로지르는 경영: 초국적 해결책(Managing Across

Borders: The Transnational Solution)"라는 책으로 출간된 광범위한 연구에 근거하고 있다. 후속 연구로 보완된 5년 동안의 다국적기업에 대한 연구 프로젝트는 우리의 의제(agenda)의 틀을 만들어준다.

그렇다면 국가간 경영에 있어서 무엇이 다른가? 다국적기업의 경영자에게 직면한 도전들은 순수 국내 조직을 가진 기업에게 직면한 도전들과 어떤 식으로 다른가? 여러 차이들이 있지만, 이 책을 통해 6가지 가장 중요한 것을 확인해보자.

- 가장 분명한 차이점은 정의상, 다국적기업(MNE)은 다양한 국가에서 운영하는 데로부터 기인하는데 이러한 차이점은 많은 전략적, 조직적, 관리적 시사점들을 갖고 있다. 국내 기업들이 현지 및 국가 정부를 고려해야 하지만, 국가 내에서와 국가간 차이점을 구분 짓는 것은 국가 주권의 강력한 힘이다. 현지 또는 지역과 달리, 국가는 일반적으로 궁극적인 규정을 결정하는 권한을 대표한다. 결과적으로 MNE는 추가적이고 독특한 위험 요소에 직면한다: 국내기업은 단순히 당연시 할 수 있는 사유 재산, 자유기업체제, 인권, 사회적 책임 등을 포함한 현지국의 이슈들에 대해서 다른 법률적 요구, 법적 체계, 정치적 철학 등을 가진 국가들에서 운영할 정치적인 위험이 있다.
- 또한 국경을 가로지르는 경영은 많은 범위의 사회적, 문화적 차이를 다루어야 한다. 다시 말해 국내 기업들은 약간의 지역적 문화적 차이를 경험하지만 국제적 운영에서의 이해관계들은 더욱 높다. MNE는 관리가 사회에 배태되어 있고 현지 언어로 의사소통을 할 수 있을 뿐만 아니라 현지의 문화적 규범, 관행, 선호, 가치에 대해 민감하고 대응적이지 않다면 허우적거릴 것이다.
- 해외에서 운영함으로써 MNE는 이해하고 적응해야할 광범위한 경제시스템과 조건들에 노출된다. 차이들은 매우 자유로운 자유기업체제부터 매우 규제적인 사회주의 경제에 이르기까지의 정치적 시스템에 의해 발생할 수 있다; 차이들은 OECD 선진국들로부터 매우 가난한 후진국에 이르기까지의 다양한 경제발전 단계를 반영할 수 있다; 또한, 기술 표준에서의 미묘한 차이로부터 기본적인 의사소통 서비스에 이르기까지의 국가 기반에서의 차이점들에 의해 촉진되거나 제한될 수 있다. 기본적인 표준 또는 지원 시스템에서의 차이는 MNE의 전략과 운영에 있어 상당한 수정을 요구한다.
- 국제경영이 국내경영과 나뉠 수 있는 또 다른 주요한 점은 경쟁전략에서의 차이와 연관된다. 순수 국내기업은 단일 시장의 범위 내에서 경쟁적 도전에 대응할 수 있다; MNE는 훨씬 더 복잡한 경쟁게임을 할 수 있고, 종종 해야 한다. 국제적 규모의 효율

성 또는 국제 소싱은 경쟁적 지위를 달성하는데 필수적일 수 있고, 복잡한 국제 물류의 조정의 필요성을 암시한다. 게다가 글로벌 체스판에서, 효과적인 경쟁전략은 한 국가에서의 경쟁적 도전이 다른 국가(아마도 경쟁자의 국내 시장)에서의 대응을 필요로 하는 것을 요구할 수 있다. 이것들은 순수 국내 기업이 직면하지 않는 옵션과 복잡성이다.

- 척도 면에서, 순수 국내 기업은 하나의 비교 가능한 단위(현지 통화)로 성과를 측정할 수 있다. 하지만 통화 가치는 상대적으로 변동하기 때문에 MNE는 유연하고 때때로 왜곡된 측정 잣대로 결과를 측정하는 것이 요구된다. 또한 그 결과는 명목 및 실질 환율의 변화와 관련된 경제적인 위험에 노출된다.
- 마지막으로 순수 국내 기업은 제품과 기능의 다양성을 반영한 조직구조 및 관리시스템을 통해 활동을 관리한다; MNE 조직은 자사의 제품, 기능, 지리적 다양성에 대한 관리 통제를 제공해야 하기 때문에 본질적으로 더 복잡하다. 그리고 이러한 세 가지 방향의 장력의 해결은 경영자들이 거리 및 시간의 장벽에 의해 나누어지고 언어 및 문화의 차이에 의해 방해되어지는 조직에서 달성되어져야 한다.

경영(Management): 이것이 집중하는 이유는?

이 책의 제목에서의 "초국적(Transnational)"은 단순히 "경영(Management)"에 대한 자격요건이면서, 최종 분석에서는 이것은 이 책이 정말로 의도하고자 하는 바이다. 여러 방식으로 이 책을 전공 분야에서의 많은 다른 책들과 구별하는데 집중했다. 그러한 이유 때문에 왜인지를 이해하는 데 시간을 내어보자.

국제 경영에 대한 진지한 연구는 상대적으로 최근의 현상이다. 수십 년 동안, 국제 경영 연구는 MNE가 운영해야 하는 상황에 맞는 글로벌 환경의 압력, 국제적 시스템 및 구조, 본국 및 현지국 정부와 같은 강력한 제도에 주로 집중했다. 이러한 연구들에서 기업보다는 차라리 국가와 산업이 분석의 기본 단위였고, (학술 연구뿐만 아니라) 대부분의 국제 정책의 관심사는 무역 흐름과 해외직접투자 패턴과 같은 주요 지표들의 거시적 분석에 초점을 맞추었다.

1960년대와 1970년대 동안 세계 경제의 압력과 국제 제도의 이러한 관심은 급속하게 확장하는 국제 경제의 기본 원동력으로서의 MNE에 대해 동일하게 초점을 맞춤으로써 부응하기 시작했다. 10년 후 그러한 기업들을 운영 과제가 더욱 복잡해짐에 따라, 관심은 다시 MNE의 역할, 책임, 관계를 이해하는 것을 포함하면서 확장됐다.

그래서 지금껏 실무자와 연구자 모두에게 주로 무시되었던 경영의 전공분야가 열렸다. 정말로 1970년대까지 많은 기업들은 늙거나 덜 유능한 경영자들을 해외 운영에 파견하였고 그들에게 단순하게 가장 성공적인 국내 제품, 전략, 관행을 가지고 해외에 이전시키도록 지시했다. 하지만 20세기 마지막 수십 년 동안 새로운 해외시장이 열리고, 글로벌 경쟁이 심화되고, 전 세계적인 운영이 더 복잡해짐에 따라, 이러한 접근 방식은 실패할 운명임이 분명했다. 가장 유능한 경영자만이 현대적인 MNE를 운영할 수 있을 것이다.

이 책은 21세기 첫 몇 십 년에도 지속되고 있는 국제경영에서의 폭발적인 혁신으로부터 나온 교훈을 기반으로 만들어진다. 그래서 우리는 거시적인 글로벌 환경의 변화와, 특히 MNE에 영향을 미치는 압력들을 반영하는 동시에, 우리는 경영학적 해석을 적용하여, 경영진의 눈을 통해 이러한 빠르게 변화하는 글로벌 압력들을 바라볼 것이다.

이 책의 구성 및 교육의 틀을 제공하는 것은 이러한 경영진의 관점이다. 그러나 (R&D, 생산, 마케팅 등) 기업의 전통적인 기능들로 구성된 국제경영에서의 많은 다른 과목들과 달리 우리는 이러한 개념적인 접근을 거부했다. 우리의 경험에 따르면 오늘날 비즈니스 리더들에게 직면한 가장 중요한 문제들은 거의 깔끔하게 정의되고 밀봉된 묶음들로 포장되어져 있지 않다.

거의 모든 현실 세계의 문제들은 기능적 경계를 벗어나 경영자들에게 더 광범위하고 체계적인 관점에서 문제들을 이해할 것을 요구한다. 더욱이 그러한 문제들은 전통적인 기능적 사일로(silo)에서 일하는 직원들을 나눈다기보다는 함께 할 수 있는 통합적인 해결책을 요구한다. 그러한 이유로 이 책을 관통하는 우리의 지배적인 관점은 (기업의 최고경영자, 글로벌 사업 부사장, 국가별 자회사 경영자, 또는 최전선 국가 생산 경영자이든지 간에) 일반 경영자의 관점일 것이다.

하지만 초국적 일반 경영자의 관점을 적용함으로써 우리는 회사 안팎의 다른 핵심인물들의 중요하고 타당한 관점, 흥미, 영향 등을 간과하지 않는다. 그러나 우리는 MNE의 일반 경영자의 관점으로부터 이러한 다른 핵심인물들의 영향을 보고, 그들이 일반 경영자가 내리는 전략적, 조직적, 운영적 결정을 형성하고 영향을 주는 방법을 이해하는데 초점을 맞춘다.

본문(Text), 사례(Cases), 읽을거리(Readings): 우리는 어떻게 배울 것인가?

초국적 경영(Transnational Management)이라는 제목은 책의 연구와 내용의 분야를 서술한다면 국경을 가로지르는 경영의 내용, 사례, 읽을거리(Text, Cases, and Readings in

Cross-Border Management)라는 부제는 적용되는 교육 철학과 자료들에 대한 단서들을 제공한다. 이 책은 여러분이 사용했던 몇몇 다른 책들과는 구조와 형태에서 다를 수도 있기 때문에, 아마도 우리가 따랐던 이러한 표지와 교수법 철학 사이에서 여러분들이 찾을 이러한 강의 자료들을 묘사하는데 약간의 시간을 드릴 가치는 있다.

이전 단락에서 제안했듯이, 21세기 MNE에서의 일반 경영자들의 책임은 경영자가 맡고 있는 가장 복잡한 과제를 나타낸다. 그래서 그러한 역할을 위해 준비한 과정의 창출은 몇몇 창의성을 요구한다. 예를 들어 도전들이 몇몇 글로벌 전략 방안들, 표준화된 국제 조직도, 또는 성공하기 위해 국가관리자가 수행해야할 가장 중요한 6가지 것들의 단순한 체크리스트로 줄일 수 없는 것은 당연하다.

그러나 모든 것들이 너무 복잡해서 구체화할 수 없다고 제안하는 것은 도움이 되지 않는다.

각각의 장(chapter) 안에서 우리는 문제들의 몇몇 일반화와 개념화를 허용하는 몇몇 광범위한 개념, 프레임워크, 원칙을 제공하는 중간적 방법을 추구할 것이다. 하지만 우리는 또한 현실적이고 유연한 실무 기반의 결정 지향적인 접근에서 아이디어들을 적용, 조정, 강화, 배태하는 "시운전(test drive)"을 위한 모델을 학생들에게 채택하게 하는 것을 허용하는 자료들을 제공할 것이다.

구조

이 책은 8개의 통합적인 본문의 장들로 나누어지며, 3개의 파트로 구성되어 있다. 각각의 장은 선행하는 장들을 기반으로 한 주제를 나타낸다. 기본적인 윤곽은 다음 그림에서 보여준다.

Part I은 3개의 장으로 구성되어 있고, 신흥 MNE에게 직면한 전략적인 중요성들에 대해 초점을 맞춘다.

- 1장에서 우리는 MNE를 해외로 확장하게 하는 내부적인 전략적 동기에 대해 알아볼 것이다.
- 2장은 해외로 확장함에 따라 MNE의 전략을 형성하는 복잡하고 때로는 충돌하는 외부 환경적 압력들을 이해하는데 도움을 준다.
- 3장은 MNE가 그들의 내부적 동기들과 외부적 압력들간의 긴장감을 어떻게 해결하는지와 경쟁우위에 기초한 전략을 어떻게 개발하는지에 대해 설명한다.

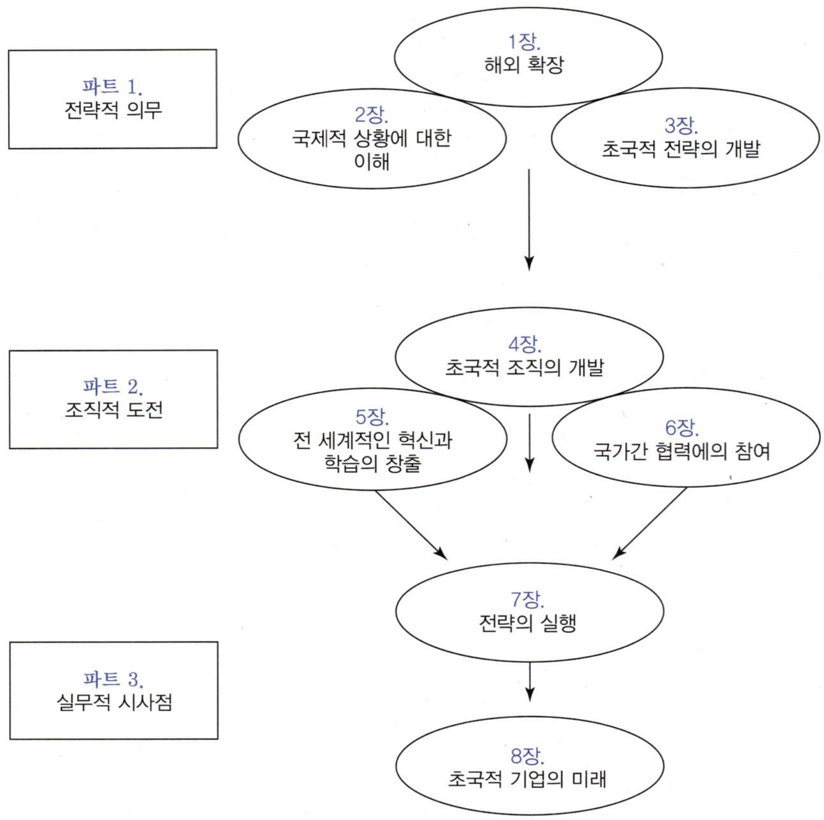

Part II는 3개의 장으로 구성되어 있고, 전략적 중요성으로부터 나오는 조직적인 도전들에 대해 조사한다.

- 4장은 다차원의 초국적 전략에 의해 요구되는 다층의 전략적 역량들을 전달할 수 있는 조직을 만드는 과제를 조사한다.
- 5장은 전 세계적 플랫폼에서 혁신을 개발하고 확산시키는 능력을 개발하는 중요한 전략적인 과제에 초점을 맞춘다.
- 6장에서 우리는 기업의 경계를 가로지르는 협력을 관리하는 증가하는 조직적인 도전들에 대해 알아본다.

Part III는 2개의 장으로 구성되어 있으며, 우리가 확인했던 전략적인 중요성과 조직적인 도전들의 실무적 시사점에 초점을 맞춘다.

- 7장은 우리에게 MNE 전략을 실행하는 데 필요로 하는 경영자의 역할과 책임에 대해서 알아보는 것을 허용해준다.
- 8장은 오늘날의 글로벌 정치 경제에서의 초국적 조직과 경영자의 진화하는 역할과 책임에 대해 논한다.

학습 자료

이러한 큰 주제를 통해 우리에게 도움을 주기 위해서 책은 3개의 주요 학습 자원들로 이루어져있다: 위에서 언급된 8개의 장, 해당 장의 주제와 관련된 16개의 사례, 18개의 보충 읽을거리 등이 있다. 이러한 요소들이 전반적인 학습에 어떻게 기여하는지를 간략하게 설명해보자.

주로 Harvard Business Review와 McKinsey Quarterly와 같은 실용적인 저널로부터 얻은 보충 읽을거리들은 본문 장에서 나타낸 내용에 보충적인 관점들을 제공하고자 선별되었다. 몇몇 읽을거리들은 시대를 걸쳐 지속된 지혜를 가진 고전적인 논문들인 반면, 다른 읽을거리들은 동시대적이고 언급된 주제에 대한 최신의 생각을 반영한다. 모든 예에서, 그것들의 목적은 우리가 발견의 여행에서 전진할수록 창출되는 정신적 지도들을 확장시키고 풍부하게 하는 것이다.

그러나 우리가 강조했듯이 현대 MNE에게 직면한 도전들은 아마도 경영자가 운영하고 있는 가장 복잡한 환경을 대표하기 때문에 어떠한 양의 개념, 모델, 이론, 프레임워크들도 과제를 정확히 담아낼 수 없다. 학생들을 이러한 복잡성에 들어가게 하는 강력한 방법은 복잡성이 풀리도록 하고 의사결정을 이루어지도록 하는 현실 사례들을 이용하는 것이라고 우리는 믿는다. 이 책의 사례의 대부분은 독자들에게 거시적인 사업 및 기업 상황에 대한 데이터뿐만 아니라, 핵심 주체들과 그들이 상황에 가져다주는 것들(그들의 개인적 동기, 강점과 약점, 역할과 책임)에 대한 자세한 정보도 제공한다. 많은 경우에 비디오와 후속 사례들은 더 깊은 통찰력을 이끈다.

비록 몇몇의 사례들은 꾸며졌지만 그들 모두는 현실적이고, 거의 모두가 자세한 현장 연구를 기반으로 준비되었다. 대다수의 사례들이 현재의 베스트 프랙티스(best practice)를 기록하거나 동시대의 도전들에 직면한 경영자들을 보여주는 동시에, 우리는 또한 국제경영에서의 지속적인 문제들을 보여주는 끊임없이 유명한 소수의 고전적인 사례들도 포함하였다.

강의실에서 사례들의 사용에 익숙하지 않은 사람들을 위하여, 이러한 자료들의 목적이 경영자가 일 년에 한번, 십 년에 한번, 심지어 평생 경력에 한번 마주할지 모르는 중요한 도전들을 여러분에게 제공하는 것이라는 것을 강조할 가치가 있다.

그러한 사례들은 (정보를 자세히 살펴보고, 상황을 분석하고, 옵션들을 평가하고, 행동을 결정하고, 필수적인 변화에 요구되는 실행 단계에 대해 충분히 생각하고, 여러분의 접근의 지혜를 동료들에게 확신시키는 등) 사례의 주인공과 똑같은 과정을 경험할 기회를 제공한다. 이러한 과정을 수십 번 반복하는 것은 추상적인 개념과 일반적인 이론들을 현실의 현장 실천으로 옮기는 능력을 상당히 향상시킬 수 있다.

시작하면서

그러나 개요, 배경, 분석은 충분히 했다. 이제 매력적이고 흥미로운 새로운 '초국적 경영(Transnational management)'의 세계로 출발할 시간이다. 그래서 거리, 언어, 문화의 장벽들을 가로지르는 조직의 전략과 운영에 대한 책임을 가진 사람들의 도전들과 기회들을 탐험할 우리의 여행을 시작하자. 대단한 여행이 될 것이다.

Chapter 1

해외 확장: 동기, 수단, 사고방식

이 장에서 우리는 기업들이 그들 자국에서 밖으로 활동을 위한 도약 전에 해결해야 할 많은 중요한 질문들에 직면한다. 어떤 시장 기회, 소싱(sourcing)의 이점 또는 전략적 중요성들이 그들의 국제적 확장을 위한 동기를 제공하는가? 기업들은 어떤 수단으로 그들의 해외확장을 할 것인가? (예를 들어 수출, 라이센싱, 합작투자, 완전소유자회사 혹은 어떤 다른 수단들). 그리고 해외사업에 적용 가능한 경영진의 사고방식(배태된 태도, 가정, 신념 등)은 어떻게 그들의 성공의 기회에 영향을 주는가? 하지만 이들 중요한 질문을 탐색하기 전에 우리는 다국적기업(MNE)의 정의를 발전시킬 필요가 있다. 우리는 글로벌 경제에서 다국적기업의 규모와 중요성을 이해하고 발전시키고 연구할 계획이다.

이 책은 전략 개발, 조직 구축, 국경을 넘어서는 활동을 하는 기업들의 운영관리와 관련된 경영진의 도전에 집중한다. 분명히, 국내보다는 해외에서의 경영은 경영자들에게 많은 새로운 기회를 제공한다. 전 세계적인 운영은 기업에게 신규 시장과 저비용 자원에의 접근을 줄 뿐만 아니라, 새로운 정보와 지식의 원천을 제공하고 국내외 경쟁사들과 경쟁하기 위한 전략적 움직임을 위한 선택을 넓혀준다. 그러나, 모든 새로운 기회들은 더 복잡하고 다양하며 불확실한 전략, 조직, 운영들의 도전들을 수반한다.

우리의 시발점은 국제화의 지배적인 수단과 다국적기업(MNE)에 초점을 맞추고, 글로벌 경제에서의 다국적기업의 역할과 영향을 간단하게 검토할 것이다. 이러한 주요 요인의 원천, 관심사, 목표들을 이해한 후에, 우리는 추구할 전략들과 그것들을 달성하기 위해 개발한 조직을 조사할 것이다.

이 장에서 우리는 주요 특징들을 정의함으로써 다국적기업(MNE)을 소개하고, 다국적기업의 원천, 관심사, 목표들을 토론하고, 글로벌경제에서의 역할과 영향력을 검토할 것이다.[1] 그러고 나서 우리는 기업들의 해외 진출의 동기들, 해외 확장에 적용되는 수단들, 다국적기업이 추구하는 전략들을 형성하는 경영진의 사고방식들, 그것들을 달성하기 위해 개발한 조직들을 서술할 것이다.

다국적기업: 정의, 범위, 영향

어떤 경제사학자는 국제경영의 근원을 수천 년 전의 그리스와 이집트의 해양상인, 베니스의 상인, 17세기와 18세기의 영국과 네덜란드의 무역회사로 추적해볼 수 있다.[2] 19세기, 산업화된 유럽의 신흥자본가는 (미국을 포함한) 세계의 덜 개발된 곳에 투자하기 시작했지만, 특히 영국, 프랑스, 네덜란드, 독일의 광대한 제국 안에서 이루어졌다.

정의

우리가 사용하는 정의 관점에서는, 역사를 통틀어 어떠한 경제주체들도 진정한 정의에 따르면 다국적기업이라고 부르기 어려울 것이다. 다국적기업은 단지 수출입 사업을 하는 무역관계가 아니라 해외 국가들에 **상당한 직접투자**를 요구한다는 우리의 첫 번째 자격에 의해 대부분 초기 상인들은 배제될 것이다. 19세기에 국제적인 운영을 시작한 대부분의 기업들은 단순한 수동적 투자 포트폴리오라기보다 해외 자산의 **능동적인 경영**을 요구한다는 두 번째 기준에 의해 제외될 것이다.

---

1) Such entities are referred to variously—and often interchangeably—as *multinational, international*, and *global enterprises*. (Note that we use the term *enterprise* rather than *corporation* because some of the cross-border entities that we will examine are nonprofit organizations whose strategies and operations are every bit as complex as that of their corporate brethren.) At the end of this chapter, we assign each of those terms—*multinational*, *international*, and *global*—specific meanings, but throughout the book, we adopt the widely used *MNE* abbreviation in a broader, more general sense to refer to all enterprises whose operations extend across national borders.

2) See Karl Moore and David Lewis, *The Origins of Globalization* (New York: Routledge, 2009).

따라서, 원자재의 해외 구매, 기술의 해외 라이센스, 해외시장으로의 제품 수출, 심지어 경영권 없이 해외 벤처들에 소수의 지분 투자를 하는 기업들이 "국제적"이라고 간주되더라도, 그들이 해외 국가들에 상당한 직접투자와 실질적인 경영을 하지 않는다면 그리고 해외 운영들을 전략적으로, 조직적으로 기업의 필수적인 부분들이라고 간주되지 않는다면, 우리의 정의에 따르면 진정한 다국적기업이 아니다.

범위

정의에 의하면 다국적기업은 2차 세계대전 후에 발전된 최근의 현상이다. 하지만 국제적인 확장의 동기나 다국적기업의 역외의 활동들의 본질은 짧은 기간 동안 유의하게 진화하였고, 우리는 이 장의 후반부에 이런 변화들을 탐색할 것이다.

유엔(UN)이 크기와 중요성에서 성장한 다국적기업의 정의를 어떻게 변화시켰는지 관찰하는 것은 흥미롭다.[3] 1973년에는, 다국적기업을 둘 이상의 국가들에서 자산, 공장, 광산, 영업점 등을 통제하는 기업이라고 정의하였다. 1984년에는, 정의가 다음의 기업으로 변경되었다. (a) 법적인 형태나 활동 영역에 상관없이 들 이상의 국가에서 주체들(entities)을 보유하고 있는 기업. (b) 하나 이상의 의사결정 기관을 통해 일관된 정책과 공통의 전략을 허용하는 의사결정 체계하에 운영하는 기업. (c) 소유권 등에 의해, 하나 이상의 주체가, 특히 지식, 자원, 책임을 공유하기 위해, 다른 주체들의 활동에 중요한 영향을 줄 수 있도록 주체들(entities)간에 연결되어 있는 기업.

본질적으로 다국적기업의 정의 변화는 다국적기업의 주요 차별화된 특성으로서, 전략과 조직적 통합, 다른 국가들에 위치한 운영들의 능동적, 조정된 관리의 중요성을 강조한다.

기업들에 투입되는 자원들은 숙련된 사람들, 공장들, 기계류, 컴퓨터 하드웨어 형태 등 연구장비의 형태일 수 있다. 다국적기업을 진정으로 차별화시키는 것은 표 1-1에서와 같이, 외부시장을 통한 무역에 의존하기보다는 내부적으로 주요 국경간 업무들과 거래들을 수행하는 내부 조직을 만드는 것이다. 최근의 유엔(UN)의 정의는 전통적인 소유권 형태의 초기 가정에서부터 다른 해외 자회사와의 다양한 재무적, 법률적, 계약적 관계들을 포함하는 방향으로 확장되고 있다. 다국적기업에 대한 우리의 정의는 애플, BP, 혼다 자동차, Intercontinental 호텔, Deloitte 컨설팅, 맥도날드 등을 포함한다.

글로벌 경제에서의 다국적기업의 영향

대부분 흔하게 해외사업 출장자들은 다음을 경험한다: 한 여성이 싱가포르항공을 타고 도착하고, 헤르츠에서 도요타를 렌트하고, 시내에 있는 Marriott 호텔로 간다. 그녀는 방

3) The generic term for companies operating across national borders in most U.N. studies is *transnational corporation* (TNC). Because we use that term very specifically, we continue to define the general form of organizations with international operations as MNEs.

표 1-1 2001년~2010년 FDI와 국제 생산의 선택된 지표

목록	현재 가격의 가치 (10억 달러)			연간 수익 성장률 또는 변화 (%)		
	2005–2007 평균	2009	2010	2001–2005	2009	2010
FDI 유입액	1,472	1,185	1,244	5.3	−32.1	4.9
FDI 유출액	1,487	1,171	1,323	9.1	−38.7	13.1
FDI 유입 누적액	14,407	17,950	19,141	13.4	17.4	6.6
FDI 유출 누적액	15,705	19,197	20,408	14.7	20.1	6.3
FDI 유입의 소득	990	945	1,137	32.0	−11.3	20.3
FDI 유입의 수익률	*5.9*	*7.0*	*7.3*	*0.1*	*−0.3*	*0.3*
FDI 유출의 소득	1,083	1,037	1,251	31.3	−6.8	20.6
FDI 유출의 수익률	*6.2*	*6.9*	*7.2*	—	*−0.2*	*0.3*
국제 M&A	703	250	339	0.6	−64.7	35.7
해외자회사들의 매출액	21,293	30,213[b]	32,960[b]	14.9	−9.3	9.1
해외자회사들의 (제품) 부가가치	3,570	6,129[b]	6,636[b]	10.9	−1.4	8.3
해외자회사들의 총자산	43,324	53,601[b]	56,998[b]	15.5	−16.8	6.3
해외자회사들의 수출액	5,003	5,262[c]	6,239[c]	14.7	−20.3	18.6
해외자회사들의 고용 (천명)	55,001	66,688[b]	68,218[b]	4.1	3.4	2.3

Source: UNCTAD.
[a]Calculated with FDI income for the countries that have the data for both this and FDI stock.
[b]Data for 2009 and 2010 are estimated based on a fixed effects panel regression of each variable against outward stock and a lagged dependent variable for the period 1980–2008.
[c]For 1998–2010, the share of exports of foreign affiliates in world export in 1998 (33.3 percent) was applied to obtain values.
Note: Not included in this table is the value of worldwide sales by foreign affiliates associated with their parent firms through nonequity relationships and of the sales of the parent firms themselves. Worldwide sales, gross product, total assets, exports, and employment of foreign affiliates are sometimes estimated.

에서 LG TV로 채널을 이리저리 돌리고, '펩시', '삼성', '렉서스'의 네온사인을 무심코 응시한다. Perrier 한 병과 룸서비스(room service)를 통해 저녁식사가 제공되고, *Modern Family*의 최근 에피소드를 스크린을 통해 본다. 갑자기, 그녀를 혼란스럽게 한다. 그녀는 시드니, 상하이, 상 파울로, 혹은 샌프란시스코 중에 어디에 있는가? 지난 몇 시간 동안 그녀의 주변과 판단기준들은 어떠한 단서도 제공해주지 않았다.

이런 경험들은 어떠한 데이터 이상으로, 글로벌 경제에서 MNE의 엄청난 영향력을 보여준다. 이 책에서 사례들과 논문들이 보여주듯이, 어떠한 경제의 분야와 기업들도—심지어 순수하게 국내 운영만 하는 기업들조차도—이러한 영향에 자유롭지 않다. 유엔(UN) 추정에 의하면, 2010년 불황 속에서도 총 다국적기업들의 수는 65,000개를 넘어섰다. 그들의 국내외 운영들은 세계 총 GDP의 1/4인, 대략 16조 달러의 부가가치를 창출했다. 다국적기업의 해외자회사들은 세계 GDP의 1/10이며 세계 수출의 1/3을 차지하는 대략 7조 달러의 부가가치를 창출했다.

모든 다국적기업들은 대기업이 아니지만, 세계의 대부분의 대기업들은 다국적기업들이다. 실제로 은행과 금융업을 제외한 가장 큰 100개의 MNE들은 2010년 전 세계 총자산 중 12.1조 달러를 차지했다. 이 중 7.5조 달러는 각각의 본국 밖에 위치해 있다.

게다가 표 1-1를 보면, 2008년~2009년 경제위기에도 불구하고 국제생산뿐만 아니라 해외자회사들의 판매, 고용, 자산들도 모두 증가했다. 이것은 해외직접투자에서 MNE에 의해 벌어들인 일관되게 높은 수익률 때문이다. FDI 유출에서의 MNE의 수익률은 경제위기 동안 1년 하락 후 2010년 다시 7.3%로 반등했다.

개발과 전환기경제의 중요성은 증가하고 있다. 표 1-2에 의하면, 가장 큰 100개의 MNE들(UN은 이들 기업들을 초국적 기업(TNC)이라고 명명함)의 세계 총자산이 2008년에서 2009년 사이에 11,543억 달러로 7% 상승했다. 같은 기간 개발도상국 및 전환기경제 국가들의 TNC들은 2,673억 달러에서 3,152억 달러로 17.9% 증가했다. 추가로, 세계적 TNC들의 2008~2009년 전체 고용은 15,144,000명으로 3.7% 하락했다. 같은 기간 개발도상국 및 전환기경제 국가들의 TNC들의 전체 고용은 8,259,000명으로 21.9% 증가했다.

MNE의 규모와 잠재적 영향력은 선택된 나라들의 GDP와 함께 몇몇 MNE의 전체 수입을 비교하여 표 1-3에 제공된다. 국가 GDP와 기업 매출액을 비교하면, 몇 개의 세계에서 가장 큰 MNE들은 중간 규모의 경제 국가인 베네수엘라, 덴마크, 말레이시아와 경

표 1-2 전 세계 및 개발도상국과 전환기 경제의 가장 큰 100개의 비금융 MNE의 국제화 통계 (10억 달러, 천명, %)

변수	전 세계 가장 큰 100개의 MNE			개발도상국과 전환기 경제의 가장 큰 100개의 MNE	
	2008	2009	2010	2008	2009
자산					
해외	6,161	7,147	7,512	899	997
전체	10,790	11,543	12,075	2,673	3,152
전체 대비 해외 비중(%)	57	62	62	34	32
매출액					
해외	5,168	4,602	5,005	989	911
전체	8,406	6,979	7,847	2,234	1,914
전체 대비 해외 비중(%)	61	66	64	44	48
고용					
해외	9,008	8,568	8,726	2,651	3,399
전체	15,729	15,144	15,489	6,778	8,259
전체 대비 해외 비중(%)	57	57	56	39	41

Source: UNCTAD.
Note: From 2009 onward, data refer to fiscal year results reported between April 1 of the base year to March 31 of the following year. 2010 data are unavailable for the 100 largest MNEs from developing and transition economies due to lengthier reporting deadlines in these economies.

표 1-3 2010년 최고의 MNE와 선택된 국가들간의 비교

기업	매출액 (백만 달러)	기업 순위	국가	GDP (백만 달러)	국가 GDP 순위
Wal-Mart Stores	408,214	1	United States	14,586,736	1
Royal Dutch Shell	285,129	2	China	5,926,612	2
Exxon Mobil	284,650	3	Japan	5,458,836	3
BP	246,138	4	Germany	3,280,529	4
Toyota Motor	204,106	5	Venezuela	391,848	25
Sinopec	187,518	7	Denmark	311,989	30
AXA	175,257	9	Malaysia	237,797	35
China National Petroleum	165,496	10	Hungary	128,632	52
Chevron	163,527	11	Cameroon	22,480	90
General Electric (GE)	156, 779	13	Barbados	4,109	143

Note: The purpose of this table is merely illustrative of the economic importance of some of the world's largest MNEs. One has to be cautious when comparing the above company and country numbers. That is because country GDPs and company revenues are not perfectly comparable, while country value-added and company value-added are. A country's GDP represents its value-added, whereas a company's revenue is typically higher than its value-added. Thus, from a comparison point of view, the above company numbers may be somewhat inflated relative to the country numbers.
*Data are from Fortune Global 500 and CNN Money's Ranking of world's largest corporations in 2010 by revenue http://money.cnn.com/magazines/fortune/global500/2010/full_list/
**Data are from World Development Indicators published by the World Bank: http://data.worldbank.org/indicator/NY.GDP.MKTP.CD

제적 중요성 면에서 동등하다. 그리고 이러한 MNE들은 더 작고 덜 개발된 카메룬, 파라과이, 바바도스(Barbados)보다 더 경제적으로 중요하다. MNE들은 글로벌 경제에 상당한 영향력을 가지고 있고, 경영대학원 졸업자의 상당수를 고용하고, 경영자들을 위한 가장 복잡한 전략적, 조직적 도전을 제기한다. 이와 같은 이유로, MNE들은 우리의 관심의 대부분을 위한 초점을 제공한다.

동기: 국제화를 위한 푸쉬(Pushes)와 풀(Pulls)

어떤 동기로 기업들이 그들의 국제적인 사업을 확장시키는가? 비록 가끔 동기가 멕시코에서 시간을 보내거나 또는 유럽에서의 가족 유대와 연결 짓는 등의 최고경영자의 희망과 같이, 특이할 수 있지만, 광범위한 연구는 몇몇 좀 더 체계적인 패턴들을 제안한다.

전통적 동기

기업의 해외 투자를 이끈 초기 동기들 중에는 **주요 공급처 확보(*secure key supplies*)**의 필요성이 있었다. 알루미늄 생산자는 보크사이트의 공급을 보장하는 것이 필요했고, 타이어 회사는 고무농장을 개발하기 위해 해외로 나갔다. 석유 회사들은 캐나다, 중동, 베네주엘라에서 새로운 분야를 열기를 원했다. 지난 세기 초기에는, Standard Oil, Alcoa, Goodyear, Anaconda Copper, International Nickel은 신흥 다국적기업 중 가장 컸다.

또 다른 국제화에 대한 강력한 계기는 시장 추구(market-seeking) 행위로 설명될 수 있다. 이 동기는 일반적으로 기업들에게 해외 시장에서 경쟁력을 준 자신의 기술이나 브랜드 인지도와 관련된 몇 가지 고유의 장점들을 가진 기업들에게 특히 강했다. 그들의 초기 움직임은 종종 기회주의적이었고, 자주 자발적인 수출 주문으로부터 시작됐다. 그러나 많은 기업들은 결국 추가적인 매출이 그들을 규모와 범위의 경제를 활용할 수 있게 한다는 것과 그렇게 함으로써 자신의 국내 경쟁사에 대한 경쟁우위의 원천을 제공한다는 것을 깨달았다. 이러한 시장 추구는 음식, 담배부터 화학물질, 자동차에 이르기까지 여러 산업에서 특히 규모 집약적 생산과정을 지원하기에 충분하지 않은 작은 국내 시장을 가진 몇몇 유럽의 다국적기업들에게 강한 동기였다. 필립스, 폭스바겐, 유니레버 같은 회사들은 주로 새로운 시장을 찾아 주로 해외로 확장했다.

국제화의 또 다른 전통적이고 중요한 동기는 생산의 **저비용 요소에 접근하기**(*access low-cost factors*) 위한 열망이었다. 특히, 1960년대에 관세 장벽이 감소하면서, 노동이 주요 비용이었던 미국과 많은 유럽 국가들은 그들의 제품이 수입품에 비해 경쟁 열위에 있는 것을 알았다. 이에 대응하여, 의류, 전자 제품, 가전제품, 시계 및 기타 산업의 많은 기업들은 부품 또는 완제품 라인을 생산하기 위해 해외 소싱 장소를 구축했다. 예를 들어, GE는 버지니아에 있는 램프공장을 중국으로 옮겼다. 그리고 GE의 가장 전략적인 사업 중의 하나인 GE Healthcare는 인도에 투자된 세 개의 세계적 규모의 공장들에 투자했으며, 최근에 인도와 세계를 위한 CT 영상시스템 제조를 시작했다.

노동은 더 이상 경제적으로 해외에서 조달할 수 있는 유일한 생산 요소가 아니라는 것이 분명해졌다. 예를 들어 저비용 자본(종종 정부 투자 보조금을 통한 자본)의 가용성은 국제화에 강한 원동력이 되었다. 정부 금융 지원은 GM으로 하여금 브라질에서의 기초 조립 운영을 이제 기업의 4번째로 가장 중요한 R&D 시설인 완전한 통합된 운영으로 확장하게 하였다.

이러한 세 가지 동기는 전통적으로 다국적기업의 해외 확장의 주요한 원동력이 되었다. 다국적기업이 되도록, 특히 미국의 경우, 기업들을 밀어붙여 상호작용하는 이러한 동기들은 Harvard 대학의 Ray Vernon 교수에 의해 오랫동안 잘 알려진 제품수명주기 이론(product cycle theory)에서 나타난다.[4]

이 이론은 국제화 프로세스의 시작점이 일반적으로 기업이 본국에서 만든 혁신이라고 제안한다. 그 개발을 활용하는 첫 단계에서, 기업은, 미국에 있다고 가정한다면, 그곳에 주요 고객 기반이 위치되어있을 뿐만 아니라, 그것의 개발주기에서 연구와 생산간의 긴밀한 연계를 유지하기 위한 필요성 때문에 본국 시장에서 생산설비를 구축한다. 초기 단계에서, 일부 수요는 다른 선진국(예를 들어, 유럽 국가에서, 소비자의 수요와 시장 개발은 미국과 비슷하다)에서 창출될 수도 있다. 이러한 요구 사항은 일반적으로 국내 생산을 충족시키고, 미국에서 수출이 발생한다.

---

4) Raymond Vernon, "International Investment and International Trade in the Product Cycle," *Quarterly Journal of Economics*, May 1966, pp. 190 – 207.

사전의 다국적기업 단계에서, 기업은 일반적으로 성장하는 수출 수준을 감독하기 위해 본사에 수출 부서를 설치한다. 이러한 종류의 조직구조에 몰입하는 것은 국내 사업의 일환으로 단순히 수출을 다루는 것보다 결국 일반적으로 강력한 성과를 이끌어낼 것이다.[5]

제품이 성숙하고 생산 공정이 표준화됨에 따라, 기업은 새로운 단계로 들어간다. 이때까지 유럽 국가의 수요는 꽤 상당해졌고, 수출 판매는 신규 사업에서의 매출의 중요한 부분이 되고 있다. 또한, 경쟁자는 아마 새로운 제품에 대한 수요 증가를 수출되는 시장에서 스스로를 자리매김하는 잠재적인 기회로서 보기 시작했다. 경쟁을 방지하거나 대응하기 위해, 그리고 해외 수요를 더 효과적으로 충족시키기 위해, 혁신 기업은 일반적으로 수입국에 생산 시설을 세우고 수출업체로부터 진정한 다국적기업으로 전환한다.

마침내, 세 번째 단계에서 제품은 고도로 표준화되고, 많은 경쟁자들이 사업에 들어온다. 경쟁은 가격과 비용에 초점을 맞춘다. 이러한 추세는 자원을 추구하는 동기를 활성화시키고, 기업은 낮은 비용으로 선진국 시장에서 고객의 요구를 충족하기 위해 개발도상국의 저임금에 생산을 이동시킨다. 최종 단계에서, 선진국이 순수입국이 되는 반면, 개발도상국은 제품의 순수출국이 될 수 있다. 제품주기 이론은 전후 수십 년의 국제화를 설명하는 데 유용한 방법을 제공하고 있지만,[6] 1980년대 Vernon 교수 자신이 곧바로 지적한 것처럼, 그 설명력은 약해지고 있다. 국제 비즈니스 환경이 점점 더 복잡하고 정교화되면서 기업들은 그들의 국제적 운영에 훨씬 풍부한 이론적 근거를 개발했다.

새로운 동기

일단 다국적기업이 국제 판매 및 생산 운영을 설립하면 그들의 인식과 전략적 동기는 점차적으로 변경했다. 처음에 해외 운영은 전략적이고 조직적으로 국내 사업에 부속했고, 기회주의적으로 관리되어야 하는 것이 일반적인 태도였다. 그러나 점차적으로, 관리자는 보다 통합적이고 국제적인 관점에서 그들의 전략에 대해 생각하기 시작했다. 이 과정에서, 근본적으로 그들의 해외 확장을 작동시키는 원동력들은 새로운 글로벌 전략들의 기저를 이루는 새로운 동기들에 밀려나게 된다.

이러한 원동력은 많은 산업을 국가별 구조보다는 글로벌 구조로 변화시키고, 활동의 세계적인 범위를 선택의 문제가 아닌 기업의 생존에 필수적인 전제 조건으로 만드는 **경제의 규모의 증가**(increasing *scale economies*), ***R&D* 투자의 부상**(*ballooning R&D invest-*

---

5) Paul W. Beamish, Lambros Karavis, Anthony Goerzen, and Christopher Lane, "The Relationship Between Organizational Structure and Export Performance," *Management International Review* 39 (1999), pp. 37–54.

6) The record of international expansion of countries in the post–World War II era is quite consistent with the pattern suggested by the product cycle theory. For example, between 1950 and 1980, U.S. firms' foreign direct investment (FDI) increased from $11.8 billion to $200 billion. In the 1950s, much of this investment focused on neighboring countries in Latin America and Canada. By the early 1960s, attention had shifted to Europe, and the European Economic Community's share of U.S. firms' FDI increased from 16 percent in 1957 to 32 percent by 1966. Finally, in the 1970s, attention shifted to developing countries, whose share of U.S. firms' FDI grew from 18 percent in 1974 to 25 percent in 1980.

ments), **제품수명주기의 단축**(*shortening product life cycle*) 등이다. 이러한 원동력들은 다음 장에서 자세히 설명된다.

원래 동기 부여의 원인이 아니었지만, 종종 기업의 국제적 전략의 핵심이 된 두 번째 요소는 **글로벌 스캐닝 및 학습 능력**(*global scanning and learning* capability)이었다.[7] 원료의 공급을 확보하기 위해 해외로 나간 기업은 전 세계의 저비용 생산 원천을 더 잘 인식하였다. 시장 기회에 의해 해외로 나간 기업은 혁신적인 제품개발을 자극하는 시장의 요구나 새로운 기술에 종종 노출되었다. 다국적기업의 전 세계적 존재의 본질은 상당한 정보우위를 주었고, 그것은 더 효율적인 원천이나 진보된 제품과 공정의 기술들에 위치시키는 결과를 가져올 수 있었다. 그러므로 기술적 또는 마케팅적 우위로부터 야기된 국제적 전략을 가진 기업은 운영의 전 세계적 네트워크에 고유한 스캐닝과 학습 잠재력을 통해 그 우위를 강화시킬 수 있었다(이것은 점차적으로 중요한 전략적 우위가 되었다. 우리는 5장에서 이것을 자세히 살펴볼 것이다).

곧 분명하게 된 세 번째 이점은 국가기업보다 다국적기업이 되는 것이 **경쟁 지위**(*competitive positioning*)의 중요한 장점들을 가져온다는 것이다. 확실히 최근 몇 년 동안 다국적기업이 수행한 많은 글로벌 경쟁 전략적 행동들의 가장 큰 논란은 시장의 교차 보조금 지원(cross-subsidization)에 기초를 두고 있다. 예를 들어, 중국석유화학그룹(Sinopec)은 중동 또는 남미의 운영상의 수익성 자금으로부터 미국의 손실에 보조금을 지급하여 미국의 경쟁자에 도전할 수 있다.

만약 미국 기업이 중국 기업의 주요 시장들에서 강력한 위치를 가지고 있지 않다면, 경쟁적 대응은 오직 국내 시장의 포지션을 방어하기 위한 것이 될 수 있다(일반적으로, 정부의 개입을 추구하거나 중국 도전자의 경쟁적인 가격 인하에 일치시키거나 상쇄함으로써 방어한다). 다국적 운영의 경쟁적 의미의 인식은 몇몇 기업들이 시장 매력도 또는 비용-편익의 선택뿐만 아니라 경쟁자 대비 그러한 투자의 활용을 반영하기 위한 국제투자 결정에 대한 기준을 변경하도록 이끈다.[8]

비록 다국적기업의 확장의 동기가 몇 가지 분명한 범주들로 줄었지만, 기업들은 단 하나의 원동력만에 의해 좌우되지는 않는다는 것은 분명하다. 더욱 적응가능한 기업들은 주요 공급처 확보, 새로운 시장개척, 생산의 저비용요소의 개발, 글로벌 정보 접근의 활용, 많은 시장 포지션의 경쟁적 이점의 자본화 등 국제 운영으로부터 이용가능한 잠재적 이점들을 통해 수익을 내는 방법들을 곧 배웠다. 그리고 이러한 것들을 강점으로 이용해 새로운 전략 구성을 시작하게 되었다. 이러한 내용은 다음 장에서 **글로벌 체스**(*global chess*)라고 서술하는 새로운 전략적 게임을 하는데 이러한 이점들을 이용하기 시작했다.

---

7) This motivation is highlighted by Raymond Vernon in "Gone Are the Cash Cows of Yesteryear," *Harvard Business Review*, November–December 1980, pp. 150–55.

8) These competitive aspects of global operations are discussed in detail in Chapter 3.

국제화의 수단: 선결조건과 과정

우리는 MNE들이 왜(*why*) 해외 확장을 원하는지를 탐구하면서, 국제화의 수단을 탐구함으로써 어떻게(*how*) 해외확장을 할 수 있는지 이해해야 한다. 해외확장의 열망을 넘어, 기업은 해외시장에서 성공할 수 있는 특정 역량들(competencies)을 보유해야 한다. 그 다음, 국제화 과정을 정의하는 의지와 몰입을 통해 해외 확장을 위한 계획을 실행할 수 있어야 한다.

국제화를 위한 선결조건

각각의 국가별 시장에서, 외국 기업은 현지 경쟁사에 비해, 적어도 처음에는, 약간의 불이익으로 고통받고 있다. 자국의 국가 문화, 산업 구조, 정부 요구 사항, 기타 그 나라에서 사업하는데 다른 측면들에서의 더 큰 친밀성 때문에, 국내 기업은 외국 기업에 비해서 상당한 자연적 우위를 갖고 있다. 적절한 고객, 공급자, 규제기관 등과 같은 기존의 관계들은 외국 기업이 독특한 전략적 능력으로 충족시키거나 대응해야 하는 추가적인 이익을 제공한다. 거의 대부분의 이러한 상쇄시키는 전략의 이점은 고급 전문기술 또는 특정 마케팅역량의 형태를 갖는 다국적기업의 우수한 지식이나 스킬(skill)들로부터 기인한다. 한편, 연구개발, 생산, 또는 가치사슬의 다른 분야들에서의 규모의 경제는 국내 기업보다 다국적기업의 이점의 주요 원인이 된다. 그러나, 다국적기업이 외국인비용(liability of foreignness)을 극복할 몇몇 독특한 역량을 가지고 있지 않는다면, 국제 환경에서 성공을 기대할 수 없다.[9]

이러한 지식이나 규모 기반의 전략적 이점들은, 그 자체로 기업의 국제화를 정당화하기에 불충분하다. 종종 기업은 해외법인을 세울 필요 없이 해외생산자들에게 기술을 판매하거나 라이선스할 수 있고, 브랜드 네임을 국제적으로 프랜차이즈할 수 있으며, 무역회사나 현지 유통업체들을 통해 해외로 제품을 판매할 수 있다. 이러한 방법을 던킨 도넛에서 채택하였다. 던킨 도넛은 그들만의 독특한 국내외 매장을 만드는 것보다 해외뿐 아니라 자국(미국)에서 브랜드를 선구적으로, 공격적으로 프랜차이즈하기로 결정했다. 던킨 도넛의 창립자인 빌 로젠버그(Bill Rosenberg)는 1960년에 국제 프랜차이즈 협회(IFA)를 설립시켰던 프랜차이징 개념에 매우 매료되었다. 그는 프랜차이징이 더 멀리, 더 빨리 해외로 확장하는 훌륭한 방법이라고 믿었다. 2011년에, 던킨 도넛은 미국 내에 약 7,000개, 해외에 3,000개 전 세계 31개국 약 10,000개의 가맹점을 두었다. 대략 이들 매장의 70%는 프랜차이즈 가맹점으로 운영된다. 던킨 도넛은 하루에 2백 70만 고객들에게 음식을 제공했다. 던킨 도넛은 프랜차이징 전략이 없었다면 국내에서나 해외에서 그렇게 빠른 성장은 없었을 거라는 주장이 있다.

---

9) The need for such strategic advantages for a company to become an MNE is highlighted by the *market imperfections theory of MNEs*. For a comprehensive review of this theory, see Richard E. Caves, *Multinational Enterprise and Economic Analysis*, 2d ed. (Cambridge: Cambridge University Press, 1996).

다국적기업이 될 수 있는 회사의 다른 전제 조건은, 외부회사와 계약관계를 통해보다 자회사를 통해 더욱 효과적으로 전략적 자산들을 활용하는 조직적 능력을 가지고 있어야 한다는 것이다. 예를 들어, 뛰어난 지식이 다국적기업의 경쟁 우위의 주요 원천일 경우, 그 지식을 판매하거나 라이선스함으로써 얻을 수 있는 수익보다 직접 해외 운영을 통해 지식을 확장하고 활용하여 더 나은 수익을 제공하는 조직의 시스템을 가지고 있어야 한다.[10]

요약하자면, 세 가지 조건이 다국적기업이 존재하기 위해서 충족되어야 한다. 첫째, 일부 외국 국가가 기업이 거기에 투자하려는 필요한 동기를 제공하는 특정 입지-특유 우위(location-specific advantages)를 제공해야 한다. 두 번째로, 해외시장의 상대적으로 친숙하지 않다는 단점을 대응하기 위한 몇 가지 **전략적 역량**(*strategic competencies*)이나 소유-특유 우위(ownership-specific advantages)를 가지고 있어야 한다. 셋째, 계약이나 라이선스 같은 외부 시장 메커니즘을 통하는 것보다 전략적 강점을 내부적으로 활용함으로써 더 나은 수익을 달성하는 몇몇 **조직적 능력들**(*organizational capabilities*)을 가지고 있어야 한다.[11] 이러한 선결조건들을 이해하는 것은 다국적기업이 존재하는 이유를 설명하기 때문뿐만 아니라, (3장에서 살펴볼 것이지만) 전 세계적인 비즈니스에서 경쟁하기 위한 전략적 옵션들을 정의하는 데 도움을 주기 때문에 중요하다.

국제화의 과정

이러한 전략적, 조직적 특성을 개발하는 과정은 기업의 세계시장에서의 입지 구축을 통한 국제화 과정의 중심에 있다. 이러한 과정은 거의 사전에 잘 생각되지 않는다. 그리고 이것은 일반적으로 합리적 분석, 기회주의, 순수한 행운의 조합을 기반으로 하고 있다. 그럼에도 불구하고, 이것은 기업이 전형적으로 따르는 행동의 일반적인 패턴을 알 수 있게 한다.

국제화에 대해 가장 잘 알려진 모델은 학습 과정으로서 해외시장 진입을 설명한 2개의 스웨덴 웁살라(Uppsala) 학파에 의해 개발되었다.[12] 기업은 해외시장에 초기 자원의 몰입을 하고, 이 투자를 통해 고객, 경쟁사, 규제 조건에 대한 현지시장 지식을 얻는다. 이러한 시장지식을 바탕으로 기업은 현재의 활동, 시장에의 몰입 정도, 추가투자 기회를 평가할 수 있다. 그 다음 아마도 그 현지 유통업자를 구입하거나 현지 생산 공장에 투

10) The issue of organizational capability is the focus of what has come to be known as the *internalization theory of MNEs*. See Alan M. Rugman, "A New Theory of the Multinational Enterprise: Internationalization versus Internalization," *Columbia Journal of World Business,* Spring 1982, pp. 54-61. For a more detailed exposition, see Peter J. Buckley and Mark Casson, *The Future of Multinational Enterprise* (London: MacMillan, 1976).

11) These three conditions are highlighted in John Dunning's eclectic theory. See John H. Dunning and Sarianna M. Lundan, *Multinational Enterprises and the Global Economy*, 2d ed. (Cheltenham, UK: Edward Elgar, 2008).

12) Jan Johanson and Jan-Erik Vahlne, "The Internationalization Process of the Firm—A Model of Knowledge Development and Increasing Foreign Market Commitments," *Journal of International Business Studies* 88 (1977), pp. 23-32. Jan Johanson and Jan-Erik Vahlne, "The Uppsala Internationalization Process Model Revisited: From Liability of Foreignness to Liability of Outsidership," *Journal of International Business Studies* 40 (2009), pp. 1411-1431.

그림 1-1 국제화의 학습 모형

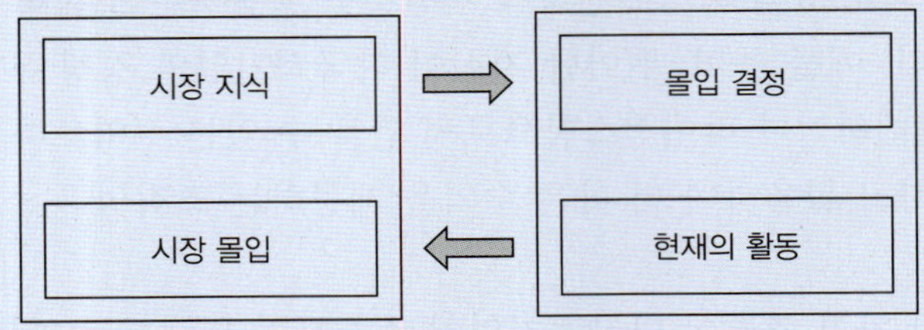

Source: Johanson and Vahlne, 1977.

자하면서, 차후의 자원 투입을 하고, 이것은 추가적인 시장 지식을 개발하게 한다. 점차적으로 투자의 여러 주기를 통해, 회사는 외국에서 효과적인 경쟁자가 되기 위한 현지의 역량과 시장 지식의 필요한 수준을 개발한다(그림 1-1 참조).

많은 기업들이 소위 웁살라 모델에 의해 묘사된 점진적인 접근으로 국제화하는 반면, 그렇지 않은 기업들도 많다.[13] 몇몇 기업들은 현지 시장 지식을 구축하는 과정을 단축시키기 위해 현지 파트너에 투자를 하거나 인수한다. 예를 들어, 월마트는 자신들의 매장을 개발하는 것 대신에 슈퍼마켓 체인 ASDA를 인수하여 영국에 진출했다. 다른 기업들은 태생적 글로벌기업(born globals)으로서 시작함으로써 더욱더 이 과정을 단축시킨다. 예를 들어 2004년에 설립된 소셜 네트워킹 기업인, 페이스북은 인터넷으로 시작한 회사라 놀라운 속도로 세계화되었다. 2012년에는 약 200개 이상의 국가의 5억 명의 일별 활발한 유저들(DAUs: daily active users)), 그리고 8억 5천 만 명의 월별 활발한 유저들(MAUs: monthly active users)을 갖고 있다. 또한, 페이스북은 캘리포니아, 텍사스, 아일랜드, 인도의 4개의 지역 센터들로부터 수백 만의 유저들, 수 천명의 광고자들 및 개발자들을 관리했다. 이와 같은 사례는 다국적기업이 해외 시장에 진출할 때 직면하는 결정의 복잡성을 강조한다.

웁살라 모델에서 제시된 것처럼, 한 가지 중요한 요인은 자회사에 의한 현지 시장 지식의 흡수이다. 다국적기업에게 똑같이 중요한 다른 요인들은 해외시장에 대한 몰입 수준, 해외 운영의 통제 수준, 진입 시점을 포함한다. 이러한 다른 요인들의 이해를 돕기 위해 시장몰입 수준과 통제 수준 등 2요인들 관점에서 해외 운영의 다른 방식들을 생각하는 것은 유용하다(그림 1-2 참조).

일부 기업들은 수출에서부터 합작투자를 거쳐 해외직접투자를 하는 등 규모를 점차적으로 늘려가면서 국제화한다. 월마트와 같은 기업들은 아무것도 없는 상황에서 사업을 구축하는 것이 어려운 성숙한 시장에 진입하려 할 때, 운영의 높은 몰입과 높은 통제 방식으로 직접적으로 움직이는 것을 선호한다. 아직도 다른 기업들은 몇몇 태생적 글로

13) Jonathan Calof and Paul W. Beamish, "Adapting to Foreign Markets: Explaining Internationalization," *International Business Review* 4 (1995), pp. 115–131.

그림 1-2 해외진입방식의 접근

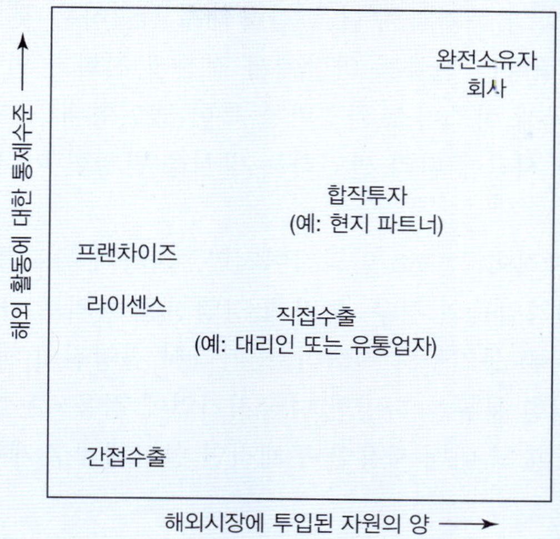

벌기업들처럼, 낮은 몰입과 낮은 통제 방식을 채택한다. 예를 들어 태생적 글로벌기업들은 설립지역이나 그 근처에 중요한 국제적 운영들을 설립한다. 이것이 그들의 내부 지향성 때문이거나 아니면 제품이나 서비스의 특성으로 인해 신속하게 이동해야 하는 필요성 때문이든지 간에, 그러한 기업들은 점진적 접근 방법을 선택하지 않는다.

우리의 시대의 가장 잘 알려진 "태생적 글로벌기업"은 구글(Google)이다. 구글은 유저들이 그 나라의 오프라인 거래 없이 세계 어느 나라에서든지 웹(web) 기반의 서치 엔진(search engine)에 액세스할 수 있는 온라인 서치 기업으로 시작했기 때문에 이러한 접근 방법이 가능했다. 명확하게, 이러한 접근 방법은 반드시 옳고 그름은 아니지만, 다국적기업의 전반적인 전략적 의도와 동기와 일치해야 한다.

마찬가지로, 모든 다국적기업은 대기업이 아니다. 개념상 대부분의 대형 다국적기업은 작은 기업으로 시작되었다. 아직도 많은 중소기업들은 규모를 유지한 채 자기능력으로 여전히 다국적기업이다. 다른 중소기업들은 해외직접투자의 결과로 성과에 긍정적인 영향을 보이며[14] 성장할 것이다.[15]

14) Jane Lu and Paul W. Beamish, "Internationalization and Performance of SMEs," *Strategic Management Journal* 22 (2001), pp. 565-586.

15) In his Ivey Business Journal article entitled "Growing Big by Targeting Small," Wunker (2012) argues that leaders of internationalizing firms are typically trained to focus on growing their companies in established, large, attractive markets. However, some of the greatest sources of firm growth arise from new markets that start out as small footholds. To support his argument, he provides a table showing that 8 of the 10 most valuable U.S. companies started serving very small new markets that they developed over time. And that following this strategy, they grew along with their markets to become giants.

사고방식의 진화: 국제적에서부터 초국적

이렇게 변화하는 국제화의 동기와 수단을 간략하게 서술하는 것으로부터, 해외 운영이 신흥 다국적기업에서 행하는 전략적 역할에서 점진적 진화가 발생했다는 것은 분명하다. 우리는 변화들이 국제 비즈니스 환경과 독특한 법인형태의 다국적기업에서 발생함에 따라 경영적 사고가 시간에 따라 발전하는 방식을 반영한 이러한 진화적 패턴은 4가지로 분류할 수 있다.

이러한 분류는 일반적이고 다소 임의적이지만, 두 가지 목표를 달성할 수 있게 한다. 첫째, 대부분의 다국적기업들의 경우, 초기에 경영진을 해외로 나가게 유도했던 목적들은 시간에 따라 매우 다른 동기들로 진화하고, 따라서 경영진의 태도와 행동을 계속해서 변화시킨다. 둘째, 이러한 분류는 다양한 다국적기업에 적용되는 매우 다양한 전략적 접근들을 서술하기 위해 이 책 내내 사용한 구체적인 언어체계로 제공한다.[16]

국제적 사고방식(International Mentality)

국제화의 초기 단계에서, 많은 다국적기업 경영자들은 기업의 해외 운영을 국내 생산 운영에 점진적인 매출을 기여하는 것과 같이, 다른 방법으로 국내 모회사를 지원하는 것이 주요 임무인 멀리 떨어진 전초기지로 생각하는 경향이 있다. 우리는 이러한 접근을 **국제적 전략적 사고방식**이라고 명명한다.

"국제적(*international*)"이라는 용어는 이러한 접근에 내재한 많은 가정들을 반영하는 국제 제품주기 이론으로부터 직접 파생된다. 제품은 국내 시장을 위해 개발되고, 그 후에 해외로 팔린다; 기술과 다른 지식의 원천들은 모회사에서 해외 자회사들로 이전된다; 해외 생산은 회사의 국내 시장을 보호하는 수단을 나타낸다.

이런 사고를 가진 기업은 근본적으로, 몇몇 해외 부속물들을 갖고 있는 국내 기업이라고 여겨진다. 해외 운영에 배정되는 경영자들은 외국어를 하거나 과거에 해외에 살았기 때문에 선택될 수 있다. 해외 운영과 관련된 의사결정은 기회주의적이거나 즉각적인 방식으로 이루어지는 경향이 있다. 이 단계에서의 많은 기업들은 국내 시장과의 "심리적 거리(psychic distance)"가 적은 국가로만 진입하는 것을 선호할 것이다.

다국적 사고방식(Multinational Mentality)

해외 환경에의 조직의 노출과 해외에서의 판매 및 이익의 중요성의 증가는 이러한 경영자들에게 점차적으로 국제적 활동이 한계 유의성 이상의 기회를 제공할 수 있다는 확신을 준다. 더욱이, 이러한 기회를 활용하기 위해, 그들은 자국 시장을 위해 개발된 오래된 장비, 기술, 제품 라인들을 운반하는 것 이상을 해야 한다는 것을 알게 된다. 해외시장에

---

16) The terms *international, multinational, global,* and *transnational* have been used very differently—and sometimes interchangeably—by various writers. We want to give each term a specific and different meaning and ask that readers put aside their previous usage of the terms—at least for the duration of this book.

서의 현지 경쟁자들의 성공과 현지 정부의 요구들은 종종 기업의 학습을 가속화시키는데, 그렇지 않으면 오랫동안 무반응적인 국제적 사고를 유지했을 것이다.

다국적(*multinational*) 전략적 사고는 경영자들이 국가별 시장과 사업 환경의 차이를 인식하고 강조하기 시작함에 따라 발전한다. 이러한 사고를 지닌 기업들은 국가별로 제품, 전략 그리고 심지어 관리방식을 변경함으로써 그들의 해외 운영에 더욱 유연한 접근방식을 채택한다.

현지 환경에 더 민감하고 대응적인 국가별 기업들을 발전시킴으로써 이들 기업들은 말 그대로 다국적이라는 전략적 접근을 착수한다: 이런 전략은 기업의 전 세계 자회사들의 다양하고 국가별로 대응하는 전략의 토대 위에 만들어진다.

이러한 다국적 사고로 운영하는 회사에서 해외 사업장의 경영자는 매우 독립적인 기업가, 종종 현지 국적인 경향이 있다. 해당 현지 시장 지식과 성장하는 기회에 대한 모기업의 투자 의지를 사용하여, 이러한 기업가적 경영자들은 중요한 현지 성장을 구축하고 본사로부터 상당한 독립성을 확보할 수 있다.

글로벌 사고방식(Global Mentality)

비록 다국적 사고는 일반적으로 다른 국가 시장에 매우 대응적인 마케팅 접근일지라도, 그것은 또한 회사 내의 비효율적인 생산 인프라를 야기한다. 공장들은 생산의 효율성을 극대화하기 보다 현지마케팅의 장점들을 제공하거나 정치적 관계를 개선시키기 위해 더욱더 지어진다. 마찬가지로, 현지의 욕구를 충족하도록 설계된 제품의 확산은 설계, 생산, 물류, 유통 및 기타 기능적 업무에서의 효율의 일반적인 손실에 기여한다.

운송 및 통신 시설의 발전과 낮아지는 무역 장벽의 운영 환경에서, 몇몇 기업들은 국제 운영에서 매우 다른 전략적 접근 방법을 채택한다. 이런 기업들은 세계시장을 위한 제품을 창출하고, 종종 기업 중앙에서, 몇몇 매우 효율적인 공장들에서 글로벌 규모로 그러한 제품들을 생산하는 관점을 고려한다.

우리는 이런 접근에 대해 분석의 기본 단위를 개별 국가시장이 아닌 세계로 보기 때문에 전형적인 글로벌(*global*) 전략 사고로서 정의한다. 기본적인 가정은 국가의 취향 및 선호가 다르다기 보다는 유사하거나, 고객들에게 국가별 다양성보다 적당한 비용과 품질의 장점을 가진 표준화된 제품들을 제공함으로써 유사하게 만들어질 수 있다는 것이다. 글로벌 전략적 접근을 하는 경영자들은 1980년대 중반에 하버드 마케팅 교수인 Theodore Levitt의 미래에는 기업들이 "같은 것을, 같은 방법으로, 어디에서나" 만들고 팔 것이라는 도발적인 주장을 지지한다.[17]

이러한 전략적 접근 방법은 더욱 중앙 조정과 통제를 요구하며, 일반적으로 다양한 제품 또는 사업 경영자들이 전 세계적 책임을 갖고 있는 조직 구조와 연관되어 있다. 이

17) See Theodore Levitt, "The Globalization of Markets," *Harvard Business Review,* May–June 1983, pp. 92–102.

러한 기업들의 경우 연구개발과 제조 활동들은 일반적으로 본사에서 관리되고, 또한 대부분의 전략적 의사결정은 중앙에서 이루어진다.

초국적 사고방식(Transnational Mentality)

20세기가 마무리 되는 수십 년간, 많은 글로벌기업들은 무적처럼 보였고, 현지 경쟁자들뿐만 아니라 국제적, 다국적 경쟁자들에 대해 압도적인 승리를 기록했다. 하지만 그들의 성공은 현지화의 대항적인 원동력들을 창출하였으며 강화시켰다.

예를 들어 많은 현지 정부들에게 이러한 글로벌기업들은 더욱 강력하게 보였고, 따라서 단순한 국제적 전략적 사고를 가진 초기의 무대응적인 기업들을 위협했다. 많은 현지 정부들은 글로벌기업들에게 투자, 기술 이전, 현지국 부품 사용 조건을 충족하라는 규제들과 요구들을 증가했다.

또한 고객들은 (글로벌 제품들이 제공하는 고품질, 저비용의 기대들을 완화시키지 않고) 균일화된 글로벌 제품들을 거부하고 국가별 선호도를 회복시킴으로써 현지화 원동력들의 강화에 기여하였다. 마지막으로 국제 경제, 정치 환경에서의 변동성, 특히 환율의 급격한 변화는 중앙화된 글로벌 접근의 효율성을 약화시켰다.

이러한 발전의 결과로 전 세계 많은 기업들은 현지 시장과 정치적 니즈에 대응적인 요구들과 글로벌 규모의 경쟁 효율성을 개발하려는 압력들이 때로는 갈등적이면서 중요하게, 동시에 존재한다는 것을 인식했다.

이러한 조건들에서 다국적이고 글로벌 전략적 사고를 반영한 태도는 점점 부적절해졌다. 새로운 요구는 기업들이 글로벌 효율성의 혜택을 확보하면서 동시에 현지 니즈에 더욱 대응하는 것이다. 우리는 이러한 전 세계적 경영에 대한 접근을 소위 **초국적** 전략적 사고라고 부른다.

이와 같은 기업들에서, 주요 활동들과 자원들은 모회사에 중앙 집중되어있거나, 각각의 자회사들이 지역을 위한 지역 기반으로 업무들을 수행할 수 있도록 분권화되어 있지 않다. 대신 자원들과 활동들은 효율성과 유연성을 동시에 달성할 수 있도록 분산되어 있지만 전문화되어 있다. 또한, 분산된 자원들은 전 세계적인 운영의 상호의존적인 네트워크로 통합되어있다.

글로벌 모델과 대조적으로, 초국적 사고는 유연하고 대응적인 국가 수준의 운영들의 중요성을 인식한다(용어로서 *national*이라는 단어에 해당한다). 그리고 다국적 접근방식과 비교하면, 경쟁적 효과성과 경제적 효율성을 유지하기 위해 그들의 운영들을 연결하고 조정하는 수단을 제공한다(접두사 *trans*로 표현된다). 집중적이며, 조직 전체의 조정과 공유된 의사결정에 대한 필요성은 이것이 다국적기업을 관리하는데 훨씬 더 복잡하고 미묘한 접근 방식이라는 것을 의미한다. 다음 장에서 우리는 전략적, 조직적, 실무적 시사점을 모색할 것이다.

그러나 전 세계적 기업들에서 이러한 진화하는 전략적 사고의 방향 또는 종점에 피할 수 없다는 것은 분명하다. 산업, 기업의 전략적 포지션, 현지국의 다양한 요구, 다양한 다른 요인에 따라, 기업은 이러한 전략적 사고들 중 어떤 하나를 가지고 합리적으로 운영할 수 있다. 우리가 임의적으로 분류했다는 것을 명심하고, 대부분의 기업들은 아마도 각각의 이러한 다른 전략적 접근들의 몇몇 속성들을 드러낸다.[18]

결언

이번 장은 MNE의 본질의 역사적인 맥락을 제공하고 많은 중요한 개념들을 소개했다. 특히, 우리는 기업들로 하여금 처음으로 해외 확장을 이끄는 동기들의 진화, 국제화의 과정에 의해 형성되는 확장의 수단, 전형적인 사고방식들을 서술하였다. 총체적으로, 이러한 동기, 수단, 사고방식은 소위 기업의 **관리적 유산**, 독특하고 깊게 배태된 구조적 과정, 모든 기업들의 전략적이고 조직적인 능력을 형성하는 데 중요한 역할을 하는 문화적 편견들의 중요한 동력들이다. 우리는 다음 장에서 이러한 개념을 좀 더 세밀하게 탐색할 것이다.

18) Professor Howa rd Perlmutter was perhaps the first to highlight the different strategic mentalities. See his article, "The Tortuous Evolution of the Multinational Corporation," *Columbia Journal of World Business,* January–February 1969, pp. 9–18, reproduced in the Readings section of this chapter.

Case 1-1 졸리비의 국제적 확장

Christopher A. Bartlett

1997년 중순, 마닐라의 습한 8월의 기후로부터 벗어나게 해주는 에어컨이 설치된 사무실에서 마놀로 P. 팅존(Manolo P. Tingzon)은 캘리포니아의 인구 통계학적 동향 분석에 대해 깊은 생각에 잠겼다. 그는 졸리비(Jollibee)의 국제부 수장으로서, 필리핀의 햄버거 체인이 미국의 주요 소비자들에게 어필할 수 있을 것인가 아니면 이 체인의 미국 사업체가 최근의 이민자들과 필리핀의 해외 거주자에게 주된 초점을 맞춤으로써 성공을 거둘 수 있을 것인가에 대해서 의문을 갖고 있었다. 태평양의 건너편에서는 홍콩 주룽지구(Kowloon district)의 매장을 여는 문제를 놓고 여러 다른 이슈들이 떠오르고 있었다. 졸리비가 이 지역에 자리를 잡는 동안, 이 지역의 매니저는 회사가 메뉴와 운영 방식을 조정하고 화교를 대상으로 마케팅을 재조명해야 한다고 촉구하고 있었다. 마지막으로, 그는 패스트푸드가 거의 없다시피 한 파푸아 뉴기니(Papua New Guinea)로의 진출이 졸리비(Jollibee)를 신흥시장의 지배적 위치로 자리매김하게 할 것인가, 혹은 단순히 최근의 빈약한 사업부의 자원을 너무 확장하는 것이 아닌가에 대한 의문 역시 가지고 있었다.

새로운 회사에서의 단지 몇 주간의 경험만으로, 놀리 팅존(Noli Tingzon)은 이 결정들을 신중하게 저울질해야 한다는 것을 알았다. 이 결정들은 졸리비(Jollibee)의 향후 국제화 전략의 방향을 결정지을 뿐만 아니라, 조직 내에서 자신의 권위와 신뢰를 확립하는 데에도 도움이 될 것이기 때문이었다.

회사연혁

중국계 필리핀인인 탄(Tan) 가족은 1975년에 자신들이 소유하고 경영하는 아이스크림 가게 졸리비(Jolibee)를 시작했고, (TTC로 더 잘 알려진) 사장 토니 탄 칵티옹(Tony Tan Caktiong)은 1977년 석유 파동에 의해 아이스크림 가격이 두 배로 오를 것이라는 것을 알고는 샌드위치로 사업을 다각화했다. 토니의 요리사 아버지는 홈 스타일 필리핀 레시피로 탄 햄버거(Tan's Hamburger)를 개발하였고 이는 금세 인기 메뉴가 되었다. 일년 후, 탄 가족은 수도 마닐라 인근에 5개 점포를 운영하게 되었고, 졸리비 푸드 코퍼레이션(Jolibee Foods Corporation)을 설립하였다.

회사의 이름은 직원들이 벌집 안의 꿀벌처럼 행복하고 효율적으로 일해야 한다는 TTC의 비전에서 유래되었다. 회사 안에 스며들어있는 예절을 반영하여, 모든 직원은 지위 고하를 막론하고 서로의 이름 앞에 "Sir" 또는 "Ma'am"을 붙여 부른다. 이에 따라 친밀함(Friendliness)이 조직에 퍼졌고, 졸리비의 철학의 요체인 "Five Fs" 중 하나가 되었다. 다른 네 가지 F는 맛있는 음식(Flavorful food), 즐거운 분위기(Fun atmosphere), 고객의 니즈에 맞춘 유연한 케이터링(Flexibility in catering to customer needs) 그리고 가족에 집중한다(Focus on families)는 것이다(아이들은 회사의 벌 마스코트가 공공 장소에서 등장할 때마다 그 곳에 몰려 듬). 이 모든 것을 합리적인 가격에 제공할 수 있

■ Christopher A. Bartlett교수와 Jamie O'Connell 연구원이 본 사례를 작성했습니다. HBS 사례는 전적으로 수업 토론용으로 작성되었습니다. 즉, 본 사례 보고서는 사례 확인 자료나 1차 자료원 또는 효과적이거나 비효과적인 경영을 묘사하기 위해 작성되지 않았습니다.

도표 1 졸리비 필리핀의 성장, 1975~1997년

연도	총매출 (백만 페소)	총 점포수 (연말 기준)	직영점수	프랜차이즈 가맹점수
1975	NA	2	2	0
1980	NA	7	4	3
1985	174	28	10	18
1990	1,229	65	12	54
1991	1,744	99	21	80
1992	2,644	112	25	89
1993	3,386	124	30	96
1994	4,044	148	44	106
1995	5,118	166	55	113
1996	6,588	205	84	124
1997(예상치)	7,778	223	96	134

NA = Not available

는 핵심적인 이유는 잘 개발된 운영 관리 역량에 있다. 한 수석 매니저는 다음과 같이 설명한다.

> 양질의 음식과 서비스를 일관되고 효율적으로 전달하는 것은 쉬운 일이 아닙니다. 재미있고 친근한 환경 뒤에는 매일매일의 운영을 감시하는 잘 기름칠된 기계와 같은 고객 경험이 있습니다. 그것은 우리의 중요한 성공 요인 중 하나입니다.

졸리비(Jolibee)는 필리핀 전체로 급속히 퍼져나갔고, 1993년까지 모든 재정을 내부적으로 조달했다(〈**도표 1**〉은 졸리비의 매출과 점포의 성장을 보여주고 있음).

탄(Tan)의 가족원들은 특히 운영 기능에 관한 영역에서 중요한 직책을 맡고 있었지만 그들의 전문성을 보완하기 위해 전문 경영인을 영입하기도 했다. "마케팅과 재무 담당자는 늘 외부인이었습니다."라고 TTC는 밝혔다(〈**도표 2**〉는 1997년의 조직도를 보여줌). 많은 가맹점도 역시 탄 가족의 구성원이나 친구였다.

1993년, 졸리비(Jolibee)는 주식 공개 상장(IPO)을 통해 216만 페소(약 $800 만)를 조달했다. 그러나 탄 가족은 다수 지분을 유지하고 의도한 대로 명확하게 졸리비를 경영할 수 있었다. 1994년 그린위치 피자 코퍼레이션(Greenwich Pizza Corporation)의 인수와 1995년 델리 프랑스(Deli France)와 합작투자(joint venture)를 통해 패스트푸드에 있어서의 다각화에도 불구하고, 1996년 졸리비 체인은 여전히 모회사 매출의 대다수(약 85%)를 차지하고 있었다(〈**도표 3**〉과 〈**도표 4**〉는 1992년부터 1996년까지 졸리비의 연결 재무제표를 보여줌).

경쟁기업 맥도날드의 필리핀 시장 진출 졸리비(Jolibee)의 첫 중대 위기는 맥도날드(McDonald's)가 필리핀에 들어온 1981년에 찾아왔다. 비록 졸리비가 이미 11개의 점포를 가지고 있었지만, 대부분의 사람들은 맥도날드가 절대적으로 우위에 있다고 보았고, 졸리비는 강력한 2인자로서의 지위 구축에 집중해야 한다고 TTC에게 충고했다. 하지만, 고위경영진의 특별 회의에서는 맥도날드가 비록 졸리비에 비해 자금력이 더 우수하고 고도로 발전된 운영 시스템을 가지고 있지만 졸리비에게는 중요한 하나의 자산이 있다는 결론을 내리게 된다. 그것은 바로 필리핀의 소비자들이 졸리비 햄버거의 맛을 훨씬 더 선호한다는 것이었다. 이에 그룹은 맥도날드와 정면으로 대결하기로 결정했다.

도표 2 졸리비사의 조직도, 1997년 기준(음영은 Tan의 가족구성원임)

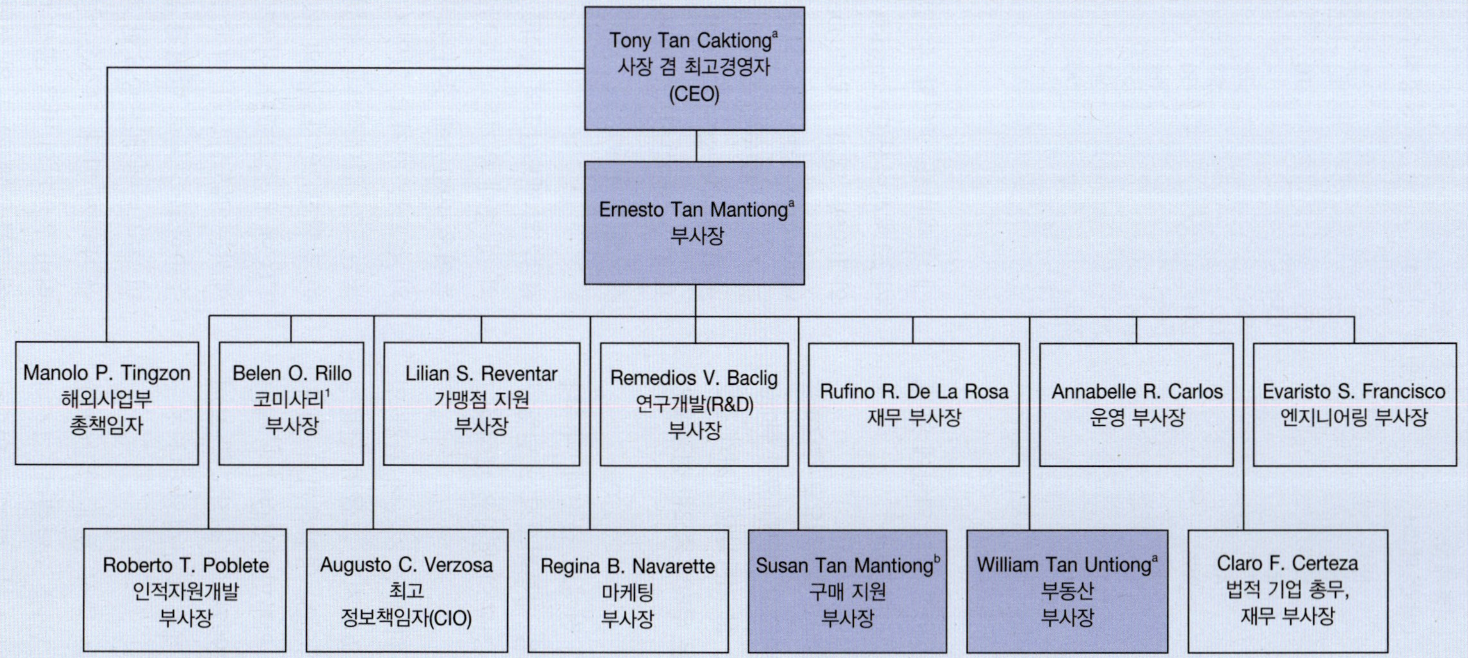

[a] 형제

[b] Ernesto Tan Mantiong의 배우자

1) 역자주. 코미사리(Commissary)는 원래 군대의 물자 배급소를 의미하는데, 외식산업에서는 식품재료와 그 외 관련된 자재들을 집중적으로 구입하여 보관하고 배송하기 위한 시설을 의미함.

도표 3 졸리비 식품회사의 연결 대차대조표(단위: 필리핀 페소)

	해당년도 1월 1일부터 12월 31일까지				
	1996	**1995**	**1994**	**1993**	**1992**
자산					
유동자산					
현금 및 현금성 자산	480,822,919	355,577,847	474,480,298	327,298,749	116,716,643
외상매입금					
매출채권	579,089,680	206,045,303	135,663,597	107,680,327	86,885,668
선급금 및 기타	105,836,646	70,731,546	66,224,534	35,838,295	15,091,648
재고자산	323,019,198	201,239,667	183,154,582	135,263,988	116,828,086
선급비용 또는 기타 유동자산	223,680,221	132,077,935	88,995,824	41,462,780	66,028,987
유동자산 계	1,712,448,664	965,672,298	948,518,835	647,544,139	401,551,032
투자자산 및 선급금	283,758,590	274,878,713	132,277,028	67,000,362	60,780,936
유형자산	2,177,944,193	1,181,184,783	753,876,765	568,904,831	478,857,474
예치금 및 기타 순자산	363,648,234	224,052,247	91,575,543	92,035,464	72,310,079
총자산	4,537,799,681	2,645,788,041	1,926,248,171	1,375,484,796	1,013,499,521
부채와 자기자본					
유동부채					
은행대출	771,690,724		—	—	—
매입채무와 미지급비용	1,274,801,219	715,474,384	497,238,433	323,029,967	297,029,436
미지급법인세	58,803,916	28,103,867	17,205,603	23,206,109	19,851,315
지급어음	—	—	—	—	133,000,000
유동성장기부채	6,707,027	7,524,098	—	—	22,034,635
미지급배당금	16,810,812	—	—	—	—
총유동부채	2,128,813,698	751,102,349	514,444,036	346,236,076	471,915,386
장기차입금	28,936,769	33,725,902	—	—	21,127,827
소수 주주지분	45,204,131	1,479,723	1,331,529	—	—
자기자본					
액면주 자본금	880,781,250	704,625,000	563,315,000	372,000,000	66,000,000
자본잉여금	190,503,244	190,503,244	190,503,244	190,503,244	—
이익잉여금	1,263,560,589	964,351,823	656,654,362	466,745,476	454,456,308
총자기자본	2,334,845,083	1,859,480,067	1,410,472,606	1,029,248,720	520,456,308
총부채	4,537,799,681	2,645,788,041	1,926,248,171	1,375,484,796	1,013,499,521
연 평균 환율: US달러 당 페소	26.22	25.71	26.42	27.12	25.51

도표 4 졸리비 식품회사의 소득 및 이익 잉여금 계산서(단위: 필리핀 페소)

	해당년도 1월 1일부터 12월 31일까지				
	1996	1995	1994	1993	1992
시스템 전체 매출액(프랜차이즈 포함)	8,577,067,000	6,894,670,000	5,277,640,000	4,102,270,000	NA
기업 매출액	6,393,092,135	4,403,272,755	3,277,383,084	2,446,866,690	2,074,153,386
로열티 및 프랜차이즈 수수료	511,510,191	448,200,271	328,824,566	255,325,825	221,884,104
	6,904,602,326	4,851,473,026	3,606,207,650	2,702,192,515	2,296,037,490
비용 및 경비					
매출원가	4,180,809,230	2,858,056,701	2,133,240,206	1,663,600,632	1,469,449,458
영업비용	1,943,536,384	1,403,151,840	1,013,999,640	674,288,268	545,749,275
영업이익	780,256,712	590,264,485	458,967,804	364,303,615	280,838,757
이자 및 기타순이익	44,670,811	102,134,296	83,342,805	32,716,223	(13,599,219)
사회사의 순이익에서의 소수지분	—	—	499,770	—	—
법인세 충당금	219,900,353	168,589,520	138,001,953	104,230,670	66,172,056
소수 주주지분 및 회계변경의 누적효과 차감전 순이익	605,027,170	523,809,261	403,808,886	292,789,168	201,067,482
소수 주주지분	2,829,654	137,694	—	—	—
회계변경의 누적효과		13,733,644			
당기순이익	602,197,516	537,405,211	403,808,886	292,789,168	201,067,482
주당순이익	0.68	0.61	0.81	0.59	0.58
평균환율 ($ US 당 페소)	26.22	25.71	26.42	27.12	25.51

"어쩌면 우리가 아주 젊었기 때문에, 우리는 뭐든지 할 수 있다고 생각했는지도 모르겠습니다."라고 TTC는 회상했다. "우리는 전혀 움츠러들지 않았습니다."

맥도날드는 2년 동안 6개의 레스토랑을 오픈하고 광고에 큰 투자를 하는 등, 초기에는 활발하게 움직였다. 점포 당 매출이 빠르게 졸리비를 앞질렀고, 1983년에 맥도날드는 패스트푸드 시장에서 27%의 점유율을 차지하게 된다. 이로서 맥도날드는 졸리비가 점하고 있던 32%라는 시장점유율을 사정거리 안에 두게 되었다. 맥도날드에서 가장 크고 잘 알려진 샌드위치인 빅맥(Big Mac)의 인상적인 성과는 졸리비가 이에 대응하여 챔프(Champ)라는 대형 햄버거를 출시하게 되는 원인이 되었다. 졸리비 경영진은 빅맥의 작은 두 개의 패티 대신에 커다란 하나의 패티가 필리핀 소비자의 입맛에 더 매력적일 것이라는 확신이 있었다. 시장 조사결과 필리핀 소비자들은 아직도 맥도날드의 평범한 소고기 패티보다 졸리비 버거의 매운 맛을 좋아한다는 것이 나타났고, 따라서 챔프(Champ)의 프로모션은 패티의 크기뿐만 아니라 그 맛에도 초점을 맞추었다.

하지만 챔프가 의도했던 회심의 펀치는 더 큰 사건에 의해서 흐지부지 됐다. 1983년 8월에, 야당 지도자 베니그노 아키노(Benigno Aquino)가 망명에서 돌아오자마자 암살을 당하는 사건이 벌어지게 된 것이다. 이어 맥도날드를 포함한 대부분의 외국 투자자들에게 닥쳐온 경제적, 정치적 위기는 필리핀에 대한 외국인 투자 속도를 늦추게 하는 원인이 되었다. 국민적 자부심을 등에 업고, 졸리비는 그들의 행보에 박차를 가했다. 미각테스트를 거쳐 지역 소비자의 기호에 맞게 개발된 치킨, 스파게티 그리고 독특한 복숭아 망고 디저트 파이 제품을 통해 핵심 메뉴를 확장해 나갔다. 이에 1984년에 맥도날드라는 외국 브랜드가 주는 매력은 점차 퇴색되어 갔다.

1986년에는 독재자 페르디난드 마르코스(Ferdinand Marcos)가 아키노(Aquino)의 미망인 코라손(Corazon)이 이끄는 "피플 파워(People Power)"의 대규모 시위에 직면하여 필리핀에서 도주하는 사태가 벌어졌다. 그녀가 대통령으로 취임한 이후, 필리핀에는 경제적 측면의 낙관론이 대두되었고, 이는 외국기업의 재투자를 불러왔다. 이에 따라 지역 맥도날드 프랜차이즈가 다시 점유율을 확대하려고 하였을 때, 맥도날드 경영진은 졸리비가 이제 31개의 점포를 소유한 확실한 시장 지배적 존재로 발돋움 한 것을 깨닫게 되었다.

산업배경

1960년대, 맥도날드의 레이 크록(Ray Kroc)과 KFC(Kentucky Fried Chicken)의 커널 샌더스(Colonel Sanders)와 같은 패스트푸드 업계의 개척자들은 미국과 해외에서 산업의 표준이 된 가치를 제안하였다. 전 세계 다른 국가의 모델이 된 미국의 주요 패스트푸드점은 시간 제약이 있는 고객에게 깨끗한 식당 환경에서 저렴한 가격에 양질의 음식을 제공하는 것을 목표로 삼았다.

점포운영 점포 수준에서 패스트푸드 사업의 수익성은 많은 수의 고객(high customer traffic) 동원과 효율적인 점포 운영 관리에 달려 있다. 점포를 열 때에는 여러 장비 및 시설들에 대한 큰 투자가 필요할 뿐만 아니라 점포를 유지하기 위해서는 임대료, 공공요금 그리고 임금과 같은 높은 고정비가 요구된다. 이것은 많은 수의 고객("traffic")과 가능한 한 평균 주문량(또는 "ticket")의 증가를 유도해야 한다는 것을 의미한다. 많은 수의 고객을 유치해야 하는 큰 규모에 대한 필요성은 접근성을 중시하게 했고, 점포의 입지를 결정적인 요인으로 만들었다. 따라서 점포의 입지를 선택할 때 도시와 인근의 잠재성뿐만 아니라 교통 패턴, 해당 거리 혹은 해당 블록에 얼마나 경쟁이 있는가 여부를 고려해야 한다.

그러나 좋은 입지라고 하더라도 낭비를 줄이면서도 필수적인 재료를 사용해야 하고, 양질의 서비스와 직원들의 생산성을 보장하는 것과 같은 적절한 점포 운영 관리가 이루어지지 않는다면 성공한 점포를 만들 수 없다. 직원들은 음식의 주문을 받아 음식을 준비하고 청결을 유지하는 역할을 수행하는데 점장은 이러한 직원들에게 동기를 부여하고 직원들을 관리하기 위한 핵심적인 역할을 담당한다. 사전에 재료를 다듬고 준비하는 것과 같은 일에 효과적으로 그들의 시간을 사용함으로써 서비스를 더욱 빠르게 준비할 수 있을 뿐만 아니라 필요한 직원의 수를 줄일 수 있다.

체인관리 프랜차이징은 한 지역에서 시장 점유율을 빠르게 높이고 브랜드 인지도를 구축함으로써 새로운 지역에 대한 권리를 주장할 수 있게 해주는 체인점들을 확보할 수 있게 해 주는 방식이다. 이러한 프랜차이징 방식의 성장을 이끌기 위해 새로운 매장을 여는 것은 높은 수준의 자본투자를 필요로 한다. 이러한 확장은 광고와 구매 모두에서 규모의 경제를 달성하기 위해 필요한 필수적인 규모(critical mass)를 만들어 냈다.

패스트푸드의 경영진은 일반적으로 체인점 전체의 일관성과 안정성이 성공의 주요 요인이라고 믿고 있었다. 고객들이 체인점을 애용하게 되는 이유는 그들이 이 체인의 한 레스토랑을 이용한 경험을 바탕으로 그들이 다른 레스토랑에서 예상할 수 있는 것이 무엇인지 알고 있기 때문이다. 이것은 메뉴, 식재료의 품질 그리고 음식의 준비 과정뿐만이 아니라 서비스와 청결상태가 동일할 것이라는 확신을 고객들에게 주는 것이 필요하다. 특히 이 산업의 지배적 위치에 있는 미국 체인들은 그들의 일관된 이미지 역시 그들의 체인을 다른 경쟁자와 차별화시키는 요소라는 의견이 지배적이었다. 햄버거와 치킨의 단순한 판매가 아니라 그들은 그들이 미국의 대중 문화(pop culture)를 판매하고 있다고 믿었다. 그 결과, 대부분의 주요 패스트푸드 체인들은 그들의 해외 자회사들로 하여금 표준화된 메뉴, 조리법, 광고 테마 그리고 매장 디자인을 유지하거나 도입할 것을 주문하였다.

해외로: 1986~1997

필리핀에서 보여준 졸리비의 성공은 다른 아시아 국가들에서의 기회를 가져다 주었다. 탄 가족의 친구들 중 일부인 외국 사업가들은 맥도날드에 대항하여 성공한 체인의 이야기를 듣고 그들 국가의 프랜차이즈 권리를 획득하기 위해 TTC에게 접근하기 시작했다. 그의 가족과 다른 간부 대부분이 번성한 필리핀 사업에만 신경 쓰는 동안, TTC는 졸리비가 어떻게 하면 해외에서 더 잘 할 수 있는지를 알고 싶어 했다.

성급한 해외 진출로 얻게 된 교훈들

싱가폴 졸리비의 첫 번째 해외 합작투자는 1985년에 필리핀의 한 가맹 점주의 친구가 TTC를 설득하여 졸리비 매장을 싱가폴(Singapore)에 열고 경영할 수 있도록 함에 따라 시작되었다. 이 프랜차이즈는 졸리비, 현지 지역 매니저 그리고 5명의 필리핀계 중국인(Philippine-Chinese) 투자자로 이루어져 있었으며 각각 7분의 1의 지분을 소유하고 있었다. 하지만 제1호점이 개점한 후 얼마 되지 않아서 졸리비와 현지 지역 관리자의 관계가 악화되었다. 가맹본사의 조사관들이 품질, 청결 및 업무의 효율성을 확인하기 위해 싱가폴 가맹점을 방문했을 때 가맹점주는 현지 기록을 확인하기 위한 조사관들의 사무실 진입을 허용하지 않았다. 결국 1986년에 졸리비는 해당 가맹점주와 프랜차이즈 계약을 취소하고 싱가폴 가맹점을 폐쇄했다. "우리가 점포를 폐쇄했을 때, 우리는 싱가폴 현지 가맹점의 모든 자금이 사라졌지만, 일부 공급업자들에게 대금이 지불되지 않았다는 것을 알게 되었습니다."라고 TTC는 말했다. "우리는 싱가폴 가맹점이 무엇인가 잘못했다는 더 확실한 증거를 찾을 수는 없었지만, 서로에게 신뢰를 잃게 되었습니다."

대만 싱가폴 사업을 정리한 후 졸리비는 대만의 탄 가족 친구와의 50대 50의 합작투자기업을 설립했다. 매출은 개점 이후 급성장했지만, 해당 지역의 적은 보행자 수는 결국 실망스러운 수익으로 이어졌다. 시간이 지남에 따라 현지 감독 역할을 맡은 운영 직원과 대만의 파트너 사이에서 일상적인 관리문제에 대한 충돌이 잦아졌다. "비즈니스는 뛰어난 운영이 필수적이기 때문에, 우리는 경험이 풍부한 졸리비의 운영 직원을 지원해야 한다고 생각했지만, 파트너는 '나는 당신의 파트너입니다. 나는 자본을 투입했습니다. 당신은 누구를 신뢰합니까?'라고 말했습니다." "부동산 시장이 과열되고, 상점의 임대료가 크게 증가함에 따라 졸리비는 합작투자기업을 청산하고 1988년에 대만에서 철수하기로 결정하였다.

브루나이 한편, 1987년 8월에 졸리비는 또 다른 합작투자기업을 보르네오 섬의 북쪽에 위치한 브루나이의 작은 술탄 영토(sultanate)에 개점했다(〈**도표 5**〉는 1997년 중반 당시 졸리비의 해외 주요 매장의 위치를 보여줌). 필리핀 최대의 백화점 중 하나인 슈마트(Shoemart)의 CEO는 졸리비와 슈마트 파트너가 브루나이에 합작회사를 설립하는 것을 제안했다. 1993년 말에, 브루나이에서 네 개의 성공적인 매장을 운영하게 되었고, TTC는 브루나이 진출 전략에 있어 중요한 차이점을 깨닫게 되었다. "싱가포르와 대만에서는 현지 파트너가 직접 운영을 담당하고 우리의 간섭을 탐탁지 않게 여겼습니다. 하지만 브루나이에서는 투자자(silent partner)가 운영에 관여하지 않았습니다. 우리는 업무를 수행하기 위해 필리핀에서 관리자를 파견하였고 현지 파트너는 우리를 지원했습니다."

인도네시아 가족의 친구를 통해 동남아시아의 최대 시장으로 진출할 수 있는 기회가 주어졌다. 1989년 졸리비는 자카르타에 첫 매장을 열었다. 처음에는 노점과 저렴한 지역 패스트푸드 체인과의 경쟁 때문에 운영상의 어려움을 겪었다. 1994년 후반 현지 파트너와 그들이 고용한 매니저 사이의 충돌이 운영을 마비시켰을 때, 졸리비는 지금까지의 파트너십을 종료시키고 사업의 운영권을 새로운 가맹점주에게 판매했다. 그럼에도 불구하고 회사는 시장을 유망하다고 보았다.

TTC는 최초의 해외진출들을 통해서 배운 것을 다음과 같이 요약했다.

> 맥도날드는 적절한 파트너를 선택하는 것에 매우 능숙하므로 세계의 수많은 곳에서 성공할 수 있었습니다. 그들은 100명의 후보자들 사이에서 최고의 파트너를 선택하죠. 우리가 그러한 선택을 하기에는 아직 지명도가 없습니다.
>
> 사업의 또 다른 중요한 요인은 입지입니다. 당신이 새로운 국가나 도시에 들어가는 알려지지 않은 브랜드인 경우라면 좋은 입지에 접근하는 것이 어려울 수 있습니다. 맥도날드의 지명도는 최고의 입지를 얻을 수 있게 해줍니다. "입지와 적합한 파트너" 사람들은 우리가 이 두 가지 문제를 해결할 때까지 해외진출을 하지 말라고 합니다.

조직구축 1993년, TTC는 졸리비의 해외사업부가 더 큰 조직과 많은 자원을 필요로 한다고 생각했다. 대부분의 경영진이 급성장하고 있는 국내 사업에만 관심을 가지고 있었기 때문에, 1994년 1월, TTC는 국제 사업 담당 부사장으로 경험 있는 외부인사를 고용하기로 결정했다. 그는 호주출신인 토니 키츠너(Tony Kitchner)를 선택하였는데, 홍콩에 있는 피자헛(Pizza Hut)의 아시아 태평양 지부에서 14년 동안 근무한 경험을 가진 사람이었다. TTC에 직접 보고를 하면서, 키츠너는 해외사업부를 만들기 위한 자원과 권한을 요구했다.

키츠너(Kitchner)는 그의 새로운 부서가 다른 정체성과 역량을 갖춘 조직으로 거듭나기 위해서는 졸리비의 필리핀 사업부로부터 분리될 필요가 있다고 느꼈다. 그는 시장에서 좋은 관계를 가질 수 있는 파트너를 유치하는 것이 우선시 되어야 한다는 것에는 TTC와 같은 생각이었지만, 졸리비의 평범한 이미지와 기초적인 관리 방식이 이러한 노력을 가로 막을 것이라고 걱정했다. 세계적 수준의 기업 이미지를 투영하기 위해 그는 졸리비 마닐라 본부 7층에 자신의 부서 사무실을 개조하고 매니저들에게 넥타이를 착용하도록 하는 첫 번째 복장규정을 도입하였다. 한 관리자는 "우리는 지역의 체인점이 아닌, 다국적기업처럼

도표 5 1997년 중반 당시 졸리비의 해외 주요 매장 위치
(졸리비의 매장이 있는 도시는 밑줄이 그어져 있음)

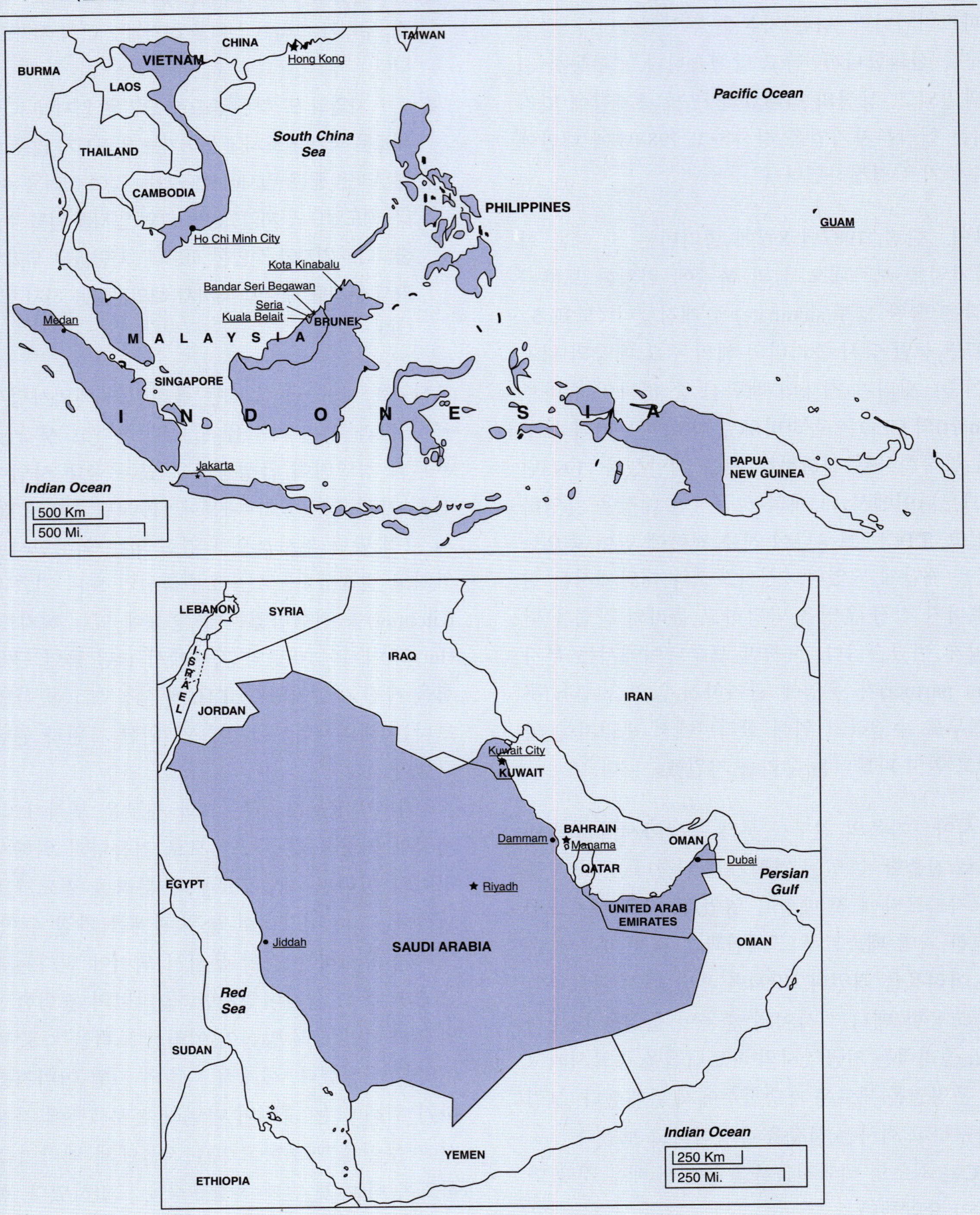

보여야 했고 그에 걸맞게 행동해야 했습니다. 반팔 셔츠에 타이를 하지 않은 채로(open-neck) 부유한 사업가에게 수백만을 투자하도록 의뢰할 수 있는 사람은 없습니다."라고 설명했다.

그가 도착한 지 몇 주 만에 키츠너(Kitchner)는 졸리비 내부와 외부의 경험 있는 국제 업무 전문가(internationalist)를 모집하기 시작했다. 기존에 있던 세 명의 직원에 더해서, 그는 곧 마케팅, 재무, 품질관리 그리고 제품개발을 할 인원을 포함한 새로운 일곱 명의 전문가들을 졸리비 외부에서 영입했다. 그리고 두 명의 비서를 추가하는 것으로 직원의 충원을 마무리 지었다. 그는 사내 모집이 두 가지 요인에 의해 제한적이었다고 주장했다. 필리핀 경영진이 자신들의 직원을 데려가는 것에 대한 저항과 새로이 시작하는 부서에 참여하는 것에 대한 기존 직원들의 관심 부족이 그것이었다.

전략적 전진 인도네시아와 브루나이의 기존 매장의 실적을 향상시키기 위해 노력하는 동시에, 키츠너(Kitchner)는 2000년까지 졸리비를 세계 10대 패스트푸드 브랜드로 만든다는 목표 아래 해외 진출을 가속화하기로 결정하였다. 키츠너의 전략은 1994년 가을 실무회의에서 수립된 두 가지 테마에 기초하고 있었다. "해외 거주자를 목표로 하기(targeting expats)"와 "깃발 꽂기(planting the flag)"가 그것이었다.

사업부의 새로운 책임자는 중동, 홍콩, 괌 및 다른 아시아 지역에서 일하는 해외 거주 필리핀인 수십만 명을 졸리비의 잠재적인 시장이면서 시장 진입을 지원하기 좋은 초기 거점으로 보았다. 이 생각을 테스트하기 위해 새로운 시장을 찾았고, 그는 중동에 필리핀 이주 노동자가 집중되어 있다는 것에 주목하였다. 하지만 두바이(Dubai), 쿠웨이트(Kuwait) 및 담맘(Dammam) 매장을 오픈 한 후, 그는 저가 시장에서는 가난한 노동자들이 지는 이동의 자유에 대한 제한으로 인해, 또한 고가 시장은 부유한 이주민들이 술을 마실 수 있는 호텔 음식점을 선호한다는 사실 때문에 이 시장이 한계가 있다는 것을 깨달았다. 모든 해외 필리핀인이 잠재적인 고객은 아닌 것으로 보였다.

시장을 선택하기 위한 또 다른 전략적 기준은 키츠너(Kitchner)의 패스트푸드 산업 내 초기 진입자의 우위(first-mover advantage)에 대한 믿음에서 비롯되었다. 제이 비스코(Jay Visco), 해외 마케팅 매니저는 다음과 같이 설명했다.

> 우리는 우리가 패스트푸드의 선구자였던 브루나이에서 우리 나름대로의 속도와 기준을 설정할 수 있다는 사실을 알게 되었습니다. 이제 우리는 그 곳에 6개의 매장을 갖고 있습니다. 반면에 맥도날드는 1개, KFC는 3개의 매장이 있죠... 그것은 중요한 교훈이었습니다: 당신의 해외 경쟁자들이 뒤늦게 시장에 진입한다고 하더라도 당신은 이미 속도(pace)를 설정해 놓았고 경쟁에서 우위를 차지하고(at the top of the heap) 있게 됩니다.

해외사업부는 이에 따라서 경쟁자가 거의 없거나 전혀 존재하지 않는 나라에서 "졸리비의 깃발 꽂기(plant the Jollibee flag)"를 하게 되었다. 이로 인한 기대효과는 매장수를 확대하여, 프랜차이즈의 브랜드 인지도를 구축하고 결과적으로 매출에 긍정적으로 영향을 미치는 것이었다. 이 접근법에 있어서 하나의 문제는 스스로가 가진 순환적인 모순이었는데, 대부분의 가맹점은 일정 수준의 매출을 달성한 후에야 브랜드 인지도를 구축하기 위해 광고와 필요한 홍보비용을 감당할 수 있었다는 것이었다. 다른 과제는 급속한 확장이 자원의 제약으로 이어졌다는 것인데, 특히 동시에 여러 신생 매장을 지원해야 하는 해외사업부 직원들의 가용성의 제약이 그것이었다.

그럼에도 불구하고 키츠너는 급속하게 확장해 나갔다. 필리핀에서 보여준 졸리비의 성공과 탄 가족의 네트워크 덕분에 그는 여러 국가에서 수많은 프랜차이즈 문의들 중에서 자신의 기호에 맞는 계약의 선택이 가능하게 되었다는 것을 깨달았다. 그 중 몇 가지는 졸리비의 본사와는 멀리 떨어진 곳에서 온 것도 있었는데, 나중에는 중단되었던 루마니아 시장으로의

도표 6 졸리비의 주요 해외매장 개점현황

위치	개점시기	
반다르스리브가완, **브루나이**	1987년 8월	
반다르스리브가완, 브루나이(2호점)	1989년 6월	
세리아, 브루나이	1992년 8월	
자카르타, **인도네시아**	1992년 8월	
자카르타, 인도네시아(2호점)	1993년 3월	
반다르스리브가완, 브루나이(3호점)	1993년 11월	해외사업부 창설
쾈라벨라잇, 브루나이	1994년 11월	
두바이, **아랍에미리트**	1995년 3월	
쿠웨이트 시티, 쿠웨이트	1995년 12월	
담맘, **사우디아라비아**	1995년 12월	
괌	1995년 12월	
제다, 사우디아라비아	1996년 1월	
바레인	1996년 1월	
코타키나발루, **말레이시아**	1996년 2월	
두바이, 아랍에미리트 (2호점)	1996년 6월	
리야드, 사우디아라비아	1996년 7월	
쿠웨이트 시티, 쿠웨이트(2호점)	1996년 8월	
쿠웨이트 시티, 쿠웨이트(3호점)	1996년 8월	
제다, 사우디아라비아 (2호점)	1996년 8월	
홍콩	1996년 9월	
반다르스리브가완, 브루나이(4호점)	1996년 10월	
호치민 시티, **베트남**	1996년 10월	
메단, 인도네시아	1996년 12월	
홍콩 (2호점)	1996년 12월	
담맘, 사우디아라비아(2호점)	1997년 3월	
홍콩 (3호점)	1997년 6월	
자카르타, 인도네시아(3호점)	1997년 7월	
자카르타, 인도네시아(4호점)	1997년 9월	

고딕체는 해당 시장에 최초진입 하였음을 의미함.

진출 계획 같은 것들이었다(한 매니저는 이를 두고 "유럽으로 진출하는 우리의 관문"이라고 일컬었다). 1994년 11월부터 1996년 12월 사이에 회사는 엄청난 에너지를 폭발시키면서 8곳의 새로운 해외 시장에 진입하고 18개의 새로운 점포를 열었다. 세계 곳곳에 졸리비의 깃발이 세워지고 있었다(〈**도표 6**〉은 졸리비의 주요 해외매장 개점현황을 보여줌).

운영관리

시장진입 졸리비(Jolibee)가 새로운 시장에 진입하기로 결정했을 때, 토니 키츠너는 가맹업자와의 파트너십을 만들기 위하여 가맹 계약에 대한 협상을 했는데 여기에는 종종 본사로부터의 투자가 포함되어 있었다. 그 시점에서 그는 부서의 프랜차이즈 서비스 관리자들(Franchise Service Managers, 이하 FSM) 중 한 명에게 개점에 대한 책임을 넘겨주었다. 이들이 회사와 가맹점 사이의 중요한 연락책이었고, 키츠너는 그들이 개점 후 해외 프랜차이즈를 경영함에 있어 필요한 자원과 전문성을 제공해주기 위해 신속하게 마닐라에 실질적인 지원팀을 만들었다(〈**도표 7**〉은 졸리비 해외사업부의 조직도를 보여줌).

개점 약 한 달 전에 FSM은 프로젝트 매니저를 고용했는데 일반적으로 해당국가의 현지인을 고용하며 이들은 대부분의 경우 해당국가의 첫 번째 매장을

도표 7 1996년 말 기준 해외사업부의 조직도(구조조정 이전)

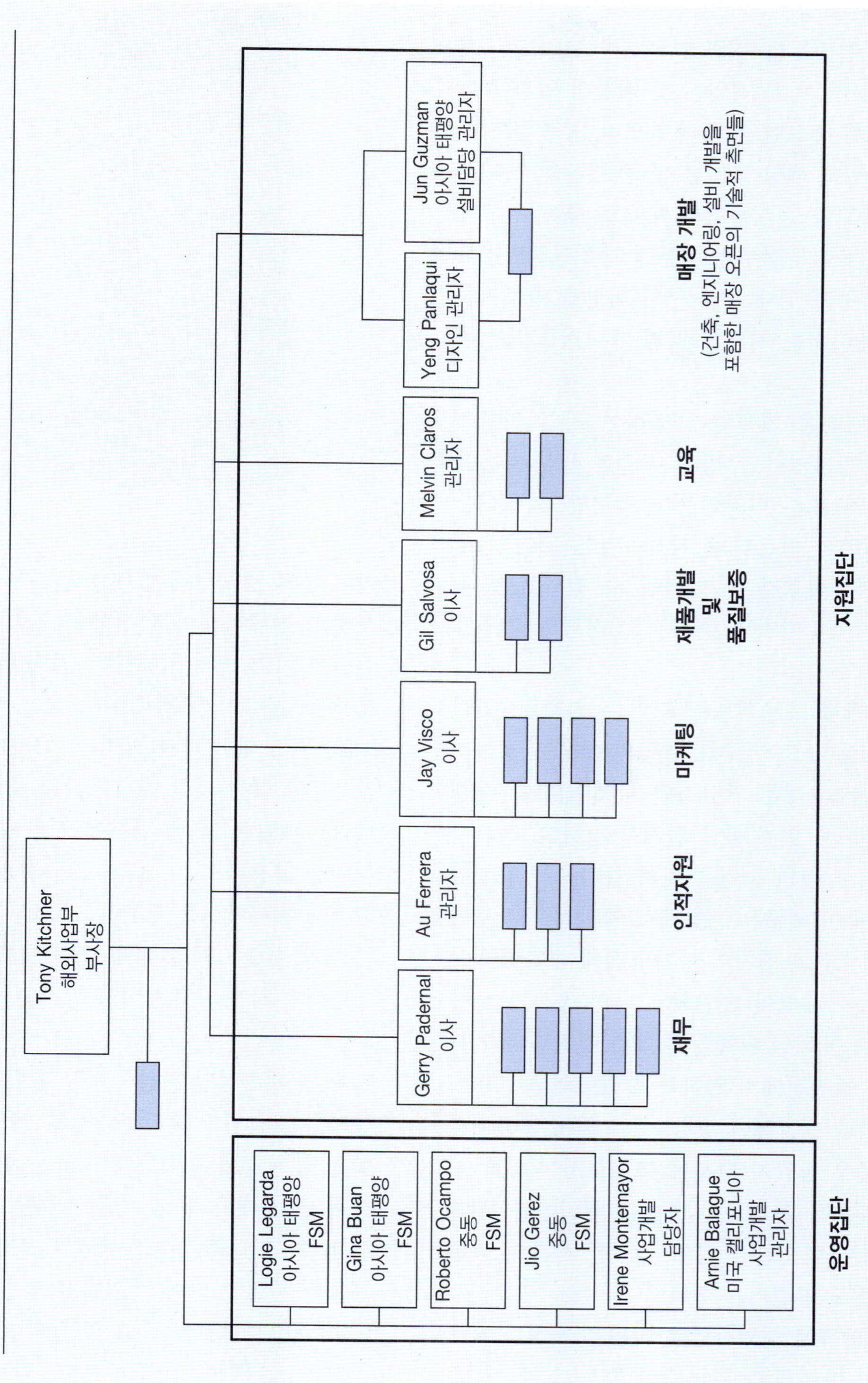

관리하게 된다. FSM과 프로젝트 매니저는 점포 오픈 과정동안 국가별로 상이한 가맹점주들의 참여 수준을 포함한 중요한 결정들을 내렸다. 하지만 가맹점주가 깊이 관여되어 지켜야 할 책임은 첫 매장의 입지에 대한 선택과 보안이 중요한 첫 단계였으며, 종종 직접적인 시장조사를 위해 해당 국가를 몇 번 방문한 해외사업부 직원의 충고를 들어야했다(때때로 좋은 입지에 대한 접근을 위해 가맹점주가 부분적으로 선택되기도 하였다). 가맹점주가 임대 또는 구입 협상을 마무리하면, 프로젝트 매니저는 지역 가맹점 매니저를 모집하기 시작했다.

FSM은 가맹점을 기획하기 위하여 지역 건축가를 고용하는 책임자였다. 주방은 적절한 생산 흐름을 위하여 졸리비의 표준 디자인을 따랐지만, 키츠너는 FSM들을 독려하여 카운터와 식사공간은 공간의 수요와 가맹점주의 선호가 잘 반영될 수 있도록 했다. 또한 해외사업부의 디자인 매니저도 적절한 지원을 했다.

기획 단계에서 프로젝트 관리자는 원재료, 인력 및 여타 운영비용 구조의 주요 항목의 예산을 정하기 위해 해외사업부의 재무 담당자와 함께 업무를 수행했다. 그(녀)는 또한 현지 공급 업체를 정하고, 해외사업부 품질 관리 직원의 승인을 거쳐 가격을 협상했다(일부 원료 및 종이 제품은 중앙에서 일괄적으로 구입하고 아시아 전역의 프랜차이즈 가맹점에 배포했다).

건축 및 토목 계획이 승인되고 나면 공사가 시작되었다. 종종 다른 해외 활동들이 그런 것처럼 해외사업부의 직원은 필리핀에서 일하는 졸리비의 동료와는 매우 다른 능력을 개발해야 했다. 예를 들어 홍콩에서는 임대료가 매우 높았기 때문에 그들로서는 매우 치밀하게 건설 일정을 관리하는 방법을 배워야만 했다. 보통 필리핀에서 비슷한 작업에 필요한 시간의 반에서 삼분의 일 정도가 걸리곤 했다.

FSM의 지도하에 해외사업부 직원은 개점과 첫해의 운영을 위한 마케팅 계획을 준비했다. 그 계획들은 사전에 진행된 소비자 설문조사와 마케팅 데이터 그

도표 8 전형적인 졸리비의 국제 프랜차이즈 조직

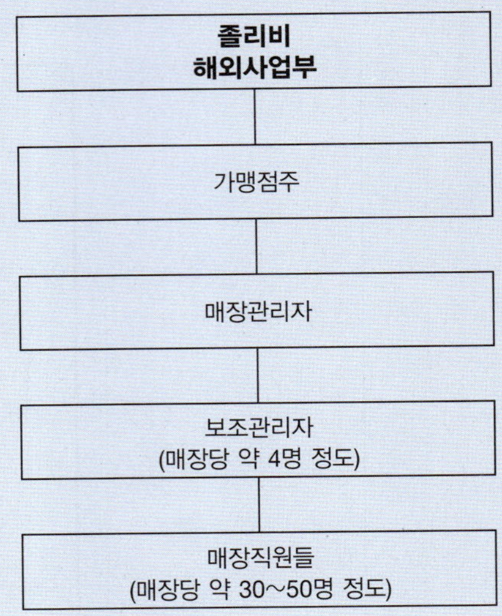

리고 주요 경쟁상대에 대한 분석을 바탕으로 한 포지셔닝과 커뮤니케이션 전략을 포함하고 있다. 사업부 직원은 지역 마케팅 매니저, 지역 매장 매니저 그리고 보조 매니저도 교육했는데 보통은 필리핀의 매장에서 3개월을 보내야 했다(적절한 지역 매니저가 발견되지 않은 경우에는 매장 매니저가 본사로부터 파견되기도 했다). 매장을 열기 직전에 프로젝트 매니저는 매장 직원을 고용하고, 마닐라의 해외사업부의 교육담당이 고객에게 서비스를 제공하고 요리하고, 매장을 유지하는 방법을 2주 동안 교육시켰다(〈**도표 8**〉은 졸리비의 전형적인 국제 프랜차이즈 조직을 보여주고 있음).

감독 및 지속적인 지원 개점 후 FSM은 재정 및 운영 성과를 관찰하고 매장관리자를 지원하고 개발하는 역할을 하는 중요한 접점의 역할을 수행한다. FSM은 매장을 열고 대략 두 달 정도는 매일 제품 판매량, 유동고객 수, 평균주문량을 팩스로 보내기 위하여 매장을 그들의 관할권 안에 두기를 요구했다. 운영이 안정화되고 매장관리자가 판매 및 운영 요구 사항의 패턴을 익히기 시작함에 따라, FSM은 점포가 동일한 데이터를 매주 보고하고 월별 요약을 제공하도록 허락했다.

FSM은 이 정보를 기업을 위한 로열티 수입을 추적하고 밝히는 데 사용할 뿐만 아니라, 지역 프랜차이즈를 지원할 수 있는 방법을 찾기 위하여 사용했다. 데이터를 통해 문제가 밝혀지면, FSM은 매장관리자에게 연락하여 문제가 되는 부분을 조명하고 적절한 활동 계획을 묻는다. 예를 들어 FSM 중 한명인 지나 부안(Gina Buan)이 2주 연속으로 매출이 감소된 것을 발견하자, 그녀는 이 문제에 대한 구체적인 계획을 24시간 이내에 제출해 줄 것을 해당 매장관리자에게 요구했다. 만약 매장관리자들이 스스로 해결책을 가져오지 못하면 그녀는 그들이 대답을 만들어 낼 수 있도록 그들을 지도했다. 그녀는 미소를 지으며 말했다. "저의 목표는 그들을 또 다른 저처럼 만드는 것입니다. 적어도 저의 전문성을 그대로 전수하고 싶은 것이죠."

많은 매장들이 요구된 매출 정보 외에도 자발적으로 그들의 비용을 보고하곤 하는데 왜냐하면 그들은 FSM의 분석이 매장 운영에 큰 도움이 된다는 것을 깨달았기 때문이다. 이러한 열린 파트너십은 프랜차이즈 관계에 대한 TTC의 견해와 일치했다. "우리는 통제 목적이 아니라 적절한 상담과 지원에 도움을 주기 위한 목적으로 가맹점으로부터 데이터를 얻습니다." 라고 말했다. TTC의 형제인 에르네스토 탄(Ernesto Tan)은 비록 졸리비의 로열티는 매출의 일정부분이고 가맹점은 수익에 집중하겠지만, 둘의 이해는 비슷하다고 설명한다. "우리는 우리가 받을 수 있는 로열티가 상승할 수 있도록 매출이 신장되기를 바랍니다. 그러나 매장에 수익이 없다면 이런 일은 일어나지 않겠죠. 왜냐하면 우리의 가맹점주들이 확장하려 들지 않을 것이기 때문입니다."

그러나 해외사업부는 지원뿐만 아니라 특히 품질 부분에 있어서 통제 역시 신경 쓰고 있다. 분기마다 진행하는 불시 현장 검사가 졸리비의 주요 품질통제 방법이었다. 2일 동안 FSM은 제품의 품질 및 준비도(맛, 온도, 신선도, 가용성(availability) 및 겉모습), 청결도, 음식점 외관, 서비스 속도, 친절함을 포함한 업무의 모든 측면을 상세하게 평가했다. 집중적인 검사에 대한 설명서는 그 두께가 몇 인치에 달하기도 했다. 모든 해외직원들은 졸리비의 품질 기준을 교육받고, 그들이 이동할 때마다 덜 세세한 "빠른 검사(quick checks)"를 실시하고 있다. 15페이지 분량의 설문을 바탕으로 빠른 검사를 완료하는 데에는 약 2시간이 소요되었으며, 덜 엄격하고 덜 세세하지만, 이는 집중적 검사가 시행되는 모든 부분을 포함하고 있었다. 각 점포는 분기마다 평균적으로 두 번의 빠른 검사를 받았다.

FSM은 스스로의 풍부한 업계 경험뿐만 아니라, 이 부문의 매니저들은 해외사업부 기능별 인력의 전문 지식을 지니고 있었다. 예를 들면 지나 부안(Gina Buan)은 졸리비 및 다른 체인의 매장, 구역 그리고 국가들을 관리하고 있었다. 그들은 가맹점주들에게 서서히 역할을 넘기려고 했지만, 지원 담당자는 종종 개점 후에도 오랫동안 많은 역할을 담당해야 했다. 예를 들어 마케팅 직원은 신규 출점을 위한 초기 마케팅 계획을 구상하고 신규 매장 계획을 재검토하는 데 있어 프랜차이즈 지원 역할을 제한하려고 했다. 그러나 많은 경우 그들은 특정 가맹점을 위한 일상적인 캠페인의 기획 업무뿐만 아니라 그들이 느끼기에 해당 매장 관리자나 가맹점주들이 해야 한다고 느껴지는 일들에도 동원되곤 했다.

국제 업무 대 국내 업무 사업체가 성장함에 따라 키츠너와 그의 직원은 해외 확장을 단순히 "깃발 꽂기"라는 은유로 표현하지만 실상은 그렇게 간단하지 않다는 사실을 알게 되었다. 그것은 때때로 정복되지 않은 험난한 산을 힘겹게 오르는 것과 같이 느껴졌다. 시장 진입을 위한 수많은 싸움을 거친 후, 해외사업팀은 졸리비의 필리핀 비즈니스 모델의 요소들 중 몇 가지를 해외 실정에 맞게 변경할 필요가 있다고 판단했다. 예를 들어 인도네시아에서 얻었던 회사의 경험은 비스코(Visco)가 졸리비의 "대중적인 포지셔닝(mass-based positioning)"을 단순히 이식하는 것을 비판하는 계기가 되었다.

> 졸리비가 인도네시아에 진출했을 때, 그들은 인도네시아 시장이 필리핀과 비슷할 것이라고 가정했었죠. 그러나 인도네시아의 대중은 필리핀의 노동 계층과 하위 중산층 소비자처럼 패스트푸드에 많은 지출을 하려고 하지 않았고 저렴한 대안이 많이 있었습니다. 우리는 더 상위 시장의 고객을 대상으로 우리의 포지션을 재배치하는 것이 필요하다고 판단했습니다.

또한, 키츠너와 비스코는 졸리비가 스스로를 "지역적인(local)" 혹은 "지방색(regional)"의 느낌이 아닌, "세계적인 수준(world class)"으로 보이도록 해야 한다고 느꼈다. 특히 그들은 졸리비가 해외진출을 하면서도 변하지 않았던 정원을 모티프로 하는 넝쿨 테마의 필리핀의 매장 디자인을 좋아하지 않았다. 다섯 명으로 이루어진 해외사업부의 패널들은 외부의 건축가와 협력하여 더 나은 조명과 높은 품질의 가구를 포함한 새로운 세 개의 매장 장식을 개발했다. 키츠너가 TTC의 승인을 얻은 후, 해외사업부는 인도네시아의 매장을 리모델링하고 이후의 모든 신규 매장에 이 디자인을 적용했다.

해외사업부는 졸리비의 로고 디자인 역시 변경했다. 로고는 꿀벌 마스코트를 유지하면서 빨간색 배경 대신 오렌지색으로 변경하고, "Great Burgers, Great Chicken"이라는 슬로건이 추가되었다. 비스코는 오렌지색 배경이 빨간색과 흰색을 주요 색상으로 하는 KFC, 코카콜라, 말보로와 같은 다른 주요 브랜드와 이 체인의 로고를 차별화한다는 점을 짚었다. 슬로건은 사람들의 마음에 졸리비의 명칭과 로고를 연결하기 위해 추가되었다. 비스코는 웬디스 버거의 전통 햄버거(Wendy's Old Fashioned Hamburger), 켄터키 후라이드 치킨(Kenturky Freid Chicken, KFC), 피자 헛(Pizza Hut)과는 다르게 졸리비는 이름에 제품을 포함하지 않고 있으며, 시장 조사결과 필리핀 외의 소비자들은 로고가 장난감 체인이나 제과점의 것이라고 추측했다는 점에 주목했다.

또한 키츠너와 그의 직원은 졸리비의 필리핀 사업 운영 모델에 다른 많은 변화를 가했다. 예를 들어 필리핀에서 했던 것처럼 새로운 프로모션을 위한 각각의 새로운 광고 소재를 준비하지 않고, 국제 마케팅 그룹은 새로운 프로모션을 보여주며 콜라주로 조립 될 수 있는 각 식품의 홍보 사진을 사내의 라이브러리로 구축했다(예: 햄버거, 감자튀김, 탄산음료의 할인가격). 그리고 스티로폼에서 종이 포장재로 변화를 주어 외국 소비자들에게 졸리비가 환경에 대해 좀 더 생각하고 있다는 점을 강조하였다.

현지 입맛에 맞춤화 이러한 변화는 이제 막 시작한 해외사업부가 이미 필리핀에서 검증된 방식을 자꾸 건드리는 것으로 보는 커다란 국내사업 부문의 많은 사람들로부터 많은 불평과 불만을 낳았지만, 메뉴 아이템에 대한 실험만큼 큰 논란을 불러일으킨 사례는 없었다. 졸리비의 경영 철학인 "Five Fs"의 "유연성(flexibility)"의 측면은 고객취향의 차이에 기꺼이 맞추겠다는 것을 의미한다고 주장하면서, 해외사업부의 관리자들은 메뉴가 현지 취향에 맞게 조정되어야 한다고 믿었다.

이 시도는 1992년에 인도네시아 지역의 가장 인기 있는 메뉴인 쌀과 코코넛을 혼합하여 만든 나시레마(Nasilema)의 패스트푸드 버전을 만들어 달라는 인도네시아 가맹점주의 요청에 따라 필리핀에서 관리자를 파견하면서 시작되었다. 이러한 선례를 기반으로, 키츠너의 팀은 그들이 졸리밀(Jollimeal)이라고 부르는 해외 메뉴 아이템을 만들었다. 이것은 보통 쌀 위에 국가에 따라 다양한 토핑을 얹은 것으로, 예를 들면 홍콩에서는 쌀에 맵고 시큼한 닭고기를 얹었고, 반면에 베트남에서는 치킨 카레를 얹었다. 비록 이 메뉴는 해외 전체매출의 5%밖에 되지 않았지만, 키츠너는 졸리밀을 졸리비의 이미지를 현지화하는 데 중요한 방법으로 여겼다.

그러나 해외사업부는 졸리밀의 개념을 넘어서는 확장을 했다. 메뉴에 맞는 샐러드를 개발해 달라는 현지 가맹점주의 요청에 응하기 위해 떠났던 두바이 여행에서 제품개발관리자였던 길 살보사(Gil Salvosa)는 그의 호텔방에서 표준 요리법을 만들기 위하여 밤새 야채를 썰어야 했다. 이 여행에서 그는 가맹점주의 요리사로부터 치킨 마살라의 요리법을 배웠고, 나중에 그것을 두바이 점의 패스트푸드 조리방식에 적용했다. 또한, 해외사업부는 특이한 아이템들을 메뉴에 넣었는데, 말레이시아인들이 좋아하는 말린 생선(dried fish) 같은 것들이었다. 다른 메뉴 항목이 거의 없어지지 않았기 때문에 이러한 메뉴의 추가는 일반적으로 해외에서 메뉴의 다양성을 높이게 되었다.

증가한 메뉴의 다양성은 거의 항상 운영 효율성을 희생하게 만들었지만(그리고 은근히 매장 수준에서의 운영상의 통제업무를 복잡하게 함.), 키츠너는 이러한 지역적 취향을 맞추기 위한 희생이 필요하다고 확신했다. 예로 들면, 괌에서는 특대 사이즈에 대한 현지 취향에 대응하기 위하여 부서 직원은 챔프의 표준화된 대형 비프 패티에 계란 후라이와 베이컨 두 장을 추가했다.

중동의 가맹점들은 R&D 부서의 직원에게 졸리비의 매운맛 프라이드 치킨을 만들 방법을 문의하였다. 비록 켄터키 프라이드 치킨(KFC)이 그들의 매콤한 조리법으로 손님들을 끌고 있었지만, 필리핀 측의 연구개발담당 직원은 이를 적극적으로 반대했다. 이에 대한 타협으로 해외사업부가 손님들이 보통의 졸리비 치킨에 추가할 수 있는 매콤한 소스를 개발했다.

전체적으로 해외사업부의 메뉴와 제품에 대한 수정은 필리핀 졸리비 측과의 상당한 긴장을 불러 일으켰다. 예를 들어 돼지고기의 흔적을 제거하기 위해 이슬람 국가를 대상으로 하는 햄버거를 새로 만드는 것에는 이견이 없었으나, 신제품을 추가하거나 기존의 것을 변경하는 것은 커다란 논쟁으로 이어졌다. 그 결과 해외사업부는 보다 더 규모가 큰 필리핀의 연구개발(R&D)부서 직원들로부터 협조를 얻기가 어려웠고 현지소비자에 대한 맞춤화는 마찰과 충돌의 원인이 되었다.

불편한 해외–국내사업부 관계 해외사업부가 커져감에 따라 해외사업부와 필리핀 본사와의 관계는 악화되는 것처럼 보였다. 메뉴 변경에 있어서의 긴장감은 키츠너가 해외사업부를 구축하기 시작한 직후에 표면화했던 것보다 더 심각한 문제를 보이고 있었다. 필리핀 직원은 해외사업부가 졸리비에서의 경험이 일천함에도 불구하고, "16년 동안 만들어온 절차를 부정하는" 애송이라고 생각했다. 다른 한쪽에서 해외사업부 직원들은 필리핀의 조직이 관료적이고 실행이 더디다고 보고했다. 그들은 지원을 받기 위하여 적절한 채널을 통하고 특정 절차를 따르라는 요구에 의해 방해받는다고 느꼈다.

졸리비의 국내 · 해외사업부는 주로 독립적으로 운영되어 왔지만, 긴장되어 있는 관계는 협력의 정신을 황폐화시켰고 이미 제한적이었던 교류를 최소한의 필요한 정도로 줄여버렸다. 일부 해외사업부의 직원은 졸리비 자원의 대부분을 제어하는 필리핀 국내사업부 측이 기존 제품 및 관행을 개선하고 적용하기 위한 그들의 노력을 지원하기 위해 더 많은 것을 할 필요가 있다고 느꼈다. 비스코(Visco)는 새 패키지 디자인에 대한 지원을 원했을 때, 필리핀의 마케팅관리자는 해외사업부가 알아서 하라는듯한 태도를 취했다고 회상했다. 마찬가지로 살보사(Salvosa)는 제품개발에 대하여 필리핀의 R&D 부서로부터 좀 더 많은 협조를 원했으나, 너무 긴 토론과 필요한 승인들에 좌절해야만 했다.

그러나 국내 사업부는 상황을 다르게 보고 있었다. 필리핀 졸리비를 담당하고 있던 부사장 에르네스토 탄(Ernesto Tan)은 다음과 같이 회상한다.

> 몇 가지 무리한 일들이 있었습니다. 해외사업부가 필리핀 본사에서 상사들의 이해를 구하지 않은 채 직접적으로 사람들을 뽑아가려고 했을 때가 시작이었어요. 모집된 사람들이 곧 더 많은 급여와 복리 후생과 함께 승진했기 때문에 개인적인 수준의 시기심도 있었죠.

해외사업부 사람들도 우월 콤플렉스(superiority complex)를 조장하는 것처럼 보였어요. 그들은 모든 것을 다르게 하기를 원했고, 그렇게 해서 그 점포가 잘 된 경우 자신들이 모든 공을 가져갔습니다. 한 번은 그들이 교육 훈련 시설로 필리핀 상점을 운영해보겠다는 제안을 했었는데, 우리는 그들이 우리보다 잘 할 수 있다는 것을 보여주고 싶을 뿐이라는 생각을 했습니다. 우리는 그들이 씀씀이가 헤픈 사람들이라고 생각했어요. 반면에 우리는 비용에 매우 세심한 주의를 기울이고 있었죠. 우리 사람들은 "돈은 우리가 벌고, 쓰는 것은 저 사람들이다!" 라고 말하곤 했어요. 이러한 문제를 해결할 수 있도록 하는 중요한 의사소통은 전혀 이루어지지 않았죠. 그래서 우리는 TTC에게 이 말을 했습니다. 왜냐하면 키츠너가 그에게 보고하고 있었기 때문이죠.

사정은 1996년 내내 악화되었다. 심각한 문제의 첫 징후 중 하나는 TTC가 1995년 중반에 시작했던 졸리비 로고를 리디자인(redesign)하는 프로젝트 기간 중에 드러났다. 해외사업부가 이전 로고를 변경한 것이 발단이 되어, 이 리디자인 프로젝트 위원회는 전사적으로 동원된 대표자들로 구성되었다. 해외사업부의 리디자인을 감독했던 키츠너도 포함되어 있었다. 위원회의 심의 기간 중 일부 국내파 매니저들은 해외사업부 부사장의 강한 의견이 방해된다고 느끼고 있었고, 1996년 초에 키츠너는 회의에 참석하는 것을 그만두었다.

이 기간 동안, 해외사업부의 지속적인 불협화음에 대한 TTC의 우려는 점점 커지고 있었다. 1996년 11월경 그는 키츠너의 급격한 해외 확장이 불러온 재정 문제 때문에 그의 전략을 지원할 수 없다고 판단했다. 해외매장의 대부분은 적자를 면치 못했지만, 이러한 광범위하고 이익을 창출하지 못하는 활동들에 대한 지원비용은 증가하고 있었다. 이익을 창출하지 못하는 매장 역시 프랜차이즈 매출의 일부를 차지하는 수수료를 창출하고 있다는 사실에도 불구하고 TTC는 불편함을 느꼈다.

키츠너는 졸리비의 수익을 극대화하기 위하여 많은 점포의 개설을 원했습니다. 처음에는 해외의 경험에서 배울 것이 있을 것이라는 생각에 이러한 접근법을 지지했었지만, 저는 그것이 장기적으로 성공할 수 있는 길이 아니라고 믿게 되었습니다. 우리는 우리들뿐만 아니라 가맹점주들 역시 돈을 벌 수 있도록 각 매장들이 이익을 낼 수 있다는 확신이 들 때까지 조금 더 느리게 가는 것을 선호했습니다. 우리는 보통 공급자들과 특히 가맹점주들을 포함하여 누구든지 우리와 함께 사업을 할 경우에 돈을 벌어야 한다고 생각했습니다. 이것이 장기적이고 좋은 관계를 만듭니다.

1997년 2월, 키츠너는 졸리비를 떠나 호주로 돌아갔다. TTC가 직접 감독한 구조 조정으로 해외사업부 직원은 32명에서 14명으로 줄었고 재무, MIS 및 인사 기능은 그들의 더 큰 필리핀 해당 부서와 병합되었다(〈**도표 9**〉는 1997년 3월 기준 졸리비의 해외사업부 조직도를 보여주고 있음). TTC가 새로이 해외사업부를 이끌어갈 사람을 찾는 동안 제이 비스코(Jay Visco)가 해외사업부의 임시 책임자를 맡았다.

새로운 국제화 시기: 1997

키츠너가 떠난 이후로, TTC는 대체자를 찾기 위하여 졸리비의 공급 업체 및 필리핀에 있는 패스트푸드 업계의 다른 사람들에게 집중적으로 자문을 구했다. 그 결과 지속적으로 회자되는 이름은 업계에서 가장 경험이 풍부한 매니저 중 하나인 마놀로 P.("Noli") 팅존(Manolo P.("Noli") Tingzon)이었다. 비록 팅존은 그의 경력 중 대부분의 기간을 필리핀에서 보냈지만, 그 시간의 대부분을 외국의 체인점들이 필리핀 시장에 진출하는 것을 지원하는 역할을 수행했었다. 1981년에 그는 경영 연수생으로 맥도날드에 입사하였고, 이후 졸리비와의 절망적인 전투에 10년을 보냈다. 식품 포장 회사에서 짧은 경험을 거친 후, 1994년에 그는 또 다른 미국의 패스트푸드 체인인 텍사스 치킨(Texas Chicken)을 필리핀에 진출시키는 도전을 하고 있었다.

도표 9 1997년 3월 기준 해외사업부의 조직도(구조조정 후)

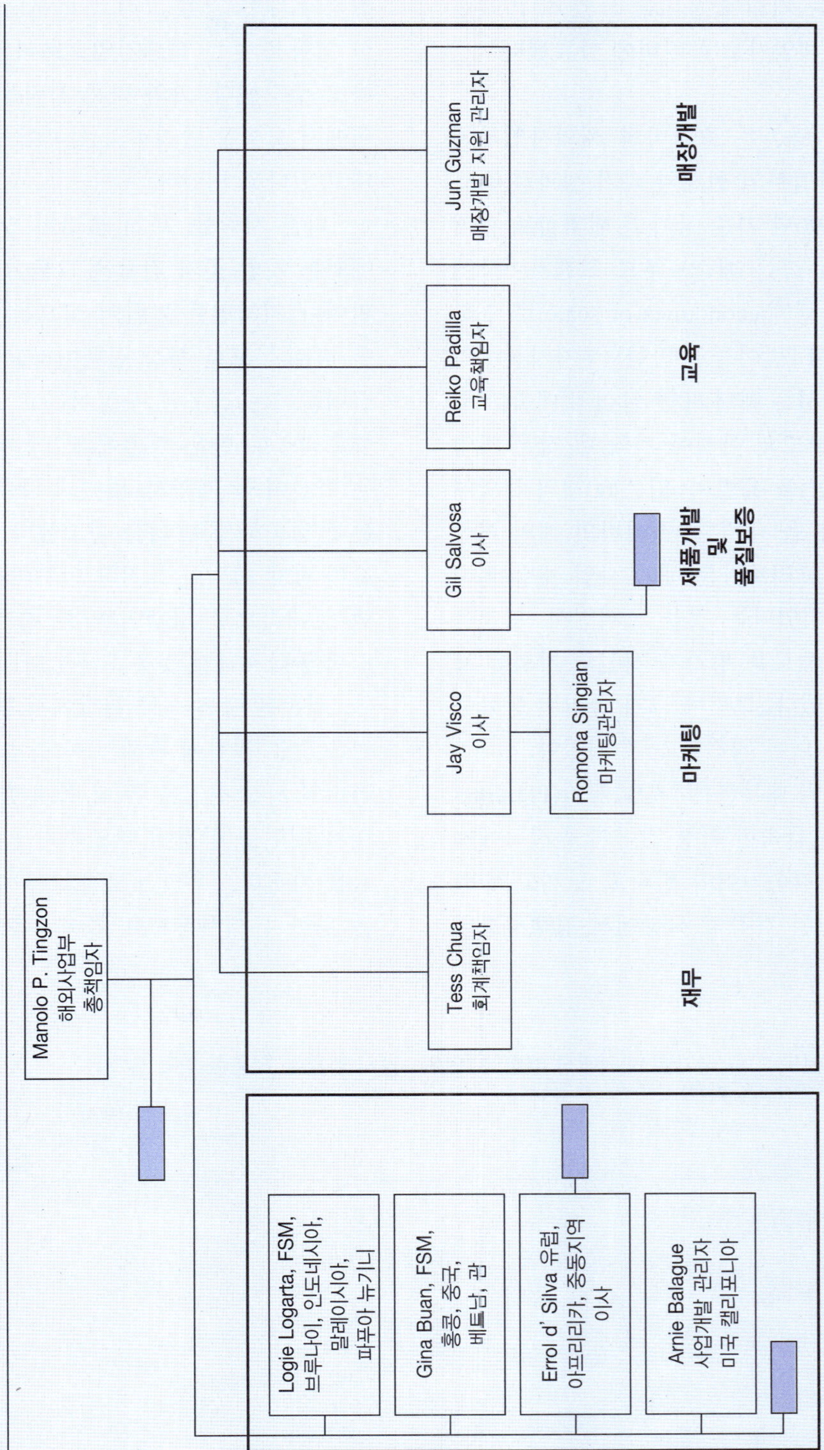

TTC가 1996년 말에 그와 접촉했을 때, 팅존은 그의 오랜 강적이 제공하는 기회에 흥미를 느꼈고, 1997년 7월 해외사업부의 총책임자로 졸리비에 합류했다.

신선한 시각의 전략 팅존은 졸리비의 해외사업부에 도착하자마자 해외사업부의 현재와 과거 성과를 검토했다(〈**도표 10**〉은 1996년 기준 국가별 해외점포 판매액을 보여주고 있음). 그는 패스트푸드 프랜차이즈에서 나타나는 규모의 경제(economies of scale)로 인하여 해외사업 부문에서 "받아들일 만한" 투자자본수익률(ROI)을 얻기 위해서는 매년 80만 달러의 매출(보통 이러한 매출은 맥도날드의 아시아 지역 내 작은 직영점들과 비슷한 수준임)을 올릴 수 있는 60개의 해외매장이 필요하다는 결론을 내렸다. 졸리비의 해외 확장은 때때로 사업적인 고려보다는 해외 사업 개발에 대한 자부심으로 진행되었다는 것을 느끼면서, 팅존은 기존의 해외 전략의 새로운 평가가 개선의 기회를 보여줄 수 있다고 생각했다. 그러나 그가 졸리비 동료들과 상담한 결과, 그는 다른 의견을 듣게 되었다.

해외사업부의 직원 대부분은 "깃발 꽂기(Planting-the-flag)"로 표현되는 급속한 확장 전략이 졸리비에게 도움이 되었고 계속 지속되어야 한다고 느끼고 있었다. 예를 들어 비스코는 각각의 시장에서 경쟁사보다 빠르게 시장에서 지위를 구축하는 것이 고객의 기대, 취향에 대한 영향 그리고 브랜드를 구축하는 데 중요한 영향을 주는 선도기업으로서의 우위를 누릴 수 있다고 주장했다. 그와 다른 사람들은 필리핀과 브루나이에서 보여준 졸리비의 성공이 이 점을 특히 잘 나타내고 있다고 느꼈다.

다른 사람들, 특히 졸리비 필리핀 국내사업부 측에서는 깃발 꽂기 전략은 그들이 중동처럼 해외 이주민이나 지역민들을 끌어 모으는 데 지속적인 어려움을 겪는 무모한 시장 선택이라고 보이는 곳에 회사를 끌어들이는 잘못된 구상이라고 생각했다. 예를 들어 에르네스토 탄은 팅존에게 "각 매장이 잘 하고 있다는 확신이 들 때까지, 몇몇의 나라에서 점유율을 높이는데 집중하세요."라고 충고했다. 그는 팅존이 홍콩과 같이 잠재 이익이 크거나 인도네시아나 말레이시아처럼 상대적으로 경쟁이 약한 졸리비의 기존시장에서 지위를 다져나갈 것을 요구했다.

팅존은 당초 신규 시장에서 필리핀 해외동포에 초점을 맞춘 전략에 관해서 이 방법이 괌과 홍콩에서 졸리비의 시장 진입을 좀 더 쉽게 했다고 평가했지만, 이것이 체인을 함정에 빠뜨리지 않았는지에 대한 의구심을 가졌다. "우리가 스스로를 해외거주 필리핀인만을 위한 틈새시장으로 몰아넣음으로써, 우리가 각국

도표 10 1996년도 기준 국가별 해외매장 매출액 (단위: 당시 환율을 적용한 미국 달러)

		1996	
		매출액	점포수
바레인		262,361	1
브루나이		2,439,538	6
괌		1,771,202	1
홍콩		1,142,240	2
인도네시아		854,259	3
쿠웨이트		864,531	3
말레이시아		391,328	1
사우디아라비아		976,748	4
아랍에미리트		487,438	2
베트남		112,578	1
총계	US$	9,302,223	24

의 사업체를 지원할 수 있을 정도로 충분히 성장하는 것을 스스로 막고 있는 것은 아닐까요?"라고 그는 물었다. 다시 해외 거주민 위주의 전략을 선호하는 쪽과 졸리비가 스스로 필리핀 정체성을 털어내고 어디로 가든지 주류 시장을 노려야 할 때가 되었다고 느끼는 쪽으로 의견이 갈라졌다.

당면한 실행전략: 세 가지 차원 비록 팅존은 최종적으로 정책 수준에서 이러한 문제를 해결하고 싶어 했지만 실제적으로 그는 미래 전략의 부상을 형성할 세 가지 즉각적인 성장 기회에 직면해 있었다.

파푸아 뉴기니: 표준을 세우기 1996년 초에, 품질 보증 매니저 길 살보사(Gil Salvosa)의 추천으로, 가금류 사업을 하는 현지 뉴기니 기업가가 졸리비의 프랜차이즈에 관하여 토니 키츠너에게 접근했다. 그는 오백만 명의 사람들로 구성된 나라가 엉망으로 관리되는 세 개의 매장을 가진 체인점에만 의존하고 있으며, 최근 호주의 치킨 레스토랑 프랜차이즈와 관계가 틀어졌다고 상황을 설명했다. "모스비 항(Port Moresby)에는 혼자서 식사를 할 만한 적당한 장소가 없습니다."라고 그는 키츠너에게 말했다. 그는 졸리비가 서비스와 음식의 질을 향상시킴으로써 호주 체인점의 시장 점유율의 상당 부분을 가져오는 동시에 향후 신규진입자의 시장진입을 막을 수 있다고 믿고 있었다.

원래 초기의 계획은 가까운 미래에 수도 모스비 항에 하나의 매장만 여는 것이었지만 팅존은 만약 바로 세 개에서 네 개의 매장을 진출시킨다면 가맹점에서 시장 개발비용을 충당할 수 있을 것이라고 확신했다. 그러나 그는 새로운 시장에서 목표로 하는 필수적인 규모인 20개의 매장을 파푸아 뉴기니에서 지원할 수 있을지에 대한 확신이 없었다(비교를 위해 필리핀은 약 1,200여개 패스트푸드점들이 7천 5백만 명의 사람들을 놓고 경쟁하고 있었다. 양국의 일인당 실질 GNP는 거의 미화 2,500달러였다).

팅존이 그의 우려를 설명했을 때 가맹점주가 되길 원하는 사람은 그가 주요 석유 소매 업체와 협상하여 전국에 있는 그들의 서비스 스테이션에 다섯 개의 대장을 출점할 수 있도록 하겠다고 응답했다. 또한 그는 필요하다면 더 많은 매장을 만들 용의가 있으며, 졸리비가 자본의 위험을 지지 않게끔 모든 자본을 낼 것이라고 강조했다.

홍콩: 거점을 확장하기 또한 팅존의 선택지에는 홍콩에서 네 번째 매장을 확대하자는 제안이 들어 있었다. 현지 사업가와의 파트너십으로 TTC의 처남인 토미 킹(Tommy King)에 의해 관리되고 졸리비가 소유한 이 프랜차이즈는 1996년 9월 개장 이후 순식간에 엄청난 성공을 거두었다. 이 매장은 시내 중심 지역의 주요 교통 요충지에 있으면서 필리핀 이주민, 주로 국내 근로자들이 모이는 장소가 되었다. 그러나 현지 사람들을 끌어들이는 것은 좀 더 어렵다는 것이 드러났다. 필리핀 사람들이 어울리기 위하여 이 중심지역에 오는 주말에는 손님이 많았던 반면, 지역 사무직 근로자들이 오는 주중에는 손님이 많지 않았다.

비록 시내 중심지에 위치한 두 개의 점포에서 많은 필리핀인들을 끌어들이고는 있었지만 그 두 매장은 중국인 손님에게 광범위하게 의존하고 있었으며 첫 번째 직영점에 비하여 삼분의 일 정도의 매출만을 올리고 있었다. 중요한 문제는, 엄청난 노력에도 불구하고, 졸리비는 종업원으로 지역 중국인을 고용하는 것이 불가능했던 것에 있었다. 한 매니저에 따르면, 영어를 잘 하지 못하는 중국 손님들의 대부분은 네팔이나 필리핀 카운터 직원과의 이야기를 이해하지 못했을 때 당황하지 않을까 라는 걱정을 하고 있었다. 또 다른 문제는 맥도날드가 지배하고 있는 도시에서 지역민 사이에서 졸리비의 브랜드 인지도가 약하다는 것이다. 두 번째 매장을 소유하고 있는 가맹점주 앙리 시(Henry Shih)와 일하면서 졸리비의 직원은 이야기거리가 있는 광고 캠페인을 할 수 있도록 도와주려고 했지만, 홍콩 사업체의 규모가 너무 작아서 충분한 자금을 투입할 수 없었다.

시(Shih)는 중국인 손님의 입장에서 어렵다고 느끼게 되는 메뉴 제공에 있어서 졸리비의 경직성에 불만을 표했다. 1997년 초, 그의 중국인 매니저가 차를 티백 대신 티 더스트(tea dust, 분말방식의 차 잎)를 사용하고 연유를 추가하는 홍콩 방식으로 제공하는 것이 어떻겠냐는 제안을 했다. 6개월이 지났지만, 그는 여전히 진행하라는 대답을 듣지 못했다. 그가 졸리비의 핵심 메뉴 중 하나인 치킨 조이(Chicken Joy)의 지방이 덜 포함된 조리법을 개발하자고 제안했을 때에는 보다 직접적인 저항에 부딪혔다. "중국인들은 튀김을 많이 먹으면 당신 안에 열기가 생겨 건강상의 문제를 유발할 것이라고 말합니다." 국내사업부가 해외사업부를 압박하여 이러한 핵심메뉴에 대한 실험을 거부하도록 하고 있다고 믿고 있는 시(Shih)가 말했다.

한편 인력의 문제도 악화되고 있었다. 현지에서 채용된 네 명의 중국인 매니저가 토미 킹의 필리핀 프랜차이즈로부터 데려온 다섯 명의 필리핀 사람들과 충돌이 있었는데 중국인들은 필리핀 사람들이 기강이 해이하고 태도가 거만하다고 했으며, 필리핀 사람은 중국인 매니저가 헌신적이지 않다고 보았다. 1997년 8월에 매장 수준 관리직에 필리핀 사람들만 남기고 중국인 매니저들은 모두 사임했다. 시(Shih)는 중국인이 중국인 밑에서 일하는 것을 선호함에 따라 졸리비가 현지 사람들을 고용하는 기반을 위태롭게 하는 것은 아닐까라는 걱정을 하였다.

일정부분 직원의 이직 때문에 매장 매니저는 일정하지 않은 품질과 같은 하루하루의 운영 사안에 집중하였고, 아주 단기적인 마케팅 전략조차 만들 시간이 없었다. 킹의 필리핀 매장에 대한 집중은 의사결정을 느리게 했다. FSM의 지나 부안은(특별했던 한 달 동안의 체류를 포함하여) 그녀가 감독하는 다른 지역보다도 홍콩을 많이 방문하였지만 그녀는 관리 문제를 해결할 수 없었다. 6월에 킹은 시(Shih)를 지역본부장으로 임명하고 홍콩 사업체 전체를 감독하게 했다.

이러한 상황에서 시(Shih)와 킹은 네 번째 가게를 열 것을 제안했다. 주룽(Kowloon)에 있는 이곳은 홍콩에서 가장 바쁜 지역으로 두 개밖에 없는 환승역 중 하나가 있고 도시의 노동자 대부분이 살고 있는 신시가지에서 오는 유일한 대중교통 수단인 철도가 있는 지역이었다. 그러나 이 지역은 도심 중앙보다 필리핀 사람이 훨씬 적었고, 매장은 지역 사람들에게 의존해야 했다. 네 번째 매장이 졸리비가 홍콩사람들에게 어필할 수 있는 능력을 시험하는 장소라는 것을 인정하면서, 시(Shih)는 메뉴를 좀 더 근본적으로 지역에 맞게 바꾸어야 한다고 주장했다. 그러나 팅존은 이러한 상황에서 기존의 홍콩 매장에서 나타난 관리 문제를 해결하지 못한 채로 새로운 확장을 시도하는 것이 성공할 수 있을 것인가에 대한 의문을 갖고 있었다. 그 새로운 매장을 승인한다고 해도, 그는 품질 관리를 복잡하게 할 수 있는 메뉴의 변경을 지원해야 할지에 대한 의문이 있었다. 반면에 이처럼 붐비는 지역에 대한 확장은 졸리비를 눈에 띄게 만들어 지역민에 대한 브랜드 인지도를 향상시킬 수 있고, 메뉴에 대한 변경이 없다고 하더라도 사업에 도움을 줄 수 있었다. 그것은 힘든 결정이었다.

캘리포니아: 이주민들을 지원하기 해외사업부의 총책임자로 취임한 직후 팅존은 1998년 1분기를 시작으로 캘리포니아에서 매 분기마다 1개의 졸리비 매장을 오픈하려는 1년 전의 계획을 알게 되었다. 패스트푸드의 본고장에 거점을 확보함으로써 수많은 명성과 관심을 얻을 수 있다는 TTC의 오랜 믿음에 기초한 지원을 바탕으로, 키츠너는 합작투자 지분의 40%를 주고 마닐라 기반 사업가 그룹을 파트너로 하는 계획을 수립했다. 일단 회사의 매장이 설립되면 그들은 캘리포니아에서 프랜차이즈 방식으로 확장해 나가기를 희망했고, 그렇게 1999년이 지나기를 바랐다.

이 대담한 확장 계획에 대한 자신감의 대부분은 미국의 영토인 괌에서의 성공으로부터 기인했다. 그들은 먼저 필리핀 이주 인구의 25%를 목표로 했지만, 경영진은 다른 그룹인 그곳에 기반을 둔 미국인들에게도 어필했다는 사실을 발견했다. 그들은 또한 인건비가 높은 환경에서도 다른 기구와 요리 공정을 개발함으로써 노동 집약적인 필리핀 경영 방법을 적용할 수 있다는 점을 발견했다. 한 해외사업부 베테랑의 말에 따르면, "괌에서 우리는 미국에서 비즈니스를 하는 방법을 배웠습니다. 그 곳에서 성공한 후, 우리는 미국 본토에 대한 준비가 되었다고 느꼈습니다."라고 언급했다.

첫 번째 매장에 대한 계획은 샌프란시스코 지역에서 필리핀 인구는 많지만 상대적으로 패스트푸드 경쟁이 적은 데일리 시티(Daly City)에 세워야 한다는 것이었다(캘리포니아에 살고 있는 필리핀 이민자는 백만이 넘었고, 상대적으로 부유하며, 필리핀 해외 이주민이 가장 집중되어 있는 곳 중 하나였다). 메뉴명은 변경하지 않고 필리핀어에서 번역하여 사용하려 했다. 먼저 필리핀 사람들을 대상으로 한 후, 지리적으로는 샌프란시스코와 샌디에고 지역으로 뻗어나가도록, 인구통계학적으로는 다른 아시아계 미국인과 히스패닉계 미국인 소비자들에게 까지 어필하는 것이 계획이었다. 졸리비는 이후 미국 전역의 모든 소비자를 대상으로 경영을 확대할 것이라는 희망을 가지고 있었다.

파푸아 뉴기니(PNG) 및 홍콩에서의 확장 전략과 마찬가지로, 이 프로젝트는 추진력을 얻고 있었는데, 필리핀계 미국인들의 지지와 지역 투자자들의 높은 관심 그리고 그에 못지않게 맥도날드의 뒷마당에서 성공하고자 하는 TTC의 큰 관심이 그 뒤에 있었다. 그러나 팅존은 이것의 최종적인 성공에 대한 책임이 자신에게 있음을 깨닫고, 이 계획이 승인되기 전에 객관적인 외부의 의견을 듣고 싶어 했다. 졸리비는 세계에서 가장 치열한 패스트푸드 시장에서 성공하기를 원했는가? 그들은 비행기로 12시간이 걸리고 8시간의 시차가 있는 곳에 필요한 만큼의 지원과 통제를 할 수 있는가? 또한 필리핀인-아시아인-히스패닉-주류로 이어지는 진입 전략이 성공할 것인가, 아니면 경제적으로 성공할 수 없는 틈새시장으로 그들을 몰아넣는 것은 아닌가?

기대 놀리 팅존(Noli Tingzon)은 근무한 지 몇 주밖에 되지 않았지만, 그의 전임자가 21세기가 되기 전에 1000개의 졸리비 매장을 열겠다는 계획은 몽상에 지나지 않았다는 것을 확신했다. "맥도날드가 해외에서 매출의 50%를 달성하는 데에는 20년이 걸렸습니다." 라고 그가 말했다. "제가 10년 안에 그것을 할 수 있다면, 행복할 것입니다." 그러나 이것조차도 야심 찬 목표였다. 그리고 세 가지 진입 선택지에 대해 그가 내렸던 결정은 그의 해외사업부가 채택할 전략적 방향과 그것을 실행하기 위한 조직 역량에 중요한 영향을 미쳤다.

Case 1-2 에이서: 대만의 사나운 용

에이서(Acer)의 최고경영자(CEO)인 스탄 시(Stan Shih)는 굉장히 흥분된 느낌으로 1995년 2월초, 샌프란시스코행 비행기에 올랐다. 대만의 개인용 컴퓨터(PC)회사의 설립자였던 시(Shih)는 에이서의 북미 자회사인 에이서 아메리칸 코퍼레이션(Acer American Corporation, 이하 AAC)이 개발하고 있는 새로운 가정용 PC를 시찰하러 가는 길이었다. 시(Shih)는 비록 젊은 미국인 팀이 특별한 디자인, 음성인식, 사용편의성 그리고 최첨단의 멀티미디어 능력을 겸비한 혁신적인 제품을 만들고 있다는 소식을 듣기는 했지만,

AAC의 사장인 로날드 촹(Ronald Chwang)이 곧 있을 제품 발표회에 그를 초대하기 전까지 그는 이 프로젝트에 대해서 알고 있는 바가 거의 없었다. 촹(Chwang)의 설명에서, 시(Shih)는 아스파이어(Aspire)가 전 세계적인 블록버스터 제품이 될 수 있을 것이라고 생각했다. 그러나 그는 이것이 대만에 위치한 에이서의 생산과 엔지니어링 중심의 전략사업단위들(strategic business units, SBUs) 중 한 곳이 아닌, 판매 및 마케팅 지향의 지역사업단위(regional business unit, RBU)에서 시작되어, 기획되고, 디자인되고, 지지를 받은 에이서의 첫 제품이었기에 더 감격스러웠다.

그러나 비행 도중, 시(Shih)만의 특징적인 열정은 마찬가지로 잘 알려진 그의 실용주의적 성향에 의해 이내 누그러졌다. 최근 AAC는 해외사업부 중 문제가 있는 회사 중 하나였을 뿐만 아니라 최근 5년 동안 지속적인 적자를 기록하고 있었다. 이 그룹이 에이서(Acer)의 다음 주요 성장동력이 될 수 있다는 것에 그의 기대를 걸어야 하는 것일까? 이처럼 매우 급진적인 신제품이 경쟁이 치열한 미국의 PC시장에서 성공할 수 있을까? 만약 그렇다면, 회사의 판매와 마케팅 중심의 RBU들 중 하나의 유닛인 AAC는 이처럼 중요한 신제품을 개발하고, 이 제품의 전 세계 출시를 이끌만한 충분한 자원과 역량을 지니고 있을까?

■ Christopher A. Bartlett교수와 Anthony St. George 연구원이 본 사례를 작성했습니다. HBS 사례는 전적으로 수업 토론용으로 작성되었습니다. 즉, 본 사례 보고서는 사례 확인 자료나 1차 자료원 또는 효과적이거나 비효과적인 경영을 묘사하기 위해 작성되지 않았습니다. 일부의 역사적 자료는 Robert H. Chen, “Made in Taiwan: The Story of Acer Computers,” Linking Publishing Co., Taiwan, 1996 및 Stan Shih, “Me-too is Not My Style,” Acer Foundation, Taiwan, 1996을 참고하여 작성하였습니다. 저자들은 본 사례작성에 유용한 도움과 조언을 아끼지 않은 Eugene Hwang과 Robert H. Hayes 교수에게 감사의 말씀을 전합니다.

회사의 탄생

원래 멀티테크(Multitech)로 알려진 이 회사는 시(Shih)와 그의 아내 그리고 세 명의 친구들에 의해 1976년에 대만에서 설립되었다. 처음부터 시(Shih)는 회사의 CEO와 사장의 역할을 수행했으며 그의 아내는 회사의 회계업무를 맡았다. 2만 5천 달러의 자본금과 11명의 종업원을 거느린 멀티테크의 커다란 사명은 “새롭게 떠오르는 마이크로프로세서 기술의 적용을 촉진한다”는 것이었다. 이 회사는 대만 현지기업들에게 공학기술과 제품디자인에 대한 조언을 제공하거나, 전자부품을 수입하고, 기술훈련과정을 제공하고, 무역관련 저널을 발간하는 등 회사가 잡을 수 있는 모든 기회들을 활용하며 성장하였다. “우리는 우리의 배우자만 빼고 모든 것을 팔 것입니다.”라며 시(Shih)가 농담을 했다. 그 당시의 설립자들은 자신들이 대만 최고의 기업가 성공스토리 중 한 페이지를 쓰고 있다는 사실을 전혀 알지 못했다(〈**도표 1**〉 참조).

기반 다지기 멀티테크(Multitech)의 새로운 최고경영자(CEO)는 회사의 자본 제약을 고려하여 강력한 절약 규범을 제정했다. 그는 그러한 규범을 “가난한 자의 철학(poor man's philosophy)”이라고 묘사하고 행동했다. 이 규범에 따라 그는 필요이상으로 큰 사무실을

도표 1 1976~1994년 동안의 매출액, 순이익 및 종업원 수 현황

	1976	1977	1978	1979	1980	1981	1982	1983	1984
매출액(백만 달러)	0.003	0.311	0.80	0.77	3.83	7.08	18.1	28.3	51.6
순이익(백만 달러)	N/A	N/A	N/A	N/A	N/A	N/A	N/A	1.4	0.4
종업원 수	11	12	18	46	104	175	306	592	1,130

임대하기 보다는 현재 필요한 공간만큼만 임대를 했고(이는 향후 20년 동안 28번의 사무실 이전으로 연결됨), 초기 몇 년 동안은 직원들에게 부업을 뛰어 그들의 소득을 보충하라고 부추겼다. 그러나 멀티테크가 적은 급여를 지불하고 있는 동안, 때때로 핵심적인 직원들에게 지분을 주었는데 이것은 직원들에게 자회사의 상당한 소유권의 지위를 보장해주었다.

검소함은 어머니의 작은 가게에서 자라는 동안 시(Shih)가 배웠던 많은 비즈니스 원칙 중 하나였다. 그는 직원들에게 하이테크 제품들은 그의 어머니의 "오리알"처럼 회전율을 담보할 수 있을 만큼 낮은 수준의 마진으로 가격을 정해야 한다고 이야기 했다. 그는 현금을 즉시 지불받아 부채(debt)의 사용을 피하는 것이 중요하다고 주장했다. 그러나 무엇보다도 그는 고객이 최우선이며, 직원이 두 번째, 주주가 세 번째라는 이야기를 했고, 이는 나중에 "에이서 1-2-3"라는 법칙으로 알려졌다.

시(Shih)의 초기 경험은 그로 하여금 대만에서 일반적이었던 가부장적 가족경영기업 모델에 대한 편견을 갖게 만들었다. "균형적이지도 않을 뿐만 아니라 객관적이지도 않은 의견들을 만들어내는 경향이 있었습니다."라고 그가 말했다. 그는 "대만인의 천부적인 기업가 정신"을 활용하기 위하여 상당한 의사결정 권한을 그의 직원들에게 위임했다. 그의 격식에 얽매이지 않는 방식과, 위임하고 "손을 떼(hands-off)"는 그의 스타일과 함께, 시(Shih)는 직원들이 회사에 가장 이익이 되는 방식으로 행동할 것이라는 믿음을 갖고 있었다. "우리는 일반적인 의미에서 통제를 믿지 않습니다. 우리는 사람들을 믿고 우리의 비즈니스를 그들 위주로 만들었죠."라고 그가 말했다. 이것은 많은 고전적인 중국 기업가들이 사용하던 강력한 개인 통제와는 완전히 정반대되는 접근방식이었다. 그 결과 이 젊은 회사는 얼마 지나지 않아 유능한 젊은 엔지니어들에게 매우 매력적인 곳이라는 명성을 얻게 되었다.

시(Shih)의 철학은 직원 교육에 대한 그의 노력과 직원들이 "생각하고 배우는" 도전이 지속적으로 이루어지는 회사를 만들 수 있다는 그의 믿음에 반영되어 있다. 초기의 상급자들은 흔히 무술에서 선생님이나 달인을 지칭하는 "쉬푸(shifu)"라고 불렸다. 자신의 부하들을 가르치고 훈련시키는 것을 승진을 위한 주요한 기준으로 만듦으로써 관리자와 하급자 사이의 끈끈한 교육관계의 개발이 권장되었다. "교사는 학생들 앞에서 아무것도 숨기지 않는다."라는 슬로건은 교육관계에 대한 열린 분위기를 강조했고 매니저들에게 그들의 책임을 일깨워 줬다.

이것은 동료들이 서로를 가족처럼 생각하는 친밀한 문화와 회사에 이익이 된다면 무엇이든지 한다는 규범을 만들어 냈다. 그러나 그것은 매우 까다로운 가족이었고, 가장으로서 스탄 시(Stan Shih)는 지속적으로 위기감을 일깨우고, 하위직원들을 그들의 시험과 후속조치를 위한 아이디어와 도전을 쏟아 부음으로써 그가 "철 밥그릇"이라고 부르는 특권의식에 안주하려는 마음과 싸우기 위해 열심히 일했다. 성인으로 성장한 아들과 딸이 자신의 행동에 책임을 지는 것처럼 매니저가 자신의 행동에 책임을 지는 한 그들은 치열하고, 혼란스러우며, 자유방임적인 조직에서 결정을 내릴 수 있는 자유가 주어졌다. 시(Shih)로부터 지속적으로 새로운 아이디어가 전달되는 것 외에도, 시(Shih)의

	1985	1986	1987	1988	1989	1990	1991	1992	1993	1994
	94.8	165.3	331.2	530.9	688.9	949.5	985.2	1,259.8	1,883	3,220
	5.1	3.9	15.3	26.5	5.8	(0.7)	(26.0)	(2.8)	85.6	205
	1,632	2,188	3,639	5,072	5,540	5.711	5,216	5,352	7,200	5,825

지침은 주로 그가 끊임없이 전달한 구호, 이야기 그리고 개념의 형태로 전달되었다.

이러한 위임에 대한 철학은 가능한 범위 내에서 조직 단위에까지 범위를 넓혀 나갔고, 시(Shih)는 이러한 사업 단위들이 별도의 독립된 사업단위로 운영되도록, 그리고 외부의 기업들과 경쟁할 것을 종용했다. 이 모델을 외부에까지 확장하여 시(Shih)는 매출을 확장하는 방법으로 합작투자방식을 실험하기 시작했다. 처음에는 어쩔 수 없이 대만의 중부와 남부의 몇몇 기업가들과 합작투자 방식으로 사업을 수행해야만 했다. 하지만 이러한 접근을 통해 멀티테크는 파트너의 지역 시장에 대한 지식을 가져오면서도 추가적인 고용의 위험이나 자본의 확장 없이 매출의 확대가 가능했다.

직원의 소유지분, 책임의 위임, 근검절약 경영 그리고 합작투자를 통한 초기의 성공은 시(Shih)가 "서민의 문화(commoner's culture)"라고 칭하는 개념을 만들어 냈다. 거대 다국적기업인 "귀족(nobility)"에 맞서서 성공하기 위해서는 대중시장의 소비자들, 지역 유통사들, 소유지분을 가진 직원들, 소액 투자자들, 공급 파트너들과 같은 다른 "서민들(commoners)"과 연대해야 한다는 시(Shih)의 신념이 반영된 것이다. "가난한 자"의 가치들이 이 문화를 지지하고 초기의 성장을 이끌었다. 일찍이 1978년에 시(Shih)는 글로벌 거대기업들이 관심을 덜 가질만한 주변의 작은 시장들을 주요 목표시장으로 삼았다. 처음에는 멀티테크(Multitech)의 홍보 메일에 대한 응답은 미미한 수준이었는데 이는 외국 유통사들 중에서 대만계 회사가 좋은 품질의 하이테크 제품들을 공급할 수 있을 거라고 믿는 곳이 거의 없었기 때문이었다. 그러나 집요한 시도 끝에 멀티테크(Multitech)는 인도네시아, 말레이시아, 싱가포르, 태국의 딜러 및 유통 업체들과의 협력관계를 구축하기에 이른다. 시(Shih)는 이러한 초기 확장전략을 다음과 같이 설명했다.

> 이것은 일본의 게임 Go(바둑)와 같은 전략입니다. 사람들은 코너에서부터 게임을 시작하죠, 왜냐하면 코너를 차지하는 것이 적은 자원이 들기 때문입니다. 멀티테크는 일본기업과 미국기업들이처럼 풍부한 자원을 지니고 있지 못했기 때문에 상대적으로 작은 시장에서 사업을 시작했습니다. 이것은 우리에게 이점을 안겨주었는데, 왜냐하면 작은 시장들은 점점 더 커지고 있었고 작은 시장들을 합치면 그 시장은 더 이상 작은 시장이 아니었기 때문이죠.

신제품들의 출시를 늘리면서 해외(주로 아시아, 중동 및 라틴 아메리카)로의 확장이 탄력을 받게 되었다. 1981년에 멀티테크(Multitech)는 처음으로 주요 시장의 고객들을 대상으로 하는 상용제품인 "마이크로프로세서(Microprocessor)" 컴퓨터를 시장에 출시했다. 이 싸고 단순한 컴퓨터(정교한 과학적 계산기보다 약간 더 비쌌다)의 성공에 뒤이어, 시(Shih)와 그의 동료는 PC시장을 개발하는 것에 대한 커다란 잠재성을 깨닫게 되었다. 1983년에 멀티테크는(Multitech)는 IBM-호환 PC들을 만들기 시작하였는데, 대부분의 PC들은 주요 브랜드들을 위한 주문자 위탁 생산방식(OEM)을 통한 생산이었으나 일부의 PC는 멀티테크(Multitech)의 자체 브랜드를 통해 생산되었다. 1984년에는 매출이 5,100만 달러에 이르렀고, 수익은 3년 전보다 7배나 증가하는 성장을 이루게 되었다.

1986년, 회사는 유럽시장에 진출할 준비가 되었다고 느끼고 뒤셀도르프(Dusseldorf)에 마케팅 사무소를 그리고 암스테르담(Amsterdam)에 창고를 설립했다. 멀티테크는 또한 예전에 미국에서 완전히 독립된 판매부서를 오픈했던 것처럼 수수료 기반의 구매부서를 추가하였다.

용의 꿈이 시작되다 1980년대 중반까지 멀티테크(Multitech)의 매출은 매년 두 배로 뛰었고 자신감은 하늘을 찔렀다. 회사 창립 10주년이 가까워지자 시(Shih)는 향후 10년을 위한 계획을 내어 놓았는데, 그는 이를 "용의 꿈(Dragon Dream)"이라고 이야기했다.

1986년에 1억 5천만 달러의 수익이 예상됨에 따라 시(Shih)는 1996년에는 50억 달러의 매출을 제안했고 이에 직원들과 외부인들은 모두들 놀라지 않을 수 없었다. 비평가들은 오래지 않아 오래된 중국 격언을 인용하기 시작했다. "굶주림을 참으려면, 큰 케이크의 그림을 그려라."

그러나 시(Shih)는 해외 확장에서 큰 가능성을 보았다. 세계시장을 경험한 지 몇 년 지나지 않았지만 이미 회사의 해외매출은 총 매출의 절반을 차지하고 있었다. 일부 아시아 국가에서 멀티테크(Multitech)는 주요한 기업 중 하나가 되어 있었다. 예를 들어 싱가포르에서는 1986년에 25%나 되는 시장점유율을 보유하고 있었다. 아시아의 기반과 유럽 및 미국에 새로운 사무소를 구축하기 위해서 시(Shih)는 "사나운 용이 세계를 향한다."라는 슬로건을 만들었다. 이 구상을 실현하기 위해서 그는 잠재적으로 인수할 해외기업을 찾아내고, 해외자회사를 설립해야 하며, 외국 파트너와 유통회사를 찾을 필요성이 있다는 점을 강조했다.

10주년을 기념하는 해에 에이서의 총 직원 수가 2000명을 넘어서자 시(Shih)는 멀티테크(Multitech)의 첫 10년을 이끌었던 기업 경영철학을 진단하고 평가하기 위해 그의 이사진과 부사장을 초청한 자리에서 "기업문화 개선 세미나"를 개최했다. 그리고는 중간 관리자들에게 이를 검토하고, 토론하고, 회사를 앞으로 나아가게 할 중요한 원칙에 대해 투표하는 과정에 참여할 것을 요청했다. 그들이 공유된 신념의 핵심을 담은 다음과 같은 네 가지 가치선언문이 결과물로 제시되었다. 첫째, 인간의 본성은 기본적으로 좋은 것이라는 가정, 둘째, 모든 업무 집행에 있어 기본적으로 실용주의와 책임감을 유지하기 위한 노력, 셋째, 고객을 우선시 한다는 믿음 그리고 마지막으로 노력을 끌어내고 지식을 공유하는 규범이 바로 그것이다(10년 후, 이러한 원칙들은 여전히 전 세계의 사무실 벽에 찾을 수 있었다).

마지막으로 기념의 해는 또 다른 큰 성과로 마무리 되었는데, 에이서(Acer)가 심지어 IBM을 제치고 세계에서 두 번째로 32비트 PC를 개발하고 출시한 회사가 되었다는 것이 그것이다. 이 제품은 대만(Taiwan)의 뛰어난 제품 디자인 상(Outstanding Product Design Award)을 수상하였을 뿐만 아니라(이 상은 지난 7년 동안 에이서(Acer)가 받은 5번째 상이었음) 유니시스(Unisys), ICL과 ITT와 같은 주요 하이테크 회사의 이목을 끌어 OEM 공급과 심지어 기술 라이선스 계약을 위한 협상을 시작하는 계기가 되었다.

에이서(Acer)로 다시 태어나다 불행히도 멀티테크(Multitech)의 성장 가시성은 중요한 문제로 이어지기도 했다. 이전에 이미 "멀티테크(Multitech)"라는 이름을 등록해 놓았던 한 미국 회사가 대만(Taiwan)의 또 다른 "멀티테크(Multitech)"에게 자신들의 상표권을 침해하고 있다는 사실을 알려왔다. 기업의 명성과 브랜드 정체성을 구축한 지 10년이 지난 후였지만, 시(Shih)는 그가 처음부터 다시 시작해야 한다는 것을 인정할 수밖에 없었다. 그는 새로운 사명을 "에이서(Acer)"로 정했는데 이것의 라틴어 어원이 "예리한", 또는 "영리한"이라는 의미를 가지고 있었고, 또한 "에이스(Ace)"가 카드에서 처음이나 가장 높은 숫자를 의미하는 것이기 때문이었다. 하지만 가장 큰 이유는 에이서가 알파벳 목록의 가장 처음에 위치한다는 것이었다. 수익성이 높은 OEM 사업에 집중하고 새로운 글로벌 브랜드를 구축하는 데 드는 비용을 피하라는 조언에도 불구하고, 시(Shih)는 에이서(Acer)를 전 세계적으로 인정받는 글로벌 브랜드도 성장시키기로 결정했다.

브랜드를 넘어서 32비트 PC의 성공으로 시(Shih)는 에이서가 지속적인 경쟁 우위의 원천으로서 스스로의 빠른 디자인, 개발 및 생산 역량을 유지해야 한다는 확신을 갖게 되었다. 계획된 공격적 해외확장전략과 더불어 브랜드를 구축하고 최첨단 기술을 유지하기 위한 새로운 전략적 과제들은 에이서(Acer)의 내부적 재정 능력을 초과하는 투자의 필요성을 대두시키게 되었다. 대만(Taiwan) 증권 거래위원회의 관계자가 기업공개에 관한 일로 시(Shih)와 접촉했을 때, 그는 비록 많은 대만 사람들이 사기업의 상장에 대한 의구심을 갖고 있다는 것을 알고 있었지만 그 가능성을 검토하는 것에 대해서 동의했다.

1년 이상 기업에 근무한 직원에게 주식을 살 수 있는 권리를 주는 프로그램을 제공함으로써 이미 시(Shih)의 지분은 처음의 50%에서 35%로 줄어들게 되었지만, 1987년 그들은 한 발 더 나아가야 하는 시점이라고 느꼈다(시(Shih)가 오랫동안 주창했던 것은 "통제력을 약화시키게 하지만, 돈을 벌기에는 더 낫다."와 "진정한 통제력은 공동의 이해에 대한 확신에서 온다."였다). 기업공개(IPO) 문제의 검토를 요청 받은 내부위원회는 회사가 확장에 필요한 자금을 조달해야 할 뿐만 아니라 직원 소유의 지분을 위한 시장도 제공해야 한다는 결론을 내렸다. 1988년 에이서는 푸르덴셜(Prudential), 체이스 맨하탄(Chase Manhattan), 중국개발공사(China Development Corporation), 스미토모(Sumitomo) 등과 같은 회사들에 의한 투자와 직원들에 대한 추가적인 지분판매를 포함한 복잡한 다계층의 금융협상에 돌입했고 마침내 주식시장에 상장되었다. 상장을 통해서 에이서는 총 8,800백만 미국달러에 달하는 규모의 22억 대만달러(NT, New Taiwan Dollar)를 조달했다. 1주당 27.5 대만달러로 발행된 주식은 거래가 시작되자 47 대만달러에 거래되었고 빠른 속도로 100 대만달러 이상을 훌쩍 넘겨 거래되었다. 기업공개 후 에이서의 직원들은 25% 이하로 떨어진 시(Shih)의 주식을 포함하여 총 65%의 주식을 보유하게 되었다.

에이서의 전문화

기업공개를 통해 에이서의 자본 부족은 어느 정도 해결되었지만, 시(Shih)는 빠른 성장으로 인해 생겨난 회사의 극심한 경영공백에 대해 걱정하고 있었다. 직원의 수가 처음으로 1,000명을 넘어선 1985년 초, 그는 "책임을 지고 새로운 아이디어로 주의를 환기시킬 수 있는" 새로운 외부 인사를 찾기 시작했다. 그 후 몇 년 동안, 그는 십여 명의 최고위급 간부와 100명의 중간 관리자를 채용했다. 자칭 "지상군" (기존의 직원들)에게 이러한 "낙하산들"은 에이서의 문화와 가치를 이해하지 못한 침입자였거나 가격이 급등한 주식에 이끌려 온 사람들이었다. 그리하여 이 시기에 처음으로 에이서(Acer)는 상당히 높은 수준의 이직률을 경험하게 되었다.

낙하산 인사들과 가격 압력 내부적으로 성장한 기존의 관리자는 국제적인 경험이 부족하기 때문에 새로 영입된 "낙하산 부대"에게 부여된 주요 역할 중 하나는 회사의 야심찬 해외 확장 계획을 실행하는 것이었다. 1987년 말 에이서는 미국에 기반을 두고 PC보다 훨씬 높은 마진을 갖고 있는 비즈니스인 저가형 미니컴퓨터를 생산하는 업체인 카운터포인트(Counterpoint)를 인수했다. 이 새로운 사업으로의 진입을 지원하기 위해서 에이서는 컴퓨터 서비스와 지원조직인 서비스 인텔리전스(Service Intelligence)를 인수하고 그 운영범위를 확장시켰다. 그 뒤 미니 컴퓨터 시장의 급속한 쇠퇴는 에이서가 이 세분시장에 선보인 첫 제품 컨서(Concer)의 참담한 실패로 이어졌다. 더 나쁜 것은, 그것을 지원하기 위해 설치된 거대한 인프라가 큰 손실을 발생시키기 시작했다는 것이었다.

그동안에 PC시장에서의 경쟁적 역학관계가 변하고 있었다. 1980년대의 마지막 해에 패커드 벨(Packard Bell)은 주요 컴퓨터 소매점에 매장과 할인점을 만들었고, 델(Dell)은 직접 판매 모델을 확립했다. 이러한 모든 움직임이 급속하게 PC가격의 하락을 주도했고, 역사적으로 약 35% 수준을 유지해 왔던 에이서의 매출 이익률은 결국 10% 포인트가 떨어지며 빠르게 줄어들기 시작했다. 그러나 이러한 문제에도 불구하고 에이서(Acer)의 사기는 높았으며 1989년 중반이 회사는 백만 번째 PC를 출하했다. 새로운 자본으로 여유가 생긴 이 회사는 1억 5천만 달러 상당의 대만(Taiwan)내 자산과 기업을 인수했다. 그러나 에이서를 다시 "사나운 용"으로 되돌려 놓기 위해서 도움이 필

도표 2 에이서의 주가 기록(1988년 11월부터 1995년 1월까지)

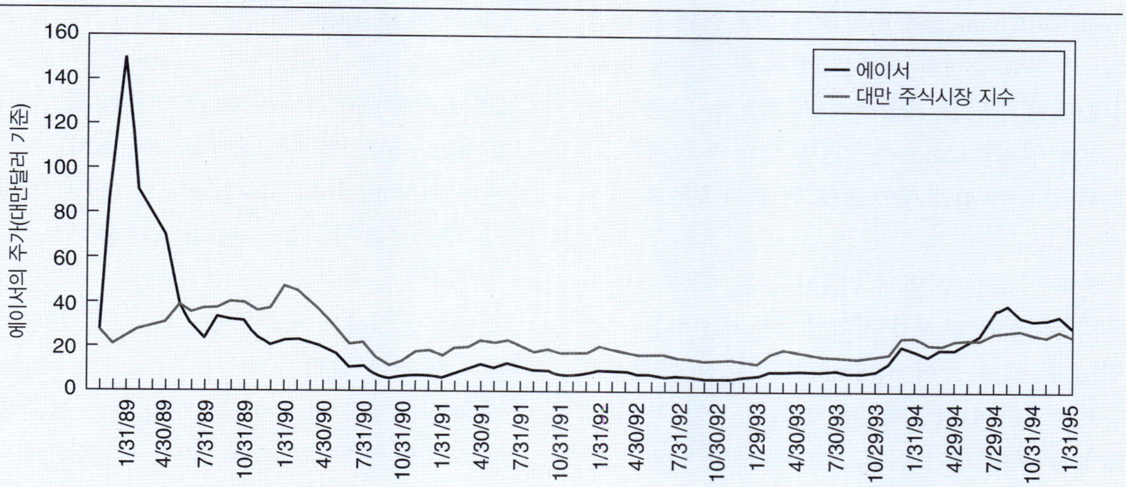

출처: Datastream.
노트: 대만달러 기준으로 환산된 에이서의 주가.

요하다고 느낀 시(Shih)는 에이서가 "서민의 문화"로부터 표류하는 것을 무척 염려했다. 하지만 성장에 대한 야망은 에이서(Acer)의 재무상황이 처한 현실과 조화를 이룰 필요가 있었다.

레너드 리우의 투입 예견된 1989년의 결과는 지나치게 확장을 한 이 회사가 급격히 악화되고 있음을 보여주었다. 주당 이익은 5 대만달러에서 1.42 대만달러로 떨어질 것으로 예상됐다. 한 때 150 대만달러까지 높아졌던 주가는 20 대만달러 아래로까지 떨어졌다(〈**도표 2**〉 참조). 늘어나는 문제들을 우려한 나머지 시(Shih)는 경험이 풍부한 최고 수준의 경영진을 데려오기로 마음먹었다. 1년 이상의 구애 끝에 1989년 후반에 그는 현실적이고 전문적인 경영 스타일에 탁월한 평판을 지닌 대만 태생이며 미국 출신의 IBM 선임 중역 출신의 레너드 리우(Leonard Liu)와 계약하는데 성공했다. 많은 사람들을 놀라게 한 발표에서 시(Shih)는 에이서(Acer) 그룹의 회장으로 물러나고, 리우(Liu)에게 일상적인 경영을 맡겼다. 또한 리우(Liu)는 에이서의 북미 자회사인 AAC의 CEO와 회장에 임명되었다.

1996년까지 50억 달러의 매출액을 달성하겠다는 시(Shih)의 바람을 고려하여, 리우(Liu)는 미국 내 네트워크 시장의 기회에 초점을 맞추기 시작했다. 카운터포인트(Counterpoint)와 서비스 인텔리전스(Service Intelligence)에서 발생되는 지속적인 문제에도 불구하고 그는 특히 미국과 유럽의 선진 시장에서 하이엔드 제품으로 스스로의 입지를 구축함으로써 에이서(Acer)가 이 시장을 개척할 수 있다는 주장에 동의했다. 구체적으로 리우(Liu)는 다중 사용자(multi-user) 미니컴퓨터 전문기업으로 높은 평가를 받고 있는 알토스(Altos)에 관심을 갖게 되었다. 1977년에 설립된 이 실리콘 밸리의 네트워킹 회사는 700명의 직원을 고용하고 있었고, 전 세계 60개국에 유통채널을 보유하고 있으며, 1990년 예상 매출은 1억 7천만 달러에 달했다. 비록 이 기업이 지난 2년간 3백만 달러와 5백만 달러의 손실을 기록하기는 했지만, 리우(Liu)는 알토스(Altos)의 3천만 달러에 달하는 현금보유고와 2천만 달러 상당의 부동산이 인수하기에 매력적이라고 느꼈다. 1990년 8월에 에이서는 정평이 나있는 알토스(Altos)의 브랜드, 기술 그리고 유통망을 인수하는 데 9천

4백만 달러를 지불하였다.[1] 그러나 거의 동시에, 마치 카운터포인트(Counterpoint)의 미니컴퓨터의 몰락을 재연하는 것처럼 강력한 새로운 PC가 다중 사용자 네크워킹의 대체 수단을 제공하기 시작했고, 인수를 한 지 1년 안에 알토스(Altos)는 2천만 달러의 적자를 기록하게 되었다. 1990년 대에 AAC의 적자폭은 증가하였다.

이 전략적 추진 이외에 리우(Liu)는 또한 에이서(Acer)에 자리 잡은 조직과 경영방식을 개선하는 작업을 시작했다. 예를 들어 시(Shih)의 리더십 아래에서 관리자들은 그들의 사업부문을 감독할 수 있는 상당한 독립성을 부여 받은 반면, 손익에 대한 책임은 부여 받지 않았다. 또한 회사 구성원들 간에 존재하는 가족과 같은 관계 때문에 회사 간의 거래는 종종 친구에게 부탁하는 것처럼 가격이 매겨졌고, 구매자가 거래에서 "체면을 잃지" 않게 하려고 예우하기도 하였다. 심지어 외부에서 조달되는 제품들은 장기공급자들과의 원만한 관계를 유지하기 위해서 협상된 가격으로 구매하기도 하였다. 그들은 사업부의 이익에 대한 책임이 없었기 때문에 관리자들은 품질이나 가격을 보증하기 위한 동기부여가 거의 없었고 그룹 전체가 손실을 흡수하게 내버려 두었다. 에이서의 한 관찰자는 에이서가 "검소하고 근면하지만 조직적인 체계나 절차에 기초한 관리가 전혀 없었다."는 점을 지적하기도 했다.

시(Shih)가 바라던 대로 리우(Liu)는 IBM의 전문적인 경영구조, 관행 및 시스템을 에이서에 도입하였다. 에이서에서 관리자들의 책임을 향상시키기 위하여 새로운 회장은 관리 계층을 줄이고, 사내 의사소통에 대한 표준을 확립했으며, 생산성과 성과 평가를 도입하였다. 가장 중요한 것은 그가 지역사업단위(regional business unit, 이하 RBU)와 전략 사업단위(strategic business unit, 이하 SBU) 조직을 도입한 것이다. 에이서가 오랫동안 유지해왔던 제품사업부는 OEM 제품 판매를 포함한 PC부품과 시스템 제품들의 디자인, 개발, 생산에 책임을 지는 SBU가 되었다. 동시에 회사의 주요 해외자회사 및 마케팅회사는 RBU가 되어 유통채널개발, 딜러, 대리점 네트워크 그리고 고객들에게 지원을 제공하며, 인근 시장에 합작투자법인을 설립하는 책임을 맡았다. 모든 SBU 및 RBU는 이익에 대한 전적인 책임을 지고 있었다. "이전에 비해 부담이 확실히 늘어났습니다. 저는 일주일에 14개의 도시락을 먹고 있었죠."라고 한 RBU의 대표가 점심과 저녁에 회의를 계속할 수 있도록 음식을 주문했던 일을 언급하며 말했다.

1992년까지 네 개의 핵심 SBU에 더하여 다섯 개의 RBU가 설립되었는데, 중국과 대만을 맡고 있는 에이서 서택(Acer Sertek), 네덜란드에 본사를 두고 있는 에이서 유럽(Acer Europe), 북아메리카를 책임지고 있는 에이서 아메리카(Acer America, AAC) 그리고 싱가폴에 본사를 두고 아시아, 아프리카 및 남아메리카를 책임지는 에이서 컴퓨터 인터네셔널(Acer Computer International, ACI)이 그것이었다(**〈도표 3a〉**와 **〈도표 3b〉** 참조). 새로운 구조와 체계의 즉각적인 효과 중 하나는 리우(Liu)가 직접 담당하고 있는 AAC가 발생시키는 상당한 적자가 조명되었다는 것이다. 더 이상 공식적으로 업무에 관여하지 않지만, 시(Shih)는 비용만 많이 드는 알토스(Altos) 경영진에게 더욱 검소한 에이서 규범을 적용할 것을 촉구하고, 심지어 그의 "오리알" 가격책정 이론을 주창하기 시작했다. 그러나 수요는 급격히 떨어졌고, 리우(Liu)는 더 강력한 대책이 필요하다는 결정을 내렸다. 그는 강력한 통제와 구조조정을 시작했다.

한편 회사 전체의 수익성은 급락했다(**〈도표 4〉**와 **〈도표 5〉** 참조). 일 년 전에 시(Shih)는 빈 사무실 소등하기, 이면지 사용하기, 출장시 이코노미석을 애용하기 등에 초점을 맞춘 절약 캠페인을 소개했다. 그러나

1) 이것은 이전의 카운터포인트의 인수(백만달러에 더해 주식교환으로 인수)나 서비스 인텔리전스의 인수(50만 달러의 거래)보다 큰 규모의 거래였기 때문에, 시(Shih)는 알토스(Altos)의 관리자 지분을 유지할 수 있는 합작투자형태로 거래할 것을 제안했다. 그러나 리우(Liu)는 온전한 통제권을 위해서 강력하게 인수를 주장하였고, 시(Shih)는 리우(Liu)의 판단에 따랐다.

도표 3a 1994년의 에이서 그룹

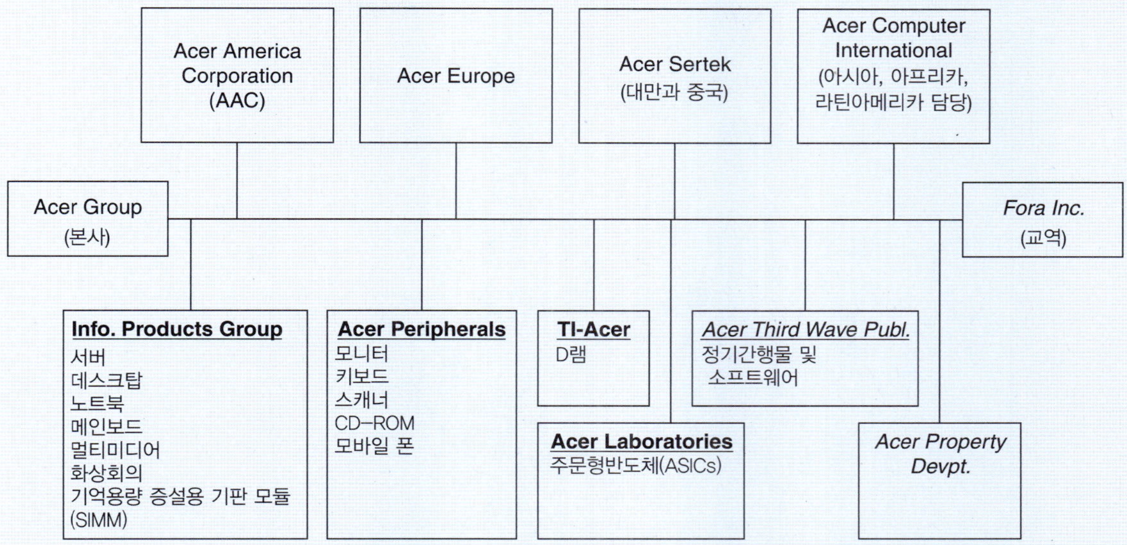

일반 텍스트로 쓰여진 이름들은 RBU들을 나타내고, 굵은 텍스트로 쓰여진 이름들은 SBU들을 의미하며, 이탤릭체로 쓰여진 이름들은 기타로 구분됨.

1990년에 리우(Liu)는 더욱 엄중한 방법이 필요하다고 느꼈으며, 특히 5,700명으로 불어난 직원들의 급여 총액에 대한 대처가 필요했다. 대변혁(Metamorphosis)이라고 명명된 계획 하에서, 관리자들은 직원들을 성과에 따라 순위를 매겨 상위 15%와 하위 30%를 구분하였다. 1991년 1월에는 대만 거점의 "하위 30%"인 300명은 해고되었고, 이것은 에이서 최초의 대규모 정리 해고였다.

수익감소, 구조조정, 더 많은 "낙하산"들, 특히 새로운 철권 경영 스타일의 누적효과는 에이서의 전통적인 문화를 위협했다. 시(Shih)의 우호적이고, 가족 분위기와 같은 접근법과는 반대로, 리우(Liu)의 "숫자에 의한" 경영모델은 삐걱거렸다. 그가 "서민의 문화"와는 거리가 먼 정상급 회계 및 법률 사무소에 돈을 쓰거나 일류 호텔에 숙박하는 사람들을 고용하는 경향에 대한 불만 역시 커져갔다. 이윽고 매우 존경받는 세계적인 경영자로서 그의 신뢰성은 사라져갔고, 에이서(Acer) 매니저들은 그의 판단에 대해 의문을 품었고 그의 지시를 건성으로 실행하기 시작했다.

1992년 2월, 시(Shih)가 에이서의 1991년 실적이 참담하다는 것을 깨달았을 때 시(Shih)는 사직서를 제출했다. 이사진은 시(Shih)의 사직서를 만장일치로 반려하였고, 그대신 시(Shih)에게 그의 옛 역할인 CEO로 복귀할 것을 제안하였다. 1992년 5월, 레너드 리우(Leonard Liu)는 사임하였다.

기반 재구축

시(Shih)는 이전의 실수와 그로 인한 손실을 권한위임에 기초한 시스템을 위해 가격을 지불해야 했던 에이서 종업원들의 성장을 위한 수업료로 간주했다. 그는 1990년 초에 발생했던 손실들을 낭비로 보기 보다는 투자로 생각하면서 그것을 개인적인 학습의 한 부분으로 보았다("에이서를 생각하고 배울 수 있는 조직으로 만들기 위해" 그가 말했다. "우리는 실수가 고의적이지 않고, 장기적인 이윤이 교육의 비용을 넘어서는 한 지속적으로 수업료를 지불해야 합니다."). 그가

도표 3b 1994년 에이서의 지역적 분포도

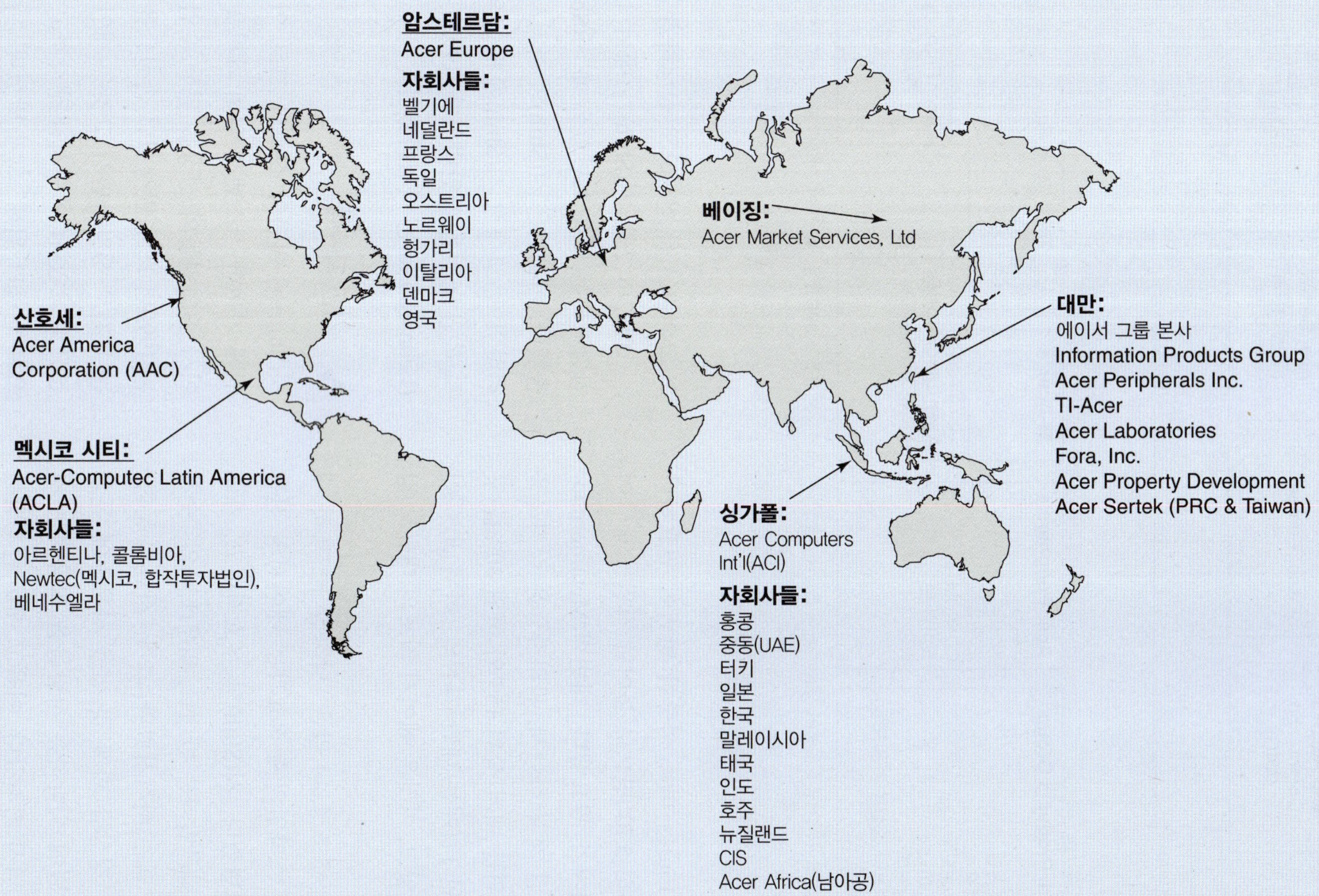

도표 4 에이서의 결합 손익계산서, 1988년부터 1994년까지

손익계산서(단위: 백만달러)	1988	1989	1990	1991	1992	1993	1994
이직률	530.9	688.9	949.5	985.2	1,260	1,883	3,220
매출원가	(389.4)	(532.7)	(716.7)	(737.7)	(1,000)	(1,498)	(2,615)
매출총이익	141.6	156.3	232.8	247.5	260	385	605
판매비와 관리비	(88.2)	(118.2)	(192.2)	(217.2)	(217)	(237)	(316)
연구개발 및 기타비용	(17.9)	(25.4)	(47.7)	(42.3)	(38)	(48)	(59)
영업이익/(손실)	35.6	12.7	(7.1)	(12.0)	5	100	230
비영업대금의 이익/(손실)	(8)	(6.3)	(1.5)	(15)	(4)	(11)	(19)
세전이익/(손실)	27.6	6.4	(8.6)	(27.0)	1	89	212
세금	(1.2)	(1)	(1.2)	1	(3)	(3)	(7)
세후 이익/(손실)	26.4	5.4	(9.8)	(26.0)	(3)	86	205
지역별 매출액(%)							
북아메리카	na	31	31	31	38	44	39
유럽	na	32	28	28	22	23	17
기타 지역	na	37	41	41	40	33	44
제품별 결합이익(%)							
휴대용제품	na	na	3.2	2.9	7.9	18 }	60%
데스크탑 그리고 메인보드	na	na	60.9	56.3	54.9	47 }	
미니컴퓨터	na	na	13.9	11.3	6.6		
주변장치 및 기타	na	na	22	29.5	30.6	35	40%
사업별 결합이익(%)							
브랜드	na	53	47	na	58	68	56%
OEM	na	34	22	na	18	32	36%
교역	na	13	31	na	24	na	7%

출처: 회사의 연간보고서(해당년도 12월 31일 기준).

도표 5 에이서의 연결 대차대조표, 1988년부터 1994년까지

에이서 그룹 대차대조표 (단위: 백만달러)	1988	1989	1990	1991	1992	1993	1994
유동자산	277.30	448.80	579.50	600.90	700.20	925.00	1355.00
고정자산							
토지, 공장 및 장비	53.10	126.90	191.10	161.50	179.60	590.00	645.00
이연자산 및 기타자산	11.50	22.90	60.90	239.50	212.30	69.00	82.00
자산총계	341.90	598.60	831.50	1001.90	1092.10	1584.00	2082.00
유동부채 총계	189.40	248.60	464.60	505.80	504.20	752.00	1067.00
장기부채	11.20	16.60	43.70	168.50	214.30	342.00	312.00
부채 총계	200.6	265.20	508.40	674.30	718.50	1094.00	1379.00
주주자본과 소수 주주지분 (신규 자본투입 포함)	141.30	333.40	323.10	327.60	373.60	490.00	703.00

출처: 회사 내부자료.

CEO로 복귀함에 따라, 그는 조직의 형태에 반영되어 있고, 심지어 기본적으로 깔려있는 사업 개념인 에이서의 경영철학을 처음부터 다시 생각해야 할 필요성이 있다는 것을 깨닫게 되었다.

에이서의 경영철학: 현지에 충실한 글로벌 브랜드 1992년 멕시코(Mexico)의 칸쿤(Cancun)에서 열린 에이서(Acer)의 국제 유통사 회의에서 시(Shih)는 그의 비전을 "현지에 충실한 글로벌 브랜드(Global Brand, Local Touch)"로 묘사하면서 회사를 국가별 시장들에 좀 더 밀착시키는 데 노력을 경주할 것이라는 점을 분명히 드러냈다. 이러한 비전 아래에서, 그는 에이서가 해외 매출을 보유하고 있는 대만계 회사에서 현지에 깊숙이 뿌리내린 진정한 글로벌기업으로 진화하기를 원했다.

합작투자법인의 확장에 있어서 소수지분을 받는 회사의 오랜 전통에 근거하여, 시(Shih)는 확실히 자리를 잡은 유통사들에게 그들과 일하는 RBU와의 지분 파트너십을 제안하기 시작했다. 칸쿤 회의 후 넉 달 뒤 에이서는 멕시코의 유통사인 컴퓨텍(Computec) 지분의 19%를 획득했다. 에이서를 멕시코의 최고 PC브랜드로 만드는 역할 때문에 시(Shih)는 컴퓨텍(Computec)에게 남아메리카 지역을 총괄하는 합작투자법인의 설립을 제안했다. 그 결과가 에이서 컴퓨텍 라틴 아메리카(Acer Computec Latin America, ACLA)였고, 이 회사는 곧이어 멕시코 증권거래소에 상장되었다. 마찬가지로 동남아시아에서의 판매를 총괄하는 에이서 컴퓨터 인터네셔널(Acer Computers International, ACI)은 1995년 중반 싱가폴에서 기업공개(IPO) 계획을 가지고 있었다. 그리고 시(Shih)는 대만에서 에이서의 몇몇 핵심 SBU들의 기업공개를 고려하고 있었다.

이러한 일들이 전개되면서 시(Shih)는 에이서 그룹이 21개의 상장기업의 연합체로서 21세기가 될 때까지 각 기업이 상당한 현지의 소유권(significant local ownership)을 갖는다는 에이서 그룹의 비전을 담은 "21 in 21"이라는 목표를 천명했다. 이것은 그가 "제4의 길"이라고 묘사한 것으로, 통제 중심의 유럽, 미국, 또는 일본 모델과는 근본적으로 다른 세계화 전략으로 대신 상호의존적인 기업 네트워크의 상호이익과 자발적 협조를 필요로 한다.

클라이언트-서버 조직 모델 새로운 경영철학의 네트워크적 접근을 더욱 강화하기 위하여, 1993년에 시(Shih)는 클라이언트-서버 조직 모델(Client-Server organization model)을 발표했다. 네트워크 컴퓨터를 은유적으로 비유하여 대만의 본사를 "서버"라고 표현하고, 자신들의 자원(재무, 인력, 지적재산)을 사용하여 핵심적인 운영 활동을 담당하는 "클라이언트" 사업부를 지원한다고 설명했다. 회사를 네크워크에 비유하는 개념 아래서 지시 및 통제가 아니라 중재 및 도움을 위해 존재하는 본사를 통하지 않고서도 개별 사업부는 그들의 아이디어나 구상을 다른 RBU나 SBU를 통해서 직접적으로 진행시킬 수 있었다. 시(Shih)는 이 모델이 에이서가 경쟁력 있는 무기로서의 속도와 유연성을 개발할 수 있도록 해 줄 것이라고 믿었다. 개념이 재미있기는 했지만 그것은 에이서의 운영 현실과는 동떨어졌다. 1992년의 독립적인 이윤 책임 사업단위의 도입과 분권화에 대한 오랜 철학에도 불구하고 여전히 가장 큰 RBU도 대만 SBU의 매출과 유통 조직보다 아주 약간 더 나은 정도였다. 클라이언트 서버의 개념을 운용하기 위하여 시(Shih)는 몇 가지 중요한 원칙을 강조하기 시작했다. "모든 사람은 자신의 성의 영주이다."라는 것이 SBU와 RBU를 독립시키기 위한 그의 슬로건이 되었다. 그래서 에이서 주변부품부서(Acer Peripherals, API)와 인포메이션 프로덕트 그룹(Information Products Group, IPG)의 두 SBU가 CD-ROM을 생산하기로 결정했을 때, 시(Shih)는 하향식 결정을 내리기 위해 간섭하지 않았고, 대신에 시장이 결정할 수 있도록 했다. 그 결과 두 곳 모두가 성공했고, 당시 브랜드 PC와 OEM에서 세계 최고였던 대만에서 생산되는 PC의 약 70%에 이르는 CD-ROM을 공급하게 되었다.

또 다른 구상에서 시(Shih)는 내부 제품들이 경쟁력이 있다는 점을 확인하기를 희망하면서 적어도 에이서 제품 및 부품의 절반 이상은 그룹 외부에서 팔려야 한다는 점을 역설하기 시작했다. 그러면서 다음과 같은 원칙 "손해가 아니라면, 도와라"라는 원칙을 적용하면서 내부의 공급자들을 돕는 정책을 퍼트렸다. 그러나 "성의 영주" 원칙 아래서, 만약 RBU가 재무상태의 개선을 위해서 외부조달을 추진하고자 한다면 그렇게 할 수 있었다. 그러나 이와 동등하게 그러한 영향을 받은 SBU가 해당 RBU지역에서의 성과를 위하여 대안적인 유통사를 찾을 수 있는 것 역시 분명했다. 현실적으로 이러한 상황은 "핵 옵션(nuclear option)"이라고 불리는 상호 억제력으로서 실제적으로는 좀처럼 행사되지 않는 마지막 수단으로 인식되었다. 이러한 운영 원칙에 대한 시(Shih)의 의사전달에도 불구하고 SBU와 RBU사이의 역할과 관계는 관리자들이 클라이언트-서버 모델의 모든 함의를 그들의 일상적 직임으로 이해하기 전까지 몇 년 동안 유동적이었다.

패스트푸드식 경영 컨셉 그러나 시(Shih)가 복귀하는 과정에서 직면하게 된 가장 큰 도전은 에이서가 처한 전략적인 상황이었다. 물론 그가 일선 경영현장에서 물러나 있었던 2년 반 동안 리우(Liu)가 에이서를 이끌었지만 PC사업에서의 경쟁은 엄청나게 치열해졌으며, 제품수명주기가 6~9개월로 짧아졌을 뿐만 아니라 PC의 가격은 더 하락했다. 이러한 새로운 현실을 조명하기라도 하듯이, 1992년 5월 리우(Liu)가 에이서를 떠난 그 달에 컴팩(Compaq)이 그들의 PC의 가격을 전반적으로 30% 인하한다는 것을 공표했다. PC 업계의 지배적인 전망은 수익을 크게 창출하지 못하는 주변부의 기업들이 대량으로 시장에서 도태된다는 것이었다. 에이서의 재정적인 어려움을 고려하여 몇몇 내부 관계자들은 사장에게 OEM 생산에만 집중하는 것이 좋겠다는 조언을 했고, 다른 사람들은 어려운 미국시장으로부터의 철수를 제안했다. 그러나 시(Shih)는 사업에서 위기는 일상적인 것이고 그런 고집은 보통 보상을 받는다고 믿었다. 그는 우선 에이서가 보유한 다섯달 분량의 재고를 절반으로 줄이고 그 중 두 달 분량을 처리하여 "운송 중"으로 만들었다.

시(Shih)의 적극적인 노력에 자극을 받아 조직의 다양한 부분에서 기본으로 돌아가려는 새로운 구상들을 만들어내기 시작했다. 예를 들어 시스템 PC 부서는 "칩업(ChipUp)" 개념을 개발했다. 이 특허 기술은 다른 타입의 CPU칩을 한 마더보드에, 예를 들어 다양한 버전의 인텔(Intel) 386칩과 486칩들을 적용할 수 있게 해주어서 두 칩과 메인보드들의 재고를 크게 줄일 수 있게 해주었다. 또 다른 부서 홈 오피스 오토메이션(Home Office Automation)은 신제품 출시 과정을 (개발에 두 달, 판매에 세 달, 단계적 판매 철수(phase-out)에 한 달이 걸리도록) 단축시킬 수 있는 "2-3-1시스템(2-3-1 System)"을 개발했다. 그리고 거의 동시에 에이서의 홈 PC, 아크로스(Acros)의 출시를 지원하기 위해 부서의 경계를 넘어서는 계획(cross-unit initiative)을 수립하였는데, 이 계획에 의해 전체 컴퓨터의 조립 시에 부품, 마더보드, 파워 등을 딱딱 맞추기만 하면 되는 나사가 필요 없는 조립과정이 개발될 수 있었다.[2]

이러한 모든 계획과 다른 몇몇 계획들을 통합하여 엔지니어 팀이 유니로드(Uniload)라고 하는 생산방식을 개발해냈다. 이 방식은 부품의 포장제거나 조립, 테스트를 용이하게 할 수 있도록 표준부품 운반대(standard parts palette)에서 부품들을 조립하는 방식인데, 이 방식을 통해 최종 조립품을 보다 용이하게 해외 RBU로 넘길 수 있었다. 기본적인 목표는 더 많은 조립품들을 해외로 보냄으로써 유연성을 높이고 현지에 적합하게 대응할 수 있는 반응성을 증가시키는 것이었다.

고객과 가까운 곳에서 제품을 조립할 수 있도록 해주는 유니로드(Uniload)의 능력은 CEO가 그의 "패스트푸드" 비즈니스 모델이라고 말했던 것을 보다 명확하게 할 수 있는 결과로 이어졌다. 이러한 접근법을 통해서 총 비용의 50~80%를 차지하며 기술이 급변하는 작고 비싼 부품들(예컨대 메인보드, CPU, 하드디스크 등)은 대만의 SBU로부터 주요시장의 RBU로 항공을 통해 "따끈하고 싱싱하게" 재빨리 운송되었으며, 반면에 빠르게 변하지 않는 것들(예컨대 케이스, 모니터, PC전원 등)은 바다를 통해 운송되었다. 조립제품을 통해서 발생된 물류, 재고 그리고 수입 관세 등에서의 비용절감은 일반적으로 제품비용의 1%보다 조금 낮은 현지 노동자의 인건비를 쉽게 상쇄할 수 있었다.

시(Shih)가 패스트푸드식 경영 컨셉을 추진하기 시작함에 따라 그는 내부의 반대에 부딪혔는데, 특히 조립 시스템을 포기하는 것은 힘과 통제력을 잃는 것을 의미하는 것이라고 우려하던 SBU들의 반대가 심했다. SBU들이 부품 개발에 집중하는 것이 결국 경쟁력을 제고할 수 있는 길이라는 점을 확신시켜주기 위해서 시(Shih)는 PC산업에서의 부가가치요소에 대한 프리젠테이션을 진행하였다. "조립은 당신이 육체노동을 통해서 돈을 번다는 의미입니다." 그가 말했다. "부품과 마케팅에서는 당신은 당신의 머리를 이용해서 가치를 만들어 내는 거죠." 이 점을 설명하기 위해, 시(Shih)는 "스탠의 미소 곡선(Stan's Smiling Curve)"이라고 불리우는 부가가치 그림을 개발했다(**〈도표 6〉** 참조).

전환 "혁신적인 자극을 제공하고, 모호한 아이디어들 속에서 처음으로 떠오르는 새로운 전략을 인식하고, 의사소통을 해서 합의를 만들고, 행동에 대한 동의를 끌어낸다"는 자신의 역할을 묘사하면서, 시(Shih)는 2년 동안 자신의 메시지를 조직에 전달하면서 끊임없이 돌아다녔다. 1993년 동안 그러한 변화의 영향력이 나타나기 시작했다. 가장 극적으로 리우(Liu)의 시스템에 의해 보완된 패스트푸드식 경영컨셉은 재고 회전률을 1993년 말경에 두 배로 증가시켰고, 운송비용을 줄이면서도 진부화의 위험을 줄일 수 있었다. 1994년 초 그룹은 3년 간의 적자를 마치고 흑자로 돌아섰다고 보고했다.

에이서 미국법인(ACC)과 아스파이어(Aspire) 브랜드

1992년 4월에 있었던 리우(Liu)의 사임 후 시(Shih)는 로날드 창(Ronald Chwang)을 AAC의 사장으로 임명했다. 전기공학 박사였던 창(Chwang)은 1986년 에이

---

2) 시(Shih)는 혁신적인 아이디어를 촉진하기 위해서 컴퓨터를 가장 빠르게 조립할 수 있는 전문가를 찾기 위한 사내 컨테스트를 후원했다. 시(Shih)의 개인 최고기록은 1분 이상이었지만, 전문가들은 30초 내에 컴퓨터 조립을 완성했다.

도표 6 스탄시(Stan Shih)의 PC 산업 개념도

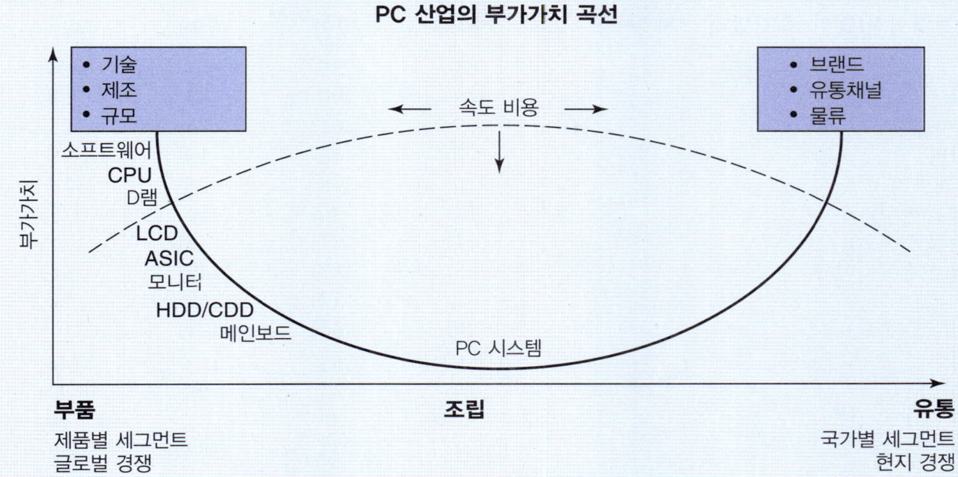

출처: 회사 내부자료.

서의 기술개발부서에 입사했다. 에이서의 주변부품사업부(Acer's peripherals business)의 설립을 감독한 후 1991년 에이서/알토스 사업부의 대표로서 그는 새로이 인수한 알토스(Altos)를 AAC에 통합시키는 책임을 부여 받았다.

AAC는 1987년부터 적자를 기록하고 있었기 때문에, CEO로서 황(Chwang)의 첫 번째 조치는 추가로 발생하는 손실을 줄이는 데 집중하는 것이었다. 그 노력의 일환으로 그는 대만에서 시작된 극적인 변화를 수용해서 AAC의 팔로 알토(Palo Alto) 공장에 첫 유니로드(Uniload) 시스템의 조립 장소를 만들었다. 새로운 시스템을 적용함으로써 제조와 배달 시간은 80일에서 45일로 줄었고, 재고수준은 거의 45% 정도로 줄게 되었다. 이 유니로드(Uniload) 현장을 지원하기 위해서, AAC는 주로 부품 검수뿐만 아니라 소프트웨어 디자인을 현지시장의 니즈에 맞게 조정하는 역할도 함께 수행하는 약 20여명의 엔지니어들이 포함된 부서를 만들었다. 1994년에 AAC는 손익분기점에 다다랐다(〈**도표 7**〉 참조).

아스파이어(Aspire) 브랜드의 탄생 이러한 개선에도 불구하고 AAC 및 다른 RBU는 아직도 에이서의 대만 SBU가 너무 멀어서 전 세계의 다양한 소비자와 경쟁적인 상황에 적절하게 어필할 수 있는 제품의 개발이 힘들다고 느꼈다. 예를 들어 동남아에서 잘 팔리는 제품이 미국에서는 1년 이상 구식 제품일 수 있었다. 그러나 부각되고 있는 에이서의 "현지에 충실한 글로벌 브랜드(global brand, local touch)" 이념과 이것을 지원하는 클라이언트-서버 조직 모델은 그들에게 그러한 상황을 변화시킬 수 있다는 희망을 주었다.

1994년 1월에 마이크 컬버(Mike Culver)가 제품개발 권한의 책임을 부여하는 역할인 AAC의 제품관리 이사로 승진했는데, 그는 RBU가 새로운 클라이언트-서버 모델에서 책임을 맡아야 한다고 생각했다. 최근에 MBA를 졸업한 이 29세의 엔지니어는 AAC의 노트북 컴퓨터 제품 관리자로 에이서 아메리카(Acer America)에 2년 반 전에 합류했다. 그러나 최근에 그는 홈 컴퓨팅 분야에서 새로운 기회가 존재한다는 것을 깨닫게 되었다.

몇 가지 요인이 컬버(Culver)의 관심을 끌었다. 먼저 일련의 통계자료가 재택근무의 추세가 증가세에 있다는 것을 제시하고 있었는데, 재택근무자가 1993년

도표 7 AAC의 주요 재무현황(1990년부터 1994년까지)

ACC의 경영실적(단위: 백만달러)	1990	1991	1992	1993	1994
수익	161	235	304	434	858
매출원가	133	190	283	399	764
판매 및 마케팅	27	61	25	23	55
일반관리비	20	16	17	19	20
연구 및 개발비	5	8	6	4	4
영업이익 / (손실)	(24)	(40)	(26)	(11)	15
비영업이익 / (손실)	(1)	(7)	(3)	(5)	(3)
세전이익 / (손실)	(25)	(47)	(29)	(16)	12
세금	1	(2)	0	0	1
당기순이익 / (손실)	(26)	(45)	(29)	(16)	11
유동자산	155	153	123	144	242
고정자산 (순)	39	43	28	25	25
기타자산 (순)	37	37	31	19	11
자산총계	231	233	182	188	278
유동부채	155	169	154	136	218
장기차입금	17	15	18	58	47
주주자본	58	50	10	(6)	12
부채총계	231	233	182	188	278

출처: 회사 내부자료.
(노트: 반올림 때문에 합계는 상이할 수 있음)

2천 6백만 명에서 1994년 2천 9백만 명으로 증가될 것이 예상되었다. 또한 인터넷에 대한 관심이 급격히 증가하고 있었다. 그리고 마지막으로 오디오, 통신, 비디오 그리고 컴퓨팅 기술이 새로운 종류의 멀티미디어 홈 PC산업에 대한 소문으로 이어졌다. 사실 휴렛패커드(Hewlett Packard)와 같은 경쟁자들은 이미 새로운 멀티미디어 시스템을 개발하기 위한 경주를 시작했다는 루머도 들려왔다. 이러한 비전에 동의하면서 컬버(Culver)는 "디자인, 사용편의성 그리고 멀티미디어 능력에서 애플(Apple)과 경쟁할 수 있는 최초의 윈텔 기반의 PC"를 만들기에 적절한 시기가 왔다고 생각했다.

1994년 10월 컬버(Culver)는 새롭게 부각되는 기회를 분석하기 위하여 일련의 포커스 그룹을 구성하였다. 그중 한 그룹에서 한 소비자가 그에게 심오한 인상을 준 지적을 했다. 그녀는 사무실 밖에서는 회사 일을 떠올리지 않게 해 주는 컴퓨터를 원한다고 말했다. 그 순간 컬버(Culver)는 에이서(Acer)의 새로운 홈 PC는 전 세계의 사무실에 놓여있는 표준화된 퍼티 색상 그리고 박스모양의 PC와 차별화하기 위하여 근본적으로 완전히 새로운 디자인의 미학을 포함해야 한다고 결정했다.

11월까지 컬버(Culver)는 혁신적인 멀티미디어 소비자 PC의 잠재성에 대한 확신을 갖고 있었고, 이러한 컨셉의 제품을 개발하기 위하여 프로젝트 팀을 구성하기 시작했다. 이 팀은 에이서(Acer) 그룹이 제품의 새로운 기술적 요소를 개발할 수 있는 엔지니어링 능력을 가지고 있다고 믿었던 반면에, 그것과 같은 정도로 그들이 마음속에 그렸던 것과 같은 혁신적인 디자인을 얻기 위해서는 그룹의 외부로 나가야 한다고 확신했다. 철저한 검토 후에 이 팀은 "기존의 틀을 벗어나는 새로운 사고(thinking outside of the box)"를 하는 것으로 명성이 자자했던 실리콘 밸리 최고의 디자인 회사인 프로그 디자인사(Frog Design)를 선택했다. 이 시점까지 컬버(Culver)는 내부자원을 사용하고, 그에게 주어진 일상적인 예산 범위 내에서 조직을 운영했

도표 8 상위 10대 PC 제조사의 미국 및 세계시장 점유율(1994년 기준)

회사명	미국시장 점유율	세계시장 점유율
컴팩	12.6%	9.8%
애플	11.5%	8.1%
팩커드 벨	11.4%	5.1%
IBM	9.0%	8.5%
게이트웨이 2000	5.2%	2.3%
델	4.2%	2.6%
AST	3.9%	2.7%
도시바	3.6%	2.4%
에이서	2.4%	2.6%
휴렛팩커드	2.4%	2.5%

출처: LA타임즈, 1996년 1월 31일자.

도표 9 1세대 아스파이어 제품의 시제품 모형

다. 하지만 프로그 디자인사(Frog Design)를 선택했다는 것은 추가적인 지원을 받기 위하여 황(Chwang)에게 가야 한다는 것을 의미했다. "승인은 믿을 수 없이 비공식적이었습니다." 컬버(Culver)가 말했다. "말 그대로 11월 하순에 복도에서 딱 20분 동안 토론하는 사이에 일어났죠. 저는 로날드(Ronald)에게 우리는 시제품 모형 개발과 관련된 외부 컨설팅을 위하여 20만 달러가 필요하다고 이야기 했습니다." 황(Chwang)은 그 자리에서 동의했고, 그 디자인 과정은 시작되었다.

1994년 에이서는 아크로스(Acros)에서 발생되는 매출에 힘입어 2.4%의 시장점유율을 기록하며 미국 시장에서 9위를 차지하고 있었다. 아크로스(Acros)는 에이서 파워(Acer Power)의 상업용 제품을 개량한 에이서의 초기 PC제품이었다(1994년의 시장점유율은 〈**도표 8**〉을 참조). 컬버(Culver)와 황(Chwang)은 그들이 에이서의 미국 점유율을 상당히 많이 향상시킬 수 있을 뿐만 아니라, 1,040만 대로 추정되며 주로 유럽과 아시아에서 연간 20% 이상 성장하고 있는 글로벌 멀티미디어 데스크탑 시장의 점유율을 더 끌어 올리 수 있는 잠재력이 있는 제품을 만들 수 있을 것이라고 확신했다.

프로그 디자인사(Frog Design)의 디자이너들과 공동 작업을 하면서 프로젝트 팀은 신제품의 형태를 브레인스토밍하기 위하여 소비자들과 이야기하고, 컴퓨터 소매점을 방문하며 논의를 거쳤다. 약 2개월 후에 프로그 디자인사(Frog Design)는 출시 가능한 6가지의 제품 디자인 대안을 개발했다. 1995년 1월 에이서의 프로젝트팀은 기존의 PC와 닮은 점이 거의 없는 눈에 잘 띄는 세련된 제품 모형을 선택했다. 시장조사 결과 소비자들이 제품 색상의 선택을 원한다는 사실을 밝혀냈고, 이 팀은 새롭게 이름 지어진 아스파이어 PC(Aspire PC)에 차콜 그레이와 에메랄드그린 색상을 제공하기로 결정했다(〈**도표 9**〉 참조).

한편 프로젝트팀은 새로운 멀티미디어 능력을 컴퓨터에 포함시키기 위하여 AAC 소프트웨어 엔지니어들과 대만의 개발팀과 함께 공동 작업을 하고 있었다. 도입된 중요한 기술 하나는 컴퓨터 사용자들이 문서를 열고, 닫고, 저장하는 것을 음성 명령으로 가능하게 해주는 음성인식 소프트웨어였다. 그러나 이러한 개선은 새로운 하드웨어의 디자인을 필요로 했다. 예를 들면 음성인식 기능을 지원하기 위한 마이크가 탑재되어야 하고, 개선된 오디오 능력을 적절하게 활용하기 위해서는 모니터에 스피커가 포함되어야 하는 것이 바로 그것이다. 멀티미디어 제품 컨셉은 CD-ROM 기능과 내장 모뎀 그리고 팩스 및 전화 기능을 합친 자동응답기의 통합을 필요로 했다. 이러한 유형의 구성은 에이서에게 있어 설계 및 제조에 있어서 중요한 변경을 요구하는 급진적인 혁신이었다.

1995년 초에 상위 계층의 PC들(예컨대 IBM)과 (패커드 벨(Packard Bell)로 대표되는) 저가형 제품의 가격 차이는 약 20% 였다. 컬버(Culver)의 팀은 아스파이어(Aspire)가 높은 품질의 혁신적인 제품을 프리미엄 가격보다는 낮은 가격을 책정함으로써 이 세그먼트 사이에서 성공적으로 자리 잡을 수 있을 것이라고 생각했다. 그들은 기본제품의 가격 1,199달러부터 모니터를 포함한 최고급 제품의 가격 2,999달러까지로 책정된 가격 범위를 소비자들에게 제공함으로써 강력한 발판을 만들 수 있을 거라고 느꼈다. 9월 아스파이어의 출시와 함께, 1995년 5억 7천만 달러의 미국 내 매출과 1천 7백만 달러의 수익을 예상했다. 몇 달 안에 손익분기점을 넘길 것이라는 예상으로 아스파이어의 글로벌 시장 출시는 더 매력적으로 여겨졌다.

스탄 시(Stan Shih)의 결정

1995년 2월, 산 호세(San Jose)로 향하는 길에 스탄 시(Stan Shih)는 아스파이어(Aspire) 프로젝트의 중요성에 대해서 심사숙고 하고 있었다. 분명히 그것은 일선 작업장에서 클라이언트-서버 시스템을 대표하고 있었다. 이것은 현지의 시장 기회를 감지하고 대응한 RBU에 의해 디자인되고 개발된 첫 제품이 될 수도 있다. 그것을 넘어 그는 이것이 에이서 최초의 글로벌 히트 상품이 될 가능성이 있을지도 모른다고 느끼고 있었다.

이러한 가능성에도 불구하고 시(Shih)는 프로젝트를 비판하는 비평가의 의견을 듣고 싶어 했다. 일부는 AAC가 이익의 거의 50%를 차지하고 있는 견고한 OEM 매출에 기대어 1994년 첫 분기에 겨우 수익을 창출해 내기 시작했다는 점을 지적했다. 이들의 빈약한 이익 기반을 고려했을 때, 그들은 AAC가 극단적으로 비싸고, 경쟁이 극도로 치열한 브랜드 소비 제품 사업에 스스로의 미래를 걸지 말아야 한다고 주장했다. 이미 자리 잡은 경쟁자들은 에이서보다도 빠르게 멀티미디어 홈 PC를 출시할 가능성이 높았다. 1990년 초반 브랜드 PC를 출시한 대만 기반의 미택(Mitac)의 대가가 컸던 실패를 포함하여 실패했던 많은 시도들이 증명했던 것처럼, 혼잡하고 경쟁적인 시장에서 새로운 브랜드를 구축하는 것은 매우 어려운 일이었다.

제품의 가능성을 본 사람들 사이에서 조차도 프로젝트의 실행에 대해서 우려를 표하는 사람들이 있었다. 대만에 위치한 회사의 모든 기술 및 생산 전문가들과 함께, 이 비평가들은 이러한 혁신적인 신제품의 개발 및 발표의 조정 작업을 개발자원이 제한적이고 경험이 일천한 RBU의 그룹에 맡기는 것은 너무 위험하다고 주장했다. 만약 프로젝트가 승인되기 위해서는 프로젝트의 원활한 실행을 위하여 그러한 조정 작업을 대만에 있는 SBU로 옮길 것을 제안했다.

마지막으로 일부는 에이서의 클라이언트-서버 조직 모델과 "현지에 충실한(local touch)" 경영이 아스파이어(Aspire)를 성공적인 글로벌 제품이 되게끔 지원할 수 있는지 여부에 대해서 의문을 품었다. 세계 곳곳에 위치한 RBU들의 독립성이 커짐에 따라 그들은 각각의 RBU들이 현지 시장에 적합하게 제품 및 마케팅 전략의 재설계를 원할 것이고, 그로 인해 잠재적인 규모의 경제 효과가 무력화될 것이라는 점을 우려하였다.

그가 탑승한 비행기가 샌프란시스코(San Francisco)에 착륙하자, 시(Shih)는 자신의 흥분되고 걱정되는 감정을 진정시키려고 노력했다. 그는 아스파이어 프로젝트를 지원해야 할까, 변경해야 할까, 혹은 보류해야 할까? 그리고 그의 결정은 그가 구축해왔던 새로운 기업 모델에 주는 함의는 무엇이 될까?

Reading 1-1 글로벌기업가(The Global Entrepreneur)

by Daniel J. Isenberg

수세기 동안, 기업들은 자국 내에서 기반을 다진 후 해외로 눈을 돌려왔다. 또한 그들이 해외에 눈을 돌리더라도 초기에는 너무 멀리 떨어진 곳까지는 나가지 않았다. 소비자 의료서비스 회사인 존슨앤드존슨(Johnson & Johnson)은 1886년에 설립된 이후 33년이 지난 1919년에 몬트리올에 첫 해외 자회사를 설립하였다. 1946년에 설립된 소니(Sony)는 자사의 제품인 TR-63 트랜지스터 라디오를 미국에 처음으로 수출하기까지 11년이 걸렸으며, 닐 암스트롱(Neil Armstrong)이 달을 밟은 해인 1969년에 설립된 갭(GAP)은 우주왕복선 챌린저호(*Challenger*)의 폭발사고 1년 후인 1987년에야 런던에 첫 해외매장을 개장하였다.

반면 오늘날 기업들은 태생적으로 글로벌화되어 가고 있다. 기업가들은 원자재를 가까이 있는 공급자들로부터 사들이거나, 본사 근처에 공장을 짓는 것을 당연시하지 않는다. 정치적, 경제적 장벽들이 무너지고 광대한 정보를 즉시 이용할 수 있기 때문에, 기업가들은 세계 최고의 제조 입지 지역을 찾는다. 또한 그들은 사업을 시작할 때, 전 세계에 걸쳐 인재를 발굴하고 투자자들이 어느 곳에 있더라도 그들을 선임하며, 멀리 떨어진 곳을 관리하는 법을 배운다.

1995년 풍력발전용 블레이드 제조업체인 Tecsis를 설립한 Bento Koike를 예로 들면 이 기업은 북미와 유럽에서 원자재를 수입해 오고, 소비자들도 이 두 대륙에 위치해 있었다. 하지만 Koike는 그의 고향인 브라질의 상파울로 근처에 수준 높은 항공우주산업이 위치해 있었고 이것이 그에게 혁신적인 블레이드 설계와 제조 노하우를 발전시키는 것을 가능하게 했기 때문에 전 세계를 대상으로 한 회사를 그곳에 세웠다. Tecsis는 지난 10년간 10개국에서 12,000개의 블레이드를 설치했으며, 2007년에는 350백만 달러의 수익을 창출하면서 세계시장 선도자 중의 하나가 되었다.

전통적인 이론을 완전히 뒤집어 최근의 신생기업들은 자국 시장을 지배하기 전에 많은 나라에서 사업을 시작한다. 2001년 후반, Ron Zwanziger, David Scott과 Jerry McAleer은 비록 Zwanziger가 미국에 살고, Scott과 Mcaleer는 영국에 살고 있음에도 불구하고 팀을 이뤄 그들의 세 번째 의료 진단 사업을 시작했다. 그들은 존슨앤드존슨(Johson & Johnson)이 인수하지 않은 그들의 회사 일부분을 보유함으로써 Inverness Medical Innovations를 설립하였고, 즉시 벨기에, 독일, 이스라엘, 영국, 미국에 자리를 잡았다. 이 3인즈는 리듬을 놓치지 않았다. 그들은 7년 내에 그들의 기업 가치를 70억 달러의 대규모 사업으로 키우기를 원했고 태생적 글로벌기업이 되는 것이 그 방법이라고 믿었다. 그들은 그들의 목표에 달성하고 있으며 Inverness Medical의 자산은 2008년 8월 기준으로 50억 달러에 달했다.

오늘날 기업가들은 두 가지 이유에서 국경을 넘는다. 첫 번째는 방어적인 측면이다. Tecsis과 Inverness Medical과 같은 많은 벤처기업들은 경쟁력을 가지기 위해 그들 사업의 몇몇 활동인 제조, 서비스전달, 자금조달, 인력채용 등을 글로벌화해야 한다. 오늘날에는 이것이 당연한 것처럼 보이지만 불과 몇 년 전까지만 해도 미국의 벤처투자자들이 국내 시장에 집중하는 회사들에게 이것들을 요구하는 것은 일반적이었다.

■ Daniel J. Isenberg (disenberg@hbs.edu) is a senior lecturer at Harvard Business School in Boston.

두 번째 이유는 공격적인 측면이다. 많은 신규 벤처기업들은 새로운 사업의 기회가 어느 한 국가의 이상에 걸쳐있거나 새로운 제품이나 서비스를 개발하기 위해 거리를 이용할 수 있다는 사실을 안다. 2002년 Mary Gadams가 설립한 Racing ThePlanet은 세계에서 가장 어려운 환경에서 250 km의 길이를 7일 동안 완주하는 마라톤 대회를 개최했다. 그녀의 팀은 홍콩의 조그만 사무실에서 일했지만, 몽고의 고비(Gobi) 사막, 칠레의 아타카마(Atacama) 사막, 이집트의 사하라(Sahara) 사막과 남극대륙에서 활동한다. 거리가 기회를 만들어 준 것이다. 만약 이 사막들이 쉽게 접근할 수 있는 곳이었다면, 참가자들과 관중들은 이 경주에 흥미를 덜 느꼈을 것이고 이 브랜드는 사라졌을 것이다. Racing ThePlanet은 단지 달리기만 하지는 않는다. 이 회사는 글로벌 라이프스타일 브랜드를 창출한다. Gadams은 백팩과 비상용품, 옷, 그리고 기타 상품들을 판매하기 위해 이러한 브랜드를 이용한다. 이 뿐만 아니라 이 회사는 웹사이트와 GPS 지도 시스템용 비디오를 판매하는 멀티미디어 사업부를 위한 콘텐츠를 또한 만든다. 회사는 이제 6년 밖에 되지 않았지만, 상표 인지도도 높고 이미 이익을 내고 있다.

본 논문에서는 창업기업들이 태생적 글로벌일 때 직면하는 도전들과 기업가가 이러한 도전들에 대처하는 기술을 서술할 것이다.

주요 도전들 본 연구에 의하면 글로벌기업가들은 세 가지 도전에 직면한다.

거리 신규 벤처기업들은 일반적으로 분산되어있는 사업과 멀리 떨어진 시장에 대응하기 위한 기반 구축에 어려움을 겪는다. 더욱이 물리적인 거리는 시차도 유발하기 때문에 경영하기에 분명히 힘이 든다. 심지어 다양한 국가의 근무시간들은 창업기업들의 제한된 인력에게 피해를 준다. 북미, 유럽, 중국, 인도에서는 월요일에서 금요일까지 일을 한다. 이스라엘에서는 일요일부터 목요일까지 일을 한다. 사우디아라비아와 아랍에미리트에서는 토요일부터 수요일까지 일을 하는 반면, 레바논, 모로코와 터키 같은 다른 대부분의 무슬림 국가에서는 월요일부터 금요일 또는 토요일까지 일을 한다.

글로벌기업가들에게 더 큰 도전은 소위 1956년 영국 경제학자 Wilfred Beckerman이 명명한 "심리적 거리(psychic distance)"의 간격을 메우는 것이다. 이것은 문화, 언어, 교육시스템, 정치시스템, 종교와 경제발전 수준과 같은 요인들에 의해서 생기는데 이는 지역 간의 심리적 장벽을 증가 또는 감소시키고, 때때로 기업가들이 직관에 어긋나는 선택을 하게 만든다. 1998년에 설립되어 프리미엄 푸에르토리코 커피를 제조하고 판매하는 'Encantos de Puerto Rico'를 예로 들어보자. 창립자이자 CEO인 Angel Santiago가 2002년 새로운 시장을 찾았을 때 그는 스페인과 푸에르토리코 사람들이 커피의 맛에 있어 유사한 취향을 가지고 있고, 두 나라간의 심리적 거리가 감소되어 스페인에서 사업을 하기가 쉽다고 믿었기 때문에 미국 근처 시장에는 가지 않고 대신 스페인을 선택했다. 2년 후 이 회사는 미국에 진입하였는데, 초기에는 히스패닉 인구가 많은 마이애미(Miami)에 집중하였다.

맥락(전후 사정) 국가들의 정치, 규제, 사법제도, 세금, 환경과 노동 시스템들은 다양하다. 기업가들이 회사의 본사를 어디에 둘지를 결정하는 것은 주주들의 수익과 자금을 끌어 모으는 능력에 영향을 미칠 것이다. MIT에서 공부한 우크라이나인 Andrew Prihodko와 하버드(Harvard)에서 공부한 스위스출신 미국인 Sharon Peyer 부부가 온라인 사진관리회사인 Pixamo를 세울 때, 거주지를 어디로 할지 깊이 고민했다. 간단하고 낮은 세금구조를 가지고 있으나 법제구조에 문제점이 있는 우크라이나인가, 세금은 높지만 안정적인 법제구조를 가지고 있는 스위스인가, 아니면 세금은 높지만 대부분의 미국 신생기업이 설립되는 델라웨어(Delaware) 주에 설립할 것인가를 고민했다. Prihodko와 Peyer는 결국 비교적 우호적인 세금구조를 가지고 있는 스위스의 추크(Zug) 주에 회사를 세웠고, 이 결정은 2007년 Pixamo를 NameMedia에 팔 때 주주들에게 도움이 되었다.

몇몇 글로벌기업가들은 복잡하게도 동시에 여러 국가들을 다루어야 한다. 1994년 Gary Mueller는 Internet Securities를 설립하고 투자자들에게 신흥시장들에 대한 자료들을 제공했다. 3년 후 이 회사는 18개국에 사무실을 가지게 되었고, 브라질, 중국, 러시아의 구역을 동시에 관리해야 했다. 이러한 경험을 바탕으로 Internet Securities는 시장선도자가 되었고, 1999년 유로머니(Euromoney)는 상당한 금액인 43백만 달러에 해당하는 이 회사의 지분 80%를 인수했다.

자원 고객들은 신생기업들이 대기업 수준의 기술을 보유하고 품질을 제공할 것이라고 기대한다. 이것은 자원이 한정된 신규 벤처기업들에게는 어려운 주문이다. 하지만, 고객을 보유하기 위해서는 어쩔 수가 없다. 1987년, Jim Sharpe는 현재의 통신장비용 화면제작회사인 XTech라는 조그만 사업체를 인수했다. 초기에 이 회사는 미국에서 제품을 만들고 판매 대행사와 유통업체를 통해 해외에 팔았다. 그러나 2006년까지 Cisco, Lucent, Intel, IBM과 다른 XTech의 고객들은 대부분의 제조시설을 중국으로 옮겼다. 그들은 중국 내에서 제품을 생산하지 않고 고객서비스 활동을 하지 않는 공급회사와 거래하기를 꺼려했기 때문에 Sharpe는 이 때 중국에 자회사를 설립할 수 밖에 없었다.

글로벌기업가들이 필요로 하는 역량들 모든 기업가들은 기회를 알아차리고, 자원을 모으고, 거래를 할 줄 알아야 한다. 그들은 또한 비전(vision), 리더십(leadership) 그리고 열정(passion)을 가져야만 한다. 세계적으로 성공하기 위해서는 이 외에 추가적인 4가지 역량을 배워야 한다.

글로벌 목표의 명확화 글로벌화를 위한 분명한 논리의 개발은 중요하다. 예를 들면, 1999년 Robert Wessman은 그의 고국인 아이슬란드에서 조그만 제약회사의 경영권을 획득했다. 몇 주 안에 그는 기업의 핵심 기능(제조, R&D, 마케팅)을 글로벌화하여 규모의 경제를 실현하고, 넓은 제품 포트폴리오(portfolio)를 갖추어 특허가 해제된 약들을 시장에 처음으로 내놓고자 했다. 이때부터 Actavis는 때때로 현지기업을 인수하면서 40개국에 진출하였다. Wessman은 많은 장애에 직면했지만 이 전략을 고수했다. Actavis는 현재 650개의 제품들을 만들고 추가로 350개가 한창 진행 중에 있다. 2007년에는 20억 달러의 수익을 창출했고 세계 최고 5개 기업 중 하나의 제약회사가 되었다.

제휴 형성 신생기업은 다른 나라의 대기업과 제휴(partnership)를 맺음으로써 빠르게 글로벌화할 수 있다. 그러나 대부분의 기업가들은 이러한 협상에서 약자의 위치일 수 밖에 없다. 이미 자리를 확고히 잡은 이 대기업들은 실사작업(due diligence)을 수행할 수 있는 경영자가 있고, 미팅을 주도할 수 있는 돈과 미래 파트너로부터 자신들이 원하는 조건을 관철할 수 있는 힘을 가지고 있지만 신생기업은 이러한 자원이나 협상카드가 거의 없다.

신생기업은 그들의 대상 파트너 기업과 지역적 그리고 심리적 거리를 걷어내야 하기 때문에 글로벌 파트너들과 소통하는 데 어려움을 겪는다. 1994년 Eirik Chambe-Eng과 Haavard Nord가 오슬로에 세운 오픈 소스 소프트웨어(open-source software) 회사인 Trolltech을 예로 들자. 2001년 이 신생기업은 PDA에 사용되는 리눅스(Linux) 기반 소프트웨어를 일본 제조사에 공급하는 계약을 맺었지만, 이 꿈은 곧 악몽이 되었다. 일본 회사가 원하는 것과 이 노르웨이 회사가 공급하고자 하는 것에는 차이가 있었고, 이 회사는 일본 파트너가 원하는 수정본을 공급하기 위해 어려움을 겪었다. 기간 안에 Trolltech이 소프트웨어를 공급하지 못할 것이라 생각한 일본 회사에서는 소프트웨어 엔지니어 팀을 일본에 보낼 것을 요청했다. 그러나, 마감기한을 맞추기 위해 크리스마스 휴일 기간에도 같이 일하자고 제안하였을 때(일본에서는 흔한 일이다), Trolltech에서는 노르웨이에서의 크리스마스 휴가의 중요성을 이유로 거절했다. 두 회사의 관계는 거의 무너질 뻔했지만, Chambe-Eng과 Nord가 휴일에 일하는 것 없이 새로운 마감기한을 협상하여 해결할 수 있었다.

공급망 창출 기업가들은 종종 지구 반대편에 있는 공급자들을 선택하고, 근처에 경영자를 두지 않고도 그들을 감시해야 한다. 또한, 최고의 제조 입지(location)는 중국에서 그랬던 것처럼 노동시장, 연료비 상승과 제품의 품질 문제에 따라 변한다.

신생기업들은 복잡한 공급망을 유지하는 데 부담을 많이 가지지만, 이렇게 함으로써 경쟁력을 가질 수 있다. 때때로 글로벌 공급망(global supply chain)은 사업 기회의 중요 요소이다. 1999년 Peter Byck에 의해 설립된 Winery Exchange를 예로 들자. 캘리포니아(California)에 기반을 둔 이 기업은 22개국의 와인공장과 맥주공장을 공급처로 운영했다. Winery Exchange는 Kroger, Tesco, Costco 등과 같은 소매점들과 협력했는데, 프리미엄(premium) 상표 제품을 개발하고 공급처로부터 가능한 싸게 생산하고 포장하도록 하였다. 이 회사는 시장이 절실히 필요한 공급자와 제품 공급에 어려움을 겪는 거대 소매점들을 연결하고 제품개발에 대한 전문지식을 공급함으로써 성공을 계속해 왔다. 2006년 Winery Exchange는 4개 대륙의 소매점들에 330개 다른 브랜드의 와인, 맥주, 스프라이트를 2백만 개의 케이스를 팔았다.

원자재나 부품뿐만 아니라 신생기업들은 세계 곳곳에서 지적 자산(intellectual property)을 사고 있다. David Kranzler가 설립한 Hands-On Mobile은 실리콘밸리에 기반을 둔 Guitar Hero3, Iron Man 등 여러 게임들을 개발한 기업이다. 2001년 이 회사를 시작할 때, 모바일 멀티미디어 콘텐트(mobile multimedia content)는 미국보다는 아시아와 유럽에서 빠르게 발전되고 있었고, 중국, 한국 일본에서는 게이머들이 매력적인 상품을 창조해내고 있었다. Kranzler는 그의 회사가 종합적인 게임 카탈로그(Game Catalog)와 최신 기술을 소비자들에게 제공하기 위해서는 이러한 해외에서의 지적 자산과 디자인 역량 획득이 필요함을 깨달았다. 그래서 Hands-On Mobile은 Mobile-Game Korea와 2개의 중국 콘텐트(content) 개발업체들을 사들였고, 이것이 시장선도자(market leader)가 되는 데 도움이 되었다.

다국적 조직 2006년, 나는 아르헨티나, 오스트리아, 브라질, 영국, 홍콩, 리히텐슈타인, 네덜란드, 일본, 미국 등 10개의 비즈니스 스쿨에서 450명의 MBA 학생들을 대상으로 **Virtual Entrepreneurial Team Exercise**(VETE)라 불리는 시뮬레이션(simulation)을 수행했다. 각각 다른 학교와 다른 국적의 학생들로 구성된 팀들은 홍콩에 기반한 의료 서비스 신생기업인 Asia Renal Care에 대해 가상 경기를 가졌다. 그들은 Skype, wikis, virtual chat room 및 e-mail을 통해 서로 대화함으로써 동시에 글로벌 사업의 한 단면을 경험했다. 이 학생들은 글로벌기업에서 조정(coordination)하고, 통제(control)하며, 소통(communication)하는 데 필요한 사업가들의 경쟁요소인 신뢰를 쌓는 방법, 보이지 않는 단점을 보완하는 방법, 문화 차이를 존중하는 방법, 서로 다른 제도적 체계 또는 보상정책을 다루는 방법들을 배웠다. 미래의 기업가들의 감정은 기쁨(elation)과 좌절(frustration)에 이르기까지 다양했고, 그들의 결과물도 좋음(good)부터 우수함(excellent)까지 다양했다.

신생기업은 글로벌 조직 경영의 어려움에 대해 각기 다른 방법으로 대처한다. Internet Securities사는 세계 각지의 사무실들과 정보 공유를 위해 지식 데이터베이스(database)를 사용하여 경영자들의 문제 해결능력을 높였다. RacingThePlant사는 지원자들이 꾸준히 높은 수준의 역량을 발휘하도록 집중 훈련을 하였다. Trolltech은 마감기한을 맞추기 위해, 업무를 노르웨이(Norway)에 있는 팀에서 오스트레일리아(Australia)에 있는 팀으로 계속 이어서 수행하였는데,

이는 한 곳에서는 하루가 끝나는 시점이지만 다른 한 곳에는 하루가 시작하는 시점이기 때문에 가능했다. Inverness Medical은 사람들을 세계각지에 사람들을 옮기는 것보다 필요한 곳에서 핵심간부들을 채용하여 운영하였다.

여전히 혼란스럽고 뒤죽박죽인 글로벌기업 세계에서 신생기업을 경영하는 방법에 대한 대답은 쉽지 않다. 2000년 중국의 고급 모험여행 회사인 WildChina를 설립한 Mei Zhang를 예로 들자. 3년 후 Zhang은 중국 역사와 문화에 깊은 관심을 가지고 있는 미국 국적의 Jim Stent를 COO(Chief Operating Officer)로 고용했다. 2004년 Zhang은 LA(Los Angeles)로 옮겼고, 그녀 자신을 회장으로 임명했다. 그래서 미국에 있는 중국인이 북경에 살고 있는 미국인을 관리해야만 했다. 그리고 2006년 두 사람이 평화롭게 각자의 길을 갔을 때, Zhang은 LA에서 중국에 있는 회사를 관리하기 시작했다. 이것은 어떠한 교과서에서도 제공해주지 않는 상황들이었다.

디아스포라 네트워크(Diaspora Networks)가 신생기업들의 글로벌화에 도움을 주는 방법

많은 기업가들은 글로벌 전략을 수립하고 실행하는데 자민족 네트워크(ethnic networks)를 활용한다. 굳은 공통의 이해 및 신뢰 속에서 문화, 가치관과 사회적 규범들은 계약을 하고 실행하는 것을 쉽게 만든다.

디아스포라 네트워크(diaspora networks)를 통해 글로벌기업가들은 빠르게 정보와 자극, 인력, 기술력, 그리고 물론 계약까지 얻어낼 수 있다. 예를 들어, 1990년대 후반 미국에서 몇몇의 하이테크 벤처기업들을 설립했던 보스턴 출신의 Desh Deshpande는 그의 고국인 인도에서 무엇인가 하고자 하였다. 2000년 4월, 그는 광통신 전문가인 Kumar Sivarajan을 만났다. 그는 Bangalore의 Indian Institute of Science에서 교편을 잡기 위해 인도로 돌아오기 전에 IBM의 Watson Research Center에서 일했었다. Deshpande는 Sivarajzan을 미국 하이테크 기업들의 인도 자회사들에서 근무했던 다른 두 명의 인도인 Sanjay Nayak과 Arnob Roy에게 소개시켜 주었다. 2개월 후 이 4명 간의 신뢰로 Tejas Networks라는 신생기업이 탄생하게 되었다. 가장 큰 투자자인 Deshpande and Sycamore Networks는 투자에 대한 통상 조건으로 초기 자본 5백만 달러를 송금하였다. Tejas Networks는 선두적인 통신장비 제조회사가 되었고, 지난 일 년간 약 1억 달러의 수익을 창출했다.

나의 HBS 동료 Willian Kerr과 내가 한 연구에 따르면 디아스포라 네트워크(diaspora networks)를 활용한 기업가들은 다음의 4단계를 따른다.

네트워크를 만들어라 디아스포라(diaspora)의 구성원들은 종종 거주지역, 공공기관, 산업지역 등에서 모인다. 예를 들어, 도쿄에서 미국인들은 Morgan Stanley와 McKinsey 같은 전문 서비스기업에서 일하고, 아자부(Azabu)에 살고, 오모떼산도(Omotesando)에서 쇼핑하고, 미국식 클럽(American Club)에 놀러 가는 경향이 있다.

도움이 될 수 있는 조직들을 확인하라 많은 국가들은 해외에 무역과 투자의 편의를 돕는 사무실을 가지고 있고 고국에서 방문하는 사람들에게 문이 열려있다. 이들은 영향력 있는 사람이나, 회사, 비공식적 조직, 클럽이나 그룹의 이름을 제공해준다.

비공식적 단체들을 이용하라 자민족(ethnic) 기업가나 임원진들의 비공식적 조직들은 보통 이주자들 중 전문가들이 밀집해있는 지역사회에 위치한다. 예를 들어, 미국에서 그러한 조직들은 실리콘 밸리(Silicon Valley)와 같은 하이테크산업 인접 지역 또는 MIT와 같은 대학 지역에서 번창한다.

영향력 있는 사람들을 확인하라 디아스포라 네트워크(diaspora networks) 내에서 현지 사업과 부합하는 영향력 있는 사람들을 발견하기는 쉽지 않을 수 있다. 존경 받는 이사회 중역과 고문은 미래의 기업가들에게 귀중한 자원이다.

사회적 기업가들이 글로벌하게 생각하는 방법

Atsumasa Tochisako는 믿기 힘든 기업가이다. 50대 중반에 그는 Washington D.C.에 글로벌 사회적 영리기업(for-profit social enterprise: FOPSE)을 설립하기 위해 Toyko-Mitsubishi 은행을 떠났다. 수년 동안 라틴 아메리카에서 머무르기도 했던 Tochisako는 미국에 있는 이주민들로부터 상당한 규모의 송금, 그들이 상업은행에 지불하는 과도한 수수료, 형편없는 서비스들을 주목하였다. 사업 기회와 보다 더 좋은 것을 할 수 있다는 것을 알아차린 그는 이주 노동자들에게 저렴한 수수료와 수표환전, 보험과 소액대출 서비스를 제공하기로 결심했다.

MFI는 2003년 6월 미국과 엘살바도르에서 영업을 하면서 시작부터 국제적이었다. 이후 12개의 라틴 아메리카 국가들로 확장했고 UAE Exchange와 같은 다국적 금융기관에 이 회사 특허인 인터넷 기반의 지불 플랫폼(platform)을 사용하게 함으로써 더 확장을 했다.

Tochisako와 같이, 오늘날 많은 기업가들은 사회적 가치, 이익 창출, 글로벌 관점을 결합한다. 사회적 기업가들은 세 가지 이유에서 태생부터 글로벌하다. 첫째로, 질병, 영양실조, 빈곤, 문맹 그리고 다른 사회적 문제들은 많은 개발도상국가들에서 대규모로 존재한다. 둘째, 이러한 문제들을 해결할 수 있는 자본, 기관, 정부시스템과 같은 자원들은 주로 선진국들에 존재한다. 셋째, 특정 문제들을 해결할 수 있는 FOPSE(사회적 영리기업)들은 다른 국가에도 적용될 수 있다. 예를 들어 2002년 Shane Immelman은 남아프리카의 학생들에게 이동식 책상을 공급하기 위해 Labdesk Company를 설립했다. 이 회사는 남아프리카 대기업들에게 몇몇의 광고와 함께 전체 학교 지역을 위한 책상 기부를 요청했다. 따라서 이러한 대기업들은 흑인 우대 정책에 투자하라는 남아프리카 정부의 요구를 충족시킬 수 있었다. 이후 Immelman은 이러한 비즈니스 모델을 케냐, 나이지리아, 콩고 등에 적용하였고, 인도와 라틴 아메리카에도 이러한 프로그램을 시작하였다.

• • •

기업가들은 세계가 평평하지 않다는 것에 대한 사실을 두려워하지 말아야 한다. 글로벌화는 용기 없는 사람들을 위한 추구라기보다는, 심지어 신생기업들조차도 경쟁우위를 확보하기 위해 거리(distance)를 활용하는 수단으로 번창할 수 있다.

Reading 1-2 거리는 여전히 중요하다: 글로벌 확장의 어려운 현실

by. Pankaj Ghemawat

1991년 STAR TV가 출시되었을 때, 이것은 틀림없이 성공할 것처럼 보였다. 계획은 간단했다. 회사는 미디어에 굶주려 있는 아시아 청중들에게 텔레비전 프로그램을 전달하려고 했다. 이것은 아시아 피라미드형 사회 경제 조직의 상위 5% 즉, 서비스를 받을 여유가 있을 뿐만 아니라, 매력적인 광고시장에 대응할 수 있는 신흥 부유 계층을 표적으로 삼았다. 대부분의 표적으로 한 소비자들에게 영어가 제2언어가 된 이래로, STAR는 새 지역 프로그램을 생성하기 위해 대량으로

■ *Pankaj Ghemawat is the Jaime and Josefina Chua Tiampo Professor of Business Administration at Harvard Business School in Boston. His article "The Dubious Logic of Global Megamergers," coauthored by Fariborz Ghadar, was published in the JulyAugust 2000 issue of HBR.*

투자해야 하는 것보다 순조롭게 준비했고 상당히 저렴한 영어 프로그래밍을 이용할 수 있었다. 그리고 시청자의 집에 프로그램을 방송하기 위해 위성을 이용하여, 지금까지는 아시아에 전통적인 방송사를 두어야 했던 지리적 거리의 제약문제를 해결할 수 있었다. 언론계 거물 Rupert Murdoch는 이 계획을 받아들여서 특히 전 아시아 시장에서 20세기 fox film library를 활용하여 세운 그의 회사, News Corporation은 1993년에서 1995년 사이에 Star의 주식 825백만 달러를 사들였다.

Murdoch이 기대했던 것과 달리 그 결과는 좋지 않았다. 1999년 6월 30일 마감한 회사의 회계연도에 의하면, Star는 111백만 달러의 수입 중 세금을 포함한 141백만 달러의 손실을 봤다. 1996년에서 1999년 회계연도의 손실은 중국의 Phoenix TV 합작회사에서의 손실을 제외하고 통틀어 약 500백만 달러로 알려져 있다. Star는 2002년까지는 긍정적 이윤 구조로의 전환이 기대되지 않았다.

Star는 세간의 이목을 끄는 재앙이었지만, 글로벌 확장을 추구하는 기업들에게 이러한 유사한 이야기는 나오기 마련이다. 왜일까? 왜냐하면 Star처럼 그들은 판에 박힌 듯 해외 시장의 매력을 과대평가하기 때문이다. 그들은 미개발 시장의 규모에 현혹되어 매우 다른 새로운 지역을 개척하는 데에서 오는 많은 어려움에 대한 통찰력을 잃고 만다. 이는 항상 국제적으로 하는 사업에 드는 비용을 너무 적게 평가한다. 이 중 가장 두드러진 것은 국가 포트폴리오 분석(CPA; country portfolio analysis)이다. 이것은 진부하지만 회사가 맞서야 하는 것이 무엇인지를 결정하는 데 여전히 폭넓게 이용되는 기법이다. 국가의 GDP, 소비자의 부(wealth) 수준, 사람들의 소비성향에 초점을 맞추어 CPA는 모든 주안점을 판매 가능성에 둔다. 이것은 새로운 시장에서의 사업에 대한 비용과 위험을 무시한다.

그런 비용과 위험들 대부분은 거리에 의해 만들어진 장벽이 원인이다. 여기에서 거리라 함은 단순히 지리적 차이를 의미하는 것이 아니다. 물론 그것도 중요하다. 거리는 해외 시장을 상당히 매력적으로 혹은 덜 매력적으로 보이게 만들 수 있는 문화적, 행정 또는 정치적, 경제적 차원의 거리도 포함한다. 거리가 단순히 얼마나 많은 차이를 만드는가? 경제학자 Jeffrey Frankelr과 Andrew Rose의 최근 연구는 한 국가의 무역 흐름에 대한 다양한 요인들의 영향력을 측정한다. 국가의 부와 규모(GDP)와 같은 전통적인 경제적 요인들은 여전히 중요하다; 이런 수치의 1%의 증가는 평균적으로 무역에서 7~8%가 증가한 것이다. 그러나 거리와 관련된 다른 요인들은 더 중요하게 나타난다. 5,000마일 떨어진 국가 간의 무역량은 동일 국가들이 1,000마일 거리에 있다고 가정할 때 일어날 무역량이 20%밖에 되지 않는다. 문화적 거리와 행정상의 거리는 더 큰 영향력을 발휘한다. 예를 들어 한 회사가 이전에 식민지였던 나라와 무역할 가능성은 비식민지였던 나라와의 무역 가능성보다 10배나 더 높을 것이다. 공동통화(common currency)는 340%까지 무역을 증가시킨다. 지역적 무역 블록 내의 일반 회원(common membership)은 330%까지 무역을 증가시킨다. 보다 더 많은 예들이 있다(Frankel와 Rose의 연구 요약은 부록 "거리의 영향 측정" 참조).

최근에는 이러한 거리에 대한 중요성이 상당부분 사라졌다. 정보기술과 특히 전 세계적인 커뮤니케이션이 세계를 작고 유기적인 관계로 전환시키고 있다고 논의되고 있는 것이다. 그러나 비즈니스를 할 때 이러한 논의는 부정확한 추측일 뿐만 아니라, 매우 위험한 것이다. 거리는 여전히 중요하고, 기업은 세계적인 사업 확장에 대한 결정을 내릴 때 그 거리에 대해 명확하고 철저하게 계산을 해야 한다. 전통적 국가 포트폴리오 분석(country portfolio analysis; CPA)은 거리에 대한 다양한 관점에서의 분명한 평가와 해외시장에서 기회에 대한 영향력에 의해 강화될 필요가 있다.

거리의 4가지 차원

두 국가 간의 거리는 기본적으로 문화, 행정, 지리 그리고 경제 4가지 차원으로 나타낼 수 있다. 거리의 유형은 다른 사업들에 다른 방식으로 영향을 미친다. 예를 들어 지리적 거리는 운송과 의사소통의 비용에 영향을 미친다. 그래서 그것은 무거운 제품이나 부피가 큰 제품을 취급하는 기업들, 또는 기업 운영상 상당히 많이 분산된 사람들과 활동들 사이에 고도의 협조가 필요한 회사들에게는 특히나 중요하다. 이와 대조적으로 문화적 거리는 소비자의 제품 선호에 영향을 미친다. 그것은 모든 소비재나 미디어 기업에는 중요한 고려사항이지만, 시멘트나 철강 사업에서는 그렇게 중요하지 않다.

이러한 각각 거리의 차원은 다양한 요인들을 포함하며, 그들 중 일부는 쉽게 나타나며 다른 일부는 상당히 알아차리기 힘들다(이 거리의 특정 산업에 영향을 주는 요인과 방법에 대한 개요는 "CAGE Distance Framework" 참조). 다음에서 나는 가장 간과되어지는 문화적, 행정적 거리를 시작으로 거리의 4가지 차원을 살펴보고자 한다.

문화적 거리 국가의 문화적 속성은 국민들이 다른 국민, 기업 그리고 기관들과 어떻게 상호작용 할지를 결정한다. 종교적 믿음, 인종, 사회규범과 언어의 차이는 두 국가 간에 거리의 차이를 만들 수 있다. 사실상 이러한 차이점들은 무역에 커다란 영향을 끼칠 수 있다. 모든 여건들이 모두 동등하다면, 언어를 공유하는 국가 간 무역은 공용어가 없는 국가 간의 무역보다 3배가 높을 것이다.

언어와 같은 문화적 속성은 쉽게 인지되고 이해될 수 있는 반면 다른 속성들은 알아차리기 힘들다. 개인의 일상에서의 선택과 상호작용을 안내하는 깊게 뿌리박힌 무언의 원칙들인 사회적인 규범들은 종종 거의 분간이 되지 않는다. 심지어 그 사회 규범들을 준수하는 사람들조차도 구분하기 어렵다. 저작권 위반에 대한 중국인의 오랜 관용을 예로 들 수 있다. William Alford가 출간한 저서 『책을 훔치는 것은 우아한 위법이다, 스탠포드 대학 발간, 1995』(*To steal a book is an elegant offense, Stanford University Press*, 1995)에서는 많은 사람들은 중국의 최근 사회주의를 사회적 규범 탓으로 돌렸다고 한다. Alford는 과거 지적인 노력의 결과를 되풀이하게 하는 것은 공자의 가르침(창조하기 보다는 전달한다; 옛 것을 믿으며 사랑한다)으로부터 나온다고 주장한다. 실제로 저작권 위반은 공산주의 이전에 서양의 출판업체에게 골칫거리였다. 예를 들어 1920년도로 돌아가 중국에서 2개국 사전을 막 소개하려던 Merriam Webster는 상하이에 있는 민간언론에서 이미 그들 자체의 새로운 버전의 사전을 배포하기 시작했다는 것을 발견했다. 미국 출판업체는 이러한 민간 언론을 기소하였다. 중국 법원은 Merriam Webster 인장 사용에 대한 소액 벌금형만 내리고 출판을 중지하는 어떠한 처벌도 하지 않았다. 기업과 음악 산업에서 잘 알려진 대로 변한 것은 거의 없다. 이러한 사회적인 규범은 많은 서양인들을 여전히 난처하게 만든다.

대부분 문화적인 속성들은 특정 기능에 대한 선호도로 인하여 대체 상품 속에서 소비자가 결정하는 선택권에 영향을 미치면서 거리를 만들어낸다. 가령 색상 기호들은 문화적인 편견과 밀접하게 연결된다. 러시아에서 "빨강(red)"이라는 단어는 또한 아름다움을 의미한다. 내구 소비재 산업들은 이러한 수준에서 소비자 기호의 차이점에 특히 민감하다. 예를 들어 일본인은 공간이 높게 가치 평가되는 사회 규범이 반영되어, 휴대폰이나 가전제품을 작은 것을 선호한다.

때로는 특정 지역 구성원으로써의 소비자의 정체성과 관련된 관계를 살펴보면 제품들의 더욱 깊은 근원(nerve)을 알 수 있다. 이러한 경우에 있어서 문화적인 거리는 제품의 모든 영역들에 영향을 준다. 식품 산업은 특히 종교적인 특성에 민감하다. 예를 들어 힌두교 신자들은 종교적으로 금지되었기 때문에 소고기를 먹지 않는다. 일부 국가들은 놀라겠지만 제품들은 이런 종류의 강한 반응을 유도하여 쉽게 확인할 수 있다.

거리의 영향력 측정

경제학자들은 종종 경제적 규모와 무역의 긍정적인 관계, 거리와 무역은 부정적인 관계라고 설명하는 소위 무역 흐름의 중력 이론(gravity theory)에 의존한다. 이 이론에 근거하는 모델은 국가 간 무역흐름에서 관찰된 변화의 2/3까지 설명한다. 이와 같은 모델을 사용하여, 경제학자 Jeffrey Frankel 과 Andrew Rose는 거리 변수가 무역에 얼마나 영향을 미칠지에 대해 예측했다.

거리 속성 (Distance Attribute)	국제 무역 변화율(%) (Change in International Trade)
수입 수준(Income level): 1인당 GDP (1% 증가)	+0.7
경제 규모(Economic size): GDP (1% 증가)	+0.8
물리적 거리(Physical distance) (1% 증가)	−1.1
물리적 규모(Physical size) (1% 증가)*	−0.2
해외 진출(access to ocean)*	+50
국경선(common border)	+80
공동언어(common language)	+200
공동 지역적 무역연합 (common regional trading bloc)	+330
식민지−식민개척자의 관계(colony-colonizer relationship)	+900
공동 식민개척자(common colonizer)	+190
공동 정부 형태(common polity)	+300
공동 통화(common currency)	+340

[1]Jeffrey Frankel과 Andrew Rose, "통화 연합(Currency Unions) 성장의 효과에 대한 수치," working paper, 2000년 5월.

* 표의 마지막 네 변수를 제외한 예상 효과.

미국인들이 일용품으로 생각하는 쌀은 일본에서는 엄청난 양의 문화적인 의미를 지닌다.

문화적인 거리를 외면하는 것은 Star TV가 저지른 가장 큰 실수 중에 하나이다. 만일 아시아 시청자들이 영어로 된 프로그램을 좋아할 것이라고 가정한다면, 기업은 TV 사업이 문화에 민감하지 않다고 가정한다. 일반적으로 경영자들은 지역 TV 프로그램으로써 지역방송 콘텐츠 개발을 대중들이 충분히 지원하고 있는 유럽의 사례를 일축하거나 인지하지 않았다. 만약 문화적 거리를 고려했다면 중국과 인도는 현지화(localization)에 상당히 많은 투자를 필요로 했을 것이라고 예측될 수 있었다. TV는 거의 결속(cement)시키기 어렵다.

행정적 또는 정치적 거리 국가가 공유한 역사적 그리고 정치적인 연결은 양국 간의 무역에 엄청나게 영향을 끼친다. 가령 연방국에 영국의 이전 식민지들과의 지속적인 관계라는 여건 속에서 900%의 상승 무역은 그다지 놀라운 사실이 아니다. 프랑스의 서아프리카의 프랑(Franc)을 사용하는 지대와 남미와의 스페인의 무역이 그 예로 들 수 있다. 특혜권적 무역 조정들, 일반 통화와 정치 조합으로 무역은 각각 300%이상 증가하였다. EU통합은 아마도 무역국간의 행정적 그리고 정치적인 거리를 감소하는 노력들을 보여준 대표적인 예이다(물론, 연맹은 교역에 긍정적인 영향을 줄 수 있도록 우호적이어야 한다. 비록, 인도와 파키스탄이 식민지 역사를 공유한다 할지언정 국경과 언어적인 연맹은 두말할 것도 없이 그들의 상호 적대감은 양국 간 무역에 실질적으로 존재하지 않다는 것을 의미한다).

국가들은 또한 통일적인 방법을 통하여 행정적 그리고 정치적인 거리를 창출해 낸다. 사실 개별적인 정부 정책은 국경을 넘는 경쟁에 대하여 가장 일반적인 걸림돌이 된다. 일부 경우에 이러한 난관들은 기업의 자국 내에서 발생한다. 가령 미국 기업들의 뇌물금지와 건강, 안전 그리고 환경에 대한 규정들은 자국 기업의 국제 사업 활동에 사기를 저하시킨다.

그러나 좀 더 일반적으로 관세, 무역 쿼터, 해외직접투자에 대한 규제와 보조금, 규제 및 정부 조달 우선권 형태의 자국 경쟁자를 위한 특혜 등 외국 경쟁자들에게 장벽을 높이는 것은 표적국가 정부이다. 이러한 조치는 명시적으로 내수 산업들을 보호하기 위한 것이며, 그들은 대부분 내수 산업이 다음의 한 가지 또는 그 이상을 충족시키는지에 대해 살펴봐야한다.

- 대규모 고용주이다 대규모 투표권이 있는 산업들은 종종 보조금과 수입보호 형태로 정부 지원혜택을 받는다. 유럽의 농민이 한 예이다.
- 대표 산업(national champion)으로 간주되어진다 일종의 애국심을 반영했을 때, 일부 산업이나 기업이 국가의 현대화와 경쟁력의 상징 역할을 한다. 따라서 큰 여객-제트 시장을 사로잡은 Boeing과 Airbus간의 대결은 대서양의 양쪽에서 광범위한 무역 전쟁을 촉발할 수 있는 감정을 야기했다. 정부가 더 많이 보호하고 투자하는 산업일수록 외국인이 선점을 하는 것은 더욱 힘들어질 것이다.
- 국가 안보가 매우 중요하다 국가 안전에 절대 필요하다고 간주되는 산업을 보호하기 위하여 정부가 개입될 것이다. 특히, 정보통신과 항공 우주산업과 같은 첨단기술 분야에서 그렇다. FBI는 국가 안보의 이유로 Deutsche Telekom의 Voicestream 인수를 지연시켰다.
- 주요 상품을 생산한다 정부는 또한 외국 기업이 국내 시장에서 시민들의 생필품을 파는 것을 막기 위한 조치를 취한다. 기본 식료품, 연료 및 전기가 분명한 예이다.
- 좋은 혜택과 서비스를 제공한다 일부산업, 특히 의료분야에서는 기본 인권으로 받을 자격이 있다고 믿는 제품 또는 서비스를 생산한다. 이러한 산업에서 정부는 품질 기준과 통제 가격을 설정하는 데 개입하는 경향이 있다.
- 천연 자원들을 개발한다 국가의 물리적인 자산들은 종종 국가 유산의 일부로 간주된다. 외국 기업들은 약탈자로 쉽게 고려될 수 있다. 따라서 국유화는 국제 유가와 광산의 다국적기업에게 지속적인 위협이 된다.
- 높은 매몰원가(sunk-cost)를 책임진다 지리적 특정 위험에 투자를 크게 요구하는 산업(정제소 또는 알루미늄 제련소 또는 철도산업의 형태)은 지방 정부의 간섭에 상당히 취약하다. 일단 투자가 결정된 후에는 자체에 대한 범위가 확대 되어 투자한 비용은 되돌릴 수 없다.

마지막으로 대상 국가의 취약한 제도적인 인프라는 초국경적인 경제 활동에 사기를 저하시킬 수 있다. 전형적으로 부패 또는 사회적인 갈등으로 알려진 국가에서 사업을 하는 것을 기피한다. 사실상 일부 연구에서는 이러한 조건들은 어떠한 명백한 행정적 정책 또는 규제보다 무역과 투자를 훨씬 저하시킨다고 주장한다. 그러나 국가의 제도적인 인프라가 강력할 때 예를 들어 인프라가 기능적으로 잘 운영되는 법률 시스템이라면 외국 기업들에게 훨씬 더 매력적이다.

행정적과 정치적 민감성을 무시한 것은 Star TV의 또 다른 커다란 실수이다. 방송 사업의 외국인 소유권은 미국과 같은 개방 사회에서 조차도 국민들에게 주는 TV의 영향력 때문에 항상 정치적인 것을 다룬다. 회사를 인수한 다음 바로 국민들이 정부가 통제한 뉴스 자료를 우회할 수 있기 때문에 Rupert Murdoch은 "위성 방송은 모든 곳의 전체주의 통치방식에 대한 명백한 위협"이라고 발표했다. 따라서 중국 정부가 개방 후 바로 외국 위성 TV 서비스 수신을 금지시킨 일은 놀라운 일이 아니다. 뉴스 기업은 Star TV의 잠재 고객의 거의 60%에 해당하는 국가인 중국 정부당국과의 장벽을 개선하기 시작했다. 그러나 아직 주요한 돌파구를 만들지 못했다. Fox network의 핵심을 형성하는 TV기업을 매입하기 위해서는 시민권을 획득해야 하

CAGE 거리 프레임워크(distance framework)

문화적, 행정적, 지리적, 경제적(CAGE) 거리 프레임워크(distance framework)는 경영자들에게 다양한 산업에서 거리의 영향력을 확인하고 접근할 수 있도록 도움을 준다. 테이블 상단 에는 거리에 대한 4가지 차원의 근본적인 중요 속성을 나타내며, 하단에는 각각의 차원이 다른 상품과 산업에 어떠한 영향을 미치는지를 보여준다.

문화적 거리	행정적 거리	지리적 거리	경제적 거리
거리를 만드는 속성			
언어 차이 민족성 차이; 연결된 민족이나 사회망의 결핍 다른 종교 다른 사회규범	식민속박의 결핍 공유된 통화나 정치적 유대의 결핍 정치적 적대감 정부 정책 보호시설의 약화	물리적으로 먼 거리 공동 경계의 결핍 바다, 강 접근성의 결핍 국가 규모 약한 교통 전달망 기후 차이	소비자 소득 차이 비용과 질의 차이 자연적 자원 재정적 자원 인적 자원 사회 기반 시설 중간단계 투입 정보나 지식
거리에 의한 산업과 상품의 영향			
고도의 언어적 콘텐츠를 지닌 상품 상품이 영향을 미치는 소비자의 문화적 국가적 정체성(음식) 다양한 분야의 상품 특징 • 크기(자동차) • 기준(전자제품) • 포장재 국가 특유 양질의 유대 (와인)	정부의 개입이 높은 산업 • 주요 상품 생산자(전기) • 다른 "자격" 생산자(약) • 많은 고용주(농사) • 정부로 많은 공급자 (거대한 교통) • 국가적 대변자 (항공 우주 산업) • 국가 안보에 필수적인 (원격전자통신) • 자연적 자원의 착취자 (기름, 광산) • 고비용 대상 (사회 공동기반 시설)	무게 비 낮은 가치의 상품(시멘트) 손상이 쉽고 잘 상하는 상품 (유리, 과일) 교통과 연결성이 중요함 (재정적 서비스) 지역 감독과 운영상 필요조건이 높다 (많은 서비스)	소득 수준에 따라 다양한 자연적 요구 (자동차) 경제의 표준화나 규모가 중요하다. (핸드폰) 노동자와 다른 요소 간 비용차이가 두드러진다(의복). 분배나 사업 시스템이 다르다(보험). 기업은 즉각 반응하고 민첩함이 필요하다. (가전제품)

실제로 중국과 얼마나 멀리 있을까?

Star TV에서 발견한 것처럼, 중국 진출은 특히 힘들다. 거의 100개의 다국적기업의 최근 설문 조사에서, 25%가 "중국에서 계획보다 잘 됐다"와 비교했을 때 54%가 "계획보다 못 됐다"고 했다. 왜 실패한 비율이 그렇게 높은가? 그 설문조사는 예측 가능한 답을 제공했다. 62%의 응답자는 그들의 제품이나 서비스의 시장에 대한 잠재력을 과대평가 했다고 보고했다.

거리에 따른 국가의 빠른 분석은 기업의 많은 실망을 막을 수 있었다. 문화적으로 중국은 거의 모든 곳에서 떨어져 있다. 먼저, 중국어의 여러 방언은 외국인이 배우기 힘들고, 지역 주민들의 외국어 능력이 제한되어 있다. 두 번째로, 개인적인 관계망을 기반으로 잘 발달된 중국의 비즈니스 문화는 종종 관계(guanxi)보다는 거래에 초점을 두는 서양인들과의 경제 교류에 장벽을 만든다. 그것은 "자국소비편중(Home Biased)"을 주장하는 중국 소비자들 때문에 시장 조사에서 인도에서보다 외국 브랜드의 선호도가 적게 나타났음을 알 수 있다. 사실 더 큰 중국은 중국의 경제와 전 세계 사이에서 불균형의 역할을 한다.

행정 장벽이 아마도 더 중요하다. 중국에서 미국상공회의소(American Chamber of Commerce) 회원들의 설문조사는 중국의 수익성에 가장 큰 장벽으로 관세 시장 접근 제한, 높은 세금을 표시했다. 경제에 대한 국가 개입의 수준이 계속 높아지고, 심각한 경제적 손실과 국유 기업의 기술적 부실로 인한 부채가 국유 은행에 부과된다. 손상도 상당히 중요한 문제이다. 2000년에 여러 기준을 통해 나타내는 부패의 평가가 63번째로 90등 밖으로 나갔다. 이런 것들을 고려했을 때, Standard & Poor's는 중국을 2000년에 정치적 위험도 5위, 여섯 개 분야에 최악의 점수를 주었다.

그래서 중국은 큰 시장이다. 그러나 지금까지 전체 이야기에서 거리 문제, 또한 많은 차원이 따른다.

는 미국에서의 경험을 고려한다면 Murdoch의 시청자들은 이러한 결과를 예측해야만 했다.

지리적 거리 일반적으로 자국에서 멀리 떨어질수록 타국에서 사업하기가 더 어려워 질 것이다. 그러나 지리적인 거리는 mile이나 kilometer로 얼마나 멀리 떨어져 있는가에 대한 단순한 문제가 아니다. 국가의 실질적인 크기, 국경까지의 평균 자국 내 거리, 수로와 해안으로의 접근 그리고 지세를 포함한 기타 속성들이 고려돼야 한다. 인공 지리적인 속성들 또한 고려돼야 한다. 가장 주목할 것은 국가의 운송 수단과 통신 구조이다.

분명히 지리적인 속성들은 운송비용에 영향을 준다. 지리적 거리가 증대하면 강철과 시멘트와 같은 무게 또는 부피 비율에 비하여 저평가되는 제품들은 특히 고비용을 발생시킨다.

물리적인 제품을 넘어서 무형제품과 서비스들 또한 지리적인 거리에 의하여 영향을 받는다. 최근 한 연구에서는 양 국가의 지리적인 거리가 멀어지면서 양국가 간의 초국경 자산 흐름이 상당히 줄어든다고 설명한다. 이러한 현상은 운송비용으로 명확히 설명될 수 없다—결국 자본은 물리적인 제품이 아니다. 대신에, 정보 인프라의 수준은(전화 교통량과 다국적 은행의 지사 수에 의하여 그대로 측정한) 초국경 자산 흐름에 대하여 물리적인 거리에 더 많은 영향을 준다.

흥미롭게도 무역할 때 지리적인 장애물을 발견한 기업들은 시장에 접근하기 위한 대안적인 방법으로 지역 공장과 장비에 직접적인 투자를 전환할 것으로 종종 기대된다. 그러나 이러한 접근방식은 결함이 될 수 있다고 현행 연구는 주장한다; 지리적 거리는 전반적으로 무역 흐름과 투자 흐름의 사기를 저하시킨다. 요약하면, 초국경적인 경제 활동에 영향을 끼치는 지리적인 측면을 평가할 때, 정보 네트워크와 운송 네트워크를 유념해 두는 것이 중요하다.

경제적 거리 소비자의 부(wealth) 또는 소득은 국가 간의 거리를 창출하는 가장 중요한 경제적인 속성이다. 그리고 이것은 무역 수준과 무역하는 국가의 파트너 유형에 큰 영향을 준다. 연구에 따르면, 부유국들은 상대적으로 빈곤국들보다 자국의 경제 규모와 비슷한 나라에 더 많은 경제활동을 한다는 주장을 한다. 이 활동의 대부분은 1인당 GDP와 무역 흐름 간에 긍정적인 관계인 부유국들과 이뤄진다. 그러나 빈곤국들은 역시 다른 빈곤국들보다 부유국들과 더 많이 무역한다.

물론 이러한 패턴들은 재정비용과 품질, 인력 및 기타 자원 등에서의 경제적 격차들의 변동을 감춘다. 경험, 규모, 표준화의 경제에 의존하는 기업들은 유사한 경제적 상황을 가진 국가들에 더 중점을 두어야한다. 비용과 자원의 품질을 언급하는 것이 아닌 소비자 수입이 매우 다른 나라에서는 성공하기 어려우므로, 그들의 경쟁우위(competitive advantage)를 개발하기 위해 기존의 사업 모델을 복제해야하기 때문이다. 예를 들어, 인도의 월마트(Wal-Mart)는 미국의 월마트(Wal-Mart)와는 상당히 다른 사업이 될 것이다. 그러나 사실상 캐나다의 월마트(Wal-Mart)는 참조 사례이다.

그러나 다른 산업에서 경쟁 우위(competitive advantage)는 시장 간의 비용 개발과 가격 차이와 같은 경제적인 속성에서부터 왔다. 노동 비용이 중요한 의류와 신발 산업처럼 광범위하게 국가에 걸쳐 주요 비용 원가를 다양화하는 기업들은 특히 투자나 무역에 있어 서로 다른 경제적인 이력을 보유한 국가를 목표로 한다.

복제나 차액을 버는 매매를 위한 목적을 달성하기 위하여 해외 확장을 하던 간에 모든 기업들은 공급 사슬과 유통 경로에서 주요 불균형들이 사업에 상당한 장애요인이라는 것을 발견한다. 최근 연구에서 미국 내 유통과 관련한 마진(margin)은 평균적으로 국제 운송비용과 관세를 합친 것보다 미국으로 수입하는 데 있어 장애 요소들을 만드는 데 많은 역할을 한다고 결론지었다.

더욱 광범위하게 본다면, 국경을 교차하는 복합성과 변화는 추가된 운영상의 복합성 때문에 지역적으로 집중된 성과에 알맞게 초국경 경쟁자들을 특히 복제자들을 힘들게 하면서 대응과 민첩성에 가치를 둔다. 가령 가전제품 사업에서 간단함과 수익성의 비용으로 지리적인 확장을 하는 Electrolux와 Whirlpool과 같은 기업들보다 한정적인 지리적 확장에 중점을 두는 Maytag와 같은 기업들이 투자자에게 더 나은 수익을 창출한다.

거리에 대한 사례 연구

거리의 4가지 차원을 고려하는 것은 외국 시장에 대하여 기업의 상대적인 매력 포인트를 평가하는 데 변화를 주었다. Tricon Restaurants International(TRI)은 국제 확장으로 고민을 해 오던 한 기업이다. Tricon의 국제 운영 축인 TRI는 피자헛, 타코벨 그리고 KFC 패스트푸드(Fast-food) 지점들을 관리했고 1997년에 펩시에서 분리되었다.

Tricon이 독립법인이 되었을 때, TRI의 운영은 27개국에 레스토랑이 있을 정도로 광범위했다. 그러나 그 시장의 수익성은 상당히 달랐다; 수입의 2/3 그리고 수익의 더 높은 비율은 단지 7개 시장 뿐이었다. 더군다나, TRI의 제한된 자본 운영의 흐름과 부채 서비스의 의무로 인해 라이벌인 맥도날드의 기록적인 국제 투자액만큼의 1/10보다도 적었다. 그 결과 1998년 TRI

거리에 대한 산업의 민감도

각종 거리는 다른 방법으로 다른 산업에 영향을 미친다. 하버드 경영 대학원의 Rajiv Mallick와 나는 거리의 차원에서 가능한 모든 나라에서 각각 70개의 산업을 찾았다.

그 결과는 거리의 다양한 구성 요소 사이의 외국 시장 기회를 평가 하고 구분해야하는 중요성을 확인시켜 주었다. 예를 들어, 전기는 높은 행정 및 지리적 요인에 민감하지만 전혀 문화적인 요인이 아니다. 다음 표는 거리에 대한 민감성이 많고 적은 몇 산업들의 목록이다.

언어적 유대에 의한 문화적 거리	행정적 거리 (특정 무역 협정)	지리적 거리 (물리적 거리)	경제적 거리 (부의 차이)
더 민감한			
고기와 고기 준비 곡물과 시리얼 준비 기타 식용 제품 및 준비 담배 및 담배 제품 사무용 기계 및 자동 데이터 처리 설비	금, 비통화 금융 전기 전류 커피, 차, 코코아, 향료 섬유 설탕, 꿀	전기 전류 가스, 천연 및 제조 과정 종이, 게시판 동물 설탕, 꿀	**(무역 감소)** 비철 금속 고기 철강 펄프 및 종이
덜 민감한			
사진 기구, 광학 용품, 시계 도로 차량 코르크나무 금속 가공 기계 전기 전류	가스, 천연 및 제조 과정 여행 상품, 핸드백 신발 위생, 배관, 난방, 조명 비품 가구와 가구 부품	펄프 및 종이 사진 기구, 광학 용품, 시계 통신 및 사운드 녹음 기구 커피, 차, 코코아, 향료 금, 비통화 금융	**(무역 증가)** 커피, 차, 코코아, 향료 동물기름과 지방 사무용 기계 및 자동 데이터 처리 설비 전력 생성 기계 및 장비 사진 기구, 공학 용품, 시계

더 민감한 ←——————————————→ **덜 민감한**

그림 1a 국가적 포트폴리오 분석(결합적인 접근)

여기에는 국가 포트폴리오 분석(CPA)의 방법이 있다. 회사의 실제 및 잠재적 시장은 1인당 국민 소득을 측정하기 위한 하나의 축 그리고 제품 성능의 일부 측정법, 진입 비율의 빈도수, 또 다른 것들로 간단한 그리드에 나타낼수 있다. 그리드에서 시장의 위치는 개별 소비자의 부와 소비 성향의 측면에서 시장의 매력을 반영한다. 공기 방울의 크기는 GDP 측면에서 또는 제품이나 해당 서비스의 절대적인 소비 측면에서 시장의 전체 크기를 나타낸다. 거품들은 대중에게 얼마나 상대적인 수익 창출 기회가 큰지를 제공한다.

이 CPA 지도는 패스트푸드 레스토랑 면에서 미국외의 시장과의 숫자를 비교한다.

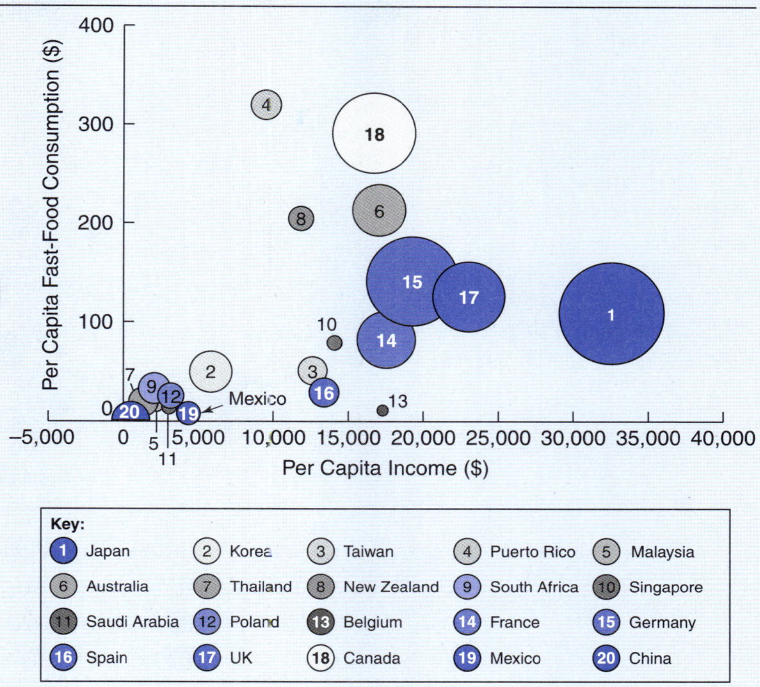

의 사장 Pete Bassi는 제한된 주식 투자에 집중함으로써 글로벌 운영을 합리화하기로 결정했다.

그러나 어떤 시장에 중점을 두어야 하는가? "국가 포트폴리오 분석: 잘못된 접근법" 제시는 전략적인 논의를 위하여 TRI가 사용한 데이터를 기초로 한 패스트푸드 레스토랑 사업을 위한 국제시장의 포트폴리오 분석을 제공한다. 이 분석은 기회 규모 측면에서 기업의 상위 시장들은 차트의 중심과 오른편에 대하여 거품이 더 많을 것이라고 주장한다.

그러나 거리의 효과를 적용하면 형세는 극적으로 변경된다. CPA 방법을 이용하여 멕시코 시장을 살펴보면, 7억불의 패스트푸드 소비량을 보유한 멕시코는 20개 중 16위를 차지한 상대적으로 작은 시장이다. 개별적인 소비자 부(wealth)와 1인당 소비량 추정과 조합할 때, 이 순위는 TRI는 멕시코에서의 투자를 그만두어야 한다는 것을 함축한다. 그러나 "국가 포트폴리오 분석: 거리를 위한 조정" 제시는 다른 관점을 시사한다. 각 국가에 대한 패스트푸드 소비 지수가 댈러스(Dallas)로부터 떨어진 지리적인 거리를 위하여 조정될 때, 멕시코의 소비는 기대한 대로 기타 국가보다 감소되는 TRI의 홈 기반에 멕시코가 댈러스에 접근할 수 있게 한다. 단지, 이러한 재조정을 기반으로 멕시코는 시장 기회 측면에서 6위로 뛰어 올랐다.

일반 토지 국경선과 미국과의 교역 계약에서의 회원권에 대한 추가 조정은 캐나다 다음으로 멕시코를 2위까지 올라가도록 만든다. 모든 조정이 다 긍정적이지는 않다; 멕시코의 특성이 아닌 공용어 조정은 멕시코로 하여금 영국과 연합하게 만들었다. 또한 추가 조정들은 실행될 수 있지만 전반적인 메시지는 평이하다. 일단 거리가 고려된 후, 멕시코의 시장 기회 규모는 상당히 다르게 보인다. 만약 TRI가 CPA 접근 방식을 사용하고 거리를 무시했다면 기업 기획자들은 핵심 시장을 포기하는 것으로 종결될 수 있다. 그 대신에, Bassi의 말처럼, "멕시코는 TRI의 상위 2~3번째인

그림 1b 국가적 포트폴리오 분석(거리에 따른 조정방법)

거리를 고려하는 것은 극적으로 시장 기회의 평가를 변화한다. 오른쪽 차트에서, 각각의 패스트푸드 시장은 Frankel과 Rose에 의한 평가를 기준으로 한 많은 거리의 특성으로 조정되었다. 거품의 상대적인 크기는 현재 매우 다르다. 예를 들어, 일본, 독일과 같은 가장 큰 시장들 규모의 10분의 1보다 작은 멕시코는 기회가 큰 두번째 국가로써 결론된다. 분명히, CPA 접근 방식은 거리에 의해 조정되지 않았다면 불완전한 그림으로 그려진다.

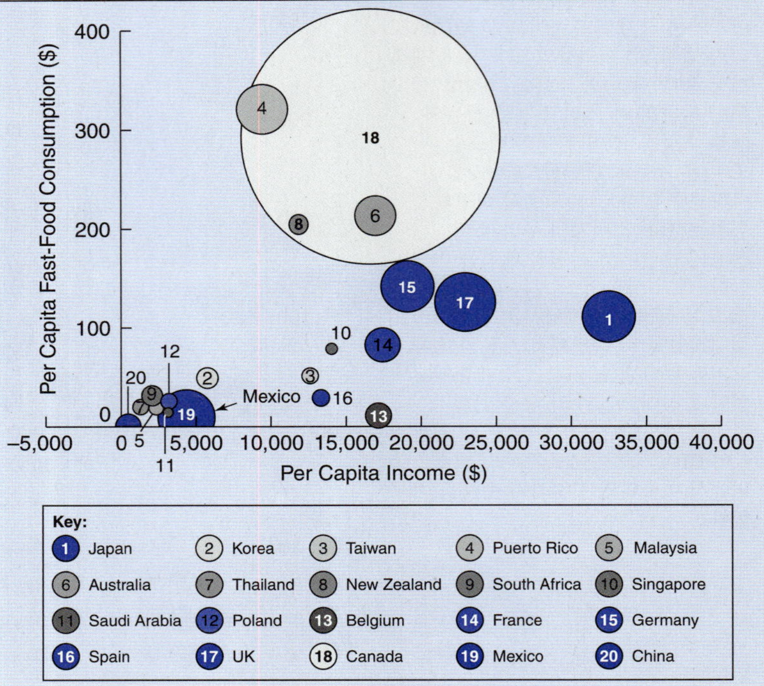

우선 국가들이다"라고 결론 내렸다.

거리의 산업 효과에 대한 고려는 단지 첫 단계이다. 전체 분석을 할 때 기업은 자사의 특징을 외국 시장에서의 거리를 증가 또는 감소를 어떻게 할 것인가를 고려해야 한다. 예를 들면 세계적인 경영자들의 대규모 지도자 집단을 보유한 기업들은 자국에서 배출된 경영자들로 구성된 기업들보다 문화적인 차이에 덜 영향을 받을 것이다. TRI의 경우 기업 특수의 특징들을 고려하여 멕시코를 더욱 매력적으로 만들었다. TRI는 멕시코 자사 지점의 4/5 이상을 이미 소유하였고 맥도날드보다 훨씬 앞선 지역 시장의 38%를 점유하였다.

기업의 특수한 특징과 거리의 상호작용에 대한 고려사항은 본 논의의 범위를 넘어선다. 그러나 산업 또는 기업 수준의 분석일지라도 메시지는 동일하다; 경영자들은 모든 차원에서 항상 거리를 염두 해야 한다. CAGE 거리 프레임워크(distance Framework)는 경영자들로 하여금 이러한 도전에 직면하게 한다. 이 도전이 주관적인 반면에, 기업이 국가 시장 포트폴리오들을 구축하거나 합리화하려는 기업 대부분이 사용한 도구에 대하여 중요한 보완물임을 시사한다. 사실상 기술은 세상을 좀 더 작게 만들고 있지만, 주로 비용이 상당히 많이 소요되는 거리에 대한 실질적인 비용을 해소하지는 못하고 있다.

동차제조업체는 업계의 개편을 이용하여, 2008년에 5.2%에서 2011년에 9%로 현대기아 자동차의 제품라인들의 미국시장점유율을 상승시켰다.

변화의 중개자로서의 글로벌 경쟁자

이미 강조했던 대로 많은 산업들은 외적인 변화 압력들을 통하여 보다 글로벌하게 통합되었다. 그러나 외적인 영향을 덜 받는 여타의 산업들은 경쟁자들의 내적인 구조조정 노력을 통하여 주로 변화되었다. 자동차, 사무실 비품, 공업용 베어링, 건설 장비, 기계 공구 등 다양한 업종의 기업들이 제품 라인을 합리화하고, 부품 설계를 표준화하며, 제조 운영을 전문화하는 진취성을 발휘함으로써 글로벌화의 흐름을 한층 더 이끌었다. 이러한 기업의 진취적 행동은 국가시장을 넘어 규모의 경제를 획득함으로써 산업의 글로벌 변화를 이끌었다.

경쟁자들은 심지어 국가의 취향이나 행위가 전 세계에 걸쳐 전통적으로 매우 다양하고, 글로벌 융합에도 취약하지 않은 산업구조를 변화시키는 데에도 성공적이었다. 음식에 대한 취향과 식습관은 오랫동안 모든 소비자 행위들에 있어서 가장 문화적으로 제한된 것으로 간주되어 왔다. 그러나 맥도날드, 코카콜라, 스타벅스와 같은 기업들은 동서양에서 이러한 문화적으로 연계된 선호도조차도 변화될 수 있으며, 결과적으로 전 세계의 음식점 산업도 변화되었다는 것을 보여주었다.

또한 전통적으로 현지 비즈니스인 다른 기업들은 국경을 넘는 경제를 달성하기 위해 기회를 이용하기 시작했다. 유럽 국가들간 소비자 관습과 시장 구조의 지속적인 차이에 대응하기보다는 P&G나 유니레버와 같은 많은 대규모 유명 패키지 제품 기업들은 비누나 세제 제조와 같이 전통적으로 국내 비즈니스를 변화시킬 수 있는 잠재적인 경제가 있음을 알았다. 제품을 표준화하고, 포장 크기를 합리화하고, 다중언어의 라벨을 인쇄함으로써, 기업들은 공장 구성을 구조조정하고 전문화하고 상당한 규모의 경제를 달성할 수 있었고 순수 현지 경쟁 업체들에 비해 주요 우위를 점할 수 있었다.

사무실 청소, 음식공급과 같은 노동집약적인 현지 산업조차도 글로벌화의 원동력에 영향을 받는다. 예를 들어 덴마크의 청소서비스 회사 ISS는 여러 국가들에 걸쳐 관행과 노하우를 전달함으로써 성공적인 국제 비즈니스를 구축하였고, 따라서 일관된 고품질의 서비스를 국제 고객에게 제공하였다.

그러나 글로벌 규모의 우위를 달성하기 위한 진취성 이면에는 여러 산업의 글로벌 통합을 가속화시키는 또 다른 경쟁자 주도의 원동력들이 있다. 20세기 후반 수십 년 동안 전 세계의 법인들을 상호의존적으로 관리하는 조정된 글로벌 전략을 실행하였던 기업들만이 사용할 수 있는 새로운 경쟁전략이 등장하였다. 각각의 국가 시장이 독특하고 독립적이라는 가정에 기반한 전통적인 다국적 전략 접근과는 달리 이러한 글로벌 경쟁전략은 모든 시장에서의 기업의 경쟁 포지션이 연계되어있고, 한 시장에서 생성된 자금이 또 다른 시장에서의 포지션을 보조하는데 사용될 수 있다고 가정하였다. 전략가들은 이러한 접근을 **글로벌 체스**(*global chess*)로 명명하고, 경제학자들은 그것을 **시장의 상호** 보조(*cross-subsidization of markets*)라고 언급했던 반면, 정치인들은 이것을 단순히 "덤핑(dumping)"이라고 명명하였다.

이러한 전략의 고전적 주창자들은 1980년대에 국내 보호 시장의 수익을 수익이 나지 않는 해외 사업 확장에 보조하는데 활용했던 몇몇 일본 기업들이었지만 많은 다른 주창자들도 곧 글로벌 체스를 배웠다. 예를 들어 British Airways는 Heathrow공항에서의 지배적인 포지션이 장거리 노선(특히 대서양 횡단 노선)에서 큰 수익을 만들고 낮은 마진이나 수익이 나지 않는 영국과 유럽의 비즈니스에 보조금을 지원할 수 있었기 때문에 부분적으로 성장하였다. 또한 British Airways는 대부분의 수익 노선을 위태롭게 하지 않으면서, 가격을 하락시켜 유럽에서의 신규 진입자들을 막을 수 있었다. 결과적으로 British Midland와 같은 기존의 경쟁자들은 고수익의 Heathrow－미국 노선에 대한 접근이 어려웠기 때문에 고생을 하였다.

세계적으로 경쟁의 속성을 변화시키는 이러한 다양한 글로벌화의 원동력의 존재와 증가하는 영향력에 대해 이의를 제기하는 사람은 거의 없지만, 일부는 그러한 영향력의 일차원성과 그러한 전략적 시사점의 보편성에 대해 의문시하였다. 예를 들어 그들은 "세계의 니즈와 욕구는 분명히 동질화되고 있다"는 Levitt의 제안과 함께, "어떠한 것도 예외는 없고, 그 무엇도 과정을 멈출 수는 없다"와 "선호의 보편성은 불가피하게 제품, 제조, 무역과 상업 제도의 표준화를 낳는다"라는 이슈를 제기한다. 비평가들은 이것들이 정말로 많은 산업들에서 장기적 추세일지라도, 결과적으로 Levitt의 "지구촌(global village)"을 향하지만 아마도 그렇지 않을 국제 경제에서 기업을 성공적으로 운영하기를 원한다면 고려해야 할 중요한 단기적, 중기적 장애물과 역방향 경향이 존재한다고 주장하였다.

현지 차별화 및 대응성에 대한 압력

본국에서 해외시장으로 성공적인 제품이나 아이디어를 이전할 때 중대한 실수를 하는 다국적기업의 사례는 많다. GM은 멕시코에서 대중적인 Chevrolet, Nova를 판매할 때 난관에 직면했는데, 제품명이 "No Va"처럼 들려 에스파냐어로 "가지 않는다"라는 의미를 전달하였기 때문이다.[2] 이와 유사하게 매우 성공적이었던 "Pepsi와 함께 활기차게(Come alive with Pepsi)"라는 테마와 관련하여 구축된 광고 캠페인이 태국에서 기대만큼의 영향력을 끼치지 못한 이유를 관리자가 조사하기 시작했는데, 그 이유는 태국의 카피 번역이 마치 "Pepsi와 함께 무덤에서 나오세요(Come out of the grave with Pepsi)"라는 의미를 전달했기 때문이었다. 비록 이런저런 사례들이 널리 인용되어 왔지만, 다국적기업들이 운영하는 서로 다른 여러 국가의 환경에서의 차이를 감지하고, 대응하고, 심지어는 활용하는 방법과 같은 모든 다국적기업들의 경영자들에게 직면한 중요한 전략적 과제의 극

2) For this and many other such examples of international marketing problems, see David A. Ricks, *Blunders in InternationalBusiness,* 4th ed. (Cornwall: Blackwell Publishing, 2006).

단적인 사례를 보여준다.

국가적 환경은 여러 차원에서 서로 다르다. 예를 들어 1인당 GNP 또는 일본, 호주, 브라질, 폴란드의 산업 특유 기술 능력에 있어서 명백히 차이가 있다. 또한 정치적 제도, 정부 규제, 사회적 규범, 국민의 문화적 가치의 면에서 서로 다르다. 이러한 차이들은 경영자에게 사업하는 현지국의 국가적, 사회적, 경제적, 정치적 특성에 민감하게 대응하기를 요구한다.

글로벌화의 압력의 영향으로부터 떨어져서 이러한 현지화의 영향은 최근 수십 년 동안 중요하고 긴급한 문제로 여겨져 왔다. 심지어 글로벌 통합을 수행해 왔던 기업조차도 변화하기 시작하였다. 1990년대 초반 성공적으로 글로벌화의 물결에 동승하였던 많은 일본 기업들은 현지국의 경제적, 정치적 압력들에 훨씬 더 민감해져야 할 필요성을 절실하게 느끼기 시작했다. 일본 기업들이 수출시장에 보다 더 가까워지려 하고 현지국 정부에 더 대응하려 함에 따라 이러한 변화는 해외 투자의 한 흐름을 이끌었다.

새천년 즈음에 많은 북미, 유럽 기업들이 글로벌화의 논리를 너무 밀어붙였고, 사업을 하고 있는 현지 환경과의 재접속이 필요하다는 것을 깨달았다. 예를 들어 코카콜라의 신임 CEO, Douglas Daft는 *Financial Times*에서 코카콜라의 정책 변화에 대하여 설명하였다: "1990년대가 끝날 무렵, 전 세계는 경로를 변경했지만, 코카콜라는 그러지 못했습니다. 우리는 크고, 느리며, 단절되었고, 때로는 둔감한 '글로벌' 기업으로 변했습니다. 우리는 민첩성, 속도, 투명성, 현지 민감성이 절대적으로 중요해진 시대에 그렇게 하였습니다."

P&G는 개발도상국에서 Unilever의 선도적인 시장점유율을 따라 잡기 위해, 제품을 현지 시장에 적응시키기 위해 주로 오래된 경쟁자의 능력을 모방하려는 노력을 기울이기 시작했다. 예를 들어, P&G는 인도에서 남자들이 매주 하는 면도를 보다 편안하게 해주기 위해 면도날 앞에 작은 빗이 딸려 있는 매우 저렴한 면도기인 Guard를 출시하였다.

문화적 차이

많은 학술 연구들은 국적성(nationality)이 개인의 추정, 신념, 가치를 형성하는 데 중요하고 지속적인 역할을 수행한다는 강력한 증거를 제시한다. 서로 다른 국가 사람들의 지향성과 가치에서의 이러한 차이를 기술하고 범주화하는 가장 유명한 연구는 Geert Hofstede의 오래된 연구에서 찾아볼 수 있다. Hofstede는 권력거리, 불확실성의 회피, 개인주의, 남성성 등 4가지 주요한 차원에 따라 국가의 문화적 차이를 기술한다.[3] 연구는 국가들간의 뚜렷한 문화적 차이가 어떻게 사회적 규범과 개인 행위의 다양한 변이를 낳는지

3) For a more detailed exposition, see Hofstede's book *Culture's Consequences,* 2d ed. (Beverly Hills, CA: Sage Publications, 2001). A brief overview of the four different aspects of national culture are presented in the reading "Culture and Organization" at the end of this chapter. For managerial implications of such differences in national culture, see also Nancy J. Adler and A. Gundersen, *International Dimensions of Organizational Behavior,* 5th ed. (Mason, Ohio: Thomson South-Western, 2008), and Fons Trompenaars and Charles Hampden-Turner, *Riding the Waves of Culture* (London: Nicholas Brealey Publishing, 1997).

(예: 일본인의 연장자에 대한 존경, 미국인의 시간 압박에 대한 반응), 그리고 서로 다른 조직 형태의 효과(예: 프랑스인의 매트릭스 조직에서의 이중 보고 관계에 대한 어려움)와 경영시스템(예: 보다 수평적인 조직과 적은 임금 격차를 선호하도록 하는 스웨덴의 평등주의 문화)에 어떻게 반영되는지를 보여준다. 보다 최근에 GLOBE 연구[4]는 Hofstede의 이정표적인 연구를 개선하여 조직 문화와 리더십, 사회를 문화클러스터로의 분화의 새로운 측정 지표들을 발전시켰다.

그러나 문화적 차이는 사람들이 옷을 입는 방식이나 그들이 선호하는 음식을 포함하여 국가적으로 다양한 소비 패턴들도 반영한다. 전 세계적으로 소비되는 음료로서 차를 예로 들어 보자. 영국인은 일반적으로 차를 뜨겁게 우유로 희석시켜 마시는 반면, 미국인은 얼음과 함께 여름 음료로 종종 소비하며, 사우디아라비아인은 진하고 뜨겁고 매우 달콤하게 끓여 마신다. 이러한 다양한 세계시장에서 성공하려면, 기업들은 종종 표준화를 통한 글로벌 효율성에 대한 욕구를 수정하여 문화적 차이로 인한 니즈와 기회에 대응할 방법들을 찾아야 한다. 따라서 Unilever는 20가지의 개별 홍차 브랜드를 만들었으며, 각각은 전 세계적으로 현지 소비자들의 특정 입맛에 맞도록 혼합되었다. Unilever는 미국에서는 Lipton 브랜드로 아이스 캔 홍차를 선보였으며, 전 세계시장에서는 Lipton Cold Brew 티백을 판매한다. 중국 매장에서 그린티 라떼를 선보이는 스타벅스의 전략은 훨씬 더 야심찬데, 전통적으로 차를 즐겨 마시는 중국이라는 나라를 궁극적으로는 커피에 매료되도록 하기 위함이다.

정부의 요구

국가들간의 문화적 차이가 중요한 현지화의 원동력이라는 점을 고려하면, 본국과 현지국 정부의 다양한 요구와 기대는 여러 다국적기업의 글로벌 전략에 가장 심각한 제약이 되었을 것이다. 전통적으로 기업과 현지국 정부간의 상호작용은 고전적인 애증 관계의 속성을 가졌다.

해당 등식의 "사랑(愛)"은 서로가 상대방에게 가져다 줄 수 있는 혜택을 기반으로 구축되었다. 다국적기업은 현지국 정부에게 지역 발전, 고용, 수입 대체, 수출 촉진과 같은 국가의 우선사항들을 도와줄 수 있는 자금, 기술, 전문지식의 주요 원천을 제공하였다. 현지국 정부는 다국적기업에게 경쟁적인 포지션의 수익, 성장, 개선을 위한 새로운 기회를 제공하는 현지 시장이나 자원에 대한 접근성을 제시하였다.

완전한 적대감이라기보다는 좌절로 더 자주 나타나는 관계의 "증오(憎)"는 두 당사자들의 동기 부여와 목표의 차이에서 발생하였다. 효과적인 글로벌 경쟁자가 되기 위해서, 다국적기업은 전 세계적으로 자원과 시장에 대한 무제한 접근; 국경을 넘어 생산과 기타 사업들을 통합시키는 자유; 전 세계적으로 회사의 모든 측면을 조정하고 통제하며

4) *Culture, Leadership, and Organizations: The Globe Study of 62 Societies*, eds. R. J. House, P. J. Hanges, M. Javiden, P. W. Dorfman, and V. Gupta (Thousand Oaks, California: Sage, 2004).

방해 받지 않는 권리 등 세 가지 중요한 운영 목표를 추구하였다. 이와 반대로 현지국 정부는 경쟁적인 국제 환경에서 생존하고 번영할 수 있는 경제를 발전시키고자 한다. 때로는 이러한 목표가 "국가적 챔피언 기업(national champion)"인 또 다른 기업을 특정 산업의 표준 전수자로 지정하게 하여 다국적기업과 직접적인 갈등을 유발할 수 있다.

이러한 갈등은 특히 Air Malawi나 Pakistan International Airlines와 같이 분투하는 개발도상국 항공사에서부터 Emirates Airlines, Etihad Airways, Qatar Airways, Gulf Air와 같은 유력 항공사에 이르기까지 국가를 대표하는 기업들은 상당한 정부 보조금을 받은 후에야 경쟁하는 국제 항공사 비즈니스에서 확인할 수 있다. 그러나 이는 최대 공급업체들 사이에서 골치 아픈 이슈였다. Boeing은 Airbus가 다양한 유럽 정부들로부터 받는 지원을 통하여 자유무역협정(FTA)을 위반하고 있다고 WTO에 제소하였다.

현지국 정부가 국가적 챔피언 기업을 갖고 있지 않고 현지국 내에 다국적기업의 사업을 허용하고 심지어 지원하려 할 때에도 보통 특정한 가격으로만 진행하도록 한다. 비록 양쪽의 당사자들이 글로벌 경쟁력을 추구하는데 있어서 파트너일 수도 있지만 다국적기업은 전형적으로 글로벌 시스템 내에서 그러한 목표를 달성하고자 하는 반면, 현지국 정부는 현지국 내에서 획득하고자 하기 때문에 갈등과 상호간의 분노를 초래한다.

현지국 정부와 다국적기업간의 잠재적 갈등은 경제적 이슈뿐만 아니라 사회적, 정치적, 문화적 이슈에서부터 기인하였다. 다국적기업의 운영은 농촌 이탈, 증가하는 소비주의, 현지 가치에 대한 거부, 전통적 공동체 구조의 붕괴를 통하여 종종 현지국의 사회적 분열을 야기한다.

이와 유사하게 과거 수십 년간 현지국 정부 구조나 정책을 주제넘게 조작하려는 다국적기업들의 악의가 없었다 할지라도 다국적기업은 특히 개발도상국에서 규모, 권력, 영향력 때문에 여전히 정치적 위협이 될 수 있다.

목표와 동기부여의 이러한 차이로 인해 다국적기업-현지국 정부간의 관계는 종종 제로섬(zero-sum) 게임으로 여겨지고, 결과는 (현지 시장에 대한 접근과 서로 다른 다국적기업들간의 경쟁에 대한 통제권으로부터 기인하는) 정부의 권력과 (금융, 기술, 경영자원들과 자원에 대한 국가 정부들간의 경쟁으로부터 기인하는) 다국적기업의 권력 사이의 균형에 의존한다.

만일 1960년대에 다국적기업이 주권을 궁지에 빠트릴 수 있었다면, 1980년대에 균형은 다른 방향으로 기울어졌을 것이다.[5] 수입품의 홍수를 저지하려는 차원에서 여러 국가들은 지난 몇 년간 체결된 무역 협정을 변경하거나 회피하기 시작했다. 1980년대 초에는 전통적으로 자유 무역에 대한 가장 강력한 옹호론자였던 미국 정부조차도 일본 수출품에 대한 일련의 질서 정연한 마케팅 협정과 자발적인 제약을 협상하는 반면, 제재에 대한 위협은 전 세계적으로 국회에서 감정적으로 쟁론화되었다. 그리고 국가들은 투자유입이 있는 다국적기업들에 대한 요구에 있어서 보다 복잡 미묘하게 되었다. 정부들은 제

5) Raymond Vernon, *Sovereignty at Bay* (New York: Basic Books, 1971).

한된 저숙련 고용만을 제공했던 해외현지조립공장(screwdriver plant)에 피상적인 투자를 허용하는 대신, 현지 부품 수준, 기술 이전, 재수출에서부터 공장 입지 조건에 이르기까지 다양한 조건들을 명시하기 시작하였다.

하지만 1990년대에 국가 정부의 권력은 다시 한번 쇠락의 길을 걷게 되었다. 해외 투자를 통해 경제적 발전을 유도한 아일랜드와 싱가포르 같은 국가들의 성공은 많은 다른 선진국, 개발도상국들로 하여금 공격적인 투자 유입 정책을 착수하게 하였다.

이러한 투자에 대한 증가된 수요는 다국적기업들로 하여금 점차 상대 국가를 속일 수 있게 하였고 많은 경우 현지국에서 폭리를 취할 수 있게 하였다. 예를 들어 *The Economist*에 따르면, Alabama가 1993년 자동차 공장을 건설하기 위해 Mercedes에 지불한 인센티브는 직원 한 명당 $167,000에 달했다.

2000년대 초반 한때 문제를 내포했던 다국적기업-현지국의 교섭력에 대한 이슈는 적어도 선진 세계에서는 투자 유입을 위한 상대적으로 효율적인 시장 시스템으로 진화하였다. 하지만 개발도상국 세계는 다소 다른 이야기였는데 나이지리아 정부가 Shell의 국토 착취에 대한 반대 때문에 1995년의 환경 운동가 Ken Saro-Wiwa에게 교수형을 집행한 것과 같은 정치적 쟁론에 다국적기업은 계속해서 휩쓸렸다. 게다가 다국적기업들은 WTO 회의 동안 소위 반세계화 시위자들로부터 비판을 정기적으로 받았다. 반세계화 운동은 서로 다른 안건을 지닌 다양한 그룹의 사람들을 포함하였으나, WTO를 통한 무역 자유화가 세계의 저개발국가에서의 국민과 기업들의 희생을 바탕으로 다국적기업들에게 혜택을 준다는 신념에는 합치되었다.

비록 이러한 움직임이 자체의 일관성있는 정책 제안을 갖고 있지 못하다 할지라도 그것은 다국적기업 임원진들과 정책입안자들에게 비즈니스의 글로벌화가 논쟁적인 이슈라는 사실을 상기시켜주었다. 보상은 동등하게 이루어지지 않으며, 세계 여러 지역의 다수의 사람들에게 글로벌화의 과정은 종종 사태를 더 악화시키기도 한다. 다국적기업은 쟁론화되는 정책에 대하여 재고하고 저개발국가에 줄 수 있는 혜택을 분명히 규명해야 했다. 2012년에 130개국의 8,500개 이상의 기업들이 UN Global Compact에 서명하였고, 인권, 노동, 환경, 반부패의 영역에서의 10가지 원칙에 따라 운영과 전략을 정비하였다.

2010년대에는 다국적기업-정부간의 관계를 변화시키는 새로운 추세가 나타났다. 신흥시장, 특히 중국에서는 현금성 자산이 풍부한 정부와 국영기업들이 해외 자원에 투자하고자 하며, 그러한 투자는 종종 정부 대 정부의 외교 관계의 일부로 패키지되어진다. 정부 투자자들은 투자 수익을 얻고자 할 뿐 아니라, 자국의 미래의 경제적 안보와 특히 지속적으로 성장하고 번영시킬 필요성을 보장해 줄 천연 자원을 확보하고자 한다. 국부펀드와 같은 메커니즘을 통하여 글로벌 비즈니스에 참여하는 정부와 국영기업들의 이러한 정책 기반 파트너십은 초창기 "국가적 챔피언 기업" 전략과는 매우 다르며, 다음 수십년간 중요한 글로벌 경쟁의 시사점을 가질 것은 분명하다.

현지화에 대한 증가하는 압력

비록 세계 여행의 빈도가 증가하고 전 세계적으로 커뮤니케이션을 연결시키는 편의성이 국가에 따른 소비자 차이의 효과를 감소시키는 것은 분명한 사실이지만, 전 세계적인 취향, 습관, 선호도가 어디서나 동질화되어 왔다고 믿는 것은 순진한 발상일 것이다. 북경의 어떠한 주요 호텔에서 선보이는 조식 뷔페 항목에 주목할 필요가 있다. 이러한 호텔은 중국, 북미, 유럽, 일본 등지의 대규모 소비자 그룹들을 만족시킬 필요가 있다. 따라서 분리된 아침식사 공간에서 찐빵과 국수, 베이컨과 계란, 편육과 치즈, 그리고 미소 수프가 제공될 것이다.

비록 많은 기업들이 전 세계적인 수렴에 소구(appeal)하고 증가시키는데 성공했지만, 소비자 수요의 최소 공통분모에 소구하도록 디자인된 표준화된 제품을 향한 추세는 또 다른 이면을 갖는다. 산업 이후의 산업에서, 대규모의 소비자들은 표준화된 글로벌 제품의 동질화된 디자인과 성능을 거부하는 것으로 나타났다.

그들은 보다 차별화된 제품에 대한 전통적 선호를 재조명함으로써, 자신의 니즈에 보다 잘 대응하는 제품과 서비스의 필요성에 반응하고 확장시키는 기업들을 위한—종종 높은 수익원인—개방성을 창출하였다.

미국 기반 사무실 공급 소매 체인인 Office Depot가 미국의 사무실과 기숙사에서의 보안을 개선하기 위한 잠금식 냉장고의 판매업체를 물색하였을 때, Haier라는 중국의 가전 회사는 그와 같은 맞춤식 제품을 제작하고자 했다.[6] 그러한 혁신이 중국의 한 회사로부터 발원하였다는 사실은 현지화 해법이 사전에 그럴 듯하지 않은 무대에서 등장할 수 있다는 것을 강조한다. 또한 신흥시장의 다국적기업은 앞으로 다른 신흥시장들에서 경쟁할 수 있는 조건들을 가장 잘 갖출 것으로 보인다.

다른 소비자 및 시장 트랜드는 제품의 글로벌 표준화의 압력을 상쇄하면서 부상 중이다. 통신에서 사무 비품과 소비 가전에 이르기까지 점점 더 많은 수의 시장에서 소비자들은 개별 제품을 구입하기 보다는 시스템을 선택하고 있다. 예를 들어 무선, 3G, 기타 인터넷 기술에서의 진보를 통하여, 텔레비전은 가정용 컴퓨터, 스마트폰, 게임시스템을 통해 음악, 비디오, 텍스트, 소셜 미디어의 온라인 데이터뱅크에 연결되는 홈엔터테인먼트와 정보 네트워크의 일부가 되어가고 있다. 이러한 변화는 기업들로 하여금 표준화된 하드웨어지향 제품을 하드웨어 + 소프트웨어 + 서비스로 구성된 보다 유연하고 현지 차별화된 시스템에 적응시키고 있다. 그러한 환경에서, 경쟁력은 가장 규모 효율적인 글로벌 생산 능력을 지닌 회사보다는 현지의 요구에 민감하고 대응적이고, 소프트웨어와 서비스를 개발하는 회사에 놓여 있다. 놀랍지도 않게 대부분의 수익은 가치 사슬의 하부에 놓여 있다.

이러한 글로벌 표준화의 장벽과 더불어 중요한 다른 장애물도 존재한다. 비록 규모

---

6) For more detail, see Peter J. Williamson and Ming Zeng, *Dragons at Your Door: How Chinese Cost Innovation Is Disrupting Global Competition* (Boston: Harvard Business School Press, 2007).

의 경제가 지닌 혜택은 분명 중심점으로부터 시장에 공급하는 추가 비용을 능가하여야 하지만, 회사는 비용이 운임료 이상으로 구성되었다는 것을 자주 무시한다. 특히 글로벌 규모의 공장들을 통하여 전 세계적인 수요를 조정하고 계획하는데 드는 관리 비용은 상당하며 고려되어야 한다. 몇몇 제품들에서는 리드 타임이 너무 짧거나 시장 서비스 요건이 너무 높아서 이러한 규모의 경제가 다른 비용에 의하여 상쇄될지도 모른다.

더 중요한 것은 컴퓨터 보조 디자인(CAD)과 제조(CAM), 로봇학, 기타 선진 생산 기술의 발전이 유연생산의 개념을 실현 가능한 현실로 만들었다는 것이다. 과거 중앙의 글로벌 규모의 공장에서 수만 또는 수십 만개의 표준화된 인쇄회로기판(PCB)을 생산해야 했던 회사는 이제 고객들에게 보다 근접한 소규모의 분산된 국가적 공장들에서 최소 효율 규모를 달성할 수 있다. 유연생산기술은 1,000개~100,000개의 PCB를 제조하는 단위당 비용에서 거의 차이가 없다는 것을 의미한다. 이러한 기술이 동질화된 글로벌 제품들과 소비자의 증가하는 인식을 연결시켜줄 때, 다국적기업들에게 경제적 효율성과의 절충 없이 현지화된 소비자 선호와 국가의 정치적 제약에 대응할 수 있는 중요한 수단을 제공한다.

현지화에 대한 압력은 몇몇 국가들에서부터 지역이나 도시 수준으로 확장될 수 있다. 여러 국가 시장들에서의 성장 기회는 각각의 국가에 고르게 분포되어 있지 않다. 결과적으로 도시 또는 도시의 클러스터 사이에서의 인프라 개발, 산업 구조, 인구통계, 소비자 특성들에서의 상당한 국가 내부적 차이가 발생한다. 예를 들어, McKinsey는 중국을 22개의 도시 클러스터로 구분하였는데, 각각은 전략적 의사결정을 위한 하나의 시장으로 간주되기에 충분할 만큼 동질적이다. 몇몇 클러스터를 우선시하고 차례로 배열하는 것은 회사가 유통 네트워크, 공급망, 영업력, 미디어와 마케팅 전략의 효과성을 증대시키는 데 도움을 줄 수 있다.[7] 이와 유사하게, Interbrew(현재 Anheuser-Busch In-Bev의 일부임)는 글로벌 브랜드로서 Stella Artois를 만들었을 때, 그 노력은 전 세계적으로 20개의 주요 도시에 집중되었다.

전 세계적인 혁신 및 학습에 대한 압력

이 장에서 우리가 기술했던 트랜드는 많은 산업에서 극단적으로 어려운 경쟁 환경을 조성하여 왔고, 글로벌 조정과 국가적 차별화에 대한, 때로는 상충되는 압력들에 적응할 수 있었던 회사만이 생존하고 번영할 수 있었다. 그러나 이러한 압력의 정점에는, 신속하고, 국제적으로 조정되는 혁신에 대한 필요성에 관한 또 다른 경쟁 요구들이 빠르게 성장했다. 사실상 뜨고 있는 경쟁게임에서 특히 기술집약적 산업에서, 승리는 때때로 전 세계적인 기반으로 혁신적인 제품과 공정을 개발하고 확산시키기 위해 세계적으로, 가장 효과적으로 정보와 전문지식에 접근을 이용할 수 있는 회사에게 대부분 돌아간다.

---

7) Yuval Atsmon, Ari Kertesz, and Ireena Vittal, "Is Your Emerging–Market Strategy Local Enough?" *McKinsey Quarterly* 2(2011) pp. 50–61.

전 세계적인 혁신과 학습을 개발하는 이러한 능력은 오늘날 다국적기업에게 너무나 중요한 전략적 능력이기 때문에 우리는 여기서 간단히 살펴보고, 5장에서 보다 세부적으로 이를 알아보겠다.

여러 방법으로 경쟁게임에서의 이러한 변화를 주도하는 트랜드는 이전에 우리가 논의했던 글로벌화와 현지화의 압력들로부터 기인한다. 트랜드가 낳는 새로운 기술과 제품의 수명주기를 단축시키는 연구개발 비용의 증가는 가능한 신속하게 상당한 연구투자비를 분할상환하기 위해 글로벌 규모를 추구하는 기업들의 필요성을 강화시켜왔다. 동시에, 특히 지난 수십년동안 선진기술조차도 전 세계적으로 빠르게 확산되어왔다. 부분적으로 이러한 트렌드는 시장에서 판매되는 최첨단 제품에서의 높은 수준의 현지 컨텐츠와 증가하는 현지 생산의 수준에 대해 교섭하면서 현지국 정부의 요구, 압력, 회유에 관한 대응이었다. 그러나 높은 제품 및 공정 개발비용은 중요한 자금원인 라이센싱, 기술 격차를 메울 수단으로서의 교차 라이센싱, 신속하게 글로벌 경쟁우위를 구축하기 위한 전략으로서 공동개발프로그램과 전략적 제휴를 통해 기업들로 하여금 자발적으로 새로운 기술을 이전시키도록 하였다.

전 세계적으로 소비자 선호가 수렴될 때 이러한 기술의 확산은 혁신의 속도(pace)와 장소(locus)에 중요한 영향을 주었다. 미국 기반의 회사는 더 이상 국내 환경이 가장 정교한 소비자 니즈와 가장 선진화된 기술 능력, 결과적으로 세계에서 가장 혁신적인 환경을 제공한다고 가정하지 않는다. 오늘날 최신 소비자 트랜드나 시장의 니즈는 호주나 이탈리아에서 나타날 수 있으며, 그러한 니즈에 대응하는 최신 기술은 한국이나 스웨덴에 위치할 수 있다. 혁신은 전 세계적으로 생겨나고, 기업들은 한 국가에서 니즈를 감지하고, 즉시 대응하며, 혁신을 전 세계적으로 시장에 확산시킴으로써 경쟁우위를 점할 수 있다고 인식하고 있다.

관련된 트랜드는 컴퓨터 소프트웨어, 통신, 소비 가전, 심지어 소비재와 같은 산업의 글로벌 표준이 증가하는 중요성이다. 소프트웨어 플랫폼에서부터 면도날 카트리지에 이르기까지 새로운 표준을 놓고 벌어지는 전투의 승자는 전 세계적으로 수십 년간 유지할 수 있는 지배적인 경쟁 포지션을 구축하고 방어할 수 있다. 선도기업우위는 상당히 증가하여 왔고 기업들이 세계적 운영 내에서 혁신을 빠르게 창출하고 확산시키는 내적 과제뿐만 아니라 산업 표준으로 새로운 제품을 설정하는 외적 과제에도 집중하기 위한 강력한 인센티브를 제공하였다. 5장에서 보다 세부적으로 이러한 중요한 전략적 이슈를 검토해 볼 것이다.

다양한 압력들에 동시에 대응하기

크고 복잡한 산업들에서 주요 환경적 요구의 정수를 추출하려는 노력은 위험한 모험이지만, 과잉 단순화의 위험에도 1980년대 후반까지 대부분의 전 세계 산업들은 상대적으로 일차원적인 환경적 요구들을 제시하였음을 알 수 있다. 서로 다른 특징들을 가진 글로벌, 다국적, 국제적 산업들로 분류되는 산업들의 발전을 이끌었다. 하지만 보다 최근에 이러한 구분들은 기업들의 전략들에 대한 중요한 결과들을 약화시켰다.

글로벌, 다국적, 국제적 산업

몇몇 비즈니스에서 글로벌화의 경제적 압력은 다른 환경적 요구들을 지배할 만큼 충분히 역사적으로 강력했다. 예를 들어 소비 가전 산업에서 트랜지스터의 발명은 규모의 경제의 혜택 면에서 수십 년간의 거침없는 확장을 이끌었다. 집적 회로와 마이크로프로세서의 도입과 같은 잇따른 기술적 변화는 텔레비전 세트에 대한 운영의 최소효율규모에서 엄청난 증가를 이끌었다. 하락하는 운송비, 낮은 관세, 증가하는 국가시장수요의 동질화의 환경에서 이러한 거대한 규모의 경제는 지난 20세기 말 수십 년간 소비 가전 회사의 경영자의 전략적 과제들을 지배하였다.

글로벌화의 경제적 압력이 지배적인 그러한 산업을 우리는 **글로벌 산업**(*global industries*)으로 일컫는다. 이러한 비즈니스에서 성공은 전형적으로 고도로 집중되고, 규모집약적인 제조 및 연구개발의 운영으로 수익을 창출하고, 표준화된 글로벌 제품들의 전 세계적인 수출을 통하여 레버리지하는 고전적 **글로벌 전략**(*global strategies*)을 채택하는 기업들에 속하게 된다.

다른 비즈니스에서, 국가적, 문화적, 사회적, 정치적 차이의 현지화의 압력은 산업의 특성들의 발전을 주도한다. 예를 들어 세제 분야에서 연구개발 및 제조 비용은 기업의 총비용 가운데 상대적으로 작은 부분이었으며, 가장 작은 시장들도 세제 생산 타워에 대한 투자를 정당화하고 규모의 경제로부터 혜택을 얻을 수 있었다. 동시에 서로 다른 국가 시장들의 세탁 관행과 향수 선호도, 인산 법률 제정, 유통 채널, 라벨 부착 요건, 기타 속성들의 현격한 차이는 국가 대 국가 기반의 제품 및 전략의 차별화로부터 상당한 혜택을 이끌었다.

이러한 차별화는 문화적, 사회적, 정치적 환경의 국가적 차이들이 많은 국가적 산업구조들을 번성시키는 전 세계적인 비즈니스로, 소위 **다국적산업**(*Multinational industries*)의 전형이다. 그런 비즈니스에서의 성공은 보통 현지 시장의 니즈와 기회에 민감하고 강력한 현지화의 압력에 대응하는 제품들과 전략들을 개발하고 적응시킴으로써 현지 비즈니스를 관리하는, 강력하고 자원이 풍부한 현지 자회사들을 구축하는 **다국적 전략**(*multinational strategies*)을 따르는 기업들에 해당한다.

마지막으로 몇몇 다른 산업에서 기술적 압력은 중심에 있고, 기업들이 혁신을 개발하고 확산시킬 필요성은 경쟁 우위의 지배적인 원천이다. 예를 들어 통신 스위칭 장비업체들을 위한 가장 중요한 과제는 새로운 기술들을 개발하고 전 세계적으로 그 기술들을 활용하는 능력이다. 이러한 **국제적 산업**(*international industries*)에서 혁신하고 많은 국가 시장에서의 혁신의 혜택들을 이용하는 능력은 패자들로부터 승자들을 차별화시킨다.

그런 산업에서 성공의 열쇠는 새로운 제품들을 창출함으로써 기술적 압력들을 활용하고 해외 법인들에게 기술들을 효과적으로 이전시킴으로써 제품의 국제 수명 주기를 레버리지하는 회사의 능력에 놓여 있다. 우리는 이것을 본국 시장에서 새로운 제품과 공정의 창출을 효과적으로 관리하고 해외 자회사들에게 그러한 혁신들을 확산시키는 능력인 **국제적 전략**(*international strategy*)으로 표현한다.

초국적성(transnationality)으로의 이전

몇몇 주요 전 세계적 산업들에서의 전통적인 요구에 대한 우리의 묘사는 분명히 과잉 단순화되어 있다. 상이한 비즈니스들의 부가가치사슬에서의 서로 다른 과제들은 경제적, 정치적, 문화적, 기술적 압력들의 상이한 수준들에 따른다. 우리는 산업의 전략적 과제 요구들에 가장 중요한 영향을 주는 환경적 압력들을 소위 이러한 **활동들의 중추**(*center of gravity*)라고 묘사하여 왔다.

하지만 20세기말 이러한 외부적 요구들은 몇 가지 중요한 변화를 겪고 있었다. 많은 산업들에서 하나의 환경적 압력의 초기 지배는 훨씬 더 복잡한 환경적 요구들에 의해 대체되었는데, 서로 다른 압력들 각각은 동시에 강력해졌다. 예를 들어 새로운 규모, 범위의 경제와 소수의 경쟁자들간의 강화된 경쟁은 많은 다국적, 국제적 산업들에서 증가된 글로벌 통합을 향한 경제적 압력들을 높이고 있었다. 세탁기들의 증가하는 침투와 표준화가 국가들간에 세탁 관행의 차이를 좁혔기 때문에, 세제 비즈니스에서 제품 표준화는 보다 실현 가능해졌다. 특히 유럽이나 남미와 같은 지역적 시장에서 기업들은 지역적 브랜드, 획일적인 제품 공식화, 다국어 패키징, 공동 광고 테마를 개발함으로써 제품 표준화의 이러한 잠재성을 레버리지하였는데, 이 모두는 추가적인 경제성을 이끌었다.

유사하게 현지화의 압력은 소비 가전과 같은 글로벌 산업에서 증가하고 있다. 비록 규모와 범위의 경제적 압력이 계속하여 증가하여 왔지만, 현지국 정부의 압력과 차별화된 제품에 대한 고객의 요구들은 표준 제품들의 수출을 기반한 글로벌 전략을 가진 기업들에게 초기의 전략들을 바꾸도록 강요하고 있다. 경쟁적인 포지션을 보호하기 위해, 기업들은 서로 다른 국가들에서의 차별화된 제품 범위와 서로 다른 국제적 부문(segments)에서의 현지 디자인과 생산을 강조하기 시작했다. 그리고 하드웨어 지향적인 제품들에 현지 차별화된 시스템, 소프트웨어, 서비스들을 보완해야 하는 증가된 필요성은 현지 시장에서의 유연성과 대응성의 필요성을 증가시키고 있다.

마지막으로 글로벌 규모의 효율성과 국가적으로 대응하는 전략들에서 필적하는 능력을 지닌 소수의 대기업들간의 떠오르는 경쟁적인 전투에서, 심지어 글로벌 경제적 압력이나 현지 정치적 및 문화적 영향력들이 과거에 지배적이었던 산업에서조차도 개발을 혁신하고 세계적으로 활용하는 능력은 지속적인 비교 우위를 구축하는 데 더욱더 중요해지고 있다. 예를 들어 매우 경쟁적인 휴대폰 비즈니스에서 주요 경쟁자들은 모두 글로벌 영역에서 수행할 최소 규모 효율성뿐만 아니라 시장들의 차이에 대응하기 위해 필수적인 정부 관계와 소비자 이해를 획득해야 했다. 오늘날 해당 산업에서의 경쟁은 주로

(아마도 일본에서의 소비자 트렌드, 독일에서의 정부 요구, 미국에서의 기술적 개발 등에 대응하는) 혁신적인 신제품을 개발하고 전 세계적으로 빠르게 확산시키는 기업의 능력으로 구성된다.

따라서 부상하는 국제적 환경에서, 순수한 글로벌, 전형적인 다국적, 고전적인 국제적 산업의 사례는 점점 더 감소하고 있다. 대신에 보다 많은 비즈니스들은 글로벌 효율성, 국가적 대응성, 전 세계적인 혁신에 대한 동시다발적인 요구에 의해 많든 적든 간에 좌우된다. 이것들은 소위 **초국적 산업**(*transnational industries*)의 특징들이다. 그런 산업들에서 기업들은 단 하나의 지배적인 능력에 기반하여 경쟁적인 포지션을 방어하는데 점차적으로 어려움을 느끼고 있다. 그들은 어느 하나의 희생 없이 효율성, 대응성, 혁신에 대한 종종 대립적인 요구들을 관리하기 위해 동시에 모든 압력들에 효과적으로 대응할 수 있는 능력을 개발할 필요가 있다.

초국적 산업의 부상은 효율성, 대응성, 혁신의 니즈를 동시에 만들었을 뿐만 아니라, 더욱 요구적이고 복잡한 각각의 능력들을 달성하기 위해 요구되는 과제들을 만들었다. 기업들은 중앙 집중화되고 표준화된 생산을 통하여 세계적 규모의 경제를 달성하기 보다는 비교 우위, 규모의 경제, 범위의 경제를 동시에 활용하는, 분산되었지만 전문화된 자산과 능력의 전 세계적인 기반을 통해 글로벌 효율성을 구축하여야 한다(4장에서, 우리는 보다 세부적으로 이러한 도전적인 조직의 요구들을 알아볼 것이다).

결과적으로 대부분의 산업들에서 몇 개의 글로벌 경쟁자들은 현재 거의 모든 주요 시장들에서 머리를 맞대고 경쟁하고 있다.

그러한 환경에서 성공하려면 기업들은 (경쟁자가 침투할 수 없는 수익 보호구역을 구축하고 방어하는 능력; 보다 약한 제품들과 시장 포지션들을 지원하기 위해 기존의 강점들을 레버리지하는 능력, 고위험의 선제적인 투자들로 경제적으로 약한 경쟁자들을 강제 퇴출시키는 능력; 경쟁자를 고립시키고 앞지르기 위해 제휴 및 연합을 결성하는 능력 등) 글로벌 체스의 논리를 간파하는 새로운 전략적 능력을 개발하여야 한다. 지금 이것들과 다른 유사한 묘책들은 글로벌 경쟁적 효율성을 개발하고 유지하기 위해 세계적 규모의 경제들과 결합하여야 한다.

유사하게 각각의 현지 환경에서의 차별화되고 맞춤형 지역을 위한 지역 제품들과 전략들을 통한 대응성은 더 이상 필요하지도, 실현 가능하지도 않다. 국가적 고객들은 더 이상 차별화를 요구하지 않는다; 그들은 익숙해진 글로벌 제품들의 비용 수준과 품질 표준과 더불어 그들의 니즈에 대한 민감성을 요구한다. 동시에 국가경쟁력을 구축하려는 현지국 정부의 바램은 많은 나라들에서 경제 정책을 좌우하며, 다국적기업들은 국가 경쟁 전략의 실행에서 자주 주된 수단들로 간주된다. 규제, 취향, 환율, 기타 관련 압력들의 변화들은 예측 가능하지 않고, 더욱 빈번해지고 있다. 그러한 환경에서 단순한 시장 대 시장 대응성은 항상 부적절하다. 지속적으로 변화하는 국가 환경에 대응하기 위해 제품 디자인, 소싱패턴, 가격정책들을 변화시키는 유연성은 생존에 필수가 되었다.

마지막으로 중앙에서 개발된 제품들과 기술들의 활용은 더 이상 충분하지 않다. 다국적기업들은 그들이 노출된 여러 환경들로부터 배우고 글로벌 운영을 통해 그러한 학습의 혜택들을 활용하는 능력을 갖추어야 한다. 비록 일부 제품들과 공정들은 여전히 전 세계적인 사용을 위해 중앙에서 개발되고, 다른 제품들과 공정들은 순수하게 현지의 요구들을 충족시키기 위해 각각의 환경에서 지역적으로 생성되었다 할지라도, 다국적기업들은 진정한 초국적 혁신을 달성하기 위해 기술들의 다양한 중심들에 대한 접근과 다른 국가들에서의 다양한 고객 선호도에 대한 친밀성을 점차 더 많이 이용해야 한다. 유사하게 세계 각지에서 획득한 환경적, 경쟁적 정보는 회사의 공유된 지식 기반의 일부가 되고 미래 전략으로의 투입을 제공하기 위해 수집, 분석, 해석되어야 한다(3장에서, 우리는 요구되는 전략적 능력에 대한 논의를 발전시키고 다국적기업들이 경쟁우위를 구축하기 위해 필요한 것들을 강조할 것이다).

결언

점차로 글로벌 환경에서의 압력들의 증가하는 복잡성과 다양하고 종종 대립적인 요구들에 동시에 대응할 필요성은 많은 다국적기업들에게 주요 도전들을 야기하여 왔다. 경쟁우위가 역사적으로 매우 효율적이고 중앙 집중된 시스템에 근간을 둔 매우 성공적인 일본과 한국의 기업들과 같은 고전적인 글로벌기업들은 국가적 대응성과 전 세계적인 혁신에 대한 요구에 더욱 효과적으로 대응해야 했다. 다수의 유럽기업들이 속한 전통적인 다국적기업들은 오랫동안 국가적 대응서의 이점을 누려왔으나, 오늘날에는 더욱 효과적으로 세계적 규모의 경제, 기술적 압력들을 활용하는 도전에 직면하고 있다. 그리고 본국의 혁신을 해외로 레버리지하는 보다 국제적인 접근법을 가진 미국기업들은 문화적, 정치적 압력들에 대해 더 잘 이해하고, 개선된 규모의 경제를 통하여 글로벌 규모의 효율성을 제고하는 동시에, 더욱 효과적으로 국가적 차이들에 대응하기 위해 노력해야 했다.

대부분의 다국적기업에게 2000년대의 도전은 전략적이고 조직적이다. 한편 다국적기업들은 효율성, 대응성, 학습으로부터 발생하는 경쟁우위를 획득할 수 있게 하는 전략적 역량들의 보다 복잡한 배열을 개발해야 한다. 반면에 초기의 세계적, 다국적, 국제적 접근법을 지원하기 위해 개발된 이러한 기업들의 전통적인 조직적 접근들은 기업들이 현재 달성해야 하는 보다 복잡한 전략적 과제들에 대해 부적절해졌다. 3장과 4장에서 우리는 기업들이 이러한 새로운 전략적, 조직적 도전들에 대응할 수 있는 몇 가지 방법들을 논의할 것이다.

Case 2-1 2009년 신세계 대 구세계의 글로벌 와인 전쟁

Christopher A. Bartlett

"우리는 호주산 와인이 2025년까지 세계적인 명성을 얻는 데 필요한 인재들, 전문성, 기술 그리고 사명감을 가지고 있습니다. 이것은 시장을 예측하고, 소비자 수요에 영향을 미치며, 지속적인 성장전략을 구축함으로써 현실화될 것입니다."

—샘 톨레이(Sam Toley), Australian Wine and Brandy Corporation의 CEO.

"과잉으로 생산된 와인의 환매를 단계적으로 폐지하고 농부들로 하여금 자신들의 포도밭을 갈아엎도록 부추기는, 유럽공동체(EC)의 개혁조치들은 단지 신세계의 농-산업(agro-industry) 모델을 도입하는 것에 지나지 않을 것입니다. 우리는 전통적인 포도밭에 구축된 오래된(age-old) 유럽 모델을 보호해야 합니다."

—장 루이 피통(Jean-Louis Piton), Copa-Cogeca Farmers Association.

2009년, 이 두 가지 견해는 2,300억 달러의 글로벌 와인 시장의 점유율을 놓고 벌인 전통적인 와인 생산업체들과 일부 새로운 산업 참가자들 간에 벌어진 치열하고 경쟁적인 전쟁을 촉발한 상이한 정서를 반영하고 있다. 많은 구세계 와인 생산자들(예컨대 프랑스, 이탈리아, 스페인 등)은 자신들이 고수하는 전통적인 와인제조 방식과 제한적인 산업 규제 그리고 복잡한 자국 및 유럽공동체의 법안들에 의해 속박되고 있음을 알게 되었다. 이는 신세계 와인 생산자들(예컨대 호주, 미국, 칠레 등)이 가치 사슬(value chain)의 각 단계마다 혁신을 일으킴으로써 이미 확고한 지위를 구축하고 있었던 구세계 와인 생산자들에게 도전할 수 있는 기회를 제공했다.

■ Christopher A. Bartlett교수가 이 사례의 초기버전인 "Global Wine Wars: New World Challenges Old (A)," HBS No. 303-056를 작성하였으며, 같은 저자에 의해서 본 사례가 대체 작성되었습니다. 본 사례는 출판된 자료들을 바탕으로 작성되었습니다. HBS 사례들은 사례 확인 자료나 1차 자료원 또는 효과적이거나 비효과적인 경영을 묘사하기 위해 작성되지 않았습니다.

서막[1]

포도재배와 와인생산은 짧게 잡아도 고대 이집트인과 그리스인이 와인을 죽은 파라오와 격렬한 신들에게 제물로 바친 이래로 인간의 관심사가 되어 왔다. 로마제국 시기에 포도재배가 지중해 전역에 널리 유행하기 시작하였고, 거의 모든 마을에서 각자의 지역 포도밭을 가지고 있었으며 와인은 매 끼니의 식사와 함께 하는 농민의 음료였다. 기원 후(Christian era)에 이르러 와인은 예배의식의 일부가 되었으며, 수도원들은 포도나무를 심고 양조장을 만들었다. 중세시대가 되자 유럽의 귀족들은 그들의 식탁에 올라오는 와인의 품질을 권위의 상징으로 여기고 다른 귀족들과 경쟁적으로 포도밭을 일구기 시작했고, 이것이 최초의 프리미엄 와인의 틈새시장이라고 할 수 있다.

와인 생산 포도를 경작하고 수확하는 것은 언제나 많은 노동력을 필요로 하는 노동집약적인 특징이 있었는데, 통상적으로 한 명의 노동자는 3헥타르 정도만을

1) 역사적인 논의는 다음 서적을 참고바람. Harry W. Paul, *Science, Vine and Wine in Modern France* (Cambridge University Press, 1996), pp. 2-15; Jancis Robinson, *The Oxford Companion to Wine, 2nd Ed.* (Oxford University Press, 1999), 그리고 James Wilson, *Terroir* (Berkeley: University of California Press, 1998), pp. 10-45.

관리할 수 있었다(1헥타르=2.47에이커). 19세기 초 경작용 말을 도입함으로써 포도를 한 줄로 심고 더 효율적으로 경작할 수 있게 되었고, 이때부터 노동자 한 명이 7헥타르의 대지를 관리할 수 있게 되었다.

그러나 이러한 효율성에도 불구하고 포도밭은 대형화되지 않고 소형화되어 갔다. 수 세기에 걸쳐 왕들에 의해 토지가 나누어지거나 전쟁 또는 상속에 의하여 소작용 농지는 지속적으로 분할되었다. 프랑스혁명기에는 많은 대규모 사유지들이 압류되었고 분할되어졌으며 경매를 통해 팔려나갔다. 그리고 1815년 이후 나폴레옹의 상속법령에는 어떻게 토지가 합법적인 상속인에게 상속되어야 하는지를 규정하였다. 19세기 중반, 프랑스의 평균 경작면적은 5.5헥타르였으나 이는 지속적으로 세분화되고 있었다(이탈리아의 경우 비슷한 사건으로 평균 포토밭 경작면적은 0.8헥타르였다).

규모가 큰 농장에서는 자신의 와인을 직접 만들었지만 대부분의 소규모 농가에서는 지역의 와인 생산자와 와인상에게 그들의 포도를 판매했다. 이들은 무게에 따라 값을 받았기 때문에 산출량을 줄여가면서 포도의 품질을 높일 동기가 거의 없었다. 소규모 재배자들 중 일부는 와인의 생산에서 판매까지 일련의 수익을 창출하기 위하여 협동조합을 만들기도 하였지만, 포도재배와 와인생산은 대부분 분리되어 있었다.

유통 및 마케팅 전통적으로 와인은 무역상인(프랑스의 네고시앙, *négociants*)에게 대량으로 판매되었으며 이 무역상인들은 유통 전에 와인을 혼합하고 병에 담았다. 그러나 열악한 도로 여건과 복잡한 통행료와 세금 시스템으로 인해 국경을 넘는 운송비용이 매우 비쌌다. 예를 들어 19세기 초의 스트라스부르(Strasbourg)에서 네덜란드 국경까지 와인을 운송하기 위해서는 31개의 통행료 징수소를 통과해야만 했다.[2] 게다가 열악한 도로사정으로 와인을 안전하게 운송하기가 어려웠기 때문에 장거리 운반 중 많은 양의 와인을 망치기 일쑤였다. 그 결과 가장 수준 높은 무역상인(네고시앙)만이 와인을 수출할 수 있었으며, 부자들만이 이 수입된 사치품을 누릴 수 있었다.

18세기 말 유리병의 대량생산과 코르크 마개의 사용 및 저온 살균법의 개발 등과 같은 혁신들이 와인산업에 일대 대변혁을 가져왔다. 강화된 와인의 안정성과 지속성으로 인해 멀리 있는 시장으로의 유통이 가능해졌으며, 좋은 병에 담긴 양질의 빈티지 와인이 일반화되었다. 포도의 재배가 증가하고 생산이 확대되었으며, 이로 인해 글로벌 와인시장이 탄생하게 되었다.

규제 및 분류 와인산업이 발전함에 따라 생산국의 문화적, 경제적 생활에 있어 와인산업은 점점 더 중요해져 갔다. 18세기 중반, 프랑스에서는 포도재배가 150만 가구, 그리고 이와 동일한 수의 사람들이 와인과 연관된 산업에 종사하고 있었다. 결국 와인산업은 프랑스의 전체 교역수익의 6분의 1을 차지하고 있었으며 프랑스에서 두 번째로 큰 수출 품목이었다.

와인산업의 문화적, 경제적 중요성이 커지기 시작하자 이에 대한 정치적 관심도 증대되기 시작했으며, 이로 인해 와인생산의 거의 모든 부분을 법과 규정들로 통제하게 되었다. 예를 들어 독일의 1644년 와인 분류체계는 품질을 65단계의 등급으로 나누었고 이는 수확에 필요한 최소 요구 성숙도에서부터 당분의 최소함유량에 이르기까지 모든 것을 포함하고 있었다(심지어 1971년 독일에서는 정부패널이 매해 각 포도밭에서 수확한 포도의 맛을 보고 품질등급을 매기도록 하는 법이 통과되기도 했다[3]). 프랑스와 이탈리아에서도 와인생산 관습을 규제하는 유사한 규정들이 만들어졌다.

와인생산자들은 이러한 정부의 와인분류체계와 통제에 대해 저항하기 보다는 종종 이를 지지하고 심지어 강화되기를 바랐는데 이는 이러한 분류체계 및 통제가 자신들의 제품을 차별화하고 진입장벽을 높

2) Robinson, p. 308.

3) 앞의 책, p. 312.

이기 위한 한 방법으로 여겼기 때문이었다. 예를 들어 현재 프랑스의 와인 분류체계는 1855년 파리엑스포에 앞서 보르도(Bordeaux) 위원회에 의해 만들어진 것이다. 소비자가 그들의 최고급 와인을 쉽게 식별하는 데 도움이 될 수 있도록 그들은 500여개의 포도농장을 품질에 따라 *premier cru*(first growth, 1등급)부터 *cinquième cru*(fifth growth, 5등급)까지 5개의 단계로 나누었다.

이것이 소비자들로 하여금 고도로 분화된 복잡한 시장을 살펴보는 데 도움을 주었기 때문에 이 마케팅 도구는 곧 널리 인정받게 되었고, 정부는 1935년 AOC(*Appellation d'Origine Controllée*, 원산지통제명칭)법에 이를 성문화하고 확장하기에 이르렀다. 이러한 법률들은 지역의 경계뿐만 아니라 포도밭과 와인제조자에게 구체적이고 다소 엄격한 표준을 규정하였다.[4] 결국 잘 알려진 것들(쌍떼밀리옹, Saint Emilion 또는 보졸레, Beaujolais)부터 알려지지 않은 것(피투, Fitou 또는 상떼페레이, St. Péray)까지 300개 이상의 AOC명칭이 공표되었다(후에 이와 유사한 분류체계가 이탈리아에도 도입되어, 213개의 *Denominazione di Origne Controllate*(DOC, 포도재배지 명칭) 지역을 정했고, 포도의 품종다양성, 수확량, 재배기법, 허용 알코올 도수, 라벨 디자인 등을 규정하는 규제들이 포함되었다[5]).

이후 프랑스의 다른 와인 생산지들도 VDQS(우수 민속주, *Vins Delimités de Qualite Superieure*)로 불리우는 공식등급이 주어졌지만 이들은 일반적으로 AOC 와인보다 낮은 등급으로 간주되어 왔다. VDQS 등급 아래에는 뱅 드 뻬이(Vins de Pays, 지방와인) 혹은 컨트리 와인들이 있는데 이들은 비싸지는 않지만 프랑스인의 여느 식탁에 올릴 정도로 마실만 했으며, 나중에는 점점 수출도 증가하게 되었다. 이러한 등급들은 매우 엄격해서 등급 간 변동이 거의 없었다. 이는 와인의 품질이 떼루아 (*terroir*, 와인재배 환경조건을 뜻함), 즉 프랑스인들이 열정적으로 믿는 토양, 풍토, 해당지역의 기후, 강수 그리고 재배방법의 신비로운 조합으로부터 각 지역마다, 심지어는 포도밭마다 독특한 풍미를 가져다준다는 프랑스인들의 믿음에 기인한 것이다.

그러나 떼루아(*terroir*)가 안정된 품질을 보증해 주지는 못했다. 농작물의 하나로서 와인은 항상 변덕스러운 날씨와 질병에 영향을 받았다. 19세기 후반부, 마지막 25년 사이에 치명적인 신세계(New World)의 해충인 포도나무뿌리진디(phylloxera)가 프랑스의 포도나무를 완전히 파괴해 버렸다. 1876년 5억 리터에 달하던 생산량이 1885년에는 200만 리터로 대폭 감소하였다. 그러나 이에 대한 해결책은 예상치 못한 순간에 발견되었는데, 그것은 바로 프랑스의 포도나무를 포도나무뿌리진디에 저항력을 가진 신흥 캘리포니아 와인산업으로부터 수입된 미국산 포도나무와 접붙이는 것이다. 이것은 구세계의 많은 사람들에게 신세계 와인산업이 존재한다는 것을 알리는 계기가 되었다. 그리고 그것이 끝은 아니었다.

신세계 와인의 태동

전통적인 와인 생산국의 안정된 와인산업과 비교할 때 규모와 평판이 모두 떨어지기는 하지만 18세기 이후 많은 신세계 국가들에서 포도밭과 와인생산자들이 생겨났다. 예를 들어 미국에서는 열정적인 와인연구가이기도 했던 토마스 제퍼슨(Thomas Jefferson)이 버지니아 주에 포도밭을 일궈야 함을 주장했다. 그리고 호주에서는 1788년에 수감자들과 이주민을 실은 첫 함선과 함께 포도나무가 들어오게 되었다. 또한 이 시기에 아르헨티나, 칠레 그리고 남아프리카 공화국 등지에서도 구세계 이민자들로부터 영향을 받아 초창기 와인산업이 태동하여 발전하고 있는 중이었다.

새로운 시장이 열리다 신세계의 기후와 토양 덕분에 포도의 풍작이 가능했지만, 이들 국가에서의 와인 소

4) Dewey Markham, *1855: A History of the Bordeaux Classification* (New York: Wiley, 1998), p. 177.

5) Robinson, p. 235.

비량은 편차가 심했다. 1960년대 1인당 와인 소비량이 아르헨티나에서는 80리터, 칠레에서는 50리터에 달해 아르헨티나와 칠레에서는 와인이 국가문화의 일부로 자리 잡게 되었다. 하지만 이러한 와인소비량은 프랑스나 이탈리아에 비해서는 상당히 뒤쳐져 있었는데, 같은 기간에 프랑스와 이탈리아의 1인당 와인 소비량은 110~120리터를 자랑하고 있었고, 이는 스페인과 비슷한 수준이었다.

다른 신세계 문화권에서는 이처럼 빠른 속도로 와인산업을 받아들이지는 못했다. 호주는 더운 기후와 지배적이었던 영국의 유산으로 인해 맥주가 가장 인기 있는 주류였으며, 와인은 구세계의 이민자들에 의해 대부분 소비되었다. 미국시장의 상황은 더 복잡했다. 럼주무역에서 중심적인 역할을 했던 국가답게 인구의 한 축은 독주를 마시는 전통을 따랐다. 그러나 또 다른 그룹은 국가의 청교도 유산을 반영해 금주나 절주를 지지하였다(1994년 당시의 갤럽의 조사결과, 미국 응답자들의 45%가 전혀 술을 마시지 않으며, 21%가 금주법의 부활을 지지하는 것으로 나타났다). 결과적으로 제2차 세계대전 이전의 기간 동안, 와인은 유럽 이민자 커뮤니티에서 가장 많이 만들어지고 팔렸다.

하지만 제2차 세계대전 이후에는 미국과 호주 그리고 다른 신세계 와인생산자들의 와인 수요가 급증했다. 가령 미국에서는 금주법 시행 이후 1인당 연간 와인 소비량이 1리터에 불과했지만, 2006년에는 9리터까지 소비량이 늘어났다. 호주에서의 증가폭은 더욱 컸는데, 1960년 2리터가 채 되지 않았던 연간 와인 소비량이 2006년에는 24리터로 증가하였다. 이러한 와인 소비의 성장은 자연스럽게 고품질 와인에 대한 수요증가로 이어졌고, 결과적으로 아직 미성숙한 신세계 와인산업을 신장시키는 국내수요의 폭발적인 증가로 이어졌다.

구세계 생산규범에 대한 신세계의 도전 전후 경제호황에 따라 신세계 와인 생산자들은 유럽의 구세계 경쟁자들과는 다른 산업 환경을 발전시켜 나갔다. 첫째, 포도를 생산하기에 적합한 토지를 광범위하게 그리고 저렴하게 이용할 수 있었고, 이는 대규모 포도농장의 성장을 가능하게 했다. 그 결과 2006년 미국의 평균 포도밭의 면적은 213헥타르였으며 호주의 경우는 167헥타르에 달해, 이탈리아의 1.3헥타르, 프랑스의 7.4헥타르와는 규모 면에서 대조적이었다.[6]

또한 신세계 와인 생산자들은 전통에 얽매이지 않고 포도재배 및 와인제조기술에 대한 다양한 실험을 시작했다. 호주의 경우 세심하게 관리된 점적관수(혹은 방울물주기) 기술을 이용하여 불모지에서도 포도재배가 가능했고, 당해 연도에 재배된 와인의 품질 변동성을 감소시킬 수 있었다(이와는 대조적으로, AOC 규정에 의해서 프랑스에서는 관개가 엄격하게 금지되었다). 커다란 포도 농장에서는 수확용 기계와 가지절단기와 같은 특화된 장비의 사용이 가능했으며, 이를 통해 인건비를 크게 절감시킬 수 있었다.

혁신은 포도재배 분야로까지 확대되었는데, 신세계생산자들은 포도 당도를 극대화하기 위해 야간 수확과 같은 기술을 사용하였고, 혁신적인 격자시스템을 도입해 전통적인 방식보다 2배 높은 밀도로 포도나무를 심을 수 있게 하는 기술을 사용하였다. 비료와 가지치기 방법에 관한 다른 실험들도 포도의 수확량을 늘리고 포도의 맛을 개선시켰다. 이러한 혁신들은 신세계 농부들을 수확의 스트레스로부터 해방시킬 수 있게 해주었는데, 이들과는 대조적으로 보르도와 같은 구세계의 경쟁자들은 비가 잦은 해양성 기후를 지닌 탓에 늦가을 수확이 위험했으며 매해마다 와인의 품질 변동성이 크게 나타나는 스트레스를 감내해야만 했다.

또한 신세계의 와인 회사들은 와인생산의 많은 전통을 깨트리기도 했다. 대규모의 토지에는 일반적으로 재배와 수확에 대한 의사결정에 유용한 분석을 수행하도록 현장연구소를 두었다. 1990년대에는 짙은 색과 풍부한 맛을 확보해주는 과즙의 농축을 위한

6) Heijbrock, Arend "Changing Competitiveness in the Wine Industry," Rabobank Research Publication, 2007, p. 5.

역삼투압 기술을 실험적으로 적용하였다(역설적이게도 이 기술은 프랑스에 개발되었지만, 대부분의 프랑스 생산자들은 "와인의 우아함을 없앤다."며 개탄했었던 기술이었다. 말할 필요도 없이 이 기술은 AOC 규정에 의해 금지된 방법이었다). 또한 신세계의 와인 생산자들은 전통적인 참나무통 대신 컴퓨터제어방식의 커다란 스테인리스 탱크에서 와인의 발효와 숙성을 가능케 하는 공정을 개발했다. 참나무의 풍미를 더하기 위하여 구세계 와인생산 국가들에서는 엄격하게 금지되었던 참나무 절편을 대중적인 인기 가격대의 와인이 숙성되는 과정에 첨가하기도 하였다.

이러한 그리고 다른 추가적인 혁신들의 경제적 효과는 대중적으로 인기 있는 가격대의 와인을 많이 생산하는 프랑스의 랑그독(Langedoc) 지역의 생산원가와 호주의 리베리나(Riverina) 지역의 생산원가의 비교에서 분명하게 나타났다. 프랑스의 톤당 생산원가는 238유로로 호주의 톤당 137.7유로보다 74%나 높았다.[7] 그리고 남아메리카의 생산원가는 더 낮아서 인기 있는 프리미엄 와인이 한 병에 2유로에 판매되도록 가격을 내린 반면, 프랑스의 뱅 드 뻬이(vins de pays)는 한 병에 3유로를 상회했다(〈**도표 1**〉은 프랑스 와인 한 병의 소비자 가격구성을 보여줌).

도표 1 프랑스 대중 와인의 소비자 가격 내역

원가구조	유로/리터	유로/병
주스	0.50	
와인제조	0.06	
벌크와인(합계)	0.56[a] =	0.42
병 포장비		0.35
지방세		0.08
물류저장비		0.10
마진/제비용		0.10
도매가		1.05
소비세		0.45
도・소매마진		1.14
부가가치세		0.05
소비자가격(유로)		3.14

[a] 네덜란드의 예.
출처: *Changing Competitiveness in the Wine Industry*, Rabobank Market Study, 2006, p. 16.

마케팅 모델의 재창조 포도재배 및 와인제조법에 대한 실험들 외에도, 신세계의 와인 생산자들은 포장과 마케팅에서도 혁신을 추구하였다. 유럽인들이 뱅 드 따블(*vin de table*)[8]과 같은 보급형의 일반적인 병 형태의 와인을 판매함으로써 거대한 대중적 와인시장을 목표로 삼았다면, 호주인들은 혁신적인 "박스형 와인(wine-in-a-box)" 포장을 개발하였다. 수도꼭지형 와인 분배기를 장착한 꽉 들어찬 판지 상자 안에 조립식 플라스틱 백을 적용함으로써, 박스의 모양과 무게가 운송비를 절감시킬 수 있을 뿐만 아니라 소비자가 냉장고 안에 더욱 편리하게 보관할 수 있게 했다. 최근에 들어 호주생산자들은 고급와인에서도 코르크 마개를 돌려서 여는 뚜껑방식으로 바꾸기 시작하였다. 이러한 시도는 경제적일 뿐만 아니라, 많은 와인들, 특히 섬세한 화이트 와인과 같이 코르크 마개에 결함이 발생되었을 경우 품질을 유지하기 어렵다는 사실에 기초한 논리였다.

시장에서의 초기경험으로 인해서, 신세계 생산자들은 자신들의 제품을 차별화하는 것의 가치를 발견하고 와인에 익숙하지 않은 사람들에게 호소하는 방법을 깨닫게 되었다. 미국의 리플(Ripple)이나 호주의 바로사(Barossa)와 같이 까다롭지 않은 미각을 가진 사람들을 위해 개발된 초기의 몇몇 제품들은 커다란 성공을 거두었으나, 이러한 제품들은 와인 감정가들에 의해 신세계의 수준 낮은 와인생산 기술의 증거라고 낙인찍히면서 시장에서 사라졌다. 그러나 이러한 일련의 실험들은 1970년대 이전의 업계에서는 드물었던 브랜딩과 마케팅 측면에서 가치 있는 교훈을 남겼다.

1977년에 와인의 대중화에 대한 잠재성을 감지한 코카콜라는 테일러 캘리포니아 셀러(Taylor California

7) Heijbrock, p. 16.

8) 역자 주. 정부의 통제를 받지 않고 생산할 수 있는 프랑스의 저렴한 일상적인 와인을 의미함.

Cellars)를 인수하였다. 네슬레(Nestlé), 필스베리(Pillsbury) 그리고 시그램(Seagram)과 같이 경험이 풍부한 다른 소비재 회사들이 그 뒤를 이었고, 이들의 정교한 마케팅 기업들이 마지막까지 브랜드화 되지 않았던 소비재로서의 와인시장을 재편할 것이라는 사회적 통념들이 있었다. 그러나 그들의 도전은 예상보다 어려운 난관에 봉착하게 되었고, 10년이 채 지나지 않아 이 이방인기업들은 매각되었다. 그러나 그들이 남긴 소비자 중심의 태도와 정교한 마케팅 기법은 오래도록 유지됐다.

신세계 기업들이 주도한 또 다른 중요한 변화는 유통분야에서 발생했다. 역사적으로 전통방식의 와인 유통은 매우 분산화된 생산자들과 엄격한 정부의 규제로 인해 효율적으로 운영하기에는 규모가 영세하거나 전문지식이 결여된 많은 서비스 제공자들과 함께 다수준의 긴 가치사슬(long, multilevel value chain)을 만들어 냈다(〈**도표 2**〉 참조: 와인산업의 가치사슬). 이와는 대조적으로 신세계의 대규모 와인 회사들은 일반적으로 전체의 가치 사슬을 제어하면서, 모든 단계에서 수익을 뽑아내고 점차 집중화되고 있던 소매업체들을 상대로 협상력을 유지하고 있었다. 그리고 최종 제품에 자신들의 상표를 사용했기 때문에 모든 단계에서 품질을 제어했다.

신세계가 전통적인 포도재배와 와인제조 방식을 따르지 않자 전통주의자들은 이를 신성모독으로 여겼다. 효율성과 일관성을 추구하기 위해 그리고 덜 까다로운 입맛의 소비자를 사로잡으려는 욕심 때문에 신세계의 생산자들이 전통적인 방법에 의해 만들어지는 다양한 와인으로부터 발현되는 특징들을 잃어가고 있다고 주장했다. 그리고 그들은 이러한 "가공된 제품"들이 샤블리(Chablis), 부르고뉴(Burgundy), 샴페인(Champaign) 등과 같이 프랑스 와인 품질등급의 한 형태인 아펠라시옹(appellation)의 이름으로 판매된다는 것에 충격을 받았다. 이에 대한 대응으로 유럽공동체(EC)는 이러한 행위를 불법으로 규정하는 규제 법안을 통과시켰다. 신세계 와인생산자들은 점차 와인에 사용되는 포도 품종으로 와인을 구분하기 시작했고, 결국 소비자들도 카베르네 쇼비뇽(carbernet

도표 2 와인산업의 가치사슬

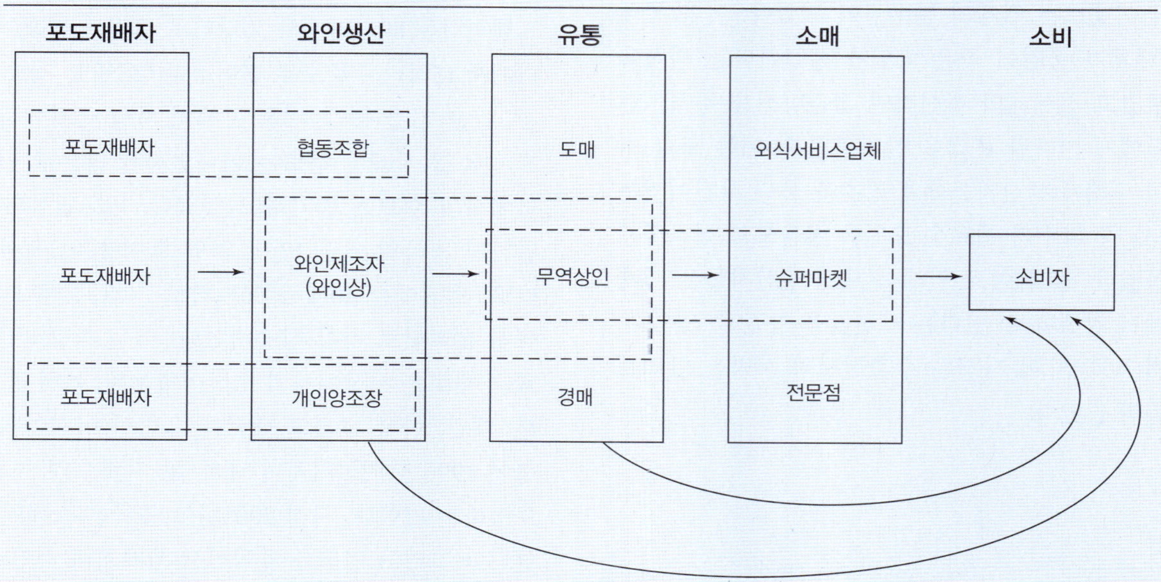

출처: *The World Wine Business*를 참고하여 수정, Rabobank Market Study, May 1999.

sauvignon)과 메를로(merlot) 혹은 샤도네(chardonnay)와 쇼비뇽 블랑(sauvignon blanc)과 같이 포도의 품종에 따라 와인을 구별할 수 있게 되었고, 이에 따른 선호도가 생겨나게 되었다. 사실 많은 사람들이 각각의 전통 와인 생산국이 홍보해왔던 수많은 복잡한 지역 명칭을 사용하는 것보다, 이러한 방식처럼 포도의 품종으로 와인을 구별하는 방식이 더 이해하기 쉽다고 생각하는 것처럼 보였다.

파리의 심판 1976년 5월 24일, 미국의 건국 200주년을 홍보하기 위한 행사의 일환으로 영국의 한 와인 상인은 프랑스산에서부터 캘리포니아산 와인까지 최고의 와인을 평가하기 위해 블라인드 테스트에 참가할 패널을 구성했다. 아홉 명의 프랑스인 와인 평론가가 패널로 참가했을 뿐만 아니라 행사가 프랑스 파리에서 열려 커다란 "홈구장의 이점"이 있었음에도 불구하고, 미국산 와인들이 레드와인과 화이트와인의 분야 모두에서 최고 등급에 오르게 되었다. 프랑스의 와인생산자들이 소위 "파리의 심판(The Judgment of Paris)"이 조작되었다고 불만을 토로하자, 새로운 심사가 2년 후에 열렸다. 하지만 여기에서도 다시 캘리포니아 와인이 최고의 영예를 안게 되었다.[9]

이 이벤트는 업계의 분수령이 되었다. 이를 통해서 신세계가 품질이 좋은 와인을 생산한다는 의식을 높여주었고 신세계의 혁신적인 접근방식을 무시하던 사람들에게 커다란 충격을 안겨주었다. 이는 또한 전통적인 구세계 생산자들에게 경종을 울린 사건이었는데, 그들 중 다수가 새로운 도전을 처음으로 심각하게 받아들였다. 결국 이로 인해 신세계 생산자들은 세계 시장에서 경쟁할 수 있다는 자신감을 가질 수 있었다. 간단히 말하면 이 사건은 수출전쟁의 서막을 알리는 종소리와 같았다.

9) Gideon Rachman, "The Globe in a Glass," The Economist, December 18, 1999, p. 91.

성숙되는 시장, 변화하는 수요

"파리의 심판"은 20세기의 마지막 25년 동안 와인업계의 많은 파괴적 변화의 시작을 알리는 신호탄이었다. 구세계의 전통적인 생산자들에게는 더욱 더 직접적으로 경각심을 불러일으켰는데, 1970년부터 1990년까지 전 세계 와인소비량의 20%가 감소하는 패턴을 보였고 그 이후로도 수요가 제자리걸음 수준이었다는 것이다. 소비자의 기호와 유통채널의 통합 그리고 정부 지원의 이동들이 맞물린 근본적인 변화가 만든 이러한 추세는 와인산업의 참가자들에게 중요한 기회와 위기를 가져다주었다.

변화하는 세계 와인수요의 패턴 수요가 가장 극적으로 감소한 곳은 기존에 가장 와인소비가 많았던 국가인 프랑스와 이탈리아였다. 1960년대 중반에 두 나라의 일인당 연간 와인 소비량은 약 110~120리터였지만 2005년에는 약 50리터 수준까지 감소하였다. 소비량 감소의 주요 원인은 젊은 세대들의 다른 주류에 대한 선호, 노년층의 건강 문제에 대한 관심 그리고 음주운전 처벌의 강화를 들 수 있다. 동시에 이와 같은 와인소비의 급격한 하락은 다른 주요 와인 문화권에서도 발생했는데 예컨대, 스페인은 60리터에서 35리터로, 아르헨티나는 80리터에서 30리터로 그리고 칠레는 50리터에서 15리터 수준으로 떨어졌다(〈**도표 3**〉 참조).

같은 기간 동안, 비록 구세계 와인 국가에서의 수요 감소를 상쇄할 정도는 아니었지만 많은 와인 수입국에서의 수요는 증가하고 있었다. 1966년부터 2005년까지 영국의 연간 1인당 와인 소비량은 3에서 20리터로, 벨기에는 10에서 26리터로 그리고 캐나다는 3에서 10리터로 각각 상승하였다. 더욱 희망적인 것은 최근 새로운 시장에서의 성장이었는데, 특히 중국, 일본, 대만, 한국 그리고 태국을 포함한 아시아의 소비량이 1990년대를 거치며 매해 두 자릿수의 성장세를 보였다는 것이다. 사실 2005년에 중국은 스페인, 아르헨티나 그리고 영국을 앞질러서 세계최대 와인소비국 중 다섯 번째 소비국이 되었다(〈**도표 4**〉와 〈**도표 5**〉는

도표 3 주요 국가의 1인당 와인소비량(1966년부터 2006년까지)

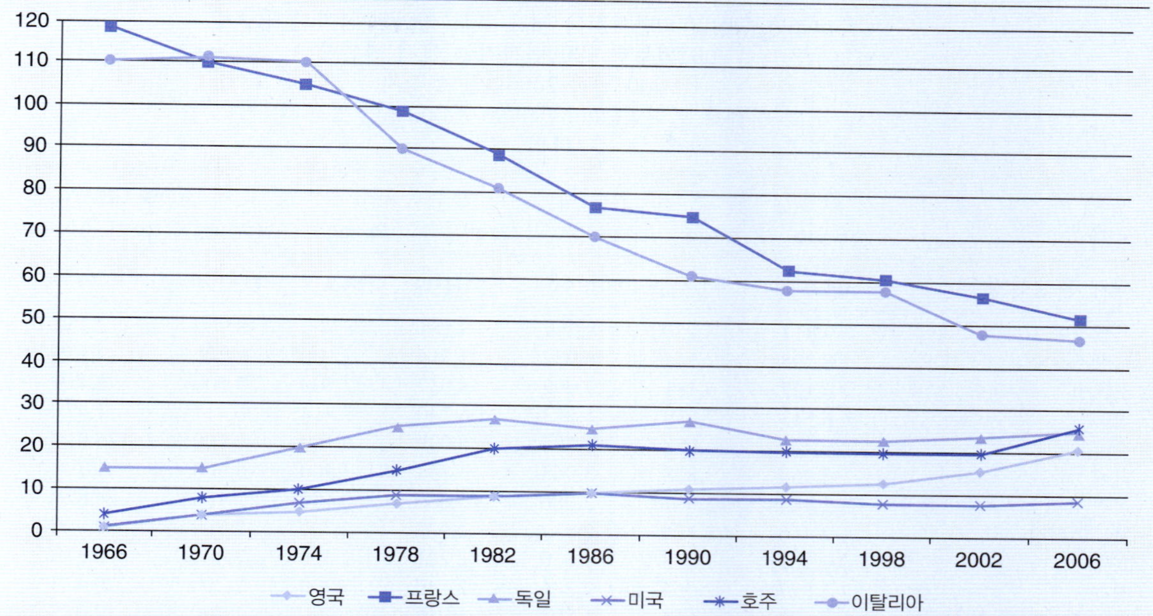

출처: 1966년부터 1999년까지의 수치는 *The World Wine Business*, Rabobank Market Study, May 1999를 참고하였으며, 1998년부터 2006년까지의 수치는 와인연구소 웹사이트(Wine Institute Website) www.wineinstitute.org/resources/world statistics/article 49를 참고하였음.

세계의 주요 와인 소비국과 생산국을 보여주고 있음). 이것은 와인의 수출경쟁을 글로벌 와인전쟁으로 변화시키는 시장 수요의 변화였다(〈**도표 6**〉은 수입과 수출 데이터를 제시함).

품질로의 전환, 유행의 부상 전반적인 와인수요의 감소를 상쇄한 것은 고품질 와인에 대한 수요의 증가였다. 1병당 5달러 미만인 기본 품목이 여전히 전 세계 시장의 절반을 차지하고 있었지만, 1병당 5~7달러 수준인 프리미엄와인과 7~14달러 수준인 슈퍼프리미엄 와인은 이제 전체시장의 40%를 차지하고 있었으며, 특히, 이들 프리미엄과 슈퍼프리미엄 제품들은 미국이나 호주와 같은 신규 시장에서는 50% 이상을 차지하고 있었다(〈**도표 7**〉은 선도적 산업 분석가에 의해 정의된 가격 분류의 예를 제시하고 있음).

이것은 세계적인 추세였다. 심지어 전체 수요가 감소한 구세계의 와인 국가들에서도 프리미엄 와인의 소비는 꾸준히 증가하고 있었다. 정부의 보조에도 불구하고, EU에서 기본와인의 1인당 수요는 1985년 31리터에서 2005년 18리터로 떨어진 반면, 1인당 고급 와인의 수요는 같은 기간 동안 10리터에서 15리터로 증가하였다. 같은 기간, 미국에서는 저그 와인(1.5리터 이상의 큰 병에 담아 판매하는 값싼 와인)의 판매량이 8억 리터에서 6억 리터로 떨어지는 동안, 프리미엄 와인의 소비는 1억 5천 리터에서 6억 리터로 증가하였다.

이처럼 품질로의 이동과 함께 더 커다란 유행 요소가 와인 수요에 영향을 주기 시작했다. 현지에서 생산된 테이블 와인에 대한 노동자 계층의 일상적 소비의 감소분이 포도의 품종, 연산, 원료 그리고 점점 더 유행을 따지는 상류층 도시소비자에 의해 대체되고 있었다. 1980년대의 가벼운 음식에 대한 강세는 화이트 와인의 수요의 증가로 이어졌는데 미국시장에서는 유행처럼 와인에 소다수를 첨가한 화이트 와인 스프릿쳐(spritzers)가 탄생하기도 하였다. 1980년대 후반까지

도표 4 국가별 세계 와인 생산량

1996년부터 2000년까지는 세계 포도 생산의 국가별 평균량
2002년부터 2004년까지는 실제 생산량
2005년과 2006년은 추정치
퍼센트 변화량(2006년/1996~2000년의 평균치)
단위: 톤[1]

국가[2]	96–00	2002	2003	2004	2005	2006	% CHANGE 2006/96–00
세계 총생산량	**65,648**	**67,755**	**69,081**	**73,490**	**72,271**	**71,089**	**8.29%**
이탈리아	9,914	8,150	8,249	9,581	8,700	8,700	(12.25%)
프랑스	8,295	7,544	6,952	8,314	7,600	7,700	(7.17%)
스페인	6,127	6,481	7,998	8,037	7,500	7,500	22.41%
미국[3]	6,513	7,339	6,573	6,240	7,814	6,417	(1.47%)
중국	2,704	4,938	5,705	6,099	6,100	6,100	125.61%
터키	3,968	3,858	3,968	3,858	3,900	3,900	(1.72%)
이란	2,484	2,981	3,086	3,086	3,100	3,100	24.82%
아르헨티나	2,456	2,474	2,537	2,922	2,700	2,700	9.94%
호주	1,261	1,933	1,650	2,221	2,300	2,400	90.37%
칠레	1,827	2,064	2,386	2,149	2,200	2,200	20.42%
남아프리카 공화국	1,597	1,654	1,809	1,916	1,790	1,790	12.07%
인도	1,057	1,334	1,268	1,323	1,300	1,300	23.03%
독일	1,515	1,453	1,233	1,235	1,300	1,300	(14.21%)
그리스	1,353	1,213	1,268	1,323	1,300	1,300	(3.92%)
이집트	1,070	1,217	1,217	1,406	1,280	1,280	19.61%
브라질	939	1,235	1,163	1,414	1,200	1,200	27.77%
루마니아	1,299	1,179	1,162	1,169	1,170	1,170	(9.93%)
포르투갈	1,000	1,211	1,042	1,134	1,130	1,130	13.03%
몰도바	576	707	732	661	700	700	21.63%
헝가리	757	633	665	698	670	670	(11.45%)

출처: Trade Data and Analysis, The World Wine Institute, 2006.

화이트 와인은 미국 매출의 75% 이상을 차지하였다.

1991년에 "프랑스인의 역설(프랑스인들이 기름진 음식을 좋아함에도 불구하고 심장병의 비율이 적음을 나타내는 말)"이 레드와인과 관련이 있다는 것을 규명한 한 의학 보고서가 발표되면서부터 이러한 추세가 바뀌기 시작하였다. 미국의 텔레비전 쇼 60분(60 minutes)에 방영된 후, 이 보고서는 레드와인의 시장점유율을 1991년의 27%에서 5년 후 43%로 끌어올리면서 와인의 수요를 증가시켰다.

하지만 레드와인 대 화이트와인이라는 폭넓은 경향 속에서도 다양한 포도품종들에 대한 수요 역시 유행에 따라 변하였다. 화이트와인이 인기를 끌던 시기에 샤르도네(chardonnay)가 가장 인기 있는 포도였지만, 1990년대 말까지 삐노 그리(Pinot Gris)와 샤비뇽 블랑(Sauvignon Blanc)이 화이트 와인의 유행대열에 합류하였다. 레드와인 중에는 까르네 쇼비뇽(Cabernet Sauvignon)에 대한 열광이 있었고, 메를로(Merlot)가 잠시 유행했다가 그 뒤를 이어 삐노 누아(Pinot Noir)가 수요의 정점을 찍었다.

이러한 유행의 변화는 재배농가에 대한 문제를 야기하였다. 비록 포도나무는 60~70년 정도의 생산 수명을 가지고 있지만, 보통 첫 수확까지는 3~4년 정도가 걸렸고, 생산 능력의 최대치에 도달하기 위해서는 5~7년, 최고 품질의 포도를 생산하기 위해서는 35년

도표 5 국가별 세계 와인 소비량

세계 와인 소비량[(1)](2002년~2006년)
퍼센트 변화량(2006년/2002년) 단위: 헥토리터

국가[(2)]	2002	2003	2004	2005	2006	% Change 2006/2002
세계 총생산량	**226,179**	**231,547**	**234,064**	**236,991**	**241,553**	**6.80%**
프랑스	34,820.00	33,340.00	33,141.00	33,000.00	32,800.00	(5.80%)
이탈리아	27,709.00	29,343.00	28,300.00	27,600.00	27,300.00	(1.48%)
미국[(3)]	23,650.00	24,363.00	25,114.00	26,180.00	26,883.00	13.67%
독일	20,272.00	20,150.00	19,593.00	19,437.00	19,850.00	(2.08%)
중국	11,469.88	11,586.02	13,286.00	15,000.00	16,000 00	39.50%
스페인	13,960.00	13,798.00	13,898.00	13,735.00	13,735.00	(1.61%)
영국	9,916.00	10,622.00	10,729.00	12,000.00	11,700.00	17.99%
러시아	6,404.00	8,682.00	10,159.00	11,200.00	11,200.00	74.89%
아르헨티나	11,988.00	12,338.00	11,113.00	11,113.00	10,972.00	(8.48%)
루마니아	4,964.00	5,049.70	5,800.00	2,379.00	5,600.00	12.81%
포르투갈	4,650.00	5,290.00	4,828.00	4,820.00	4,700.00	1.08%
호주	4,007.00	4,196.00	4,361.00	4,523.00	4,600.00	14.80%
캐나다	2,883.58	3,440.00	3,607.00	4,000.00	4,200.00	45.65%
브라질	3,178.00	3,077.00	3,177.00	3,710.00	3,553.00	11.80%
남아프리카 공화국	3,884.00	3,487.00	3,509.00	3,450.00	3,519.00	(9.40%)
네덜란드	3,330.00	3,563.00	3,340.00	3,474.00	3,350.00	0.60%
그리스	2,420.10	2,450.00	3,275.00	3,480.00	3,350.00	38.42%
헝가리	3,454.00	3,120.00	3,080.00	3,200.00	3,200.00	(7.35%)
칠레	2,297.00	2,552.00	2,547.00	2,740.00	2,850.00	24.07%
벨기에	2,724.00	2,614.00	2,741.00	2,813.00	2,775.00	1.87%

출처: Trade Data and Analysis, The World Wine Institute, 2006.

도표 6 2001년 기준 주요 구세계 및 신세계 와인 생산 및 소비 국가별 와인 소비, 생산, 수출입 현황

	소비		생산	수출	수입		
	인당 리터	총 hls 000s	총 hls (000s)	총 hls (000s)	총 hls (000s)	가치 (백만 달러)	달러/리터
프랑스	52	34,200	45,400	15,180	5,370	789	1.40
이탈리아	46	28,150	45,900	18,480	1,750	474	2.70
아르헨티나	31	12,200	15,050	3,260	140	NA	1.30
스페인	27	14,260	34,700	15,280	200	NA	3.20
독일	26	20,380	10,500	3,450	14,240	2,710	1.90
호주	28	5,960	14,304	7,980	340	NA	4.70
영국	22	12,760	—	—	12,910	5,090	3.90
미국	9	25,125	20,000	4,240	8,450	4,624	5.40

출처: Rabobank *World Wine Map*, 2008.
노트: 일부의 유럽국가에서는 초과생산량을 정부가 구매해주기 때문에 생산량이 소비량(수출은 플러스, 수입은 마이너스)과 정확하게 일치하지 않을 수 있음.

도표 7 와인 산업의 품질 구분(Rabobank의 분류)

	아이콘 와인	울트라 프리미엄 와인	슈퍼 프리미엄 와인	프리미엄 와인	기본 와인
대략적 가격범위	50달러 이상	20~50달러	10~20달러	5~10달러	5달러 미만
소비자 특성	전문가	와인애호가	실험적 소비자	실험적 소비자	가격에 민감한 소비자
구매동기	이미지, 스타일	품질, 이미지	브랜드, 품질	가격, 브랜드	가격
소매 판매처	양조장, 부티크, 외식서비스 업체	전문점, 외식서비스 업체	고급 슈퍼마켓, 전문점	슈퍼마켓	슈퍼마켓, 할인점
시장 트렌드	미미한 성장	미미한 성장	성장	성장	감소
경쟁	제한적, '폐쇄된' 시장	점차 증가	증가, 브랜드와 품질대비 가격의 비율에 기반	치열함, 브랜드와 가격에 기반	가격에 기반
시장점유율 크기	1%	5%	10%	34%	50%
이용가능성	희박함	희박함	충분함, 1년 내내	대량으로 이용가능, 1년 내내	잉여생산

출처: *The World Wine Business*, Market Study, May 1999를 참고하여 저자가 수정.

이 필요했다. 그런데 신세계의 와인재배지는 새로운 포도밭에 새로운 품종을 심으면서 대응할 수 있는 능력과 규제의 자유를 가지고 있었다. 예를 들어 1990년대에 캘리포니아 지역에서는 샤르도네(chardonnay) 재배면적이 36% 증가하였고, 메를로(merlot)의 재배면적은 31% 증가했다.

이러한 다양한 수요 변동 경향이 지속됨에 따라 세계 최고의 와인제조사의 순위가 급격하게 변화하게 되었다. 상대적으로 생소하면서 비교적 작은 국내 시장을 가지고 있음에도 불구하고, 신세계 회사들은 과거 구세계 회사들에 의해 싹쓸이 되었던 상위 15개사 중 9개의 자리를 차지하게 되었다(〈**도표 8**〉 참조: 순위표).

증대되는 유통경로의 파워 마케팅은 일반적으로 네고시앙(*négociants*)들이 담당했기 때문에, 대부분의 구세계 생산자들은 급변하는 소비자의 취향과 시장트렌드로부터 고립될 수밖에 없었고, 특히 지리적으로 멀리 떨어져 있는 수출시장의 경우에는 더욱 상황파악이 어려웠다. 마찬가지로 집중화가 빠르게 진행되고 있었던 소매 채널에 대한 이해의 부족도 큰 문제였다. 이와는 대조적으로 대부분의 커다란 신세계 와인 회사들은 포도밭에서부터 소매업자까지 전체 유통망을 직접 통제하고 있었기 때문에 소비자들의 선호에 대한 변화를 재빨리 감지할 수 있었고, 유통 채널의 변화에도 신속하게 대응할 수 있었다.

또한 신세계의 기업은 취급단계를 줄이고, 재고를 적게 유지하며, 중개상의 가격 인상을 없앰으로써 더 많은 경제적 이득을 얻을 수 있었다. 심지어 거대한 영국 시장으로부터 가까웠기 때문에 선호되었던 유럽 공급자들의 운송경제의 상황 역시 변하였다. 트럭 운송비가 상승하고, 컨테이너 선박의 이용요금이 하락함에 따라 호주에서 영국으로 배로 운송하는 비용과 프랑스 남부에서 화물로 운송하는 비용이 거의 같아졌다.

물량도 역시 신세계의 기업들에게 유리하게 작용했는데, 집중화된 소매분야에서 요구하는 까다로운 교섭에서 협상력을 가질 수 있었다. 예를 들어 2000년

도표 8 세계 15대 와인기업 현황(2007/08)

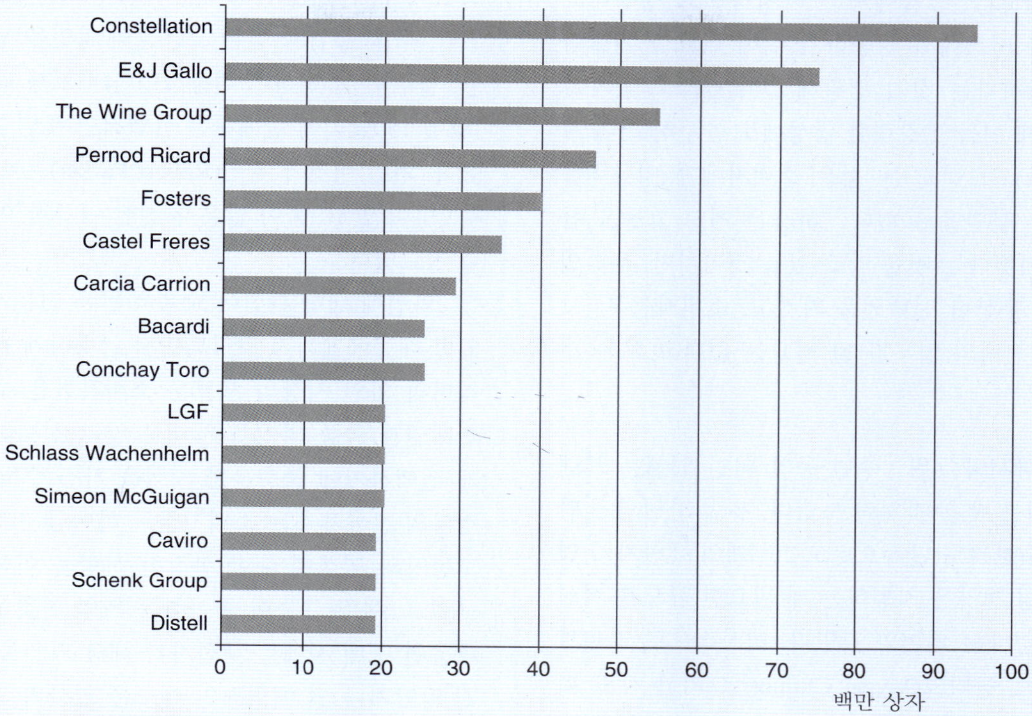

출처: Rabobank *World Wine Map*, September 2008.

대 초반에 시장에 과잉 생산된 와인들이 넘쳐남에 따라, 호주 생산자들은 그들의 비용 우위를 이용하여 와인의 가격을 낮추었다. 그러나 대량 판매를 위한 싸움에서도 마찬가지로 중요한 것은 소매업체의 가격 대비 품질이 좋은 강력한 브랜드를 지속적으로 공급받기를 원하는 소매업자들의 니즈에 대응할 수 있는 능력이었다.[10] 이러한 경쟁적 도전에 정면으로 맞서서 프랑스는 빈번한 프로모션을 통하여 그들의 위치를 유지하려고 했다.[11] 그러나 그들은 소비자에 대한 지식과 마케팅 능력의 부족 때문에 고전했다.

구세계 공급자들이 지니고 있었던 문제는 2007년 15억 파운드(한화 약 2.5조원)의 매출액을 기록한 세계최대 와인 소매업체인 테스코(Tesco)와의 협상 과정에서 더욱 분명해졌다. 매출을 극대화하기 위해 테스코는 창조적인 고객사와 협력하고 싶다고 강조했다. "그냥 단지 협상을 하지 마시고, 저에게 혁신을 보여주도록 하십시오." 테스코의 와인, 맥주 그리고 증류주 담당 부서의 부장인 댄 자고(Dan Jago)가 말했다. "만약 당신이 납품가를 올리고 싶다면 고객들이 당신의 제품에 왜 더 많은 돈을 지불해야 하는지를 설득할 수 있어야 합니다."[12]

아이콘 브랜드(상징적인 브랜드)의 소수만이 이미지와 품질에 기반하여 시장에서 선두권을 형성하여 번성하는 동안, 구세계 개별 포도밭의 대부분은 저가격에서 경쟁할 수밖에 없었다. 일부가 AOC 명성의

10) Rachman, p. 99.

11) Annemiek Geene, Arend Heijbroek, Anne Lagerwerf, and Rafi Wazir, "The World Wine Business," Market Study, May 1999, available from Rabobank International.

12) Anonymous, "The World's Largest Wine Retailer," Meininger's Wine *Business International*, June 2007, pp. 42–45.

보호 아래 신세계의 브랜드들과 경쟁을 하고자 하는 시도도 있었으나, 그들에게는 마지막으로 성장하고 있는 중간급 시장에서 성공하기 위해 필요한 기술과 자원이 부족하다는 것이 명확해졌다. 테스코의 자고(Jago)는 한때 이들의 강력한 명성에도 불구하고, 보르도(Bordeaux) "브랜드"는 젊은 소비자에게 영향력을 잃고 있다는 불만을 표했다. "하늘은 제가 그들을 돕기 위해 노력했다는 것을 알고 있을 것이지만, 우리의 소비자들은 무한한 선택권을 가졌고, 소비자들은 [보르도]가 그 선택의 일부가 될 필요는 없다고 보는 것 같습니다."[13]

브랜드 파워에서의 우위 수년 동안 와인 업계는 브랜딩에서 결실을 맺은 것처럼 보였다. 유럽 산업의 극단적인 분산화(보르도 단독으로도 2만 개의 생산자가 있음)는 브랜딩 전략을 지원하는 데 필요한 규모를 지닌 곳이 거의 없다는 의미와 같았다. 역사적으로 라피트(Lafite), 뵈브 클리코(Veuve Cliquot) 그리고 샤또 디켐(Chateau d'Yquem)과 같이 상징적인 지위를 얻은 단지 몇몇의 구세계 생산자들만이 브랜드로 인정받았다. 그러나 이러한 브랜드들은 세계시장의 극히 일부를 대표하는 엘리트층에만 어필할 수 있었다.

프랑스의 AOC와 같은 정부지원 하에서의 분류체계는 브랜딩이 제공할 수 있는 소비자 신뢰 측면에서 단지 부분적인 성공만을 거두었다. 이들의 가치가 약화된 것은 비단 그들이 지닌 복잡성(2009년에 AOC 지역 명칭은 327개에 달했음)뿐만 아니라 품질 보증 수단으로서의 분류 제도가 소비자의 신뢰를 잃고 있다는 사실에 기인하였기 때문이다.[14] 예를 들어 부르고뉴(Burgundy)에서 가장 유명한 포도밭인 샹베르탱(Chambertin)은 32에이커(약 13만 평방미터)에 23명의 소유주가 있었다. 대부분이 그랑크뤼(grand cru, 최고급 와인) 등급을 받는 고품질의 와인을 생산하는 동안, 일부는 이 명성에 편승하여 샹베르탱 라벨을 붙여 1병에 150달러에 판매하는 합법적인 무임승차를 자행했다. 와인 비평가 파커(Robert Parker)는 이러한 와인을 "맛이 얕고, 물이 많은 완전한 아류작"이라고 평가할 정도였다.[15]

와인에 대한 관심이 교육을 받은 전문가를 넘어서 일반 대중에게까지 확장되면서 급속하게 성장하는 프리미엄 와인 시장의 새로운 소비자들은 수백 가지의 선택권과 종종 와인을 제대로 알고 선택하거나 편하게 선택하기에 불충분한 지식을 가질 수밖에 없었다. 정부의 분류체계는 소비자들로 하여금 지역, 연산, 포도농장의 명성에 대한 복잡한 사항을 이해하도록 요구했고, 설령 그들이 좋아하는 와인을 찾은 경우에도 다음번 구매 시에는 생산자가 해당 와인을 저장해 놓지 않았거나 덜 매력적인 새로운 연산의 와인을 가지고 있는 경우가 많았다. 당연하게도 1990년대의 설문조사 데이터는 65%의 구매자들이 와인가게에 들어갈 때 그들이 어떤 와인을 사게 될지 알지 못한다는 결과를 보여주었다.

그런데 심지어 2009년에도 글로벌 브랜드가 지배하고 있는 청량음료, 맥주 그리고 독주 시장과는 대조적으로 많은 시도에도 불구하고, 글로벌 와인 시장에서는 어떤 브랜드도 1% 이상의 시장 점유율을 기록하지 못하고 있었다. 비록 1960년대와 1970년대에 유럽의 생산자와 그들의 주요 중개상들이 몇몇 대중적 브랜드들을 성공적으로 출시하기는 했지만(예컨대 블루 눈(Blue Nun), 마테우스(Mateus), 립프라우밀히(Liebfraumilch)등과 같은 브랜드), 10년 후 신세계 생산자들은 브랜딩을 와인 마케팅의 일상적인 수단으로 활용하고 있었다. 예를 들어 여러 곳의 포도 농장과 지역에서 포도를 조달하는 호주의 와인 생산자 펜

13) 앞의 책.

14) 유명한 와인산지에 대한 소비자의 신뢰를 회복하기 위하여 1980년 정부가 궁극적으로 도입한 DOCG(여기서 G는 guarantita를 의미) 등급체계를 DOC규정이 빈번하게 위반하였기 때문에 이와 동일한 문제가 이탈리아 와인에서도 불거졌다. 그리고 독일에서는 정부표준이 흐지부지되었는데, 심지에 평범한 해에서 조차 생산된 와인의 75% 이상의 와인에 대해 그 품질을 보증했고, 반면에 단지 5% 미만의 와인만이 테이블 와인으로 지정되었다.

15) Robert M. Parker, Jr., *Parker Wine Buyer's Guide*, 5th Edition (New York: Fireside Press, 1999), p. 276.

폴즈(Pendfolds)는 브랜딩에 필수적인 연산별 맛의 일관성을 보장함으로써 제품에 대한 신뢰도를 높일 수 있었다. 이후 그들은 브랜드에 대한 신뢰를 기반으로 펜폴즈 와인의 여러 등급을 만들어 냄으로써 소비자들이 취향과 예산에 따라 9달러부터 185달러까지의 다양한 단계의 와인을 선택할 수 있게 했다(〈**도표 9**〉 참조).

1960년대와 1970년대까지 자국 시장에서 마케팅 전문성을 구축한 신세계 와인생산자들은 더 단순하면서 소비자들이 쉽게 받아들이는 과실 중심의 와인에 대한 소비자 기호에 대응하는 방법을 학습할 수 있었다. 그리고 그들은 자국 시장에서 개발했던 와인들과 마케팅, 브랜딩 능력들을 수출 시장에 적용했다. 그리하여 2007년, 신세계의 와인회사들은 세계 20대 와인 브랜드 중 14개를 차지하기에 이르렀다(〈**도표 10**〉 참조).

정부의 해결책 수요의 급격한 변화는 구세계 생산자들에게는 극심한 도전으로 다가왔다. 첫 번째로 포도를 심을 새로운 땅이 없었는데 AOC지역으로 관리되는 곳에서는 더욱 그러했다. 생산 가능한 포도품종과 와인생산 기술을 정하고 있어 구세계 생산자들의 유연성을 크게 제한하는 규정 역시 구세계 생산자들을 구속했다. 그래서 가령 달콤한 화이트 와인에 대한 유행이 바뀌자, 당 함량에 대한 엄격한 규정에 의해 제약 받았던 독일의 와인 산업은 불과 5년 만에 3억 리터에서 2억 리터 아래로 수출이 급감하는 것을 지켜봐야 했다.

그러나 가장 큰 문제는 내수시장에서의 수요감소 및 수출시장에서의 점유율 하락은 일반 사람들이 유럽의 와인 호수(European wine lake)라고 부를 정도로 구조적인 와인 과잉생산의 원인이 되었다는 것이다. EU의 초기 대응은 농민들에게 보조금을 주고 그들의 포도밭을 갈아엎게 하는 것이었고, 이로 인해 약 50만 헥타르(생산량의 13% 정도)의 포도밭을 1988년에서 1996년 사이에 갈아엎기도 하였다. 동시에 EU는 과잉생산된 와인을 산업용 알코올로 증류시키는 "위기 증류 프로그램(crisis distillation program)"을 제공하고,

도표 9 펜폴즈(Penfolds) 레드 와인의 미국 브랜드 구조(2009년 기준)

라벨	품종유형	출시 전 숙성기간	가격 범주	병당 미국 내 권장 소매가
Rawson's Retreat	품종 범위[a]	1	프리미엄	8.99 달러
Koonunga Hill	품종 범위[a]	1–2	프리미엄	10.99 달러
Thomas Hyland	품종 범위[a]	1–2	프리미엄	14.99 달러
Bin 138	쉬라즈 무르베드르 그르나슈	2	슈퍼 프리미엄	19.00 달러
Bin 128	쉬라즈	3	슈퍼 프리미엄	24.00 달러
Bin 28	쉬라즈	3	슈퍼 프리미엄	24.00 달러
Bin 389	까베르네 쉬라즈	3	슈퍼 프리미엄	26.00 달러
Bin 407	까베르네 소비뇽	3	슈퍼 프리미엄	26.00 달러
St. Henri	쉬라즈	5	울트라 프리미엄	39.00 달러
Magill Estate	쉬라즈	4	울트라 프리미엄	50.00 달러
RWT	쉬라즈	4	울트라 프리미엄	69.00 달러
Bin 707	까베르네 소비뇽	4	울트라 프리미엄	80.00 달러
Grange	쉬라즈	6	아이콘	185.00 달러

[a] 일반적인 레드와인의 품종 범위는 멜롯, 쉬라즈 까르베네 그리고 카르베네 쇼비뇽과 같은 브랜드들을 포함함(이러한 브랜드들은 화이트와인의 품종 범위 또한 제공함).
출처: Southcorp Wines, the Americas.

도표 10 세계 20대 와인 브랜드(2004~2008년)

브랜드	회사	국가
Franzia	Wine Group	미국
Martini	Bacardii	이탈리아
Carlo Rossi	Gallo	미국
Concha y Toro	Concha y Toro	칠레
Gallo	Gallo	미국
Yellowtail	Casella	호주
Tavernello	Caviro	이탈리아
Beringer	Fosters	미국
Sutter Home	Trinchero	미국
Jacobs Creek	Pernod Richard	호주
Almaden	Constellation	미국
Livingstone Cellars	Gallo	미국
Woodbridge	Constellation	미국
Hardy's	Constellation	호주
Chenet	Grands Chais de France	프랑스
Frelxenet	Frelxenet	스페인
Riunite	Riunite	이탈리아
Peter Vella	Gallo	미국
Lindemans	Fosters	호주
Rotkappchen	Rotkappchen	독일

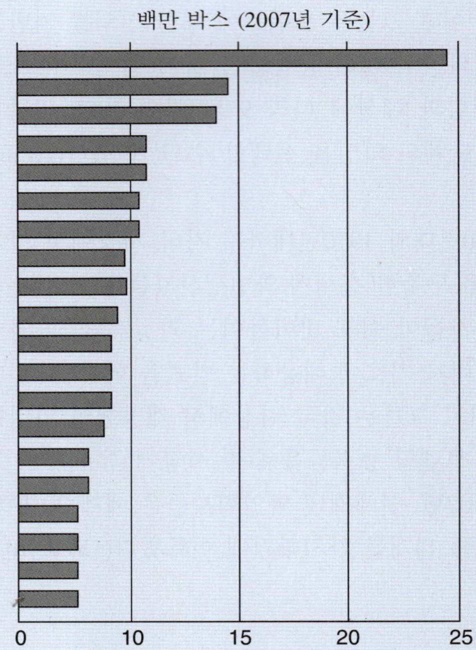

출처: Rabobank *World Wine Map*, September 2008.

과잉생산된 와인을 사들였다. 1999년부터 10년간 평균 2천 6백만 리터(총 생산량의 15%)가 증류되었다. 2006년 개혁안에서 EU는 미국의 와인 산업의 크기와 같은 20만 헥타르를 추가로 갈아엎는 것을 목표로 삼고 점진적으로 위기 증류 프로그램을 종료시켰다.

비평가들은 보다 시장 중심적인 정책으로 이동하려는 의도에도 불구하고, EU의 규제담당자는 아직도 포도 재배자의 공급 측면의 관점에서만 문제를 해결하고자 한다는 점을 지적했다. 마케팅 지원, 와인스타일, 혁신을 하려는 자유와 의지 그리고 구세계 와인회사들이 성공적으로 추구하고 있던 비즈니스 모델 등에 대한 조치는 거의 이루어지지 않았다.

그러나 신세계 와인회사들도 도전에 직면해 있었다. 전 세계적인 공급 과잉의 문제는 일부 주요 수출시장에서 포화현상을 보이며 악화되고 있었다. 예를 들어 2003년 이후 주요 시장인 영국에 대한 호주의 와인 수출액은 전체 와인수출의 절반에도 못 미치는 성장을 기록했다. 그리고 2005년에는 영국 시장에서의 평균 가격이 4.4%가 떨어졌고, 수출 증가량은 1.6%로 둔화되었다. 신세계 와인들이 공급과잉 시대에 가격을 공격적으로 낮추려는 의지에서 비롯된 이미지 실추의 문제를 야기하고 있다는 증거도 포착되었다. 눈앞의 당면과제는 '실추된 이미지를 어떻게 재정립하고, 극심한 저가격 경쟁시장에서 빠져나올 수 있는가'였다.

미국시장을 위한 전쟁

와인생산국에서의 만성적인 공급과잉과 성숙시장에서의 수요감소로 인하여 구세계와 신세계는 2008년에 글로벌 수요의 33%를 차지하고 있던 수출시장을 놓고 다시 한 번 치열한 격전을 벌이게 되었다. 이 중 미국시장에서의 경쟁은 대단히 격렬했는데, 한 산업분석

전문가는 미국을 "아마도 세계에서 가장 매력적인 시장"으로 평가하였다.[16]

미국시장 미국이 매력적인 이유는 간단했다. 세계 최대의 와인수입국인 독일에서는 한 병에 2유로 이하로 팔리는 기본 와인이 전체 시장의 65%를 차지하고 있었다. 두 번째로 큰 와인수입국인 영국은 좀 더 매력적인 시장(3유로에서 5유로 사이의 와인이 전체시장의 57%를 점유하고 있었음)이었지만, 이내 포화상태에 이르렀다. 반면 세계 3위의 와인수입국인 미국의 경우에는 다른 어떤 주요 와인시장보다 빠르게 성장하고 있었는데, 1993년에 110억 달러에서 2007년 300억 달러 규모로 시장이 성장하고 있었다. 더 긍정적이었던 것은 판매액의 증가율이 판매량의 증가율 보다 네 배나 높았다는 것이었다. 이것은 5유로(7달러) 이상 되는 가격의 와인판매가 시장의 48%를 차지했던 것과 이 시장이 연간 15%씩 성장하여 저가 시장에 비해 세 배나 더 성장한 사실에 기인한다.

하지만 여전히 미국의 와인시장은 대부분의 생산국들로부터의 먼 거리, 주마다(state-by-state)로 다른 규제의 구조 그리고 주별로 면허가 있는 도매상을 거쳐야만 하는 3단으로 이루어진 복잡한 유통체계 때문에 와인을 수입하기에 가장 어려운 곳이었다. 이러한 도매업자들은 원가를 상승시킬 뿐만 아니라, 강력한 영향력을 행사하기도 했다(그들 중 가장 규모가 컸던 사우던 와인 앤 스피리츠(Southern Wine and Spirits)는 세계 최대의 와인회사인 콘솔레이션 브랜즈(Consolation Brands) 매출의 두 배였다). 그러나 2005년 대법원이 주와 주 사이에 와인운송을 허가하여 일련의 주와 연방 규제에 대한 미국의 유통 시스템을 개방하는 도전의 시초가 되는 판결을 내렸을 때 이 모든 상황에 큰 변화가 발생하였다. 마침내 수입에 가장 큰 걸림돌이었던 진입장벽이 붕괴되기 시작하였다.

미국시장의 성장을 견인했던 주요 요인 중 하나는 X세대보다 훨씬 많은 와인을 소비하는 Y세대(1997년 이후 출생)를 꼽을 수 있는데, 이들은 베이비 붐 세대와 유사한 와인수요를 지니고 있었다. 이 새로운 소비자들은 가격에 민감할 뿐만 아니라 인터넷을 능숙하게 사용할 수 있었고, 그 결과 그들은 구매할 제품에 대한 상당한 지식을 지니고 있었다. 이들이 술을 마실 수 있는 연령이 되어, 이전 세대들 보다 수입와인을 더 많이 선호한다는 조사결과가 발표되자 미국 업계는 우려의 목소리를 내게 되었다.

자연스럽게 밀레니엄의 첫 10년 동안 미국은 와인 수출 업체들의 치열한 전쟁터가 되었다. 성공적인 내수 산업을 보유하고 있음에도 불구하고, 미국시장으로의 와인수입은 1995년부터 2006년까지 185%나 증가하였고, 수입와인의 시장점유율은 31%에 달했다. 이윽고 구세계와 신세계의 챔피언들은 정면승부를 벌였고, 미국 내수의 와인생산기업들은 자국 시장을 지키기 위해 수입규모의 77%를 차지하고 있는 세 국가(이탈리아, 프랑스 및 호주)의 챔피언들을 상대로 방어전을 펼쳤다. 미국시장이 글로벌 와인전쟁의 축소판이 된 것이다.

미국기업들의 방어 업계의 일부 비평가들은 미국의 와인생산자들이 오랜 시간동안 대규모의 국내 고가 시장에만 집중했기 때문에 저가 시장뿐만 아니라 고가 시장에서도 지배적인 당시의 글로벌 품질대비 가격 비율에 비하여 뒤쳐져 있다고 주장했다. 하나의 경종을 울린 사건은 로버트 파커(Robert Parker)가 유명 와인전문지인 '와인 애호가(Wine Enthusiast)'에서 90점을 획득한 2004년산 카르베네 쇼비뇽(carbernet saugvinon)의 가격을 비교한 일이었다. 캘리포니아산 와인의 평균 가격은 55달러였던 반면, 유사한 등급의 호주산 와인의 가격은 겨우 20달러였다.[17]

고비용 생산자였던 미국의 와인업계는 새로운 경쟁적 도전에 대응할 필요성을 인식하게 되었다. 가장

16) Stephen Rannekiev, "The Future of the California Wine Industry," F&A Research Advisory, Rabobank Industry Note, August 2007, p. 1.

17) 앞의 책.

큰 문제 중 하나는 토지 비용이 매우 높다는 것이었다. 2008년 기준 나파(Napa, 미국 캘리포니아주에 속한 도시)의 1에이커당 평균 토지 비용은 15만 달러에 달했으며, 이는 호주 포도농장들의 평균 토지 비용보다 10배 이상 비쌌고, 칠레보다는 20배나 비쌌다. 게다가 나파(Napa)를 비롯한 다른 프리미엄 와인 생산지역에는 사실상 더 이상 확장할 토지가 없었다. 또한 불법 이민에 대한 단속의 강화로 인건비도 상승하고 있는 상황이었다. 2008년, 나파(Napa)에서 1에이커의 포도를 재배하는 데 들어가는 비용은 프랑스에서와 비슷한 350달러였지만, 고도로 기계화된 호주(1에이커당 120달러)나 값싼 노동력을 지닌 칠레(1에이커당 75달러)보다는 훨씬 비쌌다.

높은 생산비용 때문에 나파(Napa)와 소노마(Sonoma)와 같은 북부 연안(North Coast)에 위치해 있는 포도농장들은 병당 12달러 이상의 슈퍼-프리미엄과 울트라-프리미엄 시장을 주요한 타겟으로 삼았다. 반면 캘리포니아의 와인의 70%를 생산하고 있는 센트럴 밸리(Central Valley) 지역에서는 갈로 카를로 로시(Gallo's Carlo Rossi) 브랜드로 대표되는 기본 와인 시장에 집중하고 있었다. 2002년 이후 시장의 공급 과잉이 심화되자 현물시장(spot market)에서 과잉 생산 와인을 사들여 찰스 쇼(Charles Shaw)라는 브랜드를 만들었는데, 이 브랜드는 1.99달러라는 저렴한 가격 때문에 "2달러짜리 음료"이라는 애칭을 가지게 되었다. 이 브랜드는 한 해 동안 5백만 상자가 팔렸다.

이처럼 목표시장이 두 갈래로 나뉘어져 있었기 때문에 중간시장(1병당 5달러에서 8달러까지)은 아직 덜 개척되어 있었다. 이 틈을 비집고 최신유행 상표를 붙인 옐로우 테일(Yellow-Tail)이라는 호주산 수입와인이 들어와 미국시장에서 선호되는 과일 맛이 강한 풀바디(full-bodied) 와인[18]을 선보였다. 얼마 지나지 않아 이 와인은 전 세계적으로 연간 천만 상자씩 팔렸다.

18) 역자주. 입안에서 느껴지는 와인의 무게감이 가장 무거운 와인을 풀바디 와인, 중간정도의 무게감을 지닌 와인을 미디엄바디 와인, 가장 가벼운 느낌의 와인을 라이트바디 와인으로 부름.

한편 국내 공급원으로부터 신속한 응답을 기대하기 힘들었던 미국 와인제조사는 기대하지 않았던 공급원을 찾게 되었는데, 바로 저비용 와인 생산국가로부터 와인을 수입하는 것이었다.

유럽의 새로운 전진 EU의 농업 정책이 과잉공급을 줄이는 것에서 마케팅과 프로모션에 보조금을 주는 쪽으로 방향을 선회함에 따라, 미국시장에서 유럽 와인회사들의 시장점유율이 상승하기 시작했다. 결국, 신세계의 경쟁자들이 침체기에 들어서자, 유럽의 주요 와인 수출국들은 2006년 미국에서 판매된 수입와인의 매출 증가액 중 99%를 차지할 수 있었다.

호주산 와인들이 인기 있는 프리미엄 시장에 뛰어들자 프랑스산 와인들은 그들의 침투 영역을 슈퍼 프리미엄 시장으로 확장하였다. 수입량에서는 3위를 기록했었지만, 프랑스는 수입액의 측면에서는 다른 국가들보다 앞서있었다. 프랑스산 와인은 모든 수입와인의 평균 가격보다 77%나 높았지만, 이러한 고가격은 프랑스산 와인이 샴페인을 포함한 고급시장에서 강력한 지위를 누리고 있다는 것을 반영하는 것이었다. 이와는 대조적으로 이탈리아산 수입와인의 경우에는 전통적으로 강점이 있었던 대중적인 가격대에서 증가세를 보이고 있었다. 리유니트(Riunite), 카비트(Cavit) 그리고 볼라(Bolla)와 같이 유명한 브랜드를 홍보함에 따라, 2006년 판매량이 20억병에 달했으며 수입물량의 측면에서 최고의 지위를 차지하였다.

그러나 역설적이게도 유럽산 수입와인의 성공은 미국 국내생산자에 의해서도 도움을 받았다. 그들의 범위가 전 세계로 확장함에 따라 많은 미국 와인기업들이 그들의 와인 농장을 매각하고 마케팅 역할을 확대하기 시작했다. 외국 와인 공급자들은 이러한 변화로 인하여 두 가지 측면에서 혜택을 누릴 수 있었다. 첫째로, 미국내 기업들은 최대 25%까지 외국산 와인을 포함한 와인에도 미국산이라는 라벨을 부착할 수 있는 법의 이점을 이용할 수 있었고, 이 때문에 미국내 와인회사들은 혼합에 필요한 다량의 와인을 저렴하게 들여올 수 있었다. 국내 기업들이 와인 수입과 특정 국가중심의 마케팅을 통해 제품라인을 확대하면서 해외 공급자들 역시 혜택을 볼 수 있었다. 갈로(Gallo)가 특히 이 전략에 능숙했고, 이탈리아에서 공수한 에코 도마니(Ecco Domani)와 벨라 세라(Bella Sera) 그리고 수입된 프랑스 와인의 브랜드인 비시클레트(Bicyclette)와 같은 브랜드들을 성공적으로 출시하였다. 본질적으로 미국기업들은 과거에 수많은 유럽 수입품의 진입 장벽이었던 틈을 마케팅 역량 및 유통 전문지식으로 메웠던 것이다.

호주의 새로운 도전 10년 이상의 기간 동안 호주의 와인 생산자들은 성공에 도취해 있었다. 1996년 업계의 "전략 2025(Strategy 2025)" 계획에는 "2025년까지 세계에서 가장 영향력 있고 수익성이 높은 와인 공급자"가 되기 위해 "혁신과 스타일에 총력을 기울인다"는 점을 기술하고 있다. 이로부터 10년 후인 2006년, 포도의 생산량은 두 배로 늘어났으며 수출은 7억 8천 2백만 리터로 530%나 증가하였고, 이로 인해 호주는 세계 제4위의 와인 수출국이 되었다. 사실상 전략 2025의 목표 대부분은 원래의 목표보다 20년 정도나 앞당겨진 2006년에 달성되었다.

그러나 2000년대 중반 호주의 가장 큰 시장이었던 영국으로의 수출이 정체되고 평균 가격이 낮아지면서 자축의 목소리가 줄어들게 되었다. 다행히 미국시장이 빠르게 성장하여 미국으로의 와인수출은 2007년까지 호주의 와인수출시장 가치의 31%를 차지하게 되었고, 영국으로의 수출은 33%를 차지하였다. 그러나 미국에서 수입한 호주산 와인의 리터당 평균 가격은 4.46달러로 영국에서 수입하는 리터당 평균가격 3.35달러보다 훨씬 더 매력적이었다.

그러나 호주산 와인도 미국시장에서 가격과 이미지의 문제에 직면하게 되었다. 2000년 이후의 과잉생산과 2004년, 2005년 및 2006년의 풍작으로 인해 호주의 생산자들은 모든 수출 시장에서의 가격을 적극적으로 인하해야만 했었다. 가격인하는 수출 판매의 붐으로 이어졌지만, 그러 인해 호주 와인은 '저렴해서 기분 좋은 와인'이라는 이미지를 형성하게 되었다. "옐로우 테일(Yellow Tale)로 대표되는 이 이미지는 2007년 미국시장에서 810만 상자를 팔아 미국으로 수입된 모든 호주산 수입품의 36%를 차지하며 경이적인 성공을 거두게 되었다.

이러한 이미지에 갇히는 것은 특히 원가가 상승하자 문제가 되었다. 호주에서 심각한 가뭄이 지속되고, 세계적으로 에너지 가격이 급등하게 되자 포도경작지에 물을 공급하기 위한 비용이 상당히 증가하게 되었다. 이러한 요소들이 복합적으로 작용하여 와인생산 원가가 톤당 약 200달러나 상승하게 되었고, 호주의 생산자들은 그들의 엄청난 효율성과는 상관없이 아르헨티나와 칠레의 생산자들이 더 저비용의 생산자들이라는 점을 인식하게 되었다. 예를 들어 호주는 리터당 0.8달러에 대량 테이블 와인을 보낼 수 있었던 반면에 아르헨티나의 가격은 리터당 0.36달러에 불과했다.

다른 나라와 마찬가지로 아르헨티나와 칠레는 호주의 성공사례를 학습하여, 일관성 있는 브랜드들로 자신들만의 와인을 개발하기 위해 호주의 성공전략을 모방하였다. 예를 들어 콘차이토로(Concha y Toro)는 갈로(Gallo)와 옐로우테일(Yellow Tale) 보다 앞선 세계 4위의 와인 브랜드였다. 심지어 신세계 와인생산자들이 필요한 마케팅 기법들을 아직 개발하지 못한 지역에서는 수많은 글로벌 와인회사들이 이러한 부족분을 상쇄할 수 있었다. 예를 들어 2007년에 미국에서 최고의 인기를 누린 신제품 와인은 인기 있는 프리미엄급 남아프리카 브랜드인 세베카(Sebeka)였는데, 공급, 병에 담기, 브랜딩과 마케팅 모두를 갈로(Gallo)가 담당했다. 한마디로 미국에서 호주산 와인의 경쟁력이 있는 지위는 심각하게 도전 받고 있었다.

전선의 후방: 프랑스와 호주의 전략

십 년 동안의 성공에 들뜨기도 하고, 동시에 호주산 수출와인이 기록한 최근의 평균 가격 하락에 대한 걱정도 하면서, 호주정부 소유의 와인수출기업인 호주와인 및 브랜디 조합(Australian Wine and Brandy Corporation)은 와인산업의 지속적인 성장을 지원하기 위한 전략을 개발하기 위하여 산업주도의 호주와인생산연합(Winemakers Federation of Australia)과 손을 잡았다. "2025년으로 가는 길(Directions to 2025)"라는 제목 하에 이 문서는 2002년까지 양적인 성장을, 2015년까지 가치의 증대를, 마지막으로 2025년까지 호주 와인의 세계적인 명성 획득을 강조한 상징적인 "전략 2025(Strategy 2025)"의 두 번째 단계를 어떻게 실행할 수 있을지를 구체화했다.

호주와인의 다양한 종류에 관해 "2025년으로 가는 길"은 각각이 별도의 소비자 그룹을 목표로 하는 4개의 하위 브랜드를 지원하는 것을 계획하였다. "브랜드 챔피언(Brand Champion)"은 접근이 용이한 프리미엄 브랜드 와인을 담당하여 편리한 즐거움을 촉진하며, "다음 세대(Generation Next)"는 포도의 속성보다 사회적인 이유와 어울리는 젊은 소비자에게 중요한 혁신을 강조한다. "지역의 영웅(Regional Heroes)"은 호주 지역과 와인의 품종 또는 스타일 사이의 관련성을 개발하고 "호주의 랜드마크(Landmark Australia)"는 호주의 열망을 담은 고품격 와인을 지원하고 세계적인 명성아래 두는 것을 각각 지원할 계획이었다(**〈도표 11〉** 저가 와인의 특성을 제시하고 있음).

그러나 2008년, 직전년도에 비해 32% 이상 생산이 급증하자 많은 사람들은 최근의 가뭄과 관련된 생산감소 문제가 이제는 해결된 것으로 믿게 되었다. 업계에서는 공급이 증가함에 따라 생산자들이 장기적인 전략을 포기하고, 특히 공급과잉을 해결하기 위해 인기 있는 브랜드의 경우 기존의 할인 관행으로 회귀할 것이라는 우려가 팽배해 있었다. 호주 와인의 대표 아이콘이었던 울프 블라스(Wolf Blass)는 "잘못된 방향의 접근(wrongheaded approach)"이라며 실망을 감추지 않았다. 그는 호주산 와인이 장기적인 관점에서 저가격 경쟁에서 승산이 없다고 판단하고, 수출은 와인의 이미지를 제고할 수 있는 풀바디의 고품질 와인에 집중해야 한다고 주장했다. 이는 2013년까지 7% 정도의 과잉공급이 예상되는 가운데 큰 과제가 아닐 수 없었다.

한편, 프랑스에서는 산업계와 정부가 세계적인 공급과잉에 상이하게 대응하고 있었다. 2005년 제조자 주도의 포도 제조자 행동 위원회(CAV, Comite d'Action Viticole)는 고속도로를 막고 외국산 와인을 실은 트럭을 돌려보내는 와인 수입에 대항하는 캠페인을 시작했다. 이어서 열린 총리와의 면담에서 와인 생산자들의 대표는 "프랑스 와인이 잃어버린 시장을 회복할 수 있도록" 돕는 국가적 전략을 지원하기로 다짐을 얻어내기 위하여 최선을 다했다. 그 계획은 9천만 유로의 기금을 조성하고, 재정적인 어려움을 겪는 와인제조사를 직접적으로 지원하며, 프랑스 와인이 세계시장에 다시 진출할 수 있도록 자금의 지원을 약속했다. 또한 신생국가 와인위원회(new national wine committee)는 복잡한 분류 체계를 간소화하고, 보르도와 브르고뉴 같이 더 크고 더 간단한 지역 와인 명칭으로 전환하기 위한 작업에 착수했다. 결국 총리는 농림부 장관에게 브뤼셀로 가서 과잉 생산된 와인을 산업 알코올로 증류할 수 있는 더 많은 자금을 요청할 것을 지시했다.

그러나 EU는 전혀 다른 방향으로 움직이고 있었다. 2007년에 연간 13억 유로 상당의 와인예산을 보다 효율적으로 사용하는 계획을 발표했다. 연간 5억 유로 상당의 팔리지 않은 와인 환매를 중단시키고, 이 자금을 20만 헥타르의 포도밭을 농부들이 갈아엎는 조건으로 인센티브를 제공하며, 연간 1억 2천 유로를 마케팅 캠페인에 지원한다는 것이었다. 이 계획들은 농가의 지지를 받지 못했다. 하지만 EU가 농가의 반대에도 불구하고 이 계획을 일방적으로 통과시키자 농가들의 저항은 극렬해졌다. 프랑스에서는 CAV가 특히 높은 생산성을 지닌 프랑스 남부 지역의 랑그도크 루시용(Languedoc-Roussillon) 주에서 조차 슈퍼마켓에서 수입 와인의 판매가 폭증하고 있다며 이에 대한 책임을 추궁했다. 그 후 다섯 명의 복면을 쓴 괴한들이 프랑스 텔레비전에 나타나 와인가격을 인상하지 않는

도표 11 호주와인의 시장 세분

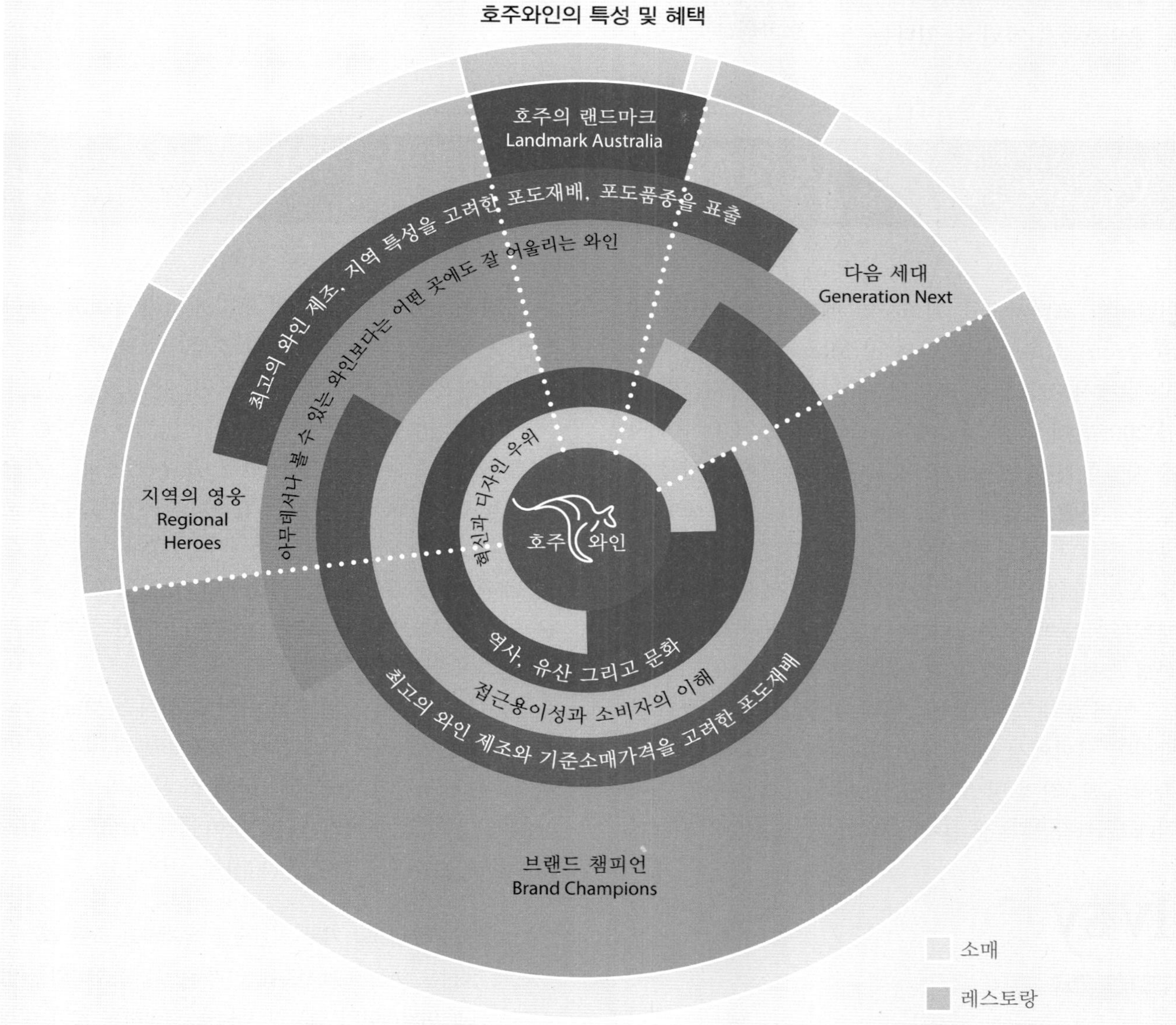

출처: Wine Australia Marketing Strategy, Australian Wine and Brandy Corp.

다면 더 많은 폭력을 행사하겠다고 위협하는 일이 발생하였다.

업계 대부분의 사람들은 이러한 행동이 도움이 되지 않고, 그들의 마케팅 노력의 기반을 약화시킨다고 느꼈다. 그들은 와인 생산자들에게 정부와 산업 재원으로부터 2천만 유로를 지원받는 "프랑스 남부(South of France)" 와인들을 위한 프로모션 캠페인을 후원할 것을 촉구했다. 어울리지 않는 통합의 모습이지만 다양한 AOC, VDQS 그리고 뱅 드 뻬이(Vins de Pays) 지역의 생산자들은 공동의 가치 아래 제품을 출시하기로 합의했다. 이들 중 일부는 강력한 브랜드로 무장한 신세계 와인들과 경쟁할 수 있는 유일한 기회라고 생각한 반면에, 다른 이들은 "프랑스 남부" 브랜드가 너무 포괄적이라 이 지역 와인들의 다양성에서 비롯되는 풍요로움을 가릴 수 있다는 점을 우려했다. 그러나 수출 시장에서의 전투를 위해서 무엇인가 조치를 취해야 한다는 것에는 모두가 동의하였다.

Case 2-2 스피드 경주: 국제 모터싸이클 무대에서 베넬리(Benelli)와 QJ의 경쟁

이탈리아 모터사이클 제조사인 베넬리(Benelli)의 젊은 중국인 상무이사인 마타 장(Marta Zhang)은 이탈리아, 페사로에 있는 그녀의 사무실에 앉아서 4년 전인 2005년에 첸장 그룹(Qianjiang Group, QJ)이 회사를 매입한 일을 생각하고 있었다. 중국인이 회사를 매입하기 위한 입찰에서 승리한 후에 QJ는 아주 좋은 출발을 했었다. 현지 관리들은 우호적 환경을 만드는 것을 도왔고, 2개의 생산 라인이 운영되었으며, 숙련된 엔지니어들이 신형 모터바이크를 계획하고 있었고, 신형 스쿠터들은 아주 매력적이었다.

이러한 새로운 관계는 시작이 좋았지만 중국과 이탈리아 사이에서 많은 차이점도 나타나고 있었다. 문화적 태도, 작업 방법, 민사 및 회계 규칙 그리고 신용거래의 시작은 분쟁 분야가 되었다. 효율성을 확보하고 가격을 낮추기 위한 산업 투자에도 불구하고, 특히 일본 브랜드와의 높은 수준의 경쟁으로 서구 시장으로의 진입은 매우 어려웠다.

유럽과 미국의 언론은 신형 모터바이크 모델을 아주 열성적으로 환영했지만, 판매 결과는 이러한 기술적 성공 그리고 QJ의 계획과 일치하지는 않았다. 더군다나 페사로의 기술부서와 중국의 기술부서는 2년 전에 계획되었고 이미 전문가들에게 공개되어 큰 호응을 얻은 신형 모터바이크를 생산하기 위한 사업 계획에 대하여 의견이 엇갈렸다.

홍보담당부서 책임자인 마리오 토니스(Mario Tonis)가 좋은 소식을 알려 와서 장(Zhang)의 생각을 멈추게 했다. 지난달에 언론과 함께 한 모터바이크 테스트에서 놀라운 결과가 나온 것이었다. *Ultimate Motorcycling*지는 다음과 같은 기사를 실었다.

> 베넬리(Benelli)의 기존 직원들을 유지하고 모든 디자인과 생산을 여전히 페사로에 남겨두면서, 아시아의 직업 의식과 이탈리아의 디자인 재능을 결합하는 것이 실제로 강력한 조합이란 것이 입증되었다. 그 결과로 여러 가지 신형 모델들과 토네이도가 생산되었다. 토네이도의 외관은 이전 모델과 동일하지만 원 디자인의 탁월함을 유지하면서 변덕스러운 성질이 사라진 슈퍼바이크로 진화했다.[1]

IVEY
Richard Ivey School of Business
The University of Western Ontario

■ Francesca Spigarelli가 오로지 수업 자료를 제공하기 위하여 이 사례를 작성했습니다. 저자는 경영 상태에 대한 대응의 유효성 여부를 설명하려는 의도를 가지고 이 사례를 작성하지는 않았습니다. 또한 저자는 기밀성을 보호하기 위하여 특정한 이름과 다른 식별 정보를 위장했을 수도 있습니다. 저자는 사례 작성을 위하여 제공된 정보와 지원에 대하여 Gianluca Galasso에게 감사를 표하고 있습니다.

1) Arthur Coldwells, "Stormbringer: Benelli Tornado Tre 1130, A Brilliant Return," Ultimate Motorcycling, April/May 2009, p. 27.

제품들은 생산이 가능하고 성공할 가능성이 있지만, 어떻게 해야 장(Zhang)은 새로운 회사를 통합하고, 공통의 회사 문화를 만들고, 노하우의 이전을 돕고, 사업을 확장하고, 강력한 일본 경쟁사에게서 승리할 수 있을까?

피인수 회사

베넬리(Benelli)는 1911년에 이탈리아 페사로(아드리아 해 해안의 마르케 지역(Marche Region))에서 가족기업으로 설립되었다. 베넬리(Benelli)는 초기에 자동차와 모터사이클 수리 그리고 예비부품 생산을 전문적으로 했고, 몇 해가 지나자 회사는 모터사이클의 생산도 시작했다. 회사가 생산한 모터사이클은 여러 경주에서 성공을 거두었고 수많은 국내대회와 국제대회에서 우승을 했다.

젊은 미망인이었던 테레사 베넬리(Teresa Benelli)는 자신의 여섯 아들에게 안정된 일자리를 제공하기 위하여 자동차와 모터사이클을 수리하는 "Benelli Garage"를 개업했다. 사업은 성공적이었고 아들들은 처음에는 예비부품 그리고 나중에는 엔진까지 제작하기 시작했다. 1920년에 단기통 2스트로크 75cc 모델에 탑재할 첫 엔진이 선을 보였다. 그 다음 해에, 100% 자체 제작한 98cc 엔진을 탑재한 베넬리(Benelli)의 첫 번째 모터사이클이 제작되었다.

1923년 경주에 참여하기 위하여 스페셜 모델의 모터사이클이 계획되었고 제작되었다. 테레사(Teresa)의 아들 중의 한 명인 안토니오(Antonio, 안토니오는 "폭군 토니노(Tonino the Terrible)"라는 별명을 지니고 있었음)는 라이더로 천부적인 재능이 있었다. 그는 SOHC(single overhead camshaft) 모델의 베넬리(Benelli) 175로 1927년, 1928년, 1930년 그리고 DOHC(double overhead camshaft) 모델로 1931년, 총 네 차례에 걸쳐 이탈리안 챔피언십을 우승하며 자신의 탁월한 경력을 시작했다. 경주에서 거둔 성공은 브랜드 그리고 국제적 수준에서 경쟁력이 있는 바이크를 계획하고 생산하는 회사의 역량을 확립하는 데 기여했다. 1932년, 토니노(Tonino)는 경주중에 끔찍한 사고를 당했고 선수 생활을 그만 두어야 했다. 그는 1937년에 교통사고로 사망했다.

1949년, 테레사(Teresa)의 아들 중의 한 명인 쥐세페(Giuseppe)는 형제들과의 불화로 자신의 모터바이크 회사, 모토비(Motobi)를 설립했다. 몇 년 후, 가족간의 문제가 해결되자 그는 모회사에 자신의 회사를 편입시켰다.

1962년, 베넬리(Benelli)와 모토비(Motobi)는 매일 약 300대의 모터사이클을 생산할 수 있었고 직원 수는 550명이었다.[2] 1960년대 말 무렵에 일본 회사들과의 경쟁이 격화되면서 베넬리(Benelli)는 토마소 산업 주식회사(De Tomaso Industries Inc)로 매각되었다. 1988년 모토 구찌(Moto Guzzi)와의 합병뿐만 아니라, 일본계 경쟁자들과 자신을 차별화하려는 다양한 시도에도 불구하고, 베넬리(Benelli)의 생산 공정은 결국 멈추게 되었다.[3]

1989년, 페사로 지역 출신인 한 사업가가 회사를 다시 가동하기 위한 시도를 했지만 그의 노력은 성공하지 못했다. 1995년, 인디싯(Indesit) 그룹[4]이 베넬리(Benelli)의 브랜드를 구입하고 회사를 다시 출범한 뒤에야 가동이 재개되었다. 비록 인디싯(Indesit) 그룹이 인수 직후 (낮은 마진에도 불구하고 높은 판매량으로부터 수익을 추구하는 박리다매를 노리고) 스쿠터 분야에 중점을 두었지만, 2001년에 틈새시장인 모터사이클 분야에 진입하기로 결정했다. 그러나 대규모 투자에 대한 요구와 극심한 재정상 어려움이 겹치면서 결국 2005년에 생산이 중단되었고 회사는 청산에 들어갔다(〈**도표 1**〉 참조). 러시아인 알렉산더 스몰렌스키

2) www.benelli.com/eng/storia.asp.

3) Francesca Spigarelli and Paola Bellabona, "The transnational dimension of the Chinese Economy," in M. Abbiati, Economic and cultural characteristics of the Chinese Market, Ca' Foscarina, Venice, 2006, p. 157.

4) 이탈리아의 Marche 지역의 가장 큰 회사인(2007년의 거래액 34억 3천 8백만 유로 그리고 17,418명의 직원) Indesit 그룹은 전자가전 제품을 생산했다. 그 회사는 Merloni 자회사에 속해있었다. www.indesitcompany.com을 참조.

도표 1 인수 이전의 회사활동

2001

- 새로운 전략 계획의 실행. 주요 의사결정에 대한 관련 내용은 다음과 같음: i) 높은 배기량의 모터바이크에 집중하기, ii) 스쿠터 부분에서 다른 생산자들과의 파트너십 그리고 iii) 판매가격 측면에서의 더 경쟁력을 갖추기 위한 원가 절감.
- 스쿠터 부분에서의 Renault Sport와의 협력계약. 이 계약의 상업목적은 Renault의 네트워크를 통하여 프랑스와 이탈리아에서 Benelli의 제품을 판매하는 것.
- 새로운 모델인 Tornado 900cc로 슈퍼바이크 챔피언십에 참가. 대회에서의 좋은 결과는 회사가 시장에서 합의를 이끌 수 있도록 도왔음(회사이미지의 재구축).

2002

- Renault Sport와의 협력은 부정적인 시장 상황과 트렌드 때문에 기대한 결과를 가져오지 못했음.
- 모터바이크 생산에 집중된 경영. 새로운 모터사이클의 출시: Tronado 900 Tre, 수 개월 내에 101개가 팔렸음(해외의 85퍼센트).
- 스쿠터 부문에서 회사는 주식을 줄이고 외주 생산을 통해서 유연성을 추구했음. 반면, 가장 지식 집약적인 활동들은 내부에 남겨두었음. 새로운 Velvet 400cc가 계획되었음.

2003

- Benelli는 모터바이크 생산에만 중점을 두기 위하여 스쿠터 생산을 중단.
- 신형 Tornado RS 모델이 출시, 1,600대 생산. 2004년 출시 예정으로 네이키드 바이크 부분에 신형 모터바이크, Tornado Naked Tre(TNT)를 계획. 언론의 호평으로 이탈리아와 외국의 소비자들이 많은 주문을 함.

2004

- 네이키드 바이크 부분에 신형 TNT 출시. 7개월 내에 930대 판매. 경주에서 좋은 성적을 얻어서 판매 활동을 뒷받침함. 2005년 출시 예정으로 새로운 버전의 TNT가 계획됨(이미 많은 주문을 받음).
- 새로운 라인의 액세서리와 예비 부품이 시장 진입을 위해 계획됨. 이러한 제품들의 높은 마진은 회사에 높은 수익을 가져와야 함.

출처: Benelli financial statements and balance sheet.

(Alexander Smolenski)[5]의 아들인 니콜라이 스몰렌스키(Nikolai Smolenski)가 소유한 존 갈트 인베스트먼트(John Galt Investment) 주식회사가 베넬리(Benelli)의 인수를 위한 협상을 격렬하게 벌였지만, 결국 회사는 QJ가 매입하게 되었다.[6]

러시아계 그룹에 의한 인수는 회사가 해체되는 결과를 맞이했을 수도 있었을 것이다. 회사의 장비들은 영국으로 이전되고 브랜드는 소멸될 뿐만 아니라 지역의 일자리들도 사라지게 되었을 것이다. 대신에 QJ는 흥미로운 사업 계획을 채택하여 회사를 다시 시작할 의도였다.

인수 회사[7]

QJ는 상해(Shanghai)로 부터 480km 떨어진 원링(Wenling)에 위치해 있다. QJ는 대규모 국영그룹으로, 중국

5) Giorgio Leonardi, "A 24 year old Russian billionaire running Benelli's bikes," La Repubblica, July 30, 2005, p. 41, http://ricerca.repubblica.it/repubblica/archivio/repubblica/2005/07/30/un-miliardario-%20russo-di-24-anni-monta.html(2009년 7월 1일 접속), Federico De Rosa, "Benelli. A rush between Russians and Chinese. Qianjiang Motor Group is arriving," Corriere della Sera, September 6, 2005, http://archiviostorico.corriere.it/2005/settembre/06/Benelli_testa_testa_russo_cinese_co_9_050906051.shtml((2009년 7월 1일 접속).

6) Jeff Israey, "China in Italy: Kick Start," Time, August 9, 2007, www.time.com/time/magazine/article/0,9171,1651236,00.html(2009년 6월 30일 접속).

7) 인수회사와 그 회사의 강점에 관한 정보는 Qianjiang Motor Company Profile(Gong si jie jie)에서 수집하였음, www.qjmotor.com/qjmotor/JieShao/aboutus.jsp(2009년 12월 11일 접속); Qianjiang Motor Financial Report(Cai wu bao gao), First Quarter 2009(2009년 12월 11일 접속); www.qjmotor.com/qjmotor/newsAction.do?method=view&id=4028882f20f0be69012108d4445e0019(2009년 12월 11일 접속); Qianjiang Motor. Interim Report(Zhong qi bao gao), 2006, http://disclosure.szse.cn/m/ finalpage/2006-08-17/18034278.PDF(2009년 12월 11일 접속).

국무원(Chinese State Council)이 인증한 520개 핵심 국영기업 중 하나이다. QJ는 모터사이클을 생산하고 판매하는 중국 회사 중에서 가장 큰 규모로 연간 100만대 이상을 생산한다. MCI(Motor Cycle Industry Association)[8]는 QJ를 중국에서 강한 경쟁력을 갖춘 10개의 회사 중의 하나로 선택했다. 2002년 초, "QJ(Qianjiang)"란 상표는 '유명 중국 상표상(Famous Chinese Trademark)'을 수상하였다.

QJ는 1971년에 설립된 회사로, 원링 화학기술 기계공장(Wenling Chemical Engineering Machinery Factory)이 전신이다. 1985년 5월에 공장은 그 생산 라인을 모터사이클로 변경했고, 원링으로 옮겼다. 1993년 1월에는 회사명을 저장 모터사이클 공장(Zhejiang Motorcycle Factory)으로 변경했다. 1996년의 구조 조정 이후에, 회사는 저장 쳰장 모터사이클 그룹(Zhejiang Qianjiang Motorcycle Group)이 되었다. 정부의 지원으로 QJ가 인수 합병한 회사들 중에는 원링 당화(糖化) 공장(Wenling Saccharification Factory), 원링 기관차 공장(Wenling Locomotive Factory), 원링 차량 수리 공장(Wenling Vehicle Repair Factory) 그리고 원링 전기 공구 공장(Wenling Electric Tools Factory) 등이 있었다. 이러한 합병들로 인해, QJ그룹은 저비용 확장을 이룰 수 있었고 단기간에 경제지표들을 두 배로 끌어올릴 수 있었다. 저장 쳰장 모터사이클 주식회사는 저장성 인민 정부의 승인으로 1999년에 설립되었다. QJ그룹은 자회사인 저장 원링 모터사이클 회사의 주요 설립자였고, 브라이트 스틸 유한회사(Bright Steel Pte. Ltd.)와 공동 설립한 저장 메이커다 모터사이클 주식회사(Zhejiang Meikeda Motorcycle Ltd.)[9] 지분의 75%를 소유했다. 저장 쳰장 모터사이클 주식회사는 1999년 5월 14일 이후로 선전 증권거래소(Shenzhen Stock Exchange)에 등록된 주식 공개 기업이 되었다.

회사의 강점 QJ의 주요 사업은 모터사이클과 엔진 부품의 생산과 마케팅뿐만 아니라 연구개발(R&D)이었다. 회사의 모터사이클 제품들은 중국 내 시장에서 약 7%의 점유율을 기록하고 있었다.

QJ그룹은 쳰장의 기계제품과 전기제품을 설계, 개발, 생산했다. QJ그룹은 배기량 50cc에서 250cc 범위의 모터사이클 그리고 엔진과 부품 같은 모터사이클 관련 제품들도 생산했다. 또한 QJ 그룹이 생산하는 제품들에는 경주용 자동차, 미니 바이크, 사륜오토바이(ATVs, all-terrain vehicles), 가스 스쿠터, 발전기, 고압세척기, 정원용기구, 동력 펌프, 진공 펌프 그리고 잔디 깎는 기계 등이 있었다. 그룹에서 생산하는 제품의 40%는 유럽, 미국, 중동, 동북아시아와 아프리카로 수출되었는데 모두 합치면 전 세계적으로 110개국이 넘었다.

기업 공개 후 8년 동안, QJ그룹은 7백만 대 이상의 모터사이클을 생산하고 판매했다(그중 93만 대는 수출되었다). 총 판매액은 212억 위안에 달했고, 세금으로 45억 위안을 납부했다. 총 판매액 중에서 937만 7천 대의 모터사이클 완제품이 중국내 시장에서 판매되었고, 265만 4천대가 수출되어서 외화로 1,404억 달러를 벌어 들였다. QJ의 자산은 총 36억 위안이었고, 총 투자액은 2억 6천만 위안이었다.

회사는 원링 경제 개발지구내 7백만 평방피트 이상의 면적을 점유하고 있었고, 아시아에서 가장 넓은 모터사이클 생산 기지였으며, 중국에서 가장 진보된 생산 기지로써, 연간 150만대의 모터사이클 완제품을 생산할 수 있는 능력을 보유하고 있었다. 회사는 1개의 합자회사와 5개의 합작투자기업을 보유하고 있었는데, 이들 중에는 대학원, R&D 센터, 시험 센터, 기계가공 공장과 조립 공장과 같은 하위 부문들을 포함하고 있었다. 회사는 첨단 및 최신기술과 일류 장비를 모두 보우하고 있었으며, 기술 생산에 진보된 3D Pro/EN-

8) 역자주. MCI(the Motor Cycle Industry Association)는 영국의 대표적인 이륜차 단체임.

9) 저장 Meikeda 모터사이클은 자본금 280만 달러의 자본금으로 등록된 QJ그룹과 싱가포르의 Kedeng 투자주식회사 간의 합작투자기업이었다. 지분의 75%는 QJ그룹이 소유하고 있었고 나머지 25%는 싱가포르의 Kedeng 투자주식회사가 소유하고 있었다.

GINEER와 CAD 설계 프로그램을 활용했다. 동시에 이 회사는 라인 커팅 기계뿐만 아니라 가공센터기계와 같은 첨단장비를 미국, 독일, 스위스, 일본으로부터 수입하여 제품을 개발하고 몰딩과 기계를 가공했다.

회사는 완벽한 품질 관리 시스템을 갖추었고, 공인된 국제시험기관인 TUV 제품 서비스 주식회사(TUV Product Service, Ltd.)로부터 1997년 국제표준화기구 인증(International Organization for Standardization certificate, ISO9001)을 발급받았다. 회사의 일련의 제품들은 CE, GS, CSA 그리고 UL 표준을 통과했고, 국립 수출입검사국(National Import and Export Commodity Inspection Bureau)으로부터 QL(품질 인증)을 받았다. 또한 QJ는 “중국의 유명 브랜드”, “유명 중국 상표”, “검사가 필요 없는 제품”, “국가 수준 기술센터” 그리고 “국가 수준 연구실” 등에 선정되었다.

국제적 확장 자사의 제품을 향상시키기 위하여 QJ모터는 유럽에서 가장 중요한 자동차와 모터사이클 연구기관 두 곳 중의 한 곳인 AVL과 협력하였고, 모터사이클 엔진을 개발하기 위하여 르노(Renault)의 한 협력회사인 프랑스 엔진설계 회사와 손을 잡았다.

QJ모터는 디자인 회사인 블루스카이 디자인(Bluesky Design, www.blueskydsn.com)과 협력하여 해외 시장을 목표로 버기카(dune buggy), 스쿠터, beam SUV 그리고 오프로드 차량 등과 같이 유행을 따르는 차량들을 개발했다.[10]

1999년, Jiang Zuyun은 인도네시아 시장에 모터사이클을 판매하기 위하여 QJ와 힘을 합쳤다. 그리고 나서 불과 2년 만에 QJ는 인도네시아 모터사이클 시장의 절반 가까이를 점유했다. 2001년 8월 20일, 중국과 인도네시아가 공동으로 설립한 최대 규모의 합작투자회사인 사넥스 첸장 모터 인터내셔널(Sanex Qianjiang Motor International)이 미화 1,200만 달러 규모의 모터사이클 조립공장을 인도네시아에 준공했다. 2000년 3월에 합작투자회사로 설립된 사넥스 첸장(Sanex Qianjiang)은 첸장 모터 인터내셔널(Qianjiang Motor International) 주식의 35%를 공동으로 보유하고 있는 말레이시아의 라이온 그룹(Lion Group)과 대만의 CPI 그리고 인도네시아의 PT 사넥스(PT Sanex)가 소유하고 있었다. 2000년 4월에 영업을 시작한 사넥스 첸장(Sanex Qianjiang)은 모터사이클 완제품들을 중국 본사로부터 수입하여 인도네시아에 판매했다. 그러나 공장 준공 2개월 전부터 현지 공장이 하루 400대에서 500대를 생산하기 시작하자 회사는 수입 물량을 조금씩 줄여 나가기 시작했다. 결과적으로 공장은 월 3만대의 총 생산능력을 갖추게 되었고, 이로써 사넥스 첸장(Sanex Qianjiang)은 인도네시아인들을 위해 많은 일자리를 창출했다. 회사는 인도네시아 전역에 43개의 주요 대리점과 273개의 하위 대리점을 갖추었고, 회사를 위하여 예비 부품을 생산할 자회사로 가칭 PT 사넥스 아궁 모터 인도네시아(PT Sanex Agung Motor Indonesia)를 설립할 계획도 갖고 있었다.

유럽 시장을 겨냥하여 QJ는 오스트리아 회사와 함께 합작투자기업을 설립하여, 유로피안 스타일의 모터사이클 제품을 생산할 제네릭(Generic)이란 브랜드를 만들었다. 그 사이에 QJ는 헝가리 회사인 키웨이 모터(Keeway Motor)를 인수하여, 첸장-키웨이 유럽(Qianjiang-Keeway Europe)을 설립했다. 2005년에 QJ는 베넬리(Benelli)를 인수했다. 베넬리(Benelli), 제네릭(Generic) 그리고 키웨이(Keeway)로 이어지는 이러한 3개의 선도적 브랜드를 가지고, QJ는 유럽과 북미에서 자신의 시장을 구축하고 확장하기 위한 계획과 기술혁신을 가속화하기 위한 계획, 그리고 세계시장에서 보다 경쟁력을 갖춘 입지를 확립하기 위한 계획을 구체화시키고 있었다.

전략적 개발의 측면에서 QJ는 대만 시장도 겨냥하고 있었다. 대만은 1평방 km 당 모터사이클의 분포가 300대에 달하는, 세계에서 모터사이클의 보급률이 가장 높은 국가였다. 인구의 약 50%가 모터사이클을 보유하고 있었으며, 모터사이클의 유지 및 보수에

10) X. Xia, “Qianjiang Motor: Exporting to European and American Markets,” April 30, 2007, www.atvchina.com.cn/viewnews-7354.html(2009년 12월11일 접속).

대한 인건비가 높아서 대만 국민들은 모터사이클을 수리하는 것보다 아예 새로운 모터사이클을 구입하는 것을 선호했다.[11] 대만의 새로운 정권이 중국 본토와 보다 긴밀한 관계를 취함으로써, 본토와의 해상 운송, 우편 통신 그리고 무역 관계가 개방되었다. 그와 함께 현지 대만 기업들의 생산 비용이 증가하고 투자 환경이 악화되면서 중국 본토 모터사이클 산업의 개발에 대한 큰 기회가 생겨나고 있었다. 중국 원링에 위치한 QJ모터는 대만 해협의 북동쪽에 있다. 이러한 지리적 이점에 더하여, 외국인 주주들이 QJ에 파견한 다수의 고위 중역들 중의 일부는 대만 국적이어서 대만 모터사이클 시장에 익숙한 이점도 있었다. QJ는 지리적 이점, 고급 기술 그리고 경쟁력 있는 가격으로 대만 시장을 개척했다. QJ의 총수익은 대만으로의 수출증가로 인해 거의 두 배가 증가하게 되었다.

산업 분석

산업 베넬리(Benelli)는 모터사이클 그리고 관련 장비, 부품과 액세서리의 생산과 연관된 회사들을 포함하고 있는 모터사이클 산업의 일부이다. 모터사이클은 엔진 크기와 그 용도로 분류된다. 엔진은 입방 센티미터(cc, cubic centimetre)로 표시되는 그 배기량에 따라 측정된다. 스쿠터는 50cc 미만이고, 표준엔진은 50cc에서 650cc 그리고 중대형엔진은 650cc를 초과한다. 일반적으로 모터사이클은 상업적 목적에 따라 도로용, 오프로드용 또는 겸용, 세 가지 항목 중의 하나로 분류되는데, 이는 모터사이클이 사용되는 노면에 따라 분류한 것이다.

도로용 모터사이클은 포장된 도로 위를 주행하도록 설계되었다. 일반적으로 엔진은 125cc 또는 그 이상의 것을 사용한다. 도로용 모터사이클에는 다음 항목들이 포함된다. 크루저, 스포츠 바이크, 투어링, 스포츠 투어링, 네이키드, 핏 포워드(feet-forward) 모터사이클, 스쿠터 그리고 모페드[12]이다. 오프로드용 모터사이클은 더트 바이크로도 알려졌는데, 모터크로스, 랠리 레이드, 트라이얼 그리고 트랙 레이싱이 포함된다. 겸용 모터사이클은 법적으로 도로용 모터바이크인데 오프로드 조건에도 맞게 설계된 것이다. 이러한 항목에는 어드벤처 투어링, 엔듀로 그리고 슈퍼모타드가 포함된다.

베넬리(Benelli)는 모터사이클 산업의 스쿠터 부분과 헤비 부분 양쪽에서 제품을 보유하고 있었는데, 이는 네이키드, 스포츠 그리고 투어링 부분이었다. 스쿠터와 표준엔진 제품의 넓은 범위에서 다양한 모델들을 보유한 QJ는 저가 시장에 초점을 두었다. QJ의 슬로건은 "유럽의 디자인, 일본의 품질 그리고 중국의 가격을 하나로 합친다."였다. 또한 QJ는 전형적인 중국형 저출력 모터사이클도 보유했다.

세계적 경향 모터사이클 산업의 몇몇 주요 경쟁 업체들이 세계 판매시장의 대부분을 나누어 갖고 있었다. 모터사이클 산업은 세계적이고 경쟁이 극심하다고 정의할 수 있었다. 가격, 디자인 그리고 엔진 성능이 소비자 선택의 주요 요소였다. 야마하, 스즈키, 가와사키 그리고 혼다 같은 일본 제조업체들은 혁신적 디자인과 낮은 가격의 조합으로 여러 국가들에서 높은 시장 점유율을 보유하고 있었다. 그러나 어떤 지리적 시장의 경우, 단일 생산자가 자신만의 독특한 핵심역량 또는 고객 충성도로 인하여 시장에서 지배적 지위를 갖는 경우도 있었다. 예를 들면, 북미에서 시장의 약 1/3을 차지하는 할리 데이비슨(Harley Davison)의 경우[13](**〈도표 2〉** 참고) 또는 스포츠와 레이스 부분에서 스포츠와 레이스의 좋은 성적으로 뒷받침되는 고도의

11) Q. Li, "Qianjiang Motor: Penetrating market in Taiwan," April 4, 2008, http://www.tzgb.com/Motorcycle/Qiyezhichuang/200804/3766.html(2009년 12월 11일 접속).

12) 역자 주. 엔진이 달린 자전거.

13) Don J. Brown, "What's Next for the Motor Co.?," Dealernews, February 1, 2009, www.dealernews.com/dealernews/Research/Whats-Next-for-the-Motor-Co/ArticleStandard/Article/detail/579349(2009년 6월 30일 접속). 두가티에 관해서는 "Ducati Grows United States Market Share," Motorcycleusa.com, 2009, www.motorcycle-usa.com/577/3542/Motorcycle-Article/Ducati-Grows-United-States-Market-Share.aspx(2009년 12월 10일 접속)을 참조.

도표 2 미국의 시장점유율 10대 모터사이클 생산회사(2008년 예상 매출액)

생산회사	시장점유율(%)
할리데이비슨	27.3
혼다	20.9
야마하	17.0
가와사키	13.8
스즈키	12.5
KTM	2.0
BMW	1.4
트라이엄프	1.3
빅토리	1.3
두가티	1.0

출처: Don J. Brown (2009), "What's Next for the Motor Co.?" Dealernews, February 1, 2009, www.dealernews.com/dealernews/Research/Whats-Next-for-the-Motor-Co/ArticleStandard/Article/detail/579349(2009년 6월 30일 접속).

기술적 성능을 제공하는 두가티(Ducati)의 경우가 그러했다.[14]

2003년부터 2007년까지의 기간 동안, 미국, 캐나다, 독일, 프랑스, 영국, 이탈리아, 러시아 그리고 일본의 모터사이클 시장은 4.7% 성장했다. 이른바 G8 시장의 총 가치는 2007년 말 기준으로 미화 243억 달러(이 중 41%가 미국에 관련됨)였고, 2012년까지 5.1%의 추가성장이 예상되었다.

세계시장의 흥미로운 경향은 신흥시장, 특히 브라질, 러시아, 인도 그리고 중국(BRIC 지역)에서 일어나는 소기업들의 출현에 따른 것이다. 이러한 시장들은 모터사이클의 공급과 수요측면 모두에서 점점 더 흥미를 일으키고 있었다. 2003년부터 2007년까지의 기간 동안, BRIC의 모터사이클 시장은 14.5% 성장했고, 총 가치는 2007년 말 기준으로 미화 272억 달러 규모였다.[15] 브라질은 28.3%의 연평균 성장률로 가장 빠르게 성장하는 지역이었다. 유효한 예측에 따르면 2007년부터 19.9%의 성장을 기록하여 2012년까지 BRIC의 시장은 미화 674억 달러의 가치에 달할 것이라고 전망했다.[16]

도표 3 이탈리아의 시장점유율 10대 모터사이클 생산회사 (2009년 2월 28일 기준 등록대수 비율)

생산회사	시장점유율(%)
혼다	19.4
피아지오	16.3
야마하	14.9
킴코	7.8
스즈키	6.8
Altre	6.7
아프릴리아	5.5
가와사키	4.2
BMW	3.6
두가티	2.6

출처: 저자들이 www.ancma.it/it/publishing.asp 및 Benelli QJ srl.로부터 데이터를 수집하여 직접 계산함.

지역적 경향: 이탈리아 이탈리아에서 모터사이클 산업은 매우 경쟁적이다. 특히 일본의 제조업체들이 모터사이클 부문에서 가장 높은 시장 점유율을 보유하고 있었다. 2008년의 경우, 혼다와 야마하가 신규 모터사이클 등록건수의 30% 이상을 차지하여 부정적인 시장경향에도 불구하고 지배적 지위를 차지했다(〈**도표 3**〉 참조). 같은 해에 가와사키는 단일 모터사이클 모델을 가장 많이 판매했다(〈**도표 4**〉 참조). 스쿠터 부문에서는 이탈리아의 피아지오(Piaggio) 그룹이 높은 시장 점유율을 보유하고 있었다.[17]

베넬리(Benelli)는 틈새시장을 중점적으로 공략했기 때문에 이탈리아 모터사이클 산업에서 낮은 시장 점유율을 보유하고 있었다. 베넬리(Benelli)는 아프릴

14) 두가티의 경쟁력에 관해서는 "Ducati Grows United States Market Share," Motorcycleusa.com, 2009, www.motorcycle-usa.com/577/3542/Motorcycle-Article/Ducati-Grows-United-States-Market-Share.aspx(2009년 12월 10일 접속)을 참조.

15) "Motorcycles—Global Group of Eight (G8) Industry Guide," Research and Markets, www.researchandmarkets.com/reportinfo.asp?report_id=706788(2009년 6월 30일 접속).

16) "Motorcycles—BRIC (Brazil, Russia, India, China) Industry Guide," Research and Markets, www.researchandmarkets.com/reportinfo.asp?report_id=706787(2009년 6월 30일 접속).

17) www.ancma.it/common/file/articolo_220sezione_7.pdf 그리고 www.ancma.it/common/file/articolo_224sezione_8.pdf (2009년 12월 10일 접속).

도표 4 2008년 이탈리아의 판매량 상위 10대 모터사이클 현황(등록대수 기준)

	생산회사	제품	등급	등록 수
1	가와사키	Z 750	네이키드	6,745
2	혼다 이탈리아	Hornet 600	네이키드	5,207
3	BMW	R 1200 GS	엔듀로	5,087
4	혼다	XL 700 V Transalp	엔듀로	4,198
5	야마하	FZ6 Fazer	네이키드	4,025
6	스즈키	GSR 600	네이키드	3,172
7	두가티	M 696	네이키드	3,113
8	스즈키	DL650 U V-Strom	엔듀로	2,655
9	가와사키	ER-6n	네이키드	2,560
10	BMW	R 1200 R	네이키드	2,258

출처: 저자들이 www.ancma.it/it/publishing.asp 및 Benelli QJ srl.로부터 데이터를 수집하여 직접 계산함.

도표 5 50cc 이상 모터사이클 및 스쿠터 연간 등록대수 현황

생산회사	2006	2007	2008
베넬리	262	401	484
모토 모리니	340	356	351
MV 어거스타	1,987	1,891	1,274
트라이엄프	3,781	5,233	5,978

출처: 저자들이 www.ancma.it/it/publishing.asp 및 Benelli QJ srl.로부터 데이터를 수집하여 직접 계산함.

리아(Aprilia), 두가티(Ducati) 그리고 혼다와 경쟁하려 노력했지만, 현실적으로 이탈리아 시장과 해외시장 모두에서 직접 경쟁한 회사들은 모토 모리니(Moto Morini), MV 어거스타(MV Augusta) 그리고 트라이엄프 모터사이클(Triumph Motorcycles) 등 3개의 이탈리아 제조사였다. 모리니(Morini)는 판매모델과 연간 매출액의 측면 모두에서 베넬리(Benelli)의 직접적 경쟁사였다. 비록 MV는 동일한 세분시장에 있었지만, 높은 가격과 뛰어난 성능을 지닌 보다 고가/고급의 모터사이클을 생산했다. 베넬리(Benelli)와 트라이엄프(Triumph)만이 3기통 모터사이클을 생산하는 이탈리아 제조사라는 점에서 양사는 경쟁 업체였지만, 베넬리(Benelli)에 비교하면 트라이엄프(Triumph)의 시장 점유율이 훨씬 높았다(〈**도표 5**〉 참조).

지역적 경향: 중국 중국의 모터사이클 시장은 세계에서 가장 컸으며, 아시아 태평양 지역 시장규모의 59.1%에 해당할 만큼 거대했다(〈**도표 6**〉 참조). 2006년 중국의 내수시장은 7.9% 성장하였으며, 그 가치는 미화 58억 달러에 달했고 모터사이클의 수는 1,490만 대에 육박했다. 더욱이 2011년에는 그 가치가 미화 99억 달러에 달할 것으로 예측되었는데, 이는 2006년 이후로 무려 69.4% 증가하는 것이다. 모터사이클 수에 대한 전망은 2,460만 대에 도달할 것이라 하는데, 이는 2006년 이후로 65.7% 증가하는 것이다.

모터사이클 판매 수량에 기초하면, 장먼 그랜드 리버 그룹(Jiangmen Grand River Group) 주식회사가 중국 모터사이클 시장의 선두 업체로 2006년에는 16.2%의 시장 점유율을 갖고 있었다. 같은 해에 충칭 론신 산업 그룹(Chongqing Loncin Industry Group) 주식회사는 8.3% 그리고 중국 자링 산업(China Jialing Industrial) 주식회사는 7.4%의 시장 점유율을 보유하고 있었다. 시장에 지배적 선두 업체가 없었기 때문에 나머지 68%의 시장 점유율을 가지고 경쟁하는 제조사들이 증가하고 있었고, 여기에는 QJ모터와 다른 신생 기업들이 포함되었다.

중국 시장의 실제 경향과 QJ의 위치를 이해하려면 중국의 법과 규제 환경에 대한 약간의 배경 지식이 요구된다. 전통적인 천연 자원의 고갈, 환경오염 그리고 과도한 이산화탄소 배출에 초점을 맞추어서 중국 재정부, 과학기술부, 공업신식화부(工业和信息化部, Ministry of Industry and Technology Information) 그리고 국가발전개혁위원회는 100% 전기 및 연료 전지 차량에 대한 재정적 보상 계획을 발표했다. 에너지 절약 운송수단과 환경 보호 운송수단이 R&D 경향을 선도하고 있었다. QJ는 새로운 에너지로 운전할 수 있는 모터사이클의 개발을 의제로 올려놓았다. 회사는 국가 정책에 부합되는 엔진 관리 시스템을 장착한 모터

도표 6 국가 배경

중국 중국은 실제구매력(PPP) 기준 국내총생산(GDP)에서 세계에서 두 번째로 큰 경제국이며, 세계에서 인구가 가장 많은 국가이다. 막대한 무역 흑자(중국은 세계 3위의 교역국임)와 외국인직접투자(FDI)를 유치하는 능력(중국은 세계 제1의 FDI 유치국임)으로 인해 중국은 투자될 수 있는 막대한 액수의 외환 보유고를 지니고 있다.[1] 2003년부터 2007년까지 실질 GDP는 11% 성장했고(〈**도표 A**〉 참조), 심지어 경제위기 이후에도 중국 경제는 아주 높은 비율로 확장될 것으로 예측되었다(〈**도표 B**〉 참조). 미화 약 6,000억 달러(GDP의 13%에 해당)의 초기 투자로 2008년 말에 공식적으로 시작된 정부의 부양책은 농촌의 경제 성장에 큰 힘을 실어주고 있었다. 2009년에서 2010년의 기간에도 중국은 세계에서 가장 빠르게 성장하는 주요 경제 주체로 남을 것이다.[2]

중국의 전망은 밝은 것으로 보이는 반면에 경이적인 경제성장은 균형이 맞지 않았고, 일부 견해에 따르면 심지어 지속가능하지 않았다. 또한, 도시 지역과 산업 지역의 공해의 증가, 농촌에 비하여 균형이 맞지 않는 도시들의 성장, 사회적 압력, 인권 침해 그리고 민주주의의 결여 등의 문제들이 존재하고 있다.[3]

사업 부문에서, 국제시장에 진출한 많은 중국기업들은 수익성이 없었고, 경쟁력을 갖추는 것과 국제적 경영의 표준을 채택하고 있는 것에서 큰 어려움에 직면했다. 중국 기업들은 자신들의 제품들을 서구 국가들로 판매하는 데 어려움을 겪었

도표 A 중국에 대한 전망

연간 데이터	2007	2003~2007 평균	%
인구(백만명)	1,321.3	인구 증가율	0.6
GDP(미화 십억 달러; 시장환율)	3,46	실질 GDP 성장률	11.0
GDP(미화 십억 달러; 구매력기준)	7,316	실질 국내 수요 증가	9.9
인당 GDP(미화; 시장환율)	2,620	인플레이션	2.6
인당 GDP(미화; 구매력기준)	5,540	경상 수지 균형(GDP의 %)	5.6
평균 환율 위안: 달러	7.61	FDI 유입액(GDP의 %)	3.0

출처: Factsheet, May 6, 2009, Economist Intelligence Unit (Country ViewsWire).

도표 B 중국의 주요 거시경제지표(계획)

주요 지표	2008	2009	2010	2011	2012	2013
실질 GDP 성장률(%)	9.0	6.0	7.0	8.4	8.7	8.9
소비자 물가(%)	5.9	−0.2	2.5	3.5	4.1	4.1
예산 균형(GDP의 %)	−0.1	−3.6	−2.1	−1.6	−1.1	−1.0
경상 수지 균형(GDP의 %)	10.2	6.1	4.5	3.6	2.9	2.0
상업 은행 우대 금리(%)	5.6	5.4	6.6	7.0	7.1	7.4

출처: Factsheet, May 6, 2009, Economist Intelligence Unit (Country ViewsWire).

1) 중국의 FDI 유입 및 유출과 관련된 부분을 심도 있게 분석하기 위해서는 다음 자료를 참고하기 바람. "OECD Investment Policy Reviews China: Encouraging Responsible Business Conduct," OECD Publishing, 2008.

2) Economist Intelligence Unit, "China economy: Stimulus report card," http://viewswire.eiu.com/index.asp?layout=VWArticleVW3&article_id=715063456&country_id=1800000180&page_title=Latest+analysis(2009년 12월 10일 접속).

3) Economist Intelligence Unit, Country Profile 2009—China, The EIU Limited, London, 2009 (printed and distributed by Patersons Dartford, Questor Trade Park, 151 Avery Way, Dartford, Kent DA11JS, UK); EIU, Country Profile, China, www.eiu.com.

도표 6 국가 배경(계속)

다. 게다가 몇몇 외국 기업들은 투자 방향을 더 저렴한 인건비를 지니고 있는 신흥국가들이나 개발도상국들로 바꾸고 있었다.

이탈리아 이탈리아는 7개 선진국(G7)의 일원이다. 이탈리아의 경제적 강점은 상품의 공정과 제조에 있었다. 호화로운 사치품, 내구 소비재와 투자재의 수출은 외국에서 이탈리아의 경쟁력을 이끌었다. 산업 시스템은 주로 중소규모의 가족 소유 기업들에 기초하고 있다.

이탈리아의 경제 성장은 1996년의 1%에서 2000년 3.7%로 최고조에 달했고, 2003년과 2008년 두 차례의 경기침체 이후에 점차 둔화되고 있었다. 최근의 성장률은 선진국들 중에서 가장 낮은데, 수년 간의 저조한 생산성 향상과 경쟁력 상실이 주요 원인이다. 여러 서구 국가들과 마찬가지로 이탈리아는 재정 적자의 실질적 감소기 이후의 생산량의 급격한 감소와 공공 지출의 증가라는 세계적 금융혼란의 여파에 직면하고 있었다(〈**도표 C**〉와 〈**도표 D**〉 참조).

2008년에 경제는 약화되었다. 수출 구조로 인하여 수출은 급격히 감소했다. 소비자 지출이 급격히 감소함에 따라 투자 수요도 급격히 감소했는데, 특히 자동차와 내구재에 대한 투자 수요가 그러했다.

정부는 장기적인 재정강화와 관련된 도전들에 직면했다. 주요 문제들에는 연금 개혁 과정의 연장과 공공 행정의 효율성을 개선하기 위한 개혁이 포함되었다. 동시에 중소기업들(SMEs)로 구성되어 있는 산업 시스템을 유지하기 위하여 기업 경쟁력을 다시 일으키기 위한 조치가 필요했다.

도표 C 이탈리아에 대한 전망

연간 데이터	2008	2004~2008 평균	%
인구(백만명)	58.1	인구 증가율	0.1
GDP(미화 십억 달러; 시장환율)	2,311	실질 GDP 성장률	0.9
GDP(미화 십억 달러; 구매력기준)	1,797	실질 국내 수요 증가	0.9
인당 GDP(미화; 시장환율)	39,744	인플레이션	2.3
인당 GDP(미화; 구매력기준)	30,910	경상 수지 균형(GDP의 %)	−2.2
평균 환율 유로: 달러	0.680	FDI 유입액(GDP의 %)	1.3

출처: Factsheet, May 6, 2009, Economist Intelligence Unit (Country ViewsWire).

도표 D 이탈리아의 주요 거시경제지표(계획)

주요 지표	2008	2009	2010	2011	2012	2013
실질 GDP 성장률(%)	−1.0	−4.5	−0.5	0.6	0.9	0.9
소비자 물가(%)	3.4	0.5	0.8	1.7	1.9	1.6
소비자 물가(%, EU의 측정방식)	3.5	0.6	0.9	1.8	2.0	1.7
예산 균형(GDP의 %)	−2.7	−5.3	−5.2	−3.6	−3.7	−3.6
경상 수지 균형(GDP의 %)	−3.2	−2.2	−2.0	−3.0	−2.8	−2.7
단기 이자율(%)	4.6	1.7	1.8	2.6	3.5	4.1

출처: Factsheet, May 6, 2009, Economist Intelligence Unit (Country ViewsWire).

사이클의 실현을 선도했다. 기술적 투입을 강화하여, QJ는 소음과 가스 배출을 줄이는 전기 제어 분사 시스템도 도입했다. 동시에 QJ는 전기 모터사이클과 액화가스 모터사이클의 개발 그리고 중국 전기 모터사이클 표준 체계화의 참여에 헌신하였다.

중국 국무원 결의안에 따르면, 모터사이클은 "농촌을 향해"라는 계획에 공식적으로 포함될 예정이었다. 2009년 3월 1일부터 2009년 12월 31일까지 중국 정부는 농촌 지역의 농부들이 낡은 모터사이클과 자동차를 새것으로 교체하는 데 50억 위안을 할당했다. 이는 국내 모터사이클 시장의 상당한 성장을 의미했다. 농촌에서 모터사이클은 사료, 가금류와 제품운송 그리고 통근을 위한 필수적인 운송수단이었다. 컴퓨터와 다른 가전제품들에 비교했을 때, 농부들은 모터사이클에 가장 많이 의존했다. 이러한 계획은 2013년까지 4년에 걸쳐 시행될 것이다. 국내 모터사이클 산업의 선도 기업으로 QJ는 이러한 보상 정책으로 큰 수혜를 입을 것이다.[18]

인수

베넬리(Benelli)와 QJ는 2005년 6월에 처음으로 계약을 체결했다. 그들은 상대방의 강점들을 연결하는 합의점을 찾고 있었다. 베넬리(Benelli)는 쉽게 인지할 수 있는 브랜드명, 서구 시장에 대한 지식 그리고 프로젝션 기술 등을 보유하고 있었던 반면에 QJ는 고효율의 공장과 낮은 생산 원가를 보유하고 있었다. 이들 회사는 2005년 9월에 베넬리 QJ(Benelli QJ)의 설립에 관한 거래에 도달했다. 사업 활동은 2005년 10월에 시작했다.

QJ가 베넬리(Benelli)를 매입한 중요한 이유는 품질과 스포츠 전통의 부분에서 유명하고 쉽게 인지되는 브랜드를 활용하는 것 그리고 QJ 그룹이 아직까지 진입하지 못한 부문에 고품질 제품을 제공하기 위하여 베넬리(Benelli)의 전문성과 지식을 활용하는 것이었다. 따라서 계획의 전략적 목표는 고품질의 생산을 달성하기 위하여 베넬리(Benelli)의 역사와 전통을 강화하고, 베넬리(Benelli)라는 브랜드를 다시 시작하는 것이었다. 또한 베넬리(Benelli)의 제품과 예비 부품들은 국내에서 생산되는 제품의 품질을 향상하고 더 나아가 새로운 분류의 고객들에게 제품을 다각화하기 위하여 중국에서도 사용되었다. 향상된 효율성과 다양한 품질의 제품들은 QJ가 모터바이크 시장을 선도하는 일본 기업들과 경쟁하는 것에 도움이 될 것으로 예측되었다.

QJ는 인수 시점에서 이탈리아 중부라는 베넬리(Benelli)의 지리적 위치에 대해서는 별다른 기대를 하지 않았지만, 실제로 마르케 지역에서 경쟁력의 혜택을 누릴 수 있었다. 현지 공공 기관들의 전폭적 지지로 협상은 용이했고, 회사를 매입하기 위한 러시아 기업과의 인수 '경쟁'에서 QJ가 승리하는 데 도움이 되었다. 부분적으로 정부가 통제하는 회사였던 QJ의 이사들은 현지 기관들의 관여 그리고 중국 지방정부와 이탈리아의 마을, 주, 지역정부 사이에서 구축된 관계를 환영했다.

마르케 지역, 페사로와 중국 내 위치는 문화와 사회 측면에서 예상하지 못한 공통분모가 많이 있었다. 연안 도시에 위치하고 있다는 것에 더하여, QJ는 페사로 사람들이 중국인들과 유사한 강력한 직업윤리와 작업에 대한 접근방식을 지니고 있다는 것을 알게 되었다.

인수 후 단계

인수 후에 도입된 중요한 구조적 변화와 운영상 변화 경영, 생산 그리고 R&D에 관련한 운영은 페사로에 유지되었다. 중요한 변화는 생산 활동에 관련된 것으로, 페사로 현장의 생산 능력을 늘리기 위하여 구조 조정이 이루어졌다. 이전에는 외부에 위탁되었던 3기통 엔진의 조립 같은 자체 제작의 비중을 늘려가는 것들이 혁신활동에 포함되었다. 이러한 결과로 회사를 인수할

18) L. Qu, "Great Prospects for Motorcycle Industry in China," March 2009, http://money.zjol.com.cn/05money/system/ 2009/03/31/015391068.shtml(2009년 12월 11일 접속).

때 45명이었던 기존 인력은 100명까지로 늘어났다.

인적 자원의 측면을 보면, 영업이사, 부품품질 관리자 그리고 상무이사에 중국인을 임명했다. 영업이사는 판매망의 구조조정과 이를 서구시장으로 확장하는 업무를 담당했다. 품질 관리자는 모회사와의 생산관계, 특히 중국에서 생산되고 조립을 위하여 수입된 베넬리(Benelli)부품들의 생산을 조율하는 것을 담당했다. 이외에 엔지니어, 근로자 그리고 기술자들은 모두 이탈리아인이었다. 이전의 기술이사는 상무이사보가 되었다. 일반적으로 QJ 그룹의 중국인 직원이 페사로에 왔고 이탈리아인 직원은 중국으로 순환 배치되었다. 이는 상호간의 경험(특히 디자인과 모터의 테스트)에서 학습을 촉진하기 위한 것으로 단기간 동안 이루어졌다.

베넬리(Benelli)에게 인수 후의 가장 큰 긍정적 변화로는 다음과 같은 것이 포함된다.

- 이전 소유자에 의해 증가되어 왔고, 상당한 손실을 가져왔던 피할 수 있는 비용을 절감하기 위한 효율성의 구축 노력
- 인적 자원을 관리하는 새로운 방법. QJ는 젊은 사람과 여성을 포함한 직원들에게 확대된 의사결정권과 책임을 부여하였다. QJ는 정기적 회의를 통하여 팀워크 접근 방식을 확산시키고 상향식으로 말단 직원에서 최고경영자까지의 제안과 아이디어를 장려하여, 직원 모두가 회사의 미래에 관련되게 하는 시도를 하고 있었다.

산업적 활동: 현재와 미래 2009년, 최초의 공장에서 2개의 생산 라인이 운영되고 있었다. 하나는 엔진의 생산과 조립을 위한 라인이었고, 다른 하나는 모터사이클의 생산과 조립을 위한 생산 라인이었다. 인수 이전에는 엔진의 생산과 테스트를 외부에 위탁하여서, 하나의 생산 라인만을 사용했다. 하지만 엔진을 아웃소싱하기로 한 결정은 실수였다. 이러한 결정은 엔진 생산비용의 증가뿐만 아니라 엔진의 품질과 성능을 관리하는데 있어 어려움을 초래했기 때문이다. 따라서 QJ는 이탈리아 국적 기술이사의 제안에 따라 엔진을 자체 생산하기로 결정했다.

새로운 계획을 실현하기 위하여, 학생들을 위한 견습 기간과 후속 취업을 연계하는 현지 직업 및 기술학교와의 계약이 강화되었다. 현지 공급자들과의 관계에는 변화가 없었다.

QJ 그룹은 회사의 발전을 위한 도전적인 사업 계획을 고안했고, 이는 인력의 증가로 이어졌다. 그 사업 계획에는 4년 이내에 신제품을 생산하는 것이 포함되어 있었다. 모터사이클 생산은 회사 인수전에는 단 3개의 모델 밖에 없었으나, 2007년에 9개의 모델 그리고 2008년에는 10개의 모델로 증가되었다(〈**도표 7**〉 2009년도 베넬리(Benelli)의 두 제품을 보여줌). 각각의 모터사이클 모델은 서로 달랐고, 3개의 신형 엔진이 사용되었다. 이 엔진들은 페사로의 기술 부서에서 설계된 것들이었다. 그 후에 설계와 시제품 제작부문이 QJ의 기술 부서로 이전되고, 중국과 이탈리아의 기술부서들은 프로젝트의 사업적 개발을 감독하기 위하여 협조적으로 협력하여 작업을 수행했다. 일단 제품에 대한 사업 계획이 완료되면 이탈리아에서 생산이 시작되었다.

인수 이전에 베넬리(Benelli)는 하나의 스쿠터 모델간을 생산했다. 2008년 이후로 2개의 신형 스쿠터 모델이 베넬리(Benelli)의 제품 범주에 추가되었다. 2009년 8월이 되면 Benelli의 스쿠터 모델은 4개가 될 것이다. 스쿠터들은 모두 이탈리아에서 설계되고 계획된 후에 QJ가 중국에서 완성품으로 조립, 생산을 했고, 이탈리아에 판매하기 위하여 베넬리(Benelli)의 브랜드로 수입되었다.

베넬리(Benelli)가 사업을 재개하는 데에 있어서 핵심 요인은 생산원가의 절감과 이를 바탕으로 낮은 판매 가격을 설정한 것이었다. 일본 제조업체들과 비교하여 사실상 경쟁력 있는 가격을 갖추기 위해서는 10년이 걸릴 것이라는 예측이 있었다. 이러한 전략적 목표를 달성하기 위하여 고부가가치의 지식 기반 활동을 이탈리아에서 유지하면서 더 많은 부품들을 중

도표 7 베넬리의 2009년 모터사이클

출처: Courtesy of Benelli QJ srl.

국에서 생산하게 될 것이다. 가격 측면에서 경쟁에서 이기고 QJ의 강점을 구축하려는 시도를 하면서, 베넬리(Benelli)는 QJ 제품의 기술적 성능 그리고 스타일과 디자인을 개선하기 위한 작업을 하고 있다.

베넬리(Benelli)의 제품은 2009년에서 2010년에 중국 시장으로 진출할 것으로 예측되었다. 2009년에 배기량 250cc 이상의 모터바이크에 대한 수입 제한이 해제되었고, 이제 판매 활동이 조직될 수 있다. 여러 대리점들이 중국에서 베넬리(Benelli)의 모터바이크를 판매할 준비를 하고 있다. 스쿠터는 가격 측면에서 경쟁력이 없기 때문에 중국에서는 판매되지 않을 것이다. 사업 계획이 완료된 후에 베넬리(Benelli)의 사업 재개에는 레이싱 활동에도 중점을 두고 있다. QJ는 모토 GP(MotoGP)와 5년 이내에 슈퍼바이크 세계 대회를 위한 경쟁력을 갖춘 신형 바이크의 준비를 계획하고 있었다.[19]

해외 판매 활동과 판매 네트워크

세계시장에서 베넬리(Benelli)의 경쟁적 지위와 QJ의 경쟁력을 강화하기 위한 다른 주요 요소는 판매 네트워크였다. 베넬리(Benelli)의 해외 사업망은 유럽과 미국에 새로운 지사를 설립하는 것을 시작으로 구조조정이 이루어지고 있었다. 베넬리(Benelli) 제품의 판매는 대부분 유럽연합(EU), 특히 이탈리아에서 이루어졌다. 독일은 가장 중요한 해외 시장이었다. 베넬리(Benelli)에게 있어 두 번째 중요한 해외 시장은 미국이어야 하지만 주문 수량(sell in)과 고객판매수량(sell out) 사이에 큰 차이가 있었다(즉 수입된 모터바이크의 수와 판매된 모터바이크의 수가 다름). 미국 내 판매에 관련된 주요 문제는 고객지원 서비스와 유통경로였다. 또한 독일, 미국 뿐 아니라 영국도 중요 시장의 하나이다.

이탈리아의 판매 네트워크는 179개의 공식 판매점을 중심으로 이루어져 있다. 그중 30%는 북부에, 33%는 중부에 그리고 37%는 남부에 위치한다. 또한 베넬리(Benelli)는 21개의 "공식 수리점"을 설립했는데 그 중 8개는 북부에, 3개는 중부에 그리고 나머지 10개는 남부에 위치한다.

해외 유통 네트워크는 주로 베넬리(Benelli)와 KW 브랜드 제품의 합작 자회사로 구성되었다. KW는 스쿠터를 판매하기 위한 신규 브랜드였다. KW는 QJ가 헝가리 회사인 키웨이(Keeway, 후에 첸장 키웨

19) Aaron Frank, "Benelli, BMW, and MV Agusta—Onward and Upward," Motorcyclist, www.motorcyclistonline.com/ newsandupdates/122_0804_benelli_bmw_mv_agusta/index.html(2009년 12월 10일 접속)

이 유럽(Qianjiang-Keeway Europe)이 됨)를 인수한 이후에 시작되었다. 이러한 브랜드들은 그 가격과 품질에서 차별화되고 있지만, 동일한 네트워크를 통하여 판매되었다. KW 자회사들을 제외하면, 판매 네트워크는 일반적으로 각 나라에 하나씩 있고 다른 대리점에 판매하는 공식 수입업자들에 따라 구성되어 있다. 대리점들은 일반적으로 단일 브랜드 판매처로 영업하지 않는다. 베넬리(Benelli)는 유럽, 아시아 그리고 미주에 걸쳐 37개국에서 수입업자들과 관계를 맺고 있었다.

QJ의 판매 전략은 지리적인 측면에 기초하여 차별화되어 있었다. 인도네시아에서 대리점과 하위 대리점을 통해 강력한 판매망을 보유하고 있었던 반면에 내수 브랜드들이 연합하여 경쟁하고 가격을 낮추는 동남아시아 시장에서 QJ모터는 판매에 적극적이지 않았다. 베트남 같은 국가에서 기업들은 주로 저가격 경쟁을 하고 있었지만, 그러한 시장에서 QJ의 가격은 전체적으로 경쟁력이 없었다.

QJ는 이제 북미와 유럽 시장을 노리고 있다. 유럽은 문턱을 넘기 힘든 아주 엄격한 기술 표준을 갖고 있어서 시장에 진출하는 것이 어렵다. 유럽에서 모터사이클 수리는 시간당 비용이 높아서 판매를 통한 이익을 감소시킬 정도였다. 따라서 유럽 시장에 진출하기 위해서는 좋은 품질을 보유한 1등급 제품이 요구된다.

향후 과제

인수 이후에 행동방식의 측면에서 특히 사업적인 접근 방식에 관해서 중국인들과 이탈리아인들 사이에 문화적 차이로 인하여 몇몇 문제들이 발생되었다. 서로 다른 사고방식, 습관 그리고 배경으로 인해 이들은 인간관계를 형성하는 데 어려움을 겪었다. 문제는 서로간 이질적인 조직 문화뿐만 아니라 중국과 이탈리아 간 상이한 작업 환경에서도 유발되었다.

기술적 부분에서도 이러한 소통문제들의 예를 많이 찾을 수 있었다. 중국과 이탈리아의 기술부서들은 그들의 상호보완적인 기술들을 결합하고 최적화하기 위하여 서로 함께 또 조화롭게 작업해야 했다. 그러나 언어와 문화적 차이로 인하여 함께 일하는 것은 어려웠다. 이러한 문제들은 중요한 프로젝트의 개발을 지연시키고 있었다.

다른 중요한 분야는 규칙과 법에 관한 것이었다. 어떤 경우에는 관리활동들이 이탈리아인과 중국인 모두에게 터무니없는 것으로 받아들여졌다. 특정한 이탈리아의 회계 또는 민사 규칙에 관련된 행위들에 대하여 중국인은 때때로 "잘못된 것"이라고 판단했다. 마찬가지로 이탈리아인 직원들에게 중국의 규칙은 "이상"하거나 받아들일 수 없는 것처럼 보였다. 이런 의미에서 베넬리(Benelli)와 새로운 중국인 소유자들이 직면하고 있는 문제는 어떻게 비교 문화적 이해도(cross-cultural understanding)를 높일 수 있을지에 대한 것이었다. 의사소통의 문제와 문화적 차이는 경영진과 직원들 사이에 균열을 만들었고, 전략의 시행을 지연시켰을 뿐만 아니라 회사의 잠재력까지 손상시켰다.

"새로운" 베넬리(Benelli)를 경영하는 것에 있어서 다른 어려움은 효율성에 많은 초점을 맞추는 것에 기인하는데 이는 부정적 결과도 가져왔다. 중국의 국내 소비자들은 가격 지향적이다. 이러한 경향은 전반적으로 중국 기업들이 비용을 줄이고 장기적인 또는 무형의 이익을 주는 투자를 줄이는 데 더 많은 관심을 보이게 만든다. QJ의 세계적인 확장을 위해서 QJ는 사업을 하는 이러한 전통적 방법을 포기하고 저원가 접근 방법의 재고가 필요하다. 이처럼 원가 절감에 집중하는 것은 기업이 판매촉진에 중점을 두지 않게 만든다.

베넬리(Benelli)와 새로운 중국인 소유자에게 있어 중요한 문제는 시장 점유율을 높이기 위하여 브랜드의 세계적 강점과 판매망의 효과성을 개선하는 것이었다. 베넬리(Benelli)의 제품, 특히 모터사이클은 시장의 가장 중요한 경쟁 업체들과 경쟁할 수 있는 뛰어난 잠재력을 지니고 있었지만 유럽과 미국 모두에서 낮은 시장 점유율을 나타내고 있었다. QJ는 베넬리(Benelli) 브랜드를 통하여 서구 시장에 진입하는데 문제가 별로 없을 것이라고 예측했지만, 브랜드 이미지를 국제적으로 재정립하여 다시 런칭하는 것뿐만 아니라 국제적인 공급자들과의 관계들을 다시 형성하려는 과정에서 시간이 지연되는 결과가 야기되었다. 마케팅 분야의 투자, 특히 판매촉진, 판매 후 지원 그리고 소비자 관리에 대한 투자가 필요했다.

Reading 2-1 클러스터와 새로운 경쟁의 경제

by Michael E. Porter

현재 기업은 마우스 클릭 한 번으로 자본금, 상품, 정보와 기술을 세계전역에서 얻을 수 있다. 기업과 국가가 어떻게 경쟁하는지에 관한 형식적인 많은 지혜들은 철저히 조사되어질 필요가 있다. 이 이론에서는 보다 개방적인 글로벌 시장, 빠른 운송 및 통신(communication)은 경쟁 위치의 역할을 감소시킨다. 결국 글로벌 시장과 기업 네트워크를 통한 거리로부터 효율적으로 얻어지는 것은 어떤 기업에서도 사용할 수 있으며, 따라서 본질적으로 경쟁 우위(competitive advantage)의 원천으로써 효력이 없어지게 된다.

그러나 만약 지역적인 문제가 덜 중요하다면, 왜 실제로 보스턴에서 세계 최고 수준의 무츄얼 펀드 회사(mutual-fund company)들을 찾는 확률이 다른 지역보다 더 높은 것일까? 같은 이치로 북부 캐롤라이나, 남부 캐롤라이나에 섬유 관련 기업, 독일 남부에 고성능 자동차 기업이 북부 이탈리아에 패션 신발 기업이 잘 알려진 것일까? 오늘날 세계의 경제적인 지도는 클러스터(Cluster: 특별한 분야에서의 비범한 경쟁적 성공을 거둔 한 지역)의 비판적 대중(critical masses)이라고 불리는 것에 의해서 지배되고 있다. 클러스터(Cluster)는 사실상 모든 나라, 지역, 주 그리고 심지어 대도시의 경제에서 두드러진 특징이다. 특히 경쟁적으로 선진국 국가가 더 그러하다. 실리콘 밸리(Silicon Valley)와 할리우드(Hollywood)는 아마 가장 잘 알려진 클러스터일 것이다. 하지만 의외로 클러스터(Cluster)는 특별하지 않다. 지극히 전형적이다. 그리고 그것은 역설에 놓여 있다. 역설적으로 글로벌 경제에 있어서, 지속적인 경쟁 우위(competitive advantage)는 멀리 떨어진 경쟁자와는 다른 동기부여, 관계 지식과 같은 지역적인 것들에 놓여있다.

비록 지역은 경쟁이라는 토대를 유지하지만 오늘날 그것의 역할은 과거 세대에 그랬던 것과는 완전히 다르다. 경쟁이 투입가격(input-cost)과 중요한 기금(자연적 항구, 예를 들어 값싼 노동력의 공급)의 위치에 의해 중요하게 운영되던 시대에서는 종종 경쟁적으로 결정하고 영속적인 측면의 경쟁 우위(competitive advantage)를 지녔다.

오늘날 경제에서의 경쟁력은 훨씬 더 역동적이다. 기업은 경쟁 우위(competitive advantage)의 오래된 개념 즉 관련성이 없는 개념을 없애고, 글로벌 소싱(global sourcing)을 통해 다양한 투입가격(input-cost)의 단점을 완화할 수 있다. 대신에 경쟁 우위(competitive advantage)는 계속적인 혁신을 요구, 입력의 더 생산성 있는 사용을 만들어내야 하는 과제가 남아있다.

세계경제에서 지역의 역설(paradox)을 해소하는 것은 어떻게 기업이 지속적으로 경쟁 우위(competitive advantage)를 생성하는지에 대한 많은 주요 통찰을 나타낸다. 기업 내부에서 일어나는 것은 중요하지만 즉각적인 비즈니스 환경의 외부 클러스터(Cluster)들 역시 그만큼의 필수적인 역할을 한다는 것을 나타낸다. 비록 혁신과 경쟁적인 성공이 많은 분야에 있어 지역적으로 집중화된 것(할리우드의 연예산업과 월가의 금융이나 일본의 소비가전)이 강력한 증거임에도 불구하고, 지역의 이런 역할은 오랫동안 간과되어 왔다.

▪ Michael E. Porter is the C. Roland Christensen Professor of Business Administration at the Harvard Business School in Boston, Massachusetts. Further discussion of clusters can be found in two new essays—"Clusters and Competition" and "Competing Across Locations"—in his new collection titled On Competition (Harvard Business School Press, 1998).

클러스터(Cluster)는 국경을 가로지를 뿐만 아니라, 국가 내부의 경쟁력에도 영향을 미친다. 그러므로 그들은 그들이 세계적으로 경쟁하는 것만이 아닌 모든 비즈니스 수행을 위한 새로운 의제를 이끌어 간다. 더욱 더 광범위 하게, 클러스터(Cluster)는 기업이 어떻게 환경설정을 해야 하는지, 대학교 같은 기관들은 어떻게 경쟁성공에 헌신을 할 것인지, 어떻게 정부는 경제적 발전과 번영을 촉진 할 것인가에 관한 창조적 지혜에 대해 많은 도전과 위치에서 생각의 새로운 방법을 나타낸다,

클러스터(cluster)란 무엇인가?

클러스터(Cluster)는 특정분야에 있어 상호 연결되어 있는 기업과 기관들의 지리적인 집중(집합체)이다. 클러스터(Cluster)는 경쟁에 중요한 연결된 산업들과 다른 개체들의 집합체를 포괄한다. 예를 들면 그들은 전문화된 투입요소 즉 전문화된 기반시설의 구성요소, 기계장치, 서비스, 생산자를 포함한다. 클러스터들은 또한 종종 채널과 고객, 보완제품의 제조업자와 기술과 관련된 산업에서의 기업, 산업기술 혹은 일반 투입에게까지 아래로 확장한다. 결국에 많은 클러스터는 정부와 다른 기관, 즉 대학, 표준이 설정된 의제, 씽크탱크, 교육, 정보, 학술, 기술적인 후원 등을 포괄하는 개념이다.

캘리포니아 와인 클러스터(Cluster)는 하나의 좋은 예이다. 그것에는 680개의 상업적인 와인 양조장뿐만 아니라 수천명의 개인적인 와인포도 재배자를 포함한다("캘리포니아 와인 클러스터의 분석"을 보아라). 포도 재고, 관개, 수확용 장비, 배럴 및 라벨을 포함하는 포도성장과 와인제조를 지지하는 산업의 광범위한 보완물(특정화된 연관 업체와 광고회사: 소비자와 무역 거래자를 목표로 하는 수많은 와인 관련 출판물)이

그림 1 캘리포니아 와인 클러스터의 구조

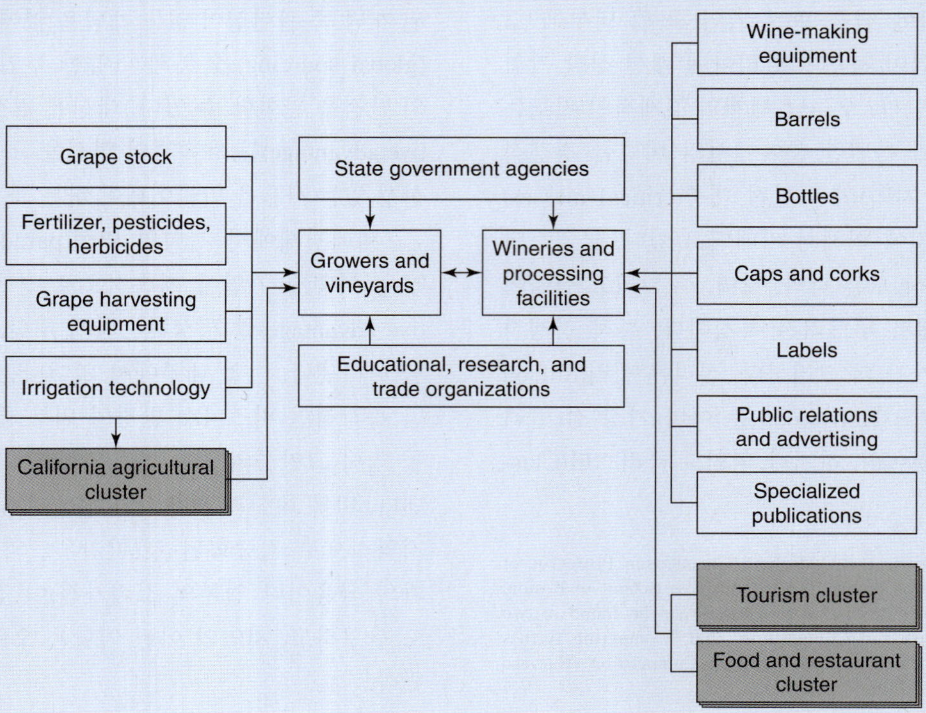

존재한다. Davis에 위치한 캘리포니아 대학의 세계적으로 알려진 포도재배학과 포도주학 프로그램의 와인연구소와 캘리포니아 상원과 의회의 특별위원회 같은 지역기관들은 와인과 관련되어 있다. 그 클러스터(Cluster)는 또한, 다른 캘리포니아 농업, 식품, 요식업, 와인 농촌 관광 등 다른 클러스터간의 약해지는 연결고리를 누린다.

역시 이탈리아의 가죽 패션의 클러스터(Cluster)를 생각해 보아라. 이는 신발의 구성품, 기계, 틀, 디자인 서비스, 그을린 가죽의 특수화된 공급자의 주인뿐만 아니라 페레가모, 구찌와 같은 잘 알려진 신발 기업들을 포함한다("이탈리아 가죽패션 클러스터를 맵핑(mapping)"을 보아라). 이것 역시 산업과 관련된 몇몇의 연결체로 구성되어 있다. 이는 공통된 기술과 투입에 의해 연결된 다른 종류의 가죽제품의 생산과 중복된 채널과 기술로 연결된 다른 종류의 신발을 포함한다. 이 산업은 공통된 마케팅 미디어를 이용하고, 유사한 고객층에서의 비슷한 이미지로 경쟁한다. 의류, 스카프, 악세사리, 보충물을 포함하는 모직 산업 안에서 서로 관련되어 있는 이태리 클러스터(Cluster)들은 열가지의 공통된 채널을 이용한다. 이태리 가죽패션산업 클러스터(Cluster)의 특별한 강점은 최소한 이 영역에서는 이탈리아의 사업이 즐길 수 있는 여러 연계와 시너지 효과에 기인할 수 있는 것이다.

클러스터(Cluster)의 경계는 경쟁에서 가장 중요한 산업과 기관을 가로지르는 연계와 상호보완으로 정의된다. 비록 클러스터(Cluster)들이 정치적 경계 내에서 맞추어져 있지만, 그들은 주의 경계를 심지어는 국가의 경계를 가로지를 지도 모른다. 예로 들자면 미국에서는 제약 클러스터가 필라델피아 근처의 펜실베니아와 뉴저지에 걸터져 있었다. 비슷한 예로 화학용품의 클러스터는 독일을 가로질러 스위스의 독일 언어권내로 뻗쳐져 있다.

클러스터들은 드물지만 경쟁에서 많은 중요한 역할과 관계를 확보하는 데 실패한 고전적인 표준산업분류시스템을 따르는 경우도 있다. 그러므로 중요한 클러스터들은 잘 알려지지 않았거나 구분이 모호할 지도 모른다. 예를 들어 메사추세츠에는 적어도 39,000개의 고임금 일자리를 대표하는 400개 이상의 기업이 같은 방법으로 의료장비와 연관되어 있다. 그러나 그 클러스터는 오래 유지되긴 하지만 잘 보이지 않고, 전자장비와 플라스틱 제품과 같은 중복된 큰 산업범주에 파묻혀 있다.
의료장비 클러스터의 전문가들은 최근에 들어서야 그들 모두에게 이익이 될 사안에 대해서 함께 작업하기 시작했다.

클러스터는 경쟁과 협동을 촉진시킨다. 경쟁자들은 고객을 얻고 유지하기 위해 격렬히 경쟁한다. 격렬한 경쟁 없이는 클러스터는 실패하고 말 것이다. 거기에 또한 협동이 있고, 산업과 지역 기관과 관련된 회사가 수직적으로 존재한다. 경쟁은 협동과 공존할 수 있다. 왜냐하면 그 경쟁자들 사이에서 다른 차원으로 일어나기 때문이다.

다른 한편으로 클러스터는 대등한 시장과 수직적이고 계층적 통합 사이에서 새로운 공간적인 조직의 형태를 보여준다. 그러므로 클러스터는 가치사슬을 조직하는 방법의 대안이다. 불특정 다수의 구매자와 판매자 사이의 시장 거래를 비교할 때, 한 지역 기관과 회사의 근접성—그리고 그들 사이의 반복된 교류—은 그들이 더욱 더 협력적이고 신뢰성을 가질 수 있게 한다. 따라서 클러스터는 수직적 통합의 비유연성이나 네트워크 동맹관계 파트너십과 같은 공식경로를 만들어내고 유지해야하는 경영상의 과제가 내재하고 있는 문제들을 완화시킨다. 회사와 기관 사이에 독립적이고 비공식적으로 연결되어 있는 클러스터는 유연성과 효과성과 효율성의 장점을 지닌 튼튼한 유기적 구조의 형태로 표현된다.

왜 클러스터는 경쟁에 있어 중요한가?

현대 경쟁은 투입으로서의 접근성이나 각 기업의 규모가 아니라 생산성에 의존한다. 생산성은 기업들이 어느 특정한 지역에서 경쟁하느냐가 아니라 어떻게 경쟁하느냐에 달려 있다. 회사는 어떤 산업—이를테면 신발, 농업, 반도체—에라도 매우 생산적일 수 있다. 만약 그들이 높은 수준의 방법을 쓴다면 첨단 기술을 사용할 것이고 특별한 제품과 서비스를 제공할 것이다. 모든 산업은 첨단 기술을 쓸 수 있다. 즉 모든 산업은 지식 집약적일 수 있다.

그러나 특정한 지역에서 경쟁을 하는 회사의 수준은 그 지역 비즈니스 환경의 질에 크게 영향을 받는다.[1] 예를 들면 기업들은 고품질의 운송 기반시설 없이는 첨단 배송 기술을 활용할 수 없다. 또 (기업들은) 교육된 사원들 없이는 수준 높은 서비스에서 효과적으로 경쟁할 수 없다. 비즈니스는 번거롭고 규제된 형식주의 아래에서나 논쟁을 빠르고 공정하게 해결하지 않는 사법 체계 아래에서는 효율적으로 작동할 수 없다. 예를 들어 법적 체계나 법인세율 같은 비즈니스 환경의 측면들은 산업 전반에 영향을 미친다. 그러나 선진 경제에서 비즈니스 환경의 더욱 결정적인 측면은 클러스터의 특성이다. 이것들은 경쟁을 위한 미시경제의 기초에서 가장 중요한 일부를 구성한다.

클러스터는 크게 세 가지의 방법으로 경쟁에 영향을 미친다. 첫째, 지역에 본거지가 있는 회사의 생산성 향상을 통해서 둘째, 미래의 생산성 향상을 뒷받침하는 혁신의 방향과 속도를 조정함으로써 셋째, 클러스터 그 자체를 확장하고 강화하는 새로운 비즈니스의 형성을 자극함으로써 영향을 미친다. 클러스터는 유연성을 희생할 필요 없이 각각의 구성원들에게 마치 더 큰 규모를 가진 것처럼 또는 마치 다른 구성원들과 공식적으로 연결하는 것은 허용해준다.

1) I first made this argument in The Competitive Advantage of Nations (New York: Free Press, 1990). I modeled the effect of the local business environment on competition in terms of four interrelated influences, graphically depicted in a diamond: factor conditions (the cost and quality of inputs); demand conditions (the sophistication of local customers); the context for firm strategy and rivalry (the nature and intensity of local competition); and related and supporting industries (the local extent and sophistication of suppliers and related industries). Diamond theory stresses how these elements combine to produce a dynamic, stimulating, and intensely competitive business environment.

A cluster is the manifestation of the diamond at work. Proximity—the colocation of companies, customers, and suppliers—amplifies all of the pressures to innovate and upgrade.

그림 2 이탈리아 가죽 의류 클러스터의 배치 구조

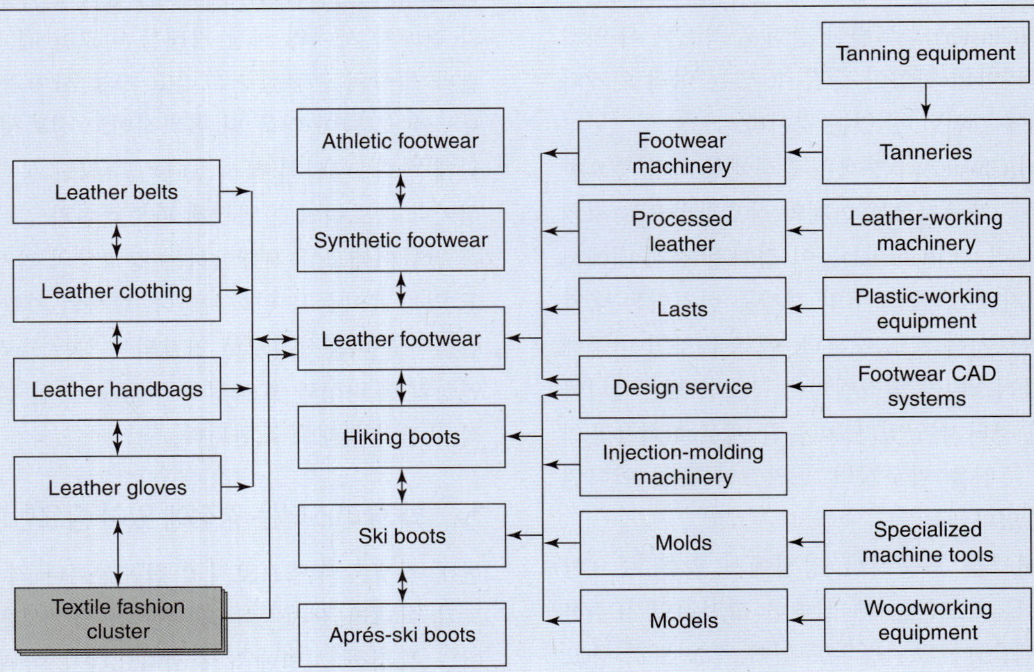

클러스터와 생산성 클러스터의 부분이 된다는 것은 기업이 투입물을 활용(정보, 기술, 필요한 기관의 접근; 향상성의 동기화 및 측정)할 수 있도록 하는 것이다.

고용자와 공급자로의 더 나은 접근 활발한 클러스터에 있는 회사들은 기존의 특화되고 능숙한 고용인을 활용함으로써 사원 모집에서 검색과 처리에 드는 비용을 줄일 수 있다. 왜냐하면 클러스터가 고용인을 재배치하는 데에 있어 기회를 알려 주고 위험을 감소시켜 주며 다른 지역으로부터 재능 있는 인력을 끌어들이기 쉽기 때문이다. 이것은 어떤 산업들에서는 결정적인 장점이 된다.

잘 개발된 클러스터는 또한 다른 중요한 투입물을 얻어내는 효율적인 수단을 제공한다. 그런 클러스터는 깊이 있고 전문화된 공급자 기반을 제공한다. 먼 공급원 대신에 현지 조달을 하여 거래 비용을 낮춘다. 그것은 재고의 필요를 최소화하고, 수입 비용과 지연 시간을 없앨 수 있다. 왜냐하면 지역 평판이 중요하기 때문에 계약에서 공급자가 바가지를 씌우거나 합의를 깰 위험을 낮추어 준다. 근접성은 커뮤니케이션을 향상시키고 오류개선과 설치 같은 서비스를 지원하고, 공급자가 공급하고 보조하는 작업(가령 설치나 수정)을 쉽게 하도록 해준다. 그러면 다른 요인들이 같다고 할 때 지역 아웃소싱(local outsourcing)은 특히 고도기술, 정보 그리고 서비스 내용을 포함한 경우엔 먼 지역의 아웃소싱(distant outsourcing)보다 더 나은 해결책이 될 수 있다.

장거리 공급자의 공식적인 연합은 장거리 아웃소싱의 단점을 완화시킬 수 있다. 그러나 모든 공식적인 연합은 그들 자신의 복잡한 협상과 정부 문제와 관련되며, 기업의 유연성을 저해할 수 있다. 결국 클러스터 안에 있는 기업들 사이에 일어날 수 있는 비공식적 관계는 때로는 우수한 협동체가 되기도 한다.

많은 사례에서 클러스터는 수직적 통합의 더 나은 대안이 된다. 많은 내부의 부서와 비교하면 외부의 전문가들은 생산 구성뿐 아니라 교육과 같은 서비스 부문에서도 보통 더욱더 비용 효율적이고 호응이 높다. 비록 한때 광범위한 수직적인 통합이 표준이었을지라도, 빠르게 변화하는 환경은 수직적 통합이 비효율적이고 비효과적이고 비유연적이게 만들 수 있다.

심지어 투입이 거리로부터 최상의 원천에 있을 때, 클러스터는 여전히 이점을 제공한다. 공급자는 큰 침투를 시도하고, 대규모 집중 시장은 그들이 마케팅 및 서비스에 효율성을 실현할 수 있다는 것을 알고 보다 적극적으로 가격을 책정한다.

취합된 자원 하에서 클러스터 이점에 반하는 작업을 한다면, 경쟁은 그들에게 더 비싸고 부족하게 만들 것이다. 그러나 기업은 잠재적인 불이익을 제한하는 경향을 가진 다른 지역으로부터 아웃소싱 투입을 하는 대안을 가지고 있을 수도 있다. 더 중요한 것은 클러스터는 특정한 투입의 수요뿐만 아니라 공급까지 향상시키는 것이다.

전문화된 정보의 접근 광범위한 시장, 기술적 그리고 경쟁적인 정보는 클러스터 안에서 축적된다. 그리고 구성원은 그것에 접근하는 것을 선호해왔다. 또한 개인적 관계와 커뮤니티의 유대는 신뢰를 촉진하고, 정보의 흐름을 용이하게 한다. 이러한 상태는 정보를 이동 가능하게 한다.

상호보완성 클러스터 구성원간의 다수의 연계는 부분의 합보다 전체적으로 더 큰 결과를 만들어 낸다. 예를 들어 전형적인 여행 클러스터에서 손님의 경험의 질은 주요한 매력에 호소하는 것뿐만 아니라 호텔과 레스토랑, 쇼핑센터, 그리고 교통 시설 같은 상호보완적인 비즈니스의 효율성과 질에도 의존한다. 왜냐하면 클러스터의 구성원은 상호간에 의존하기 때문에, 누군가에 의한 좋은 성과는 기타의 성공을 촉진시킬 수 있다.

상호보완성은 많은 형태로 나타난다. 가장 명백하게 나타나는 것은 관광의 예로써 고객의 욕구를 충족시키기 위해 제품들이 서로서로 보완해 줄 때이다. 그들의 집단생산성을 최적화하기 위한 다른 형태는 기

그림 3 선택된 미국 클러스터의 배치 구조

미국의 몇 가지 클러스터가 있다. 할리우드 엔터테인먼트 클러스터와 High point, 캘리포니아 북부의 가구 클러스터가 잘 알려진 것들이다. 칼스배드, 캘리포니아의 골프장비, 피닉스, 아리조나의 광학 같은 것은 잘 알려지지 않은 것들이다. 클러스터의 비교적 적은 경우는 다른 지역에 "수출된" 경제 활동의 강력한 공유뿐만 아니라 지리적 지역 내에서 경제의 주요 공유를 설명한다. 수출 제품 혹은 로컬지역 외부에서 경쟁하기 위한 투자의 수출 클러스터는 지역의 경제 성장의 주요 원천이고 장기적 안목으로 번영이다. 지역산업의 수요는 지역시장의 크기에 의해 본질적으로 제한되어 왔으나 수출 클러스터는 제한을 넘어 성장할 수 있다.

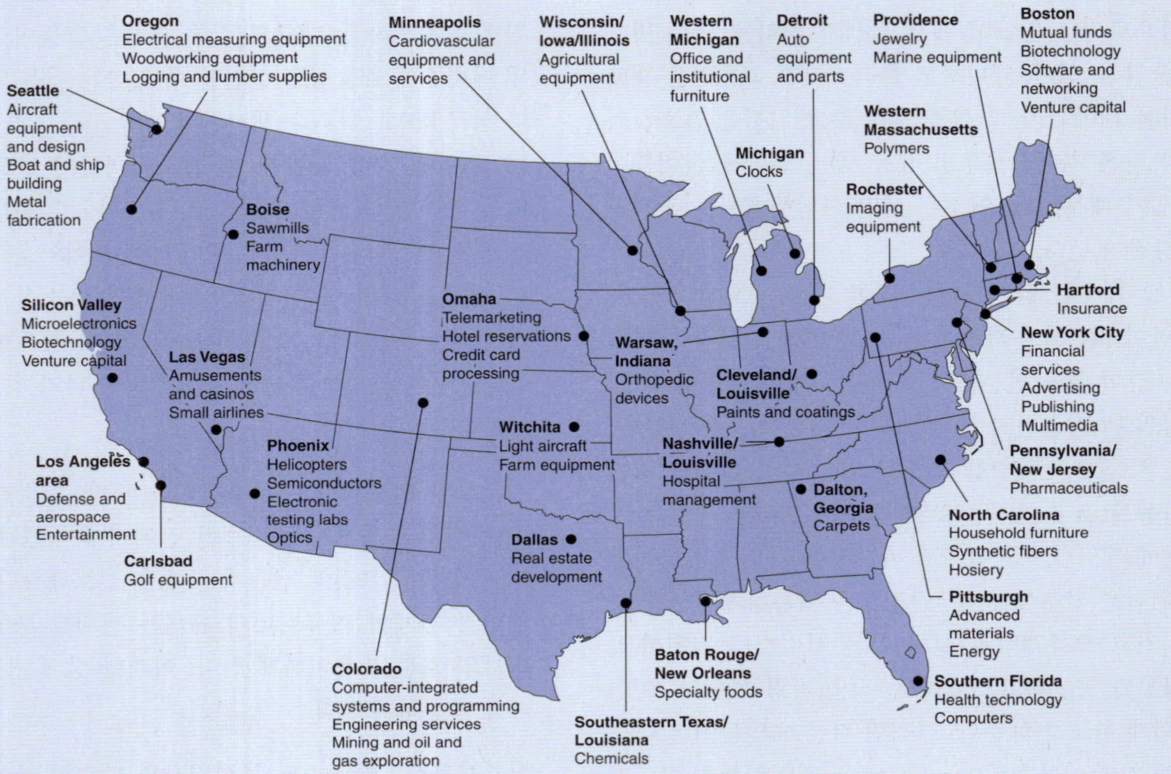

업 전반에 걸친 조화이다. 나무 제품의 예를 들면 제재소의 효율은 신뢰할 수 있는 고품질의 목재의 공급과 사용하는 모든 목재의 사용 능력(가구용(고품질), 화물 운반대와 박스용(저품질), 나뭇조각용(가장 저품질))을 적재적소에 활용하는데 달려있다. 1990년대 전반에, 지방의 토지 소유자가 목재 관리에 투자하지 않았기 때문에 포르투갈 제재소는 목재의 저 품질로 고통 받았다. 따라서 대부분의 목재는 화물 운반대와 박스로 처리되었고, 낮은 가치는 토지 소유자에게 제한된 가격을 지불했다. 생산성의 실질적인 개량은 가능했다. 그러나 일부의 몇 개의 부분만이 동시에 변화했다. 예를 들어 벌채 작업은 절삭작업과 저장작업 과정을 수정해야 했다. 반면에 제재소는 나무를 처리하는 능력을 정교한 방법으로 발전시켜야 했다. 표준화된 목재를 발전시키고 세분화하는 것의 조직화는 공정을 한 단계 발전 가능하게 하는 것이 중요하다. 지리적으로 분산된 기업들은 이런 연결들을 잘 인지하고 붙잡기 힘들 것이다.

다른 상호보완성은 마케팅에서 발생한다. 클러스터는 종종 구매자가 공급업체로 전환하게 함으로써 특정분야에 있어서의 지역의 명성을 강화해준다, 이탈리아의 패션과 디자인의 강력한 명성을 예로 들자면 가죽제품, 신발, 의복, 악세사리는 기업의 이익이 된다. 이런 평판을 넘어 회사파견, 공정거래, 업계지와 대리 마케팅 등과 같은 공동의 마케팅 메커니즘의 여러 분야로 부터도 이익을 얻는다.

결국엔 이런 상호보완성은 소비자에게 더욱더 매력적인 클러스터로부터 구입할 수 있다. 방문고객은 한 번의 방문에 여러 판매업체를 알 수 있다. 그들은 또한 그들의 구매위험을 낮출 수 있다는 걸 깨닫는데, 왜냐하면 하나의 지역은 공급업체의 다른 대안을 제공하기 때문이다. 그것은 그들이 그렇게 할 필요가 생기면 복수자원제공과 (거래)업체 변경이라는 것을 할 수 있게 해준다. 이런 이유로서 홍콩은 부분적으로 패션의복의 번영을 누렸다.

기관과 공공재로의 접근 특화된 인프라 구조나 교육프로그램과 같은 정부나 다른 공공기관의 투자는 기업의 생산성을 강화시킨다. 직원 모집을 위한 지역프로그램 훈련을 예로 들자면 낮은 내부 훈련비용이 든다. 클러스터의 정보, 기술 풀(pools), 이것의 명성과 같은 다른 준 공공재들은 경쟁의 제품에 의해 자연적으로 발생한다.

민간의 생산성을 향상시킬 공공재를 생성하는 것은 정부만의 역할은 아니다. 훈련 프로그램에 있어 기업에 의해 이루어지는 투자, 인프라, 품질 센터, 테스트 연구소, 그리고 그 밖의 것들은 역시 생산성 향상에 기인한다. 이러한 민간 투자는 종종 직접적으로 만들어지는데 이유는 클러스터 참여자들은 직접적 이익을 위한 잠재적인 것으로 인지 되기 때문이다.

더 나은 동기부여와 측정 지역 경쟁자는 높은 동기부여요소이다. 동료의 압력은 클러스터내의 경쟁 압력을 증폭시킨다. 심지어 비경쟁 기업 사이에서도 이루어지며 간접적으로 이루어지기도 한다. 지역 내에서의 좋게 보이려는 자부심과 욕구는 경영진에게 서로를 능가하려고 박차를 가한다.

클러스터는 또한 성과의 비교와 측정을 더 쉽게 해준다. 왜냐하면 지역 경쟁자의 몫은 일반적인 순환 과정들을 공유하기 때문이다. 예를 들자면 인건비와 지역시장 접근이다. 그리고 그들은 유사한 활동을 수행한다. 클러스터 내의 기업은 일반적으로 그들의 공급가격에 대한 상세한 지식을 가지고 있다. 매니저들은 다른 지역 기업의 고용 성과와 원가를 비교할 수 있다. 게다가 재무 기관은 클러스터를 모니터 성과로 사용할 수 있는 지식을 축적해 낼 수 도 있다.

클러스터 그리고 혁신 게다가 생산성의 향상을 위해서 클러스터는 기업이 혁신하기 위한 능력을 지속하게 하는 중요한 역할을 한다. 현재의 생산성을 향상시키는 몇몇의 특징은 더 많은 혁신과 생산성 성장에 극적인 영향을 미친다.

왜냐하면 신중한 구매자는 종종 클러스터의 일부에 있고, 클러스터 내의 기업은 종종 고립 되어진 경쟁자들보다 더 좋은 시장의 창을 가지고 있기 때문이다. Texas의 Austin과 실리콘밸리 내의 컴퓨터 기업을 예로 들자면, 다른 어떤 지역에 위치한 기업과 다르게 소비자의 욕구와 트렌드를 접할 수 있다. 클러스터 내의 다른 기관과의 지속적인 관계는 역시 기술 진화, 구성요소와 기계 능력, 서비스, 시장 개념 기타 등에 관하여 일찍 배울 수 있도록 돕는다. 각각의 배움은 방문의 용이성과 잦은 대면접촉으로 용이해지기 때문이다.

클러스터는 혁신을 더욱 눈에 띄게 만드는 기회를 제공한다. 그들은 역시 민첩하게 행동하기 위한 능력과 유연성을 제공한다. 클러스터 내의 기업은 종종 혁신을 좀 더 빠르게 촉진시키는 욕구의 원천이 될 수 있다. 지역의 공급자와 파트너는 혁신과정에 밀접한 관련이 있으며, 반드시 고객의 요구에 더 적합할 수 있도록 한다.

클러스터 내의 기업은 낮은 비용으로 실험할 수 있고, 그들이 주어진 혁신이 전개된다는 더 큰 확신들 때까지 책무를 지연할 수도 있는데 반해, 대조적으로 원거리 공급업자에 의존하는 기업은 모든 다른 조직과 조화를 이루는 활동 안에서 큰 도전에 직면하고 있다. 예를 들어 배달을 확보하거나 기술 및 서비스 관련 지원을 얻는 것이다. 특히 어려운 균형(trade-off)에 직면할 때 혁신이 사내자산의 가치를 떨어뜨리거나, 현재의 제품 혹은 과정이 새로운 것이 개발되는 동안에도 유지되어야만 할 때 혁신은 수직적으로 통합된 기업에서 훨씬 더 힘들 수 있다.

혁신을 위한 다른 이점의 강화는 클러스터 내에서 발생하는 경쟁적인 압력, 완전한 압력, 끊임없는 비교와 같은 절대적인 압력이다. 전문가들은 서로서로 그들의 기업들을 구별하려고 한다. 이러한 모든 이유에서 클러스터는 수십 년간 혁신의 중심을 유지할 수 있다.

클러스터와 새로운 사업 형태 새로운 많은 기업들이 고립된 지역보다 클러스터 내에서 성장하는 것은 놀라운 일이 아니다. 새로운 공급자를 예로 들면 클러스터 내에서 급증하는데, 그 이유는 집중되어있는 소비자들이 그들의 위험을 낮추어 주고, 시장 기회를 포착하는 것을 쉽게 해주기 때문이다. 게다가 발달된 클러스터는 일반적으로 인식되거나 매우 유사한 투입과 관련된 산업을 포함하기 때문에, 공급업자는 확장된 기회를 얻을 수 있다.

클러스터는 다양한 이유에서 새로운 기업 형성에 공헌한다. 클러스터 내에서 움직이는 개개인들은 그들의 사업을 구축할 수 있는 서비스나 제품 사이의 차이를 더 쉽게 인지할 수 있도록 해준다. 이상으로 진입장벽은 다른 어느 곳보다 낮다. 클러스터 내에 필요한 자산, 기술, 투입, 직원과 같이 항시 대기하고 있는 집합은 새로운 사업으로의 준비된 가용자원이다. 지역재무기관과 투자자들은 이미 클러스터에 익숙하다. 이것은 자본에 대한 낮은 위험 프리미엄을 요구할지도 모른다. 게다가 클러스터는 종종 중요한 지역의 시장을 나타내고, 기업가는 설립된 관계로부터 이익을 얻어 낼 수 도 있다. 이러한 모든 요소들은 기업실패의 탈출과 같은 항목의 지각 위험 전체를 감소시킨다.

클러스터 내의 새로운 사업 형성은 긍정적인 피드백 고리의 일부이다. 확장된 클러스터는 클러스터 전 구성원에게 이득을 줄 경쟁적 자원의 집합적인 풀 등 여기서 서술한 모든 이득을 증폭시킨다. 그 실질적인 결과는 그 클러스터 내에 있는 기업은 다른 지역의 경쟁 업체에 비해 발전하는 것이다.

생성, 진화와 쇠퇴

클러스터의 시초는 종종 역사적 시점까지 거슬러 올라간다. 예를 들면 메사추세츠 주에서는 여러 클러스터들이 MIT(Massachusetts Institute of Technology)나 하버드의 연구결과로부터 시작되었다. 네덜란드 운송 클러스터는 네덜란드의 중심에 위치한 광대한 수로 네트워크와 로테르담 항의 효율성과 Dutch에서 Holland까지의 오랜 해운 역사로 부터 축적된 기술의 영향을 크게 받았다.

클러스터는 또한 이례적이거나 복잡하거나 긴박한 지역의 수요로부터 생겨날 수도 있다. 이스라엘의 관개 장비와 발전된 농업기술들은 국가의 식량에 대한 강력한 자급자족의 욕구와 식수 및 더위, 황폐화에 대한 두려움으로부터 나온 결과물이다. 핀란드의 환경 클러스터는 금속, 조립, 화학, 에너지와 같은 제조업에 의해 발생하는 오염에 대응하기 위해 형성 되었다.

원래 존재하던 제조업, 관련 산업, 또는 심지어 모든 연관된 다른 사업들은 여태까지 없던 또 다른 새로운 클러스터의 출발점을 제공한다. 예를 들면 San Diego 근처의 골프 장비 클러스터는 캘리포니아 남부의 우주항공 클러스터로부터 나와 형성된 것이다. 그 클러스터는 주조 기술과 진보된 원료 기술뿐만 아니라 그러한 기술에 있어 필요한 경험을 가진 엔지니어들의 집합체를 만들어냈다.

새로운 클러스터는 또한 많은 다른 기업들의 성장을 자극하는 혁신적인 1~2곳의 기업으로부터 나왔을지도 모른다. 메드트로닉(Medtronic)은 이러한 역할을 Minneapolis 의료장치 클러스터를 형성하는데 있어서 수행되었다. 유사한 사례로 MCI와 America Online은 대도시 지역인 워싱턴 D.C.의 통신 클러스터 분야에서 새로운 사업을 성장시키는 중심지로서의 역할을 했다.

때때로 기회적인 사건은 몇몇 모험적인 요소를 만들어 냈는데, 비록 그 기회는 거의 한 지역에서의 클러스터의 성공에 대한 유일한 설명을 제공하지 못하지만, 결과적으로는 클러스터의 발전을 이끌어낸 것은 사실이다. 예를 들면 Nehraska 지역의 Omaha에 있는 텔레마케팅 클러스터는 그곳에 전략공군사령부(SAC)를 위치시키도록 한 미 공군의 결정으로부터 많은 혜택을 보고 있다. 그 지역의 핵 저지 전략에 있어서 핵심적인 역할을 맡으면서 SAC는 미국 내에서 광섬유 통신의 최초 설치 지역이 되었다. 그 지역 통신사(현재 미국 서부)는 까다로운 고객을 다루면서 독특한 능력을 개발해냈다. 중앙표준시라는 점과 쉽게 이해할 수 있는 지역의 억양과 같은 덜 독특한 특성들과 결합되어 결과적으로 Omaha에서 개발된 뛰어난 통신 능력과 기반 시설은 그 지역의 텔레마케팅 클러스터의 토대를 제공했다.

우선 클러스터가 형성되기 시작하면 자기강화 순환이 클러스터의 성장을 촉진시킨다. 특히 지역기관이 협조적이고 지역의 경쟁이 활발할 때 더 그렇다. 클러스터가 확장하면서 이는 정부, 공공기관, 사적인 기관에도 영향을 준다.

성장하는 클러스터는 기회를 나타내고, 클러스터의 성공 스토리는 최상의 재능을 끌어내도록 돕는다. 기업들은 여기에 관심을 갖게 되며, 아이디어나 관련 기술이 있는 개인들은 타 지역에서 이주해 오기도 한다. 전문화된 공급자도 등장하고 그에 따라 정보도 축적된다. 지역 기관들은 전문화된 훈련, 연구, 기반시설을 발전시켜간다. 그리고 클러스터의 강점과 가시성이 증가하게 된다. 결과적으로 클러스터는 관련 산업을 에워싸기 위해서 확장 된다. 다양한 사례연구들은 클러스터는 10년 또는 그 이상의 기간 동안 클러스터의 깊이와 실제적인 경쟁 우위를 발달시킬 필요가 있다고 제안하고 있다.[2]

클러스터의 발전은 종종 부분적으로 통찰력, 역량, 기술이 다양한 분야로부터 합쳐지고, 불꽃 튀는 혁신, 새로운 사업이 시작 되는 곳의 교차점에서 활성화된다. 독일의 사례가 이 점을 잘 설명한다. 독일은 차별화된 가전제품과 가구 두 분야에 있어서 차별화 된 클러스터를 보유하고 있다. 각각은 다양한 기술과 투입에 기초를 두고 있다. 비록 그 둘의 교차점이 붙박이 주방과 가전 클러스터일지라도 독일의 그 지역의 각각의 가전 또는 가구의 세계 수출 점유율보다도 더 많은 세계 수출 점유율을 확보하고 있다.

클러스터들은 지속적으로 발생하고 쇠퇴하는 새로운 기업, 산업과 발달하고 변화하는 지역기관과 함께 성숙한다. 그들은 수 세기 동안 경쟁적 위치로써 중심을 유지할 수 있다. 가장 성공적인 클러스터들은 최소한 수십 년간 번창한다. 그러나 그들은 내외적인 압박에 의해 경쟁적 강점을 잃을 수도 있다. 기술적인 불연속성은 그들의 많은 유리한 점들을 중립화 시켜버릴 수 있기 때문에 아마도 가장 중요한 외적인 위협이 될 수 있다. 시장정보, 종업원의 능력, 과학적이고 기술적인 전문가, 그리고 공급기반과 같은 클러스터의 자산은 이 모두의 관련성을 잃게 된다. 뉴잉글랜드의 골프 장비 시장점유율의 손실이 좋은 예이다. 뉴잉글랜드 클러스터는 강철손잡이, 강철 골프채(아이언), 우드의 생산지로써 형성 돼 있다. 캘리포니아 지역 회사가 신소재로 된 골프채를 만들었을 때 동부 해안의 생산자들은 경쟁하는데 어려움을 느꼈다. 그들 중 대다수가 인수 되거나 사업을 그만 두기까지 이르렀다.

그 지역과 그 밖의 지역의 욕구의 차이를 만든 구매자의 욕구의 변화는 U.S.의 다양한 클러스터에 있는 기업들의 또 다른 외적 위협으로 대두되었다. 예를 들

2) Selected case studies are described in "Clusters and Competition" in my book On Competition (Boston: Harvard Business School Press, 1998), which also includes citations of the published output of a number of cluster initiatives. Readers can also find a full treatment of the intellectual roots of cluster thinking, along with an extensive bibliography.

어서 이러한 변화로 세계적으로 에너지 효율이 대다수의 분야에서 중요해지고 있을 때 미국은 저렴한 에너지 가격을 유지하다가 피해를 입었다. 발전에 대한 압박과 고객에 대한 통찰의 부족으로 U.S.의 회사들은 혁신에 늦게 되고, 그들은 유럽과 일본의 경쟁자들로부터 그 분야에서 경쟁력을 잃었다.

클러스터들은 그들의 외부적인 위협에 취약한 것 만큼이나 내부적인 경직에도 취약하다. 과도한 합병, 상호간의 이해, 카르텔, 그리고 다른 경쟁에 대한 제약들은 지역적 경쟁을 약화시킨다. 제약적인 경직성 또는 제한적인 연합 규율의 도입은 생산성 증가를 늦춘다. 학교나 대학교와 같은 교육기관은 침체될 수도 있다.

클러스터 참여자간의 집단사고(1970년대 디트로이트 지역의 연료 소비가 많은 자동차 부품 사용 고집 문제가 하나의 예이다.)는 경직성의 강력한 형태일 수 있다. 만약 클러스터내의 기업들이 너무 내부적 시각을 가졌다면 클러스터 전체는 개별 기업들이 새로운 아이디어를 수용하기를 어렵게 하고 근본적인 혁신에 대한 요구를 훨씬 덜 인지하도록 만들면서 총체적인 완만함으로부터 위기를 겪게 된다.

이러한 경직성들은 정부가 경쟁에 있어서 중단, 제한 조치를 가하거나 끼어드는 경우 또는 기업들이 더 이상 경쟁 우위에 기여하지 못하는 행동, 관계를 고집할 때 발생하는 경향이 있다. 이로 인해 사업비용의 증가 정도는 업그레이드 능력을 초과하기 시작한다. 이러한 성향의 경직성은 현재 스위스와 독일의 다양한 클러스터들에서 나타나고 있다.

경쟁자가 여전히 활발한 채로 남아있는 한 기업들은 부분적으로 멀리 있는 공급자에 외주를 맡기거나 부분 또는 전체의 생산기지를 생산성보다 더 높아진 임금수준을 상쇄할 수 있는 다른 곳으로 옮김으로써 줄어드는 클러스터의 경쟁력을 지킬 수 있다. 예를 들면 1990년대 독일 회사들이 이를 수행 하였다. 기술은 다른 지역들로부터 라이센스를 받거나 공급 받았으며 생산시설은 이동 되었다. 그러나 만약 주요한 기술 또는 요구되는 지원 기업, 기관을 찾는데 실패한다면 시간이 지나면서 그 곳은 쇠퇴할 것이다.

기업을 위한 시사점 경쟁적인 경제에서 가장 문제시하는 것은 투입과 규모가 아닌 생산성이다. 그리고 이것은 모든 산업에서 사실로써 여겨진다. 정보기술, 생물기술과 같은 분야를 언급하는데 사용되는 하이테크라는 용어는 복잡화된 방법들 속에서 오직 한 줌의 사업만이 경쟁한다는 오해를 만들어내면서, 경쟁에 대해 왜곡된 사고를 갖게 한다.

사실 로우-테크(low-tech) 산업이라는 것은 존재하지 않는다. 세계 수준의 기술과 생산성 향상을 위한 노력, 혁신에 실패한 기업만이 로우-테크 기업일 뿐이다. 활기찬 클러스터는 가장 복잡한 방식으로 경쟁하고 있는 어떤 기업을 가장 진보된 기술과 연관 스킬들로 도울 수 있다.

따라서 임원들은 그들의 사고를 자신의 산업에 있는 자신의 기업을 넘어 확장 전략뿐만 아니라 외부에서 무엇이 진행되는지도 설명해야 한다. 광대한 수직적 통합은 한 번은 적절할지는 모르지만, 오늘날의 기업들은 구매자들, 공급자들, 그리고 다른 기관들 간의 긴밀한 관계를 구축해야만 한다.

구체적으로, 클러스터를 이해하는 데는 다음의 네 가지 요소를 전략적 의결에 활용한다.

1. 지역 선택. 국제화와 운송과 의사소통의 완화는 많은 기업들이 몇 명 또는 모든 그들의 사업을 임금, 세금, 공공요금이 낮은 지역으로 옮기게 했다. 우리가 클러스터에 대해 아는 것들은 많은 것을 암시한다. 첫째로 몇몇 비용 우위는 환상으로 밝혀지기 쉽다. 이런 이점이 있는 지역은 종종 충분한 기반시설과 복잡화된 공급자가 부족하면 다른 클러스터가 낮은 투입비용으로부터 더 많은 절약을 얻어낼 수 있다. 임금, 세금, 공공비용은 매우 가시적이고 측정이 쉽지만, 생산성의 손해는 숨겨져 있고 기대할 수 없는 채로 남아있다.

진행 중인 경쟁에 대해 더 중요한 것은 혁신에 있

어서 지역의 역할이다. 기업들은 세계적으로 활동들을 자원투입과 수익접근을 위해 시장으로 퍼뜨려야 한다. 이것에 실패하면 경쟁열위의 상황을 초래하게 된다. 그리고 조립, 소프트웨어 번역과 같은 안정적이고 노동집약적인 활동에 있어서 낮은 요소비용은 지역적 선택의 추진에 있어서 종종 결정적으로 작용한다.

그러나 기업의 본사에게 있어서 각각의 생산라인에게는 클러스터가 중요하다. 전략개발, 핵심 제품, 처리공정, 연구개발, 복잡화된 상품의 수요 또는 서비스 제공 등의 기업 본사의 활동들은 회사의 상품, 처리공정, 서비스를 새롭게 만든다. 따라서 지역적 결정은 총시스템 비용과 혁신 잠재력에 근거해야 되고, 투입비용에만 근거를 두면 안 된다. 클러스터 사고는 모든 라인은 홈베이스가 필요하고 가장 왕성한 클러스터가 최상의 장소를 제공할 것이라고 제안한다. 미국의 예를 들면, HP는 주요 생산라인의 홈베이스를 위해 클러스터의 위치를 선택했다: 세계를 선도하는 PC와 워크스테이션 산업이 위치한 캘리포니아는 이러한 산업들의 중심지이다; 세계적으로 알려진 의료연구기관과 시장을 선도하는 의료장비기업의 특별 중심지인 매사추세츠는 의료장비산업의 중심이다.

글로벌 경쟁이 전통적인 경쟁우위(competitive advantage)들을 무효화시키고 기업들은 전 세계의 최고의 라이벌로부터 노출되면서 성장하는 다국적기업들은 그들의 본거지를 더 활기 있는 클러스터로 옮겼다.—종종 새로운 지역의 내부자가 되기 위해 인수라는 방법을 사용한다. 예를 들면, Nestle는 Rowntree Mackintosh를 인수한 후에 제과공장을 Rowntree가 원래 있던 영국의 요크로 재배치시켰다. 왜냐하면 왕성한 식품 클러스터가 그곳에서 번창하고 있었기 때문이다. 단 맛을 선호하는 소비자들, 체계화된 도매상들, 선진 광고 대행사들, 경쟁적인 미디어 회사들이 있는 영국은 대중 캔디 시장에서 스위스보다도 더 경쟁에 있어 역동적인 환경을 제공한다. 유사하게 Nestlé는 생수 산업을 위해 그 산업에 있어서 가장 경쟁적인 지역인 프랑스에 본사를 설치했다. Nothern Telecom은 미국 통신장비 클러스터의 활성화 때문에 캐나다에서의 사업이 침체된 이후에 그들의 중심 사무실을 캐나다에서 미국으로 옮겼다.

클러스터 사고(Cluster Thinking)은 또한 활동들을 다양한 지역으로 분산시키는 것보다 연관된 활동의 집단을 같은 장소로 보내는 것이 더 낫다고 제안한다. 동일 장소 배치 R&D, 구성품 제조, 조립, 마케팅, 고객지원, 그리고 심지어 관련 산업들은 대외구매, 기술, 정보의 공유에 있어서 내부 효율성 제고를 용이하게 한다. 활동들은 그룹화 시키는 것 또한 그들의 잠재적 이익을 포착하는 능력을 향상시키면서 기업들이 지역의 클러스터에 깊이 뿌리를 확장하도록 해준다.

2. 지역적인 참여(관여). 또한 클러스터들을 하나로 묶어주는 사회적인 glue(접착제, 연대)는 중요한 자원과 정보로 접근하는 것을 쉽게 해준다. 클러스터 내의 경쟁적인 자산으로 가볍게 들어가는 것은 개인적 관계, 면대면 접촉, 공통 관심사에 대한 감각, 내부자 지위(상태)를 필요로 한다. 단순한 기업, 공급자, 기관의 동시배치는 경제적 가치에 대한 잠재력을 만들어낸다; 하지만 이것이 반드시 실현된다는 것은 확신할 수 없다.

클러스터 참여의 이익을 최대화하기 위해서는 기업들은 활동적으로 참여해야만 하고 상당한 지역 존재감을 만들어내야만 한다. 비록 모회사가 다른 곳에 본사를 두고 있을지라도, 그들은 부수적인 투자를 해야만 한다. 그리고 그들은 정부와 지역 기관들(공공기관, 학교, 연구 그룹들)과의 진행 중인 관계를 발전시켜야 한다.

기업들은 그들의 협소한 단독 집합체로서의 경계를 넘어 결합함으로써 얻어낼 수 있는 것이 많다. 그러나 관리자들은 적어도 처음에는 주의를 갖는 경향이 있다. 그들은 성장하는 클러스터가 경쟁을 끌어들이고 비용을 높이고 그들의 가치 있는 종업원들을 라이벌이나 자회사로부터 잃게 할 것을 두려워한다. 그러나 그들의 클러스터 개념에 대한 이해가 늘어나면서 관리자들은 클러스터 참여자들은 직접 경쟁하지 않고

클러스터, 지리, 경제 발전

가난한 국가들은 발달된 클러스터가 부족하다. 그들은 저렴한 노동력과 천연 자원으로 세계시장에서 경쟁한다. 이런 단계를 넘어서기 위해서는 잘 작동하는 클러스터들의 발전이 중요하다. 클러스터들은 개발도상국에서 선진 경제권으로 이동하는 국가들에게 있어 통제 요소가 되었다. 그러나 심지어 고임금의 경제에서 클러스터 강화를 위한 필요가 끊임없다. 경제가 더 부유할수록, 효율성과 보통의 생산지에서 저비용 지역으로의 이주의 증가에 의해 사라진 직업들을 대체하고 높아지는 임금을 지원할 혁신이 요구된다.

경제발전에 있어 클러스터 구성을 촉진하는 것은 가장 기초의 수준에서의 시작을 의미한다. 법제정자들은 먼저 기초적인 것을 설명해야만 한다. 교육과 기술 수준 향상, 기술력 확립, 자본 시장으로의 접근 개방, 기관들의 발전, 동시에 추가적인 클러스터 자산에 대한 투자도 필수적이다.

정부의 경제 발전 정책은 종종 부지불식간에 클러스터 형성과는 반대로 작용한다. 예를 들면 부실한 지역에 투자하기 위한 지원금과 산업지역에 대한 제한은 인위적으로 기업들을 분산시킨다. 경쟁으로부터 지역의 기업들을 보호하는 것은 클러스터의 발전을 지연시키면서, 과도한 통합과 혁신에 대한 직접적인 압력을 야기한다.

경제발전의 초기 단계에서 국가들은 도시와 주들 간의 내부 교역을 확대해야하고 전 세계적으로 경쟁하기 위한 능력을 개발하는 중요한 초석으로서 주변국들과 무역을 해야 한다. 이러한 무역은 훌륭하게 클러스터의 발전을 향상시킨다. 대신 주안점은 전적으로 주변의 시장과의 교역을 제한하는 보호주의자 정책들에 의해 종종 강화 되어온 거대하고 진보된 시장과 방향에 맞춰져 있다. 그러나 국가를 발전시키는 상품의 종류는 물품과 노동비용에 민감한 활동에 한정된 선진 경제권과 거래될 수 있다.

클러스터 형성이 중요한 반면, 어디에 그 클러스터를 만들지도 문제이다. 경제를 발전시키는 데 있어 큰 비중의 경제 활동은 방콕과 보고타와 같은 수도 주변에 집중하는 경향이 있다. 왜냐하면 보통 외진 지역들은 기반시설, 기관, 공급자가 부족하기 때문이다. 회사들이 권력의 중심지와 그들이 사업을 하기 위해 필요한 승인권을 가진 기구들 근처에 자리 잡으면서 이는 경쟁에 있어서 중앙 정부의 거슬리는 역할이 반영된 것인지도 모른다.

이런 경제지리의 패턴은 생산성에 높은 비용을 더한다. 혼잡, 병목현상, 비유연성은 삶의 질의 하락은 언급할 것도 없고, 높은 행정적 비용과 치명적인 비효율성을 초래한다. 그러나 기반시설과 가장 기본적인 클러스터들도 소도시나 마을에 존재하지 않으므로, 기업들은 중앙으로부터 쉽게 나오지는 않는다.—경제 발전에 있어서 관광 클러스터의 형성은 외진 기반시설을 발전시키고 경제 활동을 분산시키는데 있어서 긍정적인 압력이다.

그러나 선진 경제권에서 조차, 경제활동은 지역적으로 집중될 수 있다. 일본은 특히나 놀라운 예이다. 거의 50%의 전체 제조 물량이 도쿄와 오사카에 집중돼 있다. 이는 중앙집권화에 편향된 정책과 기관들을 가진 강력하고 침범적인 중앙정부 때문이며, 외곽 지역의 기반시설 불충분 때문만이라고는 할 수 없다. 일본의 사례는 명백하게 선진국조차 경제지리적 패턴의 결과로 인해 막대한 비효율성과 생산성 저하를 초래한다는 것을 설명한다. 이것은 일본에서 중요한 정책적 이슈로 떠오르고 있다.

전문화와 분산에 의해 특징화된 경제적 지리, 즉, 각각의 클러스터 배열로 전문화한 많은 대도시 지역은 하나 또는 두 곳의 대도시에 기반을 둔 조직과 다양화된 도시들 보다 훨씬 더 생산적인 조직인 것처럼 보인다. 영국, 이탈리아, 스위스, 미국과 같은 국가에서, 이런 종류의 내부 전문화와 교역, 그리고 지역 간의 내부경쟁은 생산성 향상에 불을 붙이고 기업들이 글로벌 전쟁에서 효과적으로 능력을 기르도록 한다.

그림 4 포르투갈 클러스터의 배치 구조

포르투갈과 같은 중진 경제에서는, 수출 클러스터는 더욱 더 천연자원 노동집약적이 되는 경향이 있다.

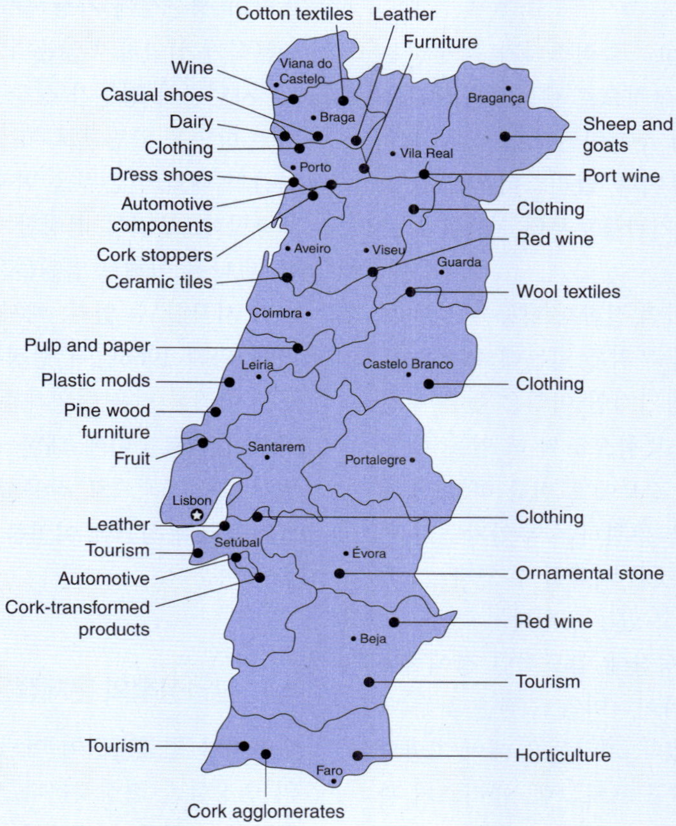

이익을 서로 보충한다는 것을 깨닫는다. 예를 들면 숙련된 사람들의 많은 공급은 경쟁의 증가를 무마시킬 만큼 큰 이점이다.

3. 클러스터 강화(업그레이드). 지역 사업 환경의 건전성이 기업의 활력에 있어서 중요하기 때문에 클러스터 강화는 관리부서의 중요 안건이어야 한다. 기업들은 그들의 클러스터를 다양한 방법으로 강화한다.

Genzyme을 생각해보자. 메사추세츠는 왕성한 생물기술 클러스터의 중심지이다. 그리고 지역의 유망한 대학들과 의료센터, 벤처 금융사들에 의존하고 있다. Genzyme이 제조시설을 필요로 했을 때 Genzyme은 개발 단계에 있었는데 CEO인 Henri Termeer는 메사추세츠에 부족한 것이 제약 전문가였기 때문에 처음에 뉴저지와 필라델피아 지역의 제약 클러스터를 고려했다. 그러나 더 나아가서 만약 계획이 성공적이라면 회사는 더 경쟁적으로 성장할 것이라고 추론하여, Termeer는 Genzyme의 본사에서의 생산력을 만드는 과정에도 영향을 주기로 결심했다.

따라서 Genzyme은 의도적으로 필라델피아 근처에 있는 전문 엔지니어링 회사들을 경유하면서, 보스턴 지역의 제약자들과 일하기로 결정했다. 게다가 Genzyme은 지역의 청년층에게 장학금과 인턴십을 제공하는 것과 같이 노동력 향상을 위해 도시와 주정부로부터 많은 우선권을 얻었다. 더 넓게 보면 자신의 클러스터를 위한 결정적인 요소를 얻어내기 위해 노력을 한 것이다. Termeer는 Genzyme의 성공은 클러스터의 성공과 연관이 있으며, 그 모든 구성원들은 강력한 지원기능과 기관에 기반 하여 혜택을 본 것이라고 믿었다.

4. **집합적인 업무(Working).** 클러스터가 작동하는 방식은 사적인 영역에서 집합적으로 행동하는 새로운 지침을 제안한다. 공공재에 투자하는 것은 일반적으로 정부의 역할인 것처럼 보이나, 클러스터 사고는 명확히 기업들이 지역자산과 기관들로부터 이득을 보는 방법을 설명해준다.

과거에는 사적 영역에서의 집합적 행동은 정부 보조금 경쟁을 이겨서 특별한 우위를 얻는데 초점을 두었다. 그러나 임원진들의 장기적인 이익은 높은 수준의 경쟁을 촉진하기 위해 노력함으로써 더 얻을 수 있을 것이다. 그들은 약간 더 정부에 로비를 하고, 통계들을 모으고 사회적 기능을 주관하는 무역기구의 역할을 다시 생각함으로써 이것을 시작할 수 있다. 그 기구들은 중요한 기회를 놓치고 있는 것이다.

무역기구는 생산성과 성장에 압도적인 장애물에 있어 집단적 조치를 위한 아이디어와 초점을 찾는 대신 공개토론을 제공할 수 있다. 기구들은 대학 기반의 테스트 시설과 트레이닝 연구 프로그램; 클러스터 관련 정보 수집; 공통의 관리적 문제에 대한 토론 제공; 환경문제에 대한 해결을 위한 투자; 구매 컨소시엄 관리; 을 설립함으로써 선두를 쥘 수 있다.

관광, 의류, 농업과 같은 작거나 중간 규모의 많은 클러스터를 구성하기 위해서는, 필요(수요)는 규모에 민감한 기능을 가정하기 위한 집합체에게는 특히 좋다. 예를 들면 네덜란드에서 재배자 조합은 전문화된 경매장과 네덜란드 원예 클러스터의 가장 뛰어난 경쟁 우위(competitive advantage) 중 하나인 관리시설을 구축했다. 대부분의 재배자들이 참여하는 네덜란드 원예 회의와 네덜란드 원예 연구단 기구는 응용된 연구나 마케팅과 같은 다른 기능 또한 수행했다.

대부분의 현존하는 무역기구들은 너무 협소하다; 그들은 산업을 대표하지만 클러스터를 대표하지는 않는다. 게다가 그들의 역할은 연방정부에 로비 활동을 하는 것으로 정의되기 때문에 그들의 영역은 지역보다는 국가에 맞춰져 있다. 하지만 국가기구들은 클러스터의 생산성에 가장 중요한 지역적 이슈들을 거의 충분하게 설명하지 않는다.

사업자와 정부가 성장을 촉진하는 상황을 만들어 내는 방법을 알림으로써, 클러스터들은 공과 사의 영역간의 대화의 본질을 바꾸기 위한 구조적인 방법을 제공한다. 무엇이 진정한 경쟁을 발전시키는지에 대한 더 나은 이해로 임원들은 정부에 올바른 것을 요청하기 시작할 수 있다. 매사추세츠의 의료장비 클러스터에 의해 1966년에 형성된 MassMedic이란 기구의 예는 이러한 점을 설명해준다. 이는 최근 들어 미국 식약청이 의료장비에 대한 승인절차를 간소화 하는데 있어서 성공적으로 작용했다. 이러한 단계는 명백히 클러스터 구성원에 이익을 가져다주고 동시에 경쟁력을 높여준다.

산업정책의 문제점은 무엇인가?

수출이나 천연자원이 아닌 생산성은 어떤 주나 국가의 번창함을 결정짓는다. 이것을 인지하면서 정부는 증가하는 생산성을 지원하는 환경을 만들기 위해 노력해야 한다. 적합한 거시경제 정책은 필수적이지만 충분하지는 않다. 경쟁을 위한 미시경제 기반이 궁극적으로 생산성과 경쟁을 결정짓는다.

국가와 지역의 정부는 수행해야 하는 새 역할이 있다. 그들은 교육 받은 시민들과 물리적 인프라와 같은 고품질의 투입물들의 공급을 확실히 해야 한다. 그들은 지적자산과 독점금지법의 강화를 막음으로써 경쟁의 역할을 설정해야 한다. 예를 들면 생산성과 혁신은 경제에서 성공을 다스린다. 최종적으로 정부는 클러스터 형성과 강화, 그리고 관련 사업에 막대한 영향을 주는 공공 또는 준공공재 상품의 증가를 촉진 시켜야 한다.

정부의 이런 종류의 역할은 산업정책과는 큰 차이가 있다. 산업 정책에서 정부는 해외 기업에 의한 투자에 대한 보조금이나 제한을 통해 바람직한 산업과 중재를 목표로 삼는다. 예를 들면 지역 내 기업을 돕기 위한 것이 있다. 반대로 클러스터 정책의 목적은 모든 클러스터의 발전을 강화하는 것이다. 이것은 농업 클러스터 같은 전통적인 것은 버려지면 안 되고 강화시켜야 한다는 것을 의미한다. 각각의 클러스터는 생산성과 임금인상 지원을 향상시키는 기회를 제공하기 때문에 정부는 클러스터 사이에서 선택을 하면 안 된다. 모든 클러스터는 직접적으로 국가 생산성에 기여할 뿐 아니라 다른 클러스터의 생산성에도 영향을 준다. 물론 모든 클러스터가 성공하는 것은 아니며, 정부의 결정이 아닌 시장력(market force)이 산출물을 결정을 짓는다.

민간 분야와 함께 일하는 정부는 완전 새로운 것을 만들기를 시도하는 것보다, 존재하고 있고 나타나고 있는 클러스터를 강화하고 설립해야 한다. 성공적인 신규 산업과 클러스터들은 종종 새롭게 세워진 것으로부터 나온다. 진보된 기술을 가진 사업은 이미 연관활동을 기반으로 하는 분야에서 성공을 하며, 아무것도 없는 상태에서는 성공할 수 없다. 사실 대부분의 클러스터는 정부의 조치와는 독립적으로 형성되고, 때로는 정부의 조치가 있음에도 불구하고 형성되기도 한다. 그들은 지역적 우위의 기반이 있는 곳에 형성된다. 클러스터의 발전에 대한 노력을 정당화하기 위해 몇몇의 초기 클러스터들은 시장 테스트를 미리 통과해야 한다.

클러스터 발전의 선두주자들은 다른 성공적인 클러스터를 모방하기 보다는 경쟁 우위(competitive advantage)와 전문화에 대한 추구를 해야 한다. 이것은 독특한 지역적 요소를 갖추는 것이 요구된다. 전문화의 영역을 찾는 것은 보통 잘 정립된 경쟁 지역과의 경쟁보다 더 효과적이라는 점을 증명한다.

새로운 민–관의 책임

글로벌 경쟁의 시대에서 경제적 지리(지역)는 역설을 낳는다. 빠른 운송, 초고속 통신, 접근성 높은 시장을 자랑하는 글로벌 경제에서 누군가는 지역의 중요성이 감소하길 기대한다. 그러나 그 반대의 경우가 사실이다. 글로벌 경제에서 경쟁 우위(competitive advantage)를 확실하게 하는 것은 종종 매우 전문화된 기술 지식, 기관, 경쟁자, 관련 사업, 그리고 다양한 소비자들이 있는 지역이다. 집중도, 지리, 문화, 기관 근접성은 특별한 접근, 가까운 관계, 더 나은 정보, 높은 인센티브, 그리고 생산성과 혁신에서의 또 다른 이점을 끌어낸다. 세계 경제가 복잡해질수록 지식 기반적이고 역동적이게 바뀌며, 이것은 더 사실에 가까워진다.

사업, 정부, 기관들의 리더들은 새로운 경쟁의 경제상황에서 모두 이해관계가 있고 역할이 있다. 클러스터는 생산적인 경쟁을 위한 상황을 만들기 위해 이러한 총체의 상호 의존과 집합적인 책임을 드러낸다. 이 일은 리더들의 신선한 사고와 경제 내에서 누가 무엇을 하는지에 대한 우리의 생각을 강요하는 전통적 카테고리들을 포기하려는 의지를 필요로 한다. 공적인 투자와 사적인 투자 간의 선은 흐릿하다. 정부와 대학만큼이나 기업들은 교육에 있어 관련이 있다. 대학들도 지역 사업의 경쟁에 있어서 연관이 있다. 실제로 부는 경제 속에서 창조 된다는 과정을 보여줌으로써, 클러스터들은 건설적인 행동을 위한 새로운 공 · 사의 길을 연다.

Reading 2-2 불안정한 세계에서의 위험 관리

by Ian Bremmer

수단, 우크라이나, 아르헨티나 등 혼란스러운 국가들은 어지러울 정도로 빠른 속도로 서로를 제치면서 신문의 1면을 장식한다. 한편 기업들은 예측 불가능한 변화를 두려워하는 동시에 심지어 변화가 창출하는 기회로부터의 이익도 추구한다. 터키에서 새로 민영화된 기업은 우크라이나의 소비에트연방공화국 시절의 친 서방 정부인 리비아에게 오일 블록을 제안하였다. 기회에 대한 위험을 평가하기 위하여, 해외 벤처를 숙고하는 기업은 통상 경제적 위험 분석가에게 상담한다. 그러나 정치적 맥락을 고려하지 않고 경제적 데이터에 의존한 글로벌 투자 결정은 성분을 고려하지 않고 칼로리 계산에 의존한 영양분 결정과 같다.

경제적 위험 분석의 기본인 국가의 1인당 국민소득, 성장 및 물가상승에 관한 긍정적인 데이터는 종종 다른 근원으로부터의 잠재적인 위협들을 보기 어렵게 한다. 예를 들어 이란 의회는 작년에 외국기업이 자국 내 통신 분야의 주식 취득을 복잡하게 만드는 법안을 통과시켰다. 그루지아에서의 2003년 혁명은 카스피안해 에너지 개발에 대한 투자전략을 변경시켰다. 재계 거물인 미하일 호도르코프스키(Mikhail Khodorkovsky)에 대한 크렘린(Kremlin)의 정치적 기소는 러시아의 석유 시장을 얼어붙게 하였다. 그리고 브라질 정부는 기관들과 시민들에게 오픈 소스 소프트웨어를 채택하라고 압박함으로써 마이크로소프트 및 다른 소프트웨어 회사들에게 치명적인 타격을 주고 있다.

이것이 광범위하게 시장의 정치적 영향으로서 정의되는 정치적 위험의 예들이다. 정치적 위험은 국가의 정치적 안정 혹은 불안정을 만드는 모든 요소들인 법안의 통과, 지도자의 도덕성 문제 그리고 대중 운동에 의하여 영향을 받는다. 모든 위험의 중요성은 물론 투자 결정의 맥락에 달려있다. 해외에 화학공장을 짓는 기업의 리더는 장기적인 관점을 필요로 하는 반면, 헤지 펀드 매니저는 내일 시장을 움직이는 개발에 대해 걱정한다. 신흥시장을 평가하는 전략가는 특히 조금도 방심하면 안 된다(사실, 신흥시장은 경제만큼이나 정치도 중요하다). 그러나 심지어 선진국에서만 사업을 하고 있는 기업들도 그들의 시나리오 계획에 정치적 위험을 고려해야 한다.

대부분의 기업들은 이미 출렁이는 세계화의 물결을 항해하고 있으며, 그렇지 않은 기업은 아마도 눈을 감은 채로 항해하는 것과 같다. 그러나 기업의 리더들은 이러한 매우 복잡한 주제에 대한 세밀한 이해가 부족한 것 같다. 정치적 위험 분석은 경제적 위험 분석보다 더욱 주관적이다. 또한 정치적 위험은 리더들이 광범위하고 쉽게 관찰할 수 있는 동향뿐만 아니라 사회의 미묘한 차이와 심지어 독특한 특성까지도 고심할 것을 요구한다. 그리고 이러한 정량화하기 어려운 요소들은 역사적이고 지역적인 맥락 속에서 끊임없이 세분화되어야 하고 서술되어야 한다.

이 논문은 기업의 리더가 글로벌 투자에 영향을 주는 무수히 많은 정보를 전문적으로 평가할 수 있는데 도움이 될 것이다. 이러한 이해를 무장한 사업 전략가들은 위험을 최소화하고 본국에서 멀리 떨어진 국가에서의 기회도 붙잡을 수 있다.

■ *Ian Bremmer* is the president of Eurasia Group, a political-risk consulting firm, and a senior fellow at the World Policy Institute in New York.

정치는 모든 사람의 비즈니스이다

짐바브웨, 미얀마, 베트남과 같은 불투명한 국가들에 투자한 기업들은 어떻게 정치적 위험이 그 나라의 밑바닥(bottom line)까지 영향을 미치는지를 오랫동안 이해해 왔다. 사실상 역사적으로 비즈니스 세계에서 최고의 정치적 위험 분석 중 몇 개는 Royal Dutch/Shell과 American International Group(AIG)와 같은 다국적기업들로부터 나왔다. 그 회사들은 정치적 위험에 몰두하고 있는 부서를 갖고 있다. 그러나 오늘날 해외시장에 노출된 모든 기업들은 정치 발전에 대한 초기 정확한 정보가 필요하다. 이를 위한 네 가지 원칙들이 존재한다.

첫째, 국제시장은 그 어느 때 보다 서로 상호 연결되어있다. 아르헨티나의 시장 악화는 브라질과 베네수엘라에 빠르게 영향을 미쳤으며, 심지어 태국에도 영향을 퍼트렸다. 1997년 동남아로부터 외국으로 도피자본은 세계시장을 혼란에 빠트렸다. 만일 현재 급성장하고 있는 중국이 연착륙에 실패하여 침체를 겪으며 떨어지게 될 경우, 그 여파는 순식간에 칠레, 러시아, 인도 그리고 미국에 영향을 미치게 될 것이다. 오늘날 중국의 정치적 결정은 시장에 장기적으로도 영향을 미칠 것이다. 중국의 비즈니스 상황에 노출되어 글로벌기업들은 위험을 각오하고 이러한 결정들을 무시하고 있다.

둘째, 좋든 나쁘든 미국은 세계를 더 불안하게 만들고 있으며, 이것은 모든 곳에서 위험 추정을 바뀌게 하고 있다. 뉴욕에 있는 세계무역센터에 대한 공격은 외교와 보안을 연방정부 정책의 최우선으로 두게 만들었다. 미국은 자국의 안보와 국익의 위협을 적극적으로 미연에 방지하고자 한다. 미군은 국제적 충격에 대응하기 위하여 전례 없는 능력을 보여 주고 있으며, 또한 그러한 국제적 충격을 만들고 있다.

셋째, 해외위탁사업(offshoring)의 추세가 증가하고 있다. 기업들은 노동력이 싸다는 이유로 해외로 사업을 이전한다. 인도, 케냐와 같은 국가에서는, 근로자들의 생활 여건이 열악할 수 있으며, 상대적으로 부유한 중산층을 보유한 선진국에 비해 불안의 위협이 더 클 수 있다. 해외업무위탁은 또한 다른 위험들도 보여준다. 예를 들어, 중국정부는 이미 지적재산권에 대해 무관심하며, 더욱더 악화될 수 있다. 제조 및 다른 기능들을 이전시키는 기업들은 가장 가치 있는 지적 자산들을 보호하기가 어려울 수 있다.

넷째, 세계는 사우디아라비아, 이란, 나이지리아, 러시아, 베네수엘라 등 상당한 정치적 문제를 겪고 있는 국가들의 에너지 의존도가 갈수록 증가하고 있다. 지금의 증가하는 수요를 고려할 때, 석유 생산 지역에서의 정치적 불안정은 전 세계를 혼란에 빠트리기 충분하다.

하나 또는 그 이상의 영향을 받지 않는 사업은 상상하기 힘들다. 공급망들이 더욱 글로벌화되고 개발도상국들이 점차적으로 국제무역에 참여함에 따라, 기업들의 위험은 더욱더 증가할 것이다.

경제학이 당신에게 알려줄 수 없는 것

경제적 위험 분석 및 정치적 위험 분석은 두 가지의 근본적으로 다른 의문점을 가지고 있다. 경제적 위험 분석은 특정 국가가 채무를 지불할(can pay) 수 있는지를 기업의 리더들에게 알려준다. 정치적 위험 분석은 특정 국가가 채무를 지불할지(will pay)를 알려준다. 두 가지의 예가 이러한 차이를 보여준다.

35세의 Sergei Kiriyenko가 1998년 3월 Viktor Chernomyrdin를 이어 수상에 임명 되었을 때, 러시아의 경제가 소련의 붕괴 이후의 혼란으로부터 나올 수 있을 것으로 보였다. 물가상승률은 한 자릿수로 감소하였으며, 경제는 성장하였고, 정부는 온건개혁파의 길로 가는 것으로 보였다. 경제분석가들은 긍정적으로 보았다.

그러나 정치분석가들은 훼방꾼인 의회가 재정정책을 강화하고 세금징수를 합리화하려는 정부의 시도를 차단하기 위한 것으로 인식하였다. 의견불일치가 일관성 없는 통화정책을 양산하고, 무단결근하고 알코올중독인 대통령은 혼돈상태인 정책결정 과정에 대해 강력한 원칙을 적용하지 못하였다. 석유 가격이 내렸을 때, 정치분석가들은 재정 원칙의 부재를 강조하였다.

즉 정치분석가들은 1998년 금융위기를 이끈 기간 동안 어두운 러시아 시장의 불안정성을 묘사했다. 러시아가 결국 국제채무를 체납하고 루블화를 평가절하했을 때, 경제적, 정치적 위험을 동시에 연구했던 기업들은 경제분석에만 의존했던 기업들보다 덜 영향을 받고 난국을 돌파하였다.

또 다른 예로 정치적 위험분석가들은 경제학자들의 어두운 전망 속에서 희망을 발견하는 경우도 있었다. 2002년 브라질의 채권과 통화의 가치가 급격히 떨어졌을 때, 대통령으로 Luis Inacio Lula da Silva의 당선이 확실시되었다. 초기 선거운동에서 Lula는 국제통화기금(IMF)과 브라질의 보수주의자들이 브라질의 빈부 격차를 확대시킨 책임이 있다고 비난하였다. 쿠바의 Fidel Castro와 베네수엘라 대통령인 Hugo Chavez와 Lula의 비교는 경제적 위험분석가들로 하여금 브라질 최초의 "좌파(leftist)" 대통령이 정치적으로 시장 위기를 초래할 것이라는 두려움을 갖게 했다.

그러나 많은 정치분석가들은 이러한 결과를 생각지 않았다. 그들은 Lula를 사상가 또는 이론가가 아닌 실용주의적 노동교섭가로 보았다. 그들은 그의 선거운동에서 포괄적이고 융화적인 선거전략을 발견하였다. 그들은 Lula의 연설에서 아르헨티나에 많은 피해를 입힌 금융 위기의 상황을 브라질에는 만들지 않을 것이라는 투지를 발견하였다. 그래서 그들은 Lula의 승리가 정치적, 경제적 안정을 가져올 것이라고 주장했다. 그들은 Lula가 당선될 경우 정부는 가난한 사람들을 구제하는 정치가 될 것이라고 예측하였다. 그리고 그는 사회프로그램과 일자리 창출을 위한 지출 대신 부채 상환을 위한 IMF가 권고한 세금 수입의 일정부분을 비축할 것이라는 그의 공약을 지키리라 생각하였다.

정치분석가들은 옳았다. Lula는 선거에서 승리했고, 재정 원칙에 대한 자신의 약속을 지켰다. 몇 주가 되지 않아 브라질 채권은 극적인 회복을 보였다.

충격에 대한 강점

러시아와 브라질의 경우, 정치분석가들은 정치적 위험 측정 요소로서 특정 리더십의 변화가 국가의 안정성에 어떠한 영향을 미치는지에 대해 초점을 맞추었다. 국가의 안정성은 두 가지에 의하여 결정되는데, 하나는 심지어 충격 속에서도 정치 지도자들의 정책 실행 능력과 다른 하나는 내부에서 발생되는 충격을 회피하는 능력이다. 이 두 가지 역량을 갖고 있는 국가는 하나의 역량만 가진 국가보다 더 안정적이다. 하나의 역량도 갖고 있지 않은 국가는 정치적 위험에 매우 취약하다.

충격 자체는 정치적 위험에 있어서 또 다른 중요한 개념이다. 충격은 내부적(이집트 시위, 쿠바의 정치권력 이동) 또는 외부적(북한에서 중국으로 탈출하는 난민, 동남아시아의 쓰나미)일 수 있다. 하지만 충격 자체가 단지 불안정성을 의미하는 것은 아니다. 예를 들어, 사우디아라비아는 지난 몇 년 동안 수많은 충격이 발생하고 있지만 지금까지 견뎌오고 있다. 아마도 최소 몇 년은 이러한 경향이 지속될 것이다. 사우디는 정치와 종교간의 첨예한 대립 속에서 건국되었지만, 강력한 권위주의적인 통제와 재력은 사우디의 엘리트들을 급변하는 변화에 적응하도록 만들었다.

사우디아라비아의 상대적 안정성은 충격에 견딜 수 있는 능력이 바탕에 있기 때문이다. 다른 국가들은 충격을 만들지 않으려는 그들의 능력에 더욱 의존한다. 예를 들어 카자흐스탄의 정치구조는 사우디아라비아보다 유연하지 못하고 융통성이 부족하다. 또한, 카자흐스탄은 정치적 파장의 근원지로부터 훨씬 더 멀리 떨어져있다.

분명히 두 나라는 그들이 얼마나 안정적인지에 따라 유사한 충격에 서로 다르게 반응할 것이다. 선거가 치러졌고, 국가 원수가 당선되었지만, 그 승리가 많은 투표자들에 의하여 도전을 받아 사법기구가 재검표할 것을 요구하였다고 생각해보자. 2000년 미국에서는 이러한 일이 국가와 시장에 대해 중요한 문제 없이 일어났다. 유사한 사건이 2003년 타이완과 2004년 우크라이나에서 일어났을 때, 시위대는 거리를 점령하였고, 폭력은 위협적이었으며, 국가 경제의 생존력(vialbility)은 국제적으로 의심되었다.

2000년 미국 선거는 안정성과 개방성 간의 관계라는 정치적 위험에 있어서의 또 다른 복잡한 요소를 보여준다. 미국은 정보의 광범위한 흐름, 표현의 자유, 그리고 제도가 개성보다 중요시 되는 등 개방적이기 때문에 안정적이다. 결과적으로 미국은 주식시장의 공황상태 없이 선거의 논란을 헤쳐 나갔다. 투자자들은 문제가 해결될 것이며, 그 결과가 정당할거라는 것을 알고 있었다.

그러나 북한, 미얀마, 쿠바와 같은 국가들은 폐쇄적이기 때문에 안정적이다. 더욱이 점진적인 개방은 이들을 더욱 위험한 상황으로 몰고 갈 수 있다. 20분 가량의 CNN 방송은 북한 정부가 외부세계에 대해 북한 주민들에게 얼마나 터무니 없이 거짓말을 하고 있는가를 보여준다. 그 결과는 상당히 불안정할지 모른다. 폐쇄적인 국가에 대하여 세계가 상당한 개방 압박을 가하지만, 폐쇄적이기 때문에 안정적인(stable-because-closed) 국가로부터 개방적이기 때문에 안정적인(stable-because-open) 국가로의 전환은 필연적으로 불안정성을 유발한다. 예로 들어 남아프리카의 몇몇 국가들은 이러한 변화에 살아 남았고, 소련과 같은 국가들은 붕괴되었다.

국가들을 개방성-안정성의 스펙트럼 사이에 위치시키는 것과 국가의 방향성을 정하는 것은 까다로운 일이다. 그리고 중국보다 더 큰 도전에 직면한 나라도 없으며, 중국은 이러한 범주에 따르면 서로 다른 두 지점에 동시에 나타난다. 정치적으로 중국은 폐쇄적이기 때문에 안정적이다. 중국은 완벽하게 대중적인 표현에 대한 절대적 통제권을 가진 경찰국가이다. 예를 들어 중국의 보안대는 1976년 Chou En-lai와 1989년 Hu Yaobang의 죽음으로부터 점화되었던 폭동 사태들을 사전에 금지하기 위하여 진보정치가인 Zhao Ziyang의 최근 죽음에 관하여 철저하게 미디어의 노출을 규제하였다. 그러나 경제적으로 중국은 급속도로 개방하고 있으며, 외교관들과 협상전문가들은 나라의 성장에 도움이 되는 새로운 무역 관계를 추구하면서 세계적으로 빠른 행보를 하고 있다.

국가가 정치적으로 폐쇄적이지만 경제적으로 개방적일 때 무엇인가 주어져야만 한다. 중국의 정치 체제가 경제적 추세를 따르거나 혹은 따르지 않는가는 정치분석가 사회에서 흥미롭고 뜨거운 논쟁거리이다.

그러나 기업 임원들은 투자에 대한 국가의 성숙도를 평가할 때 일반적으로 즉각적인 관심사에 더욱 집중한다. 대체로 의사결정권자는 다음의 세 가지를 알아야 한다. 충격은 어떻게 일어나는가? 그렇다면 언제 일어나는가? 그리고 만일 일어난다면, 이해 관계가 얼마나 높은가?

놀랍지도 않게 가장 큰 위험은 충격이 임박했고 광범위한 결과를 가질 때이다. 북한은 세 가지 조건을 모두 가지고 있다. 북한은 시장 경제와 개방적인 정부로의 움직임에 저항함으로써만 안정을 유지할 수 있다. 북한의 안정성은 김정일과 군사지도부에 지나치게 의존하기 때문에 그들의 안전에 대한 위협은 국가를 무너트리고 빠르게 불안하게 만들 수 있다. 군수물자와 핵 부품 등 북한이 판매하는 가장 가치 있는 제품들이 정치적 충격을 만드는 경향이 있기 때문에 이해 관계가 높다.

다른 나라에서는 충격들이 상대적으로 빨리 발생할 것으로 예상되지만, 세계시장에 대한 충격의 이해관계는 훨씬 낮을 수 있다. 예를 들어 Fidel Castro는 78세이고, 그의 사망 후 혁명에 대한 신념은 불투명했다. Castro의 강경파였던 동생 Raul은 권력을 이어받을 수 있으나, 그 또한 70대이다. 만일 그가 Casto를 대체하면, 정치적 불확실성은 다음 권력의 이전까지 계속될 것이다. 유사하게, Carlos Lage와 같은 혁명가가 점진적 개방의 과정을 시작하면 오랫동안 억압받았던 반대파의 해방감은 폭력을 유발할 수 있다. 따라서 어떠한 결과이든 아마도 불안정성을 야기할 것이다. 그러나 쿠바는 핵 기술, 석유 또는 다른 중요한 자원의 수출국이 아니기 때문에 세계시장에 대한 충격의 여파는 작을 것이다.

숫자에 의한 위험 이런저런 시나리오의 결과에 대한 추측은 수많은 출판물에도 나타나지만, 해외에 운영 또는 인프라 투자를 고민하는 기업들은 신문사설 면에서의 평가보다 더 객관적이고 철저한 평가들이 필요하다. 기업들은 컨설턴트 또는 Shell 과 AIG 같은 기업으로부터 정치적 위험에 관한 서비스를 사거나 사내에서 해당 역량을 개발할 수도 있다. 어느 방법이든지 특정 국가의 위험에 관한 완전하고 정확한 예측은 강력한 보고의 기술을 가진 분석가, 다양한 사회적, 정치적 추세에 관한 적시의, 정확한 데이터, 그리고 안정성의 개별 위험의 영향을 평가하기 위한 프레임워크를 필요로 한다.

분석가 정치는 절대 멈추지 않으며 위험 분석가는 국가가 발전함에 따라 국가의 상황을 따라갈 수 있어야 한다. 일반적으로 이것은 그 나라에 기초함을 의미한다. 그리고 특히 불분명한 정권의 경우에는 장기간 이루어져야 함을 의미한다. 일부 정보는 공식적인 보고서나 미디어에 게시되지만, 분석가들은 국내외 언론에 잘 연결된 저널리스트, 전 · 현직 국가 간부, 지식 집단의 전문가 등 주된 원천으로부터 지식의 대부분을 획득할 것이다.

기업은 정치적 분석이 경제적 분석보다 더 주관적이고, 결과적으로 편견에 더 취약하다는 사실을 명심해야 한다. 자신의 정치적 견해를 가진 분석가들은 특정 철학적 배경을 통해 연구를 바라볼 수 있는 위험이 있다. 또한 정치 분석가들은 아마도 자신의 보고서에 입힐 수 있는 국가 특유 또는 자신이 중요하게 생각하는 전문지식을 가지고 있을 것이다. 예를 들어 보안에 대한 배경지식을 갖고 있는 대만 분석가는 대만과 중국간의 양안 긴장과 군사력의 증가하는 불균형의 위험 변수들을 확대 강조할 수 있다. 사회 불안에 대하여 연구하는 동유럽 분석가는 연금수령자들의 시위가 정부에 가장 큰 정치적 영향을 끼친다고 주장할 수 있다. 의사결정자는 분석가의 보고서를 정독하여, 그들의 잠재적 편견에 대해 조심하고 그것을 바로 잡을 수 있어야 한다.

데이터 (중국, 사우디아라비아와 같은 일부 국가들에서, 심지어 정부에서 만든 경제 데이터의 신뢰성이 의문시되더라도), 원래의 특성상 정치적 위험변수는 경제적 위험변수보다 측정하기가 더 어렵다. 결국 정치는 직접적으로 측정하기 어려운 인간의 행동과 갑작스러운 사건의 발생에 의해 영향을 받는다. 어떻게 법률과 같은 개념에 숫자를 부여할 수 있는가?

정확하게 정치적 위험을 정량화하기 위해 분석가들은 정치적 위험의 변수에 대리변수를 필요로 한다. 예를 들어 국가의 사법 독립성을 측정하기 위해 노력하는 대신 분석가들은 특정 국가의 판사들이 생계비를 받는지 여부, 새로운 법률에 대해 그들에게 알리기 위한 예산 프로그램이 존재하는지 여부, 그들이 암살 대상이 되는 빈도 또는 여부를 알아낼 수 있다. 또한 정치적 위험 분석가들은 정기적으로 학교에 다니는 아동의 비율, 범죄 기회에 비해 군인과 경찰의 급여 정도, 10,000명에서 50,000명 사이의 인구를 가진 마을에서의 의료서비스 접근 가능성 정도를 연구해야 한다. 분석가들은 18세에서 29세 사이의 사람들의 실업률 등의 통계와 그들 중 감옥에 수감된 인원수를 조사한다. 그리고 물론 1인당 국민소득, 국제수지, 국가부채 등 경제적 변수도 추가한다.

합쳐보면 이러한 일화적인 정보들은 국가의 강점과 약점의 원천들의 대부분을 드러낸다. 이웃 국가와의 데이터 비교는 불안정한 국가에서의 충격이 안정적인 국가로 이어질 수 있는지에 대한 이해를 제공한다. 시간에 따른 한 국가의 데이터 비교는 분석가에게 그 나라가 더 안정되고 있는지 그렇지 않은지, 그리고 얼마나 빨리 진행되고 있는지를 알려준다.

한눈에 보는 정치적 리스크

정치적 리스크는 정부, 사회, 안전, 경제를 기반으로 하는 요인에 기초하여 각 국가의 안정성을 측정한다. 신흥시장은 일반적으로 보통에서 높은 수준의 안정성 범위를 가진다. 다음의 지도는 2005년 4월 각 나라들이 어떠한 점수를 받았는지 보여준다.

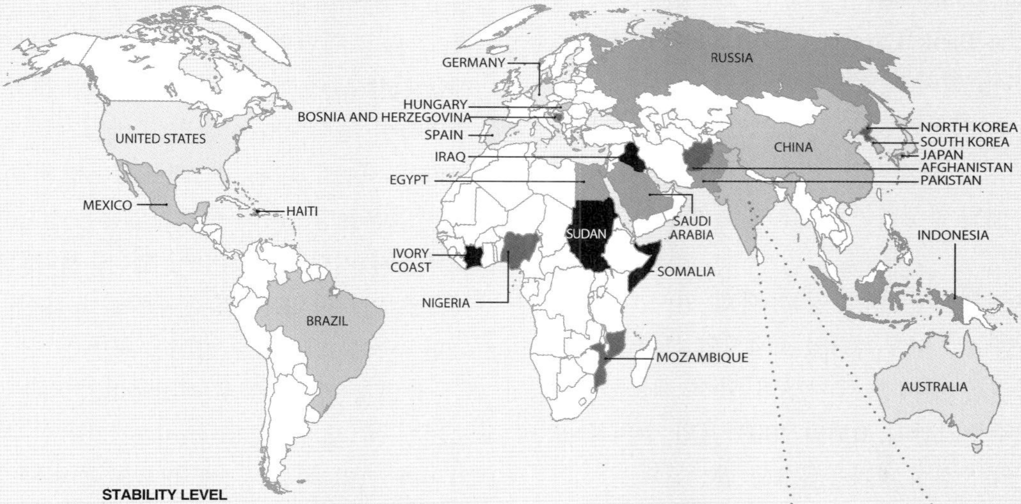

STABILITY LEVEL

- MAXIMUM [80–100]: Australia, Germany, Japan, Spain, United States
- HIGH [60–79]: Brazil, China, Hungary, India, Mexico, South Korea
- MODERATE [40–59]: Egypt,Indonesia, Pakistan, Russia, Saudi Arabia
- LOW [20–39]: Afghanistan, Bosnia and Herzegovina, Mozambique, Nigeria, North Korea
- FAILED STATE [0–19]: Haiti, Iraq, Ivory Coast, Somalia, Sudan

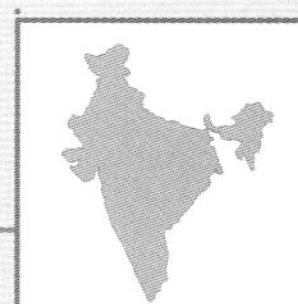

인도의 정치적 리스크의 구조

국가 안전성 점수는 확실한 경제성장 데이터에서부터 확실한 근거가 없는 젊은이의 부패와 불평 등을 포함한 12개의 측정도구로, 일정 기간 동안 기록된다. 올해 초, 인도는 보통 수준과 높은 수준의 안정성 사이를 맴돌았다.

안정성에 영향을 미치는 요인	안정성 점수(0–100)			설명
	Jan 2005	Feb 2005	Mar 2005	
정부(현재 정부의 힘, 규정, 법률, 부패수준)	67	64	62	정부에 의한 정치적으로 잘못된 조치는 지역 선거에서 좋지 않은 성과를 보였고, 반대 정당의 힘을 강하게 하였다.
사회(사회적 긴장, 젊은이들의 불평, 건강, 교육, 기타 서비스)	58	58	58	낮은 일인당 소득과 능력수준은 낮은 인간개발지수를 이끈다. 심화되는 사회적 긴장은 사회점수를 낮게 한다.
안전(세계화 수준, 지정학적 조건, 비상사태 그리고 재앙)	53	48	48	파키스탄과 중국과의 평화로운 대화는 안전성에 대한 두려움을 완화하였다. 그러나 네팔의 모택동 주의사상의 반란과 지속되는 카슈미르의 폭력은 점수를 낮게 한다.
경제(규모 조건, 성장, 투자, 외적 분야와 부채)	75	75	76	경제적 성장과 무역의 확장은 높은 점수를 유지하게 한다. 국가 재정 적자는 여전히 우려로 남는다.
국가 안정성 점수 합계	63	61	62	

출처: Deutsche Bank Eurasia Group Stability Index (DESIX), March 2005.

프레임워크 서로 다른 기업과 컨설팅 기관들은 안정성 데이터를 측정하고 보여주기 위한 서로 다른 방법들을 갖고 있다. Eurasia Group에 속한 우리는 신흥시장에서의 20개의 위험지표를 측정하는 도구를 만들었다. Deutsch Bank와의 전략적 관계의 일부로서 배포된 Deutsche Bank Eurasia Group Stability Index-(DESIX)는 구조적이고 일시적인 구성요소들에 따라 위험 변수들을 지수화했다. 구조적인 점수는 안정성에 영향을 미치는 장기적인 조건들을 강조한다. 일시적인 점수는 매월 발생하는 정책, 사건, 개발의 영향력을 반영한다.

지표는 동일한 가중치로 정부, 사회, 안보, 경제 등 4개의 하위 범주로 이루어져있다. 4개의 하위 범주에서의 평가등급은 실패한 국가부터 완전 제도화되고 안정적인 민주주의까지, 0부터 100까지의 수치로 표현되는 하나의 안정성 평가등급으로 합산된다.

때로는 안정성 평가등급을 구성하는 수치들은 안정성 평가등급 자체만큼 흥미롭다. 2005년 3월 터키의 안정성 평가등급은 브라질보다 5점 낮고 러시아보다 2점 높은 60이다. 이러한 종합 평가등급 내에서 해당 구성요소들은 반대 방향으로 움직이고 있다.

특히 터키 정부의 평가등급은 2005년 10월 앙카라에서 가입 회담의 개최에 대한 유럽연합(EU)의 합의 결과로 인하여 상승하였다. Recep Tyyip Erdogan 수상 정부는 지금 터키 기관의 독립성을 강화하고, 언론의 자유를 보장하고, 터키의 쿠르드족(Krud)과 같은 소수 민족의 권리를 보장하는 등 개혁을 지속할 동기를 갖는다. 터키의 유럽연합(EU) 가입은 유럽 기관들과 더 밀접하게 결속시키고, 나아가 안정성을 증가시킬 것이다.

그러나 터키의 안보등급은 이라크 북부에서 쿠르드족 노동당 반군의 지속적인 활동에 의하여 낮아지고 있다. 한편 터키는 이라크 선거에서 자율권을 얻은 쿠르드족이 쿠르드 독립국가의 자금원인 석유매장량이 풍부한 이라크 북부 Kirkuk 마을에 대한 권한을 되찾기 위한 노력을 걱정한다. 터키 국경의 쿠르드 국가는 터키의 쿠르드족 분리주의자들을 부채질할 것이다.

일단 당신이 이상하다는 것을 안다면

기업들의 이러한 분석의 적용 방법은 그들의 산업, 전략, 그리고 위험의 저항력 프로필(profile)에 달려있다. 예를 들면 필연적으로 에너지산업의 기업들은 위험을 관리하여 경감시키는 기법을 바탕으로 높은 위험 저항력을 보여주었다. 대조적으로, 경공업 제조기업들과 산업공급망에서의 중견기업들은 상황이 어떻게 진행되는지 기다리는 경향이 있다. 제약회사들은 일반적으로 인프라 또는 지적 재산권에 대한 위험이 드러나면 투자를 기피하는 경향을 보인다.

불안정한 국가들로 확장하고자 하는 기업들은 의사결정 시 장기적인 위험(예를 들어 인구통계와 천연자원과 관련 이슈 등)에 최우선 순위를 부여해야 한다. 2004년 5월, 일본의 Sumitomo Chemical은 사우디아라비아의 Rabigh에 주요 석유화학 공장을 건설하기 위해 Saudi Aramco와 43억 달러의 합작투자에 합의했다. 이 공장은 2008년까지 문을 열 계획이 없었기 때문에, Sumitomo는 기술 인재의 이탈과 젊은이의 실업과 같은 유해한 인구통계적 흐름에 특히 취약했다.

Sumitomo의 위험 저항력은 그 나라에서 일하는 외국인들에 대한 이슬람 극단주의자들의 납치 및 참수 등 위험요소들에 의해 이미 검증되고 있다. 그러나 폭력과 부패가 헤드라인을 차지하는 한, 그러한 단기적 위험은 과장된다. 사실 사우디아라비아와 중국이 10년 동안 수익성을 기대할 수 없는 벤처에 참여한 기업들에게 위험하다고 하더라도, 단기적으로는 돈을 벌 수 있다. GM(General Motors), 코닥(Kodak), 그리고 많은 투자은행들은 다소 시행착오를 겪으면서 이미 그렇게 하고 있다.

일단 기업들이 특정 투자가 가치는 있지만 위험하다고 판단하면, 그들은 현지 파트너들을 구성하고, 지적재산권 보호가 느슨한 국가에서의 연구개발(R&D)

을 줄이는 등 위험을 감소시키기 위해 전통적인 기법을 사용할 수 있다. 또한 많은 민간 및 정부 기관들이 현재 재산권 침탈, 정치적 폭력, 태환 불능, 그리고 계약 위반 등과 같은 정치적 위험에 대한 보험을 제공한다(그러나 위험을 평가하기가 너무 어렵기 때문에 이러한 보험은 비싸다). 반면 유일한 불투명한 지역에 라틴아메리카 전체 전략을 배팅하지 않기 위해 멕시코와 베네수엘라에 동시에 공장을 위치시키는 등 주로 헷징(hedging)을 한다.

마지막으로 불안정이 더 큰 위험으로 옮겨가더라도, 위험은 항상 나쁜 것이 아니라는 것을 명심해야 한다. 저개발국가들의 정치적 위험은 거의 항상 긍정적인 측면도 수반한다. 왜냐하면 그 나라는 너무나 불안정성하기 때문에 부정적인 충격들이 상당한 피해를 입히지 않을 수 있다. 예를 들어 아프가니스탄과 캄보디아는 더 이상 떨어질 곳이 없다. 선진 세계로부터의 부채 탕감, 국제기구로부터의 대출 등과 같은 호의적인 외부 요인들만이 정치적 안정성에 상당한 영향을 줄 수 있다. 몇몇 기업들의 경우, 그러한 국가들에 대한 투자가 기업의 위험 포트폴리오의 매력적인 부분이 될 수 있다.

정치는 항상 시장과 함께 해왔다. 세계 최초의 초국적 무역기구들은 정치적 흐름에 따라 움직였다. 오늘날, 제품, 서비스, 정보, 아이디어, 사람들이 전례 없는 속도로 국경을 넘나들고 있으며, 이러한 추세는 더욱 촉진되고 있다. 사회적으로, 문화적으로, 행정적으로 이질적인 지역에서 이윤을 추구하는 기업의 리더들에게 정치적, 경제적 위험 분석가들의 보완적인 통찰력은 필수적이다.

위급 호출(Call Outs)

중국이 우리를 밤에도 깨어있게 하는 이유 중국은 정치적 위험의 세계를 주름잡고 있다. 많은 전문가들은 중국을 새천년의 좋은 투자 기회로 권유하지만, 사람들이 잘 알지 못하는 국가이다. 정치적 위험분석가들은 다음을 연구하고 있다. 중국의 폭발적인 경제 성장이 부패와 비효율적인 정치 체제를 존속시킬 수 있을까? 이 나라의 정치 지도자들은 경기 침체를 피하는 연착륙을 위한 준비가 필요하다는 것에 동의하는가? 정치적 과정을 개방하는 개혁이 중국을 더 안정적 또는 덜 안정적으로 만들까?

중국의 지속적인 확장은 복잡한 경제 전환을 처리하고 불안정성을 피하기 위한 중앙 정부의 능력에 좌우된다. 동시에, 중국은 보안, 인구통계학적, 정치적 도전을 해결해야 한다. 임박한 농업, 은행, 도시의 정책 개혁은 아마도 중국의 불완전한 관료제에 대한 더욱 복잡한 관리 문제를 야기한다.

중국은 개혁이 중앙정부와 지역 관료들 간의 관계를 압박함에 따라 불안정성을 향해 조금씩 움직이고 있다. 이는 정치적 충격 이후 경제적 충격의 가능성을 증가시키고 있다. 중국의 관료제는 문제를 복잡하게 만들고, 경기 둔화의 속도를 조절하기 위해 필요한 관료적 통제권이 부족하다.

경제적 위험 분석가들은 과거의 실적을 기반으로 중국의 성장속도에 대한 예측을 하는 경향이 있다. 그러나 과거의 실적으로 미래의 결과를 예측하는 것은 어렵다. 1989년 천안문 사태와 같은 최근의 중국에서의 사회적 불안은 드물다. 하지만 소득 불평등의 확대, 더딘 경제 성장, 지속적인 관료들의 부정부패의 결과로서 대중적 불안감의 위험은 증가하고 있다. 도시의 실업자와 이주 노동자들은 시위를 벌일 수 있다; 토지 간척에 대한 농민들의 저항과 과도한 관리비는 악화될 수 있다. 중국의 지도자들은 미디어, 종교 단체, 인터넷의 사용, 다양한 표현과 소통의 형태를 엄하게 단속할지도 모른다. 국제적인 비판에 직면하고 있지만, 중국 정부는 미국과 동아시아의 관심 사항에 대해 더욱 적대적이고 독단적일 수 있다.

이러한 사건이 단기간에 일어날 확률은 낮지만, 중국의 위험지표는 꾸준히 증가함을 보여준다.

사우디아라비아가 우리를 밤에도 깨어있게 하는 이유 사우디아라비아의 안정성은 종교와 세속적인 세력으로부터 공격을 받고 있다. 이슬람 극단주의자들은 왕실의 정당성을 훼손시키기를 바란다. 실질 실업률은 20%와 25% 사이가 될 것으로 추정된다. 실망스럽지만 청년 실업자들은 종교 지도자들이 신앙심 없는 자들에 대해 반대하는 회교사원과 학교로 모여든다. 한편, 서방 국가들은 왕실에 정치적 자유화를 요구하고 있다. 그리고 자국민의 해외이민은 결국 자신의 경제를 다각화하는 사우디의 능력에 손해를 끼칠 수 있다.

이러한 변동성은 금융 거래를 복잡하게 하고 시간이 지날수록 정치적 위험을 악화시킨다.

그러나 장기 투자 기업들은 걱정을 해야 하는 반면, 사우디아라비아에의 단기 투자자들은 걱정할 원인들이 적다. 그 이유는 오일 자금이 정치시스템을 안정화시키고, 왕실 가족이 앞으로 수년 동안 그 수익에 의존할 수 있기 때문이다. 물론 석유 공급자들은 테러리스트의 표적이 될 수 있다. 그러나 국가의 석유 인프라는 인구밀집지역으로부터 격리되어 있고, 파이프라인 시스템의 감소는 한번의 타격으로는 지속적인 타격을 주지 못하게 한다. 더욱이 국영 석유 회사는 기술, 숙련된 엔지니어, 매일 9백만 배럴 이상 생산 가능한 여분의 용량(capacity)을 보유하고 있다. 마지막으로 외국 정부가 2001년 9월 11일 사우디의 자산을 동결시킬 수 있다는 우려가 나오자, 왕실에 준비 자금을 제공하기 위하여 막대한 양의 돈이 다시 사우디로 흘러 들어갔다.

분명히 이익을 내기 위해서 10년을 기다려야 하는 사우디아라비아에서의 프로젝트는 문제가 있다. 그러나 단기간의 변동성을 감수할 수 있는 기업들은 위험회피 기업들이 포기한 기회로부터 이익을 낼 수 있을 것이다.

Chapter 3

초국적 전략의 개발: 경쟁우위의 구축

이 장에서 우리는 첫 번째 두 장에서 설명한 상반된 수요와 압력이 어떻게 다국적기업의 전략적 선택을 형성해나가는지에 대해 논의한다. 이처럼 복잡한 상황 속에서 다국적기업(MNE)은 국제적 확장을 위한 다양한 동기 부여 요인들 간의 균형을 맞추는 방향으로 전략을 수립한다. 즉 산업 구조 및 경쟁적 역학, 기업이 진출한 해외 시장의 사회, 문화적 요소 그리고 자국 및 현지 정부의 정치적 요구사항을 조화시켜야 하는 것이다. 이러한 복잡한 상황을 분석할 수 있는 틀을 만들기 위해 이 장에서 우리는 다국적기업이 글로벌 규모의 효율성과 경쟁력, 다국적 유연성과 대응력, 그리고 전 세계적인 혁신과 학습이라는 세 가지 필수적인 능력들을 구축하기 위해 어떻게 전략적 수단과 목적을 균형 있게 맞춰나가는지에 대해 검토한다. 이를 위해 중요한 전략적 접근방식(**전통적인 다국적 전략, 국제적 전략, 글로벌 전략**)에 대해 각각 설명하고 오늘날 다국적기업들이 채택해야 할 초국적 전략 모델을 탐색한다. 마지막으로 기업들이 이러한 접근을 스스로 개발할 수 있는 방법과 초국적 경쟁자들로부터 스스로를 방어하는 방법에 대해서도 알아볼 것이다.

21세기의 도래와 함께 다국적기업들의 전략은 지난 20세기 말의 글로벌 경쟁을 재정의한 복잡한 국제 환경의 영향을 받으며 형성되었다. 그러한 혼란의 시기를 겪는 동안 기업들이 어떻게 전 세계적인 비즈니스에서 전략적 우위를 획득할 수 있을지에 대한 다양한 관점과 방안이 등장하였다.

예를 들어 변화의 시기인 1980년대에 출간된 가장 영향력 있는 글로벌 전략에 대한 논문 세 편을 살펴보자.[1] 각각 논문의 내용은 합당하고 직관적이며 매력적이었다. 하지만 다국적기업의 경영자들에게 직면한 전략적 도전의 복잡성뿐만 아니라 그들에 대한 다양한 조언들이 야기하는 혼란스러운 상황 때문에 그러한 방안들이 서로 다르며 종종 모순된다는 것이 분명해졌다.

- 그 시대의 가장 대담한 논문 중 하나인, Theodore Levitt의 논문은 효과적인 글로벌 전략은 수많은 묘책들의 집합이 아니라 하나의 전략인 제품표준화를 성공적으로 시행하는 것이라고 주장했다. 그에 따르면 글로벌 전략의 핵심은 전 세계에 걸쳐 동일한 방법으로 생산하고 판매하는 표준화된 제품을 개발하는 것이다.
- 반면 Michael Porter와 그의 동료들은 효과적인 글로벌 전략이 단지 하나의 묘책을 알고 있는 '고슴도치(hedgehog)'식이 아닌, 많은 것을 알고 있는 '여우(fox)'식 접근 방법을 요구한다고 제안했다. 이런 묘책들은 글로벌 규모의 경제 활용, 신속하고 대규모 투자를 통한 선제적 지위 확보, 다양한 활동들에 걸친 시너지 달성을 위한 상호의존적인 경영 등을 포함한다.
- Gary Hamel와 C.K. Prahalad의 글로벌 전략에 대한 방안은 Levitt의 주장과 크게 상반되었다. 하나의 표준화된 제품 대신에, 그들은 기술과 유통 채널에서의 투자가 공유될 수 있도록 많은 제품 다양성을 가진 광범위한 제품 포트폴리오를 추천했다. 제품과 시장에 대한 교차지원과 강력한 전 세계적인 유통시스템 개발은 글로벌 체스 게임에 있어서 성공의 핵심이었다.

우리가 앞 장에서 설명한 것처럼 그 후 20년 동안(90년대 및 2000년대) 더욱 분명해진 것은 다국적기업들이 지속 가능한 경쟁우위를 달성하기 위해 글로벌 규모의 효율성, 다국적 유연성, 전 세계적인 수준에서의 혁신을 개발하고 지식을 활용하는 능력을 개발할 필요가 있다는 것이다. 각각의 방안들은 하나 이상의 다른 전략적 목표에 초점을 맞추고 있지만, 오늘날 대부분의 기업들의 도전(과제)은 그들 모두를 동시에 달성하는 것이다.

---

1) See Theodeore Levitt, "The Globalization of Markets" *Harvard Business Review* 61, no. 3 (1983), pp. 92–102; T. Hout, M. E. Porter, and E. Rudden, "How Global Companies Win Out," *Harvard Business Review* 60, no. 5 (1982), pp. 98–109; G. Hamel and C. K. Prahalad, "Do You Really Have a Global Strategy?" *Harvard Business Review* 63, no. 4 (1985), pp. 139–49.

전 세계적 경쟁 우위: 목표와 수단

이러한 세 가지의 다르고, 때로는 대립되기도 하는 목표달성을 최적화하기 위한 전략적 행동을 수행함으로써 다국적기업들은 경쟁우위를 획득하게 된다. 각각의 능력을 개발하기 위해, 다국적기업은 1장에서 간략하게 언급된 국제화를 위한 3가지의 매우 다른 접근방식과 도구를 활용할 수 있다. 다국적기업은 상이한 전 세계 국가에 존재하는 규모의 경제를 활용할 수 있다. 여러 진출국 간 소싱 및 시장기회의 상이성을 활용할 수도 있고, 시너지를 창출하거나 범위의 경제를 창출하기 위한 다양한 활동과 운영을 통해서 수익을 낼 수도 있다.

따라서 다국적기업의 전략적 과제는 글로벌 효율성, 다국적 유연성, 전 세계적 학습을 극대화하기 위해 규모의 경제, 국가적 차이, 범위의 경제 등 글로벌 경쟁우위의 세 가지 원천을 활용하는 것이다. 그러므로 전 세계적 경쟁우위의 핵심은 서로 다른 목표와 수단 간의 상호작용을 제대로 관리하는 데 있다.

목표들: 효율성, 유연성, 학습

이제 좀 더 자세하게 이러한 전략적 목표들을 각각 살펴보자.

글로벌 효율성

다국적기업을 투입–산출 시스템으로 봤을 때, 전반적인 효율성을 투입의 가치 대비 산출의 가치의 비율로 간주할 수 있다. 이러한 기업의 단순한 관점에서, 효율성은 산출의 가치를 증가시키거나(예: 더 높은 매출의 확보), 투입의 가치를 감소시키거나(예: 비용의 절감), 둘 모두를 수행함으로써 개선될 수 있다. 이는 단순하지만 종종 간과되어 온 사실로 효율성 개선이 비용 절감뿐만 아니라 매출 향상으로도 가능하다는 것이다.

글로벌 효율성의 개념을 이해하기 위해, 우리는 C.K Prahalad에 의해 처음으로 개발된 글로벌 통합–국가적 대응 프레임을 사용하기로 한다(그림 3-1 참조).[2] 세로축은 주로 규모와 범위의 경제를 통해 비용 절감으로 볼 수 있는 글로벌 통합의 잠재적 혜택을 나타낸다. 수평축은 제품, 전략, 활동 측면에서 국가마다 차별화함으로써 나타나는 국가별 대응전략의 장점을 나타낸다. 국가별 대응의 장점은 기본적으로 취향, 산업 구조, 유통 시스템, 정부 규제에 대한 국가적 차이에 대응하여 효과적인 차별화를 진행함으로써 더 높은 수익을 기대할 수 있다는 것이다.

그림 3-1에서 보듯이, 이 프레임은 산업 전체 수준에서 글로벌 통합 및 국가별 대응이 주는 서로 다른 장점을 이해하는데 뿐만 아니라 동일한 산업에서 경쟁하는 기업들의 상이한 전략적 접근의 차이를 구분하여 설명하기 위해 사용될 수 있다. 또한 산업적 특

2) For a detailed exposition of this framework, see C. K. Prahalad and Yves Doz, *The Multinational Mission* (New York: The Free Press, 1987).

그림 3-1 통합–대응 프레임워크

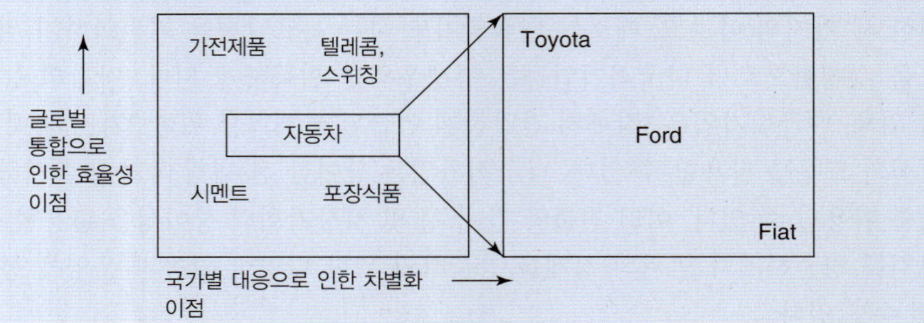

성만으로는 회사의 전략이 결정되지 않는다는 것을 보여준다. 예를 들어 자동차 산업에서 피아트는 전통적으로 국가가 지원하는 자동차산업을 갖고 있는 스페인, 유고슬라비아, 폴란드에서 합작투자사업과 현지 정부의 지원을 통해 현지 자동차 산업을 형성하도록 돕는 고전적인 다국적 전략을 추구했다. 도요타는 대조적으로 중앙집권적 방식을 통해 일본 내의 국제적 수준의 공장에서 제품을 개발하고 생산하였다. 글로벌 효율성 목적에 집중하는 이러한 전략적 선택은 분명한 이점과 함께 여러 가지 한계와 어려움도 동반하게 된다.

다국적 유연성

다국적기업은 다양성과 변동성을 특징으로 하는 기업환경에 직면해있다. 환경적 요인에 따라 생성된 특정 기회와 위험은 모든 회사에 공통적으로 존재한다. 그러나 어떠한 기회와 위험은 초국적인 기업들에 한해서만 존재한다. 따라서 세계적인 경쟁력의 핵심 요소는 다국적 유연성이다—는 곧 글로벌 환경에서의 다양성과 역동성이 가져오는 위험을 관리하고 기회를 활용하는 기업의 능력이라 할 수 있다.[3]

다양성과 변동성에는 많은 원인이 있지만, 우리가 특히 중요하게 생각하는 것은 다음의 네 가지이다. 첫째, 다국적기업의 통제 밖에 있는 전쟁, 자연 재해, 또는 경기 침체로 인한 가격, 생산 요소 비용 및 환율의 변동 등과 같은 **거시경제적 위험**이 있다. 둘째, 환율이나 금리 조정과 같은 중앙 정부의 정책 조치에서 발생하는 **정치적 위험**이 있다. 셋째, 기업 전략에 대한 경쟁 업체 반응의 불확실성에서 비롯된 **경쟁 위험**이 있다. 그리고 네 번째로는 원자재, 자본 혹은 관리 능력 등과 관련된 **자원 위험**이 있다. 네 가지 종류의 위험의 공통된 특징은 국가마다 다르고 시간에 따라 변화한다는 것이다. 다양성과 역동성이 기회를 동반하기 때문에 다국적기업은 핵심적인 전략경영의 요소로 기업의 유연성을 고려하지 않을 수 없다.

3) This issue of multinational flexibility is discussed more fully in Bruce Kogut, "Designing Global Strategies: Profiting from Operating Flexibility," *Sloan Management Review,* Fall 1985, pp. 27–38.

일반적으로 다국적 유연성에는 변화와 불연속성을 감지하기 위해 광범위한 기업환경을 점검하고 전 세계적으로 기업운영을 하는 데 있어서 새로운 환경에 적절히 대응하는 능력이 요구된다.

이러한 접근방식을 따르는 다국적기업은 전략과 구조를 형성하기 위해 그들이 다양하고 역동적인 환경에 노출되어 있는 것을 일반적이고 유연한 방식으로 적절히 활용하는데, 이러한 다국적기업의 노력은 상이한 글로벌 환경의 시나리오에 잘 대응하기 위한 것이다. 예를 들어 개별적인 현지 시장보다 해외수출을 중요시 하는 자회사 네트워크를 가졌다면 특정 국가의 시장경제가 악화되었을 때 생산거점을 옮길 수 있는 유연성을 갖게 된다.

전 세계적 학습

기존 이론의 대부분은 다국적기업을 내부 역량을 바탕으로 추가적인 수익을 창출하는 도구로 간주한다. 즉 다국적 기업은 자신들이 보유하고 있는 기술, 상표명 또는 관리 능력을 활용함으로써 해외에 진출해 세계 각지에서 더 많은 수익을 낸다는 것이다. 그리고 이들 전통적인 이론의 대부분은 다국적기업의 본사에 핵심 역량이 위치한다고 가정한다.

다국적기업이 존재하는 이유를 추가 이익에 대한 탐색 또는 기존의 수익을 지키려는 욕구 등으로 설명할 수 있지만, 그러한 설명은 다국적기업이 계속해서 성장하고 번영하는 이유는 제시하지 못한다. 우리가 제1장에서 설명한 바와 같이, 대안적인 관점에 따르면 다국적기업의 핵심 자산은 진출국 환경의 다양성이라고 할 수 있다. 이러한 다양성은 다국적기업에게 다양한 자극을 제공하여 다국적기업이 국내 기업에 비해 훨씬 더 다양한 역량을 개발하고 광범위한 학습기회를 가질 수 있도록 도와준다. 또한 다국적기업이 축적하고 있는 지식은 다국적기업으로 하여금 초기부터 조직적 다양성을 창출할 수 있도록 해준다. 5장에서 우리는 다국적기업이 전 세계적인 학습이라는 목적을 이루기 위해 사용하는 방법들에 대해 자세히 설명할 것이다.

수단들: 국가적 차이, 규모와 범위의 경제

세계적으로 경쟁 우위를 구축하기 위한 세 가지 기본 도구가 있다—첫째, 소싱(sourcing) 및 나라별 시장 잠재력의 차이를 활용하고 둘째, 범위의 경제를 활용하며 셋째, 규모의 경제를 활용하는 것. 이 섹션에서 우리는 이 세 가지 기본 도구에 대해 더 깊이 탐구한다.

국가적 차이

효율적인 시장이 없는 경우, 국가마다 상이한 생산요소(예를 들면 풍부한 노동력, 토지 및 원자재)를 갖고 있다는 것은 곧 요소 가격의 차이가 국가마다 다르다는 것을 의미한다. 이러한 R&D, 생산, 마케팅 등 기업의 다양한 활동이 다양한 정도의 요소를 사용하기 때문에 기업은 특정 국가에서 특정 생산요소를 최소비용으로 사용할 수 있도록 조직의 가치 사슬을 구성함으로써 비용 우위를 얻을 수 있다. 예를 들어 R&D 시설의 경우 높은 수준의 기술을 보유한 과학자를 비교적 합리적인 비용으로 활용할 수 있는 영국에 배치할 수 있으며, 노동 집약적인 부품의 제조할 때는 비용을 절감하고, 효율적인 노동력을 활용하기 위하여 대만에서 진행할 수도 있다. 소프트웨어 개발은 인도에 집중할 수 있는데, 서구국가들보다 훨씬 낮은 급여를 지급하여도 숙련된 소프트웨어 엔지니어를 고용할 수 있기 때문이다. 초기에 제너럴 일렉트로닉(GE)은 "글로벌 제품 개념"을 활용하여 동일한 품질을 유지할 수 있으면서도 가장 비용 효율적인 방법으로 생산을 할 수 있는 곳에 제조설비를 밀집시켰다. 그러나 밀집된 제조설비는 시간이 지나면서 비용 구조의 변화, 경쟁자들의 모방이 주는 위협, 공급채널에 대한 통제 등의 요인으로 인해 다시 미국으로 옮겨져야 했다.[4] 이러한 GE의 예시는 글로벌 환경이 장기간 안정적으로 유지되는 것은 어렵다는 것을 시사하며 MNE의 전략은 전반적으로 진출국과 본국의 변화하는 환경에 유연하게 대응할 수 있어야 한다는 것을 보여준다.

시장 잠재력은 국가마다 다르다. 국제통화기금(IMF)에 따르면 향후 가장 빠르게 성장하는 10개 국가가 모두 신흥국일 것이라고 한다. 다국적기업은 전략을 개발할 때 있어 이러한 변화 추세에 주의를 기울일 필요가 있다. 향후 15년 동안 세계 경제 성장의 약 40%가 400개의 중소규모 신흥시장 도시에서 창출될 것이다.[5]

국가적 차이는 생산시장에서도 존재할 수 있다. 우리가 논의 했듯이, 유통 시스템, 정부 규제, 여러 다른 홍보 전략의 효율성 및 고객의 취향과 선호는 모든 국가마다 다르게 나타난다.

국가적 차이를 활용하기 위해 기업들은 그들의 비즈니스 모델을 재설계할 필요가 있다. 예를 들어 신흥 시장에서 성장하고 있는 중산층은 현재 비즈니스 모델에서 제시하는 것과는 다른 요구와 우선순위를 가지고 있을 것이다.[6] 그들은 선진 시장에 적용하는 비즈니스 모델과는 다른 가치—기본적이나 충족되지 않은 니즈(예: 냉장고 혹은 세탁기)를 필요로 한다.[7] 미국에서는 평균 가구 소득의 약 25%만이 식품과 교통에 사용되는 반면 중국과 인도의 경우에는 평균 40%가 사용된다. 신흥 경제 시장에서 니즈를 충족시키는 것은 기존의 비즈니스 모델을 그대로 적용하거나 사소한 수정을 가하는 문제가 아니다. 그보다는 접근성과 경제성 등의 문제를 해결하기 위해 신흥국에 적합한 비즈니스 모

4) Jeffrey R. Immelt, "The CEO of General Electric on Sparking an American Manufacturing Renewal," *Harvard Business Review* 90 (2012), pp. 43–46.

5) Martin Dewhurst, Jonathan Harris, and Suzanne Heywood, "The Global Company's Challenge," *McKinsey Quarterly*, June 2012.

6) David Court and Laxman Narasimhan, "Capturing the World's Emerging Middle Class," *McKinsey Quarterly* 3 (2010), pp. 12–17.

7) Matthew J. Eyring, Mark W. Johnson, and Hari Nair, "New Business Models in Emerging Markets," Harvard Business Review 89 (2011), pp. 88–95.

그림 3-2 신흥국의 중산층을 고객층으로 삼는 기업들을 위한 카테고리 특정 전략

		중산층의 수요: Local	중산층의 수요: Global
중산층의 구매력	High	구체화 또는 현지화	플렛폼 형성
	Low	사업모델 재구상	틈새시장 설정

Source: Extracted from David Court and Laxman Narasimhan, 2010. Capturing the world's emerging middle class. *McKinsey Quarterly, Issue* 3, pp. 12–17.

델에 대해 재고할 필요성이 있다. 이를 설명하기 위해 신흥경제에서 소비자들의 요구가 기본적으로 지역적인지 세계적인지를 고려해야 한다. 패션 관련 제품과 개인 금융 등은 이 시장에서의 세계적 요구일 것이며 경제적인 자동차와 기본적이고 저렴한 전자 제품 등은 지역적 요구의 예이다. 그림 3-2에 표시된 4가지 요구와 소비자 조합에 따라 기업은 신흥 시장에서 중산층 소비자의 요구를 충족시키기 위해 더 나은 전략을 개발할 수 있다.

또한 이 책의 많은 사례에서도 볼 수 있듯이 각 기업은 진출 국가 시장의 고유한 요구 사항에 맞게 자사의 제품을 조정하여 완성 제품에 대해 더 높은 가격을 책정할 수 있다.

규모의 경제

미시 경제이론은 비용 절감에 대한 규모의 효과에 대한 강력한 근거를 제공하고, 이러한 규모를 경쟁력의 수단으로 사용하는 것은 롤러 베어링 산업부터 반도체 산업에 이르기까지 일반적이다. 규모 그 자체는 매우 정적인 개념이지만, 규모가 커짐에 따라 **경험** 또는 **학습 효과** 등과 같은 역동적인 이득도 얻을 수 있다. 기업이 규모의 이점을 얻을 수 있게 하는 대량 생산은 기업으로 하여금 학습의 축적도 가능하게 하여 기업의 누적 경험이 커질수록 절감되는 비용도 커지게 된다. 따라서 신생 한국 전자 기업들이 경험이 많은 일본 경쟁사들의 규모수준에 어느 정도 범접할 수 있게 되었다고 하더라도 일본 기업들이 수십 년의 글로벌 규모의 생산 활동을 통하여 획득하고 배운 프로세스 관련 효율성을 따라잡기까지는 매우 오랜 시간이 걸렸다.

범위의 경제

범위의 경제는 두 개 이상의 제품을 따로 생산하는 것보다 공동 생산(또는 개발, 유통)할 때 비용을 절감할 수 있다는 개념을 말한다.[8] 이러한 비용 절감은 여러 가지 이유에서 비

8) For a detailed exposition of scope economies, see W. J. Baumol, J. C. Panzer, and R. D. Willig, Contestable Markets and the Theory of Industry Structure (New York: Harcourt Brace Jovanovich, 1982).

표 3-1 제품 및 시장 다각화의 범위의 경제

	범위의 경제의 원천	
	제품다각화	시장다각화
공유된 물리적 자산	다양한 제품을 생산하는 유연성을 갖춘 공장자동화(포드)	글로벌 브랜드명(노키아)
공유된 외부 관계	다양한 제품을 위한 공통의 유통채널 사용(삼성)	전 세계적으로 다국적 고객층을 상대함(시티뱅크)
공유된 학습	컴퓨터 및 통신사업에서의 공유된 연구개발(NEC)	다양한 시장에서 개발된 지식을 통합함(P&G)

롯될 수 있는데, 예를 들어 하나의 제품(예를 들면 텔레비전)을 생산에 사용하기 위해 취득한 정보나 기술, 등의 자원이 다른 제품(예를 들면 비디오)의 생산에도 추가비용 없이 사용될 수 있는 경우를 들 수 있다.

범위의 경제의 전략적 중요성은 동일하거나 상이한 가치 사슬을 넘나들어 투자와 비용을 공유할 수 있는 회사의 능력으로부터 기인한다. 이는 곧 그러한 내부적, 외부적 다양성을 보유하지 못한 경쟁사들은 상대할 수 없는 경제성의 근원(source of economies)이 된다. 그러한 공유는 세그먼트, 상품, 시장을 넘나들며 발생하고 서로 다른 자산을 함께 사용하는 것과도 연관된다(표 3-1).

이러한 각각의 도구에 내재된 것은 조직적 인프라를 개발하는 능력이다. 이후 장에서도 논의되겠지만 글로벌 네트워크와 가치사슬을 활용하는 조직적 역량이야말로 승자와 패자를 가르는 기준이라고 할 수 있다.

목표와 수단의 배치: 전 세계적 우위를 위한 구성 요소

표 3-2는 전 세계적으로 경쟁력을 달성하기 위한 서로 다른 목표와 수단의 배치를 보여준다. 각각의 목표—수단의 교차된 부분에서는 회사의 전략적 위치를 향상시킬 수 있는 몇 가지 요소를 보여준다. 제안된 요소는 예시로 제시되었지만, 그러한 요소들을 신중하게 연구하고 본 장의 시작 부분에 언급된 세 가지 중요 논문과 비교하는 것은 유용할 수 있다. 이를 통해 우리는 각 논문의 저자들이 서로 다른 목표-수단의 조합이라는 특정 요소그룹에 관심을 가졌다는 것을 알 수 있고 저자들이 제시하는 상이한 해결책을 그들이 강조하는 전 세계적 경쟁우위의 상이성과 연관시켜 이해할 수 있을 것이다.

국제적, 다국적, 글로벌, 초국적 전략들

2장에서 우리는 서로 다른 산업분야의 환경적 영향력들이 어떻게 전 세계에서 기업을 운영하는 방식, 즉 국제적, 다국적, 세계적, 그리고 초국적 경영 방식의 대안을 형성하였

표 3-2 전 세계적 이점: 목표와 수단

전략적 목표	경쟁우위의 원천: 국가별 차이	규모의 경제	범위의 경제
현재 영업활동에서 효율성 달성	요소가격의 차이로부터 이익 획득 (임금 및 자본가격)	각 활동의 잠재적 규모의 경제를 확대 및 활용	시장과 사업부문을 넘나드는 투자 및 비용의 공유
다국적 유연성을 통한 리스트 관리	상이한 국가의 비교우위에 대한 시장 혹은 정책 주도 변화로부터 야기된 리스크 관리	전략적/운영상의 유연성과 규모와의 균형	리스크의 포트폴리오 다각화 및 옵션 생성
혁신, 학습, 적응	조직적, 관리적 프로세스 및 시스템 상의 사회적 차이에 대한 학습	경험을 통한 이점 획득-비용 절감 및 혁신	상이한 제품, 시장, 사업에서의 조직적 부문 간 공유된 학습

는지에 대해 언급했었다. 이제 우리는 이러한 국제적, 다국적, 세계적, 그리고 초국적이라는 각각 다른 접근 방식에 대해서 자세히 설명할 것이며, 마찬가지로 그것들의 상이한 목적-수단 조합과 관련하여 각각의 강점과 약점에 대하여도 알아볼 것이다.

국제적 전략

광범위한 국제적 전략을 채택하는 기업들은 모든 수단을 동원하여 전 세계적으로 혁신을 창조하고 활용하는 것에 집중한다. 본사가 발전된 시장을 갖춘 기술적으로 앞서있는 국가에 위치한 다국적기업의 경우 종종 이러한 국제 전략적 접근을 채택하지만, 자국 내 혁신의 활용이 해외에서 경쟁적 위치를 확보하는 데에 그치는 한계가 있다. 1장에서 다루었던 국제 제품 주기 이론은 이러한 기업들의 전략적 동기와 경쟁적인 태도들을 모두 포함한다. 최소한 초기에 이들 기업의 국제화 과정은 자국에서 개발된 신제품, 프로세스 혹은 전략들을 상대적으로 발전수준이 낮은 해외시장으로 이동시키는 수준으로 제한되어 있었다.

이러한 접근은 크래프트(Kraft), 화이자(Pfizer), P&G(Procter & Gamble) 그리고 GE(General Electric)과 같이 미국에 있는 다국적기업 기업들 사이에서 흔한 것이었다. 비록 이 기업들이 혁신을 창조하고 활용하는 능력을 통해 크게 발전했으나, 많은 기업들이 효율성과 유연성 부족에 시달렸다. 그 이유는 그들은 중앙집중적이고 규모의 경제를 추구하는 글로벌 전략을 발전시킨 기업도 아니었으며, 자율적, 자급자족적이며 기업가적 현지경영을 통해 기를 수 있는 높은 수준의 지역적 대응력을 발전시키지도 못했기 때문이다. 예를 들면, 크래프트(Kraft)사는 북미지역에 상징적인 자사 브랜드를 활용해 국제 스낵 시장을 공략하고 있다. 마케팅 및 혁신 투자를 통해 효율성을 늘리는 동시에 북미 지역에 집중되었던 식품 사업을 유연화하고 현지 대응력을 강화하는 목표를 세웠다.

다국적 전략

다국적 전략의 접근은 하나의 수단인 국가적 상이성을 활용하여 대부분의 전략적 목표를 달성하는 것에 집중한다. 이러한 접근법을 택한 기업들은 수익적 측면에 집중하는데, 이를 위해 국가 별로 다른 소비자의 선호, 산업의 특성 그리고 정부의 규제에 맞춰 제품과 서비스를 차별화한다. 다국적 전략을 택한 다국적 회사들은 대부분 지역을 위한 지역 혁신, 즉 자회사가 현지 수요를 파악하고 현지 자원을 활용해 해당 수요에 대응하는 프로세스에 의존한다. 이러한 방식에 따라 각국에서 기업 활동을 수행하는 것은 다국적 전략을 채택한 기업이 각국 통화에 따라 비용/수익을 매칭시킬 수 있도록 해준다.

역사적으로 유니레버(Unilever), ICI, 필립스(Philips) 그리고 네슬레(Nestlé)와 같은 많은 유럽의 기업들은 이러한 전략적 모델을 활용했다. 이러한 기업들의 경우 전통적으로 자산과 자원들은 널리 분산되어왔고, 이는 해외의 자회사들이 개발과 생산, 판매와 서비스까지 넓은 영역의 활동을 모두 담당할 수 있도록 해주었다. 자급자족으로 인해 지역적 자율성도 상당한 수준으로 높아졌다. 하지만 비록 이러한 독립적인 자회사들이 특별히 지역 환경에 유연하고 민감하게 대응한다 하여도, 그들은 어쩔 수 없이 비효율성의 문제와 다른 국가의 자회사들의 지식과 역량을 적절히 활용하기 어려운 문제를 겪게 되었다. 이러한 비효율성 문제로 인해 몇몇 기업들은 변화하였다. 예를 들면 Unilever의 CEO는 2011년 연차보고서에서 "우리는 변화하는 조직이다. 오늘날 우리는 더욱 민첩하고 민감하게 소비자들에게 반응하여 글로벌 규모를 잘 활용할 수 있게 되었다"고 밝힌 바 있다.

글로벌 전략

전형적인 글로벌 전략적 접근을 택하는 기업들은 우리가 정의해 왔듯이 주로 글로벌 효율성을 개선하는데 의존한다. 그들은 모든 수단을 이용하여 가장 좋은 가격과 품질 포지션을 차지하려 한다.

이러한 전략은 토요타(Toyota), 캐논(Canon), 고마쓰(Komatsu), 마쓰시타(Matsushita)와 같은 회사들의 전형적인 접근법이었다. 그러나 이들 기업 및 유사 기업들의 사례에 따르면, 효율성은 결국 유연성과 학습을 희생시킴으로써 나타난다. 예를 들어 국제적 규모를 달성하기 위해 제조를 한 국가에 집중시키는 것은 나라간 선적량을 증가시켜 주요 수입국가 정부의 정책 개입을 초래할 수도 있다. 마찬가지로 효율성을 이유로 R&D 기능을 본사에 집중시킨 기업들은 해외에서 개발된 새로운 혁신을 파악하거나 해외 각국에 위치한 자회사들이 개발한 혁신을 활용하는 능력에 제약이 있을 수밖에 없다. 마지막으로 세계적인 규모의 경제를 달성하기 위해 (주로 중앙집권을 통해) R&D 및 생산과 같은 기업 활동을 집중시키는 것은 기업들을 높은 대외구매(sourcing) 위험, 특히 환율 위험에 노출시킨다. 예를 들어 2011년 일본에서 일어난 지진을 계기로 Canon은 두 가지 큰 변화를 맞이하였다. 첫째, Canon은 현지 제품 개발 활동을 관리하기 위해 각각 미국, 유럽, 일본에 위치한 세 개의 본사시스템을 도입하였고 두 번째로는 전체 생산비 대비 가장 낮은 임금 조건을 기준으로 해외 자회사 위치를 결정해 글로벌 생산 시스템을 최적화하였다.

지금까지 우리가 다루었던 다국적, 그리고 글로벌 전략은 다소 이론적으로 제시되었다. 실제로 많은 기업들은 본국이 속한 지역(region)과 한 개 또는 두 개의 지역들을 추가하여 국제적 확장을 추진하는 지역 단위의 전략을 채택한다. Toyota를 예로 들면, 저가격 Etios 모델을 인도에서 2012년에 출시한 뒤 247개를 남아프리카로 선적하면서 글로벌 출시를 시작하였다.

초국적 전략

세 가지 전통적인 전략적 접근에는 어떻게 세계적인 경쟁우위를 창출하는지에 대한 가정이 내재되어있다. 글로벌기업은 최상의 가격 포지션이 경쟁력의 가장 중요한 원천이라고 가정하고 다국적기업은 성과를 증진시키는 주된 방법으로 차별화를 사용하며 국제적 기업들은 혁신을 통해 비용절감, 수익의 강조 혹은 두 가지를 모두 달성한다. 초국적 전략을 택한 기업들은 각각의 전통적인 접근법들이 각각의 장점을 지니지만 절대적이지는 않기 때문에 부분적으로 유효하다는 것을 인식한다.

세계적 수준의 경쟁우위를 달성하기 위해서는 비용과 수익이 동시에 관리되어야 하며, 효율성과 혁신은 매우 중요하고, 혁신은 조직의 다양한 부분에서 발생할 수 있어야 한다. 따라서 표 3-2에서 보여주는 부분적 요소들에 집중하는 대신에 초국적 기업들은 각각의 목적–수단 조합을 모두 활용하고 효율성, 유연성, 학습을 동시에 활용하여 다양한 경쟁우위를 개발한다.

이렇게 어려운 전략적 접근법을 달성하기 위해서는 초국적 기업은 반드시 전형적인 형태의 다국적, 국제적, 글로벌기업들의 구조와 완전히 다른 자산과 역량의 배치를 고안해야 한다. 글로벌기업은 기업 활동에서의 규모의 경제를 달성하기 위해 본국 또는 저비용 진출국에 기업 자원 모두를 집중시키는 경향이 있다. 다국적 기업은 자원을 분산시킴으로써 각기 다른 국가에서 기업 활동을 하는 데 있어서 지역적 니즈에 빠르게 대응할 수 있도록 한다. 그리고 국제적 기업은 혁신개발에 필수적인 자원들은 집중화 시키지만 기타 자원들은 전 세계 상황에 대응하기 위해 적절히 분권화시킨다.

한편 초국적 기업들은 좀 더 세련되고 차별화된 방식으로 자산과 역량을 배치시킬 필요가 있다. 우선 처음에는 자국에서 운영할 수 있는 핵심자원과 역량을 결정하는데, 이는 규모의 경제 달성뿐만 아니라 핵심역량에 대한 보호, 그리고 기업 경영에 필수적인

표 3-3 국제적, 다국적, 글로벌, 초국적 기업의 전략적 지향과 자산 및 역량배치

	국제적	다국적	글로벌	초국적
전략적 지향	전 세계적 확산과 적응을 통해 모기업의 지식과 역량 활용	강력하고 자원이 풍부하고 도전적인 국가별 기업운영을 바탕으로 국가별 상이성에 대응하는 유연성을 기름	중앙화된 글로벌 규모의 기업운영을 바탕으로 비용우위를 창출	글로벌 효율성, 유연성, 전 세계적 학습역량을 동시에 배양
자산 및 역량 배치	핵심역량의 원천은 중앙집중화하는 반면 다른 것들은 분권화 시킴	탈중앙화 추진 및 국가별로 자급자족 가능하도록 함	중앙집중화 및 글로벌 규모를 유지	분산되고, 상호의존적이고, 특화된 상태를 유지

관리를 제공하기 위한 것이다. 예를 들면 기초 연구의 경우 핵심 역량으로 간주되는데 전략적 보안과 역량 집중화를 이유로 자국에서 운영되어야하기 때문이다.

특정 자원들은 중앙집중적 성격을 띠지만 반드시 본사에 위치해야 하는 것은 아니며, 이러한 경우 자원의 배치는 분권화(*decentralization*)보다는 비집중화(*ex-centralization*)로 이해할 수 있다. 노동집약적 제품생산을 위한 전 세계적 규모의 생산설비는 멕시코나 방글라데시와 같은 저임금 국가에 설립하게 된다. 선진기술의 경우에는 일본, 독일, 미국 등지에 중요한 R&D 자원과 활동을 집중시킬 필요가 있다. 그러한 유연한 특화 또는 비집중화는 규모의 경제의 이점을 유연성(낮은 투입비용 및 희귀 자원 접근에 대한 유연성), 대응성(국가별 정치적 이익에 대한 대응성)의 이점과 통합시킬 수 있다. 예를 들어 Sony는 금융시장에 대한 접근성을 높이기 위해 재무부문 업무를 런던으로 이관시켰다. 암스테르담을 기반으로 한 소프트웨어 기업인 Irdeto는 베이징에 두 번째 본사를 설립하여 빠르게 성장하는 중국 관리자들의 영향력을 본부의 의사결정에 반영하고자 하였다. 이러한 노력의 일환으로 CEO도 2007년 가족과 함께 중국으로 이사하기도 하였다.

규모의 경제로부터 오는 효과가 미미하거나 특정 시설에 과도하게 의존하는 것을 피함으로써 유연성을 재고할 필요가 있을 때는 다른 특정 자원들도 지역 혹은 현지 기반으로 분권화되는 것이 가장 좋을 수도 있다. 현지 또는 지역 시설은 환율변동, 파업, 자연재해, 다른 문제들로부터 자유로우며 물류 및 조율비용도 줄여주는 장점이 있다. 분권화의 또 다른 중요한 이점은 국가별 자회사에 동기를 부여하고 역량을 높일 수 있다는 것이다. 분권화로 인해 효율성이 조금 희생되더라도 그럴만한 충분한 가치가 있다. 표 3-3은 다국적기업 모델들의 전략적 접근을 지원하는 자산의 배치에 대한 각각의 차이점들을 정리해 놓았다. 4장에서는 좀 더 자세하게 이러한 전략과 조직적 연관성에 대해 다루게 될 것이다.

전 세계적 경쟁우위: 전략적 과제

이번 장의 마지막 부분에서는 한 기업이 어떻게 전략적 도전에 대해 대응하는 것인가에 대하여 보게 된다. 이는 그 기업의 국제적인 위치와 역사에 따라 매우 달라진다. 자신의 사업 분야에서 전 세계적으로 영향력 있는 기업들은 시장 지배력을 지켜내는 동시에 새로운 경쟁력의 원천을 구축해야 한다. 규모는 작지만 세계적인 경쟁력을 갖추고자 하는 기업의 경우에는 기존의 리더에게 도전할 수 있는 자원 및 역량을 길러야 한다. 그리고 해외 진출을 위한 자원 혹은 의지가 결여된 국내 시장에 집중하는 기업들은 다국적 기업으로서의 이점을 가진 경쟁자로부터 국내 포지션을 지켜야 한다.

세계적 지배력에 대한 방어

지난 십여 년 동안 우리가 지금까지 설명한 외부 환경의 변화는 몇 가지 어려움을 야기하였다. 역사적으로 전 세계적인 경쟁우위를 자랑하던 다국적기업들도 예외는 아니었다. 전형적으로 대부분의 이러한 기업들은 전통적인 다국적, 국제적 혹은 글로벌 전략을 추구했고, 그들이 과거에 이룩한 성공은 특정한 전략적 역량과 산업 내 지배적인 환경적인 요인 간의 적절한 조화를 기반으로 이루어진 것들이다. 국가별 대응 역량이 필수적인 브랜드 패키지 상품을 판매하는 다국적 산업에서 유니레버와 같이 기업들은 다국적 전략을 채택하여 강력한 전 세계적인 포지션을 발전시켰다. 반면 소비 가전이나 반도체와 같은 글로벌 산업에서 Matsushita 혹은 Hitachi와 같은 기업들은 글로벌 전략을 채택함으로써 리더로서의 포지션을 구축하였다.

그러나 최근에 계속되는 경쟁적 환경 속에서 이러한 기업들은 글로벌 효율성, 다국적 유연성 혹은 전 세계적 학습을 활용하려는 기존 역량에 의지할 수 없다. 점차 많은 산업들이 앞서 설명한 **초국적 특성**을 갖춰나가는 상황에 있어 기업들이 세 가지 전략적 역량을 동시에 모두 갖추어야 하는 필요성에 직면했다는 것이다.

앞서가는 기업들이 당면한 도전은 그들만의 특별한 강점을 보호하고 강화하는 동시에 다른 역량도 구축해야 한다는 것이다. 이러한 새로운 전략적 도전에 대한 많은 다국적 기업들의 우선적인 반응은 그들 자산과 부족한 역량을 기르기 위해 기존 자산 및 활동의 구성을 재조정 하는 것이었다. 예를 들어 자원이 고도로 집중된 글로벌기업은 국가별 자회사들 간에 자원을 분산시켜 유연성을 기르고자 했고, 반대로 다국적 기업들은 R&D와 생산 그리고 기타 규모의 경제를 위한 활동을 중앙에 집중시킴으로써 그들의 글로벌 경쟁자들을 모방하고자 하였다. 본질적으로 이러한 기업들은 그들의 기존 구성을 과감하게 재조정하여 새롭고 더 나은 구성을 찾으려 노력했다.

이상적인 구성을 제로 베이스로 검토하였기 때문에 기업들은 공장의 폐쇄 등을 둘러싼 현지 정부와의 갈등 등의 외부적인 문제를 경험하였고 또한 기업 내부적으로도 조직에 트라우마를 남기기도 하였다. 그러나 이러한 접근이 야기하는 가장 큰 문제는 새로운 역량을 기르기는커녕 기존에 가지고 있던 역량을 오히려 깎아 내릴 수 있다는 것이다.

기존의 경쟁 우위를 지키면서 새로운 역량을 구축하는 이 복잡한 균형 잡기에 성공하기 위해서 기업들은 두 가지 간단한 원칙을 따라야 했다. 첫 번째, 적어도 새로운 역량을 추구하는 만큼의 집중력을 기존의 자산 및 역량을 보호하고 강화하는데 쏟아야 했다. 이러한 접근은 급격한 구조조정보다는 기존의 역량을 강화하고 점차 변경시키는 방식이다. 오래된 설비를 아예 폐기하고 새로운 설비를 만들어내기 보다는 기존의 설비를 현대화 하는 것에 집중하였다.

두 번째, 재구성에 성공한 기업들은 경쟁 기업의 자산 구조나 과업 구성을 모방하기보다는 자신이 부족한 부분을 보완하거나 경쟁사의 경쟁력의 원천을 닮고자 하였다. 분권형 및 분산형 자원 구조를 가진 다국적 기업들은 효율성을 높이기 위해서는 기존의 시설을 폐쇄하고 저비용 국가로 생산을 이전해 경쟁력 있는 글로벌기업에 대항하는 것보다 기존의 공장에 새롭고 유연한 제조 기술을 채택하고 다른 공장들은 업그레이드하여 국제적 혹은 지역적 생산 기지가 되도록 하는 것이 더 쉽다는 것을 깨달았다.

유사하게 성공적인 글로벌기업들은 다국적 기업을 흉내 내어 자원을 각 국가 자회사에 이전하여 핵심 역량인 효율성을 떨어뜨리기 보다는 그들의 국가별 자회사의 판매 부서들과 본사 개발 혹은 생산 부서간 내부적인 연계를 구축하는 것이 더욱 효과적으로 유연성과 대응능력을 기를 수 있는 점을 깨달았다.

글로벌 리더에 대한 도전

지난 20년간 많은 기업들이 국내의 비교적 작은 기업에서부터 세계적인 주요 경쟁자로 성장해오며 전통적인 리더들에게 도전하였다. 컴퓨터 산업에서의 Dell, 자동차 부품 산업의 Magna, 가전 제품 산업의 Electrolux, 그리고 시멘트 산업의 CEMEX는 무명의 회사로 시작하여 비교적 짧은 기간 내 국제적으로 이름을 알리게 된 기업들이다.

극적인 변화를 겪는 과정에서 이들 기업이 도입한 실제 프로세스는 저마다 다 달랐다. 예를 들자면 Electrolux는 주로 인수를 통하여 성장한 반면 Dell은 내부적 개발을 통한 역량을 구축하였으며, Magna와 CEMEX는 그린필드 투자와 인수를 병행하였다. 유사하게 Dell은 비용우위와 물류 역량을 기반으로 성장한 반면, 국제적 확장 시에는 직접 판매 모델과 고객들의 수요변화에 빠르게 대응하는 능력이 중요하게 작용하였다.

각각의 접근방식에 있어서 많은 차이점들이 있었으나, 신흥 기업들은 유사한 단계별 접근을 통하여 그들의 경쟁적 포지션을 구축하였다는 공통점이 있었다. 각 기업들은 틈새시장—종종 특정 시장 내의 특정 제품 하나만—을 공략하는 것에서 시작하여 그 틈새에서 강력한 경쟁적 포지션을 확보해나갔다. 이러한 경쟁적 포지션은 한 가지의 전략적 역량에 의한 것이기보다는 경쟁우위의 다양한 원천을 기반으로 구축되었다.

그 다음 단계에서 그들은 제품 및 지리적 측면에서 신중하고 제한적으로 포트폴리오를 확장하고 그 확장에 걸맞도록 가격 및 품질을 단계별로 향상시킴으로써 시장 점유율을 높여갔다. 이러한 확장은 주로 산업 내의 리더에게 중요도가 낮은 제품과 시장에 초점을 맞추어 이루어졌다. 리더들의 시야 밖에 존재하면서 도전자들은 비교적 눈에 띄지 않을 수 있었고, 훨씬 강력한 자원을 갖춘 경쟁자들의 직접적인 대응 없이 그들의 강점을 구축하고 기반을 닦을 수 있었다. 예를 들어 새로 등장하는 기업들은 처음에는 산업에서 두각을 나타내는 기업들이 관심을 보이지 않는 낮은 이윤의 소형 TV나 소형 자동차들에 초점을 맞춘다.

도전자들은 그들만의 제품 포트폴리오, 기술적 역량, 지리적 범위 그리고 마케팅 전문성을 개발하는 동시에 거대 경쟁 회사들의 OEM 공급자가 됨으로써 생산 규모를 증대시켜 비용적 효율성을 높일 수 있었다. 이러한 방식은 거대한 경쟁자들에게도 비용적인 이점을 제공하였고, 무엇보다도 도전자들이 선진 시장에서의 소비자 수요와 마케팅 전략에 대한 이해를 높일 수 있는 기회를 제공하였다.

세계적 경쟁우위를 창출하기 위한 단계적 노력에 성공하게 되면 도전자들은 중요도가 낮은 시장에서 강력하고 지속적인 세계적 시장으로 빠르게 이동하였다. Matsushita가 VCR 생산을 8년 만에 30배로 늘리고, 그로부터 10년 후 Acer가 컴퓨터 생산량을 7년 만에 20배 늘렸듯이, 도전자들은 우선 생산설비의 규모를 극적으로 증대시키고 난 뒤 비로소 신제품을 출시하고 다양한 공급채널과 그들만의 브랜드이름을 가지고 주요 시장에 확장 진출 하였다.

2008년에 Tata Motors가 두 개의 유명 영국 브랜드인 재규어와 랜드로버를 포드로부터 인수한 것에서도 볼 수 있듯이 도전자들이 강력한 국제적 기업으로 빠르게 성장할 수 있는 다른 방법은 '기업 인수'이다. 인수 대상은 제조 공장, 영국 소재의 전문 디자인 센터 두 곳, 전 세계에 걸친 판매 네트워크뿐 아니라 아닌 모든 재산권의 권리까지 포함하였다.

국내 틈새시장의 보호

자원 부족 및 기타 제약 때문에 몇몇 국내기업들은 세계시장으로 확장해나갈 수 없음에도 불구하고 이들이 글로벌 경쟁을 피할 수 있는 것은 아니다. 그들의 주요한 도전은 우월한 자원과 다양한 경쟁적 우위를 갖춘 세계적인 기업들로부터 그들의 국내 틈새시장을 보호하는 것이다.[9] 이러한 문제는 인도와 중국 같은 개발도상국들에서 더욱 두드러지게 나타나는데, 현지 기업들은 자신들보다 훨씬 규모가 크고 공격적이고 자산이 풍부한 경쟁사들을 상대해야 하는 어려움을 겪게 된다.

이러한 국내 기업들이 선택할 수 있는 대안적인 세 가지 방법이 존재한다. 첫 번째 방법은 경쟁자들의 세계적 우위로부터 스스로를 방어하는 것이다. 다국적기업 관리자들이 산업구조의 글로벌화를 가속화시키는 선택을 할 수 있는 것처럼 국내 기업들은 그러한 영향력을 반대로 사용할 수 있다. 국내기업의 영리한 관리자는 자국 내 산업구조 혹

9) For a detailed discussion of such strategies, see N. Dawar and T. Frost, "Competing with Giants: Survival Strategies for Local Companies Competing in Emerging Markets," *Harvard Business Review* 77, no. 2 (1999), pp. 119–30.

은 시장 상태에 영향을 주는 행동을 함으로써 글로벌 경쟁자들의 시도를 뒤엎을 수 있을지도 모른다. 예를 들면 소비자들이 현지화된 서비스 지향적 제품을 더욱 선호하도록 만들 수도 있고, 주요 유통 채널을 결합시키거나 중요 공급처를 선제적으로 확보할 수도 있다. 일본시장에 진입하려는 많은 기업들은 일본 현지 회사들의 이러한 강력한 방어 전략이 존재한다고 주장하기도 하였다.

두 번째 전략적 선택방안은 경쟁자들의 국제적 이점을 상쇄시키는 것이다. 이것을 위한 가장 간단한 방법은 관세보호와 같은 정부 지원에 대한 로비를 펼치는 것이다. 그러나 점차 관세 장벽을 낮추는 오늘날 이러한 접근은 점점 성공확률이 낮아지고 있다. 좀 더 야심 찬 접근은 R&D에 대한 자금, 수출 보조금 지원, 그리고 자산투자 파이낸싱 등 정부의 지원을 확보함으로써 세계 경쟁사들과 동등한 글로벌 역량을 개발시키는 것이다. 이론적으로는 그러한 기업들이 "국가적 챔피언기업(national champion)" 이 되어 글로벌 차원에서 경쟁할 수 있다. 그러나 현실에서 그렇게 정부 지원을 받은 기업들이 세계적으로 성장하는 경우는 드물다. Boeing과 함께 상업 비행기 시장을 주도하는 Airbus Industrie의 성공사례는 매우 드문 케이스이다. 1970년대 유럽의 각국 정부는 성공할 가능성이 있는 컴퓨터 회사를 지원하여 10년 내로 유럽의 가전제품 산업을 활성화시키고자 했고 그 지원을 받아 Airbus Industrie가 성장할 수 있었다. 또한 GE는 로비활동을 통해 2009년 미국정부의 구제금융 프로그램에 포함될 수 있었다. 2010년 에어캐나다를 Emirates Airlines와 Singaporean Airlines 등 다른 경쟁사들로부터 지켜내기 위한 캐나다 정부의 보호 정책은 또 다른 예시가 될 수 있다.

세 번째 대안은 유수의 글로벌기업들과 동맹, 연합을 통하여 경쟁자들의 글로벌 우위에 접근하는 것이다. 높은 위험이 존재하는 글로벌 환경에서 기업 경영에 대한 위험과 비용을 나누기 위한 목적으로 실제로 많은 연합 관계가 형성되었다. 시장 접근, 기술, 생산 능력을 통합하고 교환함으로써 작은 규모의 경쟁자들은 글로벌 대기업들에 대해 방어를 할 수 있게 되는 것이다. 예를 들어 Simens, ICL, 그리고 다른 작은 컴퓨터 회사들은 Fujitsu와 계약을 맺고 합작 프로젝트를 진행하면서 IBM 같은 지배적인 초국적 기업들에 맞서 그들의 존재감을 증대시켰다. 유사하게 인도의 통신회사인 Bharti는 다양한 외국기업들과 국내 협력을 맺으면서 인도 시장 내에서 성공을 거둘 수 있었다.

결언

이러한 세 가지 전략적 대응이 모든 가능한 시나리오에 적용 가능한 것은 아니지만, 그들을 통해 우리는 이 장에서 두 가지 중요 시사점을 도출할 수 있다. 첫 번째, 다국적기업은 경쟁우위를 달성하기 위한 다양한 전략적 옵션을 선택할 수 있고, 표 3-2는 수단과 결과를 분리시켜 설명해주기 때문에 이들 옵션들의 타당성을 이해하는 데 도움이 된다. 두 번째, 기업들이 당면하는 경쟁의 강도가 높으므로 한 기업이 혼자서 경쟁을 헤쳐 나가기는 쉽지 않다. 그보다는 모든 중요한 부문(예: 효율성, 유연성, 학습 등)에 대한 경쟁적 동등함(competitive parity)을 확보하는 동시에 한 부분에 대해서는 차별화를 이룩하는 것이 필요하다. 다양한 경쟁적 목표를 동시에 달성한다는 것이 쉬운 일은 아니기 때문에, 많은 다국적기업들은 그들의 글로벌 활동을 조직하는 새로운 방법에 대해 다양한 실험, 시도를 하는 중이다. 그리고 이러한 조직 이슈는 다음 장에서 중요하게 다뤄질 것이다.

Case 3-1 스텔라 아르투아(Stella Artois)의 글로벌 브랜딩

Paul W. Beamish and Anthony Goerzen

세계 제4위의 맥주 생산기업인 인터브루(Interbrew)의 최고마케팅책임자(CMO, chief marketing officer)인 폴 쿡(Paul Cooke)은 2000년 4월에 자신들의 고급 제품인 스텔라 아르투아(Stella Artois)를 전 세계 핵심 시장에서 자사의 플래그십 브랜드(flagship brand)로 발전시킬 방안을 제시했다. 향후 2000년부터 2002년까지의 장기적 계획은 이사회의 승인을 받았지만 아직도 해결해야 할 몇 가지 중요한 전략적 과제들이 남아 있었다.

인터브루(Interbrew)의 대략적인 역사

인터브루(Interbrew)의 시작은 브루셀(Brussels) 외곽의 소도시인 루벤(Leuven)에 위치한 덴 호른(Den Hoorn)이라고 불리는 맥주 양조장이 만들어진 1366년까지 거슬러 올라간다. 1717년 이 양조장은 유명한 맥주 양조업자인 세바스티안 아르투아(Sebastiaan Artois)에게 매각되면서 회사의 이름을 아르투아(Artois)로 변경했다.

IVEY
Richard Ivey School of Business
The University of Western Ontario

이 기업은 1954년에 벨기에의 레페 브루어리(Leffe Brewery), 1968년에 네덜란드의 도멜쉬 블루어리(Dommelsch Brewery), 1970년에 프랑스의 드 노르(du Nord)를 인수하면서 기업의 규모를 확장하기 시작했다. 1987년 아르투아(Artois)와 피드뵈프(Piedboeuf)라고 불리는 또 다른 벨기에의 양조기업이 합병되면서 사명을 인터브루(Interbrew)라고 결정했다. 이 기업은 곧 또 다른 벨기에의 맥주 양조기업들을 합병했으며, 1989년에 호가든(Hoegaarden)을, 1990년에 벨 뷰 브루어리(Belle-Vue Brewery)를 인수하면서 인터브루(Interbrew) 브랜드 포트폴리오를 구축하기 시작했다.

인터브루(Interbrew)는 그때부터 급속한 성장의 단계로 들어섰다. 이 기업은 1991년에 헝가리, 1994년에 크로아티아와 루마니아의 양조기업들 그리고 1995년에 불가리아의 생산공장 3곳을 각각 인수했다. 1995년에 인터브루(Interbrew)는 다시 해외시장 개척을 목표로 캐나다의 맥주양조 대기업인 라바트(Labatt)를 예기치 않게 인수함으로써 일련의 인수 과정의 첫 단계를 완료했다. 예를 들어 라바트(Labatt)는 롤링 락(Rolling Rock) 브랜드의 본고장인 라트로브 양조장(Latrobe brewery)과 같이 미국에서도 생산 시설을 가지고 있었다. 라바트(Labatt) 또한 멕시코에서 두 번째로 큰 맥주 양조기업으로 도세끼스(Dos Equis), 솔(Sol), 테카테(Tecate)와 같은 브랜드를 생산하는 펨사 세르베사(Femsa Cervesa)의 소수지분도 상당량 보유하고 있었다. 이러한 대규모 인수는 이후에도 계속되어서 1996년에는 우크라이나의 양조기업을 인수하고 도미니카 공화국에서 합작투자법인(JV)을 설립하기도 했다. 이후 1997년에 중국, 1998년에 몬테네그로와 러시아, 1999년에 한국과 벨기에의 또 다른 양조기업

도 긍정적인 진전이 있었다. 중앙 유럽의 시장 또한 성장했는데, 매출규모에 있어 헝가리는 9.6%, 크로아티아는 5.5%, 루마니아는 18.9%, 몬테네그로는 29%, 불가리아는 3.6%의 증가세를 기록했다. 러시아와 우크라이나 시장에서의 판매 입지 또한 만족할 만한 수준이었다. 게다가 한국에서의 매출규모는 큰 변화 없이 유지되고 있었고, 중국에서의 매출규모는 여전히 기대에 못 미치는 수준이기는 하지만 10% 이상 상승하고 있었다.

인터브루(Interbrew)의 기업 전략

인터브루(Interbrew) 기업 전략의 세 가지 측면들(예컨대, 브랜드, 시장, 운영)이 "인터브루 삼각형의 세 변(sides of the Interbrew triangle)"으로 간주되었다. 인터브루(Interbrew) 기업 전략 각각의 측면은 주주가치의 증대라는 기본적 목표를 달성하는 데에서 모두 동등하게 중요한 요인들로 여겨졌다. 기업의 초점을 전적으로 맥주에 맞춘 상태에서 인터브루(Interbrew)의 근본적 목표는 성숙 시장에서의 입지를 공고히 하고, 프리미엄 맥주 브랜드와 특수 맥주 브랜드의 매출규모를 늘림으로써 이윤을 개선시키는 것이었다. 나아가 인터브루(Interbrew)는 성장을 강조했는데, 이는 맥주 산업의 합리화에는 여전히 완성해야 할 부분이 남아 있고 전 세계시장 대부분은 최종적으로는 단 2~3개의 주요 기업에 의해 지배될 것이라는 믿음이 있었기 때문이었다.

운영 전략(Operations Strategy) 인터브루(Interbrew)가 보유한 운영전략의 핵심적인 요소는 일선 현장 간 모범사례(best practices)의 상호 교환에 있었다. 인터브루(Interbrew)에게 중요한 2개의 시장인 벨기에와 캐나다에서 각 양조 기업은 10개의 영역에서 성과를 모니터링하고 경쟁 기업들과 비교했다. 그 결과 인터브루(Interbrew)의 최고와 최악의 운영 전략 간의 간극은 1995년 이후로 크게 좁혀졌다. 이 과정을 개선시키기 위해서 직원들은 지속적으로 계획안들을 제안했다. 직원들에 대한 교육 프로그램은 생산 비용을 크게 낮추었으며, 이는 인터브루(Interbrew)의 경영진에게 대부분의 개선은 순수한 기술적 성과의 개선보다는 직원들에 대한 동기부여와 더 크게 관여된다는 것을 시사했다. 이와 더불어 설비가동률 및 전략적 아웃소싱이 중요한 두 개의 기회 영역으로 확인되었다.

설비 가동률(capacity utilization) 맥주 양조는 자본집약적인 산업임을 감안할 때 설비 가동률은 수익성에 중요한 영향을 미친다. 성숙 시장에서의 맥주 소비량 감소로 인해 잉여 생산이 발생했기 때문에 인터브루(Interbrew)의 오래된 양조 및 처리 시설 중 몇몇은 가동의 중단이 계획되어 있었다. 이와는 대조적으로 루마니아, 불가리아, 크로아티아, 몬테네그로와 같은 몇몇 성장 시장에서는 그 반대의 문제가 존재해서 현지의 생산 용량을 확충하기 전까지는 다른 지역의 생산설비를 풀가동해야 하는 문제가 있었다.

전략적 소싱(strategic sourcing) 인터브루(Interbrew)는 공급 기반의 합리화 역시 추구하기 시작했다. 인터브루(Interbrew)는 적은 수지만 최상의 공급자를 선별해서 그들과 더욱 밀접한 관계를 유지하고자 노력했으며, 이를 통해서 혁신적 변화가 양측에 매년 상당한 이익을 가져다 줄 수 있을 것이라고 믿었다. 중요한 상품들 대부분에 있어서 단일 공급자와 공급관계를 형성하고, 이러한 접근법을 전 세계의 모든 시설로 확대시킬 계획을 가지고 있었다.

시장 전략(market strategy) 인터브루(Interbrew) 시장전략의 기본적 목표는 규모를 키우고 회사의 전통적 2대 시장인 벨기에와 캐나다에 대한 의존성을 낮추는 것이었다. 비록 지속가능한 이윤창출의 기회가 존재하는지의 여부에 따라 투자를 고려하기는 했지만, 인터브루(Interbrew)는 시장 전략을 성숙시장과 성장시장으로 이원화시켰다. 인터브루(Interbrew) 시장전략의 핵심 요소들 중 하나는 강력한 시장 플랫폼을 확립하고 관리하는 것에 있었다. 브랜드의 힘은 해당 브렌드를 뒷받침할 수 있는 경쟁적(competitive)인 그리고 전용(dedicated)의 시장플랫폼(즉, 판매, 유통, 도매 네트워크 등)과 직접적인 관련이 있었다. 게다가 인터브루(Interbrew)는 개별 국가의 팀에게 국내의 업무를 스스로 경영할 재량권을 부여했으며 많은 사람들은 이러한 분권화된 접근방식이 여러 시장에서의 성공 속도와 관련된다고 생각했다.

성숙 시장(mature market) 성숙 시장에서 인터브루(Interbrew)의 목표는 생산, 유통, 마케팅에서의 효율성 강화를 통해 시장점유율과 이윤을 지속적으로 개선시키는 것이었다. 동시에 인터브루(Interbrew)는 자사가 이미 타의 추종을 불허하는 포트폴리오를 보유하고 있는 프리미엄 맥주 제품과 특수 맥주 제품으로 향하고 있는 시장의 추세를 활용하기 위한 의도를 지니고 있었다. 이러한 전략이 적극적으로 추구되는 핵심 시장들로는 미국, 캐나다, 영국, 프랑스, 네덜란드, 벨기에 등이 있었다.

성장 시장(growth market) 세계 맥주 시장에서 앞으로도 계속적으로 기업간 합병이 발생될 것이라는 예상을 바탕으로, 인터브루(Interbrew)의 시장 전략은 장기적으로 성장 잠재력이 있는 시장에서 중요한 위치를 구축하는 것이었다. 이 목표는 특히 중앙 유럽, 동유럽 그리고 아시아 특히, 한국과 중국에 대해서 명확한 초점을 맞추는 것으로 이어졌다. 예컨대 중국에서 인터브루(Interbrew)는 난징(Nanjing)에서 두 번째로 규모가 큰 양조시설의 인수를 완료했다. 얄리(Yali) 브랜드를 자사의 포트폴리오에 추가시킨 인터브루(Interbrew)는 인구 600만의 도시인 난징(Nanjing)에서 시장의 주도적 기업이 되었다.

또한 인터브루(Interbrew)는 한국의 재벌기업인 두산그룹과 50대 50의 지분을 투자하는 합작투자법인(JV)을 설립하면서 한국시장에 진출했다. 두산그룹은 OB 라거(OB larger)와 카프리 필스너(Cafri pilsener) 브랜드를 생산하는 동양맥주(oriental Brewery, 동양맥주는 1996년 OB맥주로 상호를 변경하였음)를 보유하고 있었다. 이러한 전략을 통해 인터브루(Interbrew)는 한국 맥주 시장에서 36%의 시장점유율과 510만 hls의 판매량을 기록함으로써, 제2위 기업으로서의 지위를 구축할 수 있게 되었다. 두산그룹과 함께 설립한 합작투자기업은 1999년에 진로 쿠어스(Jinro Coors)를 인수했다. 이러한 인수는 250만 hls의 판매량을 추가시켜서 한국 맥주시장에서 인터브루(Interbrew)의 시장점유율을 50%까지 끌어올렸다. 이로써 한국에서 인터브루(Interbrew)는 2개의 주된 필스너 브랜드로 포트폴리오를 구축할 수 있게 되었다. 여기에는 두 개의 현지 프리미엄 브랜드로 OB라거(OB Lager)와 카스(Cass) 그리고 국제 프리미엄 브랜드로 카프리(Cafri), 레드 록(Red Rock), 버드와이저(Budweiser) 등이 포함되어 있었다.

러시아에서 인터브루(Interbrew)는 옴스크(Omsk)에 위치한 로사르 양조기업(Rosar Brewery)의 다수지분을 확보함으로써 백 비어(BAG Bier)와 시비르스카야 코로나(Sibirskaya Korona) 브랜드를 추가해 자사의 존재감을 확장시켰다. 로사르(Rosar)는 시베리아 평원의 옴스크(Omsk)에 위치한 양조기업으로써 현지 시장에서 25%의 점유율을 기록하고 있었고, 러시아 전체에서는 4위를 차지하고 있었던 기업이었다. 또한 인터브루(Interbrew)는 중앙 유럽에서 새로운 계획 역시 추진해 나갔다. 예컨대, 유고슬라비아 시장에서 인터브루(Interbrew)의 제품을 소개했을 뿐만 아니라 몬테네그로의 양조기업과 불가리아의 플레벤 양조기업(Pleven brewery)을 인수함으로써 중앙 유럽에서도 새로운 활로를 모색했다. 마지막으로 인터브루(Interbrew)는 멕시코에서 두 번째로 큰 양조기업에 대한 지분투자를 22%에서 30%로 증가시키기는 했지만, 남미는 여전히 큰 이윤을 창출시키는 지역이었다.

브랜드 전략(brand strategy) 인터브루(Interbrew)의 전통적 브랜드 전략의 핵심은 특히 성장 시장에서 기존의 양조기업들을 인수함으로써 자사의 브랜드 포트폴리오를 확대하는 것이었다. 이 기업의 목표는 진출한 모든 세분시장에서 1위 또는 2위의 브랜드를 보유하는 것이었기 때문에, 인터브루(Interbrew)는 강력한 현지 브랜드를 인수하고 개발하는데 집중했다. 인터브루(Interbrew)가 새로운 지역에 진출할 때의 최우선 순위는 인수한 현지의 핵심 브랜드 제품의 품질을 향상시키고 시장에서의 입지를 개선하는 것이었다. 성숙 시장에서 인터브루(Interbrew)는 벨기에의 가장 큰 라거(lager, 보통 거품이 많이 나는 연한색의 맥주) 맥주 브랜드인 주필러(Jupiler), 캐나다의 유명한 브랜드인 라바트 블루(Labatt Blue), 네덜란드의 중요한 브랜드인 도멜쉬(Dommelsch)와 같은 기존 브랜드의 시장지배력에 의존했다. 반면, 성장 시장에서 인터브루(Interbrew)는 헝가리의 보르소디 소르(Borsodi Sor), 불가리아의 카메니짜(Kamenitza), 크로아티아의 오쥬스코(Ozujsko), 루마니아의 베르겐비어(Bergenbier), 중국의 지닝(Jining), 한국의 OB 라거(OB Lager)와 같은 브랜드들을 지원했다. 그 외에도 우크라이나에서 프리미엄 브랜드인 톨러(Taller), 캐나다에서 맥아 기반 음료의 대안으로 부머링(Boomering)과 같은 신제품을 출시했다.

인터브루(Interbrew) 브랜드 전략의 두 번째 측면은 특정 브랜드 특히 특수 맥주 제품들을 찾아내 지역 기반으로 그러한 제품들을 여러 시장에서 개발하는 것이었다. 이러한 전략의 선두는 아바예 드 레페(Abbaye de Leffe)와 호가든(Hoegaarden) 브랜드 그리고 그보다 범위는 좁지만 뷔엘뷰(Bulle-Vue)였다. 실제로 호가든(Hoegaarden)과 레페(Leffe)는 프랑스와 네덜란드의 화이트 비어(white beer)와 에비 비어(abbey beer, 강한 과일향이 나는 맥주) 시장에서 1위를 달성했다. 로브로크(Loburg) 프리미엄 필스너 맥주 브랜드 또한 프랑스에서 재출시 된 이후 시장에서의 입지가 강화되었다. 더 나아가 인터브루(Interbrew)는 캐나다에서 올란드 특수맥주회사(Oland Specialty Beer Company)라는 특수맥주 전문기업을 설립했다. 이 기업이 설립된 첫 해에 판매한 브랜드들은 매출규모가 40% 이상 상승했다. 더욱 구체적으로는 알렉산더 케이스(Alexander Keith) 브랜드는 매출은 2배 이상 증가했으며 매출이 감소 추세에 있던 존 라바트 클래식(John Labatt Classic) 브랜드는 판매량의 상승으로 상황이 역전되었다. 올란드(Oland)의 기본적 홍보 메시지는 풍요로움, 신비함, 전통적인 맥주였다.

인터브루(Interbrew)는 특수 맥주 제품들의 지역적인 성장을 뒷받침하기 위해 새로운 형태의 카페를 개장했다. 독립적 운영자가 소유하고 운영하는 벨기에식 맥주 카페는 고객들이 인터브루(Interbrew)의 벨기에식 특수 맥주의 맛을 볼 수 있는 정통 벨기에식 분위기를 갖추었다. 1999년까지 벨기에식 맥주 카페는 인터브루(Interbrew)의 많은 주요 시장들에서 문을 열었다. 이러한 시장들로는 뉴욕에서 최고 매출을 기록하는 매장을 포함하여, 오클랜드(Auckland), 자그레브(Zagreb), 부다페스트(Budapest) 등이 포함되어 있었다. 여기에서의 사업 개념은 이러한 카페들이 해외에서 벨기에식 맥주 문화의 외교 대사 역할을 한다는 것이었다. 이 카페는 인터브루(Interbrew)의 특수 맥주 브랜드들을 전시할 수 있는 매개체로서의 역할을 하여 유럽 스타일과 패션을 국제적으로 어필할 수 있다는 이점을 활용할 수 있게 했다. 비록 이 카페들은 브랜드 포지셔닝을 위한 강력한 마케팅 도구를 의미했지만 이러한 개념의 성공으로 이어진 핵심적인 요인들은 개별 시설과 이를 운영하는 담당자에 의해 좌우되었다. 예를 들어 바(bar)의 직원은 적당한 온도와 해당 브랜드의 유리잔 및 보기 좋은 형태의 거품 모양으로 맥주를 서비스해야 했다. 이러한 특수 카페의 개념은 벨기에 맥주 브랜드를 모든 주요 시장에서 개발하려는 인터브루(Interbrew)의 노력에 도움이 될 것으로 예상되었다.

인터브루(Interbrew) 브랜드 전략의 세 번째 측면은 핵심적인 기업 브랜드를 확인하고 이것을 글로벌 제품으로 개발하는 것이었다. 비록, 글로벌 브랜드를 위한 시장 세그먼트가 현재는 상대적으로 작은 규모이며 아직도 현지 브랜드에 대한 맥주 수요가 높지만,

많은 소비자들은 점차 프리미엄 맥주와 슈퍼 프리미엄 맥주에 매력을 느끼고 있기 때문에 국제적 브랜드에 대한 수요는 앞으로 증가할 것으로 예상되었다.

인터브루(Interbrew)의 글로벌 브랜드 전략의 진화

1997년까지 국제시장을 대상으로 한 인터브루(Interbrew)의 브랜드 개발 전략은 주로 자유방임적이었다. 기회가 발견되었을 때, 인터브루(Interbrew)의 브랜드들은 라이센싱 계약, 수출, 현지 생산 등의 방법을 통해 새로운 시장에 소개되었다. 인터브루(Interbrew)에서 가장 폭넓게 이용되면서도 오래 된 브랜드인 스텔라 아르투아(Stella Artois)는 1997년에 중앙 유럽에 위치한 인터브루(Interbrew)의 3개 자회사들에서 현지 생산을 통해 해당 시장에 출시되었을 때 중요하고도 새로운 전기를 맞게 되었다. 이러한 접근방식은 성장 잠재력이 높은 시장에서 완벽한 포트폴리오를 구축한다는 이 기업의 전체적 목표와 일치했다.

하지만 1998년, 최고위경영관리위원회(executive management committee)는 자사의 폭넓은 브랜드 포트폴리오로부터 조직적인 차원에서 기업의 글로벌 브랜드로 개발하기 위한 브랜드를 선택해야 할 필요성을 인식했다. 비록 글로벌 브랜드를 대상으로 하는 시장이 아직은 작은 규모였지만, 일부 브랜드들(예컨대, 하이네켄(Heinekin), 코로나(Corona), 포스터스(Fosters), 버드와이저(Budweiser) 등)은 성공을 거두고 있었다. 인터브루(Interbrew)는 향후 수십 년에 걸쳐 이러한 등급의 제품들의 생존 능력을 높여 줄 여러 가지 기본적인 글로벌 추세가 있을 것이라고 믿었다. 첫째, 많은 소비자들은 더욱 더 다양성을 모색하고 있는 반면에 또 다른 소비자들은 저가 맥주를 찾고 있었다. 부유층 소비자와 빈곤층 소비자들은 점차 늘고 중간 소득층은 감소할 것으로 보였다. 이러한 사회경제적 추세의 결과로 결국에는 프리미엄 맥주와 저가 맥주의 소비가 증가하여 그 중간 계층의 주류 맥주(mainstream beers)들을 감소시키는 방식으로 모든 시장들이 진화해 갈 것으로 예상되었다. 두 번째 추세는 맥주 산업의 세계화였다. 소비자들이 전 세계를 여행하며 글로벌 매체들(예컨대, CNN, 유로스포트(Eurosport), MTV, 국제적 잡지들(international magazines) 등)을 접함에 따라서, 그러한 글로벌 매체들이 브랜드 구축에 더욱 효과적인 수단이 될 것으로 예상되었다. 따라서 글로벌 전략은 글로벌 광고와 후원에서의 시너지 효과로 이어질 수 있었다. 그 외에도 많은 시장에서 소비자들의 니즈가 수렴될 것으로 예상되었다. 이러한 다양한 요인의 결과로 인터브루(Interbrew)는 점차 많은 국가에서 진정한 해외 브랜드들에 대한 관심이 증가할 것으로 믿었다. 인터브루(Interbrew)는 국제무대에 내놓을 수 있는 폭넓은 국가 브랜드 포트폴리오를 보유하고 있었다. 그 중 가장 유망한 후보는 라바트 블루(Labatt Blue)와 스텔라 아르투아(Stella Artois)였다.

라바트(Labatt)의 브랜드 범위에는 라바트 블루(Labatt Blue), 라바트 블루 라이트(Labat Blue Light), 라바트 아이스(Labatt Ice) 등이 포함되어 있었다. 그러나 현재까지도 북미지역 이외에서 이러한 브랜드들의 노출은 극도로 제한적이었으며, 글로벌 브랜드로 발전할 가능성은 거의 없어 보였다. 1998년 라바트 블루(Labatt Blue)의 전체 판매량 중 85%는 캐나다 내수시장과 미국시장이 차지했으며 나머지는 영국시장이 차지했다. 라바트(Labatt) 브랜드들이 프랑스와 벨기에에 소개되었고 이탈리아에서는 라이센싱 계약을 통해 생산되었지만 그 양은 극히 미미했다. 라바트 블루(Labatt Blue)의 수출이 유일하게 증가한 시장은 1998년의 매출규모가 1995년에 비해 23%나 성장한 미국이었다. 미국시장의 수입 맥주 부분에서 라바트 블루(Labatt Blue)는 코로나(Corona)와 하이네켄(Heineken)에 이어 3위를 차지하고 있었다. 라바트 아이스(Labatt Ice) 브랜드 또한 제한된 소수의 시장에서만 판매되고 있었으며 이러한 라바트(Labatt) 혁신이 가지는 매력이 정점에 도달한 후에는 1996년부터 매출규모가 25% 이상 감소했다. 라바트 아이스(Labatt Ice)

의 전 세계 판매량은 1998년 기준으로 단지 45만 hls였으며 그 중 43%는 캐나다, 33%는 미국 그리고 21%는 영국에서 판매되었다.

인터브루(Interbrew)의 국제적 플래그십 브랜드로서의 스텔라 아르투아(Stella Artois)

인터브루(Interbrew)가 글로벌 규모로 개발할 수 있는 다른 잠재적 브랜드는 그 기원을 1366년까지 거슬러 올라갈 수 있는 스텔라 아르투아(Stella Artois)였다. 스텔라 아르투아(Stella Artois)의 현대적 버전은 1920년에 크리스마스 맥주로 출시되었으며 1970년대까지 벨기에 국내 시장에서 강력한 시장의 리더가 되었다. 그러나 1990년대에 들어서 시장에서의 스텔라(Stella)의 입지는 다소 구식 맥주(old-fashioned beer)라는 이미지가 형성되기 시작했으며, 이 브랜드의 매출은 지속적으로 감소하게 되었다. 하지만 국내 시장에서의 문제들은 많은 유명 해외 브랜드들 역시 동일하게 겪고 있는 것으로 보였다. 실제로 상위 10개 해외 브랜드 중 7개 브랜드가 1995년부터 1999년까지 본국에서의 매출 하락을 경험하고 있었다(〈**도표 3**〉 참조).

스텔라 아르투아(Stella Artois)는 영국에서 휘트브레드(Whitbread)와의 라이센싱 계약을 통해 큰 성공을 거두었으며, 프리미엄 라거(lager) 맥주 시장을 주도하게 되었다. 사실 영국은 스텔라 아르투아(Stella Artois)에게 있어 가장 큰 시장이었으며, 1998년 기준으로 영국은 이 브랜드 총판매량의 49%를 차지했다. 스텔라 아르투아(Stella Artois)의 영국 판매량은 1998년에 280만 hls에 이르러 라거(lager) 맥주 시장의 7.6%를 차지했으며 1999년에는 전년도에 비해 25% 증가한 350만 hls로 판매량이 급증했다. 이 시기까지 3만 2천개 이상의 아울렛들이 생맥주로 스텔라 아르투아(Stella Artois)를 판매했다.

영국 이외에도 스텔라 아르투아(Stella Artois)의 주요 시장들은 프랑스와 벨기에였다. 이들 시장에서 판매량의 합계는 이 브랜드의 전체 판매량 중 31% 이상을 차지하고 있었다(〈**도표 4**〉 참조). 영국, 프랑스, 벨기에 등 세곳의 시장은 1999년 기준으로 스텔라 아르투아(Stella Artois) 전체 판매량의 81%를 차지했으며 소수의 다른 지역들에서도 유의미한 판매량을 기록하고 있었다(〈**도표 5**〉 참조). 상위 3개의 시장 다음으로 가장 큰 시장은 이탈리아였는데, 이 시장에서 하이네켄(Heineken)은 스텔라 아르투아(Stella Artois)를 라이센싱 계약을 통해 생산했다. 그러나 스텔라 아르투아(Stella Artois)의 이탈리아 판매량은 1998년에 16만 6천 hsl로 약간 감소했다. 라이센싱 계약은 또한 스웨덴, 호주에서도 체결되었지만 판매량은 미미했다.

스텔라 아르투아(Stella Artois)는 또한 헝가리, 크로아티아, 루마니아에 위치한 인터브루(Interbrew)

도표 3 세계 주요 브랜드들의 내수 판매 현황(단위: 백만 헥토리터)

	1995	1996	1997	1998
버드와이저(Budweiser, 1998년까지는 버드 라이트(Bud Light) 값 포함)	69.48	71.10	72.43	40.00
버드 라이트(Bud Light)	n/a	n/a	n/a	30.00
하이네켄(Heineken)	3.87	3.78	3.85	3.78
벡스(Becks)	1.68	1.71	1.72	1.78
칼스버그(Carlsberg)	1.47	1.39	1.31	1.22
스텔라 아르투아(Stella Artois)	1.08	1.00	0.96	0.92
포스터스(Fosters)	1.48	1.11	1.40	1.43
크로넨버그(Kronenbourg)	5.65	5.53	5.35	5.60
암스텔(Amstel)	2.30	2.23	2.21	2.18
코로나(Corona)	12.89	14.09	14.80	15.18

도표 4 1999년 스텔라 아르투아(Stella Artois)의 세계 판매 현황

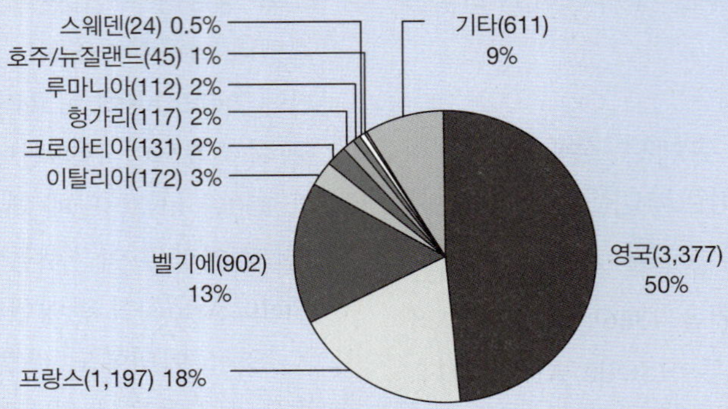

총 세계 판매량 6,691,000 헥토리터

의 자체 양조시설에서도 생산되었으며 1998년의 각국 생산량은 각각 8만 4천, 12만, 6만 hls였다. 예를 들어, 그로부터 단 3년이 지난 후에 크로아티아에서 스텔라 아르투아(Stella Artois)의 시장 점유율은 4%를 넘어섰다. 이 브랜드가 프리미엄 가격의 제품이라는 점을 감안할 때 이것은 중요한 의미를 가지는 결과였다. 중앙유럽시장 모두에서 스텔라 아르투아(Stella Artois)는 프리미엄 가격으로 판매되었다. 하지만 스텔라(Stella)의 가격을 주요 라거(lager) 맥주 가격과 비교하는 지수를 기준으로 할 때 크로아티아와 루마니아의 260과 175에 비해 헝가리는 140으로 프리미엄 수준이 낮았다.

희망적인 최초의 결과는 호주와 뉴질랜드에서 달성되었다. 특히 뉴질랜드에서는 "시딩"(seeding) 방식을 통해 인터브루(Interbrew)와 현지 파트너인 라이언 네이선(Lion Nathan)이 오클랜드에 위치한 벨기에식 맥주 카페에서 큰 성공을 거두었는데, 이 카페에는 인터브루(Interbrew)의 여러 브랜드들이 전시되었다. 이러한 단 2년간의 지원으로 스텔라 아르투아(Stella Artois)의 판매량은 2만 hls로 증가했으며, 총 규모가 40만 hls에 달하는 프리미엄 맥주 시장에서 연간 70%의 상승률을 기록했다. 인터브루(Interbrew)의 시장개발 계획은 주요 대도시 중심지의 최고급 아울렛으로만 유통을 제한하였으며, 경쟁사들에 비해 훨씬 더 높

도표 5 스텔라 아르투아(Stella Artois)의 판매량 개요(단위: 헥토리터)

	1997	1998	1999
생산			
벨기에	965	921	902
프랑스	1,028	1,110	1,074
헝가리	59	84	117
크로아티아	54	120	133
루마니아	17	60	112
불가리아	—	—	3
보스니아-헤르체코비나	—	—	2
몬테네그로	—	—	0
총 생산	**2,123**	**2,295**	**2,343**
양조 라이센스			
이탈리아	162	166	172
호주	6	11	22
뉴질랜드	7	11	22
스웨덴	29	27	24
그리스	7	7	10
영국	2,139	2,815	3,377
라이센스 총계	**2,350**	**3,037**	**3,627**
수출			
미국	—	—	7
캐나다	—	—	5
기타 국가들	92	49	202
면세	245	389	507
총 수출	**337**	**438**	**721**
총합	**4,810**	**5,770**	**6,691**

은 가격을 유지하는 것이었다(예컨대 스텔라 아르투아(Stella Artois)는 하이네켄(Heineken)보다는 10%, 국내 프리미엄 라거(lager) 맥주의 선두인 스타인라거(Steinlager)보다는 20% 이상 높은 가격을 유지했다).

스텔라 아르투아(Stella Artois)의 전 세계 판매량은 지속적으로 증가하고 있었기 때문에 브랜드의 발전은 매우 긍정적으로 보였다. 실제로 스텔라 아르투아(Stella Artois)의 판매량은 1992년의 340만 hls에서 1999년에는 670만 hls로 97%나 증가했다. 아이러니컬하게도 이 브랜드 판매량이 지속적으로 감소한 유일한 시장은 자국 시장인 벨기에였다. 분석가들은 이러한 이상 현상을 설명하기 위해 다양한 이유들을 제시했다. 그러한 이유들에는 특히 이 조직이 주필러(Jupiler) 브랜드의 판매량 상승을 선호하기 시작하면서 나타난 일관성 없는 판매와 마케팅 지원 등이 포함되어 있었다.

전체적으로 특히 판매량이 매우 높은 멕시코를 포함해 인터브루(Interbrew)의 많은 현지 브랜드를 감안할 때 스텔라 아르투아(Stella Artois)의 총 판매량은 1999년 기준으로 인터브루(Interbrew) 총매출의 10%에 지나지 않았다(펨사(Femsa)의 판매량을 제외한다면 14%). 강력한 브랜드로 구성된 폭넓은 포트폴리오를 육성하는 인터브루(Interbrew)의 전략은 주요 경쟁 기업과 비교할 때 매우 특이한 것이었다. 예컨대 세계에서 가장 큰 맥주 생산 기업인 앤호이저-부시(Anheuser Busch)는 자사의 해외 전략의 거의 대부분을 오로지 버드와이저(Budweiser) 브랜드의 개발에 집중시키고 있었다, 이와 유사하게 하이네켄(Heinekin)은 암스텔(Amstel) 브랜드에 일부분을 할애하면서 하이네켄(Heineken) 브랜드를 중심으로 해외 사업을 운영해갔다. 앤호이저-부시(Anheuser Busch)와 하이네켄(Heinekin)의 전략은 주로 하나의 브랜드에 초점을 맞추는 것이었지만, 이 회사들이 이 두 개의 브랜드를 관리하는 방법에서는 큰 차이를 보였다. 예를 들어 판매량 기준으로 세계 맥주 시장에서 1위를 차지하고 있었던 브랜드인 버드와이저(Budweiser)는 자국인 미국시장에서 압도적인 판매량을 유지하고 있었다. (〈도표 6〉 참조) 반면에 하이네켄(Heinekin) 브랜드의 매출은 전 세계시장에 고르게 분포하고 있었다. (〈도표 7〉 참조) 이러한 면에서 하이네켄(Heineken)의 전략이 인터브루(Interbrew)의 스텔라 아르투아(Stella Artois) 중심 전략과 훨씬 더 비슷했다. 총 판매량 및

도표 6 해외 매출 기준 세계 상위 10대 맥주회사 현황

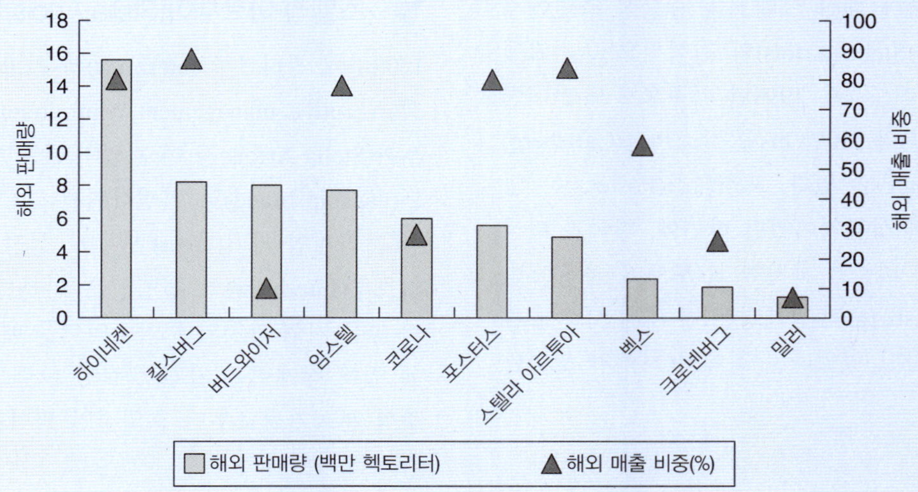

도표 7 1998년 하이네켄(Heineken)의 세계 판매 현황

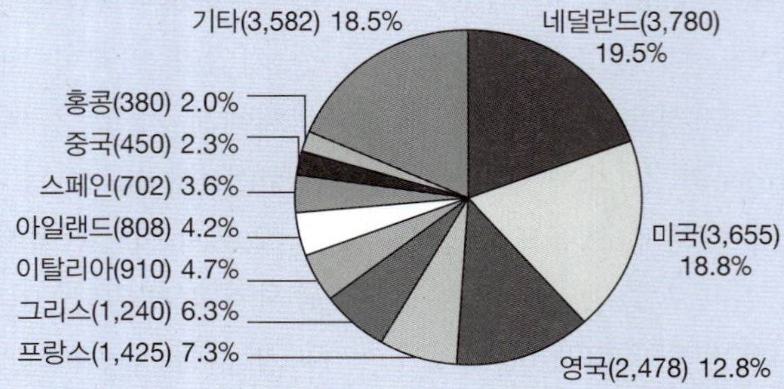

도표 8 1998년 포스터스(Foster's)의 세계 판매 현황

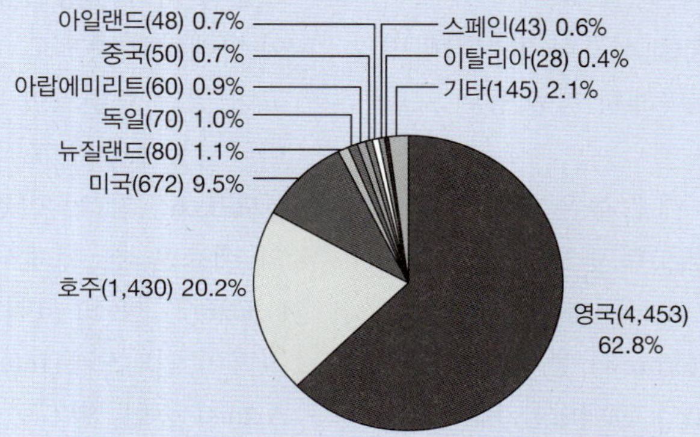

기업의 전체 매출에 대한 브랜드의 중요성 측면에서 스텔라 아르투아(Stella Artois)와 직접적으로 비교될 수 있는 다른 브랜드들은 1998년 기준으로 총판매량이 각각 940만 hls와 710만 hls인 칼스버그(Carlsberg)와 포스터스(Foster's)이었다. 포스터스(Foster's)는 많은 해외 시장에서 성공적이었던 반면에, 영국과 미국에서의 매출이 큰 비중을 차지했다(〈**도표 8**〉 참조). 반면 칼스버그(Carlsberg)의 판매량은 전 세계 시장에 좀 더 폭넓게 분포하고 있었다는 점에서 차이가 있었다(〈**도표 9**〉 참조).

스텔라 아르투아(Stella Artois)의 글로벌 출시

1998년에 인터브루(Interbrew)의 최고위경영관리위원회(executive management committee)는 스텔라 아르투아(Stella Artois)를 이 기업의 글로벌 플래그십 브랜드(flagship brand)로 결정하면서 그 포지션을 유로피안 프리미엄 라거(lager) 맥주로 설정했다. 실제로 인터브루(Interbrew)의 경영진은 인터브루(Interbrew)가 더 높은 기업 가치와 주가수익비율 배수(P/E multiple)에 있어 잠재력을 가진 글로벌 브랜드로 인지되면서 주식 분석가들로부터 호의적인 평가를 받게 될 것이라고 생각했다.

도표 9 1998년 칼스버그(Carlsberg)의 세계 판매 현황

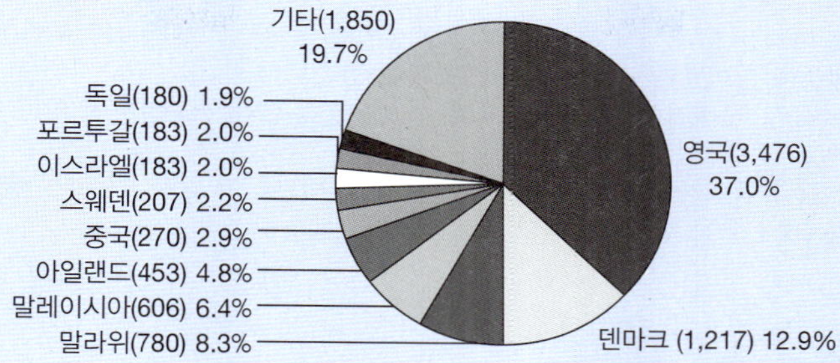

총 세계 판매량 9,405,000 헥토리터

글로벌 캠페인이 시작되면서 인터브루(Interbrew)가 스텔라 아르투아(Stella Artois)의 브랜드 마케팅을 위한 중앙집권적인 협력 및 통제에 적응할 시간이 필요하다는 것이 분명해졌다. 이는 아마도 인터브루(Interbrew)가 최근까지도 지역 기반으로 운영되었다는 점을 감안할 때 예상치 못했던 사안은 아니었다. 새로운 중앙집권적인 스텔라(Stella) 브랜드의 경영방식은 1998년 9월에 가서야 자리를 잡게 되었다. 이와 더불어 새로운 글로벌 차원의 접근방식, 특히 스텔라 아르투아(Stella Artois)의 글로벌 계획의 근간이었던 국제 광고 캠페인에 참여하도록 모든 이해 관계자들을 설득시키는 것은 어려운 일이었다. 예를 들어 벨기에에서는 스텔라(Stella)를 자국 시장의 주류 라거(mainstream lager) 맥주로 포지셔닝하는 현지 광고 프로그램을 지속적으로 이어나갔으며, 영국에서는 휘트브레드(Whitbread)가 이미 성공적이라고 입증된 광고 슬로건인 "안심이 되는 고가(reassuringly expensive, 비싼 만큼 가치가 있다는 역설적 의미)"를 그대로 유지했다. 아직 발전 중에 있는 다른 시장에서 글로벌 광고의 체계는 TV 컨셉트와 일련의 인쇄물 및 실외 광고를 포함해 구축되었다. 이러한 광고 캠페인이 다른 국가에서도 효과를 나타낼 수 있는 가능성이 있다는 조사가 이루어진 후에, 이러한 기본적인 광고 계획은 1999년에 미국, 캐나다, 이탈리아, 헝가리, 크로아티아, 불가리가, 루마니아, 뉴질랜드, 프랑스를 포함해 전 세계 15개 시장에서 (포맷을 약간 변형시켜) 시작되었다. 이러한 광고 캠페인의 목표는 스텔라 아르투아(Stella Artois)를 수준 높은 유로피안 라거(lager) 맥주로 포지셔닝시키는 것이었다. 스텔라 아르투아(Stella Artois)는 오랜 양조 전통과 유산을 가졌지만 동시에 현대적인 맥주로 인식시키는 것이 의도였다(〈**도표 10**〉 참조).

1998년에는 현지 및 기업의 재원 조달을 통해 스텔라 아르투아(Stella Artois)를 미국 내의 2개의 주요 시장에 소개하기 위한 가속화 계획이 수립되었다. 미국시장은 전 세계에서 가장 발달된 특수 맥주 시장(전체 시장 중 특수 맥주 시장 점유율이 12%이며 1990년대에 걸쳐 매년 10%씩 성장했음)이었다. 그리고 국제적인 맥주 소비 추세에 미치는 강력한 영향력으로 인해 미국은 스텔라 아르투아(Stella Artois) 브랜드의 미래 발전을 위한 핵심시장으로 간주되었다. 이러한 이유로 스텔라 아르투아(Stella Artois)는 뉴욕과 보스턴에서 출시되었고 까다로운 미국의 소비자들과 주점(pub) 운영자들로부터 많은 관심을 받았다. 1999년에 맨해튼의 200개 이상 주점들과 보스턴의 80개 이상 바(bar)에서 스텔라 아르투아(Stella Artois)가 판매되기 시작했다. 이러한 경쟁이 심한 도심에서 스텔라 아르투아(Stella Artois) 브랜드를 성공적으로 안착시키려는 강화된 노력의 지원을 위해 인터브루(Interbrew)의 마케팅팀은 2000년에 라바트 미국사업부(Labatt

도표 10 글로벌 포지셔닝 선언문

브랜드 포지셔닝

프리미엄 라거 맥주를 주로 마시는 21세에서 45세 사이의 남성에게 있어서 스텔라 아르투아(Stella Artois)는 유로피안 프리미엄 라거 맥주로써 제품에 있어 차별적으로 포지셔닝되어 있습니다.

스텔라 아르투아(Stella Artois)는 현대적이고 세련된 그러나 고귀한 유럽식 양조전통에 의해 제조되는 매우 높은 품질의 맥주를 마셔볼 수 있는 경험을 제공합니다.

자존감과 교양의 긍정적 느낌과 같이 이 브랜드를 이용함으로써 소비자들이 얻을 수 있는 혜택의 감성적 결과가 스텔라 아르투아(Stella Artois)의 주된 강조점입니다.

특성, 목소리의 톤

세련됨
진정성 있고 전통적인 그러나 현대적인
유행을 타지 않는
고품질
특별함 그러나 다가가기 쉬운
신비주의
유럽인

USA)의 스텔라 아르투아(Stella Artois) 예산에 수백만 달러를 추가 배정했으며 이러한 추가 예산은 이후에도 몇 년간 지속적으로 배정되었다.

당면한 과제

스텔라 아르투아(Stella Artois)가 인터브루(Interbrew)의 글로벌 브랜드로 결정된 1998년 이후로 많은 진전이 있었다. 그러나 경영진은 글로벌 브랜드를 소유하는 것에서 이 브랜드를 통해서 주가수익비율(P/E)을 높이는 것으로 그들의 기대수준을 변경했다. 그러나 현실적으로 인터브루(Interbrew)는 글로벌 브랜드의 영업 레버리지(operational leverage)로부터의 현금 혜택을 통해서만 보상을 받을 수 있을 것으로 예상되었다. 단순히 글로벌 브랜드를 보유하고 있다고 인지되는 것만으로는 어떠한 “공짜 점심(free lunch)”도 없을 것이다. 이와 더불어 여유가 없는 빠듯한 재무 관리의 시기에 스텔라 아르투아(Stella Artois)를 위한 야심찬 발전 계획에 필요한 예산지원 수준을 유지하는 것은 상당히 어려운 일이었다. 그 결과 2000년대 초에 글로벌 브랜딩에 대한 또 다른 장기적인 접근방식을 취하면서 인터브루(Interbrew)의 지배적인 시각이 바뀌기 시작했다. 새롭게 부상된 시각은 가장 높은 레버리지 기회에 초점을 맞추면서 더욱 균형적인 브랜드 개발 프로그램을 강조했다.

글로벌 브랜드를 구축한 다른 맥주 생산기업들의 경험은 인터브루(Interbrew)에게 그 기업들의 성공과 실패로부터 학습할 수 있는 기회를 제공했다. 예컨대 칼스버그(Carlsberg)와 하이네켄(Heinekin)은 주식시장으로부터 그 가치에 대해 매우 상이한 평가를 받는 비슷한 2개의 글로벌 브랜드였다. 이 두 브랜드들은 모두 전체 판매량 중 80% 이상이 자국이 아닌 해외 시장에서 달성되었지만, 1999년 하이네켄(Heinekin)의 주식은 32.4의 주가수익비율(P/E ratio)을 달성한 반면 칼스버그(Carlsberg) 주식의 주가수익비율은 17.1에 그쳤다. 업계의 분석가들에 따르면 이러한 차이의 이면에 존재하는 원인은 바로 하이네켄(Heinekin)이 성장과 수익 측면에서 칼스버그(Carlsberg)에 비해 보다 우월한 시장 분포를 유지했다는 것이었다(〈**도표 11**〉 참조). 이러한 글로벌 브랜드들에 대한 관찰을 통해서 얻을 수 있는 중요한 교훈은 적재적소에 자원을 집중해야 한다는 커다란 규칙이 적용된다는 것이었다.

이러한 판단 하에, 매력적인 기회들을 찾아 집중하기 위한 일련의 전략적 검토과정을 활용하는 장기적인 마케팅 계획이 수립되기 시작했다. 모든 잠재적 시장이 거쳐야만 하는 첫 번째 검토과정은 스텔라 아르투아(Stella Artois)가 장기적으로 얼마나 많은 판매

도표 11 칼스버그(Carlsberg)와 하이네켄(Heineken)의 비교

시장 유형에 따른 수익 노출

시장 수익 \ 시장 성장률	낮음	높음
높음	칼스버그 = 19% 하이네켄 = 2%	칼스버그 = 22% 하이네켄 = 46%
낮음	칼스버그 = 56% 하이네켄 = 2%	칼스버그 = 3% 하이네켄 = 50%

량을 달성할 수 있는지에 대한 잠재력이었다. 이러한 판매량은 대형 시장 그리고/또는 성장 시장의 과거 판매량과 비교되었고, (전체 시장의 최소 5% 정도 규모인) 현재 또는 잠재적인 프리미엄 라거(lager) 맥주 분야가 존재해야 했고, 스텔라 아르투아(Stella Artois)가 상위 3대 브랜드로 침투할 가능성이 있어야 했다. 두 번째 검토는 약 3년간의 초기 시판 기간 이후에 매력적인 수익을 달성할 수 있는 가능성이었다. 세 번째 검토과정은 적정한 유통 품질을 제공할 수 있고 브랜드에 공동으로 투자할 수 있는 헌신적인 현지 파트너가 존재하는 지의 유무였다. 마지막 검토 사항은 선택된 시장에서의 성공이 다른 시장이나 지역의 시장으로의 영향력을 증가시킬 수 있는지를 확인하는 것이었다. 예컨대, 영국에서 스텔라 아르투아(Stella Artois)의 규모와 위상은 1999년, 이 브랜드가 뉴욕으로 진출하는 것을 용이하게 했던 중요한 요인이었다.

이러한 전략적인 시장개발 검토과정을 거치고 나자 스텔라 아르투아(Stella Artois)의 글로벌 브랜딩 계획은 다른 모습을 취하기 시작했다. 현지 국가 시장들에 초점을 맞추기보다는 이미 인터브루(Interbrew)가 진출해 있는 도시를 포함해 약 20개 도시(예컨대, 런던, 브뤼셀, 뉴욕 등)에 집중하는 계획이 수립되었다. 이 접근법은 차기 목표지역으로 모스크바, L.A., 홍콩 등과 같은 잠재적 시장들을 고려해야 한다는 것을 시사했다. 기존의 일부 도시들은 지속적인 장기간의 성장을 위한 토대를 견고하게 다지기 위해 유통파트너의 문제를 성공적으로 해결한 경우에만 집중적인 지원을 받을 수 있었다. 이러한 기준에 부합하는 주요 도시들에서는 스텔라(Stella)의 포지셔닝에 매력을 느껴서 일정 규모의 마케팅과 판매 및 투자 레버리지를 제공할 수 있는 고소득 소비자들은 물론 도매업자들과 초기 소매고객들의 관심과 지원을 받을 수 있었다. 이러한 시장들은 이 기업의 시장 개발 계획에서 활용될 수 있는 고도로 가시적인 성공적 사례가 될 것이다.

그러므로 진화되는 글로벌 브랜딩 개발 계획은 도시별로 신중한 계획의 수립을 필요로 했다. 이러한 새로운 접근방식의 요구 사안 중 하나는 마케팅 노력과 이를 지원하기 위한 자금조달은 현지의 독특한 시장 환경을 반영하기 위해서 본사차원에서 관리되는 동시에 현지에 적합하게 맞춤화되어야 한다는 것이었다. 이러한 이유로 이 기업의 마케팅 그룹이 설립되었고, 이 그룹은 이러한 선택된 도시들에서 성장 가속화라는 목표를 달성하기 위해 최우선순위 시장을 가려내고 현지 활동을 위한 핵심적인 포지셔닝과 가이드라인을 개발할 뿐만 아니라 폭넓은 기반의 마케팅 프로그램을 구성하고(예컨대, TV 광고, 인쇄물 광고, 글로벌 스폰서십, beer.com 컨텐츠 등) 자원을 분배하는 책임을 부여받았다. 통합된 브랜딩 개발 노력을 뒷받침하기 위해 인터브루(Interbrew)는 글로벌 브랜드 개발 책임자의 지휘 하에 모든 주요 자원을 제공했다. 인터브루(Interbrew)에는 브랜드관리팀 이외에도 현지 라이센싱 파트너를 관리해야 하는 책임을 부여 받은 현지 판매 관리팀, 고객 서비스팀, 벨기에식 맥주카페 경영팀, 크루즈 사업 경영팀 등도 포함되었다. 인터브루(Interbrew)의 마케팅팀이 접한 또 다른 중요한 도전은 사업에 필요한 모든 팀들이 새로운 접근방식을 지지하도록 설득하는 것이었다. 이는 100% 지분을 가진 완전소유자회사(WOS)인 사업 단위들에서는 훨씬 더 용이한 작업이었으나, 라이센싱 계약자나 합작투자법인(JV)에서는 보다 세심한 주의가 필요한 사안이었다. 글로벌 조직 구조를 통한 브랜드 경영의 핵심 요소는 본사가 국가관리자들의 몰입을 유도하기 위해 그들과 효과적인 협력 관계를 구축해야 한다는 것이었다.

다행히 스텔라 아르투아(Stella Artois)를 글로벌 브랜드로 구축하기 위한 초기 노력의 상당 부분이 도시별로 수행되었고, 이를 통해 인터브루(Interbrew)는 새로운 글로벌 계획을 발전시키고 그러한 경험으로부터 학습할 수 있는 충분한 기회를 가질 수 있었다. 예를 들어 1990년대 말에 중앙 유럽의 많은 도시(예컨대, 부다페스트, 자그레브, 부카레스트, 소피아 등)에서 스텔라 아르투아(Stella Artois)가 출시되었다. 이러한 도시 각각에서 인터브루(Interbrew)가 목표로 하는 프리미엄 시장이 형성되기 시작하는 초기 단계에 있을 때, 인터브루(Interbrew)의 마케팅 노력이 시작되었다. 또한 유통과 프로모션은 엄격하게 관리되었고(예컨대, 제품의 품질, 맥주의 유리 용기 등), 개발 계획들은 집중적으로 이루어졌다(예: 부다페스트에서의 미디어인 "블리츠(blitz)"). 이와 더불어 마케팅 노력의 결과 새로운 지역에서 벨기에식 맥주 카페의 존재감은 인터브루(Interbrew)의 시장 개발 계획을 가속화한다는 것을 보여주었다. 이러한 초기 브랜드의 성공은 도시 중심지에 거주하는 젊은 층에 대한 신중하고 집중된 공략으로부터 시작된다는 것을 시사했다. 주요한 도시에서의 성공은 차후에 외곽지역에서의 성공으로 이어질 수 있었기 때문이다.

인터브루(Interbrew)가 중앙 유럽에서 수행한 이러한 노력의 중요한 교훈은 뉴욕에서의 시장개발 계획의 지침에 매우 가치 있는 시사점을 제공할 수 있다는 것이 입증되었다. 이러한 중요한 북미의 도시들에서, 스텔라 아르투아(Stella Artois)의 출시에 대해 애널리스트들은 "최근 20년 이래 뉴욕에서의 가장 유망한 제품 출시 중 하나"로 묘사했으며, 스텔라 아르투아(Stella Artois)는 상당 수 도매업자들의 지지 및 동요를 불러일으켰다. 이러한 초기의 성공을 달성하기 위해 사용된 전술들 중 하나는 집중적인 판매 지원을 위한 선택적 유통이었다. 뿐만 아니라, 고급스러운 옥외 광고(예: 밀레니엄 기념행사 기간 동안 타임스퀘어에 대형 광고 포스터를 게시하는 등)만을 포함하는 선택적 미디어 캠페인을 수행했다. 이와 유사하게 스폰서 전략은 최고급 기념행사, 벨기에 음식 행사, 고급 파티, 패션쇼 등에만 초점을 맞추어 수행했다. 마지막으로 스텔라 아르투아(Stella Artois)의 가격은 시장에서의 포지셔닝 강화를 위해 하이네켄(Heineken)보다 높게 책정되었다. 이러한 집중적이고 일관된 시장 정책으로 이 브랜드는 도매업자들로부터 그 해의 "가장 판매하기 쉬운 신제품"으로 인정받게 되었다. 스텔라 아르투아(Stella Artois) 출시의 성공은 또한 브랜드와 기업의 신뢰도를 높여주어서 미국의 다른 도시에서의 출시를 용이하게 할 수 있는 길을 놓아 주었음은 물론 전 세계의 다른 소비자 및 유통 파트너들의 "(이 제품에 대한)눈을 뜨게 하는(opening the eyes)" 효과가 있었다.

향후 3년간 이러한 새로운 글로벌 브랜드개발 계획을 추진하기 위해서는 마케팅 예산의 수정이 필요했다. 이 기업의 마케팅 부서가 핵심 프로그램 개발은 물론 현지 시장에 대한 선택적 지원의 책임을 맡고 있다는 점을 감안할 때, 그에 대한 예산에서는 이 두 요소들이 모두 고려되어야 했다. 이러한 목적의 달성을 위해서는 회사의 총지출이 향후 3년간 2배 이상 높아질 것으로 예상되었다.

비록 스텔라 아르투아(Stella Artois)의 글로벌 브랜드 구축과 관련하여 상당한 진전이 있었지만, 인터브루(Interbrew)의 최고마케팅책임자(CMO)인 폴 쿡(Paul Cooke)은 여전히 중요하고 다양한 상호 연관된 사안들에 대해 심사숙고하고 있다. 이러한 사안들 중에는 벨기에 내수 시장에 처해있는 스텔라 아르투아(Stella Artois)의 상황도 포함되어 있었다. 자국 시장에서의 새로운 성장 없이 "글로벌 게임"에서 승리하는 것이 가능할 것인가? 향후 3년간 인터브루(Interbrew)는 벨기에 시장에 대해서 어떤 구체적인 목표를 가져야 하는 것인가? 나아가 인터브루(Interbrew)는 글로벌 브랜드 시장 개발에 대해 어떤 수준의 기대를 해야 하는 것인가? (예컨대 판매량, 이익 수준, 시장과 도시의 수 등) 글로벌 차원의 성공은 어떻게 측정되어야 하는 것인가? 인터브루(Interbrew)의 프로모션 노력과 관련해 스텔라 아르투아(Stella Artois)의 성공을 위해서는 어떤 단일의 글로벌 광고 캠페인이 가장 효과적일 것인가? 글로벌 레버리지를 위해 선택될 수 있는 특별한 스폰서십이나 프로모션 아이디어가 존재하는가? 스텔라 아르투아(Stella Artois)가 진정한 글로벌 브랜드로 발전하는 데에 있어서 인터넷은 어떤 역할을 할 수 있을 것인가?

Case 3-2 유나이티드 시리얼: 로라 브릴의 유로 브랜드를 향한 도전

Christopher A. Bartlett & Carole Carlson

2010년 3월 쌀쌀한 어느 날의 이른 아침, 유나이티드 시리얼(United Cereal)의 유럽담당 부사장인 로라 브릴(Laura Brill)은 사무실에서 깊은 생각에 잠겼다. "내가 이 일을 맡고 나서 지금까지 12건의 굵직한 제품 출시를 승인했지... 그런데 이번 건은 가장 어려운 결정이군. 유럽 시장 전략은 물론 조직 전체에 미치는 영향이 크니까."

그녀는 프랑스 자회사에서 출시하고자 하는 헬시 베리 크런치(Healthy Berry Crunch)라는 아침 식사용 시리얼 신제품에 대한 최종 결정을 앞두고 있었다. 하지만 유럽의 변화하는 시장상황과 경쟁양상의 변화를 고려한 브릴 부사장은 이 제품을 회사 최초로 유럽의 복수시장에서 적용될 수 있는 유로 브랜드(coordinated multimarket Eurobrand)로 출시하는 방향을 생각하고 있었다. 게다가 유로 브랜드로 신제품을 출시하게 되면, 그에 따라 조직도 정비해야 하는 까다로운 문제가 표면화될 가능성도 있었다. "지금이 아침 7시고 점심 약속이 있으니까... 그 전까지는 결정을 해야 하는구나!" 브릴은 미소를 지으며 생각했다.

■ HBS의 Christopher A. Bartlett교수와 Carole Carlson이 작성한 본 사례 보고서는 수업 토론용입니다. 즉, 본 사례 보고서는 사례 확인 자료나 1차 자료원 또는 효과적이거나 비효과적인 경영을 묘사하기 위해 작성되지 않았습니다. 실제 이벤트에 근거했지만 이 사례보고서는 허구이며, 실제 인물이나 기업체와 유사한 내용이 나온다면 그것은 우연입니다. 내레이션에는 실제 업체들을 간혹 언급하는 내용도 있습니다.

유나이티드 시리얼(United Cereal): 아침식사용 시리얼의 선구자

2010년 유나이티드 시리얼은 창립 100주년을 맞았다. 영국에서 건너온 식료품점 주인이던 제드 토마스(Jed Thomas)가 1910년 설립한 유나이티드 시리얼의 원년 출시 제품은 토마스가 미시건주의 칼라마주(Kalamazoo)에 있는 식료품점에서 판매했던 빻은 밀, 누른 귀리, 엿기름 플레이크를 혼합한 포장제품이었다. 업계에서 UC로 통하는 유나이티드 시리얼(이하 UC)은 스낵식품, 유제품, 음료, 냉동식품, 제과로 제품을 다각화했다. 2010년 UC의 매출은 90억 달러에 달했지만, 여전히 아침식사용 시리얼은 총 수익의 1/3, 그리고 순익에서는 그보다 더 큰 비중을 차지하고 있었다.

UC의 기업 가치, 정책, 관행 토마스(Thomas)는 UC의 역사만큼 오래 동안 지켜온 강력한 가치관을 가지고 회사를 키웠다. 또한 UC는 "몰입, 성실, 충성(commitment, diligence, and loyalty)"을 좌우명으로 삼았다. 결과적으로 UC의 가치에 공감하고 회사와 함께 경력을 쌓아가기를 희망하는 인재들이 입사해서 사내 매니저로 성장했다.

UC는 오랫동안 사용해옴으로써 자체적으로 검증이 된 정책, 프로세스, 관행 등을 통칭하는 "UC의 방식(The UC Way)"을 수립하고, 매니저들에게 주입했다. 예를 들면 UC의 신념에 깊숙하게 내재되어 있는 "고객의 의견을 경청하라(Listen to the customer)"는 UC가 소비자 조사나 포커스 그룹을 활용하는 측면에서 UC가 선구적인 기업이 될 수 있도록 이끌어 주었다. "트렌드를 포착하고 시장을 만들어라(Spot the trend, make the market)"는 신제품 출시에 앞서 실행하는 대대적인 시장 조사에 높은 가치를 부여하는 UC의 또 다른 상징적 문구이다. 마지막으로 "과거의 영광을 존중하고 미래를 수용하라(Honoring the past while embracing the future)"는 가치를 신봉함으로써 UC는 가공 식품 회사들의 생애주기(life cycles)가 정해져 있다는 통념을 타파했다. 끊임없는 제품개발과 마케팅 혁신으로, 반세기가 넘는 기간 동안 UC의 제품들 중 다수가 여전히 시장에서 선도적인 지위를 차지해 올 수 있었다.

유나이티드 시리얼은 혁신적인 기업으로서의 명성을 구축했다. 100년 역사를 이어오는 동안, 유나이티드 시리얼의 R&D 부서들은 다른 경쟁자들보다 더 많은 제품과 공정에 대한 특허들을 획득했다. 이 회사는 식품 업계에서 최초로 "브랜드 경영(brand management)" 시스템을 개척하여, 제조, 마케팅, 기타 기능들을 포함하는 교차 기능팀(cross-functional teams)을 브랜드 매니저들이 이끌게 했다. 각각의 브랜드마다 하나의 수익창출 센터(profit center)로서 관리하고, 그 성과를 지속적으로 타 브랜드들과 비교 및 측정했다. 브랜드 매니저들은 또한 R&D와 제품개발에 필요한 자원을 획득하기 위해서 서로 간에 경쟁을 해야 했다.

이러한 시스템에서는 수평적 의사소통은 축소되고, 수직적 의사소통이 강화되며, 최고경영자들은 일상적인 것처럼 보이는 브랜드 의사결정 과정에 개입한다. 예를 들면 광고 카피와 라벨 변경 건에 대해서, 부사장의 최종 승인을 얻기까지 최대 12명의 결재를 거쳐야 하는 경우도 있었다. "우리 브랜드들과 이미지에 높은 가치를 부여하기 때문이기도 하지만, 아주 젊은 나이의 브랜드 매니저들에게 책임을 부여하기 때문이기도 합니다."라고 한 간부는 설명했다. 유나이티드 시리얼은 좀처럼 위험을 감수하려고 하지는 않았으며(아무리 규모가 작은 시장일 지라도 제품 출시의 실패비용은 수백만 달러에 달하기 때문), 주도면밀한 사전평가와 투자의지 간에 균형을 유지하려 노력했다. "경쟁사들은 우리가 몇 달 뒤쳐져 있다고 평가하지만, 그들도 우리가 일단 결정을 내리면 전력을 다 한다는 사실을 알고 있습니다."

아침식사용 시리얼 시장 UC가 창업했을 당시에 아침식사용 시리얼은 걸음마 단계였지만, 곧 20세기의 위대한 식품 상업화의 성공 사례 중 하나로 성장했다. 케이스 켈로그(Keith Kellogg)가 환자식 개선용 콘플레이크를 처음 만들어낸 1890년대부터 시작해서 이 산업은 2009년 전 세계 수익 규모가 210억 달러를 넘어설 만큼 성장을 거듭했다. 미국 내 아침식사용 시리얼 제조업체는 30여개로, 이들의 연간 수익 규모를 합하면, 120억 달러에 달한다. 하지만 이 업체들 중 단지 5개사가 업계 전체 수익의 80%를 차지하고 있었다.

아침식사용 시리얼은 크게 핫 시리얼(hot cereals)과 바로 먹을 수 있는 시리얼(ready-to-eat cereals)로 구분할 수 있다. 이들 중 바로 먹을 수 있는 시리얼이 미국과 유럽의 매출 중 90%정도를 차지하고 있었다. 이처럼 상당히 경쟁이 치열한 이 산업에서 대부분의 기업들은 수익의 10% 이상을 광고와 마케팅 활동에 지출하고 있었다. 또한 효율적 운영, 자재의 원가 관리, 판매대 공간 점유 극대화 등이 기업의 수익성을 좌우하고 있었다. 이로 인해 규모가 큰 기업일수록 구매, 유통, 마케팅 측면에서 상당한 이점을 누릴 수 있었다.

시장 점유율을 확보하기 위한 경쟁으로 인해 일상적으로 매년마다 여러 신제품들이 출시됐다. 신규 브랜드를 개발하는 것은 시간 집약적이고, 고비용을 유발하는 작업이기 때문에, 보통 2~4년 걸리게 된다. 가령 제너럴 밀스(General Mills)의 허니 너트 치리오스(Honey Nut Cheerios)와 같이 브랜드 확장은 일반적으로 신규 브랜드의 개발에 비해 비용이 덜 들고 덜 위험하다. 왜냐하면 생산과 마케팅 모두에서 규모의 경제를 활용할 수 있기 때문이다. 하지만 대부분의 미국 내 시리얼 제조사들은 새로운 해외시장으로의 확장을 통해 사업을 키웠는데, UC도 예외는 아니었다.

UC의 유럽시장 진출

UC는 1952년 영국의 제과 업체를 인수하면서 유럽 시장에 진출했다(UC의 유럽 사업소는 아직도 런던에 있다). 그로부터 30년간 UC는 현지의 유통 중견 기업을 인수한 후 미국에서 출시된 제품들을 들여와서 사업을 성장시키는 방법으로 유럽 시장에서의 점유율을 늘렸다. 2009년에 유럽 시장에서의 매출은 UC의 전 세계시장 매출의 20%를 차지했다.

유럽의 시리얼 산업과 경쟁의 구조 2010년, 유럽에는 여러 국가별로 다양한 입맛과 아침식사 전통들(네덜란드의 찬 고기와 치즈, 그리스의 패스츄리, 영국의 베이컨과 달걀, 프랑스 크로와상 등)을 아우르는 70억 달러 규모의 시리얼 시장이 형성되어 있었다. 결과적으로 1인당 시리얼 소비량은 시장마다 크게 달랐는데, 영국의 경우는 1인당 소비량이 8kg에 달했던 반면 이탈리아의 1인당 시리얼 소비량은 0.5kg에 불과했다. 뿐만 아니라 유통채널도 국가마다 상이했는데, 독일의 경우는 슈퍼마켓과 하이퍼마켓이 식료품 판매의 80% 이상을 담당했지만, 프랑스는 37%, 이탈리아는 17%에 불과했다.

미국 업체인 켈로그와 UC는 유럽시장에서 가장 규모가 큰 경쟁자였는데, 이들의 유럽시장 점유율은 켈로그가 26%, UC가 20%였다. 제너럴 밀스(General Mills)와 네슬레(Nestlé)의 합작투자기업인 시리얼 파트너스(Cereal Partners)는 3위로 17%의 시장점유율을 보유하고 있었으며, 영국의 위타빅스(Weetabix)는 7%의 시장점유율을 기록하며, 선두기업들을 뒤쫓고 있었다. 그리고 나머지 30%는 다수의 영세 제조사들이 점유율을 나누어 가지고 있었다.

UC에게 최대의 경쟁 업체는 켈로그(Kellogg)였다. 켈로그(Kellogg)는 각국에 탄탄한 자회사를 운영하면서, 그 규모를 바탕으로 운영비를 낮추고 매장 내 판매대의 공간을 확보하고 유지했다. 시리얼 파트너스(Cereal Partners)는 치리오스(Cheerios), 슈레디드 휫(Shredded Wheat) 등의 브랜드를 판매했고, 네슬레(Nestlé)의 기술 전문성과 유럽 소매업체와의 관계를 경쟁에 이용했다. 비록 위타빅스(Weetabix)는 상대적으로 적은 규모의 사기업이었으나, 대규모 경쟁 업체들과 마찬가지로, 시장점유율을 확보하기 위해 강력한 브랜딩과 프로모션을 전개했다. 소규모 경쟁 업체들은 틈새시장에서 입지를 유지하려는 경향이 있었으나, 종종 목표한 가격판촉을 바탕으로 대규모 업체들에게 도전하는 경우도 있었다.

UC의 유럽 전략과 조직 유럽 시장에서 국가 간에 중대한 차이가 컸기 때문에, UC는 각국에 자회사를 설립하였고, 해당 자회사에 해당 국가의 관리자로서 CM(country manager)을 두었다. CM은 현지 자회사의 수익을 극대화할 수 있는 제품 및 마케팅 관련 의사결정을 내릴 수 있는 폭넓은 자율권을 부여받아 해당 자회사를 운영했다. CM은 자신의 현지 시장에 대한 이해도를 바탕으로, UC의 100여개 브랜드 제품들 중에서 골라 현지시장의 사정에 맞게 조정하여 판매했다.

UC는 UC에 내재되어 있는 기업 가치, 정책, 관행 등을 CM들이 준수하기를 기대하면서 "미니 UC"로서 자회사를 구축해 나갔다. 미니 UC들은 모기업과 완전 동일한 구조였고, UC의 기업 가치와 관행에 정통한 관리자들이 직원들을 고용했다. 따라서 CM들은 'UC의 방식(UC Way)'에 입각해서 현지 실정에 맞게 제품의 맞춤화, 제조공정의 조정, 광고 및 홍보의 조정 등을 할 수 있었다.

이러한 접근 하에서 CM들은 기업가적 본능을 발휘할 수 있었고, 나아가 각국 시장에 확실하게 침투할 수 있었다. 이러한 현지 맞춤화 전략을 통해 다수의 제품들이 번창했지만, 시간이 지나면서 제품 프로파일과 시장 전략의 차이가 벌어지면서 문제가 발생되었다. 예를 들면 영국에서는 웨이크업(Wake Up!) 인스턴트 커피 브랜드를 마일드 및 미디엄 로스트(medium roast)[1] 음료로 만들고 "완벽한 밀크 커피"라고 홍보했다. 하지만 프랑스와 이탈리아에서는 다크 로스트(dark roast)[2] 제품으로 판매했고, "인스턴트 에스프레소"라고 광고했다. 또 마더 허바즈 파이즈(Mother Hubbard's Pies)의 포지셔닝을 국가별로 차별화한 결과, 독일에서는 고급 디저트로 판매했지만 영국에서는 공격적인 가격 정책을 도입해서 "편리한 일상 먹거리"로 포지셔닝했다.

가격 및 수익에 대한 압력의 증가 이전 10년 동안 유럽의 시리얼 시장은 점점 더 경쟁이 치열해졌다. 전체 식료품 매출은 2008~2009년 전 세계 불경기에도 안정을 유지했지만, 모든 제조업체들은 제품믹스를 저가품목 쪽으로 전환시키고 있었다. 시장 성장률은 연간 1% 미만까지 떨어졌고, UC는 사업을 운영하던 거의 모든 국가에서 켈로그 및 시리얼 파트너스로 인해 가격 및 판촉에 대한 압력에 직면해 있었다. 마진을 줄여야 하는 압력을 받으면서 원가를 낮추고 프로세스의 효율성을 높이는 것은 필수적이었다(〈**도표 1**〉, 〈**도표 2**〉의 재무성과 참조).

이처럼 변화무쌍한 비즈니스 환경 때문에 UC는 그동안 고수해오던 전통적인 정책들 중 일부를 면밀히 재검토해야 했다. 제품과 마케팅 현지화에 주력하면서 각국에 마케팅 및 제품 개발팀들을 둬야했으므로 판매 및 일반관리비(SG&A)가 미국에 비해 25% 높았다. 또 단일 국가 시장별로 신제품 개발 및 출시비용이 높았기 때문에, 주요 신제품의 도입 속도가 크게 더뎌졌다. 대규모의 시장 테스트나 신제품 출시를 위한 자원의 부족으로 인해 대부분의 CM들은 신제품을 출시하기보다는 기존 제품의 확장을 더 선호했고, 수익을 유지하는 차원에서 기존의 포트폴리오 내에서 원가를 절감하는 CM들이 늘어나고 있었다. 이런 상황은 우려스러운 것이었다.

유나이티드 시리얼의 대응 이런 문제점들에 초기에 대응한 사람은 아르네 올센(Arne Olsen)이었다. 노르웨이 사람인 아르네 올센(Arne Olsen)은 2002년 UC의 유럽담당 부사장(VP)으로 임명되었다. 그의 임무는 제품 포트폴리오를 활성화하고 감소세에 있는 수익성을 끌어올리는 것이었다. 올센(Olsen)은 R&D 조직을 재정비하고, 런던에 있는 UC 유럽지역 본사 근처에 있던 유럽 연구소를 보강했다. 현지 시장에서 제품을 개선하고 검사하는 현지 자회사 소속의 기술자들과 근본적인 사안들을 연구하는 식품 과학자들을 연계시키고자 올센은 주요 제품군마다 유럽 기술팀(European Technical Team, ETT)을 만들었다. 각 ETT마다 최강의 현지 제품개발 기술자들을 투입시키고, 이들을 본사의 R&D 과학자들과 공조시켜서, 유럽 제품 개발에 대한 전체적 방향을 제시했다. 협력을 강화

1) 역자 주. 커피콩을 중간으로 볶는 방식으로 향기와 맛 등이 좋아서 부드러운 맛을 느낄 수 있음.

2) 역자 주. 커피콩을 강하게 볶는 방식으로 강렬하고 진한 맛을 느낄 수 있음.

도표 4 조직도

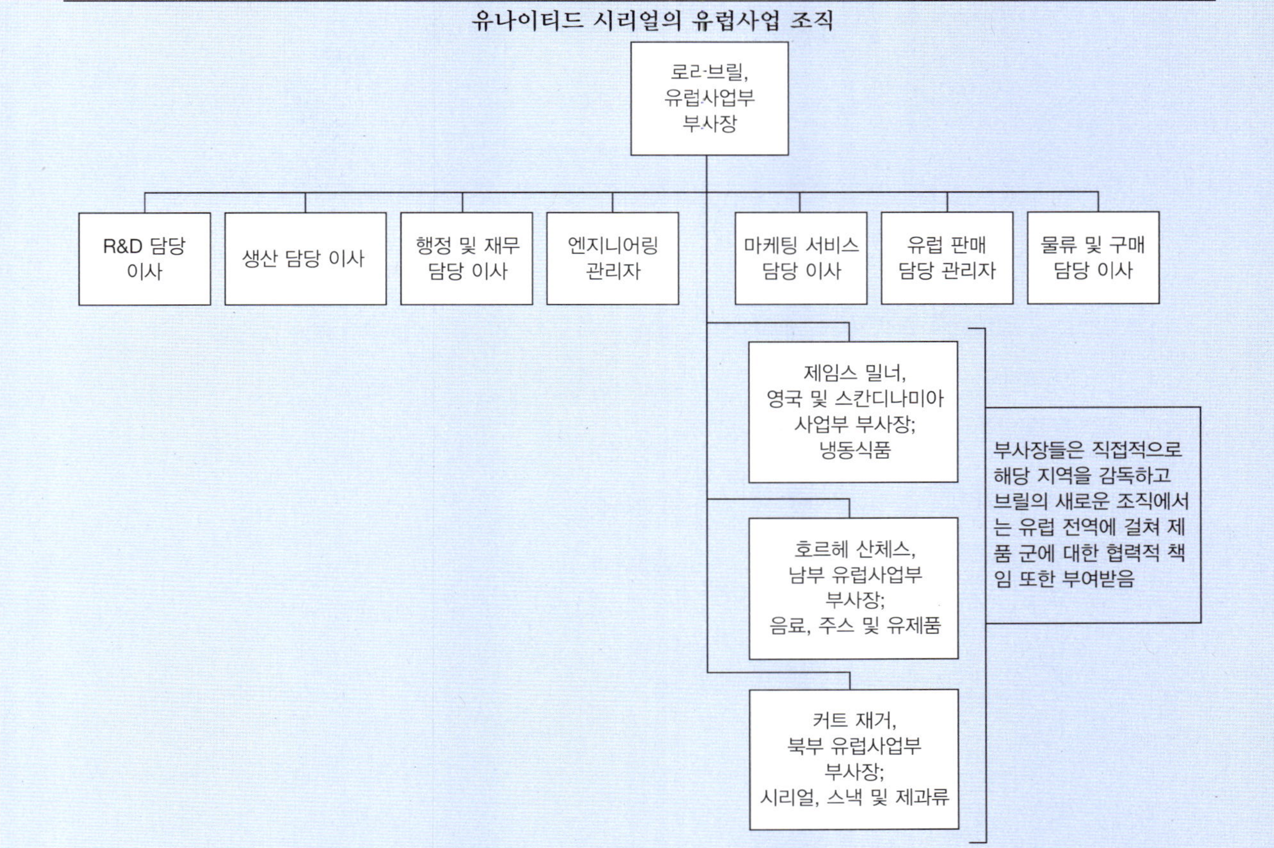

(계속)

여 선정된 '선도 국가'의 브랜드 관리자가 맡게 된다.

브릴은 유럽 본부 내 인사보다는 유로 브랜드팀에서 유로 브랜드 전략을 개발하는 방향을 구상했다. 즉 유로 브랜드팀들이 제품수립, 시장 포지셔닝, 포장, 광고, 가격결정, 프로모션 등을 결정한다는 뜻이었다. 그녀의 비전에서는 유로 브랜드팀들이 원가를 절감하고 브랜드의 수익성을 증대시키는 방법을 모색하는 책임도 부여받는다.

이런 생각들에 대해 인적자원담당(HR) 부장 및 런던 사무소 내 다른 직원들과 공유하면서, 브릴은 긍정적 피드백은 물론 비판과 우려도 함께 들었다. 일부의 사람들은 CM들이 이 계획 안을 그들의 현지 권위에 대한 도전이라고 볼 수도 있다는 점을 우려했고 다른 사람들은 '선도 국가'의 역할을 지정해주면 독일 등과 같은 일부 대규모 자회사들에 권한이 집중될 수 있다는 점을 우려했다. 또 12명 혹은 그보다 많은 수의 멤버로 팀을 구성할 경우 이러한 팀들이 효과적으로 기능할 수 있을까에 대한 의구심을 가진 사람들도 있었다.

하지만 브릴에게 가장 강력한 이견을 제시한 사람은 영국과 스칸디나비아 국가 담당 부사장인 제임스 밀러(James Miller)였다. "너무 복잡한 것 같아요. 우리가 하나의 기업으로서 유럽에서 경쟁하는 문제를 진지하게 생각한다면, 이런 팀은 없던 얘기로 하고 유럽 제품에 책임자를 명확하게 지정해주는 구조를 택하는 것이 좋을 것 같아요."

도표 4 조직도(계속)

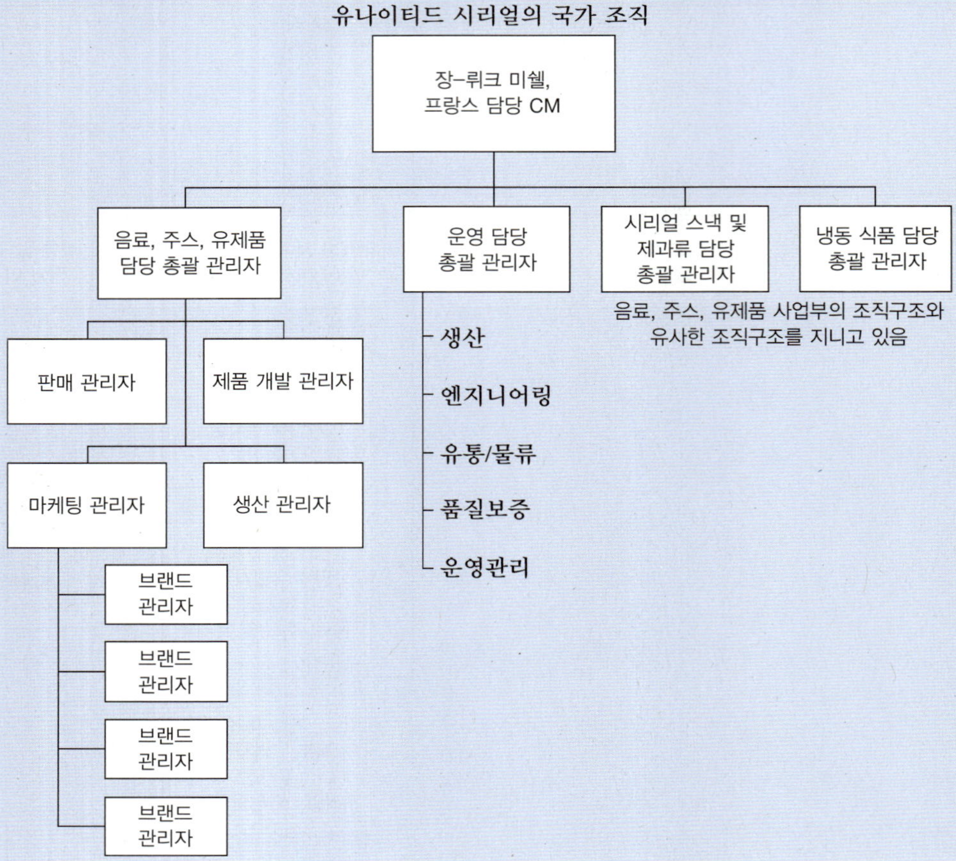

결정의 시간 쌀쌀한 3월의 어느 아침, 브릴은 오전 7시에 출근해서 이메일을 확인했다. 이메일 수신함의 상단에는 장–뤼크 미쉘(Jean-Luc Michel)이 호르헤 산체스(Jorge Sanchez)에게 보내면서 브릴을 참조인으로 지정한 메시지가 도착해 있었다. “호르헤. 내 영업 대표자중 한 사람이 방금 시리얼 파트너스(Cereal Partners)에서 베리 버스트 치리오스(Berry Burst Cheerios)를 프랑스에 출시한다는 소문을 들었답니다. 제가 헬시 베리 크런치(Healthy Berry Crunch) 출시 요청서를 제출한 지 2주가 지났습니다. 언제 결정이 내려지는지 알려줄 수 있으신지요? 장–뤼크로부터.”

브릴은 그날 약속 일정을 체크하면서 아무 말 없이 고개를 끄덕였다. 커트 재거(Kurt Jaeger)와 12시에 점심 약속이 있었다. 브릴의 비서가 캘린더에 “유로 브랜드 출시 결정 관련”이라고 기입한 문구가 보였다. 분명히 그 두 사람은 오늘쯤 이에 대한 대답을 기대하고 있을 것이다. 프랑스에 헬시 베리 크런치(Healthy Berry Crunch)의 출시를 허가해야할까? 헬시 베리 크런치(Healthy Berry Crunch)가 UC 최초의 유로 브랜드가 되어야할까? 그렇다면, 유로 브랜드의 효과적 이행을 위해서 조직을 어떻게 정비해야할까? 이것은 매우 중요한 질문이었고, 또한 UC는 물론 브릴의 커리어에도 부담되는 문제들이었다. 하지만, 브릴은 이와 관련된 모든 정보를 취합하였다고 믿고 있었다. 이제는 결정을 내릴 시간이 되었다.

Reading 3-1 차이들의 관리: 글로벌 전략의 주요 도전들

글로벌 전략에 관해서 많은 경영 지도자들과 학자들은 두 가지 가정을 한다. 먼저 가장 핵심적인 도전 과제는 규모의 경제를 추구하는 것과 현지 시장에 빠르게 반응하는 것 사이의 균형을 맞추는 것이라는 점이다. 그리고 두 번째는, 기업들이 다국적기업 운영에 있어서 규모의 경제에 더 많은 가치를 부여할수록 그들의 전략이 더 글로벌화 될 것이라는 것이다.

위의 가정들에는 문제가 있다. 글로벌 전략의 주요 목표는 지리적으로 혹은 다른 방식으로 정의된 경계에서 발생하는 큰 차이점들을 관리하는 것이다(표준화와 현지 시장의 요구를 수용하는 것 모두 그러한 도전 과제에 대한 유효한 대안이다. 다른 말로 하자면, 유효한 글로벌 전략이다). 나아가, 글로벌 전략에서 주요한 긴장이 규모의 경제를 추구하는 것과 현지 시장에 빠르게 반응하는 것 사이에 있다고 가정하는 것은 기업들로 하여금 여러 경계들로부터 발생하는 도전 과제들에 대한 다른 대안을 무시하도록 장려한다. 어떤 기업들은 다양한 시장들의 경계에서 발생하는 차이들에 적응하거나 그것들을 극복하기 보다는 이용하는 데에서 가치를 창조할 수 있는 큰 기회들을 발견하고 있다. 그 결과로 우리는 가치 사슬이 여러 나라들로 뻗어 나가는 것을 점점 많이 본다. IBM의 CEO, Sam Palmisano는 최근 *Foreign Affairs*지 기사에서 2000년과 2003년 사이에 약 60,000개의 제조 공장이 중국에 있는 해외 기업들에 의해 건설되었다고 언급하였다. 그리고 2005년 IT 및 Business-Process offshoring의 반 이상을 차지하고 있는 인도와의 IT 서비스 부문에서의 무역이 드디어 전반적인 서비스의 국제 무역에서 측정 가능한 효과를 내기 시작하고 있다고 하였다.

이 논문에서 나는 위에서 제시된 문제들을 해결하는 글로벌 통합에 접근하기 위한 새로운 틀을 제시한다. 나는 그것을 AAA 트라이앵글(Triangle)이라고 부를 것이다. 세 개의 A는 글로벌 전략의 세 종류를 지칭한다. 적응화(*adaptation*)는 현지 시장과의 연관성을 극대화시킴으로써 수익과 시장점유율을 높이는 것을 추구한다. 하나의 극단적인 예는 각각의 현지 시장에, 공급 사슬의 모든 단계를 적당한 수준으로 해낼 수 있는 자회사를 만드는 것이다. 많은 기업들이 자국 시장 너머로 진출하면서 이 전략을 사용한다. 집적화(aggregation)는 지역 단위 혹은 글로벌 운영 체제의 설립을 통해 규모의 경제를 실현시키는 것을 시도한다. 그것은 제품 혹은 서비스를 표준화시키는 것과 개발과 생산 과정을 통합하는 것을 포함한다. 차익거래(*arbitrage*)는 공급 사슬의 단계들을 다른 장소들에 위치시킴으로써 국가 혹은 지역 시장들의 차이점들을 이용하는 것이다. 예를 들면 콜센터는 인도에 두고, 공장은 중국에 두고, 소매 가게는 서유럽에서 운영하는 식이다.

경계를 넘나드는 대부분의 기업들이 세 개의 A 모두를 어느 정도까지는 고려할 것이기 때문에 이 틀은 그 기업이 얼마나 잘 국제화하고 있는지 나타내는 요약적인 스코어카드를 개발하기 위해서 사용될 수 있다. 그러나 접근 방법들 간의 상당한 충돌로 인하여 세 개 모두에 적합한 박스들을 체크하는 것으로는 충분

■ **Pankaj Ghemawat** is the Anselmo Rubiralta Professor of Global Strategy at IESE Business School in Barcelona, Spain, and the Jaime and Josefina Chua Tiampo Professor of Business Administration at Harvard Business School in Boston. He is the author of "Regional Strategies for Global Leadership" (HBR December 2005) and the forthcoming book *Redefining Global Strategy: Crossing Borders in a World Where Differences Still Matter,* which will be published in September 2007 by Harvard Business School Press.

하지 않다. 전략적인 선택은 어느 정도의 우선순위를 요구하고 프레임워크(framework)는 이 점에 관해서도 도움을 줄 수 있다.

AAA 트라이앵글(Triangle) 이해하기

AAA 트라이앵글(Triangle)에 내포되어 있는 것은 자국 시장 너머로 사업을 확장시키는 기업들이 반드시 적응화(adaptation), 집적화(aggregation), 그리고 차익거래(arbitrage) 사이에서 하나 또는 여러 개를 기본적인 전략으로 선택해야 한다는 전제이다. "What are your globalization options"에 정리되어 있는 것과 같이 이 세 가지의 전략 종류들은 많은 중요한 면에서 다르다.

세 가지 A는 서로 다른 조직 종류와 연관되어 있다. 기업이 적응화(adaptation)을 강조한다면 그것은 아마 국가 중심의 조직일 것이다. 집적화(aggregation)가 제일의 목표라면 글로벌 경영 단위 혹은 제품 분류, 지역별로 나눠는 구조, 글로벌 회계 계정 등의 국가 경계를 뛰어넘는 다양한 grouping이 말이 된다. 차익거래(arbitrage)에 대한 강조는 조직적 경계 내외로 공급과 수요의 균형을 맞추는 데에 특별한 관심을 두는 수직적 혹은 기능적 조직에 의해 추구된다. 분명히 한 조직 내에서 같은 시기에 세 개의 조직 방법론 모두가 우선순위가 될 수 없다. 그리고 기업 조직에 대한 몇 가지 접근들은 하나 이상의 방법론들을 결합할 수 있지만, 그들은 관리가 까다롭다는 점에서 비용을 발생시킨다.

대부분의 기업들은 글로벌기업으로 성장하는 데 있어서 각각의 단계에 다른 A들을 강조할 것이고, 몇몇 기업들은 세 개를 모두 거칠 것이다. IBM이 대표적인 케이스이다(이런 식의 IBM에 대한 묘사 그리고 이어지는 다른 기업들에 대한 묘사는 CEO들과 임원들과의 인터뷰를 통해서 구상된 것이다). 역사의 대부분 동안, IBM은 각각의 목표(target) 국가에 mini-IBM을 설립하여 해외 시장을 공략하는 적응화(adaptation) 전략을 추구했다. 이 회사들은 R&D와 자원 배분을 제외하고는 거의 대부분의 기업 활동들을 수행했고 현지 시장에 적응했다. 1980년대와 1990년대에, 각각의 국가에의 적응이 국제적인 규모의 경제를 얻을 수 있는 기회를 축소시키는 데에서 비롯된 불만족이 지역 구조로 하여금 mini-IBM을 대체하도록 이끌었다. IBM은 조직화를 향상시키고, 이를 통해 지역과 국제적 레벨에서의 규모의 경제를 발생시키기 위해서 나라들을 하나의 지역으로 모았다. 그러나 더 최근에 IBM은 국가 간의 차이점들을 이용하기 시작하였다. 차익거래(arbitrage)에 대한 새로운 조명 가운데 가장 눈에 띄는 점은 2004년에 9,000명이었던 인도의 직원 수를 2006년 중반에 43,000명까지 증가시키고 향후에도 큰 성장을 계획함으로써 급여 차이를 이용하려는 IBM의 노력이다. 대부분의 이렇게 채용된 직원들은 가장 빠르게 성장하고 있으나 가장 마진이 낮은 IBM의 글로벌 서비스 부문에 있다. 가격을 올리기보다는 비용을 낮춤으로써 개선되도록 도와주어야 할 것이다.

Procter & Gamble은 현지 시장에 적응하려고 노력하던 mini-P&G들로, IBM처럼 시작했으나, 다르게 진화하였다. 회사의 글로벌 사업 단위들은 이제 지역 단위로 집약된 시장 개발 조직들을 통해서 제품을 판다. CEO A.G. Lafley는 P&G가 중요한 시장들에 적응하고자 하는 채로 남아있지만, 최종적으로는 집적화(aggregation)를 통해서 경쟁사들을 (현지 회사뿐만 아니라 국가 중심의 다국적기업들도) 따돌리는 것을 목표로 한다고 설명한다. 그는 또한 (대부분 아웃소싱을 통해 이루어지는) 차익거래(arbitrage)가 P&G에 중요하지만 적응화(adaptation)와 집적화(aggregation)에 비해서는 상대적으로 중요성이 덜하다는 점을 명확히 하였다. "그것이 소비자들에게 피해를 끼친다면 우리는 그것들을 외부에 위탁하지 않는다." 하나의 명백한 이유는 빠르게 성장하는 소비자 산업에서의 노동을 통한 차익거래(arbitrage)의 범위가 증가하고 있을지도 모르나 그래도 IT 서비스 산업에서보다는 전반적으로 덜 중요하다는 것이다. 이 예들이 보여주듯이 세 개의

A 전략에 부여하는 중요도의 측면에서 산업들은 다를 수도 있다.

심지어는 같은 산업 내에서도, 기업들은 글로벌 전략 개요에서 확실하게 다를 수도 있다. 선진국들의 거대 기업들보다 더 나아간 예로, 인도에서 소프트웨어를 개발하는 선두 IT 서비스 기업 두 곳에 대해 생각해봐라: Tata Consultancy Services, or TCS, and Cognizant Technology Solutions. 업계에서 가장 큰 기업인 TCS는 30년도 더 전에, 인도에서 소프트웨어 서비스를 수출하기 시작했고 오랫동안 차익거래(arbitrage)를 강조해왔다. 그러나 지난 4년 동안 나는 지역 내외의 사업을 집적화하기 위한 TCS의 네트워크 배송 모델 개발을 주의 깊게 관찰하였고, 심지어 그에 참여하기도 하였다. 네 번째로 큰 Cognizant도 차익거래(arbitrage)로 시작했고 아직도 그 전략을 주요 전략으로 간주하지만 현지에서, 특히 미국에서 존재감을 드러내기 위해 적응화(adaptation)에 더 많이 투자하기 시작했다(미국에 본사가 있는데도 불구하고 대부분의 소프트웨어 개발 센터와 직원들은 인도에 있다).

AAA 트라이앵글(Triangle)은 매니저들로 하여금 세 개의 전략 중 어떤 것이 혹은 어떤 조합이 그들의 기업들 혹은 그들의 산업들에 가장 영향력이 있을 것 같은지 보도록 하게 해준다. 기업의 손익계산서에서 비용 항목들은 각각의 A의 중요성에 대해 대략적인 지표를 제공해준다. 광고를 많이 하는 기업은 현지 시장에 적응해야 한다. R&D를 많이 하는 기업은, R&D 초기비용 중 많은 부분이 고정비용이기 때문에 규모의 경제를 향상시키기 위하여 집적화(aggregate)하기를 원할 수도 있다. 운영방식이 노동집약적인 기업들은 나라마다 인건비가 크게 다르기 때문에 차익거래(arbitrage)가 주요한 관심사일 것이다. 이러한 세 가지 종류의 비용을 매출 대비 비율로 계산함으로써, 기업은 각각의 전략을 어느 정도로 추구하고 있는지 감을 잡을 수 있다. 광고 집약성, R&D 집약성, 노동 집약성의 세 개의 차원 중 어떤 것에서든, 최상위 10분위수 안에 드는 점수를 기록한 기업들은 주의를 기울여야 한다.

비용 항목들이 AAA 트라이앵글(Triangle)안에 그려졌을 때, 앞서 언급했던 기업들은 어떻게 보일까? Procter & Gamble에서는, 사업들이 광고 집약성에서 적응화(adaptation) 전략의 적합성을 나타내는 최상위 4분위수 안에 모이는 경향을 보인다. 이는 TCS, Cognizant 그리고 IBM Global Services는 차익거래(arbitrage)의 잠재성을 보여주는 노동 집약성으로 구별된다. 그러나 IBM Systems는 노동 집약성보다 R&D 집약성에서 훨씬 더 높은 위치를 차지하였고 이는 차익거래(arbitrage)보다 집적화(aggregation)에서 더 높은 잠재성을 가지고 있다는 것을 의미한다.

A에서 AA로

많은 기업들이 세 개의 A중 하나를 포함하는 전략을 추구해야만 하는데도 불구하고, IBM, P&G, TCS, Cognizant 등의 최첨단 기업들은 두 개의 A를 특별히 잘해내려고 노력하고 있다. AA전략에서의 성공은 두 가지 형태를 띤다. 몇몇 경우에 기업은 두 가지 차원 모두에서 경쟁자들을 능가함으로써 승리한다. 그러나 보다 일반적으로는 기업은 경쟁자들보다 두 개의 A 사이의 긴장을 더 잘 조율함으로써 승리한다.

AA 전략의 추구는 조직적 혁신과 소재적 혁신을 필요로 한다. 기업들은 간단히 본사에서 자원을 분배하고 국가별 운영을 지켜보는 것에서 더 나아가야 한다. 그들은 하드(구조나 시스템 등)에서 소프트(스타일, 사회화 등)에 이르는 통합적인 장치들을 이용해야 한다. 몇몇 예를 살펴보자.

적응화(Adaptation)와 집적화(Aggregation) 위에서 언급한 바와 같이, Procter & Gamble은 적응화(adaptation) 전략으로 시작하였다. 특히 유럽 전역을 통합하려는 시도들의 중단이 1980년 대의 장기간에 걸쳐, 기능별로 진행된 매트릭스 구조의 설치로 이어졌다. 그러나 그 매트릭스 구조는 통제하기가 힘든 것으로 드러났다. 그래서 1999년에, 새로운 CEO Durk Jager는 앞서 언급되었던 조직 개편을 발표하였다. 이 조직

당신의 글로벌화 옵션은 무엇입니까?

관리자들이 글로벌화의 AAA 트라이앵글 프레임을 구성하는 폭넓은 전략들에 대해서 들을 때(적응화, 집적화, 차익거래), 이들의 가장 흔한 응답은 "세 가지를 모두 하자"이다. 그러나 문제는 그리 단순하지 않다. 세 전략에 대한 깊은 관찰은 이들 사이의 차이와 긴장감을 드러낸다. 경영자들은 어떤 요소들이 이들의 기업의 니즈를 맞출 수 있는지 배워야 하고 이에 맞추어서 우선순위를 결정해야 한다.

	적응화	집적화	차익거래
경쟁 우위 왜 글로벌화를 조금이라도 해야 하는가?	규모의 경제를 이용하면서 현지 지역의 적절성을 달성함	스케일과 범위 경제를 국제적 표준화를 통해 달성함	국제적 특성화를 통하여 절대적 경제를 달성함
배열 해외 어디에 생산운영을 배치해야 하는가?	문화적, 관리적, 지리적, 그리고 경제적 거리의 영향을 제한하기 위해 본국과 비슷한 해외 국가들에 주로 설정됨		거리의 몇 요소를 활용하기 위해 좀 더 다양한 국가들에 배치됨
조정 어떻게 국제적 생산운영을 연결해야 하는가?	국가마다 국경내 현지 존재의 달성에 중점을 둠	국경을 넘는 규모의 경제를 위해 사업, 지역, 또는 관습마다 수평적 관계에 중점을 둠	조직의 경계에 걸쳐 수직적 관계에 중점을 둔 기능으로 함
통제 어떤 종류의 극단적인 점을 조심해야 하는가?	지나친 다양성 또는 복잡함	규모에 강조를 둔 지나친 표준화	조직적 경계선에 걸쳐 기능적으로 수직적 관계에 중점을 두는 것
방해 요소의 변화 내부적으로 누구를 조심해야 하는가?	견고하게 자리 잡은 국가의 지도자들	절대적 권력을 가진 구성, 지역, 또는 계정 지도자	주요 기능의 지도자들
기업간 외교 어떻게 기업 외교를 접근해야 하는가?	중요 사항에 대한 이슈를 언급하지만 주의를 기하면서 진행함 (현지 입지 구축에 중점을 둠)	균질화 또는 헤지모니의 모습을 피하라 (특히 미국 기업들에 대해서) 반발에 신경을 쓴다.	공급자, 유통 라인, 또는 중개인들의 착취 또는 탈퇴를 설명하고, 이들은 정치적 혼란을 야기하는 경향이 있다.
기업 전략 어떤 전략적 수단을 가지고 있는가?	범위 선택, 변동, 분산화, 세분화, 모듈화, 유연성, 파트너쉽, 재결합, 혁신	지역들과 다른 국가의 그룹화, 제품 또는 사업, 기능, 플랫폼, 실력, 고객 산업	문화적 (원산지 국가 영향), 행정적 (세금, 규제, 안보), 지리적 (거리, 기후 차이), 경제적 (가격, 자원, 지식의 차이들)

개편에서 글로벌 사업 단위들 (GBUs)이 이익에 대한 궁극적인 책임을 부여받았다. 그러나 GBU들은 GBUs 전체에서 활용되는 영업 인력을 실제로 조직하고 시장으로 진출하는 지리적 시장 개발 조직(MDOs)으로 보완되었다.

결과는? GBU/MDO의 핵심 인터페이스를 비롯한 많은 영역이 순식간에 아수라장이 되어버렸다. Jager는 1년이 안돼서 떠났다. 그의 후계자인 Lafley의 휘하에서 P&G는 적응화(adaptation)와 집적화(aggregation) 사이의 균형을 맞추고 GBU들과 실제 진출 시장들 간의 차이를 수용하는 접근 방법으로 보다 많은 성공을 누렸다. 그러므로 다른 사업부들과 구별되는 유통 채널을 가지고 있는 제약 부문은 시장 개발에 있어서 어려움이 많아 보이고, 이익에 대한 책임감은 국가 매니저에게 종속되는, 신흥시장의 MDO구조에서 빠졌다. 또 중요한 것은 몇 개월의 협상 끝에 고안되는 기업의 의사결정 체계이다. 이것이 의사결정이 어떻게, 그리고 GBU인지 MDO인지 누구에 의해 이루어지는지에 대한 규약을 정의한다. 그러나 이익에 대한 책임과 의사결정 체계에 종속되어 있지 않은 결정들을 하는 권리는 대부분 GBU에게 있다. 일반적인 IT 시스템들도 통합에 있어서 도움을 준다. 이러한 구조는 여러 단계에 걸친 정교한 리뷰 사이클(review cycle)을 거쳐 실행된다.

그런 구조들과 시스템들은 상호 이해와 협력을 증진시키는 다른, 더 부드러운 툴들로 보완된다. 그러므로 GBU의 지역 본부들은 종종 MDO의 지역 본부들과 연결된다. 이사 등급까지 혹은 그 이상의 승진은 보통 GBU와 MDO 모두에서의 경험을 필요로 한다. 여기서 암시되는 진로 교차 경험은 두 영역의 사람들이 동등한 시민이라는 메시지를 강화한다. MDO들이 이익에 대한 책임감이 없다는 사실에 자신들이 하찮은 존재라고 느끼는 것을 막기 위한 다른 조치로 P&G는 그들의 관점과 관심사에 초점을 맞추기 위하여 Global Operation의 부회장, Robert McDonald에 의해 처음 시작된 체계를 만들었다.

집적화(aggregation)와 차익거래(arbitrage) Procter & Gamble과 반대로, TCS는 집적화(aggregation)와 차익거래(arbitrage) 간의 균형을 맞추는 것을 목표로 한다. 전통적인 차익거래(arbitrage) 기반의 경쟁 우위를 잃지 않으면서, 집적화(aggregation)의 혜택을 얻기 위해서, TCS는 세 종류의 소프트웨어 개발 센터를 포함하며, 긴밀하게 결합된 배송 구조를 개발하는 것을 목표로 하는 글로벌 네트워크 배송 모델에 중점을 두었다.

- 글로벌 센터들은 큰 고객들을 상대로 하고, 기술에 있어서 깊이와 넓이를 가지고 있으며, 큰 규모를 가지고 있고, 성숙된 암호화/품질 관리 과정을 보유하고 있다. 이 센터들은 인도에 위치하고 있으나 몇몇은 중국에서 개발 중이다. 중국에서 TCS는 인도 소프트웨어 기업으로는 최초로 숍(shop)를 열었다.
- (우루과이, 브라질, 헝가리 등) 지역 센터들은 중간 정도의 규모와 선택 역량을 가지고 있고, 언어와 문화 과제들을 어느 정도 해결하는데 주안점을 둔다. 이 센터들은 인도의 글로벌 센터에서 제공하는 만큼의 규모는 아니지만 차익거래(arbitrage)로부터 얻을 수 있는 몇몇의 이점을 제공한다.
- (보스턴, 피닉스 등) 연안 지대에 있는 센터들은 작은 규모를 가지고 있고, 가깝다는 점을 통해 고객 만족을 달성하는 데 주안점을 둔다.

여러 가지 방법으로 TCS의 자본 환경을 향상시키는 것 외에 일관성 있는 글로벌 배송 구조도 국제적으로 상당한 수익을 창출할 잠재성을 가지고 있는 것으로 보인다. 예를 들면 2005년 9월에 TCS는 20억 유로 이상을 창출할 것으로 예상되는, 네덜란드 은행 ABN AMRO와의 5개년 다국적 계약 성립을 발표하였다. IBM이 ABN AMRO와 훨씬 더 큰 규모의 계약을 성사시키기는 하였지만, TCS의 계약은 인도 소프트웨어 기업이 성사시킨 것 중에 가장 큰 계약이었

AAA 트라이앵글(Triangle)

AAA 트라이앵글(Triangle)은 관리자들을 위한 일종의 전략지도로 쓰인다. 광고를 위해 쓰인 매출의 비율은 기업을 위해 적응화(adaptation)가 얼마나 중요할지 나타내고, R&D에 쓰인 매출의 비율은 집적화(aggregation)의 중요성에 대한 지표이며, 인건비로 쓰인 매출의 비율은 차익거래(arbitrage)의 중요성을 측정하는 데 도움을 준다. 관리자들은 중간값 보다 높은 점수들에 주의를 기울여야 한다. 왜냐하면 그 부분들이 전략적 집중을 통해 이득을 볼 수 있는 영역이기 때문이다. 90번째 백분위수 이상의 점수들은 무시하기에는 너무 위험할 수도 있다.

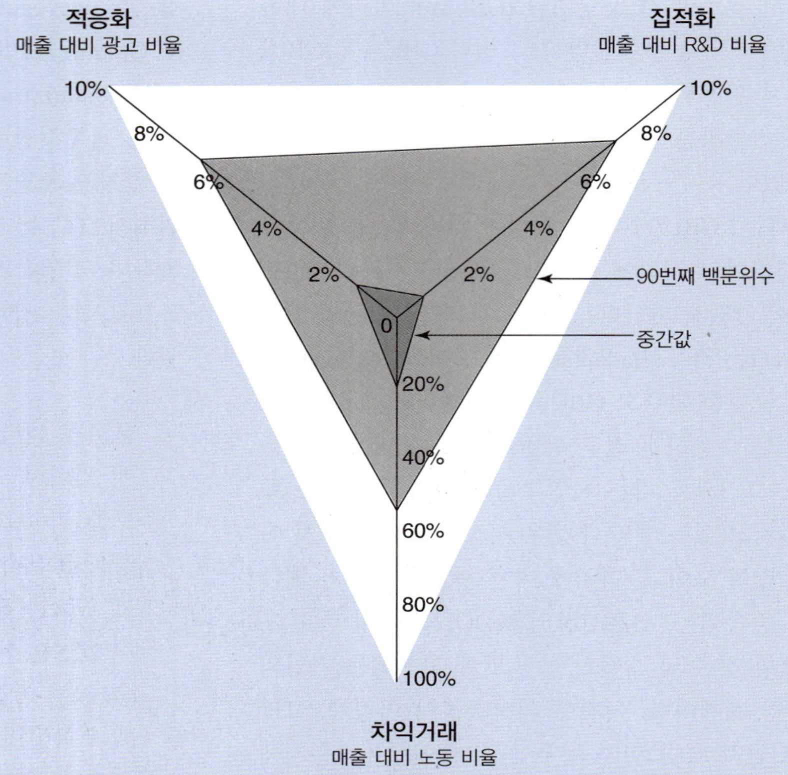

Median and top-decile scores are based on U.S. manufacturing data from Compustat's Global Vantage database and the U.S. Census Bureau. Since the ratios of advertising and R&D to sales rarely exceed 10%, those are given a maximum value of 10% in the chart.

으며, TCS의 경영진들에게 IBM Global Services and Accenture과 경쟁하기 위한 시도 중 돌파구로 여겨졌다. CEO S.Ramadorai에 따르면, TCS는 ABN AMRO 브라질 영업의 어플리케이션 개발 및 유지 필요를 만족시키기 위해 수백 명의 전문가들을 활용하는 단 하나의 인도 기업으로 자리매김하였기 때문에 ABN AMRO와 이미 관계를 형성한 경쟁자를 포함한 다른 인도 경쟁자들을 물리칠 수 있었다.

차익거래(arbitrage)와 적응화(adaptation) Cognizant는 다른 접근 방식을 택했고, 핵심 시장인 미국에서 상황에 따라 인도 기업인 척할 수도 있고 미국 기업인척할 수도 있는 단계의 현지 존재감을 위해 많이 투자함으로써 차익거래(arbitrage)와 적응화(adaptation)를 강조하였다. Cognizant는 Dun & Bradstreet의 계열사로 다른 인도 기업들보다 더 균형 잡힌 힘의 분배를 가지고 1994년 첫걸음을 내디뎠다. Cognizant가 몇 년 뒤에 D&B로부터 분사하고 당시 COO (현 부회장) Lakshmi Narayanan이 인도 밖으로 나가는 배송을 담당하는 동안, 창립자 Kumar Mahadeva는 미국의 고객들을 상대하였다. TCS는 곧 각각의 프로젝트에 항상 공동으로 책임지고 똑같이 보상받는, 하나는 인도에 하나는 미국에 있는, 두 명의 글로벌 선두가 있는 two-in-a-box 구조를 수립하였다. Cognizant의 CEO, Francisco D'Souza는 600명보다 적은 직원들이 있었던 당시 (현재는 24,000명의 직원), 이 구조를 실천에 옮기는데 2년이 걸렸으며 마음가짐을 바꾸는 데에는 더 오래 걸렸다고 회상한다. 참고 자료 "Cognizant's AA Strategy"가 보여주듯, two-in-a-box는 중요한 것이긴 하지만 경영진이 해외 업무 위탁에 있어서 가장

Cognizant사의 AA 전략

Cognizant사는 적응화와 차익거래를 추구하는 전략에 있어서 직원 채용, 유통 그리고 마케팅의 변화를 실험하고 있다.

직원 채용	유통	마케팅
• 비교적 엄격한 인원 채용 과정 • 더 많은 MBA들과 컨설턴트들 • 더 많은 비인도인들 • 문화의 동화를 위한 인디아 내에서 훈련 프로그램	• 두 개의 글로벌 선두주자—하나는 미국에 하나는 인도에—각 프로젝트 마다 • 모든 제안들은 공동으로 이루어진다(인도와 미국 사이에). • 소비자들에 더 가까운 접근성 • 현장의 프로젝트 개시 팀들 • 강도 높은 여행, 기술의 적용	• 인도 – 미국 공동 포지션 • 미국 시민들/근로자들을 주요 마케팅 위치에 사용한다. • 매우 숙련된 고위 관계 관리자들 • 소수의 큰 고객들에게 판매하는 것에 중점을 둔다.

핵심적인 통합 도전 과제라고 보는 것: "벽 너머로 물건들을 던지는 것"에 지나지 않는 결과를 낳는 배송과 마케팅 간의 형편없는 조정을 통과하기 위한 포괄적이고 전 조직적인 노력의 하나의 요소일 뿐이다.

AA 전략들을 가능하게 하는 모든 혁신들이 구조적인 것은 아니다. IBM의 최근 집적화(aggregation) 전략에 추가된 차익거래(arbitrage) 계획들의 핵심에는 IBM의 모든 곳에 걸쳐서 사람들의 과제들을 다이내믹하게 최적화시킬 수 있는 정교한 매칭 알고리즘 즉 "hot"한 기술들과 "cold"한 기술들이 바뀌는 속도로 인하여 대단히 중요한 능력이 있다. IBM의 취리히 연구소의 이사 Krisha Nathan은 왜 사람 배치 모델이 부품 배송 모델보다 더 많은 최첨단의 과학을 포함하는지에 대해 예를 들어 몇 개의 이유를 설명한다. 먼저 사람의 서비스는 보통 저장될 수 없다. 둘째로, 사람의 능력은 부품처럼 시리얼 넘버와 기술적 특징들에 대한 묘사와 같은 표준화된 방식으로 요약될 수 없다. 셋째로, 기계는 그렇지 않지만 사람들을 팀으로 배치할 때, 팀을 개개의 요소들의 합보다 더 많거나 적게 만들 수 있는 성격과 궁합에 주의가 기울여져야 한다. 넷째로, 그 이유와 직원들의 자기 개발과 같은 다른 이유들 때문에, 과제 수행 시간과 순서가 추가적으로 제한된다. Nathan은 그에 따른 과제 패턴들을 75%는 글로벌, 25%는 로컬이라 묘사한다. 이것이 실제보다는 열망하는 쪽에 가까울 지 모르지만, 매칭 장치들이 보다 효과적으로 차익거래(arbitrage)를 위해 사용되는 만큼 그때까지 차익거래(arbitrage)를 피했던 기업 내에서 대대적인 힘의 이동을 상징한다는 것은 확실하다.

달성하기 힘든 3연승

세 개의 A를 동시에 효과적으로 사용하기에는 한 기업의 능력에는 심각한 제약 요건들이 있다. 먼저 그렇게 하는데 있어서의 복잡성이 경영진의 제한적인 대역폭과 충돌한다. 둘째로, 많은 사람들은 조직은 하나의 문화만을 가져야 한다고 생각한다. 그리고 세 개의 A를 동시에 추구하는 것이 다양한 전략적 목표를 달성하는 것을 방해할 수도 있다고 생각한다. 셋째로, 능력 있는 경쟁자들은 기업으로 하여금 어떤 차원에서 그들을 이길 것인지 고르도록 강요할 수 있다. 마지막으로는, 외부관계가 집중효과를 낼지도 모른다. 예를 들면, 차익거래(arbitrage)를 기반으로 설립된 몇몇의 자가 상표 제조업자들은 고객들의 시장에 그들의 브랜드를 설립함으로써 차익거래(arbitrage)뿐 아니라 aggregate도 하려고 노력 했다가 문제를 겪었다.

AAA 전략을 고려하기 위해서는, 기업은 적응화(adaptation), 집적화(aggregation) 그리고 차익거래(arbitrage) 사이의 긴장이 약하거나 혹은 큰 규모의 경제나 구조적 우위에 의해서 무시될 수 있는 환경이나 경쟁자들이 제약을 받는 환경에서 영업하고 있어야 한다.

GE Healthcare(GEH)를 생각해보라. 진단 영상 산업은 빠르게 발전해왔고 GEH 30%, Siemens Medical Solutions(SMS) 25%, Philips Medical Systems (PMS) 20%의 비율로 세계적으로 합쳐 전 세계 수익의 약 75%를 벌어들이는 세 개의 대형 기업들에 집중해왔다.[1] 이렇게 높은 집중은 아마도 그 산업이 R&D 집약성에서 90%에 위치되어 있다는 사실과 관련이 있을 것이다. 빅3의 R&D 지출은 매출의 10%보다 더 많고, 이익 감소를 직면하는 작은 규모의 라이벌들은 그 비율이 더 높다.

세 개의 기업 중에 가장 큰 GEH는 지속적으로 가장 수익성이 좋았다. 이는 다음에서 보여지듯, 집적화(aggregation)에서의 성공을 반영한다.

규모의 경제 GEH는 SMS나 PMS보다 더 높은 전체 R&D 지출, 더 많은 총 매출, 그리고 GEH의 총 직원의 반을 차지하는 더 큰 서비스 인력을 가지고 있다. 그러나 경쟁자들과 비교하여 매출 대비 R&D 비율은 더 낮고, 다른 비용들의 비율은 비슷하며, 더 적은 주요 생산 현장을 가지고 있다.

인수합병 능력 경험을 통해서, GEH는 인수합병에 있어서 더욱 효율적으로 발전할 수 있었다. Jeffrey Immelt가 GE CEO가 되기 전에 그는 그의 지도 아래 100건의 인수합병을 하였다. 그 이후로 GEH는 철강 산업에서 제약 산업으로까지 범위를 넓히는 계기가 되었던 2004년에 95억 달러의 Amersham 계약을 비롯하여 많은 인수를 하였다.

범위의 경제 회사는 Amersham을 생화학 기술을 전통적 기반인 물리와 공학 기술과 결합하려고 통해 노력한다; 기계 구매를 위한 자금은 GE Capital로부터 충당한다.

1) Figures are for 2005. Otherwise, the account is largely based on Tarun Khanna and Elizabeth A. Raabe, "General Electric Healthcare, 2006" (HBS case no. 9-706-478); D. Quinn Mills and Julian Kurz, "Siemens Medical Solutions: Strategic Turnaround" (HBS case no. 9-703-494); and PankajGhemawat, "Philips Medical Systems in 2005" (HBS case no. 9-706-488).

GEH는 차익거래(arbitrage)를 활용하여 보다 확실하게 경쟁자들을 따돌렸다. 그러나 특히 최근에 Immelt의 지도 아래, 저비용 생산 지역으로 이사가면서 글로벌 제조 회사가 되었다. 이사는 GE내 다른 부서에서 개발되었던 Pitcher-catcher 개념의 도움을 받았다: 기존 지역에 있는 Pitching팀이 새로운 지역의 Catching팀만큼의 성과를 낼 수 있을 때까지 그들간의 긴밀한 관계를 유지한다. 2005년에 GEH는 50%의 원자재를 저비용 국가들에서 구매하고 60%의 제조를 그런 국가들에 위치시키겠다는 목표들을 반 이상 이뤘다.

적응화(adaptation)의 측면에서, GEH는 국가에 초점을 맞추는 마케팅 조직들에 많이 투자하였다. 그러한 투자들을 후방의 통합적인 개발-제조와 느슨하게 연결시키며. 한 이사는 이를 이렇게 표현하였다. "독일 사람들보다 더 독일인스럽게" 그것은 또한 기계와 더불어 서비스를 제공하는 특징을 고객에게 어필하는

이미지 진단을 위한 AAA 경쟁 지도

세 개의 이미지 진단 회사들 중 가장 작은 Philips Medical Systems은 적응화를 강조해 왔지만 최근에 들어서 집적화에 중점을 두었다. Siemens Medical Solutions은 집적화를 강조하고 어느 정도의 차익거래를 사용한다. 셋 중 가장 성공적인 GE Healthcare사는 각 경쟁사들을 세 개의 A 중 두 측면에서 압도한다.

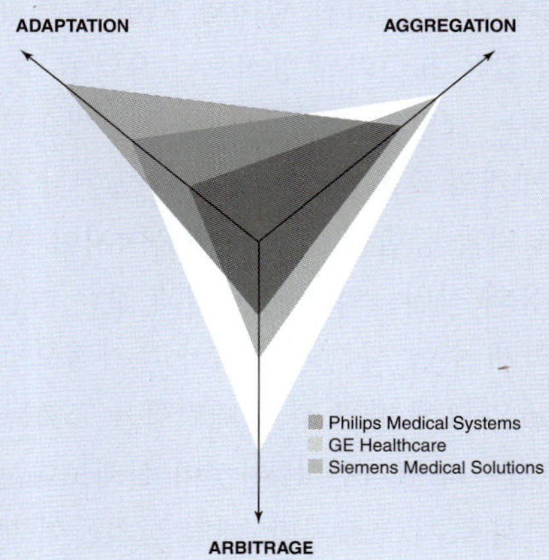

것을 도와준다. 예를 들면 방사선 전문의들을 훈련시키는 것과 영상처리에 대한 컨설팅을 제공해 주는 것과 같은 것이다. 그러한 고객과의 친밀성은 나라마다 알맞게 조절되어야 한다. 그리고 최근에 GEH는 중국 시장 침투를 목표로 하는, 꼭 필요한 기능만 가진 저렴한 기기 "In China, for China" 생산을 조심스럽게 시작하였다.

GEH는 부분적으로 세 개의 A를 구분하고, 역설적으로 그 중의 하나의 적응화(adaptation)를 덜 고려함으로써, 세 개의 A를 일정 단계 단계까지 사용하는데 성공했다. 이것은 회사들이 어떻게 제한적인 관리 역량의 문제를 해결하는지에 대한 하나의 예이다. 다른 예들은 아웃소싱부터 시장 혹은 내부 시장 같은 시장과 같은 매커니즘을 활용하는 것까지 다양하다. GEH의 성공은 경쟁자들의 약점에 달려있기도 했다. GEH에 비해 상대적으로 규모 관련 혹은 다른 구조적인 문제들에 부딪히는 것 이외에도, SMS 그리고 특히 PMS가 저비용 국가들로 생산을 옮기는 것과 같은 부분에서 느렸다. 이런 모든 이유들로 GEH 모든 사람들로 하여금 세 개의 A 모두를 추구하라고 하기 위해 GEH 예를 사용하는 것은 고집스럽게 저항되어야 한다.

게다가 아직 GEH가 좋은지 나쁜지 합의되지 않았다. 중국과 인도 같이 잠재적으로는 크지만 소득 수준이 낮은 시장들의 예외적인 요구 사항들에 맞추는 것은 회사에 지속적인 압박이 될 것이다. 또 뭐가 있을까. GEH는 모든 부분에 있어서 앞선 것은 아니다: SMS는 자사가 기술 선도 위치에 있는 저장 화상에 집중했다.

AAA 전략 개발하기

이제 한 회사가 어떻게 전 세계적으로 경쟁력 있는 전략을 세우기 위해 AAA 트라이앵글(Triangle)을 사용할 지 생각해보자. 내가 여기서 사용할 예는 진단 영상 회사의 Big 3 중 가장 작은 PMS이다.

회사 차원에서 Philips는 오랫동안 국가관리자들에게 막강한 권한을 부여하고 적응화(adaptation)를 강조하는 강한 분권화 전략을 고수하였다. 가전기기 등의 분야에서 집적화(aggregation) 지향적인 일본 경쟁자들의 압박에, 글로벌 제품 부서들에 더 많은 힘을 이동시키고 집중시키려는 노력이 1970년대에 시작되었다. 이 노력은 새로운 CEO가 지역별 제품 매트릭스의 지역 부분을 폐지한 1996년까지 국가관리자들에 의해 저지되었다. 적응화(adaptation)에 대한 Philips의 전통적인 집중은 계속 남아있고 경쟁우위의 원천이라고 가끔씩 제안된다. 모회사에 관해서는 그것이 사실일지 모르나, PMS의 경우에는 아니다. PMS를 위한 어떠한 적응화(adaptation) 우위도 SMS의 기술적 우위와 GEH의 서비스 질 우위에 의해 제한된다. 이것들은 두 경쟁자의 제품 및 서비스의 글로벌 특징이라고 볼 수 있으나, 두 경쟁자들은 지역 단위로 소비자들을 붙잡아두기도 한다.

더 일반적으로 PMS의 어떠한 적응화(adaptation) 우위도 집적화(aggregation) 열위에 의해 상쇄된다. PMS의 절대적인 R&D 지출은 GEH보다 1/3 가량 낮고, SMS보다는 1/4 가량 낮다. 그리고 PMS의 기업은 라이벌들의 기업보다 작으나 PMS는 라이벌들이 각각의 기업에서 차지하는 것보다 큰 비중을 차지하는 기업이다(Philips의 전사 단계에서의 인수 전쟁이 사실 GEH가 Amersham 인수 하나에 투자한 것보다 별로 규모가 크지 않았다고 최근 보고되었다). 게다가 PMS는 X-ray 기술을 향상시키기 위해 6개의 서로 다른 회사들이 3년에 걸친 인수합병을 통해 통합되어 만들어졌다. 의지할 만한 인수 합병 경험이 별로 없는 기업에서 이 시도가 통했다는 것이 어떤 면에서 놀랍다. 그러나 거기엔 분명히 부정적인 여파가 있었다. 가장 극적으로 PMS는 다음해에는 잘 회복하기는 했지만 과거 인수 합병 시도들과 관련하여 2004년에는 그 해의 수익을 거의 바닥내며 7억 달러 이상을 지불했다.

(최근까지) PMS의 서로 다른 부분들을 잇고자 하는 집착 또한 차익거래(arbitrage) 측면에서의 회사의 부진의 원인으로 비난할 만하다. PMS는 제조회사들을 중국과 같은 저비용 국가들로 옮기는데 있어서 라

이벌들뿐만 아니라 Philips의 다른 사업 부문들까지도 참고하였다. Philips가 중국에서 가장 큰 유럽의 다국적기업이라고 주장하지만, PMS는 2004년 9월까지 그곳에서 제조 합작투자를 시작하지 않았다. 2005년에서야 중국 시장을 겨냥한 결과물을 내놓고, 2006년에서야 수출을 위한 공급을 시작하였다. 전반적으로 저비용 국가들에서의 PMS의 2005년 생산 레벨은 2001년의 GEH가 달성했던 것과 비슷한 수준이었고 SMS에 비해서도 뒤쳐졌다.

세 개의 A와 관련한 통찰은 그림 "진단 이미지화를 위한 AAA의 경쟁 지도"에 보여진 것처럼 하나의 지도 위에 그려질 수 있다. 근사치이긴 하지만 이 선들 위에 나타난 평가들은 경쟁자들이 전략 공간 위에서 어디에 위치하는지에 대해 이목을 집중시킨다. 또 그들은 회사들이 다른 A들 간의 균형을 시각화하는 것을 도와준다. 두 요소 모두 어디에 조직의 노력을 집중할지 그리고 집중하지 않을지 생각하는 데 중요하다.

이 그림이 PMS의 행동 강령(action agenda)을 설명하는데 어떻게 쓰일 수 있을까? PMS를 위한 가장 명백한 두 가지 전략 대안은 적응화(adaptation)−집적화(aggregation)와 적응화(adaptation)−차익거래(arbitrage)의 AA전략이다. 적응화(adaptation)−집적화(aggregation)는 현재 사용되고 있는 전략과 가장 가깝다. 그러나 이 AA 전략은 PMS가 마주하고 있는 집적화(aggregation) 관련 도전 과제들을 풀 수 있을 것 같지 않기 때문에 현지화에 있어 몇 가지 의미 있는 가치들을 추가적으로 제공하는 것이 나을 것이다. PMS는 또한 경쟁우위를 확보하는 것을 포기하고 단순히 상대적으로 높은 산업 평균 이익률을 달성하는 것에 만족할 수 있다: 전구에 있어서도 전 세계적으로 3과점 체제를 유지하고 있는 진단 영상 기업 Big 3는 가격을 설정하는 데 있어서 "신사적(gentlemanly)이라고 묘사된다. 어떤 식으로든, 자신보다 큰 라이벌들의 스케일 큰 행보를 전혀 새로운 분야에 그대로 적용하는 것은 이 단점의 원천을 최소화하기 보다는 증폭시키는 것 같다.

적응화(adaptation)−차익거래(arbitrage) 전략은 저비용 지역에서 생산하는 것뿐만 아니라 중국과 인도 등의 큰 신흥 시장에서 비용을 대폭 줄이기 위해 제품을 급진적으로 재설계하고 단순화하는 것도 목표로 한다. 그러나 이 옵션은 저비용을 앞세워 경쟁하지 않는 Philips의 전통과 맞지 않는다. 그리고 비용을 약 50% 절감하는 GEH의 "in China, for China" 제품 때문에 PMS가 이런 종류의 전략을 추구하기에는 한계가 있다. 그와 대조적으로 PMS는 첫 번째 중국 제품 라인에서 20%의 원가 절감에 대해서 이야기 한다.

PMS가 이 대안들 중 어떤 것도 매력적으로 느끼지 못했다면, 그리고 솔직히 말해서 둘 다 회사의 경쟁우위로 이어질 것 같지 않다면, PMS는 게임을 완전히 바꾸어 버리는 것을 시도해 볼 수 있다. PMS가 핵심 진단 화상 분야에서 GEH와 SMS에 비해 구조적인 단점들에 묶여있을 지라도, PMS는 적응화(adaptation) 경험이 더 많은 장점을 가지고 더 적은 단점을 가질만한 관련 분야들을 찾아 볼 수 있다. AAA 트라이앵글(Triangle)의 관점에서, 이것은 조직이 더 많은 경쟁 우위를 확보할 수 있는 새로운 분야의 비즈니스로의 이동으로 생각될 것이다. PMS는 약간 느리지만 최근 가정용 의료기기를 강조하는 것을 보아 이런 것들을 시도하고 있는 것 같다. 전 Philips CFO Jan Hommen이 말하기를, Philips는 여기에서 Siemens와 GE 모두에 비교해서 우위를 가지고 있다: "전자 가전제품 사업에서 우리는 많은 경험과 지식을 가지고 있다" 그러나 다른 면에서 보면, 이는 PMS가 Johnson & Johnson과 같은 대형 회사들과 경쟁하기 시작한다는 것이다. PMS가 만든 이러한 종류의 첫 번째 제품은 소매가 $1,500이고 미국에서 출시된 심장 박동을 정상화시키기 위해 전기 충격을 가하는 데 쓰는 의료 장비이다. 이 전략에서 강조되는 브랜드와 유통 같은 자원들은 현지 국가 레벨에서 운영된다는 것을 알아두어라. 그래서 새로운 전략은 새로운 시장에서 적응화(adaptation)에 집중하는 것으로 이해될 수 있다.

이러한 전략적 고려가 PMS의 통합에는 어떤 의미

를 가지는가? 회사는 지속적으로 운영을 간소화하고 Pitcher-catcher 개념의 도구들을 고려해보고 차익거래(arbitrage)에서의 시도들을 서둘러야 한다. 산업의 끌어당기는 힘과 지역별 PMS의 평균 시장 점유율의 차이가 주어졌을 때, 지역 차원에서 지리적 차이도 고려해야 한다. 마지막으로 Philips의 가전제품 사업부문에서의 자원과 역량을 활용하기 위하여 가정용 기기 사업에 착수해야 한다. 이 마지막 아이템은 특히 중요하다. 왜냐하면 지금까지의 운영실적을 보았을 때, PMS는 재출시와 관련하여 어떠한 흥분이라도 불러일으키려면 초기에 잘해야 할 것이기 때문이다.

큰 교훈들

통합에 관한 논의의 위험은 논의가 너무 가벼운 쪽으로 흘러가버릴 수 있다는 것이다. 그것이 내가 PMS가 직면한 통합에 관한 과제들에 대해 구체적으로 들어간 이유이다. 그리고 이것이 이 글을 전반적인 요점들을 개괄하는 것으로 마무리하는 것이 좋은 아이디어인 것처럼 보이는 지에 대한 이유이다.

하나 혹은 두 개의 A에 집중해라 특히 뒤쳐진 회사들에게는 모든 A에 있어서 성과를 내는 것이 가능하지만 회사들이나 혹은 더 직접적으로 말하면 사업부 또는 부서들은 경쟁우위를 만드는 데 있어서 하나 혹은 최대 두 개에 집중해야 한다. 당신의 조직은 그 A들이 무엇인지에 관해 동의할 수 있는가? 회사는 회사의 필요 변화에 따라 다른 A로 초점을 옮겨야 할 수도 있다. IBM은 전반적으로 차익거래(arbitrage)로 바꾼 하나의 예일 뿐이다. 그러나 IBM, P&G, 그리고 특히 PMS는 그러한 변화가 얼마나 오래 걸릴 수 있는지, 그래서 어디에 집중해야 할 지를 결정할 때 앞을 내다보는 것의 중요성을 묘사한다.

전략의 새로운 요소들이 조직에 잘 맞도록 하여라 이것이 고정된 규칙은 아니더라도, 당신의 전략이 사소하지 않은 새로운 요소들을 포함한다면 당신은 그 요소들이 조직이 하고 있는 다른 것들과 얼마나 잘 융합되는지 주목해야 한다. IBM은 인도에 기반을 둔 차익거래(arbitrage)를 강조하기 시작한 예를 들면 Accenture와 같은 다른 국제적인 경쟁자들보다 인도의 직원들을 훨씬 빨리 키워냈다. 그러나 이 인력을 높은 전달기준들과 모회사와의 연관성을 가진 효율적인 조직으로 변화시키는 것은 도전 과제였다. 이것이 실패하면 차익거래(arbitrage) 전략에도 치명적일 수 있었다.

몇 개의 통합 메커니즘을 사용하라 하나 이상의 A를 추구하는 것은 창의성과 통합의 메커니즘에 대한 생각의 깊이를 요구한다. 이러한 상황들을 고려하였을 때, 이 요소들이 바뀌게 남겨둘 수는 없다. 사람들과 기회들을 매칭시켜주는 IBM의 알고리즘과 더불어, 회사는 하드웨어, 소프트웨어, 그리고 서비스 사업들을 통합하는 "deal hubs"를 고안해내는 창의성을 보여주었다. 그 회사는 또한 업무별 글로벌 본사들이 중앙집권화되어야 한다는 가정을 재고했다(최근에 IBM은 원자재 조달 사무실을 소머즈와 뉴욕에서 중국 심천으로 재배치하였다). 물론 그러한 창의성은 P&G에서처럼 조직 구조, 시스템, 장려책, 그리고 통합에 좋은 규정들로 강화되어야 한다. 또한 통합 업무를 하는데 필수적인 것은 적절한 타입의 리더들과 후계 후보자의 적당한 공급이다.

통합을 외부화하는 것에 대해 생각해보아라 경계를 넘어서 가치를 더하는데 필요한 모든 통합이 하나의 조직 내에서 일어날 필요는 없다. IBM과 다른 회사들은 몇몇의 외부화가 야심적인 글로벌 전략들에서 핵심적이라고 묘사한다. 그것은 다양한 형식을 띤다. 고급 반도체 리서치, 개발, 제조에 있어서의 합작 회사; 리눅스로의 연결과 지원 그리고 다른 노력에 있어서의 열린 혁신; 계약 기반의 제조업자들에게로의 하드웨어 아웃소싱과 비즈니스 파트너들에게로의 서비스 아웃소싱; PC에서의 IBM과 레노버와의 관계; 구체적인 계약서보다는 양해각서에 기반한 고객 관계. 확장된 가능성들의 범위를 반영하여, 더 많은 회사들이 운영에 있어서 외부화하고 있음에도 불구하고, 국제적 합작 회사들은 1990년대 중반에 비해 1/4만큼만 더 많아졌다. 외부화는 핵심적이지 않은 서비스들을 아웃소싱 하는 것뿐만 아니라 핵심적인 부분들에 있어서 외부로부터 아이디어를 얻는 것에도 장점들을 제공한다. 예를 들면 Proctor & Gamble의 연결-개발(connect-and-develop) 프로그램, IBM의 혁신체증(innovation jams), TCS의 품질 측정 및 개선에 있어서 고객들을 포함한 투자 등이 있다

언제 통합하지 말아야 할 지를 알아라 어느 정도의 통합은 언제나 좋은 생각이나, 더 많은 통합이 항상 좋다고는 할 수 없다. 먼저 매우 긴밀하게 연결된 시스템들은 유연하지 않다. 두 번째로, 범위 설정-다른 말로 하자면, 무엇을 하지 말고 무엇을 할지 아는 것-이 보통 전략의 핵심적인 부분으로 생각된다. 세 번째로, 많은 다양한 활동들이 하나의 조직 내에서 이루어질 때도, 그들을 하나의 매트릭스 구조에 넣는 것보다 분리시키는 것이 어쩌면 더 나은 접근 방법일 수도 있다. Lafely가 설명하듯이, P&G가 적응화(adaptation)와 집적화(aggregation)와 더불어 차익거래(arbitrage)를 추구할 수 있는 이유는 그 회사가 이 업무들을 글로벌 비즈니스 구성, 시장 개발 조직, 그리고 글로벌 비즈니스들이 공유하는 서비스들 이 세 종류의 하위 구성으로 분리시키고 다시 말해 마찰을 최소화하는 조직 구조를 부여하였기 때문이다.

• • •

지난 25년 대부분 동안, 세계화의 문제는 시장에 집중되어 있었다. 최근에 와서야 회사들이 해외 업무 위탁에서 비롯되는 차익거래(arbitrage) 기회를 알아차리면서, 스포트라이트가 생산으로 옮겨갔다. 이 현상은 그에 대한 전략적 사고를 앞질러 간 듯하다. 많은 학술적 연구는 시장의 세계화 혹은 비 세계화에 초점을 맞춘 채로 남아있다. 그리고 해외 업무 위탁을 하는 많은 회사들의 작은 부분만이 그것에 대해 전략적으로 사고하는 것 같다; 듀크대학교의 Arie Lewin에 의해 실행된 최근 설문 조사에서 1%의 답변자들만이 그들의 회사가 이 점에 있어서 전사적 전략을 가지고 있다고 말한다. AAA 틀은 국가간 경계에서 발생하는 큰 차이들에 대한 세 가지의 효과적인 반응들 모두를 포함하는 글로벌 전략들을 고려할 기반을 제공한다. 모든 전략 대안에 대한 보다 명확한 사고는 인지된 기회들을 확장시키고, 전략적 선택을 날카롭게 하며, 글로벌 성과를 향상시킬 것이다.

- Christopher A. Bartlett and Sumantra Ghoshal, *Managing Across Borders: The Transnational Solution* (Harvard Business School Press, 1989).
- C.K. Prahalad and Yves L. Doz, *The Multinational Mission: Balancing Local Demands and Global Vision* (Free Press, 1987).
- John Fayerweather, *International Business Management: A Conceptual Framework* (McGraw-Hill, 1969).
- Yves L. Doz, "Strategic Management in Multinational Companies," *Sloan Management Review,* Winter 1980.

Reading 3-2 신흥시장의 새로운 비즈니스 모델

현재 2만개 이상의 다국적기업이 신흥시장에서 사업을 운영한다. 『이코노미스트』(*Economist*)에 따르면, 서구의 다국적기업은 미래성장이 중국과 인도에서만 40%가 발생하고, 총 성장의 70%가 신흥시장에서 이루어질 것으로 예측하고 있다. 하지만 기회가 큰 만큼 그것을 가로막는 장애물 역시 거대하다. 세계은행 기업환경평가(Ease of Doing Business Index)에서 중국, 브라질, 인도는 각각 183개국 중 89위, 129위, 133위를 차지하였다. 세계은행의 보고서를 요약하며 『이코노미스트』는 다음과 같이 정리하였다. "이런 시장에서 기업이 번영할 수 있는 유일한 길은 가차 없이 비용을 줄이고 마진율을 제로에 가깝게 맞추는 것이다."

그렇다. 우리가 마주한 도전과제는 실로 엄청나다. 하지만 앞의 의견에는 결코 동의할 수 없다. 우리는 방갈로르(Bangalore)의 거리에서, 인도 중부지방의 소도시에서, 케냐의 마을에서 미래의 기회를 보았다. 이런 기회를 잡기 위해서 기업이 이윤을 포기할 필요는 없다. 세탁업소, 소형 냉장고, 송금서비스 사업 등 얼핏 보기에는 너무나 따분해 보이고 상상력이 없어 보이는 제품 이면의 사업들을 면밀하게 관찰한다면, 비즈니스모델의 신개척지를 발견하게 될 것이다. 이러한 새로운 벤처사업을 통해서 침체된 국내 수요에서 벗어나서, 새로운 수익모델을 창출하고 경쟁우위를 찾을 수 있는 방향을 모색할 수 있다.

그 동안 서구의 여러 기업들이 신흥시장에 진출하면서 겪었던 여러 가지 어려움을 생각할 때, 이는 지나치게 낙관적인 생각일지 모른다. 하지만 여러 기업들은 실행 가능한 제품을 만들지 못해서가 아니라 비즈니스 모델을 잘못 이해했기 때문이다. 많은 다국적 기업이 본국에서 사용하던 모델을 그대로 신흥시장에 가져온다. 물론 약간은 조정할 것이다. 가격을 내릴 수도 있고, 크기가 작은 제품을 판매할 수도 있고, 비용이 저렴한 노동, 재료 및 다른 자원을 사용할 수도 있다. 때로는 그 진출지역에서 제품을 디자인하여 생산하고 그 지역 출신의 매니저를 고용하기도 한다. 하지만 기본적인 수익창출구조와 운영모델은 변함이 없다. 그래서 결국 진출기업들은 주로 그 지역 최상위 소득계층에게 제품을 판매해야 하는데 대부분의 신흥시장에서 이들만으로 충분한 수익을 낼 수 없다.

하지만 우리는 여러 가지 상식적인 노력을 하면서도 비즈니스 모델을 재확인하기 위한 체계적인 프로세스는 종종 잊어버린다. 십여 년 동안 성숙시장과 신흥시장에서의 연구와 노력을 통해서 우리는 비즈니스 모델 혁신 및 이행 프로세스를 개발하였다(하버드 비즈니스 리뷰 2008년 12월호의 '비즈니스 모델 재발명하기' 편과 2010년 5월호의 '벤처사업 창업 시 불리함 극복하기' 편을 참조하라). 기본적으로 이 프로세스는 세 단계로 구성된다. 첫째, 대상고객이 해결하고 싶어 하지만 아직 완성하지 못한 중요한 임무를 확인한다. 둘째, 그 고객이 기꺼이 지불할 금액으로도 충분히 이윤을 남길 수 있게끔 그 수요를 채울 수 있는 모델의 청사진을 그린다. 셋째, 당신이 배운 대로 신중하게 핵심 가정들(assumptions)을 테스트하고 조정하여 그 모델을 실행하고 발전시킨다.

중간시장(middle market)에서 시작하라

신흥시장에 진입하는 기존 기업들은 창업전략에서부터 새로이 배워야 한다. 왜냐하면 모든 시장은 새롭기 때문이다. 즉, 기존 제품의 직판점을 찾을 것이 아니라 채워지지 않은, 하지만 수익도 올리면서 충족시킬 수 있는 고객의 니즈(needs)를 찾아야 한다. 우리 식으로 표현하자면 '해야 할 임무'를 찾아야 한다. 신흥시장은 이러한 임무로 가득 차있다. 심지어는 사람들의 기본적인 니즈조차 여전히 충족되지 못한 상태일지도 모른다. 사실 그런 임무를 찾는 것보다 여러분의 기업이 해결할 수 있는 가장 적절한 일을 찾는 것이 보다 시급한 과제다.

이미 상당수의 기업들이 신흥시장에서 빈곤층에게 저가의 제품과 서비스를 대량으로 판매하면 이윤을 얻을 수 있다는 장밋빛 함정에 빠져 있다. 이 시장에서도 고가의 제품과 서비스가 그것을 이용할 수 있는 극소수의 계층에서는 광범위하게 이용되고 있다. 전 세계 어디서든 메르세데스(Mercedes)나 세탁기를 구매할 수 있고, 멋진 호텔에 머물 수도 있다. 우리의

▪ **Matthew J. Eyring** (meyring@innosight.com) is the president of Innosight, a strategic innovation consulting and investment firm with offices in Boston, Singapore, and India.

▪ **Mark W. Johnson** (mjohnson@innosight.com) is the chairman of Innosight and the author of *Seizing the White Space: Business Model Innovation for Growth and Renewal* (Harvard Business Review Press, 2010).

▪ **Hari Nair** (hnair@innosight.com) is a venture partner in India at Innosight's business-building arm, Innosight Labs.

경험에 의하면 사업을 시작하기 좋은 곳은 바로 이 양극단의 중간에 있는 광범위한 중간시장(middle market)이다. 중간시장의 소비자들은 소득수준이 비슷하기 보다는 처한 상황이 비슷한 사람들이다. 고급 제품의 제일 값싼 대체재조차도 감당할 수 없기 때문에 이 소비자들의 니즈는 기존의 저가제품으로는 거의 채워지지 않는다. 따라서 이러한 소비자들의 니즈를 채울 수 있는 새로운 비즈니스 모델과 제품을 고안하는 기업은 엄청난 성장기회를 얻게 될 것이다.

인도의 내구 소모재 회사인 고드레즈 앤 보이스(Godrej & Boyce)를 예로 들어보자. 1897년 창립하여 자물쇠를 팔기 시작한 고드레즈는 오늘날 금고에서부터 머리 염색약, 냉장고, 세탁기에 이르기까지 다양한 제품을 제조하고 있다. 가전제품부의 핵심 매니저들과 함께 시행한 워크숍에서 냉장고는 아주 잠재력이 높은 부문으로 등장하였다. 구입비 및 운영비 부담으로 인해 기존의 압축기방식의 냉장고는 시장점유율이 겨우 18%였기 때문이다.

이 매니저들은 당연한 일이지만 저렴하면서도 가장 필요한 기능만 남긴 더 고급스런 제품을 고드레즈가 만들 수 있는가를 가장 알고 싶어 했다. 하지만 우리는 대답 대신에 매니저들에게 가난하거나 혹은 냉장고가 없는 사람들의 니즈는 무엇인지 생각해보라고 이야기했다. 이 고객들이 정말로 원하는 것은 무엇인지 매니저들이 알고 있었을까? 사실 그들은 제대로 몰랐다. 상세한 관찰, 지속적인 인터뷰, 비디오 관찰기법(video ethnography)을 진행하고 미개발 시장에서 해야 할 임무를 명확히 드러내기 위해 소규모 팀을 구성하였다.

관찰 대상지역인 준도시와 시골지역의 사람들은 한 달 수입이 5,000~8,000루피(약 125~200달러)였다. 4~5명의 가족들이 단칸방에서 생활하였으며 자주 이사하였다. 기존의 냉장고를 사용할 여력이 없는 이 사람들은 대부분 중고의 공동 냉장고를 사용했다.

공동 냉장고는 사람들의 니즈를 충분히 만족시키지 못했는데 그 이유가 사람들이 예상하는 것과는 좀 달랐다. 냉장고에 그들이 보관하는 품목은 정말 몇 개 되지 않는다. 이들은 매일 장보러 가서 야채나 우유를 소량으로 구입한다. 보존하고 싶은 음식물이 아주 소량일지라도 상해버릴 정도로 전기 상태도 좋지 않았다. 더구나 비록 이들이 차가운 음료수를 마시고 싶긴 하지만, 얼음을 만들려고 냉장고를 '이용'하는 것은 아니다.

연구팀의 결론은 다음과 같았다. 이 사람들은 남겨진 음식물을 잘 보존하여 한 끼니를 더 해결할 수 있고, 음료수를 실온 이하로만 시원하게 할 수 있으면 그것으로 족하다. 하지만 이는 상하기 쉬운 다량의 제품을 차갑게 냉동 보관하는 것이 주된 기능인 기존의 고급냉장고의 기능과는 상당히 다르다. 확실히, 이런 간단한 기능 때문에 한 달 월급을 써서 기존의 냉장고를 사고, 엄청난 전기사용료를 지불할 필요는 없었다. 그뿐 아니라 가격만 저렴한 기존의 냉장고도 해결책이 될 수 없었다. 이것이 바로 서비스를 제대로 제공받지 못하고 있는 중간시장 소비자를 위해 근본적으로 새로운 제품을 창조할 기회였다.

이 시장을 진출 대상으로 삼으면 두 가지 이점을 얻는다. 첫째, 아무것도 없는 상태에서 충분한 고객수요를 창출하려는 것보다는 사람들이 이미 해결하고자 노력하는 문제점에 대한 해결책을 개선시키는 것이 훨씬 더 쉽다. 생수나 다른 필수 소비재를 판매하고 싶어 하는 행상인들은 이미 이 사실을 알고 있었다. 둘째, 어떤 임무를 완수하기 위해 이미 돈을 지불하고 있는 사람들에게 접근하는 것이 훨씬 용이하다. 그것이 바로 라탄타타(Ratan Tata) 회장이 2,500달러짜리 나노(Nano)자동차를 판매하며 생각했던 방식이다. 라탄타타 회장은 '자동차를 구입한 적이 없는 사람들에게 어떻게 자동차를 판매할까?'를 고민한 것이 아니라 '오토바이로 가족들을 태우고 다니는 사람들에게 어떻게 하면 더 나은 교통수단을 만들어 줄 수 있을까?'를 고민하였다. 현재의 만족스럽지 못한 방법에서 한 걸음 나아가 더 나은 해결책을 제시함으로써 현재의 수요를 재해석해보자는 것이다.

보다 낮은 가격으로 독특한 편익을 제공하라

수요를 재해석하기 위해서는 당신의 고객가치명제(customer value proposition)가 다른 대체명제보다 더 효과적이고 간단하게 문제를 해결할 수 있어야 하며, 적정 가격과 보다 나은 접근성이 필요하다. 개발도상국 시장에서는 고객가치명제에서 가장 중요한 것이 바로 적정한 가격과 접근성이다. 차례대로 살펴보자.

적정한 가격 서구의 기업들은 신흥시장에서는 저가의 제품을 만들어야 한다는 사실을 잘 알고 있다. 하지만 비용을 낮추기 위해서는 품질을 보장할 수 없다고 생각하는 것도 사실이다. 예를 들면 2001년 300밀리리터 콜라 한 병은 하루 평균임금인 10루피였다. 하지만 이는 코카콜라의 추정에 따르면 국민의 4%만이 누릴 수 있는 사치였다. 나머지 96%의 사람들을 위해 200밀리리터 콜라를 만들고 가격은 절반으로 내렸다. 다른 대체재인 차나 레모네이드보다 높은 경쟁력을 갖추기 위해 마진율을 낮추었다.

우리의 경험에 비추어봤을 때, 적정한 가격의 신흥시장용 제품을 만드는 강력한 방법은 바로 가격만 올리는 불필요한 기능과 특징을 제거하여 사람들이 꼭 필요로 하는 저가의 제품을 만드는 것이다. 이를 위해서는 제품이 판매되는 현재 상황을 명확히 파악해야 한다. 단순한 관찰자가 아니라 공동으로 연구하는 현장작업이 필요하다. 이는 어떠한 시장에도 적용할 수 있는 제품개발에 관한 훌륭한 조언이다. 고드레즈와 같이 자국에서 활동하는 토착기업뿐 아니라 익숙지 못한 새로운 환경에 직면하는 서구 기업에도 적용할 수 있다.

고드레즈는 현장조사를 거쳐서 냉장고 시제품을 만들었으며 소비자들과 함께 시제품을 시험하였다. 2008년 2월, 인도 마라스와다(Marathwada) 지역 도시인 오스마나바드(Osmanabad)의 600여명의 여성들이 공동창조행사(co-creation event)에 참가하였다. 첫 시제품과 이후 추가적으로 나온 몇 개의 시제품을 시험하면서 냉장고 디자인의 모든 측면에 관해서 고드레즈와 협동으로 연구하였다. 내부 배열계획을 도왔고, 뚜껑에 대해서도 조언하였으며, 색깔에 대해서도 의견을 제시하였다. 결국 캔디레드(candy red) 색으로 결정되었다.

'작은 냉장고'라는 의미를 지닌 초투쿨(ChotuKool)의 최종 디자인은 600여명의 지역 여성이 참여한 인도의 오스마나바드(Osmanabad) 지역의 공동창조 노력의 결과물이었다.

그 결과물이 바로 '작은 냉장고'라는 의미를 지닌 초투쿨(ChotuKool)이다. 용량 43리터, 크기 1.5×2피트인 상부 개방형(top-opening) 냉장고는 사용자가 원하는 물건은 1~2일 정도는 신선하게 보관할 충분한 공간이 있다. 일반 냉장고는 대략 200개의 부품이 있지만 이 냉장고는 20개의 부품만 있기 때문에 압박기도 없고, 냉각튜브, 냉각제도 없다. 대신에 전류가 흐르면 냉각을 시작하는 칩과 컴퓨터의 열기를 식혀주는 것과 같은 팬(fan)을 사용한다. 상부 개방형 디자인이기 때문에 뚜껑이 열릴 때, 차가운 공기를 냉장고 내부에 가둬들 수 있다. 기존 냉장고에 비해 절반도 안 되는 전력으로도 사용 가능하며, 시골지역에서 자주 일어나는 정전상황 발생 시 배터리만으로도 사용할 수 있다. 7.8킬로그램 밖에 안 되어 휴대하기 간편하며, 가격은 가장 기본형 냉장고에 비해서 절반 밖에 안 되는 69달러이다. 기능에 딱 맞는 적당한 크기에 휴대하기 간편하고, 정전 발생 시에도 기존 냉장고보다 믿을 수 있는 이 제품은 이러한 소비자들이 제일 중요하게 생각하는 성능측정에서도 기존의 고급제품을 능가하였다.

접근성 초투쿨(ChotuKool) 소비자들이 자주 이사한다는 사실을 감안할 때, 이동성은 중요한 요소이다. 그리고 신흥시장의 사람들은 주로 여기저기 흩어져서 살아가고 있기 때문에 서구사회에 비해 제품과 서비스를 구입하기가 어렵기도 하다. 그래서 이 접근성 문제를 해결하는 기업에게는 기회가 생기게 된다.

예를 들어 케냐에서는 은행 서비스가 거의 없으며 송금은 아주 복잡하고 값비싼 서비스이다. 기존의 은행 서비스를 이용하지 않는다면, 대부분의 사람들은 자율관리 시스템으로 운영되는 비규제 브로커 네트워크인 하왈라(*hawala*)와 같은 안전하지 못한 방법을 이용하거나 버스로 현금을 수송해야 한다. 영국에 본사가 있는 보다폰(Vodafone)은 안전하고 저렴한 모바일 송금서비스를 개발함으로써 이 문제를 해결하였다. 이 서비스는 M-PESA(*M*은 모바일(mobile)에서 따왔으며, *PESA*는 스와힐리어로 '돈'이라는 뜻이다)라고 불리며 케냐의 모바일 선두기업인 사파리컴(Safaricom)에서 운영한다.

공인된 M-PESA 대리점은 주로 사파리컴의 중개업체지만 주유소나 식료품가게 혹은 다른 상점이 될 수도 있다. 고객들은 이곳에서 무료로 등록한다. 일단 등록을 하면 고객들은 대리점에서 예금과 인출이 가능하며, 모바일폰 사용자에게는 수령인이 사파리컴의 가입자가 아니더라도 전자이체가 가능하다. 고객들은 자신이나 다른 가입자를 위해 휴대전화 사용시간(airtime)을 구매할 수도 있다. 이체할 때는 40센트, 33달러 미만을 인출할 때는 33센트, 잔액조회는 1.3센트의 비용이 든다. 사파리컴의 주식 상당수를 보유하고 있는 보다폰은 자사 서버에서 개인고객계정을 관리하며, 사파리컴은 고객의 예금을 규제은행(regulated banks) 두 곳의 공동계좌(pooled accounts)에 예금하여 완전한 보호를 받는다.

2007년 3월 시작한 이 서비스는 케냐 성인인구의 40%인 9백만 명 이상의 고객을 확보하였다. 2010년 6월 현재, 『이코노미스트』의 보고서의 의하면 M-PESA 고객들은 약 17,900개의 대리점에서 서비스를 이용하고 있는데, 대리점의 절반 이상은 시골지역에 있다. 이 수치는 전국에 있는 은행지점, 우체국, 우체국 은행의 숫자를 다 합한 840개보다 훨씬 많다.

이 서비스가 큰 성공을 거두자 청구서 지불서비스, 급료지불수표와 같은 기업-고객 간 지급서비스, 소액 대출 지불, 인도적지원금 전송 및 국제 환거래까지 사업영역을 확대하였다. 3년 뒤 M-PESA는 사파리컴의 총 수익의 3%를 창출하였다. 뿐만 아니라 M-PESA는, 이 사실이 더 중요한데, 사파리컴의 수익구조를 음성전송(voice traffic)에서 데이터전송(data traffic)으로 변화시키는 핵심동력이 되었다. 보다폰은 탄자니아, 아프가니스탄, 남아프리카 공화국에서 비슷한 서비스를 시작하였고, 이집트, 피지, 카타르에도 도입할 예정이다.

기존의 비즈니스 모델을 신흥시장에 도입하려던 많은 기업들은 접근성 문제를 해결하지 못했기 때문에 실패했던 것이다. 낮은 마진율을 상쇄시켜 줄 것으로 기대했던 대량판매는 실질적인 성과를 거두지 못했다. 인프라가 부족한 개발도상국에서는 여기저기 흩어져 살아가는 소비자들에게 서비스 제공비용이 너무 높았기 때문이다. 하지만 보다폰처럼 새로운 접근방법을 개발한 기업들은 이런 방식이 보다 많은 시장에서도 가능하다는 사실을 깨달았을 것이다.

요소를 통합하라

우리는 다양한 방식으로 비즈니스 모델을 고안할 수 있다. 우리는 기초요소와 기존 모델에서 새 모델로의 이동을 어렵게 하는 요소들에 관심을 가지고 있다. 예를 들면 마진요건, 간접비용, 정해진 시간 내에 주어진 규모로 사업을 확장시킬 수 있는 능력인 '자산회전율'이 있다. 비즈니스 모델은 고객가치명제, 수익창출구조, 핵심 프로세스 그리고 기업이 고객가치명제를 지속적으로 달성하기 위해 반드시 필요한 핵심 자원 이네 요소를 포함한다. 경쟁력을 확보한다는 것은 이 네가지 요소를 통합하여 고객과 기업 모두를 위해 가치를 창출한다는 의미이다. 말은 쉽지만 실제로 행하기는 아주 어렵다. 기업의 전통적인 기능들을 이 네 가지 요소로 분류해보면, 그런 기능들을 새로운 비즈니스 모델로 통합시키기 위해 얼마나 많은 변화가 필요한지 확인할 수 있다.

일단 당신이 구상하고 있는 제품의 고객가치명제가 정해진다면 당신의 경쟁무기를 차별화 또는 가격 중에서 선택하라. 차별화에 기반을 둔 제품을 만들고 싶다면 그 제품을 만들기 위해 무엇을 해야 할지 먼저 생각해야 한다. 비즈니스 모델의 시계반대방향으로 움직여라. 먼저 필요한 자원과 프로세스가 무엇인지 파악하고 나면 고정비와 변동비가 포함된 비용 계산을 통해서 어떤 가격으로 원하는 마진을 얻을 수 있을지 결정하게 될 것이다. 홀푸드 마켓(Whole Foods)이 유기농 식품을 위한 신흥시장을 개척할 때 사용했던 방법이다. 비용이 가격을 결정한다.

가격 경쟁력으로 승부하는 제품이라면 비즈니스 모델의 시계방향으로 움직여라. 고객가치명제에서 출발하는 것은 동일하지만, 가격을 먼저 결정하고 그 다음에 대략적인 비용구조를 정한다. 그 후 가격 요건을 충족시키기 위해서는 어떤 프로세스와 자원이 필요한지 확인한다. 기존의 비즈니스 모델에서 요구하는 것과는 확연히 다른 프로세스와 자원이 필요할 것이다. 적정가격은 신흥시장에서 무척 중요한 요소이기 때문에 의사결정 과정은 거의 시계방향으로 움직인다. 혁신가들은 수익모델에서 출발한다. "우리는 어떤 가격으로 대략 몇 명의 사람들에게 이 제품을 판매할 수 있다고 생각합니다." 그리고 나서 최소한의 단위당 마진을 달성하기 위해 필요한 비용구조를 계산한다. 그 마진 수준에서 수익을 낸다는 것은 일정수준의 자산회전율에서 사업을 운영한다는 뜻이며, 또한 자산회전율은 운영방식 및 가용자원 선택 등의 결정을 내리는데 주된 역할을 한다.

이 비즈니스 모델을 활용해보면, 현재의 수익창출구조에서 단순히 변동비를 줄임으로써 신흥시장에서 목표수익을 달성할 수는 없다는 사실을 알 수 있다. 또한 실용적인 비즈니스 모델이 되기 위해서는 고정비용과 간접비에도 변화를 줘야 한다는 사실을 알 수 있다. 라탄타타(Ratan Tata)는 2,500달러짜리 자동차의 생산계획을 세웠을 때 이러한 사실을 깨달았다. 생산라인에 자동차를 집어넣고 단순히 제조원가를 낮추려는 노력만으로는 불충분하였다. 라탄타타는 더 적은 부품으로 자동차를 디자인하고 조립방식 및 다른 핵심 프로세스를 변화시킴으로써 고정비용을 낮춰야 했다. 기존기업이 간접비용, 마진, 자산회전율 등에서 변화가 필요한 비즈니스 모델을 이행하기에는 무리가 따른다. 그래서 새로운 수익창출모델이 필요한 제품을 시장에 출시하는데 신규기업이 강점을 가지고 있다 해도 놀라운 일은 아니다. 열린 마음이야 말로 신흥시장에 진입할 때 필요한 가장 중요한 자산이다. 실의에 빠진 수많은 소비자를 위해서 기본적이지만 복잡했던 세탁문제를 해결하면서 이 교훈을 배웠다.

우리 회사가 창립하고, 차막(Chamak) 브랜드를 사용하는 '빌리지 란드리 서비스'(Village Laundry Service)는 중간시장을 타깃으로 삼았다. 세탁기를 구매할 여유는 없지만 하루의 고된 노동을 마쳤을 때 손빨래를 대신해 줄 제품을 간절히 원했던 인도 국민들에겐 그다지 매력적인 선택권이 없었다. 인도 전통세탁부인 '도비'를 이용하거나 인근의 세탁시설이나 드라이클리닝 시설을 이용해야 한다. 도비를 이용하면 값이 싸지만 이들은 비위생적인 물로도 세탁을 한다. 빨래할 때 바위에 옷을 철썩하고 내치기도 하여 옷감이 손상되기도 하지만 손해에 대한 배상은 없다. 세탁일수는 5~7일이다. 세탁업자나 드라이클리닝업자는 4~5일이면 빨래를 해주고 옷 상태도 비교적 양호한 편이며 손상이 있을 때는 수선도 해준다. 하지만 세탁업자가 깨끗한 물을 사용하는지는 알 수 없으며, 도비에 비해서 비용이 무척 비싸다.

2009년 초 우리는 인도의 도심 슬럼가와 시골의 마을지역 등 여러 곳에 들어가서 주민들을 인터뷰하고, 절망스런 선택만이 남아있는 사람들의 삶을 직접 겪어보았다. 우리가 해야 할 일은 정확히 무엇인가? 이곳 주민들이 어떤 세탁 서비스를 이용하길 원하는가? 우리는 몇 가지를 발견할 수 있었다. 부유한 사람들이 세탁하는 방식으로 세탁할 수 있게끔 해주는 것이 우리가 할 일이 아니었다. 주민들이 지불할 수 있는 가격으로, 집에서 세탁하고 건조할 수 있는 정도의 사치를 누릴 수 있는 제품이라면 충분하였다. 4일씩이나 세탁일수가 걸리는 것을 원치 않았다. 세탁업자나 드라이클리닝업자의 가격보다 낮은 비용으로 24시간 이내에 세탁물을 돌려받고 싶어 했다. 주민들의 거주지 근처에서 세탁물을 가져갈 수 있으면 금상첨화였다.

이러한 사항을 염두에 두고 우리는 비즈니스 모델의 각 부분을 면밀히 살펴서 접근성을 향상시키면서도 저렴한 가격을 유지할 수 있는 획기적인 방법을 모색하였다. 수요예측이 불가능하고 선행투자비용과 임대보증금이 높기 때문에 마을 여기저기에 개인 세탁업자를 두면서 수익을 낼 수 있는 모델을 만들기란 쉽지 않다는 사실을 깨달았다. 우리의 해결책은 간단하였다. 전면(front)에서 세탁물을 넣고 뺄 수 있는 아주 효율적인 세탁기와 건조기를 설치한 7피트짜리 이동식 키오스크(kiosk)를 사람들이 많은 곳이면 어디든 설치하는 것이었다. 고객들이 자신의 세탁물을 세탁하고, 말리고, 다림질하는데 24시간이면 충분하였다. 키오스크는 작은 공간만을 필요로 하기 때문에 임대료를 최소화할 수 있었고, 정액계약을 통해 제공되는 민간수도시설은 공공수도시설에 비해 저렴할 뿐 아니라 믿을 수 있었다. 차막(Chamak) 브랜드의 광고로 뒤 덮인 키오스크는 광고게시판 역할을 톡톡히 하여 유료광고의 필요성이 줄었다. 혁신적인 '판매시점 정보관리 시스템'(point-of-sale system)을 통해 낮은 거래비용을 유지할 수 있다. 이 시스템은 블루투스 프린터와 연결된 핸드폰과 서버로 구성되어, 영수증을 발행하고, 주문을 확인하고, 거래량 데이터를 확보한다.

많은 실험을 거친 후, 우리는 담당자를 뽑고 키오스크를 운영할 표준절차를 개발하였다. 미래의 키오스크 운영자들의 적성과 헌신에 관한 테스트, 일관된 서비스를 위해 그림으로 설명한 이해하기 쉬운 운영방침(패스트푸드 레스토랑에서 사용하는 것과 비슷한 방법이다), 트래픽 수준, 고객만족도, 마케팅효과 및 다른 변수를 기록할 채점표도 표준절차에 포함되어 있어서 각 지역의 성공가능성을 예측할 수 있고, 좋은 운영방침을 다른 지역에서 모방할 수도 있다.

비즈니스 모델의 모든 다른 요소들이 새로운 해결책과 혁신적으로 결합하였기 때문에 차막(Chamak) 서비스는 적정가격을 유지하면서도 수익을 낼 수 있다. 이 비즈니스 모델을 통해서 의류 1킬로그램당 40루피(약 1달러) 정도의 가격을 책정할 수 있다. 이는 도비를 이용할 때의 금액보다 약간 비싸며, 전문 세탁업자 및 드라이클리닝업자에게 맡겼을 때에 비해 엄청 저렴하다(이들의 비용은 의복당 90루피일 때도 있다). 현재 뭄바이(Mumbai), 방갈로르(Bangalore), 마이소르(Mysore)에서 5천 명의 고객이 20개의 부스에서 '빌리지 란드리 서비스'(Village Laundry Service)를 이용하고 있다. 2011년 연말쯤 손익분기점에 이를 것으로 예상하고 있다. 물론 다른 신규 사업이 그러하듯이, '빌리지 란드리 서비스'(Village Laundry Service) 역시 예측하기 힘든 수많은 요인들이 있기 때문에 장기적인 업무성과는 두고 봐야 알 수 있다.

청사진 만들기에서 비즈니스 운영까지

신흥시장에서의 비즈니스모델의 청사진을 시험하고 실행하는 것은 과학이면서 동시에 예술이다. 글로벌 핵심전문가들이 수개월 동안 신흥시장에 대해서 연구를 하고, 현지 영업팀에게 업무를 수행할 수 있도록 계획을 마련해주는 것만으로는 불충분하다. 현장의 지식에 기초한 재빠른 조치가 사전에 마련된 가장 훌륭하고 세부적인 전략보다 나을 때도 있다.

케냐의 은행 규제당국의 허가 속에서 사파리컴이 처음부터 다양한 비즈니스 모델을 실험할 수 있었던 것도 M-PESA의 성공요인 중 하나였다. 사파리컴은 그 기회를 잘 활용하였다. 2004년 500명의 고객이 자신들의 소액대출을 갚을 수 있는 시스템을 시험적으로 이용하였다. 시스템을 시장에서 시험하면서 사파리컴은 '도시근로자가 시골지역의 가족과 친구에게 송금 한다'는 보다 강력한 고객가치명제를 발견할 수 있었다. 이런 강력한 명제는 이후 추가적인 서비스를 만드는 모태가 되었고 M-PESA가 상업적으로 출시된 이후 "돈을 집으로 부치세요" 라는 간단하지만 강력한 문구가 브랜드 표어가 되었다.

그렇다고 해서 신흥시장에서 신규 사업을 할 때 전문지식이 중요하지 않다는 이야기는 아니다. 신흥시장은 불확실성이 넘쳐나기 때문에 재빠른 상황판단을 위한 전문지식은 너무나 중요하다는 사실을 발견하였다. 대응력이 뛰어난 광고회사, 수요에 맞게 시제품을 만들 수 있는 기업, 그 지역의 규제방침을 잘 알고 있는 금융자문관, 전략을 실행할 수 있는 현지의 기업인으로 이루어진 광범위한 자산 네트워크는 필수적이다.

빠르고 저렴하게 실험을 진행하고, 거기서 얻은 교훈을 활용하여 비즈니스 모델을 연마할 수 있는 능력은 성공을 위해 필수적이다. 그렇게 되면 본격적인 운영투자나 전략적 투자이전에 필요하다면 궤도를 수정할 여력이 생긴다. 최근 우리가 설립한 회사가 남성 미용 사업을 시작했는데 수요가 불확실하였다. 10개 도시에서 진행될 값비싼 조사를 의뢰하는 대신, 우리는 에어컨이 있는 작은 트럭을 임대하고, 이발소 의자와 가위, 거울 및 기타 도구를 갖추어 이동식 이발소를 만들었다. 우리는 트럭을 타고 2주 동안 방갈로르(Bangalore)를 다니면서 수요를 측정하고, 여러 지역에서 다양한 가격을 시험해보았다. 총 3천 달러의 비용이 든 이번 실험은 다른 어떤 조사도 제공할 수 없는 그런 해답을 우리에게 알려주었으며, 남성을 위한 수퍼컷트(Supercuts)와 같은 적당한 가격대 사업의 잠재력을 보여주었다. 우리 회사는 이동식 이발소 모델에서 키오스크식 모델로 전환하였으며 안면마사지와 피부미백과 같은 많은 고객들이 선호하는 추가 서비스를 제공하는 것도 고려중이다.

다른 파괴적 혁신의 잠재력과 마찬가지로 이러한 비즈니스 모델혁신의 잠재력은 그 모델의 타깃시장을 넘어서 더 멀리 확산될 수도 있다. 고드레즈(Godrej)의 기업개발부 순더라만(G. Sunderraman) 부사장은 초투쿨(ChotuKool)을 새로운 성장발판으로 보고 있다. 그 판매량은 첫해 1만개, 이듬해 10만개로 예상된다. 만약 고드레즈가 초투쿨을 중간시장을 대상으로 하는, 불필요한 기능을 없앤 단순한 냉장고 정도로 생각했다면 현재의 보급률에 만족할지 모른다. 하지만 고드레즈의 경영진은 초투쿨을 신기술 통해 발명된 새로운 제품군으로 간주하고, 다양한 소득계층의 사람들에게 서비스를 제공할 수 있는 잠재력이 있는 것으르 평가한다. 정전이 자주 발생하는 지역에서 기존의 냉장고를 사용하는 소비자들은 값싸고 믿을 만한 예비제품을 원할 것이다. 소규모 상점, 사무실, 제조업체에서 시원한 음료를 마시기 위해 초투쿨을 사용할 수 있다. 아마 선진국의 경우에서도 고소득층 고객들은 침실, 자동차, 보트에서 초투쿨을 사용할 수 있다. 초투쿨이 냉장고 가격과 성능에 대한 소비자의 기대를 변화시켰고, 충족되지 못했던 소비자의 니즈를 해소해 주었기 때문에 기술이 발전함에 따라 고드레즈는 주류시장으로 진입할수 있다고 확신한다.

많은 기업들이 신흥시장을 단지 대규모의 발판시장으로 생각하는데 어떤 측면에서 그들은 옳다. 고전적인 파괴적 혁신이론에 따르면 어떤 면에서(주로 가격이지만) 대체재가 부족하거나 아예 이용할 수 없는 시장에서 혁신이 먼저 발생하는 것이 이상적이다. 신흥시장은 완벽하게 그런 상황을 만들어낸다. 신흥시장은 경쟁사들의 호기심 어린 눈빛을 벗어나서 제품혁신을 시험해 볼 수 있는 최상의 장소이다. 하지만 이러한 시장을 단순히 제품연구개발의 실험실 정도로 국한시키지 않고, 비즈니스 모델 연구개발을 통해서 창조적으로 해결할 수 있는 미완의 문제가 가득 찬 곳이라고 생각한다면 기회는 무궁무진할 것이라고 확신한다. 새로운 비즈니스 모델을 창출함으로써 기업은 보다 지속적인 경쟁우위를 가지게 될 것이다.

새로운 비즈니스 모델 만들기

비즈니스 모델에는 고객가치명제, 수익창출구조, 핵

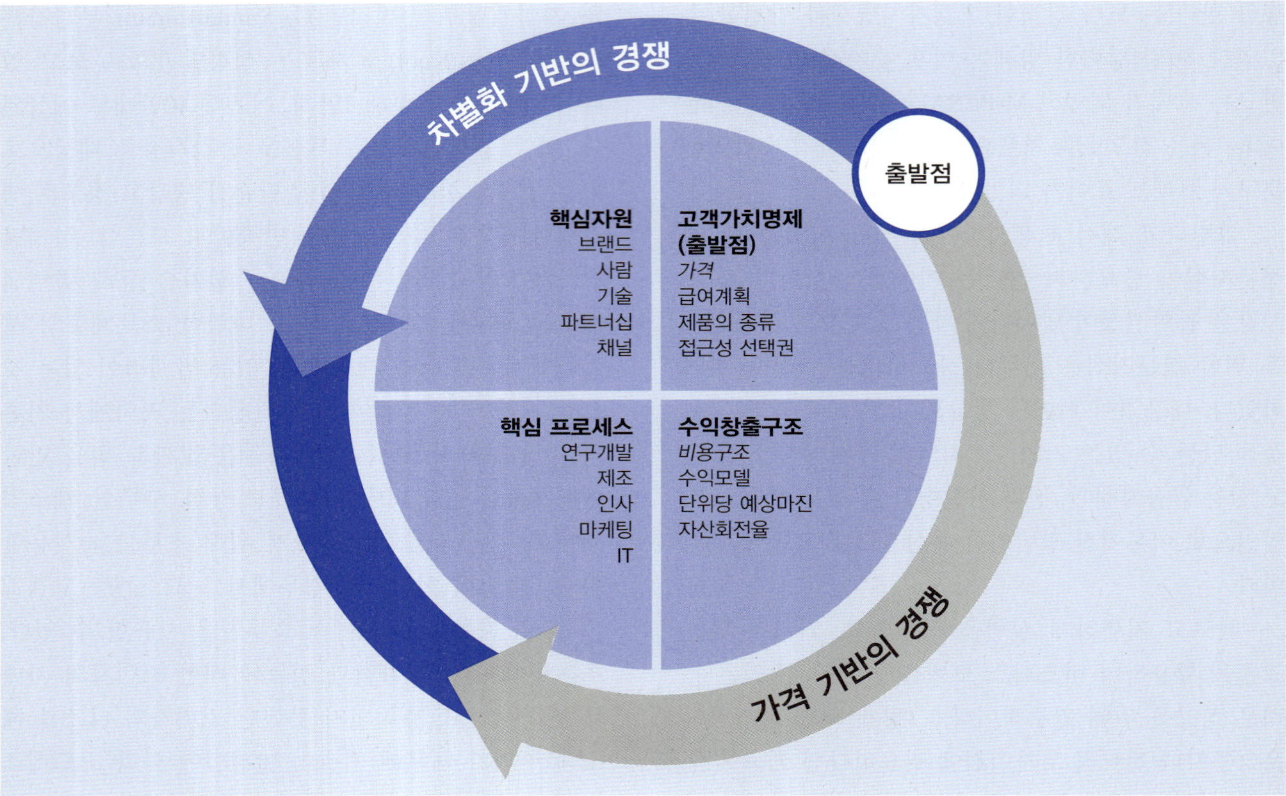

심 프로세스, 핵심 자원의 네 가지 요소가 반드시 필요하다. 새로운 비즈니스 모델의 개발은 언제나 새로운 고객가치명제와 함께 한다. 차별화를 경쟁기반으로 하는 모델이라면 고객가치명제를 실현할 수 있는 자원과 프로세스를 확보한 다음 그 비용에 따라 수익창출에 적합한 가격이 결정될 것이다. 가격이 경쟁기반인 모델은 반대 방향으로 진행된다. 제품가격을 먼저 선정하고 그 다음에 비용구조, 마지막으로 필요한 프로세스와 자원을 마련한다.

충족되지 못한 니즈의 4가지 발견법

1. **당신의 제품으로 고객이 무엇을 하고 있는지 연구하라.** 피터 드러커(Peter Drucker)의 명언처럼 기업이 판매하고 있다고 생각하는 물건을 고객이 사는 경우는 거의 없다.
2. **고객이 구입한 귀사 제품의 대체재를 파악하라.** 경쟁사의 제품뿐만 아니라 대체재가 될 만한 것들을 광범위하게 조사하라.
3. **보상행동을 관찰하라.** 어떤 일에 고객들이 만족스러워하지 못하는지 파악하라.
4. **설명거리를 찾아라.** 구매한 제품과 서비스를 가지고 사람들이 어떤 일을 하고 싶은지 확인함으로써 소비자 행동의 근본요인을 파악하라.

Chapter 4

초국적 조직의 개발: 통합, 대응성, 유연성의 관리

우리는 다국적기업이 글로벌 효율성, 국가별 대응성, 전 세계 혁신과 학습을 달성하기 위한 압력들 사이에서 어떻게 적절한 균형을 찾을 수 있는 전략을 개발할 필요가 있는지 논의하였는데, 지금은 다국적기업이 종종 충돌하는 전략적 과제들을 관리하기 위해 구축해야 하는 조직의 종류에 대해 주목하고자 한다. 이번 장에서는 우리는 이러한 균형이 다국적기업에게 그들의 현재와 미래의 전략적 과제의 특성에 대한 이해뿐만 아니라, 그들의 내재된 조직 역량—"관리 유산(administrative heritage)"—에 대한 평가를 요구한다고 제안한다. 이러한 이해를 통해서만 다국적기업은 초국적 전략에 의해 요구되는 다차원적이고 유연한 역량을 구비한 초국적 조직을 구축할 수 있다. 이러한 과제는 이상적인 조직구조 해결책의 탐색 이상을 포함한다. 우리는 생물학적 비유를 활용하여 구축되어야 하는 초국적 조직의 속성들—구조(해부학), 과정(생리학), 문화(심리학)—을 서술한다. 이번 장의 마지막 부분에서 우리는 이러한 조직적 역량을 구축하기 위해 필요한 과정들을 점검한다.

앞선 장들에서, 우리는 국제적인 경영 환경에서의 변화가 어떻게 다국적기업(MNE)으로 하여금 글로벌 효율성, 국가별 대응성(national responsiveness), 전 세계적인 학습(world-wide learning)이라는 전략적 필요에 동시에 반응할 수밖에 없게 만드는지를 설명했다. 그러한 복잡한 세 가지 전략적 목표를 실행하는 것은 어떤 상황하에서든 어려울 것이지만, "국제적인" 기업이 된다는 그 자체가 기업의 조직상의 복잡성을 크게 증가시킨다.

대부분의 국내 기업들은 사업 부문들(business units)을 부차적인 기능들(staff functions)과 균형을 맞추는 것만으로도 충분히 힘들어 하므로, 여기에다 지리적 지향의 경영 차원을 더하는 것은(즉, 국제적인 기업이 되는 것) 많이 벅찰 수 있다. 지리적 지향의 경영 차원을 더하는 것은 다국적기업(MNE)의 사업, 기능, 지역을 담당하는 조직 부문들 사이에서 관점과 역량의 균형을 유지하는 것을 뜻한다. 이들 세 경영 그룹(사업, 기능, 지역을 담당하는 세 조직 부문) 사이의 긴장 해결은 운영 단위(operating units)들이 멀리 떨어져 있고, 시간이 다르고, 운영 단위들의 핵심 구성원들이 문화와 언어 장벽으로 분리되어 있는 조직에서 성취해야 하기 때문에, 어려움은 더욱 커진다.

구조를 넘어: "적합"

기본적 조직 구조의 선택이 MNE의 경영 과정에 매우 강력한 영향을 미치기 때문에, 역사적으로 경영자들과 연구자들은 어떤 공식적 구조가 다양한 조건에서 적절한 "적합성(fit)"을 제공할지를 알아내는 데 많은 관심을 기울여왔다. 이 문제에 대한 가장 널리 인정되는 초기 연구는 미국에 기반을 둔 대형 다국적기업(MNE) 187개에 대한 Stopford와 Wells의 연구조사이다.[1] 이들의 연구는 국제적 조직 구조의 "단계 모델(stages model)"이라는 결과를 냈다. 이 단계 모델은 대부분의 기업이 해외로 확장할 때에 직면하는 전략적 및 경영상의 복잡성을 포착하기 위해 두 개의 변수를 정의했다. 이 두 변수는 국제적으로 판매되는 제품의 수(그림 4-1에서의 "해외 제품의 다각화 정도")와 해외 매출이 기업에서 차지하는 중요성("총 매출 중 해외매출 비중")이다. 표본 기업들의 구조적 변화를 표시하면서, Stopford와 Wells는 이들 MNE가 국제적 확장의 단계에 따라 다른 조직 구조를 채택한다는 사실을 발견하여 국제 구조 단계 모델(International Structural Stages model)을 개발했다.

이 모델에 따르면, 해외 확장의 초기 단계들에서 MNE는 일반적으로 해외사업부(international division)를 통해 해외 운영을 관리했다. 그 후, 소수의 제품을 가지고 더 많은 나라로 진입함으로써 해외 확장을 한 기업들은 일반적으로 지역 구조를 채택했다(예: 유럽 지역, 아시아태평양 지역). 반면, 소수의 국가에 진입하면서 해외 제품 다각화를 증가시킴으로써 해외로 확장한 기업들은 범세계적 제품사업부 구조를 채택하는 경향을 보였다(예: 화학 부문, 플라스틱 부문). 마지막으로, 해외 매출과 해외 제품 다각화 모두 높은

1) Stopford's research is described in John M. Stopford and Louis T. Wells, *Managing the Multinational Enterprise* (NewYork: Basic Books, 1972).

그림 4-1 Stopford와 Wells의 국제적 구조 단계 모델

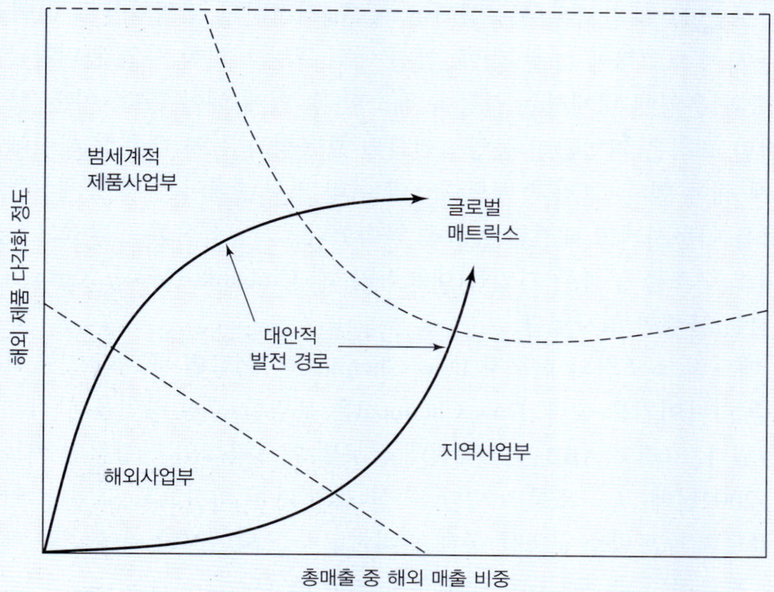

Source: Adapted from John M. Stopford and Louis T. Wells, *Strategy and Structure of the Multinational Enterprise* (New York: Basic Books, 1972).

기업들은 프랑스의 화학 사업 관리자가 기업의 유럽 지역 책임자와 본사의 세계 화학 부문 사장에게 동시에 보고할 수 있는 글로벌 매트릭스(global matrix)의 형태를 중심으로 조직하는 경향을 보였다.

이들 개념은 규범적 이상(normative ideal)이 아니라 묘사적 모델(descriptive model)로서 제시되긴 했지만 그리고 글로벌 매트릭스(global matrix)는 채택한 기업이 거의 없는 새로운 조직 형태이긴 했지만, 컨설턴트와 경영자들은 곧 이 모델을 규범적으로 적용하기 시작했고 새로운 세대의 국제 조직들이 만들어졌다. 이 과정에서 논의는 종종 제품 기반 구조 대 지역 기반 구조의 상대적 가치의 일반화된 논의로, 또 "중앙집권화(centralization)"와 "분권화(decentralization)" 사이의 지나치게 단순화된 선택으로 줄어들어버렸다.

1980년대와 1990년대에 일어난 복잡성, 다양성, 변화의 증가에 직면한 많은 세계적 기업의 경영자들은 그들의 크고 복잡한 해외 사업을 관리하게 해 줄 이상적인 구조를 찾고자 했다. 일반적 통념은 쉬운 해결책, 즉 글로벌 매트릭스(global matrix)를 제공했다. 한참 동안, "구조는 전략을 따른다(structure follows strategy)"라는 옛말은 "구조는 유행을 따른다(structure follows fashion)"라는 말로 대체된 듯 보였다. 하지만 대부분의 기업의 경우 글로벌 매트릭스로의 조직 재편성은 실망스러웠다. 글로벌 매트릭스가 약속한 땅은 그들이 후퇴할 수밖에 없는 수렁으로 드러났다.

매트릭스의 실패

이론상으로 보면 그 해결책은 성공했어야 했다. 최전선의 경영자들로 하여금 여러 조직 그룹에 동시에 보고하게 하는 것(예: 앞선 예의 프랑스 화학 사업 관리자)은 기업들이 MNE의 전략과 운영에 내재하는 갈등을 해소할 수 있게 해야 했다. 이론적으로는 그러한 다차원적인 조직은 기업들이 중앙집권화된 효율성과 현지 대응성 사이에 균형을 유지할 수 있게 해야 했다. 그리고 매트릭스의 여러 커뮤니케이션 및 통제 채널은 다양한 경영 관점들을 이동시키고 해결할 능력을 약속했다. 그러나 현실은 달랐고, 공식적인 글로벌 매트릭스 구조를 구축한 기업들(대표적인 예: Citibank, Nestlé, Xerox, IBM, Shell, ABB)의 역사는 불행한 역사였다.

글로벌 매트릭스 조직의 선구자 Dow Chemical은 글로벌 매트릭스 조직을 맨 먼저 버린 기업 중 하나이기도 했다. Dow Chemical은 분명한 책임 라인을 다시 지역별 경영자들에게 돌렸다. 그리고 ABB는 1990년대 글로벌 매트릭스의 전형적인 예로 10년 이상을 보낸 후, 2002년에 그 구조를 버렸다. 수십 개의 다른 회사들도 그랬다. 이들은 전 세계 활동을 글로벌 매트릭스 구조를 통해 관리하고자 노력했지만 이 구조는 매우 자주 복잡하고 다소 관료적인 과정과 관계로 귀결되는 듯 보였다.

이중 보고(dual reporting)는 많은 수준에서 충돌과 혼란으로 이어졌다. 채널의 급증은 정보의 정체(logjam)를 만들었고, 충돌은 문제를 더 심각하게 만들어야만 해결될 수 있었고, 책임의 중복은 영역 싸움(turf battle)과 책임 소재 상실로 이어졌다. 요약하면 모든 문제를 이중의 지휘 계통으로 통하게 함으로써 매트릭스 구조는 관점과 이해의 차이를 증폭시켜 작은 의견 차이도 맹렬한 반대와 토론의 주제가 되게 만들었다. 거리, 시간, 언어, 문화의 장벽으로 분리된 경영자들은 그 결과 생기는 혼란을 없애고 충돌을 해결하는 것이 사실상 불가능함을 발견했다. 그 결과 글로벌 매트릭스 구조의 초기의 매력은 빠르게 사라지고, 기업들은 다른 해결책이 필요함을 인식했다.

조직 역량의 구축

기업들이 잘 들어맞는 구조를 찾는 데 있어 기본적인 문제는 조직의 오직 한 가지 변수(공식적 구조)에만 초점을 맞췄다는 것이다. 이 단일 도구는 대부분의 MNE가 직면한 전략 업무들의 복잡성을 포착하기에는 충분하지 않은 것으로 드러났다.

첫째, 제품 기반의 구조 대 지역 기반의 구조 중 한 가지 선택을 강조하는 것은 많은 경우 경영자들이 외부 환경의 여러 요구들을 무시할 수밖에 없게 했다. 둘째, 구조에 초점을 맞춘 것은 역동적이고 빠르게 변화하는 전략 업무 환경에서 정적인 역할, 책임, 관계를 정의하는 것으로 이어졌다. 셋째, 구조조정(restructuring) 노력은 종종 해로운 것으로 드러났다. 많은 경우 조직들은 하룻밤 사이의 구조 변경에 의해 이들 역할, 책임, 관계를 크게 변화시키는 재편성을 하도록 강요되었기 때문이다.

자신들의 보다 복잡한 전략에 맞는 구조를 찾기가 점점 더 어려워지자 경영자들은 공식적 구조는 강력하긴 하지만 전략 변화의 무딘 도구라는 사실을 깨닫기 시작했다. 오늘날의 MNE가 요구하는 중요한 다차원적이고 유연한 역량을 개발하기 위해 기업은 경영자의 사고를 재교육해야 하고, 핵심 의사결정 능력을 다시 형성해야만 한다. 그렇게 함에 있어, 기업의 전체 경영 과정(관리시스템(administrative systems), 커뮤니케이션 채널, 의사결정 포럼, 대인 관계 등)이 그러한 변화를 관리하기 위한 수단이 된다. 요약하면, 공식적 책임들을 정의하는 구조를 부과하기보다 오늘날 MNE가 직면한 과제는 적절한 내부 관계 네트워크를 갖춘 조직을 개발하는 것이다.

좀 더 미묘하고 세련된 도구를 탐구하는 첫 번째 걸음으로서, 우리는 **관리 유산**(*administrative heritage*, 기업의 역사와 기업에 내재된 관리 문화)이 어떻게 조직과 조직의 변화 능력과 의향에 영향을 주는지 살펴본다. 이것은 이전 장들에서 MNE의 경영 사고방식과 전략적 태도는 국제적 확장, 역사적 및 문화적 요소들, 여러 외부 압력들(external industry forces)을 위한 서로 다른 동기부여에 의해 형성될 수도 있다는 사실을 인정했을 때 이미 암시한 개념이다. 역사는 중요하다—심지어 MNE가 자신의 조직을 생각하는 방식을 형성하는 데에도 역사는 중요하다.

관리 유산

산업분석이 기업의 경쟁 과제와 시장의 요구를 드러내는 반면, 외부 기회와 위협을 만족시키는 능력은 그것의 기존 내부 세계에 의해 (때로는 긍정적으로 때로는 부정적으로) 크게 영향을 받을 것이다. 예를 들어 대응하는 능력은 내부 배치 및 자원 분배, 관리 책임의 그것의 역사적 정의, 그리고 그것의 뿌리 깊은 조직 규범에 의해 형성될 것이다. 즉 기업의 조직은 현재의 외부 과제 요구뿐만 아니라 과거의 내부 구조 및 관리 편견에 의해 형성된다. 특히 각 기업은 그것의 개발 경로(조직적 역사) 및 관리의 가치, 규범, 관행(관리 문화)에 의해 영향을 받는다. 종합적으로 이러한 요소들은 소위 기업의 **관리 유산**(*administrative heritage*)을 구성한다.

관리 유산은 기업의 핵심 역량의 근원을 제공하는 기업의 가장 큰 자산 중 하나일 수 있다. 동시에 그것은 또한 상당한 부담일 수 있다. 왜냐하면 그것은 변화에 저항하여 재편성을 저해시킬 수 있는 경향을 갖고 있기 때문이다. 많은 기업의 경영자들이 학습해왔던 것처럼, 밤새 폐기되고 수정될 수 있는 전략적 계획과 달리 제로(zero) 기반의 조직 같은 것은 없다. 기업들은 상당 부분 그들의 과거에 사로잡혀 있으며, 어떤 조직적 변경은 기업이 가고자 하는 곳만큼이나 왔던 곳(관리 유산)에 초점을 맞춰야 한다.

기업의 관리 유산의 중요성은 1920년대와 1930년대 수십 년간 해외 확장을 했던 전형적인 유럽 다국적기업들, 1950년대와 1960년대에 해외로 확장했던 전형적인 미국 다국적기업들, 그리고 1970년대와 1980년대에 맹렬하게 해외로 공략하였던 전형적인 일본 기업들의 발전을 비교함으로써 증명되어질 수 있다. 심지어 이러한 기업들이 동일한 산업이었다 할지라도, 그들의 다른 유산들은 대개 그들로 하여금 매우 다른 전략적, 조직적 모델을 채택하도록 이끌었다.

이는 분명히 지금 중국, 인도, 브라질과 같은 개발도상국으로부터 확장하고 있는 새로운 세대의 다국적기업들에도 적용될 것이다. 그들의 전략적 태도, 조직적 틀, 경영 사고방식들은 그들의 본국과 그들이 확장하고 있는 글로벌 환경의 문화적 규범들에 의해 형성되고 있다. 그리고 만약 현 세대의 선도적인 다국적기업들의 다음의 설명이 예측 변인으로서 작동한다면, 다음 세대의 다국적기업들의 독특한 관리 유산은 앞으로 다가올 몇 십 년 동안 그들이 운영할 방식을 형성할 것이다.

분권화된 연합

상승하는 관세와 차별적인 입법의 제2차 세계대전 이전 시대에 해외로 확장할 때, 전형적인 유럽 기업들은 그 국가에서 효과적으로 경쟁 업체들과 경쟁하기 위해 현지국가 생산시설을 구축해야 했다. 그들 자신의 현지 공장들과 더불어, 다국적기업의 국가별 자회사들은 서로 다른 현지시장 요구에 맞게 제품 및 마케팅 접근방식들을 수정할 수 있었다. 이러한 자급자족 국가 단위의 증가하는 독립성은 기업의 세계적인 운영확산의 관리에 개입하는 본사의 능력을 제한하는 동시에, 그 당시 시대에 존재했던 커뮤니케이션 장벽에 의해 강화되었다.

이러한 널리 분산된 자산과 위임된 책임의 구성은 그 당시 많은 유럽 기업에 존재 했던 관리 규범과 관행에 적합하였다. 많은 유럽 기업들은 특히 영국, 네덜란드, 프랑스에서 공식적인 구조보다는 개인적인 관계("인맥(old boys' network)")를, 그리고 운영적 통제 이상의 재정적 통제를 강조하는 내부 문화를 개발했다. 이러한 경영스타일은 해외자회사들에게 더 많은 운영상 독립과 전략적 자유를 위임하려는 이러한 기업들의 의지를 강화하는 경향이 있었다. 높은 자율성을 가진 국가별 회사들은 단일 국제사업이라기보다는 해외투자의 포트폴리오로서 종종 관리되었다.

이러한 조직 패턴은 독립적인 국가별 자회사의 느슨한 연합이었으며, 각각의 자회사들은 주로 현지 시장에 초점을 맞췄다. 그 결과 필립스, 유니레버, 네슬레와 같은 고전적인 유럽 다국적기업을 포함한 이들 중 많은 기업들은 **다국적 전략**(*multinational strategy*)을 채택했고 그림 4-2(a)에서 보여주듯이 **분권화된 연합**(*decentralized federation*) 조직 모델을 통해서 관리되었다.

조정된 연합

1950년대와 1960년대에 신속한 국제적 확장을 즐겼던 많은 미국 기업들은 매우 다른 환경에서 발전했다. General Electric(GE), Pfizer, Procter & Gamble(P&G) 등과 같은 기업들의 강점은 그들이 미국에 위치함으로써 개발했던 새로운 기술들과 관리 프로세스들에 있었다(그 당시 미국은 세계에서 가장 크고, 가장 부유하고, 가장 기술적으로 진보된 시장이었다). 제2차 세계대전 이후 그들의 국제적 확장은 1장에서 토론되었던 국제 제품수

그림 4-2 조직 구성 모델

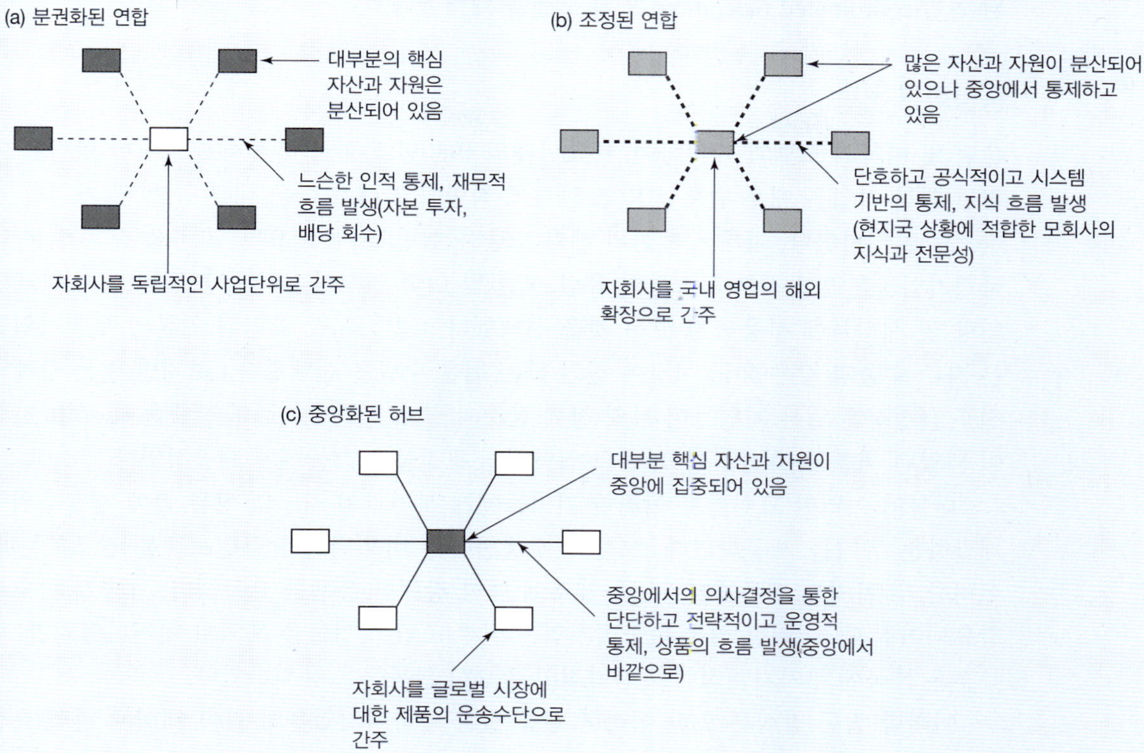

명주기 이론을 낳게 하면서, 이러한 강점을 레버리지하는 데 주로 집중하였다.

이러한 강점을 강화시키는 것은 유럽 기업들의 프로세스들로 전형화된 "인맥(old boys' network)"과는 대비되는 대부분의 미국 기업들의 전문경영 문화였다. 미국의 경영 접근 방식은 정교한 관리 시스템 및 전문가 기업 직원들을 통해 전반적인 통제를 유지하면서 기꺼이 책임을 위임하는 것을 바탕으로 구축되었다. 해외자회사들은 시장 차이들을 반영하도록 제품이나 전략을 조정하는데 종종 자유로웠지만, 그들의 새로운 제품, 프로세스, 아이디어들의 모기업에 대한 의존은 분권화된 연합 조직보다 더 많은 본사에 의한 조정 및 통제에 영향을 받았다. 이러한 관계는 본사-자회사 연결에서의 공식적인 시스템과 통제에 의해 가능하게 되었다.

이러한 기업이 직면하는 주요 장애는 아마도 새로운 아이디어와 개발들이 모두 모회사로부터 나온다는 가정 때문에 모회사의 경영진이 종종 편협하고 심지어 거만한 태도를 취했다는 것이다. 기업 경영진의 해외 시장의 증가된 이해에도 불구하고, 해외자회사들의 주요 목적이 본국 시장에서 개발된 역량들과 자원들을 레버리지하는 것이었기 때문에 그들은 종종 해외자회사들을 부속물로 간주하곤 했다.

그럼에도 불구하고, 이러한 접근은 세계 대전 후 몇십 년 동안 매우 성공적이었으며,

많은 미국 기업들은 그림 4-2(b)에서 보여주는 국제적 전략(international strategy)과 조정된 연합(coordinated federation) 조직 모델을 채택했다.

중앙화된 허브

유럽 및 미국의 모델과 대비하여, 1970년대와 1980년대에 국제 경제에 상당한 영향을 미쳤던 일본 기업은 매우 변화된 외부 환경에 직면하고 매우 다른 내부 규범 및 가치를 기반으로 운영하였다. 과거에 제한된 해외 노출을 했던 소니, 도요타, 고마쓰 같은 일본 다국적기업들은 일반적으로 그들의 유럽 시설 및 미국 경쟁사들의 잘 확립된 현지 마케팅 역량 및 시설들에 부응하지 않는 것을 선택했다. (정말로 잘 확립된 일본의 무역기업들은 자주 수출과 같은 외국 시장에 진입 하는 쉬운 수단을 선택했다.) 하지만 일본 경제의 전후 급성장은 일본 기업들이 무역 장벽 감소의 글로벌 환경으로 확장했을 때 주요 자산이 되었던 새롭고, 효율적이고, 규모 집약적인 공장들을 그들에게 제공하였다.

더불어 이러한 요인들은 이러한 기업들에게 부가가치 사슬의 상류 끝에 경쟁우위를 개발하는 동기를 제공하였다. 그들의 경쟁전략은 비용우위와 품질보증을 강조했는데, 이러한 두 가지는 제품개발, 조달, 제조에 대한 강력한 통제를 요구했다. 그렇게 하도록 강요되어질 때, 이러한 일본 다국적기업은 일부 조립 작업들을 해외로 이전하였지만, 대부분은 본국에 부가가치적이고 전략적인 주요한 활동들을 유지하였다.

이러한 접근 방식은 또한 이러한 신흥 일본 다국적기업들의 깊이 배태된 관리 유산의 일부였던 문화적 배경 및 조직적 가치와 어울린다. *nemawashi*(합의 형성) 및 *ringi*(공유된 의사결정)와 같은 경영관습에서 반영된 것처럼 집단행동을 강조하고 대인관계 조화를 중시했던 강력한 문화 규범을 기반으로 하고 있다.

일본 기업은 중앙에서 주요 의사결정 및 통제를 유지함으로써 소통집약적이고 사람에

표 4-1 분권화된 연합, 조정된 연합, 중앙화된 허브 조직들의 조직적 특성

	분권화된 연합	조정된 연합	중앙화된 허브
전략적 접근	다국적	국제적	글로벌
주요 전략적 역량	국가별 대응	모국의 혁신을 해외로 이전	글로벌 규모의 효율성
주요 자원과 역량의 배치	분권화 및 국가별 자급자족	핵심 혁신역량은 집권화, 적응역량은 분권화	집권화 및 글로벌 규모
해외 운영의 역할	현지 기회 탐색 및 활용	모회사의 역량을 적용 및 활용	모회사의 전략을 실행
주요 지식의 개발 및 확산	개별적으로 개발 및 보유	중앙에서 개발하여 해외로 이전	중앙에서 개발하고 보유

의존하는, 문화적으로 종속적인 관리 시스템을 유지할 수 있었다. 또한 본국에 주요 운영을 유지한 채로의 국제적 확장은 일본의 다국적기업이 종신고용 시스템을 보유하는 것을 가능하게 했다. 이러한 내부 및 외부 요인들의 결과로서, 이러한 기업들은 그림 4-2(c)에 보여주는 글로벌 전략(*global strategy*)과 중앙화된 허브(*centralized hub*) 조직 모델을 채택했다.

관리 유산이 초국적 도전에 직면하다

2장과 3장에서, 지난 수십 년 동안 세계적인 산업은 전통적인 다국적, 국제적 및 글로벌 형태에서 초국적 형태로 변형된 것을 보았다. 성공을 위한 핵심 역량으로서 효율성, 대응성, 또는 학습 대신에 이러한 사업들은 기업들로 하여금 경쟁력을 유지하기 위한 그러한 어느 정도의 전략적 역량들을 동시에 모두 달성하도록 요구하고 있다. 이러한 새로운 환경에서 기업들이 속한 각각의 관리 유산에 깊이 배태된 모든 세 가지 조직 모델들은 도전을 받고 있다.

표 4-1은 우리가 다국적, 국제적 및 글로벌 전략을 추구하는 기업들을 지원하는 형태로서 이 장에서 설명하는 분권화된 연합, 조정된 연합, 중앙화된 허브 조직들의 주요 특성들을 요약하고 있다. 이러한 특성들의 검토는 각각 세 가지 원형의 기업 모델이 초국적 도전에 대응하는 데 있어 직면한 문제점들을 보여준다.

중앙에서 주요 자원 및 역량들을 집중하도록 설계된 조직을 가진 **글로벌**(*global*) 기업은 주로 모든 활동에서 잠재적인 규모 경제를 이용하여 효율성을 달성한다. 그러나 국가별 자회사는 부족한 자원, 역량, 또는 권한이 부족한 반면, 중앙 그룹은 종종 현지 시장 요구에 대응하는 데 이해가 부족하다. 문제는 글로벌 조직이 글로벌 효율성을 위태롭게 하는 것 없이 이러한 문제를 극복할 수 없다는 것이다.

고전적인 조직 형태 또는 **다국적**(*multinational*) 기업은 다른 한계 때문에 고생하고 있다. 분산된 자원과 분권화된 의사결정 권한이 국가별 자회사로 하여금 현지 니즈에 대응하게 하지만, 활동들의 단절은 비효율성을 초래한다. 전 세계적인 학습도 또한 고생하는데, 그 이유는 지식이 통합되지 않고 국경을 가로질러서 자유롭게 흐르지 않기 때문이다. 결과적으로 지역 혁신은 종종 자회사의 근거지와 자율성을 보호하기 위한 자회사의 관리 노력에 지나지 않는 것들이나 차단된 커뮤니케이션 또는 NIH(not-invented here) 신드롬에 의해 야기된 부수적인 것들의 재발명을 보여준다.

그리고 **국제적**(*international*) 기업의 조직은 모기업의 지식과 역량을 활용할 수 있도록 설계되었지만, 자원 배치 및 운영 체제는 글로벌기업보다 비효율적이고 다국적기업보다 덜 대응적이다.

초국적 조직

다국적기업이 관리 유산에 의한 이러한 한계점을 인식하게 되면서, 이들 기업들은 경쟁

우위를 가져다 주는 역량은 보호하는 동시에 경쟁 기업의 역량에 맞서기 위해 노력하기 시작하였다. 여기서 성공한 기업들은 점차적으로 초국적 조직의 특징들을 개발했다.

새롭게 등장한 초국적 조직의 형태에는 다국적, 국제적 혹은 글로벌 조직과는 구분되는 세 가지 중요한 특징들이 있다. 첫째는 다수의 서로 다른 경영 관점을 정당화하는 의사결정 역할과 책임, 둘째는 분산되었으나 상호의존적인 자산과 역량 기반의 조직 구조, 셋째는 강력하고 유연한 내부 통합 과정이다. 이 섹션에서는 이러한 핵심 특성에 관해 설명한다.

다차원 관점

1차원적이고 정적인 조직을 통해서는 다국적기업의 다양하고 변화하는 전략적 요구에 효과적으로 대응할 수 없다. 초국적 기업은 다양하고 종종 상충되는 기회, 압력, 수요를 감지하고 분석할 수 있도록 다차원적 능력을 길러야 한다. 현지 정부로부터의 증가하는 압력과 현지 소비자의 변화하는 요구를 감지하고 나타내기 위해서는 강력한 **국가별 자회사 경영자**(*national subsidiary management*)가 필요하다. 한편 해외 경쟁 기업의 전략을 추적하고 이에 적절하게 대응하기 위해 필요한 협력을 제공하기 위해서는 역량 있는 **글로벌 사업 경영자**(*global business management*)가 요구된다. 또한 기업의 지식, 정보, 전문성을 집중시키고 이들 자원의 조직 간 이전을 촉진하기 위해서는 영향력 있는 **전 세계적 기능별 경영자**(*worldwide functional management*)가 요구된다.

그러나 불행히도 역사적으로 많은 기업에서의 권력은 기업의 중요한 전략적 과업에 대하여 책임이 있는 경영자 그룹에 집중되어 왔고 기타 다른 니즈가 있는 그룹의 영향력은 무시되었다. 예를 들어 **다국적**(*multinational*) 전략을 추구하는 기업에서 주요 의사결정은 국가별 대응에 가장 큰 기여를 하는 국가 수준의 경영자가 내리는 경우가 많았다. 한편 **글로벌**(*global*) 기업에서는 글로벌 효율을 달성하는 데 중요한 역할을 하는 전 세계 사업 관리자가 가장 영향력이 있다. 마지막으로 **국제적**(*international*) 기업에서는 기능적 경영자 그룹이 종종 지배적인 위치를 차지하게 되는데 기술, 마케팅 및 다른 전문 분야에서 지식과 역량을 구축, 축적, 전달하는 데 있어서 중요한 역할을 하기 때문이다.

그러나 **초국적**(*transnational*) 기업에서는 지배적인 경영진 그룹의 사기와 전문지식을 보호하는 한편 상대적으로 영향력이 적은 경영자 그룹의 능력, 신용, 영향력을 높여주기 위한 의식적인 노력을 하기 때문에 의사결정 과정에서의 비대칭 문제가 덜 발생한다. 이러한 노력의 목적은 세 그룹의 경영자 그룹 모두가 동등하게 목소리를 낼 수 있는 다차원적 조직을 건설하는 것이다.

오늘날 다수의 상충되는 요구사항이 존재하는 환경에서 설립된 기업들—예를 들어 아마존과 같은 인터넷 기반의 기업이나 중국의 소비가전 업체인 하이얼과 같이 신흥시장에서 설립되어 세계 시장에 진출한 기업—은 설립할 때부터 다차원적인 조직형태를 구성하는 경우가 많다. 하지만 다음 장에 소개될 "필립스 대 마쓰시타, 경쟁 전쟁은 계속

그림 4-3 통합된 네트워크 모델

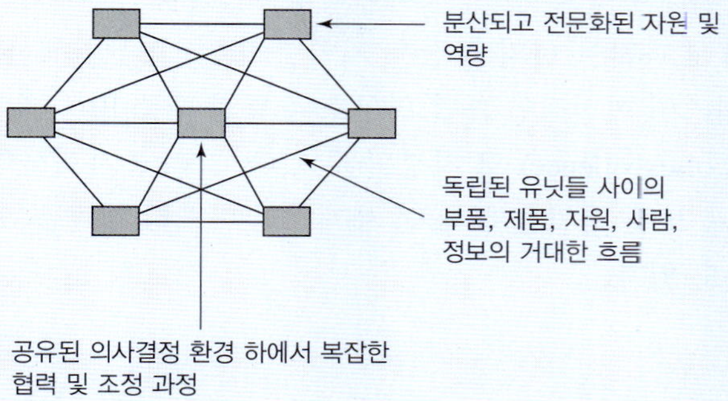

된다"의 사례가 보여주듯 깊게 배태된 관리 유산을 가지고 있는 기존의 다국적기업들은 균형 잡힌 다차원의 경영 관점을 발전시키기 위해 수십 년 동안 고생할 수도 있다.

분산되고, 상호의존적인 역량

다차원적 경영 관점을 기르는 것과 이를 통해 다양한 기회와 요구에 대응하는 능력은 별개이다. 후자를 달성하기 위해서는 글로벌기업의 중앙집권화된 구성 또는 다국적 기업의 분권화된 연방 형태와는 매우 다른 방식으로 자산, 자원, 역량이 구성된 조직 모델이 필요하다.

중앙집권화가 효율성을 달성하는 유일한 방법이 아니라는 것을 인식하면서, 초국적 조직은 본국 또는 해외에 있는 사업부가 그들의 활동을 전문화함으로써 글로벌 규모를 달성할 수 있게 되었다. 이들 기업은 가장 효율적인 제조 부문을 찾아내 특정 제품 및 전문성에 대한 지역적 또는 국제적 원천으로 만들어 효율성을 달성하기도 한다. 또한 전 세계 지사 중 어디에서든 기술적 진보와 시장 개발이 진행되면 이를 이용하고 각 부문 중 가장 효과적인 제품 개발 및 마케팅 그룹을 우수 연구 센터(centers of excellence)나 선도 마케팅 지사로 지정하기도 한다.

전문적인 자산과 책임을 분배함으로써 생기는 한 가지 중대한 결과는 전 세계 지사 간 상호의존성이 자동적으로 증대된다는 것이다. 진화된 초국적 조직인 GE의 예를 들어보자. 호주 자회사가 디젤 엔진을 이용해 새로운 제품을 생산할 수 있는 기회를 떠올렸다고 가정하면, 이 제품을 기업 내 R&D부서와 GE 독일 기술 그룹이 공동으로 개발하여 한국과 멕시코에서의 제조 공장이 공동으로 생산하고 세계 곳곳의 자회사를 통해 글로벌 시장에서 팔릴 것이다.

이러한 조직에서 분권화된 연합 조직, 조정된 연합 조직, 중앙화된 허브 조직과 같은 단순한 구조를 이용하는 것은 초국적 기업이 해결해야 할 과업을 달성하기에는 적절하지 않다. 이러한 조직에 필요한 것은 우리가 **통합된 네트워크**(*integrated network*)라고 부르는 구조다(그림 4-3). 통합된 네트워크를 가진 조직에서, 경영진은 전 세계 지사 각각을 조직 전체의 이윤을 위해 활용할 수 있는 아이디어, 기술, 능력, 지식, 전문적 자원이라고 간주한다. 예를 들어 효과적인 현지 공장은 지역별 또는 글로벌 생산 센터로 전환될 수 있고, 국가별 혹은 지역별 혁신적인 개발 연구소는 특정 제품 또는 과정 개발을 위한 "우수 연구 센터(centers of excellence)"로 지정될 수 있다. 그리고 자회사의 창의적인 마케팅 부문에게 특정한 제품 또는 사업을 위해 전 세계적인 마케팅 전략을 수립하는 데 주도적인 역할이 주어질 수도 있다.

유연한 통합 과정

마지막으로 초국적 조직은 관심사들의 다양성을 해결할 수 있고 분산된 자산과 자원들을 통합할 수 있는 관리 과정을 요구한다. 그렇게 하면 집권화해야 할지 아니면 분권화해야 할지와 같은 전통적으로 단순한 조건으로 과제를 정의하는 대칭적인 조직적 과정에 의해 얽매일 수 없다. 이유는 간단하다: 전 세계적 연구나 제조 활동의 중앙 통제로부터 얻어지는 이점들은 판매 및 서비스 기능의 글로벌 조정과 관련된 것보다 더 중요할 수 있다. 기능적 조정의 필요성은 또한 사업 및 지리적 부문에 따라 다양하다. 항공 엔진 회사는 다국적 음식 포장 업체보다 더 많은 결정의 중앙 통제가 필요하다. 개발도상국에서의 운영은 선진국에서보다 중앙으로부터의 더 많은 지원이 필요할지도 모른다. 게다가 그러한 모든 조정은 시간이 흐르면서 변화할 수 있다.

다시 말하자면 초국적 조직은 보편적으로 적용되는 하나의 정적인 관리 모델이 아니다. 관리 과정은 상품마다 나라마다 심지어 결정마다 달라야 한다. 3장에서 우리가 개발했던 통합–대응 프레임워크를 정교화해서, 우리는 유니레버 사례와 같이 그림 4-4에서

그림 4–4 유니레버의 통합 및 차별화에 대한 필요성

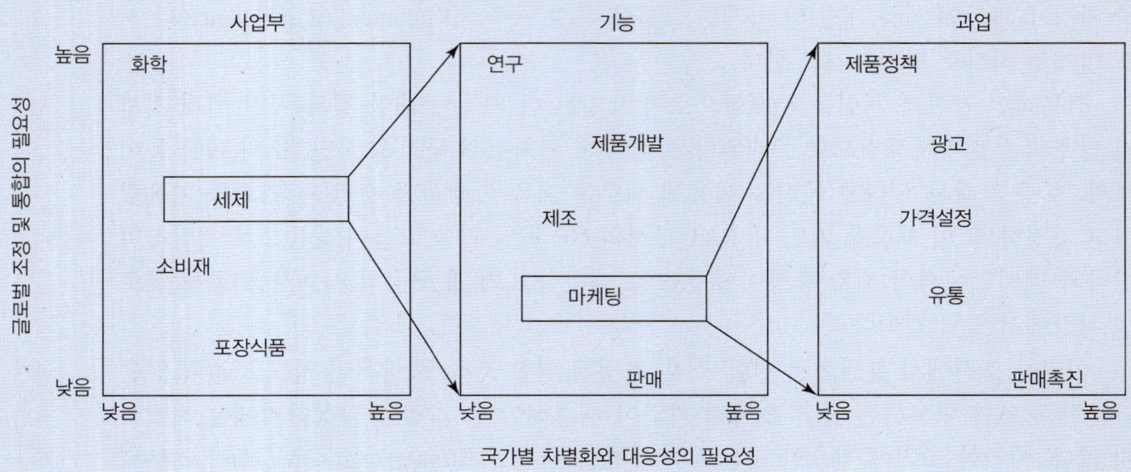

역할과 책임의 분배를 보여준다. 그림에서 설명하듯이, 유니리버의 화학사업은 식품사업보다 더욱 글로벌하게 통합되어 관리를 받고 있다. 심지어 합성세제 사업 안에서조차, 연구개발 활동이 마케팅 활동보다 중앙에서 더욱 관리를 받고 있으며, 촉진정책보다 제품정책 결정이 중앙에서 더욱 관리를 받고 있다.

제시된 역할과 책임의 분배는 세 가지 상호의존적 관리 과정들에 근거한 다소 복잡 미묘한 의사결정 도구의 개발을 요구한다. 첫 번째는 최고경영자가 핵심결정 내용에 직접 개입하게 하는 집중적이고 억제된 단계적 확대 과정이다. 예를 들어 **중앙집권화**(*centralization*)의 이러한 주의 깊게 관리된 형태는 주요한 자원 할당에 적절하다. 두 번째는 경영진이 구체적 결정에 영향을 주는 개인적 역할과 관리 시스템을 구조화하는 능력을 이용하는 과정이다. 이러한 **공식화**(*formalization*) 과정은 전형적으로 이전가격을 설정하는 것과 같은 반복적이거나 일상적인 활동들을 포함한 결정들에 있어서 유용하다.

세 번째는 **자기규제**(*self-regulatory*) 능력으로 최고경영자의 역할은 위임된 결정을 위해 지지하는 조직적 내용을 제공하는 폭넓은 문화와 관계의 형태를 확립하는 것이다. 이것은 **사회화**(*socialization*)에 의해 유도된 복잡한 관리 과정이며, 초국적 조직의 분산된 활동에서의 많은 양의 정보, 지식, 전문성의 효과적인 활용을 요구하는 결정들에서 매우 효과적이다.

초국적 조직의 구축: 구조를 넘어

우리가 초국적(transnational)이라고 묘사한 종류의 조직은 분명 그 이전의 것들(다국적 조직, 국제적 조직, 글로벌 조직)과 매우 다른 어떤 것을 나타낸다. 그러한 조직을 만들려면 제품 기반 조직 구조와 지역 기반 조직 구조 중에서 선택하는 것보다 훨씬 많은 것이 요구된다. 그러한 조직을 관리하는 것은 중앙집권화 혹은 분권화를 결정하는 것보다 훨씬 많은 것을 의미한다. 그렇다면 초국적 조직을 건설하는 데는 정확히 무엇이 동반되는가?

이번 장을 시작하면서, 우리는 전형적인 구조 단계 모델(structural stages model)은 더 이상 국제적 조직 개발에 유용한 설명을 제공하지 못한다는 사실을 보았다. 초국적 조직을 설명하려면 우리는 이전 단락들에서 설명한 것보다 더 복잡하고 미묘한 특징들과 역량들을 표현할 다른 방법이 필요하다. 여기서 우리가 채택하는 간단한 기본 틀은 생리학적 모델의 측면에서 조직을 설명한다. 그러면 우리는 모든 효과적인 조직은 강력한 몸(자산, 자원, 책임의 공식적 구조)과 이를 보충하는 튼튼하고 제 기능을 하는 생리(조직의 체계와 의사결정 과정) 및 적절하고 건강한 심리(조직의 문화와 경영 사고 방식)로 표현되어야만 한다고 가정할 수 있다.

이 모델을 이용하여 우리는 이제 초국적 조직을 건설하고 관리하는 데 사용하는 여러 가지 도구와 과정을 설명할 것이다.

조직 해부학의 구조화

앞에서 살펴보았듯이 MNE 조직의 문제들에 접근하는 전통적인 방식은 고전적인 “제품 대 지역” 구조의 토의 등 단순하고 다소 피상적인 선택에 초점을 맞춘 거시적 구조(macro-structural) 측면에서 정의되어 오고 있다. 하지만 초국적 조직에서 경영자들은 또한 지배적인 일선 경영자들의 내재된 권력을 보충하면서도 견제하여 균형을 맞출 수 있는 지원적 구조도 개발해야만 한다.

지역별, 기능별, 제품 경영진 그룹의 역할과 책임을 신중하게 정의한 후 (그림 4-4에 있듯이, 이것들이 사업마다 다르다는 점을 인식해야 한다), 다음 과제는 특히 일선 권한(line authority)이 없는 경영자가 경영 과정에 적절하게 접근하고 영향력을 행사할 수 있도록 하는 것이다. 부서간 팀(cross-unit teams), 프로젝트 팀(task forces), 위원회 등의 미시적 구조(microstructural) 도구들이 보충적인 의사결정 포럼을 만들어 비일선 경영자들이(non-line managers) 상당한 영향력을 행사하게 하고, 또 전형적인 1차원적 조직에서는 불가능한 방식으로 책임을 맡게 해줄 수 있다. 따라서 그림 4-4에 나온 예에서 세계 제품 경영자는 전 세계 가격 책정을 위한 공식적인 일선 권한을 가지고 있지만, 결정은 지역별 경영자와 협의하여 정할 수 있다. 지역별 경영자는 현지 경쟁 상황을 토대로 지역이나 국가 사정에 맞게 유연하게 협상할 수 있다.

프로젝트 팀과 협의 위원회는 한때 임시적인 장치로 간주되었으나 초국적 조직을 건설하는 기업들은 이들을 최고 경영진이 기본 구조를 미세 조율하고 다시 균형을 맞출 수 있는 타당하고 지속적인 구조 도구들로 이용한다. 우리의 해부학적 비유로 설명하자면, 공식적 일선 구조(line structure)는 조직의 척추이고, 비일선 그룹(non-line groups)은 흉곽(rib cage)이고, 부서간 팀, 프로젝트 팀 등의 이들 미세구조적 구조 중복(structural overlays)은 조직의 뼈대가 유연성을 갖게 해주는 근육, 힘줄, 연골이다.

조직 생리학의 구축

경영진의 핵심 역할 중 하나는 조직의 의사결정 과정이 운영될 커뮤니케이션 채널들을 개발하는 것이다. 다양한 관리시스템(administrative systems), 커뮤니케이션 채널, 비공식적 관계를 조정함으로써, 경영진은 모든 경영 과정의 혈액인 정보 흐름의 양, 내용, 방향을 형성할 수 있다. 바로 이 정보 흐름이 조직의 생리(정맥, 동맥, 코에서 폐까지의 기도)를 정의한다.

많은 연구가는 수행해야 할 작업의 복잡성 및 불확실성과 정보의 필요 사이에 강한 연관성이 있음을 보여주었다. 통합된 네트워크 구성(network configuration)에서 작업의 복잡성 및 불확실성은 매우 높다. 그러한 다차원적이고 상호의존적 시스템에서 운영하려면 많은 양의 정보를 수집하고 교환하고 처리하여야 한다. 그러므로 공식적인 정보, 계획, 보고, 통제 시스템의 역할이 매우 중요하다. 하지만 공식적인 시스템만으로는 거대한 정보 처리 필요성을 뒷받침할 수 없고, 기업들은 전통적인 도구 및 종래의 시스템

너머로 살펴야 할 수밖에 없다.

수년 동안 경영자들은 많은 양의 정보 교환과 심지어 의사결정도 조직의 수많은 비공식 채널 및 관계를 통해 일어난다는 사실을 인식해오고 있다. 하지만 경영 과정의 이 부분은 중요하지 않다거나("사무실 가십" 혹은 "소문") 관리 불가능하다고("분열적인 파벌" 혹은 "불경스런 동맹") 종종 무시되었다. 초국적 조직의 경영에서, 그러한 편견은 다시 살펴봐야 한다. 조직 단위들(organizational units)은 분리되어 있고 정보는 희소하기 때문에, 국제적 운영의 경영자들이 비공식인 시스템들에 얼마간의 통제와 영향력을 행사하는 것은 더욱 중요할 뿐만 아니라 그렇게 하는 것이 더 쉽기도 하다.

시작은 종종 아주 쉽다. 경영자들은 그저 진행중인 경영 과정에 일상적으로 참여하여 커뮤니케이션 패턴 및 관계의 성격과 질을 형성하기만 하면 된다. 시작하기 가장 쉬운 곳은 기업 목표에 기여할 잠재성이 있는 기존의 비공식 관계들을 인정하고, 정당화하고, 강화하는 것이다. 경영진의 출장(management trips) 및 기업 회의의 빈도와 내용(agenda)(정보를 집중시키고 분산시키는 좋은 방법), 위원회에 할당하는 임무의 패턴(관계를 구축하고 결정을 형성하는 효과적인 방법), 직원 경력 개발의 진로(유연성과 협력을 강화하고 보상하는 강력한 방법)를 조정함으로써, 의식적으로 이들 비공식 관계들에 영향을 줄 수 있다.

조직 심리학의 개발

해부학과 생리학에 더하여, 각 조직은 또한 구성원들의 행동 방식에 크게 영향을 미치는 심리학(분명한 혹은 암시된 기업 가치들과 공유 신념)을 내포한다. 특히 직원들이 다양한 국가적 배경을 가지고 있을 때, 경영진은 모든 직원이 공통의 가치들을 공유하고 공통의 기준들에 공감할 것이라고 생각할 수 없다. 더구나 경영자들이 거리, 언어, 시간 장벽으로 분리되어 있는 운영 환경에서는 공유된 경영진의 이해가 종종 공식적인 구조와 시스템보다 다양한 활동들을 조율하는 데 훨씬 더 강력한 도구가 된다.

조직의 심리에 영향을 미칠 수 있는 수많은 도구와 기법들 중에서 우리의 초국적 조직 검토는 특히 중요한 세 가지를 강조했다. 첫째는 기업의 사명과 목적의 분명하고 공유된 이해의 필요다. 전형적인 모델은 구글(Google)의 사명 "세계의 정보를 조직하여 그것을 보편적으로 접근 가능하고 유용하게 만든다"에서부터 Konosuke Matsushita의 사명 "수돗물처럼 풍부하고 비싸지 않은 제품들을 제공하여 물질적 풍요를 만든다"(그는 이 사명을 10개의 25개년 목표로 세분하여 총 250년의 계획으로 만들었다!)까지 다양하다.

두 번째 중요한 도구는 직원들이 볼 수 있는 고위 경영자(senior management)의 행동과 공적인 행동이다. 특히 다른 신호들이 희석되거나 왜곡될 수 있는 초국적 조직에서, 최고 경영진(top management)의 행동들은 말보다 더 큰 영향을 행사하고 기업 문화에 강력한 영향을 끼치는 경향이 있다. 최고 경영진은 가장 분명한 행동의 모범(role model)이고, 기업의 전략적 및 조직적 우선순위를 말해주는 신호다. Cisco의 CEO인 John Chambers가 국제화 전략에 대한 회사의 헌신을 증가시키겠다고 결정했을 때, 그는 인도에 주요 기업 센터를 세우고 그것을 동쪽의 세계화 센터(Globalization Center East)라고 불렀다. 그는 Cisco의 2인자인 Wim Elfrink를 인도로 파견하여 제안된 3,000명 규모의 사업의 책임을 직접 맡도록 시켰다. Elfrink는 또 기업의 최고세계화책임자(chief globalization officer)로 임명되었다. 이러한 매우 중요한 기업 자원의 이전은 Cisco가 국제화 전략에 매우 헌신하고 있다는 분명한 메시지를 조직에 알리는 것이었다.

초국적 조직에서 조직의 심리를 변경하는 데 가장 흔하게 이용되는 세 번째 도구들은 기업의 인력 정책, 관행, 시스템에 있다. 기업은 인력 체계가 적절한 부류의 사람들을 개발하고 강화할 때에만 다차원적이고 유연한 조직 과정을 개발할 수 있다. Eli Lilly의 경우, 채용 및 승진 정책은 훌륭한 대인 기술과 유연하고 편협하지 않은 성격의 중요성을 강조한다. 이 회사의 경력 진로 관리는 필요한 관리 기술 및 전문지식을 개발하기 위해서뿐만 아니라 개인의 관점 및 대인 관계의 폭을 넓히기 위해서도 이용된다. 이 회사의 성과측정 및 보상체계는 명백히, 조직 구축 노력과 문화적 가치들을 강화하기 위해 설계되었다.

조직의 문화, 가치들, 신념을 조절하는 과정은 느리고, 그 기법들도 미묘하지만, 이 도구는 초국적 조직을 개발하는 데 특히 중요한 역할을 한다. 보완적으로 심리를 변화하지 않고 조직의 몸(해부학)과 생리를 변화시키면 조직의 심각한 문제들로 이어질 수 있기 때문이다.

변화 과정의 관리

전 세계 운영을 조정하면서, 일부 기업의 경영자들은 공식적인 구조를 변경함으로써 조직의 변화를 불러올 수 있다고 생각했다. 가장 극적인 예들 중 하나는 Westinghouse의 운영 재편성(reorganization)이었다. 전 세계 제품별 조직(product organization)에 만족하지 못한 최고 경영진은 임원들로 이루어진 팀에게 90일 동안 회사의 국제 조직 문제들을 연구하라고 임무를 할당했다. Westinghouse가 글로벌 매트릭스(global matrix)를 채택해야 한다는 이 팀의 제안은 받아들여졌고, 다음 이 팀은 3개월 동안 "새로운 구조를 설치하라"는 임무를 받는다. 우리는 P&G가 조직 2005년(Organization 2005)을 채택한 다음 거의 의견 수렴이나 논의 없이 급격한 구조 변화를 전 세계적으로 적용하도록 내놓았을 때, 역시 이와 비슷한 접근방식을 보았다.

이러한 예들은 흔하다. 글자 그대로 수백 개의 다른 회사들도 비슷한 일을 했다. 그러한 일을 한 경영자들은 공식적인 역할과 보고 관계(조직의 해부학)의 변화를 발표함으로써 조직 관계와 결정 과정(조직의 생리학)이 변화할 수밖에 없고, 이것은 다시 개인 관리자들의 생각하고 행동하는 방식(조직의 심리학)을 다시 형성할 것이라고 생각하는 듯했다. 이러한 조직 변화 과정 모델은 그림 4-5에 있다.

그러나 그러한 접근방식은 도표의 박스와 선 너머의 진정한 조직을 보지 못한다.

그림 4-5 모델 I: 전통적 변화 과정

공식구조 및 책임의 변화
(해부학)
↓
대인관계 및 과정의 변화
(생리학)
↓
개인적 태도 및 사고방식의 변화
(심리학)

이리저리 옮기는 박스들은 그저 특정 역할을 하는 공식적 직위만이 아니라 능력, 동기부여, 신념, 이해를 가진 사람들을 나타낸다. 다시 긋는 선들은 그저 공식적인 보고 채널들만이 아니라 개발되는 데 수년이 걸릴지도 모를 대인 관계들이다. 그 결과, 공식적인 구조를 변경함으로써 조직 과정과 경영진 사고방식을 강제로 변화시키려는 것은 높은 비용이 들 수 있다. 재편성된 구조(reorganized structure)에서 정의된 새로운 관계는 종종 가장 기본적인 수준에서 확립되는 데도 수개월이 걸릴 것이고 진정 효과적이 되려면 1년 이상 걸릴 것이다. 새로운 개인의 태도와 행동을 개발하는 것은 그보다 더 오래 걸릴 것이다. 많은 직원은 좌절감을 느끼거나 소외감을 느끼거나 아니면 새로운 직책의 요건들을 충족하기에 아예 능력 부족일 것이기 때문이다.

보다 세련되고 발전된 MNE들은 조정을 처리하는 인력의 할당 임무(personnel assignments)를 조직 변화의 중요한 메커니즘으로 삼아 의존하는 매우 다른 접근방식을 채택하는 경향이 있다. 이전의 경영 과정을 지배했던 비공식적 관계들을 토대로 삼아 거기서 더 쌓아 올림으로써 이들 기업은 종종 할당 임무와 이전(assignments and transfers)을 이용해 대인 관계를 형성하고, 조직의 응집력을 만들고, 정책의 일관성을 개발한다. 그리고 일부 기업에서는(특히 아시아 국가들의 기업들) 사람들과의 어울림을 통해 개인을 조직에 편입시키고 개인의 태도를 회사 전반의 가치들을 따르게 형성하게 하는 데 엄청난 역점을 둔다. 이들 기업에서의 조직 변화는 종종 구조나 체계의 재구성(reconfigurations)보다 집중적인 교육 프로그램을 통해 이룬다.

구체적인 변화 과정과 순서는 기업마다 다르지만 이들 기업이 채택하는 전반적인 변화 과정은 구조 재편성(structural realignment)으로 추진되는 과정과 매우 다르다. 실제로 순서는 많은 경우 정반대다. 첫 번째 목적은 핵심 개인들의 이해와 인식에 영향을 주는 것이다. 다음 커뮤니케이션 흐름과 의사결정 과정을 수정하기 위한 일련의 변화를 따른다. 마지막 단계에서야 구조 재편성(structural realignment)에 의해 변화가 통합되고 확인된다. 이 과정은 그림 4-6의 모델이 보여준다.

물론 이 두 조직 변화 모델은 둘 다 지나치게 간소화하여 설명한 것이다. 하지만 이들은, 조직은 공식적 구조, 그 이상에 의해 형성되고 정의되며, 그 결과 조직 변화는 그저 조직 도표를 새로 그리는 것 이상이 요구된다는 핵심 메시지를 강조한다.

그림 4-6 모델 II: 새로운 변화 과정

개인적 태도 및 사고방식의 변화
↓
대인관계 및 과정의 변화
↓
공식구조 및 책임의 변화

모든 변화 과정은 불가피하게 조직의 몸(해부학), 생리, 심리의 변화의 상당한 중복을 동반한다. 위에서 살펴본 두 가지 조직 변화 모델의 순서는 변화 과정 동안 각 도구 세트에 대해 상대적인 중점을 어디에 두느냐의 차이를 반영한다. 보다 점진적인 변화 과정이 조직적으로 훨씬 덜 충격을 주지만, 위기 상황(예를 들어 만성적인 낮은 성과나 정렬이 엉망인 구조나, 환경의 큰 구조적 변화)에서는 급진적인 구조조정(restructuring)이 신속하고 광범위한 변화를 성취하기 위해 필요할 수 있다. 그러나 대부분의 조직의 경우 극적인 구조 변화는 크게 충격적이고 경영자들이 내부 재편성(internal realignment)에 초점을 맞춤으로써 자신들의 외부적 업무를 소홀히 하게 될 수 있다. 다행히 대부분의 변화 과정은 보다 진화적인 방식으로 관리할 수 있다. 즉, 먼저 개인의 관점과 대인 관계의 수정에 초점을 맞춘 다음 책임과 권한의 공식적인 재분배(redistribution)를 다룰 수 있다.

변화하는 초국적 조직

지난 십여 년 동안, 정치적, 경쟁적, 사회적 압력들 때문에 MNE가 복잡하고 종종 상충되는 요구들을 감지하고 이들에 대응할 수 있는 조직을 만들어내야 할 필요가 커졌다. 그러므로 점점 더 많은 기업들이 다차원적이고 유연한 조직들을 전 세계에 건설할 필요에 직면하고 있는 가운데, 이들이 만들고 있는 초국적 조직의 형태는 계속하여 조정되고 적응하고 있다. 최근 우리가 관찰한 가장 흔한 초국적 조직의 경향 중에는 공식적 매트릭스 구조(formal matrix structures)의 환상에서 깨어남, 조직의 주된 차원들의 재정의, 초국적 조직에서의 기능 관리(functional management) 역할의 변화가 있다.

공식적 매트릭스 구조로부터의 각성

점점 더 많은 경영자가 초국적 조직의 특징인 다차원적 조직 역량을 개발해야 할 필요성을 인식함에 따라 많은 경영자의 처음 반응은 글로벌 매트릭스 구조를 통해 새로운 모델을 부여하는 것이었다.

ABB의 그러한 조직을 통한 10년간의 글로벌 확장에 대한 언론의 대대적인 취재는 일부 사람들이 이 구조가 전 세계적 규모의 효율성을 이용하는 한편 현지 시장의 필요에 응답하는 열쇠라고 믿게 부추겼다. 하지만 많은 사람이 곧 발견했듯이 그러한 복잡한 조직이 제공하는 전략적 혜택들은 조직상의 희생을 대가로 실현되었다.

일부 기업은 매트릭스 구조의 성공을 위해 중요한 문화와 과정을 만들 수 있었지만(ABB의 경우, 10년 이상 야심 찬 글로벌 확장을 지지했다), 일부 기업은 훨씬 덜 성공적이었다. 그러한 실패의 한 예가 위에서 잠시 언급한 P&G의 널리 알려진 조직 2005(Organization 2005)였다. 이 급진적 구조 변화는 이 기업의 역사적으로 성공적이던 지역별 조직(geographic organization)에다 과감하게 글로벌 제품 구조(global product structure)를 부과했다. 이러한 글로벌 매트릭스(global matrix)를 전 세계적으로 적용했지만, 문제들이 생겨 결국 CEO인 Durk Jager는 자리에서 물러나야 했다.

글로벌 매트릭스 구조에 대한 계속되는 불안감에도 불구하고, 대부분의 MNE는 아직도 다차원적이고 유연한 조직을 만들어야 할 필요성을 인식하고 있다. 2000년대에 얻은 큰 교훈은 그러한 조직은 그저 여러 보고 관계를 공식화하는 것만이 아니라 중복되는 과정과 지지적인 문화를 개발함으로써 가장 잘 건설할 수 있다는 것이었다. P&G에서 Jager의 뒤를 이은 CEO인 A.G. Lafley는 "우리는 새 집을 지었다. 그리고 배관과 배선이 연결되기 전에 이사해 들어갔다. 조직은 구조만으로 변화시킬 수 없다."라고 했을 때 이 점을 잘 표현했다. 혹은 우리가 사용한 용어들로 표현하자면, 조직의 몸(해부학)의 변화는 조직의 생리와 심리의 변화로 보충되어야만 한다.

주요 조직적 차원들의 재정의

역사적으로 대부분의 MNE가 중심으로 삼고 전 세계적인 운영을 건설한 지배적인 차원들은 한편에는 사업 혹은 제품 관리를, 다른 한편에는 국가 혹은 지역 관리를 두었다. 그러나 지난 십여 년 동안, 글로벌 고객 차원(customer dimension)이 많은 세계적인 조직들의 경우 점점 더 중요하게 되고 있다.

그러한 고객 중심의 조직을 만들라는 압력은 새 천 년이 시작되고 점차적으로 커졌다. 첫째, 전 세계 고객들이 공급업체로부터 동일한 가격 및 서비스 수준을 요구하기 시작했기 때문에, MNE들은 전 세계 모든 고객 판매를 책임지는 전담 글로벌 계정 매니저(global account managers)라는 직위를 만들 수밖에 없었다. 다음, 고객들이 점점 더 높은 수준의 부가가치 서비스(value-added services)를 기대했기 때문에, 기업들은 "제품 판매"에서부터 "솔루션 제공"으로 이동하기 시작했다.

이들 및 이와 비슷한 원동력들이 전방(front-end)의 고객을 대하는 사업 단위들이 후방(back-end)의 제품 중심 사업 단위들의 제품들을 함께 묶어 제공하는 초국적 조직의 형성으로 이어졌다. 그 좋은 예는 가장 성공적인 고객 상대 조직 중 하나인 IBM의 글로벌 서비스 조직(Global Services Organization)이다. IBM 글로벌 서비스 조직은 고객들(많은 경우 세계적인 조직)에게 IBM 제품과 컨설팅 서비스와 또 종종 관련 아웃소싱 제품 및 서비스의 추가 패키지를 결합하여 제공하는 능력 때문에 급속히 성장했다.

기능 관리 역할의 변화

사업, 지역, 그리고 보다 최근에는 고객을 중심으로 건설된 초국적 조직에서는 재무, 인적 자원, 물류, 그 밖의 사업간(cross-business) 및 조직간(cross-organizational) 전문업무를 책임지는 기능별 경영자들(functional managers)은 종종 부차적인 임원 역할(staff role)로 취급되었다. 그러나 정보 기반, 지식 집약적 서비스 경제의 확장과 함께 이들 전문적인 기능들에 존재하는 자원들과 전문지식이 점점 더 중요한 경쟁 우위의 원천이 되었다. 그 결과 최근 몇 년 그들의 역할은 많은 초국적 조직에서 점점 더 중심적인 것이 되고 있다.

재무, HR, IT 기능들의 경영자들은, 너무나 중요하여 전 세계적으로 이용해야 하는 희소한 전략적 자원들을 통제하고 있기 때문에 중요성이 커졌다. 2008/2009년 세계 금융 위기 당시의 금융 시장 세계화로, 재무 기능은 종종 자본 비용을 낮추고 국경간(cross-border) 위험 노출 관리에 필수적인 역할을 할 수 있었다. 마찬가지로 MNE들이 고국 밖에서 희소한 지식과 전문지식을 이용하여 그것을 세계적인 경쟁 우위를 위해 이용함으로써 HR 전문가의 역할도 극적인 변화를 겪었다. 이와 비슷하게 최고지식책임자(chief knowledge officer) 역할의 등장은 많은 기업이 가치 있는 정보, 최고의 관행, 조직 내에 존재하는 희소한 지식과 전문지식을 포착하여 이용할 수 있는 조직의 능력에 부여하고 있는 중요성을 반영한다.

다시 한번 말하지만 이 경향은 초국적 기업들이 새로운 커뮤니케이션 채널과 의사결정 포럼에 의해 보충되는 조직상의 중복을 창출해야 할 필요성을 만들고 있다. 새로운 커뮤니케이션 채널과 의사결정 포럼은 경영자들이 세련되고 발전된 조직 역량을 통해 기업의 경쟁우위를 개발하고 이용할 수 있게 해준다. 초국적 조직의 형태와 기능은 MNE 경영자들이 경쟁우위들을 개발하고 실현할 새로운 방법들을 추구하기 때문에 계속해서 변화 적응한다.

결언

이 장에서 우리는 MNE가 오늘날의 빠르게 변화하는 글로벌 비즈니스 환경에서 효과적으로 운영하기 위해 구축해야만 하는 조직상의 역량에 대해 살펴보았다. 우리가 설명했듯이, 전략적 과제는 MNE가 글로벌 효율성, 국가별 대응성(responsiveness), 전 세계적인 학습(worldwide learning)을 동시에 최적화할 것을 요구한다. 이러한 복잡하고 상충되는 요구들을 해결하기 위해 새로운 형태의 조직이 요구된다. 우리는 이러한 조직을 **초국적**(*transnational*) 조직이라고 부른다. 초국적 조직은 다차원적 관점들, 널리 분포되어 있고 상호의존적인 역량, 유연한 통합 과정의 정당화로 특징된다. 그것은 점점 주류가 되고 있는 모델이다.

Case 4-1 필립스와 마츠시타: 지속되는 경쟁

Christopher A. Bartlett

오랜 역사 동안, 필립스(N.V. Philips, 네덜란드)와 마츠시타(Matsushita Electric, 일본)는 매우 상이한 전략들을 추구해왔으며 상당히 다른 조직적 역량을 보여주었다. 필립스는 현지국에 효과적으로 대응할 수 있는 현지조직의 전 세계적 포트폴리오를 성공적으로 구축했던 반면 마츠시타는 일본에서의 고효율적인 운영을 통한 집중화로 글로벌 경쟁력을 구축해나갔다.

21세기의 초기 10년 동안, 이 두 기업들은 역사적인 경쟁적 지위와 조직 모델에 있어 중요한 도전을 경험하게 된다. 전략적 이니셔티브 및 조직 개편의 새로운 라운드를 실시하는 데 있어 양사의 CEO들은 각각 매우 상이한 방향으로 그들의 조직을 이끌어나갔다. 10년의 세월이 흘러, 많은 학자들은 이 기업들의 조직 변화가 그들의 장기적인 경쟁적인 대결에 어떠한 영향을 줄 것인지 궁금해 했다.

필립스: 개요

1892년 제라드 필립스(Gerard Philips)와 그의 아버지는 네덜란드 아인트호벤(Eindhoven)에 작은 전구공장을 설립했다. 그들의 초기 회사가 거의 망해가고 있을 무렵, 그들은 제라드의 형제인 안톤(Anton)을 영입하게 되는데 그는 매우 뛰어난 판매자이자 경영자였다. 그 후 1900년까지 필립스는 유럽에서 세 번째로 큰 전구회사로 성장하였다.

기술적 역량과 지리적 확장 대형 전자제품 회사들이 다각화에 집중하고 있었지만, 필립스는 오직 전구만을 생산했다. 이러한 단일제품 집중전략과 제라드의 기술력은 필립스가 중대한 혁신을 만들어낼 수 있게 했다. 회사의 방침은 생산기술에서 새로운 진보가 이루어질 때마다, 낡은 공장들은 폐기하고 새로운 설비나 공장을 이용하는 것이었다. 안톤은 자산들을 신속하게 감가상각 시켰고, 오래된 장비를 교체할 수 있는 실질적인 충당금을 확보해두었다. 또한 추상적인 과학의 영역과 함께 생산 문제에 보다 더 잘 대처할 수 있는 물리학 및 화학 연구소를 만듦으로써, 필립스는 산업연구 분야에 있어서 선두주자가 되었다. 이 연구소에서 커다란 상업적 성공을 거둘 수 있게 해준 텅스텐 금속 필라멘트 전구가 개발되었고, 필립스는 거대한 라이벌 기업들과 경쟁할 수 있는 재무적 우위를 갖게 된다.

네덜란드의 내수시장 규모가 작았기 때문에 필립스는 대량생산을 위한 충분한 규모를 달성할 수 있는 해외로 눈을 돌리게 된다. 1899년 안톤은 회사의 첫 수출 매니저를 고용하고, 곧 일본, 캐나다, 프랑스, 브라질, 러시아와 같이 다양한 해외시장에 제품을 판매하기 시작하였다. 1912년 전구산업에서 생산과잉 조짐을 보이자, 필립스는 미국, 캐나다, 프랑스에 판매법인을 설립하기 시작하였다. 그리고 모든 다른 기능들은 고고로 중앙집권화된 아인트호벤에 남겨두고 해외에

■ Christopher A. Bartlett교수는 이 사례의 원본버전("Philips versus Matsushita: A New Century, A New Round)" HBS No.302-049)을 작성했다. 이 사례 역시 Bartlett교수가 작성했으며, Bartlett교수가 이전에 작성한 여러 HBR 사례들("Philips versus Matsushita: Preparing for a New Round," HBS No. 399-102, "Philips and Matsushita: A Portrait of Two Evolving Companies," HBS No. 392-156, and "Matsushita Electric Industrial (MEI) in 1987," HBS No. 388-144.)의 연속선상에 있는 사례입니다. HBR 사례들은 오로지 강의 토론 자료로 활용하기 위해서 개발되며, 사례들은 홍보, 1차 자료원 또는 효과적이거나 비효과적인 경영을 묘사하기 위해 작성되지 않았습니다.

서는 현지시장에 효과적으로 대응하기 위해 현지 합작투자법인(joint ventures)들을 설립하였다.

1919년 필립스(Philips)는 제너럴 일레트릭(General Electric)과 각기 회사에서 특허를 사용할 수 있게 하는 중요한 계약을 체결하였으며, 동시에 전 세계를 '영향력 있는 세 개의 영역(three spheres of influence)'으로 분할하였다. 그 후 필립스는 고도로 중앙집권화된 기업에서 분권화된 조직으로 변모해갔으며, 판매는 14개의 유럽국가, 중국, 브라질, 호주 등 자율성을 지닌 마케팅 회사들과 함께 제3자에 의해 수행했다.

이 기간 동안 필립스는 제품라인을 크게 확장해 나갔다. 1918년 필립스는 전자 진공관(electronic vacuum tubes)을 생산하기 시작했고, 8년 후 처음으로 라디오를 선보였으며, 10년 동안 세계시장 점유율의 20%를 차지하게 된다. 그리고 1930대에는 X선관의 생산을 시작하기도 하였다. 대공황은 무역장벽과 높은 관세장벽을 만들어 냈고, 필립스는 무역장벽을 피해 이들 제품들의 해외 판매를 보호하기 위해 현지에 생산시설들을 설립하게 된다.

필립스: 조직의 발전

필립스에서 가장 오래된 전통 중 하나는 상업적 기능과 기술적 기능에 있어서 공유되는, 하지만 동시에 경쟁적인 리더십이었다. 엔지니어인 제라드와 비즈니스맨인 안톤은 미묘한 경쟁을 시작했다. 이를 테면 안톤이 팔 수 있는 양보다 제라드가 더 생산을 하려 한다거나 그 반대의 경우와 같이 안톤과 제라드는 미묘한 경쟁관계에 있었지만 그럼에도 불구하고 두 사람은 강력한 연구개발이 필립스의 생존에 필수적이었다는 것에는 동의했다.

1930년대 후반 전쟁이 임박했음을 예견하고 이에 대비하기 위해 필립스는 그들의 해외 자산을 영국 필립스 법인과 북미 필립스 법인으로 이전시켜놓았다. 또한 그들은 주요 연구소들을 영국의 서리(Surrey)지역의 레드힐(Redhill)에 그리고 최고경영진들은 미국으로 이동시켰다. 본사로부터 분리된 채 해외로 이전된 자산과 자원들에 의해 지원을 받는 각 개별국가의 조직들은 전쟁 동안 더욱 독립적으로 운영되었다.

연합군과 독일의 폭격으로 네덜란드 내에 있던 대부분의 필립스 산업 공장들이 타격을 받게 되자 필립스 경영진은 개별국가조직(National Organizations, NOs)의 강점을 기반으로 전후 조직을 구축하기로 결정했다. 전쟁 중에 그들의 자급률은 급격히 증가하였고 이는 국가별 시장상황에 효과적으로 대응할 수 있는 능력을 가지게 만들었으며, 이러한 능력은 전쟁 이후 필립스의 귀중한 자산이 되었다. 예를 들어 PAL, SECAM, NTSC라는 세 개의 TV방송표준에 대한 국제적 논쟁이 충돌하였을 때, 개별 국가들은 어떤 표준을 채택할지를 각자가 결정하였다. 또한, 소비자의 취향과 경제적 상황이 다른 경우, 가령 어떤 국가들은 호화로운 상자 안에 들어가 있는 TV가 시장 표준이었다면, 어떤 국가에서는 세련되고 현대적인 디자인이 시장을 지배하였다. 영국 시장에 침투하는 유일한 방법은 임대 사업 방식을 확립하는 것이었으며, 더 부유한 국가들에서는 TV에 대한 엘리트주의적 편견을 극복하는 것이 마케팅에 있어서 주요한 과제였다. 이러한 환경에서는 독립적인 개별국가조직들(NOs)이 각 국가 간 차이를 감지하고 대응할 수 있는 큰 강점을 가지게 된다.

결과적으로 현지시장에 대한 반응성(responsiveness)은 적응적 마케팅을 넘어서게 되었다. 개별국가조직(NOs)들은 그들만의 기술적 역량을 구축함으로써 제품개발은 주로 현지시장 상황에 맞게 수행되었다. 예를 들어 캐나다 필립스 법인의 경우 자사 최초의 컬러 TV를 만들어 내었으며 오스트레일리아 필립스는 최초의 스테레오 TV를 만들었으며, 영국 필립스는 최초로 텔레텍스트(문자다중방송)형 TV를 만들어 냈다.

개별국가조직(NOs)이 재정적, 법적, 행정적 업무에 대한 주요 책임을 지고 있었지만, 아인트호벤에 위치하고 있는 14개의 제품사업부(Product Divisions, PDs)는 개발, 생산 및 글로벌 유통에 대한 공식적인 책임을 지고 있었다(현실에서, 개별국가조직들의 자산 통제와 제품사업부들의 운영적 이슈에 관한 차이는 이러한 공식적인 역할을 약화시켰다). 연구 기능은 계속적인 많은 자금의 지원과 함께 독립적으로 운영되었고, 유럽과 미국에서 8개의 분리된 연구소를 설립했다.

공식적인 기업 수준의 조직 구조는 지리적/제품별 매트릭스 구조의 형태였지만, 개별국가조직(NOs)이 실제적인 파워를 가지고 있었다는 것은 명확했다. 개별국가조직(NOs)들은 경영진에 직접 보고를 하였고, 필립스는 상당히 독립적으로 운영되는 개별국가조직(NOs)이 원활히 보고될 수 있도록 4명의 최고경영진을 10명으로 확대시켰다. 각 개별국가조직(NOs)들은 자신들의 이익을 대변하기 위해 정기적으로 아인트호벤에 사람을 보냈다. 최고경영진들의 대부분은 다양한 해외국가들에서 업무를 해본 경험이 있는 사람들로 구성이 되었으며 개별국가조직들에 방문하도록 자주 해외 출장을 보냈다. 1954년 최고경영팀은 국제관계위원회(International Concern Council)를 설립하여 모든 주요 개별국가조직(NOs)의 대표들과의 정기적 회의를 공식화하였다.

개별국가조직(NOs)들의 경영 구조는 전설적인 필립스 두 형제들의 기술적, 경영적 공동 리더십을 모방하였다. 대부분의 개별국가조직(NOs)들의 경영진들은 기술 관리자와 경영 관리자들에 의해서 운영되었다. 일부 지역에서는 재무 관리자가 최고경영진 3인에 포함되어 주요 의사결정을 공동으로 내리기도 하였다. 이러한 교차기능적 조정 능력은 개별국가조직(NOs) 일선에 있는 제품팀, 제품-그룹수준의 경영관리 팀 그리고 개별국가조직(NOs)의 광고, 기술, 재무 최고경영자로 구성된 고위관리 위원회(senior management committee)에 까지 반영되었다.

필립스에게 있어 해외사업의 압도적인 중요성은 기업 위계구조 내에서의 개별국가조직(NOs)의 높은 위상, 그리고 심지어 많은 해외자회사들이 위치한 지역의 도시적 어필과 더불어 많은 필립스 매니저들이 2~3년의 연속된 후속업무를 수행하는 확대된 해외 출장의 의무를 지게 했다. 이처럼 해외파견 경영자로 구성된 엘리트 그룹은 서로를, 그리고 하나의 그룹으로서의 개별국가조직(NOs)들을 자신들과 동일시하게 되었고 그들의 강력한 현지국 지향적 관점을 기업 경영진에게 대변하는 데 아무런 어려움이 없었다.

필립스: 조직개편의 시도

1960년대 후반, 유럽 공동시장(European Common Market)의 창설로 인해 무역 장벽이 허물어지고 독립적인 국가별 자회사에 대한 합리적 근거가 희석되었다. 새로운 트랜지스터 기반의 기술들은 대부분의 국가 공장들에서 만들어낼 수 있는 양보다 더 많은 생산량을 요구하였으며, 많은 필립스의 경쟁 업체들은 아시아와 남미와 같은 저임금을 보유한 지역에 새로운 설비들을 설립하며 생산시설들을 이전하고 있었다.

동시에 시장에 혁신적인 제품을 선보이던 필립스의 능력이 침체되기 시작하였고, 1960년대에는 일본의 경쟁 기업들이 카세트테이프와 전자레인지 기술을 개발함으로써 이들 제품에 대한 대중시장을 장악하게 되었다. 10년 후, 북미 필립스는 소니(Sony)의 베타 방식 또는 마츠시타(Matsushita)의 VHS 방식보다 기술적으로 우위에 있었던 자사의 V2000포맷 비디오 카세트를 포기하고, 마츠시타(Matsushita)로부터 라이센스를 받아 VHS 제품을 외부에서 조달하기로 결정하였다.

이후 40년간, 7명의 경영자들이 성장문제를 해결하기 위해 조직을 개편하려는 시도를 하였다. 하지만 2009년 기준 필립스의 재무적 실적은 저조했고, 필립스의 글로벌 경쟁력은 여전히 의문스러웠다(〈**도표 1**〉과 〈**도표 2**〉 참조).

반 리엠스디크와 노란 책자 새로 임명된 최고경영책임자 헨드릭 반 리엠스디크(Hendrick van Riemsdijk)는 어느 한 잡지에서 "지속적으로 이윤이 발생되지 않는 상황"이라고 기술한 것에 불안함을 느끼고 제품사

도표 1 1970년~2008년, 필립스 그룹의 재무자료 요약(1996년까지는 백만 네덜란드 휠던(F), 1997년부터는 백만 유로(€))

	2008	2000	1990	1980	1970
순매출액	€26,385	€37,862	F55,764	F36,536	F15,070
영업이익 (구조조정비용 제외)	NA	NA	2,260	1,577	1,280
영업이익 (구조조정비용 포함)	551	3,022	–2,389	NA	NA
순매출액비중	2.1%	8.0%	–4.3%	4.3%	8.5%
세후이익	NA	NA	F–4,447	F532	F446
일반사업운영에서의 순이익	–178	9,577	–4,526	328	435
자기자본(자본금)	16,267	15,847	11,165	12,996	6,324
자기자본이익률	–1.0%	60.4%	–30.2%	2.7%	7.3%
보통주당, 10휠던 가치 당 배당금	€0.7	€0.36	F0.0	F1.80	F1.70
자산총계	33,048	38,541	51,595	39,647	19,088
매출액 대비 재고비율	12.8%	13.9%	20.7%	32.8%	35.2%
당월 매출에서 미지급된 매출채권	1.9	1.6	1.6	3.0	2.8
유동비율	1.2	1.2	1.4	1.7	1.7
연말기준 근로자수(천명)	121	219	273	373	359
선택된 자료(백만 달러)					
매출	$36,868	$35,564	$33,018	$16,993	$4,163
영업이익	770	2,838	1,247	734	NA
세전이익	155	9,587	–2,380	364	NA
당기순이익	–260	9,078	–2,510	153	120
자산총계	46,169	35,885	30,549	18,440	5,273
자기자본(자본금)	22,697	20,238	6,611	6,044	1,747

노트: 환율

휠던/달러	1970	3.62
	1980	2.15
	1990	1.68
유로/달러	2000	0.94
	2008	1.40

출처: S&P의 Compustat, Moody's의 Industrial and International Manuals 연례보고서.

업부(PDs)와 개별국가조직(NOs) 사이의 책임 부서에 대한 정책보고서를 준비하기 위해 조직위원회를 구성하였다. 1971년 "노란 책자(Yellow Booklet)"라 명시한 그들의 보고서에는 1971년 필립스의 매트릭스 조직구조의 불합리성에 대해 다음과 같이 서술하였다. "개별국가조직(NOs)과 제품사업부(PDs) 간의 상호관계를 규정하는 협약이 없는 경우라면, 이러한 상황에서 이 두 곳 중에서 어느 한 곳이 책임을 져야 하는지를 결정하는 것은 불가능하다. . . 기업의 활동이 점차 복잡해지면서 이런 형태의 조직은 기업의 대응속도를 늦추기만 할 것이다. . . "

이 보고서를 기반으로 헨드릭 반 리엠스디크(Hendrick van Riemsdijk)는 제품사업부(PDs)와 개별국가조직(NOs) 간의 경영상의 관계에 대한 재조정안을 제안하였다. 그의 말에 따르면 "제품사업부(PDs) 쪽으로 기울어진 매트릭스(tilting the matrix)"는 필립스로 하여금 시장에 출시한 제품의 종류를 감소시키고, 한정된 제품의 생산에 집중함으로써 규모의 경제를 달성하고 개별국가조직(NOs)간 제품 흐름을 증가시킬 수 있음을 강조했다. 그는 가장 비효율적인 현지 공장들을

도표 2 1985년~2003년, 필립스 그룹의 제품과 지역별 매출 현황(1996년까지는 백만 네덜란드 휠던(F), 1997년부터는 백만 유로(€))

	2003		2000		1995		1990		1985	
제품별 순매출액:										
조명	€4,634	16%	€5,051	13%	F8,353	13%	F7,026	13%	F7,976	12%
가전	9,415	33	14,681	39	22,027	34	25,400	46	16,906	26
국내기기	2,183	7	2,107	6	—				6,664	10
전문제품/시스템	—	—	—	—	11,562	18	13,059	23	17,850	28
부품/반도체	3,984	14%	10,440	28	10,714	17	8,161	15	11,620	18
소프트웨어/서비스	—	—	—	—	9,425	15	—	—	—	—
의료시스템/헬스케어	6,138	21	3,030	8	—	—	—	—	—	—
원천제품	—	—	716	2	—	—	—	—	—	—
기타	4,455	15	1,831	5	2,381	4	2,118	4	3,272	5
합계	28,627		37,862	100%	64,462	100%	F55,764	100%	F64,266	100%
분야별 운영수익:										
조명	591		668	16%	983	24%	419	18%	F910	30%
가전	254		374	9	167	4	1,499	66	34	1
국내기기	407		287	7	—	—	—	—	397	13
전문제품/시스템	—		—	—	157	4	189	8	1,484	48
부품/반도체	–336		1,915	45	2,233	55	–43	–2	44	1
소프트웨어/서비스	—		—	—	886	22	—	—	—	—
의료시스템	441		169	4	—	—	—	—	—	—
원천제품	—		1,063	25	—	—	—	—	—	—
기타	–845		–113	–3	423	10	218	10	200	7
분야에 영향을 미치지 못하는 증가율	—		–82	–2	(805)	(20)	–22	–1	6	0
합계	513		4,280	100%	4,044	100%	2,260	100%	F3,074	100%

노트: 반올림으로 인해 합계는 상이할 수 있음.
1988년 이후 제품별 매출액은 외부판매액만을 반영하고 있기 때문에 별도로 제외한 부분은 없었음. 반면, 1998년 이전 분야별 매출액은 다른 분야의 매출액을 포함하고 있기 때문에 이 부분은 값에서 제외하였음.
데이터가 고쳐졌기 때문에 연결 재무재표와 비교할 수 없음.
출처: 연례보고서.

폐쇄하고 국제생산센터(IPCs, International Production Centers)로 변환시키자는 제안을 했다. 이렇게 함으로써 제품사업부(PDs) 경영자들이 생산운영에 있어서의 통제권을 가질 수 있게 되기를 바랬다. 그러나 현지 공장을 닫는 데 있어 정치적이고 조직적 문제로 인해 제안의 실행은 더뎌졌다.

로덴버그와 데커: "매트릭스 기울이기" 1970년 후반에 반 이엠스디크의 후임자였던 로덴버그(Rodenberg)는 반 리엠스디크(van Riemsdijk)의 신념을 계속해서 추진했다. 몇몇의 국제생산센터들이(IPCs) 설립되었지만 개별국가조직(NOs)은 여전히 막강하고 독립적인 것처럼 보였다. 그는 경영적 리더십과 기술적 리더십으로 이분화된 것을 기업과 개별국가조직 수준에서 단일 경영진으로 대체하여 매트릭스를 기존보다 단순화시켰다. 그러나 권력 싸움은 계속되었다.

1982년 임명된 비스 데커(Wisse Dekker)는 새로운 구상을 했다. 필립스의 일본 측 상대회사의 원가우위를 인지하고 비효율적인 공장을 폐쇄하였다. 특히 유럽에 있는 40개 자회사의 200개 이상의 공장들을 폐쇄하였다. 그는 용접, 에너지 케이블 및 가구 제조와 같은 주변사업들을 매각하고 핵심 사업에 집중했다. 동시에 그는 그룬디그(Grundig)와 웨스팅하우스(Westinghouse)의 북미 조명시장에 관심을 가지고, 이들의 지분을 사들였다. 그는 계속해서 제품사업부(PDs) 쪽으로 "기울어진 매트릭스(tilting the matrix)"를 추구했으며, 제품사업부(PDs)에 제품관리 책임을 부여한 반면, 개별국가조직(NOs)에게는 현지시장의 이윤에 대한 책임을 남겨두었다. 그리고 그는 개별국가조직(NOs)이 제품 설계에 관여할 수 있게 하였으나 글로벌 제품사업부(PDs)에게 장기적 방향성에 대한 최종 의사결정권한을 부여했다. 하지만 여전히 매출은 부진했고 이윤은 감소했다.

반 데르 클루트(Van der Klugt)의 급격한 구조조정 1987년 코 반 데르 클루트(Cor van der Klugt)가 데커(Dekker)의 뒤를 이어 회장이 되었을 때, 필립스는 오랫동안 소비자 가전제품업계의 선두기업으로서의 입지를 마츠시타에게 넘겨주게 되었다. 또한 세계 상위 10대 가전 기업들의 대부분을 일본기업들이 차지하고 있었을 때, 필립스는 세계 상위 10대 가전 기업들 중 일본 기업이 아닌 두 개의 기업 중 하나였다. 필립스의 순이익률은 1%에서 2% 정도로 제너럴 일렉트릭(GE)의 9%에 뒤져있었을 뿐만 아니라, 공격적인 일본 경쟁업체들에 비해 4%나 저조하였다. 반 데르 클루트(van der Klugt)는 3%–4%의 이익률을 목표로 설정하였으며, 일본 기업들을 제치는 것을 최우선 과제로 삼았다.

반 데르 클루트(van der Klugt)가 필립스의 전략들을 살펴보고, 다양한 사업들 중 핵심 사업들(관련 기술들을 공유하고, 전략적 중요성을 지니고 있으며, 기술적 리더인 사업들)과 비핵심 사업들(세계시장에서 리더십을 가질 수 없는 독립형 사업들과 필요하다면 궁극적으로 매각될 사업들)을 지정하였다. 핵심 사업들로 지정된 4개의 사업부 중 부품, 소비자 가전, 통신 및 데이터 시스템과 같은 세 개의 사업부들은 전략적인 연계를 시도하였다. 네 번째 핵심 사업인 조명 부분에서 나오는 현금 흐름은 연구개발에 필요한 자금을 제공하고 있기 때문에 전략적으로 중요한 것으로 간주하였다. 국내 가전제품과 의료 시스템을 포함한 비핵심 사업은 반 데르 클루트(van der Klugt)가 각각, 월풀(Whirlpool)과 GE와의 합작회사로 분사시켰다.

개별국가조직(NOs)에 비해 제품사업부(PDs)를 강화시키기 위한 노력은 지속되었고, 반 데르 클루트(van der Klugt)는 필립스를 과거 14개의 제품사업부(PDs)에서 4개의 핵심 글로벌 사업부로 재편하였다. 이로써 그가 경영이사회를 정돈할 수 있게 되었다. 재편과정에서 보직을 받지 못한 이사회 멤버들은 새로운 정책결정 조직인 그룹경영위원회(Group Management Committee)의 이사로 임명되었다. 제품사업부조직(PDs)의 장들과 기능부서들의 장들로 구성된 기존의 구성체는 개별국가조직(NOs) 중심의 국제관계위원회(International Concern Council)로 대체되었다. 마지막으로 그는 빈틈없이 3천여 명의 본사 직원들을 축

도표 3 1987년 기준 필립스의 연구소 현황

지역	규모(스태프 수)	전문분야
네덜란드 아인트호벤	2,000	기초연구, 전자, 제조기술
영국 레드힐 서리	450	마이크로 일렉트로닉스(초소형 전자공학), 텔레비전, 보안
독일 함부르크	350	통신, 사무기기, 의료영상
독일 아헨	250	광섬유, X선 시스템
프랑스 파리	350	마이크로 프로세서, 칩 소재, 디자인
브뤼셀	50	인공지능
브라이어클리프 매너, 뉴욕	35	광학시스템, 텔레비전, 초전도, 보안
서니베일, 캘리포니아	150	집적회로

출처: Philips, in Business Week, March 21, 1988, p. 156.

소했고, 이들 중 대부분의 인원들을 제품사업부(PDs)로 재배치하였다.

제품사업부(PDs)를 보다 직접적으로 시장에 연결시키기 위해 반 데르 클루트(van der Klugt)는 제품 라인에서 많은 경험을 쌓은 노련한 관리자들을 필립스의 가장 경쟁력 있는 시장으로 파견하였다. 예컨대 디지털 오디오 테이프와 전기면도기 제품 라인의 관리는 일본으로 재배치되었고, 동시에 의료 장비 및 가전제품 라인은 미국으로 옮겨졌다.

이러한 움직임들은, 상품개발과 생산기술을 글로벌화 시키려는 노력과 함께 지속되었다. 이런 노력에는 모회사가 개별국가조직(NOs), 특히 거대한 필립스 북미법인(NAPC, North American Philips Corp.)에 대한 더 굳건한 통제력의 확보가 필요했다. 필립스가 세계 2차 대전 이후에 다수의 지분을 소유하게 되었음에도 불구하고, V2000 VCR사례가 보여줬던 것처럼 미국 법인들이 항상 모회사의 지시를 따르는 것은 아니었다. 이런 경험과 관련된 반복을 방지하기 위해 1987년, 반 데르 클루트(van der Klugt)는 공식적으로 7억 달러 상당의 필립스 북미법인의 주식을 재구매했다.

연구개발(R&D)이 시장 지향적이지 않다는 몇몇 매니저들 사이에서의 공감대를 반영하여, 반 데르 클루트(van der Klugt)는 연구개발비 총액의 10% 정도를 기초연구에 지출했다. 그가 "기초적인 자연의 섭리를 신중하게 고려하기 위한 R&D의 경향"이라고 묘사했던 것을 관리하기 위해 연구에 의해 지원되는 비즈니스와 관련된 직접적인 책임이 있는 R&D예산을 편성했다. 이것은 각각의 연구소들이 특정 비즈니스 분야에 집중하도록 요구했다(〈**도표 3**〉 참조).

결국 반 데르 클루트(van der Klugt)는 전 세계에 남아 있는 420개의 회사 공장 중에서 75개를 폐쇄하고 효율적이고 전문적인 복수시장 생산설비(multi-market production facilities)를 만들기 위해 노력했다. 또한 그는 34만 4천명의 직원들 중에서 3만 8천명을 해고하였는데 이중 2만 천명은 사업철수를 통해 해고함으로써, 그동안 필립스에 존재했던 종신고용(lifetime employment)의 신화를 흔들었다. 그는 이러한 구조조정을 통해 1990년까지 재정회복이 가능할 것이라고 예상하였다. 그 해에 45억 네덜란드 휠던[1](약 25억 달러 상당)이상의 예측하지 못한 손해가 발생했고, 화가 난 미국의 투자자들은 회사가 미래 전망이 긍정적일 것이라는 오해의 소지를 만들었다고 주장하며 집단소송을 일으켰다. 이러한 급박한 움직임으로 인해 1990년 5월 14일, 반 데르 클루트(van der Klugt)와 경영진의 절반이 교체되었다.

티머(Timmer)의 백부장 회의(Operation Centurion) 새로운 사장으로 취임한 얀 티머(Jan Timmer)는 그가

1) 역자 주. 1279년부터 2002년까지 통용된 네덜란드의 통화. 네덜란드는 2002년 이후 유로화를 사용하고 있음.

필립스(Philips)에서 보냈던 35년의 경력 대부분을 수익성이 떨어지는 사업을 호전시키는데 사용했다. "백부장 회의[2]"이라는 기치 아래, 그는 향후 18개월 동안 6만 8천명 혹은 22%의 인력감축을 하겠다고 선언하였고 이를 통해 그는 "아인트호벤의 학살자"라는 별명을 얻게 된다. 유럽 법에 의하면 해고하기 위해서는 상당한 보상을 해줘야하기 때문에(예컨대 아인트호벤의 해고된 직원들은 15개월분의 임금을 보상 받았음), 첫 해고에서 10,000명을 해고하고 이에 대한 보상금으로 필립스는 7억 달러를 지불해야 했다. 세계적으로 부담이 확산되고 있는 가운데 티머(Timmer)는 그의 사업부관리자에게 개별국가조직 관리자와 함께 인원감축에 대한 협상을 요구하였다. 그러나 한 보고서에 따르면, 국가관리자(country managers)는 "현지의 일자리를 보존하기 위해 완강하게 버텼다."고 기술했다. 그럼에도 불구하고, 많은 해외사업부에서 인원감축은 발생되고 있었다.

자원을 집중적으로 사용하기 위해, 티머(Timmer)는 집적회로를 포함한 다양한 사업부를 마츠시타에 팔고, 디지털(Digital)에게는 미니컴퓨터를, 톰손(Thomson)에게는 제어전자기기를 팔았다. 그리고 나머지 가전제품의 53%를 월풀(Whirlpool)에 팔았다. 그러나 이익은 여전히 그가 공언했던 매출 수준에서 4%나 떨어지는 미미한 수준이었다. 특히 소비자 전자제품들은 가격 경쟁적인 시장특성으로 인해 성장이 둔화되었다. 문제의 핵심은 1994년 맥킨지(McKinsey)의 연구에서 드러나게 되는데, 맥킨지의 연구에 따르면 일본의 소비자 가전제품 공장이 생산하는 시간당 가치는 유럽의 공장들보다 68% 더 높은 것으로 나타났다.

비용절감을 시작한 후 3년이 흐른, 1999년 초에 티머(Timmer)는 마지막으로 새로운 성장 전략을 이사회에 제시했다. 그의 계획은 필립스가 소프트웨어, 서비스, 멀티미디어 분야로 확장을 하여 2000년까지 이들 분야가 필립스 수익의 40%를 차지하게 하겠다는 것이었다. 그는 성장 엔진의 재시동을 위해 필립스의 전설적인 혁신 역량에 모험을 걸었다. 그는 휴렛패커드(Hewlett Packard)의 연구이사를 채용하고 그에게 15개의 핵심 기술을 발전시킬 수 있도록 독려하였다. 인터렉티브 컴팩트디스크(CD-i), 디지털 컴팩트 카세트(DCC), 고화질TV(HDTV) 그리고 멀티미디어 소프트웨어 등이 포함된 계획은 곧 "사장의 프로젝트(The President's project)"라는 호칭으로 불렸다. 그 후 몇 년 동안, 필립스는 25억 달러 이상을 이러한 기술에 투자하였다. 하지만 필립스는 진정한 첨단기술 사업의 일부에서 성급한 투자회수 그리고 인력감축 후 연구 인력의 37%만이 회사에 남음으로써 새로운 우선순위 사업의 기술을 이해할 수 있는 사람이 거의 남지 않았다는 문제점을 지니고 있었다.

1996년 필립스의 아날로그 HDTV 기술이 산업의 표준이 되지 못할 것이 명백해졌다. 필립스의 디지털 컴팩트 카세트(DCC)는 소니의 미니디스크에 완전히 패배했고 인터렉티브 컴팩트디스크(CD-i)는 마케팅에 실패했다. 그리고 필립스의 원가가 낮아지는 동안 특히 중간관리자들의 사기가 너무 낮아졌다. 비평가들은 비용 절감과 표준화에 대한 회사의 추진력이 더 많은 세분시장의 제품과 높은 고객 서비스를 위한 새로운 전 세계시장의 요구를 무시했다고 주장했다.

분스트라(Boonstra)의 조직개편 1996년 10월 티머(Timmer)가 물러나고, 이사회는 필립스에서 급진적인 선택을 했던 그를 대신하여 유럽지역보다는 아시아 지역의 전문성을 지닌, 기술보다는 마케팅 부문의 전문가인 외부 인사를 CEO로 선임하였다. 분스트라(Boonstra)는 58세의 독일인으로 미국의 소비재 제품 기업인 사라 리(Sara Lee)의 CEO를 역임했으며, 정열적인 마케팅의 귀재라는 명성이 자자했다. 1994년 필립스에 입사한 그는 CEO로서 최고의 위치에 오르기 전에 아시아 태평양 지역과 조명 사업부의 대표를 역임하였다.

2) 역자 주. 여기서 백부장(Centurion)은 100명의 부하직원을 관리하는 장(長)을 의미하며, 백부장 회의는 관리자들을 대상으로 하는 전략회의를 의미함.

그는 곧 1999년까지 순자산수익율 17%에서 24%로 증가시킨다는 목표를 달성하기 위한 획기적인 전략적 변화를 발표했다. 그는 필립스에는 "금기사항도 없고 지나치게 신성시되어 비판이나 의심이 허용되지 않는 관습이나 제도도 없다."라고 말하며 "기생하는 것들은 버리거나 폐쇄시켜야 한다."라고 목소리를 높였다. 3년 이내에 그는 필립스의 120개의 주요한 사업 중 폴리그램(Polygram)과 그룬디그(Grundig)로 잘 알려진 사업을 포함하여 40개 사업을 매각하였다.

그는 "스파게티 접시"가 아니라 "아스파라거스의 멋진 배열"로 조직을 변화시킬 것을 천명하고, 전 세계적으로 대대적인 구조조정을 시작하였다. "어떻게 하면 우리가 한국기업들과 경쟁할 수 있겠습니까?" 그가 물었다. "한국기업들은 전 세계적으로 350개의 회사들을 가지고 있지 않습니다. 그들의 아일랜드 공장은 유럽 전역을 담당하고 있고 멕시코에 있는 제조 공장은 북아메리카의 수요를 충족시키고 있습니다. 우리는 우리 고유의 유산을 지니고 있지 못한 자회사들과 긴밀하게 연결됨으로써 비용구조를 달성하기 위해서 좀 더 조직화되고 단순한 생산과 마케팅 조직이 필요하죠. 이것은 여전히 필립스가 직면한 가장 큰 이슈 중 하나입니다."

1년 안에 북아메리카에서 3,100개의 일자리가 사라지고, 3,000명의 근로자들은 아시아 태평양 지역에 편입되었다. 저임금 국가로의 생산시설의 이동에 대한 분스트라(Boonstra)의 결의와 아시아를 향한 그의 폭넓은 몰입을 강조한 결과였다. 그리고 3년 후 그는 전 세계 100개 회사의 356개 공장을 폐쇄하였다. 동시에, 그는 회사의 21개 개별국가조직(PDs)들을 7개의 부서로 교체하는 대신에 전 세계에 이윤에 대한 책임이 있는 100개의 사업부서에 그날그날의 운영에 대한 책임을 부여하였다. 이것은 낡은 제품사업부(PD)/개별국가조직(NO) 매트릭스를 제거할 수 있는 움직임이었다. 결국 대부분의 직원들에게 충격을 주는 방향으로 마침내 그는 100년 된 아인트호벤 본사에 남아있는 3,000개의 조직 직무 중 오직 400개만 남기고 암스테르담으로 이전시키겠다고 공표하였다.

1998년 초, 그는 새로운 전략을 공표할 준비가 되어 있었다. 그가 소비자 전자제품 사업을 그만둘 것이라는 이른 추측에도 불구하고, 그는 소비자 전자제품을 필립스의 미래의 핵심으로 선언했다. "디지털 혁명"에 승부를 걸면서, 그는 휴대폰(루센트(Lucent)와의 합작투자를 통해), 디지털 TV, 디지털 비디오디스크 그리고 web TV와 같은 과학기술 도입에 초점을 맞추기로 계획하였다. 게다가 그는 필립스 브랜드 인지도와 이미지의 향상을 위해 광고를 40% 이상 증가시킨 것을 포함하여 주요 자원들을 마케팅 활동에 투입시켰고, 세계적으로 지지를 받고 있었던 마그나복스 TV(Magnavox TVs)부터 노렐코(Norelco) 면도기, 마란츠(Marantz) 음향 등의 150여 개의 다른 브랜드들에 대해서는 크게 신경 쓰지 않았다.

모든 것이 성공적이지는 않았지만(예를 들어 Lucent 휴대폰 합자투자법인은 9달 뒤에 실패함), 1990년대 후반의 전반적인 성과는 두드러지게 향상되었다. 2000년이 되자 분스트라(Boonstra)는 순자산이익률 24%라는 그의 목표를 달성했다고 공표하였다.

클라이스터리(Kleisterlee)의 재조명 분스트라가 물러나던 2001년 5월, 글로벌 "기술주의 붕괴(tech wreck)"로 부를만한 침체가 시작되었고, 필립스는 54세의 필립스맨 경력을 가진 클라이스터리(Kleisterelee)를 새로운 CEO로 맞이하였는데, 결과적으로 (해고를 많이 했기 때문에) 포춘지는 이를 "빨간 잉크의 해일"로 묘사하였다. 주가가 2001년 60달러에서 2002년 13달러로 큰 폭으로 떨어졌고, 클라이스터리(Kleisterelee)는 "기업의 역사상 가장 큰 손실을 경험"하게 되었다.

이 새로운 CEO는 회사를 빠르게 재정비했고, 필립스 모바일 폰의 생산을 중국의 CEC으로부터 VCR 생산은 일본의 푸나이(Funai) 전자로부터 아웃소싱하겠다고 공표하였다. 그러나 이러한 구조 조정은 2000년의 96억 유로의 이윤과 비교하여 2001년 26억 유로의 손실을 충분히 막아내지는 못하였다. 그리고 향후 몇 년 동안 그는 지속적으로 TV, CD 플레이어, 부품들의 생산을 아웃소싱 시켰으며 동시에 그 외의 직접 생산은 중국, 폴란드, 또는 멕시코 등과 같은 저비용 국가들로 이전시켰다. 그리고 그는 대부분의 부품, 휴대전화, 오디오, 심지어 핵심 반도체 사업 등 여러 사업들을 매각하였다. 4년 내에 그는 직원들의 수를 6만 명 수준으로 축소시켰으며, 필립스 직원 4명 중 한 명 꼴로 해고하였다.

그러나 클라이스터리(Kleisterlee)는 더 큰 도전에 직면하게 된다. "필립스는 정말 전략이란 것을 가진 적이 없다"고 인정했다. "만약 우리의 엔지니어가 제품을 만들게 되면, 우리는 단순히 그것을 판매하기 위해 노력했습니다. . . 2001년 우리는 여전히 소비자 전자제품, 반도체 및 컴포넌트와 같은 변화의 폭이 광범위하고, 대량생산 제품들에 집중하였습니다. 하지만, 현재 우리는 변화의 폭이 적은 포트폴리오로 보다 잘 예상할 수 있는 방향에서 가치를 만들어 낼 수 있는 회사를 만들기 위해 노력하고 있습니다."

이 새로운 포트폴리오의 모양은 곧 분명해졌다. 사업들의 매각을 통해 확보된 자금을 이용하여, 클라이스터리(Kleisterlee)는 높은 성장률을 가지고 있는 의료 및 조명 분야의 기업들을 인수하기 시작했고, 소비자들은 필립스를 건강과 웰빙을 중심으로 하는 "라이프 스타일 기업"이라고 인지하기 시작했다. "우리는 모든 분야를 함께 보유하고 있다는 것이 우리가 우리 스스로의 부품과 반도체를 만든다는 것은 아니라는 결론에 도달했습니다. 그것은 우리가 공통의 미션을 가지고 있다는 사실입니다."라고 그가 말했다.

한 때 필립스 포트폴리오의 중심에 있었던 사업은 이제 새로운 역할을 한다. "소비자 전자제품은 우리의 라이프 스타일 포트폴리오에 남아있는 아주, 아주 작은 부분입니다"라고 설명했다. "그 사업에서 지금 당장 싸우기에는 무리가 있습니다. 우리는 소비자 전자제품에서의 델(Dell)이 되길 원하며, 적게 만들고 마케팅 활동은 적극적으로 할 것입니다. 즉 이것은 우리가 제품 개발, 브랜드 및 채널 관리에 집중할 것이라는 것을 의미합니다."

필립스가 TV의 혁신을 계속하는 동안, 필립스는 고화질 플라즈마와 픽셀플러스 2와 같은 LCD세트, 더 생생한 컬러와 선명한 화질을 만들어 보내는 입력 신호와 같은 디지털 기술에 집중할 수 있었다. 그러나 기술 혁신뿐만 아니라, R&D 역시 시장 개발을 위해 핸드 크랭크 라디오, 이국적인 음식을 위해 설계된 하이파워 믹서, 먼지방지 온도 조절 장치 다리미 등과 같은 더욱 기본적인 제품들에 집중하게 했다.

마케팅에 대한 필립스의 접근 방식도 변화하였다. 선진국에서는 월마트, 테스코, 까르푸 등과 같은 7개 대형 유통업체들에 초점을 맞추어 소매 유통 체인수를 600개에서 200개로 축소하였다. 그러나 개발도상국에서는 다른 접근법을 택했다. 예를 들어 인도의 경우, 저가의 제품을 3만 5천개의 마을 상점들을 통해 판매하는 전략을 사용하였다.

클라이스터리(Kleisterlee)는 그의 적응적 제품 시장전략이 잘 작동한 이유에 대해서 다음과 같이 설명하였다. "인도에서 우리는 최고의 병원과 연결이 가능한 위성비디오가 장착되어있고 진단 및 실험장비가 설치되어 있는 밴을 가지고 있습니다. 도시의 병원으로 가기 위해 긴 여행을 하는 사람들이 이제 그들이 살고 있는 곳에서 더 편리한 치료를 저렴하게 받을 수 있게 된 것입니다." 인도의 지방에는 700만 명이 살고 있으며, 필립스는 이것이 그들에게 있어 커다란 기회일 것이라고 느꼈다.

2008년이 되자, 클라이스터리(Kleisterlee)는 조직구조에 대한 새로운 집중화 전략을 확인할 준비가 되었다. 이전에 이미 5개의 부서로 축소시키고(1995년 기준 14개의 부서가 있었음) 2008년 초, 그는 헬스케어, 조명, 소비자 라이프 스타일 등 3개의 부서만 남겼다. "우리는 시장중심으로 조직화해야 합니다."라고 그가 말했다. "우리는 (환경적인 특성을 잘 반영할 수 있도록) 외부로부터 안으로 우리 조직을 조직화할 것입니다"

그러나 특히 세계 경기침체가 지속되자 가전제품

분야의 경쟁은 더욱 격렬해졌다. 2008년 후반, 필립스는 북미에서 필립스라는 이름 아래 푸나이(Funai)에 TV시장과 생산에 대한 라이센스를 주었다. 몇 달 후에는 DVD, 홈 시어터, 블루레이 및 다른 제품과 같은 다른 시장까지도 커버할 수 있도록 해당 라이센스를 확장하였다. "우리는 1980년대와 1990년대에 구조조정을 하였으며 우리의 길을 찾기 위하여 이 기간들을 보냈습니다."라고 클라이스터리(Kleisterlee)는 말했다. "나의 목표는 기업을 지속적이고, 수익성이 있는 성공적인 곳에 남겨두는 것입니다." 일부에서는 그가 그 방법을 발견했는지 궁금해 했다.

마츠시타: 개요

1918년, 23세의 코노스케 마츠시타(Konosuke Matsushita, 그는 "KM"이라는 이름으로도 잘 알려져 있었음)는 그의 평범한 집에서 앞뒤가 같은 소켓을 만들기 위하여 100 엔(￥)을 투자했다. 그 회사는 빠르게 성장하여, 배터리로 켜지는 램프, 전기다리미와 라디오 분야로 확장하였다. 1932년 5월 5일, 마츠시타(Matsushita) 창립 14주년 기념일에 KM은 162명의 직원들에게 25년 단위의 10개 기간으로 구분되어지고, 각 세대별로 수행해야 하는 250년간의 원대한 회사 계획을 발표하였다. 이러한 그의 계획은 회사의 신념으로 그리고 "마츠시타(Matsushita)의 7가지 정신"(〈**도표 4**〉 참조)으로 문서화되었고, 이것은 회사에 합류하는 모든 새로운 직원들이 받아야 하는 "문화적이고 정신적인 훈련"의 토대를 제공했다.

도표 4 마츠시타의 신조와 철학(발췌)

신조

우리는 산업활동을 통해서 사회의 발전과 사회복지의 증진을 도모하고, 더 나아가 세계 문화의 발전을 위해 헌신한다.

마츠시타의 7대 정신

산업을 통한 서비스
공평
조화와 협력
진보를 위한 투쟁
예의와 겸손
조정과 동화
감사

KM의 경영철학(일부 인용)

"기업의 목적은 고품질의 제품을 낮은 가격으로 충분한 물량을 제공함으로써 사회에 공헌하는 것이다."

"수익은 사회에 대한 공헌의 대가로 주어지는 것이다. 즉 수익은 목표라기보다는 결과이다."

"그 제품이 최종사용자에 의해 폐기될 때까지, 제조자의 책임은 완화될 수 없다."

"실패한 사업은 잘못된 관리방식에서 비롯된다. 실패의 원인을 불운, 불리한 환경 또는 잘못된 타이밍에서 찾지 말아야 한다."

"사업에는 자기절제 기제가 없다. 만약 당신이 너무 멀리 나아갔다는 것을 알았다면, 돌아올 수 있는 용기가 있어야 한다."

출처: Christopher A. Bartlett, "Matsushita Electric Industrial (MEI) in 1987," HBS No. 388-144 (Boston: Harvard Business School Publishing, 1988) p. 17.

전후의 호황에서 마츠시타(Matsushita)는 1958년에는 트랜지스터 라디오를, 1960년에는 칼라TV, 식기세척기 그리고 전자오븐 등 다양한 신제품들을 출시하였다. 5천개 제품들을 생산할 수 있는 폭넓은 생산라인에 투자했고, 회사는 1960년대 일본의 가전제품 매장의 40%에 해당하는 2만 5천개의 일본 내 소매 직판점(outlet)을 오픈했다. 이 매장들은 제품 판매량을 확보해줄 뿐만 아니라, 회사가 시장의 경향에 대해 직접적으로 접근할 수 있게 해 주었다. 그러나 전후의 성장이 둔화되었을 때, 제품 라인에 대한 확장과 탁월한 유통체계가 더 이상 성장을 담보하지 않았고, 이윽고 회사는 수출시장으로 눈을 돌리게 되었다.

조직의 창립: 사업부 구조 전염병에 걸려 좋지 못한 건강 때문에, KM은 당시 일본의 전형적인 기업들보다 더 많이 권한을 위임하기 시작했다. 1933년에, 마츠시타(Matsushita)는 사업부제 구조(divisional structure)를 채택한 첫 일본기업이 되었다. 이 구조는 "작은 사

업(small business)" 환경을 만드는 것에 더해서, 각각의 사업부에 박차를 가하여 그들의 기술력을 사용하여 신제품을 개발함으로써 성장을 이끄는 내부경쟁을 만들어 냈다. 그러나 혁신 부서가 그들의 신제품으로 상당한 수익을 벌어들이고 난 후에는 "헝그리 정신(hungry spirit)"을 유지하기 위하여 "1부서 1제품(one-product-one-division)" 정책으로 해당부서를 새로운 사업부로 분할했다.

경영진은 각 부서에 주로 자급적인 개발, 생산 그리고 마케팅 역량을 확립할 수 있는 예산을 제공했다. 회사의 재무부서는 상업적인 은행처럼 운영되었고, 시장의 이자보다 약간 높은 정도를 부여하는 수준에서 부서의 대출 신청을 검토하였으며, 초과되는 자금은 이자부예금(interest-bearing deposits)의 형태로 받아주었다. 사업부의 수익성은 중앙서비스와 내부 자금조달의 이자를 공제한 이후에 확정되었다. 각 사업부는 이익의 60%를 본사와 운영 자금 조달에 지불하고, 고정자산에 대한 니즈는 보유하고 있는 40%로 충당했다. 이전가격(transfer prices)은 통상적인 상업 조건에 의해 시장과 재정부서의 중재에 기초하여 책정되었다. KM은 회사의 36개부서 전체가 균일한 성과를 내기를 기대했고, 매출이 연달아 2년 동안 4% 이상 떨어진 사업부의 매니저들은 교체되었다.

기초 기술은 중앙 연구 실험실(central research laboratory, CRL)에서 개발되었지만, 제품 개발과 엔지니어링은 각각의 제품 사업부에서 담당했다. 마츠시타(Matsushita)는 의도적으로 CRL에 예산을 줄였는데, 이를 통해 사업부들로부터 추가예산을 확보하기 위한 경쟁 환경을 제공하기를 원했다. 매년, CRL은 주요 연구 프로젝트를 제품 사업부에 공표하고, 그 후, 제품 사업부는 시장성이 있는 기술을 개발하기 위하여 CRL에 자금을 제공한다. 좀처럼 혁신적이지 않았던 마츠시타(Matsushita)는 시장을 빠르게 따라잡아 "매니시타(Manishita)" 혹은 흉내쟁이(copycat)라는 별명을 얻게 되었다.

마츠시타: 국제화

비록 해외 시장을 확립하는 것이 마츠시타의 250년 계획에서 두 번째 25년의 주요한 요지였지만, 1951년의 해외 순방에서 KM은 마츠시타(Matsushita)와 협력을 하려는 어떠한 미국기업도 찾아내지 못했다. 그가 할 수 있었던 최선의 일은 필립스(Philips)와의 기술 교류와 라이센싱 계약이었다. 그럼에도 불구하고, 국제화의 추진은 계속되었다.

칼라 TV를 통한 확장 1950년대와 1960년대, 무역 자유화와 낮아진 운송비로 인해서 마츠시타(Matsushita)는 흑백TV로 건강한 수출실적을 달성할 수 있었다. 1953년에, 마츠시타는 첫 번째 해외지점인 마츠시타 전기 미국지점(Matsushita Electric Corporation of America, MECA)을 개소했다. 유통망은 물론 강한 브랜드도 없었기 때문에 마츠시타는 대형 판매상과 할인점의 브랜드를 달고 제품을 판매하는 방식에 의존할 수밖에 없었다.

1960년대 동안, 개발도상국가 정부들의 압력들로 인해 마츠시타(Matsushita)는 동남아시아와 중 · 남미에 공장을 설립하게 된다. 일본에서의 제조비용이 상승함에 따라, 회사는 기본적 생산활동을 저임금 국가로 옮겼지만, 대부분의 높은 부가가치가 있는 부품들과 하위 부품(subassemblies)들은 규모 집약적인 일본의 공장들에 남겨 놓았다. 1970년대의 정치적 압력으로 인해 마츠시타(Matsushita)는 미주와 유럽에 조립공장을 세워야 했다. 1972년, 마츠시타는 캐나다(Canada)에 공장을 열었고, 1974년에 미국에서 모토롤라(Motorola)의 TV 사업부를 인수했으며, 1976년에는 유럽공동시장(European Common Market)에 공급하기 위해 웨일스(Wales)에 공장을 지었다.

VCR을 통한 글로벌 리더십의 구축 비디오 카세트 레코더(VCR)의 탄생으로 마츠시타(Matsushita)는 1980년대에 소비자 가전산업 분야의 1위 기업이 되었다. 마츠시타는 1956년 암펙스(Ampex)에서 처음 개발된 전문 방송용 VCR이 대중시장에서 어필할 수 있는 잠재성이 있다는 것을 인지하고, 그 기술을 개발하기 시작했다. 마츠시타는 독자적인 그들의 상업 방송용 비디오 레코더를 1964년에 출시하였고, 2년 뒤 일반 소비자용 레코더를 출시했다.

이윽고 VCR의 표준형식을 두고 치열한 격전이 벌어졌다. 1975년에 소니(Sony)는 기술적으로 우수한 "베타맥스(Betamax)" 방식을 출시하였고, 1976년에 JVC는 경쟁적인 "VHS" 방식을 내 놓았다. 일본의 경제산업성(industrial planning ministry)인 MITI의 압력 속에 마츠시타(Matsushita)는 그들 자신의 형식을 포기하고 VHS 표준을 채택했다. 20년의 개발 기간 동안, 마츠시타(Matsushita)의 연구팀은 VCR의 제품 순환 주기에 따라 CRL로부터 제품 사업부의 개발 연구소로 그리고 마지막에는 공장으로 옮겨가며 VCR을 생산했다.

1977년과 1985년 사이에 마츠시타(Matsushita)는 VCR의 생산능력을 33배로 늘려 6백 8십만 유닛으로 증가시켰다. 이러한 생산물량은 마츠시타(Matsushita)가 필요 수량뿐만 아니라, 자체적으로 VCR을 생산할지 아니면 낮은 생산비용을 갖춘 일본기업들로부터 아웃소싱을 줄지를 결정했던 GE, RCA, 필립스(Philips) 그리고 제니스(Zenith)와 같은 OEM 고객들의 수량을 만족시킬 수 있을 정도였다. 증가한 수량으로 인해 마츠시타(Matsushita)는 출시한 지 5년이 채 안 되어서 VCR의 가격을 50%로 줄이는 것이 가능했다. 동시에 회사는 VHS 방식을 히타치(Hitachi), 샤프(Sharp), 미츠비시(Mitsubishi) 그리고 최종적으로 필립스(Philips)를 포함한 다른 생산자들에게 라이센싱했다. 1980년대 중반에, VCR은 마츠시타(Matsushita) 매출의 30%를 그리고 이윤의 45%를 차지했다.

시스템과 통제의 변화 1980년대 중반에, 마츠시타(Matsushita)의 해외자회사들은 증가하고 있었다. 이들 자회사들은 모기업에 두 가지 방법 중 하나로 보고를 해왔다. 완전소유 자회사(WOS)나 단일 제품을 생산하는 글로벌 공장들은 해당 제품사업부에 직접적으로 보고를 했다. 반면에 판매 및 마케팅 자회사나 현지시장을 위한 다양한 제품을 생산하는 해외자회사들은 법적으로 분리되어 있는 법인인 마츠시타 전자 거래회사(Matsushita Electric Trading Company, METC)에 보고했다(〈**도표 5**〉 참조: METC의 조직).

1970년대에 걸쳐, 제품사업부는 그들의 해외 사업부에 대한 강력한 운영통제권을 유지해 왔다. 그들은 모회사에 의해 설계된 공장과 설비를 갖추고 있었고, 중앙에서 지시하는 제조과정을 따랐으며, 마츠시타(Matsushita)의 국내 공장으로부터 조달된 부품들을 사용하였다. 하지만 1980년에 들어서 현지 조달이 점차 증가하게 되고 이는 결국 제품사업부의 직접적인 통제력을 약화시키게 되었다. 이에 제품사업부는 투입물을 통제하는 대신에 품질과 생산력의 수준과 같은 결과물을 감시하기 시작했다.

본사와 자회사의 관계 비록 METC와 제품사업부가 해외자회사의 상세한 매출과 이익 목표를 설정했다하더라도, 그것을 어떻게 달성하느냐에 대해선 현지 관리자들에게 자율성이 있다는 점을 회사는 강조했다. 그러나 웨일즈(Wales)의 카디프(Cardiff)에 있는 유럽 공급지의 사장인 "마이크 마츠오코(Mike Matsuoko)"가 강조했던 것처럼, 목표로 설정된 매출과 이익 달성에 실패할 경우에는 자율성을 박탈당했다. 마츠오코(Matsuoko)는 "적자는 회사의 상태가 건강하지 않다는 것을 보여주는 것이고, 이를 해결하기 위해 본사는 충고와 지원을 할 일본의 전문가들을 우리 회사로 파견했습니다."라고 회상했다.

1980년대 중반, 마츠시타(Matsushita)는 4~8년 동안의 해외업무를 부여받은 700명이 넘는 일본인 해외파견 관리자들과 기술자들을 거느리고 있었고, 이들은 주로 본사와 해외자회사 간 '중대한 의사소통의 역할(vital communication role)'을 담당했다. 한 고위급 임원은 다음과 같이 설명했다. "현지국 출신 관리자들이 일본어를 한다고 할지라도, 그가 관계를 만들거나

도표 5 METC의 조직도(1985년)

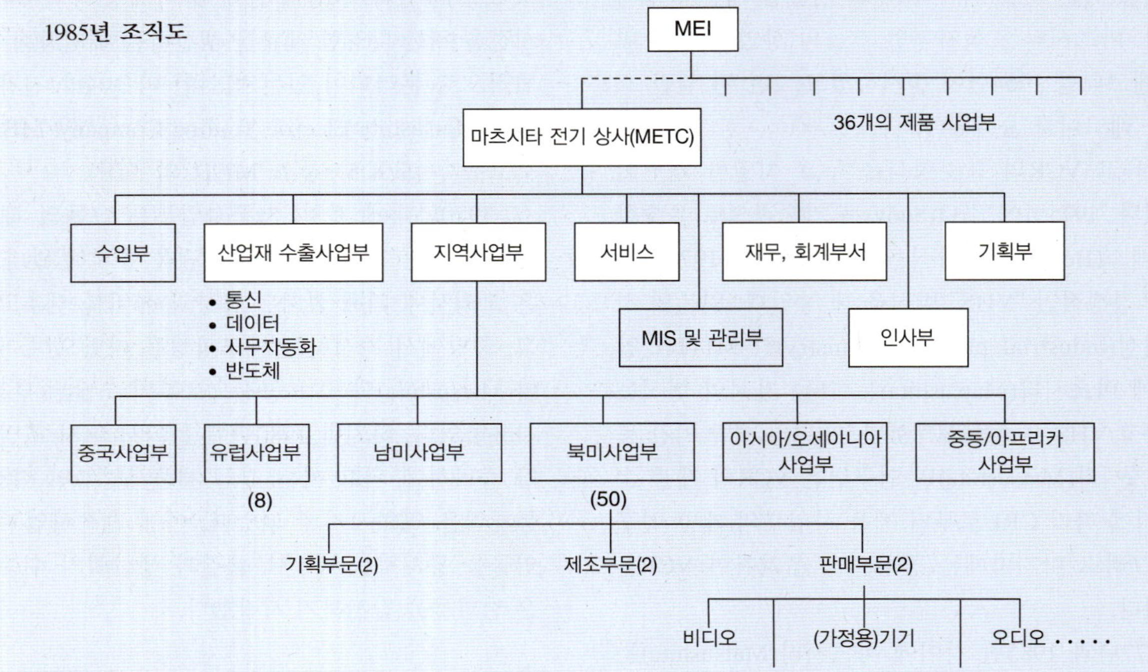

노트: 괄호 안의 수는 사람 수를 의미함.
출처: Christopher A. Bartlett, "Matsushita Electric Industrial (MEI) in 1987," HBS No. 388-144 (Boston: Harvard Business School Publishing, 1988) p. 23.

우리의 경영 절차를 이해할 만큼의 충분한 경험이 있지는 않았죠."

해외파견 관리자들은 해외자회사 도처에 위치해 있었지만, 그들에게 항상 보장되는 자리는 많지 않았다. 가장 눈에 띄는 자리는 주로 마츠시타(Matsushita)의 철학을 해외자회사로 이전하는 것이 주된 역할을 수행하는 자회사의 총괄 관리자(general manager)였다. 해외파견 회계 관리자들은 본사에게 자회사의 재무상황에 대해 "무자비하게 진실을 밝혀줄 것(mercilessly expose the truth)"으로 기대되었다. 그리고 일본인 기술 관리자들은 제품과 공정 기술들을 전달하고 본사에 현지국 시장정보를 제공하기 위해 파견되었다. 이러한 해외파견 인력들은 그들 해외사업부에서 경력 멘토의 역할을 수행하거나 (현지 관리자들로부터 입수한 자료를 바탕으로) 성과를 평가하는 고위급의 현지직원들과 원만한 관계를 유지하고 주재원에 모기업 동향에 대한 정보를 제공했다.

해외자회사의 총괄 관리자는 오사카를 매년 2~3번 가량, 일부는 거의 매 달 방문했다. 본사의 관리자들은 이러한 방문에 답방을 했고, 평균적으로 주요 사업부들은 본사의 관리자들을 적어도 하루에 한명을 응대했다. 대면 회의는 매우 중요한 것으로 간주되었다. "숫자는 중요합니다." 한 관리자가 말했다. "그러나 올바른 판단을 하기 위해서는 회의가 필요합니다." 본사가 해외 주재원에게 발송하는 매일매일의 팩스와 본국과의 시차를 고려한 야간 전화통화는 매우 중요한 것으로 간주되었다.

야마시타(Yamashita)의 운영 현지화 비록 해외 매출이 지속적으로 증가하고 있었지만 본사의 과도한 중앙집권적 운영에 대한 우려의 목소리도 커져갔다. 1982년, 마츠시타(Matsushita)는 새로운 사장으로 토시히코 야마시타(Toshihiko Yamashita)를 선임했다. 그는 1990년까지 해외생산을 부가가치의 10% 이하에서 25%로, 혹은 해외매출의 반으로 상승시키기 위하여 "운영 현지화"를 시작했다. 그는 이러한 목표를 달성시키기 위하여, 인력, 기술, 자재 그리고 자본 등 네 가지 측면에서의 현지화 프로그램을 실행했다.

이후로 몇 년 동안, 마츠시타(Matsushita)는 중요한 직위에 현지인들의 수를 증가시켰다. 예를 들어 미국에서는 6개의 현지자회사 중 3개 자회사 사장으로 미국인을 선임하였고, 대만에서는 사업부 경영진의 다수가 중국인 관리자로 교체했다. 그러나 이 경우에도, 현지국 출신 관리자들은 모기업과 직접적인 연결고리를 유지하고 있는 일본인 조언자들에 의해 지원을 받았다. 장비를 현지에서 조달하고, 현지요건에 부합하게 디자인을 수정하고, 현지의 부품들을 포함시키고, 회사의 절차와 기술들을 변화에 맞춰서 적용시키는 등 기술과 자재를 현지화시키기 위해 본사는 해외자회사의 전문성을 개발하려는 노력을 기울였다. 1980년대 중반, 해외 생산 자회사들은 현지 공급자들로부터 부수적인 재료들을 구입할 수 있는 자유가 있었지만 중요한 부품들은 여전히 내부조달을 통해 구매해야 했다.

가장 성공적인 혁신 중 하나는 해외 판매 자회사들에게 그들이 판매하는 제품의 선택권을 확장해 주었다는 것이다. 매년 회사는 제품 사업부가 새로운 제품라인을 선보이는 2주 동안의 내부 제품전시회와 제품기획 회의를 개최했다. 여기에서, 해외자회사의 관리자들은 제품특성, 품질 측면에서의 변화 그리고 심지어 그들이 느끼기에 현지의 사정에 더 적합한 제품의 가격까지 협상했다. 그러나 제품 사업부 관리자들은 만약 특정 제품의 출시가 전략적으로 중요하다면 현지 판매 자회사들의 의견을 기각할 수 있었다.

야마시타(Yamashita) 사장은 오래전부터 라이벌 필립스의 개별국가조직(NOs)을 감탄해왔는데, 운영 현지화를 통해 마츠시타(Matsushita)의 해외자회사들이 필립스의 개별국가조직(NOs)[3]들처럼 혁신적인 역량과 사업적인 구상을 개발하기를 원했다. 그러나 그가 실시한 (인력, 기술, 자재, 자본 등) 네 가지 측면의 현지화 작업에도 불구하고, 해외자회사들은 주로 일본 제품사업부의 실행 수단으로만 행동했다. 일본 CEO로서는 드물게 야마시타(Yamashita)는 공개적으로 카디프(Cardiff)의 TV 공장에 제대로된 사업구상이 없다는 것에 대해 심기가 불편함을 표현하였다. 상당한 자원의 이동과 많은 책임의 위임에도 불구하고, 그는 공장이 너무나 본사에 의존하고 있다고 느꼈다.

타니(Tanii)의 통합과 확장 야마시타(Yamashita)의 후임자로 사장으로 선임된 아키오 타니(Akio Tanii)는 전임자였던 야마시타(Yamashita)의 구상을 확대했다. 1986년, 국내와 해외 사업부를 통합하려는 노력에서 타니(Tanii)는 모든 해외자회사를 METC의 통제 하에 두었고, 그 다음 METC를 모회사와 합병했다. 그리고 나서, 운영 통제권을 현지시장에 더욱 가깝게 이동시키기 위해, 그는 주요 지역 본사들의 기능들을 일본에서 북미(North America), 유럽(Europe) 그리고 동남아시아(Southeast Asia)로 재편시켰다. 그러나 그는 해외자회사들이 오사카(Osaka)에 위치한 제품사업부의 단순한 실행대리인보다 약간 나은 수준에 머무르고 있다는 것에 좌절했다.

그러나 이러한 모든 변화를 겪는 중에도 마츠시타(Matsushita)의 세계적인 성장은 계속되었고, 많은 적립금이 쌓였다. 1989년 말 175억 달러의 유동자산을 보유함으로써, 회사는 "마츠시타(Matsushita) 은행"으로 불렸다. 최고경영진들은 혁신적인 해외자회사로 성장시키는 것이 어렵다면, 그러한 능력을 갖춘 기업들을 인수하는 것을 고려하기 시작했다. 하드웨어 사업을 위한 소프트웨어 자원을 얻기 위하여 마츠시타(Mat-

3) 그러한 능력들을 개발하기 위한 과거의 노력들은 실패로 끝났다. 예를 들어, 마츠시타(Matsushita)가 미국에서 모토롤라(Motorola)의 TV 사업부를 인수했을 때, 고도로 중앙집권화된 일본의 R&D 운영방식으로부터 과도한 통제를 받았던 미국인 엔지니어들이 잇달아 사임함으로써 미국회사의 높은 혁신적 기술그룹의 활동이 위축되었다.

sushita)는 1991년에 미국 엔터테인먼트 분야의 거인인 MCA를 61억 달러에 인수하였다. 그러나 1년이 지나지 않아 일본의 거품 경제가 터졌고, 하룻밤 사이에 타니(Tanii)는 확장에서 비용절감으로 초점을 옮겨야 했다. 그가 행했던 최선의 노력에도 불구하고, 이 문제는 너무나 깊어졌다. 1991년에 비해 반토막난 1992년의 이윤을 보며 이사진들은 1993년 2월에 타니(Tanii)의 은퇴를 종용하는 보기 드문 행동을 취했다.

모리시타(Morishita)의 도전과 대응 56세의 나이로 요이치 모리시타(Yoichi Morishita)가 새로운 사장으로 임명되었을 때, 그는 회사의 부사장들 중 가장 나이가 어렸다. 주요한 전략적인 반전으로 그는 MCI의 80%를 시그램(Seagram)에 판매하였고, 이 거래에서 12억 달러의 손실을 기록하게 되었다. 이어진 18개월 동안 "단순하고, 작고, 빠르고 전략적인"이라는 슬로건 아래 그는 6,000명의 스태프들을 운영 직무로 이동시켰다.

그러나 회사는 지속적으로 고전했다. 일본의 국내 소비자 가전제품 시장이 1989년 420억 달러에서 1999년 210억 달러 수준으로 붕괴되었다. 뿐만 아니라 한국과 중국이 가세하여 치열해져만 가는 새로운 경쟁양상은 전 세계적인 공급과잉을 불러왔고, 곧 가격이 붕괴되었다. 엔화강세로 인해 수출경쟁력이 사라지자, 마츠시타(Matsushita)의 제품사업부는 생산을 중국이나 말레이시아와 같은 저비용의 해외 국가로 옮기기 시작했다. 십여 년 뒤, 일본 외의 160개 해외공장에서는 14만 명의 종업원을 고용했고, 이는 일본 내 133개 공장에서 고용한 종업원의 수와 거의 비슷한 숫자였다. 그러나 경영진들은 비효율적인 일본 내 공장을 폐쇄하거나 종신 고용을 한 직원을 해고하려 하지는 않았다. 모리시타(Morishita)의 약속에도 불구하고, 조직의 내부적인 저항이 급진적인 변화의 실행에 있어 많은 부분을 가로 막았다.

저물어가는 십 년의 마지막 해에, 모리시타(Morishita)는 해외에서의 기술 개발과 혁신의 필요성에 대해서 강조하기 시작했다. 그는 회사가 보유한 3,000명의 R&D 과학자들과 엔지니어들 중 단지 250여명만이 일본 밖에 있다는 점을 우려하며, 특히 새로운 분야에서의 R&D 파트너십과 기술교류 활동에 투자하기 시작했다. 예를 들어 1998년, 그는 중국의 선도적인 연구조직인 중국과학원(Chinese Academy of Sciences)과의 공동 연구개발(R&D) 협약서에 서명했다. 또한 그는 그 해 말미에, 캘리포니아에 파나소닉 디지털 컨셉센터(Panasonic Digital Concepts Center)의 설립을 공표했다. 이 센터의 임무는 실리콘 밸리(Silicon Valley)에서 떠오르는 새로운 아이디어와 기술들을 위한 인큐베이션 센터와 벤처 투자처로서의 역할을 수행하는 것이었다. 이러한 것들은 마츠시타(Matsushita)가 어느 정도는 자신들의 해외자회사로부터 새로운 기술과 사업적인 구상을 만들어내려는 노력을 포기한다는 것을 암시했다.

나카무라(Nakamura)의 변혁 2000년 6월, MEI의 북미사업의 운영을 책임져왔던 38세의 베테랑 쿠니오 나카무라(Kunio Nakamura)가 사장에 임명이 되었다. 소비자 가전은 TV와 VCR 사업부에서의 손실로 인해 겨우 0.4%의 운영이익을 창출한 가운데, 매출액 대비 운영이익은 2.2% 수준이었다. 전임 사장이었던 모리시타(Morishita)가 7년 전에 이미 공언했던 것처럼, 새로운 CEO는 운영 마진을 3년 안에 5%로 올릴 것을 약속했다.

12월에 나카무라(Nakamura)는 "가치 창출 21(Value Creation 21)" 또는 VC21이라고 불리는 그의 첫 3년 계획을 공표할 준비가 되었다. 이것의 주된 목표는 첫째, 강력한 기술 기반의 부품 사업 둘째, 유연하고 반응이 빠른 생산 역량 셋째, 소비자 지향 · 해결책 중심의 사업 등 세 가지 토대 위에 "최고의 생산 회사(super manufacturing company)"를 만들어 내는 것이다. 이 새로운 CEO는 마츠시타(Matsushita)의 완전히 통합되어 있는 가치 사슬을 유지할 필요에 대해서 강조했고, 가치 사슬의 한 가운데 있는 매우 경쟁이 심한

도표 6 마츠시타의 요약 재무자료, 1970~2000년까지[a]

	2008	2000	1995	1990	1985	1980	1975	1970
단위: 10억 엔, 퍼센트								
매출액	¥9,069	¥7,299	¥6,948	¥6,003	¥5,291	¥2,916	¥1,385	¥932
세전이익	527	219	232	572	723	324	83	147
매출대비 세전이익	5.8%	3.0%	3.3%	9.5%	13.7%	11.1%	6.0%	15.8%
순이익	¥282	¥100	¥90	¥236	¥216	¥125	¥32	¥70
매출대비 순이익	3.1%	1.4%	1.3%	3.9%	4.1%	4.3%	2.3%	7.6%
현금 배당(주당)	¥35.00	¥14.00	¥13.50	¥10.00	¥9.52	¥7.51	¥6.82	¥6.21
자산총계	7,443	7,955	8,202	7,851	5,076	2,479	1,274	735
자기자본	3,742	3,684	3,255	3,201	2,084	1,092	573	324
자본투자	503	355	316	355	288	NA	NA	NA
감가상각	320	343	296	238	227	65	28	23
R&D	554	526	378	346	248	102	51	NA
직원 수	305,828	290,448	265,397	198,299	175,828	107,057	82,869	78,924
해외직원 수	170,265	143,773	112,314	59,216	38,380	NA	NA	NA
총 직원대비 해외직원의 비율(%)	56%	50%	42%	30%	22%	NA	NA	NA
환율(회계기간 종료시점, 엔(¥)/달러($)	100	103	89	159	213	213	303	360
단위: 백만 달러								
매출액	$90,949	$68,862	$78,069	$37,753	$24,890	$13,690	$4,572	$2,588
감가상각 전 영업이익	8,424	4,944	6,250	4,343	3,682	1,606	317	NA
감가상각 후 영업이익	NA	1,501	2,609	2,847	2,764	1,301	224	NA
세전이익	4,263	2,224	2,678	3,667	3,396	1,520	273	408
순이익	2,827	941	1,017	1,482	1,214	584	105	195
자산총계	74,648	77,233	92,159	49,379	21,499	11,636	4,206	2,042
자본총계	37,530	35,767	36,575	20,131	10,153	5,129	1,890	900

[a]1987년 이전 자료는 11월 20일에 종료되는 회계연도 기준이며, 1988년과 그 이후 자료는 3월 31일에 종료되는 회계연도 기준임.
출처 : S&P의 Compustat, Moody's의 Industrial and International Manuals 연례보고서.

소비자 가전 제품 분야에서의 낮은 수익을 상쇄하기 위해 상위(upstream) 부품단계와 하위(downstream)의 서비스와 솔루션 단계 모두에서 높은 이익을 보장하는 "스마일 커브(smile curve)"로 그의 주장이 옳음을 증명했다.

VC 21의 핵심은 비효율적인 규모 중심의 공장들을 폐쇄하고, 구식의 대량생산 조립라인들을 현대적인 유연한 생산 셀로 변화시킴으로써 생산센터(MC, Manufacturing Centers)에 생산을 집중화하는 계획에 있었다. 이러한 변화는 일본의 모 공장(mother plants)에서 먼저 구현될 것이었고, 그 후 전 세계의 170개 공장으로 확산시킬 것이었다.

또한 마츠시타(Matsushita)가 지녀왔던 역사적으로 분산되고 구분되어 있는 조직구조를 "평평한 웹기반의 조직(flat web-based organization)" 구조로 대체하려는 계획의 일환으로, 나카무라(Nakamura)는 현재, 비전속적(non-captive)이고 배타적이지 않은 생산센터로부터 제품을 조달해야 하는 제품사업부로부터 공장들을 분리했다. 영업 및 마케팅 역시 한때 강력했던 제품사업부에서 갈라져 나왔다. 또한 가정용 기기

도표 7 1985년~2000년, 마츠시타의 제품과 지역별 매출 현황(단위: 십억 엔)

	2008	2000		1995		FY 1990		FY 1985	
제품별									
오디오, 비디오, 통신 네트워크	¥4,319			—	—	—	—	—	—
비디오 및 오디오 장비	—	¥1,706	23%	¥1,827	26%	¥2,159	36%	¥2,517	48%
전자부품	—	—	—	893	13	781	13	573	11
가전제품 및 가사용품	1,316	1,306	18	—	—	—	—	—	—
가전제품	—	—	—	916	13	802	13	763	14
통신 및 산업용 장비		—	—	1,797	26	1,375	23	849	16
배터리 및 주방관련 장비	—	—	—	374	4	312	5	217	4
정토통신 장비	—	2,175	28	—	—	—	—	—	—
산업장비	—	817	11	—	—	—	—	—	—
부품	1,399	1,618	21	—	—	—	—	—	—
기타	123	—	—	530	8	573	10	372	7
합계	¥9,069	¥7,682	100%	¥6,948	100%	¥6,003	100%	¥5,291	100%
지역별									
내수	¥6,789	¥3,698	51%	¥3,455	50%	¥3,382	56%	¥2,659	50%
해외	5,404	3,601	49	3,493	50	2,621	44	2,632	50
기업	(3,120)								

노트: 반올림으로 인하여 합계가 상이할 수 있음.
출처: 연례보고서.

(appliances)와 가전제품(consumer electronics)을 각각 담당했던 두 개의 글로벌 마케팅 조직은 하나로 흡수되었다. 한 매니저는 다음과 같이 회상했다. "그것은 문화적인 혁명이었습니다."

그러나 나카무라(Nakamura)가 그의 계획에 탄력을 받을 수 있을 것이라고 예상했던 강력한 재정적인 성과는 2001년, 글로벌 "기술주의 붕괴(tech wreck)"로 인한 침체로 사라졌고 이로 인해 마츠시타(Matsushita)는 역사상 처음으로 분기별 적자를 기록했다. CEO는 이러한 상황을 반전시키기 위하여 즉각적으로 다섯 개의 긴급조치를 공표했다. 한 가지 과감한 조치에서, 회사는 그간 그들의 고수해왔던 종신고용관행(lifetime employment practice)을 포기하고 1만 8천명의 직원들에게 명예퇴직을 제안했다. 회사의 이러한 제안을 1만 3천명이 넘는 직원들이 받아들였고, 이를 통해서 회사는 비용을 줄일 수 있었을 뿐만 아니라, 새로운 세대의 관리자들이 승진할 수 있는 기회를 제공할 수 있게 되었다. 종합적으로 국내인력은 2만 5천명으로 줄어들었고, 30개의 비효율적인 공장들이 문을 닫았다.

이러한 노력에도 불구하고 2002년 3월 마츠시타(Matsushita)는 1990억 엔(17억 달러)의 영업 손실을 발표했다. 더욱 충격적이었던 것은 구조조정 비용을 포함하면 적자의 규모는 4280억 엔(37억 달러)으로 늘어난다는 것이었다. 이러한 상황을 "참을 수 없는 사회악(intolerable social evil)" 이라고 부르면서, 나카무라(Nakamura)는 다음 해에 1000억 엔의 이윤을 달성하기 위해 노력했다.

나카무라(Nakamura)는 임원들에게 그가 실시했던 긴급조치들이 만족스럽지 않게 실행되고 있었기 때문에, 경영진 개선계획을 추가적으로 시작한다고 말했다. 그는 경쟁적인 가격으로 글로벌 시장으로 빠르게 소개되고 있는 혁신적이고, 소비자에 초점을 맞춘 "V-제품들"로 "V-형의 회복"을 달성하라고 그들을 압박했다. 그는 투자의 70%를 가전제품과 반도체에 집중하고 관리자들에게 과거 마츠시타(Matsushita)의 느린 혁신과 모방에 대한 명성에서 벗어날 것을 강력히 권고했다. "디지털 시대에, 모방자를 위한 공간은 없습니다."라고 그가 말했다.

내부의 경쟁을 없애기 위하여 그는 방향 전환을 모색해야 한다고 느꼈고, 그는 모든 사업들을 가깝게 관련이 있는 디지털 통신망(주로 가전, 모바일 폰 그리고 텔레콤), 가전제품(조명 및 환경 시스템 포함), 부품(반도체, 배터리 및 모터) 등 3개의 사업영역 중 하나로 묶었다.

2004년 3월, 3년간의 "VC21" 계획 종료 즈음에 회사는 매출 7조5천억 엔(720억 달러)에 1850억 엔(19억 달러)의 이윤을 보고했다. 결과가 인상적이기는 했지만, 아직도 약속했던 5%의 운영 마진의 절반에는 미치지 못했다. 따라서 나카무라(Nakamura)는 2007년까지 5%의 운영 마진을 목표로 하고 2010년까지 운영 마진을 10%로 늘리려는 계획의 중간 과정으로 "도약 21(Leap Ahead 21)" 이라고 불리는 새로운 3년짜리 계획을 발표했다.

오츠보(Ohtsubo)의 유산 2006년 4월, 36억 달러의 영업이익을 달성했다는 발표를 한 후, 나카무라(Nakamura)는 그가 6월에 CEO직에서 내려올 것이라고 밝혔다. 그와 동시에 발표현장의 애널리스트들은 그에게 기립박수를 보냈는데, 이는 자신의 의사를 잘 표현하지 않는 일본에서는 매우 흔치 않은 일이었다. 나카무라(Nakamura)의 후계자이자 가전제품 사업부의 책임자였던 후미오 오츠보(Eumio Ohtsubo)는 전임자였던 나카무라(Nakamura)가 2010년까지 삼성(Samsung)이 달성한 9.4%의 운영 마진을 앞지르겠다는 뜻을 이어 받았다.

마츠시타(Matsushita)를 세계 최고의 플라즈마 TV업체로 만들기 위한 노력에서, 오츠보(Ohtsubo)는 13억 달러의 현금을 집중적인 R&D와 효율적인 글로벌 생산에 균형을 맞추어 투자하면서, 빠르게 성장하고 있는 평면스크린 시장을 지배하기 위해 전력을 다했다. 그는 1년에 2번 주기로, 전 세계적으로 보다 나은 제품을 개발, 생산, 출시할 수 있는 역량을 구축하기를 원했다. "우리는 절대로 평면 TV사업에서 패배하지 않을 것입니다."라고 그가 말했다.

2008년 1월, 그는 회사의 가장 잘 알려진 브랜드의 이름을 반영하여 회사의 이름을 마츠시타(Matsushita)에서 파나소닉(Panasonic)으로 변경한다고 발표하여 많은 사람들을 놀라게 했다. 이것은 해외수익을 2010년까지 50% 이하에서 60%로 증가시키기 위한 오츠보(Ohtsubo)의 노력의 일환이었다. 그럼에도 불구하고, 브랜드 평가 전문기업인 인터브랜드(Interbrand)의 글로벌 브랜드 인지도 조사에서 파나소닉(Panasonic)은 78위를 차지하는 것으로 나타났다. 아직도 그에게는 가야할 길이 많이 남아 있었다.

그러나 2008년에 글로벌 금융 위기가 닥쳤을 때 해외매출 성장에 대한 모든 이야기가 날아가 버렸다. 12월 분기에, 회사 매출은 20%나 감소했고, 영업 이익은 85% 곤두박질쳤다. 긴급하게, 오츠보(Ohtsubo)는 회사의 170개 해외 공장들을 검토하기 시작했고, 운영 이익이 3%미만이거나 3년 이상 매출이 감소할 경우 공장을 폐쇄할 것이라고 공언했다. 이러한 검토를 통해 27개의 해외 공장을 폐쇄했고, 1만 5천명의 직원들을 해고하게 되었다. 그럼에도 세계 경제 위기는 회사에 큰 타격을 주었고, 구조조정 비용과 부채 탕감으로, 회사는 2009년 3월에 당해연도에 42억 달러의 손실을 예상했다. 2010년까지 900억 달러의 수익과 10%의 운영 마진을 달성하기 위해 정성스럽게 수립된 계획은 망상이 되었다.

Case 4-2 켄트 케미컬(Kent Chemical): 국제적인 성장을 위한 조직 개편

Christopher A. Bartlett and Laura Winig

2008년 7월, 켄트 케미컬 프로덕츠(Kent Chemical Products, KCP)의 해외 조직인 켄트 케미컬 인터내셔널(Kent Chemical International, KCI)의 사장, 루이스 모랄레스(Luis Morales)는 자신의 무릎 위에 컴퓨터를 올려놓고는 KCI의 해외사업 조직도를 KCP의 국내 조직도와 합치려는 시도를 하고 있었다. 세 번의 시도 끝에 두 회사의 조직도는 마침내 한 화면 위에 모습을 드러내었다. 컴퓨터 화면 위에서는 통합에 성공하였지만, 머리가 여러 개 달린 히드라를 연상시키는 조직도를 바라보며 모랄레스(Morales)는 현실에서도 그러한 해결책을 찾았다는 확신은 들지 않았다.

지난 2년간 KCI의 사장은 급속하게 성장하는 해외사업 조직을 켄트(Kent)의 국내 핵심조직과 더 잘 통합할 수 있는 방법을 찾고 있었다. 이전에 수행했던 두 번의 조직개편에서는 이 목적을 달성하지 못하였고, 이제 국제 경기가 불황으로 접어드는 것처럼 보였다. 만약 그가 또 한 번의 조직개편을 권유해야 한다면 그것은 성공적이어야 한다는 것을 모랄레스(Morales)는 잘 알고 있었다.

■ HBS의 Christopher A. Bartlett교수와 Laura Winig는 이 사례를 오로지 수업 토론용으로 작성하였으며, 1차 자료원이나 사례확인자료 또는 효과적이거나 비효과적인 경영을 묘사하기 위해 이 사례를 작성하지는 않았습니다. 실제 이벤트에 근거했지만 이 사례보고서는 허구이며, 실제 인물이나 기업체와 유사한 내용이 나온다면 그것은 우연입니다. 내레이션에는 실제 업체들을 간혹 언급하는 내용도 있습니다.

KCI(Kent Chemical Products): 회사 및 사업 소개

켄트(Kent)는 1917년에 고무제품 생산업체로 설립되었고, 이러한 역사적 뿌리는 아직도 회사에 분명하게 남아있었다. 설립자인 피셔(Fisher) 가족들은 주식의 10%를 소유하고 있었으며, 아직도 이 회사의 최대 주주였다. 또한, 피셔(Fisher)가의 구성원들은 회사 내의 몇몇 핵심적인 지위를 차지하고 있었으며, 본사는 오하이오(Ohio)주 애크런(Akron)시 외곽의 켄트(Kent)시에 위치해 있었다.

1940년대 동안 켄트(Kent)는 플라스틱 제품으로 사업 다각화를 실시하였으며, 그 시장이 급속하게 팽창함에 따라, 합병을 통해 플라스틱용 첨가제 및 기타 특수 화합물의 미국 내 최대 제조업체 및 판매업체로 성장하였다. 전후(postwar)의 특수에 발맞추어 KCP는 1953년에 연구소를 설립하여 기술기반의 연구결과를 제품개발에 활용하기 위해 노력했다. 2000년대까지, 켄트(Kent)는 특수 화합물의 세계적인 선두 기업이 되었으며, 2007년 22억 달러의 매출액을 달성하였다(**〈도표 1〉**은 회사의 요약 재무제표를 제시하고 있음). 이 회사는 미국과 해외에서 20개가 넘는 사업에서 소수 혹은 다수의 지분을 소유하고 있었고, 해외직원 1,200명을 포함하여 4,200명의 직원을 고용하고 있었다. 또한 켄트(Kent)는 13개국에서 30개의 제조공장을 운영하고 있었고, 거의 100개의 국가들에서 자사의 제품들을 판매하고 있었다.

켄트(Kent)는 특수 윤활유부터 폴리머 첨가제에 이르기까지 다양한 제품들을 취급하고 있었고 건설, 전자제품, 의료제품 및 소비재 산업에서의 틈새시장에 집중하고 있었다. 이러한 제품들은 6개의 사업부에

도표 1 켄트(Kent Chemical)의 요약 재무제표, 2003~2007년 (단위: 백만 달러)

	2007	2006	2005	2004	2003
연결 손익계산서					
순매출액	$2,238	$2,072	$1,937	$1,810	$1,628
판매비용	1,700	1,440	1,339	1277	1,150
	538	632	598	533	478
판매비 및 일반관리비	320	305	295	263	248
연구개발비	90	84	82	77	68
	410	389	377	340	316
영업이익	128	243	221	193	162
로열티, 이자, 배당소득	33	51	44	49	47
이자비용	−38	−44	−23	−30	−22
기타소득(공제)	−2	−20	−3	−3	−1
소득세	−50	−110	−115	−96	−88
소수주주지분 및 지분수익 차감 전 이익	71	120	124	113	98
자회사의 소수주주지분 이익(손실)	5	−1	−3	6	0
관계사 수익	20	21	28	34	40
당기순이익	$ 96	$ 140	$ 149	$ 154	$ 128
본사에 대한 KCI의 기여 결과(미감사)					
순매출액	$ 598	$ 578	$ 466	$ 402	$ 322
당기순이익	$ 24	$ 38	$ 37	$ 33	$ 23

의해 관리되고 있었으며, 이 중 3개의 사업부는 해외 매출의 비중이 매우 높았다.

소비재 제품 이 회사의 최초의 주요 소비재 제품인 '*Grease-B-Gone*'은 1966년에 출시되어, 미국의 선도적인 기름 제거제가 되었다. 처음에는 자동차 엔진 시장을 겨냥하였던 이 브랜드는 오븐, 바비큐, 스테인리스스틸 세정제와 같이 마진이 높은 틈새 가정용품을 위한 다양한 전문 제품으로 확장되었다. 그 후 KCP는 하수관 세척액, 녹 제거제 그리고 친환경 표면 세정제를 포함하여 여러 전문적인 가정용품들을 선보였다.

미국에서 이러한 제품들은 주로 독립적인 소매상들과 철물 및 손수제작용품(DIY: do-it-yourself) 부문의 구매집단들에 의해 유통되었다. 해외에서는 소비자 직판장 및 소매유통채널이 국가마다 다양했다. 예컨대, 브라질에서 켄트(Kent)는 유통업자들을 통해 소규모 독자직판장에게 제품들을 판매하였으며, 프랑스에서는 직판조직이 전국체인에 제품을 판매했다. 그리고 미국에서는 소비자들의 선호도가 대체적으로 동질적이었던 반면에, 해외에서는 제품의 포장, 용기 크기, 외양(냄새, 색상 등) 그리고 심지어는 활성 성분조차 국가들마다 매우 상이했다.

5억 2천 2백만 달러에 달하는 이 사업의 총매출 중 약 1/3 수준인 해외매출은 현지 및 지역의 강력한 경쟁자들이 있는 각각의 해외 시장에서 발생했다. 일반적인 가정용품은 프랑스, 브라질, 뉴질랜드 시장에 있는 이 회사의 대형, 복수제품 혼합 및 포장공장에서 생산되었다. 하지만 특수공법으로 제작되는 연무제 패키지 제품(*Grease-B-Gone*) 라인을 생산할 수 있었던 유일한 해외 공장은 프랑스에만 있었는데, 이 공장은 1990년에 설립된 단일제품 공장이었다.

방화 제품 켄트(Kent)는 의류 산업용 발화지연제를 개발하였던 회사를 인수함으로써 1950년대에 방화제품 사업에 진출하였다. 그 후 켄트(Kent)의 R&D 연구소에서는 전자, 건축 및 운송 산업에서 사용할 수 있는 발화지연제를 개발하였다. 그 후 세 명의 아폴로 우주비행사의 목숨을 앗아간 1967년의 화재사건 이후,

켄트(Kent)는 정부의 지원을 받아 일련의 발포제, 화학약품 및 가스 등을 개발하였고, 이를 통해서 보다 규모가 큰 방화 통제 사업부문으로 진출할 수 있게 되었다.

2008년 무렵, 발화지연제는 성숙단계에 도달한 제품이었지만, 방화 통제 분야는 규모가 크고 빠르게 성장하고 있으며, 점점 전문화되어가는 분야였고 이러한 속도를 따라잡기 위해서는 R&D에 대규모로 투자를 할 필요가 있었다. 방화 통제 분야의 제품라인은 방화 통제 시스템 회사와 전자, 건축 및 석유정제 산업 분야의 OEM 제조업자들과 함께 판매했다. 특히 발화지연제 부문에서의 극심한 가격 경쟁 때문에 켄트(Kent)는 생산원가의 절감에 집중했다.

해외에서 발화지연제는 과거 켄트(Kent)의 라이선시(licensee)였던 영국의 파이어가드(FireGard plc)와 독일의 지셔퍼우여(SicherFeuer AG)에 의해 생산되었다. 이 두 회사는 모두 이 업계에서 오랜 역사를 가지고 있었다. 방화규정이 국가마다 달랐기 때문에 켄트(Kent)는 자사의 4개 해외공장에서 생산한 화학약품들을 현지 시장에 맞게 조정해야 했다. 몇몇 다국적 구매자들이 켄트(Kent)의 매출 대부분을 차지하고 있었다. 이 당시 켄트(Kent)는 전 세계적으로 2억 1천만 달러의 총매출을 기록하고 있었는데, 이 중 45%는 해외시장에서의 매출이었다. 세계 3대 업체로서 켄트(Kent)는 국내 및 해외 기업들 모두로부터의 압박에 직면했다.

의료용 플라스틱 1960년대에, 켄트(Kent)는 주요 의료용품 공급회사와 협력하여 미국 식약청(FDA)으로부터 정맥 내 투여를 허가받은 비침출 멸균 플라스틱(non-leaching, sterilizable plastic)을 개발하였다. 이러한 파트너십을 통해, 플라스틱 IV 백(plastic IV bags)이 탄생되었는데, 이 제품은 전 세계의 병원 침상에 걸려있는 아주 흔한 유리병을 점진적으로 대체했다. 이러한 명성을 구축함으로써, 켄트(Kent)는 의료용 플라스틱의 선도적인 공급업체가 되었다. 그 후 수십 년 동안, 켄트(Kent)는 이식할 수 있는 수술기구에서부터 대체 관절에 이르기까지 모든 제품을 위한 특수한 제조방법을 개발하였다.

켄트(Kent)의 고객들은 대규모 글로벌 병원용품 및 의료장비 회사들이었고, 켄트(Kent)는 그들과 협력관계를 맺어 그들이 필요로 하는 제품에 특화된 플라스틱을 개발하였다. 생체적합성(biocompatibility), 자기윤활성(self-lubrication) 그리고 비독성(non-toxicity)과 같은 특성 이외에도, 이들 플라스틱들은 극한 온도 및 습도의 멸균 조건에서 그런 특성을 유지할 수 있어야만 했다.

켄트(Kent)의 증가하는 의료 제품 라인들은 전적으로 켄트(Kent)의 R&D 연구소에서 개발되었고, 캘리포니아와 네덜란드의 전용 공장 중 한 곳에서 제조되었다. 이 사업의 6억 2천 5백만 달러의 글로벌 매출 실적을 보였는데, 이중 약 35%가 해외 매출이었다.

KCI(Kent Chemical Products): 성장을 위한 세계시장 진출

수년 동안, 켄트(Kent)의 해외 영업은 매출 증가의 원천으로 간주되었으며, 주로 수출, 라이선스 계약 및 소수 지분 합작투자(JV)를 통해 이루어졌다. 이러한 관점은 KCP의 신임 CEO 벤 피셔(Ben Fisher)가 글로벌 확장을 위한 보다 전략적인 접근이 자기 업무의 최우선 과제라고 선언한 1998년에 바뀌게 되었다. 그는 다음과 같이 말했다. "우리의 목표는 켄트(Kent)를 해외시장을 주변을 서성거리는 미국회사가 아니라, 전 세계에 걸쳐 제품을 개발, 제조, 판매하는 회사로 탈바꿈시키는 것입니다."

낡은 뿌리, 새로운 성장 전 세계적으로 통합된 회사라는 그의 비전을 실천하기 위해, 피셔(Fisher)는 해외사업부를 활성화시키기 위해 루이스 모랄레스(Luis Morales)를 이 부서의 책임자로 임명하였다. 모랄레스(Morales)는 켄트(Kent)에서 22년간 근무하면서 잔뼈가 굵어진 베테랑이었다. 그는 켄트(Kent)의 멕시코 자회사 판매부에 입사하여, 국가 담당 총책임자로

도표 2 KCP 국제 사업부의 조직도(2000년)

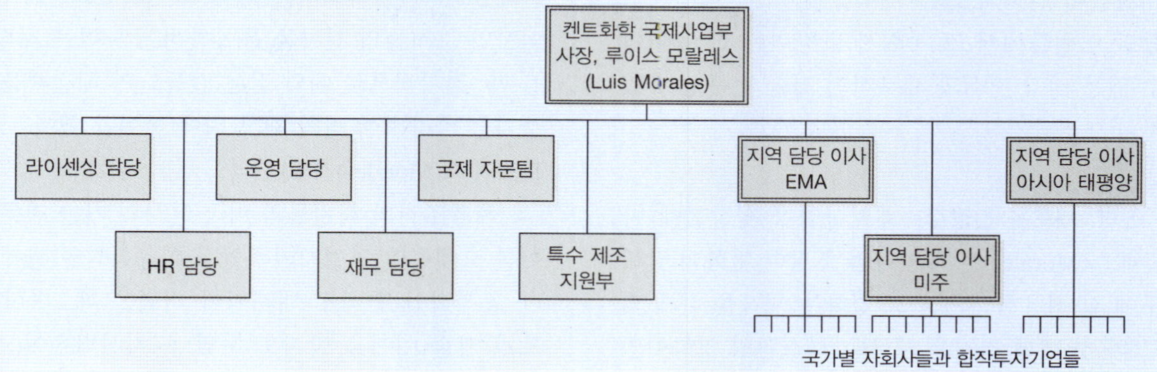

승진하였고, 그 후 오하이오로 와서 KCP의 소비재 사업부를 관리했다. 그는 승리하기를 좋아하는 총명하고 열심히 일하는 팀 플레이어라는 명성을 얻었다.

모랄레스(Morales)는 켄트(Kent)의 15개의 해외 합작투자기업들의 다수 지분을 확보했으며, 다른 해외기업들을 인수하면서 점차 국제적 위상을 높여나갔고, 이를 통해서 글로벌 통합 전략(global integration strategy)을 실행하기 시작했다. 그 이후 급속하게 해외매출이 증가했는데 1999년 1억 3천 9백만 달러(총매출액의 11%)였던 해외매출은 2007년 5억 9천 8백만 달러(총매출액의 27%)로 증가하였다. 이러한 해외매출은 켄트(Kent)의 해외사업부에 의해 관리되었다. 해외사업부는 모두 오하이오(Ohio)주 켄트(Kent)시에서 근무하고 있었던 세 명의 지역(유럽, 중동 및 아프리카(EMEA), 중미 및 남미, 아시아 및 태평양) 담당 이사를 통해 모랄레스(Morales)에게 보고를 하였다(〈**도표 2**〉 참조).

역사적으로 지역 담당 이사들은 자회사 및 22개국의 합작투자(JV) 관리자들을 현지의 지위를 최적화하도록 가볍게 격려하며 관리해왔다. 켄트(Kent)는 이러한 회사들 중 많은 곳에서 소수 지분을 보유하고 있었기 때문에, 재무와 운영에 대한 통제는 종종 제한적일 수밖에 없었다. 그러나 강력한 비공식적 연결고리는 필요한 자금 및 기술 지원을 보장해주었다. "수십 년 동안, 우리는 그들을 지원해주었고 그들은 우리들에게 배당금을 송금해주었어요."라고 모랄레스(Morales)가 말했다.

오랜 경쟁의 역사로 인해, 때때로 합작투자기업의 기업적 독립성을 확보하는 일은 매우 복잡했다. 모랄레스(Morales)는 협력적 활동과 통합적 운영 등 지역 이사들의 인수 후 통합 업무가 매우 어려웠다는 사실을 인정했다. "예를 들면 파이어가드(FireGard)와 지셔퍼우여(SicherFeuer)는 수십 년간 우리와 경쟁관계에 있었던 회사였어요. 우리가 그들의 소수 지분을 취득한 이후에도, 그들은 우리와 협력하려 하지 않았고 심지어는 활동을 조정하려고도 하지 않았어요. 사실 서르가 상대의 시장으로의 수출을 멈추고, 우리 자신의 자회사로 활동을 시작하게 된 것도 불과 몇 년 전의 일이었어요."라고 그는 말했다.

심지어는 켄트(Kent)가 다수 지분을 확보한 이후에도, 종종 합작투자기업의 통제권을 확보하는 것이 어려웠다. 2000년에 유럽, 중동 및 아프리카(EMEA) 지역 담당 이사가 자기 직원을 함부르크로 이동시켰다. "중첩되는 활동들과 중복적인 업무를 합리화하기 위해서 우리는 현지회사와 보다 밀접하게 일을 할 필요가 있었지요. 그러나 직원들을 재배치시켜도 이 문제는 해결되지 않았어요. 예를 들면 한 번은 제 직원이 중복되는 유럽의 제조활동을 통합하려는 시도를 했을 때, 현지 시장에서 20~30년의 경험을 가지고 있던 현지 관리자들이 달려와 그를 에워쌌어요. 곧 대부분의 지역 담당 임원들에게 그 자회사의 강력한 반발에 대응할 수 있는 시장 지식과 세부적인 기술 전문성이 없다는 것이 드러났지요."

새로운 전략, 새로운 긴장감 해외사업이 성장함에 따라 모랄레스(Morales)는 해외사업 조직이 변화의 압력과 요구에 잘 적응하지 못하고 있다는 생각을 하게 되었다. 그의 첫 번째 걱정은 새로운 시스템의 영향이었다. 켄트(Kent)가 다수 지분을 확보함에 따라, 회사의 운영을 통제하고, 재무보고시스템이 통합될 수 있도록 회사의 보고시스템이 추가되었다. 그러나 이러한 변화는 부담을 야기하였다. "자료를 입수한다는 것은 때때로 지역담당 임원이 현지 국가 총책임자를 비난하도록 유혹하기도 해요. 자회사들은 우리가 현지시장의 현실에서는 달성할 수 없는 자의적인 재무적 목표를 설정한다고 느끼죠. 우리의 선의에도 불구하고, 저는 국가 총책임자의 말이 때때로 옳다고 생각해요." 라고 모랄레스(Morales)가 말했다.

자금 배분도 역시 더욱 복잡해졌다. 이제 자회사들은 우선 지역 총책임자가 검토하고, 그 다음으로 모랄레스(Morales)가 검토를 마치면 최종적으로 본사 차원에서 검토되도록 자금을 요청해야 한다. 이 과정에서, 자회사들과 미국 본사의 기술관련 담당자와의 관계가 변해버렸다. "우리의 미국 본사 동료들은 프로젝트와 관련하여 우리와 의견을 나누곤 했어요. 그러나 일단 그들이 자금관련 의사결정을 평가하는 업무에 관련하게 되면, 그들은 보다 비판적으로 바뀌었고, 덜 협조적으로 변했어요."라고 한 현지국 총책임자가 설명했다.

모랄레스(Morales)의 두 번째 걱정은, 해외자회사들이 오랫동안 독립성을 유지해왔던 역사로 인해, 자회사의 관리자들이 자기이익을 보호하도록 행동하려는 경향이 있었다는 사실이었다. "한국의 자회사가 전자산업의 고객들을 위해 발화지연제를 제조하기를 원했을 때, 그 계획은 수년 동안 한국에 발화지연제를 수출해왔던 독일 자회사에 의해 저지되었죠. 우리가 해외사업 조직들의 전략을 통합하려는 노력을 시작하였을 때, 정기적으로 이와 같은 갈등들이 해결책을 찾아주기를 바라며 우리의 책상 위에 놓이곤 했어요."라고 모랄레스(Morales)가 말했다.

해외조직의 직원들과 미국 본사의 기술 전문가 사이를 오랫동안 연결시켜주었던 비공식적인 관계가 보다 공식적인 관계로 대체되어 버렸을 때, 편협한 태도가 기술 이전을 막기도 하였다. 지셔퍼우여(Sicher-Feuer)의 총책임자 베톨트 휴겔(Berthold Hugel)은 다음과 같이 설명했다.

> 우리 회사가 성장함에 따라, 미국에서 근무를 하고 있던 한 기술 관리자가 내수 사업부와의 연락을 위해 지역담당 이사의 직원으로 임명되었어요. 아마 그가 연락 기술이 없었는지는 몰라도, 우리와 연락이 된 적은 한 번도 없었죠. 그래서 저는 영어를 할 줄 아는 지셔퍼우여(SicherFeuer)의 직원을 오하이오로 보내 기술 관련 연락 업무를 맡겼어요. 그러나 그는 자질이 없었고, 따라서 이 방법도 소용이 없었어요. 마지막으로 기술적인 지원을 받을 수 있는, 그리고 어떤 새로운 제품이 개발되고 있는지를 파악할 수 있는 유일한 방법은 내가 직접 본사로 출장을 가는 것이라고 판단하였어요. 그리고 저는 그렇게 했죠.

지역사업 조직과 제품사업 조직 사이의 연결에 대한 불만도 미국 사업부에 생겨났는데, 이것은 방화 사업부 부사장이었던 잭 데이비스(Jack Davies)의 아래와 같은 언급에 반영되어 있다.

> 우리가 굉장한 할로겐 난연 제품을 개발하였는데 이 제품은 미국에서 엄청난 판매고를 올렸죠. 하지만 유럽에서는 판매도 시작하지 못했어요. 그 이유를 영국 자회사로부터 들을 수 있었는데, 프로젝트 사용 요청서가 본사에 의해 차단되어 있는 것이었어요. 저는 회계담당 부서의 누군가가 영국 자회사가 외상 매출금을 송금하도록

압박하는 수단으로 승인을 보류하고 있다는 사실을 알아냈어요. 저의 소관업무는 아니었지만, 제가 개입하여 이 문제를 해결했어요.

모랄레스(Morales)가 걱정한 세 번째 문제는, 해외사업부 내에서 조차도, 지역조직이 글로벌 차원의 시사점을 가지는 사안을 조정하는 데에 어려움을 겪고 있었다는 사실이었다. 예를 들면, 의료용 플라스틱 사업부의 경우, KCP의 주요 고객의 대부분은 다국적 병원 용품 및 의료 장비 회사들이었다. 그래서 브라질 자회사가 고가의 기술적 의료제품들을 더 많이 판매하기 위해서, 미끼 상품으로 범용 폴리카보네이트 제품의 가격을 일방적으로 낮추자, 이러한 가격 인하는 켄트(Kent)의 전 세계 의료용 플라스틱 사업에 영향을 미쳤다.

이 문제는 그 누구도 가격, 제품, 조달의 결정을 전 세계적으로 조정하려 하지 않는다는 사실을 잘 보여주었다. "설상가상으로, 해외 사업부는 제품기반의 조직이 아니라 지역기반의 조직이었기 때문에, 우리의 세계적인 제품개발의 니즈와 우선순위가 연구 집단에게 잘 전달되지 않았어요. 그리고 우리의 R&D 노력이 특수한 문제나 확인된 사안에만 응대를 했기 때문에, 그들은 좀처럼 해외의 기회나 니즈에 집중하지 않았어요."라고 모랄레스(Morales)는 말했다.

2006년의 조직 개편: GBD(global business directors)로 간격 메우기

2006년 6월, CEO 벤 피셔(Ben Fisher)가 켄트(Kent)의 이사회 의장직도 겸임하게 되었을 때, 그는 이것을 대대적인 조직개편을 발표하는 기회로 삼았다. 20년 전, KCP의 R&D 연구부서에 박사급 과학자로 입사했던 안젤라 페리(Angela Perri)가 미국사업부의 사장이었다. 페리(Perri)는 가장 최근에 미국 의료용 플라스틱 사업부를 맡았던 유능하고, 추진력이 강한 그리고 야심찬 경영자였다.

동시에 벤 피셔(Ben Fisher)의 35세 아들인 피터 피셔(Peter Fisher)를 모든 본사 직원들과 해외사업부를 책임지는 부의장으로 임명하였다. 피터(Peter)는 영업부 직원으로 켄트(Kent)에 입사하였으며, 지난 4년간 소비재 사업부를 이끌었다. 새로운 조직개편에 따라, 해외사업부는 KCP의 자회사로 설립된 별도의 법인인 켄트 케미컬 인터내셔널(Kent Chemical International, KCI)이 되었다. 안젤라 페리(Angela Perri)와 피터 피셔(Peter Fisher) 둘 모두 회장에게 직접 보고를 하는 구조였다(〈**도표 3**〉 참조).

모랄레스(Morales)는 그러한 조직개편으로 국내 및 해외 사업부 간의 관계가 개선되기를 희망했다. "역사적으로 볼 때, 우리 조직의 모든 필수적인 의사소통은 최고경영진 수준에서 취해지거나 일선 현장에서 일어났습니다. 저의 수준에서는 자금 관련 의사결정을 협의하곤 했고, 일선 현장에서는 미국본사의 기술 전문가와 해외공장의 관리자 사이의 관계에서 모든 일이 다 이루어졌어요."라고 그는 말했다. 그러나 해외사업이 성장함에 따라, 모랄레스(Morales)가 KCI의 주요 고위층 연락책으로 처리해야 할 일들도 많아지게 되었다. 이로 인해 오랫동안 최전선에 자유롭게 제공했던 자문과 지원이 이제는 느리게 그리고 마지못해 제공되었고, 종종 회사 내부의 자문료 청구서와 함께 제공되는 상황에까지 이르게 되었다. "지역 담당 이사들에게 국내 사업부와의 추가적인 연결고리를 제공해야 했었어요. 하지만 그들은 제품 사업부 관리자의 위상이나 권한을 결코 행사하지 못했죠. 사실, 그들 모두가 KCP의 부사장들이었는데도 말이에요."라고 모랄레스(Morales)가 말했다.

이 문제들을 풀기 위해, 모랄레스(Morales)는 2006년에 세 명의 GBD(global business director, 글로벌 사업담당 이사)를 임명하였는데, 이들은 모두 KCI로 옮기기 전에는 오랫동안, 성공적으로 미국 사업부에서 근무한 경력을 가지고 있었다. GBD는 KCI 내 3개의 사업라인을 책임졌고 새로운 역할이 아직 잘 규정되지는 않았지만, 그들은 모랄레스(Morales)에게 직접 보고를 하는 부사장급 직책이라는 통보를 받았다.

도표 3 KCP의 조직도(2006년)

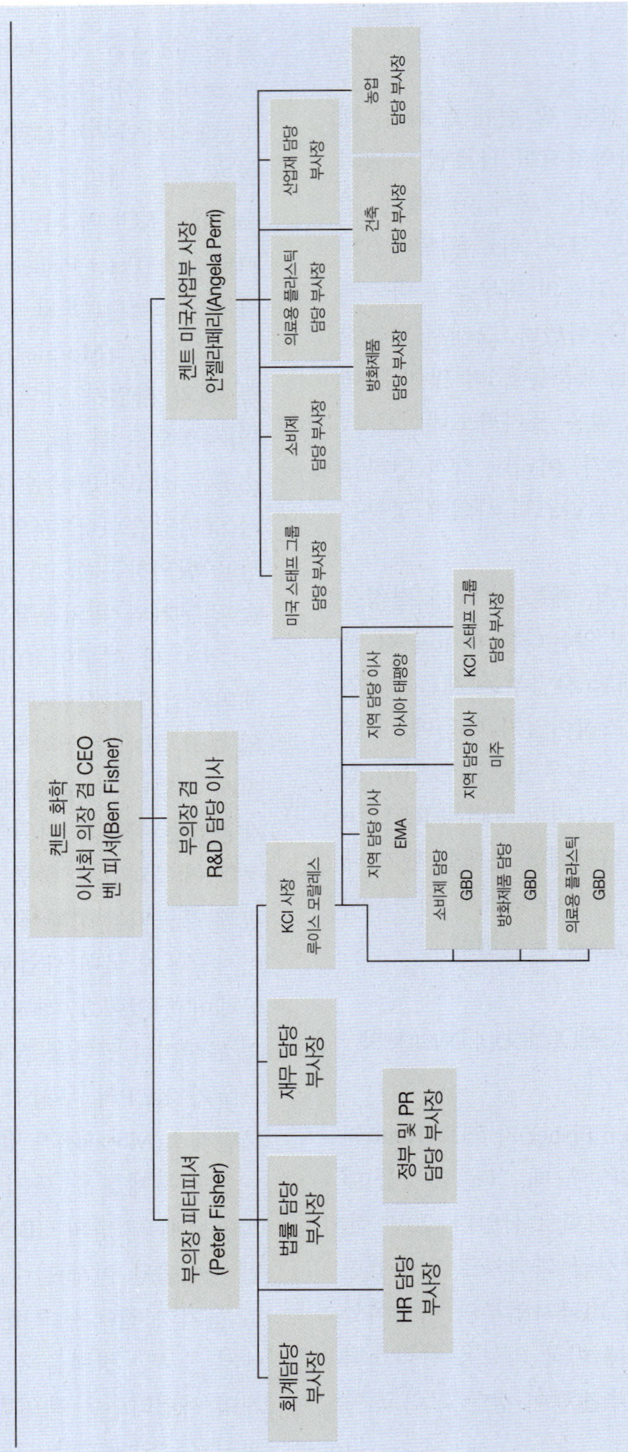

각 GBD는 3~6명의 제품 또는 프로젝트 관리자들로 조직을 구성하였고, 자기의 역할을 규정하고, 우선순위를 결정하기 시작하였다.

소비재 담당 GBD는 KCP의 소비재 사업부에서 고위 판매직으로 근무를 하였던, 켄트(Kent)의 25년차 베테랑이었다. GBD로 임명되기 전, 그는 소규모의 국내 합작투자기업(JV)을 관리했다. 그는 새로운 역할을 다음과 같이 이해하였다고 설명하였다. "저는 소비자 지향적인 사고를 해외사업에 주입하려고 해요. 그들이 할 필요가 있는 일을 하는 이상, 그들이 저의 역할을 조언자로 생각하든 지시자로 생각하든 개의치 않으려 해요. 그들은 이제 그들이 글로벌 회사의 일원이라는 것을 깨달아야 해요." 특히 EMEA 내부를 "정리해야 하는" 그의 임무에 따라, 그는 Grease-B-Gone 제품이 왜 미국에서만큼 유럽에서 잘 팔리지 않는지를 파악해야 하고, 그것을 해결하는 것을 자신의 최우선 순위의 업무로 보았다.

두 번째 GBD는 방화 제품을 책임졌다. 그는 10년간의 해외영업 경험이 있었고, 방화 사업부의 마케팅 부서 관리자로 4년간 일하였다. "저는 전 세계의 기술 통제 및 마케팅 책임을 맡은 것으로 생각할 필요가 있었어요. 제 생각에는 지역 관리자는 주로 생산과 정부와의 관계를 담당해야 해요."라고 그는 말했다.

엔지니어이자 15년차 KCP 베테랑인 세 번째 GBD는 의료용 플라스틱 업무를 담당하였다. 그녀는 자기의 역할을 미국본사와 지역 및 자회사 관리자들을 연결시켜주는 전략 계획 담당자로 보았다. "효과적이 되려면 지역 관리자들은 그들의 조직에 대한 권한을 유지해야 해요. 제가 우리 업무의 해외 및 국내 부분을 통합하는 것을 도와주면 정말 유용할 것 같아요."라고 그녀는 말하였다.

불과 몇 달이 채 지나지 않아, GBD는 비틀거리기 시작했다. "자회사들은 GBD를 침입자로 간주했어요. 그러나 외부인은 아닌 애매한 사람으로 말이죠. 하지만 의료용 플라스틱 담당 GBD는 전 세계 사업에 유용한 조정을 제공하였기 때문에 인정을 받았어요. 그러나 소비재 담당 GBD는 재앙 수준이었어요. 자회사들은 전혀 경험하지도 또 이해하지도 못하는 지역 내부 문제에 끼어든다고 느꼈어요."라고 모랄레스(Morales)가 말했다.

KCI의 조직 개편 이후의 문제에 대해 많은 이유들이 거론되었다. EMEA 지역 담당 이사는 새로운 조직은 단지 기존 조직의 시간과 자원에 부담을 주고 있다고 생각했다. "우리는 단지 우리의 사업을 전 세계적으로 통합하기를 원했어요. 그러나 GBD는 자기 역할이 무엇인지 몰랐어요. 그리고 지역 담당 이사로서 우리들은 그들과 어떻게 업무를 진행해야 하는지가 명확하지 않았어요. 그래서 우리들은 중요한 일상적인 문제를 처리하지 못한 채 많은 업무 회의에 끌려다녀야 했죠."라고 그는 말했다.

모랄레스(Morales)는 주요 문제가 국내 제품 사업부와 연결고리를 제공하지 못하는, 그리고 그들이 수행하고 있어야 하는 갈등해결 역할을 담당하지 못하는 GBD의 무능함에 있다고 느꼈다. "수년간의 근무 경력에도 불구하고, GBD는 일을 진행시킬 수 있는 신뢰성과 권한이 결여되어 있었어요. 그리고 국내 관리자 중 일부는 그들을 도와주지 않았어요. 그들은 단지 급성장하는 해외 사업을 관리하기를 원하는 것처럼 보였을 뿐이에요."라고 그는 말했다.

방화 사업부의 부사장이었던 잭 데이비스(Jack Davies)는 다른 견해를 가지고 있었다. 그는 문제가 GBD로 임명된 사람에게 있었다고 느꼈다. "그들을 동일하게 보는 국내 본사의 단일한 부사장이 있었다고 생각하지는 않아요."라고 그는 말하였다.

2007년의 조정: 글로벌 이사회 (World Boards)

2007년 중반 무렵, GBD의 개념은 어려움을 겪고 있음이 분명해졌다. KCI와 KCP를 통합하기위한 보다 효과적인 수단에 대해 모랄레스(Morales)와의 오랜 토론 후, 피터 피셔(Peter Fisher)는 GBD를 지원하기 위해 글로벌 이사회(world boards)라는 아이디어를 생각해냈다. 글로벌 이사회는 지역, 제품 및 기능별 전문성을 모두 갖춘 국내 및 해외조직 출신의 관리자들로 구성될 것이다. 이 이사회는 글로벌 비즈니스에 대한 전략을 개발하는 책임을 지게 될 것이다.

2007년 6월에, 피터 피셔(Peter Fisher)는 이 개념을 이 회사의 최고 관리자 150명과의 회의에서 다음과 같이 설명하였다.

> GBD는 미국 본사와 해외 조직을 연결하는 매우 중요한 기능을 수행하고 있습니다. 그러나 그들은 스스로 중요한 역할을 감당하지 못하고 있습니다. 그들에게 지원을 제공하기 위해, 우리들은 글로벌 이사회를 도입하여, 각 사업부가 글로벌 전략을 개발하고 전 세계의 업무를 통합하는 것을 도와주려고 합니다. 이 이사회가 현지 경영진을 대체하는 것을 의미하는 것은 아닙니다. 그들은 계획 수립자, 검토자 그리고 연락 담당자이지, 관리자나 감독자의 역할을 수행하는 것은 아닙니다. 그들은 우리들에게 우리의 글로벌 비즈니스가 성공하는 것을 담보하기 위해 함께 일하고 책임을 공유하는 기회를 제공해줄 것입니다.

글로벌 이사회는 회사의 3개 주요 글로벌 사업부문 각각을 위해 구성되었다. 각 이사회는 글로벌 마케팅과 운영 계획을 수립하고, 글로벌 조달을 최적화하고, 세계적 규모의 기술을 개발하고, 투자 권고안을 작성하고, 국제적인 경영 역량을 구축하도록 지시를 받았다.

비록 그들이 스스로 구성원을 선정하였지만 대체적으로 미국 제품사업부의 책임자, 사업부의 기술 및 마케팅 담당 직원들, 핵심 국가의 총책임자들 그리고 적절한 제품 관리자들을 포함시켰다. GBD는 이사회 의장 역할을 담당하였고, 국내 사업부 관리자를 해외 사업에 동참할 수 있는 장(場)을 제공했으며, 지역 및 자회사 관리자를 모회사와 이어주는 연결고리를 제공해주었다.

방화 제품 부문을 위한 글로벌 이사회는 힘찬 발걸음을 내디뎠고, 언급된 목표를 대체적으로 달성하였다. "이 사업 분야는 세계적인 영향을 주는 기회와 문제를 가지고 있기 때문에 이사회는 효과가 있었어요. 또한 이사회 회의 이전에 매번, 나와 잭 데이비스(Jack Davies, 국내 사업부 부사장)가 마주 앉아 토론이 정치적으로 변질되지 않도록 모든 문제에 대해 살펴보았죠."라고 전임 독일자회사 총 책임자이자 2007년에 방화 제품 GBD로 임명되었던 베톨트 휴겔(Berthold Hugel)이 말했다.

다른 두 개의 글로벌 이사회는 썩 잘 돌아가지 않았다. 의료용 플라스틱 글로벌 이사회는 토론을 위한 발판의 역할은 하였지만, 좀처럼 합의에 이르지 못하였고 실행을 결정하지 못했다. 그리고 피터 피셔(Peter Fisher)의 직접적인 중재에도 불구하고, 소비재 제품 이사회는 단지 두 번의 회의만을 가졌고, 그 후 조용히 해체되었다. "우리는 심지어 지역적으로 또는 세계적으로 관리해야 하는 사안이 무엇인지에 대해서도 합의를 하지 못했어요."라고 신임 소비재 담당 GBD는 말했다.

경험을 되돌아보면, 모랄레스(Morales)는 2006년의 GBD 개념에 대한 부정적인 반응이 관리자들로 하여금 글로벌 이사회를 받아들이는 것을 주저하게 만들었다고 느꼈다. "몇몇 국가 총 책임자와 지역 관리자들은 위협을 느꼈고, 이것이 지역 조직을 와해시키려는 첫 단계라고 생각했어요. 그리고 여러 국내 관리자들은 그것이 어려움을 겪고 있는 GBD에 더 많은 권한을 주는 방법일 뿐이라고 생각한 것 같아요."라고 모랄레스(Morales)가 말했다. 성공하기 위해서는, 설령 그들의 이해관계가 충족되지 못할 때에라도, 모든 이사회 구성원들 예컨대 GBD들, 국내 사업부 관리자들 그리고 국가 총책임자들은 개방적이고, 협조적이며, 이성적인 팀 플레이이어가 될 필요가 있었다고도 첨언하였다. "그 모델은 실제적으로 완벽한 관리자를 요구했어요."라고 그는 말했다.

피터 피셔(Peter Fisher)는 다른 견해를 가지고 있었다. "모든 이해관계를 아우르기 위해서 어떤 글로벌 이사회는 구성원이 20명이 넘었어요. 그들은 너무 규모가 컸고 통제하기가 어려웠어요. 우선순위를 다투는 사안들이 너무 많아서, 큰 문제들은 다루어지지도 않았죠. 그리고 솔직히 여러 국내 사업부 관리자들은 업무과정의 진행을 저해했고 글로벌 비즈니스를 직접 통제하려고 했어요."라고 그는 말했다.

페리(Perri)는 글로벌 이사회가 구성되었을 때, 핵심 관리자들에게 자문을 구했더라면 국내 조직이 보다 많은 지원을 아끼지 않았을 것이라는 관점을 가지고 있었다. "피터(Peter)와 루이스(Luis)는 사업부 관리자들이 그 사안에 관여하고 또 지지할 것이라고 예상했어요. 그러나 글로벌 이사회 구성이나 활동에 대해 저의 의견을 구한 사람이 아무도 없었어요. 그리고 솔직히 저는 그 개념에 대해 전적으로 동의하지도 않았구요."라고 그녀가 말했다.

기존으로의 회귀: 또 다른 변화?

2008년 3월, 글로벌 이사회 개념이 어려움을 겪고있고, 해외 및 국내 조직의 관계에 부담이 생기고 있을 무렵, 페리(Perri)는 모랄레스(Morales)와 피터 피셔(Peter Fisher)를 만나 해결 방안에 대해 논의를 하였다. 페리(Perri)는 직설적이었다. "우리는 과학을 기반으로 하는 회사에요. 우리의 경쟁력은 우리의 과학적 전문성을 이용하여 제품을 개발하는 데에 있어요. 그래서 제가 관리하는 과학적 자원과 당신이 통제하는 해외 시장 사이에 장벽이 있다는 것은 큰 문제에요. 이것은 정말 고쳐져야 해요."라고 그녀는 말했다.

피터 피셔(Peter Fisher)는 대답하였다. "우리의 기술적 역량이 큰 자산이라는 것에는 동의해요, 안젤라(Angela). 그러나 켄트(Kent)의 국내 성장이 정체 상태였다는 것은 인정합시다. 즉 해외 시장으로 확장하는 우리의 능력에 우리 회사의 미래가 달려있어요. 우리의 해외 조직을 예속시키기 보다는 권한을 위임할 수 있는 조직적 해결책이 우리는 필요해요."

컨설턴트의 제안 해결책을 찾아야 하는 필요성을 깨닫고, 세 명의 고위 경영진은 그 문제를 해결하도록 도와줄 수 있는, 세계적으로 명망이 있는 경영 자문 회사인 스털링 파트너스(Sterling Partners)와 접촉을 했다. 180만 달러의 수수료를 내기로 하고, 네 명의 컨설턴트로 구성된 자문팀이 업계에 대한 정보, 켄트(Kent)의 경쟁적 지위, 글로벌 비즈니스 각각의 전략적 목표에 대한 정보를 수집하기 위해서 켄트(Kent) 측 네 명의 관리자들과 함께 작업을 했다. 관련 자료들을 수집하여 분석한 이후, 이들은 외부 컨설팅과 복잡한 조직구조 모두에 오랫동안 회의적인 견해를 지니고 있었던 켄트(Kent)의 회장 벤 피셔(Ben Fisher)를 설득시킬 수 있을 것으로 기대되는 권고안을 작성했다.

컨설턴트들은 이 회사의 주요 문제들 중 하나는 전략적으로 다양한 포트폴리오에 대해 획일적인 조직 해결방법을 사용하려 했다는 것이라는 결론을 내렸다. 각 비즈니스는 여러 가지 다른 조합의 글로벌 의무와 지역적 요구를 가지고 있었기 때문에, 보다 맞춤형 접근 방법을 취할 필요가 있다고 그들은 제안했다. 요약하면, 분석 보고서의 세부 내용은 다음과 같았다.

- 소비재 제품 라인의 핵심적인 전략적 니즈는 현지 소비자의 요구, 유통 채널의 차이 그리고 국가별로 상이한 경쟁에 대응할 수 있도록, 현지에 맞게 조정된 마케팅 프로그램을 활용하는 것이다. 연무제 기반의 Grease-B-Gone 제품은 지역적으로 생산되었고, 현지에 맞춤화된 일반 가정용 제품들은 대개 국내의 혼합 공장에서 생산되었다. 보고서는 이러한 사업들을 주로 지역 또는 권역별로 관리해야 한다는 점을 제안했다.
- 컨설턴트들은 의료용 플라스틱 사업을 로컬-글로벌 스펙트럼의 다른 쪽 끝에 두었다. 여기에서의 성공의 핵심 요인은 신제품 및 기술을 개발하기 위해 필요한 중앙집중식 R&D 투자였다. 제조는 품질 관리가 철저한 두 곳의 특화된 세계적 규모의 공장에서 이루어졌다. 고객들은 주로 세계적인 조직망을 가진 다국적기업들이었다. 이러한 요인들은 이 사

도표 4 유럽 방화제품 사업부문의 자원할당 의사결정을 위한 의사결정 매트릭스

	유럽 방화 사업부문																KCP 방화제품 사업부(오하이오)				기업 스태프						
	KCI 방화 사업					파이어가드						지셔퍼우여															
	지역 담당 이사 EMA	방화제품 담당 GBD	운영담당자	특수 제조 지원부	HR담당자	파이어가드 총괄 책임자	방화제품사업부 관리자	공장 운영담당자	생산 관리자	판매 및 마케팅관리자	기술이사	지셔퍼우여 총괄 책임자	생산 관리자	기술 관리자	재무관리자	총괄 판매 관리자	KCP 방화 제품 부사장	사업개발 관리자	제조/엔지니어링 관리자	운영담당자	재무담당자	운영담당자	제조담당자	노사관계담당자	인적자원담당자	정부 및 PR담당자	법률담당자
자원할당																											
1. 주요한 신제품 개발 프로그램에 자원의 할당을 추천함	R	R	IP	R	R	BC	R	IP	R	R	IP	BC	R	C		IP	D	R	IP	IP		TC	R/TC		IP/TC		TC
2. 주요한 공정 개발 프로그램에 자원의 할당을 추천함	R	IP	IP	R	IP	BC	R	IP	R	IP	IP	BC	R	C			D	IP	R	IP		TC	R/TC		IP/TC		C
3. 주요한 비용절감 프로그램에 자원의 할당을 추천함	R	IP	IP	R		BC	R	IP	R	IP	R	BC	R	C			D	IP	R	IP		TC	R/TC		IP/TC		
4. 니즈, 입지 그리고 제조 능력을 추가하거나 감소시키는 타이밍을 결정함	D*	IP	IP	R		D*	R	IP	R	IP	IP	D*	R	R	IP	IP	D*	IP	R	IP		TC	R	IP/TC	IP/TC	C**	TC
5. 생산 인력의 관리를 결정함 (확장, 축소, 할당)	C	IP		D		D	R		R			D	R				C									C**	TC**
6. 지역 간 조달의 문제를 결정함	R	IP	IP	R		BC	R	IP	IP	IP		R	IP	R	IP	IP	D	IP	IP	R	TC	TC	IP			C	C
7. 누가 기존 기술을 유지할 것인가를 결정함	R	IP		R		BC	R		R	IP	IP	BC	R	R			D	IP	R	IP			R/TC				

* 공동 의사결정 / ** 미국 사업부의 의사결정에만 해당됨.
D = 최종결정함(Decides); A = 승인함(Approves); R = 권고함(Recommends); BC = 사업 동의(Business concurrence); TC = 기술적 동의(Technical concurrence); C = 동의함(Concurs); I = 착수함(Initiates); IP = 투입(Inputs).

업이 세계적인 통제가 필요하다는 것을 나타낸다.

- 방화 통제 제품들은 이들 양극단의 사이에 위치하였다. 혁신에 있어 R&D가 중요하기 때문에, 세계적인 조정은 매우 중요했다. 그러나 방화 제품은 국가의 규제 기관과 통제 기관과의 관계가 매우 중요한, 규제가 매우 심한 산업에 속해 있었다. 몇몇 고객은 다국적기업들이었지만, 많은 소규모 국가와 지역적 고객(및 경쟁자)들도 중요했다. 제품의 조달은 대체적으로 지역에서 이루어졌다.

켄트(Kent)가 해체되어서는 안 된다는 피셔(Fisher) 가족의 지시에 따라, 컨설턴트들은 그들이 "의사결정 매트릭스(decision matrix)"라고 부르는 툴(tool)을 사용하여 보다 분화된 조직으로 진화해야 한다고 권고하였다. 그 툴(tool)의 목적은 비즈니스별로 핵심 의사결정 사안에 대해 정의함으로써 그들의 분석 범위를 확장하고, 그 다음 그것들을 어떻게 결정해야 하는지를 분석할 수 있는 프로세스를 창출하는 것이었다. 이 과정은 각 사업부의 핵심 사업 관리자들, 지역 관리자들, 기능별 관리자들을 아우르고, 이들을 의사결정을 위한 논의에 동참시키게 될 것이다. 논의는 컨설턴트이 도와줄 것이다.

하나의 모델로서, 컨설턴트들은 방화 제품 관련 의사결정 매트릭스의 빈 양식을 준비하였다. 유럽의 방화 제품 사업 부문에 대한, 자원할당 의사결정에 대한 양식은 〈**도표 4**〉에 제시되어 있다. 이 완성된 양식은 복수의 사람들이 투입(IP, input)에 대한 책임을 지고, 사업 동의(BC, business concurrence)나 기술적 동의(TC, technical concurrence)를 제공하고, 권고 사항(R, Recommendation)을 제시할 책임이 있다는 것을 보여준다. 그러나 제품 개발에 대한 최종 결정(D, decision)은 방화 제품 사업부 부사장이 내려야 할 것이다.

10가지 유사한 양식이 전략 개발, 예산 준비, 마케팅 등과 관련된 의사결정을 위해 준비되었다. 모두 합쳐, 62개의 유럽 방화 제품에 대한 의사결정이 검토를 위해 선정되었다. 그 다음 단계로 컨설턴트들은 경영진이 이러한 양식을 작성하기 위해 유럽의 방화 담당 관리자들과 함께 시범적인 논의를 할 수 있는 권한을 부여해줄 것을 제안했다.

끓어오르는 폭풍, 중요한 의사결정 비록 많은 켄트(Kent)의 고위 관리자들은 이 보고서가 신뢰성이 있다고 생각하였지만, 다른 매니저들은 너무 복잡하다고 걱정하였다. 몇몇 지역 관리자들은 과거 회사의 성장을 가능하게 해준 이전의 지역별 조직으로 되돌아가야 한다고 주장하였다. 그러나 몇몇 국내 관리자들은 그들에게 전 세계적인 사업의 책임을 부여함으로써 조직을 단순화시킬 때가 되었다고 느꼈다.

스털링(Sterling)사의 보고서를 소화하는 동안 최고 경영층은 세계 경제에도 주목하였다. 2007년의 사업 결과는 전년도에 비해 30%나 감소하였고, 2008년의 출발도 암울했다. 미국의 지속적인 서브프라임 모기지 위기로 몇몇은 세계 경제의 하락이 시작되고 있다고 느꼈다.

모랄레스(Morales)는 자기가 권고안을 작성해야 할 때가 왔다는 것을 알았다. 모랄레스(Morales)는 조직 변화와 관련하여 두 번의 저항이 있었다는 것을 의식하며, 그는 자기의 제안이 회사의 조직 문제를 해결해야할 뿐만 아니라, 위협적인 세계 경제 환경에서 운영되는 의심의 눈초리가 많은 조직 내에서 그렇게 해야 한다는 것도 역시 잘 알고 있었다. 이것은 아마도 그의 직장 경력 중 최대의 결정이었다.

Reading 4-1 신흥세계를 위한 조직화

Toby Gibbs, Suzanne Heywood, and Leigh Weiss

글로벌 조직들이 성장하면서 그들은 점점 더 관리하기 복잡하고 어려워지고 있다. 이에 대한 증거를 최근 조사에서 찾아볼 수 있다. 우리는 세계적인 기업 17곳의 300여 명의 경영진을 대상으로 인터뷰 및 설문조사를 했다. 응답자의 절반 이하만이 회사가 책임관계를 명확하게 하는 구조를 가지고 있다고 대답했고 많은 이들이 글로벌화로 인해 "복잡함이 누적되고 있다"라고 말했다.

하지만 이 분야에 대한 우리의 조사와 경험에 의하면, 아무리 복잡한 조직이라도 전 세계의 직원들에게 자신의 역할을 잘 해나가기 위해 필요한 통제력, 지원 및 자율성을 주는 쪽으로 발전할 수 있다. 더 나아가 변화하는 규모와 범위에 알맞도록 조직을 재설계하는 것은 글로벌 수준에서 전략, 비용, 인재 그리고 위험성을 관리하는 어려움을 해결하는 데 큰 도움이 될 수 있다.

이 글의 목표는 미래의 글로벌 조직에 대한 완벽한 청사진을 제공하는 것이 아니라(완벽한 청사진이라는 것은 존재하지 않는다.) 다국적 조직들이 오늘날 직면한 조직 설계에 관한 어려움에 대해 새로운 해법을 제시하고자 하는 것이다. 신흥 시장에서의 성장을 도모하기 위해 어떻게 조직 구조를 조정할 것인가, 표준화된 글로벌 절차와 다양한 지역적 절차 사이에서 어떻게 생산적인 균형을 잡을 것인가, 기업 본사를 어디에 위치시킬 것이며 본사의 역할은 무엇인가, 적절한 인력간의 의사소통을 통해 전 세계적으로 지식과 기술을 효율적으로 배치할 것인가와 같은 질문에 해답을 찾는 것이다.

경계를 다시 생각하기

글로벌 조직들은 모든 지점에서 비슷하게 수행하는 활동들은 중앙에 집중하고, 국가마다 다르게 수행되어야 하는 활동들은 현지 시장에 맞추어 규모의 경제를 이룩하고자 오래도록 노력해왔다. 그러나 오늘날 많은 기업들이 신흥 시장에 더욱 집중하게 되면서, 많은 조직에 있어 이 활동들 사이의 경계가 변화하고 있다.

이러한 변화는 산업, 초점, 역사에 따라 회사 내부와 외부에 걸쳐 다양하게 나타나는데 이에 따라 기업들은 언젠가는 그들의 조직과 프로세스를 수정해야 할 것이다. 최근의 예를 들어보면, 한 세계적인 출판회사가 비슷한 출판물에 대한 콘텐츠와 전달 기술의 담당자들로 구성된 글로벌 "수직조직"을 만들었다. 하지만 출판산업에서 영업 및 마케팅 활동은 현지 시장에 맞추어 이루어져야하기 때문에 모든 기능을 현지 관리자에게 맡기지는 않았다. 아시아에서의 IBM의 경우, 회사의 서비스는 글로벌화 했지만 회사는 지역기반으로 남겨두었다.

IBM의 아시아에서의 경험 IBM의 성장시장 글로벌 전략 담당 부사장인 Michael Cannon-Brookes는 우리에게 회사의 구조적 재설계에 대해 설명했다. 새천년이 시작된 직후, IBM의 경영진은 여러 서로 다른 상품 브랜드를 지원하기 위해 아시아 각국에서 각종 경영 기능을 모두 운영하는 것이 타당하지 않음을 깨달았다. 기능의 중복이 심각했기 때문이다. 따라서 각 국의

The authors would like to acknowledge the contributions of Gregor Jost and Roni Katz to the development of this article.

■ Toby Gibbs and Suzanne Heywood are principals in McKinsey's London office; Leigh Weiss is a senior expert in the Boston o
ffice.

시장에서, 경영진들은 공급망, 법률, 커뮤니케이션, 마케팅, 영업관리, HR, 그리고 재무 부문에서 겹치는 서비스 11가지를 파악했다. 각각의 기능은 글로벌 "책임자(owner)"가 배정되어 겹치는 기능이 통합 및 정리되었고 통폐합된 기능에 따라 각 지역별 사업장을 지원하였다. 그 후 IBM은 각 기능들의 어떤 필수적 요소를 유지하고 어떤 불필요한 (혹은 잠재적으로 불필요한) 요소를 제거할지 평가한다.

바로 이러한 노력에서부터 IBM 해외 사업의 새로운 구조인 "글로벌 통합형 기업모델"이 개발되었다. 이 모델에 대해 캐논 브룩스 부사장은 "일이 있는 곳으로 인력을 보내는 것이 아니라, 인력이 있는 곳에 일을 보내는 겁니다." 라고 설명한다. IBM은 각 서비스를 수행하는데 요구되는 기술을 소지한 경쟁력 있는 인력의 풀을 찾고 이들로부터 지리적으로 가까운 곳에 전문가 팀을 구성하여 지역별로 각 서비스를 수행한다. 예를 들어 현재 IBM의 성장 시장 운영은 마닐라의 HR 전문가들이 수행하고, 외상 매출금은 상하이에서, 회계는 쿠알라 룸프르에서 처리한다. 또한 조달은 중국의 선진(Shenzhen), 그리고 고객 서비스 헬프데스크는 브리즈번에서 관리한다. 이전에는 국가별로 운영되었던 기능들을 글로벌화 하는 것이 물론 쉬운 일은 아니다.

"이것은 문화적 변신입니다."라고 캐논 브룩스 부사장은 말한다. "조직 차트를 바꾸는 것은 몇 번의 마우스 클릭이면 됩니다. 사업 프로세스를 바꾸는 것은 몇 달이 걸리죠. 그러나 조직 문화를 바꾸고 직원들이 일을 새로운 방식으로 하는 데에 적응하는 건 몇 년이 걸리는 일입니다."

복잡한 셈법 다시 한 번 강조하자면, 어떤 기업의 구조개혁도 그대로 다른 기업에 적용될 수 있는 것은 아니다. 한편으로는 지역적으로 여러 기능을 중복적으로 수행하는 것(regional layers)이 제약이나 소비재 기업들에게는 더욱 중요해지고 있다. 따라서 지역의 핵심 센터(centers of excellence)는 비용 효율적인 경우가 많다. 지역별 핵심본부와 전통적인 본사 간에 브랜드 및 상품 포트폴리오가 상당히 다른 경우가 많기 때문에, 지역적 역량이 뛰어날 경우 현지 시각이 글로벌 제품 혁신으로 이어질 수 있다.

반면에 어떤 기업들은 각지의 경영진들로부터 자료를 모아 전략적으로 중요한 정보를 뽑아내는 지역 사업장의 "범위의 파괴자(span breaker)"로써의 전통적 역할이 점차 쇠퇴한다고 생각하고 있다. 정보통신기술로 인해 정보의 분석, 합성 및 교환이 쉬워졌기 때문이다. 오늘날 데이터 교환 및 이동(출장)이 빠른 속도로 가능하고 화상회의가 더 많이 이용됨에 따라 기업들은 물리적 가까움보다는 성장률이나 전략 등의 요건에 따라 기업 부문을 그룹화 할 수 있게 되었다. (글로벌 조직 관리에서 기술의 역할에 대해 더 알아보려면, 관련 기사 "기술, 친구인가 적인가?"를 보아라")

이로 인해 일부 기업들은 지사 규모를 열 명 이하의 팀으로 줄일 수 있었다. 그런 팀들은 지역에서 인재 전략 관리 혹은 지역 전략 수립에 반영하기 위해 지역적, 국가적, 경쟁적 위험 및 기회와 같은 고수준의 경영 정보 수집 등에 집중한다. 지사의 규모가 매우 작아지는 것은 HR, 마케팅 등의 계획되지 않았으나 불필요하게 커지는 "그림자" 기능 구조를 줄이는 추가적인 장점이 있다. 본사에게는 이들 구조가 명백하게 보이진 않더라도 상당한 비용과 복잡함을 발생시킨다.

프로세스 지표 BM의 예시가 보여주듯, 기업구조를 검토하는 경영진들은 결국 어떤 프로세스가 글로벌화 되거나 현지화 되어야 하는지 고려하게 되며 이는 당연한 수순이다. 글로벌기업의 경영진 300명을 대상으로 한 설문조사에서 조사대상 총 12개 분야 중 조직의 가장 취약한 3개 분야 중 하나가 기업의 프로세스로 드러났다. 일부 기업들은 너무 많은 프로세스를 가지고 있었다. 응답한 경영진 중 거의 3분의 1은 회사에 표준 프로세스가 적어진다면 세계적으로 더 효율적일 것이라고 대답했다. 일부 회사들은 특히 M&A로 성장한 기업들의 경우, 회사 내 프로세스가 얼마나 많은지 혹은 어떤 프로세스가 있는지를 잘 알지 못한다. 더 중요한 것은 가치를 창출해내는 프로세스와 그렇지 못한 프로세스를 구분할 수 있거나 가치 있는 표준 프로세스의 가치 동인을 파악할 수 있는 기업은 거의 없었다.

이런 문제로 고심하는 매니저들을 위해, 실전에서 가치 있다고 판명된 몇 가지 아이디어를 제시한다.

- **필요 이상으로 표준화하지 마라.** 예를 들어 기업들은 연간 목표를 설립하는 글로벌 프로세스에 정해진 4~5개의 핵심 성과지표에 더해 사업 및 지역별로 현지에서 적합한 주요 성과지표를 선택할 수 있어야 한다.
- **프로세스를 기술에 맞추는 것이 아니라 기술을 프로세스에 맞춰라.** 표준화된 전자 프로세스는 즉각적으로 전 세계 각지의 참여를 이끌어낼 수 있지만 글로벌 비용 또한 발생시킨다. 프로세스를 표준화하기 위해 기술에 큰 규모의 투자를 하기 전에 기업들은 기대했던 결과를 실현할 수 있는지 확실히 해야 한다.
- **현지 프로세스를 위한 자세한 규칙보다 표준 원칙을 더 선호하라.** 예를 들어 새로운 지점에서 어시스턴트를 고용하기 위해서는, 매니저는 고용 방법에 대한 방대한 장(chapter)이나 절(verse)이 아닌 글로벌 공정 채용 원칙 한 세트(set)만 있으면 된다.
- **더 나은 프로세스를 만드는데 참여하는 모든 직능 별 담당자의 의견을 반영하고 참여자들이 서로 계속하여 소통하도록 하라.** 표준 과정들은 그 자체만으로 기업의 글로벌 행보에 대한 모든 잠재적 가치를 포착하기에는 충분치 못하다. 프로세스에 대해 영향력을 가지고 이를 실행하는 담당자들의 끊임없는 커뮤니케이션이 잠재적 가치 포착을 도울 것이다.
- **최고경영진부터 신규 프로세스들을 실행하라.** 프로세스의 설계에 대한 협의도 중요하지만 경영진들은 결국 거두절미하고 새로운 프로세스의 이행을 지시할 필요가 있다. 요즘에는 인기가 없는 지휘통제식 방법이 적절할 수 있다. 이에 대해 한 경영진이 설명하듯 "생각하는 것만큼 지사 별로 차이가 있는 것은 아니기" 때문이다.

기업의 심장을 가볍게 하라

지난 십 년 동안, 기업 중심부의 규모가 축소되고 있다. 본사에서 각 부문에게 공통되는 핵심 서비스를 제공하는 전통적인 역할을 줄인 것이다. 이와 유사하게, 일부 기업은 혁신이나 고객에 관한 통찰 등을 위한 최고 기관(centers of excellence)을 본사 이외 장소에 위치시키고 이곳에서 발생하는 연구 성과는 모든 부서에 돌아가도록 하고 있다. 이로 인해 기업의 본부는 다른 역할을 수행할 필요 없이 본부 본연의 역할, 즉 조직의 가치 수호, 기업 전략 개발 및 기업 가치 및 전략에 맞춘 사업/개별 실적 포트폴리오 관리 등의 역할을 수행할 수 있다.

그러나 새롭게 핵심적인 역할을 받은 본사도 시장이 얼마나 다변화되었으며 얼마나 빠르게 변화하고 있는지를 이해하는 데 어려움을 겪을 수 있다. 미국에 본사를 둔 한 그룹의 경우 미국시장은 겨우 1%의 연간 성장률을 기록하고 있었기 때문에 인도 시장의 연간 성장률인 2%를 문제시 하지 않았다. 하지만 인도 경제는 훨씬 더 빠르게 성장하고 있었고 이 기업은 귀중한 인도 시장점유율을 잃었다.

기업 센터는 실제로 활동이 있어나는 곳에 가까워질수록 더 나은 전략적 선택을 할 수 있게 된다. 성장시장에 본사를 위치시키는 것은 투자자, 고객, 그리고 다른 외부 이해관계자들뿐만 아니라 현재 그리고 미래의 고용인들에게 회사의 우선순위에 대한 확실한 신호를 보낼 수 있다. 그렇지만 많은 기업 센터들이 역사적, 편의적, 법적 제약 때문에 본사 전체를 이동시키지 못하거나 이동시키지 않는다. 그래서 우리는 점점 더 많은 기업들이 글로벌 "실질적 본부"를 만드는 것을 볼 수 있다. 비전의 설정과 활동의 조정 그리고 최고 기관(centers of excellence)들이 세계의 다른 지역에 위치하게 하는 것이다. 말하자면 글로벌 조달은 예를 들자면 글로벌 인력과는 멀리 떨어져 위치되어도 문제될 것이 없다. 이 경우 기업들은 자국 본사를 이동하지 않고도 본부 활동을 최우선순위 시장에 가깝게 옮길 수 있다.

예를 들어 ABB는 로봇공학 사업의 글로벌 기지를 디트로이트에서 상하이로 옮겼다. 아시아에서 기대되는 로봇 수요에 부응하기 위하여 로봇공학 연구개발 센터와 생산라인을 설치한 것이다. 성숙 시장과 성장 시장에 각각 본부를 두고 있는 기업들도 있다. 예를 들어 미국의 기술 회사인 Dell은 더 나은 재정적, 운영적, 그리고 세금 효율성의 추구를 위해 싱가폴에 기능적 본부를 설치했다. 미국 석유가스 회사인 Halliburton은 두바이에 두 번째 본부를 건립하였다. 주요 고객층에 더 가깝게 위치함으로써 의사결정 속도를 높이기 위함이다.

더 가벼운 기업센터를 위해 누가 직원으로 채용되어야 하는가? 여러 분야의 아이디어와 지식을 공유하기 위해 이상적으로 본부는 인재에 매력적으로 보여야 하지만 인재들을 유지할 필요는 없다. 본부를 심장으로 생각해보자. 본부는 사업 부문 곳곳에 핵심 인재를 공급하고 각 인재에게 학습이라는 산소를 지속적으로 공급해준다. 인사 구조가 적절하다면 본부는 CEO와 직속 직원을 제외하고는 어떤 직원도 계속해서 보유를 할 필요가 없다. 다른 임원들은 기간제로 다른 사업 부문에 파견되었다가 돌아올 수도 있을 것이다. 이렇듯 기업 본부에서 직원 흐름을 계속해서 유연하게 가져가는 것은 그 기업의 국제적 영향력과 힘을 보여준다.

커뮤니케이션 조정

성장을 도모하고 복잡성을 줄여주는 적절한 기업 구조 및 프로세스는 그 자체만으로도 성공이다. 하지만 최선의 구조와 세심하게 설계된 프로세스를 가진 기업이라도 이 둘을 연결하는 바른 연결 장치가 없다면 흔들릴 수 있다. 같은 이유에서 우리가 최근 설문 조사한 글로벌기업 임원의 3분의 2는 내부적으로 이러한 연결 장치를 만드는 역량이 기업의 힘의 원천이라고 답했다.

현대의 통신기술과 글로벌 인적 네트워크를 가장 잘 활용하기 위해서 기업 관리자들은 자신의 일에 관련이 큰 인적 네트워크에 정기적, 간헐적 커뮤니케이션 모두에 집중해야 한다. 이를 돕기 위해 경영진들은 직원들이 일종의 웹 기반으로 인적 네트워크를 형성하거나 관심사가 같은 커뮤니티를 조성하여 지식을 빠르게 퍼트리는 것을 쉽게 만들어 줄 수 있다. 동시에 경영진들은 직원들이 의제와 결정권이 모호하여 소기의 목적을 달성하기 어려운 대화 및 미팅에 너무 많은 시간을 쏟지 않도록 보호해야 한다.

상황 파악하기 관리자들이 얼마나 많은 커뮤니케이션에 참여하는지 그리고 각 커뮤니케이션이 얼마나 효율적인지를 이해하는 것이 커뮤니케이션의 적절한 수준(sweet spot)을 찾기 위한 첫 번째 단계이다. 이를 알아보기 위한 여러 도구가 있는데 여기에는 직원 인터뷰, 커뮤니케이션의 빈도와 효율성을 보여주는 소셜네트워크 분석, 회사의 주요 사업, 기능, 지리적 부문 간 연결도를 검토하여 왜 정보를 공유하는지, 취득 정보가 실정 혹은 전략 목표를 달성하는데 얼마나 중요한지 그리고 얼마나 효율적으로 정보를 공유하는지를 이해하도록 도울 직원 설문조사 들이 포함된다.

예를 들어 글로벌 석유 가스 회사의 경영진은 신속한 검토를 통해 회사가 한 유정을 관리하기 위한 방법이 여러 가지가 있다는 것을 깨닫고 운영담당 직원들이 베스트 프랙티스(best practice)를 공유하고 있지 않음을 알게 되었다. 관리자들은 또한 현장에서 문제를 직면한 현장 근무자들(예를 들어 장비 고장, 지역 지형에 대한 불확신)이 빠르고 효과적으로 전문가의 도움을 받는 방법을 모른다는 것을 발견했다. 이에 대해 현장 근무자들과 기술 전문가들 사이에서 정보가 어떻게 흐르는지에 대한 소셜네트워크 분석은 세가지 문제점을 지적한다. 먼저 현장 근무자는 개인적으로

한 석유회사는 현장근로자와 기술전문가 사이의 향상된 의사소통을 목적으로 한 사회적-네트워크 분석을 활용하였다.

주요 석유 및 가스 회사에서의 사회적-네트워크 분석

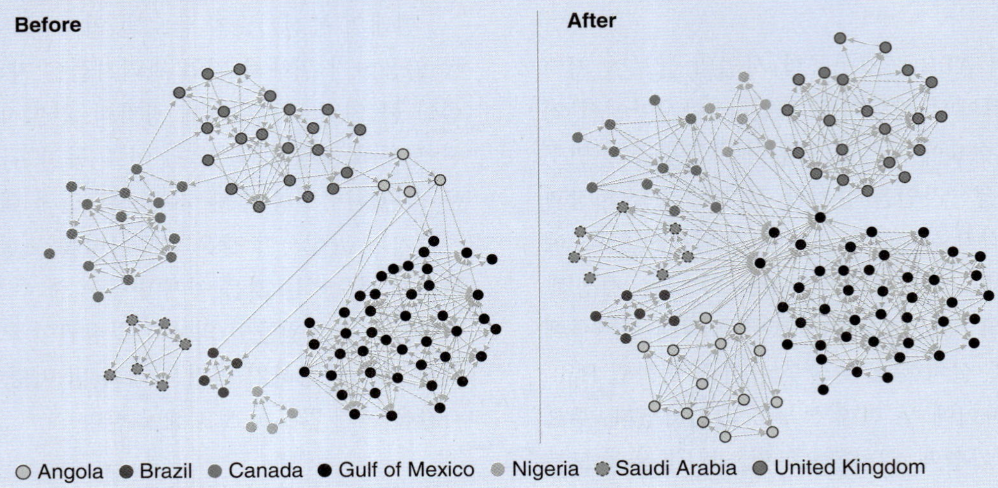

친한 기술 전문가에게만 연락을 취하는 경향이 있다. 또한 전문가들은 베스트 프랙티스(best practice)를 공유하기 위해 도움을 요청하지 않은 현장 근무자에게 굳이 먼저 다가가지는 않았다. 마지막으로 근무자들이 앙골라에서 멕시코 만으로 이동했을 때처럼 현장을 이동했을 때만 현장 근무자들은 그들 사이에서 베스트 프랙티스(best practice)를 공유했다.

바른 연결을 강화하기 일단 직원들이 인맥과 커뮤니케이션의 수와 본성을 이해해야 어떤 인맥 및 커뮤니케이션을 버리거나(중단하거나) 유지 혹은 추가할 지 결정할 수 있다. 직원들이 너무나 많은 인맥/커뮤니케이션에 시간을 뺏기는 것 같다면 경영진들의 반사적인 반응은 대개 보고 라인(reporting line)을 추가하거나 조직 매트릭스에 새로운 관점을 더하는 식으로 연결 관계를 명확히 하는 것이다. 하지만 이러한 반응은 조직 관리를 더 어렵게 만들고 비용이 더 들게 만든다. 가장 뻔한 결과만 예측해 보자면 보고 라인을 하나 추가하면 임원들의 행정적 부담이 그만큼 더 늘어나게 될 것이다.

그보다는 각 연결 관계를 좀 더 큰 그림에서 보면서 각 연결 관계의 전략 목표와 각각을 효율적으로 작동시키기 위한 방법을 고민하는 것이 더 나은 해결방안일 것이다. 예를 들어 코칭이나 멘토링 등은 신뢰에 기반한 강력하고 개인적이며 빈번한 상호작용을 요하는 연결 관계로서 조직 전반에 지식을 전달하고 미래 리더를 육성한다. 반면 문서 공유와 같이 지식 전달을 위한 연결 관계는 느슨하고 공적이며 빈번하게 일어나지는 않는다. 여러 종류의 조직 내 관계들이 조직에 분명 도움이 되지만 조직의 구조나 프로세스에 정식으로 명문화될 필요는 없다.

앞의 예의 석유 회사에서처럼 직원들이 너무 관계 형성을 안 하거나 적절치 못하나 곳에서만 관계 형성을 한다면, 특정 분야의 책임을 가진 관리자는 그 분야의 지식이 필요한 직원을 파악해서 누가 그 지식을 가지고 있는지를 찾고 이들을 연결시켜 주어야 할 것이다. 기업이 직원 간 개인적인 관계를 발전시켜 주고자 할 때 쓸 수 있는 한 가지 방법은 직원들이 타인의 도움 없이도 친해지기까지 관계를 형성시켜줄 담당자를 지정하는 것이다. Formula 1 레이싱카를 위한 공기역학적 부품을 개발하는 팀의 구성원 간 소셜네트워크와 이메일을 분석한 결과, 연관된 제품을 개발하나 지리적으로 떨어져 있는 부문 간 소통을 장려하기 위해 지정된 담당자가 있는 경우 상호 교류가 덜 일어난 팀에 비해 생산성이 20% 높았다.

위의 예시 속의 석유회사는 일부 현장 근무자들을 다른 지역의 비슷한 역할을 수행하는 팀들로 이동시켰다. 그러자 이들 근무자들은 글로벌 인맥을 형성할 수 있었고 상호작용을 통해 집단적인 전문성을 확장할 수 있었다. 새로운 네트워크는 빠르게 발전했고 그 결과 1년 이내에 생산성은 10% 증가했고 불량에 따른 비용은 3분의 2가 감소했다.

• • •

구조, 프로세스 그리고 연결 관계들은 모두 서로 밀접하게 연결되어 있다. 따라서 한 기업이 글로벌, 지역적 그리고 현지 프로세스 간 균형을 잘 잡을 때 기업 구조에서의 중복을 피하기 쉬우며 또한 반대로 기업 구조에 중복이 없을 때 각 부문 간의 균형을 이루어지게 된다. 명확한 구조와 프로세스는 역할을 명확히 하여 소통을 돕는 반면 구조 및 프로세스에 문제가 있을 경우 관리자들의 글로벌 네트워크 및 소통의 효율성을 떨어드린다. 구조, 프로세스 그리고 커뮤니케이션이 교차하는 곳에 집중하여 모든 이해관계자로 하여금 이 중요한 교차지점을 효율화하도록 하는 것이 조직 전반에 걸쳐 긍정적인 영향을 퍼트릴 수 있을 것이다.

Reading 4-2 매트릭스 관리: 구조가 아닌 사고방식

Christopher A. Bartlett and Sumantra Ghoshal

오늘날 글로벌 선두기업의 최고경영자들이 회사의 통제력을 상실하고 있다. 복잡해지는 환경과 그 변화속도가 만들어내는 수요를 잘못 예측한 탓만은 아니다. 그렇다고 최고경영자들이 새로운 도전에 대응할 전략을 못 만들어내는 것도 아니다. 문제는 그들이 개발한 정교한 전략을 제대로 수행할 능력이 없는 기업이다. 지난 20년 동안 전략적 사고는 조직의 역량을 훨씬 앞서왔다.

시장의 국제화, 경쟁 심화, 짧아지는 제품의 수명주기 및 공급자, 고객, 근로자, 정부 심지어 경쟁자들 간의 관계의 복잡성 등의 여러 상황에 보다 잘 대처하기 위해서 전 세계의 기업들은 1980년대에 그들의 전략을 재정의하고, 사업을 재구성하였다. 하지만 이러한 급변하는 환경에 발맞추고자 고군분투하던 많은 기업들이 전략적 혹은 구조적 함정에 빠졌다.

복잡하고 역동적인 문제를 해결하기 위해 단순하고 정적인 해결책을 추구하는 것이 바로 전략적 함정이었다. 복잡하고 비연속적인 상황을 간소화하거나 최소한으로 줄일 수 있다고 약속하는 컨설턴트의 목소리가 함정에 빠지는 주요인이었다. 새로운 중복산업의 경계에서의 수요가 새로이 등장하고, 부가가치 공급망이 급격히 변화함에도 불구하고, 매니저들이 '자신의 역할만 잘 고수한다면' 성공을 보장받았다. 빠르게 변화하는 국제정치경제 상황 속에서 매니저들은 분산된 해외업무를 잘 조율할 필요가 있었고 '3개

■ ***Christopher A. Bartlett** is a professor of general management at the Harvard Business School, where he is also chairman of the International Senior Management program. Sumantra Ghoshal is an associate professor who teaches business policy at the European Institute of Business Administration (INSEAD) in Fontainebleau, France. This article is based on their recent book, Managing Across Borders: The Transnational Solution (Harvard Business School Press, 1989).*

의 시장'(유럽, 일본, 미국—역주)에 초점을 맞춰야 했다. 복잡하고 정교한 경쟁 환경 속에서는 총체적 대안 전략인 '저원가'와 '차별화' 중 하나를 선택하도록 장려되었다.

그러나 기업업무나 기업환경이 점점 복잡해져 가는데 반해 제시된 해결책은 간단하다 내지는 정말로 단순의 극치를 달린다는 것이 대부분의 기업전략의 현실이다. 자신만의 방식을 고수한 전통 있는 전화기 회사는 원거리통신과 컴퓨터, 사무기기를 하나의 통합된 시스템에 연결시키는 새로운 기술에 대응하고자 새롭게 전략을 짠 경쟁기업에 무너지고 말았다. 주요 3개 시장에만 초점을 맞추고 있던 포장제품 판매회사는 유럽과 일본, 미국이라는 3대 시장이 호주와 터키, 브라질과 같이 더 보호받고 덜 경쟁적인 시장보다 위험은 더 높고 이윤은 더 적은 국제경쟁의 중심지라는 사실을 곧 알게 되었다. 양자택일의 전략을 선택했던 가전제품회사는 가격전략과 차별화 전략을 동시에 실행할 역량을 갖춘 경쟁사들을 맞닥뜨리게 되었다.

최근 초단순화를 전략적 함정으로 인식했기 때문에 매니저들은 복잡성이 최소화해야 할 대상이 아니라 관리해야 할 대상이라는 사실을 인정하기 시작했다. 하지만 아직 위험이 다 사라진 것은 아니다. 복잡한 전략적 요건을 갖추기 위한 최고의 방법은 복잡한 조직구조라고 결론지으면서 전략적 함정을 피하는 대신 그와 비슷한 조직의 함정에 빠진다.

복합적이고 동시적인 경영역량이 필요한 전략에 대한 기업의 해결책은 단연 매트릭스 구조였다. 이는 1970년대 말, 80년대 초반에 매우 유행하였다. 이 구조의 수평적 보고관계는 직능별, 제품별, 지역별 경영그룹 사이의 다양하고 때로는 상충하는 니즈를 인식하고, 그 문제를 해결하기 위한 공식적 대안을 제시하였다. 다양한 정보채널을 통해서 기업은 외부의 복잡성을 포착하고 분석할 수 있었다. 파벌주의를 타파하고 환경변화에 대한 기업의 능동성을 확보하기 위해서 중복책임제가 도입되었다.

그러나 이 매트릭스 구조는 특히 글로벌 차원에서는 관리할 수 없는 것으로 판명되었다. 이중보고가 갈등과 혼란을 불러일으켰다. 위원회와 보고서의 확산으로 인해 기업이 교착상태에 빠지고 정보채널의 확산으로 인해 정보정체현상이 발생하였다.

중복책임제도 때문에 자리싸움이 생겨나고 책임성이 사라지고 있다. 거리와 언어, 시간, 문화로 인해 나눠진 매니저들은 혼란을 극복하고 갈등을 해결하기란 사실상 불가능하다는 사실을 깨달았다.

돌이켜 보니 전략적 함정과 구조적 함정은 쉽게 피할 수 있는 것처럼 보인다. 그래서 많은 사람들은 노련한 경영자들이 왜 이런 함정에 빠지는지 그 이유가 궁금했었다. 우리가 그 동안 생각해왔던 경영자의 역할에서 그 해답을 찾을 수 있다. 지난 수십 년 동안 전략의 최고 권위자로서 혹은 조직의 주요 관리자로서 최고경영자를 인식해왔다. 하지만 경쟁 환경이 점점 불안정해지고 예측이 어려워지면서, 최고경영자 홀로 선지자적 역할을 하기는 어려워졌다. 마찬가지로 공식적이고 위계적인 구조에서 비공식적이고 수평적인 의사소통을 통해서 움직이는 개인들 간의 네트워크 조직으로 변화하면서, 사무실 한쪽 구석에서 동떨어진 채 기업 그림을 작성하는 최고경영자의 모습은 그 자체로 시대착오적이다.

역설적이지만, 전략과 기업이 보다 복잡하고 정교해지면서 전략 및 구조라는 큰 문제에 관심을 가지던 최고경영자들이 이제는 사람과 프로세스를 관리하는 작은 문제로 그 관심을 옮기고 있다. 전략의 요건에서 중요한 것은 독창적이며 조율이 잘 된 계획을 만들어내는 것이 아니라 가장 실용적이고 유연한 전략 프로세스를 도출해내는 일이다. 그리고 조직의 핵심과제는 품격이 높은 구조를 만들어내는 것이 아니라 개인의 역량을 정확히 가늠하고 전 조직이 복잡하고 역동적인 환경에 유기적으로 반응할 수 있도록 동기부여하는 것이다.

조직 구성

기업 사상가들이 전략적 혁신에 관해서 많은 저술을 했지만 그 혁신으로 인해 기업이 직면해야 할 과제에 대해서는 소홀하였다. 아직 많은 기업들이 구조적 복잡성의 함정에 사로잡혀 있으며 이 때문에 새로운 전략적 과제에 대해서 빠르고 유연하게 대처하기 힘들다.

매트릭스 구조를 선택한 기업들에게 있어서 문제란 목표를 정하는 방법에 있지 않았다. 이런 기업은 다차원적 조직이 급변하는 주변의 복잡성에 대처할 필요가 있다는 사실을 잘 인지하고 있었다. 너무도 순수하게 구조적인 관점에서만 그들의 기업목표를 정한다는 것이 바로 문제였다. 공식적인 구조는 기업의 기본적인 '해부학적 구조'(anatomy)만을 보여줄 뿐이다. 기업이라면 반드시 그들 자신의 '조직적 생리'(organizational physiology)도 생각해야 한다. 정보가 조직의 구석구석을 돌아다닐 수 있도록 하는 시스템과 관계형성이 바로 그것이다. 뿐만 아니라 매니저 개개인의 행동방식과 사고방식을 정하는 공통기준, 가치, 신념 등의 건전한 '조직 심리'(organizational psychology)도 반드시 필요하다.

조직의 함정에 빠진 기업들은 자신의 공식적 구조(anatomy)를 바꿔주면 개인 간의 관계와 의사결정 과정(physiology)도 변화할 것이고 그에 따라 매니저들 개개인의 태도와 행동(psychology) 역시 변화할 것이라고 생각한다.

하지만 많은 기업들이 알아챘듯이 공식적인 구조를 바꾼다는 것은 너무나 무디고 때로는 잔혹한 변화다. 새로운 구조는 보다 신선하고 유용한 경영관계를 만들어내겠지만, 이런 구조가 효과적인 지식창출 및 의사결정 과정으로 진화하기까지 수개월 때로는 수년이 걸린다. 새로운 직무요건으로 인해 많은 매니저들이 좌절하고 소외감을 느끼며 어찌할 바를 모르게 되어 개개인의 태도와 행동의 변화는 훨씬 더 많은 시간이 걸리게 된다.

기업은 환경의 복잡성을 줄여나가기 보다는 이를 반영하여 조직적인 능력을 갖추기 위해 노력하기 시작했다. 훌륭한 매니저들은 기업의 구석구석까지 적용할 수 있는 이상적인 구조모형을 찾으려는 노력을 중단했다. 대신에 이들은 직원이 적절한 태도와 기술을 가질 수 있도록 돕는 데 더 집중하고, 이런 태도와 기술을 신중하게 고안된 프로세스와 이들의 관계를 접목시키려 노력한다. 즉 단순히 새로운 구조를 설치하기 보다는 새로운 조직을 구축하는 데 초점을 맞추기 시작했다는 의미다.

성공적으로 다차원적 조직을 구성한 기업들은 해부학적 구조(anatomy)–생리(physiology)–심리(psychology)라는 순서의 끝에서부터 시작하였다. 이들의 첫 번째 목표는 매니저의 신념과 행동을 좌우하는 보다 폭넓은 기업적 신념과 기준인 조직의 심리를 변화시키는 것이다. 의사소통과 의사결정 과정을 풍부하고 명확하게 함으로써 기업은 조직생리 및 생리적 변화를 강화시킬 수 있다. 그 후에야 공식적 구조의 변화를 통해 조직의 해부학적 구조를 재구성함으로써 그동안 이룬 성과를 확인하고 통합할 수 있다.

우리가 알고 있는 어떤 기업도 구성원들의 이해와 공감, 헌신을 얻을 수 있도록 기업의 심리를 일순간에 변화시킬 방법을 발견하진 못했다. 하지만 가장 효과적으로 업무를 처리하는 기업은 세 가지 주요 공통점이 있었다.

1. 명확하고 일관되게 기업의 비전을 개발하고 전달하기
2. 구성원의 시야를 넓히고 기업목표와의 공감대를 형성하기 위한 효과적인 인사관리
3. 우리가 '흡수'(co-option)라고 부르는 프로세스를 통해서 개개인의 사고와 행동을 기업전체 의제에 통합시키기

비전 공유하기

대기업의 매니저들이 편협한 사고방식을 고수하는 주된 이유는 아마도 그들의 사고방식의 틀이 책임감과

무관하지 않기 때문이다. 이런 편협성을 타파할 수 있는 최고의 방법은 바로 목표의식을 명확하게 세우는 일이다. 이 목표의식은 조직의 전 구성원이 알아야 하며, 각 매니저들 고유의 역할과 책임에 의미를 부여한다. 지금 이야기하는 것은 그것이 얼마나 기억하기 쉬운지 혹은 명확한지와 상관없이 단순한 슬로건이 아니다. 바로 기업의 비전에 관해 이야기하는 것이다. 이 비전은 명확성과 지속성, 일관성을 가질 수 있게 제대로 만들어지고 명확히 표현되어야 한다. 기업의 목표가 이해하기 쉽고 의미 있게 다가갈 수 있도록 해주는 표현의 '명확성', 지속적인 중요성을 강조하는 목적의 '지속성', 사업부문과 지역의 경계를 뛰어넘어 조직 내의 통일성을 확보해주는 적용의 '일관성'이 필요하다.

명확성 기업의 비전을 명확하게 밝혀주는 세 가지 핵심요소는 바로 간단명료, 관련성, 보강이다. NEC의 '컴퓨터와 커뮤니케이션'의 통합(C&C)이야 말로 간단명료한 기업비전이 얼마나 강력한지를 보여주는 단적인 예다. NEC의 최고경영진은 C&C 개념을 효과적으로 적용하여 기업의 핵심사업을 잘 설명해주고, IBM이나 AT&T와 같은 대기업을 뛰어넘을 수 있는 경쟁우위의 원천을 명확히 밝히고, 기업의 전략적, 조직적 핵심과제를 요약해준다.

두 번째 핵심요소인 관련성은 광의의 목표가 구체적인 의제와 연관을 맺는다는 의미다. 위시 데커(Wisse Dekker)가 필립스(Philips)의 최고경영자가 되었을 때, 일본과의 경쟁이 그의 주요 관심사였다. 위시 데커는 다음과 같은 전투적인 언어를 사용하여 자신의 도전과제를 언급하였다. "미국은 시장에서 물러났습니다. 이제 필립스만이 일본의 전자기술회사들의 가공할 침공에 맞설 수 있는 유럽내의 유일한 세력입니다." 단순히 '필립스'라는 한 기업의 생존이 아니라 국익 및 지역적 이익을 보호해야 한다는 한 차원 높은 과제를 제시함으로써 데커는 절박한 상황을 강조하고 사람들의 헌신을 한층 더 끌어낼 수 있었다. 그래서 비용절감을 위한 노력을 정당화할 수 있었고, 공장운영의 합리화를 끌어낼 수 있었으며, 새로운 차원의 판매성과물을 낳을 수 있도록 영감을 불어넣을 수 있었다.

명확성의 세 번째 핵심요소는 바로 핵심비전을 계속해서 보강하고, 정교화하고 설명함으로써 진부하고 추상적인 개념이 되지 않도록 하는 최고경영진의 보강 노력이다. 마쓰시타 고노스케는 아주 웅장하면서도 250년은 지속될 수 있는 기업비전을 제시했을 뿐 아니라 즉각적으로 그와 연관 지을 수 있는 비전도 제시하였다. 고노스케는 자신의 정책선언문에서 계속적으로 언급했던 '마쓰시타의 7가지 정신'에 이 모든 메시지를 요약해 놓았다. 매년 1월 고노스케는 회사의 연간 운영목표를 자신의 중요비전에 집어넣고 하나의 슬로건으로 연간 주제를 만들었다. 기업의 목표에 대한 고노스케 자신이 가지고 있는 모든 숭고한 정신과 함께 현장 매니저들이 마쓰시타의 목표를 이행할 수 있는 실질적이고 구체적인 지침서를 내려주었다.

지속성 경영진이 바뀌고 사업의 단기적 우선순위가 계속적으로 조정될지라도 기업은 자신의 핵심적인 전략목표와 가치를 유지해야 한다. 이러한 지속성을 유지하기 힘들다면 차라리 분기별 비전을 제시하는 것이 더 나을 것이다.

제너럴 일렉트릭(General Electric)이 전자제품 업계에서 누렸던 엄청난 지위를 상실한 것도 이러한 지속성이 부족했기 때문이었다. 지난 20년 동안 최고경영자들 몇 차례 바뀌면서 GE의 국제 소비자-제품 전략은 지속성을 유지하지 못했다. 즉각적으로 변화에 대응할 수 있으며, 자급자족이 가능한 '소규모 GE'에서 '저가의 해외자원을 개발'하는 쪽으로 GE는 정책을 선회하였다. 결과적으로 사실상 해외 아웃소싱이 되고 말았다. 미국의 전기제품회사인 RCA(Radio Corporation of America)를 인수한 뒤, GE의 가전제품 정책은 또 한차례 방향전환을 하여 국내자본주식을 방어하고자 중앙집중식 장치를 만드는 데 힘을 쏟아 넣었다. 이렇게 사업의 초점을 바꾸는 과정에서 제품전략 그 자체의 안정성도 상실하였다. 예를 들어보자. 브라질에 있는 GE 자회사는 1960년대에 TV사업을 진행하였으나 그만두라는 지시가 떨어졌다. 70년대 초반에는 대형 가전제품에 중점을 두었지만 자금지원이 중단되었다. 그 이후 가정용품을 주력으로 삼았으나 GE 본사가 매각해버렸다. 20년 동안 GE는 브라질 가전제품 시장에서 가장 영향력이 컸던 자회사 하나를 말 그대로 몰락시켰다.

그와 반대로 유니레버(Unilever)는 브라질의 기업 환경이 여러모로 불확실함에도 불구하고 브라질 자회사에 대해 지속적으로 지원했다. 플로리스 말저스(Floris Maljers) 회장은 눈앞에 펼쳐지는 정치적 위기나 경제불황만이 아니라 장기적인 시장 잠재력을 볼 수 있어야 한다고 강조하였다. "이런 지역에서는 그 지역 사람들이 춤추는 방식에서 경영힌트를 얻어야 합니다. 삼바 방식의 경영기법은 바로 두 발짝 앞으로 나간 뒤 한 발짝 뒤로 물러서는 것입니다." 유니레버(Unilever)는 이런 경영기법을 사용하여 1억 3천만 명의 소비자가 있는, 급성장하는 거대 경제권 브라질에서 3억 달러짜리 사업을 개척한 반면 존재감을 상실한 유니레버의 경쟁기업들은 결코 위험을 무릅쓰고 시장에 뛰어들지 못했다.

일관성 전략적 목표를 주고받을 때 최고경영진이 지켜야 할 세 번째 요소는 바로 기업 내 모든 사원이 동일한 비전을 공유해야 한다는 점이다. 일관성이 없을 때, 그 손실은 엄청나다. 혼란이 야기될 것이며 극단적이 경우 총체적 위기에 빠지게 되어 같은 조직 내의 서로 다른 부서가 서로를 약화시키기도 한다.

필립스의 경우가 기업목적의 일관성을 일시적으로나마 잃어버렸던 좋은 예다. 전시(wartime) 의사결정에서 몇몇 해외 사업체에 법률적 자율권을 허락한 결과, 필립스의 경영진은 북미 필립스(NAP)가 본사의 글로벌 전략의 지원업무를 맡도록 설득하는 데 오랫동안 어려움을 겪었다. 필립스의 1등급 기술이 가미된 비디오카세트 레코딩 시스템인 'V2000'을 도입할 때 이 문제는 정점에 달했다. 네덜란드 본사로부터의 거센 압박에도 불구하고, 북미 필립스는 소니의 '베타 시스템'과 마쓰시타의 'VHS 포맷'이 너무나 잘 만들어졌고, 가격, 특징, 시스템 지원 사항이 필립스가 따라갈 수 없다고 주장하면서 'V2000'출시를 거절했다. 대신 법률적 독립성과 경영상 자율권에 의거하여 북미 필립스의 경영진은 일본의 경쟁기업으로부터 제품을 공급받아 미국의 마그나복스(Magnavox)의 이름으로 제품을 출시하기로 결정하였다. 그 결과 VCR업계에서의 일본의 아성에 도전하기 위해서 필립스가 반드시 필요했던 효율성과 신뢰성을 쌓는 데 실패하였다.

일관성이 없다는 이야기는 서로 다른 부서의 매니저들이 무엇을 회사의 핵심 목표로 생각하느냐에 대한 차이가 있다는 의미다. 그러나 때로는 기업 총수들끼리도 전체적인 우선순위와 기업의 목적에 대한 시각의 차이가 있다. 의사소통 과정에서 문제가 발생했다면 이는 고칠 수 있다. 하지만 근본적인 견해차가 존재한다면 문제는 보다 심각하다. 이는 ITT에서 전략적으로 아주 중요한 '시스템 12 스위칭 장비'(System 12 switching equipment)를 개발할 때 발생했던 문제에서 잘 드러난다. 개발장소와 개발철학에 대해 유럽 지부장과 기술 담당 최고 책임자 사이에 의견충돌이 계속해서 일어났으며 이로 인해 회사 전체에 혼란과 갈등이 생겨났다. 그 결과는 참혹했다. ITT는 사내 부서끼리도 핵심 기술을 이전하기가 어려워졌으며, 결국 급변하는 국제시장에 이 핵심 제품을 제때에 출시할 수 없었다. 결국 ITT는 이 중요한 전기통신 사업을 경쟁사에 매각할 수밖에 없었다.

하지만 아무리 명확성, 지속성, 일관성을 갖추었다 하더라도 구성원 개개인이 그 기업의 명시적 목적과 목표를 제대로 이해하고 받아들이지 못한다면 비전을 만들고 공유하기란 불가능한 일이다. 이 정도 수준이라면, 의사소통이 문제라기보다는 수용력이 문제다. 구성원 개인이 이해하고 받아들일 수 있도록 하는 것은 기업의 인사정책 문제이다.

인적자원 개발

최고경영자들은 기업의 희소 자원 및 자산을 개발하고 분배함에 있어서 책임감을 느끼고 있지만, 금융과 기술에만 초점을 맞추게 되면 희소 자원 중에서도 가장 희소한 자원인 유능한 매니저를 육성하는 일을 소홀히 하게 된다. 하지만 빠르게 변화하는 환경 속에서 기업 통제권을 회복할 수 있는 길이 하나 있다면 그것은 개개 매니저들의 통찰력, 역량, 관계를 조직의 구성요소로 통합시킬 수 있는 최고경영진의 역량이다.

최고경영진의 이러한 역량이 부족하거나 제대로 발휘되지 않는 기업들은 매니저들 스스로 자신의 특정한 책임이 어떤 식으로 광의의 기업 비전과 연결되어 있는지 살펴야 한다는 문제점이 생긴다. 외부적 복잡성과 전략적 정교함이 더 해갈수록, 물리적으로도 조직적으로도 서로 간에 동떨어져있는 핵심집단이 빠르게 성장할 수밖에 없다. 그로 인한 파벌주의를 해결하는 과제는 절대 임금 구조와 이윤 프로그램을 관리하는 사무직 직원에게 맡겨져서는 안 된다. 기업의 핵심 인재의 채용, 개발, 배치에서 최고경영진이 앞장서야 한다.

채용과 선정 복잡성 문제를 성공적으로 해결하는 첫 단계는 이용 가능한 인재를 최대한 활용하는 것이다. 국적이나 직무상의 차이로 인해 채용과 승진에 차별을 두는 행위는 크나큰 실수다. 오늘날과 같은 국제화 시대에 국내에서만 인재를 채용하는 기업은 전 세계에 퍼져 있는 경영기술을 제대로 활용할 수 있는 능력을 스스로 제한하게 될 것이며 기업의 의사결정 과정이 편향적으로 진행될 수도 있다.

지난 수십 년 동안 해외 자회사의 요직에 국내운영팀의 매니저를 임명하였던 프록터 앤 갬블(Procter & Gamble)은 그러한 관행이 지역 정서를 고려하지 않을 뿐 아니라, 일본에서의 몇 차례의 마케팅 실패를 통해서 이러한 교훈을 얻었다. 미국인이 아니라는 것 외에는 충분한 자질을 갖춘 재능 있는 매니저들을 충분히 활용하지 못한다는 사실을 알게 되었다(다행스럽게도 우리의 연구에 따르면 해외 시장이 '내수시장만큼 힘겹지는 않다'는 추측 때문에 부진한 성과만을 근거로 해외 조직을 움직일 만큼 근시안적인 회사는 거의 없었다).

기업들은 요직에 임명할 수 있는 인재풀을 확대시켜야 할 뿐 아니라 성공할 가능성이 가장 높은 인재를 뽑을 수 있는 새로운 기준도 마련해야 한다. 더 이상 과거의 성공경험은 미묘하고 민감하고 예측 불가능한 고위급 업무에 대한 충분한 자격이 될 수 없기 때문에 최고경영진은 보다 높은 안목을 가지고 선별 과정에 참가해야만 한다. 마쓰시타의 최고경영진은 국제업무를 맡을 요직의 후보를 뽑을 때 개인의 특성을 종합적으로 평가한다. 간단히 'SMILE'라는 두문자어로 요약할 수 있다. 업무에 필요한 기술, 역량, 지식을 의미하는 특기(Specialty)의 에스(S), 동기부여능력을 주로 의미하는 경영능력(Management ability)의 엠(M), 배우고자 하는 의지와 적응력을 의미하는 국제적 유연성(International flexibility)의 아이(I), 언어적 재능(Language facility)의 엘(L), 그리고 마지막으로 위기상황에서의 활력과 인내력을 의미하는 노력(Endeavor)의 이(E)가 바로 SMILE이다. 이런 특징들은 최고경영진이 고위급 인사의 채용과정에도 참여하는 NEC나 필립스가 지향하는 바와 아주 유사하다.

훈련과 개발 일단 최고 수준의 후보자가 선정되면 다음 과제는 그들의 잠재력을 개발하는 일이다. 가장 성공적인 개발노력은 세 가지 목적이 있다. 첫째, 공동의 비전과 가치를 심어주고 둘째, 경영 시야와 역량을 넓히며 셋째, 인적 네트워크를 개발하고 경영 관계를 형성한다. 이를 통해서 각 후보자들은 전통적 훈련 프로그램에서 강조하는 기술 연마하기 이상의 목표를 달성할 수 있다.

공동의 비전과 가치를 형성하기 위해서 마쓰시타의 사무직 근로자들은 입사 이후 첫 6개월의 상당 부분을 회사에서 말하는 소위 '문화 및 정신교육'에 사용한다. 이들은 회사의 신조인 '마쓰시타의 7가지 정신'

과 마쓰시타 고노스케의 철학을 공부한다. 그리고 이렇게 습득한 교훈을 일상의 행동과 업무상 결정으로 옮길 방법을 익힌다. 마쓰시타에서 시행하는 기업문화 형성을 위한 훈련 프로그램은 다른 사회에서는 적용되지 않을 일본식 허튼소리일 뿐이라고 무시당하는 경우도 종종 있지만 실제로 필립스도 '기업의 응집력 강화훈련'을 가지고 있으며 유니레버 역시 '세뇌시키기(indoctrination)'라는 아주 직설적인 이름의 훈련 프로그램이 있다.

경영 시야 확보라는 두 번째 목적은 복잡한 일이 생겼을 때 물러서지 않고 관리하는 법을 사람들에게 가르치는 것이다. 기술전문가, 거래전문가 때로는 운영전문가까지 우두머리가 2~3개로 나뉘어 사업을 운영했던 기존의 거추장스러웠던 방식에서 벗어나기 위해 필립스는 자사의 훈련개발팀에게 최고경영진 후보생들을 탈전문화시켜 교육해 달라고 요청했다. 강화된 종합경영훈련 프로그램을 추가하여 전통적인 전문교육과정과 기능적 훈련 프로그램을 보충함으로써 필립스는 무엇이든 할 수 있을 듯 보이지만 사실상 제 기능을 발휘하지 못했던 '유비쿼터스' 팀을 전문가들의 의견을 인정하고 존중할 줄 아는 단일 사업팀(single business heads)으로 바꿀 수 있었다.

세 번째 목적인 인적 네트워크와 관계 형성은 단지 경영개발과정에서 우연히 발생하는 부산물만은 아니다. 유니레버의 인사관리부장의 이야기에서 잘 알 수 있다. "국적이 다르고 사업 분야가 다른 매니저들을 Four Acres(유니레버가 운영하는 국제 경영훈련대학교)에 불러 모음으로써 우리는 다른 방법으로는 얻을 수 없는 인적 네트워크와 유대관계를 형성할 수 있습니다. 우리 회사는 연구개발에 쓰는 비용만큼이나 훈련과정에 투자하고 있습니다. 이런 훈련과정은 기술과 지식의 향상이라는 직접적 효과를 가져다 줄 뿐 아니라 매니저들이 유니레버 클럽에 잘 녹아들 수 있는 중추적 역할을 담당하기 때문입니다. 여기서는 공식적인 시스템과 구조도 중요하지만 인간관계와 비공식적인 인적 네트워크가 더 큰 힘을 발휘합니다."

진로 관리 비록 채용과 훈련이 아주 중요하다 하더라도 매니저들이 새로운 시각을 가지고 파벌주의를 없앨 수 있는 가장 좋은 방법은 경험이라는 사실을 효과적인 기업들은 알고 있다. 선별된 매니저들을 직능별, 사업별, 지역별 단위로 이동시킴으로써 기업은 아이디어의 상호교류와 유연성, 폭넓은 경험을 장려할 수 있고 이를 통해 매니저들은 결국 복잡성 문제를 해결할 수 있다.

유니레버는 지속적인 경쟁우위를 확보한다는 차원에서 인재육성에 오랜 기간 공들여왔다. 1930년대 초, 유니레버는 지역인재를 발굴, 육성하여 그 동안 대부분의 해외 자회사를 경영했던 모회사 출신의 매니저들을 대체하였다. 나중에 '–화'로 알려진 이 정책을 통해서 유니레버는 인도 자회사의 인도'화,' 호주 자회사의 호주'화' 등등을 위해 최선의 노력을 다했다.

조직 내에서 열심히 성과를 내는 새로운 인재로 인해 기쁨이 있었지만, 경영진들은 이내 모회사의 매니저들을 해외로 내보내지 않음으로써 그 동안 회사 내 다양한 집단을 하나로 묶어주고 산개해 있는 사업체를 연결해주던 강력한 연결고리가 사라져간다는 사실을 깨닫게 되었다. 이에 대한 해결책은 '–화' 정책의 두 번째 단계를 시행하는 것이었다. 예를 들면 인도화 과정을 계속 진행하면서도 유니레버는 인도 매니저들의 '유니레버'화를 위한 특별 프로그램을 추가하였다.

매년 3~400명의 매니저들을 Four Acres에 보내는 것 외에도 유니레버는 본사의 단기 및 장기 직무할당(job assignments)을 위해 장래가 촉망되는 해외 매니저 100~150명 정도를 데리고 온다. 이런 정책을 통해서 신선하고 시장 중심적 시각을 의사결정 과정에 도입할 수 있을 뿐 아니라 방문 매니저들에게 유니레버의 전략적 비전과 가치를 알려줄 수도 있다. 유니레버 사무실의 국외 거주자(expatriates)의 말을 들어보자. "이런 경험을 통해서 여러분은 유니레버 클럽에 가입하게 되며 유니레버 사원으로 구별시켜 줄 명확한 기준과 가치, 행동을 익힐 수 있습니다. 확실하게 구별되기 때문에 세계 어디를 가도 유니레버 매니저를 구별

해낼 수 있습니다."

게다가 유니레버는 신중하게, 때로는 2~3년에 한 번씩 잠재력이 뛰어난 사람들 대부분을 직능별, 제품별, 지역별로 다양한 경험을 할 수 있도록 자리를 이동시킨다. 최고경영진은 유니레버의 총 관리집단의 약 5%에 해당하는 1,000명 정도의 사람들을 조사한다. 이들은 회사의 여러 부문으로 이동해서 근무하면서 비공식적 인적 네트워크를 형성하는데 이는 유니레버의 의사결정 및 정보교환 과정에서 아주 중요한 역할을 한다.

유니레버가 해왔듯이 주요 매니저들의 시야와 관계를 넓히는 일은 광의의 기업 미션과의 공감대를 형성할 수 있는 좋은 방법이다. 하지만 공감대를 넓히는 것만으로는 충분치 않다. 유니레버가 글로벌 전략을 잘 조율하고 유지하기 위해서는 기업의 비전과 목표달성을 위한 사원들의 강력한 헌신이 지속적으로 이루어져야 한다. 즉 개개인의 에너지와 열망이 기업의 목표달성을 위한 노력으로 흡수되어야 한다.

경영노력의 흡수

조직이 점점 복잡해질수록 매니저와 경영진은 보다 특화되고 고립되는 경향이 있으며 자신과 직접적으로 연관된 책임에 상당히 민감해지는 경향이 있다. 따라서 누군가가 자신의 업무영역을 침범하는 경우 심지어 기업 전체의 이익이 걸린 문제에서조차도 근시안적으로 대처하는 경향이 있다. 앞에서 언급되었던 북미 필립스의 가전제품부가 본사 VCR 시스템을 거부하기로 했던 결정이 그 대표적인 예이다.

비슷한 시기에 다른 많은 회사들처럼 필립스 역시 실험을 시작하였다. 기업 비전, 필립스의 비전은 일본의 공격으로부터 서구 사회의 가전제품 시장을 지킨다는 전도자적 사명감이었다. 이에 대한 매니저들의 이해를 개인적인 헌신으로 연결시킬 수 있는 방법에 관한 실험이었다. 개인 및 기업 내 여러 집단에게 기업의 비전에 공헌할 수 있는 기회를 제공하고 그에 따른 직접적 책임을 부여함으로써 이들을 보다 광의의 비전으로 흡수할 수 있다고 필립스는 결론지었다.

일본 내 경쟁이 심화되면서 필립스는 독립되어 있는 각 국의 자회사 간의 가전제품 부문의 조율을 강화해야 한다는 사실을 알았다. 하지만 필립스는 본사 제품부를 강화하는 과정에서 각국에 있는 유능한 경영 관리팀을 축소시키고 싶지 않았다. 필립스는 두 가지 초국적 방침을 통해 이 모순을 해결하였다. 먼저 비디오 사업을 위한 최고위급 '세계 경영방침 위원회'(World Policy Council)를 구성하고 핵심시장인 독일, 프랑스, 영국, 미국, 일본의 주요 매니저들을 포함시켰다. 각 국의 필립스 자회사들이 오랜 독립의 역사를 가지고 있기 때문에 그 지역의 매니저들이 아인트호벤에 있는 네덜란드 본사의 명령을 쉽사리 듣지 않을 것이라는 사실을 필립스는 알고 있었다. 필립스 최고의 시장지식과 전문기술은 대부분 해외의 자회사에 있기 때문에 충분히 그럴 자격이 있다는 것도 사실이다. 하지만 이 위원회를 통해서 필립스는 제품정책과 제조지역에 대한 본사의 결정에 대해 필립스 자회사들의 지원을 끌어낼 수 있었다.

둘째로 이것이 훨씬 더 강력한 초국적 방침인데, 필립스는 이전에는 국가별 책임을 맡았던 부서에 글로벌 책임을 맡겼다. 아인트호벤 본사는 북미 필립스를 필립스의 프로젝션 텔레비전의 개발의 주역으로 세우고 개발 및 조정과 북미와 아시아 시장을 겨냥한 필립스 텔레비전 제조의 전체를 맡겼다. 북미 필립스 매니저들의 태도는 급변하였다.

북미 필립스의 가전제품 담당 선임 매니저는 미국 매니저들의 감상을 이렇게 표현하였다. "마침내 우리는 본사에 대한 의존에서 벗어날 수 있게 되었습니다. 그 동안 너무 좌절감을 많이 느꼈습니다." 흡수하기(co-option)를 통해서 방어적이고 지역 중심적이었던 북미 필립스의 매니저들이 보다 협조적인 태도를 가지게 되었다. 이들은 이제 본사의 글로벌 전략을 뒤엎으려는 노력 대신에 적극적인 지원을 시작하였다.

대부분의 TV 생산이 멕시코에서 이루어지던 1987년, 북미 필립스의 가전제품부의 책임자는 언론에 이야기했다. "디자인의 공통점이야 말로 우리가 전 세계에서 생산을 할 수 있는 원동력입니다. 우리는 필립스 본사와 놀라우리만치 잘 협력하고 있습니다." 몇 년 전이었다면 북미 필립스의 어떠한 매니저도 이러한 인터뷰를 하진 않았을 것이다. 그리고 예전에는 고립되었고 심지어는 적대적이기까지 했던 매니저들을 필립스 본사가 얼마나 효과적으로 포용하였는지 잘 보여주었다.

매니저들의 마인드 속의 매트릭스

세계 2차 대전이 끝나고 기업전략은 수 세대 동안 고통스런 진화의 과정을 겪으며 살아남았으며 이젠 어느 정도 민첩성과 탄탄함을 자랑한다. 하지만 조직의 발전은 그 보조를 맞추지 못했으며 경영자세는 그보다 훨씬 뒤쳐져 있다. 그 결과 모두들 이행 불가능해 보이는 전략을 만들고 있다. 그 이유는 너무나 간단하다. 1세대 경영자들이 운영하는 2세대 기업에서 3세대 전략을 효과적으로 실행할 수 있는 사람은 없기 때문이다.

오늘날의 성공적 기업들은 공통점이 있다. 이상적인 구조 만들기에서 한발 더 나아가 매니저 개개인의 역량과 행동, 성과를 향상시키는 데 더 초점을 맞춤으로써 새로운 환경과 경쟁상황을 관리할 필요가 있다는 사실을 최고경영진이 잘 알고 있다는 점이다. 초국적이고 상호의존적인 과업을 맡은 사람들이 기업 전체의 목표를 잘 이해하고 그것을 달성하기 위해 최선의 노력을 다할 때 변화는 일어난다.

한 고위 경영자는 이렇게 설명했다. "우리의 도전과제는 매트릭스 구조를 만드는 것이라기 보다는 매니저들의 마인드내부에 매트릭스를 창조하는 것입니다." 매트릭스 구조 속에 내재된 갈등으로 인해 매니저들은 혼란을 겪는다. 하지만 매니저들의 마인드 안에서 유연한 시각과 관계의 매트릭스를 만들어냄으로써 완전히 다른 결과를 만들 수 있다. 이러한 시각과 관계의 매트릭스를 통해서 개개인은 판단을 내리고 기업이 공동의 전략적 목표를 향해 나아갈 수 있도록 추진력을 제공하는 결과물을 협상을 통해 만들어 낼 수 있다.

Chapter 5

전 세계적인 혁신과 학습의 창출: 국가간 지식 관리의 활용

정보기반 지식 경제인 21세기에 다국적 기업들은 신규 시장에의 접근 및 차익거래 요소비용 등 기존의 능력으로만 경쟁하지 않는다. 오늘날의 다국적 기업들이 직면한 과제는 한 국가 안에서 떠오르는 소비자의 트렌드를 감지해 다른 국가의 새로운 기술 및 역량과 연결하고 이를 통해 또 다른 국가에서 창조적인 새로운 제품이나 서비스를 개발해 이러한 혁신을 급속도로 전 세계에 확산시킬 수 있는 조직을 만드는 것이다. 이러한 초국적 혁신 과정은 과거에 지배적인 국가간 혁신의 형태였던 전통적인 "세계를 위한 중앙 혁신"과 "지역을 위한 지역 혁신" 모델보다 더욱 복잡하다. 5장에서는 국경간 혁신의 전통적 모델 및 새로 등장한 모델을 살펴보고 이들 모델을 효율화하기 위한 조직 역량의 특성을 알아본다. 본 장에서는 다국적기업이 금융 자본의 국제적 흐름을 관리하고, 인적 및 지적 자본의 국가간 흐름을 개발하고 관리할 수 있는 전통적인 능력을 보완하는 초국적 조직의 특징에 대해 자세히 살펴보고자 한다.

3장에서는 오늘날의 세계화된 경쟁 환경 속에서 다국적기업에게 여러 종류의 경쟁우위(세계적 규모의 효율성, 지역시장 반응성과 세계적 학습 능력을 사로잡는 능력)를 구축할 것이 요구됨을 살펴보았다. 다국적기업이 세계적 규모의 효율성과 현지 시장 대응성 등 전통적인 경쟁역량 부문에서 극심한 경쟁을 함에 따라, 선도적인 다국적기업들(특히, 통신, 생명공학, 의약품 등 지식 집약 산업 부문)간의 싸움은 이들 기업이 전 세계에 걸친 자원과 역량을 연결 및 활용하여 혁신을 개발하고 확산시키는 능력에 대한 경쟁으로 옮겨갔다.[1]

이런 경향은 R&D 지출이 1992년부터 2010년 사이의 기간에 두 배로 증가한 것만 보아도 알 수 있다. 또한 국제 특허 출원은 1985년의 922,000건에서 2010년 거의 2백만건으로 성장했다. 같은 기간 상표 출원 또한 1985년 약 1백만건에서 2010년 3.6백만건으로 증가했다. 미국 기업들 사이에서 지식 기반 자산에 대한 투자는 빠르게 성장하고 있는데 이로 인해 S&P 500회사의 무형 자산(즉, 공장 및 설비 같은 현재 자산과 같은 고정되지 않는 자산들) 가치 또한 크게 증가하였다. S&P 500회사의 무형자산 총 투자액은 1985년에 32%였으나, 1995년에는 68%로 성장하였으며, 오늘날 80%에 이르렀다.

이 모든 변화가 기업들이 국제경영을 생각하는 방식을 변화시키고 있다. 수십 년 전 다국적기업은 국내에서 축적된 지식과 전문성을 해외 시장에 판매할 수 있는 자산으로 간주하였다. 이러한 경향은 특히 제3장에 기술한 초기 "국제" 전략을 따랐던 미국의 다국적 기업들에 있어 더욱 뚜렷했다. 예를 들어 1960년대에 RCA는 해외 시장 진출의 가장 적절한 전략은 첨단 기술을 라이센싱하는 것이라고 생각하였다. 국제시장을 혁신과 배움의 기회보다는 단지 수익확대를 위한 기회로만 간주했던 RCA는 라이센시(licensee)가 RCA로부터 기술을 배운 후 세계시장에 보다 적합한 혁신적인 새 상품을 개발하여 RCA를 빠르게 따라잡고 심지어 추월할 수 있음을 알게 되었다.

오늘날 경쟁적 환경 속에서 기업들은 더 이상 자국 환경에만 집중함으로써 세계 수준의 지식과 전문성을 쌓을 수 있다고 생각하거나 국내용 제품군을 살짝만 고쳐서 성공할 수 있다고 생각하지 않는다. 모바일 및 무선 기술 분야의 세계적인 선도 기업인 퀄컴도 RCA와 마찬가지로 자사의 기술을 라이센싱함으로써 국제적인 확장을 도모하였으나 그 전략은 매우 달랐다. 전 세계 통신 사업에서 사실상 모든 기업과 라이센싱 계약을 맺음으로써, 퀄컴은 총 수익의 1/3 이상을 라이센스 계약의 로열티 수익으로 올리고 있다. 그러나 총 수익의 4분의 1정도를 미국, 독일, 중국, 인도, 대한민국, 영국에서의 주요 연구 센터에서 R&D에 재투자하였다. 이들 국가에서 퀄컴은 똑똑한 기술자를 모집하고 기술과 경쟁력 있는 개발을 모니터링하고 주요 대학의 연구자들과 협력하며 전 세계의 고객과 협력하여 제품을 개발하고 있다. 즉 퀄컴은 혁신을 유지하고 확장하기 위해 전 세계의 인력을 사용하고 있다.

---

1) Throughout this chapter, when we talk about innovation, we are not only referring to the creation of technology-based new products or services, but also to innovations that come from organizational effectiveness breakthroughs, pioneering marketing strategies, state-of-the-art manufacturing processes, or logistical innovations.

전 세계에 걸친 혁신을 개발하고 빠르게 보급하는 능력은 필수적이고, 그 과정에서 해외자회사들은 중요한 새로운 역할을 수행할 필요가 있다. 그들의 전통적인 역할을 수행해야 할 뿐 아니라 해외 판매법인, 생산기지, R&D 센터 모두가 새로운 시장 트렌드 또는 기술 개발의 감지자(sensor)가 되어야 한다. 또한 희소한 인재와 전문성을 영입할 수 있어야 하며, 혁신이 어느 지점에서 시작되었든 전 세계적으로 혁신의 결과를 활용하기 위해 본사 및 다른 해외 조직들과 단체행동을 할 수 있어야 한다.

그러나 대부분의 다국적기업에게 전 세계에 걸쳐 지식을 적용하고 영향력을 미치고 창조하는 능력을 개발하는 것은 간단한 문제가 아니다. 사람은 선천적인 호기심을 가질 수 있고 다른 사람에게서 배우고자 하는 동기부여가 자연스럽게 되지만 대부분의 현대 기업들은 이런 자연스런 인간의 본능을 억제하고 때로는 죽여버리는 방식으로 구성되어 있다. 이 장에서 우리는 다국적기업의 경영진이 직면하고 있는 가장 중요한 과제에 초점을 맞추고자 한다. 다국적기업이 어떻게 정보를 발견, 개발, 이용 및 활용하여 전 세계 지사 간 학습 및 혁신을 효율적으로 지원할 수 있을까?

전통적 혁신: 중앙 및 지역적 혁신모델

전통적으로 다국적기업의 혁신 역량은 두 가지 고전적인 프로세스 중 하나의 프로세스로 설명될 수 있다. **세계를 위한 중앙 혁신**(*center-for-global innovation*) 모델의 경우 대개 자국 시장에서 새로운 기회를 감지한다. 그리고 모회사의 집중화된 자원과 역량을 이용하여 주로 핵심 R&D 센터에서 신제품과 새로운 프로세스의 창출을 이끌어낸다. 그리고 이러한 혁신의 시행은 현지 시장에 혁신을 도입하는 역할을 하는 자회사를 통해 이루어지게 된다. Pfizer의 비아그라 개발 및 세계 시장 출시 혹은 일본에서 설계 및 개발된 Komatsu의 중량 건설 장비의 국제 시장 출시가 이 중앙 혁신 모델의 전형적인 예이다.

반면에 우리가 소위 말하는 **지역을 위한 지역 혁신**(*local-for-local innovation*)은 자회사 기반의 지식 개발을 의미한다. 지역 내에서 생겨난 기회를 잡기 위해 자회사들은 그들 소유의 자원과 역량을 활용해 혁신적인 대응을 구상하고 이를 지역 시장에서 시행한다. 개울가에서 빨래를 하는 인도시장을 위해 유니레버는 세제바(detergent bar)를 개발하였는데 이는 지역 혁신 과정의 좋은 예이다. 또한 필리핀 기업인 졸리비는 그들이 진출한 각각의 현지 시장의 선호에 맞는 패스트푸드 상품을 개발한 바 있다.

다국적 기업이 시장 점유율을 높이려고 경쟁하게 되면서 좀 더 발전된 기업들은 두 모델의 요소를 모두 활용하고자 하였다. 그러나 두 가지 모델을 추구하다 보면 결국에는 그 중 하나의 철학 및 관행이 우위를 차지하게 되었다. 당연하게도 지역을 위한 지역 혁신 프로세스가 다국적 기업의 전략 모델에 더 쉽게 맞는 반면, 세계를 위한 중앙 혁신 모델은 보통 글로벌 또는 국제적이라고 설명되는 기업들에서 지배적으로 나타났다.

그러나 활용하는 혁신 모델이 무엇이든, 모든 회사가 직면한 첫 번째 과제는 초국적 혁신의 지배적 과정에 내장된 한계와 취약점을 극복하는 것이었다. 다음 단락에서 우리는 가장 효과적인 다국적기업의 극복 방법을 간략하게 설명할 것이다. 그리고 이 장의 뒷부분에서 우리는 심지어 가장 잘 관리되는 중앙 및 지방 혁신 프로세스조차도 특히 빠르게 변화하는 전자 공학, 생명 공학, 통신 등의 지식 집약적 산업의 기업에는 충분하지 않음을 살펴보기로 한다. 이러한 다국적기업이 **초국적 혁신능력**(*transnational innovation capability*)을 완전히 익히기 위해 완전히 다른 종류의 기술이 필요하다. 우선 기업들이 초국적 혁신의 전통적인 모델을 어떻게 효율적으로 만들어 왔는지를 살펴보자.

효과적인 중앙적 혁신의 창출

많은 일본 기업들이 세계를 위한 중앙 혁신 모델을 효율적으로 이용해 자동차에서 지퍼에 이르기까지 여러 분야에서 국제적 강자가 되었다. 그렇다고 해서 일본기업들이 다른 혁신 모델을 전혀 이용하지 않았다는 것은 아니지만 전반적으로 일본은 중앙 혁신의 챔피언이었으며 지금도 마찬가지이다. 추후 국제화가 진행되면서 한국의 다국적기업들 역시 일본의 사례를 따랐다.

시간이 지남에 따라 이들 회사들은 세계를 위한 중앙 혁신에 있어 가장 큰 위험은 시장에 대한 무감각성 및 새로운 제품과 프로세스가 적절치 못하고 생각하는 지사의 저항이라는 점을 깨달았다. 결과적으로 가장 성공한 세 기업은 세계를 위한 중앙 혁신 프로세스를 관리하기 위한 세 가지 핵심 역량을 개발했다. 중앙에서 일어나는 활동에 자회사의 인풋을 반영할 것, 모든 기능적 문제가 시장의 요구에 부합하는지를 확인할 것, 개발, 생산, 마케팅 전반에서의 책임 이전을 관리하여 가치 사슬 기능을 통합하는 것이 그 세 가지이다.

자회사의 인풋 반영: 다양한 연결

매우 중앙 집중화된 기업들은 2가지 중요 문제에 직면해 있다. 본사는 시장 니즈를 이해하지 못하고, 중앙에서 시작된 혁신을 시행하는 역할을 담당하는 자회사는 이에 몰입하지 않는 것이다. 이런 문제점들을 해결하는 최선을 방법은 본사와 해외 자회사의 연결을 늘리는 것이다. 이를 통해 본사는 현지 시장의 요구와 기회를 더 잘 이해해줄 수 있고, 자회사들도 중앙의 결정과 업무에 더 큰 접근성을 가질 수 있게 된다.

예를 들어 일본의 전자회사인 샤프는 본사와 자회사 간에 다수의 연결점을 만들었다. 이전에는 효율성을 이유로 본사와 자회사 간에 단일 접점만을 두었으나 이를 중단한 것이다. 오히려 의식적으로 전 세계 다양한 지점의 서로 다른 관점과 우선순위, 심지어 편견을 보존하고자 하고 이들의 다양한 관점을 대변하고 가장 잘 방어해줄 수 있는 본사와의 접점을 충분히 갖도록 하고 있다. 이로 인해 2000년도에 34%에 불과했던 총매출 대비 해외 매출 비율이 10년 뒤 56%로 성장하였다. 이러한 성장을 촉진하는 혁신은 때론 매우 간단했는데, 그 중 하나는 중국 농촌에서 판매되는 TV 전기 코드를 쥐가 씹어서 망가트릴 수 없도록 더 두껍고 더 튼튼하게 만든 것이었다.

국가별 니즈에 대응하기: 시장 메커니즘

다른 많은 다국적기업들과 마찬가지로 파나소닉(구 마쓰시타)은 통합적인 프로세스를 설립하여 기업 활동의 최일선 관리자들이 느끼는 요구 및 제약사항을 본사의 R&D, 제조, 마케팅 담당자들도 똑같이 느낄 수 있도록 하였다. 이 어려운 조직적 과업을 가능케 한 핵심 요소 중 하나는 중앙 활동을 지시하고 통제하는 내부 "시장 메커니즘(Market Mechanisms)"을 사용한 것이다.

예를 들어 파나소닉의 총 연구 예산의 약 절반은 기업의 R&D에 할당되고 나머지는 생산 부서에 할당된다. 분할 예산의 목적은 기술 중심, 시장 주도의 아이디어가 관심을 끌기 위해 경쟁할 수 있는 상황을 만드는 것이다. 매년 다양한 기업 연구소들이 진행하고자 하는 연구 프로젝트를 선보이기 위해 전시회를 개최한다. 여기서 생산 부서는 관심 있는 프로젝트를 찾아 필요한 자금 및 기타 자원을 동원해 지원하겠다는 의지를 표명한다. 그렇다면 생산부서는 지원하고자 하는 프로젝트를 어떻게 선정할까? 생산부서의 내부 상품 회의를 개최하여 내년에 구매할 의향이 있는 제품의 가격과 특징을 해외 자회사들과 협의하는 방식으로 이루어진다. 이러한 내부 시장으로 인해 고객의 요구가 기술적 혁신에 반영되는 것이다.

책임 이전의 관리: 인사 교류

모회사 조직이 신규 제품 및 프로세스의 개발 및 제조에 있어 주도적인 역할을 담당할 때 연구, 제조, 마케팅 과정을 통합하는 것은 지역을 위한 지역 혁신 프로세스에서보다 세계를 위한 중앙 혁신 프로세스의 경우 훨씬 어렵다. 지역을 위한 지역 혁신 프로세스에서는 부문간 협력을 담당하는 조직의 규모도 작고 위치도 가깝기 때문에 과정의 통합이 촉진되기 때문이다. 중앙 집중적 조직에서는 프로세스를 통합하기 위한 대안이 신중하게 구성되어야 한다.

예를 들면 파나소닉의 통합 시스템은 사람의 이동에 크게 의존한다. 파나소닉 연구 엔지니어의 커리어 패스는 제품 생산부서, 주로 응용연구개발부서로 이동하기 전 순수 연구에 집중하는 중앙 연구소에서 대략 5~8년을 보낼 수 있도록 구성되어 있다. 그 이후 대부분은 생산 또는 마케팅과 같은 직접적인 운영기능부서로 이동하여 계통관리(line management) 직책을 맡게 된다. 보통 엔지니어는 주로 그가 맡고 있던 주요 프로젝트와 함께 부서를 이동한다. 이를 통해 해당 프로젝트에 필요한 특정 지식이 담당자와 함께 이동하게 되는 것이다.

다기능 통합을 위한 또 다른 파나소닉의 메커니즘이 있다. 회사에서 개발 중인 새로운 제품의 생산 작업을 향후 이끌게 될 관리자를 찾아내 그를 제품의 개발 초기 단계부터 연구팀의 전임 멤버로 만드는 것이다. 이 시스템은 개발팀에 생산 전문성을 직접적으로 반영할 뿐만 아니라 디자인을 완성한 후 프로젝트의 이전을 용이하게 한다.

지역 혁신의 효율화

고전적인 글로벌기업이 중심 혁신의 챔피언이라면 전형적인 다국적기업은 보통 지역 혁신 관리에 통달한다. 그러나 이들 기업은 지역을 위한 지역 혁신 모델을 이용할 경우 발생할 수 있는 불필요한 차별화와 "바퀴의 재발명(역주: 불필요한 발명을 하는 것)" 문제를 해결해야만 한다. 자원이 풍부한 자회사가 그들의 독립성과 자율성을 보호하려고 하기 때문에 생길 수 있는 문제이다.

이러한 문제를 성공적으로 해결함에 있어 이루어야 할 세 가지 중요한 역량이 있다. 자회사 관리자에게 더 큰 권한을 부여하는 것, 자회사 관리자들이 본사의 의사결정 과정에 참여할 수 있도록 효율적인 메커니즘을 수립하는 것, 그리고 각 자회사 간의 긴밀한 부문간 통합을 이루는 것이다.

자회사 관리자의 권한 강화

지사의 혁신을 지원하는 가장 중요한 요소는 조직적인 자산과 자원뿐만 아니라 이에 수반되는 권한을 분산해주는 것이다. 이러한 두 가지 전제 조건은 국가 수준의 조직이 새로운 제품이나 프로세스 생성에 주도권을 가지고 참여하는데 필요한 도구를 제공하는 것이다. 유니레버, 필립스와 같이 잘 구축된 분산형 연방 조직 모델을 가지고 있는 회사들은 지역을 위한 지역 혁신을 일으키는 데 어려움이 거의 없다(인도 유니레버가 개울가 세탁을 위해 세제바를 개발한 것을 떠올려보자). 하지만 비슷한 역량을 달성하고자 하는 다른 많은 기업들은 자회사에 자산과 자원을 이전하고 자회사의 운영 권한을 강화해주어야 했다.

미국 농업 기계 제조업체 존 디어(John Deere)는 현지 경쟁 업체인 마힌드라앤마힌드라(Mahindra and Mahindra)에 밀려 인도 시장 점유율이 떨어지자 현지 시장에 적합한 제품라인이 필요하다는 것을 깨달았다. 따라서 인도의 푸네에 2,000명의 기술직원들로 구성된 기술 센터를 만들었고 가격에 민감한 인도 농부의 니즈를 연구하게 하였다. 기술센터는 그 지역의 필요에 맞는 작고 덜 복잡한 5003 트랙터 시리즈를 개발하였고 이것이 인도의 농업기계 시장에서의 점유율을 호전시키는 결과로 이어졌다.

현지 자회사 관리자를 본사 의사결정 과정에 참여시키기

지사 자원과 자율성은 지사 경영자를 창의적이고 기업가로(entrepreneurial) 만드는 반면, 본사와 자회사의 의사결정 과정을 연결해주는 것은 회사 전체의 지역을 위한 지역 혁신 과업을 효율적으로 만들어준다. 이는 존 디어(John Deere)사의 인도 기술 센터에 있어서도 마찬가지였다. 인도 기술 센터는 일리노이 몰린에 있는 핵심 기술 센터와 밀접하게 연결되어 양 센터의 여러 개발팀은 협력적으로 프로젝트를 진행하고 있다.

많은 유럽 회사들에서 이러한 연결들을 발전시키고 유지하는 데 있어서 기업가적 지역 파견자들이 핵심 역할을 한다. 예를 들어 필립스에서는 가장 능력 있는 관리자의 다수가 전 지역의 조직에서 자신의 경력을 쌓으며 여러 자회사들에서 각각 3~4년을 근무한다. 규모가 작은 네덜란드 본국의 시장에서 할 수 있는 것보다 이들 지사에서 더 규모가 크고 높은 지위의 업무를 맡게 된다.

당연히 이러한 경력 할당의 패턴들은 경영태도와 조직의 관계에 중요한 영향을 미친다. 국외 파견자는 국내 조직의 관점에 강한 동질감을 느끼는 경우가 많고, 공유된 정체성은 회사 내에서 강한 유대와 별개의 하위문화를 만든다. 반면 파나소닉의 파견자들은 스스로를 외국 자회사에 일시적으로 파견된 모회사의 임원으로 생각하는 경향이 있어 상호작용이 거의 일어나지 않았다.

자회사 기능들의 통합

마지막으로 분산된 연방조직의 지역 혁신성은 국내 지사 사이에서 강력한 부문간 통합이 일어날 때 강화되었다. 필립스의 자회사들은 세 가지 조직 수준에서 통합 메커니즘을 사용한다. 각각의 프로젝트를 위해서 필립스는 상업 및 기술 직무의 하급의 경영자들로 구성된 "아티클 팀(article team)"을 구성하였다. 제품 정책을 향상시키고 연간 판매 계획과 예산을 준비하는 것이 이 팀의 역할이다.

제품 수준에서 부서 간 업무 조정은 기술 및 상업 대표의 제품 그룹 관리팀을 통해 수행된다. 이들은 회의를 통해 결과를 검토하고 시정 조치를 제안하며 부서별 의견차를 해소한다. 이렇게 통제를 줄이고 갈등을 해결하는 것이 지역 수준에서 발생된 아이디어와 이니셔티브에 대해 세심하고 즉각적인 반응을 할 수 있게 해준다.

자회사 수준에서 가장 고위급의 조정 포럼은 고위 관리 위원회(Senior Management Committee: SMC)이다. 이는 자회사에 있는 고위급 상업, 기술, 재무 관리자로 구성되어 있다. SMC는 기본적으로 지역 위원회로 활동하며, 각 부문간의 업무를 조정하고 국내 조직이 자사의 전략과 우선순위에 대한 일차적인 책임을 유지하는 것을 보장한다. 이런 세 가지 각 포럼은 문제점이 발생할 경우 승인 또는 중재 절차로 확대되기 전에 해결되도록 하여 지사의 이니셔티브가 시행되도록 한다.

초국적 혁신: 지역적인 활용, 세계적인 연결

최근 몇 년 동안, 국제 혁신의 전통적인 모델들은 두 개의 새로운 프로세스로 진화했다. 바로 지역적인 활용 및 세계적인 연결로 묘사되는 초국적 혁신 모델들이다.

지역적인 활용(*locally leveraged*) 혁신은 각 국가별 자회사의 특별한 자원과 역량을 그 지역의 조직(entity)뿐만 아니라, 전 세계적으로 분포한 다른 조직들(units)에도 이용 가능케 한다. 예를 들어 세계에서 가장 많이 판매된 휴대폰 노키아 1,100은 특별히 인도 시장을 위해 2003년에 개발되었다. 가격은 10~20달러 사이로 카메라는 내장되어 있지 않았으나, 농촌 구매자에게는 인기 있는 손전등 기능을 가지고 있다. 인도 시장에서의 제품이 크게 성공하자 노키아는 노키아 1,100의 튼튼한 구조, 방진 키패드, 방수 그립이

다른 시장에서도 인기가 있다는 사실을 깨달았다. 그 이후 7년 동안, 노키아는 전 세계 여러 개발도상국의 판매 법인을 통해 2억 5천만대 이상의 휴대폰을 판매했다.

세계적인 연결(*globally linked innovation*)혁신은 가치활동을 공동으로 창출하고 관리하기 위하여 일반적으로 모회사 및 자회사 수준에서 많은 다른 단위의 자원과 역량을 모이게 한다. 이러한 혁신은 기업으로 하여금 조직의 한 부분에서 개발된 시장정보를 가지고, 다른 지역에 위치한 전문지식과 희소한 자원을 연결시켜서 결국 전 세계적으로 새로운 제품이나 제안을 확산시킬 수 있게 한다.

세계적인 연결 혁신의 예를 들어보자. P&G는 향상된 액체 세탁 세제를 출시하기를 원했고, 이를 위해 유럽, 일본, 미국에서 판매하는 제품에 각각 적용되는 다양한 기술 역량을 활용하고자 하였다. 일본 사람들은 종종 차가운 물로 빨래를 하기 때문에 일본의 연구자들은 보다 강력한 계면 활성제(기름기 얼룩을 제거하는 성분)를 개발하였다. 한편 유럽 연구자들은 따뜻한 물을 사용하는 드럼세탁기에서 쓰일 대안적인 표백제, 연수기, 효소 액체 세제 개발에 주력하였다. 이러한 혁신 제품이 먼지 혹은 때를 방지하기 위한 미국의 차세대 제품들과 결합된 결과, 세계적인 세탁용 액체세제 상품이 탄생하였다. 이 상품은 미국에서는 Improved Liquid Tide, 유럽에서는 Liquid Ariel, 일본에서는 Liquid Cheer이라는 상표명으로 출시되었다.

이러한 두 개의 초국적 혁신 프로세스가 널리 확산되고 있지만, 이미 많은 다국적기업에서 사용하고 있는 기존의 "세계를 위한 중앙 혁신"과 "지역을 위한 지역 혁신" 프로세스를 대체하기 보다는 보완하는 데 그쳤다. 경쟁 환경에서 대부분의 기업들은 가능한 한 많은 방법으로 자신의 자원과 능력을 활용해야 할 필요성을 인식하고 있다. 남겨진 과제는 국제적 혁신과 학습의 4가지 과정 모두를 동시에 수용할 수 있는 조직을 구축하고, 각각의 유용성뿐만 아니라 한계를 이해하는 것이다.

초국적인 프로세스를 실현 가능하게 만들기

전 세계 지사가 서로의 혁신을 배울 수 있도록 하는 혁신 프로세스의 포트폴리오를 구축하기 위해서 기업은 서로 관련이 있으나 또 완전히 다른 두 가지 문제점을 극복해야 한다. 즉 기업들은 혁신 프로세스의 각 과정에 연관된 다양한 위험을 피해야 하고, 혁신을 위한 다양한 아이디어를 동시에 다루면서 생길 수 있는 조직적 갈등을 극복해야만 한다.

많은 다국적기업에서 전통적으로 문제를 단순화하는 세 가지 가정으로 인해 다면적이고 모순적인 조직 운영 문제를 해결하는 데 필요한 조직의 역량이 제한되었다. 조직적, 전략적 복잡성을 줄이고자 하는 욕구로 인해 다국적 대기업에서 아래의 세 가지 가정들이 널리 퍼지게 되었다.

- 매우 다른 경영, 기능 그리고 국내 운영을 책임지는 조직의 역할이 균일하고 대칭적이어야 한다는 암묵적인 가정.

- 본사와 자회사와의 관계가 명확하고 분명하게 독립적이거나 혹은 비독립적이어야 한다는 의식적 혹은 무의식적인 가정.
- 경영진이 의사결정 및 통제를 균등하게 행해야 할 책임이 있다는 가정.

초국적 혁신 개발에 가장 성공한 기업은 이러한 전제들에 의문을 제기한다. 모든 사업들, 기능들 그리고 자회사들을 같은 방식으로 다루는 대신에 이들 기업은 체계적으로 업무와 책임을 차별화하였다. 본사-자회사 관계를 독립 혹은 의존의 관계로 한정하여 조직 관계를 명확하게 하고자 하기 보다는 회사의 다른 조직들 간의 상호의존성을 구축하였다. 기업 관리자는 핵심 업무를 통제하기 보다는 복잡한 메커니즘을 설계해 차별적이고 상호 의존적인 각 부문을 조율하여 회사전체가 전략 과업 비전을 공유하도록 장려한다.

대칭에서 차별화로

다른 많은 회사들과 마찬가지로 유니레버(Unilever)는 조직적 대칭의 암묵적인 가정 하에 해외 지사들을 설립했다. 포장 식품에서 화학 물질과 세제에 이르는 제품들까지 다양한 현지 **사업**(*business*)의 관리자는 매우 독립적인 국내의 자회사의 경영자에게 업무지시를 받았고, 자회사 경영자들은 지역 이사회를 통해 본사 위원회로부터 업무지시를 받았다. 하지만 본사경영진은 해외의 잠재 시장 기회를 포착하고, 국제적으로 학습을 이전할 필요를 인식하였다. 따라서 제품기획그룹이 본사의 핵심에 설립되었고 모든 사업을 관장하게 되었다.

그러나 변화가 진행되면서 서로 다른 사업들은 통합 및 대응에 관한 서로 다른 요구에 직면하게 된다는 것을 깨닫게 되었다. 예를 들어 초국적 표준화, 조정 및 통합이 화학 물질과 세제 사업에는 큰 이득을 가져다 주었지만, 포장식품 사업에서는 지역별 취향과 국가의 문화가 크게 다르기 때문에 규격화, 조율, 통합이 어려웠다.

유니레버가 사업 부문을 보다 세계적으로 조율된 방식으로 운영하고자 했을 때 과연 어느 **기능 부문**(*functions*)을 조율할 것인가의 문제에 직면하게 되었다. 역사적으로 대부분의 국내 자회사들은 그들이 적절하다고 생각하는 제품을 개발하고 제조하며 시장에 내놓을 것을 결정했다. 그러나 시간이 지남에 따라 모든 기능적인 책임 분산을 지원하는 것이 점점 어려워졌다. 비용 통제 및 경쟁 효율화를 위해 유니레버는 전통을 깨야 함을 깨달았다. 예를 들면 유럽의 제품개발과 구매에 있어서 중앙집권화를 시작하였으나 현지 판매와 홍보 기능을 중앙으로 끌어오지는 않았다.

대부분의 기업은 다양한 사업과 기능을 관리하는 방법을 차별화하는 것 이외에도 다양한 **지리적**(*geographic*) 운영을 다르게 관리해야 한다는 점을 인식하였다. 다양한 국가의 자회사는 매우 다른 외부 환경과 내부 제약 하에서 운영되지만, 같은 통로를 통해 업무지시를 받는 시드니, 싱가포르, 상하이 지사는 표준화된 계획과 통제 시스템에 의해 관리되고 일반적이고 보편화된 자회사의 지시 하에서 운영되었다.

많은 발전된 다국적기업은 이러한 대칭적인 대우가 전략적인 역량을 제한할 수 있음을 인식하고 차츰 회사를 변화시켰다. 예를 들어 유럽의 매우 경쟁이 치열한 시장과 밀접하게 연결된 경제는 결국 유니레버의 경영자들이 유럽의 제품 조정자의 역할을 점차적으로 증가시켜 결국 제품 조정자들이 관련 사업 부문의 모든 기업에 대한 직접적인 계통관리 권한을 갖도록 만들었다. 그러나 라틴 아메리카 지역의 유니레버 자회사 관리자들은 전통적으로 보유했던 계통관리 권한을 유지했고 제품 조정자들은 자문 역할만을 수행했다. 따라서 유니레버는 균등하게 분권화된 연합조직을 통해 관리되는 대칭적인 조직에서 보다 더 차별화된 조직으로 이동했다. 제품에 의한, 기능에 의한, 마지막으로 지역에 따른 차별화가 순차적으로 이루어진 것이다.

의존적이거나 독립적인 관계에서 상호의존적인 관계로

우리가 4장에서 설명한 바와 같이 분권화된 연방 조직들의 국내 자회사들은 본사로부터의 상당한 독립을 누렸다. 반면에 중앙집권화된 중앙 조직의 국내 자회사들은 자원과 역량을 모회사에 크게 의존하는 상태로 남아있다. 그러나 새로운 전략적 요구—초국적인 혁신 및 학습 역량을 개발할 필요성 등—는 본사와 자회사 관계 모델을 독립/비독립적 관계만으로 규정짓는 것을 부적절하게 만들었다. 이는 점점 더 기업들이 초국적이고 통합된 네트워크 조직을 상호의존적인 관계로 구축해야 함을 의미한다.

그러나 오랜 역사를 통해 구축된 본사-자회사 관계를 바꾸는 것은 쉽지 않다. 더 나은 협력을 도모하기 위해 관리 메커니즘을 강화하고 자회사들 간의 협업을 개선시키려는 시도는 대부분의 회사의 경우 실망스러운 결과로 나타났다. 독립적인 자회사들은 이에 수긍하는 척 하면서 그들의 독립성을 강력하게 보호했고, 비독립적인 자회사들은 새로운 협력 관계라고 해 봤자 자회사에게는 본사 직원들에게 동의할 권리 밖에는 없다는 점을 깨달았다.

효과적으로 상호 의존적인 조직을 만들려면 다음과 같은 두 가지 요구 사항이 충족돼야 한다. 첫째, 기업은 4장에서 통합된 네트워크로 묘사했던 분산되고 전문화된 자원들을 상호의존적으로 구성해야 한다. 그러한 조직 모델은 전 세계적 혁신과 학습에 필요한 새로운 역할과 책임의 틀을 만들 수 있다. 이 조직에서 모든 국내 자회사는 새로운 기회 또는 위협을 촉발할 수 있는 소비자 동향, 기술 발전, 또는 경쟁 활동을 감지하는 감지 및 스캔하는 역할을 수행한다. 이렇게 수집된 정보는 일반적으로 특정 제품 또는 기술의 글로벌 제품 매니저, 리드 국가의 자회사, 개발 연구 기관과 같은 네트워크 내에서 특정 제품 또는 기술의 주요 책임자 혹은 책임 부서에 전달될 것이다.

둘째, 업무의 상호의존성이 갈등의 마비보다는 시너지효과로 이어질 수 있도록 상호적인 자회사들 간의 통합 메커니즘을 구축해야만 한다. 무엇보다도 자회사들 간의 상호적인 협력은 자회사 경영진들 간의 좋은 대인관계를 필요로 한다. 예를 들면 본사의 관리자들은 기술 개발센터의 기술자 및 리드(lead) 국내 마케팅 담당자와 효율적으로 일해야만 한다.

스웨덴 통신회사인 에릭슨(Ericsson)의 경험을 보면, 지역적 도그마를 깨기 위한 강력한 메커니즘 중 하나가 인력 이동이라는 것을 알 수 있다. 에릭슨은 본사와 자회사 간의 수많은 사람들을 이동시키는 정책을 오랫동안 시행했다. 경쟁사인 일본의 NEC는 몇몇 핵심 인력들을 임시적으로 파견시키는 방식으로 새로운 기술을 이전한 데 반해, 에릭슨은 일 이년 동안 50명에서 100명가량의 엔지니어 팀과 경영자들을 이동시켰다. NEC의 인력 이동 흐름은 주로 본사에서 자회사로 이루어진 반면 에릭슨은 양방향으로 이루어졌다. 이를 통해 자회사에서 모회사로 파견된 인력이 그들의 전문지식을 전수해주면서 또한 모회사로부터 전문성을 배우는 균형 잡힌 이동이 이루어졌다. 또한 NEC의 이동인력이 주로 일본인 직원을 대상으로 이루어진 반면 에릭슨의 다방향성 프로세스는 모든 국적 직원을 포함했다.

그러나 공동 업무와 공동 책임이 있는 모든 조직은 추가적인 의사결정과 충돌 해결 포럼이 필요하다. 에릭슨에서 모회사와 현지 자회사 간 목표 및 이해관계의 이견이 생길 때면 이사회 회의를 통해서 이를 해결하였다. 국내의 법적 요구사항을 충족하기 위한 목적으로만 지역 이사회를 임명하는 많은 회사들과는 달리 에릭슨은 목표를 소통하고 차이를 해결하고 결정을 위한 합법적인 포럼으로써 지역의 이사회를 이용했다.

단순한 통제에서 유연한 조정으로

본사-자회사 관계를 조직적 대칭 및 비독립(혹은 독립)의 관계로 단순화하는 가정은 경영 통제 역시 단순하게 만들었다. 본사로부터 비독립적인 자회사들은 엄격한 경영 통제를 받고, 분권화된 자회사들에 대해서는 관리상의 통제의 느슨한 식이다. 그러나 회사가 조직적 역할과 관계에 관한 가정에 의문을 제기할 때(예를 들면 자회사가 본사의 협력이 더욱 필요한 혁신적인 역할을 수행하기 시작하는 등) 회사는 경영 프로세스를 수정해야 한다는 점을 깨닫게 된다. 기업의 상호의존성이 커질수록 단순하고 지배적인 통제 시스템은 억제되고 기존의 프로세스를 더 세심하고 정교하게 다듬을 필요가 강조된다.

다국적기업이 다수의 초국적 혁신 기회를 동시에 탐색하기 시작하면서 그들은 더 다양하고 더 상호의존적이 되었다. 이것은 연결, 조정 또는 통합되어야 하는 문제의 수가 폭발적으로 증가했다는 것을 의미한다. 그러나 재정 및 인적 측면 모두에서 조정의 비용은 높고, 조정 역량은 항상 제한적이다. 그럼에도 불구하고 한 기업의 행동양식은 과거의 성향을 답습하는 경우가 많기 때문에 대부분의 다국적 기업들은 조정과 통제의 기본적인 수단에 집중하는 경향이 있다. 즉 우리 회사의 "원래 일하는 방식"을 따르는 것이다.

그러나 초국적 혁신 프로세스가 요구하는 추가적인 조정의 필요성으로 인해 많은 다국적 기업들은 다양한 기능 및 과업에 적합한 조율 시스템을 개발해야만 했다. 이 과정에서 다국적 기업들은 각 과업의 실행에 참여하는 조직들 간 흐름을 조율할 필요성을 인식하였다.

다음의 세 가지 흐름은 모든 조직의 생명선이지만 초국적 기업에서 특히 중요하다. 첫 번째는 상품의 흐름이다. 기업이 원료 및 기타 소모품을 얻는 복잡한 상호연결이 구성 요소 및 하위 부품의 흐름을 연결하고, 완성된 제품을 유통시킨다. 두 번째는 자원의 흐름인데, 자본의 할당과 매출의 본국 송금뿐만 아니라 시스템 전반에 걸친 기술과 인력의 이동을 포함하는 것이다. 세 번째는 회사가 국내 자회사들의 전 세계적인 네트워크를 통해 반드시 확산시켜야만 하는 가치 있는 정보와 지식(미가공 데이터, 분석된 정보에서 축적된 지식과 전문성 등)의 흐름이다.

상호의존적인 기업의 복잡한 통합된 네트워크에서 **상품**(*goods*)의 흐름을 조정하는 것은 매우 어려울 수도 있다. 그러나 대부분의 기업에서 이 조정 과정은 명확한 절차와 강력한 시스템을 통해 조직의 낮은 수준에서 효과적으로 관리될 수 있다. 예를 들어 Ericsson은 가능한 한 많은 절차를 표준화하고 물류제어를 공식화하여 여러 나라에 있는 제조 공장 네트워크 내에서 제품 및 자재 흐름을 조정하는 것을 배웠다. 즉 상품의 흐름은 경영 프로세스의 **공식화**(*formalization*)를 통해 최상으로 달성할 수 있었다.

재정과 인적과 기술 **자원**(*resources*)의 흐름을 조정하는 것은 매우 어렵다. 이러한 소자원들의 할당은 회사가 만드는 주요 전략적인 선택들을 나타내고 그러므로 기업 수준에서 통제되어야만 한다. 우리는 모든 것이 변화하고 갈등이 많고 다양한 욕구와 관점이 있는 조직으로써 초국적 기업을 설명했다. 이러한 조직에서는 전체 상황의 개요를 지닌 경영자만이 자금조달과 부족한 기술자원의 공유 그리고 조직적인 기술과 역량들의 할당에 대한 중요한 결정을 내릴 수 있다. 자원의 흐름을 관리하는 것은 **중앙집권**(*centralization*)에 의한 조정의 필요성에 대한 고전적인 예이다.

그러나 아마도 가장 어려운 업무는 초국적 조직을 운영하는 데 필요한 전략적 정보와 회사 소유 **지식**(*knowledge*)의 거대한 흐름을 조정하는 것일 것이다. 점점 더 중요한 자산이 되어 가고 있는 이러한 정보의 상당 부분이 암묵지식과 기업 내부의 전문성이다. 이러한 정보의 특징 때문에 공식적인 시스템 혹은 중앙집권적인 통제로는 조정이 불가능해졌다. 전 세계의 해외 지사가 각자가 처한 다양한 환경을 적절하게 분석하도록 하는 가장 효과적인 방법은 지사 경영자에게 기업 전반의 목표와 우선순위에 대해 일깨워 주는 것이다. 이를 위해서는 지사 경영자들이 관련 정보를 자주 접하도록 하고 조직 포럼을 만들어 정보의 자유로운 교환과 부문간 학습을 촉진시켜야 한다. 즉, **사회화**(*socialization*) 과정은 정보 흐름의 조정에 대한 고전적인 해결방안이다.

이상 여러 종류의 흐름과 프로세스 사이의 균형에 대해 설명하였다. 이러한 대략적인 묘사는 물론 절대적인 것은 아니며, 기업들은 위에서 묘사된 세 가지 흐름을 관리하기 위해 다양한 조정 메커니즘을 사용한다. 예를 들어 상품 흐름은 여러 공장이 역량 미만으로 운영 되거나 비용 구조 또는 주재국 정부의 요구사항이 변화한다면 중앙집권적인 배분 하에 제품 할당을 위한 상품의 흐름이 조정될 수 있다. 적절한 경영 정보 시스템이 설치되어 있는 경우 일상화된 정보의 흐름은 공식화(formalization)를 통해 조정될 수 있다.

그림 5-1 지식의 유동화

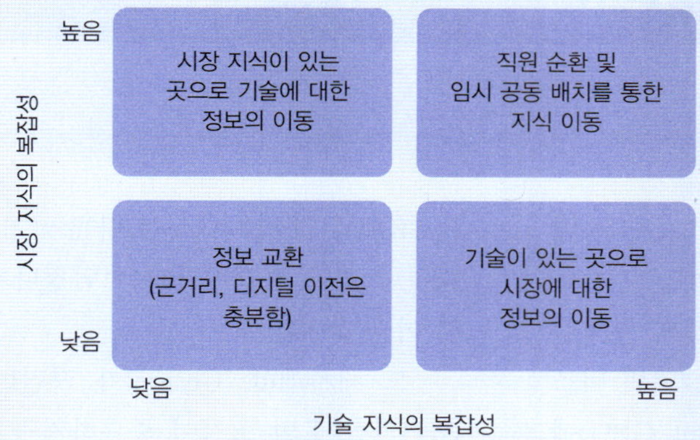

Source: Jose Santos, Yves Doz, and Peter Williamson, "Is Your Innovation Process Global?" *MIT Sloan Management Review* 45, no. 4 (2005), p. 36.

대규모의 다국적기업에서 혁신의 혜택을 보기 위해 한 종류의 접근법만을 사용하는 것은 현실적으로 효용이 없다. 그림 5-1에서 알 수 있듯이 조직 내 지식을 활용하는 가장 효과적인 방법은 기술 자체의 복잡성과 주요 시장에의 이해를 활용하는 것이다. 실제로 혁신을 일으키는 가장 좋은 방법은 때로는 사람들을 이동시키고 때로는 정보를 이동시키거나 교환하는 것이다.

결언

다국적기업에서의 혁신에 대한 접근은 상당히 변화하였다. 다국적기업이 한때는 단순한 중앙집권적 혹은 지역분권적인 혁신 모델에 의존했던 반면 현재는 다수의 지사 및 지역적으로 분산된 정보의 원천을 중심으로 혁신 프로세스를 구축하는 것의 필요성을 느끼고 있다. 이 장에서 우리는 혁신을 위한 일반적인 세 가지 접근법과 각각의 한계 및 이를 극복하기 위해 다국적 기업이 취할 수 있는 접근법을 알아보았다. 그러나 다국적기업의 혁신 프로세스를 관리하는 데 정답이 있는 것은 아니다. 왜냐하면 각 기업은 부인할 수 없는 경영상의 고유한 전통을 지니고 있기 때문이다. 그럼에도 불구하고 효과적인 다국적 기업의 발전을 위해 필요한 특정 공동 원칙—역할의 차별성, 조직간 상호 의존성, 통제 양식 등—은 존재한다.

Case 5-1 P&G 일본: SK-II 글로벌화 프로젝트

Christopher A. Bartlett

1999년 11월, 파올로 드 체사레(Paolo de Cesare)는 일본의 고급 스킨케어 라인인 SK-II가 P&G의 글로벌 브랜드가 되어야 하는지의 여부에 대한 자신의 분석결과를 발표하기 위하여 P&G의 뷰티 케어 글로벌 비즈니스 유닛(Beauty Care Global Business Unit, GBU)에 속해있는 글로벌 리더십 팀(Global Leadership Team, GLT)과의 미팅을 준비하고 있었다. 아시아에서 P&G의 급성장중인 화장품 비즈니스 허브인 맥스 팩터 일본(Max Factor Japan)의 사장으로서, 그리고 유럽 스킨케어 사업의 전임 수장이었던 드 체사레(de Cesare)는 GLT와 상당한 신뢰를 형성하고 있었다. 그러나 그가 일찍이 인정했듯이, SK-II를 중국과 유럽으로 확장하기 위한 제안서에는 커다란 위험 요소들이 있었다.

GLT 회의의 의장을 맡은 앨런 라플리(Alan ("A.G.") Lafley)는 P&G의 뷰티 케어 GBU의 대표로, 드 체사레(de Cesare)가 보고를 해야 하는 사람이었다. 따지고 보면 이러한 세계시장으로의 확대를 도울 수 있는 것은 그의 조직과 예산이었다. 비록 그가 일본에서 SK-II의 초기 옹호자였지만, 라플리(Lafley)는 일본 브랜드를 전 세계적으로 확장하려는 P&G에서의 첫 번째 제안을 지원하기 위한 강력한 근거가 필요로 했다. 어쨌든 SK-II의 성공은 대부분 다른 국가들의 소비자, 유통채널 그리고 경쟁자들과는 엄청나게 다른 문화 속에서 이룬 것이었다.

드 체사레(de Cesare)가 직면한 또 다른 한계는 P&G의 글로벌 조직이 중요하지만 활동에 지장을 주고 있는 '조직 2005(Organization 2005) 구조조정 프로그램'을 한창 진행 중이라는 것이었다. GBU가 역사적으로 P&G의 국가 기반 조직들이 갖고 있던 이윤에 대한 책임을 넘겨받음에 따라, 경영진은 그들의 새로운 근무관계를 조율하기 위해 노력하고 있었다. 이러한 상황하에서 드 체사레(de Cesare), 라플리(Lafley) 그리고 다른 GLT 멤버들은 몇 가지 중요한 질문에 답을 찾기 위하여 고군분투 하고 있었다. SK-II는 글로벌 주요 브랜드로 성장할 수 있는 잠재성을 지니고 있는 것인가? 만약 그렇다면 어떤 시장이 지금 들어가기에 가장 중요한 시장인가? 그리고 P&G의 새롭게 재편된 글로벌 조직에서 어떻게 이것을 실행에 옮겨야 할 것인가?

P&G의 국제화: 성장의 엔진

드 체사레(de Cesare)의 일본 제품을 위한 확장 계획은 지난 세기의 4분의 3을 지나는 (1975년 경) 시점에 시작되었던 세계화의 과정 중 최종단계였을 뿐이었다. 그러나 삼십년간의 급속한 확장을 이끌었던 것은 1948년에 있었던 해외 사업부(Overseas Division)의 창설 때문이었다. 유럽에서 처음 성장하여, 라틴 아메리카와 아시아를 거쳤으며, 1980년 P&G의 27개국에 퍼져있는 사업체들은 전 세계 매출액 110억 달러의 25% 이상을 차지하고 있었다(**〈도표 1〉**은 P&G의 해외진출을 요약하여 제시하고 있음).

■ Christopher A. Bartlett교수가 이 사례를 작성했습니다. HBS 사례들은 오로지 수업 토론용으로 작성되었으며, 사례 확인 자료나 1차 자료원 또는 효과적이거나 비효과적인 경영을 묘사하기 위해 작성되지는 않았습니다. 때때로 특정한 세부내용은 위장하였지만, 핵심적인 관계는 유지되고 있습니다.

도표 1 P&G의 국제화 과정

년도	진출 시장
1837~1930	미국, 캐나다
1930~1940	영국, 필리핀
1940~1950	푸에토리코, 베네수엘라, 멕시코
1950~1960	스위스, 프랑스, 벨기에, 이탈리아, 페루, 사우디아라비아, 모로코
1960~1970	독일, 그리스, 스페인, 네덜란드, 스웨덴, 오스트리아, 인도네시아, 말레이시아, 홍콩, 싱가포르, 일본
1970~1980	아일랜드
1980~1990	콜롬비아, 칠레, 카리브해, 과테말라, 케냐, 이집트, 태국, 호주, 뉴질랜드, 인도, 대만, 한국, 파키스탄, 터키, 브라질, 엘살바도르
1990~2000	러시아, 중국, 체코, 헝가리, 폴란드, 슬로바키아, 불가리아, 벨라로스, 라트비아, 에스토니아, 루마니아, 리투아니아, 카자흐스탄, 유고슬라비아, 크로아티아, 우즈베키스탄, 우크라이나, 슬로베니아, 나이지리아, 남아프리카공화국, 덴마크, 포르투갈, 노르웨이, 아르헨티나, 예멘, 스리랑카, 베트남, 방글라데시, 코스타리카, 투르크메니스탄

출처: 회사 기록.

현지 대응성이 시장 간 통합을 충족시키다 초기의 확장을 통해 회사는 해외 사업부의 선임 부사장이었던 월터 링글(Walter Lingle)에 의해 정립된 원칙들을 고수했다. “우리는 각국에 있는 소비자의 요구에 맞게 우리의 제품을 맞춤화해야 합니다. 그러나 가능하다면, 우리는 미국의 프록터 앤 갬블(Procter & Gamble) 조직과 완전히 동일한 조직구조, 정책 그리고 관행들을 가지고 있는 현지국가 자회사들을 만들어야 합니다.” 라고 그가 말했다. 링글(Lingle)의 원칙하에서, 회사는 자급자족할 수 있는 자회사의 포트폴리오를 구축하였다. 이러한 자회사들은 현지 시장에 대한 지식에 P&G의 기술과 마케팅 전문지식을 도입하여 회사를 키웠던 국가 총책임자(general managers, GM)에 의해 운영되었다.

그러나 1980년대에 두 가지 문제가 나타났다. 우선 현지의 제품 개발 연구소와 생산 공장을 모두 운영하는 비용은 기업의 이익을 제한시켰다. 그리고 다음으로 국가별 자회사들의 극단적인 자율성은 새로운 제품의 글로벌 출시와 기술진보를 막고 있었다. 현지국가별 자회사들의 책임이었던 현지 이윤에 미치는 부정적인 영향 때문에 현지의 GM들은 종종 이러한 계획에 저항했다. 그 결과 새로운 제품이 전 세계에 도입되기 위해서 십 년 이상이 걸리는 경우도 있었다.

결과적으로 1980년대 동안 역사적으로 “불간섭주의” 표방했던 P&G의 지역 본사(regional headquarters)는 더욱 적극적으로 움직이게 되었다. 예를 들어 유럽에서는 쓸데없는 국가별 제품의 차이를 없애며 중첩되는 개발 노력을 줄이고, 새로운 기술의 확산에 대한 합의를 이루기 위하여 유로 테크니컬 팀(Euro Technical Teams)이 만들어졌다. 뒤를 이어 유럽지역 전체에 걸쳐 구매, 금융, 심지어는 마케팅에 이르기까지 협력이 널리 퍼지게 되었다. 특히 유로 브랜드팀(Euro Brand Team)의 결성은 마케팅 관리자들이 지역전체에 걸친 제품의 전략과 신제품 출시를 위해 협동하기 위한 효과적인 장이 되었다.

1980년대 중반에는 유럽의 각 세 지역의 부사장들 역시 제품 카테고리에 대한 협력적 책임을 부여 받음으로써 이러한 중첩된 협동 과정이 공식화되었다. 이러한 개인들이 분명히 조직적인 영향력을 가지고 있었던 반면에, 이익에 대한 책임은 국가 자회사의 GM에게 남아 있었다(〈**도표 2**〉 1986년의 유럽조직 참조).

글로벌 관리방식의 탄생 1986년, P&G의 7개 미국 사업부들은 26개의 제품 카테고리로 분해되었으며, 각각의 제품 카테고리는 자신들의 제품 개발, 제품 공급 그리고 영업과 마케팅 역량을 보유하게 되었다. 유럽 카테고리 경영 구조의 발전과정을 나란히 놓고 생각해볼 때 1989년 최초의 글로벌 카테고리 관리자를 임명한 것은 그리 큰 변화는 아니었다. 글로벌 카테고리

도표 2 P&G의 유럽 조직(1986년)

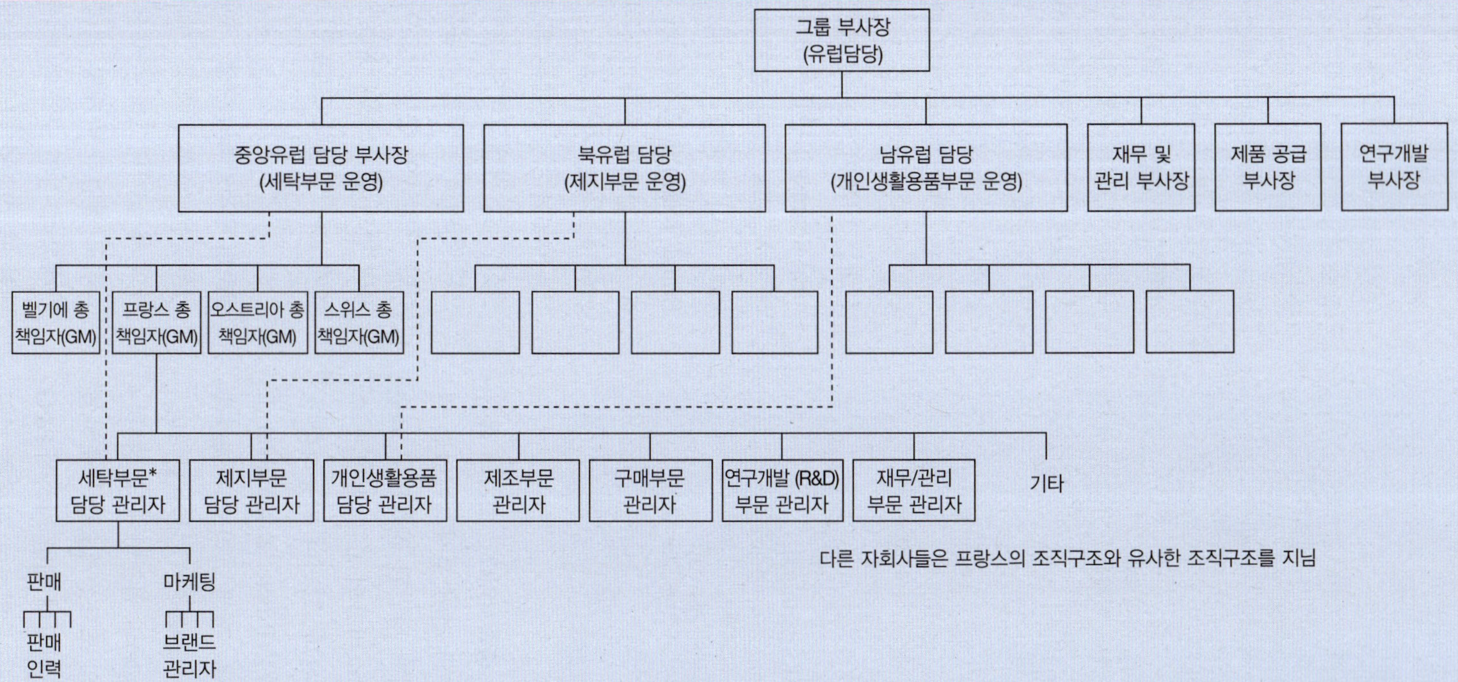

* 모든 자회사의 세탁제품 관리자는 유럽지역의 세탁부분 운영과 관련해 유사한 형태의 점선관계를 보이고 있음.

출처: 회사기록.

관리자들에게는 글로벌 전략 개발, 기술 프로그램 관리, 시장 확장에 대한 자격 부여의 중요한 책임이 주어졌다. 그러나 이윤에 대한 책임은 주어지지 않았고, 이는 여전히 국가별 자회사 GM의 몫이었다.

그 후 유럽에서의 강력한 지역 조직의 성공을 바탕으로, P&G는 국제 사업부(International Division)를 각각 수익성에 대한 주된 책임이 있는 것으로 간주되는 네 개 지역(북미, 유럽, 남미 그리고 아시아)의 독립 사업체로 대체했다(〈**도표 3**〉 1990년 P&G의 조직구조 참조). 회사의 해외 성장에 있어서 중요한 원동력은 특히 동유럽과 중국 등 미개척 시장의 개방에 있었다.

1990년대 중반 75개국 이상에 해외사업체가 존재하는 상황에서 주요한 새로운 확장 기회들은 줄어들었고 성장 속도는 더뎌졌다. 더군다나 글로벌 카테고리 경영진이 시장간 협력을 개선했던 반면에, 투인원(two-in-one) 샴푸나 농축세제와 같은 혁신적인 신제품의 개발은 여전히 매우 느렸으며 특히 그것들이 해외에서 시작되었을 경우에는 더더욱 더디게 개발되었다. 심지어는 신제품을 개발하고 난 이후에도 전 세계에 제품을 출시하는 데에는 몇 년이 걸리기도 했다. 조직에 있는 많은 사람들에게 매트릭스 구조는 기업가 정신 및 유연성에 장애가 되는 것처럼 보였다.

P&G 일본: 어려운 유년기, 힘겨운 청소년기

1980년대 중반까지 P&G 일본은 P&G의 해외 성장에 경미한 기여만을 하고 있었다. 확실히 그 시작은 너무 어려웠고 일본시장에 진출한 지 12년이 되는 해인 1984년에 P&G의 이사진은 누적 손실이 2억 달러이며, 75%에 달하는 지속적인 부(−)의 영업마진, 그리고 1979년 440억 엔에서 1984년 260억 엔으로 매출 기반이 무너지고 있다는 점을 확인했다. 이를 통해 이사진은 P&G가 일본시장에서 철수해야 하는 시점이 아닌가에 대해 의문을 가지고 있었다. 그러나 CEO인 에드 아츠트(Ed Artzt)는 일본시장이 전략적으로 중요하며 P&G 일본은 그동안의 실수를 통해 학습을 해왔고, 에너지가 넘치는 새로운 국가 GM인 더크 예거(Durk Jager)가 이러한 상황을 호전시킬 수 있다며 이사진을 설득했다.

호전 1985년, 그가 "이치다이 하이야쿠(Ichidai Hiyaku, 위대한 도약)"라고 부르는 프로그램을 개발하기 위한 첫 번째 단계로 예거(Jager)는 P&G 일본의 참담한 실패의 원인을 분석했다. 그가 발견한 중요한 원인 중 하나는 회사가 까다로운 일본 소비자들의 독특한 니즈와 습관들을 제대로 인식하지 못했다는 것이었다(예컨대 P&G 일본은 모든 온도에서 세탁이 가능한 'All Temperature Cheer'라는 제품 중심으로 그들의 세탁 세제 사업을 영위했었는데, 이는 일본인들이 다양한 온도에서 빨래를 하는 것이 아닌 수돗물에 빨래를 하는 관습을 무시하는 결과를 초래하게 되었다). 뿐만 아니라 그는 회사가 세계에서 가장 어려운 경쟁 상대 중 하나인 것으로 드러나게 되는 카오(Kao)와 라이온(Lion)과 같은 일본 회사들의 혁신 역량을 과소평가 했다는 점을 알아냈다(예를 들어 P&G 일본은 일본에서 일회용 기저귀 시장을 만들어낸 후, 경쟁사가 중요한 점을 개선한 유사 제품을 출시함에 따라 자사의 브랜드인 펨퍼(Pamper)의 시장 점유율이 1979년의 100%에서 1985년의 8%로 떨어지는 것을 보고만 있었다). 그리고 예거(Jager)는 P&G 일본이 복잡한 일본의 유통시스템에 적응하지 못했다고 결론 내렸다(한 예로, 이 회사의 3,000개의 도매업체들이 제품을 위한 홍보를 거의 진행하지 않고 있었다는 것을 인식한 후에도 회사는 수년간의 유통사 이탈과 경쟁적 가격 전쟁을 야기한 공격적인 할인에만 의존했다).

예거(Jager)는 주요한 국내의 제품개발 역량이 없이는 P&G가 까다로운 일본 소비자와 강력한 기술 중심의 현지 경쟁자들에 대응할 수 없다고 주장했다. 그는 아시아 전역에 걸쳐 제품 개발을 지원할 수 있는 그리고 심지어는 전 세계적인 리더십 역할을 수행할 수 있는 기술 센터를 구상했다. 그리고 그는 경쟁사인 카오(Kao)가 보유한 2,000명의 강력한 R&D 조직과

도표 3 P&G의 세계 조직 구조(1990년)

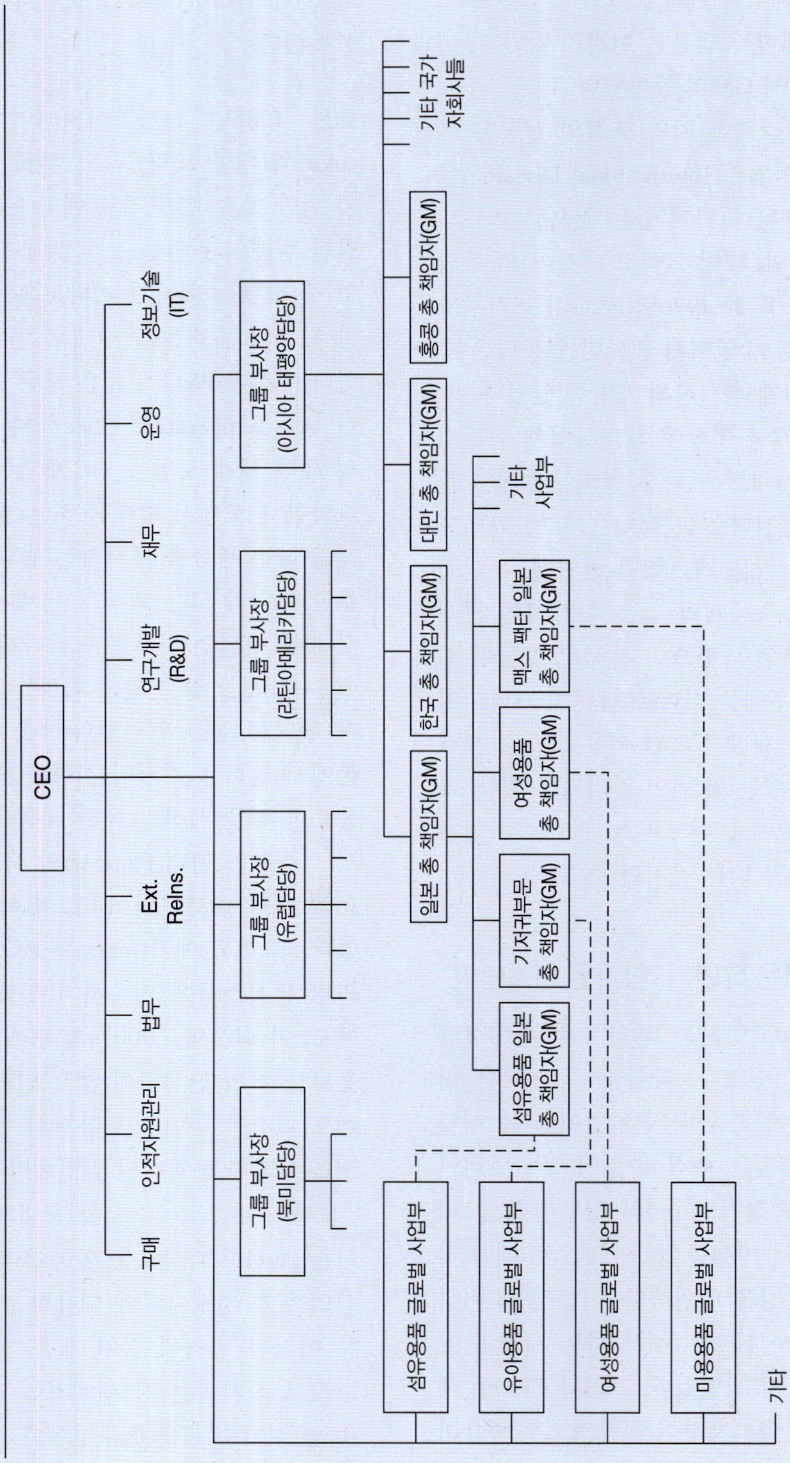

출처: 회사기록.

경쟁할 수 있도록 P&G의 60명의 R&D 팀을 조직 내에 키울 수 있게 해달라고 그의 상사들을 설득했다.

다음 4년 동안 시장조사, 광고, 유통에 있어서의 급진적인 변화는 매출을 270%나 성장시켰고, 결과적으로 단위당 생산 비용을 62%까지 절감시켰다. 1988년, 세탁용 세제가 다시 수익성을 되찾고, 팸퍼스(Pampers)와 위스퍼(Whisper, P&G Always 생리대의 일본어 버전)가 시장에서 리더십을 달성함에 따라, 예거(Jager)는 사업의 확장을 강조하기 시작했다. 특히 그는 더 많은 제품의 소개와 뷰티제품 카테고리로의 대담한 확장을 촉진시켰다. 1990년 P&G가 새로운 지역기반의 조직으로 조직개편을 실행할 때 예거(Jager)는 아시아의 새로 만들어진 부사장 자리를 위한 적절한 후보가 되었고, 1991년 그가 거대한 미국 사업부를 경영하기 위하여 떠나기 전까지 그 자리를 맡았다.

재발 하지만 1990년대 초 P&G 일본의 강력한 성과들이 줄어들기 시작했다. 1991년 일본의 "거품 경제"의 거품이 터지면서 문제들이 발생되기 시작했다. 그러나 더욱 문제인 것은 이러한 침체되고 있는 시장 안에서 조차 P&G는 시장 점유율을 잃어가고 있었다는 사실이었다. 1992년부터 1996년 사이에 그들의 엔화 매출은 매년 3~4%가 떨어졌고 누적수치로 총 20%가 감소했다. 반면 같은 기간 동안 경쟁자인 유니참(Unicharm)의 연간 성장률은 13%에 달했고 카오(Kao) 역시 3%의 연간 성장률을 보이고 있었다.

심지어 P&G의 뷰티 케어 분야로의 새로운 진출도 상황을 개선시키기 보다는 오히려 악화시켰다. 1991년 모기업의 맥스 팩터(Max Factor) 인수는 P&G 일본에게 100억 달러 상당의 일본 화장품 시장에 대한 발판을 마련해 주었다. 그러나 일본에서 겨우 3억 달러의 매출은 다섯 개의 경쟁자들에 비해 한참 뒤처지는 규모였으며, P&G 일본의 시장 점유율 3%는 시세이도(Shiseido)의 시장 점유율 20%에 비하면 상당히 왜소했다. 그 후 1992년에 P&G의 글로벌 뷰티 케어 카테고리의 임원은 일반 상점이나 약국을 통해 판매되며 소비자 스스로 색상을 고를 수 있는 최고급(top-end)의 화장품 라인(self-select color cosmetic line)인 맥스 팩터 블루(Max Factor Blue)의 글로벌 출시를 발표했다. 그러나 일본에서 80% 이상의 화장품들은 전문점이나 백화점 내 화장품 매장의 훈련된 뷰티 카운셀러에 의해 판매되었다. 비싼 뷰티-카운셀러 유통 채널에서 비용을 절감하려는 선택과 함께 소비자 스스로 선택하게 하는 이 새로운 전략(new self-select strategy)은 일본의 화장품 사업에서 15%의 매출 감소로 이어졌다. 예전에 보였던 손익분기점 정도의 실적은 1993년 영업이익률에서 10%의 손해를 보게 되었다. 심지어 다음 해의 상황은 더 나빠져서 1주마다 100만 달러 수준의 운영손실을 기록했다.

1994년, 일본의 뷰티 케어 사업은 3억 달러 이하의 매출에 5천만 달러의 손실을 기록했다. 최근 아시아 지역의 부사장으로 부임한 라플리(A.G. Lafley)에게 보고를 하는 15개국의 사업 성적표들 중에서, 그는 가장 문제가 되는 지역으로 맥스 팩터 일본(Max Factor Japan)을 골라 재빨리 모든 관심을 그 곳에 집중시켰다. "우리는 먼저 엉망진창인 맥스 팩터 블루(Max Factor Blue)의 대중 시장을 정리하고 그 다음 우리의 기본 전략을 돌아봐야 합니다."라고 그가 말했다. 향후 3년간 현지 조직은 맥스 팩터 일본(Max Factor Japan)의 수익성을 되찾기 위하여 열심히 일했다. 이들의 제품라인은 1,400개의 SKU(stock-keeping units, 품목고유번호)를 500개로 줄였고 유통 지원은 기존의 10,000개와는 대조적으로 4,000개의 직판점(outlet)에 집중했으며, 영업과 마케팅 직원들은 600명에서 150명으로 줄이며 합리화를 추구하고자 했다. 이 시기는 맥스 팩터 일본(Max Factor Japan)에게는 노력의 시간이었다.

조직 2005: 글로벌 성장을 위한 청사진

1996년에, CEO인 존 페퍼(John Pepper) 밑에서 이제 최고운영책임자(COO, chief operating officer)로 승진한 예거(Jager)는 P&G의 미래 성장의 핵심은 신제품의 개발에 있다는 의중을 표했다. 신흥 시장으로의 확장에 대한 페퍼(Pepper)의 강조점을 지원하는 한편 그는 회사가 "진출할 수 있는 신흥시장의 여백이 점차 사라지고 있다"는 걱정의 목소리를 냈다. 새로운 사업 창출에 대한 중요성을 강조하기 위해서 그는 전사적인 주요 혁신들을 확인하고 지원하는 리더십 혁신 팀(Leadership Innovation Team)의 옹호자가 되었다.

1999년 1월, 그가 페퍼(Pepper)의 뒤를 이어 CEO가 되었을 때 예거(Jager)는 그의 미션을 계속 이어갔다. 1930년대 최초의 합성 세제, 1950년대의 불소치약의 출시, 1960년대의 최초 일회용 기저귀의 개발과 같은 P&G의 성공을 인용하면서, 그는 "거의 예외 없이 우리는 우월한 제품기술의 강점이라는 측면에서 큰 성공을 거둬왔습니다. 그러나 솔직히 우리의 잠재력을 최대한 활용하지는 못하고 있습니다."라고 말했다. 이러한 믿음을 뒷받침하기 위하여 1999년에 그는 마케팅 비용의 지출을 9%로 줄이는 한편 R&D 예산을 12%로 증가시켰다.

만약 P&G의 성장이 이제 신제품을 개발하고 이를 신속하게 전 세계에 출시하는 능력에 의지하고 있다면 예거(Jager)는 그의 새로운 전략적 추진력이 근본적으로 다른 조직을 통해 구현되어야 한다고 믿었다. 1998년 초기 이후로 그와 페퍼(Pepper)는 "P&G의 회사 역사상 조직, 프로세스 그리고 문화의 가장 극적인 변화"로 대변된다고 느꼈던 계획인 조직 2005 (Organization 2005, O2005)에 대해서 구상했다. O2005를 구현하면서, 알려졌듯이, 예거(Jager)는 이 계획이 2004년부터 13~15% 정도의 연간 수익성장을 가져올 것이며 결과적으로 연간 9억 달러의 절약이 가능할 것이라고 약속했다. 그러나 이를 위하여 첫 5년 동안 10개의 공장이 문을 닫아야 하며, 전 세계 직원의 13%인 15,000명이 실직되는 등 실행 과정은 고통스러울 것이라고 그는 경고했다. 1999년과 2000년의 총 예상 비용인 10억 달러를 포함하여 구조조정의 비용은 19억 달러 규모로 추정되었다.

문화의 변화 CEO의 역할을 맡기 전 세 달의 기간 동안, 예거(Jager) 전 세계에 흩어져 있는 회사시설들을 둘러보았다. 그리고 난 후 그는 P&G의 부진한 연간 2% 대의 양적 성장과 글로벌 시장점유율에서의 손실은 P&G의 느리고, 순응적이며, 위험을 회피하는 성향의 문화 때문이라는 결론을 내렸다(〈**도표 4**〉 P&G의 재무성과 참조). 그의 관점에서, 직원들은 의사결정을 지체시키고, 좀 더 재빠른 경쟁에서 회사를 취약하게 만드는 메모 쓰기, 서식 채우기, 또는 그림 준비와 같은 "가치 창출에 도움이 되지 않는" 일들에 그들 시간의 절반가량을 낭비하고 있었다(한 참관인은 비아냥거리듯 P&G의 제품개발 모델을 "준비, 조준, 조준, 조준, 조준, 발사"라고 묘사했다). 그는 어떤 조직적 변화이든지 문화적인 혁명 위에서 구축되어야 한다고 결론 내렸다.

"확장, 혁신, 속도"라는 그의 표어처럼, 예거(Jager)는 종종 산업 내에서 "Proctoids(P&G의 창업자 중 한 명인 프록터(Procter)의 이름과 '–oid'의 합성어로 프록터를 닮은 이란 뜻을 의미함, 프록토이드)"라고 언급되는 고도로 훈련된, 굉장히 충성스러운 매니저들의 세대를 나타내는 규범과 관습들을 개혁할 의도가 있음을 표했다. "위대한 아이디어는 갈등과 현재 상황에 대한 불만에서 비롯됩니다. 그런 의미에서 저는 반대자가 있는 조직을 좋아합니다."라고 그가 말했다. 또한, 위험 감수성향과 속도의 중요성을 알리기 위하여, 예거(Jager)는 리더십 혁신팀(LIT)에게 가정용 드라이클리닝 세트인 드라이엘(Dryel)과 정전기 먼지 밀대인 스위퍼(Swiffer) 등 두 개의 급진적인 신제품의 글로벌 출시를 실행할 수 있는 권한을 주었다. 시장에 신제품을 출시한 후 단 18개월 만에 그 제품들은 미국, 유럽, 남미 그리고 아시아에서 판매되었다. "그리고 만약 당신의 실수로 손실이 발생하는 것에 대해서 걱정하고 있다면 걱정하지 마세요. 제가 바로 자산 관리자(portfolio manager)거든요."라고 그가 말했다.

업무절차의 변화 새로운 문화를 강화하는 것은 P&G의 전통적인 시스템과 절차에 있어서 상당히 커다란 변화였다. 더 큰 위험 감수에 대한 필요성을 강조하기

도표 4 P&G 재무성과 일부 자료(1980~1999년)

연간 손익계산서(단위: 백만 달러)	June 1999	June 1998	June 1997	June 1996	June 1995	June 1990	June 1985	June 1980
매출액	38,125	37,154	35,764	35,284	33,434	24,081	13,552	10,772
매출원가	18,615	19,466	18,829	19,404	18,370	14,658	9,099	7,471
총수익	19,510	17,688	16,935	15,880	15,064	9,423	4,453	3,301
일반관리비:	10,628	10,035	9,960	9,707	9,632	6,262	3,099	1,977
연구개발(R&D)비	1,726	1,546	1,469	1,399	1,148	693	400	228
광고비	3,538	3,704	3,466	3,254	3,284	2,059	1,105	621
감가상각비	2,148	1,598	1,487	1,358	1,253	859	378	196
영업이익	6,734	6,055	5,488	4,815	4,179	2,302	976	1,128
이자비용	650	548	457	493	511	395	165	97
영업외 수익/비용	235	201	218	272	409	561	193	51
특별 손실/이익	–481	0	0	75	–77	0	0	0
총 소득세	2,075	1,928	1,834	1,623	1,355	914	369	440
당기순이익	3,763	3,780	3,415	3,046	2,645	1,554	635	642
지역별 구분: 순매출액								
미주	58.4%	54.7%	53.8%	52.9%	55.1%			
미국						62.5%	75.4%	80.9%
유럽, 중동, 아프리카	31.9%	35.1%	35.3%	35.2%	32.9%			
국제						39.9%	22.3%	22.4%
아시아	9.7%	10.2%	10.9%	11.9%	10.8%			
기업					1.2%	–2.1%	2.3%	–3.3%
종업원 수	110,000	110,000	106,000	103,000	99,200	94,000	62,000	59,000

약식 대차대조표(단위: 백만 달러)	June 1999	June 1998	June 1997	June 1996	June 1995	June 1990	June 1985	June 1980
자산								
총 유동자산	11,358	10,577	10,786	10,807	10,842	7,644	3,816	3,007
유형자산	12,626	12,180	11,376	11,118	11,026	7,436	5,292	3,237
기타 자산	8,129	8,209	5,382	5,805	6,257	3,407	575	309
자산총계	32,113	30,966	27,544	27,730	28,125	18,487	9,683	6,553
부채								
총 유동부채	10,761	9,250	7,798	7,825	8,648	5,417	2,589	1,670
장기부채	6,231	5,765	4,143	4,670	5,161	3,588	877	835
이연 법인세	362	428	559	638	531	1,258	945	445
기타 부채	2,701	3,287	2,998	2,875	3,196	706	0	0
부채 총계	20,055	18,730	15,498	16,008	17,536	10,969	4,411	2,950
자본 총계	12,058	12,236	12,046	11,722	10,589	7,518	5,272	3,603
총 부채 & 자본	32,113	30,966	27,544	27,730	28,125	18,487	9,683	6,553

출처: SEC filings, Standard & Poor's Research Insight.

위하여, 예거(Jager)는 성과 기반의 보상을 이용했다. 예컨대 부사장의 연간 보수액의 변동성을 전통적인 범위였던 20%(성과에 따라 10% 내에서 상향 또는 하향 가능)에서 80%(성과에 따라 40% 내에서 상향 또는 하향 가능)로 확대했다. 그리고 직원들에게 동기를 부여하고, 회사의 전체적인 성공에 맞게 그들을 조정하기 위해서, 스톡옵션 제도의 적용범위를 고위경영진에서 사실상 모든 직원들까지로 확대했다. 심지어는 여기에 외부인들도 포함되었을 뿐만 아니라, P&G의 광고대행사들도 곧 P&G의 매출 증가와 자신들의 보상이 연결되어 있다는 것을 알게 되었다.

또 다른 주요한 시스템 변동은 예산 분야에서 발생했다. 예거(Jager)는 준비, 협상 그리고 제품별, 국가별로 아이템 라인의 판매 및 비용에 대한 수정 등과 같이 매년 벌어지는 의례가 시간낭비이며, 에너지를 소모하는 일이라고 느꼈다. 그는 이보다는 향후 그들이 원대한 확대 목표를 제안하도록 장려되어져야 한다고 생각했다. 그리고 앞으로 나아가기 위하여 예거(Jager)는 독립적인 마케팅, 급여 대상자 그리고 계획예산의 단편적인 성질을 운영계획의 모든 예산 요소들이 검열을 받고 함께 승인되는 통합적인 사업계획 절차로 바꿔야 한다고 주장했다.

조직구조의 변화 아마도 O2005에 도입된 가장 극적인 변화는 수익에 대한 주요 책임이 P&G의 4개 지역조직들(regional organizations)에서 7개의 글로벌 사업부들(GBUs, global business units)로 옮겼다는 것이었다. GBU들은 현재 전 세계에 걸쳐 각 부문의 독자적인 제품개발, 생산 그리고 마케팅을 관리하고 있다. 오래된 지역 조직들은 GBU의 글로벌 전략의 현지 실행에 대한 책임을 맡고 있는 7개의 시장개발조직(MDOs, market development organizations)으로 재구성 되었다.[1] 그리고 회계, 인적자원관리, 급여 그리고 상당수의 IT 등과 같은 거래 활동들은 글로벌 사업 서비스 부서(GBS, global business service unit)에 의해 조정되었다(〈**도표 5**〉 새로운 조직구조 참조).

GBU는 신제품 개발과 출시에 대한 명확한 책임 외에도, 생산절차의 표준화, 브랜드 구성의 단순화 그리고 마케팅 활동의 조정을 통해 효율성을 높이는 임무 역시 맡고 있었다. 예를 들어, 기존에 회사가 가동했던 12개의 상이한 기저귀 생산 공정을 하나의 표준화된 생산모델로 줄임으로써, 예거(Jager)는 P&G가 경제적 이익을 달성할 수 있을 뿐만 아니라 신속한 신제품 출시를 가로 막는 주요 장벽들을 제거할 수 있을 것이라고 믿었다. 또한, 300개 브랜드들을 대폭 줄이고, 글로벌 잠재력을 지닌 핵심 그룹을 평가함으로써, 그는 회사가 자원을 더 효율적으로 활용할 수 있을 것이라고 느꼈다.

구조 조정 역시 관료제를 배제하고 책임을 향상시키는 것을 목표로 했다. 전반적으로, 6개의 관리 계층이 사라져서, 회장과 일선 현장의 직원들 사이의 단계가 13개에서 7개로 줄어들었다. 또한, 수많은 위원회의 책임들이 개인들에게로 넘어갔다. 예를 들어, 새로운 광고 문구의 최종 승인권한은 이사진으로부터 개별 간부에게로 이양했고, 광고를 내보내는데 걸리던 시간은 몇 달에서 며칠로 줄어들었다.

새로운 기업의 우선순위가 오래된 일본의 문제를 만나다

예거(Jager)의 전략적이고 조직적인 계획들의 씨앗은, 1999년 1월 CEO의 역할을 부여받기 오래 전부터 이미 싹트기 시작했다. 그는 수년간, 회사가 신제품과 기술에 투자하도록 촉구하고, 혁신을 통해 성장해야 한다는 그의 믿음을 고수해왔다. 심지어 O2005의 청사진으로 이어지는 조직의 검토도 그가 자리를 넘겨받기 1년 전에 이미 시작했었다. 마침내 수년간의 문제로 떠오른, 오랫동안 골칫거리였던 P&G 일본의 뷰티 케어 사업을 포함한 회사의 모든 분야에서 이러한 변화의 바람들이 불었다.

1) GBUs가 수익에 대한 책임을 지게 되었지만, 예외적으로 개발도상국가들에 대해서는 MDOs가 수익 센터(profit center)로서의 역할을 수행하고 있었다.

도표 5 P&G 조직(1999년, O2005의 실행 이후)

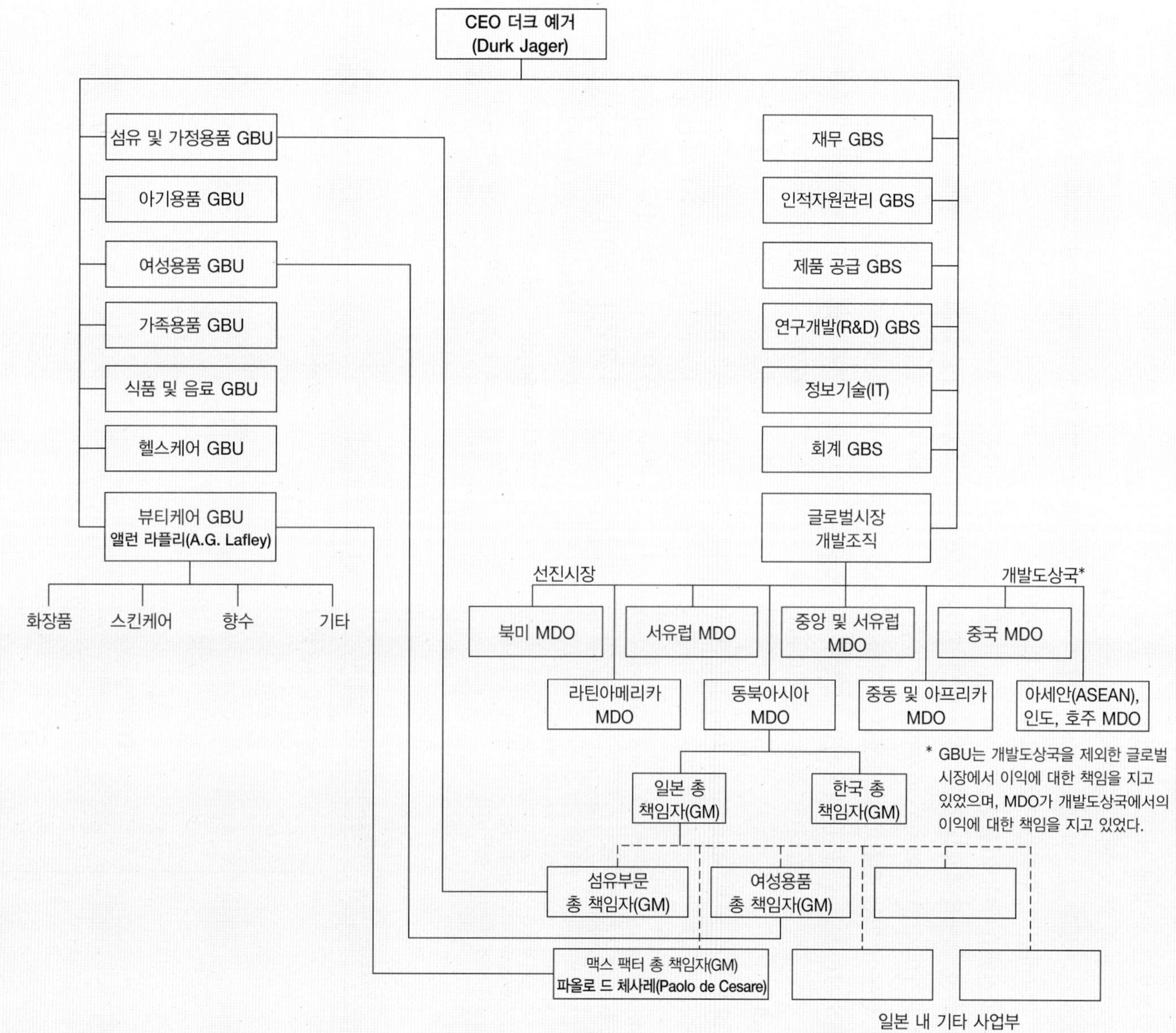

* GBU는 개발도상국을 제외한 글로벌 시장에서 이익에 대한 책임을 지고 있었으며, MDO가 개발도상국에서의 이익에 대한 책임을 지고 있었다.

출처: 회사기록.

기반 구축: 대중시장에서 고급시장으로 1997년 일본의 화장품 사업은 이익도 손해도 보지 않는 상태였다. 아시아 지역 부사장인 라플리(Lafley)의 지도와 지원으로, 일본팀은 단 2개 브랜드의 광고투자에 집중했다. 그 브랜드들은 맥스 팩터 칼라(Max Factor Color)와 고급 스킨케어 브랜드인 SK-II 였다.[2] "일본 사업에 대해서 숙고하면서, 우리는 이 SK-II라고 불리는 작은 보석을 발견했습니다. 기름진 서양의 얼굴 크림과 로션에 익숙한 우리들에게는 이 독특한 냄새의 투명하고 향이 첨가되지 않은 액체는 매우 달라 보였습니다. 그러나 안목이 있는 일본 소비자들은 이것을 좋아했고 결국 SK-II 는 고급 뷰티-카운셀러 분야의 새로운 초점의 주춧돌이 되었습니다."라고 라플리(Lafley)가 회상했다.

맥스 팩터 일본(Max Factor Japan)은 판매대의 디자인과 설치뿐만 아니라 교육훈련에 대한 중요한 투자를 포함하여 뷰티-카운셀러 채널을 재구축하기 시작했다(〈**도표 6**〉, 〈**도표 7**〉 참조). SK-II는 높은 마진을 보장하는 제품이었기 때문에, 경영진은 30대 후반의 평판이 좋은 일본인 여배우를 TV광고에 출연시키는 과감한 실험을 단행했다. 3년 동안 SK-II의 인지도는 20%에서 70%이상으로 높아졌으며, 같은 기간 매출은 두 배 이상으로 증가했다.

이 성공을 바탕으로 경영진은 SK-II가 도쿄로부터 패션의 실마리를 찾고자 하는 많은 여성들 사이에서 충성스러운 신봉자를 낳고 있는 홍콩과 대만에서 그 광고 캠페인을 적용했다. 두 시장에서 매출은 폭증했고, 1997년에 기록한 6천 8백만 달러의 수출판매량은 이 브랜드 총 매출의 약 30%를 차지할 정도였다. 더 중요한 것은 SK-II가 이제 거대한 운영수익을 창출하고 있었다는 것이었다. 그러나 P&G 안에서 이 고급스러운 제품은 일본 밖의 회사 관계자들에게는 거의 시선을 끌지 못했다. 1990년 중반 P&G의 유럽 스킨케어 사업의 총 책임자(general manager)였던 파올로 드 체사레(Paolo de Cesare)는 이 회사의 스킨케어에 대한 경험은 크게 성공했던 대중적인 시장의 올레이(Olay)

2) SK-II는 P&G가 인수한 맥스 팩터(Max Factor)에서 인지도 및 소비자 평가의 측면에서 취약했던 잘 알려져 있지 않은 스킨케어 제품이었다. 이 제품은 피테라(Pitera, 일본의 사케 양조장에 근무하는 근로자들의 손이 젊게 유지되고 있음을 눈치 챈 승려에 의해 개발된 것으로 추정되는 비밀스러운 효모 기반의 성분)를 함유함으로써, 작지만 매우 충성스러운 소비자들을 지닌 고급스러운 제품이 되었다. 이 제품의 가격은 1병당 만 5천 엔(120 달러) 또는 그 이상이며, 명백하게도 이 제품은 최고급 스킨케어 제품으로 평가된다.

도표 6 뷰티 카운셀러 업무 흐름도

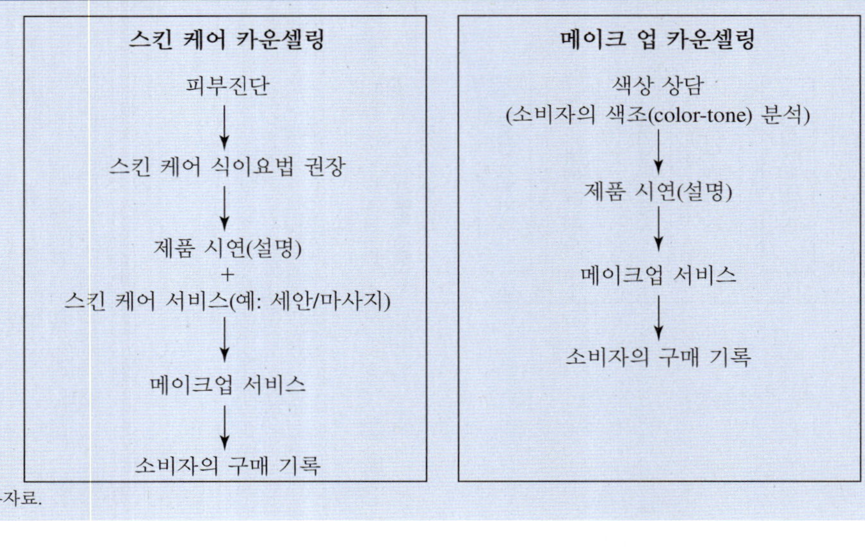

출처: 회사 내부자료.

도표 7 매장 내 SK-II의 카운터 공간

출처: 회사 내부자료.

브랜드에서 오기 때문에, 일본 밖에서 SK-II에 대해 이해할 수 있는 사람은 거의 없을 것이라고 생각했다. "저는 'SK-II가 일본의 올레이(Olay) 같다.'라고 말한 몇몇 사람들을 기억합니다. 일본 밖의 사람들은 SK-II가 무엇인지 잘 알지 못했죠."라고 그가 회상했다.

혁신의 압력에 반응하다 한편 예거(Jager)는 더 많은 혁신을 위하여 직원들을 독려하기 시작했다. 일본의 까다로운 소비자들과 강력한 경쟁자들은 새로운 아이디어의 중요한 원천이 될 수 있다는 그의 굳은 신념에 비추어 볼 때, 일본에서 시작된 좀 더 혁신적인 아이디어와 구상들이 회사를 통해 길을 찾기 시작했다는 것은 전혀 놀라운 일이 아니었다. 예를 들어 일본의 경쟁사에 의해 개발된 정전기를 이용한 청소용 천은 P&G가 마른 자루걸레인 스위퍼(Swiffer) 브랜드를 전 세계에 출시할 수 있게 하는 기원이 되었다. 일본의 위생과 위생시설에 대한 높아진 민감도는 제품에 있어 아리엘 퓨어 클린(Ariel Pure Clean, 순백을 넘어 세균을 세척합니다.)과 같은 세계적인 응용 제품을 낳았다. 또한 물이 필요 없는 세차용 천에서부터 일회용 얼룩 제거 패드와 세탁기 기반의 드라이-클리닝 제품과 같은 일본으로부터 비롯된 여러 가지 다른 아이디어들이 P&G의 제품 개발 과정에 추가되었다.

일본 여성들은 세계에서 뷰티 케어 제품을 가장 많이 사용하기 때문에 글로벌 뷰티 케어 부문 경영진이 맥스 팩터 일본(Max Factor Japan)을 혁신의 잠재적인 원천으로 고려하는 것은 당연했다. 일본이 중요한 역할을 했던 최초의 전 세계적 개발 프로젝트 중 하나는 립피니티(Lipfinity)였는데, 이 제품은 글로벌 잠재성을 가지고 있는 것으로 여겨지는 제품의 효과가 오래 지속되는 롱 래스팅 립스틱(long-lasting lipstick)이었다.

1990년대 중반 시세이도(Shiseido)와 케네보(Kenebo)에 의해 일본에 소개된 롱 래스팅 립스틱의 인상적이지만 짧았던 성공은 오랫동안 이러한 제품의 잠재성을 보여주었던 P&G의 자체 소비자 조사를 강화시켰다. 신시내티(Cincinnati)와 영국의 R&D 연구소와 협력하여 일하면서, 몇몇의 일본 기술자들은 오래가는 색조 베이스와 수분을 재생시킬 수 있는 덧바르는 기술(renewable moisturizing second coat)을 개발하는 글로벌 팀에 참여했다. 이 2단계의 바르기가 기본적인 습관의 변화를 포함하는 좀 더 비싼 제품으로 발전될 수 있다는 것을 인식하고, 글로벌 화장품 사업부의 간부는 맥스 팩터 일본(Max Factor Japan)이 세계시장의 새로운 브랜드가 될 것으로 기대했다.

그들의 임무를 "커다란 기술적 발전을 시장에 맞는 제품 혁신으로 바꾸는 것"으로 보면서, 일본의 제품관리팀은 새로운 브랜드인 립피니티(Lipfinity)를 일본에서 가장 잘 팔리는 립스틱으로 만들 컨셉, 포장, 포지셔닝, 커뮤니케이션 전략 등의 마케팅 접근법을 개발했다. 이러한 일본의 혁신들은 6개월이 지나지 않아 립피티니(Lipfinity)가 유럽과 미국에 출시되면서 전 세계로 퍼졌다.

O2005의 시작 1998년 9월에 O2005가 발표된 직후, 경영진에서의 대규모 변화가 시작되었다. 1999년 7월에 공식적 실행의 시기까지 30명의 최고 관리자들 중 절반과 300명의 최고위직들의 삼분의 일이 새로운 임무를 부여 받았다. 예를 들어 북미 지역의 대표를 맡기 위해 아시아 지역에서 막 복귀한 라플리(Lafley)는 그의 역할에서 손을 떼고, 뷰티 케어 GBU의 책임자를 맡을 준비를 하라는 요청을 받았다. "정말이지, 그 해는 정말 미친 해였습니다. 할 일들이 너무나 많았지만 큰 그림을 넘어서 구체적으로 그것들을 어떻게 운영해야 하는지에 대한 것들이 명확치 않았어요."라고 그가 말했다.

O2005로 인한 고위경영자 수백 명의 이동 중 또 다른 하나는, P&G의 유럽 스킨케어 사업의 책임자인 드 체사레(de Cesare)가 부사장으로 승진하고 오사카(Osaka)로 이동하여 맥스 팩터 일본(Max Factor Japan)을 이끌도록 요청을 받았다는 것이었다. 새로운 조직구조 아래에서 그는 라플리(Lafley)의 뷰티케어 GBU와 동북아 시장개발조직(MDO)의 책임자에게 직접적으로 보고했다.

이러한 책임과 관계가 아직도 정해지고 있는 새로운 복잡성을 조정하는 것에 더하여, 드 체사레(de Cesare)는 그가 세계시장에서 새로운 역할이 있음을 깨달았다. 맥스 팩터 일본(Max Factor Japan)의 사장으로서 그는 뷰티 케어 글로벌 리더십 팀(GLT)의 멤버가 되었다. 이 팀은 GBU의 수장인 라플리(Lafley)가 의장을 맡고 있는 팀으로 R&D, 소비자 조사, 제품 공급, 인사, 재무와 같은 중요한 역할의 대표들로 구성된 세 개의 주요 시장개발조직(MDO)에서의 사업 GM들로 구성되었다. 이러한 회의체는 라플리(Lafley)의 "P&G의 커다란 뷰티 케어 포트폴리오를 점검하고, 잠재적으로 글로벌 자산이 될 수 있는 최고의 브랜드들에 대한 투자에 집중하는" 임무를 실행하는 중요한 장(場)이 되었다. 그가 SK-II의 글로벌 프랜차이즈 리더로 임명되고, 글로벌 브랜드로서 SK-II의 잠재성을 탐색하도록 요청받았을 때, 그 문제는 드 체사레(de Cesare)에게 새로운 중요성을 제시했다.

새로운 글로벌 제품개발 절차 일본에 도착한 직후 드 체사레(de Cesare)는 일본의 맥스 팩터(Max Factor) 조직이 그들의 성공적인 립피니티(Lipfinity)의 뒤를 이어 점차적으로 새로운 글로벌 제품 개발 활동에 관여하고 있다는 점을 발견했다. 이러한 절차는 소비자 조사를 통해 충족되지 않은 전 세계 소비자의 니즈가 파악되면서, 뷰티 케어 GLT의 리더십 하에서 시작되었다. 그 후 선도적인 연구 센터에서 어떻게 P&G가 그 니즈에 대응할 수 있는지에 대한 기술적인 모델을 개발했다. 그 다음 GLT 절차는 선도 시장의 마케팅 전문지식을 동원하여 "섀시(chassis)"라고 불리는 기술을 전체적인 새로운 제품의 개념까지 확장했다. 마지막으로 기술자와 마케터들이 투입되어 핵심 기술이나 현지 시장에 있어서 제품 컨셉에 적용하기 위해 필요한 구성 요소 혹은 미적인 변형에 대한 작업을 하게끔 역할을 부여 받았다.

이러한 글로벌 제품개발 절차는 소비자 조사자들이 지역적인 차이에도 불구하고, 세안제(facial cleansing) 분야에 전 세계적인 기회가 있다는 것을 발견했을 때 시작되었다. 그 조사는 비록 미국 여성들이 고체 비누를 쓰면서 느꼈던 깨끗한 느낌에 만족하고 있었지만, 이것이 그들의 피부를 건조하고 당기게 만든다는 것을 보여줬다. 유럽의 여성들은 세안용 우유를 면 패드에 묻혀서 바르고 그것이 피부에 보습 효과를 주지만 그들이 원하는 만큼 깨끗하지는 않았다. 그리고 일본에서는 거품 세안제를 사용하는 습관이 여성의 피부 상태는 만족스럽게 했지만 보습효과는 좋지 못했다. 전 세계적으로 만족되지 않은 니즈는 부드럽고, 촉촉하고, 깨끗한 느낌의 피부였고 여기에서 GBU는 제품기회 및 기술적인 도전으로 보고 있었다.

전 세계의 P&G 연구실에서 가장 실력이 좋은 기술자들이 모인 기술팀이 신시내티(Cincinnati)의 R&D 시설에 소집되었다. 예를 들어 일반적인 미국 여성의 세안 시간 1.7분과 비교할 때, 일본 여성들은 평균적으로 세안에 4.5분을 쓴다. 이러한 특성들을 감안해 일본 기술자들이 소집되었는데, 이들은 클렌징 절차에서 그들의 정교한 전문지식과 유분이 많고 크림타입의 비누거품이 나는 제품을 어떻게 개발해야 하는지에 대해 많은 것들을 이해하고 있었다.

P&G의 제지 사업부에 의해 개발된 직조기술을 활용한 작업을 통해 핵심 기술팀은 그물망으로 짠 10 미크론(micron)의 섬유가 먼지와 불순물을 잘 잡아내는데 효과적이라는 사실을 발견하였다. 세안 과정에서 다른 시간대에 활성화되는 세안제와 보습제를 건조시켜 흩뿌리는 제조방식으로 섬유에 스며들게 함으로써, 팀 멤버들은 그들이 특정 소비자들의 니즈에 대응할 수 있는 일회용 클렌징 천을 개발할 수 있을 것이라고 느꼈다. 이러한 기술인 "섀시(chassis)"가 개발된 후, 일본의 기술팀은 천에 SK-II의 재료인 피테라(Pitera)를 포함하고 있는 다른 세안제의 배합물이 스며들게 하는 과정에 이 기술을 적용했다(〈**도표 8**〉 참조: 개발 프로세스에 대한 개요).

미국에 기반을 둔 마케팅 팀은 올레이(Olay) 버전을 개발하는 임무를 담당했다. 소비자가 여러 단계의 살롱 페이셜[3]을 궁극적인 클렌징 경험으로 본다는 것을 확인하고, 이 팀은 클렌징, 컨디셔닝 그리고 토닝의 효과를 제공하는 한 번에 하는 일상적인 일(one-step routine) 이라는 개념 "매일매일 하는 얼굴 마사지처럼"을 떠올렸다. 반면에 SK-II 버전의 선도 시장이 되었던 일본의 또 다른 팀은 같은 과제를 갖고 있었다. 여성들은 이미 5~6개의 클렌징 단계에 따라 세안을 하고 있었기 때문에 SK-II 버전은 땀구멍을 청결히 해주고 불순물을 잡아내는 마이크로섬유의 기능을 이용해 마사지를 함으로써 피부의 선명도를 강화하면서, 피부의 혈액 순환이 증가되는 의례적인 경험을 소비자들에게 제공하려 했다. 이를 바탕으로 SK-II 버전은 "매일 매일의 마사지(daily facial)"로서 뿐만이 아니라 "거품 마사지 천(foaming massage cloth)"으로 포지셔닝하고 있었다(〈**도표 9**〉 참조: 거품 마사지 천과 다른 핵심 SK-II 제품의 설명).

미국의 올레이(Olay) 마사지 천의 가격이 7달러였던 반면, SK-II의 거품 마사지 천(foaming massage cloth)은 프리미엄 가격 전략 때문에 훨씬 더 고급스러운 화장품 박스에 포장되었고, 6천 엔(50달러)의 가격이 책정되었다. 그리고 P&G 일본은 몇 명의 기술자에게 일본의 뷰티 잡지들이 서양의 잡지들과 비교하여 더 과학적인 제품 논평을 위해 요구했던 상세한 제품 성능 데이터를 개발하라는 과제를 주었다. 마침내 각 시장은 공통의 기술 플랫폼의 바탕에서 뚜렷이 구분되는 제품들을 보유할 수 있게 되었다. 마케팅 전문지식 역시

3) 역자 주. 샵에서 얼굴 마사지를 받는 것을 의미

도표 8 글로벌 클렌징 천 개발 프로그램의 묘사

1. 세안제(facial cleansing) 니즈에 대한 국가별 소비자 조사
2. 전 세계적으로 충족되지 않은 "부드럽고, 촉촉하고, 깨끗한 느낌의 피부"에 대한 니즈 식별
3. 주요 연구소와 시장에서 기술자들과 마케터들이 "섀시(chassis)" 기술과 핵심제품 컨셉을 개발하기 위해 선도적인 연구소에 소집됨
4. 현지 기술자들과 마케터들은 핵심기술과 제품 컨셉을 현지의 니즈와 기회에 맞도록 적용함

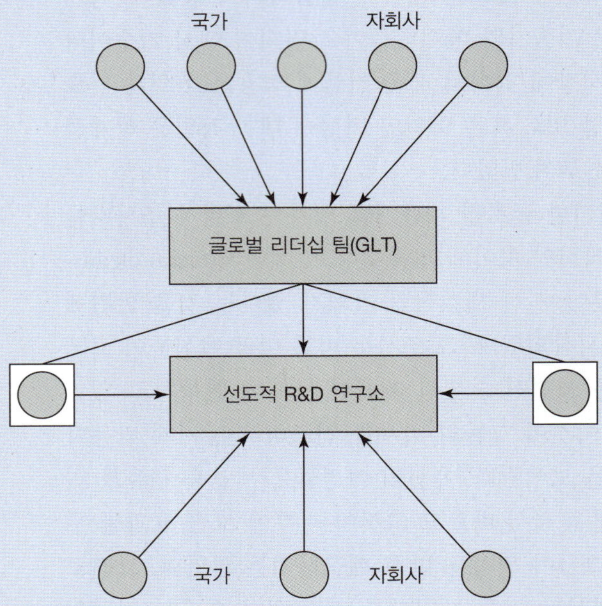

출처: 케이스작성자의 해석.

공유되었는데, 예를 들면 조직이 현지에서 학습한 것을 공유할 수 있게끔 일본에서의 성과 분석 자료의 일부가 올레이(Olay) 버전 및 유럽에서 사용되었다.

SK-II의 결정: 글로벌 브랜드?

일본에서의 6개월이 막 지난 후, 드 체사레(de Cesare)는 그가 이제 이 새로운 조직에서 세 가지 다른 역할을 갖고 있다는 것을 인식하였다. 맥스 팩터 일본(Max Factor Japan)의 사장으로서 그는 이 지역 회사가 악재에서 벗어났고, 일본의 커다란 뷰티 시장에서 크게 성장할 수 있다는 긍정적인 전망을 갖게 된 것에 흡족해했다. 뷰티 케어 GBU의 GLT멤버로서 그는 그의 조직이 GBU가 밀고 있는 글로벌 신제품 혁신 과정에 기여하고 있다는 것을 매우 자랑스러워하고 있으며, 앞으로 일본이 지속적으로 기여하며 P&G의 인상 깊은 기술 본부로부터 많은 것을 배울 수 있을 것이라고 확신했다. 그리고 SK-II의 글로벌 프랜차이즈 리더로서 그는 전 세계 90억 달러 규모의 고급 스킨케어 시장으로 진출할 수 있을지의 여부를 검토하는 기회를 가진 것에 대해 매우 흥분해 있었다(〈**도표 10**〉 참조: 고급 시장 데이터).

그가 일본에 도착했을 때, 드 체사레(de Cesare)는 경영진이 이미 홍콩과 대만에서의 SK-II의 성공을 바탕으로 싱가포르, 말레이시아 그리고 한국의 세 지역으로의 확장을 시작하려고 하고 있다는 사실을 알게 되었다. 그러나 이 국가들은 상대적으로 작은 시장이었고, 그가 세계 스킨케어와 고급 뷰티시장의 데이터를 검토한 결과 그는 하나 혹은 더 많은 주요 시장들로 과감히 진출하기에 적절한 시점인가에 대한 의문을 갖게 되었다(〈**도표 11**〉, 〈**도표 12**〉 참조: 글로벌 스킨케어 시장과 소비자 데이터).

기회들을 검토하면서 그는 세 가지 대안을 떠올렸다. 첫째, 중화권 담당 뷰티케어 관리팀은 중국 본토에 이 브랜드를 출시함으로써 홍콩과 대만으로 SK-II를 성공적으로 확장시키는 데 관심이 있었다. 다음으로, GLT 회의에서 드 체사레(de Cesare)는 유럽의 뷰티케

도표 9 SK-II 제품라인의 일부

피테라를 만끽하세요.

페이셜 트리트먼트 에센스

피부 균형 에센스

SK-II의 핵심 제품, 혁명적인 페이셜 트리트먼트 에센스는 여러분의 화장 의식의 두 번째 포인트입니다. 피테라 성분이 풍부하게 함유된 이 특별한 제품은 더 아름답고 빛나는 피부를 위해 윤기와 선명도를 증가시킬 수 있도록 피부의 수분도를 높여주는데 도움이 됩니다.

'신성한' 액체라는 극찬을 받고 있는 페이셜 트리트먼트 에센스에 많은 여성들이 열광하고 있습니다. 이 제품에는 순수한 SK-II 피테라 성분이 90% 이상 함유되어 있어 우리의 모든 스킨케어 제품들 중 피테라 성분을 가장 많이 포함하고 있습니다. 피테라 성분은 피부에 쉽게 흡수되고, 탄력 있고 부드러운 느낌으로 피부의 빛을 찾아줍니다.

거품 마사지 천

퓨리파잉 클렌징 천

이러한 혁신적인 거품 마사지 천(foaming massage cloth)은 여러분의 피부에 매우 부드러운 촉감을 제공합니다. 한 장의 천으로 클렌저, 세안 그리고 마사지의 뛰어난 효과를 보실 수 있습니다.

페이셜 트리트먼트 클리어 로션

클리어 퓨리파잉 로션

완벽하게 조절된 그리고 매우 신선한 피부를 위해 아침과 저녁 얼굴과 목을 씻은 후에 페이셜 트리트먼트 클리어 로션을 사용하세요.

출처: 회사 브로셔.

어 책임자와 SK-II를 커다란 서양 시장으로 가져올 수 있는지에 대한 가능성에 대해 논의했다. 그의 세 번째 가능성은 사실상 그의 첫 번째 선택지라고 그가 깨달았던, SK-II의 부유하고, 이미 검증된 일본 국내 시장에서 이 브랜드를 더욱 강화시키는 것이었다.

일본에서의 기회 일본의 여성은 세계에서 미용제품의 가장 수준 높은 이용자 중 하나였고, 이러한 제품들의 1인당 소비액으로 볼 때 그들은 세계에서 제일가는 소비자였다. 최근의 개선된 성과에도 불구하고, 맥스 팩터 일본(Max Factor Japan)은 100억 달러 규모의 뷰티 제품 시장에서 3%의 점유율을 기록하고 있었다. "엄청난 거지요." 한 현지 관리자가 자랑했다. "미국의 세탁기 시장보다도 규모가 큽니다."

비록 SK-II가 1999년 일본에서 1억 5천만 달러 이상의 매출을 올리기는 했지만, 드 체사레(de Cesare)

도표 10 글로벌 고급 시장의 규모와 지리적 분포

• 글로벌 고급시장: 1999년 (향수, 화장품, 스킨) = 소매 수준에서 150억 달러 (이중 약 60%가 스킨케어 부문임)	
미국	26%
캐나다	2
아시아/태평양[a]	25
영국	5
프랑스	5
독일	5
유럽의 나머지 지역	16
세계의 나머지 지역	16

[a]일본은 아시아/태평양 총합의 80% 이상을 차지함.
출처: 회사자료.

도표 11 글로벌 스킨케어 시장 규모: 1999년

스킨케어(주요시장과 고급시장)		
지역/국가	소매 매출 (백만달러)	2년 성장률
서유럽	8,736	7%
프랑스	2,019	7
독일	1,839	14
영국	1,052	17
북미	6,059	18
미국	5,603	18
아시아/태평양	11,220	2
중국	1,022	28
일본	6,869	6
한국	1,895	9
대만	532	18
홍콩	266	6

출처: 회사자료.

도표 12 스킨케어 및 화장품 사용습관 및 관행: 일부 국가

지난 7일간 제품 사용 %	미국[a]	일본[a]	중국[b]	영국[a]
페이셜 모이스춰라이저 – 로션	45%	95%	26%	37%
페이셜 모이스춰라이저 – 크림	25	28	52	45
페이셜 클렌져(가족용 고체비누 제외)	51	90	57	41
파운데이션	70	85	35	57
립스틱	84	97	75	85
마스카라	76	27	13	75

[a]폭넓고 대표적인 소비자 표본에 기초하여 조사됨.
[b]북경시의 고소득 소비자들에 기초하여 조사됨.
출처: 회사자료.

는 최근에 국내 시장의 성장세가 둔화되고 있다는 점 또한 의식하고 있었다. 이 새로운 관리자는 이러한 상황을 P&G의 거대한 기술 자원을 활용함으로써 바꿀 수 있다고 느꼈다. 거품 마사지 천(foaming massage cloth)에서의 성공적인 경험은 그로 하여금 기존의 제품들을 넘어서 SK-II 라인을 확장함으로써 매출을 신장시킬 수 있는 중대한 기회가 있다는 것을 확신하게 하였다. 예를 들어 그는 당장 눈앞에 노화 방지와 피부 미백 제품을 SK-II의 제품군에 추가하여 새로운 분야로 진출할 수 있는 기회가 있다는 것을 간파했다. 비록 이 기회를 잡기 위해서는 상당한 양의 시간과 노력이 들기는 하겠지만, 이것이 내부적인 역량과 외부적인 브랜드 이미지를 잘 활용할 수 있는 길이었다. 새로운 시장으로의 진출이라는 선택과 비교해 봤을 때 필요로 되는 투자규모는 훨씬 적었다.

SK-II의 기술 및 마케팅 팀이 혁신적인 뷰티 이미징 시스템(BIS, beauty imaging system)을 개발하기 위하여 하나로 합쳐졌을 때, 국내시장 공략을 지원할 수 있는 흥미로운 개발이 시작되었다. 소형화와 소프트웨어 개발에 있어서 일본 기술자들의 스킬을 이용하여 그들은 피부 상태에서 개선정도를 측정함으로써 새로운 스킨케어 제품을 평가하기 위한 P&G 연구소 기술자들에 의해 사용된 과학적 장비의 단순화 버전을 만드는 일을 진행했다. 그 계획은 수정된 뷰티 이미징 시스템(BIS)을 SK-II 판매대에 설치하고 뷰티 컨설턴트들이 이를 사용하여 피부 진단에 있어서 정확성과 신뢰성을 높이는 것이었다. 그 프로젝트는 드 체사레(de Cesare)의 SK-II가 개개인의 스킨케어 문제를 해결할 수 있어야 한다는 비전과 정확히 들어맞는 것이었다. 그는 분석적인 경향이 있는 일본 소비자들의 충성도를 엄청나게 증가시킬 수 있을 것이라고 느꼈다.

회사가 이처럼 부유한 시장의 이처럼 작은 점유율을 갖고 있는 상황에서, 드 체사레(de Cesare)는 제품 혁신과 매장 내의 고급 서비스 전략이 지난 3년 동안 연간 5%대로 느려진 성장률의 속도를 증가시킬 수 있는 잠재력이 있다고 느꼈다. 비록 시세이도(Shiseido)가 선방을 할 것으로 기대할 수 있었지만, 그는 SK-II가 향 후 6~7년 동안 매출을 두 배 정도는 늘려야 한다고 느꼈다. 즉 드 체사레(de Cesare)는 SK-II가 국내 시장에서 성장 잠재성이 있다는 것에 굉장히 흥분했다. 그는 다음과 같이 말했다. "이것은 멋진 기회입니다. 일본에서는 한 명의 충성스러운 SK-II 고객이 한 해에 이 브랜드에만 1천 달러 정도를 사용합니다. 치약부터 데오도란트, 샴푸와 세제까지 P&G 다른 제품 전체를 합쳐도 평범한 고객들이 연간 이 정도를 소비하는 곳은 없습니다."

중국시장이라는 퍼즐 P&G가 1988년부터 운영해 왔던 중국에서는 완전히 다른 기회가 존재했다. 중국에서는 세탁 제품의 가격이 매우 저렴했기 때문에, P&G는 이례적으로 뷰티 제품을 가지고 거대한 중국시장으로 진출했다. 1989년에 올레이(Olay)가 출시되었고 초기에 어려움을 겪은 이후에, 비전통적인 마케팅 전략을 채택함으로써 결국 큰 성공을 거둘 수 있었다. 현지의 스킨케어 제품보다 20~30배가 더 비싼 가격 프리미엄을 정당화하기 위하여 중국의 뷰티케어 사업 관리자인 시베시 람(Shivesh Ram)은 올레이(Olay)의 고급 제품 제조방식에 서비스 요소를 가미하기로 결정했다. 맥스 팩터 일본(Max Factor Japan)의 모델을 참고하여, 그는 뷰티 카운셀러를 직원으로 두고 국유 백화점의 판매대를 통하여 판매를 시작했다. 1999년에 올레이(Olay)는 중국에서 거의 1,000여 개의 판매대를 보유하고 있었으며 큰 성공을 거둘 수 있었다.

중국 시장이 전 세계 소매상들에게 개방됨에 따라 대만, 홍콩 그리고 싱가폴의 백화점들은 베이징과 상하이에 백화점을 열기 시작했다. 대중시장 브랜드로서의 올레이(Olay)에 친숙했기 때문에, 그들은 모자란 뷰티 판매대 공간에 이미 이 사업에서 대단히 중요한 최고의 장소를 차지하고 있는 에스티 로더(Estee Lauder), 랑콤(Lancôme), 시세이도(Shiseido) 그리고 다른 프리미엄 브랜드들과 함께 올레이(Olay)를 배치하는 것에 대해 의문을 품었다. 람(Ram)이 SK-II의 출시에 대한 가능성을 살펴본 것은 이 시점이었다. SK-II의 출시를 통해 올레이(Olay)를 2류 백화점, 소도시의 매장, 커다란 매장에서 화장품 위치의 "2층"으로 깊숙이 보내는 것이 가능하다고 생각했기 때문이었다. "중국은 세계에서 두 번째로 커다란 시장이 될 것으로 예상됩니다." 람(Ram)이 말했다. "고급 뷰티 분야는 연간 30~40%씩 성장하고 있으며, 사실상 이 분야의 모든 주요 경쟁자들이 진출해 있습니다."

드 체사레(de Cesare)는 람(Ram)의 열정적인 제안을 상쇄하는 우려의 목소리 역시 들었다. SK-II의 출시는 성공적인 올레이(Olay)의 시장 포지션에 잠재적인 영향을 미칠 수도 있다는 것 외에, 일부의 사람들은 SK-II가 중국 기업들 중 주류가 되려는 P&G의 전략과 유니레버(Unilever), 카오(Kao) 그리고 다른 글로벌 회사들보다 먼저 600개의 중국 도시에 진출하려는 경쟁적인 목표의 달성에 방해가 될 것이라고 우려했다.

그들은 틈새 상품으로 상류층 소비자 그룹을 목표로 하는 것은 세탁, 헤어 케어, 구강 케어, 기저귀 그리고 다른 기본 제품들로 12억의 인구를 공략하는 회사의 목표와 일관되지 않는다는 점을 주장했다. 무엇보다도 SK-II의 기본적인 네 단계의 사용법을 3개월 간 사용하는 비용은 중국의 주요 도시 직장인 여성의 한 달 평균 임금보다 많이 들 수 있었다.

뿐만 아니라, 회의론자들은 중국 소비자들이 SK-II를 사용할 만한 준비가 되었는지에 대한 의문을 품었다. 올레이(Olay)는 회사의 교육을 통해 소비자들이 비누와 물로 씻는 한 단계의 스킨케어 과정에서 세 단계의 클린징, 보습 과정으로 옮겨갈 수 있게 함으로써 겨우 성공하였다. SK-II는 최소 4~6단계의 사용법을 받아들이는 여성에 의지해야 했는데, 회의론자들에게는 이것이 매우 비현실적이라고 느꼈다. 그러나 람(Ram)과 다른 사람들이 주장했듯이, 중국시장 안에서 스킨케어에 대한 관례는 상당히 발전되어 있었고 스킨케어 제품의 침투율은 많은 선진국시장에서보다 중국시장이 더 높았다.

마지막으로 중국 시장에는 많은 위험요인들이 존재했는데, 이러한 위험 요인으로는 널리 퍼져있는 가짜 고급 제품부터 일 년짜리 수입 등록 과정을 수반하는 관료주의 등이 포함되어 있었다. 그러나 가장 커다란 우려는 SK-II 제품에 35~40% 정도의 관세가 부과될 수 있다는 점이었다. 이것은 심지어 P&G가 중국에서 마진을 쥐어 짜낸다고 하더라도, SK-II는 다른 시장에서의 소매단계보다 훨씬 더 높은 가격이 책정되어야 한다는 의미였다. 그럼에도 불구하고 중국팀은 뷰티 컨설턴트들의 낮은 인건비 때문에 여전히 그 제품이 수익성이 있다고 계산했다(〈**도표 13**〉: 비용 예상 참조).

비평들에도 불구하고 람(Ram)은 SK-II의 출시를 간절히 바랬고, 그들의 걱정에 대해 다음과 같이 응답했다. "3종류의 중국이 있습니다. 지방 중국, 낮은 임금의 교외 중국 그리고 마지막으로 상하이, 베이징 및 광저우 등의 대도시에 집중되어 있는 세련되고 부유한 중국입니다. 세 번째 그룹은 많은 선진국 시장의 목표 소비자집단만큼 큽니다. 만약 우리가 곧 움직이지 않으면 저 상류층을 위한 싸움에서 3년 혹은 그 이상을 준비해 온 글로벌 뷰티 케어의 강자들에게 패배할 것입니다."

람(Ram)은 그의 지역 뷰티케어 관리자들과 중화권 시장개발조직(MDO)의 사장으로부터 강력한 지원을 받고 있었다. 그들은 함께 상하이에 있는 약간의 카운터를 대상으로 SK-II가 중국시장에서 성공적으로 자리 잡을 수 있는지에 관한 실험을 하려고 하고 있었고, 만약 성공적이라면, 다른 주요 도시의 판매대로 확장하려고 하고 있었다. 첫 3년 동안 그들은 1천만 달러에서 1천 5백만 달러의 매출이 발생될 것으로 예상했고, 이 기간은 그들이 SK-II 브랜드가 손익 분기점에 다다를 것이라고 예상하는 시간이었다. 그들은 초기 판매대를 만들고, 뷰티 컨설턴트들을 교육하며, 제품의 출시를 지원하기 위한 초기 투자는 아마도 그 3년의 기간 동안 매출의 10% 정도의 손실규모가 될 것으로 추정했다.

유럽에서의 의문 세계시장에서 SK-II의 기회를 모색

도표 13 글로벌 SK-II의 비용 구조 (순 매출액의 %)[a]

회계연도 1999/2000	일본	대만/ 홍콩	중국 (기대치)	영국 (기대치)
순 매출	100%	100%	100%	100%
제품 판매 원가	22	26	45	29
마케팅, 연구, 판매/관리비	67	58	44	63
영업이익	11	16	11	8

[a] 데이터는 위장되었음.
출처: 회사추정.

함에 따라 드 체사레(de Cesare)의 마음은 그가 잘 알고 있는 유럽시장으로 기울고 있었다. 중국과는 다르게 유럽은 상대적으로 크고 세련되었으며 미를 의식하고 이미 여러 단계의 제품 사용법에 익숙한, 그리고 다양하게 특화된 스킨케어 제품을 사용하는 소비자 그룹을 보유하고 있었다. 그가 확실하지 않다고 여긴 것은 대부분의 충성스러운 일본의 SK-II 사용자들이 따랐던 것처럼 절차를 잘 따라서 6~8단계의 과정을 선택할 용의가 있는 의미 있는 그룹의 존재 여부였다.

그의 관점에서 가장 큰 도전은 에스티 로더(Estee Lauder), 클리니크(Clinique), 랑콤(Lancôme), 샤넬(Channel) 그리고 디올(Dior)을 포함하여 이미 대중의 이목을 끌고 있고, 높은 평가를 받는 브랜드들로 넘쳐나는 곳에 완전히 새로운 브랜드를 내놓아야 한다는 것이었다. TV광고가 일본, 대만 그리고 홍콩에서 SK-II의 인지도와 매출을 상승시키는 데 매우 효과적이라는 것이 증명되었지만, 유럽에서의 텔레비전의 비용, 혹은 심지어 지면 광고의 비용조차도 엄두도 못 낼 정도로 비쌌다. 그리고 어떠한 실질적인 브랜드 인지도나 유산(heritage)이 없이 그는 만약 SK-II의 신비로움이 서구의 시장에 전달될 수 있을 것인가에 대해 의문을 가졌다.

그가 이러한 문제에 대해서 심사숙고 하는 동안에 드 체사레(de Cesare)는 그의 옛 상사이자 유럽에서 P&G의 뷰티 사업의 책임자인 마이크 톰슨(Mike Thompson)과 이야기를 나누었다. 맥스 팩터(Max Factor)의 판매 인력들은 대형 유통매장을 통하여 대부분의 제품을 판매했기 때문에 톰슨(Thompson)은 이것이 SK-II에게 유럽 시장에 대한 적절한 접근 방법을 제공한다고 생각하지 않았다. 그러나 그는 고급 향수 사업은 시작에 있어서 꽤 잘했다고 설명했다. 예를 들어 영국에서는 25명의 판매 팀으로 1999년에 1천 2백만 달러의 매출에 세후 1백만 달러의 순익을 기록함으로써 안정적인 궤도에 오를 수 있었다. 이들은 휴고 보스(Hugo Boss), 조르지오(Giorgio) 그리고 베버리 힐즈(Beverly Hills)와 같은 브랜드를 백화점과 커다란 약국 체인인 부츠(Boots)에 판매했기 때문에 이들의 판매방법과 거래관계는 일본에서의 SK-II모델과 달랐다. 그럼에도 불구하고 톰슨(Thompson)은 그것이 활용될 수 있는 중요한 자산이라고 느꼈다.

뿐만 아니라 톰슨(Thompson)은 드 체사레(de Cesare)에게 그의 부인이 SK-II의 충성고객이었고 그녀가 제품의 비판적인 품평가였기 때문에, 다른 여성들도 그녀가 그랬던 것처럼 같은 장점들을 발견할 것이라고 생각한다고 말했다. 그는 영국의 유통을 지배하고 있는 소수의 백화점들에서 SK-II가 고급향수 사업 분야의 제품 라인을 확장하는 길을 제공한다고 믿었다. 그는 SK-II의 출시를 시도해 볼 만한 가치가 있다고 생각했다(그러나 그는 프랑스나 독일과 같은 국가에 대해서는 덜 낙관적이었다. 왜냐하면 이 국가들에서는 고급 제품들이 수천 개의 향수 판매점에서 판매되는 특성이 있어 제품 판매 모델에 있어 매우 중요한 SK-II의 컨설턴트들을 활용하는 방법이 적절하지 않았기 때문이다).

영국에서의 초기 소비자 조사는 혼란스러운 결과를 보였다. 그러나 드 체사레(de Cesare)는 이러한 종류의 블라인드 테스트가 세제에 있어 유용한 데이터를 제공할 수 있지만, SK-II와 같이 고급 화장품의 경우에는 도움이 되지 않을 수도 있다고 느꼈다. 소비자들은 그 제품을 일주일간 브랜드를 모르는 채로 사용했고, 제품에 대한 그들의 인상에 대해 인터뷰를 했다. 그러나 그들에게는 카운셀러의 분석과 조언이 없었고, 스킨케어 관리의 전 과정을 실행한 것이 아니기 때문에, 그는 소비자 테스트 결과들이 SK-II의 잠재성을 적절히 예견하지 못한다고 느꼈다.

톰슨(Thompson)과의 토론에서 드 체사레(de Cesare)는 영국 시장의 네 번째 해에 1천만 달러의 매출을 달성하기를 희망한다는 결론을 내렸다. 치열한 경쟁을 감안할 때, 그는 해당 기간 동안 사업 초기 투자로 연간 1백만 달러에서 2백만 달러의 손실을 감내해야 한다는 것을 깨달았다.

조직적 제약 전략적인 기회는 명확했지만, 드 체사레(de Cesare)는 또한 그의 결정이 시행될 조직적인 현실을 따라야 한다는 사실 역시 인식하고 있었다. GBU의 책임자인 라플리(Lafley)가 SK-II의 초창기의 옹호자이자 지속적인 지지자였던 반면에, 그의 상사 예거(Jager)는 그보다는 덜 헌신적이었다. 예거(Jager)는 뷰티 케어 사업에서의 제품들의 일부, 특히 인수한 브랜드들 중 일부가 P&G의 포트폴리오와 얼마나 잘 들어맞을 것인가에 대해 공개적으로 의문을 표하는 P&G의 사람들 중 하나였다. 그는 샴푸와 같은 다량의 제품은 마음에 들어 했지만, 그는 고급 제품 라인들에 대해서는 더욱 회의적이었으며, 특히 고급 향수에 대해서 그랬다. 그의 관점에서, 사치스러운 제품의 패션과 관련이 있는, 그리고 홍보 지향적인 판매 모델은 P&G의 "높게 쌓아놓고 싸게 팔아라."라는 마케팅 능력뿐만 아니라, 뛰어난 기술도 잘 활용하지도 못하는 것이었다.

다른 조직적 현실은 O2005의 실행이 조직의 분열과 관리의 산만함에 대한 상당한 원인이 되었다는 점이었다. 이것은 톰슨(Thompson)이 설명하듯이 특히 유럽에서 그러하였다.

> 우리는 현지에서 전 세계로 초점의 중심을 180도 바꿨습니다. 마케팅 계획과 예산이 이전에는 현지에서 개발되었고, 유럽의 관리자들과 격렬하게 논의된 후 모습을 드러냈습니다. 이제 그것들은 시장 사이에 경쟁력과 거래 차이를 이해하지 못하는 새로운 사람들에 의해 전 세계적으로, 적어도 지역적으로 개발됩니다. 우리는 제네바(Geneva)에서 우리의 정책과 관행들을 표준화하고 집중화하기 시작했습니다. 당연하게도 수많은 우리의 최고의 현지 관리자들이 회사를 떠났죠.

O2005의 변화로 인한 결과 중 하나는 국가별 자회사의 GM들이 이익보다는 매출의 극대화에 초점을 맞추고 있고 이것이 뷰티케어 사업을 예산 압박에 놓이게 했다. 톰슨(Thompson)은 1999년 유럽의 상황을 다음과 같이 설명했다.

> 한 가지는 매우 빠르게 명확해졌습니다. 그것은 아리엘(Ariel, 세제)이나 팸퍼스(Pampers, 기저귀)를 판매하는 것이 화장품을 파는 경우보다 훨씬 쉽다는 사실인데, 이럴 경우 매출 인력들의 노력은 어디로 향하게 될까요? 동시에 신제품의 유통은 거의 다 스위퍼(Swiffer)나 페브리즈(Febreze)와 같은 신제품의 출시와 함께 "그 달의 출시 상품(launch of the month)"이 되었고, 시장개발조직(MDO)이 이 모든 회사의 우선 사항들을 관리하는 것이 어려웠습니다. 결국 화장품 판매는 현지 판매 인력들에게 더 많은 시간과 노력을 요구했기 때문에 많은 현지 예산이 이 사업으로 배정되었고, 이것은 이윤에 대한 압박을 더하는 결과로 나타나게 되었죠.

제안의 형성 드 체사레(de Cesare)의 제안은 이러한 맥락하에서 그가 보았던 기회를 최대한 활용하기 위해 그리고 글로벌 브랜드로서 SK-II의 글로벌 잠재성에 기초해 형성되었다. 그러나 그는 라플리(Lafley)의 오랜 관계와 SK-II에 대한 긍정적인 느낌들로는 그를 확신시키기에 부족할 것이라는 것을 알고 있었다. GBU의 책임자는 뷰티케어를 세계적인 프랜차이즈로 성장시킬 수 있는 핵심브랜드에 초점을 맞추고 싶어 했고, 그의 의문은 드 체사레(de Cesare)가 SK-II를 그러한 브랜드로 만들 수 있을 것인가에 대해 집중되어져 있었다.

Case 5-2 맥킨지 앤 컴퍼니(McKinsey & Company): 지식관리와 학습

Christopher A. Bartlett

1996년 4월, 맥킨지(McKinsey & Company)의 매니징 디렉터(MD, managing director)로서 첫 3년 임기의 중간 즈음에, 라이아트 굽타(Raiat Gupta)는 두 번째 연례 프랙티스 올림픽(Practice Olympics)[1]의 개최지인 버뮤다에서 비행기에 오르며 자랑스러움을 느꼈다. 그는 방금 20개의 팀들로부터 최근의 프로젝트에서 발전시킨 혁신적인 새로운 아이디어의 초안에 대해 듣게 되었다. 그리고 그의 동료이자 선임 파트너 심사위원들처럼, 굽타(Gupta)는 회사의 다음 세대 컨설턴트들의 창의성과 지능에 깊은 인상을 받으며 그곳으로 떠났다. 그러나 매우 성공적인 18억 달러의 큰 규모를 지닌 컨설팅 회사의 47세 리더에게는 계속적으로 떠오르는 또 하나의 생각이 있었다(〈도표 1〉 20년의 성장지표 참조). 만약 이것이 맥킨지(Mckinsey)의 지식과 전문성에 있어 빙산의 일각만을 설명했다면, 전 세계 고객들에게 서비스하는 데 이러한 자산들을 개발하고, 찾아내고, 활용하는 것을 얼마나 잘 실행할 수 있을 것인가? 비록 이 프랙티스 올림픽(Practice Olympics)은 단지 그가 옹호했던 몇몇 구상 중 단 하나일 뿐이었지만, 굽타(Gupta)는 특히 그가 종종 말했던 "지식이 맥킨지(Mckinsey)의 생명이다(knowledge is the lifeblood of McKinsey)."라는 신념에 비추어 보았을 때, 이것으로 충분한가에 대한 의문을 품고 있었다.

■ Christopher A. Bartlett교수가 이 사례를 작성했으며, 이 사례는 오로지 수업 토론용으로 작성되었습니다. 본 사례 보고서는 효과적이거나 비효과적인 관리의 상황을 묘사하기 위해 작성되지는 않았습니다.

1) 역자 주. 프랙티스 올림픽(Practice Olympics)은 맥킨지 앤 컴퍼니(McKinsey & Company)의 세계 각 사무소에 근무하는 컨설턴트들을 대상으로 최근의 프로젝트를 통해 얻은 아이디어를 선임파트너와 고객 앞에서 경연하는 대회를 말한다.

도표 1 맥킨지 앤 컴퍼니(McKinsey & Company): 20년의 성장지표

년도	사무소 개수	컨설팅 활동 수	CSS[a] 수	MGM[b] 수
1975	24	661	529	NA
1980	31	771	744	NA
1985	36	1823	1248	NA
1990	47	2789	2465	348
1991	51	2875	2653	395
1992	55	2917	2875	399
1993	60	3142	3122	422
1994	64	3398	3334	440
1995	69	3559	3817	472

[a]CSS = 고객서비스직원 / Client Service Staff (All professional consulting staff).
[b]MGM = 관리집단구성원 / Management Group Members (Partners and directors).
출처: 맥킨지 앤 컴퍼니 내부자료.

창립자들의 유산[2]

1926년 시카고 대학의 교수 제임스 맥킨지(James ("Mac") McKinsey)에 의해 설립되어, 그의 이름을 포함한 이 "회계와 공학 자문(accounting and engineering advisors)" 회사는 급속하게 성장했다. 곧 맥(Mac)은 경험 있는 간부들을 모집했고, 그는 자신이 일반적 조사(General Survey)라고 부르는 통합적인 접근방식으로 그들을 훈련시켰다. 토요일 아침 세션에서도 여전히 스스로의 생각과 데이터를 통합시키기를 주문하면서도 목표, 전략, 정책, 조직, 시설, 절차 그리고 인적자원 등과 같은 분석에 있어 "정도를 벗어나지 않는 순서(undeviating sequence)"를 통해서 컨설턴트들을 이끌었다.

1932년, 맥(Mac)은 하버드 MBA의 뛰어난 젊은 변호사인 마빈 바우어(Marvin Bower)를 영입했고 2년이 지나지 않아 새로 문을 여는 뉴욕 사무소의 관리자가 되어 줄 것을 요청하였다. "효율성 전문가(efficiency experts)" 혹은 "비즈니스 의사(business doctors)"로 간주되는 업계의 일반적인 이미지를 보다 개선해야 한다는 믿음이 있었기 때문에 바우어(Bower)는 그의 직원들에게 자신의 변호사 시절에 경험했던 전문성의 느낌을 불어넣는 작업을 진행했다. 1937년의 메모에서 그는 회사의 비전에 대한 큰 밑그림을 그렸다. 그는 뛰어난 자질의 젊은 사람들을 끌어들이며 발전시킬 수 있고, 지속적인 위상과 영향력의 제고를 가능하게 해주는 진실성, 직업윤리 그리고 기술적 탁월함의 가장 높은 표준을 고수하는 최고수준에 있는 경영진의 중요성을 알고 있었고, 이 이슈에 대해 집중하는 한 사람이었다. 무엇보다도 그것은 고객들에게 서비스를 훌륭하게 제공하는 회사의 미션에 충실한 회사를 만드는 것이었다.

향후 10년간 바우어(Bower)는 그의 파트너와 동료들에게 영향을 미치며 자신의 비전을 공유하기 위해 끊임없이 노력했다. 새로운 사무실을 오픈하고, 그는 회사 차원에서 모든 컨설턴트를 모집하고 발전시키고, 고객들을 맥킨지 앤 컴퍼니(Mckinsey & Company)의 책임으로 여기고, 이익을 사무소 단위가 아니라 회사 차원에서 공유해야 한다는 통일된 하나의 회사정책(One Firm policy)의 강력한 지지자가 되었다. 그리고 저녁 세미나를 통해, 그는 맥킨지(Mckinsey) 고객의 규모와 수준을 개선하기 시작했다. 1945년 새로운 업무지침(New Engagement Guide)에서 그는 모든 일이 예컨대 경험이나 명성과 같이 단순히 수익 이상의 무엇인가를 회사에 가져와야 한다는 방침을 분명히 했다.

1950년에 매니징 파트너(Managing Partner)[3]로 선임된 바우어(Bower)는 그들의 서비스 수요를 충족시킬 수 없는 맥킨지(McKinsey)를 엘리트 컨설팅 회사로 바꿀 수 있는 일련의 중요한 변화를 시작하도록 그의 10명의 파트너들과 74명의 직원(associate)들을 이끌었다. 각 고객들의 문제는 독특해 보였지만 바우어(Bower)와 그의 동료들은 잘 훈련되고, 지능이 높은 제네럴리스트(generalist)[4]들이 문제를 재빠르게 잡아내서 훈련된 분석을 통해 해결방안을 찾을 수 있다고 굳게 믿었다. 1950년대를 통해 계속된 회사의 놀라운 국내 성장은 1960년대에 성장률을 가속화 시켰던 해외 확장의 기본 토대를 제공했다. 1959년 런던 사무소(London Office)를 개소한 후 제네바(Geneva), 암스테르담(Amsterdam), 뒤셀도르프(Düsseldorf)에서도 곧바로 사무소를 개소했다. 1967년 바우어(Bower)가 매니징 파트너(Managing Partner)를 사임할 무렵에 맥킨지(Mckinsey)는 유럽과 북미지역에서 확고하게 자리잡은 매우 존경 받는 존재로 거듭나 있었다.

2) 창립자들의 유산(The Founders' Legacy) 부분은 다음의 문헌을 참고하여 작성되었음. Amar V. Bhide, "Building the Professional Firm: McKinsey & Co., 1939 – 1968," HBS Working Paper 95 – 010.

3) 역자 주. 매니징 파트너(managing partner)는 회사 사주에 해당하는 파트너들 가운데서도 경영을 총괄하는 대표자를 말함.

4) 역자 주. 제너럴리스트(generalist)는 스페셜리스트(specialist)에 대비되는 개념으로 스페셜리스트가 특정 영역에서 탁월한 능력과 식견을 가진 인재를 의미한다면, 제너럴리스트는 여러 방면에서 탁월한 능력과 식견을 가진 만능선수를 의미함.

의심의 시기

비록 리더십의 인계가 잘 계획되고 실행되었음에도 불구하고, 몇 년이 지나지 않아 맥킨지(McKinsey)의 성장 동력은 사라져가는 것처럼 보였다. 석유 파동에서 온 경제적 혼란, 유럽 확장의 원동력이 되었던 사업부제의 지체, 증가하는 고객사 관리의 정교함, 보스톤 컨설팅 그룹(Boston Consulting Group, BCG)과 같은 새로운 경쟁자들의 등장 등과 같은 모든 것이 이러한 문제에 기여했다. 거의 하루아침에 맥킨지(McKinsey)의 자신감과 자기 만족감은 자기불신과 자기비판으로 바뀌었다.

회사의 목표와 목적에 대한 위원회 유럽과 미국에서의 성장 둔화에 대한 우려는 단순히 순환적인 시장의 하향국면이 아니라 그 이상의 문제라는 걱정이 있었다. 이 때문에 회사의 파트너들은 그들이 가장 존경하는 위원회에 이 문제를 연구하고 해결책을 추천해 줄 것을 요청했다. 1971년 4월, 회사 목표와 목적에 대한 위원회(Commission on Firm Aims and Goals)는 회사가 너무 빠르게 성장했다고 결론 내렸다. 이 보고서의 저자들은 "지리적 확장과 새로운 실행 가능성에 대한 집착은 우리의 기술적이고 전문적인 스킬의 개발을 소홀히 했다."라고 직설적으로 보고했다. 보고서는 맥킨지(McKinsey)가 중요하지 않은 고객의 일상적인 업무를 너무나 쉽게 맡는 경향이 있어서 결과가 들쭉날쭉하고, 컨설턴트들은 탁월하고 박학다식한 제너럴리스트이자 문제 해결사였지만, 종종 산업지식에 대한 깊이가 떨어지거나 고객이 요구하는 실질적이고 특화된 전문성이 없었다고 결론 내렸다.

위원회의 주요 제안 중 하나는 회사가 그들의 멤버의 지속적인 발전을 위하여 다시 노력을 경주해야 한다는 것이었다. 즉 이는 성장이 둔화되어야 하고 직원과 MGM(Management Group Members (Partners and Directors))의 비율[5]은 7:1에서 5:1 이나 6:1로 줄어들 수 있다는 것을 의미했다. 위원회는 충분히 다방면에 뛰어난 식견을 지닌 제너럴리스트의 관점을 갖고 있으면서도 동시에 심도 있는 산업이나 실무적인 전문성도 지니고 있는 사람을 의미하는 "T자형"이라고 불리는 컨설턴트를 성장시키는데 주력해야 한다고 제안했다.

프랙티스 개발계획(Practice Development Initiative) 9년 전 바우어(Bower)가 물러난 이후부터 네 번째로 1976년 론 다니엘(Ron Daniel)이 매니징 디렉터(MD)로 선임되었을 때, 맥킨지(McKinsey)는 위원회의 보고서에 있는 여러 과제들을 달성하기 위해 고군분투하고 있었다. 1970년 이후 뉴욕 사무소의 수장으로서 다니엘(Daniel)은 점진적으로 정교해지는 고객들의 기대 상승과 BCG와 같은 새로운 경쟁자들의 거친 도전을 직접 경험했다. "고객과의 관계(client relationship)" 컨설팅에 대한 맥킨지(McKinsey)의 현지 사무소 기반의 모델과는 대조적으로, BCG는 보스턴을 기반으로 고도로 집중된 자원을 활용하는 "생각의 리더십(thought leadership)"에 기초해서 경쟁하기 시작했다. 경험곡선(experience curve), 성장–점유율 매트릭스(growth-share matrix) 등과 같은 간단하면서도 강력한 도구를 이용하면서 BCG는 전략 컨설팅 시장에 강력하게 침투해왔다. 맥킨지(McKinsey)가 BCG에게 고객들과 신입사원들을 잃기 시작함에 따라 다니엘(Daniel)은 그들의 제네럴리스트 모델을 좇는 것으로는 더 이상 성공하기 어렵다고 확신했다.

그의 첫 번째 시도 중 하나는 회사의 가장 존경 받고 생산적인 선임 파트너를 맥킨지(McKinsey) 최초의 풀타임 교육훈련 감독자로 임명하는 것이었다. 컨설턴트의 능력과 전문지식을 개발하는 것이 규범이 되는 것에 대한 노력의 일환으로 집행 위원회는 고객에 대한 서비스뿐만 아니라 컨설턴트를 성장시키기 위한 회사의 핵심 과제를 반영하기 위해서 회사의 오랜 사명을 공식적으로 개선해야 한다는 필요성에 대한 토론을 시작했다(〈**도표 2**〉 참조).

5) 역자 주. MGM비율은 MGM(Management Group Members (Partners and Directors))의 수와 이들이 담당해야 하는 사무소의 수와의 비율을 의미함.

도표 2 맥킨지(McKinsey)의 사명과 기본원칙 (1996년)

맥킨지(McKinsey) 사명

고객의 성과에서 긍정적이고 지속적인 그리고 상당한 진보를 이루어냄으로써 고객을 돕고, 뛰어난 인재들을 유치하여, 개발하고, 활성화하면서 유지할 수 있는 위대한 기업을 만드는 것이 맥킨지(McKinsey)의 사명입니다.

기본원칙

고객 응대

전문적인 표준을 준수함
최고의 경영관리 방식을 따름
고객의 실행과 역량구축을 지원함
비용 효율적인 수단으로 컨설팅을 수행함

기업 구축

하나의 회사로 운영함
실력주의를 유지함
구성원을 위한 진정한 관심을 보임
개방적이고 비관료적인 근무 환경을 조성함
회사의 자원을 책임감 있게 관리함

전문적 스태프의 일원이 되기

고객서비스에 대한 노력을 입증함
우수한 품질을 위해 지속적으로 노력함
최첨단의 경영방식으로 다가감
팀워크와 협력을 통해 파트너십의 정신에 기여함
자유로부터의 이익과 자기 관리와 관련된 책임을 지님
반대의견을 인정할 의무를 지님

그러나 다니엘(Daniel)은 몇 가지 구조적인 변화 역시 필요하다고 믿었다. 그와 그의 동료들이 이미 뉴욕사무소에서 실행한 몇 가지 구상을 바탕으로, 그는 주된 조직적 독립체로 남아있는 지리적 사무소에도 영향을 미치는 산업 기반의 소비재, 은행, 산업재, 보험 등의 고객 분야(Clientele Sectors)를 만들었다. 폭넓게 확산되고 최소한으로 성문화되는 지식과 경험 등이 반영되어 있는 전략, 조직 그리고 운영과 같은 영역에서 회사 차원의 기능적 전문성을 보다 공식적으로 개발하도록 장려했다. 그러나 마빈 바워(Marvin Bower)를 포함한 많은 사람들은 제품 주도 접근법을 위한 어떠한 시도도 현지 사무소의 위상에서 발생되는 맥킨지(McKinsey)의 독특한 이점에 해가 될 수 있다는 점을 우려했다. 맥킨지(McKinsey)의 현지 사무소는 파트너에게 비즈니스 커뮤니티와 강한 유대관계를 형성하여 팀에게 현장에서 고객들과 일하고 실행을 가능하게 할 수 있게 해주기 때문이었다. 이 접근방법은 BCG가 그들의 보스톤(Boston) 허브로부터 운영하는 전문가 기반의 "fly in, fly out" 컨설팅 모델과 날카롭게 대비된다고 느끼는 접근이었다.

그럼에도 불구하고 다니엘(Daniel)은 단호하게 밀고 나갔다. 산업 부문을 만들면서 MD(Managing Director)는 회사의 기능적인 전문지식을 제고하는데 관심을 기울였다. 맥킨지(McKinsey) 관행의 중심에 있는 두 영역인 전략과 조직 부문에서의 지식을 발전시키기 위해서 실무진을 모았다. 첫 번째 그룹을 이끌기 위하여 그는 뉴욕사무소의 이사이며 회사가 전통적인 제너럴리스트 접근법을 수정해야 한다고 강하게 주장해왔던 프레드 글룩(Fred Gluck)을 임명했다. 1977년 6월에 글룩(Gluck)은 아이디어를 나누고 전략 실행 의제를 발전시키기 위한 3일 동안의 회의에 "수퍼 그룹(Super Group)"을 초청했다. 수퍼 그룹(Super Group)은 전략에 전문 지식이 있는 젊은 파트너들로 이루어진 집단이었다. 한 사람은 그 회의를 다음과 같이 설명했다.

> 우리는 완벽한 혼돈의 3일을 보내고 있었습니다. 뉴욕에서 온 누군가가 일어나서 4박스 매트릭스를 제시했죠. 런던에서 온 파트너는 9박스 매트릭스를 제시하기도 했어요. 심지어 한 독일 파트너는 47박스 매트릭스를 주장해 버렸습니다. 혼돈이었죠. 그러나 3일 후에 몇 가지 생각의 가닥들이 합쳐졌습니다.

동시에 다니엘(Daniel)은 지멘스가 후원하는 "탁월한 회사들(excellent companies)"이라는 연구에 종사하고 있던 밥 워터맨(Bob Waterman)과 존경받는 선임 파트너인 짐 베넷(Jim Bennett)에게 조직분야(organization arena)에서 회사의 기존 지식을 분명하게 하기 위한 그룹을 모아 달라고 요청했다. 그들이 처음 채용한 사람 중 한 명은 톰 피터스(Tom Peters)라는 이름의 조직 이론분야에서 혁신적인 젊은 박사였다.

회복과 개선

1980년대 초에, 성장을 다시 시작하면서 신중한 낙관론이 거의 10년 만에 맥킨지(McKinsey)로 돌아왔다.

역량 센터(Centers of Competence) 두 개의 프랙티스 개발 프로젝트(practice development project) 활동들이 단지 일회성 노력에 그치면 안 된다는 인식에서 1980년 다니엘(Daniel)은 글룩(Gluck)에게 '기업 사무소(Firm Office)'라는 조직을 구성하고 그의 열정이 담긴 지식구축 의제에 집중하는 소그룹에 참여해 줄 것을 요청했다. 1967년 벨 연구소에서 회사로 온 후로 지금까지, 글룩(Gluck)은 벨 연구소에서와 같이 지적 측면을 자극하는 환경을 맥킨지(McKinsey)에 만들고 싶어 했다. 일부의 강력한 내부저항에 맞서, 그는 그의 동료들이 지식 개발은 회사의 주변적인 활동이 아니라 회사의 중심적인 활동이 되어야 한다는 그의 강력한 믿음을 따르도록 하는 작업에 착수했다. 그것은 일시적이거나 프로젝트 기반의 일이 아니라 지속적이고 제도화되어야 할 필요가 있었고, 이것은 소수의 것이 아니라 모두의 책임이 되어야 했다.

증가하는 고객 산업 분야(Clientele Industry Sectors)의 수를 보완하기 위해, 그는 전략, 조직, 마케팅, 변화관리 그리고 시스템과 같이 현존하는 경영전문 지식분야에서 15개의 역량 센터(Centers of Competence, 실물 센터가 아닌 가상의 센터들)들을 만들었다. 모든 파트너들에게 보내는 1982년의 메모에서 그는 이러한 센터들의 역할을 컨설턴트들을 돕고 개발하며 회사의 지적 자원의 지속적인 개선을 명확히 한다는 두 부분으로 설명했다. 각 센터를 위하여 글룩(Gluck)은 해당 분야에서 한 명 또는 두 명의 고도로 의욕적이고, 지명도가 높은 전문가를 찾아냈고 그들을 프랙티스 리더(practice leaders)로 임명했다. 이러

도표 3 새롭게 부상하는 맥킨지(McKinsey)의 프랙티스 분야: 역량센터와 산업분야 (1983년)

역량센터	산업분야
제도적 기술 구축	자동차
사업경영단위	금융
변화관리	화학
기업리더십	정보통신
기업재무	소비재
진단검사	전자
국제경영	에너지
통합물류	의료보건
제조	산업재
마케팅	보험
미시경제	철강
조달	
전략경영	
시스템	
기술	

한 리더들은 센터를 발전시키는 데 흥미가 있거나 업무영역에서 활발한 회사 주변 파트너들의 주요 그룹을 구성할 것으로 기대되었다(〈도표 3〉 참조: 1983년 15개 센터와 11개 분야).

공유된 지식의 형태를 구축하기 위해서 15개의 역량 센터(Centers of Competence) 각각의 리더들은 주로 핵심 그룹과 부차적으로는 실무 네트워크의 멤버들을 포함하는 활동들을 시작했다. 한 파트너가 글룩(Gluck)의 센터에 대한 노력에 대해 다음과 같이 언급했다.

> 산업 부문과 달리 역량 센터(centers of competence)는 자연적이고, 안정적인 고객 기반을 보유하고 있지 못했고, 따라서 프레드(Fred)는 그들을 이끌기 위해 열심히 일해야 했어요. 그는 원론적으로 프랙티스 리더들에게 말했죠. "당신이 쓸 수 있는 것은 무엇이든지 쓰세요. 비용은 보수와 거의 아무런 상관이 없을 것입니다." 그 과정을 걸러 내거나 관리하려는 시도는 없었어요. 그리고 그 효과는 "천 송이의 꽃이 활짝 피는" 것과 같았죠.

글룩(Gluck)도 고객 기반의 중요성과 규모에 전적으로 의존하고 있는 내부적 지위계층을 바꾸려고 노력하느라 엄청난 양의 시간을 쏟아 부었다. 회사 내부적으로 프랙티스 개발(practice development)은 '눈덩이 만들기(snowball making)'로 알려져 있었고, 고객개발(client development)은 '눈덩이 던지기(snowball throwing)'로 알려져 있었다. 프랙티스 개발은 고객 개발보다 기백이 더 하면 더했지 덜 하지 않았다고 주장하면서, 그는 동료들에게 모두가 눈덩이를 만드는 사람(프랙티스 개발을 할 수 있는 사람)이 되어야 할 뿐만 아니라 눈덩이를 던지는 사람(고객 개발을 할 수 있는 사람)이 되어야 한다는 점을 납득시키려고 노력했다. 끝없는 토론들에서 그는 "당신이 무슨 말을 하는지에 대해 아는 것이 필연적으로 고객 서비스에 있어 불리한 조건은 아닐 것입니다." 혹은 "당신은 당신의 뇌수술을 일반의에게 맡기시기를 원하십니까?"와 같은 가시 돋친 언사나 개인적인 도전들로 그의 동료들을 도발했다.

지식 인프라의 구축 개별 컨설턴트 훈련을 강조하는 기업의 새로운 역점이 자리를 잡고 고객 분야와 역량센터들이 새로운 통찰들을 만들어내기 시작하자 많은 사람들이 학습을 하고 활용할 필요성을 느끼게 되었다. 큰 아이디어들이 가끔씩 신문, 하버드 비즈니스 리뷰(*Harvard Business Review*)와 같은 잡지나 학술지에 출판을 위해 글로 써지기도 했지만, 여전히 아이디어를 포장하거나 자신만의 개념과 표준적인 해결책을 만드는 것은 아닌가에 대한 뿌리 깊은 의구심이 있었다. 이처럼 개념을 기록하는 것에 대한 저항은 아이디어의 내부 이전(internal transfer of ideas)을 오랫동안 제한해왔고, 내부적으로 발전시킨 지식의 대다수는 아직도 포착되지 않았다.

이러한 분위기는 1978년에 회사가 맥킨지 직원지(McKinsey Staff Paper)'라는 연속간행물을 창간하면서 바뀌기 시작하였고, 1980년대 초 회사는 컨설턴트들에게 그들의 핵심적인 발견사항들을 이 저널에 발표할 것을 활발하게 독려했다. 이러한 계획은 1982년의 두 편의 중요한 베스트셀러인 피터스(Peters)와 워터만(Waterman)의 '초우량 기업의 조건(*In Search of Excellence*)'과 겐이치 오마에(Kenichi Ohmae)의 '기업경영과 전략적 사고(The Mind of the Strategist)' 이후 크게 탄력을 받았다. 그러나 책, 기사 및 직원의 논문은 많은 시간의 투자를 필요로 했고, 소수의 컨설턴트만이 이러한 것들을 쓰기 위하여 노력을 기울였다. 회사가 내부 지식의 의사소통 장벽을 낮게 해야 한다는 것을 믿으며, 글룩(Gluck)은 더 많은 세부 사항을 제공할 수 있는 전문가를 식별할 수 있는 중요한 새로운 아이디어의 두 장짜리 요약본인 프랙티스 게시판(Practice Bulletins)이라는 아이디어를 소개했다. 한 파트너는 다음과 같이 설명했다.

> 게시판은 본질적으로 아이디어와 그것을 발전시킨 사람들을 위한 내부적인 광고였습니다. 우리는 그것들이 그들의 개인적인 네트워크와 내부적인 명성을 쌓는데 도움이 될 것이라는 점을 사람들에게 납득시키려고 노력했습니다. . . . 프레드(Fred)는 품질이 섞일 거라는 걱정을 한 적이 없었고, 정말 큰 아이디어였던 것을 내부적 시장이 정리할 수 있게 해야 한다는 강한 철학을 갖고 있었죠.

기업의 조직적 인프라의 대폭적인 재검토가 필요하다고 믿고, 1987년 글룩(Gluck)은 지식 경영 프로젝트(Knowledge Management Project)를 시작했다. 5개월간의 연구 이후, 팀은 세 가지 권고 사항을 만들었다. 첫째, 회사는 의뢰 고객과의 업무에서부터 프랙티스 분야에서 개발된 축적된 지식의 공통 데이터베이스(common database)를 만들기 위하여 중대한 노력을 해야 한다고 제안했다. 둘째, 데이터베이스가 유지되고 사용된다는 것을 확인하기 위해, 그들은 "지능형 스위치(intelligent switch)"로 데이터의 품질을 살펴보고 컨설턴트들이 관련 정보에 접근할 수 있게 도와주는 역할을 맡을 풀타임의 프랙티스 코디네이터(practice coordinator)를 고용해야 한다고 제안했다. 그리고 마지막으로, 그들은 평범한 T자형 컨설턴트의 유형 보다 스스로를 좀 더 I자형으로 만드는 좁은 분야의 전문성을 가진 고도의 기능적 스페셜리스트를 위한 경력 진로를 만들기 위하여 회사가 고용관행과 승진정책을 확장해야 한다고 제안했다.

이러한 권장사항을 실행하는 업무는 회사의 커뮤니케이션 이사인 빌 마타소니(Bill Matassoni)와 전자출판 분야에 경험을 갖고 새롭게 채용된 예일(Yale)대학의 박사인 브룩 맨빌(Brook Manville)이 이끄는 팀이 담당하게 되었다. 처음에 고객과의 계약(client engagements)들을 전산화시킨 데이터베이스인 회사 프랙티스 정보시스템(Firm Practice Information System, FPIS)에 초점을 맞춤으로써, 그들은 데이터를 좀 더 완벽하고, 정확하고, 시의 적절하게 만들어 단순히 기록의 보관소가 아닌 쓸 만한 정보 자원으로 이용이 되도록 새로운 시스템과 절차들을 구축했다. 실무 영역에서 축적 되어온 지식을 포착해내는 것은 더욱 어려운 일이었는데, 왜냐하면 상당수가 공식화되지 않았고, 우선순위가 매겨지거나 통합된 것이 하나도 없었기 때문이다. 컴퓨터 기반의 프랙티스 개발 네트워크(Practice Development Network, PDNet)를 만들기 위하여, 마타소니(Matassoni)와 맨빌(Manville)은 그들의 핵심 지식을 나타낼 수 있는 문서를 만들고 제출하도록 부탁하고 회유하며, 각각의 프랙티스를 발전시키도록 하는 데 엄청난 에너지를 쏟았다. 몇 개월의 작업 후에, 그들은 PDNet을 시작하기 위해 제공 받아야 할 필수적 수량이라고 믿었던 2,000개의 문서를 모았다.

마지막 순간에, 마타소니(Matassoni)와 그의 팀은 연구팀 권장사항의 일부가 아닌 또 다른 정보 자원을 개발했다. 그들은 회사의 모든 전문가의 중요한 문서 제목을 실무 분야별로 모아서 컨설턴트들의 서류가방에 들어갈 만큼 작은 책으로 그것을 펴냈다. 지식자원 디렉토리(Knowledge Resource Directory, KRD)는 맥킨지 옐로우 페이지(McKinsey Yellow Page)가 되었고 곧 전사적으로 광범위하게 사용되었다. 비록 전산화된 데이터베이스가 널리 적용되는 것은 느렸지만, KRD는 거의 즉시 열광적으로 수용되었다.

새로운 프랙티스 코디네이터의 지위를 효과적으로 만드는 것은 더욱 도전적이었다는 것이 드러났다. 초기에 이러한 역할들은 도서관 사서보다 더 나은 것이 없어 보였다. 새로운 역할이 전문분야에 관한 정보를 찾을 수 있는 컨설턴트로 활동할 수 있을 뿐만 아니라 프랙티스의 데이터베이스를 구축하고, 유지하기 위해 필요한 규율을 부과할 수 있는 충분히 존중 받는 개인들(종종 전직 컨설턴트)로 채워지는 데는 족히 몇 년이 걸렸다.

아마 가장 어려운 과제는 스페셜리스트로서 I형 컨설턴트들이 부여받게 될 새로운 차원의 역할을 정당화하는 것이었다. 기본적인 개념은 광범위한 문제 해결 능력과 회사의 가치 체계에 깊게 배태되어(embedded) 있는 고객 개발 오리엔테이션 보다는 특화된 지식개발을 강조하면서 전문가가 맥킨지(McKinsey)에서 경력을 만들어 갈 수 있다는 것이었다. 시장조사, 재무 혹은 제강(steel making)과 같은 전문분야에 깊은 기술적 전문성을 보유하고 있는 몇몇의 컨설턴트들이 채용되었지만, 대부분은 주류에 동화되는 것이 어렵다는 것을 알게 되었다. 회사는 이 사람들을 어떻게 평가하고, 보상하고, 승진시킬지에 대해서 어려워하는 것처럼 보였고, 많은 사람들이 소외되거나 불만을 품게 되었다. 그럼에도 불구하고, 파트너십은 전문가 승진 진로에 대한 개념을 지원하기 위해 지속되었고 이것을 어떻게 가능하게 할 것인가를 놓고 고군분투 했다.

마타소니(Matassoni)는 변화에 대해 다음과 같이 되돌아 봤다.

> 인프라 변경의 목적은 새로운 맥킨지(McKinsey)를 만들겠다는 것이 아니라 우리가 성장함에 따라 "하나의 회사(one firm)" 개념을 유지하기 위한 것이었습니다.... 컴퓨터 기반의 데이터베이스에 대한 갑론을박에도 불구하고, 지식 경영 프로세스는 개인의 네트워크, 사무소간 교류와 같은 오래된 실무 그리고 그들이 필요할 때 다른 컨설턴트들을 도와주는 것과 같은 강한 "하나의 회사" 규범에 아직도 의지하고 있습니다. 그리고 승진시기에,

> 아무도 당신의 PD문서를 검토하지 않습니다. 그들은 당신의 아이디어로 의뢰인에게 깊은 인상을 남기기 위하여 당신의 내부 네트워크를 어떻게 사용하였는지를 살펴보지요.

성공 관리

1980년대 후반에 회사는 다시 빠르게 확장했다. 1988년, 같은 해에 프레드 글룩(Fred Gluck)은 매니징 디렉터(MD, managing director)로 뽑혔으며, 로마(Rome), 헬싱키(Helsinki), 상 파울로(Sao Paulo) 그리고 미니아폴리스(Minneapoilis)에 새로운 사무소를 개소해 사무소는 총 41개에 달했다. 그러나 파트너들 사이에서 커지고 있는 시각은 생각의 리더(thought leader)로서 맥킨지(McKinsey)의 명성을 높이는 것은 적어도 새로운 사업을 유치하는 것만큼은 중요하다는 것이었다.

지식 경영의 정제 MD로 뽑힌 이후, 글룩(Gluck)은 1980년부터 그가 해오던 프랙티스 개발(practice development)의 역할을 새롭게 구성된 고객과 전문가 개발위원회(Clientele and Professional Development Committee, CPDC)에 위임했다. 1991년, 테드 홀(Ted Hall)이 이 위원회의 리더 역할을 물려받았을 때 그는 회사의 지식 개발 초점을 조정해야 할 필요가 있다고 느꼈다. 그는 다음과 같이 말했다.

> 1990년대 초반에 너무 많은 사람들이 프랙티스 개발(practice development)을 명성을 쌓기 위한 전문가의 창조물이나 문서의 생산으로 보고 있었습니다. 그러나 지식이라는 것은 컨설턴트의 머릿속에 있으면서 고객의 문제에 적용될 때만 가치가 있는 것이죠. 소수의 훈련된 작업을 통해서는 효율성이 높지 않게 개발되었기 때문에, 우리는 좀 더 구조화된 "발견(discover)–문서화(codify)–전파(disseminate)" 모델을 더 느슨하고 포괄적인 "참여(engage)–탐구(explore)–적용(apply)–공유(share)"의 접근으로 변경해야 했죠. 즉 우리는 지식을 개발하는 것에서 개인과 팀의 역량을 구축하는 것으로 관점을 이동시켰습니다.

수년에 걸쳐 "천 송이의 꽃이 활짝 피도록 하라"는 글룩(Gluck)의 철학은 11개의 부문과 15개 센터로 구성된 원래의 그룹이 홀(Hall)이 칭했던 "활동의 72개 섬들(부문(Sectors)들, 센터들, 워킹 그룹들 그리고 특별한 프로젝트들)"로 확장되는 결과를 초래했다. 그러한 "활동의 72개 섬들" 중 대다수는 한 두 명의 인정받는 전문가들에 의해 지배되는 영토로 인식되고 있었다. 홀(Hall)의 견해는, 천 송이의 꽃이 있는 정원은 거의가 다른 정원사들의 더 커다란 집단이 요구되는 과제인 제초가 필요하다는 것이었다. 고객과 전문가 개발위원회(CPDC)는 다양한 그룹들을 7개의 부문과 7개의 기능적 역량 그룹으로 통합하기 시작했다(**〈도표 4〉** 참조). 이러한 부문과 그룹들은 5~7명의 파트너로 구성된 팀(보통 젊은 이사들과 팀장)이 이끌었고, 리더가 이끄는 지식 창조와 전파 과정에서 능력 함양에 중점을 둔 스스로 관리하는 프랙티스의 "청지기 모델(stewardship model)"로 대체하는 것을 목표로 했다.

고객에 미치는 영향 글룩(Gluck)은 지식 경영에 대한 책임을 고객과 전문가 개발위원회(CPDC)에 위임하고 고객에 미치는 영향(client impact)이라는 새로운 주제에 초점을 맞추기 시작했다. MD로 선출되면서 그는 이것을 그의 초기 연설, 메모 그리고 그의 첫 번째 전체 파트너 회의(All Partners Conference)에서 중심 주제로 만들었다. 그는 또한 고객 영향 위원회(Client Impact Committee)를 만들었고, 회사가 고객과의 계약에서 긍정적이고 측정 가능한 결과를 만들어 낼 수 있는 전문성을 확신할 수 있는 방법의 탐구를 요청했다.

새로운 위원회의 가장 중요한 계획 중 하나는 파트너들을 설득해서 회사의 중요한 컨설팅 단위를 고객 계약팀(ET, engagement team)에서 고객서비스팀(Client Service Team, CST)으로 재정의(redefine) 하는 것이었다. 고객에게 3~4개월의 컨설팅 과업을 제공하기 위해 만들어진 전통적인 ET는 매우 효율적이고 유연한 조직이었지만, 고객의 장기적인 니즈보다는 단기적인 과업에 집중하는 경향이 있었다. CST 개념은

도표 4 분야 및 센터에 대한 그룹 프레임워크

기능별 역량 그룹	고객 산업분야
기업 거버넌스와 리더십	**금융기관들**
• 기업조직	• 은행
• 기업경영 프로세스	• 보험
• 기업전략 개발	• 의료서비스 이용자/제공자
• 기업관계 설계 및 경영	**소비자**
• 기업금융	• 소매
• 합병 후 관리	• 소비재 산업
조직 (OPP/MOVE)	• 미디어
• 기업변화 설계 및 리더십	• 제약
• 열정을 불어넣는 접근법	**에너지**
• 조직설계 및 개발	• 전기
• 리더십과 팀	• 석유
• 계약팀	• 천연가스
정보 기술/시스템	• 기타 에너지
• 추후 결정	**기초 재료**
마케팅	• 철강
• 시장조사	• 펄프 및 제지
• 판매인력 관리	• 화학
• 유통채널 관리	• 기타 기초 재료
• 글로벌 마케팅	**항공우주, 전자, 통신**
• 가격 관리	• 통신
• 프로세스 및 분야 지원	• 전자
운영 효과성	• 항공우주
• 통합물류	**운송**
• 제조	**자동차, 조립 및 기계류**
• 구매 및 공급관리	• 자동차
전략	• 조립
• 전략	
• 미시경제	
• 비즈니스 역학	
• 사업계획 과정	
교차 기능 관리	
• 혁신	
• 고객만족	
• 제품/기술 개발 및 상용화	
• 핵심 프로세스 재설계	

출처: 맥킨지 앤 컴퍼니(McKinsey & Company) 내부자료.

만약 복수의 ET들과 연결되어 있는 개개인(특히 파트너 수준에서)의 핵심집단을 연계시킬 수 있고, 그들이 고객들과 장기간 일하게 할 수 있다면, 회사가 장기적인 가치를 더해줄 수 있고, 개별 계약들의 효과성을 증진시킬 수 있다는 것이다. 그 영향은 개인 파트너가 고객을 "소유하는" 고전적인 모델에서 각각의 고객들에게 공유된 노력을 하는 파트너의 그룹으로 그 영역을 확장하는 것이었다.

지적 자본 개발에 어소시에이트(Associate, 맥킨지의 직급 중 하나)의 참여가 점진적으로 감소하고 있다는 파트너십 내의 우려에 대응하여, 고객과 전문가 개발위원회(CPDC)는 맥킨지(McKinsey)의 지적인 생활에서 고객서비스팀(CST)이 중심적인 역할을 해야 할 필요가 있다고 강조하기 시작했다(〈**도표 5**〉 참조: CPDC의 개념화). CST들(1993년 회사 전체에 약 200개)이 진정한 학습 연구소를 대표하고 있다고 믿었기 때문에 CPDC는 새로운 산업 부문과 역량그룹 리더들에게 메모를 보내 그들의 프랙티스는 회사 CST의 범위 내에서 평가될 것이라는 충고를 했다. CPDC는 또한 그들이 주로 책임을 갖고 있는 회사의 지적 개발의 중요성과 컨설턴트들 스스로 전문성의 개발을 강조하는 편지를 모든 컨설턴트들에게 보냈다. 마지막으로 그들은 컨설턴트들이 프랙티스에 사용한 시간과 사무소에 의해 전문성 개발에 사용한 시간의 양에 대한 데이터를 모아서 전 세계의 사무소에 있는 파트너들에게 폭넓고 다양한 결과들을 보내주었다.

복합적인 경력 경로의 개발 이러한 모든 변화에도 불구하고(또는 이러한 변화 때문에) 스페셜리스트 컨설턴트 모델은 계속 고전했다. 수년에 걸쳐 스페셜리스트 경력 경로의 평가 기준은 점차 주류인 제네럴리스트의 승진기준과 비슷해졌다. 예를 들어 스페셜리스트의 오래된 승진 기준인 특정분야에서의 "세계적 수준의 전문지식(world-class expertise)"은 고객에 미치는 영향(client impact)에 대한 실질적인 강조로 대체되었다. 팀의 컨설턴트로서 정당한 역할의 개념은 스페셜리스트가 "유능한 고객 계약 책임자(engagement director capable)"가 되어야 한다는 니즈로 진화했고,

도표 5 고객과 전문가 개발위원회(CPDC)가 제안한 조직적 관계

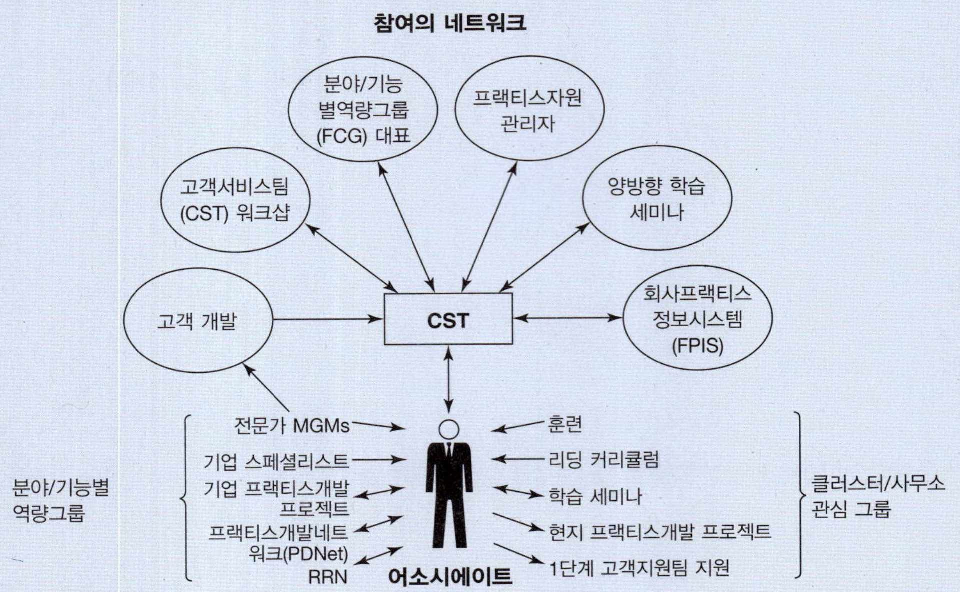

출처: CPDC 내부 발표자료.

"성장하거나 진행한다(grow or go)."는 낮은 압박의 평가 기준은 비록 약간 더 유연한 기간이기는 했지만, 어소시에이트(associate)에게 더 요구되는 "올라가거나 나간다(up or out)."의 요건으로 대체되었다.

스페셜리스트들이 좀 더 T자형이 되면서 이러한 변화는 이전의 역할에 대한 불협화음을 감소시켰지만 그것은 또한 본래의 목적을 희석시켰다. 두 개의 고객 서비스 직원 경력 경로를 정당화 하는 사이에 1992년 말에 전문인사위원회(Professional Personnel Committee)는 고객 서비스 지원과 관리 직원의 두 가지 경력 경로를 만들기로 결정했다. 전자는 그들의 전문화된 지식과 숙련된 적용을 통하여 고객과 CST와의 신뢰성을 쌓은 실무에 전념하는 스페셜리스트를 위한 파트너십으로의 경력 경로를 재확인 했다. 그들의 능력은 고객계약 책임자(engagement director, EDs)라기보다는 팀의 컨설턴트(CDs)로서 높은 수요를 갖게 만들었다. 두 번째 새로운 옵션은 지식을 전달하고 프랙티스 리더들을 도와 증가하는 복잡한 네트워크를 관리하는데 있어 중요한 역할을 담당하는 프랙티스 코디네이터에게 경력의 연속성을 부여하기 위해 고안된 프랙티스 관리 경로였다. 뛰어난 관리자는 이 경로에서 승진할 수도 있었다(〈**도표 6**〉 개요 참조).

그러나 새로운 기준과 승진 체계의 공표에도 불구하고, 어소시에이트들(associates)과 스페셜리스트들 사이에는 둘 다 다소 간 혼란의 앙금과 심지어 파트너십으로의 스페셜리스트 경로의 실효성에 대한 회의적인 시각이 있는 것 같았다. 그가 이 이슈를 해결할 때 글룩(Gluck)은 지속적으로 그의 오래된 주제인 "이 모든 것이 사람에 대한 것이다."라는 것으로 되돌아갔으며, 심지어 인적자원의 개발이 회사의 주요 목적이라고 주문하기도 했다.

> 맥킨지(McKinsey)을 보는 두 가지 방법이 있습니다. 가장 일반적인 방법은 주요 목적이 우리의 도움을 찾는 기업들에게 서비스를 제공하는 것인 고객 서비스 기업으로 보는 것입니다. 그것이 정당합니다. 하지만 저는 우리가 우리 스스로를 보는 좀 더 강력한 방법이 있다고 믿고 있습니다. 우리는 우리의 주요 목적을 결과적으로 우리의 고객들에게 뛰어난 서비스를 제공할 수 있는 의욕적인 세계적 수준의 사람들을 만들어 내는 원동력이 되는 엄청난 기관을 만드는 것으로 보기 시작해야 합니다.

도표 6 대안적인 경력 경로의 초점과 기준

	CSS[1] 경로		CSSA[2] 경로	
경력 경로/역할	일반 컨설팅	전문 컨설팅	프랙티스 전문가	프랙티스 경영관리
초점	일반적인 문제 해결을 수행하고 실행을 주도 고객과의 관계를 개발	심도 있는 프랙티스 지식을 연구에 적용 고객과의 관계를 개발 외부 명성을 구축	연구 간 프랙티스 지식의 활용 새로운 지식을 창출	지식의 이전과 문서화 프랙티스 관리를 도움

CSS[1] : 고객 서비스 직원(Client Service Staff)
CSSA[2] : 고객 지원 및 관리(Client Support and Administration)
출처: 맥킨지 앤 컴퍼니(McKinsey & Company) 내부 발표자료.

일선 현장에서의 지식 관리

맥킨지(McKinsey)의 진화하는 지식경영 과정이 회사의 일선에 있는 사람들에게 어떻게 느껴졌는지 알아보기 위하여 우리는 세 개의 다른 의제에 초점을 맞췄던 다른 세 지역에서 일한 세 명의 컨설턴트들의 활동을 따라가 볼 것이다.

제프 피터스(Jeff Peters)와 시드니 사무소의 업무 맥킨지(McKinsey)의 시드니 사무소의 이사인 존 스터키(John Stuckey)는 호주의 가장 존경 받는 회사의 하나로 금융 서비스 성장 전략 연구를 위한 입찰에 초대되었다는 사실에 큰 만족감을 느끼고 있었다. 그러나 이 기회에는 몇 가지 어려움도 뒤따랐다. 대부분의 중소규모의 사무소들이 그렇듯이 시드니에 있는 대부분의 컨설턴트들은 제네럴리스트였다. 금융 산업에 대한 전문지식이 있는 거의 모든 컨설턴트들은 호주 금융기관들과의 경쟁을 위해 기존의 프로젝트를 수행하고 있었다. 그러나 기존의 일정과 새로운 프로젝트의 작업일정이 서로 겹쳐 도저히 새로운 프로젝트에 참여할 수가 없었다.

스터키(Stuckey)는 즉시 자신의 개인적인 네트워크를 사용했다. 이 네트워크를 통해 그는 맥킨지(McKinsey)의 전 세계 자원에 접근하여 중요한 새로운 고객을 위한 첫 번째 계약을 이끌 수 있는 사람을 찾을 수 있는지를 알아내기 위해 노력했다. 수많은 전화통화와 이사회 회의에 약간의 로비를 한 끝에 그는 보스턴에 있는 선임 계약관리자(senior engagement manager)이자 금융기관에 관한 20개 이상의 프로젝트를 담당했던 베테랑 제프 피터스(Jeff Peters)를 찾아냈다. 유일한 문제는 피터스(Peters)가 이미 두 개의 일을 맡고 있어 적어도 호주 프로젝트의 첫 6주 동안은 참여가 불가능하다는 것이었다.

한편 스터키(Stuckey)와 그의 프로젝트 계약 이사인 켄 깁슨(Ken Gibson)은 팀을 완성시키기 위해 자격이 되면서 일정이 겹치지 않고 참여가 가능한 어소시에이트들(associates)을 뽑기 위하여 시드니 사무소 인력 코디네이터와 함께 일하고 있었다. 업무와 개별 컨설턴트의 개발 요구사항을 포함하여 80명의 컨설턴트들을 25개의 진행 중인 팀에 균형 있게 분배하는 것은 복잡한 과정이었다. 사무실 간 컨설턴트의 지속적인 순환은 제한을 완화시켜주는데 도움이 되었고, 지식 이전에도 기여했다. 한 번에 15~20명의 호주 컨설턴트들이 단기간 혹은 장기간 동안 해외에서 일했고, 그 동안 10~15명의 다른 사무소의 컨설턴트들이 호주에서 일하고 있었다(회사 전체적으로, 거의 20%의 업무가 사무소 간 인력의 대여로 이루어지고 있었다).

그들은 피터스(Peters)와 작업할 세 명의 팀을 확인했다. 존 피콕(John Peacocke)은 와튼(Wharton)에서 재무전공으로 MBA를 취득한 뉴질랜드 군대의 엔지니어 출신으로 맥킨지(McKinsey)에서 2년 동안 근무한 경험이 있었다. 비록 그가 클리블랜드의 소매 은행 고객을 위한 4개월간의 프로젝트를 진행한 적이 있었지만, 호주로 돌아온 이후로는 대부분 석유와 가스 분야의 고객들을 위해 일을 했다. 패티 아코피안츠(Patty Akopiantz)는 하버드(Havard)에서 MBA를 취득하기 전에 투자 은행(investment banking)에서 근무했었던 1년차 어소시에이트이었다. 그녀의 주요 관심사와 전문지식은 소비자 마케팅 분야였다. 사업 분석가는 전직 보험 계리사(actuary)이며 맥킨지(McKinsey)에서 첫 임무를 수행하게 된 조나단 리우(Jonathan Liew)였다.

피터스(Peters)의 도움으로, 스터키(Stuckey)와 깁슨(Gibson)은 컨설팅 감독(consulting director, CD) 역할을 맡을 내부의 스페셜리스트들을 모으기 시작했다. 뉴욕의 개인 금융 서비스 전문가인 제임스 고먼(James Gorman)은 일주일간 시드니를 방문하고 주간(weekly) 전화회의가 가능해야 한다는 것에 동의했다. 보험업계 전문가인 마지드 아랍(Majid Arab)은 2주간의 방문과 비슷한 정도의 "대기(on call)"가 가능했다. 런던에 있는 금융산업 전문가도 역시 CD역할에 서명했다. 시드니 사무소 내에서는 회사의 성장 전략 프랙티스 리더인 찰스 콘(Charles Conn)이 그의 전문 지식을 빌려주기로 했고, 기술의 영향 쪽에서 회사의 리더인 클램 도허티(Clem Doherty) 역시 마찬가지였다.

깁슨(Gibson)이 고객계약 책임자(engagement director)라기 보다는 계약 관리자(engagement manager)처럼 행동함에 따라, 팀은 실마리를 찾기 위해 지식자원 디렉토리(KRD), 회사프랙티스정보시스템(FPIS) 그리고 프랙티스개발네트워크(PDNet)를 살펴보기 시작했다(회사 전체적으로, PDNet 문서의 이용은 이 네트워크가 소개된 이래로 8년 동안 엄청난 성황을 이루었다. 1996년 초 거의 1만 2천 건의 문서들이 PDNet 상에 올려져 있었으며, 매달 약 2천 건의 상당의 문서가 열람 요청되었다). 그들은 총 179개의 관련이 있는 PDNet 문서들을 찾아냈고 전 세계 60명 이상의 회사 멤버들로부터 조언과 경험을 활용했다. 팀원이었던 패티 아코피안츠(Patty Akopiantz)는 다음과 같이 설명했다.

> 켄(Ken)은 계약 관리자로 행동하고 있었지만 그는 금융 서비스 분야의 진정한 전문가는 아니었고, 따라서 우리는 평소보다 훨씬 더 내부 네트워크에 의존했죠. PDNet에서 출발한 몇몇 아이디어들은 도움이 되었습니다만 사실 남겨져 있는 연락처가 훨씬 더 가치가 있었습니다... 전혀 다른 표준 시간대에 있다는 것은 커다란 이점이었습니다. 당신이 일과가 끝날 무렵에 난관에 부딪힌다면 당신은 유럽과 미국의 음성 메일함에 메시지를 보낼 수 있습니다. 회사의 규범은 동료로부터 받은 요청에 대해 답해야 하는 것이기 때문에 아침에는 일곱 개나 여덟 개의 새로운 제안, 데이터 소스, 또는 실마리들을 얻을 수 있었죠.

첫 번째 단계의 끝 무렵에 팀은 새로운 결론에 대해 알려주고 참여 및 몰입하게 하여 고객관리를 유지하기 위한 내부 워크샵을 개최하였다. 이 모임을 통해 팀은 프로젝트의 다음 단계의 안건을 제공해 줄 7개의 중요한 신념과 4개의 실행 가능한 선택 사항에 초점을 맞추었다. 피터스(Peters)가 이 팀에 합류할 수 있었던 시기는 바로 이 시점이었다.

> 제가 도착했을 때, 대부분의 어려운 분석들은 완료되어 있었고 그들은 한 달 남짓 만에 아주 많은 것들로부터 네 가지 핵심적인 선택사항으로 초점을 좀 더 좁혀놓았습니다. 제한된 팀의 전문가만으로 고객의 요구에 맞추어 이 정도로 할 수 있다는 것이 저에게는 매우 인상적이었습니다... 일이 잘 되어 갔기 때문에, 최종 결과에 팀을 집중하게 하는 일에 저의 주요한 우선순위를 두었습니다. 저는 과제를 내주고 비켜서 있었습니다. 제 시간의 대부분을 고객과의 관계에 쏟았죠. 이 일은 존(John)과 패티(Patty)에게는 엄청난 배움이었고, 그들은 둘 모두다 다음 계약 때는 관리적 역할을 맡을 준비가 되어 있었죠.

11월에 팀은 이사회에 결론을 발표했고 몇 가지 어려운 질문과 도전들을 받은 후, 그들은 그 권고를 받아들이고 실행 과정을 시작했다. 그 고객사의 경영 관리자는 결과에 대해 다음과 같이 회상했다.

> 우리는 쉽지 않은 고객이었지만 그들이 도출한 결과물이 매우 훌륭하다는 평가를 내리고 싶습니다. 지식에의 접근, 그들이 가져온 지적인 정확성 그리고 다양한 경영 그룹들 사이에서 이해와 합의를 만들어가는 그들의 능력 등 이러한 과정에 그들은 가치를 더했죠... 만약 일이 잘 되지 않는다면 그것은 우리의 잘못일 것입니다.

존 스터키(John Stuckey)는 계약 이후의 결과에 대한 조금 다른 관점을 갖고 있었다.

> 전반적으로 우리는 일을 꽤 잘 했다고 생각하지만 우리가 근본적인 돌파구를 제시하지 못했다는 것에는 약간 실망했습니다... 우리는 회사의 지식 기반을 효과적으로 이용했지만, 우리가 우리 내부의 전문 지식에만 너무 많이 의존한 것은 아닐까 라는 걱정이 됩니다. 우리는 너무 내부 지향적이 되거나 자신들만의 세상에서 만족하게 되는 많은 커다란 성공한 회사들이 빠져드는 덫에 걸리지 않도록 늘 주의를 기울여야 합니다.

워릭 브레이(Warwick Bray)와 유러피안 텔레콤 멜버른(Melbourne) 대학에서 MBA를 획득한 후, 워릭 브레이(Warwick Bray)는 1989년에 맥킨지(McKinsey)의 멜버른 사무소에 합류했다. 컴퓨터 공학을 전공한 그는 휴렛 팩커드(Hewlett Packard)에서 시스템 엔지니어로 일했고, 그의 기술적인 경험을 활용하길 원했다. 그의 첫 3년 중 2년 동안 그는 아시아 태평양 원거리 통신 산업(telecommunication industry)의 규제완화 영향과 관련되어 있는 계약분야에서 근무했다. 1992년 초에 브레이(Bray)는 그의 그룹개발리더(그에게 배정된 멘토와 조언자)에게 런던에서 1년간 근무하는 것에 관심이 있다고 이야기 했다. 몇 번의 전화 협의 후 전근 일정이 정해졌고, 3월에 이 젊은 호주인은 자신의 첫 유럽팀에 배치되었다.

호주의 텔레콤(telecom) 프로젝트에 대한 자신의 경험에서 브레이(Bray)는 회사의 연간 전 세계 텔레콤 회의에서 발표한 "상호접속 처리(Negotiating Interconnect)"라는 PD문서를 작성했다. 이 문서를 "지식의 정수(Knowledge Spike)"로 인지한 런던의 원경 통신 프랙티스 리더인 마이클 팻살로스-팍스(Michael Patsalos-Fox)는 자신과 함께 연구를 하자며 브레이(Bray)를 초대했다. 곧 브레이(Bray)는 다양한 고객사의 경영진 앞에서의 발표를 하는 규제완화 전문가로 불렸다. "맥킨지(McKinsey)에서 당신은 그 권리를 획득해야합니다."라고 브레이(Bray)는 말했다. "제 입장에서는 전문가로 인정받게 되어 대단히 만족했습니다."

팻살로스-폭스(Patsalos-Fox)의 지도하에 영국에서의 원격 통신 프로젝트는 빠르게 성장했다. 그러나 1990년대 규제완화가 대륙 전체로 퍼지기 시작하자, 그의 도움을 요청하는 수요가 엄청나게 늘어났다. 1980년대 후반 이후, 팻살로스-폭스(Patsalos-Fox)는 유럽의 원격 통신 정보와 전문지식의 유일한 저장소 역할을 그만두고 이를 밖으로 전달하는, 보다 상호의존적인 네트워크의 개발을 시작하기로 결정했다. 이 작업을 돕기 위하여 그는 강력한 기술적인 배경을 갖고 있는 스탠포드 MBA 출신의 술루 소더스트롬(Sulu Soderstrom)을 전임 프랙티스 코디네이터(practice coordinator)로 임명했다. 그 후로 몇 년 동안 소더스트롬(Soderstrom)은 유럽 사무소들의 원격 통신 프랙티스 그룹들을 묶는 관리상의 접착제로서의 중요한 역할을 수행했다. 팻살로스 폭스(Patsalos-Fox)는 다음과 같이 말했다.

> 소더스트롬(Soderstrom)은 제안서들을 썼고, 정보자원에 대한 전문가가 되었으며, 유럽 회의를 조직했죠. 뿐만 아니라 사무소 사이의 인원 배치를 도왔고, 전문지식을 활용하여 우리의 프랙티스 개발 작업을 지원하고 직접 참여했습니다. 점차 그녀는 우리가 "수출" 기반의 허브("export"-based hub)와 정보공유의 바퀴살 모델(spokes model)에서 진정한 연방제기반의 네트워크(federalist-based network)로 이동하는 것을 도왔습니다.

이러한 성장 환경과 강력한 인프라의 지원을 받는 가운데, 1990년대 내내 프랙티스 기회들은 폭발적으로 늘어났다. 팻살로스 폭스(Patsalos-Fox)가 소위 말하는 "과거경험의 점진적 통합(incremental synthesis of past experience)"을 뛰어넘고 지식창출로 이동하기 위해서 팻살로스-폭스(Patsalos-Fox)는 일련의 프랙티스 후원 연구를 시작했다. 프랙티스의 최고 컨설턴트들 중 일부로 구성된 그들은 "2005년의 산업 구조"나 "통신회사의 미래"와 같은 커다란 주제에 초점을 맞추고 연구를 진행했다. 그러나 프랙티스 지식 기반의 대부분은 몇 번의 계약 이후 물러나 자신의 새로운 통찰에 대해서 보고서를 쓰는 개별 어소시에이트의 비공식적 계획에 의한 것이었다. 예를 들어 브레이(Bray)는 몇 개의 호평 받는 PD문서를 작성했고, 이를 바탕으로 그는 규제 완화와 멀티미디어 분야의 내부적인 전문가로서의 명성을 높일 수 있었다. 그는 점점 더 유럽의 다른 파트에서 컨설팅을 하거나 팀에 합류하라는 요청을 받았다. 팻살로스-폭스(Patsalos-Fox)는 다음과 같이 말했다.

> 그는 프레젠테이션을 만들고 팀을 돕기 위해 이곳저곳을 돌아다니곤 했습니다. 비록 내부의 청중들이 가장 힘들지만, 다시 돌아와 달라는 초대를 받곤 했죠. 그가 선임 대상자로 언급되었을 때 런던 사무소가 그를 후보에 올렸지만, 그를 지원하는 힘은 유럽의 텔레콤 네트워크 동료들이었습니다.

1996년에, 팻살로스-폭스(Patsalos-Fox)는 프랙티스 리더십의 새로운 세대를 위한 시간이 도래하였음을 느꼈다. 그는 젊은 호주인 후배(protégé)와 브뤼셀(Brussel), 파리(Paris)에 있는 다른 두 명의 파트너들에게 공동 리더십 역할을 맡아줄 수 있는지의 여부를 문의했다. 브레이(Bray)는 자신과 공동 리더들이 직면했던 두 가지 도전들에 대해 돌아보았다. 첫 번째는 텔레콤을 정말 흥미롭고 흥분되는 프랙티스로 만들어 최고의 어소시에이트들을 끌어들이는 것이었다. "이 도전이 의미하는 바는 가장 흥미로운 일을 맡는다는 의미였고, 사람들 자신이 발전하고 있으며 즐거운 시간을 보내고 있다고 느끼도록 우리의 계약을 진행하는 것이었죠."라고 그가 말했다.

두 번째 주요 도전은 빠르게 성장하고 있는 유럽 텔레콤과 프랙티스분야 사이의 커다란 비공식적 연결들을 어떻게 개발할 것인가였다. 비록 소더스트롬(Soderstrom)이 프랙티스 지식의 저장소와 의사소통 채널로서 했던 일의 탁월함에도 불구하고, 그녀의 능력으로 유일한 "지식이전을 원활하게 하는 지적인 스위치(intelligent switch)"의 역할을 수행하기에는 한계가 있다는 것이 분명했다. 결과적으로 직원들이 프랙티스 지식들(예컨대 PD문서들, 회의 공식기록들, CV 등), 멤버들의 능력(각 프랙티스 멤버들의 홈페이지를 통하여), 고객들(CST 홈페이지들, 클라이언트 웹사이트로의 링크들) 그리고 외부 지식 자원들(MIT의 멀티미디어 연구소, 테세우스 기관(Theseus Institute) 등)에 직접적으로 접속할 수 있도록 설계된 프랙티스 특유의 인트라넷(practice-specific intranet)을 연계하기 시작했다. PDNet과 같이 현재 현존하는 회사의 시스템보다 더 개방적이지만 더 집중적인 통신 인트라넷(Telecom Intranet)은 "참여(engage)-탐구(explore)-적용(apply)-공유(share)"의 지식 사이클을 더욱 가속시킬 것으로 예상되었다.

그러나 일부는 이것이 "하나의 회사(one firm)"에서 멀어져 구분화되는 한 걸음이 될 것이고, 아이디어가 중심이 되는 개인적 네트워크를 구축하는 것에서 데이터가 기반이 되는 전자 거래를 만들어 내는 방향으로 가게 될 것이라고 걱정했다. 특히 기능적 역량 그룹이 그들의 지식을 점진적으로 강해지고 자족적인 산업 기반의 프랙티스분야에 전달하는 것이 어려워 질 것이라는 우려가 있었다. 워릭 브레이(Warick Bray)는 그 문제를 인식했고, 유럽 텔레콤과 대부분의 기능별 프랙티스 분야 사이의 결합이 더 "좋아질 수 있다."는 점을 인정했다.

> 문제는 우리가 대부분의 경우 이 그룹들에게 도움을 청할 필요를 거의 느끼지 못한다는 것에 있습니다. 예를 들어 회사의 가격 책정 프랙티스가 산업 가격 책정분야에서 세계적인 전문성을 지니고 있다는 것을 알고 있습니다만, 우리는 그것을 텔레콤 부문에 어떻게 적용해야 할지를 알아내지 못했어요. 우리는 대부분 우리의 프랙티스 내에 있는 가격 책정 전문가에게 그 일을 맡겼어요. 아마도 우리가 더 노력했어야 했나 봅니다.

스티븐 덜(Stephen Dull)과 사업 마케팅 역량 센터 1983년에 미시간 대학(University of Michigan)에서 MBA 과정을 마친 후 스티븐 덜(Stephen Dull)은 필스버리(Pillsbury)에서 소비자 마케팅(consumer marketing) 분야에서 다양한 역할을 수행하면서 5년의 시간을 보냈다. 1988년, 그는 맥킨지(McKinsey)가 소비자 마케팅 분야에서 잠재적인 컨설턴트를 채용하기 위해 관계를 유지하고 있던 한 헤드 헌팅 회사와 연락이 닿았다. 맥킨지(McKinsey)의 애틀랜타(Atlanta) 사무소에 입사한 덜(Dull)은 곧 구조화된 개발 프로그램(structured development program)이 없다는 사실을 발견했다. 다른 사무소에 입사한 8명의 소비자 마케팅 경력자들처럼, 덜(Dull)도 스스로 자신만의 아젠다를 만들어낼 것으로 기대되었다.

다양한 연구에 임하면서, 덜(Dull)은 자신의 관심이 소비자 마케팅에서 산업마케팅 분야로 바뀌어가는 것을 느꼈다. 그러나 그는 자신의 고유한 전문분야를 수립하는 데에만 집중한 나머지, 고객들과의 관계발전에 관해서 충분한 관심을 쏟지 못했다는 것을 인식했다. 그는 다음과 같이 말했다. "이 분야에서는 고객들에게 서비스를 제공하는 것이 정말 중요합니다." 그래서 1994년 후반, 그가 임원(principal)으로 임명되는 것을 논의하던 때에, 덜(Dull)은 그의 그룹개발리더(GDL, group development leader)와 자신의 커리어에 대해서 긴 상담을 했다. GDL은 그가 임원으로 승진하기에는 적합하지 않다는 점을 확인 했으나, 다른 옵션을 제안했다. 그는 덜(Dull)이 마케팅 프랙티스 부문 내에 B2B(business-to-business) 마케팅 계획을 시작한 뉴욕 사무소의 임원인 롭 로시엘로(Rob Rosiello)와 이야기해 볼 것을 제안했다. 덜(Dull)이 다음과 같이 말했다.

> 대부분의 새로운 계획과 마찬가지로 "B to B"도 풀타임 자원이 없이는 확립되기 어려웠습니다. 그렇기 때문에, 롭(Rob)은 저를 보게 된 것을 매우 기뻐했어요. 저는 제 비즈니스 마케팅 일을 즐기고 있었기 때문에, 이 새로운 시도는 제게 큰 기회인 것 같았어요... 우리는 저를 회사의 첫 비즈니스 마케팅 스페셜리스트로 만들기 위해 함께 제안서를 썼죠.

덜(Dull)에게 이러한 전략을 추구하기 위한 결정은 쉬운 것이 아니었다. 대부분의 동료들과 마찬가지로, 그는 스페셜리스트가 이류로 간주된다고 느꼈다. 덜(Dull)은 스페셜리스트를 "고객들을 응대하는 컨설턴트들에게 지원을 받는 간접적인 존재랄까요?"라고 설명했다. 그러나 그의 GDL는 최근의 이사진 미팅에서 기능적인 전문성을 구축하는 것의 중요성에 대해서 재확인 했으며, 향후 5~7년 안에 회사의 파트너들의 15~20%는 기능별 전문가들(functional expertise)이어야 한다고 주장했다고 그에게 말했다(1995년 당시, 300명 이상의 어소시에이트들이 스페셜리스트였으나 500명의 파트너 중에서는 단지 15명만이 스페셜리스트였다). 1995년 4월, 덜(Dull)과 로시엘로(Rosiello)는 그들의 제안서를 마케팅 프랙티스의 두 리더인 앤드류 파슨스(Andrew Parsons)와 데이비드 코트(David Court)에게 가져갔다. 두 리더들은 연말까지 이 개념에 대한 서로간의 시도를 제안했고, 덜(Dull)에게 B to B 계획을 발전시키기 위해 전임으로 기여해줄 것을 요청하고, 이에 대한 지원을 약속했다.

덜(Dull)의 최우선 과제는 회사 안에 있는 다양한 개념들과 프레임워크 그리고 사례 연구들을 모아서 몇 개의 PD문서로 종합하고 통합하는 것이었다. 그와 로시엘로(Rosiello)는 이 과정에 흥미를 느끼는 기여자들을 모아 핵심 팀을 구성하기 시작했다. 그들은 예를 들면—시장세분화, 대량구매자 의사결정, 마케팅 파트너십과 같은 비즈니스 마케팅에서 대여섯 개의 최신 이슈들과 관련된 의제들을 개발했고, 그와 관련된 다수의 연구계획을 세우기 시작했다. 확장된 일련의 PD문서들을 넘어서, 그 결과는 새로운 종류의 핵심 신념들의 집합체였고 그리고 비즈니스 마케팅을 위한 프레임워크가 되었다.

이 활동은 마케팅 과학 역량 센터(Marketing Science Center of Competence)의 스페셜리스트인 마크 라이터(Mark Leiter)의 흥미를 끌었다. 주로 많은 그룹과 스페셜리스트들에 의해 발전되어 온 이 센터는, 많은 방면에서 덜(Dull)이 바라던 B to B 계획이 실현될 수 있는 많은 모델들과 특별한 경우 2차적인 도움을 받을 수 있는 스페셜리스트들을 보유하고 있었다.

11월에 B to B 계획이 역량 센터에서 선언되었을 때, 목표를 위한 또 하나의 중요한 한 걸음을 내딛게 되었다. 그 때 핵심 그룹은 자신들의 아이디어를 발표할 내부 컨퍼런스를 계획하면서 이에 대한 동료들의 흥미와 자신들 스스로의 신뢰성을 검증해 보기로 결정했다. 4대륙에서 파트너들과 디렉터들을 포함하여 50여명의 사람들이 나타났을 때, 덜(Dull)은 이 센터의 전망이 좋다고 느꼈다.

PD문서, 컨퍼런스와 구전으로 인한 추천의 누적된 효과로 인하여, 1996년 초에 덜(Dull)과 그의 동료들은 작은 센터가 처리할 수 있는 것 이상의 요청을 받게 되었다. 그들은 PDNet의 3월의 "베스트셀러"리스트에 B to B 문서들이 2, 4 그리고 9위를 차지했을 때, 이를 자랑스러워했다(〈**도표 7**〉 참조). 덜(Dull)에게 있어 결과의 과정은 매우 유익했다.

> 우리는 요청을 받았을 때 다 같이 가서 우리의 동료들에게 우리가 고객을 위하여 정말로 가치를 만들어 낼 수 있다는 것을 보여주기로 결정했습니다... 이것은 이상하게, 심지어 진부하게 들릴지도 모르지만, 지금 이제 저는 이것이 왜 비즈니스가 아닌 전문직인지를 이해하게 되었습니다. 만약 파트너가 그의 고객에게 더 좋은 서비스를 제공할 수 있도록 제가 파트너를 돕는다면 그는 다시 저를 부를 거예요. 이것은 서로를 도움으로써 개인적인 유대관계를 형성하는 관계에 대한 것이죠.

비록 덜(Dull)은 새로운 센터가 신뢰와 영향력을 쌓아가는 방법에 만족해했지만, 여전히 그는 자신의 승진 전망에 대해 매우 불확실해 했다. 그가 자신의 미래에 대해 생각하게 됨에 따라, 그는 내부의 신뢰와 외부의 가시적인 성과를 위하여 B to B 마케팅에 대한 책을 써야겠다는 것을 심각하게 고려하기 시작했다.

새로운 매니징 디렉터, 새로운 초점

1994년에, 6년 동안의 지휘 끝에 회사의 이익은 연간 15억 달러로 두 배가 되었고, 프레드 글룩(Fred Gluck)은 매니징 디렉터(MD)의 자리에서 내려왔다. 그의 후임은 45세의 라이아트 굽타(Raiat Gupta)였다. 그는 맥킨지(McKinsey)의 20년 차 베테랑으로 지식 개발을 지속적으로 강조해왔던 사람이었다. 어떤 지식 개발 접근법이 가장 효과적인지에 대한 지속적인 토론을 경청한 후에 굽타(Gupta)는 활동을 위해 쓰여야 할 에너지가 토론으로 낭비되고 있다는 결론에 이르렀다. "회사가 선택을 할 필요가 없습니다." 그가 말했다. "우리는 모든 옵션을 추구해야 했습니다." 이러한 결론을 통해 굽타(Gupta)는 네 방면에서의 공격적인 전략을 수립했다.

첫째, 그는 고객 산업 분야(Clientele Industry Sectors)와 기능별 역량 집단(Functional Capability Groups)에 의해 주도되고, PDNet과 FPIS 등 지식 인프라의 지원을 받는 프랙티스 개발에 대한 장기적인 투자를 이끌어내고 싶었다. 그러나 그는 또한 지식 개발과 조직 학습을 위한 새로운 채널, 포럼 그리고 메커니즘도 만들고 싶었다.

그 후 독일의 사무소에 의해 시작된 실험을 구축하면서, 굽타(Gupta)는 프랙티스 올림픽(Practice Olympics)이라고 불리는 풀뿌리 지식 개발 방식을 만들게 되었다. 전 세계의 사무소의 2~6명으로 구성된 팀은 지역 예선에서 심사위원인 선임 파트너들과 고객들 앞에서 최근 고객 계약 과정에서 발전시킨 아이디어들을 개발하고 발표를 통해 이를 공식화하도록 독려 받았다. 20개의 지역을 대표하는 최고의 팀들은 전사적인 이벤트에서 경쟁을 했다. 굽타(Gupta)는 두 번째 해에서 이 이벤트가 150개 이상의 팀들과 전체의 15% 어소시에이트들로부터 참여를 끌어낸 것에 대해 자랑스러워했다.

다음으로 1995년 후반에 이 새로운 MD는 CEO들에게 중요한 떠오르는 이슈들에 초점을 맞추고 있는 선임 파트너들에 의해 진행되는 6개의 특별한 다년간의 구상의 내부적 과제를 시작했다. 이 구상은 각 이슈의 "최신" 공식("state-of-the-art" formulations)을 개발하기 위하여 내부 및 외부의 전문지식을 이용했다. 예를 들어 한쪽은 미래 회사의 형태 및 기능에 대해 초점을 맞추었고, 다른 한 쪽은 전략적 성장의 창조 및 관리에 초점을 맞추었다. 또 다른 한 쪽은 세계시장의 기회를 포착하는데 집중했다. 굽타(Gupta)는 이러한 구상을 더 긴 기간 동안 더 큰 노력과 더불어 교차 기

도표 7 PDnet "베스트셀러": 1996년 3월 자료 및 1996년 1월부터 3월까지 누적자료

	요청 횟수	제목, 작성자, 날짜, PDnet 등록번호	기능별 역량 그룹/부문
1996년 3월	21	**Developing a Distinctive Consumer Marketing Organization** *Nora Aufreiter, Theresa Austerberry, Steve Carlotti, Mike George, Liz Lempres (1/96, #13240)*	소비자 산업/ 패키지 상품; 마케팅
	19	**VIP: Value Improvement Program to Enhance Customer Value in Business to Business Marketing** *Dirk Berensmann, Marc Fischer, Heiner Frankemölle, Lutz-Peter Pape, Wolf-Dieter Voss (10/95, #13340)*	마케팅; 철강
	16	**Handbook For Sales Force Effectiveness—1991 Edition** *(5/91, #6670)*	마케팅
	15	**Understanding and Influencing Customer Purchase Decisions in Business to Business Markets** *Mark Leiter (3/95, #12525)*	마케팅
	15	**Channel Management Handbook** *Christine Bucklin, Stephen DeFalco, John DeVincentis, John Levis (1/95, #11876)*	마케팅
	15	**Platforms for Growth in Personal Financial Services (PFS201)** *Christopher Leech, Ronald O'Hanley, Eric Lambrecht, Kristin Morse (11/95, #12995)*	개인금융서비스
	14	**Developing Successful Acquisition Programs To Support Long-Term Growth Strategies** *Steve Coley, Dan Goodwin (11/92, #9150)*	기업금융
	14	**Understanding Value-Based Segmentation** *John Forsyth, Linda Middleton (11/95, #11730)*	소비자 산업/ 패키지 상품; 마케팅
	14	**The Dual Perspective Customer Map for Business to Business Marketing** *(3/95, #12526)*	마케팅
	13	**Growth Strategy—Platforms, Staircases and Franchises** *Charles Conn, Rob McLean, David White (8/94, #11400)*	전략
누적치(1월~3월)	54	**Introduction to CRM (Continuous Relationship Marketing)—Leveraging CRM to Build PFS Franchise Value (PFS221)** *Margo Geogiadis, Milt Gillespie, Tim Gokey, Mike Sherman, Marc Singer (11/95, #12999)*	개인금융서비스
	45	**Platforms for Growth in Personal Financial Services (PFS201)** *Christopher Leech, Ronald O'Hanley, Eric Lambrecht, Kristin Morse (11/95, #12995)*	개인금융서비스
	40	**Launching a CRM Effort (PFS222)** *Nick Brown, Margo Georgiadis (10/95, #12940)*	마케팅
	38	**Building Value Through Continuous Relationship Marketing (CRM)** *Nick Brown, Mike Wright (10/95, #13126)*	금융 및 보안
	36	**Combining Art and Science to Optimize Brand Portfolios** *Richard Benson-Armer, David Court, John Forsyth (10/95, #12916)*	마케팅; 소비자 산업/ 패키지 상품
	35	**Consumer Payments and the Future of Retail Banks (PA202)** *John Stephenson, Peter Sands (11/95, #13008)*	지불 및 운영 제품
	34	**CRM (Continuous Relationship Marketing) Case Examples Overview** *Howie Hayes, David Putts (9/95, #12931)*	마케팅
	32	**Straightforward Approaches to Building Management Talent** *Parke Boneysteele, Bill Meehan, Kristin Morse, Pete Sidebottom (9/95, #12843)*	조직
	32	**Reconfiguring and Reenergizing Personal Selling Channels (PFS213)** *Patrick Wetzel, Amy Zinsser (11/95, #12997)*	개인금융서비스
	31	**From Traditional Home Banking to On-Line PFS (PFS211)** *Gaurang Desai, Brian Johnson, Kai Lahmann, Gottfried Leibbrandt, Paal Weberg (11/95, #12998)*	개인금융서비스

출처: 맥킨지(McKinsey)의 사내 직원 저널 Month By Month.

능적 개발을 제공하며, 회사의 기능적 지식의 중요성을 천명하는 것으로 보았다.

마지막으로 그는 비즈니스 분야에서 글로벌 경제 변화의 영향을 연구하기 위해 1991년에 세워진 맥킨지(McKinsey) 글로벌 연구소(McKinsey Global Institute)의 모델을 확장하려고 계획했다. 그 제안은 매일매일의 압박과 고객의 요구로부터 보호되는 그리고 장기간의 새로운 연구 의제에 초점을 맞추는 전용 자원의 또 다른 풀을 만드는 것이었다. 1995년에 변화 센터(Change Center)가 문을 열었고, 운영 센터(Operations Center)가 계획되고 있었다. 굽타는 이러한 기관들을 맥킨지(McKinsey)가 좀 더 연구를 지향하는 사람들을 채용할 수 있고, 학문적인 영역을 좀 더 효과적으로 연결할 수 있는 방법으로 보았다.

이러한 계획의 대부분은 새로운 것이었고 회사 내부에서의 이들의 영향은 미미했다. 그러나 굽타(Gupta)는 이 방향이 옳다고 확신하고 있었다.

> 우리는 과거 몇 년 동안 지식 분야의 투자를 쉽게 두 배로 올렸습니다. 더 많은 계획들에 포함된 수많은 사람들이 있죠. 만약 이것이 우리가 5~10% 정도 고객 일을 덜 하는 정도라면 우리는 미래를 위해 기꺼이 그 정도는 투자할 용의가 있습니다. 마빈 바우어(Marvin Bauer) 이후로 모든 리더십 그룹은 회사를 더 강하게 만들기 위해 노력해왔죠. 회사의 미래를 위해 투자하는 것은 맥킨지(McKinsey)의 기본적인 가치입니다.

향후 전망 이러한 배경에 반대하여, 맥킨지(McKinsey) 파트너십은 회사의 미래 방향과 우선순위에 대해서 격렬한 논의가 있었다. 다음은 그들의 의견의 예시들이다.

> 저는 우리의 성장이 지평을 넓힐 수 있을지 걱정입니다. 우리는 모두를 위한 틈새시장을 찾기 위해 우리의 사업 단위들을 계속해서 분산시킬 수는 없습니다. 왜냐하면 우리는 이미 통합 메커니즘의 역량이 한계에 다다랐기 때문입니다. 저는 우리의 미래는 CST를 발전시키고 공통적인 지식 의제들을 가지고 그들을 통합하는데 있다고 믿습니다.
>
> *역사적으로 저는 느린 성장의 지지자였지만, 지금은 우리가 빨리 성장해야 한다고 확신합니다. 이것은 사람들을 위해 기회와 흥분을 창조하는 열쇠이며, 혁신을 만들어내고 지식 개발을 이끌어 냅니다... 기술은 지식 이동을 지원할 뿐만 아니라, 파트너들이 젊은 어소시에이트들을 지도할 수 있게 한다는 점에서 매우 중요합니다. 우리는 훨씬 더 공격적으로 이것을 이용해야 합니다.*
>
> 기술에는 제가 테크노폴리(technopoly)라고 부르는 어두운 면이 있습니다. 이것은 의사소통을 사라지게 하고 누군가에게 이메일을 보내는 것이 그들과 이야기하는 것과 같은 것이라고 믿게 합니다. 만약 팀들이 종종 회의를 그만두거나 프랙티스 회의가 로터스 노트(Lotus Notes)의 토론 포럼으로 진행된다면, 우리의 성장을 도왔던 그 기술은 개인적 네트워크에 기초한 우리의 문화를 약화시킬 것입니다.
>
> *저는 우리가 우리의 활동을 구분하고, 전문지식으로 분화시킴에 따라 공동체 의식을 잃어가고 있는 것은 아닌가 걱정됩니다. 그리고 IT의 힘은 가끔 너무 많은 정보에 허덕이게 하죠. 우리가 적합한 PD문서, 이상적인 프레임워크, 또는 최고의 전문가를 찾기 위해 시간을 사용할수록 우리는 그 문제에 대해서 창조적으로 생각할 시간이 줄어들 위험이 있습니다. 우리가 과학의 영역을 늘릴수록 우리는 우리가 하는 일에 대한 기술을 잃어가고 있는 것은 아닌가 걱정이 됩니다.*

이것들이 라이아트 굽타(Raiat Gupta)가 MD가 된 이후 들었던 다양한 의견들 중 일부였다. 그의 역할은 이러한 의견들을 잘 정리해서 "그가 알던 것보다 회사를 더 강하게 하는" 방향을 설정하는 것이었다.

Reading 5-1 효과적인 R&D 역량의 해외 구축

Walter Kummerle

제약 및 전자기기와 같은 기술집약적 사업을 하는 기업들이 점점 연구와 개발을 관리하는 기존의 경영방식을 포기하고, 주목할 만한 방식으로 새로운 글로벌 R&D 네트워크를 구축하고 있다. 예를 들어 캐논은 현재 5개국에 8개의 전문 연구소에서 R&D 활동을 전개하고 있다. 또한 모토로라는 7개국에 14개의 R&D 연구소를, 브리스톨-마이어스 스퀴브는 6개국에 12개의 R&D 연구소를 운영하고 있다. 과거에는 많은 기업들, 심지어 판매와 제조에 있어서 상당히 시장 지배력이 있는 기업들조차도 대부분의 R&D 활동을 본국에서 했다. 또한 전통적으로 전략개발과 R&D는 지역적으로 근접한 곳에서 이루어져야 한다고 믿어졌다. 전략적 의사 결정이 주로 기업 본사에서 이루어지기 때문에 R&D 시설 역시 본사에 가까워야 한다는 것이다.

그러나 R&D의 집중화 접근방식은 2가지 이유로 더 이상 충분하지 않았다. 첫째, 잠재적인 지식 및 혁신의 원천이 전 세계에서 생겨남에 따라, 기업들은 새로운 지식에 접근하고 해외 대학이나 경쟁기업들의 새로운 연구결과를 자사에 반영할 수 있도록 세계 곳곳에 여러 R&D 시설을 구축해야 한다. 둘째, 국제적으로 경쟁하는 기업들은 개발된 신제품을 시장에 더 빠르게 출시할 필요가 있다. 결과적으로 기업들은 새로운 지식의 중심지를 이용하고 해외시장에서 경쟁력을 유지하기 위해 요구되는 속도로 상품을 상업화하는 능력이 뛰어난 R&D 네트워크를 구축해야 한다. 그리고 점점 더 많은 우수한 제조업체들이 이를 이뤄내고 있다.

■ **Walter Kuemmerle** is an assistant professor at the Harvard Business School in Boston, Massachusetts, where he teaches technology and operations management, as well as entrepreneurial finance. His research focuses on the technology strategies of multinational companies, patterns of strategic interaction between small and large companies, and foreign direct investment.

필자는 기업 전략과 R&D 연구소의 지역적 분산을 주제로 32개의 미국, 일본, 유럽의 다국적 기업들이 구성한 국제 연구 네트워크에 대해 조사하였다.[1] 그 결과 가장 성공적인 기업들은 각 연구 시설의 새로운 연구 생산성을 몇 년 이내 최대 속도로 끌어올렸고, 연구소에서 개발된 지식을 빠르게 변환하여 혁신적인 제품을 만들었다. 그러나 이러한 연구소 네트워크를 구축하는 것은 다수의 새롭고 복잡한 경영 과제를 낳는다는 점을 발견하였다. 연구 결과 가장 성공한 R&D 네트워크의 관리자들은 새로운 글로벌 R&D의 역동성을 이해하고 기업전략을 R&D 전략에 연결하며 적절한 센터를 선정하여 적합한 인력을 공급하고 시작 단계에서 센터를 관리하며, 해외 각지의 R&D 활동들을 통합하여 전체 R&D 네트워크가 적절히 조율되도록 한다.

국제적 접근법을 R&D에 적용하기

국제적 접근법을 R&D에 적용하기 위해서는 R&D 전략을 기업의 전반적인 경영전략에 연결시켜야 한다.

1) In a systematic effort to analyze the relationship of global strategy and R&D investments in technologically intensive industries, I have been collecting detailed data on all dedicated laboratory sites operated by 32 leading multinational companies. The sample consists of 10 U.S., 12 Japanese, and 10 European companies. Thirteen of the companies are in the pharmaceutical industry, and 19 are in the electronics industry. Data collection includes archival research, a detailed questionnaire, and in-depth interviews with several senior R&D managers in each company. Overall, these companies operate 238 dedicated R&D sites, 156 of them abroad. About 60% of the laboratory sites abroad were established after 1984. I have used this sample, which is the most complete of its kind, as a basis for a number of quantitative and qualitative investigations into global strategy, competitive interaction, and R&D management.

1995년의 해외 연구실 사이트

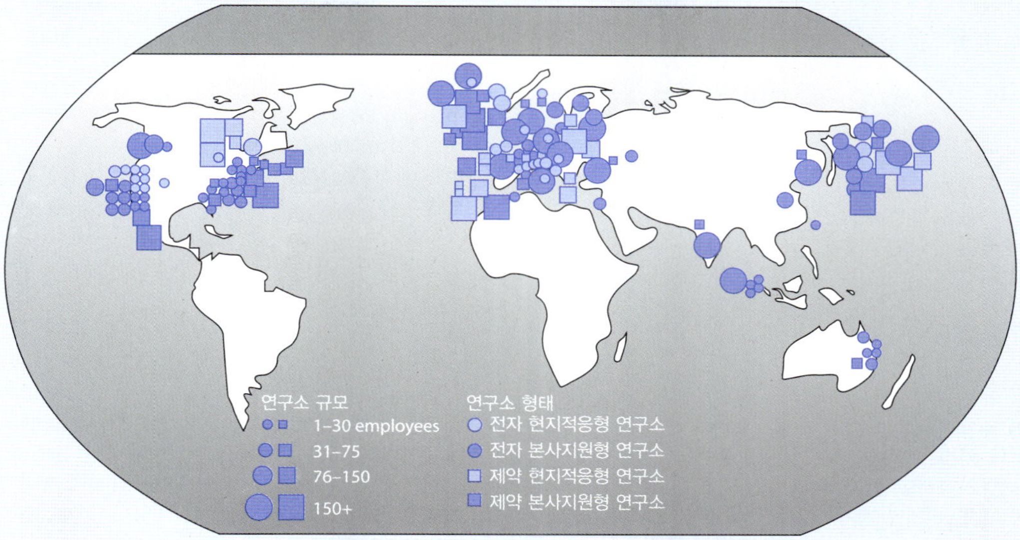

그리고 여기에는 기업의 가장 높은 수준의 관리자들의 참여가 필수적이다 .

기술 운영 위원회를 만들어라 국제적인 R&D 네트워크를 만드는데 있어서 첫 번째 단계는 새로운 계획을 시행시킬 팀을 만드는 것이다. 세계적인 R&D 네트워크를 구축하기 위해 필자가 연구했던 성공한 기업의 CEO 및 고위 경영진들은 기술적 전문성과 깊이 있는 경영 지식 둘 다를 가진 고위 관리자로 이루어진 작은 팀을 꾸렸다. 기술운영위원회는 CEO에게 직접 업무 보고를 하는 조직으로서 전반적으로 5~8명의 소수의 인원으로 구성되었다. 이들은 뛰어난 경영 및 과학적 실적을 낸 경험이 있는 관리자들로서 전공 및 경영 분야에 있어 다양했다. 필자가 연구한 위원회에도 다양한 경력을 가진 사람들이 포함되어 있었다. 전(前) 실험실 과학자였다가 제조업으로 분야를 옮겨 결국 자신이 속한 기업의 치료약 분야 제조 부문 대표가 된 사람도 있었고, 전자 회사에서 메모리칩 제품 개발 분야에서 일하다 마케팅 부문 대표가 된 사람도 있었다. 또 다른 엔지니어는 제품 개발 부서에서 일을 시작해 연구 부문으로 옮기고 최종적으로는 R&D 부문에서 부사장(vice president)이 되었다. 이와 같이 위원회의 구성원들은 빠른 시간 내에 자원을 동원할 수 있는 권한이 있는 고위급 임원이었으며 R&D 프로그램의 관리 및 감독에 활발히 참여하였다. 대개 위원회 구성원 중에는 주요 R&D 시설의 관리자들이 포함되어 있었다.

새로운 R&D 사이트 분류하기 새로운 시설의 위치를 선정하는데 있어, 기업들은 첫 번째로 각각의 시설의 주된 목적을 확실히 하는 것이 도움이 된다는 것을 알게 되었다. R&D 시설은 다음의 두 가지 중 하나의 임무를 띤다. 첫 번째 유형은 필자가 본사지원형(home-base-augmenting) 연구소라 부르는 것으로 전 세계 대학 및 경쟁 기업들의 지식을 이용하기 위해 만들어졌다. 이런 R&D 시설의 경우 정보의 흐름은 본사연구소에서 해외연구소로 이루어진다. 두 번째 유형은 현지적응형(home-base-exploiting) 연구소로서, 해외 R&D 시설을 지원하거나 해외 현지 수요에 맞춰 표준 제품을 변형하기 위해 세워진다. 이 경우에는 정보의 흐름

해외연구개발조직의 설립과정

연구소 유형	1단계 입지 결정	2단계 확장	3단계 성과 극대화
본사지원형 연구소 설립목적: 현지의 기술을 습득하여 새로운 기술을 창출하고 이를 본국의 중앙연구개발 조직에 이전	– 기술수준이 높은 지역 선택 – 연구개발책임자와 경영 책임자간의 긴밀한 협조 관계 구축	– 세계 기술진보의 역동성을 이해하고 있고 해외경험이 많은 저명한 현지 과학자를 책임자로 선정	– 현지의 과학관련 단체에 적극 참여하는 분위기를 조성 – 현지의 기업연구소 및 대학연구소와 연구원 교환
현지적응형 연구소 설립목적: 본국의 중앙연구개발조직으로부터 기술을 받아들여 제품을 현지화하고 현지의 생산과 마케팅을 연결	– 기존의 생산 및 마케팅 활동이 이루어지던 곳에 근접한 지역 선택 – 다른 기능부서의 중간관리자를 초기의사결정단계에서부터 포함시킴	– 해외경험, 생산 및 마케팅지식 그리고 기업 전체에서 명성있는 유능한 엔지니어를 책임자로 선정	– 본국중앙연구개발 조직과 원만한 관계를 강조 – 연구원에게 생산 및 마케팅부서 이외의 다른 부서와도 상호교류를 하도록 장려

이 본사연구소에서 해외연구소로 이루어진다.

필자가 연구한 238개의 해외 R&D 시설 중 압도적인 숫자가 위의 두 가지 유형 중 하나에 포함되었다. 해외 R&D 연구소의 45%가 본사지원형(home-base-augmenting) 연구소였으며, 55%가 현지적응형(home-base exploiting) 연구소였다. 두 타입의 연구소는 평균적으로 규모가 비슷했고 직원 수는 대략 100여명이었다. 그러나 이들의 전략적 목표와 리더십 스타일은 전혀 달랐다.[2]

2) My research on global R&D strategies builds on earlier research on the competitiveness of nations and on research on foreign direct investment, including Michael E. Porter, *The Competitive Advantage of Nations* (New York: The Free Press, 1990), and Thomas J. Wesson, "An Alternative Motivation for Foreign Direct Investment" (Ph.D. dissertation, Harvard University, 1993). My research also builds on an existing body of knowledge about the management of multinational companies. See, for example, Christopher A. Bartlett and Sumantra Ghoshal, *Managing Across Borders* (New York: The Free Press, 1989).

연구소의 위치 선정하기 본사지원형(home-base-augmenting) 연구소는 새로운 지식 자원을 이용하기 위해 과학적인 전문성을 지닌 지역 클러스터 내에 위치되어야 한다. 기업의 R&D 전략이 성공하기 위해서는 다양한 과학, 기술 분야의 진보를 인식하고 연결하는 고위 연구자들의 능력이 핵심적이다. 새로운 지식을 흡수하는 것은 다양한 방법으로 가능하다. 유용한 지식을 접할 수 있는 지역(지역 클러스터) 내에 존재하는 공식 혹은 비공식 미팅에 참가하거나 경쟁사로부터 직원을 고용하여 수도 있고, 경쟁사의 공급처로부터 연구 장비와 연구 서비스를 제공받아 새로운 지식을 흡수할 수도 있다.

예를 들어 실리콘밸리 지식 클러스터에서는 많은 수의 비공식적 전문가 모임이 존재할 뿐 아니라 첨단 기술을 보유하고 있는 기업들이 인접한 대학들과

본국의 중앙연구소와 해외연구소 간의 정보 흐름

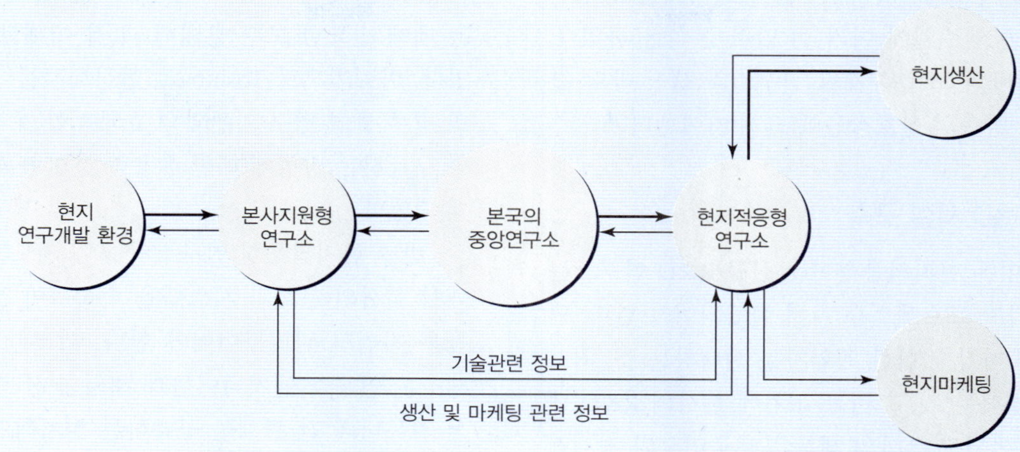

정보를 교환할 수 있는 공식적인 기회를 가진다. 그 예로 스탠포드 대학교, UC버클리와 연계한 산업 협력 프로그램이 있다. 통신 기술 분야에서는 Siemens, NEC, Matsushita, 그리고 Toshiba가 모두 프린스턴 대학과 벨 연구소 근처에 연구실을 위치시켜 이들 기관의 전문성을 활용하고자 한다. 비슷한 이유로, 많은 통신 기업들이 도쿄 주변의 간토 지역에 연구소를 열었다. Texas Instrument는 쓰쿠바연구학원도시(Tsukuba Science City)에, Hewlett-packard는 도쿄에 연구소를 운영 중이다.

이렇게 기업이 R&D 연구소의 위치를 선정하고 설립을 하게 되면, 그 후에는 확장을 생각하게 될 것이다. 주요 연구 분야가 아닌 더 좁게 정의된 과학 기술 분야에서 경쟁사 혹은 대학 연구기관이 충분한 양의 연구 전문성을 성취하게 된다면 기업은 보조 연구기관을 선별적으로 설립하고자 할 것이다. 전문적인 미니클러스터의 이익을 얻기 위해서 기업들은 종종 추가적인 연구 시설을 건립한다. 이러한 이유로 NEC는 런던의 대학 연구소 근처에 소규모 R&D 시설을 운영해 전자통신 영업에 집중시켰고 Canon은 프랑스텔레콤(France Telecom)의 주요 연구시설 근처인 프랑스의 렌(Rennes) 지역에 R&D 시설을 운영 중이다.

반대로 현지적응형(home-base-exploiting) 연구소는 신제품을 빠르게 외국 시장에 출시하기 위해 큰 시장과 제조 시설에 가까운 곳에 있어야 한다. 과거에 산업화된 국가의 기업이 생산 시설을 해외에 위치시킨 이유는 주로 노동비용을 낮추고 무역장벽을 극복하기 위함이었으나 이제는 제조 공정이 점점 더 복잡해짐에 따라 연구단계에서 제조단계로 기술을 신속하게 이전하기 위해서는 R&D 연구소를 제조 시설에 가깝게 위치시키게 되었다. 예를 들어 한 실리콘 웨이퍼 공장은 차세대 마이크로칩을 개발하는 동안 제품 개발 엔지니어들과 가깝게 상호작용해야 한다. 디스크 드라이버와 복잡한 하드웨어 역시 마찬가지이다. 이러한 이유로 HP와 Texas Instrument는 제조 시설과 가까운 싱가포르에 실험실을 운영하고 있다.

제조 공정이 다양하고 복잡할수록 생산 담당 엔지니어들은 제품 개발 엔지니어들과 더 자주 소통을 해야 할 것이다. 예를 들어 도시바의 노트북 컴퓨터 생산 공장들 중 하나는 2주에 한 번씩 생산라인에 새로운 모델을 도입했다. 이 때 새로운 모델 도입이 같은 라인에서 생산되는 기존 모델의 생산을 방해하지 않아야 했다. 따라서 시험 생산을 하는 동안 발생 가능한 버그를 예측하고 치료하기 위해 개발 엔지니어들과 생산 엔지니어들은 일주일에 여러 번 만나 논의를 하였다. 이렇듯 도시바의 노트북 개발 연구소와 생산 공장 간의 근접성은 양측의 상호작용에 크게 기여했다.

신규 R&D 시설 구축

본사지원형이든 현지적응형이든 신규 R&D 연구소는 다음의 세 가지 프로세스를 거쳐 설립되어야 한다. 먼저 연구소에 가장 적합한 책임자를 선택하는 것, 최적의 규모를 정하는 것, 그리고 초기에 본사의 R&D 네트워크에 통합되고 본사의 제품 포트폴리오와 경제적 성과에 충분히 기여를 할 수 있도록 주의 깊게 관리하는 것이다.

최적의 지도자 선택 새로운 R&D 연구소에 가장 적합한 리더를 배치하는 것은 성공적인 글로벌 R&D 네트워크를 구축하려는 회사가 직면한 가장 중요한 결정 중 하나이다. 필자가 연구한 바에 의하면 R&D 연구소를 초반에 누가 운영하느냐에 따라 연구소의 조직문화뿐만 아니라 장기적인 연구의제 및 성과가 달라진다. 연구소의 유형에 따라 지도자의 유형도 달라져야 하고 이들 지도자는 다른 종류의 도전과제에 부딪치게 될 것이다.

본사지원형 연구소의 초기 지도자는 그들의 일차적인 책임을 잘 이행할 수 있는 저명한 지역 과학자이어야 한다. 이들의 일차적인 책임이란 새로운 연구소와 지역 과학계 사이에 관계를 구축하는 것이다. 연구소가 그 지역 과학계의 일부로 받아들여지지 않으면 회사를 위한 새로운 지식을 생산해 낼 수가 없다. 물론 지역 과학자를 고용하는 것 외에도 지역 과학계와 관계를 확립하기 위한 다양한 방법들이 있다. 예를 들어 Toshiba는 Siemens와 설립한 메모리칩 합작회사를 이용해 독일 레겐버그 지역에 설립한 R&D 센터와 레겐버그 지역 간의 관계를 형성하였다. 합작회사를 이용해 Siemens와 지역대학간의 촘촘한 네트워크를 활용할 수 있었던 것이다. 또한 Siemens와의 합작을 통해 Toshiba는 독일의 일류 엔지니어링 졸업생을 고용하는 데에 필요한 보수에 대해 더 잘 이해할 수 있게 되었다. 마지막으로 Toshiba는 합작회사를 이용해 독일의 정부 출연 연구 기관과의 효과적인 계약 연구 관계를 구축하는 방법에 대한 유용한 통찰력을 얻을 수 있게 되었다.

반면 현지적응형 연구소의 초기 지도자는 회사 내에서 회사의 문화와 시스템을 속속들이 잘 알고 있는 높은 지위의 관리자이어야 한다. 이러한 지도자들은 새로운 연구소 엔지니어들과 해외 생산 및 마케팅 시설 커뮤니티 간 관계를 구축하는 일차적인 책임을 이행할 수 있다. 이렇게 관계가 구축되면 그 회사의 본사에서 현지 R&D 연구소로의 지식 전달은 연구소 근처의 제조 및 마케팅 부문에 긍정적인 영향을 미칠 것이다. 미국의 한 제약회사가 영국에 현지적응형 연구소를 설립하였을 때, 임원들은 몇 년간 회사에 있었던 관리자를 연구소의 초기의 지도자로 발령하였다. 해당 관리자는 탐색 연구 분야의 연구자로 일하다가 회사의 블록버스터 신약 개발자로 참여하였다. 마케팅 부서와도 긴밀하게 협업한 경험이 있으며 회사의 미국 생산 공장의 생산 품질 관리 감독으로 2년간 일했기 때문에 새로운 연구소를 효과적으로 이끌어 갈 수 있었다.

그러나 본사지원형과 현지적응형 모두에 적합한 리더 후보는 네 가지 공통된 자질이 있어야 한다. 우선 존경 받는 과학자 혹은 엔지니어인 동시에 숙련된 관리자여야 한다. 그리고 새로운 연구소를 본사 R&D 네트워크에 통합시킬 수 있어야 하며, 기술 트렌드에 대해 종합적으로 이해를 할 수 있어야 한다. 마지막으로 지역 대학교와 과학계에서 새로운 아이디어를 얻고자 할 때 생길 수 있는 공식적인 장벽을 극복할 수 있어야 한다.

한편 경영 경험이 없는 과학자 또는 엔지니어를 책임자로 임명하는 것은 굉장히 위험할 수 있다. 한 사례로 미국의 한 유명 전자회사는 영국에 본사지원형 연구소를 설립하기로 결심했다. 연구소의 첫 책임자로 임명된 엔지니어는 뛰어난 연구원이었지만 경영 쪽으로의 경험은 전무 했다. 그는 14명의 연구원으로 시작된 연구소 규모를 확장시키기 위해 필요한 자원을 얻는데 어려움을 겪었고 연구소와 본사 제품 개발 부서 사이의 중재자 역할을 수행하는 데에도 어려움을 겪었다. 연구인력 14명 중 11명이 현지에서 고용되었기 때문에 본사 유대관계가 거의 없었다. 따라서 본사 정책을 잘 이해하고 본사에 영국 연구소의 연구 결과를 홍보할 수 있는 대변인이 필요했으나 그런 역할을 할 만한 사람이 없었다. 영국에 본사지원형 연구소를 설립하자고 주장한 본사 인력의 3명 중 2명은 연구소가 설립된 지 6개월 만에 본사의 R&D 전략에 대한 의견차로 인해 회사를 그만뒀고 나머지 한 명은 다른 부서로 옮겼기 때문이다.

상황을 개선하기 위해서 본사는 미국의 엔지니어를 영국 지역 연락관으로 임명했다. 그는 영국 연구소에서 본사로 전달되고 있는 아이디어가 거의 없다는 것을 깨닫긴 했지만 그 이유가 회사 내의 조직적 장벽이라기보다는 영국 연구소의 과학적 발견 절차가 느리기 때문이라고 생각했다. 결국 약 2년 후, 고위 경영자들은 연구소 대표와 연락관을 각각 영국 출신과 미국 출신의 두 명의 관리자로 교체했다. 이들 관리자들은 회사의 미국 내 합작 회사 중 하나를 관리 감독한 경험을 가지고 있었고 연구자로써의 실적도 좋았다. 그들의 리더십 하에서 영국 연구소는 본사의 제품 포트폴리오에 미치는 영향력의 규모를 극적으로 늘릴 수 있었다. 과학적 산출 능력이 증가하면서 그 사이트는 225명의 엔지니어를 가질 만큼의 규모로 성장했고 아주 높은 생산성을 자랑하게 되었다.

두 연구소의 사례를 모두 보았을 때, 이상적인 지도자는 본사 문화와 해외 문화에 모두 깊은 지식을 가지고 있어야 한다. Sharp의 경험을 고려해보자. 일본의 기업 내 과학자들은 영국에 비해 박사학위 소지자는 적지만 대신 업무를 수행하면서 지식과 기술을 익히게 된다. 이러한 차이로 인해 영국에 본사지원형 연구소를 설립하고자 할 때 Sharp는 경영상 어려움을 겪게 되었다. 이 문제를 해결하기 위해 Sharp는 영국 연구소의 책임자로 전(前) 주일 영국대사관의 과학담당관을 고용하였다. 주일 영국대사관에서 일하면서 일본의 고등교육 시스템에 대해 잘 이해하게 된 새 책임자는 학위가 없더라도 일본의 엔지니어가 영국의 엔지니어들과 비슷한 수준의 전문성을 보유하고 있음을 인지하였고 경영을 더 효과적으로 할 수 있었다.

또한 본사지원형 또는 현지적응형으로 새로 설립된 연구소를 이끄는 선구자는 기술 트렌드에 관한 넓은 시야와 깊은 이해가 있어야 한다. 해외 R&D 연구소는 다양한 과학적 분야의 지식을 새로운 아이디어와 제품으로 결합시키기에 좋은 장소이다. 본사의 강력한 중앙 연구소로부터 멀리 떨어져있기 때문에 완전히 새로운 각오로 출발할 수 있기 때문이다. 이 덕분에 'NIH(not-invented-here) 신드롬'에 덜 시달린다. 예를 들면 캐논의 영국 소재 본사지원형 연구소는 혁신적인 확성기(loud speaker)를 개발해 현재는 유럽에서 생산하고 세계 시장에 내놓고 있다. 이에 대해 일본 캐논의 고위 연구자들은 일본의 새로운 연구팀이 동일한 제품을 내놓기는 훨씬 어려웠을 것이라고 생각한다. 캐논의 한 관리자는 "비록 그 새로운 스피커가 부분적으로 캐논이 이미 보유한 지식에 기반하여 개발되었지만, 일본의 캐논의 연구 관리원들은 기존의 제품 라인에 지나치게 집중하기 때문에, 선구적인 스피커 제품이 개발되는 것을 용납하지 않았을 것이다."라고 말했다.

마지막으로 새로운 R&D 연구소의 리더들은 지역 대학교 및 과학계와 교류하고자 할 때 맞닥뜨릴 수 있는 공식적 장벽에 대해 인식할 필요가 있다. 이러한 장벽들은 종종 국가의 지적 자본을 보호하려는 입법자에 의해 만들어진다. 물론 해외 연구소들이 현지 지식을 흡수해 본사로 이전시키려는 목적으로 세워지는 것이나–특히 본사지원형 연구소의 경우– 이들의 활동이 현지 경제에도 긍정적인 영향을 준다. 새로운 R&D 연구소의 리더는 장벽을 감소시키고 새로운 장벽의 형성을 막기 위해 지역적으로 이 사실을 주지시킬 필요가 있다.

새로운 R&D 연구소의 최적의 규모 결정 필자의 연구에 의하면 시작단계에서 새로운 R&D 시설의 최적의 규모는 보통 30명에서 40명의 직원이고, 안정기 이후 최적의 규모는 지원부서 직원을 포함해 약 235명이었다. 한 연구소의 최적의 크기는 국제 경영을 얼마나 잘 하는가에 달려있다. 해외에 다수의 연구소를 운영하고 있는 기업들은 더 큰 규모의 새로운 연구소를 구축하는 데에도 더 성공적이다.

연구소의 규모가 너무 작은 경우 또는 너무 큰 경우는 문제가 될 수 있다. 만약 연구소가 너무 작다면, 결과적으로 연구의 절대량이 작아서 연구자들 간의 상호 아이디어 교류가 일어나지 못하는 환경이 조성된다. 또한 규모가 너무 작은 경우 보통 지역 과학계의 존중을 충분히 얻어내기 힘들다. 결과적으로 연구자들은 지식 교류를 위한 과학계와의 미팅 혹은 비공식 네트워크에 대한 접근이 제한적이다. 반대로 연구소가 너무 크다면 조직 문화는 빠르게 특색을 잃고 연구자들은 고립되며 많은 과학자들로 인한 고정비용 분산의 이익보다 아이디어 상호 교류의 부족으로 인한 손해가 더 커지게 된다. 이렇게 큰 규모의 실험실에 있는 한 관리자는 "일단 연구원들이 구내식당 이용 등의 비공식적인 기회를 통해 서로 친해지는 것을 멈추게 되면 연구에 대해 대화하거나 질문하기 위해 다른 실험실에 들어가는 것조차 꺼리게 된다. 일 외적으로 친하지 않은 연구원들은 서로 충고를 구하는 것도 주저하게 된다. 자신의 지식격차를 드러내 보일까 봐 걱정하는 것이다. 따라서 우리는 연구소 규모가 너무 커졌음을 인식했고 결국 규모를 줄이고 개별 연구원들 간의 고립을 줄이기 위해 소통 도구를 강화하고 순환 근무를 도입하였다." 라고 말했다.

초기 단계의 감독 보통 1년에서 3년 정도 소요되는 R&D 연구소의 초기 성장 단계 동안에 조직문화가 형성되고 향후 생산성을 위한 기반이 마련된다. 그 기간 동안 본사의 최고 경영진은 새 연구소와 특히 가깝게 지내야 한다. 새로운 연구소의 정체성을 개발하고 전문 분야를 확립하는 것이 중요하나 이와 동시에 회사의 기존 R&D 구조에 긴밀히 연결되어야 한다. 새로 고용된 과학자들은 회사 전반에 존재하는 자원에 대해 알아야 하고 본사 및 다른 지사의 과학자들은 신규 연구소가 회사를 위해 창출할 수 있는 기회에 대해 인식해야 한다. 특히 초기 단계 동안, 본사의 고위 R&D 관리자들은 균형을 잡고 자원을 새로운 연구소와 본사를 연결하기 위해 사용할 것인지 혹은 새로운 연구소와 지역 사회 간의 관계 형성에 사용할 것인지를 결정해야 한다.

새로운 연구소를 회사 전체에 통합하고자 한다면 관리자들은 신규 연구소의 연구 의제에 관심을 기울이고 이를 회사 전체의 전략 목표에 통합시킬 수 있도록 메커니즘을 구축해야 한다. R&D 활동의 성패는 굉장히 불확실하기 때문에 연구 의제를 끊임없이 조정하는 것은 필수적이다. 특히 중요한 것이 속도인데 연구 프로젝트가 진척이 없을 때에는 프로젝트를 신속하게 중단해야 하고 반대로 연구 프로젝트에서 기대치 않았던 좋은 성과가 나올 때에는 신속하게 프로젝트를 진행해야하기 때문이다.

정보의 신속한 교류는 초기에 연구소를 회사에 통합시키는 데에 필수적이다. 기업들은 멀리 떨어져 있는 연구소를 통합시켜 단결된 연구 커뮤니티를 만들기 위해 다양한 메커니즘을 사용한다. Hewlett-Packard는 정기적으로 연구자들이 팀을 이뤄 본인들이 개발한 프로젝트와 시제품을 선보이는 사내 과학 박람회를 개최한다. 캐논의 경우에는 본사지원형(home-base-augmenting) 연구소의 연구자들이 단기적으로 현지적응형(home-base-exploiting) 연구소로 전출을 신청할 수 있는 프로그램을 가지고 있다. 제록스의 경우 거의 모든 연구소가 정교한 정보시스템으로 연결되어 있어서 고위 R&D 관리자들이 연구 프로젝트의 현재 상태 및 프로젝트에 투입되는 연구원의 수를 몇 분 이내에 결정할 수 있다. 그러나 연구소 간 통합을 위해서는 여전히 연구진들 사이의 면대면 접촉이 최고의 방법이다. 글로벌 R&D 네트워크를 유지하기 위해서는 사적인 미팅이 필요하고, 많은 연구진들과 R&D 관리자들은 다른 R&D 시설뿐만 아니라 전문 공급처 및 지역 제휴 대학들도 방문해야만 한다.

해외 신규 연구소가 초기 단계에 기존의 연구소들과 충분한 유대 관계를 구축하는 것이 향후 해당 해외 R&D 연구소의 성패를 가른다. 1986년에 메사추세츠의 보스턴에 생명공학 연구소를 설립한 대규모 외국 제약회사의 예를 들어보자. 이 회사는 뛰어난 과학자들을 유치하고 높은 수준의 창의적인 결과물을 배출하고자 하였다. 따라서 R&D 관리자는 신규 연구소의 개발 물질에 대해 본사가 우선 매수권을 보유하는 것을 제외하고는 신규 연구소에 연구 의제와 연구 결과의 활용에 대해 상당한 재량을 허용했다. 신규 연구소의 책임자로는 보스턴 지역에서 유명한 생화학자가 고용되었는데 그는 미국의 유명 대학에서 일하면서 이 제약회사를 위한 계약 연구를 수행한 경력이 있었다. 그리고 그는 그가 직접 고른 연구원들만으로 연구소를 채웠고 따라서 초기에 회사의 기존 베테랑 과학자들은 신규 연구소의 과학자들과 함께하는 공동연구 프로젝트에 거의 참여하지 못했다. 이로 인해 신규 연구소와 기업 내 다른 R&D 시설간의 의견 교환이 저해된 것은 당연한 결과였다. 대학 커뮤니티가 현재는 연구소를 귀중한 기여자라고 인식하긴 하지만, 이곳에서 이루어진 발명의 극소수만이 본사로부터 특허를 받았고 그보다 더 소수의 물질만이 상용화 대상이 되었으며 이 중 하나도 상용화 단계에 이르지 못했다. 실험실의 한 고위 과학자는 10년 만에 그 실험실은 너무나도 "독립적인 생명체"처럼 변했다면서 창조적인 과학자들을 잃지 않으면서 좀 더 상업적인 색채를 띠기 위해서는 본사의 조심스럽고 균형 잡힌 지침이 필요하다고 말했다.

시작 단계에서 해외 R&D 연구소의 성공을 보장하기 위해 고위 관리자가 사용할 수 있는 마법 같은 방안은 없다. 특히 초기 단계에서 R&D 네트워크를 관리하는 것은 섬세하고 복잡하다. 끊임없는 수정, 즉 평가와 재평가가 필요하기 때문이다. 고위 R&D 관리자는 본사와 연구원이 각각 연구에 대한 주도권을 얼마나 가져갈지 결정해야 하고 적절한 인센티브 구조 및 고용 계약을 결정하여야 하며, 여러 R&D 센터 간 연구원의 단기 교류에 관한 정책을 수립하고 어느 대학에서 과학자들과 엔지니어들을 고용할 것인지를 선택해야 한다.

시작 단계에서의 유연성과 실험은 연구소의 향후 생산성을 결정짓는다. 예를 들어 Fujitsu는 1992년 캘리포니아의 산호세에 소프트웨어 연구 실험실을 설립했다. 그 후 보스턴에 두 번째 실험실을 짓는 것을 진지하게 고려했지만 결국 재고되었다. 산호세 연구소를 구축하는 데에 들어간 노력이 기대했던 것보다 더 컸으나 연구소의 운영이 시작되자 기대했던 것보다 생산성이 높았다. 더욱이 연구소를 통해 Fujitsu의 R&D 관리자들은 발전된 소프트웨어 개발 도구를 창조하는 R&D 커뮤니티에 대해 깊게 이해할 수 있게 되었다. 비록 처음에는 두 번째 사이트를 구축하고자 했었지만 Fujitsu의 관리자들은 유연성을 발휘해 잠재성이 제한적인 두 번째 연구소를 짓기 보다는 기대보다 실적이 높은 기존 연구소를 확장하기로 했다. 이 산호세 연구소는 일본뿐만 아니라 미국에서도 Fujitsu의 소프트웨어 개발과 판매에 중대한 영향을 끼쳤다. 비슷하게 Alcatel은 첫 해외 R&D 연구소를 독일에 설립하는데 Alcatel의 고위 관리자는 유연했다. 몇 개월 후, 그들은 프랑스 본사로부터 지식의 흐름을 증진시키기 위해서는 초기 계획보다 출장 및 통산 예산을 크게 늘려야 함을 깨달았다. 예를 들어 전화기 배전반 프로젝트의 경우, 독일 연구소와 프랑스 본사 간의 실제 출장은 원래 계획되었던 것보다 두 배 가까이 되었다.

글로벌 R&D 네트워크의 통합

국내외에서 기업의 R&D 시설 수가 증가함에 따라, R&D 관리자들은 점점 더 네트워크를 조정하는 어려운 과제에 직면하게 될 것이다. 그리고 이로 인해 본부 연구소의 고위 관리자들의 역할에 근본적인 변화가 필요하다. R&D 네트워크의 관리자는 지역 관리자가 아닌 글로벌 코디네이터이어야 한다. 또한 사람과 프로세스를 관리하는 것 이상의 역할을 하는 지식의 관리자이어야 한다. 하지만 모든 관리자들이 이러한 책임을 맡을만한 능력이 있는 것은 아니다.

Matsushita의 R&D 관리를 예로 들어보자. Matsushita가 R&D에 대해 글로벌한 접근을 취하게 되자 기술적으로 유능한 관리자의 다수가 쓸모없어졌다. 오늘 날 일본의 히라카타에 있는 Matsushita 중앙 R&D 연구소의 관리자들은 핵심 생산 공정을 연구 및 개발함에 있어 계속하여 중요한 역할을 하고 있다. 그러나 중앙 연구소에서 점점 늘어나는 고위 관리자들이 해야 할 역할은 Matsushita의 15개 R&D 센터 네트워크를 감독하는 것이다. 즉 연구 의제를 설정하고 연구 결과를 모니터링하며, 연구소들 간의 직접적 유대 형성 등을 장려해야 하는 것이다.

그렇다면 새로운 타입의 R&D 관리자는 어떻게 국제적 지식을 조정할까? 다시 Matsushita의 중앙 R&D 연구소를 예로 돌아가 보자. 첫 번째, 고위 R&D 관리자와 밀접한 협력 하에 고위 경영진은 전반적인 연구 의제를 개발하고 개별 연구소에 각 의제를 할당한다. 그 과정은 매우 까다로운데 담당 관리자들이 향후 Matsushita가 개발해야 할 기술 역량뿐만 아니라 이미 보유하고 있는 기술 역량 수준에 대해 잘 이해하고 있어야하기 때문이다.

Matsushita의 중앙 연구소는 회사의 전사적인 기술 지식 및 역량에 대해 R&D 과학자 및 엔지니어들에게 브리핑하기 위해 일 년에 두 번에서 세 번 외부 회의를 실시한다. 회의에서 R&D 연구소 출신으로서 현재는 제조 및 마케팅 업무를 맡고 있는 엔지니어들은 Matsushita의 현재 시장 및 잠재적 미래 시장의 동향에 대한 정보를 제공한다. 고위 프로젝트 관리자의 지침 하에서 R&D, 제조 및 마케팅 조직원들은 특정 본사지원형(home-base-augmenting) 및 현지적응형(home-base-exploiting) 연구소 프로젝트의 추진 일정 및 필요한 자원을 결정한다. 한 R&D 연구원은 "우리는 특정한 과학적 통찰이 Matsushita에게 왜 흥미로운 시사점을 제공하는지 뿐 아니라 우리가 어떻게 그 통찰력을 제품으로 발전시킬지에 대해서도 논의한다. 우리는 대개 시제품을 초반에 개발하고자 하는데 그 시제품을 가지고 마케팅 및 제조 부서와 논의를 할 수 있기 때문이다. 우리가 쏟는 노력은 완벽한 쥐덫의 도면을 너무 늦게 개발하는 것보다 조금 향상된 쥐덫의 시제품을 빠르게 개발해 계속 수정하는 것을 목표로 한다."고 밝혔다.

정보의 교환을 촉진하기 위하여, Matsushita의 중앙 연구소의 R&D 관리자들은 여러 연구소의 연구자들을 직접적으로 연결시킨다. 연구진들 간의 유대 형성을 위해 화상회의 및 면대면 접촉을 장려하기도 한다. 중심 연구소가 중재자로서의 역할을 해야 할 경우를 줄이게 되면 지식은 더 빠르게 회사를 통해 이동하고 새로운 아이디어는 더 쉽게 조직에 스며들게 된다. 예를 들어 싱가포르의 현지적응형(home-base-exploiting) 연구소의 연구자는 일리노이즈의 프랭클린 공원에 있는 다른 현지적응형(home-base-exploiting) 연구소의 연구자와 더 쉽게 잠재적인 신규 연구 프로젝트에 대해 논의할 수 있다. 이는 중앙 R&D 연구소가 공식/비공식의 직접 연결을 조성해 주었기 때문이다.

마지막으로 Matsushita의 중앙 연구소의 관리자들은 회사에 추가적인 R&D 연구소가 필요한지를 살펴보기 위해 끊임없이 전 세계에서 혁신이 일어나는 곳과 확대되는 제조 공장 부지를 모니터링 한다. Matsushita는 이 시점에서는 전 세계의 15개의 주요 R&D 연구소로 충분하다는 결론을 내렸다. 그러나 계속해서 주변 환경을 주의 깊게 관찰하며 환경이 변하면 회사의 결정도 변할 수 있다는 생각으로 긴장의 끈을 놓지 않고 있다.

전 세계에서 더 많은 혁신이 생겨나고 해외 시장의 경쟁이 치열해 지면서 글로벌 R&D 네트워크 형성의 필요성은 더욱 긴급해졌다. 따라서 R&D 활동에 관해 글로벌한 접근을 취하는 기업만이 새로운 다이나믹으로부터 오는 경쟁적인 도전에 맞설 수 있을 것이다. 그리고 오직 국제적 조율자(global coordinators) 및 지식의 관리자(managers of knowledge)로서의 역할을 수행할 수 있는 관리자만이 R&D 네트워크의 완전한 잠재력을 실현시킬 수 있을 것이다.

Reading 5-2 어떻게 GE는 스스로를 파괴하는가?

by Jeffrey R. Immelt, Vijay Govindarajan, and Chris Trimble

GE는 2009년 5월 "앞으로 6년간 30억 달러를 투자해 비용을 낮추고 접근성과 품질을 높일 수 있는 100개 이상의 의료 혁신을 이끌어내겠다"고 밝혔다. 그리고 당시 1000달러짜리 휴대용 심전도 측정 기기와 1만 5000달러대의 개인용 컴퓨터(PC) 기반 휴대용 초음파 기기를 예로 들었다. 이 두 기기는 개발도상국 시장을 염두에 두고 개발된 저가의 소형 기기라는 점과 개도국 외에 미국에서도 현재 팔리고 있다는 점이 혁신적이다. (심전도 기기는 인도의 농촌지역을 목표로, 초음파 기기는 중국의 농촌 지역을 목표로 개발되었다) 그리고 현재 미국시장에서 이들 기기의 새로운 용도가 개발되고 있다.

우리는 GE가 이 두 기기를 개발하고 세계 시장에 판매한 과정을 글로벌 '역(逆)혁신(reverse innovation)'이라고 부른다. 부유한 국가의 산업용품 제조업체들이 수십 년간 채택했던 '글로컬라이제이션(glocalization)' 방식과는 정반대이기 때문이다. 글로컬라이제이션(glocalization) 방식에서는 기업들이 자국 내에서 우수한 상품을 개발한 다음 현지 상황에 맞게 변형한 제품을 세계 시장에 내놓는다. 이 방법으로 다국적 기업들은 비용 절감에 필수적인 세계적 시장 규모 확보와 시장점유율 극대화를 위해 필요한 현지화 전략 사이에서 최적의 '트레이드오프(trade off)'를 만들어낼 수 있다. 부유한 국가들이 세계 시장의 대부분을 차지하고, 다른 국가들이 별다른 기회를 만들어내지 못하던 시기에는 이 전략이 먹혔다. 하지만 그와 같은 시대는 이미 끝났다. 거대한 인구를 가진 중국과 인도가 빠르게 성장하고, 선진국의 성장 속도는 느려졌기 때문이다.

GE는 저가의 심전도 기기와 초음파 기기 같은 혁신이 절실한 상황이다. 중국, 인도와 같은 나라에서 고가품 세그먼트(high-end segments)를 넘어 확장뿐만 아니라, 이들 국가의 현지기업들인 '신흥거인'이 부유국에서 GE를 무너뜨리기 위해 유사품을 개발하고 사용하는 것을 미연에 방지하기 위해서다. 직설적으로 말하자면, GE가 앞으로 10년간 살아남고 번창하려면 **글로컬라이제이션(glocalization)** 하는 만큼 **역혁신**에도 능숙해야 한다는 말이다. 개발도상국에서의 성공은 선진국 시장에서의 활발한 활동을 위한 필수조건이다.

문제는 글로컬라이제이션과 역혁신이 심각한 갈등을 일으킬 수 있다는 점이다. 글로컬라이제이션은 예측가능한 미래에 대한 전략을 지속적으로 지배할 것이기 때문에 이 기업이 단순히 글로컬라이제이션을 역혁신 전략으로 대체할 수 없다. 그렇다면 이 두 전

■ **Jeffrey R. Immelt** is chairman and chief executive officer of General Electric. **Vijay Govindarajan (vg@dartmouth.edu)** is the Earl C. Daum 1924 Professor of International Business and director of the Center for Global Leadership at the Tuck School of Business at Dartmouth and is professor in residence and chief innovation consultant at GE. **Chris Trimble (chris.trimble@dartmouth.edu)** is on the faculty of Tuck and consults to GE.

략을 단순히 병행하는 수준을 넘어 서로 협력하는 차원으로 발전시켜 나가야 한다. 하지만 말처럼 쉽지는 않다. 다국적기업들은 중앙집중화된 제품 중심의 사업구조와 관행을 통해 글로컬라이제이션에 성공했다. 역혁신을 위해서는 현지 시장을 중시하는 분산접근방식이 필요하다. 글로컬라이제이션의 성공요인이 이제는 역혁신의 걸림돌이 되는 것이다.

역혁신을 위해 투입하는 대부분의 자원과 인재는 해당 현지 시장에서 구하고 현지에서 관리해야 한다. 현지의 성장팀이 손익에 대해 책임을 지며, 현지 시장을 위해 어떤 제품을 어떻게 만들어 판매하고 제공할 것인지 판단해야 한다. 또한 GE의 글로벌 자원을 끌어다 쓸 수 있는 권한도 가져야 한다. 신흥 시장에서 먼저 제품을 검증하고, 판로를 세계 시장으로 넓혀야 한다. 이는 획기적인 기능을 추가하거나 가격을 낮추는 전략은 물론, 선진국 시장에서 고수익을 올리고 있는 고가 제품의 시장 잠식을 위해서도 활용될 수 있다. 이 모든 방식은 글로컬라이제이션 모델과는 정반대다. 이 글의 목적은 GE가 글로컬라이제이션과 역혁신 간의 충돌을 극복하기 위해 노력하는 과정에서 배운 것을 공유하기 위해 쓰였다.

역혁신이 중요한 이유 글로컬라이제이션은 검증된 성과를 토대로 지배적인 전략 툴로서의 위상을 유지하고 있다. GE는 1980년 미국을 제외한 해외 시장에서 전체 매출의 19%인 48억 달러의 매출을 올렸다. 하지만 글로컬라이제이션 덕분에 2008년 해외 시장 전체 매출의 절반 이상인 970억 달러로 늘었다.

신흥 시장의 잠재력이 지금처럼 크지 않았을 때, 다시 말하면 신흥 시장이 본격적인 성장을 시작하지 않아 중산층과 저소득층 소비자 세그먼트(Segment)가 존재하지 않았을 때 글로컬라이제이션이 각광을 받기 시작했다. 다국적 제조업체들은 선진국 시장을 겨냥해 개발한 제품을 일부 수정한 뒤 신흥 시장에 내놓는 전략이면 충분하다고 여겼다. GE도 다른 다국적 기업들처럼 글로컬라이제이션 덕분에 신흥 시장에서 15~20%의 성장률을 보일 수 있다는 점에 만족했다.

이러한 와중에 2001년 9월 이 논문의 공동 집필자인 제프리 이멜트가 GE의 최고경영자(CEO)로 취임하면서 새로운 목표를 내걸었다. 기업 인수보다는 회사의 유기적 성장의 속도를 크게 높이겠다는 전략이었다. 이멜트의 선언 이후 많은 사람들이 그동안 당연시하던 일에 대해 의문을 품기 시작했다. GE가 개도국 시장의 상류층에만 집중하게 만들었던 글로컬라이제이션(glocalization) 전략도 그중 하나였다.

GE는 의료, 발전과 송전 사업을 심층 분석한 결과 '중국, 인도 등 인구가 많은 시장의 기회를 제대로 활용한다면 관련 시장에서 2, 3배 빠른 속도로 성장할 수 있다'는 결론을 얻었다. 글로컬라이제이션(glocalization) 전략이 간과했던 내용이었다. 하지만 개도국 시장을 공략하기 위해 해당 시장 소비자의 특수한 요구와 소득을 고려한 혁신적인 신제품을 개발해야 했다. GE의 경영진은 이를 깨닫고, 글로컬라이제이션(glocalization)의 핵심 논제 2가지에 의문을 제기했다.

가정 1. 신흥 시장 경제는 일반적으로 과거 선진국이 걸어온 길을 답습할 것이다. 현실은 달랐다. 개도국은 선진국과 같은 경로를 밟지 않았다. 혁신을 받아들이려는 의지가 강하기 때문에 선진국을 크게 앞지를 수 있는 가능성이 충분하다. 개도국은 선진국보다 1인당 소득이 훨씬 적음으로 개도국 소비자들은 적당한 성능을 가진 제품을 초저가로 구매할 수 있으면 그걸로 만족한다. 예를 들어 선진국에서 판매되는 제품과 비교해 50% 수준의 성능을 가진 제품을 15% 수준의 가격에 판매하는 전략이 통할 수 있다. 선진국은 현재와는 다른 상황에서 구축한 수많은 사회간접자본을 보유한 반면, 개도국은 인프라 부족 현상을 겪고 있다. 개도국들은 예측 불가능한 유가와 유비쿼터스 무선 기술 등 오늘날 직면한 새로운 도전과 기회에 맞설 수 있는 통신, 에너지, 교통 관련 제품을 필요로 한다. 마지막으로 거대한 인구를 가진 중국, 인도는 지속 가능성의 문제를 시급히 해결해야 한다. 이러한 이유가 동력이 되어 개도국들은 선진국보다 몇 년, 혹은 몇 십 년 앞서 여러 환경 문제를 해결할 가능성이 크다.

이 모든 것이 단지 이론에 불과한 것일까. 아니다. 이미 진행되고 있다. 신흥 시장은 저비용 의료 장비, 탄소 격리(carbon sequestration), 태양열, 풍력, 바이오 연료, 분산 발전, 배터리, 담수화, 소액 금융, 전기 자동차, 초저가 주택 등의 분야에서 혁신의 중심지로 떠오르고 있다.

가정 2. 개도국의 특화된 수요에 맞춘 제품은 선진국 시장에서 경쟁할 수 있을 정도로 품질이 뛰어나지 않기 때문에 팔리지 않을 것이다. 현실은 그렇지 않다. 이런 제품들이 매우 저렴한 가격을 내세우거나 새로운 용도를 개척함으로써 선진국에서 새로운 시장을 창출할 수 있다.

GE의 미국 내 의료 사업 매출의 대부분은 우수한 **컴퓨터단층촬영**(CT) 장비와 **자기공명영상**(MRI) 장치를 통해 벌어들인 금액이다. 하지만 오바마 대통령이 추구하는 의료 개혁, 즉 의료 서비스 범위는 확대하되 의료 수가는 줄어드는 시대에서 성공하기 위해서는 저가 제품 수를 50% 정도 늘려야 할지도 모른다. 물론 MRI와 같은 하이테크 제품의 저가 모델을 출시하는 것만으로는 충분치 않다. 인도 시장을 겨냥해 개발한 발열 장치가 부착된 요람과 같이 좀 더 다양한 제품을 개발해야 한다. 이 요람은 인도 시장을 겨냥해 개발됐지만, 추위로 인한 영아 사망률이 높은 미국 내 저소득층 거주 지역에서도 인기를 끌 수 있다.

기술은 까다로운 고객의 욕구를 만족시킬 때까지 개선된다는 점을 상기해보자. 일례로 과거에는 영상 촬영을 위해 구형 장비가 반드시 필요했지만, 이제는 소형 초음파 기기만 있으면 충분하다. GE가 2000만 달러에 체코의 항공업체를 인수할 당시 확보한 항공기 엔진 기술도 마찬가지다. GE는 추가로 2500만 달러를 투자해 체코 회사가 보유한 엔진 기술을 개량했고 이 기술로 선진국의 소형 터보프롭 항공기 시장을 장악하고 있는 프랫&휘트니의 아성에 도전장을 낼 계획이다. GE가 제시하는 가격은 프랫 사의 절반에 불과하다.

역혁신의 실제 적용 사례

신흥거인들보다 더 빠르게 GE 경영진은 금융 위기로 세계가 심각한 불황에 빠져들기 전부터 개도국 시장에 관심을 가졌다. 야심 찬 성장 목표를 달성하기 위해서였다. 최근에는 신흥 시장에 더 큰 관심을 쏟고 있다. 불황이 끝나면 선진국들은 1~3%의 경제성장률을 보이는 장기 저성장 시대에 접어들 것으로 예상되는 반면, 신흥 시장은 선진국보다 2, 3배 높은 성장률을 보일 것으로 판단하고 있기 때문이다.

GE의 고위 관리자들은 10여 년 전 세계시장을 '미국, 유럽, 일본, 그리고 나머지'라고 생각했다. 이제는 중동, 브라질, 캐나다, 호주, 러시아와 같은 '자원이 풍부한 지역', 중국과 인도 등 '인재가 풍부한 국가'로 나눈다. 미국과 유럽, 일본이 오히려 '나머지' 지역이 됐다. 시장 방어를 위해 역혁신을 받아들이고 있다는 점도 부인할 수 없다. GE가 가난한 나라에서 혁신을 추구하고 이 결과를 세계시장에 선보이는 전략을 선택하지 않는다면 민드레이, 수즐론, 골드윈드, 하이얼 등 개도국 경쟁 회사들이 그렇게 할 것이다.

GE의 주력 시장에서는 인도보다 중국 기업들이 더 중요한 역할을 할 것으로 보인다. 중국 기업들은 운송 및 발전 부문에서 세계적인 회사로 도약하기 위한 실질적인 계획을 갖고 있다. GE 발전(GE Power Generation)은 앞으로 매우 중요한 시장으로 떠오를 아프리카에서 이미 중국 기업들과 맞닥뜨리고 있다. GE가 언젠가 미국시장에서 중국 기업들과 경쟁해야 할 날이 올 수도 있다. 이는 등골을 서늘하게 만드는 전망이다. GE는 지멘스, 필립스, 롤스로이스 등 기존 경쟁사를 매우 존중한다. 하지만 이 기업들은 GE를 무너뜨릴 수 없다. GE는 이 기업들과 어떻게 경쟁해야 하는지 잘 알고 있기 때문이다. 하지만 개도국 기업들은 새로운 가격과 성능의 패러다임을 창출하고, GE를 무너뜨릴 수도 있다. 역혁신은 선택 사항이 아니다. 산소처럼 말이다.

두 모델의 충돌 지난 30년간 글로벌 전략은 글로컬라이제이션으로 통했다. 크리스토퍼 바틀릿과 수만트라 고샬이 내놓은 '**다국적**' 전략부터 판카즈 게마와트의 '**적응(adaptation)-집적(aggregation)**' 트레이드오프까지, 현재 압도적인 지지를 받고 있는 전략들은 모두 글로컬라이제이션의 범주에 속한다. 조직은 전략을 따르기 때문에 글로컬라이제이션(glocalization)은 당연히 다국적기업의 구조와 운영 방식을 형성한다.

GE도 이러한 사례다. GE는 30년 동안 글로컬라이제이션(glocalization)의 효율성을 극대화하는 방향으로 발전했다. 모든 권한과 손익에 대한 책임은 선진국에 위치한 글로벌 사업부에 집중되어 있었다. 연구개발(R&D), 제조, 마케팅 등 주요 사업 기능도 본사에 몰려 있었다. 해외 인재를 활용하고 비용을 절감하기 위해 일부 R&D 센터 및 제조 시설을 해외로 이전했지만, 그 후에도 부유한 국가에 판매하는 제품에 주력했다. 이 접근 방법은 엄청난 이점이 있지만 동시에 역혁신을 추진하지 못하게 만든다. GE 헬스케어 인도 사업부를 맡고 있는 벤카트라만 라자의 사례에서 그 이유를 확인할 수 있다.

GE 헬스케어는 기본적인 수술에 사용되는 엑스레이 영상 장비인 'Surgical C-arm'을 판매하고 있었다. 이는 선진국 병원에 판매하기 위해 개발한 고품질 · 고가 제품이라 인도에서 큰 관심을 끌지 못하고 있다. 라자는 2005년 이 문제에 대한 해결책을 내놨다. 그는 인도 시장을 겨냥해 단순하고, 조작이 간편하며, 저렴한 제품을 개발해 제조 및 판매하겠다고 마음먹었다. 이는 합리적인 제안이었지만 당연히 승인을 받지 못했다.

당신이 벤카트라만 라자처럼 개도국의 GE 사업부 총괄책임자라면 이처럼 답답한 현실에 부딪혔을 것이다. 전반적인 관리 업무나 제품 개발에 대한 책임조차도 주어지지 않기 때문이다. 개도국 GE 사업부의 최고책임자에게는 GE가 세계시장에 선보인 제품을 현지에서 판매, 유통, 관리하고, 고객의 요구를 파악해 본사에서 제품을 수정하는 데 도움을 주는 역할만 주어졌다. 매출을 연간 15~20% 늘리면서 비용 증가 속도를 떨어뜨려 마진을 개선하고, 계획을 철저히 이행해야 했다. 이들은 현지 시장의 특성을 고려한 제품 개발 제안서를 작성하는 등의 가욋일을 할 여유가 없었다.

다음 단계에서 부딪히는 문제에 비하면 시간적 여유가 부족하다는 점은 고민 축에도 끼지 못한다. 어렵사리 제안을 하더라도 사내에서 이를 받아들이도록 설득하는 난제가 남아 있다. 미국 본사 총괄책임자의 관심을 끌어내는 일은 쉽지 않았다. 본사의 총괄책임자는 개도국 사업부 총괄책임자의 직속상관보다 두 단계 이상 직급이 높았다. 인도 방갈로르 외곽의 시골 의원보다는 미국 보스턴에 위치한 세계적인 병원에 훨씬 더 익숙한 사람들이었다. 개도국 사업 총괄책임자가 본사 책임자를 간신히 만나더라도 시간은 많이 주어지지 않았다(당시 인도가 GE의 매출에서 차지하는 비중은 1%에 불과했다. 세계시장을 담당하는 관리자의 마음에서 인도가 차지하는 비중도 비슷했을 것이다).

제안이 매우 설득력 있다면 다른 사람들을 만날 수 있는 기회가 주어지긴 했다. 하지만 단순하고 합리화된 글로벌 제품 생산 라인이 합리적이라고 믿는 글로벌 생산 담당 최고책임자에게 맞춤형 제품의 효과를 납득시켜야 했다. 또 마케팅 최고책임자를 만나 저가 상품이 GE라는 브랜드를 약화시키고 기존의 매출을 갉아먹을 것이라는 두려움은 터무니없는 주장이라는 점을 설득해야 했다. 저가 상품으로 GE 전체의 마진이 줄어들 수도 있다는 재무 부문 최고책임자의 우려에 대해서도 해명해야 했다. 글로벌 R&D 최고책임자는 신흥 시장에 위치한 기술센터의 인력 등 GE의 과학자 및 엔지니어의 에너지를 왜 가장 많은 돈을 지불하는 우수한 고객이 아닌 다른 프로젝트에 투입해야 하는지 설명해주길 원했다.

최고책임자들의 지지를 이끌어내 제안서 내용을 추진할 수 있는 기회를 잡더라도, 매년 자본 투자를 이끌어내야 하는 난제에 부딪힌다. 본사의 지원을 받기 위해서는 단기적으로 큰 성과를 올리는 프로젝트와 경쟁하면서 기존 업무의 분기별 성과까지 챙겨야 했다. 결국 가난한 나라를 위한 혁신적인 신제품 개발 노력이 성공적인 결실로 이어지는 사례는 드물 수밖에 없다.

무게 중심의 이동 오랜 기간 반복된 구조, 관행, 태도를 바꾸려면 많은 노력이 필요하다. 모든 중요한 변화에서 최고 관리자들이 중요한 역할을 했듯이 GE의 최고 관리자도 이런 역할을 수행해야 한다.

우선 관리자들이 사업 기회의 규모와 이를 활용할 수 있는 방법을 조사하고, 회사 내의 각 사업부 팀들이 그와 같은 일을 추진하도록 격려해야 한다. 제프리 이멜트 GE CEO는 1년에 두 번씩 중국과 인도를 방문한다. 중국을 방문할 때는 상하이에 있는 GE 연구센터에서 하루를 보낸다. 그리고 현지 사업부 소속 직원 수십 명을 따로 만나 무슨 일을 하고 있으며, 비용점(cost points)이 어떻게 되는지, 경쟁자는 누구인지 등에 대한 얘기를 듣는다. 이런 방문을 통해 그는 회사가 더 신속하게 적용해야 할 상당한 기술 부문이 있음을 깨달았다.

이멜트 회장은 중국에 머무는 동안 원자바오 총리 등 중국 정부 고위 관료들과도 대화를 나눈다. 원자바오 총리는 그에게 중국 경제 개발에 관한 자신의 계획과 모든 중국인들에게 적정한 가격 수준의 의료 서비스를 지원하기 위한 방안이 경제 개발 추진의 일부라는 것을 설명했다. 중국 내 기회를 제대로 이해하려면 이와 같은 대화가 필요하다.

인도를 방문했을 때는 인도 기업을 이끄는 CEO들과 함께 식사를 했다. 마힌드라&마힌드라의 CEO인 아난드 마힌드라는 이때 그에게 인도 시장에서 존 디어 트랙터의 반값이지만 동시에 수익성이 대단히 높은 트랙터를 내놔 존 디어의 입지를 위태롭게 만든 방법에 대해 이야기했다. 이런 대화로 이멜트 회장은 적절한 비즈니스 모델만 있다면 인도에서도 많은 돈을 벌 수 있다는 깨달음을 얻을 수 있다.

CEO나 고위 경영진의 일은 모든 사업상의 포인트를 연결하고 촉매 역할을 하는 것이다. 회사의 성장에 필요한 전략을 특정하고, 자금을 지원하며, 한 달이나 분기마다 직접 점검하는 역할도 맡아야 한다. 역혁신을 추진할 때 무엇보다 중요한 CEO와 고위 경영진의 역할은 개도국 시장에서 먹혀들 만한 제품과 비즈니스 모델의 혁신을 이끌어낼 수 있는 조직적 변화를 추동하는 일이다.

자체 개발 모델 GE는 새로운 조직 형태를 개발하기 위해 늘 해오던 방식을 그대로 밟아나갔다. 다른 기업의 경험을 통해 교훈을 얻는 동시에 장애물을 극복하고 성공을 일궈낸 경험이 있는 사내 그룹을 찾기 위해 노력했다. GE의 고위 경영진은 연간 전략 검토 기간에 GE 헬스케어 초음파 사업 부문의 한 그룹이 장애물을 극복하고 성공을 일궈낸 경험이 있음을 알아냈다.

GE 헬스케어의 주요 사업은 고가의 의료용 영상 장비다. 1980년대 말 당시 신기술이었던 초음파 사업의 장래는 밝았다. 초음파 기기는 다른 영상 장비처럼 병원 내의 첨단 영상센터에서 주로 사용됐다. CT나 MRI보다 영상의 질은 떨어졌지만 비용은 훨씬 저렴했다. GE 헬스케어는 초음파 부문의 최고 기업을 목표로 설정하고, 이후 10여 년간 시장에서 입지를 다졌다. 본사 근처인 밀워키에 새로운 초음파 제품을 개발하기 위한 R&D 시설을 세웠다. 회사를 인수하고, 세계 각지에 합작회사를 운영하기 시작했다. GE 헬스케어는 최첨단 기술 제품을 내놓고 산부인과, 심장학과, 일반 방사선과 등 초음파 수요가 큰 주요 시장 3곳에서 경쟁을 시작했다. 2000년경에는 선진국 시장에서 탄탄한 입지를 확보하게 됐다.

하지만 개도국 시장의 성과는 실망스러웠다. GE는

2000년 무렵 중국 합작사의 도움으로 문제를 파악했다. 선진국 시장에서는 성능이 가장 중요했고, 기능을 다음으로 중시했다. 반면 중국 시장은 가격을 가장 중요하게 여겼고, 그 다음으로 휴대성 및 사용상의 편의 등을 고려했다.

중국의 의료 인프라가 선진국과는 큰 차이가 있기 때문에 사업의 우선순위가 다를 수밖에 없다. 중국의 인구 중 90% 이상은 현재도 그렇지만 당시에도 소득이 변변치 않았고, 기술력이 떨어지는 병원이나 시골의 진료소에 의존하고 있었다. 이런 곳에는 최첨단 영상센터가 없었으며, 도시의 큰 병원으로 나가는 교통수단도 불편했다. 특히 환자를 도심 병원으로 이송하기가 어려웠다. 환자들이 초음파 기기가 있는 곳으로 찾아올 수 없으니, 기기를 갖춘 의료진이 환자를 찾아가야만 하는 상황이었다. 그러나 이는 크고 복잡하며 값비싼 초음파 기기의 크기를 줄이고, 기능을 없애거나 현지 사정에 맞게 수정한다고 해서 해결될 문제가 아니었다. 중국 현지 사정을 고려한 혁신적인 제품이 필요했다.

2002년 GE 헬스케어는 일반적인 노트북과 복잡한 소프트웨어를 결합한 소형 초음파 기기를 처음 선보였다. 가장 저렴한 소형 초음파 기기의 가격은 3만 달러 수준이었다. 2007년 말에는 자사의 고급형 초음파 기기 가격의 15%에도 못 미치는 1만5000달러 수준의 초음파 기기를 내놨다. 저가 초음파 기기의 성능은 뛰어나지 않았지만 간 비대증, 담낭 질환, 위장 질환 등 기초적인 질환을 진단하는 시골 의원에서 큰 인기를 끌었다. 소프트웨어 중심의 설계 덕분에 기기 변용도 쉬웠다. 예를 들어 의사들의 사용 행태를 관찰하고 인터페이스를 이에 맞춰 쉽게 개선할 수 있었다. 휴대용 초음파 기기는 현재 GE의 중국 내 초음파 사업의 성장 엔진이 되고 있다.

더 놀라운 사실은 중국 시장을 겨냥해 개발한 저가 초음파 기기가 선진국 시장에서도 놀라운 성장세를 보이고 있다는 점이다. GE는 이동성이 중요하거나 공간의 제약이 있는 곳에서 저가 소형 초음파 기기의 새로운 용도를 만들어내고 있다. 가령 심막삼출증(심막 주위에 정상 수치보다 많은 양의 액체가 있는 경우)과 같은 질환을 진단하기 위해 소형 기기를 필요로 하는 사고 현장, 자궁 외 임신과 같은 증상을 발견하기 위해 소형 초음파 기기를 사용하는 응급실, 마취 전문가가 환자의 몸에 바늘과 관을 찔러 넣기 위해 초음파 기기를 사용해야 하는 수술실 등을 새로운 시장으로 만들었다.

휴대용 초음파 기기는 판매를 시작한 지 6년 만에 세계 시장에서 2억7800만 달러를 벌어들이는 글로벌 상품군으로 떠올랐다. 불황 이전 휴대용 초음파 부문의 매출은 연간 50~60%씩 늘어났다. 앞으로 모든 개업의들이 청진기와 개인휴대단말기(PDA)에 내장된 소형 초음파 기기를 함께 들고 다닐 날이 올 수도 있다.

GE는 조직을 변칙적으로 운용해 소형 초음파 기기를 성공적으로 개발할 수 있었다. 즉 GE 내에 여러 초음파 사업 단위가 존재했기 때문에 소형 초음파 기기를 성공리에 개발할 수 있었다. 초음파 사업부의 핵심 3개 시장은 매우 다른 특성을 갖고 있었다. 하지만 GE는 처음 초음파 사업부를 구상하면서 글로컬라이제이션(glocalization) 모델을 따르려고 했다. 다시 말해 하나로 통합된 글로벌 조직을 만들려고 했다. 1995년 GE 초음파 사업부의 총책임자로 고용된 오마르 이시락은 '여러 담당 부서를 한데 모아두면 하나의 공통분모에 도달할 수는 있지만, 결국 누구도 만족시킬 수 없다'는 결론을 내렸다. 그는 초음파 사업부를 3개의 독립적인 사업 단위로 운영하고, 각 사업 단위에 손익의 책임을 맡기되 자신에게 모든 내용을 보고하도록 조직 구조를 바꿨다.

중국에서 소형 초음파 기기를 개발하기 위한 노력을 시작할 무렵, 이시락은 소형 초음파 기기는 고가 상품에 주력하는 3개 사업 단위와 공통점이 없음을 깨닫고 중국 우시(無錫)에 네 번째 독립 사업 부서를 세웠다. 현지 성장팀(LGT) 모델은 중요한 5개 원칙이 적용된 이 독립 사업부를 토대로 발전했다.

1. **성장이 있는 곳에 권한이 있다** 현지 성장팀이 자율성을 갖지 못하면 글로벌 비즈니스에 예속될 수밖에 없고, 개도국 시장의 고객 문제에 집중할 수 없게 된다. 특히 현지 성장팀에게 전략, 조직, 제품을 직접 개발할 수 있는 권한이 주어져야 한다. 이시락은 이 점을 분명히 이해하고, GE의 중국 내 초음파 사업부를 맡고 있는 다이애나 탕과 JK 구(편집자주: 구자규 GE 헬스케어차이나 사장)에게 포괄적인 권한을 줬다. 오랫동안 GE에서 잔뼈가 굵은 두 전문가는 초음파 사업 경험이 많았고, 생물공학과 경영 등에도 전문성을 갖추고 있었다. 또 오랜 기간 아시아에서 경력을 쌓아온 인재들이었다.
2. **원점에서 새 제품을 구축하라** 부유국과 빈민국 간에는 소득, 인프라, 지속 가능성에 대한 욕구 등에서 엄청난 격차가 있다. 역혁신을 원점에서 돌아봐야 하는 이유다. 글로벌 시장을 겨냥한 제품을 수정하는 것만으로는 넓은 간극을 매울 수 없다.

   GE의 소형 초음파 기기는 기존 R&D 노력이 있었긴 했지만, 무(無)에서 시작한 것이나 다름없다. GE는 1990년대 말 이스라엘에 위치한 제품 개발센터에서 기존 초음파 기기의 거의 모든 부분을 하드웨어에서 소프트웨어로 바꾸는 혁신적인 설계를 실험하기 시작했다. 프로젝트에 참여한 GE의 과학자와 엔지니어들은 고유의 맞춤 하드웨어들로 구성된 거대한 제품을 대신해 표준형 고성능 컴퓨터, 초음파 탐침과 같은 특수 주변 기기, 첨단 소프트웨어 등을 계획했다.

   이 개념은 고가 제품의 우수한 성능과는 거리가 멀었기 때문에 당시 GE 헬스케어 내부에서도 별다른 반향을 이끌어내지 못했다. 하지만 이시락은 개도국 시장에서 이 새로운 제품의 가치를 간파했다. 그는 중국의 관련 팀에게 이스라엘에서 개발한 개념을 계속 발전시켜 나가도록 지시했다. 그 결과 노트북 기반 소형 초음파 기기가 개발됐고 중국에서 원하는 성과로 이어졌다.
3. **새로운 회사와 같이 처음부터 현지 성장팀을 구축하라** 제로 기반의 혁신(Zero-based innovation)은 제로기반의 조직설계 없이 발생하지 않는다. 고용관행, 보고구조, 직책, 업무, 업무 관계 규범, 부서별 힘의 균형 등 GE 내부의 모든 조직 '소프트웨어'는 글로컬라이제이션에 맞춰 발전해왔다. 현지 성장팀은 GE의 소프트웨어를 새로 써야만 한다.

   탕과 구는 제품 개발, 자원 확보, 제조, 마케팅, 판매, 서비스 등 전체 가치 사슬을 관리하는 사업부를 만들었다. 필요한 전문가는 현장 채용을 통해 대부분 충원할 수 있었다. 예를 들어 제품을 작게 만드는 축소 기술 전문가와 소비 전력 절감 전문가, 중국 시골 지역의 의료 서비스에 특화된 상업화 팀 등이 구성되었다.

   GE의 현지 성장팀은 고성능 초음파기기 부서와 같이 직접적인 판매를 하기 보다는 전문 영업 사원을 활용했다. 이는 중국의 시골 시장 및 3급 도시를 공략하기 위한 비용 효율적인 유일한 방법이라고 생각했다. 그리고 GE 헬스케어의 글로벌 고객 지원과 부품교환지원처에 의존하기 보다는 저렴한 비용으로 신속한 서비스를 제공할 수 있는 현지 팀을 구축했다.
4. **맞춤형, 목표, 측정 기준을 만들어라** 혁신을 위한 노력은 본질적으로 불확실하게 마련이다. 무작정 정해진 목표를 맞추려고 달려들기보다는 미리 세운 가정을 효과적으로 검증하고 신속하게 배우는 일이 더 중요하다. 따라서 불확실성 문제를 해결하는 현지 성장팀을 위한 측정 방식 및 표준은 기존 사업체들이 사용하는 측정 방식 및 표준과 일치하지 않는 경우가 대부분이다.

   GE의 초음파 현지 성장팀은 중국 시골 지역 의사들이 도시 지역 의사들보다 초음파에 익숙하지 않다는 사실을 잘 알고 있었다. 하지만 시골 지역 의사들이 초음파 기술을 얼마나 많이 경험했고, 어떤 특성이 시골 의사들의 요구를 충족할 수 있는지에 대한 정보는 없었다. 따라서 의사들이 초음파 기기에 어떤 반응을 보이는지 살펴보고, 시골 의사들의 초음파 기기 구비 과정의 장애물을 확인했다. 이 과정을 통해 초음파 현지 성장팀은 예상과 달리 시골 의사들이 사용의 편의성을 중시한다는 것을 알아냈다. 특히 흔히 발생하는 국부적인 증상을 찾아내기 위한 1차 진료에 편리하게 사용할 수 있는 기기를 원한다는 사실을 깨달았다. 이 같은 분석 내용을 바탕으로 현지 성장팀은 교육을 강조하고, 온라인 지침을 제공했다. 또 기기의 키보드를 간단하게 조작할 수 있도록 설계하고, 간편한 버튼 조작만으로 일부 기능을 실행할 수 있는 프로그램도 개발했다. 성공률을 측정하기 위해 고객 만족도도 추적했다.

이시락은 중국 현지 성장팀의 성과를 평가하기 위해 GE의 보편적인 기준과는 다른 척도를 활용했다. 예를 들어 중국 내에서 신제품을 내놓을 때 정부의 승인을 받는 과정이 상대적으로 덜 복잡하기 때문에 선진국 시장에서 흔히 사용하는 것보다 훨씬 짧은 제품 개발 주기를 선택했다. 또 중국 내 서비스 조직의 규모를 결정할 때도 GE 헬스케어의 글로벌 기준을 따르지 않았다. 중국은 임금 수준이 낮고 서비스에 대한 요구가 높은 만큼 판매 후 운영 중인 기기 대비 서비스 전담 직원 수를 늘리는 게 옳았다.

5. **현지 성장팀과 고위층의 직접 보고 체계를 수립하라.** 현지 성장팀은 상부의 강력한 지원이 없으면 성공할 수 없다. 현지 성장팀 담당 임원은 세 가지 중요한 역할을 맡고 있다. 첫 번째는 현지 성장팀과 글로벌 사업부 간의 충돌을 조정하는 것이다. 두 번째는 현지 성장팀을 글로벌 R&D 센터 등 GE의 자원과 연결하는 역할이다. 세 번째는 현지 성장팀이 이룩한 혁신을 선진국 시장에 선보이는 일이다. 글로벌 사업부 소속 고위 경영진, 혹은 글로벌 사업부 최고책임자만이 이 모든 역할을 해낼 수 있다.

• • •

중국의 현지 성장팀은 규모가 작을 때에도 이시락에게 직접 업무 내용을 보고했다. 소형 초음파 프로젝트가 출범할 당시 GE 헬스케어는 선진국 시장을 겨냥한 야심 찬 제품 개발 계획을 갖고 있었다. 이시락의 적극적인 보호가 없었더라면 중국 현지 성장팀의 엔지니어들이 다른 프로젝트에 배치됐을 것이다. 이시락은 현지 성장팀을 보호하는 동시에 팀의 자원을 늘리기 위해 노력했다. 현지 성장팀의 엔지니어 수는 13명에서 2007년 70명으로, 전체 직원 수는 132명에서 339명으로 늘어났다. 이시락은 이스라엘, 일본, 한국에서 인정받고 있는 개발자 3명이 팀을 지원하도록 하는 등 GE 그룹 내 다른 사업부에서 활동하는 전문가를 확보해 주었다. 현지 성장팀의 전문가들은 업무 시간 전부를 소형 초음파 기기 개발에 쏟았으며, 팀이 세계 곳곳에 위치한 GE의 R&D 센터로부터 추가로 도움을 받을 수 있도록 해주었다.

이시락은 중국의 현지 성장팀을 GE의 초음파위원회에 포함시켰다. 초음파위원회는 초음파 담당 경영진, 시장 전문가, 기술 전문가로 구성된 모임으로, 매년 세 차례 이틀간 진행되는 회의를 개최한다. 위원회 참석자들은 서로의 지식과 통찰력을 공유하고, 어떤 주요 프로젝트를 추진할 것인가 합의한다. 위원회는 초음파 관련 지식 및 기술을 중국으로 옮겨가는 데 중요한 역할을 했다.

마지막으로 이시락은 세계 휴대용 초음파 시장을 구축하는 데 중요한 역할을 했다. 그는 선진국 시장에서 휴대용 초음파 기기의 잠재적인 새로운 용도를 찾아냈으며, 고가 초음파 기기를 판매하는 GE의 초음파 사업부 3곳에서 새로운 기회를 적극 활용할 수 있도록 장려했다.

현재 GE는 중국과 인도에서 10여 개가 넘는 현지 성장팀을 운영하고 있다. 세계 경제를 강타한 심각한 불황에도 GE의 중국 내 사업은 올해 25% 성장할 것으로 전망된다. GE의 높은 성장률은 대체로 현지 성장팀 덕분이라고 볼 수 있다. 하지만 승리를 선언하기에는 아직 이르다. 아직 성장이 일정하지 않기 때문이다. 의료, 발전, 송전 사업부 등 일부 사업부는 기회를 잘 활용하고 있지만 다른 사업부는 그다지 열정을 보이지 않고 있다. GE의 중국과 인도 R&D 센터가 개도국 문제에 더욱 많은 관심을 기울이고 있긴 하지만 센터 자원의 대부분은 여전히 선진국 프로젝트에 투입되고 있다. 아직도 갈 길이 멀다.

GE의 최고경영진이 현지 사업부의 노력에 관심을 기울이고 보호하며, 충분한 자원이 할당될 수 있도록 지속적인 노력을 기울일 필요가 있다. 또 인재 이동, 조직 구조, 관련 공정 등을 다양한 방식으로 실험하고 어떤 결과가 나오는지 살펴볼 필요도 있다. GE 최대의 실험 결과가 조만간 나올 것으로 보인다. 현재 GE는 인도 내 사업 발전 속도를 높이기 위해 인도 내 모든 손익을 총괄하는 별도 조직을 만들고, GE의 글로벌 R&D 자원을 활용할 수 있도록 상당한 권한을 부여하고 있다. 이 조직은 부회장에게 직접 보고하는 수석 부사장이 이끌 것이다. 이런 방식은 상품이 우선이고 지역별 특성은 뒷전으로 미루는 식의 접근 방법에 익숙한 기업 내에서 반발을 불러올 수 있다. 그럼에도 GE는 새로운 방법을 통해 새로운 시장을 창출할 수 있는지를 살펴볼 계획이다. GE는 지금까지와는 다른 축에서 활동하는 방법을 익혀야 한다.

인도 총괄 사업부가 별도로 손익을 관리하는 방식에 대한 저항이야말로 GE가 직면한 최대 과제를 잘 보여준다. 탁월한 글로컬라이제이션 역량을 갈고 닦아온 관리자들의 마음가짐을 바꾸는 문제다. 가장 모험적인 관리자조차 선진국 중심주의를 갖고 있다. 최근 이멜트 회장은 인도와 중국에서 훌륭한 성과를 내고 있는 주요 사업부 책임자와 대화를 나눴다. 그리고 그에게서 자신의 권한 밖인 미국 내에서 일어나고 있는 문제에 몰입해 있다는 인상을 받고, 이렇게 대답했다.

"나는 GE의 미국 내 성장 계획에 대해서는 당신과 얘기조차 나누고 싶지 않소. 당신은 앞으로 3년 동안 인도 사업 규모를 3배로 늘려야 해요. 그렇게 하려면 인도에 더 많은 자원, 인재, 제품을 투입해야 할 거요. 그저 '수박 겉핥기' 식으로 시장에 접근하지 말고, 좀 더 심도 있게 접근해야 한단 말이오. 자, 이제 그 방법을 논의해보지 않겠소." 이것이 바로 고위 관리자들에게 요구되는 사고방식이다.

Reading 5-3 협력적 이점을 구축하는 방법

Morten T. Hansen and Nitin Nohria

수년간 다국적기업들은 경제의 규모와 범위를 활용하거나 세계의 상품, 노동력 그리고 잠재시장의 결정들에 대한 이득을 취함으로써 성공적으로 경쟁할 수 있었다. 그러나 이런 방법의 경쟁은 더 이상 한 국가에 한정되는 경계를 가진 회사들과 경쟁하지 않는다. 오히려 그들은 소수의 다른 큰 기업들과 직접대결을 한다. 그 기업들은 크기, 국제자원의 진입로와 세계시장의 위치가 비슷하다. 국제적인 경쟁자를 상대로 전통적인 경제의 규모와 범위를 토대로 한 혜택을 유지하기는 힘들다.

석유산업을 고려해봐라. 그 산업은 Exxon, BP, Shell, Chevron Texaco와 같은 소수의 세계회사들에 의해 지배된다. 그들은 각각 세계적인 탐사, 정제, 유통 기능을 가지고 있으며 규모의 경제로 경쟁 우위를 얻기 위해 어떤 회사에게도 공간의 여유를 거의 남기지 않는다. 유사하게도 그들은 각 세계 모든 곳에서 잘 인식 되는 거의 똑같은 브랜드를 가진다. 그리고 자신의 브랜드 힘을 기반으로 규모의 경제로 경쟁 우위를 잡으려는 회사에게 기회를 줄인다. 다국적기업들 간의 그런 상대적 평가는 가전제품, 정보기술, 조제약, 은행업, 전문서비스와 심지어 소매업에서도 관측될 수 있다.

■ For multinationals, it is increasingly difficult to maintain competitive advantage on the basis of the traditional economies of scale and scope. Future advantage will go to those that can stimulate and support interunit collaboration to leverage their dispersed resources.

■ **Morten T. Hansen** is an associate professor of entrepreneurship at INSEAD in Fontainebleau, France.

■ **Nitin Nohria** is Richard P. Chapman Professor of Business Administration at Harvard Business School in Boston. They can be reached at morten.hansen@insead.edu and nnohria@hbs.edu.

■ Reprint 46105. For ordering information, see page 1.

이런 상황들 속에서 MNCs는 경쟁우위의 새로운 자원을 찾아야 한다. 과거에 다국적기업들은 유형자산 활용(유통시스템 같은)과 회사 브랜드 개발에 의해 주로 범위의 경제를 깨달았지만 새로운 범위의 경제는 공동으로 새 상품과 서비스를 개발하고 지식을 공유함으로써 회사 내에서도 성공적으로 협력하기 위하여 사업부문, 자회사들 그리고 기능부서의 능력을 기반으로 하였다.[1] 협력을 자극하고 지원할 수 있는 다국적기업들은 전 세계 자회사들과 부서들에 흩어진 자원과 능력을 더 강화시킬 수 있을 것이다.

협력은 MNCs의 경쟁우위의 자원이 될 수 있다. 왜냐하면 협력은 전혀 저절로 생겨나지 않기 때문이다. 실제로 몇몇 장벽들은 복잡한 복합 조직 내에서 협력을 지연시킨다. 그리고 그런 장벽들은 극복하기 위해 회사들은 쉽게 모방될 수 있는 독특한 구성 능력들을 개발해야 할 것이다. 고동협력은 성취하기 어려울 뿐만 아니라 이해하기도 힘들다. MNCs에서 관리기능, 공동협력의 장벽들 그리고 가치창출을 연결하는 체계는 관리자들이 개념을 해독하는 것을 도울 수 있다. 그 체계는 협력을 위한 네 가지 특정한 장벽들을 줄일 수 있는 일련의 관리수단으로써 협력을 개념화하고 몇몇 유형의 가치창출로 바꾸도록 이끈다. 체계의 가치창출로부터 시작한 세 가지 요소들을 역순으로 설명하는 것은 대부분 타당하다.

1) See B. Kogut and U. Zander, "Knowledge of the Firm, Combinative Capabilities, and the Replication of Technology," Organization Science 3, no. 3 (1992): 383-397; C. Hill, "Diversification and Economic Performance: Bringing Structure and Corporate Management Back Into the Picture," in "Fundamental Issues in Strategy," eds. R. Rumelt, D.Schendel and D. Teece (Boston: Harvard Business School Press, 1995), 297-322; and J. Nahapiet and S. Ghoshal, "Social Capital, Intellectual Capital and the Organizational Advantage," Academy of Management Review 23, no. 2 (April 1998): 242-266.

내부 협력으로 인한 가치창출

한 회사가 협력을 함으로써 오직 경제적 혜택만을 받을 수 있다면 물론 그 회사는 그의 이유만으로 부서들을 협력해서는 안 된다. 그 잠재력은 회사에게 다양하다. 예를 들어 사업체나 국가의 자회사들과 많이 관련된 회사는 벗어나있는 대기업들보다 더 많은 혜택에 놓여있다. 그리고 그 혜택의 유형들 또한 다섯 가지 주요한 범주에서 다양할 것이다.

- 모범 경영의 이전을 통한 원가 절감
- 다른 자회사들의 동료로부터 받은 조언으로 인한 더 나은 결정
- 자회사 간의 전문지식과 제품의 공유를 통한 증가된 수익
- 아이디어의 교류와 조합을 통한 혁신
- 분산된 구성단위를 포함하는 집합행위를 위한 강화된 능력

다국적기업에서 협력의 개념을 구체적으로 이해하기 위해 BP Plc의 경우를 고려해보라.[2]

그 회사는 100개국 이상에 사업체들을 가지고 있다. 지난 10년간 이런 석유 및 가스 기업의 최고 중역들은 개인의 지배권 수집에서 비용과 효율성 그리고 수익에서의 상당한 개선으로 거대한 협력적인 조직으로 변형되었다.

몇 가지 주요한 계획들이 사업부문과 국가 기업들 사이의 협력을 발전시키기 위해 시행되었다. 예를 들어 자원할당을 위한 책임은 개별 단위로부터 벗어나서 비슷한 사업체를 경영하는 동류 사업부분의 지배자들에게 옮겨졌다. 이런 접근은 개인 구성단위를 위해서라기 보다 전체로써 그 집단을 위한 할당들을 낙관하기 위해 동류업계들이 함께 일하도록 강요했다. 그 회사는 또한 동료 간 지원과 동료 간 도전 절차들을 개발시켰고 이를 통해 한 구성단위에 있는 매니저와 기술자들은 기술적인 걸 요청할 수 있고 다른 구성단위들로부터 기술 전문지식과 문제해결의 조언을 위한 도움을 요청할 수 있다. 전형적인 사업부문에 있는 기술자들은 약 5%의 시간을 동료간 지원에 소비한다. 동료간 지원들은 화상회의 기술뿐만 아니라 몇 가지 전자 지식 경영 시스템에 의해 지원된다. 그리고 강한 개인적 유대 관계 또한 구성단위와 국가 기업간의 매니저들의 빈번한 교대의 결과로 발달하였다.

BP 또한 홍보와 보상 시스템을 바꾸었다. 매니저들은 그들이 승진할 것으로 간주될 때 조직이 고통을 겪는 동안 효과적으로 협력하지 않는 매니저와 동료로부터의 비평을 포함한 360도 피드백 과정을 겪는다. 게다가 고위간부를 위한 보너스의 30~50%가 회사 전체의 성과에 따른다. 물론 BP's 임원들은 회사가 발달함에 따라 이런 관행들을 계속해서 바꾼다. 그러나 내부 간의 협력을 통해 창출하는 부가적인 가치의 근본적 아이디어는 회사의 조직 모델 중심에 남아있다.

이러한 변화들은 BP에 현실적이고 주목할 만한 결과를 만들어 냈다. 예를 들어 최저 가격으로 이동하여 원가 절감을 해왔다. 미국의 한 기업 회장은 재고를 휴게소의 전환으로 개선하려고 노력했다. 그녀는 자신의 동료 집단의 전문지식을 활용하면서 영국과 네덜란드에 있는 기업들로부터 최저가격의 지식을 얻었다. 미국 휴게소들에 의해 필요한 운영 자본의 20% 감소를 이끌어 내면서 더 나은 결정이 만들어 낸 것은 두 번째 결과였다. 또 다른 회사 회장은 유조선 배치에 전문 지식을 가진 다른 회사들의 6명의 사람으로부터 조언을 받기 위해 동료간 지원을 이용했다. 그 동료들이 회사 최고의 팀에게 몇 번의 회의에서 조언을 한 후 그 회사는 세 개의 유조선을 사고 또 다른 세 가지 선택을 했다. 수익 또한 성장했다. 중국 서부에 아세트산 공장을 개발하는 동안 75명 이상의 여러 회사 사람들이 협동 프로젝트 팀을 돕기 위해 중국으로 날아갔

2) For an in-depth look at BP on this issue, see S.E. Prokesch, "Unleashing the Power of Learning: An Interview With British Petroleum's John Browne," Harvard Business Review 75, no. 5 (September-October 1997): 146-168; and M.T. Hansen and B. Von Oetinger, "Introducing T-Shaped Managers: Knowledge Management's Next Generation," Harvard Business Review 79, no. 3 (March 2001): 106-116. The section on BP in the text draws on the latter article.

다. BP는 제시간에 그 프로젝트를 끝내고 계획했던 것보다 더 일찍 그 공장에서 수익을 낼 수 있었다. 타 분야의 아이디어들의 접목이 있었다. 15개 회사의 매니저들이 전자 상거래 계획을 하기 위해 만났고 150개의 새로운 아이디어들이 시행되었다. 결국 BP는 집합 행위로 혜택을 받았다. 그 회사는 Amoco Corp의 인수와 후에 Atlantic Richfield Co를 예정보다 먼저 통합시키기 위해 동료 집단을 이용했다.

이런 중요한 이점들을 획득하기 위해 BP는 모든 회사들이 가치 창출을 위해 해야 할 일이기 때문에 회사 간 협력을 위해 장벽들을 극복해야 했다.

내부 협력에 대한 4가지 장벽

인간 행동의 기본에 대한 최근 연구는 회사가 자연스런 인간 성향이 될 수도 있다고 제안하지만 다국적기업에서의 협력은 회사에서 그냥 일어나는 것은 아니다.[3] 회사들은 종종 개인들이 책임을 질 수 있는 협력적인 활동에서 그들이 몰두하는 것을 막기 위해 장애물을 세운다. 그런 다음 첫 번째 임무는 장벽과 원인들을 확인하는 것이다. 107개의 회사 매니저들의 조사결과를 보면 4개의 장벽들은 다국적기업에서는 일반적이라고 제시한다. 협력에 대한 모든 4가지 장벽들이 몇몇 다국적기업에서는 매우 높을 수 있지만 다른 회사들은 한 두 가지에만 직면한다. 그러므로 먼저 어느 장벽이 문제를 일으키는지 진단을 하는 것이 가장 중요하다.[4]

첫 번째 장벽: 다른 사람들로부터 배우고 조언을 찾는 데의 적대감 어느 회사에 있는 직원들은 여러 가지 이유로 다른 이들로부터의 도움을 스스로 차단한다. 때때로 그것은 회사 내에서 규범이다. 그 회사 사람들은 자신들만의 문제가 고쳐지기를 기대한다. 다른 경우에는 공식적이거나 비공식적인 보상제도가 공동의 노력을 위한 것보다 영웅적인 개인의 노력에 더 많은 공로를 줄 수도 있다. 몇몇 직원들은 다른 사람들이 자신들을 가르칠게 아무것도 없다고 단순하게 믿을지도 모른다. 그들은 사회 심리학자들이 내집단 편견이라 부르는 것을 발달시켰을지도 모른다. 내집단 편견에서 그들은 자신들의 그룹은 과대평가하고 구성원이 아닌 사람들은 과소평가한다.[5] 내집단 구성원들은 외부인들은 배제하고서 서로 함께 시간을 보낸다. 그들은 새로운 관점의 유입을 제한하고 자신들이 흔히 가진 신념을 강화시킨다.[6] 결과적으로 그들은 NIH 증후군이 되기 쉽고 NIH 증후군은 외부에서 개발된 아이디어, 지식 그리고 발명품들은 거부한다.[7]

몇 년 전 Hewlett-Packed의 유럽 회사들의 경험을 고려해보자. HP 임원들은 다양한 국가의 공장에서 주문을 컴퓨터로 처리하는 시간을 비교하는 새로운 내부 벤치마킹 시스템을 만들었다. 비록 그 시스템이 몇몇 국가의 회사가 기량을 발휘하지 못한 것으로 드러났음에도 불구하고 더 어려운 처리시간으로 매니저들은 연락할 의지가 없고 최상의 직원들도 방문할 의지가 없었다. 부분적으로 그들은 자신들의 문제를 특이사항으로 봤기 때문에 그들에게 다른 사람들이 유용한 실행들을 가르칠 수 없다고 믿었다. 오직 고위간부

3) See P.R. Lawrence and N. Nohria, "Driven: How Human Nature Shapes Our Choices" (San Francisco: Jossey−Bass, 2002).

4) This section draws on M. Hansen, "Turning the Lone Star Into a Real Team Player," Financial Times, Aug. 7, 2002, 11−13.

5) See, for example, M.B. Brewer, "Ingroup Bias in the Minimal Intergroup Situation: A Cognitive Motivational Analysis," Psychological Bulletin 86 (1979): 307-324; and H. Tajfel and J.C. Turner, "The Social Identity Theory of Intergroup Behavior," in "Psychology of Intergroup Relations," 2nd ed., eds. S. Worchel and W.G. Austin (Chicago: Nelson Hall Publishers, 1986), 7−24.

6) See P.J. Oakes, S.A. Haslam, B. Morrison and D. Grace, "Becoming an In−Group: Reexamining the Impact of Familiarity on Perceptions of Group Homogeneity," Social Psychology Quarterly 58, no. 1 (March 1995): 52−60; and D.A. Wilder, "Reduction of Intergroup Discrimination Through Individuation of the Out−Group," Journal of Personality & Social Psychology 36 (1978): 1361−1374.

7) See R.H. Hayes and K.B. Clark, "Exploring the Sources of Productivity Differences at the Factory Level" (New York: Wiley, 1985); and R. Katz and T.J. Allen, "Investigating the Not Invented Here (NIH) Syndrome: A Look at the Performance, Tenure and Communication Patterns of 50 R&D Project Groups," in "Readings in the Management of Innovation," 2nd ed., M.L. Tushman and W.L. Moore, eds. (New York: HarperCollins Publishers, 1988), 293−309.

들이 국가간 필요한 협력에 개입했을 때만 회사들이 돌아간다.

그런 개입이 없는 한 경영은 이런 문제를 약화시킬 몇 가지 수단을 사용할 수 있다. BP에서 최고 중역들은 사업부문에서 동료간 지원을 엄중히 지키고 만약 누군가가 충분한 도움을 찾지 못하게 된다면 개입을 하게 될 것이다.[8] 직접적인 도움은 동료간 도전을 피하게 하고 동료들은 특정 지역에서 개선에 도움이 될 지원을 현장에 보낸다. 또 다른 근본적인 수단은 신규 채용이다.—자연스런 성향을 가지고 자신감 있게 도움을 요청할 수 있는 사람들을 고용하는 것이다. 미국에 세계적인 체인점인 고급 레스토랑에서 장래 유망한 직원들이 질문을 받았다. "당신들은 이전 직업에서 양질의 일을 못하도록 막는 장애물이 무엇이 있었는가? 그리고 그런 장애물을 어떻게 극복하였는가" 그 회사는 도움을 청하고 다른 사람에게 문제를 대화로 나눌 수 있고 혼자서 그 문제를 고침으로써 영웅이 되려고 하지 않는 사람들을 찾고 있다.

두 번째 장벽: 전문지식을 찾고 발견할 수 없는 무능력 직원들이 다른 비즈니스 부문이나 다른 국가 자회사들에서 도움을 찾고자 할 때조차 직원들은 그것을 발견할 수 없거나 효과적으로 조사할 수 없을 것이다.[9] 이익이 조사비용보다 더 크기 위해 크기만 분산된 MNGs에서 이런 건초더미에서 바늘 찾기 문제는 협력에 상당한 장벽이 될 수 있다: 회사 어딘가에서 누군가는 종종 문제의 답을 알지만 전문 지식을 필요로 하는 사람과 가지고 있는 사람을 연결하는 것은 거의 불가능하다.

이러한 상황에서는 데이터베이스와 전자검색 엔진들이 도울 수 있다. 예를 들면 대부분의 경영 컨설팅 회사에서 컨설턴트들은 데이터베이스로 그들의 완성된 일을 포함하고 있는 바람직하지 못한 부분을 삭제한 문서들을 업로드한다:[10] 회사의 다른 사람들은 그 문서에 접근하여 처음 그 일을 한 컨설턴트와 연락할 수 있다. 전문지식을 찾고 있는 사람들을 돕기 위한 또 다른 방법은 투명한 벤치마킹을 만드는 것이다. 네덜란드에 기지를 둔 세계에서 가장 큰 철강 회사 중의 하나인 Ispat International NV는 공장 규모에 비용을 투자하고 매니저들이 세계에 있는 모든 그들의 운영중인 부문들과 비교하게 하는 시스템을 가지고 있다. 예를 들어 한 매니저는 그의 난방로 유지비용이 다른 공장보다 훨씬 높다는 것을 발견한다. 그는 도움을 위해 이 지역에서 가장 비용이 효과적인 공장과 연락한다.

하지만 기술은 한계가 있다. 전문가 주소록은 데이터에 없고 각 개인이 알고 있는 것을 완전히 입력할 수는 없다. 더 중요한 것은 그들은 아이디어와 개개인이 조합하게 하지 않는다. 그러므로 회사들은 연결 장치들을 구축할 필요가 있을 수 있다. 즉 전문가가 어디에 사는지를 알고 있는 사람과 서로 모르는 사람들을 연결할 수 있는 아이디어는 귀속된다. 연결 장치들은 회사의 많은 다른 영역에서 일하고 있는 직원들을 장기 근속하게 하고 개인 네트워크를 강화시키려는 경향이 있다.

예를 들어 Glaxo Smith Kline Plc의 한 매니저는 그의 회사를 위해 서로 모르는 매니저들을 연결함으로써 상당한 가치를 창출했다. 몇 년 전에 싱가포르의 한 지역 관리자는 필리핀에 있는 그 회사의 경영 관리자로부터 전화 한 통을 받았다. 그 관리자는 그의 회사에 도입될 수 있는 신제품 기회를 찾고 있었다. 인도에 한 기회가 있을 것 같은 직감에 따라 그 지역 관리자는 봄베이에 있는 경영 관리자와 회의를 계획한다.

8) See also S. Ghoshal and L. Gratton, "Integrating the Enterprise," MIT Sloan Management Review 44, no. 1 (fall 2002): 31-38.

9) See M.T. Hansen, "The Search-Transfer Problem: The Role of Weak Ties in Sharing Knowledge Across Organization Subunits," Aministrative Science Quarterly 44, no. 1 (March 1999): 82-111; and M.T. Hansen and B. Lovas, "How Do Multinational Companies Leverage Technological Competencies? Moving From Single to Interdependent Explanations," Strategic Management Journal, in press.

10) For more details on knowledge management in management-consulting companies, see M.T. Hansen, N. Nohria and T. Tierney, "What's Your Strategy for Managing Knowledge?" Harvard Business Review 77, no. 2 (March-April, 1999): 106-116.

그가 방문하는 동안 필리핀에서 온 그 경영 관리자는 인도 상품 개발자들이 결핵약품 분야에서의 라인 확장을 하고 있는 것을 보았다(결핵약품 분야는 사실상 세계에 있는 회사의 분야가 아니라 개발도상국에 더욱 적합하다). 연구실 방문은 인도와 필리핀의 팀 간의 협력에 자극을 주었다. 결과적으로 TB 의약품은 계획을 수정하고 필리핀 시장을 위해 몇몇 다른 라인을 확장했다. 연결 장치로 실행하는 그 지역 지도자는 두 국가 자회사들로부터 재능, 아이디어 그리고 전문지식의 조합을 토대로 한 가치창출의 기회로 본 기업가에게 영향을 미쳤다.

세 번째 장벽: 도움 주는 것을 꺼림 몇몇 경우에 문제는 도움을 구하는 사람이 아니라 잠재적인 도움을 제공하는 사람의 책임이다. 어떤 직원들은 그들이 알고 있는 것을 공유하기를 꺼리거나 돕기를 노골적으로 거부한다.[11] 이것은 전문지식 비축 문제로 이어진다. 자회사 간의 경쟁은 협력을 위한 사람들의 동기를 악화시킬 수 있다.[12] 두 자회사가 같은 시장에 상품을 팔고 유사한 기술을 개발하고자 할 때, 직원들은 경쟁 부문에 있는 사람들을 돕는 것을 주저한다. 역설적으로 지난 10년간 업무관리에 대한 강조 또한 이 문제를 부채질했다. 직원들은 업무에 압박을 받기 때문에 다른 사람을 돕거나 돌봐 줄 시간이 없다고 느낀다. 그 문제는 그들만의 집단을 표명한다. 개인 업무에 집중을 하는 것이 명백히 중요하지만 임원들 또한 직원들 사이에 공유된 정체감과 협력 강화를 목표로 한 보상제를 개발함으로써 균형 잡는 힘을 만들 필요가 있다.

도움을 주지 않으려는 것은 많은 투자은행에서는 중요한 문제이다. 그곳의 은행 직원들은 자신들만의 기회를 좇아간다.[13] John Mack이 1990년대 초에 Morgan Stanley Group Inc.를 인수했을 때 그는 더 협력적인 문화를 만드는 데 착수했고 판매 규범을 바꾸었다. 이는 위대한 결과를 가져왔지만 다른 사람들을 돕지 않은 Lone Star는 촉진되지 않았다.

상무이사의 탐나는 지위를 얻기 위해 Morgan-Stanley's 은행원들은 개인 업무능력과 기여도를 모두 다른 사람들에게 보여주어야 했다. 이것을 측정하기 위해 임원진들은 360도 검토절차를 투입했다. 그것에서 동료와 부하직원들은 자신들 부서가 아닌 한 사람의 기여도를 평가할 것을 요청 받았다. 당연하게도 행동은 변했다. 회사 내의 협력은 훨씬 더 일반적이게 되었다. 이 시스템은 또한 지리적 경계를 넘어 몇몇 협력의 장애물을 허무는 데 도움이 되었다. 유럽, 아시아 그리고 미국 출신 은행원들은 각 나라의 지역적 비즈니스 고객을 좇기보다는 국제적인 고객에게 기꺼이 시중을 들었다.

네 번째 장벽: 함께 일을 하지 못하고 지식을 전달할 수 없는 것 마지막으로 사람들은 가끔 기꺼이 함께 일을 하지만 그들이 알고 있는 것을 다른 사람들에게 쉽게 전달할 수 없다. 왜냐하면 생소한 문제이기 때문이다. 이런 경우에 질문에 대한 지식의 본질은 사람들이 이미 서로를 이해하기 위한 관계를 가질 것을 요구한다. 예를 들어 지식이 암묵적일 때 그것은 다른 사람에게 내용과 뉘앙스를 설명하기 어렵다. 결국 그 사람들은 이해하기 어렵다는 것을 알 것이고 그 때문에 임무를 수정하고 그들의 지역 환경에 따라 포함시키는 것도 어렵다. 명확한 문맥 문화로 보여지는 지식에서도 똑같은 문제가 발생한다.[14] 이런 어려움들 때문에 암묵

11) See A.K. Gupta and V. Govindarajan, "Knowledge Flows Within Multinational Corporations," Strategic Management Journal 21 (April 2000): 473–496.

12) See W. Tsai, "Social Structure of 'Coopetition' Within a Multiunit Organization: Coordination, Competition and Intraorganizational Knowledge Sharing," Organization Science 13, no. 2 (March–April 2002): 179–190.

13) For a detailed description of these changes at Morgan Stanley, see M.D. Burton, T.J. DeLong and K. Lawrence, "Morgan Stanley: Becoming a 'One–Firm' Firm," Harvard Business School case no. 9-400-043 (Boston: Harvard Business School Publishing, 1999); and M.D. Burton, "The Firmwide 360-Degree Performance Evaluation Process at Morgan Stanley," Harvard Business School case no. 9-498-053 (Boston: Harvard Business School Publishing, 1998).

14) See M. Haas, "Acting on What Others Know: Distributed Knowledge and Team Performance" (unpublished Ph.D. diss., Harvard University, 2002).

적이거나 특수한 지식 전달은 더 힘들고 더 오랜 시간이 걸리며, 분명하고 일반적인 지식 전달보다 비용이 더 많이 들 것이다.

두 부서간의 전달이 강한 전문적 관계를 발전시킨다면 이런 문제들은 완화될 수 있다. 그런 경우 그들은 공유된 통신들을 발전시키고 그 속에서 각 부서는 어떻게 다른 사람이 절묘한 문구를 사용하고 어려운 개념들을 설명하는지 이해한다. 그런 관계의 부재에선 이방인은 효과적으로 함께 일하는 것이 어렵다는 것을 알 것이다. 예를 들어 세계적인 최첨단 회사에서 새 상품 개발 프로젝트의 적시적 업무이행에 대한 한 연구를 보면 다른 부서나 자회사와 대응관계로 인한 프로젝트 기술자들은 사전에 친밀한 개인 관계가 존재하지 않았을 때에는 그들의 프로젝트를 완성하는 데 20~30% 더 오래 걸린다는 사실을 발견하였다. 그 기술자들은 조직 단위 사이에 전달되지 않은 복잡한 기술들을 설명하고 이해하고 받아들이기가 힘들다는 것을 알게 되었다.

> 비록 그들이 협력에 동기가 있었더라도 프로젝트 동안 함께 일하고 배우는 것에는 속도가 느렸다.

이방인 문제를 완화하기 위하여 임원들은 다른 자회사로부터 온 직원들 사이에 관계를 확립하기 위해 노력할 수 있으나 그들은 그것들을 특수한 협력적 사안이 발표되기 전에 그렇게 해야 한다. 가장 효과적인 메커니즘 중의 하나는 서로 다른 부서와 자회사에서 일하는 사람들이 돌아가면서 일하는 것이다. 일시적으로 다른 장소로 이동하는 직원들은 종종 그 지역의 동료들과 강한 유대를 발전시킨다. 사람들이 원래의 장소로 돌아가 일을 할 때 그런 유대는 부서 간을 넘어 프로젝트의 성공에 특히 중요하다.

협력을 촉진하기 위한 경영 수단

장벽들을 줄일 수 있는 잠재적인 경영 수단들은 크게 리더십, 가치 그리고 목표 인사절차 그리고 부서를 넘는 메커니즘의 측면, 이 세 가지로 분류된다. 후자의 분류는 결국 정보 시스템, 그리고 공식 네트워크와 형식화된 측면 메커니즘으로 나뉠 수 있다. 회사에서 혼합된 각 장벽들은 사업 부문들, 자회사들 그리고 부서 간을 넘어 협력을 촉진하기 위해 경영 수단의 구체적인 혼합을 요구한다. 그리고 조심스럽게 선택하고 장벽을 줄일 수 있는 수단이나 경영 수단을 시행하는 것이 중요하다.

지도력, 가치 그리고 목표 이런 수단들은 도움을 청하고 제공하려는 사람들의 수동적인 태도를 감소시킨다. 지도자들이 직원들이 함께 일하는 데 있어서 협력의 중요성을 신호로 알릴 때 팀워크와 통일된 목표와 관련된 공유된 가치를 명확하게 하고 그들은 도움을 찾거나 제공하는 데 더욱 동기가 유발되는 것 같다.

몇몇 회사들은 작은 부분에 집중을 하는 근시적인 행동을 멈추고 사람들이 회사 부서를 넘어서고 깨닫도록 동기를 부여하는 강력한 목표를 설명하는 데 뛰어나다. 1990년에 Sam Walton은 Wal-Mart Stores Inc.가 2000년까지의 판매실적을 32억 달러에서 125억 달러에 도달하여야 한다고 말했다. 나이키는 1960년대에 운동화 산업에서 주요 경쟁사인 아디다스를 물리치길 원했다. 과거 수년간 Airbuss. S.A.S의 직원들은 Boeing co.를 공식적으로 이기기를 열망했다. 1990년대 후반에는 스타벅스가 세계에서 가장 인정받고 존경받는 브랜드를 설립하려는 야망을 담은 목표를 표명했다.[15] 그런 목표들은 조직 내의 직원들을 확산시키면서 통합시킨다. 만약 사람들이 편협하고 자기 승진만을 목표로 쫓아가는 것을 멈추지 않고 부서 간을 넘어 도움을 찾거나 제공함으로써 함께 동기부여가 되지 않는다면 그들은 목표에 도달할 수 없다.

하지만 지도력, 가치와 목표를 포함한 수단들은 함께 일하고 도움을 찾기 위한 사람들의 능력에는 영

15) For an in-depth look at inspiring common goals, see J. Collins and J. Porras, "Building Your Company's Vision," Harvard Business Review 74, no. 5 (September-October 1996): 65-77.

향을 미치지 않는다. 협력을 설교하는 지도자는 집단에게 동기를 부여할 수는 있지만 전문가를 배치하여 그들을 돕겠다는 말만으로는 직원들이 함께 일을 잘 할 수 없다. MNCs에서 효과적인 협력을 위해서는 충분조건이 아니라 공유된 가치와 목표에 대한 리더십 행동과 설명들이 필요하다.

인사 절차 신규채용과 승진기준 또한 도움을 구하거나 제공하는 것들을 꺼리는 것을 줄인다. 도움을 구하거나 제공하는 성향을 가진 후보들을 선택함으로써 조직은 시간이 지나면서 협업을 잘 해내는 사람들과 함께 효율이 오를 것이다. 마찬가지로 회사 내에서 상급직의 승진을 위해 협력적 행동기준을 증명하는 것은 협력적인 행동을 보여주는 지도자들이 형성될 것이라고 확신한다. 게다가 그런 승진기준을 가지는 것은 리더십 자리를 위해 직원들이 경쟁하도록 하는 강력한 신호를 보낸다. 협력하는 성향을 가지지 못하는 사람들은 지속적으로 원칙을 강요하며 회사를 떠나도록 하는 것 같다. 마침내 협력적 행동을 기반으로 직원들에게 보상을 하는 것 또한 유용한 수단이다.

승진과 보상제도들을 만들기 위해 회사는 매년 업무수행 기준을 변화시킬 필요가 있다. 금융 소프트 회사인 Intuit Inc.는 직원들이 두 가지 질문에 의하여 평가를 받는 연간 업무수행 제도를 실시했다. "무엇을 성취 하였나" 그리고 "어떻게 목표를 성취 하였나",[16] "How" 부분은 직원들이 목표에 도달하는 데 있어 작업이나 부서를 넘어 그들의 협력적인 노력을 평가한다. 충분히 협력하지 못한 직원은 비록 그가 개인적인 목표를 달성했다 하더라도 그 해에 더 낮은 점수를 받을 것이다.

부서를 넘는 수평적 메커니즘 만약 문제가 도움을 청하기 불가능하다면 가장 효과적인 수단은 연결장치의 구축, 지역에 따라 전문가의 명단을 작성한 전자 전화부 개발, 회사 내의 최상의 업무를 확인할 수 있는 벤치마킹 시스템의 개발 등 세 가지이다. 만약 그 문제가 함께 일하며 지식을 전달할 수 없다면 효과적인 수단은 다른 부서들의 직원들 사이에 강한 전문적인 관계와 부서 간을 넘는 방식의 개발과 규칙적으로 일어나는 상호작용을 조직하는 위원회를 구축하는 것이다. 이것들은 사람들이 서로서로 알고 시설을 공유하는 개인적인 유대를 개발하기 위한 공개토론을 제공한다. 협력에 4가지 장벽 모두가 MNGs에서 높은 편이지만 다른 회사들은 한 두 가지에만 직면한다. 그러므로 장벽의 원인이 되는 문제를 처음에 분석하는 것이 가장 중요하다. 예를 들어 만약 도움을 구할 수 없는 문제라면 지식경영이나 벤치마킹 시스템에 맡기는 것이 적절할 것이다. 하지만 인사 절차는 그럴 수 없다. 만약 사람들이 전문가를 찾지 못한다면 승진하기 위해 그렇게 하는 것은 말도 안 된다. 대조적으로 만약 그 문제가 확산된 NIH 증후군이라면 인사절차를 변화하는 것이 도움이 될 수 있지만 지식경영 시스템은 도움을 구하지 않거나 그들이 알고 있는 것을 비축하고 있는 직원들에게는 어떤 영향도 미치지 않을 것 같다.

협력에 대한 잠재적인 부정적인 면

또한 임원들이 관리해야 할 부정적인 면들도 있다. 한 가지 함정은 협력이 쉽게 과해질 수 있다는 것이다. 협력 발단에 고무된 직원들은 성취에 있어 어떤 요소도 없는 온갖 종류의 회의에 참여하기 시작할 수도 있다. 그런 비생산적인 협력은 회사전체 업무수행을 약화시킬 것이다. 예를 들어 BP내에 임원들이 협력적인 행동을 개발하기 시작하고 있었을 때 직원들은 예기치 못한 부서 간을 넘는 네트워크를 형성하기 시작했다. 석유탐사내의 검사만으로 헬리콥터 이용을 포함한 수 백 개의 네트워크를 확인했다. 그 시기에 몇 개의 사업체를 운영했던 John Leggate에 따르면 "사람들은 항상 만날 좋은 이유를 가지고 있었지만 우리는 갈

---

16) See M.T. Hansen and C. Darwall, 2003, "Intuit Inc.: Transforming an Entrepreneurial Company Into a Collaborative Organization," Harvard Business School case 9-403-064 (Boston: Harvard Business School Publishing, 2003).

수록 사람들이 핵심에 중점을 두지 않고 간단히 아이디어를 공유한 채 전 세계를 비행하고 있었다는 것을 더 깨달았다." BP의 임원들은 네트워크를 줄여야 했고 세부적인 결과에 중점을 둔 상호간의 미팅도 제한해야 했다.

협력적인 조직을 형성하기 위한 경영 수단들은 누가 그에 대한 책임이 있는지에 대한 명확한 설명을 포함해서 각 개인이나 사업부문의 업무수행 능력과 균형을 맞추어야 한다. BP에서 각 매니저는 조직을 넘어 참여하기 위해 명확한 기대로 두 명씩 짝지어 개인적 업무계약을 한다. 이 매니저들은 T-모양의 역할을 가진다. 그들의 주요한 책임은 자신의 사업부문이나 국가 자회사에 대한 결과를 초래하는 반면(T의 수직부분) 그들의 다른 책임은 도움을 구하고 다른 이들을 돕는 것이다(T의 수평부분). 이 이중의 역할은 실행하기가 어렵고 스트레스의 근원이다. 효과적인 T모양의 매니저들은 우선적으로 처리하는 것과 부하직원들에게 위임하는 것에 능숙한 경향이 있다. 그것들은 훌륭한 매니저들의 특성이면서 그들은 특별히 MNGs에서 있어서 중요하다. MNGs는 그들의 매니저들이 T의 2차원을 따라 효과적이기를 요구한다.

협력의 중심적 역할

협력의 중요성을 어떻게 바라보냐는 회사의 목적과 그 회사의 존재 이유에 대한 생각에 직접적으로 연관된다. 표준경제 변수에서 회사들은 판매에 실패할 때 발생한다.[17] 그런 관점의 조화에서 상품과 사람과 지식의 교환에서의 시장실패는 지리적 경계를 넘어 다국적기업의 경제 이론에서 오랫동안 주요위치를 차지했다.[18] 세계적인 시장들이 비교적 저개발되었고 실패하기 쉬울 때 이런 관점은 우리가 이해하는 데 적당한 기여를 하였다. 그러나 그러한 글로벌 시장들은 훨씬 더 발달되었고 비교적 더 효율적이기 때문에 회사가 존재하는 이유에 대한 다년간의 개념을 동등하게 고려할 때이다.[19]

대안적인 시각에서 회사들은 사람들이 혼자서는 성취할 수 없는 것을 협력적으로 성취할 수 있게 하기 위해 생성된다. 만약 한 회사가 어떤 조직의 진정한 목적으로써 이것을 받아들인다면 임원들의 관심에 대한 주요한 중점은 그들의 회사 내에서 협력을 조성하는 방법이 되어야 한다. 특히 규모와 범위에 대한 전통적인 경제를 기반으로 한 혜택이 급속히 약화되고 있는 시대에, 협력적 가능성의 성공적인 개발은 다국적기업들이 이득을 취하거나 경쟁자들보다 선두를 지키기 위한 열쇠를 가지고 있을지도 모른다.

---

17) See R.H. Coase, "The Nature of the Firm," Econometrica 4 (1937): 386 - 405.

18) See R.E. Caves, "Multinational Enterprise and Economic Analysis (Cambridge, United Kingdom: Cambridge University Press, 1982).

19) See C. Barnard, "The Functions of the Executive" (Cambridge, Massachusetts: Harvard University Press, 1939).

면서 자신의 기술을 온전히 보호할 수 있는 동안에 이루어지는 것이다. 그렇게 함으로써 언제든지 동맹관계를 파기하더라도 그 동맹관계로 인해 얻을 수 있는 이익이 보장되도록 만드는 것이다. 이런 가능성은 특히 어느 한쪽의 파트너 회사의 기술력과 경쟁구도가 핵심적인 상황에서 그들이 복잡한 구조적 처리과정 속에 자신들의 의도를 은폐하고(그렇게 함으로써 상대방이 기술을 배우거나 모방하기 어렵게 만들고) 일부 구체적이고 독립적인 장비나 도면이 공개되도록 하는 것이다(그리고 그렇게 함으로써 쉽게 관찰하고 모방할 수 있도록 만든다).

General Foods사가 일본 거대 식품 기업 Ajinimoto사와 파트너십을 체결할 때 냉동건조 커피 제품처럼 선진화된 가공 기술을 Ajinimoto사가 사용할 수 있도록 협약하였다. 그에 대한 보답으로 Foods의 일본 파트너 Ajinimoto사는 Foods사가 일본시장에 새롭게 출시하는 제품을 위하여 마케팅 전문 기술을 Foods에 제공했다. 그러나 몇 년 후 Ajinimoto사가 그들의 미국 파트너인 Foods사의 기술이전을 받아들이고 경영진이 더 이상 배울 기술이 없다고 판단한 순간부터 그들의 제휴는 변질되었고 마침내 해체되었다. 안타깝게도 General Foods사는 일본시장을 배우지 못하고 씁쓸함만을 남긴 채 제휴를 끝내야 했다.

또 다른 약탈적 전술은 파트너십을 이용하여 상대 파트너의 경쟁력을 약화시키기 위해 투자 주도권을 거머쥐는 것을 포함할 수 있다. 이와 같은 시나리오는 파트너라는 관계에 상관없이 기업의 입장으로 중요투자에 관한 사항을 통지하려 한다. 그와 같은 투자들은 제품개발, 제조, 마케팅, 그 밖에 전략적으로 중요한 비즈니스 가치사슬이 속해 있는 어느 부분에서도 일어날 수 있다. 이러한 전술들을 통해 공격적인 기업들은 파트너가 독자적으로 경쟁할 수 있게 하는 기업 활동 기반환경을 무력하게 만들고 마음만 먹으면 한쪽 기업을 착취할 수 있는 일방향성 협력 관계를 만들어 낸다.

그들이 잡지 기사에 대한 복사본을 활발히 제공함에도 불구하고 몇몇 권모술수에 능한 의도와 행동을 제외하면, 다수의 영업 제휴는 상호 신뢰와 공유 헌신에 기초하여 설립되고 유지된다. 하지만 가장 면밀히 구축된 전략적 제휴도 문제가 될 수 있다. 몇몇 전략적 문제에 단기적 해결책을 많이 제공함에도 불구하고, 이들 또한 더욱 심각하고 근본적인 결함을 숨기는데 급급하다. 단기적인 해결책은 문제를 해결하진 않고 그 문제에 대한 중압감을 경감해주고 그 문제가 결국 다시 표면으로 떠올랐을 때 기업을 더욱 취약하게 한다.

나아가 이러한 제휴는 일반적으로 작업 공유를 수반하기 때문에 각 회사는 거의 필연적으로 다른 파트너를 표면화하는 일을 통하여 "경영학습"의 혜택의 일부를 포기한다. 따라서 모든 기대를 충족시키는 최고의 각본의 파트너십임에도 불구하고, 매우 성공적인 파트너십에 따라 각자 다른 파트너의 이익으로 이어지지만 그로 인해 일부 경쟁사의 강화로도 이어진다. 그래서 성공적인 제휴 뒤에는 제휴 파트너에 대항하는 미래의 경쟁에 사용될 경쟁자의 새로운 장점으로 이어질 가능성이 항상 존재한다.[4] 중국의 가장 큰 국유 기업, Shanghai Automotive Industry Corp.(SAIC)의 예를 살펴보자. 2006년 4월, 이 기업은 자체 브랜드를 사용하여 자동차를 생산할 것이라 발표했다. 그전까진 SAIC는 오랫동안 Volkswagen과 GM의 중국 시장을 위해 합작투자하였다. 중국 법에 따르면 외국계기업이 중국에서 차를 생산하길 원하면 그 사업의 50%를 소유한 자국 파트너가 있어야 한다. 이후로는 Volkswagen과 GM의 SAIC와의 합작벤처는 SAIC의 자회사와 경쟁이 된 것이다. 2011년 중국 자동차 공업 협회에 따르면 SAIC가 3백 6십만 유닛을 생산함으로 중국기반 자동차 회사 중 출고량에서 선두를 차지했다.

마지막으로 경쟁 기업과의 협업은 회사 중 하나에 의해 인수될 전조가 될 수 있다. Carlsberg's Baltic Beverages는 Scottish & Newcastle(S&N)와 합작투자는 러시아와 신흥 동유럽 맥주 시장을 대상으로 2002년에 만들어졌다. 결국 Carlsberg는 합작투자 파트너 없이 시장에 뛰어들었다. 그러나 합작투자 계약서의 shotgun clause에 따라 합작투자 회사 중 투자를 종료하길 원하면 다른 파트너에게 Baltic Beverages의 지분을 제공하도록 되어 있다. 법원서류에 따르면, 2007년 S&N의 적대적 인수자금을 조달하기 위해 Carlsberg와 Heineken 간의 컨소시엄 형성을 발표할 때 Carlsberg가 조항을 피하려 했다고 S&N이 주장했다. 궁극적으로 Carlsberg는 S&N인수 시도에 성공했고, Carlsberg는 S&N의 지분 소유권을 인수했다.

전략적, 조직적 복잡성의 비용

최고의 환경에서도 협력은 이루어내기 어렵다. 하나의 기업이 스스로 활동을 개시하는 것처럼 가장 강력한 힘을 가능하게 하는 것은 한 회사가 가진 거래에 궁극적으로 누적되는 위험과 보상에 대한 이해와 직접적 혹은 간접적 참여에 대한 이해이다. 이 기본 동기는 전략적 제휴에 희석될 뿐이다. 더욱이 대부분의 제휴와 환경적인 불안정의 영역에서 그들은 종종 파트너십의 진화의 과정에서 축적되는 보상이나 좋지 않은 상황을 초래하게 되는 위험에 대한 완전한 이해를 막는 경우를 필연적으로 마주하게 된다. 결과적으로 할당된 위험과 보상 및 분열된 충성심의 맥락에서의 협력은 필연적으로 추가 관리 비용이 포함된 조직적 복합성의 문제를 만들어 내게 된다.

국제 파트너십은 종종 서로 다른 경제, 정치, 사회, 문화 시스템의 생산물들이 하나로 뭉쳐진다. 파트너 회사의 관리 유산의 차이는 각각의 전략적 사고방식과 관리 프랙티스가 뭉쳐져서 관리적 문제를 악화시킨다. 예를 들어 Xerox와 Fuji Xerox(성공적이면서 종종 문제를 일으키는 관계)는 미국과 일본회사의 합동 회사의 문화적 차이에서 발생한 경영 시스템의 차이의 결과로 팽팽한 긴장감이 있었다. 마찬가지로 이탈리아의 Fiat, 중국의 Nanjing 자동차 사이의 격동의 8년 합작 관계는 합작 회사가 끝나기 전에 4명의

4) These potential risks of competitive collaboration are discussed in Gary Hamel, Yves L. Doz, and C. K. Prahalad, "Collaborate with Your Competitor—and Win," *Harvard Business Review,* January/February 1989.

다른 CEO들이 7명의 판매와 마케팅 임원 7명을 해고하며 주게했다.

또한 조직의 복잡성은 많은 전략적 제휴의 전형적 활동으 아주 광대한 범위 때문에 어려움이 추가된다. 우리가 설명한 것 같이 오늘날 제휴의 두드러진 특징 중 하나는 넓은 활동 범위를 커버한다는 것이다. 이런 영역의 확장은 파트너들이 제휴 회사의 많은 영역을 관리할 뿐만 아니라 자기 조직 내에서 서로 다른 제휴 관련 일도 조정해야 할 필요가 있다. 그리고 제휴를 위한 목표, 업무, 경영과정을 지속적으로 모니터링하고 변화하는 상황에 적응해야 한다.

협력적인 벤처의 구축과 관리

이전 섹션에서 설명한 것처럼, 제휴는 완전히 내면화하는 전통 구조가 아닐뿐 아니라 외면화 활동을 통해 잘 명시된 거래의 관계도 아닌 시장을 기초로 한 계약에 의한 결합이다. 대신 이 두 요소를 결합해 놓은 것이다. 참여 기업은 자신의 경쟁 전략 및 성과 기대뿐만 아니라, 국가적, 이념적, 행정적 정체성을 유지하려 한다. 하지만 파트너십에서의 필요 효익을 취하기 위하여 다른 기업과 다른 나라의 다양한 조직은 그들의 활동을 효율적이고 유연하게 조정해야 한다.

이런 협력투자가 필연적으로 존재하는 몇 가지 중요한 경영 과제를 제시하는 데에는 여러 이유가 있다. 파트너 사이의 전략 및 환경적 격차, 흔한 경험과 인식 기반의 부족, 기업간 의사 소통의 어려움, 관심과 우선 순위의 갈등, 마주하게 되는 경영진 각 개인의 필연적 개인적 차이 등이다. 결과적으로 대부분의 관리자들이 전략적 제휴가 커다란 이익을 남겨줄 것이라고 생각하지만 제휴를 설립하는 것과 작동하게 하는 것에는 커다란 차이가 있다는 것을 깨닫게 된다.

도전은 두 가지 파트로 생각될 수 있는데, 하나는 분석, 협상, 사전 동맹 작업을 반영하는 것과 조정, 통합 및 적응의 사후 동맹 작업을 반영하는 것이다.

협력적 벤처의 구축

파트너 선정과 협상의 사전 제휴 과정의 품질은 제휴의 명확성과 상호기대의 상호작용(호혜)에 영향을 미친다. 제휴가 성공하기 위해선 관리자가 주의를 해야 할 사전 동맹 과정의 세 가지 부분이 있다. 파트너 선택, 책임 확장, 그리고 제휴 범위[5]이다.

파트너 선택: 전략적, 조직적 분석

잠재적인 파트너의 전략과 조직적 역량 분석의 과정은 중요하지만 어려운 사전 동맹 작업에 어려움을 준다. 몇몇 요소가 선택 과정의 질을 방해하기도 한다.

---

5) The pre–alliance process is in many ways similar to a pre–acquisition process and shares the same needs. See David B. Jemison and Sim B. Sitkin, "Acquisitions: The Process Can Be a Problem," *Harvard Business Review,* 2 (1986), pp. 107–14.

가장 중요한 제약은 잠재적인 파트너의 효과적 가치평가에 관한 필요 정보의 가용성에 달려있다. 효과적인 사전 동맹 분석은 파트너의 물리적 관련 자산(장비, 생산설비의 상태와 생산성)뿐만 아니라 무형자산(브랜드 파워, 고객과의 관계의 질, 기술적 지식의 수준)과 조직 능력(경쟁력 있는 경영능력, 사원의 충성도, 공유가치)에 대한 정보를 필요로 한다. 다국적기업이 대부분의 제휴가 체결되는 중 이런 정보를 얻는 어려움은 문화적, 물리적 장벽으로 인해 더욱 어렵게 만들지만 극복해야만 하는 것이다.

시간과 거리의 압박은 종종 차선의 파트너를 선택하게 되는 결과를 내게 된다. 표 6-2가 제시하는 것처럼, 일하기 편하지 않지만 경쟁력 있는 파트너를 선택하는 것은 좋은 점이 실제로 없다. 하지만 그 누구도 경쟁력보다 편안함에 기초하는 파트너를 선택하진 않을 것이다.

대부분의 전략적 제휴의 경험에서 배우는 중요한 가르침은 각 파트너의 경쟁력 있는 위치와 전략적 우선순위의 변화는 시간이 지남에 따라 제휴의 생존에 중요한 영향을 미칠 것이다. 상호보완적이고 잠재적인 파트너십을 만들기 위해 두 회사의 전략적 궤도가 보완과 협력의 가능성을 만들어 특정 시점에서 교차하더라도 이러한 상호보완성은 제휴에 너무 일시적이어서 지속적인 가치가 없어서 그들의 계획은 아마 갈라질 것이다.

잠재적 파트너의 전략적이고 조직 능력의 정적 평가를 하는 데 어려움이 있지만 시간에 지남에 따라 어떻게 능력이 변하는지를 효과적으로 사전 동맹 분석을 하는 것은 거의 불가능하다. 파트너십이 선진국과 개발 도상국 시장 사이에 형성되어서 이런 문제가 더욱 뚜렷할 수 있다. 예를 들어 정보, 보험 회사, 다른 자선 단체 그리고 건강 관리 회사와 파트너이면서 비영리 조직인 John Hopkins Midicine International은 세계적으로 최첨단 의료 시설을 개발하고 운영한다.[6] 조직의 CEO Steven J. Thompson이 제안하기를 개발 도상국은 파트너 지역의 시장 문화와 서양 의학의 모범 사례 사이의 끊임없는 충돌과 파트너 개발 도상국은 의료 서비스의 지속 가능한 품질을 제공하는 목표보다 풍부한 수익 확보에 더 관심이 있다는 것을 포함하여 고유한 문제를 안고 있다. 이러한 위험을 완화하기 위하여, Thompson은 회사들에게 조언하길, 개발 시장 파트너로 참여하기 위해서 자원을 헌신하고 프로젝트나 비즈니스 계획 과정을 파트너와 함께 일하며 두 파트너는 잠재적인 프로젝트를 명확히 이해할 수 있도록 하고 프로젝트에 대한 현실적인 결과에 동의하도록 잠재적 파트너의 의지를 평가할 수 있게 추구해야 한다.

잠재적인 파트너의 능력이 시간에 지남에 따라 어떻게 변할지에 대한 문제는 해답이 없겠지만, 미래 조직에 영구적이고 중요한 제휴라고 인식된 회사는 임시로 하기 보단 지속적으로 파트너 진행과정을 모니터링할 것이다. 일부는 경쟁 업체를 감시하기 위하여 설정한 통합 비즈니스 인텔리전스 시스템에 연결했다. 이런 그룹은 경쟁사의 잠재적인 전략을 분석할 뿐만 아니라 인수나 제휴 후보의 가치를 평가함으로써 특정 제휴 기회가 왔을 때 잘 준비할 수 있다.

---

6) Steven J. Thompson, "The Perils of Partnering in Developing Markets," *Harvard Business Review,* June(2012).

그림 6-2 파트너 선택: 편안함 vs. 역량

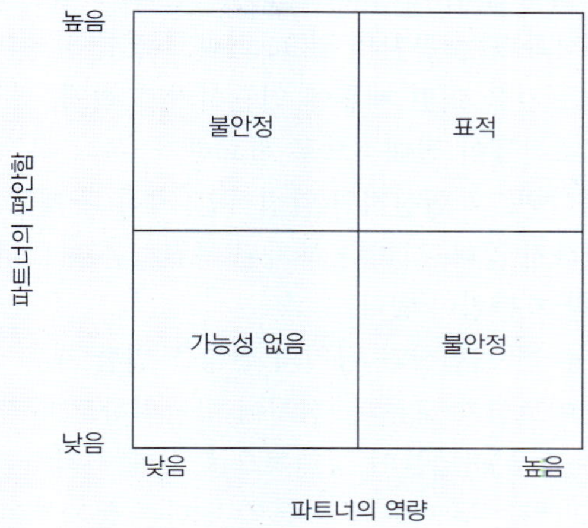

몰입 상승: 추적의 스릴

제휴 계획과 협상 과정은 비현실적인 기대와 그릇된 선택을 야기할 수 있다. 특히, 처리 과정에 관련된 관리자는 조직 내에서 제휴 아이디어를 판매하는 시도를 하면서, 개인 열정과 기대를 세울 수 있다. 이런 확장 프로세스는 '획득물의 결과는 추적의 스릴에 가려질 수 있다.'라고 이야기한 매니저의 말에서도 알 수 있듯이 많은 취득 결정 과정 중 관찰된다. 최고의 아이디어(책임 확장의 소용돌이에 종종 붙잡힌다)는 제휴 작업을 만드는 책임을 나중에 부여하는 운영관리자가 아닐 수 있기 때문에, 후자는 피할 수 없는 함정과 보이는 문제에 직면할 때 커다란 문제가 일어난다.

이러한 확장 과정을 통제하는 가장 효과적인 방법은 제휴 실시 단계에 개입될 핵심 운영관리자가 사전 결정 협상 과정에 참여하는 것이다. 이들의 참여는 커다란 헌신을 보장할 뿐만 아니라 사전 및 사후 제휴 사이의 연속성을 만든다 그러나 가장 큰 이점은 파트너 사이에 발전되어야 하는 장기간의 이해를 얻는 것이다. 제휴에서 동기를 부여하는 광범위한 전략적 목표는 협상 단계에서 특정 운영 세부 사항에 관련되어 있고, 기업은 제휴의 목표와 업무에 관한 정의와 이해 두 가지의 투명성과 일관성을 강화시킬 수 있다. case 6-2에 있는 Nora Sakari의 예로 이러한 벤처 협상의 문제를 생각할 수 있다.

제휴 범위: 단순함과 유연성의 추구

매우 자주, 협약 당시의 위원회가 보인 노력, 파트너들은 넓고 모두를 아우르는 기업 파트너십과 자본 참여 또는 자본 교환할 것을 압박한다. 성공적인 제휴를 맺는 비결은 파트너십의 범위를 단순화하고 집중적으로 정의하는 데 충분하지만 동시에 그 범위가 필요에 따라 재정의되거나 확장될 가능성을 유지하는 것으로도 충분하다. 더 복잡한 제휴는 유지되기 위해 더 많은 관리 집중이 요구되고 경영하기 더 어려운 경향이 있다.

파트너십의 경영 복잡성에 세 가지 요소가 추가된다: 복잡한 소유권 또는 자본의 상호 소유, 교차기능적 조직화 또는 통합의 필요, 그리고 결합 활동의 범위와 수의 폭. 잠재적으로 복잡한 협약 같은 것을 어떤 제휴에 연관시키기 전에, 경영진은 다음과 같이 물어야 한다. "이와 같은 조건들이 절대적으로 필요한가, 우리 목적에 부합하는가?" 간단한 OEM 협약이 충분하다면, 더 헌신적인(열성적인) 제휴 관계에 참여하는 것이 불필요할 뿐만 아니라, 바람직하지 않다. 그러나 부가된 복잡성은 파트너십의 목적을 성취하는데 문제와 고충이 증가할 가능성이 있다.

동시에 만약 필요하다면 재협상과 범위의 변경을 위한 제휴 조항을 어느 정도 유연성 있게 제공하는 것이 이로울지 모른다. 심지어 광범위하고 다각적인 제휴가 궁극적인 목적으로 대표될 때, 수 많은 기업들이 상대적으로 쉽게 시작하려는 성향을 찾을 수 있고, 제한된 파트너십의 범위는 두 파트너 모두 각자 다른 동기부여, 역량, 예상보다 더 큰 신뢰와 더 나은 깊은 이해를 발전시킬 때 점차적으로 확산된다.

다국적기업은 전통적인 이원적인 제휴와 파트너십을 대체할 매우 유연하며 글로벌적인 상호조직적 네트워크를 지향하는 것을 점점 더 의존할 것이다. 예를 들어 P&G는 사업부분은 내부적 네트워킹의 사업부에 의존했던 혁신적 모델에 의존하기 위한 지속적인 고수익성장을 지속할 수 없다는 것을 인지 했다. 결과적으로 P&G 혁신의 50%정도 권한 행사를 하며 P&G의 R&D 모델로 인식을 전향한 회사는 전 세계 외부 네트워크로부터 엔지니어와 과학자들을 영입해야만 한다. 혁신과 지식 관리를 위해 P&G 부사장인 Larry Huston과 기업 R&D 부서를 위해 회사의 사장인 Nabil Sakkab는 "우리는 우리가 어떻게 정의했는지를 변화해야만 했고, 우리의 R&D 조직—회사 내부 7,500명 인력에서부터 7,500 + 1백 5십만 (세계에서 저명한 과학자들과 엔지니어의 수를 P&G 측의 추산) 기존 인력 사이의 경계에 융합할 것을 인식했다. 우리는 '연결과 발전'의 혁신모델을 창출했던 이러한 배경에 맞섰다. 고객의 니즈의 분명한 감성에 대해, 우리는 더 빠르게, 더 좋은 품질과 더 저렴한 상품을 창출하기 위해 그들에게 전 세계에 걸친 유망한 아이디어를 찾아 확인할 수 있었고, 우리 자신의 R&D, 제조, 마케팅과 구매능력에 적용할 수 있었다."[7]고 말했다.

협력적 벤처들의 관리

제휴를 맺기 전 분석과 협상 과정들이 중요할지라도, 지속적인 관계를 유지하는 기업의 역량은 제휴의 성패를 가늠할 결정적 요소로 볼 수 있다. 협력적 벤처사업을 경영할 기업 역량에 영향을 끼치는 수많은 쟁점 중에서, 가장 중요한 도전으로 두드러지는 세 가지가 있다: 경계선 관리, 지식 흐름 관리, 그리고 전략적 목표(방향)의 제공이다.

7) Larry Huston and Nabil Sakkab, "Connect and Develop: Inside Proctor & Gamble's New Model for Innovation," *Harvard Business Review,* March (2006), pp. 59–60.

경계선 관리: 인터페이스(interface)의 구조화

파트너들은 경계선과 그들 자신의 조직들 사이에 인터페이스를 관리하고 제휴의 경계선을 구축할 수 있는 여러 방법들을 가지고 있다. 단적인 예로, 하나의 개별 법적 조직체는 완전한 자유를 갖고 제휴 업무를 관리하고 창출할 수 있다. 그렇지 않으면 제휴 영업활동은 더욱더 상당한 전략적, 운영적, 행정적인 통제와 함께, 하나 또는 두 모기업에 의해 경영될 수 있다. 그러나 수많은 사례들에서 뛰어난 기업체의 창출이 반드시 필수적인 것은 아니며 더 간소하며, 덜 관료적인 지배 메커니즘, 즉 합동 위원회는 공유 업무를 관리감독하고 지도할 수 있을 정도면 충분하다. 또한 활동범위 내에 폭넓은 잠재 가능성이 주어진다면, 제한된 협약으로 시작하는 것이 더 현실적일지 모른다. 파트너의 협약을 확보하는 것은 제휴의 위임사항(권한)을 축소하는 것보다 확대하는 것이 언제나 쉬운 일이다.

대안적 경계 구조들 사이에서의 선택은 제휴 범위에 크게 의존한다. 제휴 업무들이 확장된 기능적 상호의존성이 특화될 때 공유업무에 관계된 고도의 통합된 의사결정 과정이 요구된다. 이러한 환경에서는 독립된 기업체창출이 복잡한 상호 연계성을 관리하는 것이 가장 유일하며 효과적인 방법이기도 하다. 그와 반대로 비경쟁 시장에서 서로 각자 출시한 제품들을 마케팅 목적으로 하는 두 기업 사이에서의 제휴는 정기적으로 성과를 검토할 만한 단일 합작 위원회와 마케팅 변수들과 재무 협약을 통제할 몇 개의 단순한 규칙이 필요할 수 있다.

주식공개기업 영역에서 기업지배구조에 관련된 규제와 그 중요성이 증대됨에 따라 기업지배의 쟁점은 합작벤처투자의 활동영역 안으로 관심이 높아지기 시작했다.[8] 지배구조 프로세스는 높은 수준의 통합에 의해 특화된 제휴에 특히 중요하다. 맥킨지사의 경영 컨설턴트들은 모기업들이 합작벤처투자나 제휴 이사회에 적극적으로 참석하여 집중할 것, 그리고 주주의 이익 보호와 새로운 기업체의 재무적 성과와 직접적으로 관계된 세 분야—자본배분, 위험 관리, 성과 관리—에 선택과 집중할 것을 추천한다.[9] 게다가 맥킨지 컨설턴트들은 모기업들은 조직업무 개입에 엄격히 제한할 것을 권장한다. 왜냐하면, 경쟁적이며 즉시 반응해야 하는 변화무쌍한 시장 흐름에 제대로 대응 못하도록 업무개입에 침해함으로써 실패를 야기할 수 있기 때문이다. 궁극적으로 제휴의 지배구조는 기업체의 파트너들과 부서장들 사이에서 의사결정에 관계된 분명한 규칙을 명시할 것을 추천한다.[10]

8) Jeffrey J. Reuer et al. "Building Corporate Governance to International Joint Ventures," *Global Strategy Journal,* 1 (2011), pp. 54–66.

9) James Bamford, David Ernst, and David G. Fubini, "Launching a World-Class Joint Venture," *Harvard Business Review,* 82 (2004), pp. 91–100.

10) Paul W. Beamish, *Joint Venturing* (Charlotte, North Carolina: Information Age Publishing, 2008).

그림 6-3 활동 범위

좁은 범위	vs.	광범위
단일, 지역적 시장	vs.	다국가
단일 기능	vs.	완전한 가치 사슬
단일 산업/고객 그룹	vs.	다각화된 산업
안정적 투자	vs.	대규모
기존 사업	vs.	신규 사업
한정된 기한	vs.	영속

■ 지식 흐름의 관리: 인터페이스(interface)의 통합

구체적인 제휴 목적에도 불구하고, 협업프로세스는 서로의 학습 잠재력이 창출되고 참여 회사들의 경계를 초월한 정보의 전파가 발생된다. 이러한 지식 공유를 관리하는 것은 참여 회사에게 두 가지 책임이 따르게 된다. 첫 번째로 두 기업은 창출된 학습잠재력의 모든 개발과 이용을 보장한다. 두 번째로 두 회사는 그들이 제휴파트너들에게 공유를 원치 않는 경우는 그 어떠한 지식과 정보도 외부 유출을 허용해서는 안 된다.

첫 번째 책임에 관한 근본적인 문제는 인터페이스를 관리하는 개인들이 지식정보를 사용하는 최고 사용자가 아닐지 모른다. 파트너십으로부터 학습을 극대화하기 위해서, 조직에 효과적으로 융합되도록 기업은 인터페이스 관리자를 통합해야 한다. 게이트 키퍼는 제휴 경계를 통해 전달되는 다양한 종류의 정보로부터 가장 많은 혜택을 있을 수 있는 기업 내부의 경영집단들과 개개인들에게 접근 가능해야만 하며 그 지식을 보유해야만 한다. 기업의 경계에서 정보 흐름을 관리의 고충을 잘 아는 관리자들은 특정 메커니즘이 일어날 경우가 아니라면 이러한 교차경계 학습이 발생할 가능성이 쉽지 않다는 것을 깨달을 것이다.

인터페이스 관리자들의 선택은 학습을 촉진시키는 것이 가장 중요한 요소이다. 인터페이스 관리자들은 최소한 다음 세 가지 핵심 특성을 가져야만 한다. 첫 번째로 인터페이스관리자들은 내부조직 프로세스에 정통함에 틀림없어야 한다. 두 번째로 인터페이스 관리자들은 조직의 타 부서 내부의 핵심 관리자들에 접근할 수 있는지 위와 독립된 신뢰성을 가져야만 한다. 세 번째로 인터페이스 관리자들은 목표계획을 교차할 수 있는 지식과 유용한 정보를 인지할 수 있는 기업의 사업과 전략에 대해 폭넓은 이해가 필요하다.

인터페이스에 적절한 관리자들이 자리하지 않은 것은 효과적인 학습을 보장하기에는 어려울 수 있다. 그러나 행정지원 프로세스 또한 정보 전달자들의 효율성에 대해 모니터링하는 것이 발전되어야 하고, 정보의 체계적인 전달을 용이하도록 개선되어야 한다. 그러한 지원은 간소한 시스템과 메커니즘을 통해서 가능한데 프로젝트 팀이나 정기 검토회의에서 가장 효과적으로 달성되곤 한다.

제휴의 잠재학습 능력을 최대한 활용하는 반면 각 기업은 파트너에게 의도하지 않은 정보흐름을 제한할 수 있는 인터페이스 또한 관리해야 한다. 게이트 키퍼들은 민감한 독점지식을 적절히 보호 관리할 수 있는 인력과 데이터의 흐름을 효과적으로 통제하는 반면 조직체간의 경계를 초월한 정보의 자유로운 흐름을 보장하는 것이 게이트 키퍼의 섬세한 균형 업무이다.

■ 전략적 방향의 제공: 지배 구조

리더십과 방향을 제공하고, 전략적인 통제를 보장하며, 상호조직간의 갈등을 해결할 수 있는 성공 비결은 바로 효과적인 지배구조이다. 기업인수가 아니라면 제휴는 두 파트너들간의 균형을 전제로 내세우고 있기는 하다. 하지만 이러한 균형을 유지하기 위한 강박관념 같은 것이 파트너십을 통한 효과적인 지배구조를 창출하려는 기업들을 방해할 수 있다. 균형에 대한 엄격한 잣대 아래 운영되는 위원회와 기업들에게서 동일 인원의 참석자로 구성한 위원회는 가끔 수준 낮은 갈등 해결점을 도출하거나, 분명한 방향을 제시하지 못하곤 한다. 실제로 그 밖의 다른 경우로 순조롭게 시작한 제휴사들이 곤경에 처하곤 하는데, 그 이유는 제휴사들의 리더십과 지휘통제를 발휘할 위원회에 의존하기 때문이다.

이런 곤경에 처한 상황을 해결방법을 찾기 위해서는 파트너들 간에 분배된 균형보다는 통합에 기초한 협상을 해야만 한다. 이러한 합의로 각 의원은 투명하며 일원화된 리더십으로 구성되긴 하지만 각 기업은 다른 업무에 대한 책임을 가진다. 하지만 이렇게 세밀하게 균형을 맞춘 협의들은 파트너들이 특정 개인들을 동의할 수 있고, 이러한 개인들에게 제휴에 대한 포괄적인 책임을 위임할 수 있으며, 그리고 그들의 모회사보다는 제휴 그 자체에 대한 최상의 이익으로 운영할 그들의 능력을 보호할 때에만 작동할 수 있다.

결언

전략적 제휴의 관점에서는 극도의 희열과 환멸 사이에서 계속 오고 가고 하여 왔다. 마지막으로 이러한 파트너십이 완벽한 솔루션으로서 대표하지 않을지라도 특정 시점의 특정 기업은 최선의 솔루션을 이용할 수 있는 어느 정도의 안목이 필요할지 모른다.

쉬운 것 – 그러나 때로는 최선의 해결책이 아니다

수많은 기업들에게서 가능 큰 위험은 아마도 전략적 제휴에서 "빠르고 쉬운" 선택이 최선이거나, 이용 가능한 유일한 선택이라고 주장하는 것이다. 상호협력적 협의는 파트너십이 심각한 문제점을 숨기고 회복국면을 제공할 수 있는 만회의 상황으로써 매우 솔깃하다. 그러나 구제적인 목표나 장기 프로젝트에서 혼자 힘으로 진행하는 것이 가장 가치있고 올바른 선택일지라도 이와 같은 방법으로 모든 목적들을 직면할 기업은 거의 없다. 자원희소성, 전문성과 시간 부족이라는 이유로 완전한 독립과 자급자족이 가능하지 않을 때 위와 같은 제약조건 하에서—전략적 제휴들은 가장 현실적인 선택이 된다.

제휴는 비영속성일 필요가 있다

중요한 부분이긴 하지만 흔한 오해 요소로서 파트너십의 계약해지가 실패라는 단어의 동의어는 아니다. 많은 기업들이 변화하는 환경으로 인해서 그들이 맺었던 계약이 더 이상 적합하지 않을 때 파트너십 계약을 해지를 못 하거나 자발적이지 못하기 때문이기도 하고 일몰조항(sunset clause)을 지켜야 할 것을 그들의 파트너들과 선행투자에 대한 협상을 실패했기 때문에 고충스러워 보이기도 한다. 모든 조직들은 그들 자신의 영속성 때문에 내부적 압박이 일어나고, 제휴는 이런 지속적인 현실문제도 예외가 아니다. 참여기업들의 고위 관리자에게 한 가지 중요한 책임은 주기적으로 자문하는 것인데, 그들이 그렇게 하는 설득력 강한 이유를 찾은 경우에 한해서는, 제휴가 종결되어서는 안되고 협약으로서 계속 지속되어야만 한다.

유연성이 해결책이다

전형적으로 오리지널 협약은 한정된 정보와 비실현적인 기대에 기반을 둔 파트너십이다. 공동 작업하는 실제 과정으로부터 얻은 경험은 세부 조정을 제공받을 기회와 더 높은 수준의 합작가치창출을 성취할 수 있는 더 나은 방법을 자주 찾을 수 있다. 이러한 환경 안에서 변화하는 조건에 제휴의 목적, 범위, 경영을 수용할 수 있는 유연성은 기본으로 갖춰야 한다. 게다가 변화무쌍한 환경 변수들이 본래의 목적과 계획들을 구식으로 만들지 모른다. 효과적인 파트너링은 변화하는 것을 모니터할 능력과 즉각 대응할 수 있는 진전된 파트너십을 허용할 역량이 요구된다.

내부 지식 네트워크: 학습에 기초한다

마지막으로 학습은 공식적인 목표들 중 하나가 대표가 되든지 간에 파트너십으로부터 이끌어낼 수 있는 주요 혜택들 중 하나이다. 하지만 이렇게 발생한 학습으로 인해, 기업은 파트너로부터 이용 가능한 기술과 지식을 수용해야만 하고 조직은 그러한 학습 파급효과를 전파할 수 있어야 한다. 내부 지식 네트워크가 부족할 경우에는 파트너로부터 얻은 정보의 잠재적 가치에도 불구하고, 그것이 전달되지도 적용되지도 않을 수 있다. 그러므로 4장에서 설명한 것처럼 통합 네트워크 경영과 구축은 효과적인 내부 프로세스뿐만 아니라 효과적인 조직의 틀을 초월한 경영을 기본 전제로 해야 한다.

Case 6-1 샤프: 일본을 넘어서[1]

Derek Lehmberg

미키오 카타야마(Mikio Katayama)는 전자제품 업계에서 이류 기업의 이미지를 벗고 지난 10년 동안 전자제품 분야에서 최고의 경쟁 업체로 인정받아 온 샤프(Sharp Corporation)의 사장이었다. 샤프는 일본 휴대폰 핸드세트와 TV 세트 시장에서의 선도적 지위뿐만 아니라 액정표시장치(LCD) 기술분야에서 선두주자로써의 세계적인 명성을 자랑하고 있었다. 그러나 이러한 성공에도 불구하고, 샤프(Sharp)의 향후 전망은 전혀 낙관할 수 없는 상황이었다. 2009년 봄, 샤프(Sharp)는 회사 주식이 도쿄증권거래소(Tokyo Stock Exchange)에서 거래가 시작되었던 1956년 이래 처음으로 적자를 보고했다. 뒤이은 연례 주주총회에서 카타야마(Katayama)는 "주주들에게 큰 불안과 걱정을 끼친 점"에 대해 사과하고 회사의 배당금을 줄인다는 사실도 발표했다.[2] 1930년대 이래 가장 심각한 세계적 경기침체로 인한 매출 부진으로 인해 샤프(Sharp)의 경쟁사들 역시 어려운 시기를 맞고 있었다. 그러나 샤프(Sharp)의 문제점은 당시의 하강 국면을 초월하는 것이었다. 카타야마(Katayama)는 샤프(Sharp)의 근본적인 사업 방식을 재고할 필요성이 있다고 느꼈다.[3]

샤프(Sharp Corporation)

샤프(Sharp)는 일본 오사카에 본사를 둔 전자회사였다. 이 회사의 주요 사업은 전자제품 분야 및 전자부품 분야로 구성되어 있었다(〈**도표 1**〉 참조). 전자제품 분야는 시청각 및 통신 장비, 보건 및 환경 장비, 정보 장비 등 세 가지 범주로 구분되어 있었다. 전자부품 분야에는 LCD, 태양전지, 기타 전기장비들이 포함되어 있었다. 이들 부품들 중 많은 부분은 샤프(Sharp)의 광전자 공학 전문기술에 의존하고 있었다.

샤프(Sharp)의 기술전략은 전자부품들과 샤프(Sharp)가 만든 최종제품 간 시너지 효과에 초점을 맞추는 것이었다. 최종소비자제품을 통해 샤프(Sharp)는 자사의 부품관련 기술을 향상시키는 기회는 물론, 부품관매 효과도 누릴 수 있었다. 샤프(Sharp)는 자사의 부품능력을 활용할 수 있는 새로운 시장수요도 모색했다. 회사는 다른 기업들이 흉내 낼 수 없는 방식으로 샤프(Sharp)의 지식과 능력을 결합한 "유일한" 제품을 개발하고 생산하는 데 온 힘을 쏟았다. 이러한 접근방식은 독특하고 획기적인 제품들을 개발한 샤프(Sharp)의 인상적인 회사 역사의 핵심이었다(〈**도표 2**〉 참조).

샤프(Sharp)는 국제시장에서 적극적으로 활동했

IVEY
Richard Ivey School of Business
The University of Western Ontario

1) 이 사례는 발표된 출처만을 토대로 작성되었습니다. 따라서 이 사례에서 해석되고 표현된 관점들은 딱히 샤프(Sharp Corporation) 혹은 그 직원들 누구의 해석이나 관점은 아닙니다.

2) "Sharp—Akajide Katayama-shachora Chinsha," The Mainichi Newspaper, Tokyo, June 24, 2009.

3) H. Sagimori, "Sharp Ishin: Saraba Kameyama Model," Nikkei Business, July 6, 2009, pp. 18-21.

도표 1 샤프(Sharp)의 제품군

	제품군	주요제품
소비자/정보제품	시청각 및 통신장비	LCD TV, 프로젝터, DVD 레코더 및 플레이어, 블루레이 디스크 레코더 및 플레이어, 휴대전화
	보건 및 환경장비	냉장고, 전자레인지, 소형조리기구, 에어컨, 전기히터, 공기청정기, 제습기, 가습기, 세탁기, 진공청소기, LED 전구
	정보장비	PC, LCD 모니터, 전자사전, 계산기, 전화기, POS 시스템과 금전등록기, 디지털 다기능프린터(MFPs), 팩시밀리
전자부품/장비	LCD	LCD 모듈(유형: TFT LCD, Duty, 시스템)
	태양전지	박막 태양전지, 크리스탈 태양전지
	기타	CCD/CMOS 이미지 센서, LCD용 LSI, 마이크로프로세서, 플래시 및 콤비네이션 메모리 칩, 레이저 다이오드, LED, 옵티컬 픽업, 광센서, 광통신 부품, 방송 및 튜닝부품, 전원공급 장치

출처: 회사 웹페이지.

지만, 자사의 전자부품 제조는 전적으로 일본에서만 수행했다. 흔히 이러한 부품들은 최첨단 기술로 만들어지며, 자본집약적인 제조공장을 필요로 했다. 반면에 샤프(Sharp)의 해외 공장들은 주로 현지의 제품소비를 위해 제품의 최종조립에 중점을 두고 있었다. 일본의 국내 공장들은 고부가가치 지식의 중심이 된 반면, 해외 공장들은 그렇지 않았다.

미키오 카타야마(Mikio Katayama)

미키오 카타야마(Mikio Katayama)는 동경대학교에서 공학사학위를 받은 후, 1981년 샤프(Sharp)에 입사했다. 그는 샤프(Sharp)에서 독특한 경력을 쌓아 갔다. 카타야마(Katayama)는 초기에 태양 전지판 부문에서 근무했지만, 그 후 샤프(Sharp)의 LCD 사업부문으로 옮겼다. 카타야마(Katayama)는 2003년 이사로 승진했고, 2006년에는 전무이사로 임명되어 대형 LCD와 LCD TV 부문을 책임지게 되었다. 겨우 40대였던 카타야마(Katayama)는 샤프(Sharp)의 다른 임원들보다 훨씬 젊은 임원이었다. 2007년 4월 카타야마(Katayama)는 샤프(Sharp)의 사장이 되고 전임 사장이었던 가츠시코 마치다(Katsuhiko Machida)는 회장으로 선임되었다.[4]

카타야마(Katayama)는 범상치 않은 능력의 조합을 보유하고 있었다. 공학적인 배경을 지니고 있었지만, 폭넓은 전략적 비전을 개발하고 소통하는 능력은 그를 돋보이게 했다. 일선 경영현장에서 동시다발적으로 발생하는 여러 난관들에 효과적으로 대응하기 위해서 샤프(Sharp)는 카타야마(Katayama)가 보유한 독특한 리더십이 필요했다.

액정표시장치(LCD)

수년 동안 "샤프(Sharp)"라는 이름은 선도적인 LCD

4) Mikio Katayama interview with Nikkei Business, "Kukyo koso Seicho Vision," *Nikkei Business*, July 6, 2009, pp. 22–24.

도표 2 샤프(Sharp)와 관련된 주요 사건들

연도	사건
1925	최초의 일본제 라디오 세트를 생산함.
1953	최초로 일본에서 TV세트를 대량생산함. 기술은 RCA로부터 라이센싱함.
1964	세계 최초로 트랜지스터 다이오드 계산기를 생산함.
1970	RCA로부터 LCD 기술을 라이센싱하고, LCD를 개발하기 시작함.
1973	세계 최초의 LCD 계산기인 'LC Mate EL805'의 판매를 시작함.
1974	시계전문 기업인 오리엔트(Orient)는 샤프(Sharp)로부터 공급받은 디스플레이를 바탕으로 LCD 시계의 판매를 시작함.
1986	STN-LCD를 탑재한 일본어 워드프로세서인 샤프(Sharp)의 'Shoin'은 히트상품이 됨.
1987	3인치 컬러 TFT LCD TV의 대량생산을 시작함.
1989	LCD 뷰파인더를 장착한 비디오 카메라를 출시함.
1989	차량용 내비게이션에 LCD를 사용함.
1991	세계 최초의 벽걸이 LCD TV를 판매하기 시작함. 이 제품은 8.6인치의 디스플레이를 채택했고, 가격은 50만 엔이었음.
1992	3인치 TFT-LCD 디스플레이를 장착한 LCD 비디오 카메라인 '뷰 캠(View Cam)'의 판매를 시작함.
1993	리눅스 OS기반의 자우러스(Zaurus) LCD 기반의 PDA를 소개함.
1995	10.4인치와 8.4인치 크기이 '윈도우' LCD TV를 소개함.
1995	샤프(Sharp)가 생산한 LCD를 장착한 랩톱 컴퓨터 뫼비우스(Mebius) 제품라인을 소개함.
1995	LCD 마이크로디스플레이를 사용하는 43인치 리어 프로젝션(rear projection) TV를 소개함.
1998	2005년까지 전체 TV 라인업을 LCD TV로 교체한다는 선언을 함.
1998	세계 최초의 평편 패널 TV의 풀 라인업을 발표함.
2001	13, 15, 20인치 크기의 아쿠오스(AQUOS) 브랜드 LCD TV 라인을 소개함.
2002	2개의 37인치 LCD TV 모델을 소개함.
2004	45인치 풀 HD(full high definition) LCD TV의 판매를 시작함.
2004	가메야마(Kameyama) 공장에서 세계 최초로 6세대 LCD 라인의 생산을 시작함. 이것은 세계 최초의 TV제품 전용 LCD 라인이었음.
2005	Teleases는 일본시장에서 마지막 CRT TV모델 3개를 판매함.
2005	세계 최초의 8세대 LCD를 생산하게 될 가메야마(Kameyama) 제2 LCD 공장의 건설을 시작함. 2006년 10월 생산라인을 갖추게 됨. 총 투자액은 1천500억 엔.
2007	일본 사카이(Sakai)에 세계 최초의 10세대 LCD 공장의 건설을 발표함. 샤프(Sharp)의 투자는 약 3천 800억 엔이 될 것이며, 2010년에 생산을 시작할 계획임.
2007	국제전자제품박람회(CES)에서 세계 최대의 LCD TV(48인치)를 소개함.

출처 : Nikkei BP (1991~2008), Sangyo Times (1990, 1992~2008), and Fuji Chimera (1998~2007) 등을 포함해 평면 패널 디스플레이 산업의 연속간행물들을 편집하여 작성함.

기술과 연관되어졌다. 1968년 샤프(Sharp)의 엔지니어 중 한 명이 RCA의 LCD 시제품이 나오는 TV 동영상을 보고난 뒤에, 샤프(Sharp)는 최초로 그 기술에 주목하게 되었다. 1970년 샤프(Sharp)는 그 기술에 대한 라이센싱 계약을 체결하였다.[5] RCA의 LCD 구현 기술은 평면 스크린 TV 디스플레이로써의 장래성에 초점을

5) T. Numagami, *Ekisho Display no Gijutsu Kakushinshi*, Hakuto Shobo Publishing, Tokyo, 1999.

맞추었다. 그러나 RCA는 이후 LCD가 직면한 기술적 장벽이 너무 높다는 결론을 내렸고, 결국 LCD 개발을 중단하였다. 샤프(Sharp)는 LCD에 대해 매우 다른 판단을 내렸는데, LCD가 TV 이외의 많은 다른 제품들에 유용하게 적용될 수 있다는 생각을 했기 때문이었다. 기본적인 LCD조차도 계산기와 시계에 적용할 경우 다른 디스플레이 기술들에 비해 명백한 이점을 지닐 수 있었다.

샤프(Sharp)는 여러해 동안 지속적으로 그리고 적극적으로 LCD 기술을 개발했다. 비록 초기의 LCD는 많은 한계점들을 지니고 있었지만, 기술이 발달함에 따라 이들 중 상당 부분이 극복될 수 있었다. 1980년대 후반에 박막 트랜지스터 LCD(TFT-LCDs)가 개발되어 밝고 선명한 디스플레이를 구현할 수 있게 되었다. 그러나 이들은 생산하기가 어려웠고 고가였기 때문에 저전력용과 LCD 평면 디자인이 절대적으로 필요한 부문에 적용하는 데에는 한계가 있었다. 샤프(Sharp)는 내비게이션 시스템과 랩톱 컴퓨터와 같이 높은 원가와 작은 크기에도 불구하고 디스플레이가 매력적으로 적용되는 디스플레이 부분을 파악하고 있었다.

샤프(Sharp)만이 LCD 기술을 추구하고 있는 것은 아니었다. 많은 다른 전자회사들, LCD 조립 장비 제조업체들, 부품 공급업체들도 LCD 연구개발에 많은 투자를 했다. 1990년대에 이룩한 LCD 부문의 많은 기술적 진보는 이처럼 상이한 여러 기업들의 지식 교류와 통합 덕분이었다. 특히 LCD 생산수율(生産收率, 특정한 투입량으로부터 가용한 디스플레이를 생산해 내는 비율)이 극적으로 증가하여 디스플레이의 생산단가가 낮아지게 되었다.

산업 내 협력은 불리한 측면도 존재했다. 생산기술이 5세대에 이르렀을 즈음 LCD 생산경험이 미천한 기업들이 새로운 공장을 구입하고, 외부의 제한적인 도움으로도 무리 없이 공장을 운영하는 수준에 까지 이르렀다. 향상된 생산설비, LCD 숙련 기술자들의 이동 및 기술 이전 계약의 증가는 한국과 대만 기업들의 LCD 기술개발을 촉진시켰다. 이들 새로운 경쟁자들이 운영 노하우를 습득하게 되자, 기존 일본의 LCD 기업들은 점차 경쟁의 어려움을 실감하게 되었다.

업계의 협조적인 접근방법은 LCD 생산과 원가절감 등의 성과향상을 촉진시키기는 했지만, 샤프(Sharp)는 자신들이 보유하고 있었던 전유(專有) 지식(proprietary knowledge)의 상당 부분을 외부의 경쟁자들이 학습함에 따라서 경쟁력의 약화를 우려하게 되었다. LCD에 대한 주요한 투자를 보호하고, 자사가 누리고 있는 원가상의 이점을 유지하기 위해 샤프(Sharp)는 보다 비밀스럽게 사업을 진행하기로 결정했다. 가메야마(Kameyama, 일본 미에현) 지역의 두 개 공장을 시발점으로 하여 샤프(Sharp)는 제조공장 운영에서 "블랙박스"식 접근방법을 추구했다.[6] 샤프(Sharp)는 외부인들이 자신의 LCD 공장을 내부시찰하는 것을 허락하지 않았다. 심지어는 공급업자와 장비 생산업자들을 포함한 핵심 파트너들조차도 하역장 너머로는 들어가지 못했다. 샤프(Sharp)는 이러한 기밀성에 초점을 맞춤으로써, 다른 방법으로는 잃을 수도 있는 전유 기술의 주도권을 계속 유지하는데 도움이 될 것으로 믿었다.[7]

기타 LCD 속성의 개선

LCD는 생산수율의 문제와 높은 원가 문제에 더하여, 기타 성능적인 문제도 있었다. 초기 LCD는 옆에서 볼 때 얼룩덜룩하고 깊은 검은 색을 표현할 수 없었으며, 움직이는 영상은 흐리게 보였다. 이러한 문제들은 랩톱 같은 일부의 제품에 적용하는 데는 크게 염려할 필요가 없었지만, 비디오와 TV에 적용할 경우에는 중요한 문제가 됐다.

주요 LCD 생산업체들은 이러한 영상의 질적 문제를 우려했고 이를 개선하기 위해 연구개발에 투자했다. 비록 샤프(Sharp)가 이 분야에서는 좋은 평판을

6) "04 Nihon Keizai/3 Chusho-Hiseizogyo no Katusriki," *The Mainichi Newspaper*, Tokyo, July 21, 2004.

7) Sharp Corporation Annual Report 2006.

보유하고는 있었지만, 이러한 문제를 혼자서만 제기한 것은 아니었다. 시간이 지날수록 LCD와 관련된 많은 문제들은 주요 기업들이 생산하는 어떤 LCD에서도 일반 소비자들이 문제점을 확인할 수 없을 정도로까지 개선되었다.

LCD 패널 산업

샤프(Sharp)는 다수의 대규모 LCD 생산업체들과 경쟁했다. 비록 중국도 LCD 생산에서 한 몫을 하는 생산자가 되기 위한 관심을 기울이긴 했지만, 주요한 경쟁기업들은 주로 한국과 대만에 있는 기업들이었다. 이 시점까지만 해도 중국의 LCD 역량은 단순한 형태의 LCD에 한정되어 있었고, 생산설비도 구형이었지만 변화의 조짐이 나타났다.

샤프(Sharp)와 같은 일부 주요한 LCD 생산업체들은 자신들의 생산제품에 대한 내부적인 큰 수요를 지니고 있었지만, 그 외의 다른 업체들은 LCD 모듈을 일반시장이나 전략적 파트너 회사에 팔았다. 일부의 디스플레이는 특정 기기에 맞게 맞춤제작 되었지만, 표준 해상도를 지닌 통상적인 사이즈의 디스플레이는 일반상품으로 거래됐다. 1990년대 초기에는 고수익 제품이었던 노트북 컴퓨터의 디스플레이는 이처럼 일반상품화된 LCD 제품의 본보기가 되었다.

LCD 생산설비는 사용하는 유리 기판(glass substrate)의 세대에 의해 범주화되었다(〈**도표 3**〉 참조). 새로운 세대의 생산설비가 소개될 때마다, 사용되는 유리 기판의 크기도 커졌다. 비록 투자 요구가 커지기는 했지만 보다 큰 기판을 이용하여 제품을 생산하는 것은 비용적인 측면에서 더욱 효율적이었다. 최신식의 대규모 공장들로 인해, 새로운 생산라인 하나가 가동될 때마다 LCD 패널의 시장가격에 매우 큰 영향을 미쳤다.

LCD 패널 시장은 큰 가격 변동성으로 특징지을

도표 3 세대별 · 생산 시작 연도별 기판의 크기

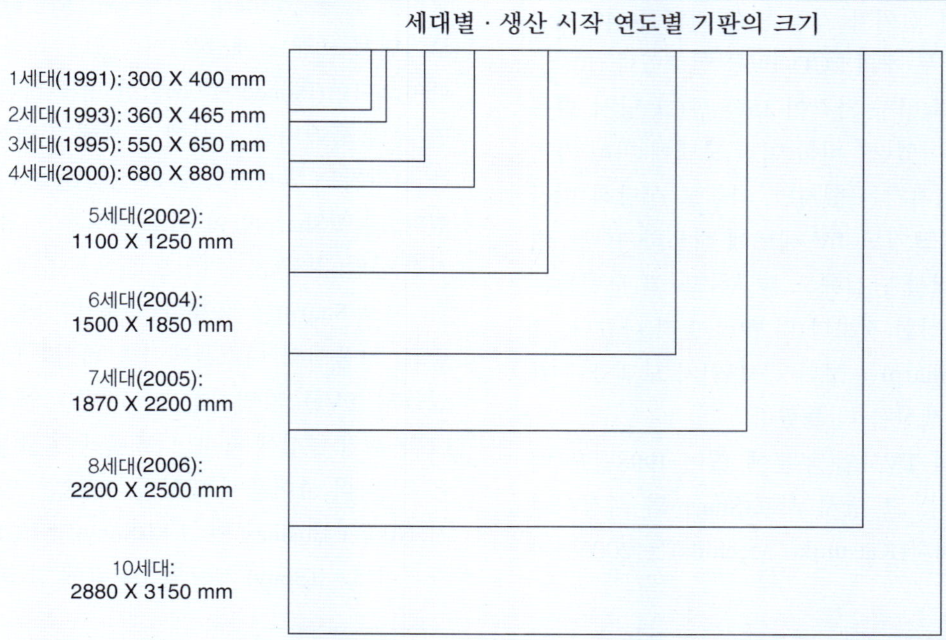

출처: 기판의 크기는 Deutsche Bank, 2003; Fuji Chimera, 2006; Sharp's website. 생산 시작 연도는 Nikkei BP(1990~2008)를 참고하였음.

수 있었는데 이러한 변동성은 LCD 생산업체들의 수익에 불안정성을 가중시켰다. 이러한 호황과 불황의 반복되는 패턴은 "크리스털 사이클(crystal cycle)"로 알려지게 되었다. 높은 수준의 범용화(commoditization)와 생산 효율성에서의 급속한 개선은 결국 장기간 동안 LCD 패널의 가격을 더욱 낮추는 추세의 배후로 작용했다.

텔레비전 세트 사업

비록 샤프(Sharp)가 최초로 일본에서 텔레비전 세트를 생산한 기업이긴 하지만 음극선관(CRT) TV 세트 사업에서는 주요 기업이 된 적이 한 번도 없었다. 자체 CRT 생산 역량이 부족했기 때문에 샤프(Sharp)의 TV는 경쟁 업체들이 생산한 튜브를 사용하여 제작되었다. 이러한 이유로 샤프(Sharp)는 자체적으로 TV 부문에서 주요한 약점을 지니고 있다고 판단했다.

샤프(Sharp)의 LCD 기술이 향상됨에 따라 회사는 LCD TV 세트를 생산하기 시작했다. 초기 모델은 매우 작은 스크린을 장착하고 있었음에도 불구하고 엄청나게 비싼 가격표를 달고 출시되었다. 1995년 샤프(Sharp)는 대각선 길이가 각각 8.4인치와 10.4인치인 스크린을 장착한 두 개의 LCD TV를 선보였다. 10.4인치 모델은 권장 소비자 가격이 15만 엔(그 당시 환율로 약 1,600달러)이었다.[8] 비록 이전 모델에 비해 가격이 현저하게 떨어지기는 했지만, 아직도 상당히 비싼 편이었고 스크린 크기도 TV 세트에 적용하기에는 여전히 작았다. 이러한 단점에도 불구하고, 그 모델들은 샤프(Sharp)가 예상한 것보다 더 빨리 팔려 나갔다. 그 다음 해에 샤프(Sharp)는 보다 큰 13인치 모델을 추가하고 LCD TV의 생산을 더 늘렸다.[9]

샤프(Sharp)의 TV사업 부분에 있어 1998년은 매우 중요한 해였다. 그 당시 샤프(Sharp)의 사장이었던 가츠시코 마치다(Katsuhiko Machida)는 2005년까지 LCD 기반의 모든 TV 라인업을 구축하겠다는 의사를 밝혔다. 업계 내부에서는 이 발표가 "마치다 선언(Machida Declaration)"으로 알려지게 되었다.[10] 그 당시 LCD의 높은 가격과 한정된 스크린 크기를 고려할 때 이러한 선언은 대담한 것이었다. CRT TV는 보다 저렴한 가격에 훨씬 더 큰 스크린을 장착했으며 더 나은 영상 품질을 보유하고 있었다. 플라즈마(Plasma) TV도 시장에 출시되기 시작했다.

2001년, 샤프(Sharp)는 LCD TV 세트의 아쿠오스(Aquos) 라인을 선보였다. 이 TV들은 최신 디스플레이 기술에다 품격 있는 산업 디자인을 더한 특징이 있었다. 샤프(Sharp)의 신제품 광고에 많은 일본 주부들이 금방 알아보는 일본 여배우 사유리 요시나가(Sayuri Yoshinaga)를 출연시켰다. 주부들에게 어필하는 이러한 광고방법은 일본 TV 세트 시장에서는 새로운 전술이었다. 구매 규모를 고려할 때 가계 예산을 관리하는 일본 주부들을 겨냥한 광고는 영리한 전술로 여겨졌다.

아쿠오스(Aquos) 라인은 선풍적인 인기를 끌어 TV 세트 시장에서 샤프(Sharp)의 지위를 극적으로 향상시켰다. 샤프(Sharp)는 새로운 모델들을 줄줄이 선보이면서 브랜드 개발을 지속했다. 히타치(Hitachi)와 파이오니어(Pioneer)를 포함한 몇몇 다른 기업들도 평면 패널 텔레비전 시장에 초기에 진입함으로써 혜택을 누리기는 했지만 그들의 성공은 그리 오래가지 못했다. 샤프(Sharp)만이 새로 획득한 시장 지분을 오랜 기간 동안 유지하는 기업으로 홀로 우뚝 섰다.

샤프(Sharp)는 훌륭한 제품 디자인, 잘 이해되는 광고, 고품질의 디스플레이를 바탕으로 시장에서 자신들의 TV를 차별화했다. 하지만 업계의 전반적인 LCD 품질 향상에 따라, 디스플레이 품질로 인한 이점은 점점 더 줄어들게 되었다. 2008년, 일본 뉴스 주간지 Nikkei Business는 소니(Sony)의 LCD TV 그리고 가격이 소니(Sony) 제품의 1/4 밖에 안 되며 상표도 없

8) *Flat Panel Display 1996*, Nikkei BP, Tokyo, 1996.

9) *Ekisho Maker Keikaku Soran 1996*, Sangyo Times, Tokyo, 1995.

10) "Sharp Braun-kan TV Zenpaihe 7-nengo madeni subete Ekishoka," *Sankei Shimbun*, Tokyo, August 19, 1998.

는 LCD TV를 비교하는 기사를 게재했다. 기술자들이 두 제품을 분해하고는 소니(Sony)의 우아한 디자인을 크게 칭찬하기는 했지만, 소비자들이 두 제품의 비디오를 비교하여 품질의 차이를 식별할 수는 없을 것이라는 영상 품질 전문가의 말을 인용했다.[11]

일본의 소비자 전자제품 제조업체인 파이오니아(Pioneer)는 고품질의 영상 및 디스플레이를 기반으로 한 자사의 TV 세트를 차별화했다. 영상 품질 전문가들은 파이오니아(Pioneer)의 TV 세트와 그것에 사용된 플라스마 디스플레이에 찬사를 보냈다.[12] 그러나 파이오니아(Pioneer)의 고가 전략은 회사에는 별 도움이 되지 않았다. 소비자들은 동일한 크기의 경쟁 모델보다 수천 달러나 더 비싼 파이오니아(Pioneer) TV의 구매를 망설였다. 반면 경쟁사들은 규모의 경제로 인한 이점과 생산 경험을 통하여 더 저렴한 원가를 실현하는 동안, 파이오니아(Pioneer)는 비용효과성의 측면에서 훨씬 뒤처지게 되었다. 손실을 언급하며 2008년에 파이오니아(Pioneer)는 디스플레이 생산을 중단했으며, 2009년 초에는 TV 사업에서도 철수한다고 발표했다.[13]

파이오니아(Pioneer)의 실패는 TV 사업에서의 차별화의 한계를 재확인시켜 주었다. 샤프(Sharp)는 TV 세트의 가격을 소니(Sony)와 파나소닉(Panasonic) 같은 최고 브랜드와 비슷하게 책정할 수는 있었지만, (단지 영상 품질만이 아닌) TV 세트의 특징을 대폭 향상시키지 않는 한, 자사 제품이 경쟁제품보다 더 나은 가치를 지녔다고 소비자를 설득하기는 어려운 상황에 처하게 되었다. 소비자들은 디스플레이 크기에 대하여 분명하게 가치를 부여하고 있었다. 즉 다른 것들이 모두 동일하다면, 더 큰 크기의 디스플레이에 더 높은 가치를 부여했다. 샤프(Sharp)의 경쟁사 중 일부는 큰 세트를 경제적으로 생산할 능력이 없었기 때문에 크기의 차별화는 가능했다. 하지만 계속해서 더 큰 세트를 만들어내는 데는 한계가 있기 마련이었다. 소비자들이 실제적으로 사용할 수 있는 크기에는 한계가 있으며, 일단 그 크기에 도달하면 경쟁사가 샤프(Sharp)를 따라잡는 것은 오직 시간 문제였다.

11) "Ekisho Terebi ha Daredemo Tsukureru," *Nikkei Business*, Tokyo, May 18, 2009.

12) "Saishin Terebi Gijutsu," FPD International 2008 Forum Session G-21, Yokohama, Japan.

13) "Usugata Terebi Jigyo Pioneer Tettai," *Sankei Shimbun*, Tokyo, February 8, 2009.

차별화의 다른 측면들과 관련된 기타 기술들은 샤프(Sharp)와 경쟁사들 모두가 연구하고 있었다. 이러한 기술에는 영상대조를 높이고 에너지 사용을 줄일 수 있는 역동적 발광 다이오드 백라이트닝, 세트의 두께를 극적으로 줄일 수 있는 LED를 사용한 엣지(edge) 백라이트닝, LCD에서 보다 많은 컬러 필터를 사용함으로써 가능한 향상된 컬러 효능, 3D 영상을 보여줄 수 있는 디스플레이 같은 특징들이 포함되었다. 샤프(Sharp)는 생산성을 높이고 보다 밝은 디스플레이를 구현할 수 있는, 새로운 사카이(Sakai) 공장에서 실행할 수 있는 공정기술도 개발했다.[14] 이러한 기술들은 각각 다 흥미로웠지만, 이러한 기술들 중 어느 것이 의미 있는 혹은 지속적인 차별화를 가져다 줄 것인지는 알 수 없었다.

샤프(Sharp)의 사업 모델

샤프(Sharp)는 일본 내 생산 역량에 많은 투자를 하고 LCD와 같은 핵심 장치를 수출하는 공식을 따랐다. 최종 제품은 일본과 해외에서 조립되었다. 샤프(Sharp)의 제품 유형 및 지역별 판매 수입은 〈**도표 4**〉에 제시되어 있다.

운영 모델이 새롭지는 않았지만 샤프(Sharp)의 이전 사장인 가츠시코 마치다(Katsuhiko Machida)는 대부분의 제조를 일본에서 계속하는 것의 중요성을 재차 강조했다. 마치다(Machida)에 의하면, 샤프(Sharp)는 샤프(Sharp)만이 설계하고 생산할 수 있는 제품, 일본에서만 만들어질 수 있는 제품만 개발하고 생산했

14) Sharp Annual Report 2010.

도표 4 2009 회계연도 기준, 제품부분별 판매수익 현황(단위: 백만 엔)

	해외 매출	일본 내 매출	합계
시청각 및 통신장비	495,341	872,259	1,367,600
보건 및 환경장비	97,842	127,448	225,290
정보장비	173,386	132,691	306,077
LCD	514,338	59,516	573,854
태양전지	118,576	38,519	157,095
기타	145,483	71,828	217,311

출처: 회사 웹페이지.

도표 5 샤프(Sharp)의 세대별 LCD 설비 현황

공장명	LCD 세대	생산시작 년도	생산 종료 년도
덴리(Tenri) NF-1	1	1991	1999
덴리(Tenri) NF-3	2	1994	2001(부분적 종료)
미에(Mie) 1공장	3	1995	
미에(Mie) 2공장	4	2001	2009(부분적 종료)
미에(Mie) 3공장	4	2003	
가메야마(Kameyama) 1공장	6	2004	
가메야마(Kameyama) 2공장	8	2006	
사카이(Sakai)	10	2010(예정)	

출처: Nikkei BP (1990~2008)와 Sankei Shimbun (2008)의 자료에 기초하여 저자가 편집, 작성함.

다.[15] 특히 LCD가 그러한 사례였다. 비록 샤프(Sharp)가 일부 LCD TV를 해외에서 조립하기는 했지만, LCD 패널을 생산하는 고도의 자본 및 지식 집약적인 공정은 전적으로 일본에서 수행했다. 샤프(Sharp)의 해외 TV 조립공장에서 사용된 패널은 일본에서 생산되어 해외로 운송된 것이거나 경쟁하던 LCD 생산업체의 패널을 해외에서 구매한 것들이었다.

"일본에서 만들어, 해외에 팔자"는 모델은 최근까지 샤프(Sharp)에 타당하게 잘 운용되었다. 이 모델은 몇 가지 이점이 있었다. 샤프(Sharp)의 가장 중요한 공장들은 서로가 비교적 가깝게 위치하고 있었다(〈**도표 5**〉 참조). 이러한 지리적 근접성은 출장비를 줄이고, 다른 공장시설의 근무자들이 더 쉽게 만날 수 있으며, 자원의 공유를 용이하게 했다. 일본에서 대부분의 생산을 유지하는 것은 또한 샤프(Sharp)가 공장들을 지속적으로 통제하고, 그들이 보유한 독자적 기술을 보호하는 것을 더 쉽게 만들었다.

더 나아가 샤프(Sharp)의 주된 초점이 일본 국내 시장에 있었기 때문에 주요 생산 근거지를 일본에 두는 것이 실용적이었다. 그러나 샤프(Sharp)는 점점 국제화 되어가고 있었다. 2000년에서 2009년의 기간 동안 샤프(Sharp)의 총 수입에서 해외 매출이 차지하는 비율이 34%에서 54%로 늘었다.[16] 비록 샤프(Sharp)가 경쟁사인 소니(Sony)보다는 덜 국제화되기는 했지만 (2009년 기준 소니(Sony)의 해외 매출액은 총 수입의 76%에 달하는 것으로 나타났음), 이러한 성장은 해외 매출 비중과 관련해서는 라이벌사인 파나소닉(Panasonic)과 동등한 수준이었다. 샤프(Sharp)의 해외 판매가

15) A. Miyamoto, *Sharp Dokoso no Himitsu: Naze Only One Shohin wo Dashitsuzukerunoka, Jitsugyo no Nihon sha*, Tokyo, 2007.

16) Sharp Annual Reports 2004 and 2009.

도표 6 미국 달러화에 대한 엔화의 환율변동(2006~2008년)

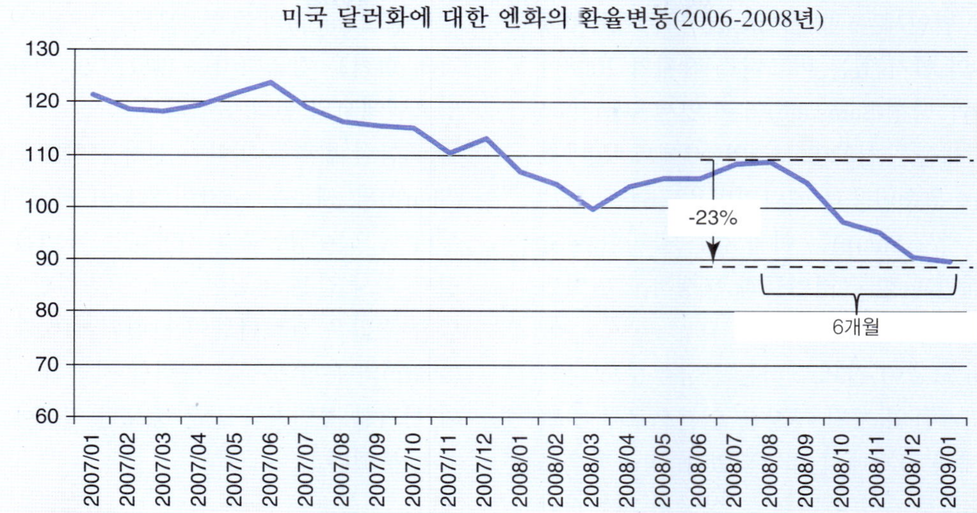

출처: Bank of Japan.

도표 7 샤프(Sharp)의 운영성과 비교

	단위: 10억 일본 엔
2007년 12월 31일에 종료되는 회계연도 기준 운영수익	51.9
가격하락	–175.5
외환변동	–19.5
비용절감	127.3
2008년 12월 31일에 종료되는 회계연도 기준 운영수익	–15.8

출처: Sharp quarterly report, March 31, 2008.

늘어남에 따라 자사의 사업 모델에 가해지는 중압감은 보다 명백해졌다.

샤프(Sharp)가 해외에서의 판매를 늘림에 따라 환위험(currency risk)은 자사 운영 모델의 주요 단점이 되었다. 샤프(Sharp)는 해외로 수출하는 제품을 생산하기 위해 엔(¥)화를 지출하고 현지에서는 그 나라 화폐를 받고 제품을 판매했다. 엔화가 강세인 경우 해외수익의 가치는 엔화 조건에 의해 감소된다. 최근에 이런 상황이 일어났고(〈**도표 6**〉 참조), 샤프(Sharp)의 결산에 미치는 영향은 적지 않았다. 운영 성과를 비교(〈**도표 7**〉 참조)해보면, 샤프(Sharp)가 기록한 2008년 12월 31일 마감되는 분기의 운영수익은 직전년도 동기간에 대비해 큰 폭의 감소를 기록했다. 최근 환율 변동으로 타격을 받은 일본 기업이 샤프(Sharp)만은 아니었다. 소니(Sony)도 거의 같은 시기에 샤프(Sharp)처럼 환율 변동으로 인해 금전적인 손해를 보기 시작했다.[17]

17) "Denkigyokai Sokuzure Endaka Hanbaifushin ga Chokugeki Sony, Toshiba, Akaji no Mitoshi," *Yomiuri Shimbun*, Tokyo, January 14, 2009.

과도하게 높은 기반시설 비용과 높은 세금도 일본에서 제품을 생산함으로써 발생되는 추가적인 단점이었다. 일본의 법인세는 평균으로 한국의 거의 2배 수준이다. 일본의 인기 있는 비즈니스 잡지가 2008년도 샤프(Sharp)와 삼성(Samsung)의 법인세율을 비교했는데, 삼성의 세율은 샤프(Sharp)의 1/3에도 못 미쳤다.[18] 일본에서는 운송비용과 에너지비용도 매우 높은 수준을 보인다. 샤프(Sharp)는 이와 같은 불리한 상황을 겪지 않는 대만과 한국 기업들과 경쟁하고 있었던 것이다.

샤프(Sharp) 모델이 필요로 하는 물류부문도 문제였다. 최종 생산제품의 상당 부분은 일본으로부터 멀리 떨어진 전 세계 각지에서 소비되었다. 항공편으로 LCD 패널을 해외로 운송하는 것은 상당히 비쌌지만 이보다 저렴한 선박운송 방법은 다른 위험에 노출되어 있었다. LCD 가격은 일반적으로 점차 낮아지고 있으며 가끔은 급속하게 하락한다. 이는 패널의 가치가 운송과정 중에 떨어진다는 것을 의미했다. 예를 들면 샤프(Sharp)는 LCD 패널을 해상 운송하는 동안 그 가치가 10% 정도 떨어질 수도 있다는 사실을 발견했다. 현재의 모델로는 이러한 딜레마를 해결할 수 있는 손쉬운 방법이 없었다.

샤프(Sharp)의 해외수익은 점점 늘어나고는 있었다. 하지만 TV와 공기청정기 같은 회사의 가장 중요한 몇몇 소비자 제품 라인이 일본에서는 매우 높은 시장 점유율을 차지하고 있는데 반해 해외에서는 그렇지 못했다. 가장 놀라운 부문은 샤프(Sharp)의 휴대폰 사업부문이었다. 샤프(Sharp)는 일본 휴대폰 시장에서 지난 5년 연속 최고의 시장 점유율을 기록했지만 국제적으로는 중국에서만 그것도 소규모로 매출이 일어나고 있었다. 일본에서의 성공이 반드시 해외에서의 성공으로 이어지는 것은 아니지만 샤프(Sharp)의 해외 실적은 그곳 시장에서 더 성장할 수 있는 많은 기회가 있었음을 시사했다. 해외 시장에 더 가까이 다가가는 것이 샤프(Sharp)가 그 시장을 더 잘 이해하고, 그 시장으로 침투하는데 도움이 될 수 있다.

샤프(Sharp)의 운영 모델은 역사적으로 다른 기업과의 협력을 강조하지는 않았지만, 이제는 그러한 운영모델에서의 변화가 나타나고 있었다. 합작투자(JV)를 포함한 협력적 협약이 점차 흔해지고 있었다. 샤프(Sharp)의 새로운 사카이(Sakai) 공장에는 공장으로부터 나오는 생산품을 사용하는 기업은 물론, 유리와 필터 회사 같은 동일한 장소에 위치한 공급업체를 포함한 수많은 파트너들이 관련되어 있다. 하지만 샤프(Sharp)의 운영 모델은 협력할 것인지 말 것인지, 누구와 협력할 것인지와 같은 중요한 질문에 대한 답을 주지는 못했다.

샤프(Sharp)의 TV 세트 경쟁기업들

CRT TV가 지배적으로 시장을 주도했던 시기에 샤프(Sharp)는 TV 세트 부문에서 삼류 경쟁자였다. 그러나 이제 샤프(Sharp)는 파나소닉(Panasonic), 소니(Sony)와 함께 일본의 선두 기업과 같은 수준의 기업이 되었다. 파나소닉(Panasonic)은 국제시장에서 커다란 존재감을 유지하려는 목표를 가진 효율적인 제조업체였다. 또한 일본에서 파나소닉(Panasonic)은 인상적인 마케팅 캠페인을 벌이는 것으로도 잘 알려져 있었다. 파나소닉(Panasonic)의 TV 사업은 주로 플라즈마 디스플레이 기술에 집중했는데 이는 LCD보다는 대형 거실 TV 크기의 디스플레이로 보다 적합하다는 사실을 발견했기 때문이었다. 비록 파나소닉(Panasonic) 플라즈마 디스플레이 공장의 대부분이 일본에 있기는 했지만 중국 상해의 합작투자 공장에도 투자를 했다. 2002년을 시작으로 그 공장에서는 플라즈마 패널과 TV 세트를 생산하고 있었다.[19]

트리니트론(Trinitron) CRT 기술로 잘 알려진 소니(Sony)는 대형 CRT TV 생산기업들 중, 영상의 품

18) "Nihon deha tatakaenai," *Nikkei Business*, October 11, 2010, p. 37.

19) "Ekisho PDP EL Maker Keikaku Soran 2009 Nendoban," *Sangyo Times*, 2009.

질 면에서 선두주자로 간주되고 있었다. 그러나 소니(Sony)는 평면 패널 TV 시장이 성장하기 시작하자 경쟁사들보다 뒤처지게 되었다. 업계에 떠도는 소문으로는 소니(Sony)가 평면 패널 디스플레이 영상의 품질이 그리 만족스럽지 못하기 때문에 생산을 위한 투자를 달가워하지 않았다고 했다. 비록 소니(Sony)가 평면 패널 TV를 출시한 업체로써 막차를 타긴 했지만 일단 그 분야에 대한 개발과 마케팅에 힘을 쏟아 붓기 시작하면 시장 점유율을 다시 높일 수 있을 것이다. 소니(Sony)는 강력한 브랜드, 미적으로 뛰어난 제품 디자인을 창조할 수 있는 능력, TV 영상의 질에 대한 심도 깊은 경험 등에서 이점이 있었다. 소니(Sony)는 자체 LCD 혹은 플라즈마 디스플레이 패널을 생산하기 위한 공장을 보유하지 않았고, 대신 패널 공급을 다른 LCD 생산업체에 의존했다. 2004년, 소니(Sony)는 안정적으로 패널을 공급받기 위해 삼성전자와 함께 LCD 생산 합작투자기업에 투자했다. 그 합작투자기업은 한국에 있는 삼성 단지에 위치했다. 최근 소니(Sony)는 샤프(Sharp)와 유사한 생산 합작투자기업을 설립하기로 합의했다. 최종 TV 세트 조립과 관련하여 소니(Sony)는 제조업체들에게 아웃소싱 계약을 점차 늘려가는 방향으로 나아가고 있었다.

일본 밖에서 샤프(Sharp)는 작은 기업이었다. 북미 시장에서 샤프(Sharp)의 경쟁사들은 삼성전자와 같이 고도로 통합된 세계적인 업체들부터, 기업의 모든 생산품을 주로 개인 컴퓨터 공급 체인으로부터 아웃소싱하는 비지오(Vizio)와 같은 현지 및 지역 업체들까지 다양하게 포진하고 있었다.

TV 세트에 대한 수요

해외에서 고소득 국가의 평면 패널 TV에 대한 수요는 줄어들 것으로 예측되었다. 현재의 암울한 경제 상황은 단기적으로 수요를 둔화시킬 것이다. 경제 회복이 고소득 국가의 수요를 필연적으로 늘리지는 않을 것으로 예상했는데, 그 이유는 고객들이 CRT TV를 평면 패널 TV로 이미 대체했기 때문이었다. 이 분야에서 (CRT TV를 평면 패널 TV로) 대체하고자 하는 판매 수량은 줄어들고 있었다.

카타야마(Katayama)는 성장을 위해, 특히 해외의 신흥경제국에서 중하위 소득 고객들을 반드시 사로잡아야 한다고 느꼈다.[20] 이런 이유에서 중국시장은 특히 대우 중요했다. 중국시장을 향한 샤프(Sharp)의 노력은 최근 비즈니스 언론의 주의를 끌었다. 중국 소비자들에게 어필하기 위해, 샤프(Sharp)는 특별히 중국 시골 가정의 니즈를 충족시키기 위해 개발된 TV를 생산하기 시작했다. 다른 변경 사항들 중에서도 특히 이들 세트는 쥐가 전선을 갉아먹는 것으로부터 전선을 보호하기 위해 특별히 튼튼하게 만든 전기 코드를 사용한 점이 눈에 띄었다. 최근까지 중국의 평면 패널 TV 시장은 주로 연안 지역의 부유한 가정을 중심으로 형성되었으나, 샤프(Sharp)는 지방도시와 시골지역에서 수요가 빠르게 확대될 것으로 예상했다.[21]

샤프(Sharp)만이 이러한 새로운 고객들을 사로잡기 위해 노력한 것은 아니었다. 다른 경쟁기업들 중 소니(Sony)와 파나소닉(Panasonic)도 이러한 신흥시장에서 적극적으로 경쟁하고 있었다. 이들 새로운 고객들의 니즈와 경쟁사들의 강점을 고려했을 때 샤프(Sharp)는 단지 제품 디자인이나 품질로써는 그들을 이길 수가 없었다. 경쟁기업들의 현재 수준보다 훨씬 낮은 원가를 유지하는 것이 절대적으로 필요했다.

샤프(Sharp)의 향후 전망

샤프(Sharp)의 현재 재정 상황은 좋아 보이지 않았다. 시기적으로 어렵긴 했지만 샤프(Sharp)는 비교적 최근까지 잘 해왔다(〈**도표 8**〉 참조). 2007년의 첫 분기에 샤프(Sharp)는 기록적인 이익을 보고했다. 그 당시 샤프

---

20) H. Sagimori, "Sharp Ishin: Saraba Kameyama Model," *Nikkei Business*, July 6, 2009, pp. 18–21.

21) Nikkan Kogyo Shimbun, "Keiei hitokoto / Sharp Hamano Toshishige fuku–shacho 'chugoku senryoku ha bantan," August 27, 2009.

도표 8 샤프(Sharp)의 재무상태 요약

	단위: 백만 일본 엔				
회계연도(3월 31일 종료)	2009	2008	2007	2006	2005
순 매출액	2,847,227	3,417,736	3,127,771	2,797,109	2,359,859
내수	1,302,261	1,590,747	1,526,938	1,397,081	1,329,711
해외	1,544,966	1,826,989	1,600,833	1,400,028	1,210,148
운영수익(손실)	(55,481)	183,692	186,531	163,710	151,020
자본투자	**(125,815)**	**101,922**	**101,717**	**88,671**	**76,845**
연구개발비	260,337	344,262	314,301	238,839	243,388
자기자본이익률(ROE)	195,525	196,186	189,852	154,362	148,128
	−11.1%	8.4%	8.9%	8.4%	7.9%

출처: Company annual reports.

(Sharp)의 최첨단 LCD 생산시설에 대한 투자는 경쟁사들을 뛰어넘는 이점으로 작용했다. 산업 전반에 걸쳐 LCD TV의 평균 판매가격이 20%까지 하락했지만, 오히려 샤프(Sharp)는 점점 더 커다란 세트를 공급함으로써 평균 판매가격을 7%나 인상할 수 있었다. 평균 판매가격을 인상하면서도, 샤프(Sharp)는 일본 TV 시장에서 50%의 점유율을 유지할 수 있었다.

샤프(Sharp)의 사카이(Sakai) 공장 건설은 계획대로 추진되고 있었다. 그것은 좋은 소식이었다. 경쟁사들의 기존 공장들에 비해 보다 효율적이고 샤프(Sharp)의 4원색 기술(Four Primary Color Technology)을 사용한 개선된 패널을 생산할 수 있게 됨에 따라 사카이(Sakai) 공장이 완공되기만 하면 샤프(Sharp)는 얼마간의 숨 쉴 여유를 가질 수 있을 것이다. 그러나 이러한 우세는 영원히 지속되지는 않을 것이다.

동시에 사카이(Sakai) 프로젝트의 규모와 상당히 진척된 단계로 인해 미키오 카타야마(Mikio Katayama)가 어떻게 손을 쓸 수 있는 여지는 줄어들었다. 아마도 프로젝트는 기존의 계획보다 더 빨리 완료되겠지만, 이제 단순히 프로젝트의 방향을 극적으로 바꾸는 일은 불가능해졌다.

대형 LCD를 효율적으로 생산하는 능력을 갖춤으로써 사카이(Sakai) 공장은 샤프(Sharp)가 TV 세트의 크기를 늘려서 이익을 계속 유지하려는 전략을 지속할 수 있게 해 주었다. 그러나 TV 스크린은 이미 상당히 커졌다. 소비자들이 사고 싶어 하는 TV 세트의 크기도 한계가 있었다. 조만간 어느 시점에 샤프(Sharp)는 그 한계 크기에 도달할 것이다.

비용 효율성의 원천이기도 한, 공장의 대규모 생산량은 또 다른 문제점을 야기했다. 샤프(Sharp)는 그들이 공장이 만들 수 있는 모든 패널들을 다 사용할 수 없었다.[22] 그 패널들을 경쟁사에 판매해야 한다. 샤프(Sharp)가 과거에도 TV 패널을 판매하기는 했지만, 앞으로는 그 물량이 이전보다 훨씬 많을 것이다. 이러한 상황을 해결하기 위해 소니(Sony)와 샤프(Sharp)는 소니(Sony)에게 샤프(Sharp)의 사카이(Sakai) 공장에서 만든 패널을 공급하는, 합작투자기업을 설립하기로 합의했다. 소니(Sony)는 최고 품질의 패널을 안정적으로 공급받을 수 있는 반면 샤프(Sharp)는 공장에 대한 투자 위험을 일부 줄일 수 있었다.

또한 샤프(Sharp)는 태양열 집열기(solar collector) 기술과 생산에도 공격적인 투자를 했는데 회사는 태양열 발전 시장이 곧 부상할 것으로 믿었다. 샤프(Sharp)의 태양전지 역사는 약 50년 전으로 거슬러 올라가지만, 그것이 아직 주요 수익 원천으로 발전하지는 못했다. 2009 회계연도에 태양전지는 샤프(Sharp)

22) *FPD 2008 Sangyo Doko Hen*, Nikkei BP, Tokyo, 2008, p. 45.

총 수입의 6%를 차지했는데, 그 대부분은 일본 이외의 시장에서의 판매에 의한 것이었다. LCD 생산에 더하여, 새로운 사카이(Sakai) 공장은 박막(thin-film) 태양열 집열기도 생산할 것이다.

샤프(Sharp)가 계획하는 새로운 방향

샤프(Sharp)의 최근 손실로 인해 위급한 상황 인식이 드높아졌다. 투자자와 종업원들은 회사가 어떻게 이 상황을 개선할지 알고 싶어 했다. 전반적인 경제 상황으로 인해 다른 많은 기업들도 어려움을 겪고 있다는 사실은 위로가 되지 않았다. 카타야마(Katayama)의 관점으로는 샤프(Sharp)의 손실이 회사의 전략이나 경영환경과 더 이상 부합되지 않는 자사의 사업 모델을 상징한다고 여겼다.[23]

샤프(Sharp)는 자신의 정체성 변화를 두고 갈등을 겪고 있었다. 샤프(Sharp)는 더 이상 "낙오자(also ran)"가 아닌, 이제 몇몇 기술 및 제품 시장에서는 주요 기업임을 알고 있었다. 그것이 샤프(Sharp)가 회사의 우선순위를 재고해야 함을 의미했을까? 샤프(Sharp)가 이제껏 주요 기업이 되도록 도운 그러한 역량이 앞으로 장기간에 걸친 새로운 역할을 성공적으로 수행하는데 꼭 필요한 것이 아닐 수도 있었다.

최근 한 언론과의 인터뷰에서, 카타야마(Katayama)는 샤프(Sharp)의 운영 모델을 어떻게 주요 시장에서 개발된 모델로 바꾸어야 하는지를 강조했다. 그는 샤프(Sharp)의 새로운 모델이 전문화된 지식을 개발하고 적용하는데 초점을 맞추어야 하며, 물리적인 공장에 많은 투자를 하는 것을 지양해야 한다고 제안했다. 변화의 방향을 논하면서도, 카타야마(Katayama)는 실제적인 계획을 언급하지는 않았다. 그가 마음에 그리는 변화의 규모와 특성을 감안할 때, 몇 년에 걸쳐 일어날 일련의 단계에 따라 조정이 발생할 가능성도 있었다.

샤프(Sharp)는 다음 단계에 따라 몇 가지 대안을 모색하고 있었다. 만약 샤프(Sharp)가 주요 해외 시장에서 생산을 계획하는 경우, 먼저 어디서 어떻게 할 것인지를 확인하는 것이 필요했다. 최근 샤프(Sharp)는 중국 최대의 음극선관(CRT) 생산업체인 IRICO와 접촉했다. IRICO는 샤프(Sharp)의 가메야마(Kameyama) 제1공장으로부터 6세대 장비의 구입에 관심이 있었는데, 그들은 이러한 장비를 중국 난징에 세워질 새로운 시설에 설치하고 싶어 했다. 샤프(Sharp)는 난징에 기존의 TV 조립 공장을 보유하고 있으므로 이들 패널을 공급받을 수 있었다.[24]

샤프(Sharp)는 또 다른 중국 회사인 CEC Panda와도 상담을 했다. CEC의 계획은 보다 원대했다. IRICO와 마찬가지로 CEC도 가메야마(Kameyama) 제1공장으로부터 6세대 생산 장비를 구입하는 것에 관심을 가졌지만, CEC와 샤프(Sharp)는 8세대 라인을 구축하여 가동하는 합작투자기업에 관해서도 의견을 나눴다. IRICO처럼, 이러한 시설도 난징에 위치할 예정이었다.[25] 이러한 논의의 일부로 샤프(Sharp)는 중국에 LCD 기술 센터의 설립을 고려하고 있었다.

신뢰할 수 있는 샤프(Sharp)와 연관된 LCD를 중국에서 생산하는 것은 성장하고 있는 중국 TV 세트 시장에서의 우위를 회사에 안겨줄 수 있다. 설비의 생산 능력이 크면 클수록, 이러한 우위의 가능성도 더욱 커질 것이다. 샤프(Sharp)의 한국 경쟁기업들인 LG와 삼성도 중국 시장으로부터 유혹의 소리를 들었고 동일한 이유로 중국에 LCD 생산 능력을 구축하는 대안을 한창 고려중에 있었다.

한편 샤프(Sharp)의 소중한 LCD 기술을 해외로 이전하는 것은 위험하므로 회사 내부와 일본 업계에서도 쟁점이 될 것으로 여겨졌다. 지적 재산권과 관련된 문제의 처리에 대한 중국의 평판도 우려를 가중시

23) Mikio Katayama interview with *Nikkei Business*, "Kukyo koso Seicho Vision," Nikkei Business, July 6, 2009, pp. 22-24.

24) "Sharp, ekisho seizou sochi no baikyaku-de chuugoku saiko shudan to kosho," *Nikkan Kogyo Shimbun*, July 2, 2009.

25) "Sharp, dai 6 sedai ekisho sochi-wo chugoku CEC Panda ni baikyaku," *Nikkan Kogyo Shimbun*, September 1, 2009.

켰다. 회사의 독점적 기술을 개발하고 유지하며 보호하는데 오랜 시간을 들인 후에, 이러한 이전을 한다는 것은 샤프(Sharp)의 진로와 전략에 중요한 변화가 있을 것이라는 신호였다. 일단 샤프(Sharp)가 공장의 운영과 관련지식을 중국으로 이전한다면 쉽게 그 결정을 바꿀 수는 없을 것이다.

만약 중국 대안이 실행되게 된다면 이는 샤프(Sharp)의 새로운 방향성에 있어 단지 시발점에 불과할 것이다. 새로운 진로에서의 초기 단계가 어떻게 진행되는가는 향후 샤프(Sharp)가 나아갈 길에 심대한 영향을 미칠 것이다. 카타야마(Katayama)는 일본을 넘어서 회사가 어떻게 주요 기업이 될 수 있을지를 계속 심사숙고했다.

Case 6-2 노라(Nora)와 사카리(Sakari)의 말레이시아 합작투자관련 협상

R. Azimah Ainuddin and Paul Beamish

2003년 7월 15일 월요일에 노라 홀딩스 유한회사(Nora Holidings Sdn Bhd, 노라)[1]의 부회장인 자이날 하심(Zainal Hashim)은 평소보다 한 시간 일찍 자신의 사무실에 도착했다. 그는 창문을 내다보았다. 눈 아래에 펼쳐진 도시를 보면서, 그는 핀란드의 사카리 유한회사(Sakari Oy, 사카리)[2]에서 온 협상 팀을 위해 말레이시아의 쿠알라룸푸르(KL)에 있는 자신의 집에서 주최한 금요일 저녁의 환영 만찬에 대해 생각했다. 노라(Nora)는 말레이시아 통신 장비분야의 선도적인 공급업체였던 반면, 핀란드의 대기업인 사카리(Sakari)는 휴대폰 세트와 교환시스템(switching system) 제조에 있어 선도적인 기업이었다. 7명으로 구성된 사카리(Sakari)의 협상팀은 두 통신 회사 간 합작투자기업의 설립에 대해 노라(Nora)와 협상하기 위해 쿠알라룸푸르에 왔다.

이것은 합작투자 계약의 성사 여부를 결정할 수도 있는 최종 협상이었다. 그 협상은 5일 동안이나 연속적으로 이어졌고 금요일 늦은 오후에 끝났다. 만약 계약이 성사된다면 말레이시아와 인근 국가들 특히 인도네시아와 태국 등의 통신 산업의 요구를 충족시키기 위해 디지털 교환기(digital switching exchanges)를 제조 및 판매하는 합작투자기업이 말레이시아에 설립될 것이다.

노라(Nora)는 기술이전의 측면에서 합작투자로부터 혜택을 입을 수 있는데 반해, 사카리(Sakari)는 이 사업을 통해 동남아시아 시장에 관한 지식을 획득하고 그 시장에 접근하는 길을 열수 있을 것이다. 노라(Nora)의 경영진은 인구가 겨우 5백만밖에 되지 않는

IVEY
Richard Ivey School of Business
The University of Western Ontario

■ R. Azimah Ainuddin은 오로지 수업 자료를 제공하기 위해 Paul Beamish교수의 감독 하에 이 사례를 작성했습니다.저자들은 경영 상태에 대한 대응의 유효성 여부를 설명하려는 의도를 가지고 이 사례를 작성하지는 않았습니다. 또한, 저자는 기밀성을 보호하기 위하여 특정한 이름과 다른 식별 정보를 위장했을 수도 있습니다.

1) Sdn Bhd는 말레이시아의 유한 주식회사를 의미하는 Sendirian Berhad의 약어이다.

2) Oy는 핀란드의 유한 주식회사를 의미하는 Osakeyhtiot의 약어이다.

작은 나라인 핀란드가 국가경제를 빠르게 성장시키기 위해 첨단기술을 사용하는 국가의 역량에 큰 감동을 받았다. 성공한 핀란드 회사들 대부분은 첨단 기술 산업에 있었다. 핀란드의 경험에서 배우고 말레이시아를 위해 그 성공을 따라 하는 것은 노라(Nora)에게는 매우 가치 있는 기회가 될 것이다.

싱가포르에 있는 사카리(Sakari)의 아시아 지역 본부의 본부장인 피터 매트슨(Peter Mattsson)이 노라(Nora)와 사카리(Sakari) 사이에 합작 사업을 만들 가능성을 탐색하기 위해 자이날(Zainal)[3]을 만났던 2년 반 전에 이러한 기회가 생기게 되었다. 매트슨(Mattsson)은 다음과 같이 말했다.

> 향후 5년간 아시아의 이동통신망은 약 40% 정도 성장할 것으로 예상되는데 반해, 고정망(fixed network)은 그렇게 빠르게 성장할 것 같지는 않습니다. 하지만 그 프로젝트는 규모가 훨씬 크죠. 전형적인 이동망 프로젝트는 최대 5천만 유로에 달하지만 고정망 프로젝트는 수억 유로로 추산될 수 있습니다. 말레이시아와 태국에서 고정망 프로젝트는 현재 계약 단계에 근접해 있어요. 따라서 고정망 시장에서 점유율을 높이기 위해서 사카리(Sakari)가 이 지역에서의 우리의 입지를 반드시 확립해야 합니다.

통신 시설의 커다란 잠재력은 대부분의 동남아시아 국가에서 전화 보급률이 낮다는 것에서도 입증되었다. 예를 들면 1999년 기준 전화 보급률(100명당 전화선 수로 측정됨)을 살펴보면 인도네시아와 태국, 말레이시아, 필리핀 등은 100명당 3~20개의 전화선을 보유하고 있는 것으로 나타났다. 이러한 보급률은 100명당 55개의 전화선을 초과하는 것으로 나타난 캐나다, 핀란드, 독일, 미국, 스웨덴 등과 같은 선진국의 보급률과 비교해서 현저하게 낮은 수치였다.

3) 말레이시아 사람의 성명에는 성이 없기 때문에 이름이 사용되었다. 첫째 및 또는 중간 이름은 개인에 속하며 마지막 이름은 아버지 이름이다.

말레이시아의 통신 산업

국영 통신 회사인 말레이시아 텔레콤(TMB: Telekom Malaysia Bhd)은 말레이시아 정부로부터 국가의 통신 인프라를 개발하는 권한을 위임받았다. 24억 RM[4]의 납입자본을 바탕으로, 선진국에서 이용 가능한 것과 같은 수준의 통신 서비스를 제공해야 하는 의무도 부여받았다. TMB는 ISDN(integrated services digitalized network: 종합 정보 통신망) 표준에 입각한 서비스를 제공하기 위해 자사 네트워크의 디지털화에 투자할 것이며, 또 말레이시아와 세계의 다른 나라들 사이의 증가된 통신 트래픽을 해결하고자 하는 니즈를 충족시키기 위해 국제적인 광섬유 케이블망에 투자할 것임을 발표했다. 또한 쿠알라룸푸르와 주요 도시의 기업들에서 휴대폰 사용에 대한 수요가 증가한 것을 고려하여 휴대폰망의 설치를 더욱 확충해갈 것이다.

말레이시아의 최대 통신 회사인 TMB의 사업 활동은 정부기관인 에너지 · 통신 · 우편부(Ministry of Energy, Telecommunications and Posts)에 의해 발행된 20년 기한의 면허를 통해 규제되고 있었다. 말레이시아를 2020년까지 선진국으로 만드는 것을 목표로 하는 정부의 비전 2020 프로그램(Vision 2020 program)에 따라, 농촌 지역에서의 통신 인프라를 업그레이드해야 할 강력한 필요성이 존재했다. TMB는 고정망 설치에 매년 10억 링깃 이상을 사용할 것이라고 추산했으며, 이 중 25%는 농촌 지역 통신망의 확장에 할당될 것이다. 이러한 투자의 목적은 2005년까지 전화보급률을 50% 이상으로 끌어 올리는 것이었다.

비록 TMB가 거대한 국영 통신 회사로 성장했지만, TMB가 대규모의 인프라를 구축하는 프로젝트에 착수하기에는 전문지식과 기술이 부족했다. 많은 경우에 지역의 통신회사들은 특정 계약을 위한 입찰에 응하도록 요청받았다. 이들 지역의 회사들이 주로 기

4) RM은 말레이시아의 통화인 말레이시아 링깃(Ringgit Malaysia)을 말한다. 2002년 12월 31일 기준 환율 1달러 = 3.80 링깃.

술적 지원 때문에 거대 다국적기업(MNCs: multinational corporations)과 제휴하는 것도 흔한 일이었다. 예컨대 페르나스 홀딩스(Pernas Holdings)와 NEC의 합작투자기업인 Pernas-NEC은 말레이시아 당국으로부터 대형 통신 계약을 따 내는데 성공한 기업들 중 하나였다.

합작투자 파트너를 찾기 위한 노라(Nora)의 탐색

2002년 10월 TMB는 말레이시아의 여러 지역에 디지털 교환기를 설치하는 20억 링깃 규모의 5년짜리 프로젝트에 입찰을 공고했다. 이 프로젝트에는 아날로그 회선 교환기를 디지털 교환기로 교체하는 것도 포함되어 있었다. 아날로그 교환기의 초당 전송용량은 9,600bps(bits per second; 초당 비트 수)인데 반해, 디지털 교환기는 약 2백만bps로 초당 전송용량을 증가시켰다.

노라(Nora)는 TMB로부터 20억 링깃 계약의 일부분을 따내는데 관심이 있었고, 더 중요한 것은 통신 MNC와의 제휴를 통해 교환기 기술에 대한 지식을 획득하는 데 흥미가 있었다. 노라(Nora)는 초기에 이 계약의 입찰에 있어 잠재적 파트너로서 지멘스(Siemens)와 알카텔(Alcatel), 후지쯔(Fujitsu)와 같은 통신 다국적기업(MNC)을 적절한 후보자로 고려했다. 노라(Nora)는 5년 전에 지멘스(Siemens)와 함께 전화 단말기를 생산하는 기술지원 협정을 체결한 경험도 있었다.

또한, 노라(Nora)는 일본 측 파트너와 장기간 협업 관계를 유지해본 경험도 있었는데 이는 후지쯔(Fujitsu)와의 합작투자가 가치 있는 것임을 증명할 수 있게 될 것이다. 알카텔(Alcatel)은 또 다른 잠재적 파트너였지만 노라(Nora)는 프랑스에서 사용되는 통신기술 표준이 이미 말레이시아가 채택한 영국 방식의 통신 표준과 양립하지 않는다는 점을 우려했다. NEC와 에릭슨(Ericsson)은 이미 다른 현지 경쟁사와 관계를 맺고 있었고 TMB에 디지털 교환기를 현재 납품하고 있었기 때문에 고려 대상에서 제외하였다. 그들의 5년 기간의 계약은 곧 만료를 앞두고 있었다.

자이날(Zainal)은 매트슨(Mattsson)과 회의를 한 뒤에 사카리(Sakari)를 잠재적 파트너로 진지하게 고려하기로 결정했다. 그는 사카리(Sakari)의 SK33에 대해 보고받았는데, 이것은 표준 부품과 표준 소프트웨어 개발 도구, 표준 소프트웨어 언어를 사용할 수 있는 개방형 구조(open architecture)에 근거한 디지털 교환 시스템이었다. 모회사가 개발한 부품을 구입해야 하는 NEC와 에릭슨(Ericsson)에 의해 개발된 교환기와는 달리 SK33은 오픈 마켓에서 자유롭게 구할 수 있는 부품을 사용했다. 그 시스템은 모듈식이었고 그 소프트웨어는 새로운 서비스를 제공하기 위해 업그레이드될 수 있었으며 그리고 네트워크에서 새로운 장비와 쉽게 접속할 수 있었다. 이것은 새로운 교환기 시스템의 개발로 이어질 수 있는 SK33의 가장 매력적인 특징이었다.

비록 사카리(Sakari)가 고정망에서 상대적으로 작은 회사이지만 고정망은 쉽게 적응할 수 있으며 농촌 지역의 요구에 대응한 소형 교환기뿐만 아니라 도시 지역의 대형 교환기에 맞출 수 있다고 매트슨(Mattsson)은 자이날(Zainal)과 다른 노라(Nora)의 경영진을 설득하기도 했다. 매트슨(Mattsson)는 사카리(Sakari)가 노라(Nora)의 니즈에 따라 주문형 제품을 생각해 낼 준비가 되어 있기 때문에 다른 다국적기업(MNC)의 규모에 비해 사카리(Sakari)의 작은 규모는 분명히 추가적인 강점이될 수 있다고 주장했다. 대형 통신회사들은 주문형 제품을 제공하려는 의지가 약하다는 점을 어필했다. 보통 대형회사들은 특정 고객의 니즈에 부합하는 맞춤화된 제품을 만들기 보다는 표준화된 제품을 제공하는 경향이 있었다.

두 회사의 관계를 수립하기 위해 7월 열린 회의 이전에 적어도 20차례의 회의를 쿠알라룸푸르 또는 헬싱키에서 가졌다. 양측은 관계를 강화하기 위해 3백만 링깃 이상을 투자했다고 추산되었다. 쿠알라룸푸르에 머물고 있는 사카리(Sakari)의 대표인 매트슨(Matts-

도표 1 말레이시아: 배경 정보

말레이시아는 동남아시아의 중앙에 위치해 있다. 이 나라는 북쪽으로는 태국과 남쪽으로는 싱가포르와 국경을 접해 있는 말레이 반도 및 보르네오섬에 있는 사바(sabah)주 그리고 사라와크주(sarawak) 주로 구성되어 있다. 말레이시아는 총면적이 약 33만km^{2}인데, 그 중 80%는 열대우림으로 덮여 있다. 말레이시아는 높은 습도와 1년 내내 약 26℃의 높은 일일 온도를 가진 적도기후를 지니고 있다.

2000년 말레이시아의 인구는 2,200만 명이었는데. 이들 중 약 9백만 명이 이 나라의 노동 인구를 구성하고 있다. 15세와 39세 사이 연령을 지닌 인구가 전체의 42%이고 55세 이상은 겨우 7%에 지나지 않을 정도로 인구구성은 상당히 젊은 편이다. 전형적인 말레이시아 가족은 평균적으로 4명의 자녀를 두고 있으며, 대가족이 흔하다. 말레이시아의 수도인 쿠알라룸푸르에는 약 1,500만 명의 주민들이 있다.

인구는 다인종으로 구성되어 있으며, 가장 큰 인종 집단은 말레이 본토인(Bumiputra, 말레이인과, 사라와크주(sarawak)주의 이반(Iban)족 및 사바(sabah)주의 카다잔(Kadazan)족과 같은 다른 토착 집단)이고 그 다음은 중국계와 인도계다. 말레이어(Bahasa Malaysia)가 공용어이지만 재계에서는 영어가 널리 사용되고 있다. 또한, 다양한 중국어 방언과 타밀어(Tamil)를 포함한 다양한 언어가 사용된다.

이슬람교가 공식 종교이지만 다른 종교들(주로 기독교, 불교 및 힌두교 등)이 널리 퍼져 있다. 말레이시아는 이슬람교의 축제인 이드(Eid)와 크리스마스, 구정(Chinese New Year), 힌두교의 축제인 디파발리(Deepavali) 등을 공식 휴일로 지정하고 있다. 모든 말레이인은 이슬람교의 신자인 무슬림이다.

영국 통치 기간 동안 세속주의가 이 나라에 도입되었는데, 이러한 세속주의는 이슬람 종교를 일상생활과 분리하는 것으로 이어졌다. 1970년대 후반과 1980년대에 세속주의가 무슬림의 일상적인 삶에 부정적인 영향을 끼친다는 것을 깨닫고, 몇몇 독실한 무슬림 그룹이 이슬람교에 대한 역동적이고 진보적인 접근을 강조하면서, 이 과정을 반전시키려는 노력에 착수했다. 그 결과 무슬림의 일상적 니즈를 충족시키기 위한 변화가 도입되었다. 이슬람은행과 보험기관들이 도입되었고 정부관청과 사기업, 공장 그리고 심지어 쇼핑 단지에서도 기도실이 제공되었다.

말레이시아는 입헌군주제 하의 의회민주주의 국가이다. 양 디 쁘르투안 아공[Yang diPertuan Agung(국왕)]이 국가원수(supreme head)이며, 그가 집권 여당의 대표를 수상으로 임명한다. 2000년에는 다양한 인종 집단을 대표하는 몇몇 정당의 연합체인 말레이시아 국민전선(Barisan Nasional)이 말레이시아의 집권 여당이었다. 그 정당의 집권은 지난 20년간 이 나라의 정치적 안정과 경제적 진보뿐만 아니라, 1997년의 아시아 경제 위기에서 빠르게 회복하는데에도 기여했다.

1980년대 중반의 경기침체로 인해, 1차 상품(고무, 주석, 야자유 및 목재 등)에 지나치게 의존하고 수출 기반이 매우 약한 말레이시아 경제는 구조적 변화를 겪게 되었다. 수출지향적인 산업의 설립을 촉진하기 위해 정부는 제조부문에 자원을 배분하며, 관대한 인센티브제도를 도입했고 외국인 투자자본에 대한 규제를 완화했다. 그러는 동안에 이 나라의 인프라를 현대화하기 위해 대규모의 투자가 이루어졌다. 이러한 조치들로 인해 1980년대 말과 1990년대 초에 말레이시아는 고속 경제성장을

(계속)

도표 1 (계속)

하게 되었다. 이 성장은 대부분 수출, 특히 전자제품의 수출에 의해 견인되었다.

말레이시아 경제는 1997년 발생한 아시아 경제위기에 의해 큰 타격을 받았다. 그러나 말레이시아는 IMF의 지원을 거절한 후에 이 위기에서 가장 빠르게 회복한 나라였다. 말레이시아는 자국 통화를 미국 달러에 고정시키고, 자국에서 해외로 자금이 흘러나가는 것을 제한하였으며, 말레이시아의 증권을 불법적으로 해외에서 파생 거래하는 것을 금지하고, 부실채권을 질서 정연하게 회수하는 것을 촉진하기 위해 자산관리 회사를 설립함으로써 위기를 극복할 수 있었다. 1999년과 2000년의 실질 GDP 성장률은 각각 5.4%와 8.6%였다(〈**도표 A**〉 참조).

말레이시아는 수출에 기반을 둔 경제 때문에 2001년과 2002년의 세계 경제 침체와 IT 부문의 불황에 크게 영향을 받았다. 2001년의 GDP는 겨우 0.4% 성장했는데 이는 수출이 11% 감소했기 때문이었다. 19억 미국달러의 경기 부양책으로 이 나라는 최악의 불황을 피할 수 있었고 2002년에 GDP 성장률은 4.2%로 반등했다(〈**도표 A**〉 참조). 상대적으로 적은 외채와 풍부한 외환보유고 덕택에 1997년과 유사한 위기는 일어나기 어렵다. 그럼에도 불구하고 말레이시아 경제는 최대 수출국이며 외국인 투자의 핵심 원천인 미국과 일본에서 오래 지속되는 경기둔화에는 여전히 취약점을 보이고 있다.

도표 A 1999~2002년 간 말레이시아의 경제성과

경제지표	1999	2000	2001	2002
1인당 GDP(미국 달러)	3,596	3,680	3,678	3,814
실질 GDP 성장률	5.4%	8.6%	0.4%	4.2%
소비자 물가 상승률	2.8%	1.6%	1.4%	1.8%
실업률	3.0%	3.0%	3.7%	3.5%

출처: IMD. Various years. “The World Competitiveness Report.”

2002년에 제조부문은 국내 총생산(GDP: gross national product)의 약 30%를 차지할 정도로 말레이시아 경제에 큰 기여를 했다. 말레이시아의 주요 무역 상대국으로는 미국, 싱가포르, 일본, 중국, 대만, 홍콩, 한국 등이 있다.

출처: Ernst & Young International. 1993. “Doing Business in Malaysia.” Other online sources.

son)과 일카 준틸라(Ilkka Junttila)는 두 회사를 하나로 묶는 데 있어 핵심적인 인물이었다(말레이시아와 핀란드의 간단한 배경 지식은 〈**도표 1**〉과 〈**도표 2**〉를 각각 참조 바람).

노라 홀딩스 유한회사 (Nora Holdings Sdn Bhd)

노라(Nora)는 말레이시아의 통신 산업에서 선도적인 기업 중 하나였다. 이 회사는 1975년에 납입자본 2백만 링깃으로 설립되었다. 작년에 이 회사는 3억 2천만 링깃의 매출을 기록했다. 노라(Nora) 홀딩스는 2개의 상장회사인 멀티폰(Multiphone Bhd)과 노라 텔레커뮤니케이션(Nora Telecommunication Bhd)을 포함한 30개의 자회사들로 구성되어 있다. 노라(Nora)는 3,081명의 종업원을 보유하고 있는데, 그들 중 513명은 관리직(244명의 엔지니어 포함)이며 2,568명은 비관리

도표 2 핀란드: 배경 정보

핀란드는 유럽의 북동부에 위치하고 있는데, 스웨덴과 노르웨이, 구소련과 국경을 맞대고 있다. 33만 8천㎢의 국토 면적 중 약 65%는 숲으로 뒤덮여 있으며, 약 15%가 호수 그리고 약 10%가 경작지이다. 핀란드는 뚜렷한 4계절이 있는 온난한 기후를 지니고 있다. 수도인 헬싱키의 경우, 평균 정오 온도가 영상 21℃를 보이는 7월이 가장 따뜻한 달이며, 평균 정오 온도가 영하 3℃인 1월이 가장 추운 달이다.

핀란드는 유럽에서 가장 인구 밀도가 낮은 나라들 중 하나인데, 2002년 기준으로 핀란드의 인구는 520만 명이고 그 중 60%는 도시 지역에서 살았다. 헬싱키의 인구는 2002년에 약 56만 명이었다. 핀란드에는 교육을 잘 받은 약 230만 명의 노동 인구가 있다. 노동 인구의 약 절반은 서비스업에, 30%는 제조업과 건설업에 그리고 8%는 농업 생산에 종사하고 있다. 인구의 규모가 작기 때문에 노동력이 부족하고 비싸다. 이러한 이유로 핀란드는 첨단 산업에서의 우위를 활용하여 경쟁해야 했다.

비록 인구의 6%만이 스웨덴어를 사용하지만 핀란드의 공용어는 핀란드어와 스웨덴어이다. 영어는 가장 널리 사용되는 외국어이다. 핀란드인의 약 87%는 루터 교도이며 약 1%는 핀란드 정교도이다. 핀란드는 과거에 스웨덴과 러시아의 지배를 받았지만 1917년 이래 독립 공화국이었다. 대통령은 6년 임기로 선출되며 200명으로 구성되는 단원제 의회는 4년마다 선출된다.

1991년 핀란드는 소련 붕괴로 인한 수출의 급락으로 촉발된 극심한 불경기를 겪었다. 1991년부터 1993년 사이에 총 생산은 10%나 축소되었고 실업률은 거의 20%에 육박했다. 핀란드의 통화인 마르카(Makka)는 1991-1992년에 급격하게 평가절하 되었는데 이로 인해 핀란드는 국제시장에서 비용 경쟁력을 갖게 되었다.

이러한 비용 경쟁력과 서양 수출 시장의 회복으로 핀란드 경제는 1993년에 빠르게 회복했고 건전한 성장의 새로운 시기가 그 뒤를 이었다. 1990년대 중반 이래 핀란드의 성장은 주로 통신 장비 제조에서의 강렬한 성장에 의해 강화되었다. 핀란드 경제는 2000년에 실질 GDP 성장률이 5.6%를 기록하며 정점에 달했다(〈**도표 B**〉 참조).

도표 B 1999~2002년 간 핀란드의 경제성과

경제지표	1999	2000	2001	2002
1인당 GDP(미국 달러)	24,430	23,430	23,295	25,303
실질 GDP 성장률	3.7%	5.6%	0.4%	1.6%
소비자 물가 상승률	1.2%	3.3%	2.6%	1.6%
실업률	10.3%	9.6%	9.1%	9.1%

출처: IMD. Various years. "The World Competitiveness Report."

핀란드는 1999년 1월 1일에 경제통화연맹(EMU: Economic and Monetary Union)에 가입한 11개국 중 하나였다. 핀란드는 서유럽과의 급속한 통합을 경험하고 있다. EMU 회원국이 됨으로써 핀란드는 더 낮고 안정적인 이자율, 유로존 내에서의 외환위험의 제거, 사업 및 여행의 거래비용절감 등과 같은 많은 혜택을 누리게 되었다. 이것은 EMU 가입 이전에는 부족했었던 신뢰를 핀란드에 제공했고 핀란드 경제는 보다 예측 가능해졌다. 이것은 핀란드 경제의 많은 측면에서 장기적으로

(계속)

도표 2 (계속)

긍정적인 영향을 미칠 것이다.

핀란드의 경제 구조는 사적 소유와 자유 기업 체제를 기반으로 한다. 그러나 알코올 음료와 증류주의 생산은 정부가 독점하고 있다. 핀란드의 주요 교역 대상국은 스웨덴과 독일, 구 소련 연방, 영국 등이다.

핀란드의 생활수준은 세계 최고에 속한다. 핀란드 사람들은 보통 한 두 명의 자녀를 두고 있는 소가족들이 많다. 이들은 도시에서 안락한 가정을 꾸리고 있으며, 3가족 중 1가족은 편안한 주말을 보낼 수 있는 호수 근처의 시골 별장을 가지고 있다. 세금은 많이 내지만 사회보장제도가 효율적으로 갖추어져 있으며, 가난은 사실상 존재하지 않는다.

최근까지 구소련 연방과 다른 스칸디나비아 국가들과의 안정적 무역 관계를 형성해 왔으며 이로 인해 핀란드 사람과 세계의 다른 지역 사람들과의 상호 작용은 많지 않았다. 핀란드 사람은 꽤 내성적이고 고집이 세고 심각한 사람으로 표현된다. 한 핀란드 사람은 "우리는 낯선 사람과의 잡담에 쉽게 참여하지 않습니다. 게다가 우리는 자연을 매우 사랑하며 주변을 관찰하면서 침묵하는 경향이 있습니다. 불행하게도 다른 사람들은 이런 행동들을 냉담하고 심각하다고 보는 경향이 있습니다."라고 언급했다. 핀란드를 방문한 사람들은 효율적인 대중교통 시스템, 질서정연한 도로망, 경치 좋은 공원 및 호반, 박물관, 성당, 교회가 있는 깨끗하고 아름다운 도시인 헬싱키에 흔히 감명을 받는다.

출처: Ernst & Young International. 1993. "Doing Business in Finland." Other online sources.

직(269명의 엔지니어와 기술자 포함)이었다.

회사를 설립한 이래로 노라(Nora)는 2개의 케이블 부설 프로젝트를 수주했다. 가장 최근의 프로젝트는 5억 링깃 상당의 가치가 있었는데, 이를 위해 노라(Nora)는 2개의 일본 회사, 즉 스미토모전공(Sumitomo Electric Industries Ltd, 10% 지분 소유) 및 마루베니(Marubeni Corporation, 5% 지분 소유)와 합작투자기업을 설립했다. 노라(Nora)는 자사가 필요로 하는 기술적 지원에 따라오는 금융 패키지의 이용가능성을 고려해서 일본 측 파트너들을 선택하였다. 또한 노라(Nora)는 현지의 케이블 부설 회사인 셀랑고르 케이블(Selangor Cables Sdn Bhd)의 지분 63%를 획득했다.

노라(Nora)는 전화기 제조회사로 말레이시아에서 누구나 아는 이름이 되었다. 노라(Nora)의 명성은 1980년 전화 가입자에게 렌탈로 전화기를 배포하려고 했던 정부 소유의 통신 당국인 TMB에 전화기를 공급하는 계약을 체결하면서 형성되기 시작하였다. 1억 3천만 링깃으로 추정되는 그 계약은 15년간 계속 되었다. 1985년에 노라(Nora)는 지멘스(Siemens) 및 노텔(Nortel)로부터 전화기를 제조하는 라이선스를 획득했고 그 뒤에 노라(Nora)가 자체적으로 개발한 고유의 전화기 모델들 예컨대 N300S(단선), N300M(마이크로컴퓨터로 제어되는), N300V(핸즈프리, 음성 기동) 등을 개발했다.

TMB에 전화기를 공급하는 15년 계약이 만료될 즈음 60만개의 N300S 단선 전화기를 공급하는 3,200만 링깃 규모의 계약을 성사시키지 못한 후에 노라(Nora)는 심각한 타격을 입게 되었다. 그 계약은 노라(Nora)가 제시한 전화기 1대 당 54 링깃에 비해 1대 당 37 링깃이라는 더 낮은 견적가를 제시한 대만 제조회사 포뮬러일렉트로닉스(Formula Electronics)에게 돌아갔다. 그 후 노라(Nora)는 국내의 고급 피쳐폰 시장에 진출하게 되는데, 매달 약 3,000대의 피쳐폰을 판매함으로써 말레이시아 하이엔드 제품시장을 장악하게 되었다.

노라(Nora)는 피쳐폰을 들고 수출 시장으로 대담하게 진출했지만, 노라(Nora)가 수출기업으로 잘 되기에는 아직 갈 길이 멀었다고 산업 관계자들은 예측했다. 해외 시장은 매우 경쟁적이었으며 이미 많은 제조회사들이 잘 구축된 브랜드들을 보유하고 있었다.

공중전화 사업에서 노라(Nora)의 신규 사업은 이 회사에서 가장 수익성이 높은 사업 분야 중 하나로 판명되었다. 1980년에 확보한 케이블 부설 계약 외에도 노라(Nora)는 말레이시아의 도시와 주요 마을(town)에 공중전화를 설치하고 운용하며 유지하는 15년 기간의 계약이 있었다. 1997년에 노라(Nora)는 영국의 GEC 플렛세이 통신(GPT: GEC Plessey Telecommunications)에서 라이선스를 얻어 카드 공중전화를 제조하기 시작했다. 이 계약은 노라(Nora)가 동남아시아의 인접국들뿐만 아니라 GPT가 승인한 다른 8개 시장에도 카드 공중전화 제품의 판매를 허용했다. 노라(Nora)에게 장기적이고 안정적인 수입의 원천으로서 공중전화 수익이 연간 6천만 링깃의 높은 수익을 주는 것으로 추산되었지만, 높은 투자와 유지비용 때문에 이윤 폭은 약 10%에 지나지 않았다.

경영진 노라(Nora)가 설립되었을 때 창업자이자 노라 홀딩스(Nora Holdings)의 회장인 오스만 자파(Osman Jaafar)는 그의 아내 노라 아시킨 유소프(Nora Asyikin Yusof) 그리고 7명의 직원들과 함께 회사를 경영했다. 오스만(Osman)은 빠른 자본 이득을 얻기 위해 인수와 합병에 손대는 것을 좋아하지 않는 보수적인 사업가로 알려져 있었다. 그는 이전에 영국에서 훈련을 받은 전기 기술자였고, 말레이시아 정부가 설립한 통신부서의 고위직을 역임하였다.

이어서 오스만(Osman)은 노라(Nora)의 부전무이사 자리에 자이날 하심(Zainal Hashim)을 채용했다. 자이날(Zainal)은 영국 대학에서 마이크로파 통신(microwave communications) 전공으로 석사학위를 받았고 전송 장비 제조회사인 Pernas-NEC Sdn Bhd에서 생산 엔지니어로 일한 경험이 있다. 자이날(Zainal)은 나중에 전무이사로, 그리고 6년 후에는 부회장으로 승진되었다.

업계의 분석가들은 노라(Nora)의 성공이 오스만(Osman)과 자이날(Zainal) 사이의 보완적인 역할, 신뢰, 상호 간 이해에 기인한다고 보았다. 오스만(Osman)은 "새로운 사업 기회를 얻기 위해 싸우는 것을 좋아하지만" 자이날(Zainal)은 삼가는 것을 선호했고 노라(Nora)의 운영을 관리하는 데 집중했다. 업계 관계자들은 또한 전직 공무원이자 기업가인 오스만(Osman)은 말레이시아 정치인 특히 수상과 가까웠던 반면, 자이날(Zainal)은 재무부 장관과 친한 친구였다고 추측했다. 자이날(Zainal)은 노라(Nora)가 말레이시아 정치가들과의 친밀한 관계로 인해 성공했다는 주장에 동의하지 않았다. 그러나 그는 업계에서의 그런 인식이 이 회사에 도움이 되었다는 점은 인정했다.

오스만(Osman)과 자이날(Zainal)은 첨단기술에 대한 강박 관념이 있어서 연구개발(R&D) 기술과 자원의 개발을 회사의 우선 업무로 처리했다. 이러한 이유로 노라(Nora) 수입의 약 1%가 R&D 활동에 재투자되었다. 이 금액은 국제 기준에서 보면 다소 적다고 생각되지만, 노라(Nora)는 향후 2~3년에 걸쳐 5~6%로 이 비율을 점차 늘려나갈 계획이었다. 자이날(Zainal)은 다음과 같이 말했다.

> 일본의 카이젠(kaizen, 지속적 개선) 원리와 유사하게 우리는 작은 단계에서의 개선이 중요하다고 믿고 있어요. 시간이 지남에 따라 각각의 작은 개선은 주요한 창조물로 이어질 수 있습니다. 개선을 만들어 가기 위해서, 우리는 다른 사람들로부터 학습을 해야 합니다. 따라서 우리가 다른 사람들로부터 기술을 빌리지만, 궁극적으로 이 산업에서 우리가 경쟁력을 유지하기 위해서는 우리 자신만의 것을 개발할 수 있어야 해요. 사실 사카리(Sakari)의 SK33 시스템은 그 회사가 알카텔(Alcatel)로 부터 얻은 기술에 근거해서 개발된 것이죠.

노라(Nora)는 자신의 R&D 활동을 더욱 더 강화하기 위해 완전소유자회사(WOS)인 Nora Research Sdn Bhd(NRSB)를 설립했고 노라(Nora)의 R&D 부서는 이 새로운 회사에 흡수되었다. NRSB는 관련 분야의 개인 고객들뿐만 아니라 노라(Nora)를 위한 R&D 활동을 수행하는 독립적 연구회사로 운영되었다. 이 회사는 정부조직과 연구기관, 대학 뿐만 아니라 다른 회사들과의 R&D 활동을 촉진시켰다. 40명 규모의 기술자/엔지니어를 보유한 NRSB는 기초 연구에 고정 수수료를 그리고 클라이언트가 파는 제품에 대한 로열티를 부과했다.

자이날(Zainal)은 노라(Nora)의 말레이인 직원들에게 이슬람의 가치를 고취시키고 홍보하는 데에도 적극적이었다. 그는 다음과 같이 설명했다.

> 이슬람은 삶의 방식이며 이슬람식 경영과 같은 것은 없어요. 무슬림의 일상생활에 반영되어야 하는 이슬람의 가치는 사용자와 근로자로서 자신의 행동에 영향을 미치게 되죠. 그러나 우리의 말레이인 관리자들은 자신의 서구 상대방에 흔히 영향을 받았는데, 이들은 지식과 정신 능력을 강조하는 경향이 있어요. 반면에 관계와 성실, 일관성을 강조하는 보다 부드러운 경영의 측면의 효과성을 종종 망각하기도 하죠. 저는 좋은 업무 관계를 발전시키기 위해서는 항상 성실해야 한다고 믿고 있어요.

사카리 유한회사(Sakari Oy)

사카리(Sakari)는 핀란드의 수도 헬싱키에서 북서쪽으로 약 200㎞ 가량 떨어진 곳에 위치한 펄프 및 제지 공장으로 1865년에 설립되었다. 1960년대에 사카리(Sakari)는 핀란드 고무 회사(Finnish Rubber Works)와 핀란드 전선 회사(Finnish Cable Works)가 합병되면서 고무와 케이블 산업으로 확장하기 시작했다. 그리고 1975년에 아토스 올콜라(Aatos Olkkola)가 사카리(Sakari)의 사장으로 취임했을 때 이 회사는 성장하기 시작했다. 그는 일련의 인수와 합병, 제휴를 통해 컴퓨터와 소비자 가전, 휴대폰과 같은 경쟁력 있는 사업으로 사카리(Sakari)를 이끌어갔다. 인수에 관련된 회사들에는 다음과 같은 회사들이 포함되었다. Standard Elektrik Lorenz AG의 가전 부문과, L.M. Ericsson의 데이터 시스템 부문, 핀란드의 컬러 TV 제조회사, 스웨덴 국유 전자 및 컴퓨터 회사인 Luxury 등이 그러한 회사들이었다.

사카리(Sakari)와 반탈라(Vantala) 간의 합작투자기업인 Sakari-Vantala가 휴대폰을 개발하고 제조하기 위해 1979년에 설립되었다. Sakari-Vantala는 세계 휴대폰 시장 점유율의 약 14%를 차지했고, 휴대폰 단말기 부문에서 유럽 시장점유율의 20%를 차지하고 있었다. 유럽 밖에서는 지금까지 미국, 말레이시아, 태국 등에서 상당한 매출을 보이고 있는 탠디(Tandy Corporation)와 50대 50의 합작투자기업을 설립하였다.

사카리(Sakari)는 프랑스의 알카텔(Alcatel)로부터 라이선스를 취득한 교환기 시스템(switching system)을 판매하고 또 핀란드의 소규모 전화회사의 요구에 맞춰 소프트웨어와 시스템을 개발함으로써 통신 시장에 처음으로 뛰어들었다. 하지만 사카리(Sakari)는 대형 전화 네트워크 시장에는 진입하려는 시도를 하지 않음으로써 지멘스(Siemens)나 에릭슨(Ericsson)과의 정면 대결을 피했다. 그 대신 사카리(Sakari)는 유틸리티 회사나 철도 회사와 같은 대형 개인 사용자를 위한 전용 통신 네트워크를 개발하는 데 집중했다. 핀란드에서 사카리(Sakari)는 디지털 교환 시장에서 40%의 시장점유율을 차지하고 있었다. 다른 경쟁 업체로는 에릭슨(Ericsson, 34%), 지멘스(Siemens, 25%), 알카텔(Alcatel, 1%)이 포함되어 있었다.

사카리(Sakari)는 글로벌 교환기 시장에서 틈새 기업(niche player)이기도 했다. 이 회사의 SK33 교환기는 스리랑카, UAE, 중국, 소련 등의 국가에서 잘 팔렸다. SK33XT라고 불린 SK33 메인 교환 스위치의 파생제품은 셀룰러 네트워크와 개인 페이징(paging) 시스템의 기지국에서 사용하기 위해 뒤이어서 개발되었다.

사카리(Sakari)는 통신 산업에서의 핵심 성공 요

인으로 R&D에 대한 강조를 들었다. 핵심역량 영역에서의 강력한 사내 R&D로 인해 이 회사는 신뢰할 수 있고, 유연하며, 광범위한 호환성과 더불어 경제적인 SK33 시스템과 같은 기술 플랫폼을 개발할 수 있었다. 연간 판매수익의 약 17% 정도는 핀란드와 영국, 프랑스에 있는 R&D 및 제품개발부서에 투자되었다. 사카리(Sakari)의 현재 전략은 생산과 R&D 분야에서 글로벌 차원의 운영을 강조하는 것이었다. 이 회사는 동남아시아를 포함한 선진 시장에 R&D 센터를 설립할 계획을 세웠다.

통신장비 분야에서의 매출이 거의 15억 달러에 이른다 해도 사카리(Sakari)는 국제 기준에서 보면 여전히 작은 회사였다. 미국(2개 사)과 스웨덴, 프랑스, 캐나다, 독일에 각각 본사를 둔 6개의 대규모 경쟁사들이 있었다. 사카리(Sakari)는 강력한 마케팅 역량이 부족했기 때문에 세계시장 특히 미국에 진입하기 위해 탠디(Tandy Corporation)와 합작투자기업을 설립했던 것처럼 합작투자기업에 의존해야만 했다. 시장에서의 지위를 신속하게 구축하려는 노력의 일환으로 사카리(Sakari)는 자기 제품에 대한 낮은 마진을 감수해야 했고, 때때로 사카리(Sakari)라는 이름이 제품에 드러나지 않는 경우도 있었다. 최근 수년 간 사카리(Sakari)는 제조업체의 제조업체라는 은신처에서 나올 것을 결정했고 사카리(Sakari)라는 자신의 이름 하에서 마케팅을 수행하기 시작했다.

1989년 미코 코스키넨(Mikko Koskinen)은 사카리(Sakari)의 사장으로 취임했다. 코스키넨(Koskinen)은 통신, 컴퓨터, 가전 분야가 사카리(Sakari)의 핵심사업으로 유지되며 해외로 회사를 확대하려는 올콜라(Olkkola)의 노력은 계속될 것이라고 발표했다. 그는 모든 유럽 회사에게 미래의 생존을 위해 글로벌 경쟁을 충족할 수 있는 전 세계적인 시야가 필요하다고 믿었다. 그렇게 하기 위해서 그는 각각 특정한 목적을 위해 설계된 다양한 지속기간의 제휴를 설정하는 것까지 상상했다. "사카리(Sakari)는 R&D, 제조, 마케팅 분야에 있어 동등한 입장에서 협력하는 흥미로운 파트너가 되었다."고 그는 말했다.

1990년에 시작된 핀란드의 경기침체로 인해 사카리(Sakari) 그룹의 매출은 1990년의 220억 마르카(FIM[5])에서 1991년의 150억 마르카로 크게 감소했다. 이 손실은 두 가지 요인, 즉 사카리(Sakari) 가전제품에 대한 수요 약세와 거의 완전히 정지하게 된 소련과의 무역에 기인했다. 결과적으로 사카리(Sakari)는 기간산업(금속, 고무, 종이 등)내의 수익성이 낮은 회사들을 처분할 뿐만 아니라 컴퓨터 부문 자회사인 사카리 매크로(Sakari Macro)의 매출 때문에 곤란에 빠진 유럽 컴퓨터 시장을 떠나기 시작했다. 이 회사의 새로운 전략은 3개의 주요 영역, 즉 글로벌 프레임워크에서 통신 시스템과 휴대폰, 유럽의 가전제품 그리고 케이블과 관련 기술의 전달에 초점을 맞추는 것이었다. 이 회사의 철수 전략으로 인해 사카리(Sakari)의 직원 수는 1989년에 약 41,000명에서 1991년에 29,000명으로 감소하게 되었다. 이러한 일련의 주요 전략적 움직임은 주요한 리더십의 계승을 수반했다. 1992년 6월 코스키넨(Koskinen)은 사카리(Sakari)의 사장직을 사임하고 사카리 모바일 폰(Sakari Mobile Phones)의 전임 사장이었던 비사 케토넨(Visa Ketonen)이 새로운 사장으로 임명되었다. 케토넨(Ketonen)은 오시 쿠시스토(Ossi Kuusisto)를 사카리(Sakari)의 부사장으로 임명했다.

케토넨(Ketonen)이 경영권을 이어 받은 후 핀란드 경제는 1993년에 급속한 회복을 경험했고, 강렬한 성장의 새 시기가 그 뒤를 이었다. 1990년대 중반 이후 핀란드의 성장은 글로벌 통신시장이 폭발적으로 확장된 결과인 통신장비 제조의 강렬한 성장에 의해 뒷받침되었다. 사카리(Sakari)는 이 기회를 활용했고 핀란드의 통신장비 제조분야에서 중요한 역할을 했다.

2001년에 사카리(Sakari)는 핀란드 최대의 상장사였으며, 총 매출의 대부분은 수출과 해외 사업으로부

5) FIM은 1999년 1월 1일까지 핀란드 통화였던 핀란드 마르카이다. 마르카 동전과 지폐는 핀란드가 유로화로 완전히 변환할 때인 2002년 1월 1일까지 유통되었다. 2000년 12월 31일 기준으로 1 미국달러 = 6.31 마르카였고, 1유로 = 5.95 마르카였다.

터 발생되었다. 전통적으로 이 회사의 수출로 인한 매출은 다른 스칸디나비아 국가들과, 서유럽, 구소련 연방에 국한되었다. 그러나 최근 이 회사는 하이테크 역량을 최대한으로 활용하기 위해 자신의 사업을 글로벌화하고 다각화하는 데 성공했다. 그 결과 사카리(Sakari)는 국제시장에서 더욱 영향력 있는 기업으로 부상했으며, 국제적인 브랜드 인지도를 얻었다. 사카리(Sakari)의 전략 중 하나는 새로운 외국 시장에 진입하기 위해 합작투자를 형성하는 것이었다.

노라(Nora)와 사카리(Sakari)의 협상

노라(Nora)와 사카리(Sakari)는 말레이시아에 합작투자 회사를 설립할 가능성에 대해 2년 이상 논의해 왔다. 노라(Nora)의 엔지니어들이 SK33 기술이 말레이시아의 요구조건과 호환성이 있는지와 관련해 그 기술을 평가하기 위해 헬싱키로 파견되었다. 반면, 사카리(Sakari)의 관리자들은 주로 노라(Nora)의 교환기(switching exchange) 제조능력과 말레이시아 시장에 대한 접근성을 획득할 수 있는지에 대한 가능성 등을 평가하기 위해 쿠알라룸푸르에 출장을 갔다.

2003년 1월, 노라(Nora)는 4백만 전화선을 지원할 수 있는 디지털 교환기를 공급하는 TMB의 20억 링깃짜리 계약에 입찰했다. 노라(Nora)-사카리(Sakari) 합작투자가 구체화될 것이라고 가정해서 노라(Nora)는 사카리(Sakari)의 디지털 교환기 기술을 공급하는 것에 근거해서 입찰했다. 노라(Nora)는 알카텔(Alcatel), 루슨트(Lucent), 후지쯔(Fujitsu), 지멘스(Siemens), 에릭슨(Ericsson), NEC, 삼성(Samsung) 등 그들 파트너들의 기술을 모두 제공하는 TMB가 간단하게 열거한 7개의 다른 회사들과 경쟁했다. 5월 초 TMB는 입찰에 성공한 5개 기업을 발표했다. 그 기업들은 알카텔(Alcatel), 후지쯔(Fujitsu), 에릭슨(Ericsson), NEC, 사카리(Sakari)의 기술을 사용하는 기업들이었다. 각 기업은 20억 링깃 계약의 1/5 지분을 받게 되었고, 5년이라는 기간에 걸쳐 80만 전화선을 납품하는 책임을 지게 되었다. 업계 관계자들은 사카리(Sakari)와 알카텔(Alcatel)을 선택한 TMB의 결정에 대해 비판적이었다. 사카리(Sakari)는 국제적으로 노출이 거의 없는 작은 회사라고 주장되었기 때문에 이 회사는 TMB의 요구조건을 충족하는 필요한 회선을 공급하는 능력이 가장 떨어진다고 여겨졌다. 알카텔(Alcatel)은 이미 한물 간 진부한 기술을 공급할 가능성이 있다는 이유로 비판을 받았다.

5월 21일 회의 입찰에 성공한 후 사카리(Sakari)에 대한 비판을 무시하면서 노라(Nora)와 사카리(Sakari)는 합작투자 관련 협상을 마무리 짓기 위해서 5월 21일 핀란드 헬싱키에서 중요한 회의를 가졌다. 자이날(Zainal)은 노라(Nora)의 경영기획부문 본부장, 회계사 1명, 엔지니어 2명 그리고 변호사인 마리나 모하메드(Marina Mohamed) 등 5명으로 구성된 협상팀을 이끌었다. 엔지니어 중 1명은 스웨덴 출신의 이슬람교도이며, 노라(Nora)에서 거의 10년 간 근무한 경험이 있는 살레 린드스트롬(Salleh Lindstrom)이었다.

8명으로 구성된 사카리(Sakari)의 팀은 부사장인 쿠시스토(Kuusisto)가 이끌었다. 사카리(Sakari)의 협상팀에는 준틸라(Junttila), 후세인 가지(Hussein Ghazi), 아지즈 마지드(Aziz Majid) 등 3명의 엔지니어와 및 변호사인 줄리아 루올라(Julia Ruola)가 포함되어 있었다. 가지(Ghazi)는 이집트 출신인 고위 임원이며, 사카리(Sakari)에서 20년 이상 근무한 이슬람교도였으며, 말레이시아 사람인 아지즈(Aziz)는 12년 이상 사카리(Sakari)에서 관리자로 근무해왔다.

회의는 며칠 동안 계속되었다. 회의에서 제기된 주요 쟁점은 동남아 시장을 침투할 수 있는지와 관련된 노라(Nora)의 역량에 관한 사안이었다. 다른 사안들에는 제품생산, 제품의 품질 유지, 신속한 납품의 보장 등에서 합작투자기업 내 말레이시아인 근로자들의 효율성에 대한 사카리(Sakari)의 우려가 포함되어 있었다.

사카리(Sakari)와의 일련의 협상에 대해 논평하

면서 자이날(Zainal)은 이 협상이 그가 지금까지 경험한 것 중에서 가장 어려운 협상이었다고 말했다. 자이날(Zainal)은 노라(Nora)의 가장 숙련된 협상가이며 과거 10년 간 여러 중요한 협상에서 단독으로 노라(Nora)를 대표해 왔다. 하지만 사카리(Sakari)와의 협상에서 자이날(Zainal)은 북미나 영국에 본사를 둔 회사의 협상 상대방과 협상할 때 그가 흔히 사용한 접근법을 적용하면서 협상에 임했던 것이 실수였다는 점을 인정했다. 그는 다음과 같이 말했다.

> 미국과 같은 북미의 협상가들은 매우 개방적이며 자신의 입장을 조기에 명확하게 밝히는 경향이 있습니다. 그들은 매우 말을 많이 하며 일반적으로 잘 계획된 프레젠테이션을 준비하죠. 그들은 또한 잡담을 자주 하며 협상의 끝 무렵에는 우리와 '농담'을 해요. 이와 대조적으로 사카리(Sakari)의 협상가들은 매우 진지하고, 수동적이며, '냉담한' 경향이 있어요. 그들은 또한 상대적으로 말이 적으며 얼굴 표정으로 많은 것을 전달하지 않아요. 그 결과, 우리는 그들이 거래에 정말로 관심이 있는지 없는지의 여부를 결정하는 것이 정말 어려웠어요.

자이날(Zainal)은 사카리(Sakari)가 최근에 발표된 영국의 주요 통신 계약에 입찰하는 데 관심을 가졌을 때인 5월 21일의 협상이 특히 어려웠다는 점을 언급했다. 사카리(Sakari) 내부에서는 극명하게 반대되는 의견을 가진 2개의 '진영(camp)'이 형성되었다. 한 '진영'에서는 아시아-태평양 지역이 급성장할 것이며, 말레이시아에 합작투자기업을 설립하게 된다면 이러한 시장에 진입하는 허브로서의 역할을 할 것이라는 강력한 믿음을 가지고 있었다. 비록 말레이시아 정부가 소유지분에 제한을 자유화하여 완전소유자회사(WOS)의 설립을 허용하고 있지만 합작투자 방식은 여전히 현지지식(local knowledge)이 부족한 기업이 말레이시아 시장에 진입하는 효율적인 방법이었다. 아시아 지역을 담당하는 사카리(Sakari)의 관리자들과 노라(Nora)의 시설에 대한 방문했던 경험을 포함해 말레이시아에 여러 번 출장을 다녀왔던 엔지니어들이 이 그룹을 대표하고 있었다. 또한 이 진영은 특히 자이날(Zainal)이 참석했던 노라(Nora)와의 대부분의 회의에 참가한 사카리(Sakari)의 부사장 쿠시스토(Kuusisto)의 지지를 받았다. 쿠시스토(Kuusisto)는 쿠알라룸푸르에서 열린 회의에 참석하려는 노력도 했다. 또한 노라(Nora)는 이미 말레이시아에서 계약을 성사시켰지만, 해당 시장에서 지배적인 치열한 경쟁을 고려하면 영국에서의 계약을 성사시킬 가능성은 매우 낮다는 점을 이 그룹은 주장했다.

노라(Nora)와 사카리(Sakari) 간 합작투자기업의 설립을 찬성하지 않는 다른 '진영'은 사카리(Sakari)가 유럽연합(EU) 시장에 침투하기 위한 허브로 사용될 수 있는 영국 시장에 진입하는 데 자신의 자원을 집중해야 한다고 믿었다. 이들은 유럽이 본국에 더 가까워서 경영을 더 용이하게 할 수 있고, 문화적 차이에서 발생하는 문제들도 최소화될 수 있다는 믿음도 지니고 있었다. 또한, 이 진영의 사람들은 노라(Nora)가 사카리(Sakari)의 기술을 복제해서 궁극적으로 강력한 지역의 경쟁자로 성장할 가능성이 있다는 점을 특히 우려했다. 이 그룹은 또한 영국 시장이 상대적으로 '익숙하며' 사카리(Sakari)가 이미 영국 현지에 대한 지식을 보유하고 있기 때문에 합작투자 방식보다 완전소유자회사(WOS)를 설립할 수 있으며, 결과적으로 공동의 관리와 공동의 이익, 기술 유출과 같은 합작투자 관련 문제들을 회피할 수 있다는 점을 강조했다.

협상의 일부만을 전달하려 한다는 노라(Nora)의 능력과 관련된 새로운 의혹들이 제기되었을 때 자이날(Zainal)은 사카리(Sakari) 경영진의 전폭적 지원이 부족해서 협상이 어려워졌다는 것을 느꼈다. 노라(Nora)-사카리(Sakari)의 합작투자를 찬성하는 그룹은 자신의 제안을 한층 더 정당화시키고 영국의 제안에 대한 반론을 제공해야 하는 압력을 받고 있다는 것이 분명했다. 사카리(Sakari)의 한 관리자는 "두 제안 모두에 고유의 장점이 있어서 우리는 두 제안 모두를 추구하고 싶었지만 현재 우리의 자원은 매우 제한되어 있습니다. 따라서 선택을 해야 하고 그것도 빨리해야 합니다."라고 설명했다.

7월 8일 회의 합작투자와 관련된 협상을 위한 또 다른 회의는 7월 8일로 예정되었다. 8인의 사카리(Sakari) 협상팀은 7월 7일 일요일 오후에 쿠알라룸푸르에 도착했고, 협상에 참여하는 노라(Nora)의 핵심 관리자들이 공항에서 이들을 맞이했다. 사카리(Sakari)의 부사장 쿠시스토(Kuusisto)는 이 회의에서 사카리(Sakari) 협상팀과 동행하지 않았다.

이 협상은 노라(Nora)의 본사에서 월요일 아침 일찍 시작해서 5일 동안이나 계속되었는데, 회의는 매일 저녁 늦게 끝났다. 자이날(Zainal)은 이번 협상에 참여하지 않았는데 이를 제외하고 노라(Nora)의 협상팀 멤버들은 핀란드에서 가졌던 5월 21일 회의에 참석한 멤버들과 동일했다. 사카리(Sakari)의 협상팀도 마찬가지로 이전 회의에 참석한 멤버들과 동일했지만 한 명의 멤버가 추가되었다. 추가된 이는 사카리(Sakari)의 수석 회계사(senior accountant)인 솔라일 페카린넨(Solail Pekkarinen)이었다. 하지만 불행하게도 협상의 세 번째 날에 노라(Nora)의 협상팀은 사카리(Sakari)의 협상팀에게 페카린넨(Pekkarinen)을 협상과정에서 제외해줄 것을 요청했다. 그는 매우 오만했으며 겸손과 사교 능력을 중시하는 경향이 있는 현지 문화에 둔감했다고 인식되었다. 페카린넨(Pekkarinen)은 다음 날 아침 헬싱키로 떠났다.

비록 자이날(Zainal)이 협상에 적극적으로 참여하지 않기로 결정을 내렸지만, 그는 협상과정을 면밀하게 검토했으며 자사의 협상팀으로부터 정기적으로 보고를 받았다. 그들이 해결하기 어렵다고 불평한 안건 중 몇몇은 두 협상 팀 간의 격한 논쟁으로 흔히 이어졌다. 이러한 안건에는 다음과 같은 것이 포함되어 있었다.

1. **지분 소유** 이전 회의에서 두 회사는 500만 링깃의 납입자본으로 합작투자기업을 설립하기로 합의했다. 그러나 그들은 각자가 제안한 지분율에 동의하지 않았다. 사카리(Sakari)는 자사가 49%의 지분을 노라(Nora)가 51%의 지분을 보유하는 합작투자기업의 지분 분할을 제안했다. 다른 한편 노라(Nora)는 사카리(Sakari)가 30%, 노라(Nora)가 70%의 지분을 보유하는 지분분할을 제안했다. 노라(Nora)의 제안은 말레이시아 정부가 설정한 역사적인 지분 규제, 즉 기업이 제품의 일정 비율을 수출하지 않을 경우 외국인의 소유지분을 최대 30%까지만 허용하는 규제로 인해 나타나게 된 말레이시아의 일반적 관행에 근거했다. 비록 이러한 규제들은 1998년 7월부로 발효된 말레이시아 정부의 자유화로 인해 없어지고 새로운 규제가 옛 규제를 대체했지만, 외국인기업 대 말레이시아기업간 30:70의 소유 지분 분할 방식은 여전히 일반적으로 준수되고 있었다.

지분 소유는 합작투자회사에 대한 통제문제와 관련해 중요한 안건이 되었다. 사카리(Sakari)는 자사 기술에 대한 노라(Nora)의 접근성 및 합작투자기업의 전반적 활동에 관한 결정 등을 통제하는 능력에 대해 우려했다. 통제 부족은 자사의 이익을 보호함에 있어 걸림돌이 된다고 사카리(Sakari)는 인식했다. 노라(Nora) 역시 합작투자기업에 통제력을 행사할 수 있는 자신의 능력에 대해 비슷한 우려를 보이고 있었다. 왜냐하면 합작투자기업을 통해 자신의 디지털 교환기와 관련 첨단 제품을 개발하는 것이 노라(Nora)의 장기 전략의 핵심적인 부분으로 생각하고 있었기 때문이다.

2. **기술이전** 사카리(Sakari)는 합작투자기업에 디지털 교환기의 기본 구조를 제공하는 것을 제안했다. 합작투자기업은 자기 공장에서 교환기를 조립하고 이어서 TMB가 지정한 장소에서 교환기를 설치할 것이다. 교환기의 기본 구조만을 노라(Nora)에게 제공함으로써 사카리(Sakari)의 교환기 기술의 핵심은 여전히 잘 보호될 것이다.

반면 노라(Nora)는 교환기 기술의 원천에 접근하기 위해서 교환기의 기본 구조는 합작투자기업에서 개발되어야 한다고 제안했다. 사카리(Sakari)의 제안에 근거한다면 노라(Nora)는 합작투자를 통해 교환기 조립과 설치의 기술적 측면만을 얻을 수 있다고 느꼈다. 이것은 교환기 제조와 관련된 기술의 핵심은 여전히 알려지지 않은 채 '서툰' 기술이전의 또 다른 형식으로 인식되었다.

3. 로열티 지급 기술이전 문제와 밀접하게 관련된 것은 교환기 제조에 사용되는 기술에 대해 로열티를 지급하는 것이다. 사카리(Sakari)는 합작투자회사의 총매출액의 5%에 해당하는 로열티의 지급을 제안한 반면, 노라(Nora)는 순매출액의 2%에 해당하는 로열티의 지급을 제안했다(순매출은 총매출에서 반품과 하자가 있거나 누락된 제품에 대한 충담금을 빼고 할인액을 더한 것임).

노라(Nora)는 5%의 로열티율이 너무 높으며 이것은 노라(Nora)의 재무 상황 전체에 영향을 줄 것으로 여겼다. 또한, 노라(Nora)의 관리자들이 마련한 재무 시뮬레이션에는 로열티율이 순매출의 3%를 초과하게 되면 노라(Nora)의 투자수익율(ROI)은 기대수준인 10%에 미치지 못하는 것으로 나타났다. 이것은 노라(Nora)가 이미 합작투자기업을 지원하기 위해 대규모 투자를 추가로 진행하는 것에 합의했기 때문이다. 노라(Nora)는 사무실과 교환기 공장을 수용하기 위해 합작투자기업에 대여될 빌딩에 투자할 것이다. 또한 노라(Nora)는 교환기 제조에 필요한 주요 부품 중 하나인 표면 실장 부품(SMD: surface mounted device)을 합작투자기업에 공급하는 또 다른 공장에도 투자할 것이다.

2% 로열티를 지지하면서 노라(Nora)측 협상가들이 추가적으로 제기한 주장은 사카리(Sakari)가 SMD 부품의 제조에 사용된 일본 기술에 합작투자기업이 접근할 수 있기 때문에 사카리(Sakari)는 부수적인 이익을 얻을 것이라는 점이다. 일본 기술이 사카리(Sakari)의 현재 기술보다 더 앞서 있다는 것은 분명했다.

4. 해외주재원의 급여와 특전 노라(Nora)의 효율성 수준에 대한 사카리(Sakari)의 우려를 불식시키기 위해 노라(Nora)는 합작투자기업의 기술직 직원에게 필요한 훈련을 사카리(Sakari)가 제공해 줄 것을 제안했다. 이어서 사카리(Sakari)는 계약의 두 유형, 즉 단기계약과 장기계약에 따라 합작투자기업에 8명의 엔지니어링 전문가를 제공하는 데 동의했다. 단기계약으로 고용된 전문가는 하루 일당 미화 1,260 달러에 더해 출장/숙소 비용을 받을 것이다. 장기계약으로 고용된 상주 전문가는 미화 2만 달러의 월급을 받을 것이다. 합작투자기업이 일단 설립되면 3명의 상주 전문가가 합작투자기업에 배속되며, 그 숫자는 점차적으로 감소되어 2년 후에는 단 1명만이 상주하게 될 것이다. 매년 3개월 이하의 단기간 동안 특정한 훈련에 대한 요구를 제공하기 위해 5명의 전문가를 활용하게 될 것이다.

하지만 노라(Nora) 측 협상팀은 사카리(Sakari) 측 협상가들이 제안한 엄청난 금액에 경악했다. 노라(Nora)의 협상팀은 사카리(Sakari) 팀이 일본 및 다른 서구 협상가들이 일반적으로 수행하는 산업요율(industry rate)을 조사하지 않았다는 사실에 놀라움을 감출 수 없었다. 핀란드에 비해 말레이시아의 생활비가 상대적으로 저렴하다는 것을 고려하지 않은 것이 분명했다. 2000년 기준으로 편안하고 가구가 설치되지 않고 침실이 3개 있는 아파트의 평균 월세는 헬싱키와 쿠알라룸푸르에서 거의 같았지만(미화 660달러), 생활비는 헬싱키보다 쿠알라룸푸르가 현저하게 적게 들었다. 주거를 제외한 주요 도시의 생활비 지수(뉴욕=100)는 핀란드의 109.84에 비해서 말레이시아의 경우 83.75로 더 낮게 나타났다.[6]

사카리(Sakari)의 제안에 대응해서 노라(Nora) 측 협상가들은 특이하게 '우리의 제안을 수락하거나 수락하기 싫으면 협상을 그만하자(take-it or leave-it)'라는 자세를 취했다. 노라(Nora)가 이전에 다른 외국 파트너들과 시작한 다른 합작투자건과 비교해 볼 때

6) IMD & World Economic Forum. 2001. The World Competitiveness Report.

다음의 제안을 합리적이라고 생각했다.

합작투자기업이 장기계약에 의한 상주 전문가들에게 지급하는 월급의 범위는 아래와 같다.

1. 수석 전문가(7~10년의 경력): 24,300~27,900 링깃
2. 전문가(4~6년의 경력): 22,500~25,200 링깃
3. 하급 전문가(2~3년의 경력): 20,700~23,400 링깃
4. 지불해야 하는 말레이시아의 소득세는 급여에 포함
5. 개인용 자동차
6. 매년 5주의 유급 휴가
7. 사카리(Sakari)의 일반적 관행에 따라 기혼자의 모든 가족들에게 1년에 1회 그리고 독신자에게는 1년에 2회 본국 행 왕복항공권을 제공
8. 공식 여행 중 발행한 모든 비용

단기계약에 의한 임시파견 전문가는 다양한 기술지원 작업을 위해 합작투자기업이 초빙한 사람들이며 체류 자격(residence status)이 주어지지 않는다. 이들 전문가들에게는 다음과 같은 수수료를 지불한다.

1. 수석 전문가: 근무일 당 1,350 링깃
2. 전문가: 근무일 당 1,170 링깃
3. 합작투자회사는 다음 사항에 대한 보상을 하지 않는다.
   - 핀란드(또는 다른 나라)와 말레이시아 간 항공권
   - 호텔 또는 다른 형태의 숙박 시설
   - 현지 교통

제시된 요율을 방어하기 위해 사카리(Sakari)의 협상가들은 노라(Nora)가 제시한 요율이 너무 낮다고 주장했다. 사카리(Sakari)는 전문가의 현재 급여와 합작투자기업이 지불하는 금액 사이의 차액에 대해 사카리(Sakari)가 보조금을 지불해야만 한다는 사실을 노라(Nora)의 협상가들이 고려해야 한다고 말했다. 전문가의 현재 급여수준과 합작투자기업이 지불하는 금액사이의 큰 차이는 직원들에게 영향을 끼칠 수 있는 많은 보조금의 지급이 요구될 것이다.

5. **중재** 협상에서 논의된 또 다른 주요 쟁점은 중재와 관련이 있었다. 양 당사자는 향후 분재 발생 시 중재 절차에 대해 합의했지만, 분쟁 해결의 장소에 대해서는 동의하지 않았다. 노라(Nora)가 합작투자기업의 다수 지분을 보유하게 될 것이기 때문에, 모든 중재는 쿠알라룸푸르에서 진행되어야 한다고 주장했다. 그러나 사카리(Sakari)는 자사가 일반적으로 수행하는 규범에 따라 헬싱키를 주장했다.

5일 간의 협상이 끝나가는 무렵에도 많은 문제를 해결할 수 없었다. 노라(Nora)의 협상팀은 자이날(Zainal)과 상의한 후 일정 사안에 대해 동의할 수 있었다. 반면 거대 비공개 회사를 대표하는 사카리(Sakari)의 협상팀은 이사회가 부여한 권한을 넘어서는 결정을 내리기 전에 본사의 이사회로부터 논쟁이 될 만한 항목들에 대한 의견을 구하고 이를 참조해야만 했다.

결정

자이날(Zainal)은 자기 책상에 앉아서 협상 회의록을 꼼꼼히 살펴보고는 아직 합의점에 도달하지 못한 것에 실망했다. 그는 노라(Nora)가 교환기 계약을 수주했을 때 TMB에게 한 약속에 대해 우려했다. 노라(Nora)는 그 계약을 금방 이행할 것으로 예상되었지만, 교환기 기술을 제공할 파트너를 아직 찾지 못했다. 입찰에 실패한 지멘스(Siemens), 삼성(Samsung), 루슨트(Lucent)와 같은 회사들은 여전히 잠재적 파트너가 될 수도 있다는 것 역시 예측 가능했다. 그러나 자이날(Zainal)은 사카리(Sakari)와의 화해 가능성 역시 부인하지 않았다. 그는 헬싱키에 있는 쿠시스토(Kuusisto)와 접촉하는 것에서 협상을 다시 시작할 수 있었다. 그러나 그렇게 해야만 하는가?

Reading 6-1 국제합작투자의 설계 및 관리[1]

Paul W. Beamish

국제합작투자는 2개국 이상의 기업이 운영에 공동으로 참여하는 경영 방식이다. 신생 기업의 형태로 설립되거나 두 기업이 기존의 부서를 합병함으로써 이루어지는데 그 목적은 파트너와 함께 자원을 공동 출자하고 혼자서는 달성할 수 없는 결과를 내기 위함이다.

이러한 전략적 제휴는 상호작용의 수준과 종류에 따라 다양하게 이루어질 수 있다. 본 논문에서는 주로 가장 높은 수준의 상호작용, 협동, 투자가 요구되는 합작투자회사(equity joint venture)를 다루기로 한다. 여기서는 주로 두 기업이 참여하는 합작투자에 대해 다루지만 일반적으로 합작투자에는 셋 혹은 그 이상의 기업이 참여할 수 있다.

합작 투자는 중요도가 낮은 해외 시장에 진입하기 위한 방법으로 이용되어 왔으나 현재는 기업 활동의 주류가 되었다. 거의 모든 다국적기업은 국제합작투자를 기업전략의 주요소로 사용하고 있다. 예를 들어 GM은 Shanghai Automotive Industry Corp.와 오랜 기간 합작투자를 진행하였고(2011년 기준 매출 300억 달러/수익 32억달러 수준) 현재는 라틴 아메리카 및 인도와도 합작투자를 진행하고 있다. 마찬가지로 GM은 러시아의 자동차 회사인 AvtoVAZ와 합작회사를 설립함으로써 10년 동안 염원해왔던 러시아 시장 진출을 서두르고 있다. 기업을 독립적으로 운영해왔던 전통적인 강자들마저도 점점 합작투자로 방향을 선회하고 있다.

국제합작투자 및 제휴 관계는 계속해서 많은 기업에 의해 이용되며 합작투자 사용의 비율은 여러 해 동안 변하지 않았다. 일반적으로 미국의 다국적 기업에서는 25~35%가량이 합작투자로 이루어지고 있고, 일본 다국적 기업의 해외 자회사의 40%가량 합작투자를 활용한다.

관리하기 어렵다는 악명에도 불구하고 제휴 관계도 계속 사용되고 있다. 물론 제휴의 실패 사례는 존재하고 널리 알려지기도 한다. 예를 들면 2007년 Tiffany&Co와 SwatchGroupS.A.는 합작투자를 시작하였는데 당시에는 이를 통해 10년 이상 파트너십을 지속할 생각이었다. 그러나 Swatch는 약 42억 달러 상당의 손실이익을 이유로 Tiffany를 고소했고 Tiffany는 5억 9천만 달러 상당의 맞고소를 제기하였다. 또한 Philips Electronics과 Lucent의 무선 핸드폰 합작 투자가 끝난 후 Lucent는 소비자 전화 장비 사업 매각 때 1억 달러를 청구했다. 마찬가지로 Glaxo Smith Kline와 Physician Computer Network의 합작 회사인 HealthMatics 회사는 5천만 달러의 손실이 난 후 합작투자를 종료하였다.

조사에 따르면 초기 합작 회사의 절반 가량이 실적에 만족하지 못했으나 이러한 초기 우려 사항의 상당 부분이 개선될 수 있다. 왜냐하면 제휴의 경험과 통찰력이 쌓였기 때문이다. 현재는 합작투자가 반드시 과도기적 형태로 수명이 짧고 이윤을 못 내는 조직은 아니라는 인식이 널리 퍼져있다. 많은 기업들에게 합작 투자는 하나의 선택일 뿐이다.

ASAP라는 전략적 제휴 전문가 협회 역시 설립되었다. 최고의 제휴 관계 형성 및 관리를 가능케 하기 위해 제휴 관리자와 경영진의 전문적 개발을 지원하고, 제휴 관계의 베스트 프랙티스를 공유하기 위한 포럼을 설립하고 제휴 관계 관리 역량을 강화시킬 수 있는 기회와 자원을 제공하기 위한 기관이다.

1) For more detail, see Paul W. Beamish, *Joint Venturing*, (Charlotte, North Carolina: Information Age Publishing, 2008).

그렇다면 왜 경영자들은 합작투자를 계속 활용하는 것일까? 다음에서는 그 이유 및 국제합작투자의 성공을 위한 몇 가지 지침을 다룬다.

기업들이 국제합작투자를 하는 이유

국제합작투자는 네 가지 기본 목적 중 하나를 이루기 위해 사용될 수 있다. 〈그림 1〉에서 보는 바와 같이 목적은 1. 기업의 기존 사업을 강화하기 위해, 2. 기존 제품의 해외 진출을 위해, 3. 기존 시장에 팔 수 있는 새로운 제품을 발굴하기 위해, 4. 신규 사업으로의 다각화를 위해서이다.

기업들은 각각의 목표에 따라 다른 종류의 관심 사항이 있을 것이고 이에 따라 자사와는 다른 특성을 가진 파트너를 찾고자 할 것이다. 예를 들어 현재 사업을 확장하기를 원하는 기업은 현재 경쟁자들 사이에서 파트너를 찾을 것이다. 반면에 해외 시장 진출을 원하는 쪽은 현지 시장에 대해 잘 이해하고 있는 관련 상품을 가진 기업을 찾을 것이다. 하지만 다음의 설명에서 알 수 있듯이 국제 합작 투자는 종종 비즈니스 활동의 하나의 독립된 범주로 취급될 만큼 매우 다양하다.

기존 사업의 강화 국제합작투자는 기존의 사업을 강화하거나 보고하고자 하는 기업에 의해 다양한 방법으로 활용된다. 특히 규모의 경제를 이루거나 필요한 기술과 노하우를 획득하기 위해, 혹은 주요 프로젝트의 재무 위험을 줄이기 위한 합작 투자가 많이 이용된다. 마지막 두 가지 이유를 위해 합작 투자를 이용할 경우, 특정 제품이나 시장지역에서 잠재적 경쟁자를 제거하는 추가적인 장점이 있을 수 있다.

규모의 경제 달성 또한 기업들은 더 큰 규모의 경쟁자가 이미 이뤄낸 규모의 경제에 대응하기 위해 합작투자를 활용한다. 합작 투자는 이미 모기업들에게는 원자재 및 부품, R&D, 마케팅 및 유통에서 규모의 경제를 달성하기 위해 사용되어 왔다. 또한 합작투자는 부문간 합병을 이루어 기업 전반에서 경제적 효율성을 높이기 위한 수단으로 활용되어 왔다.

매우 소규모의 벤처기업은 규모의 경제를 통해 사업을 강화하기 위한 수단으로 합작투자보다는 네트워크를 구성하곤 한다. 소기업은 네트워크를 형성해 비용을 절감하고 해외시장진입의 잠재력을 증가시키며 소기의 목적을 달성한다. 이러한 네트워크 대부분이 상대적으로 진입 및 엑시트(exit)가 쉽지 않고 느슨한 구조를 취하며 제한된 투자만을 요구한다(보통 수수

그림 1 국제합작투자 형성을 위한 동기

	기존 제품	신제품
신시장	해외시장에 기존 제품의 제공	신규 사업으로의 다각화
기존 시장	기존 사업의 강화	현지시장에 해외 제품의 제공

료(fee)를 통해 자기 금융을 하기 때문에 자금보다는 시간을 투자하길 요구하는 경우가 많다). 소규모의 기업은 대부분 일반적으로 규모, 신규성, 이질성 및 의존 지향 등의 부담감이 있기 때문에 소기업의 국제합작투자는 일반적이지 않다(소규모 기업이 초반에 성공하는 이유는 회사에 매우 집중하고 사내에서 스스로 해결한다는 지향성이 있기 때문이다).

원재료 및 부품 공급 많은 산업에서 중소기업은 원자재나 공동으로 제조한 부품을 공급받기 위해 합작투자를 한다. 예를 들어 자동차 기업들은 각 회사에 저용량 엔진을 공급하기 위해 공동소유의 엔진공장을 개발할 수 있을 것이다. 모회사가 엔진을 생산하는 것이 규모의 경제를 달성하여 자회사들이 스스로 생산하는 것보다 저렴한 가격에 엔진 공급받을 수 있도록 하는 것이다.

그러나 기업들은 이와 같이 비용 절감 효과를 위해 합작투자에 참여하는 것에는 대가가 따른다는 점을 곧바로 지적한다. 예를 들면 엔진을 공동으로 생산하기 위해서는 디자인을 변경해야 하는데 모든 파트너들의 동의를 얻어야 하기 때문에 시간이 오래 걸린다. 실제로 컴퓨터 프린터를 생산하기 위해 설립된 합작투자회사는 공동 생산할 프린터 기능에 대한 모기업들의 합의를 이끌어내는 데 시간이 오래 걸려 첨단 프린터 디자인에 크게 뒤쳐진 바 있다. 합작투자회사의 생산품은 모기업에게 전량 공급되기 때문에 합작투자회사 직원은 고객과 직접적으로 소통하지 못하고 따라서 분란을 해결할 수가 없었기 때문이다.

모기업을 공급처로 하는 합작투자 기업에서 일어나는 또 다른 이슈는 이전가격조작이다. 모기업에게 공급되는 제품 가격을 낮게 조작하면 제품을 가장 많이 사들이는 모기업이 가장 많은 이윤을 얻게 된다. 이들은 그들이 제품을 많이 사들이는 것이 합작투자기업을 효율적으로 만들기 때문에 이것이 정당하다고 주장한다. 반면에 일부 모기업은 이전가격을 높게 책정해야 한다고 주장하는데, 이를 통해 합작회사에서 경제적 이익이 발생해야 하고 발생된 경제적 이익이 각각의 모기업이 소유하는 합작투자회사의 지분에 따라 배당금의 형태로 분배될 것이기 때문이다. 소유 지분수는 합작투자회사로부터 얼만큼의 공급을 받느냐가 아닌 합작투자회사에 대한 최초 자산 기여도를 반영한다. 이렇게 구성을 하면 각각의 모기업들은 공평하게 분배를 받을 수 있다. 확실한 것은 이전가격에 대한 논란은 매우 중요하다는 점이다.

연구개발 공동 연구개발은 점점 흔해지고 있다. 공동 연구개발에 참여하는 이유는 참여 기업이 협력하여 시간과 비용 둘 다 절약할 수 있고 참여 기업의 과학자들이 협력함으로써 단독으로는 불가능한 성과를 낼 수 있기 때문이다.

공동의 연구를 수행하고자 하는 기업들은 노력과 비용만을 공동 부담할 수도 있고 아니면 아예 공동 소유의 회사를 설립할 수도 있다. 수백 개의 다중 회사 연구 프로그램은 합작 투자가 아니다. 일반적으로, 참가 회사로부터의 과학자들은 연구목적에 합의하고 목적을 이루기 위해 어떤 실험을 할 것인가에 합의한다. 중요한 문제를 해결하기 위한 가능성이 있어 보이는 방법이 네 가지라면, 네 개의 회사가 참가하여 방법을 하나씩 실험해 볼 것이다. 분기별 미팅을 통해 결과와 접근법을 공유하고 하나의 방법이 성공적이라고 판명되면 참가한 모든 기업이 이 새로운 테크닉과 기술을 공유하게 된다.

협력 연구를 수행하기 위한 다른 방법은 합작소유회사를 세우고 직원, 자산, 물리적 위치를 제공하는 것이다. 그러나 이 방법도 문제는 있다. 미국에서 다수의 미국 컴퓨터 회사에 의해 설립된 합작연구회사의 사장은 참여 기업이 새로운 회사에 그들의 최고의 인력을 파견하지 않는다는 점을 발견했고 결국 사내 과학자 330명 중 200명 이상을 외부에서 고용해야 했다.

협력 연구에 참여하는 기업에게 민감한 이슈는 어느 정도까지 협력해야 하는가의 문제이다. 파트너들은 일반적으로 경쟁자이기 때문에 합작 노력은 대개 제품 개발 작업이 아닌 "경쟁이 시작되기 전"의 기초 연구에 집중돼야 한다고들 한다. 하지만 그 경계를 나누기란 매우 어렵다.

마케팅 및 유통 많은 국제 합작투자들은 연구, 개발, 제조에서 협력을 도모하나 마케팅에까지 협력하지는 않는다. 캘리포니아의 도요타와 GM은 NUMMI 합작투자를 진행하다가 2010년에 중단하였다. 이 때 개발된 자동차들은 두 회사 중 하나의 브랜드를 달고 두 기업의 유통망을 통해 앞다투어 판매되었다. 최근에는 GM과 한국의 LG가 합작투자를 발표하였다. 즉 자동차 제조업체로서의 GM의 강점과 리튬전지 기술의 강자인 LG의 강점을 이용하겠다는 것이었다. 협력 조건에 따르면 LG는 GM과 공동 개발한 기술을 제3회사에 판매할 수 있다. 공정거래법으로 인해 기업들이 마케팅을 별도로 해야 하지만 기업들 자체도 각자의 브랜드 정체성을 유지하고 시장 점유율을 각자 늘리고 싶어한다. 협력을 하면서도 서로가 경쟁자라는 사실을 잊지 않는 것이다.

그럼에도 불구하고 마케팅과 유통에서 경제성을 이루려는 목적으로 특별히 형성된 합작기업들이 있다. 이런 경우 기업들은 낮은 가격으로 더 넓은 시장을 커버하고자 하는 것이다. 그 대신 기업들은 판매 인력, 의사결정권 그리고 고객과의 직접 접촉에 대한 직접 통제는 어느 정도 잃게 된다.

유사한 의미로 합작투자는 아니지만 두 기업이 관련 상품군의 양사 상품을 팔기 위한 협정인 협력마케팅 조약들도 있다. 이를 통해 기업들은 합작 투자의 경영적 복잡성 없이 더 완성도 있는 제품군을 팔 수 있게 된다. 때때로 협력 마케팅 조약은 공동 브랜딩으로 이어질 수도 있다.

분할 합병 다국적 기업은 때로는 경쟁자의 것과 그들의 '너무 작은' 사업부문을 결합하여 합작투자를 만드는 것을 선택한다. 예를 들어 Fiat와 Peugeot는 두 회사 모두의 실적이 좋지 않았던 아르헨티나 지사를 합병하였다. 새로운 합작 투자는 35%의 시장 점유율과 설계, 생산, 마케팅에서 경제성이 크게 향상될 수 있다는 희망으로 시작되었다. 유사한 압력에 직면한 Ford와 Volkswagen 역시 브라질에서 Auto Latina라는 합작 소유회사를 설립하였다.

또한 기업들은 분할 합병을 통해 더 이상 관심 없는 사업으로부터 명예롭게 퇴장할 수 있다. Honeywell사는 컴퓨터 시장에서의 사업부문을 홀로 유지하는 것을 포기하고 해당 부문을 일본의 NEC, 프랑스의 Machines Bull과 합병하였다. 결과적으로 생겨난 합작투자 지분의 40%를 Honeywell이 소유하고 있다.

핵심 사업에서의 기술 인수 기업들은 핵심 산업 분야 내에서의 기술획득을 늘 원해왔다. 그들은 라이센스 계약을 체결하거나 그들 스스로 기술을 개발하는 방법 등의 전통적인 방법으로 이를 해결해 왔다. 그러나 점점 회사들은 합작투자의 형태로 기술을 획득하는 추세로 바뀌고 있다. 이는 기술을 스스로 개발하기에는 시간이 너무 오래 걸리고 라이센스 계약을 통한 기술 획득은 타사의 특허권 및 기술자의 아이디어에 대한 접근은 원활하게 해 주지만 기본적인 작업현장 노하우를 알 수는 없기 때문이다. 합작투자의 장점은 같은 문제를 해결하고자 노력하는 파트너 사의 직원들과 함께 현장에서 협력이 가능하다는 데 있다. 예를 들어 GM과 Toyota와의 합작투자는 GM에게 저비용 경차의 원천기술을 획득할 수 있는, 그리고 합작투자회사의 경영권을 가지고 있는 Toyota 경영진의 어떻게 저비용으로 높은 품질의 자동차를 생산하는지를 직접 볼 수 있는 기회를 제공했다. 심지어 몇몇 분석가들은 GM이 합작법인으로부터 부품을 공급받는 것보다 Toyota의 생산 기술을 배울 수 있는 기회가 더 가치 있다고 말했다. 더 최근에는 GM과 LG의 합작법인설립으로 인해 GM은 경쟁사들보다 더 빠르게 전기자동차를 공동 개발할 수 있게 되었다. 현재 미국의 새로운 연비 규제안 때문에 자동차 제조사들은 이를 준수할 수 있는 자동차를 개발해야 한다.

재무적 위험의 감소 몇몇 프로젝트는 너무 크거나 위험하여 기업들이 홀로 떠안기에 힘들다. 이것이 정유회사가 새로운 유정을 찾는 비용 부담을 낮추기 위해 그리고 항공 산업이 새로운 비행기와 엔진을 개발하기 위한 필요한 자금을 조달하기 위해 합작투자와 "위험 공유를 위한 하청업체"의 비중을 늘려가는 이유이다. GM이 LG와 협력하여 전기자동차를 개발한다고 발표했을 때 GM의 부회장 Steve Girsky는 "전기 자동차 시장이 얼마나 성장할지는 모르기 때문에 효율적으로 시장을 공략하면서도 회사의 위험부담을 낮추기 위해 LG와 협력한다"고 밝혔다.

이러한 합작투자가 이치에 맞는가? 정유 회사에는 분명 그러하다. 정유사의 합작기업에서는 하나의 파트너가 주도적인 역할을 맡아 합작 기업을 매일 관리한다. 합작투자의 주된 결점인 경영 복잡성은 최소한으로 유지된다. 만약 합작 투자를 통해 석유를 발견하게 되면 이전가격은 문제가 되지 않는다. 투자에 대한 보상을 파트너들 간에 나누는 것이 쉽기 때문이다. 이러한 상황에서는 합작투자를 하는 것이 효율적이고 위험을 줄이기에 적합한 방법이다.

다른 분야에서는 합작투자를 하는 것이 좋은 아이디어가 아닐 수 있다. 적어도 산업을 선도하는 기업에게는 합작 투자가 항상 능사는 아닐 수 있다. 그들의 파트너들은 단순히 투자에 대한 매력적인 수익 보장을 바라고 이러한 투자에 참여하는 것이 아니라 언젠가는 그들 고유의 제품을 생산하고자 할 것이다. 이럴 경우 기업들은 잠재적인 경쟁자들을 훈련시키고 싶지 않을 것이다. 많은 기업들이 합작투자를 하는 이유는 경쟁사들이 어쨌든 누군가와는 합작 투자를 할 것이므로 미래에 발생할 아주 작은 이익이라도 얻으려면 차라리 합작을 하는 게 낫다고 생각하기 때문이다. 즉 오랜 명언인 "친구를 가까이하고, 적은 더욱 가까이하라."를 따르는 것이다.

제품의 해외시장 출시 해외시장에서도 분명히 성공할 것이라고 믿는 국내용 제품을 가진 기업들은 선택의 문제에 직면하게 된다. 즉 국내에서 제품을 생산하여 수출할 수도 있고, 현지 회사에 기술을 라이센싱해주거나 완전 자회사를 해외에 설립할 수도 있으며 현지 기업들과 합작투자를 진행할 수도 있다. 그러나 수출만으로는 현지 시장에 깊숙이 침투할 수 없고 완전 자회사를 설립하기에는 시간과 돈이 너무 많이 들며 라이센싱을 해주는 것은 절절한 재무 성과를 내지 못한다. 이러한 이유로 많은 기업들은 최선의 선택은 아니지만 가장 매력적인 절충안으로 국제 합작 회사 설립을 택한다.

해외시장에 진출하는 것은 어느 정도의 위험을 수반하고 현지 기업들과의 합작 투자를 꾀하는 대부분의 기업은 신규 시장 진출과 관련된 위험을 줄이기 위해서 합작투자 추진을 원하는 것이다. 대부분의 경우 그들은 관련 제품들을 다루고, 따라서 현지 시장을 잘 알고 있는 파트너를 원한다. 위험을 더욱 감소시키기 위해 합작 투자의 시작 단계, 즉 제품 판매가 원활해지고 판매량이 증가하기 시작할 때까지는 합작 회사에 단순히 판매 및 마케팅 기능만을 부여할 수 있다. 그 후에 해외 모회사로부터 배송된 부품을 조립하는 공장인 "Screwdriver"를 세울 수도 있을 것이다. 차츰 합작투자는 현지 시장에 적합하도록 제품을 수정하거나 재설계하고 지역 내에서 부품이나 원재료를 납품하는 현지 제조 공정을 완성할 수도 있다. 목표는 시장 불확실성이 감소될 때까지 주요 투자는 하지 않는 것이다.

해외시장으로 고객 수반 해외 시장 진입의 위험을 줄이는 다른 방법은 이미 고객들이 확보되어 있는 기업들을 따라가는 것이다. 따라서 많은 일본 자동차 공급업체들은 혼다, 도요타, 닛산과 같이 북미와 유럽에 새로운 공장을 설립할 때 이 기업들을 따라 해외 시장에 진출했다. 이런 공급업체들은 해외 환경 운영의 능력에 대한 그들의 불확실성 때문에 현지 파트너와 합작투자를 형성한다. 예를 들어 미국 내의 수많은 거대한 합작 투자 공급 회사들은 원래 일본과 미국 간의 합작 회사들로서 일본 "이주(transplant)" 자동차 제조회사에 부품을 납품하기 위한 공급자들이다. 이러한 합작 투자회사는 미국회사들에게 일본의 제조 기술을 배우고 성장하는 시장에 진출하는 기회를 제공한다. 이에 더해 몇몇 합작 회사들은 고객사의 해외진출을 따라가기 위한 법적 요건을 충족시키기 위해 설립된다. 중국의 항공운송 산업은 법적으로 외국인 지분율을 제한한다. Berkshire Hathaway의 자회사인 NetJets는 자가항공기 관리 전문회사인데 미국과 유럽에서 오는 수요에 중국시장의 잠재적인 수요로 인해 중국 투자자들과 컨소시엄 형태로 합작 투자를 진행하게 되었다고 한다. 이를 통해 중국내의 기업 및 개인 고객들에게 자가항공기 관리 서비스를 제공하겠다는 것이다.

"미래의 시장"을 위한 투자 일부 합작 투자들은 신흥시장에서 이미 자리를 잡은 회사들에 의해서 설립된다. 이들 시장은 매우 큰 미개척 시장뿐만 아니라 잠재적인 저가의 원재료와 노동력도 갖추고 있다. 이들 시장에서 서양회사들이 겪고 있는 가장 주요한 문제점들은 생소한 현지 현지 문화, 서양 기준의 품질 기준을 세우는 것, 그리고 일부지역에서는 수익금을 경화로 본국으로 송환하는 것이다. 이에 대한 해결책이(때론 지역 정부에 의한 의무사항으로) "요령을 잘 알고" 현지 관료체계를 잘 다룰 수 있는 현지파트너와의 합작 투자를 하는 것이다.

해외제품을 현지시장으로 가져오기 기업이 해외 시장에 상품을 출시하기 위해 국제합작투자를 사용하듯 합작투자는 지역 회사에게 해외 상품을 그들의 시장으로 들여올 수 있는 매력적인 방법이다. 물론 이익에 대한 상보성이 존재하기 때문에 합작투자가 가능한 것이다. 예를 들면 Starbucks는 인도시장에 진출하기 위해 Tata Global Beverages와 50대 50으로 구성된 합작기업을 설립하였다. 인도는 전통적으로 차를 마시는 문화가 있고 2010년에만 800,000 미터톤의 차를 소비하였다. 따라서 양사는 합작회사설립을 통해 인도의 증가하는 커피 소비 인구(2010년 기준 약 100,000 미터톤의 커피 소비)를 이용해 인도에서 커피 전문점 체인을 개발하는 것에 성공할 것으로 기대하고 있다.

현지 파트너들은 기존의 공장 또는 유통망을 더 잘 이용하고, 신기술의 위협에 맞서 자사를 보호하며 또는 단순히 새로운 성장을 촉진하게 위해 합작투자를 이용한다. 일반적으로 현지 파트너가 합작투자를 통해 받는 재정적인 보상은 외국 파트너로부터 발생하는 것과 다르다.

예를 들면:

- 많은 외국 파트너사들이 합작 투자 기업에게 완제품과 부품들을 배송하여 수익을 창출한다. 이러한 수익은 경화이기 때문에 특히나 매력적이다. 사실상 투자에 대한 이익은 경화로 제공되지 않을 수 있고 해외 파트너는 지분이 아닌 100% 수익을 얻기 때문이다.
- 많은 외국 파트너사들은 합작투자의 판매량에 대한 고정 비율로 기술 수수료를 받는다. 지역 파트너는 같은 금액의 운영 수수료를 받을 수도 있고 받지 않을 수도 있다.
- 해외 파트너들은 합작투자로부터 오는 배당금에 원천징수세를 낸다. 그러나 현지 기업은 그렇지 않다.

이런 차이로 인해 현지 파트너들은 외국 파트너에 대해 신경쓰기보다 합작투자 기업의 실적과 배당에 대해서 훨씬 더 관심을 갖는다. 이로 인해 외국 파트너는 합작투자 회사를 단순한 마케팅 혹은 조립 시설로 유지하고자 한다. 수입자재를 덜 구매하게 되는 단계까지 합작투자회사를 발전시키고 싶지 않아 하는 것이다.

비록 이런 논리가 이해가 되긴 하지만 이는 근시안적인 견해이다. 잘 개발된 합작투자 회사가 모회사에게 큰 이익을 가져다 준 좋은 예시는 Fuji Xerox이다. Xerox와 Fuji Photo의 합작 투자로 1962년 시작된 Fuji Xerox 가장 유명한 미국-일본 합작투자 회사 중 하나이다.

첫 10년 동안, Fuji Xerox는 엄격하게 마케팅 기능만을 했다. 비록 미국 본사가 Xerox 복사기를 일본시장에 맞춰 변경하려는 노력을 전혀 하지 않았음에도 Fuji Xerox는 일본시장에서 복사기를 판매하기 위해 최선을 다했다. 예를 들어 한 복사기는 너무 높아서 일본인 비서들이 프린트 버튼을 누르려면 박스에 올라서야 할 정도였다. 일본시장에 진출한지 10년 후 Fuji Xerox는 직접 프린트를 제조하기 시작했고 1975년에는 일본시장을 위해 미국산 프린트를 재설계했다. 그 이후로 미국의 Xerox 기술자들의 저항에도 불구하고, Fuji Photo의 격려에 힘입어 Fuji Xerox는 자사의 복사기를 설계하기 시작했다. 이전 기기의 절반 비용과 절반의 시간을 들여 복사기를 만드는 것이었다. 개발에 성공하였을 때 Fuji Xerox는 통합 품질 관리 면에서 가장 훌륭한 제품이 수상하는 명성 있는 상인 Deming award를 받는 것을 목표로 삼았다. 그리고 Fuji Xerox는 1980년 결국 이 상을 손에 쥔다.

또한 일본 복사기 제조업체와 치열하게 경쟁하던 Xerox는 1980년에 Fuji Xerox로부터 배운 점을 이용하게 된다. 일본회사와의 합작투자회사에서 얻은 제조 기술과 품질향상 프로그램을 적용하여 모기업인 Xerox는 1980년대 중반에 다시 점유율을 끌어올린다. 1991년 즈음에는 북미와 유럽에 저가형 프린터를 판매하기 위해 Fuji Xerox와 Xerox Corporation간의 합작 투자를 통해서 Xerox International Partners가 설립되었다. 1998년, 미국을 상대로 한 수출은 디지털 컬러 복사기와 OEM 복사기로 인해 큰 폭 성장했다. 2000년, Xerox Corporation은 중국 및 홍콩 지점을 Fuji Xerox로 이전하고 2001년 Fuji Photo는 합작회사의 지분을 75%까지 끌어올렸다. 2011년 Fuji Xerox Co. Ltd.는 약 43,000명을 고용한 매출규모 135억달러의 회사로 전 세계 Xerox 지점을 위한 디지털컬러 복사기와 프린터 제조업체로 거듭났으며 지속적으로 R&D 활동에도 매우 적극적이었다. Fuji Xerox로부터 배운 것과 Xerox에 대한 그들의 헌신으로부터의 교훈은 필연적으로 Xerox의 독립회사로서의 번영을 도왔다는 것이다.

다각화를 위한 합작투자의 활용 이전의 예시를 통하여 많은 합작 투자 기업들은 한 회사가 잘 아는 제품을 다른 회사가 잘 아는 시장에 판매했다는 점을 알 수 있다. 그러나 몇몇 기업들은 새로운 분야를 개척하거나 두 회사 모두 잘 알지 못하는 새로운 시장이나 제품을 향해 뛰어들기도 한다.

새로운 사업에서 경쟁하는 데 필요한 기술들을 획득하기 위한 여러 가지 협상들은 장기간이 소요되는 문제이다. 그러나 몇몇 기업들은 이를 기꺼이 감수하고자 한다. 서로 관련 없는 기업들끼리의 합병은 결코 성공할 수 없다는 사실은 이미 잘 알려져 있다. 그리고 어떤 도움도 없이 새로운 사업에 진입하는 것은 극도로 위험하다. 이를 고려할 때 이미 해당 분야에서 아는 회사가 있다면 사업을 배울 수 있도록 그 회사를 파트너로 선정하는 것은 나쁜 전략이 아니다. 그러나 새로운 제품, 그리고 새로운 파트너들과 함께 신 시장에 진입하기 위해서는 만약 각각 성공할 확률이 80%에 달한다고 할지라도 전반적인 성공 확률은 50%에 지나지 않는다.

합작투자는 학습의 도구이기도 하다. 여기서 학습이란 지식 이전(예: 기존의 노하우 전수)을 넘어서 지식의 변형과 수확까지도 포함하는 것이다. 많은 국제 합작투자의 파트너들이 기존 지식을 이전해주긴 하나 지식의 변형이나 수확에까지 이르지는 못한다. 비록 많은 다국적 기업들이 여러 국제 자본 합작투자 및 제휴를 하고 있다고 해도, 적은 수의 기업만이 협력 과정을 학습하고자 한다. 자사의 경험을 합작투자 회사에 전수하기 위해서나 부문 간 지식의 이전을 위해 분류작업/목록 작성 등의 수고를 하는 기업은 거의 없다. 이러한 실수는 기업의 비용을 점차 증가시킬 것이며 특히 쌍방교섭이 다자간의 네트워크 중 일부가 된다면 더욱 그러하다.

합작투자 성공을 위한 필수조건

〈그림 2〉의 체크리스트는 관리자들이 국제적 합작 사업을 설립할 때 고려해야 할 많은 조건들을 보여준다. 이들 각각은 다음 섹션들에서 설명하기로 한다.

전략적 논점 확인하기 합작 사업에 참여할 것인가를 결정하는 것은 쉬운 문제가 아니다. 이전에도 언급했듯이, 합작투자는 경영진의 엄청난 관심이 필요하다. 그리고 모회사의 관리와 집중에도 불구하고 합작투자 회사는 성공하지 못하는 경우가 많다. 합작투자를 기획중인 기업들은 소기의 목적을 달성하고자 한다면 비 지분 제휴 등과 같은 간단한 방법은 없음을 깨달아야 한다. 그들은 또한 도움이 필요한 기간에 대해서도 신중하게 고려해야 한다. 몇몇 합작 투자는 "일시적인 문제에 대한 영구적 해결책"이라는 꼬리표가 달리게 되는데, 더 이상 도움이 필요하지 않게 되는 상황이 오더라도 합작 투자에 여전히 발이 묶일 수 밖에 없기 때문이다.

합작 투자를 시작하기 전에 또한 파트너사에게도 어려운 질문을 던져보아야 한다. 파트너사가 얼마나 오래 합작 투자를 지속하길 원하는가? 합작투자로 인해 증가되는 조율 및 통신 비용에 대해 충분한 보상이 될 만큼 파트너사에게 금전적 이득이 생기는가?

전략적 논점 토의에서의 중요한 이슈는 실적을 평가하는 동일한 방법이 존재 하는가이다. 〈그림 3〉에서 보여주듯 많은 합작투자에서 부조화가 존재한다. 이 예에서 해외 파트너는 1~2년의 기간 동안 20%의 매출액 이익률을 발생시키며 고위 관리직이 쏟아야 하는 시간은 제한적인 합작 투자를 찾고 있다고 가정한다. 한편 지역 파트너는 신속하게 수익을 올릴 수 있고 지역 파트너 및 가족 구성원/친구들에게 고액 연봉을 지급할 수 있는 합작투자를 찾는다고 하자. 각각의 파트너들의 실적 목표가 어느 정도 일리가 있지만 이 합작투자가 성공하기 위해서는 몇 가지 주요한 문제점들을 해결할 필요가 있다. 첫째, 각각의 파트너들은 그들의 주요 실적 목표를 명확하게 하지 않았다. 명확하지 않은 목표(〈그림 3〉의 점선 아래)는 잠재된 의견충돌이나 오해의 근본이 된다. 두 번째로, 한 파트너는 명확한 목표를 세운데 반해 다른 파트너는 불명확한 목표를 세우는 것은 내부적인 불합리 문제를 일으킨다. 해외 파트너는 오래된 기술을 사용하고 고위 관리직의 시간은 최소만을 할당하려는데 반해 높은 수익성을 바라고 있다. 지역 파트너는 신속한 이익창출을 원하지만 높은 급료를 바라고 있다.

그림 2 합작투자 체크리스트

1. 전략적 논점 확인하기
   - 당신은 정말 파트너가 필요한가? 얼마나 오래? 파트너는?
   - 양 당사자에 대한 수익은 충분한가? 성공 가능성은 어떻게 되는가?
   - 합작 회사는 최선의 선택인가?
   - 적절한 성과 측정이 존재하는가?
2. 파트너쉽과 적합성
   - 파트너는 합작 목적을 공유하는가?
   - 파트너는 필요한 기술과 자원을 가지고 있는가? 그것들에 접근할 수 있는가?
   - 당신은 양립 가능한가?
   - 당신은 계약 기간(engagement period)을 조정할 수 있는가?
   - 역량과 편안함의 트레이드-오프가 있는가?
3. 형태와 디자인
   - 합작 활동의 범위 및 모회사에 대한 전략적 자유도를 정의해라.
   - 윈-윈 상황을 만들기 위해 각 사의 의무와 수익을 설계해라. 시간이 경과하여도 비슷한 기여가 있는지 확인해라.
   - 각 파트너의 관리적 역할을 설정해라.
4. 거래의 실행
   - 서류 작업은 얼마나 충분한가? 법적 고려 또는 신뢰?
   - 합작 종료에 대해 동의해라.
5. 협력 작업의 수행
   - 합작에 지속적인 최고경영진의 관심을 제공해라.
   - 문화의 차이를 관리해라.
   - 불평등에 유의해라.
   - 유연성을 확보해라.

그림 3 합작투자(JV)의 성과 측정: 적절성의 탐색

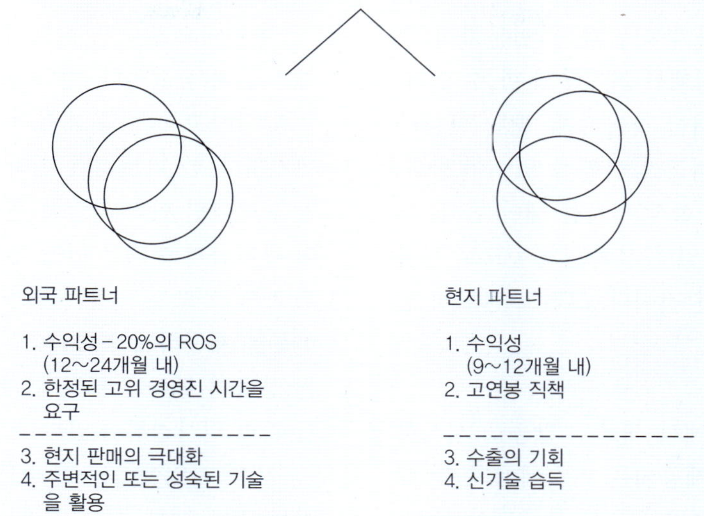

합치성라는 것은 그저 파트너들 간의 문제만은 아니다. 파트너 내부의 관점에서 보면 내부 관리자의 말이나 행동은 공통 플랫폼으로부터의 나와야 한다.

파트너십과 적합성 합작 사업은 때때로 상호보완적인 필요를 만족시켜 준다. 하지만 한 파트너가 다른 파트너의 능력을 획득(배움)하였을 때에는 합작 사업은 불균형하게 된다. 다른 파트너의 능력을 획득하게 되면 더 이상 파트너가 필요 없어지기 때문이다. 만약 상대의 능력에 접근할 수만 있다면 합작 사업은 안정화된다. 합작 사업을 시작하기 전에 경영자가 잠재적인 파트너에 대한 정보—실제로 기업의 역량이 얼마나 되는지, 합작투자를 하는 목적은 무엇인지 등—를 모두 아는 것은 쉽지 않다. 이런 물음에 대한 성급한 대답은 아마 기업을 나쁜 관계로 이끌거나 좋은 기회를 그냥 지나쳐 버리도록 하게 할 수도 있다.

이러한 이유로 기업간 관계는 작은 협력부터 시작하는 것이 좋다. 중요하지만 기업 존폐의 문제가 아닌 협정으로 시작하는 것이다. 두 기업의 신뢰가 커질 수록, 협력 사업도 성장할 수 있다. 이에 대한 좋은 예가 Corning Glass이다. Corning은 1970년대에 기존의 구리선이나 동축 케이블을 대체해 통신 어플리케이션에 사용 가능한 광섬유를 개발하는 쾌거를 이루었다. 미국을 제외한 이 섬유의 주요 구매자는 유럽의 국영 통신사 이었는데 이 기업들은 매우 국수주의적인 구매자로 잘 알려져 있었다. 이들 구매자에게 접근하기 위해서 Corning은 이미 유럽의 국영 통신사에게 제품을 공급하고 있던 영국, 프랑스, 독일, 이탈리아 회사와 개발 협약을 체결한다. 협약으로 인해 이들 유럽 기업들은 광섬유를 케이블로 묶는 데 필요한 기술을 개발해야 했으며 Corning도 계속해서 광섬유를 개발했다. 곧 파트너 사들은 Corning으로부터 광섬유를 수입하고 이를 유럽 내에서 케이블로 연결시켰다. 파트너간 신뢰가 쌓이고 시장도 성숙해지자 Corning과 파트너 사들은 합작투자기업을 설립해 유럽 내에서 광섬유를 생산했다 이 사업은 매우 성공적이었다.

적절한 파트너를 찾고자 할 때 공통된 사업의 목표를 공유하고 있는가 만큼이나 중요한 것은 비슷한 리스크(risk) 수용범위를 가지고 있는가이다. 그러다 보니 종종 비슷한 규모의 기업을 합작사업의 파트너로 선정하는 결과를 가져온다. 서로 다른 양의 자원, 자금 회수기간, 기업 문화 때문에 기업 규모의 차이가 큰 경우 합작투자회사를 유지하기 어렵다. 기업문화의 유사성은 많은 합작사업의 성패를 좌지우지 할 수 있다. 필요한 기술을 가진 파트너를 찾아야 할 뿐만 아니라 기술에 접근할 수 있어야 하고 양립할 수 있어야 한다. 또한 믿을 수 있는 기업과 합작 투자를 해야 한다. 그러나 위의 예시에서 알 수 있듯 신뢰는 공동으로 경험을 쌓으면서 차츰 생겨나는 것이다. 그리고 반드시 신뢰 없이 시작할 수는 없다.

형태와 디자인 다른 나라에서 새로운 활동을 시작하거나 해외 파트너로부터 제공되는 기술에 접근할 때 중요한 점은 합작투자의 성공을 위해 충족돼야 할 기본적인 전략적 필요조건을 망각해선 안 된다는 것이다. 새로운 사업을 시작할 때와 마찬가지로 합작투자를 시작할 때도 반드시 대답해야 하는 질문들이 있다. "시장은 매력적인가?", "경쟁자는 얼마나 강한가?", "경쟁자는 어떤 전략을 사용할 것인가?", "경쟁자가 필요한 자원을 소유하고 있는가?"와 같은 것들이다.

이 맥락에서 덧붙여 말하자면, 합작사업의 설계에 특히 중요한 세 가지가 있다. 하나는 전략적 자유도로서 합작 기업과 모기업간의 관계에 대한 것이다. 합작 기업이 공급업체, 제품군, 고객의 측면에서 얼만큼의 자유가 허용될 것인가? 앞서 다룬 Dow Chemical 합작 사업의 경우, 논점은 한국인들이 보기에 Dow의 완전 자회사인 한국 공장에서 합작 회사가 구매하는 자재의 비용이 부풀려 있다는 것이었다. 이 사례에서는 합작 기업에게 허용되는 전략적인 자유도에 관해 미국 직원들과 한국 직원들의 의견이 달랐다.

두 번째로 중요한 문제는 합작 사업이 Win-Win상황이 되도록 하는 것이다. 따라서 만약 합작 사업이 성공적으로 되었을 때 각각의 파트너에게 주어지는 금전적 보상이 커야 한다. 그래야만 상황이 좋지 않을 때에도 합작 기업의 성공을 위해 양 파트너가 계속해서 노력을 할 수 있다. 만약 양사에 주어지는 금전적 보상이 미미할 경우, 해당 합작사업은 중단 되거나 재구축 되어야 한다.

마지막으로 각각 파트너 기업의 운영 역할을 결정하는 것이 중요하다. 만약 한 파트너가 지배적인 역할을 담당하고 전략과 매일의 사업 활동에 많은 영향을 끼치거나 한 파트너가 합작사업의 활동에 주도적 역할을 한다면 합작 사업은 관리하기 쉬워질 것이다. 좀 더 관리하기 어려운 합작 투자 형태는 공동 관리 사업으로 양쪽 모두 전략적 결정과 사업의 운영에 상당한 인풋을 제공하게 된다. 이 두 가지 형태의 중간지점에는 양쪽이 잘하는 부분에 각자 영향력을 행사하는 분할 관리 의사결정이 있다.

몇몇 사업에서는 한 파트너가 관리적 통제력을 가지는 것에 대해 각각의 파트너가 경쟁적으로 자신의 위치를 과하게 강조하는 경우가 있다. 이 경우는 양 기업이 합작 사업을 추진함으로써 상호보완적인 이점을 획득하고 이를 통해 시장 내에서 단독으로 활동할 때보다 더 큰 경쟁력을 확보하고자 하는 합작 사업의 의도를 망각하는 것이다.

대부분 합작사업의 목표는 우수한 실적을 내기 위함이다. 따라서 한 기업이 주도적으로 합작 기업을 관리하는 형태가 공동 관리 사업보다 관리가 편하다고 해서 꼭 그 형태로 합작 투자 기업을 구성할 필요는 없다. 주도적 관리 형태는 합작 투자 기업의 한 파트너가 필요한 지식과 기술이 있고, 다른 파트너는 단순히 자금, 상표권 혹은 일회성 기술 이전만을 공급할 때 효과적이다. 하지만 이럴 경우 "이 파트너만이 계속적으로 기여할 수 있는 자원이 있는가"하는 의문을 제기한다. 공유된 경영 형태는 합작 사업의 파트너간 지속적으로 협의를 할 필요가 있을 때 효과적이다. 예를 들면 한 파트너가 잘 알고 있는 시간에 다른 파트너가 생산하는 제품을 수정할 때나 한 파트너가 잘 알고 있는 작업 인력 혹은 환경에 맞춰 다른 파트너가 고안한 생산 프로세스를 수정할 때 등의 상황이다.

한 파트너가 경영적인 부분에서 불합리하게 다른 파트너보다 더 큰 영향력을 행사하려 할 때 협력 사업은 파국으로 치닫는다. 예를 들면 한 미국 기업이 일본에서 합작사업을 시행하였는데 합작 기업의 책임자는 미국 기업 임원이어야 한다고 우기는 것이다. 이 경우 해당 임원은 합작 기업에 어떤 기여도 할 수 없기 때문에 이러한 주장은 합리적이지 않다. 미국인 관리자는 일본 회사에게 미국의 파트너 회사가 그들을 신뢰하지 않음을 상기시켜주는 존재가 될 뿐이다. 합작투자에 필요한 기술을 일본 기업이 소유하고 있었기 때문에 일본 기업이 지배적인 혹은 적어도 주도적인 역할을 해야 함에도 불구하고 미국 기업은 공동 경영을 밀어붙였다. 여기에서 미국 기업이 기여할 수 있는 점은 단순히 세계적으로 유명한 상표명과 브랜드 이름을 사용하도록 허가하는 것뿐이었다.

두 번째 예 역시 일본의 사례로 프랑스 기업과 진행된 합작투자이다. 일본시장에 적합하게 제품을 변경하기 위해 프랑스 기업은 매우 복잡한 기술을 들여왔다. 따라서 프랑스 기업이 사업의 경영에 큰 목소리를 내고자 하는 것은 명확했다. 반대로 프랑스 기업은 일본시장에 대해 아무런 정보가 없었기 때문에 일본 기업 또한 합작사업 내에서 큰 영향력을 갖기를 원했다. 공동 경영 구조와 동등한 의사결정 권한을 갖도록 합작 사업을 진행하는 것이 합리적이었겠지만 불행히도 양측의 주도권 싸움으로 인해 협력 사업이 붕괴되고 말았다.

마지막으로 모든 협력 사업은 지분 소유 문제를 해결해야 한다. 몇몇 기업은 지분 소유를 통제와 동일시하고, 지분을 많이 가질 수록 좋다고 생각한다. 그러나 이는 틀린 생각이다. 조사에 따르면 외국 기업의 지분율이 40%를 넘어서면 자회사의 생존율에는 변화가 없다. 즉 지분율이 80%가 되더라도 생존율은 동일하다(〈그림 4〉 참조).

거래의 실행 경험 있는 관리자는 합작투자에 있어 가장 중요한 부분은 그들을 한데 묶어주는 법적 계약이 아니라 파트너 간의 관계라고 주장한다. 그럼에도 불구하고, 대부분은 기업들은 그들이 잘 이해할 수 있고 안심이 되는 협약을 체결하고자 한다.

합작 투자 계약의 주요 요소는 꽤 간단하다. 종종 논의되는 하나의 항목은 합작의 종료 문제이다.

합작 투자의 초반에 이미 계약의 종료를 논하는

그림 4 자회사 사망 위험에 대한 외국 지분율의 영향

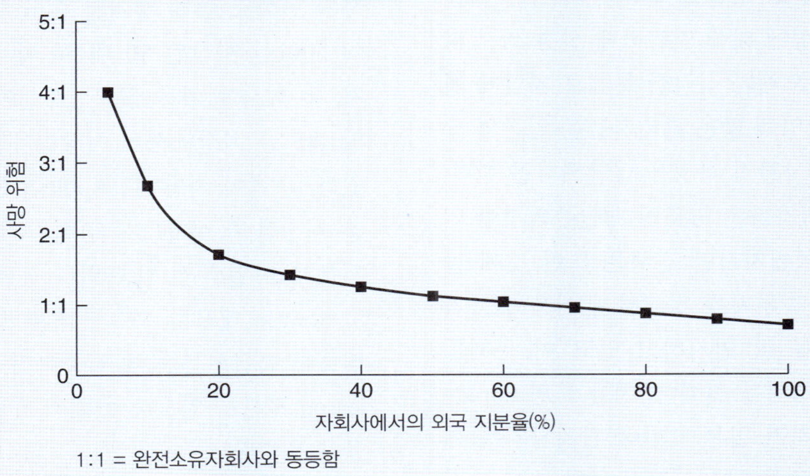

Source: Dhanaraj, Charles and Paul W. Beamish, 2004. "Effect of Equity Ownership on the Survival of International Joint Ventures." *Strategic Management Journal,* 25(3): 295–305.

데 거부감을 갖고 있는 관리자들도 있으나, 향후 심각한 의견 불일치가 발생할 경우에 계약을 종료할 수 있는 방법을 마련해두기 위해서는 논리적으로 생각할 수 있고 선의가 존재하는 초반에 논의를 해야만 한다. 자주 쓰이는 방법은 SHOT-GUN Clause를 삽입하는 것인데 향후 파트너 사가 소유한 지분을 사들이기 위해 가격을 지정할 수 있는 계약상의 조항이다. 그러나 일단 조항이 적용되는 상황이 발생하고 일방이 가격을 정하게 되면 상대방은 지정된 가격에 지분을 팔거나 같은 가격에 일방의 지분을 사들일 수 있다. 따라서 shot-gun clause는 공평한 가격이 제시되도록 한다. 물론 양 기업이 상대방의 지분을 사들일 수 있는 능력이 충분해야만 조항이 의미가 있겠다.

협력 작업의 수행 협력 사업은 초기에는 긴밀하고 지속적인 관심을 필요로 한다. 모회사와 합작투자 기업 관리자간에 건강한 업무 관계 및 적절한 시스템을 확립해야 하며 관리자들은 양 기업간의 기업 문화차이로 인해 생길 수 있는 문제점 및 예상치 못했던 불평 등의 발생에 유의해야 한다.

여느 국제 사업과 마찬가지로 국제 합작 투자에서도 서로 다른 국적의 관리자들은 조화롭게 일을 할 수 있어야 한다. 이를 위해 핵심 역할을 수행할 수 있는 능력을 가진 사람이 중요 역할을 맡게 된다. 관리자들이 서로의 문화적 특성에 대해 민감하게 신경 쓰지 않는 한 문화적 차이는 오해와 심각한 문제로 치닫게 될 수 있다. 예를 들어 서양의 많은 관리자들은 일본의 느리고, 합의 지향의 의사결정 과정을 답답해하곤 한다. 마찬가지로 일본 관리자들은 미국의 개인주의적인 의사결정이 신속하게 이뤄지지만 집행은 느린 것에 놀라곤 한다. 국제적 합작투자를 정교하게 이용하는 기업들은 이러한 문제를 잘 인지하고 있고 이 문제들을 최소화하기 위한 조치를 취했다. 예를 들면 Ford는 1,500명 이상의 관리자가 일본과 한국 관리자와 함께 작업을 할 수 있는 능력을 향상시키기 위한 교육 과정을 이수하도록 하였다.

문화 차이는 단지 국적의 차이에서 발생하지 않는다는 것을 기억하는 것이 중요하다. 예를 들면:

- 대기업과 협력하는 중소기업은 새로운 프로젝트의 승인을 얻으려면 며칠이 아니라 몇 개월이 걸릴 수 있다는 사실에 깜짝 놀라게 된다. 문화적 차이는 같은 산업군일 경우, 국적이 다른 경우보다 국적이 같은 경우 더 큰 것으로 나타나는 경우도 있다.
- 같은 국적의 두 기업과 협력하는 기업은 국적이 같음에도 두 기업의 기업 문화가 매우 다른 것이 놀랄 수 있다. 같은 일본에 있더라도 도쿄에 위치한 회사와 지방에 위치한 회사는 매우 다를 수 있다.
- 다른 업무 영역에서 일하는 관리자 간의 문화적 차이는 서로 다른 회사에서 같은 업무를 맡고 있는 관리자 간의 문화적 차이보다 클 수 있다. 예를 들어 유럽의 엔지니어들은 합작투자를 논의함에 있어 자신들 회사의 마케팅 담당자들보다 미국 회사의 엔지니어들과 더 많은 공통점을 가지고 있다는 것을 발견했다.

합작투자에 있어서 매우 일반적인 문제는 합작투자 형성기에는 양 기업이 동의하던 목표가 시간이 지남에 따라 변화하는 것이다. 이런 의견 불일치는 시장의 변화로 인해 생겨날 수도 있다. Sony와 Ericsson이 2001년 시작된 50 대 50 합작투자의 예를 들어보자. 두 회사는 처음에는 성장성이 높은 하이엔드 모바일 핸드폰 시장에서의 시장점유율을 끌어올리고자 하였다. 수년이 지난 후, Apple이 프리미엄 모바일 핸드폰 시장을 독식하다시피 하자, Ericsson은 사업의 초점을 모바일/무선 네트워크 공급으로 옮기기 시작했고 Sony는 태블릿, PC, 핸드폰 등의 개인용 기기에 콘텐츠를 공급하는 쪽에 집중하기 시작했다. Sony는 Ericsson 지분을 인수해 콘텐츠 공급 시장에서 시장점유율을 올렸다.

파트너사의 상황이 바뀌면서도 의견 불일치가 생겨날 수 있다. 이를 잘 보여주는 사례가 GM과 대우의 합작투자 종료이다. 당시 합작투자회사의 자본대비 부채비율이 8:1임에도 불구하고 GM이 추가적으로 자본을 투입하지 않으려 했기 때문에 양 기업간의 파트너 관계는 이미 경색되어 있었다. 추진 전략도 달랐는데 당시 시장점유율이 크게 추락하자 대우는 합작투자 기업을 통해 성장을 추구하여 시장점유율을 극대화하고자 했다. 그러나 GM 역시 재무상황이 좋지 않았고 기존 수익성을 유지만 하자고 주장했다. 그러자 대우가 GM에게 알리지 않고 고객들에게 차량 구매할인 프로그램을 제공했고, 결국 합작투자 파트너 관계는 돌이킬 수 없는 타격을 입게 되었다.

마지막으로 눈 여겨 볼만한 것은 의도치 않은 불공평성이다. 이 불공평성은 합작투자기업이 존재하는 한 언제든 발생할 수 있다. 의도치 않은 환경 때문에 합작투자 내의 한 파트너는 지게 되는 반면에 다른 파트너는 이기는 상황이 생길 수 있다. 예를 들어 1990년대 말 인도네시아와 미국의 합작투자는 부품을 달러를 기준으로 미국의 모회사로으로부터 사들였다. 인도네시아 화폐인 루피 가치가 하락하자 인도네시아 회사는 같은 돈으로 적은 량의 부품 만을 살 수 있었다. 이 상황에서 많은 경력이 있는 관리자들의 조언은 기존에 체결된 협약을 바꾸는 것이었다. 그럼으로써 인도네시아 파트너의 고난이 미국 파트너와 공유되어 부담을 덜 수 있는 것이었다. 이 경우에 두 파트너는 그렇게 했고, 미국 기업에게는 기존 협약보다 이득이 되는 것은 아니었지만 그렇게 하여서 이 합작투자는 살아남게 되었다.

합작투자를 구성할 때 고려해야 할 항목을 되돌아보면 국제합작투자 회사가 어디에 설립되는지에 따라 항목이 달라진다는 것을 알 수 있다. 예를 들면 합작투자가 선진국 시장에 설립되느냐 신흥 시장에 설립되느냐에 따라 특성이 달라지게 된다.

합작투자의 특징은 따로 설명할 필요가 없다. 하지만 항상 훨씬 더 자세한 분석을 할 수 있다. 예를 들어 본 논문에서 주로 다루는 합작회사는 전통적인 형태의 국적이 다른 두 개의 기업간에 형성되는 합작투자회사를 말한다. 그러나 다른 유형의 합작 회사도 존재하며 여기에는 국적이 다른 두 기업이 제3국에 설립하는 회사(전통적인 형태), 같은 다국적 기업의 자회사 간에 설립되는 합작 회사(기업 내 합작투자회사), 같은 국적의 기업들이 해외에 설립하는 합작투자회사(초국적 국내합작회사) 등이 있다. 흥미롭게도 전통적인 형태의 합작투자(적어도 일본 다국적 기업에 의해 설립된 경우는)는 다른 형태의 합작투자보다 더 수익성이 좋으면서 계약 종료율도 높았다.

결론

국제합작투자는 점점 더 많은 기업에게 중요한 전략적 도구가 되고 있다. 그러나 합작투자를 제대로 설계하고 관리하기 어려운 경우가 많다. 그 이유 중 하나는 몇몇 기업이 합작투자를 "진실된 의미"의 "합작" 회사로 관리하지 않기 때문이다(그림 5 참조). 그러나 몇몇

그림 5 진정한 합작투자와 허위적 합작투자

	진정한 제휴	허위적(pseudo) 제휴
모회사의 투입과 참여의 계획된 수준	지속적	단발적
위험/보상의 배분	대체로 균등	불균등
합작투자에 대한 모회사의 태도	특정 니즈를 가진 특정 조직	또 하나의 자회사
공식적인 합작투자 계약	유연한 지침	규정집 자주 참조
성과 목표	명확하게 명시 및 합치	부분적으로 중복/모호

합작투자가 기대 이하의 실적을 냈다고 해서 합작투자를 아예 피해버릴 필요는 없다. 국제합작투자를 효율적으로 관리할 경우 해당 산업 군에서 기업이 성공할 확률이 높아지기 때문이다. 반면 합작투자가 너무 어렵다는 이유로 아예 손을 놓고 단독으로 경쟁하겠다고 할 경우 실패할 확률이 높아진다.

향후 국제합작투자가 늘어나게 될까, 줄어들게 될까? 현재 많은 국가에서 투자 규제가 줄어들고 있는 것이 사실이고, 기업의 해외 경험이 늘어나고 있기 때문에 국제합작투자가 줄어들 확률이 높다. 그러나 여전히 어려움은 존재한다. 제품 수명 수기가 짧아짐에 따라 한 기업이 단독으로 경쟁을 하는 것이 점점 더 어려워지고 있다. 또한 신흥 국가 출신의 다국적 기업이 늘어남에 따라 선택할 수 있는 잠재적인 파트너의 수요와 공급 역시 증가하고 있다.

Reading 6-2 다양한 제휴 관계를 조율하는 방법

By Ulrich Wassmer, Pierre Dussauge, and Marcel Planellas

기업들은 전략적 제휴 관계 형성에 있어서는 놀라울 만큼 근시안적이다. 그러나 분석 과정을 체계화한다면 이익은 커지고 손실은 줄어들 것이다.

중국 식음료 시장에서 오랫동안 주도적 위치를 점유해온 프랑스의 거대 식품기업 다농 그룹(Groupe Danone)은 최근 중국 시장에서 자사의 위상이 급격히 무너지고 있다는 사실을 깨달았다. 이유는 간단했다. 중국의 대표적 음료업체 항조우 와하하(Hangzhou Wahaha) 그룹과 체결한 전략적 제휴가 와해되고 있었기 때문이다. Wahaha는 1996년 Danone과의 전략적 제휴를 통해 중국 생수 및 무알코올 음료 시장을 장악했다. 그러나 2007년부터 Wahaha는 Danone이 로버스트(Robust), 아쿠아리어스(Aquarius), 몽우유업(Mengniu Dairy), 광명유업(Bright Dairy & Food)과 같은 중국 내 경쟁 식품사와 합작사를 설립했다며 비난하기 시작했다. Danone은 Wahaha가 제휴 범위를 넘어선 사업에서도 Danone 브랜드를 사용했다며 Wahaha를 고소했다. 그러자 Wahaha는 이에 대한 보복으로 몇몇 Danone 경영진을 법정에 세웠다. 소송의 이유는 바로 Wahaha-Danone 합작사와 경쟁 합작사의 이사회를 겸직해 이해상충이 발생 했다는 것이다. 양사의 관계가 악화되면서 소송은 줄을 이었다. 결국 3개 대륙에서 총 30여 개의 소송이 제기됐다. 2009년 말 합의가 이루어지면서 Danone과 Wahaha는 서로에게 이별을 고했다. 이로써 Danone은 중국 내 매출액의 대부분을 차지했던 사업부문을 잃었다. Danone은 당시 중국에서 전 세계 매출액의 10%에 해당하는 약 30억 달러를 거둬들였었다.

서투른 제휴 체결로 Danone이 잃은 시가총액 가치만 아마 수십억 달러에 달할 것이다. 그러나 기업의 제휴 결정 방식에 대한 필자들의 연구 결과, 이와 같은 자기파괴적인 행동은 매우 흔하다는 사실을 발견했다. 요즈음 대부분의 기업들은 각기 다른 기업과 동시 다발적으로 제휴 관계를 맺는 제휴 포트폴리오를

■ Ulrich Wassmer is a professor of management at Concordia University's John Molson School of Business in Montreal, Canada. Pierre Dussauge is a professor of strategic management at the HEC School of Management in Jouy-en-Josas, France. Marcel Planellas is a professor of business policy at the ESADE Business School in Barcelona, Spain.

■ Reprint 51305.

By failing to analyze the consequences of partnering with McDonnell Douglas, CASA, a Spanish aerospace and defense company, ultimately damaged its long-standing prior partnership

보유하고 있다.[1] 글로벌 항공운송 산업의 예를 들어보자. 항공운송 산업은 다른 항공사와 항공기 편명 공유를 사용하는 폭넓은 제휴 포트폴리오를 통해 제휴사의 운항지까지 서비스를 제공함으로써 노선 네트워크를 대폭 확장하고 있다. 1994년만 해도 항공사당 평균 제휴 파트너는 4개 밖에 되지 않았지만, 2008년에 들어서면서 상황은 완전히 변했다. 항공업 전체에 걸쳐 제휴 포트폴리오의 규모는 평균 12개로 증가했다. 일부 항공사는 제휴 파트너가 최대 30~40개에 달한다. 이렇게 기업간 협업은 흔해졌지만 이와 동시에 다소 우려되는 패턴도 생겨났다. 기업이 제휴를 체결할 때 해당 제휴가 개별적으로 창출하는 가치에만 집중하고 그것이 전체 포트폴리오에 미칠 영향은 제대로 고려하지 않는다는 사실이다. 특정 제휴가 개별적으로 가치를 창출한다고 해서 전체 포트폴리오 차원에서도 가치를 창출하는 건 아니다. 개별적으로 보았을 때는 가치를 창출해도 전체적으로는 오히려 가치를 파괴하는 제휴도 분명 존재한다.

글로벌 항공운송 산업을 연구하는 과정에서 우리는 이 같은 명제에 대한 구체적 증거를 찾아냈다. 포트폴리오 상에서 기존 제휴와 시너지를 창출하는 신규 제휴는 시너지를 거의 혹은 전혀 창출하지 못하는 제휴보다 기업 주가에 긍정적인 영향을 미칠 수 있다. 연구 결과, 기존 제휴 파트너 기업과 시장이 중복되는 제휴를 강행한 기업들은 주식 시장에서 불리한 입장에 처한다는 사실도 발견됐다. 많은 회사의 구조적 인센티브는 특정 사업부에는 이득이 되지만 기업 전체에 있어서의 해로운 결정을 하도록 만들기도 한다.

이러한 현상을 관찰하다 보면 세 가지 질문이 떠오른다. 첫째, 기업들은 왜 철저한 분석이나 고려 없이 제휴에 나서는 것일까? 둘째, 보다 전략적인 방식으로 효과적인 제휴 포트폴리오를 구성하는 데 있어서 장애 요소는 무엇인가? 셋째, 해법은 무엇인가? 즉, 제휴 포트폴리오의 가치를 최적화하려면 어떤 시스템과 절차를 수립해야 할까?

1) See, for example, S. Parise and A. Casher, "Alliance Portfolios: Designing and Managing Your Network of Business-Partner Relationships," Academy of Management Executive 17, no. 4 (2003): 25-39; W.H. Hoffmann, "Strategies for Managing a Portfolio of Alliances," *Strategic Management Journal* 28, no. 8 (2007): 827-856; and U. Wassmer, "Alliance Portfolios: A Review and Research Agenda," *Journal of Management* 36, no. 1 (2010): 141-171.

이 보고서는 제휴 체결을 왜곡하는 비생산적 유인 구조를 좀 더 잘 이해해서 기업이 지금과 같은 임시방편의 방식이 아니라 현명한 방식으로 제휴를 결정하도록 돕기 위해 마련됐다. 기업은 제휴를 개별적 계약으로만 파악하지 말고, 새로운 제휴가 기존 제휴와 어떻게 상호작용하는지 면밀히 관찰하여 보다 전략적인 관리에 나서야 한다.

제휴 포트폴리오 확장의 어려움

제휴 포트폴리오는 종종 "퇴적작용"을 통해 형성될 때가 있다. 다시 말해, 기업은 오랜 시간 동안 다수의 기업들과 하나씩 제휴 관계를 체결해 나가고 이렇게 체결된 제휴 관계는 무작위로 누적된다. 대부분의 제휴 관계, 심지어 기업의 전체 성과에 지대한 영향을 미치는 광범위한 제휴조차도 영업 선에서의 개별 사업부의 문제에 대해 임기응변식으로 추진할 때가 많다. 반대로 회사 차원에서 추진하는 포괄적 제휴가 실질적 사업 개발로 이어지는 사례는 드물다.

그 결과 조직의 극히 일부에 해당하는 특정 사업부서가 다른 부서나 회사 전체에 가져올 영향을 간과한 채 자기 부서의 이익만을 고려해 제휴를 체결하는 일이 발생한다. 특정 사업부서가 단독으로 제휴를 결정할 때가 많고 전사적으로 의견을 조율하는 일이 별로 없다는 사실은 그리 놀랍지 않다. 사업상의 문제, 그리고 이로 인해 창출되는 제휴 기회는 어느 한 부서에서만 발견되는 게 아니라 여러 부서에 고루 분포된다. 따라서 문제의 당사자도 당연히 여러 사람일 것이다. 따라서 제휴 체결과 관련된 문제는 다수의 관리자에게 영향을 미친다. 그러나 안타깝게도 이들이 서로 만나거나 의견을 조율하는 일은 거의 없으며, 있다 하더라도 극히 드물다. 제휴 포트폴리오 차원에서 봤을 때 하위 부서에서 시작한 하위상달 식 제휴 결정 방식은 의사결정권자가 자기 부서의 상황만 고려하고 새로운 제휴와 전체 포트폴리오의 조화를 무시할 때 더욱 심각한 문제를 안겨준다. 기업은 한 부서의 문제만 해결하고 다른 부서에는 새로운 문제를 안겨주는 임시변통의 해결책을 선택한 셈이 되는 것이다. 결국 새로운 제휴는 기업 전체를 위한 가치를 창출하는 데 실패하고 심한 경우 기업의 전체 가치까지 파괴하는 결과를 낳는다.

이러한 부서이기주의적 사고방식에는 다양한 이유가 있다. 사업부 단위의 관리자는 자기 부서의 성공과 불가분으로 연관된 뚜렷한 실적 목표를 가질 때가 많다. 이를 달성하려다 보면 자연히 회사 전체보다 자기 부서의 우선순위를 먼저 생각하게 된다. 또 연구 결과를 보면, 관리자들은 종종 기회주의적 행태를 보이며, 자신의 자율권을 강화하기 위해 제휴를 이용하기도 한다.[2] 제휴 관계는 파트너사와 공동으로 관리되기 때문에 파트너사 담당자와의 개인적 관계가 매우 중요한데, 회사의 경영진들은 이 관계에 개입하기가 어렵다. 덕분에 해당 사업부서의 관리자는 제휴 체결 과정에서 확실한 행동의 자유를 보장받게 된다.

1980년대 체결된 스페인 항공 방산 업체 CASA (Construcciones Aeronauticas SA)와 Mcdonnell Douglas와의 제휴를 살펴보자. 제휴는 생산 공장 수준에서 시작되었다. CASA는 가동률을 제고해야 할 유휴 공장설비가 있었는데 Mcdonnell Douglas의 MD-80 민간 항공기 프로젝트에 참여함으로써 스페인 세비야의 공장 중 한 곳을 가동시킬 수 있었다. 그런 의미에서 보면 Mcdonnell Douglas와의 제휴는 특정 지역의 사업 문제(유휴 제조 설비)를 해결한 셈이 된다. 그러나 제휴 포트폴리오 전체 관점에서 봤을 때, 이 결정이 가져온 문제는 심각했다. 1971년 이후로 CASA는 에어버스와 협업 관계를 유지하고 있었다. 에어버스는 Mcdonnell Douglas의 강력한 경쟁사이자 MD-80과 치열한 경쟁을 벌였던 A319 기종의 생산업체다. Mcdonnell Douglas와의 제휴 체결은 CASA와 에어버스의 관계를 악화시켰다. 결국 CASA는 에어버스의 신규 프로젝트에서 당초 기대했던 역할을 맡지 못했다. CASA 세비야 공장의 관리자들은 에어버스 제휴를 관

2) "Airline Business Alliance Survey," *Airline Business*, 1994–2008.

리하는 담당자가 아니었기 때문에 Mcdonnell Douglas를 파트너사로 선택했을 때 발생할 수 있는 결과를 예측하지 못했다.

개별적으로 봤을 때는 가치를 창출해 주지만 전체 포트폴리오 상에서는 오히려 가치를 파괴하는 제휴 사례는 이 외에도 수없이 많다. 스페인의 통신회사 Telefonica de Espana는 1990년대 네덜란드 이동통신사 Koninklijke KPN N.V., 스웨덴 스톡홀름에 본사를 둔 Telia, 스위스 텔레콤, AT&T 월드 파트너로 구성된 컨소시엄인 Unisource NV와 제휴 관계를 유지하고 있었다. 그러다가 1990년대 후반, Telafonica 사업부 중 하나였던 Telafonica Internacional(TISA)이 중남미 시장에서 사업 기회를 잡기 위해 British Telecom과 MCI의 합작사인 Concert와 제휴를 체결했다. TISA의 의사결정권자들은 Concert와의 제휴를 통해 얻게 될 이익에만 집중했고 이것이 포트폴리오 전체에 안길지도 모르는 피해는 무시했다. TISA가 Concert와 제휴를 체결하자, Unisource의 파트너사들은 합작기업인 Concert가 AT&T 월드 파트너의 경쟁사가 되어가고 있다며 우려를 표시했고 결국 Telafonica 측에 Unisource 컨소시엄을 떠나달라고 요청했다. Telefonica는 컨소시엄에서 탈퇴하며 Unisource 측에 140억 페세타(약 9400만 달러) 이상을 지불했다.

제휴의 적합화

사업부 차원에서 이득이 될뿐 아니라 다른 제휴와도 일관성 있게 조화를 이뤄 개별 제휴를 합친 것보다 더 큰 시너지 효과를 내는 제휴를 체결하려면 어떻게 해야 할까? 기업의 다양한 부서에서 일어나는 제휴 관련 모든 활동을 조율하는 전사 차원의 조직을 만드는 것이 한 방법이다. 일명 '제휴 기능'이라 부를 수 있는 이 전담 부서는 전체 제휴 포트폴리오를 효과적으로 관리하는 데 있어 매우 중요하다.[3] 제휴에 대한 구상은 조직 하위 부서에서부터 시작되어야 한다. 하지만 제휴로 인한 가치가 개별 사업부 수준, 즉 개별적 제휴 관계에서뿐 아니라 전체 포트폴리오 차원에서도 창출될 수 있도록 하려면, 개별 제휴가 전체 포트폴리오와 조화를 이루는지 여부를 확인해줄 총괄부서가 필요하다.

제휴 기능 전담 부서는 시간이 지남에 따라 제휴 포트폴리오가 어떻게 진화하는지 점검하고, 제휴가 필요한 특정 부서의 문제를 해결함과 동시에 전체 제휴 포트폴리오의 효과성이 유지될 수 있도록 균형을 잡아줘야 한다. 그러나 실제 기업 환경에서는 제휴 관계를 총괄하는 전담 사업부가 존재하기보다 종종 기업 내부 컨설팅 부서에서 해당 기능을 수행한다. 그러나 컨설팅 부서는 대개 직접적으로 수익을 내지 못하는 Cost center로서 직접적으로 비즈니스를 수행하는 의사결정권자들에 대한 영향력이 거의 없다. 이처럼 중앙의 제휴 조율 부서와 특정 제휴를 제안하는 사업부서 간에는 종종 서로 다른 이해관계와 성과 측정지표 때문에 충돌을 피할 수 없을 때가 많다. 제휴 기능 전담 부서는 전체 제휴 포트폴리오의 효과성과 전사적 제휴 정책의 이행력에 따라 평가받는다. 하지만 개별 제휴의 성공 여부와 더 직접적으로 연결되는 당사자는 바로 제휴를 처음 제안했던 사업부다. 제휴의 성패에 대한 최종 책임은 제휴 포트폴리오를 조율하는 제휴 부서가 아니라, 처음 제휴를 제안했던 사업부가 지게 된다.

우리는 연구 결과에 기초해서 경영자들이 제휴를 체결할 때 국지적 측면은 물론 전체 포트폴리오 차원에서의 이익을 모두 고려해 체계적 결정을 내릴 수 있는 기본 틀을 구축했다. 다음의 세 가지 요건을 실행할 때 경영자들은 현명한 제휴 결정을 내릴 수 있다. 첫째, 개별적 차원뿐만 아니라 전체 포트폴리오 차원에서 제휴의 비용과 편익을 분석하는 제휴 비즈니스 케이스 분석틀(alliance business case framework)을 구축한다. 둘째, 통합적이고 명문화된 의사 결정 프로세스(decision process)를 만든다. 이 프로세스에는 해당 사업부의 관리자뿐 아니라 회사 경영진까지 포함되어야

3) J.J. Reuer and R. Ragozzino, "Agency Hazards and Alliance Portfolios," *Strategic Management Journal* 27, no. 1 (2006): 27–43.

한다. 셋째, 의사결정 과정에 참여하는 모든 당사자의 역할과 책임 (roles and responsibilities) 범위를 명확히 정의한다.

전체적 비용–편익 분석

전략적 제휴를 체결하면 비용과 편익이 동시에 발생한다.[4] 합리적인 기업이라면 가치 창출이 확실한 제휴만 체결할 것이다. 이는 다시 말해 제휴로 기대되는 편익이 비용보다 높을 때 제휴를 체결한다는 뜻이다.[5]따라서 제휴를 결정할 때에는 각각의 제휴에 대해 비즈니스 케이스를 구성해 보는 작업이 반드시 수반되어야 한다.[6]

제휴에 관한 비즈니스 케이스를 구성할 때 대부분의 기업은 신규 제휴와 연관된 비용 및 편익을 기존 제휴와 분리해서 분석하는 경향이 있다. 그러나 그런 근시안적인 비용–편익 분석은 오해를 불러일으킬 수 있다. 다른 제휴와 연결시키지 않고 단독 분석했을 때는 좋은 결과가 나왔던 제휴도 전체 포트폴리오 상에서 분석하면 완전히 다른 결과가 나올 수 있다. 따라서 정확하고 설득력 있는 비즈니스 케이스를 구성하기 위해서는 개별적으로, 또 전체 포트폴리오 차원에서 다양한 비용 및 편익을 확인하고 이를 정량화할 필요가 있다.

1994년과 2008년 사이에 항공산업에서의 제휴들의 평균 숫자는 4에 12로 뛰었다.

비용 및 편익: 개별 제휴 다른 제휴 관계와 연결하지 않고 독립적으로 파악했을 때 각각의 제휴는 다음과 같은 네 가지 측면에서 기업에 기여할 수 있다.

- **제휴사와 서로 유사한 자원, 지식 혹은 기술을 한데 모아 자원화 함으로써 규모의 경제를 달성한다.** 예를 들어 폭스바겐과 르노(Renault S.A)는 유럽의 자동변속차량 시장이 워낙 작은데다가 두 회사 모두 효율적 생산을 달성할 만큼 생산량이 많지 않았기 때문에 제휴를 통해 자동 변속장치를 공동 개발 · 생산했다.
- **자사의 부족한 점을 보완할 수 있는 파트너사의 자산, 지식 및 기술에 대한 접근권을 얻게 된다.** 폭스바겐은 상하이 자동차(SAIC)와의 제휴를 통해 상하이 VW라는 합작법인을 세웠다. 폭스바겐의 제품 · 기술력에 상하이 자동차가 가진 중국 시장에 대한 지식, 생산 · 유통 자산에 대한 접근권을 결합시킨 결과물이었다.
- **새로운 기술에 대한 접근권을 얻는다.** 앞선 예와 비슷하다. General Motors(GM)와 Toyota 자동차는 NUMMI라고 불리는 제휴 관계를 체결했다. 제휴를 통해 GM은 Toyota의 린 생산방식(Lean manufacturing process)을 배웠고, Toyota는 GM으로부터 미국 노조를 상대하는 노하우를 얻었다.

4) P. Kale, J.H. Dyer and H. Singh, "Alliance Capability, Stock Market Response and Long–Term Alliance Success: The Role of the Alliance Function," *Strategic Management Journal* 23, no. 8 (2002): 747–767; and P. Kale, J.H. Dyer and H. Singh, "Value Creation and Success in Strategic Alliances: Alliancing Skills and the Role of Alliance Structure and Systems," *European Management Journal* 19, no. 5 (2001): 463–471.

5) P.J. Buckley and M. Casson, "A Theory of Cooperation in International Business," in "Cooperative Strategies in International Business," ed. F.J. Contractor and P. Lorange (Lexington, Massachusetts: Lexington Books, 1988): 31–53; A. Madhok and S.B. Tallman, "Resources, Transactions and Rents: Managing Value Through Inter–firm Collaborative Relationships," *Organization Science* 9, no. 3 (1998): 326–339; S.H. Park and D. Zhou, "Firm Heterogeneity and Competitive Dynamics in Alliance Formation," *Academy of Management Review* 30, no. 3 (2005): 531–554; and S. White and S.S. Lui, "Distinguishing Costs of Cooperation and Control in Alliances," *Strategic Management Journal* 26, no. 10 (2005): 913–932.

6) Buckley and Casson, "Theory of Cooperation"; J. Koh and N. Venkatraman, "Joint Venture Formations and Stock Market Reactions: An Assessment in the Information Technology Sector," *Academy of Management Journal* 34, no. 4 (1991): 869–892; and Madhok and Tallman, "Resources, Transactions and Rents."

- **시장의 경쟁을 줄이는 한편, 시장 장악력을 키운다.** DaimlerChrysler Aerospace AG(DASA), 영국우주항공, CASA, Aerospatiale Matra는 각각 경쟁하기보다 에어버스라는 합작회사를 설립해 제품을 공동 개발하고 생산했다. 참여 기업은 이를 통해 유럽의 민간 항공기 시장에서 경쟁자의 수를 줄이고 그에 따른 이득을 누릴 수 있었다.

개별 제휴 관점에서 볼 때도 파트너사들은 제휴에 따른 비용 역시 부담해야 한다. 가장 확연히 드러나는 비용은 제휴를 시작하는 데 들어가는 착수 비용이다. 그 이후에는 상시적 조율을 위한 조정 비용이 들어간다. 쉽게 포착하기 어려운 비용으로는 예상치 못한 기술이나 정보의 유출에서 발생하는 비용을 들 수 있다. 이 비용은 제휴에 참여한 기업이 자사 편의주의적으로 행동해서 파트너사의 기술과 지식을 빼돌릴 때 발생한다. 제휴 참여 기업이 자사의 이득을 위해 파트너사의 지식과 기술을 빼돌린 사례는 무수히 많다. 이러한 '기술 가로채기'는 외견상 품위 있는 비즈니스로 보이는 화훼 육종 사업에서도 만연해 있다. 장미 품종 개량에서 주도적 위치를 점유한 프랑스의 Meilland International은 라이센스 파트너십을 맺었던 중국 기업 중 한 곳에서 자사의 특허 화훼 품종을 로열티도 지불하지 않고 대규모로 재배해서 판매하고 있다는 사실을 발견했다.[7]

그러나 개별 제휴의 비용과 편익을 따지는 것만으로는 충분치 않다. 제휴를 위한 사업 계획을 구상한다면 반드시 여기서 더 나아가 해당 제휴가 회사의 전체 제휴 포트폴리오에 미치는 영향을 살펴보아야 한다.

비용 및 편익: 제휴 포트폴리오 제휴 포트폴리오 차원에서의 편익은 새로운 제휴와 기존 제휴가 도움을 주고받는 방식에 따라 결정된다. 이 같은 시너지 효과는 두 가지로 구분된다.

- **노하우 공유 혹은 결합.** 새로운 제휴를 통해 제공되거나 개발된 자산, 지식 및 기술은 현재 진행 중인 다른 제휴에도 적용할 수 있다. 새로운 제휴는 다른 제휴에서 유용하게 쓰일 수 있는 기술을 개발하는 데 도움을 줄 수도 있다. 마찬가지로 새로운 제휴를 통해 제공되거나 개발된 자산과 지식은 기존 제휴에서 얻은 자산 및 지식과 결합돼 신규 서비스나 제품을 개발하는 데 사용될 수 있다. 캘리포니아에 본사를 둔 웹기반 on-demand 서비스 제공업체인 Salesforce.com은 포트폴리오 상에 있는 다양한 제휴 관계의 물리적 · 지적 자산을 결합해 고객에게 보다 광범위한 서비스를 제공하는 데 성공했다. 일례로 Salesforce.com이 Google과의 제휴를 통해서 제공하는 'Salesforce for Google Apps'는 전문가들이 웹에서 실시간으로 의사소통하고 협업하도록 돕는 생산성 제고 애플리케이션이다.[8] 이후 Salesforce.com은 고객에게 더 많은 처리 능력(computing power)을 제공하고 이들이 Force.com의 플랫폼 상에서 공식 홈페이지나 회사 인트라넷을 호스팅 할 수 있도록 Amazon.com과도 제휴를 체결했다. 온라인 유통업체인 Amazon.com은 광대한 서버 네트워크를 운영하기 때문에 Salesforce.com에 남는 서버 공간을 제공해 줄 수 있다. Salesforce.com은 Google과 Amazon과의 제휴를 통해 시너지 효과를 창출하며 고객에게 보다 다양하고 포괄적인 서비스를 제공하고 있다.
- **기존 제휴 관계 강화.** 두 번째 유형의 시너지를 가장 잘 보여주는 예는 항공 산업이다. KLM은 에어프랑스와의 합병으로 에어프랑스와 델타항공이 결성한 스카이팀에 합류했다. 하지만 Northwest 항공과 오랫동안 유지하고 있던 제휴 관계를 끊지는 않았다. Northwest는 다른 항공사와 제휴를 맺

---

7) J.H. Dyer, P. Kale and H. Singh, "How to Make Strategic Alliances Work," *MIT Sloan Management Review* 42, no. 4 (summer 2001): 37–43.

8) P. Dussauge, "Alliances, Joint-Ventures and Chinese Multinationals," in "Chinese Multinationals," ed. J.P. Larçon (Hackensack, New Jersey: World Scientific Publishing Company, 2008).

는 대신 오랜 파트너였던 KLM을 따라 스카이팀에 합류하기로 결정했고, 두 항공사의 관계는 더욱 강화됐다(수 년 후 Northwest 항공은 델타항공에 합병됐다.).

제휴 포트폴리오 차원에서 새로운 제휴로 인해 발생하는 비용은 기존 제휴 관계들과의 갈등 해결 과정에서 발생한다. 이 비용은 기존 제휴 파트너사의 신뢰와 선의를 다시 얻는 과정에 소요되는 비용이다. 새로운 제휴는 기존 제휴사와의 관계를 방해할 때 또한 발생할 수 있다. 새롭게 제휴를 체결한 상대 기업이 기존 파트너사의 기술을 모방하거나 기존 파트너사와 유사한 상품 및 서비스를 제공한다면 기존 파트너사는 더 많은 위협을 느낄 것이다. 이러한 경우 신규 제휴가 기존 제휴사와의 관계를 저해하게 된다.

새로운 제휴가 기존 파트너사의 제품 혹은 시장 영역과 중복된다면 기업은 갈등 해결을 위해 더 많은 비용을 치러야 한다. 최악의 경우 기존 제휴 관계를 끝내는 과정에서 수반되는 결과들을 모두 감수해야 한다. 기존 파트너사가 새로운 제휴 체결과 그로 인해 발생할 갈등에 대한 반발로 제휴 관계 종결을 먼저 제안할 수도 있다. 이런 식으로 제휴 관계가 종결되면 기업은 귀중한 자원과 함께 수입원 또한 잃게 되고 그에 수반하는 비용까지 감당해야 한다. Danone과 Wahaha의 불행한 경험이 그 좋은 예다.

항공 산업에서도 이와 비슷한 사례를 찾아볼 수 있다. BA(British Airways)가 AA(American Airlines)와 제휴를 체결하자, US 항공그룹은 BA와의 항공기편명 공유 및 상용고객 우대 프로그램 관련 제휴를 즉시 종료시켰다. US항공은 BA와 AA간 제휴로부터 위협을 느꼈던 것 같다. BA는 US항공의 결정에 대해 "실망스럽고 당혹스럽다"[9]라고 논평했다. 하지만 US항공은 BA가 규모나 영향력 면에서 자사보다 월등한 AA와의 제휴를 더 중요시 할 수밖에 없을 것이라고 의심했던 것 같다. 예를 들어 BA는 항공편의 대부분을 AA의 중추공항으로 옮기거나, AA와의 매끄러운 환승편 운항을 위해 US항공에 불이익을 줄 가능성이 있었다. 싱가포르 항공도 비슷한 경험을 한 적이 있다. 델타 항공, 스위스 항공과 지분전환이 포함된 다자간의 제휴를 체결했던 싱가포르 항공은 이후 독일의 루프트한자와 운항편명 공유 및 공동 마케팅 관련 제휴를 맺었다. 이로 인해 델타 항공과 스위스 항공은 싱가포르 항공과의 제휴를 끝내버렸다.

신규 제휴로 인해 중복과 가치 잠식이 일어나 비용이 발생할 때, 새로운 파트너십과 기존 파트너십 간의 갈등은 더욱 두드러진다. 새로운 제휴와 기존 제휴의 영역이 겹치면, 어느 한 쪽의 이득이 줄어들 가능성이 있다. 다양한 선택안을 가짐으로써 위험을 분산시키기 위해 일부러 영역이 중복되는 제휴를 체결할 때도 있다. 서로 경합 중인 기술을 동시에 개발하는 R&D 제휴가 좋은 예다. 그러나 이런 경우에도 기업은 중복되는 제휴 관리를 위해 단독 제휴를 체결했을 때보다 더 많은 인적 자원을 투입해야하기 때문에 중복적인 비용을 더 감당해야 한다.

더욱 현명한 제휴 형성을 위해

제휴 결정을 현명하게 내리기 위해서는 우선 사업부뿐 아니라 기업 차원에서 의사결정권자들이 모두 참여하는 통합된 의사결정 절차가 필요하다. 그래야만 체결하려는 제휴에 대해 개별적으로, 또 전체 포트폴리오 차원에서 비용과 편익을 체계적으로 분석할 수 있다. 이를 위한 의사결정 과정은 해당 제휴를 개별적 관점에서 분석하는 1단계와 제휴 포트폴리오 관점에서 분석하는 2단계로 구분된다.

기업은 제휴 기회를 엄격하게 평가할 필요가 있다. 현재 대부분 임시방편으로 이뤄지는 프로세스를 체계화하면 체결을 고려중인 제휴가 해악보다 이득이 더 많을 것인지 좀 더 잘 확인할 수 있을 것이다.

9) "Salesforce.com and Google Introduce Salesforce for Google Apps: First Cloud Computing Suite for Business Productivity," April 14, 2008, www.google.com.

제휴 체결이 합리성을 갖기 위해 필요한 또 하나의 중요한 조치는 바로 의사결정 과정에서 누가 어떤 역할을 담당할지를 명확히 정의하는 작업이다. 제휴 포트폴리오를 가진 기업에서는 제휴 결정을 내릴 때 제휴가 필요한 사업부와 전사 차원에서 다양한 당사자들이 참여한다. 그만큼 의사결정 과정이 매우 복잡하다.

효과적인 제휴 체결 의사 결정을 위해서는 그 과정에 참여하는 개인 등 개별 당사자 혹은 위원회의 역할과 책임 범위를 명확히 정의하여 명문화함으로써 조직 전체에 전달할 필요가 있다. 비즈니스 프로세스 분석에서 흔히 사용되는 방법으로 RACI 분석이 있다. 한 개 혹은 그 이상의 핵심 역할을 담당하는 조직 내 다양한 책임자들의 역할을 구분해 표시하는 방법이다. 우리는 연구 결과를 바탕으로 제휴 결정 과정에 참여하는 다양한 주체를 정의하고 주체별 담당 역할을 표시한 RACI 도표를 도출했다.

의사결정 과정을 명확히 정의하고 역할과 권한에 대한 내용을 명문화했다면 Telefonica 같은 기업도 보다 큰 그림을 볼 수 있었을지 모른다. 그랬다면 개별 사업부 차원에서는 가치를 창출한다 하더라도 다른 제휴와 충돌해 회사 전체 가치를 파괴하는 위험한 제휴는 피해갈 수 있었을 것이다. 다시 말해 명확히 수립된 의사결정 과정만 있었어도 Telefonica의 TISA 사업부는 새로운 제휴의 장단점을 충실하게 분석하여 조직 내 다른 부서들을 결정 과정에 참여시켜야 한다는 사실을 깨달았을 것이다. 역할 및 권한을 명확히 규정했더라면, Telefonica의 제휴 사업부는 제휴가 회사의 전체 전략에 어떤 영향을 미칠지 예상할 수 있었을 것이다.

결론

기회를 활용하고 위협을 제거하려는 기업에게 제휴 포트폴리오 구성은 분명 효과적이고 중요한 전략 도구다. 그러나 놀랍게도 제휴 포트폴리오 구성과 관련된 많은 의사결정이 전체 포트폴리오에 미치는 영향을 고려하지 않은 채 사업부 단위에서만 이루어진다. 그러나 통합적 제휴 비즈니스 케이스를 수립하고 의사결정상 역할과 권한을 명확히 정의한 절차를 엄격히 따른다면, 기업은 제휴가 마구잡이로 발생하지 않도록 할 수 있다. 이로 인해 기업의 제휴는 그 전체 가치가 개별 제휴의 단순 총합보다 높아질 수 있다.

기업 경영학자 D.A. Levinthal이 말했듯이 "복잡한 의사결정을 필요로 하는 문제에서 최적의 답을 찾기란 지극히 어려운 작업"이다. 이러한 의사결정에 기업 내의 여러 부서나 외부 당사자가 참여한다면, 최적의 답을 찾기 위한 결정은 훨씬 더 어려워질 것이다. 제휴 결정은 그 성격상 다수의 사업부서가 관여하고 서로 독립적인 파트너사간의 상호작용이 필수다. 따라서 잘못된 방향으로 나아갈 수 있는 함정은 곳곳에 산재한다. 이런 관점에서 봤을 때 제휴 체결은 기업이 내릴 수 있는 가장 위험하고 불안한 결정일 수도 있다.

앞서 설명한 도구들은 기업이 제휴 포트폴리오 관점에서 제휴 체결 결정을 내릴 때 부딪히는 공통된 세 가지 문제를 해결하는 데 근본적으로 도움이 되는 방법들이다. 즉 부서 이기주의를 철폐하고 정보 불균형을 극복하며, 특정 사업부서의 국부적 필요와 조직 전체의 필요 사이에서 균형을 잡는 데 도움이 된다. 다양한 부서에서 온 의사결정권자들이 같은 책상에 둘러앉아 함께 논의한다면, 서로의 시각을 이해하고 제휴의 잠재적 위험을 심도 있게 파악해서 토론과 협상을 통해 모두가 수용 가능한 해결 방안을 도출할 수 있다. 또한 중앙 부서에서 제휴 업무를 총괄하게 할 경우 제휴 관리부서의 지위 및 영향력, 권한을 강화해줄 것이다. 그 결과 기업은 개별 사업부의 이익보다 전사적 경영 목표를 우선시하는 결정을 보다 용이하게 내릴 수 있다. 마지막으로, 제휴가 가져올 비용 및 편익에 대해 심층적 분석을 실시하고 계획을 세운다면 의사결정 과정에 참여하는 모든 주체가 제휴의 장단점에 대해 최소한 추정치라도 정량화하게 되고, 해당 제휴가 가져올 영향에 대해 사업부 차원에서뿐 아니라 전사적 차원에서 보다 객관적인 평가를 내리게 될 것이다.

Chapter 7

전략의 실행: 다차원적 역량들의 구축

다국적 기업에 요구되는 조직 역량 전략이 달라진 만큼 다국적 기업을 운영하는 경영자들에게 요구되는 경영 역량 역시 진보하였다. 이번 장에서는 오늘날 초국적 조직의 주요 의사결정 담당자(글로벌 사업 경영자, 국제 직능별 경영자, 국가별 자회사 경영자)에게 요구되는 변화하는 역할과 책임에 대해 알아본다. 각 기업별로 의사결정을 담당하는 주요 인물에 누구를 포함시키느냐 여부에는 차이가 있겠지만(예를 들면 의사결정 담당자에 글로벌 계정 매니저를 포함시킬 수도 지역별 책임자를 포함시킬 수도 있다.) 모든 다국적 기업이 직면한 도전사항은 동일하다. 즉 핵심 경영진 중 누구에게 복잡한 전략적 업무와 조직 내 역할을 할당할 것이며 기업 내 의사결정 과정에 있어 이들 경영진에게 얼마만큼의 권력과 영향력을 줄 것인가의 문제가 있는 것이다. 이번 장에서는 주요 의사결정자들의 새로운 역할과 책임에 대해 검토한 후 최고 경영진이 이러한 다양한 이해관계와 관점을 어떻게 통합하고 조직내의 공통의 목표 추구를 장려하는지로 끝맺음 하기로 한다.

21세기의 다국적기업은 그들의 선대 기업들과는 현저하게 다르다. 다수의 종종 상충되는 요소가 동시에 존재하는 환경의 영향을 받았기 때문이다. 시장의 세계화, 제품과 기술의 수명주기의 가속화, 각국 정부 요구의 다채로움, 그리고 무엇보다도 글로벌 경쟁의 심화는 대부분의 다국적기업들에게 복잡성, 다양성 그리고 변화하는 환경을 만들었다.

우리가 목격한 대로 이전에는 기업이 하나의 지배적인 경쟁 우위를 기반으로 경쟁했으나 이제는 다수의 전략적 자산(글로벌 규모의 효율성과 경쟁력, 국가별 대응과 유연성, 전 세계적인 혁신과 학습 능력)을 개발할 필요성이 생겼다. 결과적으로 이러한 새로운 전략적 요구는 결과적으로 기존의 조직구조와 관리 프로세스에 압력을 가해왔다. 하나의 전략만을 선택했었던 기존의 기업 계층구조는 다국적이고 통합된 형태의 자산, 자원, 다차원적 경영 관점 및 능력, 유연한 조율 과정을 가진 조직 형태로 진보하였다.

이러한 모든 변화가 경영에 미치는 영향은 엄청나다. 오늘날의 국제적인 운영 환경에서 성공하기 위해서 초국적인 경영자들은 복잡하고 역동적인 환경 변화를 이해하고 감지할 수 있어야 한다. 그들은 여러 전략을 개발하고 기능을 통합할 수 있어야 한다. 또한 복잡하지만 통제 가능한 새로운 조직을 구성하고 운영하여 전 세계에서 통일된 행동을 선보일 수 있어야 한다. 주요 경영 포지션에 있는 관리자들이 매우 전문적이고 지식적이지 않는 한, 당연히 해당 기업은 새로운 도전에 잘 대응할 수 없다.

그러나 오늘날의 다국적기업 경영진의 변화하는 역할과 책임이 어떤 영향을 가져올 것인지에 대해서는 놀라울 정도로 연구가 이루어지지 않았다. 학자, 컨설턴트, 심지어 경영진 스스로도 엄청난 양의 시간과 에너지를 들여 다양한 국제 환경적 요소를 분석하고 글로벌 전략의 개념을 재정립하며 효과적인 초국적 기업의 특성을 이해하고자 하고 있다. 그러나 효율적인 전략과 기업도 효율적인 경영진이 없다면 실패할 수 밖에 없다. 다시 말하면 대부분의 다국적기업의 오늘날 가장 큰 위험요소는 그들이 1세대 매니저들과 함께 2세대 조직을 통해서 3세대 전략을 구현하려고 한다는 것이다.

이 장에서는 오늘날의 다국적 기업이 직면한 새로운 도전과제로 인해 요구되는 경영진의 역할과 책임—즉 1세대 경영진에게 필요했던 요구사항을 넘어서는—에 대해 검토한다. 조직 내의 소속 부서 혹은 직급에 따라 크게 달라지는 과업을 일반화시키기 보다는, 우리는 초국적 기업에서의 글로벌 사업 경영진, 전 세계적인 기능적 경영진 그리고 국가 자회사 경영진 이 세 가지 구체적인 그룹의 역할과 과업을 알아본다. (4장에서 초국적 기업 구조 특성상 기업별 특성이 항상 다를 수 있다고 언급한 것을 기억하자. 따라서 세 그룹 이외의 기타 의사결정자—예를 들면 글로벌 계정 매니저(global account manager)—가 주요 경영진에 포함될 수도 있다.) 마지막으로 각 경영진의 경쟁적 관점과 능력을 통합하는 최고 경영진의 역할을 살펴본다.

글로벌 사업 경영자

글로벌 효율성과 경쟁력을 개발하기 위해서 경영진은 다국적기업이 활용할 수 있는 다양한 규모의 경제와 지역 경제 및 국제적인 시장 포니셔닝에 내재된 잠재적 경쟁 우위를 이용해야 한다. 이를 위해 경영진은 다양한 국가 및 전문 분야 전반에 걸친 기회와 위험 요인을 식별하는 감각을 갖춰야 한다. 이것이 글로벌 사업 경영자의 기본적인 업무이다.

이러한 중요한 책임을 구현하려면 글로벌 사업 경영자는 사업의 특성 그리고 회사의 관리 전통에 따라 의존하고 변화하는 여러 가지 균형을 맞추는 다양한 활동에 참여 할 것이다.

그럼에도 불구하고 세 가지 핵심적 역할과 책임은 거의 항상 이러한 주요 경영자들의 몫이다. 그 또는 그녀는 글로벌 전략가, 전 세계적인 자산과 자원 구성의 건축가, 국경 간 이전의 통제자와 조정자가 된다.

글로벌 사업 전략가

경쟁적인 상호작용은 점점 글로벌 국면에서 발생하기 때문에 세계적인 인식과 책임을 가진 관리자만이 특정 사업의 전략적 위치와 능력을 평가할 수 있다. 그러므로 기업들은 시스템이 일관적이고 통합된 국제 비즈니스 리포트로 통합될 수 있도록 기업의 정보 및 기획을 구성하고 시스템을 통제해야만 한다. 그렇다고 해서 글로벌 사업 경영자가 혼자서 전략적 우선순위를 책정하는 관점과 능력을 가지고 있다거나 그 또는 그녀가 단독으로 그 중요한 업무를 수행해야 한다는 것을 의미하는 것은 아니다. 사업의 특성에 따라 국제적 효율성을 극대화하고자 하는 글로벌 사업 경영자와 상충되는 전략적 이해관계를 가진 지역별/직능별 관리자의 의견을 반영할 필요가 있을 때도 분명 있을 것이다. 마찬가지로 중요한 것은 도출된 사업전략이 기업의 목적에 대한 명확한 비전과 비전을 달성하기 위한 분명한 가치를 제공하는 더 큰 범주의 기업 전략에 부합해야 한다는 점이다.

그러나 최종분석에서 다양한 관점들을 조정하기 위한 책임은 회사가 자신의 특정 사업에서 경쟁하는 방법에 대한 통합 전략을 준비할 필요가 있는 글로벌 사업 경영자의 역할이다. 많은 기업에서 이 작업을 수행하는 경영자의 능력은 저하되고 있다. 왜냐하면 준비가 되어있지 않은 국내의 생산 부서 관리자를 “글로벌 사업 경영자”로 단순히 임명해 버렸기 때문이다. 해외 자회사 관리자들은 종종 이러한 관리자들이 국외 인식과 관심사에 무감각할 뿐만 아니라, 제품 개발 및 용량 계획 같은 핵심 전략적 의사결정에 있어 국내 조직을 편애한다고 느낀다. 그리고 대개 그들의 우려는 정당하다.

글로벌 사업 전략가가 되기 위한 이상적인 커리어 경로는 국가관리자를 거치는 것이다. 주요한 국가관리자가 직면하고 있는 과제들은 불가피하게 다차원적이고, 향후 세계적인 사업 전략가들을 위한 좋은 교육의 장을 제공할 수 있다. 그리고 진정한 초국적 기업내의 글로벌 사업 경영자는 자국 내 사업장에 있을 필요가 없다. 실제로 글로벌 사업 경영자를 해외에 주재시킬 경우 상당한 장점이 발생할 수 있다.

전 세계 기업 전략을 엄격하게 통제하는 전통을 지닌 다국적기업마저도 변화하고 있다.

IBM의 60억달러 규모의 이동통신부문 책임자는 이동통신부문 본사를 런던으로 이전했다. 그녀는 이동통신부문을 이전한 이유에 대해 컴퓨터 네트워킹에 있어 급속한 발전을 이루고 있는 유럽시장에 더 가까워질 뿐만 아니라 "모든 대상 시장에 대해 색다른 관점을 제공받기 위해서'라고 설명했다. 그리고 General Electric이 영국기반의 생활 과학 및 진단의 선구자인 Amersham을 인수했을 때 인수 기업의 기술, 능력 있는 경영진, 기업가 정신 문화를 더 잘 활용하기 위해 헬스케어 부문 본사를 영국으로 이전했다.

자산 및 자원 구성의 설계자

통합적인 기업전략을 구상하기 위해서는 글로벌 사업 경영자가 기업의 주요 자산과 자원을 국제적으로 어떻게 배분하는가의 문제를 감독하는 것이 매우 중요하다. 다시 말하지만 그렇다고 글로벌 사업 경영자가 단독으로 그런 결정을 내릴 수 있다는 것은 아니다. 이해관계가 있는 지리적 및 기능적 경영자들의 조언은 중요하다. 그러나 핵심 공장의 위치나 주요 자원 개발 장소와 같은 문제를 주요 지역별/직능별 담당자와 함께 국제전략 위원회 혹은 "국제 위원회"를 거쳐서 논의하기에 최적의 위치에 있는 것은 대개 글로벌 사업 경영자이다. 이와 같은 문제를 결정할 때 경영자는 제로 베이스로 문제를 검토할 수 없다. 해당 문제는 기업의 경영적 뿌리에 근본을 두고 결정되어야 한다. 필립스, 유니레버, ICI, 네슬레와 같은 전통적인 다국적 기업의 경우 이들 기업을 국제적으로 성장할 수 있도록 한 자산과 자원은 분권화된 연방 구조의 일부인 국내의 기업 운영에 그 뿌리가 있다. 그러한 기업의 미래 구성에 노력하는 모든 사업 경영자는 그러한 자산과 자원이 대표하는 중요한 이점을 무시하거나 파괴하는 것보다는 오히려 구축해야 한다. 기존의 기업 구성이 제약이 되어서는 안되지만 기업의 폐쇄 혹은 정리 해고와 같은 기업의 재구성은 반드시 사회적 민감성 및 정치적 수완과 함께 다루어져야 한다. 이를 통해 지역 내 이해관계자에게서 생겨나는 필연적인 저항에 적절히 대응해야 하기 때문이다.

작업이 제로(zero) 기반에서 시작하지 않는다는 것을 인식하고 사업 경영자들이 해결해야 할 문제는 현존하는 자원과 역량을 이용해 초국적 기업의 통합 네트워크 형태로 미래의 구성을 고안하는 것이다. GE 의료시스템(GEMS)은 글로벌 구조를 재구성할 때 가장 효율적인 생산 거점에서 사업을 확장하고 그들을 세계적인 정보원으로 만들었다. 이로 인해 부다페스트, 상하이, 멕시코시티의 공장은 "우수 센터(Centers of Excellence)"로 지정되었고 파리, 도쿄, 밀워키 공장은 축소되어 특별 조립 공장으로 바뀌었다. 동일한 절차가 GE R&D 센터의 역할을 재정립하였고 이로 인해 GEMS는 분산되었으나 통합된 초국적 구조의 대표적인 모델이 되었다.

국경간 조정자

대부분 글로벌 사업 경영자에 의해 수행된 세 번째 중요한 역할은 국경간 조정자이다. 비록 다른 두 가지 책임보다 덜 전략적이긴 하지만 전 세계를 넘나드는 운송 정책과 메커니즘을 운영하는 것과 조달방식 결정을 따르기 때문에 이 역시 중요한 운영기능이다.

기업의 초국적인 구조와 역량을 구축하는 재료, 부품, 완제품의 흐름을 조정하는 작업은 매우 복잡해졌다. 모든 제품을 완벽하게 통합된 중앙 공장(중앙집권적 연방모델)에서 생산 및 배송하거나 역내 자회사가 자급자족 생산능력을 발전시키도록 하는 것(분권화된 연방모델)을 선택하기 보다, 초국적 기업들은 가장 역량 있는 국내 생산시설에서 발전을 이루거나 전략적 중요 거점을 이용하여 전 세계적 혹은 지역 내 거점에서 업무를 전문화한다.

이에 대한 결과로 등장한 전문 운영 통합 네트워크는 매우 의존적이다. 이는 앞서 설명한 GEMS 구조에서도 드러난다. GEMS 구조는 동유럽과 중국의 전문화된 하위조립공장과 독일과 싱가폴의 전문화된 하위조립공장을 연결하여 미국, 영국, 프랑스, 일본에 위치한 전문 완제품 공장에 제품을 납품하였다. 여기에 외주 공급까지 더해졌기 때문에 상황은 더 복잡해졌다. 해결이 필요한 문제들은 최종 소비자에게 서비스를 제공하기 위한 책임 할당, 제품 품질 관리, 디자인 흐름 관리 및 하청 업체에 생산 정보 제공 등 다양하다. 그리고 이 모든 것들은 아웃소싱이 사용될 경우 기술손실의 가능성을 최소화하려고 노력하는 동안 발생한다.

글로벌 사업 경영자가 이용할 수 있는 조정 메커니즘은 선적량과 가격에 대한 직접적인 중앙 통제에서부터 국제 활동을 조율하기 위한 내부 시장 메커니즘을 창조하는 규정 확립에 이르기까지 다양하다. 직접적인 중앙 통제의 경우는 전략적 중요도가 높은 제품의 경우에 이용된다. (예를 들면 화이자는 비아그라 유효성분의 양과 가격을 중앙에서 조율하고 코카콜라는 전 세계의 콜라 시럽 공급을 엄격하게 회사차원에서 통제한다.)

그러나 상품이 점점 범용화됨에 따라서 글로벌 제품 관리자들은 내부이동이 외부 환경에 의해 생겨난 경쟁을 반영해야 함을 인식하였다. 이러한 인식으로 인해 많은 기업이 조정의 주요 수단으로 내부적인 준 시장(quasi-market)을 개발하게 되었다. 예를 들어, 소비 가전 시장의 거인 파나소닉은 모회사가 가전제품(캠코더에서 플라즈마 TV에 이르기까지)의 후속작 모델의 원형을 개발하면 글로벌 생산품 매니저들은 이들 시제품을 회사 내부적으로 상품 미팅에서 바이어들에게 선보이게 되는데 이들 상품 미팅은 사실상 거대한 내부 국제 박람회나 마찬가지이다. 이 회의에서 세계적 판매 자회사들의 국내영업 및 마케팅 감독자들은 글로벌 제품 관리자와 함께 그들의 지역 시장의 수요를 충족시키기 위해서 제품 설계, 가격, 납품 일정 조정을 협상하기 위해 직접적인 토의에 참여한다.

전 세계적 직능별 경영자

전 세계적 직능별 경영자는 마케팅, 생산, R&D 같은 활동에 대한 전문적 책임을 가진 개개인들을 말하는 것뿐만 아니라, 최고 재무책임자 및 최고 정보책임자로써의 지원 활동에 대한 책임을 가진 사람들을 의미한다. 대체로 그들의 직업은 세계적으로 특히 기술 혁신을 확산하고 지식을 전달하여 라인 관리자에 대한 지원을 제공하는 것이다. 이러한 역할을 효율적으로 수행하기 위해서는 기능적 경영자들이 과거에 수행했던 이차적인 역할에서 벗어나 초국적 경영자로서의 역할을 활발하게 수행하는 것이 요구되었다.

직능별 경영자가 직면하고 있는 과제는 특정 기능(예를 들어 생명공학회사에서는 마케팅 지식의 전달보다 기술이전이 더 많이 이루어질 것이다) 및 사업(통신 등 초국적 산업의 기업들은 소매업과 같은 다국적 산업의 기업들보다 기능적 연계 및 이전을 더 필요로 할 것이다)에 따라 다양하다. 그럼에도 불구하고 우리는 대부분의 전 세계적 직능별 경영자가 완수해야 할 세 가지 기본 역할과 책임을 강조한다. 바로 세계적으로 전문화된 정보 및 지능을 전 세계적으로 살펴보는 사람, 초국적 혁신에서의 뛰어난 사람, "베스트 프랙티스"를 연결시키는 사람이다.

전 세계적 정보 탐색자

대부분의 혁신은 인지된 기회와 위협에 대응하기 위해서 회사에게 요구되는 자극에서 시작한다. 그것은 혁명적인 기술 혁신, 신흥 소비자 동향, 새로운 경쟁적 도전과제 또는 시행이 임박한 정부규제일 수 있으며 세계 도처에서 발생할 수 있다. 자극 유형의 전형적인 예로 2001년이 되자마자 유럽에서 등장한 상업용 대체에너지 시장을 들 수 있다. 광범위한 정부의 인센티브 및 법적 요구 사항을 바탕으로 한 강력한 대중의 지지는 풍력 및 태양열 발전기 모두에 대한 폭발적인 수요를 일으켰다. 2011년 이 두 가지 대체 에너지의 전력 원은 그 해 유럽 연합(EU)에 설치된 새로운 전기 발전 용량의 68%를 차지, 2020년까지의 유럽 전력 수요의 34%를 재생 에너지원에서 올 것으로 예상했다.

세기의 전환기에 유럽에서 좋은 감지 메커니즘을 가지고 있는 발전 및 장비 제조업체는 초기의 이러한 개발의 중요성을 인식했다. 이 최첨단의 정보로 인해 이들 기업은 기술 개발 상황을 추적하고, 이에 발맞추어 소비자와의 소통, 기술력, 제품 라인 구성에 수정을 가하였다. 이러한 정치적 강요와 시장의 요구가 다음 몇 해를 걸쳐서 전 세계적으로 퍼져나감에 따라 유럽의 변화를 사전적으로 감지하지 못했던 기업들은 증가하는 정치적 압박 및 소비자의 요구에 대응해야 했을 뿐만 아니라 이미 수년간 대체에너지 기술, 제품, 전략을 개발하는 데 힘써온 발 빠르게 대응한 경쟁사로부터의 압박도 받아야만 했다.

그러나 국제적 인식만으로는 충분히 않다. 역사적으로 전통적인 다국적 혹은 글로벌기업의 해외 자회사에서 전략적으로 중요한 정보를 인식했다고 하더라도 이 정보를 이용할 수 있는 위치에 있는 경영진에게 정보가 전달되는 경우는 드물고 정보가 전달된다 하더라도 해당 경영진이 정보를 무시해 버리는 경우가 허다했다. 이러한 문제가 발생하는 주요한 이유는 전문가만이 해당 정보의 가치를 이해할 수 있고 직계조직을 통제하던 지리적 혹은 경영 마인드의 제너럴리스트는 그 가치를 인식하지 못하기 때문이다. 전 세계에 걸쳐있는 그러한 정보를 발견하고 전파하기 위해서는 그들의 인식을 공유하고 그들의 수요를 이해한 다른 사람들과 함께 현지 기술자, 상인, 생산 전문가를 연결하는 기능, 전문 정보 채널의 확립을 필요로 했다.

초국적 기업에서 직능별 경영자는 잦은 회의, 방문, 전송을 통해 양성 및 유지되고 비공식적 네트워크를 통해서 가장 효과적으로 연결되어 있다. 그런 연결을 통해 경영자는 그들이 전 세계로 빠르게 정보를 보내는 것을 가능하게 하는 관계와 연락방법을 구축한다. 기업 수준에서 직능별 경영자들은 전 세계 정보 탐지의 주축이 되었고 전문 정보를 전달하고 저장하는 중요한 역할을 수행하는 촉진제가 되었다.

프록터 앤드 갬블(P&G) 기업의 최고정보관리책임자 Fillippo Passorini는 디지털 전략의 구현을 지원함으로써 모든 회사의 글로벌 비즈니스 매니저와 밀접한 관계를 맺어왔다. 디지털 전략이란 트위터, 블로그, 이메일, 콘센터 기록 등으로 전 세계에서 고객 피드백을 수집하고 이를 분석하여 실시한 디지털 대시 보드를 만드는 것이다. 대시 보드에는 현재 소비자가 제품에 대해 어떻게 생각하는지 나타난다. 또한 전 세계로부터 수집되는 막대한 양의 정보를 분석함으로써 최고정보관리책임자와 직원들은 글로벌 사업 경영자들과 지역 자회사 경영자들에게 매출 예측 도구를 제공할 수 있었다. 이를 통해 수요계획 업무를 담당하고 있던 5,000명의 직원이 재배치되었고 이들이 하던 업무는 더 정확하고 시의 적절한 총수요 예측을 제공할 수 있는 컴퓨터 모델이 대신하게 되었다.

"베스트 프랙티스"의 타화수분자

그러나 해외 자회사는 전략적 정보의 근원 이상의 역할을 수행할 수 있다. 진정한 초국적 기업에서, 그들은 또한 조직의 다른 부분으로 전달될 수 있는 혁신, 전문적 지식, 역량의 원천이 될 수 있다. 예를 들면 P&G의 액체 세제 기술의 대부분이 유럽 기술 센터에서 개발되었고, Caterpillar의 최첨단 유연 생산은 프랑스와 벨기에 공장에서 등장했다. 두 경우 모두에서, 이러한 전문성은 중요한 전략적 영향을 가진 다른 나라로 옮겨졌다.

새로운 아이디어와 기술을 이전시키는 능력은 국제적인 기업에 종종 위험이 되기도 하는, 국내에서 개발되지 않아서 부적정인 태도를 갖는(NIH: not-invented-here) 신드롬을 깨기 위해서는 경영진의 상당한 시간과 관심이 요구된다. 이러한 과정에서 전 세계적인 기능적 책임을 갖는 사람들은 중앙의 타화수분 역할을 수행하는 자리에 이상적으로 배치된다. 그들은 최첨단의 관행을 파악하고 평가하는 전문적 지식을 가졌을 뿐만 아니라 그들의 기능적 분야에서 다른 이들과 함께 계발한 잘 발달된 비공식 통신 네트워크를 갖고 있는 경향이 있다.

비공식적인 접촉, 공식적인 검토, 잦은 출장을 통해 기업의 기능관리자는 베스트 프랙티스들이 어디서 개발하고 실행되는지 확인할 수 있다. 그들은 cross-unit 방문과 이전, 회의 주최, 태스크포스 마련, 이니셔티브 테이킹을 통해 직원들을 새로운 아이디어에 노출시킬 수 있는 위치에 있다. 예를 들면 유럽에서 개발된 매우 성공적인 2.5MW급 풍력 터빈의 생산이 플로리다에서 시작되었을 때 목표는 2010년까지 미국에서 풍력 터빈을 출시 하는 것이었다. 이를 준비하기 위해 GE의 전력생산 부문의 국제 제조 기술 그룹이 독일과 스페인에 설립된 공장의 기술적 전문성을 플로리다의 새로운 생산 공장에 이전해주었다.

초국적 혁신의 수호자

지금까지 설명한 두 가지 역할이 기능적 관리자로 하여금 우리가 초국적 혁신이라고 일컫는 것을 개발할 수 있는 핵심 역할을 수행할 수 있도록 해준다. 제5장에서 설명했듯이 이러한 혁신은 다국적 기업에서의 혁신 프로세스를 독점했었던 지역적 활동 혹은 국제적 및 글로벌기업내의 중앙 주도식 혁신과는 매우 다르다. 초국적 혁신의 가장 단순한 형태는 **지역적인 활용**(*locally leveraged*) 혁신이다. 회사의 전 세계 지점을 살펴봄으로써 기업의 직능별 경영자는 다른 지점에도 적용할 수 있는 지역 혁신을 식별할 수 있다. 예를 들면 유니레버에서 회사의 다양한 글로벌 브랜드에 대한 제품과 마케팅 혁신은 각국의 자회사에서 발생했다. Snuggle 섬유 유연제는 Unilever의 독일 지사에서 발명되었고, 티모테 허브 샴푸는 스칸디나비아 지사에서 발명되었으며, 임펄스의 바디 스프레이는 남아프리카 지부에 의해 개발되었다. 지사에서 일어난 혁신이 회사 전체에 가져올 수 있는 잠재적 이점을 인식하여 모회사의 마케팅/기술 부문은 지사의 혁신을 그룹 전체로 확산하기 위한 방안을 만든 것이다.

초국적 혁신의 두 번째 종류는 **세계적인 연결**(*globally linked*) 혁신으로 직능별 경영자의 더 세심한 역할이 있어야만 가능하다. 이러한 혁신 유형은 지사가 어디에 위치하든 내부의 우수 센터들과 함께 지능 원천을 확대하고 연결함으로써 전문적 지식과 전 세계적인 정보에 대한 회사의 접근을 잘 활용한다. 예를 들면 GE의 2.5MW 풍력 터빈 발전기의 혁신적인 설계는 미국에 있는 GE의 운송그룹에서 계발된 제트 엔진 터빈에 대한 전문 기술, 또한 GE의 Niskayuna R&D 시설에서 개발된 탄소 복합 재료 기술, 폴란드 바르샤바에 있는 엔지니어링 센터에서 개발된 날개 디자인, 윈드 타워의 위치를 찾아내고 전력을 망에 공급하기 위해 인도 R&D 시설에서 제작한 소프트웨어를 사용한다. 이와 같은 정교한 협력은 국경 및 각 사업 부문을 초월하는 관점을 지닌 기능적 기술 전문가에 의해서만 식별, 고안, 시행될 수 있다.

지리적 자회사 경영자

많은 다국적 기업에서 성공적인 현지 자회사의 경영은 종종 잠재적 최고경영자의 기본 과정으로 간주된다. 물론 그것은 최고경영층이 되기 위한 모든 후보자의 이력서에 필요한 자격요건이기도 하다. 오늘날의 국제 비즈니스 환경의 현실에서 최전방에 노출될 뿐만 아니라 제약이 많은 기업 내 위치에서 막대한 전략적 복잡성을 다뤄야만 하는 경험을 제공하기 때문이다. 실제로 다국적 기업이 더 많은 국제 사업 부문과 해외 고객을 보유하게 될수록 "국가관리자(country manager)"의 역할은 어려워진다. 이러한 상황 속에서 국가관리자는 경영 활동의 결과에 대한 책임을 지면서도 자신의 관할 내 인력 및 자산에 관한 공식적인 권한은 제한적이다.

우리는 글로벌 효율성, 다국적 대응성, 전 세계적 학습에 관해 상반되는 요구를 해결해야 하는 다국적 기업이 직면한 전략적 과제에 대해 설명했다. 국가관리자는 글로벌 경쟁자들로부터 기업의 시장 포지션을 방어하고, 현지국 정부의 요구를 만족시키고, 현지 소비자의 독특한 니즈에 대응하고, 국가 수준에서 전체 조직의 "얼굴(face)"로서 활동하고, 기업의 전 세계적 경쟁 포지션을 강화하기 위해 현지 자원과 역량을 활용하는 등 전략적 긴장의 결합 속에 놓여져 있다.

국가관리자가 완수해야 하는 많은 주요 과업이 있다. 이러한 과업을 잘 수행하기 위해서 국가관리자는 세 가지 역할을 해야 한다. 첫째는, 두 문화간의 원활한 소통을 책임지는 역할이고 둘째는, 국가별 요구의 옹호자 및 수호자의 역할이며 셋째는, 최전선에서 기업전략을 시행하는 주요 실행의 역할이다.

두 문화간 통역자

모든 국가관리자는 그들이 현지 시장의 니즈, 경쟁사 전략, 현지 정부의 요구를 이해하는 지역 전문가가 되어야 한다는 점을 알고 있다. 그러나 이들의 책임은 그보다 훨씬 더 광범위하다. 왜냐하면 본사의 경영자들이 다양한 해외시장의 환경과 문화적 차이를 모두 이해하는 것이 어렵기 때문에 국가관리자는 수집된 정보를 분석하여 의미를 해석하고 가능한 결과의 범위까지 예측할 수 있어야 한다. 이러한 역할이 의미하는 바는 국가관리자가 국내 환경의 효율적인 감지자로서의 역할을 수행해야 할 뿐만 아니라 현지에서 수집된 정보의 중요성을 자민족 중심주의에 사로잡힌 본사 경영진에게 설득하는 문화적 통역사의 역할을 해야 함을 시사한다.

1980년, KFC의 일본 법인의 제너럴 매니저 로이 웨스턴은 KFC의 주력상품인 "치킨 버켓(bucket of chicken)"이 일본 소비자에게는 너무 양이 많다고 주장하며 적은 양의 새로운 치킨 상품 도입을 주장했으나 본사가 거부하였다. 당시 KFC는 미국에서 성공한 메뉴를 전 세계 매장에 출시하는 전략을 사용하고 있었는데 일본 법인의 제안이 이 전략에 부합하지 않기 때문이었다. 그러나 맥도널드가 맥너겟을 출시해 엄청난 성공을 거두자 그제서야 KFC 본사는 그들의 전략이 일본에서 실패하였고 이로 인해 KFC가 독식하던 시장에서 맥도널드라는 거대 경쟁사가 크게 앞서게 되는 기회를 제공했음을 깨닫게 되었다.

정보 브로커로서의 국가관리자의 또 다른 역할도 종종 간과된다. 국가관리자는 현지 문화에 민감성 및 높은 이해도를 가지고 있을 뿐만 아니라 다국적 기업의 문화에도 이미 적응한 사람들이다. 다시 말하지만 이러한 연락관과 같은 국가관리자의 이중문화적 역할은 정보 전달 뿐만 아니라 모회사에서 수천 마일 떨어진 곳에 위치한 지사 직원들에게 조직 목표, 전략, 가치를 설파하는 역할을 한다. 국가의 자회사 관리자는 또한 그들이 작업 지역 수준에서 의미 있는 목표와 우선 순위가 되도록 그 광범위한 목표와 전략을 해석하고 지역의 문화적 규범을 존중하는 방식으로 그 기업의 가치와 조직의 프로세스를 적용해야 한다. 그리고 그들은 또한 회사 전반적인 전략과 가치에 민감한 방식으로 기업의 본사에 자신의 아이디어와 제안을 사전에 보내어 반대 방향으로 소통할 수 있어야 한다.

KFC의 본사 임원이 치킨 너겟에 대한 기회를 놓친 책임을 졌지만, 일본 지사 관리자인 Weston도 부분적으로 책임을 졌다. 본사 정책과 절차를 따르지 않고 지사 관리자를 통제하려는 본사의 시도를 공개적으로 거부함으로써 웨스턴은 이중문화간 통역사로의 본인의 능력을 사실상 스스로 저해했다.

국가별 방어자 및 옹호자

소통 역할은 매우 중요하기 때문에 국가관리자가 혼자 소통 담당을 하는 것은 충분치 않다. 기업의 본사로 전달되는 정보와 분석은 잘 이해되어야 할 뿐만 아니라, 특히 더욱 통합된 더욱 통합된 국제적 접근을 강화하고자 하는 강한 사업 경영자들이 있고 기업의 직능별 경영자들이 국경간 연계에 더 집중하는 다국적 기업에서는 이 정보를 활용해 행동에 나서야 한다. 국가관리자의 역할은 이러한 중앙 집권화 경향을 상쇄하고, 현지의 환경에 존재하는 니즈와 기회가 본사에 의해 잘 이해되고 최종 의사결정 과정에 포함되도록 하는 것이다.

국가별 조직이 초기 독립에서 통합된 글로벌 네트워크의 일부로 통합될 때, 국가관리자의 국가별 자급자족과 개인적 자율은 중립적인 관점과 더욱 기업 중심적인 정체성으로 대체되어야 한다. 그러나 이러한 변화는 국가관리자가 본사경영진에게 지역적 관점을 드러내는 것을 멈추는 것이나 국가별 이해관계를 보호하지 말아야 한다는 것은 아니다. 실제로 한 기업이 진정한 의미의 초국적 기업으로 발전하는 능력은 지역적으로 경영을 차별화하고 국가별 요구 및 압력에 잘 대응하는 능력에 달려있다.

관련 업무 같으면서도 전혀 다른 두 가지 중요한 역할을 이해해야 한다. 첫 번째는 국가관리자가 전체 기업 전략, 정책, 프로세스가 국가별 조직의 관점에서 적절한지 확인해야 한다. 지역 유권자들의 이해관계가 침해되고 있거나 글로벌 전략으로 인해 국내 지사가 피해를 입게 된다면 국가관리자가 국내 조직의 니즈와 관점을 보호해야 한다.

국가의 차별화와 대응성을 옹호할 뿐만 아니라, 국가관리자는 지사가 속한 기업의 글로벌 통합 시스템에서 자신의 국가 조직의 역할을 옹호해야 한다. 다국적 기업이 더욱 초국적 전략을 수립할수록 국가별 조직들은 본사의 자원뿐만 아니라 글로벌 경영에서 역할을 차지하기 위한 경쟁도 해야 한다. 각 지사의 잠재력이 실현되도록 하기 위해, 국가관리자는 국가별 조직의 주요 자산과 역량을 다국적기업 전체에 기여할 수 있는 방식으로 식별하고 대변해야 한다.

지사 직원을 멘토링하고 본사의 자원 및 인정을 받도록 지원하는 것도 국가관리자의 일이다. 이 과정에서 지사는 국내 역량을 길러 이것이 그룹의 주요 자산이 되도록 할 수도 있다. 관찰하는 미국의 컴퓨터 회사의 스코틀랜드 자회사의 전 수장으로서 "이 새로운 투자를 추구하는 나의 의무(*obligation*)이다". 이것은 현지 직원을 지도하고 기업의 자원이라는 인식을 위한 싸움에서 그 개인을 지원하는 국가관리자 일이다. 이 과정에서 그들은 주요 기업의 자산이 될 수 있는 로컬 기능을 구축한다. 한 미국 컴퓨터 회사의 스코틀랜드 자회사의 전(前) 경영자는 "새로운 투자를 이끌어내는 것은 내 의무이다. 누구도 본사에 대항해 지사 직원들을 옹호해주지 않을 것이다. 지사 직원들이 일을 잘 하고 있고 직원들에게 빚을 갚기 위해서는 내가 회사를 키우는 키워야 한다. 나는 본사 방침을 그대로 따르는 다른 지사 책임자들을 보면 화가 난다. 그들은 본사의 명령을 글자 그대로 따르지만 그들의 공장에 가보면 더 발전한 여지가 곳곳에 있다."라고 말했다.

기업 전략의 최전선 수행자

기업전략의 실행이 최전선 사업단위 경영자의 과업인 것이 분명해 보이지만 그것이 쉽지만은 않다. 첫 번째 어려움은 국가관리자를 압박하는 지역 주민 요구의 다양성과 다중성에서 기인한다. 먼 곳에 위치한 다국적 기업의 지역 자회사는 종종 특별한 지위를 갖게 되며 기타 현지 회사에 비해 더욱 극심한 압박을 받게 된다. 현지 정부가 다국적 기업의 동기를 의심할 수 있고, 노조가 본사를 믿지 못할 수도 있으며, 현재 고객들이 기업의 운영 방식을 이해하지 못할 수도 있다. 문제를 더 악화시키는 것은 본사 경영진이 자회사 경영진으로 하여금 현지의 요구와 압박을 과도평가 하도록 하는 것이다.

이에 더해 국가관리자의 실행과업은 국가관리자가 광범위한 기업 목표와 전략을 잘 해석해서 현지 환경의 요구사항에 잘 대응할 것이라는 본사 경영진의 기대로 인해 더욱 복잡해진다. 우리가 앞서 보았듯이 이러한 글로벌 전략은 보통 다양한 수요의 상충을 반영하여 복잡하고 미세하게 균형이 맞추어져 있다. 이러한 글로벌 전략은 미묘한 내부적 협상을 통해 도출된 것이기 때문에 국가관리자가 전략을 수정할 수 있는 여지는 매우 적다.

외부의 압박과 내부의 제약 속에서 국가관리자는 경영활동을 할 수 있는 범위를 협상할 수 있는 행정능력을 지녀야 한다. 국가관리자의 경영활동은 다양한 지역 주민의 허용치를 존중할 수 있을 만큼 세심해야 하고 본사의 기대 실적을 달성할 수 있을 만큼 실용적이어야 하며 내외부의 요구사항 및 제약사항 간의 균형을 맞출 수 있을 만큼 창의적이어야 한다.

상황을 더욱 어렵게 만드는 것은 국가관리자가 기업 전략의 수행자로서 단독으로 행동하지 않는다는 점이다. 우리가 지금까지 논의하였듯이 국가관리자가 위의 주요전략을 수립하는 데 핵심역할을 하는 것이 아주 중요하다. 자신이 생각했던 것과는 반대의 사안이라 하더라도 일단 최종 결정이 이루어지면 헌신하는 마음과 열정을 가지고 국내 조직을 설득하여 기업의 전략을 수행해야 한다.

호주의 와인 메이커 BRL 하디가 세계적으로 엔트리 레벨의 와인 브랜드를 소개하고자 할 때, 회사의 영국 자회사 제너럴 매니저인 크리스토퍼 카슨은 브랜드가 틈새시장에 잘 맞는다고 믿고 "켈리의 복수(Kelly's Revenge)"라는 재미있는 편안한 제품을 내용으로 하는 마케팅 전략을 제안하였다. 카슨의 아이디어는 호주 지사에서 나온 제안인 환경친화적 브랜드 "Banrock Station"에 밀려 채택되지 못했다. 카슨은 실망했지만 영국 지사는 힘을 합쳐 새로운 상품 론칭을 지원했고 결국 Banrock Station은 그 후 영국에서 가장 많이 팔린 와인 브랜드가 되었다.

최고 기업 경영자

초국적 기업으로 나아가기 위한 조직의 최고경영자보다 더욱 극단적으로 과제를 직면하고 있는 곳은 없다. 이들 최고 경영자들은 지금까지 설명한 다양한 의사결정자 그룹에게 통일된 방향성을 제공해야 할 뿐만 아니라, 그렇게 함으로써 그들은 또한 우선 역사적으로 자신의 역할을 정의하던 관습과 많은 규범을 깰 필요가 있다.

역사적으로 점점 복잡한 계층 구조가 최고 경영진들을 기업의 최전선으로부터 점점 더 멀어지게 하고, 그들의 역할은 상승하는 시스템과 직원 보고에서 관료화되었다. 경영진의 의사결정 속도가 느려지고 기업 본부의 역할이 조율과 지원에서 통제와 간섭으로 변하면서 최고 경영진들이 외부적인 고객들의 요구사항과 경쟁에 대한 압박에 초점을 맞추기 보다는 점점 더 내부의 관료주의적 절차에 초점을 맞추게 되었다.

오늘날의 초국적 조직은 이러한 방법으로 운영할 여유가 없다. 조직의 모든 수준의 임원과 같이 최고경영진은 아래 조직의 구속보다는 해방을 주는 가치를 더해야 한다. 초국적 기업의 최고경영진의 역할은 다양한 경영, 직능별, 지리적 경영진 그룹을 만들어서 이들에게 특정한 역할과 책임감을 주는 것 뿐만 아니라 각 경영진의 조직적 정당성을 유지시켜주고 현재 진행되는 경영 활동 절차에 있어 서로 다른 각 그룹의 경영진들의 영향력 사이에 균형을 맞춰주고 이를 통합해주며, 서로 다른 니즈와 우선순위 앞에서 목적의식과 방향성을 통일시켜 주는 것이다.

이 균형과 역할을 통합하는 것은 아마 경영진의 일에서 가장 중요한 측면이다. 이러한 어려움은 최고경영진들이 끊임없이 경험하는 장기적인 시행가능성과 단기적인 실적달성 사이, 명확한 기업 방향성 설정과 실험할 여지를 충분히 남기는 것 사이에서의 갈등에서 잘 드러난다. 이것이 우리가 여기에서 강조하는 세 가지 핵심 최고경영자 과업에 반영된다. 첫째 과업은 장기 방향성 및 목표를 제공하는 핵심 역할에 초점을 맞추는 것인데 이것이 두 번째 과업인 실적을 이용하여 현재 결과를 달성하고자 하는 필요성에 대한 강조로 인해 균형이 잡히게 된다. 끊임없는 개선을 위한 세 번째 과업은 장기적인 니즈에 초점을 맞추는 동시에 기업으로 하여금 현재의 방향성과 우선순위를 점검하는 것이다.

방향과 목적의 제공

다차원적인 전략적 역량과 서로 다른 경영 관점으로 이루어진 조직에서 다양성과 내부적 긴장은 자유시장의 아이디어 경쟁을 만들 수 있고 엄청난 개인 및 그룹의 동기부여를 유발할 수 있다. 그러나 이러한 강력한 원심력이 회사를 망칠 수도 있다. 따라서 미래에 대한 공동의 비전과 경영진들의 자사중심적 목표 추구를 통제하는 공동의 가치를 세우는 것이 매우 중요하다. 이를 통해 최고 경영진은 기업의 피뢰침을 세워 에너지를 분산시키지 않고 에너지를 기업의 단일 엔진에 쏟아 부을 수 있다.

우리는 효과적인 전략적 비전과 이해하기는 쉬우나 비효과적인 홍보 슬로건을 구분하는 세 가지 특징을 발견했다. 첫째, 비전은 명확성, 단순성, 연관성 및 지속적인 강화가 주요 구성요소이다. 일본의 통신, 전자기기 종합회사인 NEC의 컴퓨터와 의사소통의 통합, 이른바 C&C(Computer & Communication)의 경우를 살펴보면 명확성이 비전을 더 강력하고 효과적으로 만든다는 것을 보여주는 좋은 사례라는 것을 알 수 있다. NEC의 최고경영진이 C&C의 개념을 완벽하고 효율적으로 적용했기 때문에 경영진들이 이를 활용하여 장기적인 비전을 묘사할 뿐 아니라 IBM이나 AT&T와 같은 대기업에 대한 NEC의 뚜렷한 경쟁우위를 규정하며 주요 전략적, 조직적 우선순위를 도출할 수 있었다. 전사적으로 C&C의 개념이 매우 잘 이해되고 신뢰를 받고 있다.

둘째, 비전의 지속성은 앞으로의 경영 방향과 목적을 제공한다. 리더십과 단기 경영에서 우선순위의 변화에도 불구하고, 최고경영층은 회사의 전략 목표와 조직적 가치의 핵심에 헌신해야 한다. 그러한 지속성이 없이는 통합적인 비전은 연간 예산 또는 분기별 목표들의 일시적인 특성을 취할 수밖에 없다. 1977년에 처음 설명된 NEC의 C&C개념은 기업 전략의 핵심이며 현재는 기업 철학에 명확히 내재되어 있다.

셋째, 비전과 전략적 방향에 대해 이야기할 때 조직적 단위들을 일관성 있게 확립하는 것이 중요하다. 다시 말해서 비전은 모두에게 공유된다는 것이다. 불일치의 비용은 참혹할 수 있다. 최소한 그것은 혼란과 비효율성을 초래할 수 있고 더 나쁘게는 개인과 조직 단위 간에 상호 약화시키는 가치를 추구하는 방향으로 이끌 수도 있다.

기업 성과의 활용

비록 회사의 자원, 역량 그리고 공통적인 장기목표를 이루기 위한 책임을 조정하는 것이 중요하지만, 최고경영층은 경쟁자들 중에서 생존할 방법과 이해관계자들로부터 신뢰를 얻을 수 있는 단기적 결과물 또한 성취해야 한다. 이 작업의 최고경영층의 역할은 자원과 역량의 통제, 지원, 조화를 통하여 가장 높은 수준의 성과를 내는 것이다.

초국적 기업의 최고경영진은 예산 한도를 벗어나지 않는 재무적 성과를 감시하고 대응하는 것을 주요 역할로 생각했던 오래된 통제의 개념을 버려야만 한다. 오늘날 가장 효과적인 최고 경영자는 개인적이고 사전 대책을 강구하는 통제 메커니즘에 더 의존하고 있다. 그들의 핵심 경영자 그룹과 회의를 함으로써 최고경영자들은 각 경영진 그룹이 본인들의 책임을 기업 전체의 목표와의 관계 하에서 이해하고 전략적/경영적 우선순위가 명확하게 식별되었고 구성원의 동의를 얻었음을 확인한다. 최고경영자들은 엄격한 기준을 설정하고 경영에 대해 논의하고 새로운 문제 혹은 기회를 빠르게 진단하기 위해 종종 비공식적인 회의를 한다.

회의를 통해 문제 혹은 기회가 발견된다면 과거의 하향식 간섭(top-down interference) 대신 기업 수준의 지원방식이 필요하다. 최고경영층은 문제점이 보이자마자 전문가들을 본사에 투입시키고자 하는 유혹을 견뎌야만 한다. 훨씬 더 효과적인 방법은 명확한 책임을 위임하는 방식인데, 회사 목표에 관한 책임들을 조정하는 방식으로 보상함으로써 지원한다. 그리고 자원과 숙달된 전문가를 비롯하여 회사 최상위층으로부터 받을 수 있는 다양한 형식의 지원을 받을 수 있다.

최고경영자가 기업의 전반적인 실적을 이용하고자 할 때 가장 어려운 점은 아마도 다양한 시각과 책임으로 설계되어 있는 활동을 조정하는 것일 것이다. 우리가 4장에서 설명한 바와 같이 주의 깊게 다루어져야 할 기본적인 조직간 흐름 세 가지—상품, 자원, 그리고 정보—는 각각 다른 종류의 조정 수단을 필요로 한다. 상품의 흐름은 규칙화되고 공식적인 시스템과 절차를 통해 관리되는데 이를 **공식화**(*formalization*)라고 부른다. 최고 경영진은 대개 부족한 자원을 배분하는 문제—예를 들면 자본 배분 및 주요 인사 배치—에 직접적이자 개인적으로 관여하고자 한다. 이러한 절차는 **중앙집권화**(*centralization*)라고 부른다. 그리고 정보와 지식의 흐름들은 개인적인 접촉을 통하여 가장 효과적으로 생성되고 확산된다. 이것은 **사회화**(*socialization*)라고 부른다.

이 세 가지 흐름들은 어떤 회사에겐 생명선과도 같고 한 조직이 그들 자신을 더 효율적이고 효과적으로 만드는 능력은 최고경영층이 조정된 프로세스의 풍부한 포트폴리오를 개발하는 능력에 의존한다. 공식화, 중앙집권화 그리고 사회화 과정의 균형을 맞춤으로써 그들은 회사자산과 자원을 활용하여 기업성과를 크게 이룰 수 있다.

지속적인 쇄신 노력

이렇듯 최고 경영진의 역할이 매우 중요함에도 불구하고 최고 경영진의 역할만을 극단적으로 강조할 경우 기업의 장기적 쇠락을 불러올 수 있다. 시대에 뒤쳐진 임무에 대한 집착은 단기적 성과에 대한 집착만큼이나 위험하다. 경영진이 기업의 계속되는 긍정적인 실적에만 초점을 맞추게 되기 때문이다. 만약 성공적인 전략들에 누구도 의문을 제기할 수 없고 효과적인 경영 프로세스가 틀에 박힌 제도가 되어버린다면 전략들과 프로세스들이 경직화됨에 따라서 경영이 유연성을 잃고 결국에는 조직이 그들의 역할이 과거 자산을 보호하는 것으로 생각하게 된다.

전략들과 프로세스들의 경직화가 진행되는 것을 막는 것이 최고경영층의 역할이며, 단순히 과거를 재창조한다기 보다는 조직 스스로 지속적으로 재개할 수 있도록 하는 몇 가지 방법들이 있다. 첫째, 지속적으로 고객에게 조직의 방향 설정과 최선의 경쟁 업체를 벤치마킹하여 최고 경영자는 외부 방향을 보장 할 수 있다. Jin Zhiguo가 중국의 거대한 Tsingtao Brewery Co. Ltd,.의 회장이 되었을 때, 그는 회사가 지나치게 자기 만족에 빠져 있고 내부적으로 집중하고 있다는 점을 발견했다. 내부 개혁을 실행하여 회사 경영진으로 하여금 외부의 경쟁자들을 바라보도록 만들 필요가 있었다. 그는 "Tsingtao Brewery는 오만한 회사였다. 우리는 개방적인 마인드를 가져야 하고 다른 회사들로부터 배워야 한다. 적극적인 학습능력은 강력한 혁신을 이끌어낼 수 있을 것이다."라고 말했다.

최고경영진의 또 다른 중요한 역할은 끊임없이 질문하고, 도전하고 그리고 적응하고 학습하는 방향으로 방식을 변화시키는 것이다. 각각 다른 목표를 지닌 경영진 사이에서 "역동적 불균형"을 만듦으로써 최고경영층은 근시안적인 전략적 자세를 예방할 수 있다. 그것이 무정부 상태 또는 기업 정치로 변질되지 않게 하려면 분명 이 섬세한 과정은 최고 경영자의 많은 시간을 필요로 한다. 스티브 잡스가 1997년 다시 애플의 CEO가 되었을 때 그가 보여준 것은 재능이었다. 끊임없이 질문하고 추진하고 무엇보다 애플에 도전 과제를 제시함으로써 스티브 잡스는 시장 점유율이 줄어들어 손실을 보고 있던 애플을 시장에 민감하게 반응하는 기술 중심의 세계적인 기업으로 변모시켰다.

셋째, 최고 경영진은 회사 미션과 가치를 정의하여 전략적인 신축성과 조종가능성, 동시에 혁신적인 새로운 시도를 정당화해주어 회사를 쇄신할 수 있어야 한다. 또한 그들이 만들어낸 역동적 불균형의 프로세스를 면밀하게 모니터링해야 하고 기업의 현 상태에 실험적인 변화를 이끌어내거나 창의적인 도전을 하는 등의 의도적으로 창조된 불안정 상태를 강력하게 지지해주어야 한다. 이러한 장기적인 쇄신의 좋은 예가 임업 기반 제지 회사로 시작한 회사인 노키아이다. 제 2차 세계 대전 이후 노키아는 전자 케이블 생산으로 경영을 다각화했고 이로 인해 추후 TV 제조업체가 될 수 있었다. 1990년대에 들어와서야 노키아는 휴대전화 회사로 진화하였고 이것이 향후 수십 년의 전 세계적인 성공의 주춧돌이 되었다.

결언

이 장에서 우리는 분석의 수준을 다국적기업에서 경영자 개인으로 낮추었다. 경영 환경의 변화 또는 다국적기업이 직면하는 반드시 해야 하는 전략적 갈등을 생각하기보다는 오히려 세 그룹의 경영자들의 새로운 역할들을 조사했다.—국제경영(예를 들어, 제품당 전략적 사업단위 또는 등급), 국제적 직능(예를 들어, 재무, 마케팅, 또는 기술), 지리적 영역(예를 들어, 국가 또는 지역)의 세 그룹이다. 우리는 또한 세 그룹에 대해서 경영 방향을 통합하고 제공하는 새로운 최고경영층의 역할을 살펴보았다.

이러한 새로운 역할들과 책임들은 정립시키기 어렵다. 왜냐하면 그들이 경영자로 하여금 그들의 일반적인 일에 대해 많은 전통적인 가정을 다시 생각하도록 요구하기 때문이다. 즉 여러 다중사업, 다기능적, 다국적 시스템에서 필요한 기술과 안목을 가진 경영자의 세대를 만드는 것이 궁극적으로 초국적 조직이 직면하는 가장 큰 도전이다.

Case 7-1 레벤더리(Levendary) 카페: 중국에서의 도전

Christopher A. Bartlett and Arar Han

레벤더리(Levendary) 카페는 2011년 1월 사모펀드(private equity)의 소유로부터 분사하고, 그 다음 달에 미아 포스터(Mia Foster)가 새로운 CEO로 지명되었다. 첫 번째 CEO를 지냈던 하워드 레벤탈(Howard Leventhal)은 3,500개에 달하는 유명한 카페 체인의 사랑받는 창시자였다. 그는 작은 덴버 수프(Denver soup), 샐러드, 샌드위치 레스토랑을 100억 달러의 사업으로 성장시켰지만, 32년 후 관심사를 새로운 곳으로 돌렸다.

포스터(Foster)가 CEO로서 근무하는 것은 이번이 처음이었다. 47세인 그녀는 이전에 7년 동안 미국의 큰 패스트푸드 회사의 사장이었다. 그녀는 주요 글로벌 회계 법인에서 경력을 쌓기 시작했고 와튼스쿨(Wharon School)에서 MBA 학위를 받기 위해 회계법인을 그만두었다. 졸업 후 그녀가 최고에 오른 P&G의 제품 관리부에서 일을 시작하기 전 그녀는 맥킨지(McKinsey)에서 컨설턴트로 근무하기도 했다. 포스터(Foster)는 그녀의 솔직한 커뮤니케이션 스타일과 강력한 실행력으로 잘 알려졌다.

레벤더리(Levendary) 브랜드 및 포스터(Foster)의 강력한 이력에도 불구하고 월 스트리트는 레벤더리의 주식 평가에 대해 신중했다. 회사의 내실이 튼튼하고 그 성과가 일반적으로 경영예측과 일치하였지만 레벤더리(Levendary)의 주식은 비슷한 레스토랑 주식 대비 할인되어 거래되었다. 여기에는 두 가지 이유가 있었다. 첫째, 분석가들은 레벤더리(Levendary)의 국내 사업이 거의 한계에 다다르고 있다는 점을 우려했다. 둘째, 포스터(Foster)가 이전에 해외사업을 운영해본 경험이 부족하다는 점을 들어 그들은 다국적 브랜드를 구축하는 그녀의 능력에 대해 회의적이었다.

포스터(Foster)는 월 스트리트의 회의감에 도전의식을 느꼈고, 이것을 정면으로 해결하고 싶었다. 특히 그녀는 최근 빠르게 성장하는 중국 시장으로의 진출이 주목받을 것이라는 점을 알고 있었다. 그래서 그녀는 특히 매장의 디자인과 메뉴 선택에 있어 레벤더리(Levendary)의 미국 컨셉을 그대로 적용해 최근 중국에 오픈한 매장에 대한 보고를 받고 이에 대해 우려했다. 그녀는 또한 회사의 계획 및 보고 프로세스에 잘 따르려 하지 않는 루이스 첸(Louis Chen)의 명백한 의지에 좌절했다. 루이스 첸(Louis Chen)은 전임 CEO였던 레벤탈(Leventhal)에 의해 선택된 레벤더리(Levendary) 중국의 사장이었다. 이러한 문제들을 해결하기 위해 포스터(Foster)는 그녀가 레벤더리(Levendary) 중국을 방문할 필요가 있다고 결심했다.

2011년 5월 25일 포스터(Foster)는 첸(Chen)이 상하이 푸동 공항에서 그녀를 픽업하려 준비한 리무진에서 내렸다. 첸(Chen)과의 첫 번째 미팅에서 그녀는 큰 결정을 내려야 한다는 것을 알았다. 확실히 그들은 레벤더리 중국(Levendary China)의 미래를 결정할 것이다.

■ HBS의 Christopher A. Bartlett교수와 Arar Han이 작성한 본 사례는 수업 중 토의용이며 본 사례 보고서는 사례 확인 자료나 1차 자료원 또는 효과적이거나 비효과적인 경영을 묘사하기 위해 작성되지 않았습니다. 본 사례는 실제 사건들을 근거로 작성한 허구이며, 실제 인물이나 업체들과 비슷한 내용은 의도와 상관없는 우연임을 밝힙니다. 내레이션 부분에서 실제 기업을 언급하는 경우도 간혹 있습니다.

다점포 레스토랑(Multi-Unit Restaurant) 사업

2010년 미국의 레스토랑과 위탁급식 서비스 산업은

96만 곳에 이르며 6천억 달러에 달했다.[1] 다점포 레스토랑의 개념(multi-unit restaurant concept)은 산업의 약 30%를 차지했고, 나머지는 독립적인 사업자들로 구성되어 있었다. 레스토랑 및 식품서비스 산업은 매우 분산화되어 있어 심지어 업계의 거인 맥도날드도 총 매출의 불과 2%만을 창출할 뿐이다.

다점포 레스토랑의 개념은 일반적으로 세 가지 사업 분야로 분류된다.

- 스타벅스(Starbucks), 던킨도넛(Dunkin' Donuts), 베스킨라빈스(Baskin-Robbins) 등과 같은 **전문점(Specialty Establishments)**은 주로 5달러 미만에서 스낵과 음료를 제공한다.
- **빠른 서비스 음식점(Quick Service Restaurants)**, 또는 소위 "패스트푸드(fastfood)" 개념의 맥도날드(McDonald's), 타코 벨(Taco Bell) 그리고 웬디스(Wendy's)와 같은 시설은 평균 4달러에서 10달러 사이의 비용으로 매장 또는 드라이브 스루(drive-through, 차를 탄 채로 이용할 수 있는) 서비스를 제공한다.
- 올리브 가든(Olive Garden), 애플비(Applebee's), 아웃백(Outback)과 같은 **캐주얼 다이닝(Casual Dining)** 브랜드는 8달러에서 20달러 사이에 디너 메인 메뉴를 제공한다. 이 그룹 내에서도 루스 크리스(Ruth's Chris), 케피털 그릴(Capital Grille) 등 고급 개념의 레스토랑은 40달러 범위에 메인 메뉴를 제공한다.

몇몇 개념들은 수년간 이런 유형들을 서로 연결하는 역할을 한 반면(예컨대, 프랜들리스(Friendly's)는 캐주얼 다이닝과 함께 강력한 테이크아웃 아이스크림 사업을 제공했음) 최근 몇몇 개념들은 흔히 "빠른 캐주얼(Quick Casual)"이라 불리는 새로운 유형을 형성했다. 예를 들어 팬다 익스프레스(Panda Express)는 빠른 서비스를 제공하는 캐주얼 중국 음식점이고, 치포틀(Chipotle)은 빠른 서비스의 멕시코식 미국(Mexican-American) 음식점이다. 레벤더리(Levendary)의 경우 다른 빠른 서비스의 음식점보다는 더욱 건강한 선택을 다른 캐주얼 음식점보다는 좀 더 비형식화 된 셀프서비스를 약속했다. 빠른 캐주얼 레스토랑은 일반적으로 평균 8달러에서 12달러 범위의 식사를 제공했다.

레스토랑 원가 구조 레스토랑은 상대적으로 단순한 원가구조를 지니고 있다. 한 업계 전문가는 다음과 같이 레스토랑의 원가구조를 정의했다.[2]

- **점유시설(Occupancy):** 이러한 비용에는 부동산 임대비, 공통영역 유지 관리비, 에너지 및 폐기물 처리비 등이 포함된다. 미국에서 점유시설 비용은 수익의 약 10% 정도를 차지했다.
- **노동(Labor)**: 심지어 최저 임금에서도 노동은 일반적으로 가장 큰 비용 요소였다. 업계의 높은 이직률은 레스토랑이 지속적으로 신입사원을 선발해 훈련시키고 직원의 이탈을 관리하기를 요구했다. 노동비용은 일반적으로 총 수익의 25%에서 35% 정도를 차지했다.
- **음식(Food)**: 음식비용은 총 수익의 28%에서 32% 정도를 차지했다. 이 비용은 재료의 구입비용뿐만 아니라, 폐기물의 양에도 영향을 주었다.
- **비품(Supply)**: 일반적으로 수익의 약 1%에서 4% 정도는 비품구입비로 사용된다. 비품비는 주로 빠른 서비스 레스토랑에서는 종이제품에, 고급 캐주얼 다이닝 레스토랑에서는 린넨(식탁보, 냅킨 등)과 유니폼 세탁에 들어갔다.

위의 원가구조를 고려한 최상의 시나리오에서 레스토랑은 최대 35%의 매출총이익을 만들 수 있지만, 20%에서 25% 정도가 일반적이었다. 프랜차이즈 레스

1) "Freedonia Focus on Restaurants," *Freedonia Group*. February 2011.

2) http://www.bakertilly.com/userfiles/BT_Retail_RestaurantBenchmarks_web_small.pdf.

토랑은 또한 3%에서 6%의 로열티를 그리고 2%에서 10%의 마케팅 비용을 추가적으로 지불했다. 프랜차이즈 조직의 크기에 따라, 간접비용이 또 다른 5%~15%를 차지할 수도 있다.

레스토랑은 일반적으로 아주 적은 마진으로 운영되며, 높은 트래픽을 지속적으로 생성할 수 있는 능력(많은 손님을 이끌 수 있는 능력), 비용 관리에 따라 수익성이 달라진다. 또한 방문손님의 수는 브랜드의 매력, 마케팅의 효과성, 매장의 위치 및 매장에서의 경험에 따라 달라진다.

레벤더리 카페(Levendary Café): 설립

빠른 캐주얼 레스토랑 분야에서 레벤더리(Levendary) 카페는 두 가지 요소를 차별화했다. 첫 번째 요소는 높은 품질의 재료를 사용한 건강한 수프, 샐러드, 샌드위치 등과 같은 메뉴였고, 두 번째 요소는 편안하고 친숙한 환경에서 서비스를 제공한다는 것이었다. 회사의 요리사들은 미국의 요리연구소(Culinary Institute of America) 및 다른 최고의 요리학교에서 고도로 훈련된 장인(匠人)들 이었으며, 그들은 훌륭한 식사를 제공하는 데 있어 매우 큰 자부심을 지니고 있었다. 고객들은 "레벤더리(Levendary)에서 식사를 하면 부자가 된 느낌을 받습니다."라고 격찬했다.

레벤더리(Levendary)는 위험을 기꺼이 감수하려는 경향을 지니고 있었고 이것 역시 다른 브랜드와 구별되는 특징이었다. 특히 이러한 점은 시간이 지남에 따라 레벤더리(Levendary)의 개념을 정립시키고 발전시키는 데 도움이 되었다. 그것은 설립자 하워드 레벤탈(Howard Leventhal)로부터 시작된 기업가적인 특징이었다. 가장 최근의 위험한 변화는 포스터가 CEO로 임명되기 5년 전 회사가 빵에 유기농 곡물만을, 샌드위치에 호르몬이 없이 자연적으로 기른 고기만을 사용하기로 결정했을 때에 발생했다. 기쁘게도 고객들은 기꺼이 프리미엄 가격을 지불했고 수익이 증가하는 동시에 브랜드에 고객의 신뢰가 쌓이는 결과를 가져왔다.

조직의 토대: 브랜드 개념 및 운영 복잡한 조직은 주로 레벤더리(Levendary)의 미국 사업을 지원했다. 덴버 본사는 다음의 활동들을 수행했다(〈**도표 1**〉은 기본적인 조직도를 제시하고 있음).

- **개념(concept)**: 23년 동안 하워드 레벤탈(Howard Leventhal)은 미국 최고의 레스토랑 개념을 레벤더리(Levendary)에 유지하기 위해 최고개념책임자(CCO, Chief Concept Officer)인 루시안 레클러(Lucian Leclerc)에 의존했다. 레클러(Leclerc)는 레벤더리(Levendary)가 고객에게 무엇을 상징하는지를 결정하는 음식개발그룹과 마케팅팀을 모두 관리했다. 레클러(Leclerc)는 초기 음식 트렌드를 감지하는 묘한 능력을 지니고 있었는데, 그의 이러한 능력과 레벤탈(Leventhal)의 계산된 위험을 감수하는 의지를 바탕으로 두 사람은 변화하는 소비자 음식취향의 최전선에서 회사를 안정적으로 유지할 수 있었다. 건강에 좋은 식사에 대한 이들의 공유된 노력은 회사의 기업문화에 잘 배태(embedded)되어 있고 "맛있고 신선한 미덕" 또는 TFG("Tasty Fresh Goodness")라고 직원들이 부르는 잘 알려진 광고 슬로건에 반영되어 있다.
- **마케팅(Marketing)**: 마케팅 그룹은 CCO(Chief Concept Officer)에게 보고했다. 이 창조적인 팀은 광고 카피와 이미지를 통해 TFG 개념을 전달하기 위해 외부의 광고 대행사들과 함께 일했다. 로고, 매장 인테리어, 미디어의 이미지는 인공적이지 않고 건강에 좋은 점을 나타내기 위해 지구 색감의 색(연한 회색에서 검은 갈색에 이르는 난색조(暖色調), earth tones)을 사용했다. 유통팀은 배너, 테이블 텐트(테이블 위에 세워놓는 텐트 모양의 메뉴), 창문의 유리장식 및 메뉴판 등이 모든 3500개의 회사와 프랜차이즈 점포에 점포 사이즈와 레이아웃에 맞게 적절히 변형되어 배치되었는지를 확인했다. 메뉴와 메뉴판 준비는 복잡했다. 현지시장의 선호도를 반영하고 현지시장의 경쟁상황을

도표 1 레벤더리(Levendary)의 조직도

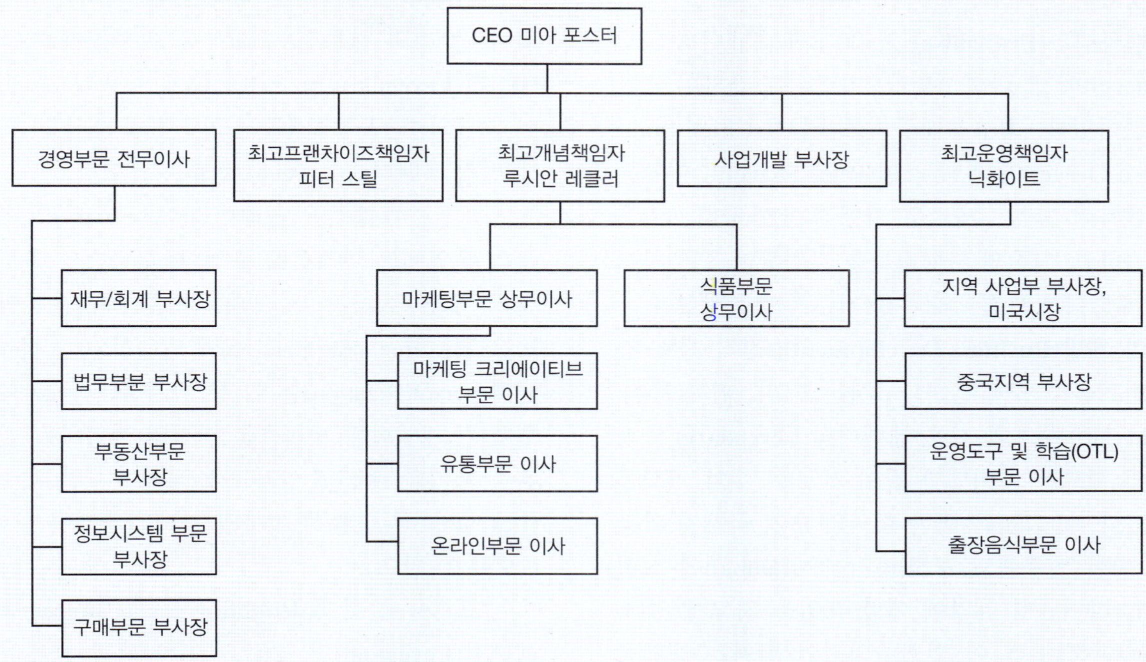

충족시키기 위한 가격 차이로 인한 메뉴 아이템의 변동성이 컸기 때문이었다. 그러나 매장의 편안하고 환영하는 가정집과 같은 "외관과 느낌"은 항상 일관성을 유지했다.

- **식품(Food)**: 넓은 테스트 주방과 식품 과학 연구소 또한 CCO에게 보고를 하는 부문이었는데, 이들은 CCO의 주 요리사가 개발한 항목과 3500개 각각의 레벤더리(Levendary) 카페에 그들 제품의 품질과 일관성을 위해 필요한 항목들을 적용시키고 이를 CCO에게 보고했다. 식품팀은 또한 매장 현장에서 품질검사를 실시할 책임이 있었다.
- **운영(Operations)**: 미국 프랜차이즈 레스토랑 회사에서 30년의 운영 경험을 가지고 있는 최고운영책임자(COO, Chief Operating Officer) 닉 화이트(Nick White)가 이끄는 이 그룹은 일상적인 레스토랑 사업을 관리했다. 회사 소유의 1200개 카페 매장의 관리자들은 지역 담당 관리자들에게 보고하고 이들은 다시 지역 담당 이사와 부사장에게 보고했다. 이러한 구조는 개별 매장 수준의 비용을 엄격히 통제하고, 회사가 설정한 상세하고 엄격한 운영기준, 정책 및 관행에 대한 운영상의 모니터링을 가능하게 했다. 또한 그룹의 컨셉인 "외관과 느낌"을 고려하고 승인하기 위해 매장이나 메뉴 변형에 대한 권장사항을 전달하도록 했다.

운영그룹은 또한 운영도구 및 학습(OTL, Operating Tools and Learning)에 대한 책임을 부여받고 있었다. 소매 직원들은 종종 고등학교 또는 최소한의 교육만을 받은 사람들이였으므로, OTL은 운영기준들을 설정하고 직원의 학습을 향상시키기 위해 자료들을 제공했다. 컨셉팀과 매장 사이의 가교 역할을 하는 OTL은 또한 요리사의 질 높은 창조적 음식을 지역에 제대로 전달하기 위해, 음식준비를 단계별 과정으로 나누고 교육훈련 자료 및 절차들을 개발했다. 일반적으로 OTL은 사내

학교로의 역할과 표준 집행자로서의 역할을 모두 수행했다.

- **프랜차이즈(Franchise)**: 3,500개의 레벤더리(Levendary) 매장 중 약 3분의 2가량은 프랜차이즈 가맹점이었다. 최고프랜차이즈책임자(Chief Franchise Officer)인 피터 스틸(Peter Steele)이 이끄는 프랜차이즈팀은 새로운 가맹점들(franchisees)을 모집하고, 기존의 가맹점들을 지원하며, 프랜차이즈 매장에서 브랜드와 운영 기준을 적용시켰다.
- **사업 개발(Business Development)**: 전직 전략 컨설턴트들로 구성된 이 부서는 커피, 편육(片肉, cold cut), 수프와 같은 레벤더리(Levendary) 브랜드의 식료품 아이템과 같이 새로운 수익 기회를 찾았다. 이 그룹은 또한 회사의 초기 국제적 확장에 대한 연구를 주도하고 두바이(Dubai)에 실험적인 라이센싱 계약에 대한 책임을 지고 있었다. 2009년 설립된 이 기회주의적인 벤처는 레벤탈(Leventhal)의 옛 친구가 소유한 사우디아라비아의 레스토랑 회사에 의해 운영되었다. 중국을 제외하면 두바이(Dubai)의 사업체는 레벤더리(Levendary)가 소유한 유일한 국제 사업체였다.
- **관리 직원 그룹(Administrative Staff Groups)**: 부동산, 재무 및 회계, 법률, 구매 및 정보 시스템 등은 모두 관리부서의 전무이사(EVP, Executive Vice President)에게 보고됐다. 본부 직원은 모두 약 300여명이었으며, 별도의 국제사업부는 없었다.

전략적 토대: 미국시장을 담당하다 레벤더리(Levendary)는 "고객을 즐겁게(delighting the customer)"라는 문구를 강조하는 문화 위에 설립되었다. 설립자 하워드 레벤탈(Howard Leventhal)은 매장 직원들에게 "오늘의 수익은 잊어 버려라. 고객의 삶에 긍정적인 영향을 미쳐라. 그들이 다시 오고 싶게 만들어라. 그게 우리가 장기적으로 이길 수 있는 방법이다."라고 이야기하기를 좋아했다. 매일 매일 이러한 철학은 샌드위치에서 새싹(sprout)을 제거하거나, 특별히 더 뜨거운 수프를 제공하는 것과 같이 고객의 요구를 수용하는 개인화된 접근방식으로 나타났다. 이러한 서비스는 화이트칼라의 전문직, 중상류층 여성들이 기반인 레벤더리(Levendary)의 고객들에게 어필할 수 있었다. 이 그룹의 "단골" 고객들은 일주일에 다섯 번 또는 여섯 번씩 레벤더리(Levendary)를 방문했다.

그러나 이 접근은 레벤더리(Levendary)의 매장 수준의 운영에는 어려움을 주었다. 서비스의 속도와 주문의 정확성이라는 두 가지 중요한 매장운영의 계량법은 표준화(standardization)에 의해서 촉진되지만, 개인화(personalization)는 이 두 가지 요인들을 모두 위협했다. 개인화된 서비스를 열심히 제공하는 것에 의문을 제기한 매장 운영자들에 대한 응답으로, 레벤탈(Leventhal)은 단순히 회사의 놀라운 결과를 보여준다(〈**도표 2**〉 참조).

"고객을 즐겁게(delighting the customer)"하라는 레벤탈(Leventhal)의 철학은 또한 로컬 메뉴의 적응(adaption)으로 나타났다. 50개 주에 걸쳐, 도시, 교외, 시골 환경에 이르는 매장을 갖고 있는 레벤더리(Levendary)는 "미국 소비자" 같은 존재는 없다고 믿었다. 맥도널드가 그들의 전체 시스템을 위해 한 가지 메뉴를 개발했던 반면, 레벤더리(Levendary)는 더욱 유동적이었다. 레벤더리(Levendary)는 남부에서는 수프 아이템 수를 적게 하고 음료수의 수를 늘리며 메인 메뉴에 하나 또는 두 개의 지역 특별메뉴를 넣도록 하고, 지역에서 유명한 순서에 따라 메뉴를 나열했다. 고객들은 이러한 메뉴의 현지 적응을 좋아했지만 다양한 메뉴 변화는 식품, 운영, 마케팅팀에 어려움을 주었다.

고객의 눈에 신선한 브랜드 이미지를 유지하기 위해 회사는 석류나 퀴노아(quinoa)와 같은 트렌디한 건강재료의 특성으로 메뉴선택을 진화시키기 위해 노력했다. 개념팀은 종종 남부의 기름지고 단 식성, 또는 북동부의 칠면조와 체다 치즈에 대한 사랑을 메뉴에 변형시키고 일 년에 5번 가량 신제품을 출시했다. 각각의 신제품 출시는 마케팅 프로그램과 새로운 메뉴판과 함께 이루어졌다.

도표 2 레벤더리(Levendary)의 손익계산서(2010년)

	2010년 12월 31일 종료되는 회계연도 기준
수익	
매출	9,248,134
로열티	603,365
가맹점에 판매한 재료 및 종이제품 매출	945,924
총계	10,797,423
비용	
식품 및 종이	2,623,712
노무비	2,933,980
시설비	706,790
총계	6,264,482
식품 및 종이제품 재고	776,902
감가상각비	480,711
일반관리비(G&A)	710,458
마케팅비	1,239,413
매장개점 전 비용	29,974
총비용	3,237,458
영업이익	1,295,483
이자비용	4,725
기타비용	29,624
법인세 차감 전 이익	1,261,134
법인세	480,571
당기순이익	**780,563**

사실 새로운 아이템은 매출보다는 회사의 이미지를 신장시켰다. 시스템 전체 매출은 소수의 주요 아이템에 의해 이루어졌다. 80%의 지역에서 크랜베리 드레싱을 곁들인 칠면조와 아보카도 샌드위치, 수상 경력이 있는 치즈 수프, 치킨 시저 샐러드와 같은 레벤더리(Levendary) 클래식을 메뉴에 포함했다. 다른 20% 지역의 경우, 핵심 판매제품은 에스프레소 음료, 하워드(Howard)의 유명한 쿠키 또는 지역의 특수 계절음식들과 같이 다양했다.

해외 확장: 중국시장을 꿈꾸다

2008년 회사의 국내 성장은 둔화되었다. 또한 지리적 확장 전략도 침체되었다(농담으로 회사에서는 "엄마들을 따르라"라고 하였고 나중에 이것은 "여피족(도시에 사는 젊은 고소득 전문직 종사자)을 따르라"로 바뀜). 회사의 개념은 작은 도시, 특히 중서부와 남부에는 적합하지 않았다는 것을 인식하고 이사회는 해외 진출에 대한 논의를 시작했다. 이사회의 촉구에 따라 경영진은 전략팀에게 미국 레스토랑 회사들이 큰 관심을 갖는 중국에서의 기회에 대해 연구하도록 지시했다.

중국에서의 기회 14억의 인구와 지난 10년간 연간 14.5%의 GDP 성장률을 보인 중국은 투자하기에 적합한 곳이었다. 두 가지 또 다른 트렌드들이 미국 레스토랑들의 투자를 자극했다. 첫 번째는 중국의 도시 인구가 2000년 전체 인구의 36.2%에서 2009년 46.6%로 상승했다는 것이었고, 두 번째는 6,282 위안(RMB)에서 17,175 위안 사이의 일인당 국민소득을 보이는 강력한 중산층의 부상이었다(2010년 기준으로 1 위안 = 0.15 달러).

부유한 중산층, 노동인구에서 여성 수의 큰 증가, 외식을 하는 라이프 스타일의 증가 경향은 중국 음식 서비스 산업의 성장을 뒷받침했다. 중국의 음식 서비스 산업은 2004년에 1조 1천 6십억 위안에서 5년 후에 1조 9천 9백 6십억 위안 규모로 성장했다. 독립적 풀 서비스 레스토랑은 전국적으로 약 2백 7십 2만 3천여 곳이 영업을 하며, 여전히 업계를 장악하고 있었으나, 경쟁이 치열한 빠른 서비스 레스토랑 부문은 2004년에 2천 5백 40억 위안에서 2009년 4천 7백 10억 위안으로 가장 빠르게 성장하고 있었다.

외국계 패스트푸드 기업이 소비자들로부터 가장 많은 주목을 받고 있었지만, 아시아 음식을 제공하는 레스토랑, 특히 중국음식을 제공하는 레스토랑들이 빠른 서비스 분야에서 가장 큰 부분을 차지하고 있었다. 이들 독립 레스토랑들의 대부분은 쌀 기반 요리와 저렴한 가격으로 지역 주민들의 선호를 충족시키고 있었다. 그러나 낮은 마진, 지역 음식마다의 맛에서의 큰 차이 그리고 무엇보다도 가장 큰 어려움은 독립

레스토랑의 표준화된 운영에서 성공했던 지역 체인이 거의 없었다는 것이다.

가장 성공적인 외국 패스트푸드 체인은 KFC였다. KFC는 450여 곳의 중국도시에 3,000개 이상의 레스토랑을 보유하고 있었다. 2010년 KFC는 매일 평균 한 개의 새로운 매장을 오픈했다. 중국의 합작투자 파트너와 현지 경영을 통해, KFC는 중국시장에 적응하는 방법을 배울 수 있었다. KFC는 죽과 같은 몇 가지 항목을 추가하고 메인 치킨요리에 유명한 양념을 추가해 맛을 변경했다.

KFC가 중국시장에 진출하고 나서 5년 뒤인 1992년에 맥도날드(McDonald)도 중국에 진출하여 2010년까지 110개의 도시에서 1,100개의 레스토랑을 운영했다. 맥도날드(McDonald)는 전 세계적으로 일관성 있는 외관과 느낌을 유지하고, 메뉴도 빅맥(Big Mac), 맥너겟(McNuggets), 감자튀김(french fries) 등과 같이 핵심 메뉴들을 유지했다. 핵심 메뉴는 같았지만 검은 후추 소스를 곁들인 중국 맥(China Mac), 돼지고기 햄버거, 팥 아이스크림 등과 같이 현지화된 특별 메뉴들이 추가되었다. 6개 들이 돼지고기 만두 한 판은 중국 가판노점에서 25센트에 판매되었음에도 불구하고, 외국 음식에 빠지는 중국 젊은이들은 맥도날드(McDonald)의 라지 사이즈 감자튀김을 2달러 50센트에 기꺼이 사먹었다.

피자헛(Pizza Hut)의 중국 전략은 정통 미국식을 그대로 표방한 것으로 유명했다. 피자헛(Pizza Hut)의 560개 아울렛은 고급 캐주얼 다이닝 레스토랑으로 자리 잡았고, 메뉴는 피자뿐만 아니라 가리비 고로케와 달팽이를 포함할 정도로 확장시켰다. 와인도 주문 가능하고 예약도 가능했으며, 45분 정도의 대기는 일상적이었다. 젊고 부유한 중국인들은 데이트 상대에게 좋은 인상을 주기 위해서 피자헛(Pizza Hut)에 갔다.

이러한 성공사례들에도 불구하고, 많은 다른 미국의 레스토랑은 중국에서 고전했다. 애플비(Applebee)는 상하이에서 다시 시작했을 때 그 개념이 흐지부지 되었다. 이것은 창시자로 하여금 중국에서 사업을 다시 시작하게 하려했던 캘리포니아 피자 키친(California Pizza Kitchen)의 경우에도 마찬가지였다. 많은 사람들은 중국에서 프렛젤 타임즈(Pretzel Time)가 실패한 원인으로 욕실을 연상시키는 하얀색 타일 데코를 들었다.

더욱 최근에 중국 체인들은 외국과의 경쟁에서 배우기 시작했다. 이들은 표준화, 원재료, 음식준비, 매장 내 서비스 등의 엄격한 통제에 초점을 맞추기 시작했다. 홍콩의 선도적 체인인 Dar Jia Le("빅 해피 하우스")는 맥도날드(McDonald)를 추월한 이후, 중국에서 엄격하게 통제된 방식으로 체인을 운영했다. 중국에서 성공한 다른 아시안 체인들도 있었다. 2009년 중국에서 4억 9천 5백만 달러의 판매수익을 기록한 미국기업 컨츄리 스타일 쿠킹(Country Style Cooking, 쓰촨(Sichuan) 음식을 판매)과 2억 2천 3백만 달러의 판매수익을 올린 홍콩기업 리틀 십(Little Ship, 몽고식 뜨거운 음식을 판매), 2억 5천 6백만 달러의 수익을 기록한 일본기업 아지센(Ajisen, 일본식 라멘을 판매) 등이 그러한 체인들이었다.

중국시장으로 뛰어들다 중국에서의 사업 기회에 대한 연구를 검토 하고 난 후, 레벤더리(Levendary)의 이사회 및 최고경영진은 중국시장에 뛰어들기로 결정했다. 이 결정은 중국에서의 사업을 이끌 유력한 후보인 루이스 첸(Louis Chen)에 의해 서둘러졌다. 첸(Chen)은 2011년 기업공개(IPO) 이전에 회사를 소유한 사모펀드(private equity) 회사의 파트너가 되었던 스탠포드 MBA 동급생을 통해 레벤더리(Levendary)가 중국시장에 대해 관심을 가지고 있다는 소식을 듣게 되었다. 첸(Chen)은 점차 CEO인 레벤탈(Leventhal)과 기타 주요 이해관계자들의 신뢰를 받게 되었다. 결국 레벤탈(Leventhal)은 중국 파트너와 합작투자회사를 설립하여 운영하려는 자신의 원래 생각을 버리고 젊은 날의 자신을 연상케 하는 에너지와 기업가정신을 가진 첸(Chen)에게 레벤더리(Levendary) 중국의 운영을 맡겼다.

첸(Chen)의 공식 계약은 2009년 9월에 2년 임기로 매년 갱신하는 조건으로 체결되었으나, 그와 회사의 관계는 '악수만으로 계약을 했다'는 것으로 가장 잘 묘사되었다. 첸(Chen)은 공식적으로 레벤탈(Leventhal)에게 보고했지만, CEO는 그를 별로 간섭하지 않았다. 그는 첸(Chen)에게 레벤더리(Levendary)가 중국 전역에서 프랜차이즈의 거점으로써 강력한 시장 지위를 확보하길 요구했다. 하지만 그 외에도 회사는 첸(Chen)에게 "개념에 의해 올바르게 사업을 수행"하라고 요청하며 사업을 실행할 수 있는 폭넓은 자유를 주었다.

자신의 과업을 준비하기 위해 첸(Chen)은 레벤더리(Levendary) 덴버 본사 내 각각의 주요 부서에서 인턴으로 돌아가며 일을 했을 뿐만 아니라 작은 매장에서도 일을 했다. 6주 동안 그의 임무는 그가 할 수 있는 만큼을 선택하고 그것을 중국에 복제하는 것이었다. 덴버 팀(Denver team)은 그들의 자원과 전문지식을 중국 현지 매장에서 사용할 수 있도록 해석하고 적용하기 위해 첸(Chen)을 초대했다. 중국으로 출발하기 전 이사회는 첸(Chen)에게 그의 계획에 대해 물었다. 그는 확신에 차 있었다.

> "중국시장에서의 성공은 쉽지 않겠지만 다른 기업들은 이미 성공했고 우리도 할 수 있어요. 저는 우리가 신뢰할 수 있는 매장의 기반을 구축하고 심지어 1년 이내에 손익분기점에 다다를 수 있는 좋은 기회를 가졌다고 생각해요. 우리는 유연해야 해요. 예를 들어 중국인들은 유제품을 잘 먹지 않기 때문에 우리는 치즈 스프의 판매를 줄여야 할 수도 있어요. 그러나 이제 새로운 세대는 자녀들에게 우유를 먹이고 있기 때문에 취향이 변하고 있다는 점도 고려해야 하죠. 그리고 중국 대부분의 사람들은 칠면조 고기에 익숙하지 않지만 그들은 닭을 좋아해요. 그러므로 우리는 미국에서와 마찬가지로 메뉴를 변형시킬 거예요. 이것은 시간이 걸릴 수 있지만 저는 레벤더리(Levendary)가 중국 청소년들에게 잘 다가갈 수 있을 거라고 믿고 있어요. 이것이 우리의 미래죠."

이전의 기념비적 작업에도 불구하고 이사회는 첸(Chen)이 올바른 선택이라고 확신했다. 그는 34세로 영어와 중국어에 능통하고, 십 년간 소매 부동산 개발자로서의 오랜 경험을 지니고 있었다. 첸(Chen)은 이러한 경험으로 인해 수익성에 강력한 영향을 줄 수 있는 가치 있는 매장 입지로써 상하이와 베이징 인근지역에 유난히 친숙한 장점을 가지게 되었다. 첸(Chen)은 또한 점포의 허가, 설립, 직원 채용 등의 과정을 가속화하는 데 도움을 줄 네트워크를 보유하고 있었다. 마지막으로 그는 좋은 음식에 대한 열정이 있었고, 오랫동안 레스토랑 업계에서 일하기를 갈망했었다.

첸(Chen)은 그의 새로운 역할을 위해 중국으로 돌아간 지 3개월 만인 2010년 1월에 외국인들이 많은 상하이의 푸동(Pudong) 지역에 그의 첫 번째 매장을 열었다. 새로운 고층 사무실 건물의 1층 코너에 위치를 차지한 그의 첫 번째 레스토랑은 눈에 잘 띄었고 고급스러웠다. 이 매장은 건물 위층의 글로벌 금융회사 사무직 직원들 사이에서 즉각적인 인기를 얻었다. 중국 피자헛(Pizza Hut)의 경험을 바탕으로, 첸(Chen)은 그의 새로운 매장을 현지 패스트푸드 매장들보다 더 높은 가격으로 테이블 서비스를 공급하는 캐주얼 다이닝으로 포지셔닝했다. 그러나 베이징과 상하이에서 부동산 시장이 가열되고, KFC와 맥도날드(McDonald)가 매장 입지를 가로채자 첸(Chen)은 더욱 빠르게 움직이고 싶었다. 그의 현지 지식과 인맥은 좋은 가격에 최상의 장소를 가질 수 있도록 했고 1년 이내에 그의 첫 번째 레스토랑은 23개의 레스토랑 체인으로 성장했다.

중국에서의 확장: 중요한 결정

인터뷰 과정에서 포스터(Foster)는 중국 레벤더리(Levendary)에 대한 큰 기대에 대해 많이 들었다. 그러나 포스터(Foster)는 첸(Chen)을 만나거나 밀접하게 중국 사업을 검토할 수 있는 기회가 없었다. 2011년 2월 포스터(Foster)가 새로운 CEO가 되었을 때, 포스터(Foster)는 중국 법인이 덴버 본사에 모든 관리와 재무 보고서를 자신들의 자체형식으로 제출한 것을 발견하고는 크게 놀랐다. 금융그룹은 그들이 미국에서 일반적으로 인정되는 회계 원칙(GAAP, Generally Accepted Accounting Principles)을 적용하여 레벤더리(Levendary)의 내부 월별보고형식으로 바꾸도록 지시했다. 포스터(Foster)는 중국 사업이 전체 매출의 큰 부분으로 성장함에 따라 이것이 지속 가능하지 않을 것이라고 강하게 느꼈다.

첫 번째 회의: 문제의 부상 중국 법인의 보고서를 미국식으로 맞춰야하는 그녀의 옵션을 고려할 때 포스터(Foster)는 덴버 금융팀을 위한 국제 금융 분석가를 고용하고, 레벤더리(Levendary)의 감사(auditor)가 중국의 회계감사를 해야 한다고 생각했다. 두 단계를 모두 이행하는 것은 비용이 비싸지만 중국시장에서의 성장에 미래가 달려있는 상장회사인 레벤더리(Levendary)에게는 꼭 필요한 것 같았다. 레벤더리(Levendary)에서의 첫 주에 첸(Chen)을 만나도록 설정된 화상 회의 동안, 포스터(Foster)는 그와 함께 이러한 생각을 공유했다. 그러나 첸(Chen)은 이러한 두 가지 변경 사항이 불필요한 비용을 발생시킬 뿐만 아니라, 그의 현지 운영을 크게 불편하게 할 것이라고 주장하며 발끈했다.

첸(Chen)의 저항은 순진하거나 아니면 적대적인 것으로 포스터(Foster)를 강타했고, 그녀는 명확히 대답했다. "루이스(Louis), 당신은 변화를 일으켜야 할 거예요. 우리는 우리 보고서 구조의 진실성을 보호해야만 해요." "좋아요." 첸(Chen)이 맞받아쳤다. "그러나 중국에서 사업을 운영하기 위해서는 현지 세법을 준수해야 해요. 그렇지 않으면 우리는 문을 닫을 수밖에 없습니다. 그러한 변경이 필요하다면 당신이 그것을 설정하기 위해 돈을 지출해야 할 것입니다." 포스터(Foster)는 그렇게 하겠다고 말하면서 첸(Chen)과 생산적인 관계를 발전시키는 것이 쉽지 않을 것이라는 부정적 느낌을 받으며 화상회의를 마쳤다.

다음 날 포스터(Foster)는 덴버에서 그녀가 직접 보고하는 주간 임원회의 의제로 레벤더리(Levendary) 중국의 운영 사안을 추가했다. 관리부서의 전무이사(EVP)는 재무 보고서에서 중국에서 일반회계원칙(GAAP)이 아닌 방식을 사용하는 것이 위험하다는데 동의하고, 또한 보고 프로세스를 공식화하는 것은 필요한 변화라는 점에도 동의했다. 논의가 확대되자 레벤탈(Leventhal)이 회사를 떠난 후 첸(Chen)이 줄곧 보고를 했던 COO 닉 화이트(Nick White)는 말했다.

> "저는 2주에 한 번 또는 두 번씩 루이스(Louis)와 얘기를 합니다. 그리고 그가 얼마나 빨리 몇 십 개의 매장을 열어 운영하는지에 대해서는 놀라지 않을 수 없죠. 그것은 정말 놀라운 업적이에요. 그러나 현실은 좀 다릅니다. 1년 전 하워드(Howard)가 푸동에서 매장 개막식 축사를 맡은 이후 고위임원들 중 그 누구도 중국을 방문하지 않았습니다. 그 이후로 많은 상황이 변경되었을 거라 확신해요. 하지만 전 루이스(Louis)로 부터 많은 사항들을 전달 받을 수 없었습니다. 하워드(Howard)는 루이스(Louis)에게 중국법인의 설립 및 운영에 대한 많은 자유를 주었고, 솔직히 말해서 그것은 그렇게 보입니다. 루이스(Louis)는 큰 자산이지만 저는 그를 관리하는 것이 힘든 일이었다고 고백합니다."

회의가 끝날 무렵 경영진은 중국사업의 운영에 대한 더 많은 자세한 정보를 얻을 때라는 것에 합의했다. 최고프랜차이즈책임자(Chief Franchise Officer) 피터 스틸(Peter Steele)은 중국 시장에 있는 23개의 레벤더리(Levendary) 카페에 대한 종합적 검토를 실시하기로 합의했다. 화이트(White)는 이것이 미국시장의 모든 프랜차이즈 그리고 라이센스를 부여한 카페들에서 정기적으로 수행되는 과정이라는 것을 강조했다. 또한 화이트(White)는 스틸(Steele)이 최근 두바이에 대해서도 이러한 검토를 완료했다고 말하면서 첸(Chen)에게 스틸(Steele)의 계획에 대해 조언했다.

스틸(Steele)은 중국에서 10일을 보냈고, 3월 하순 주간 임원 회의에서 자신이 발견한 것들을 발표했다.

그는 베이징과 상하이 주변에 위치한 23개 매장에 대한 자세한 설명을 했다. 첸(Chen)은 카페의 외관과 느낌에 대해 많은 자유를 누리고 있었다. 푸동의 첫 번째 매장은 레벤더리(Levendary)의 디자인 기준 및 메뉴 선택을 따랐던 반면 다른 매장들은 놀랍게도 많은 변화들이 있었다. 예를 들어 상하이의 역사적인 예원(豫园, Yu Garden) 지역에 있는 두 번째 매장은 좌석이 없이 테이크아웃 전용 계산대만 있었다. 베이징의 대사관 길에 있는 세 번째 매장은 디자인 및 메뉴 제공 모두에서 첫 번째 매장과 비슷했던 반면 베이징의 자금성(Forbidden City) 북쪽 입구에 있는 네 번째 매장은 메뉴에 샐러드가 없을 뿐만 아니라 레벤더리(Levendary)의 특징인 나무 프레임으로 만든 푹신한 의자 대신에 현지 가구점에서 구입한 플라스틱 프레임으로 만든 의자를 놓았다. 한국인들이 많이 거주하는 상하이 교외 지역의 23번째 매장에는 하나의 샌드위치를 빼고는 모든 메뉴가 그 지역의 다양한 만두로 대체되어 있었다.

회의가 끝나자마자 화가 난 루시안 레클러(Lucian Leclerc)는 포스터(Foster)의 사무실에 나타났다. 포스터(Foster)는 스틸(Steele)의 발표 동안 이미 그의 성난 얼굴을 보았기 때문에 별로 놀라지 않았다. "플라스틱 의자와 만두? 이것은 완전히 엉망이예요!" 그는 폭발했다. "중국에서 일어나고 있는 일들은 내가 지난 23년간 이루어 놓은 업적들을 완전히 망가뜨릴 수 있어요! 우리의 고객들은 여행을 많이 해요. 만약 그들이 중국의 이러한 매장을 단 한 번이라도 방문한다면 우리가 조심스럽게 이루어 놓은 브랜드 개념과 이미지는 완전히 망가지는 거예요. 미아(Mia), 당신은 지금 루이스(Louis)를 중지시켜야 해요."

그를 진정시킨 후 포스터(Foster)는 그녀의 모든 주의를 이 문제에 기울일 것이라고 레클러(Leclerc)를 안심시켰다. 그녀는 미국과 중국의 여러 레벤더리(Levendary) 매장을 비교하는 차트를 검토했다(**〈도표 3〉** 참조). 내심 그녀는 이 문제를 해결하는 것은 그녀에게 큰 시험이 될 것이라는 것을 알고 있었다.

두 번째 회의: 문제에 직면하다 4월 초 포스터(Foster)는 화이트(White)도 초대한 두 번째 화상회의에 앞서 첸(Chen)에게 스틸(Steele)이 검토한 결과의 사본을

도표 3 미국과 중국지역의 레벤더리(Levendary) 매장 비교

	대도시 미국/뉴욕점	교외 미국/덴버점	대도시 중국/베이징 대사관점	교외 중국/상하이 코리아타운점
평방피트	$10,320,000	$2,126,000	$806,000	$288,000
좌석	2,500	4,000	1,500	500
직원(정직원)	84	120	80	0(계산대만 있음)
하루평균교통량	24	26	20	13
(1일당 관광객 수)	3,210	560	260	430
수표평균(USD)	$15	$12	$10	$2
상위 5개 메뉴	칠면조 샌드위치 치즈 스프 연어 샐러드 치킨 샌드위치 시저 샐러드	덴버 멜트 샌드위치 치즈 스프 칠면조 샌드위치 시저 샐러드 하워드 쿠키	치킨 스프 치킨 샌드위치 로스트비프 샌드위치 BBQ치킨 샌드위치 타이 야채스프	치킨 덤플링 돼지고기 덤플링 치킨 샌드위치 BBQ치킨 샌드위치 보이차
야외석		X		
개인화서비스	X	X	X (단순한 테이블서비스)	
무료WiFi	X	X	X	

보냈다. 포스터(Foster)는 중국이 레벤더리(Levendary)의 성장에 있어 매우 중요하다는 것을 설명함으로써 토론을 시작했고, 이렇게 함으로써 포스터(Foster)는 그 계획에 대한 논의에 참여하고 싶었다. 포스터(Foster)는 그녀와 화이트(White)가 스틸(Steele)의 보고서에 대해 얼마나 걱정하는지에 대해 설명했다. 첸(Chen)의 반응은 화가 난 것 같았다.

> "저는 당신들이 이러한 환경에서 사업을 운영하는 것의 어려움에 대해 고마워한다고 생각하지 않습니다. 우리는 지난 일 년 반 동안 정말 미친 사람처럼 일했습니다. 이렇게 어려운 시장에서 덴버(Denver)의 본사로부터 최소한의 도움으로 우리는 중국에 맞는 사업을 꾸렸습니다. 이제 일 년이 넘어 23개의 매장을 열어 수익을 보려 하는데, 모든 것을 바꾸라니요? 왜 이러시는 거죠?
>
> 미국에 존재하는 레벤더리(Levendary)의 단순함은 중국에서는 맞지 않을 것입니다. 일본의 데니스(Denny's)를 보셨나요? 그것은 매우 성공했지만 돈까스(일본의 빵가루를 입혀 튀긴 돼지고기)와 라면을 취급합니다. 그들은 아무도 일본에서 팬케이크와 BLT(베이컨(bacon), 상추(lettuce), 토마토(tomato)를 넣은) 샌드위치를 원하지 않는다는 것을 알고 있습니다. 사람들은 멋진 미국 브랜드에서 그들이 알고 있는 친숙한 음식을 먹기를 바랍니다.
>
> 미국의 레벤더리(Levendary)처럼 운영할 수 있는 장소는 오직 푸동과 베이징의 대사관 길입니다. 이 지역의 매장들은 미국식 모델을 이용해서 운영하고 있습니다. 그 외의 다른 지역에서는 매장 디자인과 메뉴를 수정해야 합니다. 그렇지 않으면 이익을 거둘 수 없습니다. 저는 우리의 성과가 이러한 것들을 대변한다고 생각합니다(〈도표 4〉 참조)."

조사결과를 검토해 본 결과 포스터(Foster)는 해외시장에서 체인 레스토랑 개념을 현지화하는 것이 어렵고 장단점이 수반된다는 것을 명확히 인식했다. 그녀는 또한 일본 회사가 데니스(Denny's) 일본의 운영을 성공시킬 수 있었던 것은 매장의 '외관과 느낌'을 유지 하면서 점진적으로 메뉴를 변형했기 때문이라는 것을 알았다. 하지만 그녀는 또한 맥도날드의 접근 방식이 훨씬 더 전 세계적으로 표준화된 것이라는 것도 알고 있었다. 상하이의 맥도날드는 뉴욕의 맥도널드와 현지 마케팅 관행 및 일부 제한된 메뉴 삭제 및 추가에서만 차이가 있을 뿐이다. 사실 포스터(Foster)는 맥도널드(McDonald)가 동부 유럽에 들어갈 때, 미국의 기준에 최대한 부합될 수 있도록 벽돌까지도 수입했다는 것을 알고는 놀라워했다.

두 가지 반대되는 접근이 있었고 포스터(Foster)는 어떠한 모델이 레벤더리(Levendary)에게 더 적합한지를 확신할 수 없었다. 그녀는 아직 중국에서 성장하려면 매장과 메뉴들이 미국의 것과 달라야 한다는 첸(Chen)의 주장에 대해 확신이 들지 않아서 조심히 대답했다.

도표 4 레벤더리(Levendary) 중국의 손익계산서(2010년)

	2010년 10월 31일 종료되는 회계연도 기준
매출 (달러)	$ 3,261,598
비용	
식품 및 종이	1,663,415
노무비	382,720
시설비	782,784
총계	2,828,919
감가상각비	6,523
일반관리비(G&A)	163,080
마케팅비	65,232
매장개점 전 비용	391,392
총비용	3,455,145
영업이익	−193,547
이자비용	0
기타비용	5,925
법인세 차감 전 이익	−199,472
법인세	−55,852
당기순이익	**−143,620**

"루이스(Louis), 피터(Peter)의 보고서는 우리가 향후에 그 문제에 대해 생각하는데 좋은 출발점을 제공합니다. 당신은 중국에서 우리가 미래에 성장할 수 있는 훌륭한 플랫폼을 제공했습니다. 지금은 어떻게 우리가 원하는 것들을 해야 하는지에 대해 생각할 시간입니다. 본사는 아마도 당신을 지원하기 위해 점진적으로 더 많은 일을 할 것입니다. 우리는 또한 레벤더리(Levendary) 브랜드가 성장을 위해 포지셔닝해야 하고 그렇게 하려면 국경을 넘어서도 일관성을 유지할 필요가 있습니다. 닉(Nick)과 저는 둘 다 당신의 노력을 지원하기 위해 당신과 협력할 것입니다. 그러나 먼저 우리는 중국에서의 성장을 위한 당신의 전략적 계획을 이해할 필요가 있습니다."

더 유화적인 목소리로 첸(Chen)이 대답했다.

"미아(Mia), 당신은 아이디어, 우수사례 및 규정준수의 수준에서 말합니다. 하지만 저는 시장의 요구를 읽고 기회를 감지하여 하나하나 내 손으로 설립한 23개 레스토랑을 운영하는 조금 더 복잡한 상황에 직면해 있습니다. 저는 지금 현재 레벤더리(Levendary)의 지위를 자랑스럽게 생각합니다. 당신이 본사 분석가들을 보내 저에게 변경해야 할 일들을 말했을 때, 전 당신이 우리가 여기까지 오는 과정들을 이해하는 센스가 없다고 생각했습니다.

당신은 저의 전략적 계획에 대해 물었습니다. 글쎄요. 전 계획이 없습니다. 솔직히 제가 계획이 있었다면 그렇게 민첩하고 유연하게 시장의 요구에 대응하지 못했을 것이기 때문에 우리가 그렇게 빠르게 성장했을 거라고 생각하지 않습니다. 전 변화를 만들기 위해 기꺼이 당신과 함께 일을 하고 싶습니다. 하지만 저에게 18개월 동안 무제한의 자유가 주어졌던 것을 알아주세요. 만약 당신이 새롭게 통제를 하고 중국 현지의 운영을 본사에 묶으려 한다면, 저는 더 이상 성장의 둔화에 대해 책임을 지지 않을 것입니다. 그럼에도 불구하고 만약 당신이 변경을 고집하려 한다면 제가 책임져야 할 부분과 덴버(Denver) 본사로부터 기대할 수 있는 부분에 대해 명확히 해야 할 것입니다."

포스터(Foster)는 첸(Chen)의 지속적인 저항과 부정적인 태도를 감지하고 짜증이 나있는 자신을 발견했다. 그러나 지금은 그럴 시간은 없었다. 생각들이 꼬리를 물었고 그녀는 그의 솔직함에 대해 첸(Chen)에게 감사했고, 중국에 가서 그가 이룩한 것들을 보고, 또한 직접 그를 만나보고 싶다는 마음을 표현했다. 첸(Chen)은 그녀의 방문계획을 환영했고, 그녀가 월스트리트에서 느껴야 하는 압력에 대해 동정을 표했다. "미아(Mia), 저는 제가 하고 있는 일을 사랑하고, 우리가 할 일을 잘 해결할 수 있기를 바랍니다. 전 정말 제 계약이 몇 달 후에 만료될 때에도 계속 이 곳에서 근무하고 싶습니다."라고 그가 말했다.

화상 회의가 종료된 후, 포스터(Foster)는 화이트(White)와의 대화를 다시 생각해 보았다. 대화는 해결되어야 하는 몇 가지 큰 이슈를 제기했다. 중국시장에서 확장을 더욱 가속화시키기 위해서 레벤더리(Levendary)가 어떠한 전략을 채택해야 하는가? 누가 이러한 결정을 내리고 그 결정을 실행하는 책임을 누가 져야 하는가? 그리고 변화가 있는 경우, 본사에 중국의 경영진을 연결하는 역할, 책임 및 관계에서 어떤 변화가 있어야 하는가? 이러한 문제의 중요성을 인식하면서, 화이트(White)는 포스터(Foster)가 중국 사업에 가까이 가는 것이 중요하다는 데 동의했다. 포스터(Foster)의 중국 방문은 5월로 잡혔다.

세 번째 회의: 미래를 결정하다

5월 25일 그녀가 탑승한 비행기가 상하이 푸동 국제공항에 착륙할 때 포스터(Foster)는 흥분과 우려가 뒤섞인 복잡한 감정을 느꼈다. 포스터(Foster)는 레벤더리(Levendary) 브랜드 및 그녀의 CEO로서의 새로운 역할에 있어 대단한 잠재력을 지니고 있는 중국 시장을 마침내 방문한다는 것에 흥분했다. 그러나 그녀는 또한 첸(Chen)이 이 일에 적합한 사람인지에 대한 몇 가지 부정적 의심과 씨름했다.

나이 많은 조언가는 언젠가 포스터(Foster)에게

더 큰 규모로 새로운 비즈니스가 진화하는 데에는 세 가지 관리자의 유형이 있다고 말한 적이 있다. 수완가(go-getter), 지역의 거물(local baron), 전문 경영자(professional manager) 등이 바로 그것이다. 세 가지 유형 모두는 정신적으로 기업인이 될 수 있지만 모두가 동일하게 기업성장의 다양한 단계에 적합한 것은 아니다. 첸(Chen)은 분명히 지역의 거물로 진화될 수 있는 수완가였다. 하지만 포스터(Foster) 마음 속 질문은 그가 과연 전문적인 경영자로 전환될 수 있는지의 여부였다.

2시간 후에 미아 포스터(Mia Foster)는 루이스 첸(Louis Chen)이 공항에서 그녀를 픽업하려 배치한 리무진에서 내렸다. 그녀가 레벤더리(Levendary)의 상하이 사무실의 입구를 향해 성큼 성큼 걸어갈 때 그녀는 자신감 있었고 자신이 준비되어 있음을 느꼈다. 포스터(Foster)는 이 대화를 위한 준비가 되어 있었다.

Case 7-2 클레이튼 인더스트리스: 이탈리아 담당 관리자 피터 아넬(Peter Arnell)

Christopher A. Bartlett and Benjamin H. Barlow

2009년 늦은 9월 미국 소재 클레이튼 인더스트리스(Clayton Industries)의 이탈리아 자회사 클레이튼 SpA(Clayton SpA)의 국가 담당 관리자인 피터 아넬(Peter Arnell)은 전 세계적인 경기침체의 여파로 인해 중대한 도전에 직면해 있었다. 몇 십 년 동안 탄탄한 수익을 기록했던 클레이튼 SpA의 매출은 19%나 감소했고, 3년 연속 적자를 기록해오면서 매월 100만여 달러 이상의 적자가 누적되는 상황이었다.

최근 클레이튼의 CEO로 임명된 댄 브릭스(Dan Briggs)와 아넬(Arnell)의 직속상관이자 클레이튼 유럽(Clayton Europe)의 사장인 시모네 뷔스(Simonne Buis)의 방문을 앞두고 아넬(Arnell)은 신경이 예민해졌다. 댄 브릭스(Dan Briggs)와 시모네 뷔스(Simonne Buis)는 아넬(Arnell)이 클레이튼 SpA의 상황을 호전시키고 미래 성장 기반을 마련할 것이라는 기대를 품고 있었다. 아넬(Arnell)이 이탈리아에 온 지 2개월여 밖에 안 지났지만, 그는 브릭스(Briggs)와 뷔스(Buis)에게 앞으로 그가 정확히 어떠한 운영계획을 가지고 있는지에 대해 보고해야 한다는 사실을 알고 있었다.

■ HBS의 Christopher A. Bartlett교수와 Benjamin H. Barlow가 작성한 본 사례는 수업 중 토의용이며 본 사례 보고서는 사례 확인 자료나 1차 자료원 또는 효과적이거나 비효과적인 경영을 묘사하기 위해 작성되지 않았습니다. 저자들은 본 사례 개발에 도움주신 이탈리아 Merloni Termosanitari Spa (of Fabriano)의 Sisto Merolla (HBS MBA 2002)께 감사드립니다. 본 사례는 실제 사건들을 근거로 작성한 허구이며, 실제 인물이나 업체들과 비슷한 내용은 의도와 상관없는 우연임을 밝힙니다. 내레이션 부분에서 실제 기업을 언급하는 경우도 간혹 있습니다.

모기업: 클레이튼 인더스트리스(Clayton Industries)

1938년 밀워키(Milwaukee)에 세워진 클레이튼 인더스트리스(Clayton Industries)는 주택 및 일반 영업장에 창문부착 형 실내에어컨을 중점적으로 판매하면서 성공적인 사업 기반을 구축했다. 1980년대 초에 경영진은 두 가지 중요한 성장 기회를 포착했다. 하나는 북미 시장의 영업장 부문이고, 또 하나는 유럽의 주택 및 영업장 시장이었다. 경영진은 이 두 가지 기회를 모두 잡기위한 조치를 취했다.

클레이튼(Clayton)은 해외로 사업을 확장하면서, 다음의 4개 기업을 인수하여 유럽에서 기반을 잡았다.

- 콜리스(Corliss), 영국의 가정용 난방, 환기, 공조(HVAC) 시스템 제조사.
- 폰타이레(Fontaire), 브뤼셀 소재 팬 환기장비 제조사.
- 컨트롤 델 클리마(Control del Clima), 바르셀로나 소재 공업용 상업용 기후 조절 제품 제조사.
- 에어로우푸로(AeroPuro), 이탈리아 브레시아 소재 대규모 영업용, 공공시설용, 기관용 압축식 냉동기 제조사(냉동기는 대부분의 공업용 공조기에서 핵심 장치이다).

해외 사업장을 관리하기 위해 클레이튼(Clayton)은 1988년에 조직의 구조조정을 단행했다. 미국과 캐나다에 위치한 모든 운영조직들을 클레이튼 북미(Clayton North America) 산하에 두었으며 유럽 자회사들을 총괄할 클레이튼 유럽(Clayton Europe)을 신설했다. 또한 각 자회사 마다 지역 대표를 두었다(〈**도표 1**〉 조직도 참조).

클레이튼 유럽(Clayton Europe)

1989년, 클레이튼 유럽(Clayton Europe)은 이전에 폰타이레(Fontaire)가 사용하던 브뤼셀 사무실을 본사 건물로 활용하기로 결정했다. 해당 국가에서의 존재감을 부각시키기 위해서 국가별로 강력한 경영진이 필요하다는 점을 인식하고서 클레이튼 유럽(Clayton Europe)의 신임 사장은 4명의 국가관리자들을 임명했다. 이 관리자들은 자국 내에서는 물론 할당받은 유럽 수출시장에서 클레이튼(Clayton)의 전체 제품 라인에 대한 판매의 책임을 부여받았다.

초기의 진척도는 더뎠다. 유럽의 공조(air conditioning)시장은 1990년대부터 성장하기 시작했지만 초기에는 그 기반이 협소했다. 심지어는 1998년에도 가정용 공조시스템 보급률은 이탈리아에서 7%, 스페인에서 11%를 기록해 미국의 71%와는 큰 차이를 보였다. 많은 유럽인들은 공조를 환경을 해치는 미국인들의 사치쯤으로 여겼다.

또 클레이튼(Clayton)의 시장 침투 속도가 더뎠던 이유는 유럽인들의 상이한 니즈와 국가 브랜드에 대한 선호도 때문이었다. 예컨대 클레이튼(Clayton)의 창문형 제품(미국에서 부품을 가져와 벨기에에서 조립한 제품)은 유럽인들이 선호하던 친숙한 현지 브랜드들만큼 잘 팔리지 않았다. 클레이튼(Clayton)의 핵심적인 공조 제품들도 유럽 시장에서 고전했다. 유럽에서는 그런 시스템을 설치하는 데 필수 요소인 덕트(duct) 공사가 되어있는 건물들이 드물었기 때문이었다. 그럼에도 불구하고 두 서너 개의 아시아 업체들이 공격적인 가격 전략을 동원하여 유럽시장에 침투하고 있었다.

유럽인들의 강한 국산 브랜드 선호경향 때문에 콜리스(Corliss)에서 나온 난방, 환기, 공조(HVAC) 시스템과 폰타이레(Fontaire)의 팬(fan) 제품은 유럽 내 다른 시장보다 그들의 홈 마켓에서 훨씬 더 잘 팔렸다. 하지만, 이탈리아에서 만든 냉동기(chiller) 제품 라인이 이러한 지리적 집중현상을 가장 확실하게 나타내고 있었다. 클레이튼(Clayton)의 유럽 자회사 전체에 냉동기 제품을 공급하기 시작한 지 10년이 지난 후에도, 이탈리아 외 국외매출은 총매출의 12%에 그치고 있었다.

2001년, 벨기에 사업체의 사장이었던 시모네 뷔스(Simonne Buis)가 클레이튼 유럽(Clayton Europe)의 사장으로 부임했다. 한층 더 통합된 유럽 조직을 만들겠다는 각오로 뷔스(Buis)는 클레이튼(Clayton)이 물려받은 공장의 다양한 제품 포트폴리오들을 대상으로 운영효율성(operational efficiency)을 증대시킬 수 있는 방안을 최우선 순위로 선정했다. 뷔스(Buis)는 비용 삭감 및 규모의 경제 구축이라는 강력한 목표를 설정했다. 이어서 전체 제품 라인을 유럽 전역에 확산시키고자 뷔스(Buis)는 각 국가 담당 관리자들에게 해당 국가 내 매출에 대한 책임 외에 그 국가 내 공장

도표 1 클레이튼 인더스트리(Clayton Industries)의 운영조직도(2009년 8월)

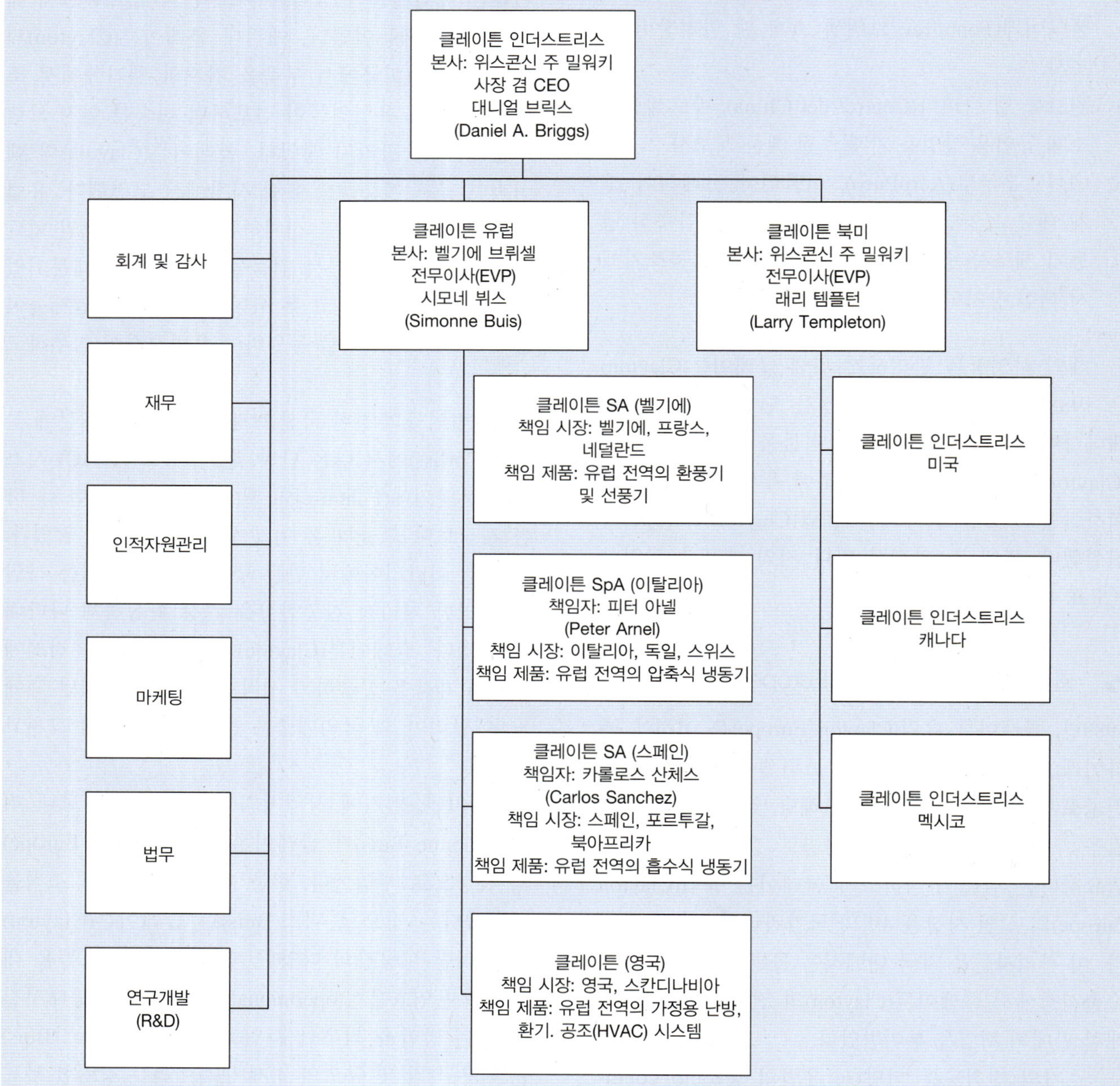

에서 만들어진 제품들에 대해 유럽전역의 시장수익성도 책임을 져야한다는 점을 주지시켰다. 뷔스(Buis)는 관리자들에게 각 국가별 자회사에 숨어있지 말고 나와서 협력할 것을 촉구했다. 이 단순한 지리적 조직구조는 제품사업부를 덮어씌우는 매트릭스 구조로 진화해갔다.

그 이후 7년간 유럽은 클레이튼(Clayton)의 주요 성장 동력이 되었다. 전 세계시장의 수익률은 2000년 33%에서 2009년 45%로 증가했다, 벨기에와 프랑스는 클레이튼(Clayton) 유럽의 선도 시장인 이탈리아를 추월했다. 벨기에와 프랑스의 2009년 수익은 38%로 이탈리아의 30%에 비해 높았으며, 스페인과 영국도 각각 20%, 12%를 차지하고 있었다.

하지만 2008~2009년 전 세계를 강타한 글로벌 경기침체로 인해 유럽의 성장 동력은 추진력을 잃게 되었다(〈**도표 2**〉 요약된 클레이튼(Clayton)의 재무제표 참조). 이 위기로 인해 클레이튼(Clayton)은 미국 사업부와 유럽 사업부에서 전략적 조정과 경영진의 변화를 모색하게 되었다.

미국과 유럽의 위기 대응

2009년 경제위기가 심화되면서 클레이튼 인더스트리스(Clayton Industries) 이사회는 장기 근속한 63세의 기존 CEO를 대신해 회사에서 16년 간 경력을 쌓아온 베테랑 댄 브릭스(Dan Briggs)를 CEO로 임명했다. 회사는 댄(Dan)과 뷔스(Buis)를 잠재적 CEO 후계자로 키우고 있었다. 댄 브릭스(Dan Briggs)는 현실적인(no-nonsense) 관리자로서 클레이튼 북미사업부(Clayton North America)의 전무이사(EVP, executive vice president)를 역임했다.

2009년, 자신이 맡은 새 역할에 대해 생각하던 브릭스(Briggs)는 두 가지 우선순위를 정했다. 현금 위기에 직면해 있는 상황에서, 그는 자본의 사용을 줄이고 통제 하에서 원가를 관리하는 것이 시급하다는 것을 강조했다. 또 "좋은 기회는 항상 위기 안에 있다는 점"을 강조하면서, 회사의 제품 포트폴리오를 합리화하기 위해 이러한 경기 침체기를 활용해야 하며, 경기 침체기 이후 수익성 있는 성장을 이끌 수 있는 제품에 초점을 맞출 것을 촉구했다.

브릭스(Briggs)는 뷔스(Buis)와 이런 우선순위에 대해 상의하면서 그가 유럽을 지속적인 성장의 원천으로 보고 있다고 이야기 했다. 하지만 영업용 공조 제품의 보급 시도를 지속해야 하는지에 대해서는 의문을 제기했다. 브릭스(Briggs)의 견해로는 영업용 공조 부문은 어떤 시장에서든 단지 상위 3개 또는 4개 정도의 경쟁 업체들만이 돈을 벌 수 있는 구조이기 때문에 클레이튼(Clayton)이 현 상황에서 그 위치까지 올라갈 수 있는 지에 대해서는 회의적이었다.

뷔스(Buis)는 기록적 폭염을 여러 차례 겪은 후 유럽 소비자들의 태도가 달라졌기 때문에, 시장은 공조 시스템을 받아들일 준비가 되어있다고 말했다. 또 뷔스(Buis)는 경기침체 이후 제품 확장을 대비한 포지셔닝 전략이 필요하다고 보았다. 유럽에서 뷔스(Buis)가 기록한 성공을 인정한 브릭스(Briggs)는 뷔스(Buis)에게 성장계획을 수립한 후 같이 검토해보자는 요청을 했다.

브릭스(Briggs)가 설정한 회사의 우선순위들을 유럽의 상황에 적용하고 실현하기 위해서 뷔스(Buis)는 자신이 담당하는 각 국가관리자들을 소집해서 사업장마다 10/10/10 계획을 달성하라고 지시했다. 즉 미수와 재고회전 일수를 10일 이내로 줄이고, 인원을 10% 감축하라고 지시했다. 또한 뷔스(Buis)는 "4년 안에 상위 4위로의 도약(Top Four in Four)" 계획을 발표하고, 각 국가관리자들에게 어떻게 유럽 전역에 판매되는 제품들이 4년 내에 유럽 시장점유율 4위권으로 도약할 수 있는지에 대한 계획의 수립을 요구했다.

클레이튼 SpA의 문제점

이와 같이 새로운 목표들을 모든 유럽 자회사들이 실현하기는 어렵겠지만, 특히 이탈리아 자회사에게는 힘든 도전이었다. 2004년부터 수익 증가율이 다른 국가의 자회사들에 비해 뒤처져있던 클레이튼 SpA

도표 2 클레이튼 인더스트리스(Clayton Industries): 손익계산서 요약, 2004~2009년

백만달러 (표시된 곳 제외)	2004	2005	2006	2007	2008	2009 상반기
수익						
클레이튼 북아메리카 (미국/캐나다/멕시코)	565.7	577.1	590.0	598.1	557.7	216.6
% 변화		*2.0%*	*2.2%*	*1.4%*	*(6.8%)*	*(22.3%)*
% 기여도	*63.2%*	*61.8%*	*60.7%*	*59.6%*	*58.0%*	*54.7%*
클레이튼 벨기에 (벨기에/프랑스/네덜란드)	107.5	118.6	129.7	142.3	148.7	68.0
% 변화		*10.3%*	*9.3%*	*9.8%*	*4.4%*	*(8.5%)*
% 기여도	*12.0%*	*12.7%*	*13.3%*	*14.2%*	*15.5%*	*17.2%*
클레이튼 이탈리아 (이탈리아/독일/스위스)	125.0	132.5	138.0	141.8	134.3	54.1
% 변화		*6.0%*	*4.2%*	*2.7%*	*(5.3%)*	*(19.4%)*
% 기여도	*14.0%*	*14.2%*	*14.2%*	*14.1%*	*14.0%*	*13.7%*
클레이튼 스페인 (스페인/포르투갈/북아메리카)	58.1	62.9	68.1	72.3	72.2	36.0
% 변화		*8.1%*	*8.4%*	*6.2%*	*(0.1%)*	*(0.3%)*
% 기여도	*6.5%*	*6.7%*	*7.0%*	*7.2%*	*7.5%*	*9.1%*
클레이튼 영국 (영국/스칸디나비아)	39.3	42.8	45.9	48.3	48.6	21.6
% 변화		*8.9%*	*7.2%*	*5.2%*	*0.6%*	*(11.1%)*
% 기여도	*4.4%*	*4.6%*	*4.7%*	*4.8%*	*5.1%*	*5.5%*
총계	**895.7**	**933.8**	**971.7**	**1,002.8**	**961.4**	**396.3**
% 변화		*4.3%*	*4.1%*	*3.2%*	*(4.1%)*	*(17.6%)*
법인세 · 이자 · 감가상각비 차감전 영업이익(EBITDA)						
클레이튼 북아메리카 (미국/캐나다/멕시코)	70.7	69.2	53.1	47.8	27.9	6.5
% 이윤	*12.5%*	*12.0%*	*9.0%*	*8.0%*	*5.0%*	*3.0%*
클레이튼 벨기에 (벨기에/프랑스/네덜란드)	20.2	21.3	17.5	17.1	11.1	3.1
% 이윤	*18.8%*	*18.0%*	*13.5%*	*12.0%*	*7.5%*	*4.5%*
클레이튼 이탈리아 (이탈리아/독일/스위스)	25.1	24.5	18.1	5.2	(12.8)	(7.6)
% 이윤	*20.1%*	*18.5%*	*13.1%*	*3.7%*	*(9.5%)*	*(14.1%)*
클레이튼 스페인 (스페인/포르투갈/북아메리카)	10.0	10.4	8.4	6.9	6.6	3.2
% 이윤	*17.2%*	*16.5%*	*12.4%*	*9.5%*	*9.1%*	*8.9%*
클레이튼 영국 (영국/스칸디나비아)	7.0	7.3	5.9	4.8	2.9	0.7
% 이윤	*17.9%*	*17.2%*	*12.9%*	*9.9%*	*6.0%*	*3.4%*
총계	**133.0**	**132.8**	**103.0**	**81.8**	**35.8**	**5.9**
% 이윤	*14.8%*	*14.2%*	*10.6%*	*8.2%*	*3.7%*	*1.5%*
순이익 (손실)						
클레이튼 북아메리카 (미국/캐나다/멕시코)	31.1	28.9	11.8	(6.0)	(22.3)	(17.3)
% 이윤	*5.5%*	*5.0%*	*2.0%*	*(1.0%)*	*(4.0%)*	*(8.0%)*
클레이튼 벨기에 (벨기에/프랑스/네덜란드)	8.9	9.5	10.1	10.2	5.9	0.7
% 이윤	*8.3%*	*8.0%*	*7.8%*	*7.2%*	*4.0%*	*1.0%*
클레이튼 이탈리아 (이탈리아/독일/스위스)	10.8	10.5	6.0	(1.1)	(11.9)	(6.7)
% 이윤	*8.7%*	*7.9%*	*4.4%*	*(0.8%)*	*(8.8%)*	*(12.3%)*
클레이튼 스페인 (스페인/포르투갈/북아메리카)	4.1	4.1	3.7	1.9	0.2	0.0
% 이윤	*7.1%*	*6.5%*	*5.4%*	*2.6%*	*0.3%*	*0.1%*
클레이튼 영국 (영국/스칸디나비아)	2.9	2.9	2.6	1.3	(0.3)	(0.9)
% 이윤	*7.4%*	*6.8%*	*5.6%*	*2.7%*	*(0.5%)*	*(4.2%)*
총계	**57.9**	**55.8**	**34.2**	**6.4**	**(28.3)**	**(24.2)**
% 이윤	*6.5%*	*6.0%*	*3.5%*	*0.6%*	*(2.9)%*	*(6.1)%*

출처: http://www.usatoday.com/, January 2008(2011년 5월 29일 접속).

(Clayton SpA)는 2008년 5.3%, 그리고 2009년 상반기에는 19.4%의 매출 하락을 기록했다. 그 결과 미수와 재고회전일수는 120일을 넘었다. 또 인원 감축 계획은 엄격한 현지 법률과 팽팽한 노사관계 때문에 실행하기 어려운 상황이었다. 즉 10/10/10 계획 달성 자체가 상당히 어렵게 되었다.

"4년 안에 상위 4위로의 도약(Top Four in Four)" 계획 역시 이탈리아 공장에서 생산해 유럽 전역의 시장에서 판매하는 책임이 있었던 냉동기(chiller) 제품에 있어서 커다란 도전이었다. 2009년 이탈리아 국내 시장에서의 냉동기 매출은 전체 매출의 55%를 차지했으나, 다른 유럽 시장에서는 12%에 그쳤다(업계 매출과 전망은 〈**도표 3**〉, 〈**도표 4**〉 참조). 유럽 냉동기 시장에서 경쟁하는 7개 업체들 중 클레이튼(Clayton)의 전체 시장점유율은 7%로 5위였다.

성과가 하락하자 1998년부터 Clayton SpA의 사장

도표 3 클레이튼 인더스트리스(Clayton Industries): 대차대조표 요약, 2004~2009년

백만달러	2004	2005	2006	2007	2008	2009 상반기
현재자산	**$ 277.0**	**$ 291.6**	**$ 303.8**	**$ 308.8**	**$ 284.2**	**$ 254.4**
클레이튼 SpA(이탈리아)	*$ 9.0*	*$ 54.1*	*$ 58.7*	*$ 62.6*	*$ 61.6*	*$ 59.6*
기타유럽	*$ 60.6*	*$ 66.5*	*$ 71.7*	*$ 75.2*	*$ 72.5*	*$ 71.5*
북미	*$ 167.4*	*$ 171.0*	*$ 173.5*	*$ 171.0*	*$ 150.1*	*$ 123.3*
설비	**$ 417.6**	**$ 400.4**	**$ 385.5**	**$ 371.1**	**$ 354.4**	**$ 336.6**
클레이튼 SpA(이탈리아)	*$ 50.4*	*$ 54.6*	*$ 48.9*	*$ 44.7*	*$ 40.7*	*$ 38.0*
기타유럽	*$ 139.4*	*$ 129.4*	*$ 124.9*	*$ 118.7*	*$ 112.6*	*$ 109.6*
북미	*$ 227.9*	*$ 216.4*	*$ 211.6*	*$ 207.8*	*$ 201.1*	*$ 189.1*
기타자산	**$ 88.0**	**$ 118.7**	**$ 124.1**	**$ 141.3**	**$ 125.2**	**$ 140.2**
클레이튼 SpA(이탈리아)	*$ 12.3*	*$ 16.8*	*$ 17.6*	*$ 20.0*	*$ 17.5*	*$ 19.1*
기타유럽	*$ 20.1*	*$ 28.5*	*$ 31.1*	*$ 37.0*	*$ 35.1*	*$ 44.4*
북미	*$ 55.6*	*$ 73.4*	*$ 75.4*	*$ 84.3*	*$ 72.6*	*$ 76.6*
총자산	**$ 782.7**	**$ 810.7**	**$ 813.4**	**$ 821.2**	**$ 763.8**	**$ 731.2**
클레이튼 SpA(이탈리아)	*$ 111.6*	*$ 125.5*	*$ 125.2*	*$ 127.2*	*$ 119.7*	*$ 116.7*
기타유럽	*$ 220.2*	*$ 224.4*	*$ 227.7*	*$ 230.9*	*$ 220.2*	*$ 225.5*
북미	*$ 450.9*	*$ 460.8*	*$ 460.5*	*$ 463.1*	*$ 423.8*	*$ 389.0*
유동부채	**$ 204.3**	**$ 224.3**	**$ 238.6**	**$ 255.3**	**$ 251.7**	**$ 255.4**
클레이튼 SpA(이탈리아)	*$ 28.5*	*$ 32.9*	*$ 36.7*	*$ 41.2*	*$ 42.7*	*$ 45.5*
기타유럽	*$ 46.7*	*$ 51.3*	*$ 54.6*	*$ 58.4*	*$ 57.6*	*$ 58.4*
북미	*$ 129.0*	*$ 140.1*	*$ 147.3*	*$ 155.6*	*$ 151.4*	*$ 151.5*
장기부채	**$ 310.5**	**$ 340.9**	**$ 362.6**	**$ 388.0**	**$ 382.5**	**$ 388.2**
클레이튼 SpA(이탈리아)	*$ 43.3*	*$ 50.0*	*$ 55.8*	*$ 62.7*	*$ 64.9*	*$ 69.1*
기타유럽	*$ 71.1*	*$ 81.9*	*$ 91.5*	*$ 102.8*	*$ 106.4*	*$ 113.4*
북미	*$ 196.1*	*$ 209.0*	*$ 215.3*	*$ 222.5*	*$ 211.3*	*$ 205.7*
자기자본	**$ 267.9**	**$ 245.5**	**$ 212.3**	**$ 177.9**	**$ 129.6**	**$ 87.6**
클레이튼 SpA(이탈리아)	*$ 37.4*	*$ 32.2*	*$ 23.1*	*$ 12.2*	*$ (0.9)*	*$ (14.8)*
기타유럽	*$ 61.3*	*$ 61.5*	*$ 57.9*	*$ 54.1*	*$ 50.1*	*$ 59.9*
북미	*$ 169.2*	*$ 151.8*	*$ 131.3*	*$ 111.6*	*$ 80.4*	*$ 42.5*
부채총액과 총자본	**$ 782.7**	**$ 810.7**	**$ 813.4**	**$ 821.2**	**$ 763.8**	**$ 731.2**
클레이튼 SpA(이탈리아)	*$ 109.2*	*$ 115.0*	*$ 115.6*	*$ 116.1*	*$ 106.7*	*$ 99.8*
기타유럽	*$ 179.1*	*$ 194.7*	*$ 204.0*	*$ 215.3*	*$ 214.1*	*$ 231.7*
북미	*$ 494.4*	*$ 501.0*	*$ 493.9*	*$ 489.8*	*$ 443.0*	*$ 399.6*

도표 4 공기처리 제품 산업(냉동기 포함)의 매출현황, 2003~2008년

백만달러 (표시된 곳 제외)	2003	2004	2005	2006	2007	2008
단위						
미국	61,263.4	64,104.4	67,137.1	70,380.4	71,142.0	71,410.2
% 변화		*4.6%*	*4.7%*	*4.8%*	*1.1%*	*0.4%*
유럽	15,315.9	16,667.1	18,127.0	19,706.5	20,986.9	22,137.2
% 변화		*8.8%*	*8.8%*	*8.7%*	*6.5%*	*5.5%*
이탈리아	2,718.9	2,832.2	2,940.5	3,074.6	3,273.6	3,482.5
% 변화		*4.2%*	*3.8%*	*4.6%*	*6.5%*	*6.4%*
백만달러-시가						
미국	5,794.7	6,012.4	6,386.9	6,862.9	6,886.9	6,921.7
% 변화		*3.8%*	*6.2%*	*7.5%*	*0.3%*	*0.5%*
유럽[w]	1,997.4	2,386.8	2,519.8	2,683.3	3,502.2	4,274.1
% 변화		*19.5%*	*5.6%*	*6.5%*	*30.5%*	*22.0%*
이탈리아[a]	755.7	861.0	887.8	934.5	1,149.3	1,336.4
% 변화		*13.9%*	*3.1%*	*5.3%*	*23.0%*	*16.3%*
백만달러-고정가						
미국	5,794.7	5,855.6	6,016.2	6,262.6	6,107.3	5,959.4
% 변화		*1.1%*	*2.7%*	*4.1%*	*(2.5%)*	*(2.4%)*
유럽[a]	1,945.4	2,335.5	2,499.8	2,691.4	3,540.2	NA
% 변화		*20.0%*	*7.0%*	*7.7%*	*31.5%*	
이탈리아[a]	736.1	820.5	829.7	855.3	1,030.2	NA
% 변화		*11.5%*	*1.1%*	*3.1%*	*20.5%*	
[a]다음 환율에 따라 해마다 변환되었음:						
유로 / 달러 .	0.8854	0.8051	0.8045	0.7970	0.7308	0.6834

출처: Euromonitor International 및 케이스저자 추정.

을 역임해 온 파울로 라자로(Paolo Lazzaro)는 상품 주기(commodity cycle)가 문제의 원인이므로 클레이튼(Clayton)은 이 난국을 돌파해야 한다고 주장했다. 그의 이런 태도에 실망한 뷔스(Buis)는 2009년 6월 라자로(Lazzaro)와의 고용계약을 종료했다. 뷔스(Buis)는 후임자를 물색하면서 피터 아넬(Peter Arnell)을 주목했다.

피터 아넬(Peter Arnell) 42세였던 피터 아넬(Peter Arnell)은 영국 자회사인 클레이튼 주식회사(Clayton Ltd.)의 대표였다. 런던 외곽의 노동자 가정에서 자란 아넬(Arnell)은 해병대(Royal Marines)에서 7년간 복무한 후 대위로 제대하고, 런던 소재 비즈니스 스쿨에 입학했다. 그는 경영 컨설팅을 잠시 전공하다가 그만두고 해병대 정신으로 1998년 버밍엄에 있는 클레이튼(Clayton)에 영업 마케팅 직원으로 입사했다. 그는 이 일이 최일선에서 자신을 다시 한번 시험할 수 있는 좋은 기회라고 생각했다.

주말 축구광인 아넬(Arnell)은 선천적으로 경쟁본능을 타고 났고 순발력 있게 악수를 청하고 미소를 건넬 줄 아는 사람이었다. 그는 스스로 열심히 일했고 남들도 자신만큼 열심히 일할 것을 기대했다. 외향적이고 직설적인 성격 때문에 그가 클레이튼(Clayton)에 근무하는 동안 일부 동료들과 소원해지는 일도 있었다. 직원에서 마케팅 관리자로 고속 승진한 아넬(Arnell)은 영국 중부에 있던 4개의 대리점을 영국과 아일랜드에 걸친 14개의 대리점으로 클레이튼(Clayton)의 유통망을 확대했고, 영국의 부동산 붐을 유리하게 활용할 수 있도록 클레이튼(Clayton)의 제품 라인들을 포지셔닝했다. 2002년 클레이튼 주식회사(Clayton Ltd.)의 사장이 은퇴하자 뷔스(Buis)는 그 자리에 아넬(Arnell)을 임명했다.

사장으로 임명된 지 몇 주 내에 아넬(Arnell)은 오래된 콜리스(Corliss) 보일러 공장을 폐쇄한다는 힘든 결정을 내렸다. 이러한 조치는 몇 달 전 뷔스(Buis)가 시작했던 비용 절감 프로그램의 일환이었다. 몇 달간 공장 폐쇄에 대한 노조의 압박과 개인적 협박을 견뎌낸 그는 매출 손실분을 대체할 수 있는 방법을 통해 영국 내 사업을 활성화시켰다. 아넬(Arnell)은 영국 시장 상황을 보다 잘 파악할 수 있도록 타지역 클레이튼(Clayton)의 제품 라인 담당 관리자들에게 도움을 요청하고, 동시에 그들을 도왔다.

뷔스(Buis)는 아넬(Arnell)의 군대식 원칙과 추진력에 감동했고, 그가 이탈리아에 필요한 변화의 주도자가 될 수 있다고 느꼈다. 뷔스(Buis)는 몇 년간 여름마다 이탈리아에서 외조부모와 보냈기 때문에 그가 이탈리아어를 잘한다는 사실도 알고 있었다. 뷔스(Buis)가 아넬(Arnell)에게 클레이튼 SpA을 맡아달라고 했을 때, 아넬(Arnell)는 클레이튼(Clayton)의 유럽 전략에 핵심인 대규모 사업체를 정상화시키는 일은 자신의 경력에도 좋은 기회라고 생각했다.

신임 자회사 관리자의 등장 2009년 7월 20일 브레시아(Brescia)에 홀로 도착한 아넬(Arnell)은 아내와 두 자녀에게 10월에 따로 브레시아로 오도록 부탁했고, 그래서 그는 일에만 전념할 수 있었다. 뷔스(Buis)는 아넬(Arnell)을 만나 회사를 둘러보게 하면서 브레시아(Brescia)의 상급 관리자 10명에게 아넬(Arnell)을 개별적으로 소개시켰다. 오찬 중에 뷔스(Buis)는 참석자들에게 클레이튼 SpA의 미래가 그들의 손에 달렸다는 점을 언급했다. 각 국가관리자들에게 권한을 위임하고 이니셔티브를 발휘하도록 강조하던 자신의 모습을 되돌아보면서, 뷔스(Buis)는 이제 "그들의 영역에서 물러나" 브뤼셀로 돌아가겠다고 말했다.

그날 오후 아넬(Arnell)은 브레시아(Brescia)의 참담한 현황에 대한 그의 초기 평가내용들을 공유하고, 그들에게 힘이 되어줄 것을 부탁하기 위해 경영진 회의를 소집했다. 즉각 조치를 취해야만 하는 상황임을 강조하면서 아넬(Arnell)은 경영진에게 추가 공지가 있을 때까지 휴가계획을 연기하도록 부탁했다. 8월은 이탈리아의 휴가철이기 때문에 공장 관리자, QC 관리자, 회사 운영관리자 등 3명의 관리자들이 이의를 제기했다. 아넬(Arnell)은 이들에게 그날 퇴근 전에 개별적으로 만나자고 부탁했다. 이들과의 개별 면담에서도 관리자들이 자신의 휴가계획을 변경할 의사가 없다는 말만 되풀이하자 아넬(Arnell)은 그 자리에서 이들을 해고했다.

해고된 관리자의 후임자를 찾기 위해 다음날 HR 부장과의 미팅을 마친 아넬(Arnell)은 공석인 3개 관리자 직책에 내부 인사를 기용한다는 발표를 했다. 이어서 상급 관리자들을 개별적으로 만나 첫 60일 동안은 자신이 상황을 파악하고 전략을 개발할 수 있도록 인내심을 가지고 지켜봐줄 것을 부탁했다. 이어서 회사 운영에 대한 그들의 견해들을 청취하기 위해 이들 개개인과 후속 회의 일정을 잡고 이후 60일간 개인별 업무 계획들을 검토했다.

하지만 클레이튼 SpA가 처한 상황이 너무 심각해서 아넬(Arnell)은 60일 간 분석을 제대로 마칠 수 없었다. 둘째 날, 사무실에 출근해보니 Federazione dei Lavoratori della Manifatture(FILM)에서 온 노조 관리 4명과 현지 TV 뉴스 촬영팀이 그의 사무실 밖에서 있었다. 노조 간부들은 아넬(Arnell)이 브레시아(Brescia) 공장을 폐쇄하고 직원들의 대량해고를 이행하기 위해 파견된 악역담당자라는 어조로 말했다. 아넬(Arnell)은 상부로부터 그런 지시를 받은 적이 없고, 마음을 열고 있으며 모든 가능성을 열어두고 있다고 확언했다. 아넬(Arnell)은 노조간부들에게 계속해서 진행 상황에 대해 알려줄 의향이 있으며 그 다음 주에 노조대표자들과도 만나겠다고 약속했다.

8월 4일, 아넬(Arnell)은 7명의 FILM 대표자들을 만나서 회사가 얼마나 많은 손실을 기록하고 있는지에 대해 보여주었다. 그리고 현재의 경제 환경에서는 미국 본사가 이렇게 큰 손실에 대해 지원을 할 수 없는 상황임을 설명했다(그는 같은 내용을 그 날 오전에 브레시아 시장에게도 전달했고 시장은 공장 폐쇄에 대한 우려를 표명했다. 시장은 그와의 약속 장소에 언론사 사진기자들을 대동하고 나타났다). 몇 시간 격론 끝에 FILM은 브레시아(Brescia) 공장 노조원들에게 교대근무 시간 단축을 권하기로 합의했다. 하지만 아넬(Arnell)은 그런 수준의 양보로는 회사가 손익분기점에 도달하지 못한다는 것을 익히 알고 있었다.

그 다음 주에 아넬(Arnell)은 클레이튼(Clayton)의 주거래 은행과 만나서 회사의 신용한도 조건에 대해 재협상하기로 약속했다. 선의의 표시로 그리고 그렇게 하는 것이 유리할 것이라고 판단했기 때문에 아넬(Arnell)은 정치적인 연줄이 있는 노조 대표 그리고 재무 담당자와 함께 은행 측을 만났다. 이들은 바로 다음 분기에 갚아야하는 거액의 상환금을 유예해주겠다는 은행의 동의를 얻었다. 아넬(Arnell)은 이런 몇 가지 변화들로 공장의 수익성을 되돌려 놓을 수는 없겠지만 자신이 상황평가를 마칠 때까지 시간을 벌 수 있다고 생각했다.

클레이튼 SpA의 상황 평가 그 이후 몇 주간 경영진과의 회의에서 아넬(Arnell)은 회사의 현황과 그런 상황에 이르게 된 배경에 대하여 많은 것을 알게 되었다. 유럽 시장 전역에 걸쳐 압축 냉동기 부문의 판매 책임자였던 라자로(Lazzaro)가 단지 이탈리아 국내의 대형 프로젝트를 받쳐주는 정치적 관계의 구축에만 몰두했다는 것도 알게 되었다. 그 결과 이탈리아 국내 수익 중 55%가 냉동기 분야에서 발생했고, 공공 및 기관 부문에서 냉동기 영업 포지션이 강력했던 덕택에 이탈리아 국내에서의 경쟁력은 3위권을 유지할 수 있었다. 하지만 디자인의 효율을 높여서 수명주기 비용을 낮춘 아시아산 제품을 점점 더 선호하게 된 영업용 고객들에 대한 냉동기 수익은 감소하게 되었다.

아넬(Arnell)은 또한 클레이튼(Clayton)의 다른 제품 라인들도 이탈리아 국내 시장에서 고전하고 있다는 것도 알게 되었다. 클레이튼(Clayton)의 공조 시스템은 이탈리아 건물들에 맞지 않았다. 이탈리아 건물들은 통합형 시스템에 필요한 덕트 작업이 부실한 경우가 많았기 때문이었다. 실내 공조 및 환기장치 시장은 저가형 수입품과 친숙한 이탈리아 국내 브랜드로 양분되어 있었다. 저가도 아니었고 소비자들에게 친숙한 브랜드로서의 지명도도 높지 않았던 클레이튼(Clayton)과 폰타이레(Fontaire) 브랜드는 이탈리아 일반 주거용 기후조절장치 시장에서 고전했다. 클레이튼(Clayton)은 냉동기 제품에만 자원을 집중 투입함으로써 다른 제품을 판매하기 위한 폭넓은 마케팅 역량을 개발하지 못했다.

생산 측면에서 아넬(Arnell)은 노조(1985년 클레이튼(Clayton)의 에어로퓨로(AeroPuro) 인수를 막았던 노조)가 여전히 너무 많은 혜택을 누리고 있다는 것을 알게 되었다. 다년간 이 플랜트의 고비용 포지션은 정부 계약에서 유리한 위치를 확보할 수 있게 해준 정치적 관계 덕분에 드러나지 않았다. 이탈리아에서 종업원 수 15인 이상인 기업의 경우 "명분"이 있을 때에 한해서만 허용되던 영구해고에 대해 라자로(Lazzaro)가 고려하지 않겠다고 했던 이유도 바로 그런 정치적 관계 때문이었다. 그는 심지어 회사와 국가가 비용을 분담하고, 상당분의 임금을 삭감하는 대신 노동자들의 임시해고를 면제해주는 CIG(Cassa Ingrazione Guardagni) 조항의 적용도 거절했다.

이러한 취약한 비용구조 때문에 2004년 브레시아(Brescia) 공장은 위협을 받게 되었다. 당시는 뷔스(Buis)가 공장의 효율성을 추진하기 위한 2번째 단계의 계획을 발표했던 시기였다. 즉 효율적인 대외구매를 통한 조달에 집중하고 모든 공장들은 비용 효과성을 달성함으로써 유럽전역에 걸맞는 규모로 운영을 해야 한다고 주장하고 있었다. 이 계획의 일차 주안점은 브레시아(Brescia)나 바로셀로나(Barcelona) 중 어느 곳을 영업용 공조 냉동기의 유럽지역 거점으로 채택할 것인지를 결정하는 일이었다.

스페인 자회사를 이끌고 있었던 카를로스 산체스(Carlos Sanchez)와 대화하면서 아넬(Arnell)은 여러 정치적인 공작 후 라자로(Lazzaro)가 뷔스(Buis)를 설득해서 브레시아(Brescia)가 유럽 거점으로 채택되었다는 사실을 알게 되었다. 바르셀로나(Barcelona)의 공장은 이탈리아 공장에 비해 규모가 작고 오래되었으며, 브레시아(Brescia)가 500~2,000 kW 단위를 만들 수 있는데 반해 300~1,000 kW 정도의 단위만을 생산할 수 있었다. 따라서 바로셀로나(Barcelona)의 인건비가 20% 정도 더 낮고 인력유연성은 더 높았지만, 뷔스(Buis)는 이탈리아 사업장에서만 유럽의 수요를 충족할 수 있다고 생각했다. 뷔스(Buis)는 1800만 달러를 투입해서 이탈리아 공장의 생산설비를 업그레이드하고 확장했다. 이는 결과적으로 203개의 일자리를 창출하는 효과가 있었다. 하지만 산체스(Sanchez)는 아넬(Arnell)에게 여전히 브레이사(Brescia)의 인력이 20~30% 정도는 초과 상태에 있다고 말했다.

그럼에도 불구하고 산체스(Sanchez)가 설명했듯이 그는 노조의 지원을 받아 스페인에서 성장하던 열산업에 적합한 흡수식 냉동기 제조 기술을 사용하도록 인가해주고 바로셀로나(Barcelona) 공장을 계속 오픈했다.[1] 산체스(Sanchez)는 수출이 증가하면서 흡수식 냉동기 매출이 2008년 전체 수익 중 3천 5백만 달러에 달했고 '법인세 이자 감가상각비 차감 전 영업이익(EBITDA)'은 10%였으며, 압축식 냉동기보다 수익성이 훨씬 더 높다는 점에 대해 뿌듯해했다.

아넬(Arnell)은 이탈리아 밖의 해외 시장에서 브레시아(Brescia)공장에서 생산한 냉동기의 보급률이 낮은 이유를 파악하기 위해 노력했다. 클레이튼 SpA의 유럽시장 점유율은 7%로(이탈리아 국내 시장점유율은 21%) 점유율이 36%, 23%, 16%, 12%인 1위에서 4위 경쟁 업체들보다 한참 뒤쳐진 5위였다. 그는 브레시아(Brescia)의 제품이 변동이 심한 신속 기술 등 혁신성 면에서 경쟁사들에 뒤지고 가격도 너무 고가라고 언급한 여러 주요 고객들은 물론, 다른 주요 유럽 시장 담당 각 국가관리자들과도 대화를 나눴다. 더군다나 클레이튼(Clayton)의 냉동기 제품은 시장의 선두 장비들에 비해 운영효율성이 15%나 떨어지고 있었다.

스칸디나비아와 독일 등 일부 시장의 고객들은 아넬(Arnell)에게 스팀, 온수 또는 냉수를 중앙의 공장에서 생산해서 파이프라인을 통해 다른 구역의 건물들에 보내 난방, 온수, 공조를 해결하는 '구역 에너지 시스템(district energy system)' 동향에 대해서 언급했다. 구역 에너지 시스템에는 브레시아(Brescia)에서 생산하는 압축식 냉동기 보다는 흡수식 냉동기 기술이 유리했다. 비록 압축식 냉동기가 시장점유율의 85%를 차지하고 있었지만 환경보호자들은 흡수식 냉동기가 탄소 집약도가 낮으며, 압축식 시스템처럼 오존층을 고갈시키는 냉매를 사용하지 않고 물을 사용한다는 점을 강조했다.

마지막으로 아넬(Arnell)의 재무 이사가 회사의 최근 현황을 검토한 결과 회사는 매월 백만 달러 이상의 손실을 기록하고 있었다. 그는 손실의 주된 원인으로 지난 2년간 철강 가격이 27%나 상승했기 때문이라고 생각했으며, 이 비용은 해외 경쟁사들의 공격적 가격정책 때문에 만회할 수 없는 비용이라고 판단했다. 하지만 FILM은 이런 문제점을 인정하지 않고 실업률이 높은 시기에도 엄청난 영향력을 휘두르면서 요구 수준을 높였다.

대안 결정

9월 초 아넬(Arnell)은 간부팀의 계획 수립에 도움을 주기 위해, 컨퍼런스를 2회 열어서 외부의 조언을 참고할 수 있게 했다. 제조부문의 컨퍼런스에는 브레시아(Brescia)의 생산, 엔지니어링, QC 관리자들이 스페인, 벨기에, 영국 공장의 해당 담당자들에게 상황을 설명하고 자신들이 새로 만든 아이디어를 테스트했다. 마케팅 컨퍼런스에서는 영업, 마케팅, 제품개발 담당

1) 브레시아(Brescia) 등에서 만드는 압축식 냉동기는 전기를 사용하는데 반해, 흡수식 냉동기는 흔히 폐온수에서 발생하는 열로 작동하고 태양열로 작동하는 경우도 늘고 있다.

관리자들이 클레이튼(Clayton)의 다른 나라 자회사에 근무하는 동료들과 의견을 교환했다.

당연히 이탈리아 관리자들의 발표 초점은 브레시아(Brescia)의 수익성 회복과 장기적 생존가능성 확보였다. 이들이 새로 제시한 계획안에는 공장의 효율성 증대, 압축식 냉동기 라인의 활성화를 위한 제품개발 계획, 이탈리아 이외의 해외시장 확대를 위한 영업 및 마케팅 계획 등이 포함되어 있었다. 이런 계획들을 이행하는 데 따르는 초기 비용은 약 5백만 달러에 이를 것으로 추정되었으며, 이러한 자금 투자의 대부분은 첫 해에 이루어져야 했다.

한편 아넬(Arnell)은 하나의 대안을 제안했던 산체스(Sanchez)와도 지속적으로 상의를 했다. 산체스(Sanchez)가 제시했던 대안은 스페인에 대규모 공장을 신축하는 안이었다. 이를 위해 산체스(Sanchez)는 뷔스(Buis)에게 공장 신축에 필요한 자금 확보 문제에 관해 여러 번 요청했지만, 뷔스(Buis)는 흡수식 냉동기가 틈새시장 이상으로 성장할 것인지에 대한 확신이 없다고 말한 후 브레시아(Brescia)에 투자하면서 이탈리아에 기회를 주고 싶다고 말했다는 것이다.

"하지만 흡수식 냉동기는 미래의 시장이고 우리에게는 일급 기술 라이센스가 있거든요. 그렇지만 바르셀로나에서는 대형 냉동기를 생산하지 못해요. 그리고 그 공장을 증설하려면 부지 제약이 따르죠. 압축식 냉동기 라인을 단계적으로 폐지하고 흡수식 냉동기 쪽으로 역량을 전환해서 증가하는 시장 수요를 충족시키는 방향으로 가면 어떨까요? 우리가 힘을 합치면 클레이튼(Clayton)이 흡수식 냉동기 시장을 주도할 수도 있을 거예요."

흥미로운 생각이지만, 설령 흡수식 냉동기를 생산하기 위해 점진적 변화를 선택하더라도 해고와 구조조정 과정에 상당한 비용이 투입될 것으로 예상되었다. 아넬(Arnell)은 5년간 약 1천 5백만 달러 정도를 투자해야 하고 대부분의 비용은 단계적 폐지와 구조조정 단계인 2~3년간 집중 투입해야 할 것이라고 예상했다.

세 번째 안은 아넬(Arnell)의 재무 이사가 제안했다. 재무 이사는 경기가 여전히 불안정한데 대대적인

도표 5 공기처리 제품(냉동기 포함)의 매출 예상, 2009~2013년

백만달러 (표시된 곳 제외)	2009	2010	2011	2012	2013
단위					
미국	72,391.6	73,911.5	75,532.5	77,253.8	79,130.0
% 변화	*1.4%*	*2.1%*	*2.2%*	*2.3%*	*2.4%*
유럽	22,441.4	23,651.7	24,925.7	26,266.3	27,695.5
% 변화		*5.4%*	*5.4%*	*5.4%*	*5.4%*
이탈리아	3,692.2	3,910.4	4,128.6	4,347.9	NA
% 변화	*6.0%*	*5.9%*	*5.6%*	*5.3%*	
백만달러—시가					
미국	7,013.6	7,139.2	7,287.8	7,462.0	7,632.0
% 변화	*1.3%*	*1.8%*	*2.1%*	*2.4%*	*2.3%*
유럽[a]	4,249.4	4,687.6	5,106.9	5,486.5	NA
% 변화		*10.3%*	*8.9%*	*7.4%*	
이탈리아[a]	1,328.1	1,414.9	1,493.2	1,558.7	NA
% 변화	*(0.6%)*	*6.5%*	*5.5%*	*4.4%*	
[a]다음 환율에 따라 해마다 변환되었음:					
유로 / 달러	0.7389	0.7389	0.7389	0.7389	0.7389

출처: Euromonitor International 및 케이스저자 추정.

도표 6 브레시아(Brescia) 공장의 운영현황

백만달러 (표시된 곳 제외)	2004	2005	2006	2007	2008	2009 상반기
단위	348.0	372.0	382.0	386.0	375.0	155.0
이탈리아 내 수익	67.1	73.2	76.7	79.0	76.0	29.9
*Clayton SpA*에 대한 기여도	*53.7%*	*55.3%*	*55.6%*	*55.7%*	*56.6%*	*55.2%*
기타	10.9	11.3	11.1	11.3	11.5	4.1
총계	75.2	82.4	86.7	89.6	86.7	34.0
운영비						
직접재료비	19.7	23.7	29.2	37.5	50.1	18.5
노동비	16.1	16.6	16.9	15.3	15.7	7.2
간접비(고정)	29.0	31.3	32.2	34.9	33.6	15.7
총계	64.8	71.5	78.3	87.6	99.4	41.3
EBITDA(법인세 이자 감가상각비 차감 전 영업이익)	10.4	10.9	8.4	2.0	(12.8)	(7.3)
EBITDA 이윤(법인세 이자 감가상각비 차감 전 영업이익)	*13.8%*	*13.2%*	*9.7%*	*2.3%*	*(14.7%)*	*(21.5%)*
자본지출	10.8	11.2	2.3	2.8	3.0	0.8
설비투자 이윤	*14.4%*	*13.6%*	*2.7%*	*3.1%*	*3.5%*	*2.3%*
인원	190	196	204	208	204	203
[a]다음 환율에 따라 해마다 변환되었음:						
유로 / 달러	**0.8051**	**0.8045**	**0.7970**	**0.7308**	**0.6834**	**0.7389**

전략적 몰입을 시도하는 것은 시기상조라고 생각했다. 재무 이사는 이탈리아 경제가 2009년 4.8%로 위축되다가 2010년에 0.7%의 성장세를 보이며 회복할 것으로 전망한 정부의 7월 예산안에 대해서 회의적이었다. 그는 효율성 조치들에 바짝 집중해서 수익성을 회복하고 최소한 6개월간 또는 상황이 확실해질 때까지 다양한 전략적 방안들을 면밀하게 검토하자고 주장했다.

아넬(Arnell)은 이런 다양한 대안들을 고려하여 회사가 처한 문제에 대한 해법을 나름대로 구상했다. 다음 주에 브릭스(Briggs)와 뷔스(Buis)는 이탈리아 방문을 위해서 암바시아토리 호텔(Hotel Ambasciatori)에 2박을 예약해 놓은 상태였다. 이들은 아넬(Arnell)로부터 아넬(Arnell)의 분석 결과, 클레이튼 SpA의 건전성 회복에 대한 그의 비전, 구조 조정 계획, 성과 예측 등에 대해 보고받기를 원하고 있었다.

Reading 7-1 글로벌기업에서의 경영진의 관심에 대한 관리

Julian Birkinshaw, Cyril Bouquet, and Tina C. Ambos

How can executives prioritize their time to ensure that they are focusing on the countries and subsidiaries that need the most attention?

오늘날 많은 기업들은 글로벌화되었다. '셸 오일'은 140개 이상의 국가에 사업체를 갖고 있고, '코카콜라'는 200개 이상의 국가에 자신의 상품을 판매하고 있으며 '네슬레'는 전 세계 거의 모든 국가에 공장과 사업체를 갖고 있는 것을 자랑하고 있다. 흥미롭게도 가장 큰 문제는 정보의 부족이 아니다: 경영자는 그들이 일하고 있는 모든 국가에 대한 월간 보고서와 시장분석에 대한 요청을 쇄도한다. 문제는 정보를 얻기 위한 에너지와 시간을 확보하는 것이다. 정말로 '경영진의 관심(executive attention)'은 주의 깊게 관리되어야 할 필요가 있는 희소자원인 것이다.[1]

경영자들은 주목이 필요한 국가와 자회사에 중점을 두기 위해 어떻게 그들의 시간의 우선순위를 정해야 할까? 그들이 어느 시장을 강조해야 하고 어느 것이 그들의 레이더 스크린에 빠지게 할까? 우리는 지난 5년 동안 세계적인 기업들에 대해 '경영관심(executive attention)'을 연구했고, 30개 기업에서 50명의 경영자와 인터뷰했다. 이 증거들은 기업의 경영자들이 결국 다른 것들의 비용으로 하나의 시장에 우선순위를 매긴다는 것을 분명하게 보여준다. 선택한 관심에 대한 한 가지 이유는 자기중심적인 생각—국내시장이 가장 중요하다고 가정하는 경향이다. 물론 직접적으로 이것을 언급하는 경영자는 없지만 본국 중심의 성향은 널리 퍼져있고 반론의 여지가 없다.[2]

또 다른 요인은 군중심리(herd mentality)라 불리는 것인데 이것은 기업이 이미 경쟁 업체가 선점한 시장에 집중하여 나타난다. 이것은 '자극적인 곳'으로 가려고 하는 인간본성이고 몇몇 국가들(최근의 인도와 중국)이 상당히 불균형적인 경영관심 영향을 준 결과이다.

이러한 양쪽의 접근법들은 전적으로 옹호될 수 있다. 그것들은 가장 중요한 활동영역에 자원을 제공하는 것을 돕고 또한 비교적 안전하게 보인다. 그러나 그것들은 또한 매우 잘못된 생각이다. 왜냐하면 경영관심은 매우 제한적이고 항상 또 다른 기회비용을 발생시키는 국내시장 또는 경쟁시장에 집중하고 있기 때문이다. 가능성과 필요성의 불일치의 결과는 엄청난 손해를 입을 수 있다. 너무 많은 관심은 자회사의 매니저들을 숨막히게 하고 그들의 힘을 무력화시킬 수 있다. 한 경영자가 언급한 바와 같이 매니저들이 경영자들의 대표적 업무에 집착하기 시작하면 매니저들은 자신의 사업을 관리할 수 있는 충분한 시간을 가질 수 없다는 것이다.

■ **Julian Birkinshaw** is professor of strategic and international management at London Business School and a senior fellow of the Advanced Institute of Management Research. Cyril Bouquet is an assistant professor of strategic management at the Schulich School of Business, York University in Toronto. Tina C. Ambos is a lecturer at the University of Edinburgh and an assistant professor of economics and business administration at Vienna University. Comment on this article or contact the authors through smrfeedback@mit.edu.

1) Several studies have examined the challenges of managing executive attention. See T.H. Davenport and J.C. Beck, "The Attention Economy: Understanding the New Currency of Business" (Boston: Harvard Business School Press, 2001); C. Bouquet, "Building Global Mindsets: An Attention-Based Perspective" (New York: Palgrave Macmillan, 2005); W. Ocasio, "Towards an Attention-Based View of the Firm," *Strategic Management Journal* 18, special issue (Dec. 4, 1998): 187-206; and M.T. Hansen and M.R. Haas, "Competing For Attention in Knowledge Markets: Electronic Document Dissemination in a Management Consulting Company," *Administrative Science Quarterly* 46, no. 1 (March 2001): 1-28.

2) See A.M. Rugman and A. Verbeke, "Subsidiary-Specific Advantages in Multinational Enterprises," *Strategic Management Journal* 22, no. 3 (January 2001): 237-250.

너무 적은 관심은 심지어 더 큰 문제를 야기할 수 있다. 왜냐하면 재능 있는 인재가 떠남으로 기회와 결정들을 놓치는 결과를 야기할 수 있기 때문이다. 예를 들면 Dun & Bradstreet 주식회사의 호주 자회사의 경우 호주가 매력적인 시장이 아니라 믿는 미국의 본사에 4년 동안이나 무시되었다. 관심부족에 의해 좌절한 자회사의 CEO는 2001년에 모회사(parent company)에게 국내 개인 회사에 사업을 매각할 것을 설득하였다. 3년 이내에 회사는 두 배로 커졌고 수익은 10배로 증가했다. 자회사로서 투자 자본에 대한 접근은 기업의 경영진이 호주를 어떻게 보는가에 의해 방해 받았고 독립적인 회사로서 어떤 기회로든 유망한 투자 수익을 얻는 투자를 할 수 있었다.

이 기사에서 우리는 경영관심의 본질을 시험하고 자회사가 그들 조직의 최고경영진으로부터 관심을 끄는 근거가 되는 이론을 정립했다. 비록 관심이 도움이 되는 만큼 해로울 수 있지만 우리는 긍정적인 측면에 초점을 맞춘다. 특별히 우리는 경영관심을 세 가지 중요한 요소로 되어 있다고 본다. 첫째는 '지원'이다. 이는 상부경영진들이 어떻게 자회사의 부서장과 교류하고 어떻게 그들의 자회사 부서장이 목표를 달성하는 것을 돕는지에 대한 것이고, 둘째는 '가시성'인데 이는 상부경영진들이 자회사가 어떻게 실행하고 있는지에 대해 만든 공식적인 보고서에 대한 것이다. 셋째는 '비교우위'인데, 자회사가 같은 조직 내에서 다른 자회사와 비교한 긍정적인 평가에 대한 것이다. 우리는 이를 개념화하기 위해 두 가지 중요 질문을 다루고자 한다. 어떻게 자회사가 본사의 관심을 받을 수 있는가? 그리고 본사의 경영진들은 올바른 자회사들이 그들이 받을 만한 주목을 받고 있는지를 확인하기 위해 무엇을 할 수 있는가?

기업의 포트폴리오에 관심 할당

본사의 임원들은 어떤 시장에 집중해야 할지를 어떻게 결정할까? (자기)민족중심적인 편견과 군중 행동은 난해한 방법으로 경영진의 관심에 영향을 준 반면에, 대부분에 기업들은 그럼에도 불구하고 그것을 가장 필요로 하는 시장에 대한 상당히 정교한 메커니즘을 갖고 있다. 이러한 메커니즘은 보고의 라인에 관한 선택을 포함하며 단지 경영진이 특정한 시장이나 문제에 대해서만 관심을 쏟게 하지 않는다. 또한 시장 문제에 관하여 회사 내에서 중요한 신호를 준다.

외부적으로 산업 보고서, 미디어, 경쟁자의 정보의 형태로, 내부적으로는 표준 보고 프로세스와 개인의 로비활동으로부터 최고경영진은 국가 또는 자회사가 경영진의 관심을 끌어야 하는가에 관한 두 가지 시각을 갖고 있다. 이와 같은 정보로부터 우리는 네 가지 확실한 시장을 발견하게 되었다.

거대 글로벌기업들은 종종 미국과 일본과 같은 국가들을 내부 및 외부 채널 모두로부터 높은 수준의 관심을 끄는 메이저 마켓이라고 여긴다. 중국과 인도는 상당한 언론의 관심을 받고 이러한 것들은 종종 '허니팟'으로 보여지지만, 사업 기회는 기대에 미치지 못한다. 많은 기업에서 캐나다와 호주는 관계를 기반으로 하는 관심을 받는다. 우리는 이러한 시장을 '삐걱거리는 바퀴'로 특징짓는다. 왜냐하면 이러한 시장은 그들은 누구의 성과가 본사의 임원진에게 잘 알려졌는가, 심지어 시장 그 자체에 대한 강조를 정당화하지 않는다. 우리는 마지막 그룹을 "잊혀진 시장"이라고 부른다. 왜냐하면 그들은 기업의 레이더 스크린에 접근하는 데 어려움을 겪기 때문이다. 우리의 프레임워크는 자회사가 잘 수행하는지 잘 수행하지 못하는지 자회사가 받는 관리 관심의 수준에 대해서는 아무것도 말할 수 없다. 일부 삐꺽거리는 바퀴는 시행하는 데 문제가 생겨 돌아서야할 수도 있다. 라이징 스타(rising stars); 그리고 Dun & Bradstreet (Australia) Pty. Ltd와 같이 실제로 숨겨진 보석과 같은 잊혀진 시장.

우리의 프레임 워크는 자회사가 모회사 경영진의 관심을 얻기 위해 두 가지 매우 다른 전략을 사용할 수 있다고 제안한다. 그것은 중요한 시장에서 플레이어로서 그 무게에 의지할 수 있고, 회사 내에서 수단들을 통해 목소리를 낼 수가 있다. 어떤 자회사들은 어느 한 쪽에 초점을 두는 반면에 다른 자회사들은 병렬로 양쪽의 접근법을 추구한다.

무게(기술적인 네트워크 역량)로 관심 끌기

글로벌 조직에서 전체 비즈니스의 성공에 중요한 역할을 하는 자회사는 주목을 받는 데 문제가 없다. 예를 들어 중국은 스위스 소재 엔지니어링 그룹인 ABB사에게 중요한 시장이었고 2006년에 ABB의 중국법인은 ABB 글로벌 비즈니스의 약 12%에 해당하는 29억 달러의 매출에 기여하였다. 이전 년도에 ABB 중국법인은 전체 기업의 포트폴리오 4억 5천 4백만 달러 중 자본 펀드와 8천만 달러의 투자를 유치했다. 다른 다국적기업과 마찬가지로 ABB는 앞으로 몇 년 동안 중국 시장에 대한 높은 기대를 가지고 있다. 그러나 중국이 2008년 선거를 준비함으로써 투자에 대한 긍정적인 분위기를 유지하는 최선의 방법에 대해서는 상당히 불확실했다. ABB의 임원진들은 일주일에 몇 시간씩 필요한 기업 자원을 확인하고 동원하기 위해 그리고 취리히에 있는 임원들이 지역 내의 주요한 개발에 대한 최근 동향을 확인하기 위해 그들의 중국 파트너와 컨퍼런스콜을 하고 있다. ABB의 기업 발전 수장인 Ulrich Spiesshofer는 최근에 "우리의 중국 사업의 활동에 관련된 질문은 최고경영층이 매일 신경을 곤두세우고 있다."고 발표한바 있다.[3]

자회사의 중요성은 그 크기에 따른 간단한 역할이 아니다. 여러 경우에 자회사는 기업의 글로벌 네크워크에서 자신이 가진 영향을 반영한다. 예를 들어 역량의 중심으로서 또는 기술 허브로서 높은 가치의 역할을 수행하는 자회사는 상당히 중요하다. 예를 들어 프렛 엔 휘트니 캐나다 주식회사는 작은 항공기 터빈 시장에서 전문성을 인정받고 있다. 자회사의 고도로 숙련된 노동력과 진보한 기술 때문에 많은 자매 회사들이 기술적인 조언과 지원에 대한 기대를 할 것이다.

발언권으로 관심 끌기

어떻게 중요성이 부족한 자회사가 최고경영층의 관심을 끄는가? 우리의 연구는 중요성이 없는 자회사가 글로벌기업 내에서 관심을 얻기 위해 종종 다른 방법을 찾는 것을 발견하였다. 대부분의 관리자들은 두 가지 유형의 주도적인 노력에 의존한다. 이것은 주도권 잡기와 인지도 쌓기이다.

주도권 잡기 이 접근법은 자회사를 성장시키기 위해 전략적으로 새로운 제품을 개발하고, 새로운 시장을 개척하고, 새로운 아이디어를 만들어 내는 프로젝트나 벤처투자를 선택하는 것을 포함한다.[4] 이러한 행동은 매우 직접적인 방식으로 모기업의 관심에 영향을 미칠 수 있다. 예를 들어 ABB의 CEO인 프레드 킨들이 체코에 있는 자회사의 관리자를 만났을 때 회사 관리 컴퓨터를 그들이 사용하지 않는 밤에 내장된 처리 용량을 활용하기 위한 혁신적인 네트워킹 방법을 발견한 것을 알았다.

이것은 기업이 복잡한 연구개발 알고리즘을 보다 빠르게 실행하는 것을 가능하게 했고 체코의 자회사에 귀중한 인식과 함께 기업차원의 지원을 제공하게 되었다. 진취성을 갖는 것은 덜 직접적인 방법으로 모기업으로부터 관심을 얻을 수 있게 한다. 예를 들어 성공적인 계획 뒤의 개인은 기회의 문을 여는 명성을 쌓을 수가 있다. 예를 들어 사라 리 코퍼레이션의 호주 법인은 다양한 문제에 대한 리더십으로 기업 내에서 알려지게 되었다. 따라서 안젤라 랭은 떠오르는 스타가 되었다. 그녀는 곧 기업의 세계적인 가정 및 바디 케어 부분에서 대표이사가 되었고 몇몇은 사라 리 호주법인에서 기업의 높은 위치로 이동하였다. 푸드

3) U. Spiesshofer, "Managing the Balance: A Global Player's Perspective On Institutional Change" (keynote address at the 26th Annual Conference of the Strategic Management Society, Vienna, Austria, Oct. 30, 2006).

4) See J.M. Birkinshaw and N. Fry, "Subsidiary Initiative to Develop New Markets," *Sloan Management Review 39*, no. 3 (spring 1998): 51–61.

서비스 사업자에게 새로운 판매 라인을 개발하는 네슬레 캐나다 법인은 전체 관심을 증가시키는 데 이러한 혁신을 이용하여 자금을 조달하였다.

인지도 구축 자회사 매니저는 글로벌기업 내에서 자신의 이미지, 신뢰성과 명성을 개선하기 위해 다양한 메커니즘을 사용한다. 만약 주도권 확보가 지역적인 맥락에서 일어나는 경우에 인지도 구축은 광범위한 기업 네트워크 내에서 관리자들의 행동에 초점을 맞추게 된다. 우리는 성공적인 인지도를 구축한 사람들이 세 가지 활동에 집중하는 것을 발견하였다.

뛰어난 실적 구축 자회사에서 인지도를 구축한 관리자는 수 년 동안 모회사의 기대를 뛰어넘는 결과를 전달했다. 건강 관리 제품 메이커 애보트 연구소의 태평양, 아시아 및 아프리카 운영 담당 부사장인 마크 매스터슨은 "관심을 얻는 것은 신뢰를 구축하는 것이다. 그것은 짧은 시간 내에 일어나지 않습니다. 사람들은 당신이 어떻게 사업을 실행하는지를 평가할 시간이 필요하다. 만약 당신이 예측가능성을 입증할 수 있다면, 당신은 회사에 더 많은 도전과제로부터 더 많은 자신감을 얻을 수 있다."[5]라고 말했다.

기업의 목표 지원 관리자가 자신의 지역의 우선순위를 추구하는 한도 내에서 그들은 최소한 기업의 관심을 경시하지 않았다. 이것은 노련한 경영진에게 일반상식일 수 있지만 또한 이것은 자회사의 관리자가 기업의 조직에 헌신하여 국내 주도권의 균형을 맞추기 위한 시도를 하는 것과 같은 주의 깊은 일처리를 필요로 할 수 있다. 우리가 이야기를 나눠본 대부분의 자회사의 관리자들은 어떻게 그들이 기업의 요구를 미루고 어떻게 그들의 직속상관에게 문제를 보고하는지에 대해 설명했다. "만약 당신의 계획 일부를 비밀로 하지 않으려 한다면, 당신은 멍청이다."라고 한 관리자가 이야기 했다. "당신은 네가 준비될 때가지 전체 이야기를 하지 않는 것을 포함하여 기대치를 관리해야 한다. 그래서 나는 버퍼 역할을 한다."

내부 브로커로서의 활동 성공한 자회사의 관리자들은 그들의 기업 네크워크 내에서 관계를 구축하는 데 많은 시간을 소비한다. 이 일의 일부는 인식을 구축하는 것이다. 구성원들이 하는 것은 무엇이며, 얼마나 잘하고 있으며, 미래에 공헌할 수 있는 것은 무엇인지를 기업의 다른 부분들이 알게 하는 것이다. 그것은 또한 특정 프로젝트에 대해 타겟이 될 수 있고 프리셀링 아이디어의 형태를 취하고 기업조직 계급에서 주요한 파워 브로커로서 로비활동을 한다. 예를 들면 한 관리자는 프리셀링 프로세스에 대해 다음과 같이 이야기 했다. "초기에 모든 관련된 부서들을 모으고 공식적인 제안이 제시될 때 저항이 발생하지 않도록 바퀴에 기름칠을 하는 것입니다." 또 다른 관리자는 타이밍의 중요성을 언급했다. "만약 당신이 너무 일찍 이야기를 하는 경우에, 당신은 밀려나거나 불합리한 기대를 쌓게 된다. 그리고 만약 당신이 너무 늦게 말해서 그들이 화를 내는 경우에는 당신은 지원을 얻기 위해 몸부림치게 될 것이다." 새로운 투자와 신규사업에 대한 지원을 얻기 위한 성공적인 캠페인을 위해 요구되는 계획의 수준을 아는 것은 중요하다.

전략적인 고립의 위험

자회사가 관심을 얻기 위해 사용하는 전략적인 접근법에 더하여 주도권 확보와 인지도 구축이 특별히 중요한 곳에서 자회사가 본사로부터 아주 멀리 위치할 때와 자회사의 활동이 전적으로 내수시장에 초점을 맞췄을 때의 두 가지 특별한 맥락을 발견하였다. 이 발견은 전혀 놀라운 일이 아니다. 원격조작은 특히 본사 경영진의 레이더 스크린의 숫자를 줄어들게 할 수

5) Interestingly, a poor track record is also conducive to getting attention, but not the type of attention that subsidiary managers feel is most conducive to creating the right set of conditions for the subsidiary to develop in the future. 3M Co., for instance, recently reacted to the disappointing results of its Canadian subsidiary by almost completely replacing the local management structure. Four out of five VPs were let go; the Canadian CEO who completed our survey was moved to a lesser position in the United States; and a substantial number of middle-level managers ended up being replaced.

가 있다. 그러나 자회사의 관리자들에게 "거리의 억압'을 극복할 방법을 알려주는 것은 걱정을 덜어주는 것이다.

우리는 인지도 구축이 그 자체로 또는 주도권 확보와 함께 작용하여 관심을 끄는 더욱 효과적인 접근법이라는 것을 발견했다. 그 자신의 주도권을 추구하는 자회사의 관리자들의 위험 중 하나는 이미 모기업과 실적을 구축했음에도 불구하고 주도권이 엠파이어 빌딩처럼 보일 수가 있다는 점이다. 주도권은 또한 본사의 관심에 대한 세계의 다른 자회사에 있는 관리자의 기업가적인 행동과 경쟁한다. 자회사의 관리자들은 종종 조심스럽게 주도권에 접근하여 이러한 관심을 완화시키려고 노력한다. 아이디어와 프로젝트에 주목하는 것은 나머지 글로벌기업에 가치를 더할 수 있거나 다른 국가의 동료와 협력하는 것이다. 예를 들어 호주의 오라클 주식회사 대표는 교육에 대한 통합적인 접근방식의 형태로 후원했는데 그는 K-12 학교 시스템 내에서 학습방법을 혁신할 수 있는 잠재력을 가지고 있다고 믿었다. 그러나 주도권의 추구는 상당한 자금을 필요로 하고 기존의 기업 연구개발 우선순위에 맞지 않았다. 해외 동료로부터 지원을 받아 호주 CEO는 본사로부터 이목을 끌었다.

자회사 관리자들은 종종 그들 자신의 운명에 영향을 줄 수 있는 능력이 의사결정 능력 결여에 의해 손상되고 있다고 주장한다. 그러나 우리는 자회사의 자율성을 만드는 의사결정의 정도가 효과가 없는 것을 발견했다. 사실 많은 경우에 자회사의 관리자는 큰 효과를 만들기 위해 그들의 제한된 자유의 정도를 사용한다. 예를 들어 호주의 KFC 인터내셔널 부분인 YUM 레스토랑은 글로벌 사업에서 선도적인 혁신자로 명성을 구축했다. 가장 주목할 만한 것 중의 하나는 드라이브-쓰루 사업이다. 다양한 이유로 많은 매장에서 고객들의 드라이브-쓰루를 이용하는 것을 꺼려왔다. 그러나 보통의 투자로 YUM 호주는 전체적인 드라이브-쓰루 경험을 재설계했다. 주문 창을 확대했고, 메뉴판을 새로 만들고 고객의 메뉴 선택을 도와줄 직원을 교육했다. 그 결과 드라이브-쓰루 판매와 고객만족 드라마틱하게 증가했고 기업 시스템 내에서 YUM 호주에 대한 인지도가 향상되었으며 글로벌 혁신기업으로서 입지를 강화했다.

경영자 관심의 초점을 이동시킴

어떤 교훈이 우리의 연구로부터 본사 경영진을 끌어당길 수 있는가? 어떤 종류의 변화가 경영진이 자회사에 대한 최대한의 포트폴리오를 얻게 할 것인가? 우리의 연구 결과는 네 가지를 제안한다.

관심채널을 만들어라 관심은 공식적이거나 비공식적인 메커니즘의 숫자를 통해 나타난다. 대부분은 중대한 문제에 대한 직접적인 경영진의 관심에 대해 명시적으로 설계된다. 그러나 경영진이 전 세계에 그들의 자회사의 목소리를 자세하게 듣기 위한 방법을 원하는 경우에 그들은 그들이 참여하는 회의, 이벤트, 포럼에서 창의적인 생각을 제시할 필요가 있다. 우리가 관찰한 것에 대한 몇 가지 예는 다음과 같다.

- 국가 또는 지역에서 인사고과가 평가되었다. 한 호주 자회사의 관리자는 방콕에서 그의 유럽 수장을 여행시간을 공유하는 방법으로 만났다. 그러나 그가 그의 수장을 시드니로 여행하도록 설득할 수 있었고, 그는 자회사에 대한 수장의 태도(긍정적인)의 드라마틱한 변화를 알아챘다.
- 해외에 이사회를 둔다. 기업은 하나의 견해로써 기업이 종종 드라마틱한 변화를 이끌고, 이사회 구성원에게 먼 고객과 직접 대화하는 기회를 제공하고, 직접 생산 공정을 검토하는 것을 발견했다. 예를 들어 멜버른과 런던에 본사를 둔 세계적인 광산회사 리오 틴토는 2005년에 일주일 동안 중국에 전체 이사회를 열었다. 런던에 본사를 둔 엔지니어링 컨설팅 Arup 그룹은 폴란드와 브라질 같은 해외에서 이사회를 열었다.
- 대인관계를 구축한다. 많은 기업들이 조직 내의

다른 운영자들 사이의 관계를 육성하기 위한 포럼을 개최한다. 예를 들어 ABB는 적어도 2년에 한 번 씩 친목을 도모하고 중요한 지역의 시각을 공유하기 위해 지역의 관리자들을 모이게 한다. 또한 전 세계 자회사의 직원들은 크로스 컨트리 팀에서 본사의 직원들과 정기적으로 만난다.

- 멘토십 책임자를 배치한다. 프록터 앤 겜블에서 국가의 관리자는 공식적으로 자회사가 기업의 리소스에 접속하는 것을 돕는 옹호자의 역할을 할 것으로 기대되는 임원과 연결되어 있다. 그러나 궁극적으로 이것은 흥미로운 지역 발전의 멘토를 알리고 그들이 회사 전체에 공헌할 수 있는 케이스를 만드는 것은 자회사의 직원에게 달려있다.
- 자회사에 대한 지역의 지원을 양쪽의 방법으로 줄일 수 있음을 인식한다. 지역의 본사는 자회사가 관심을 끌 수 있도록 도울 수 있다. 그러나 그들은 유해한 완충제로써 행동할 수 있다. 예를 들어 IBM은 최근에 유럽 본사의 역할을 재평가했다. 그리고 파리의 본사를 유럽 북동부와 남서부로 재위치 하는 것을 마쳤다.

숨겨진 보물을 찾고 플랫폼을 제공하라 그것은 전반적인 성장과 관련하여 좋은 결과를 제공하는 자회사에 특별한 관심을 둘 만한 가치가 있다. 덧붙여 재정적으로 상당한 금액을 제공한다. 그들은 또한 새로운 시각과 행동을 얻는다. 이러한 자회사를 찾는 것은 관심 채널을 부분적으로 개방하는 문제이다. 그러나 그것은 또한 몇 가지 추가 분석이 필요할 수 있다. 어떤 자회사가 내부에서 시장에서의 위치가 보증하는 것보다 더 큰 관심을 받고 있는가? 그리고 매출과 이익에서 가장 큰 연간 상승에 대한 책임은 무엇인가? 프랑스 푸드 회사인 그룹 다농은 숨겨진 보석 같은 회사에 플랫폼을 제공하는 좋은 일을 하고 있다. 회사의 외형적인 성장세를 증가시키는 것을 겨냥하는 주요 계획을 따르면서 다농은 최근에 세계에서 선도국가로 인정받았다. 다농의 뉴질랜드 자회사인 프루커 음료 그룹은 혁신의 중심이 되었고, 기업의 다른 임원들은 뉴질랜드에서 플랫 시장에서 지난 10년 동안 7%에서 10%로 매출이 성장하는 방법을 이해하는 데 시간을 할애했다. 비슷하게 인도네시아는 경제성에서 그 전문성을 인정받았다.

경영의 관심인 수익에 대한 측정을 하라 약간 다른 문제는 어떻게 투자의 가치를 평가하느냐인데, 본질적으로 이것은 경영진의 관심을 이해하는 것을 포함한다. 이 분야에서의 제너럴 일렉트릭의 경험은 유용한 시야를 제공한다. 대부분의 글로벌기업의 임원들과 같이 GE의 임원진들은 중국, 인도, 러시아, 중동 및 라틴 아메리카 시장에서의 성장기회에 대한 지대한 관심을 갖고 있다. 그러나 그들은 투자 기회가 낭비되지 않도록 고도로 훈련 받았다. 그들의 모토는 '크게 보고 계속해서 뒤를 보라'이다. 또한 그들은 그들이 회사가 지역 내에서 예를 들어 중국 내 공항 확장 계획 또는 인도의 수력 발전 프로그램과 같은 메가 프로젝트 제안에서 이기는 것을 도울 수 있더라도 관여하지 않는다. 덜 중요한 기회는 남아있다. 아마도 더 중요한 것은 그들이 지속적으로 이러한 투자가 그들의 기대치에 부응할지 여부를 평가하고 이 분석이 이후의 투자 결정에 중요한 기준이 된다는 것이다.[6]

자회사에게 기여할 수 있는 기회를 제공하라 좋은 자회사의 관리자는 사업에서 좋은 결과를 달성하여 회사에 기여할 수 있는 방법을 찾는다. 본사 관리자의 역할 중의 하나는 요구를 정의하는 것이다. 예를 들면 호주의 여러 자회사의 경영진이 회사의 나머지 부분에 대한 관리의 재능을 개발하는 방법에 대해 이야기했다. 얍 호주의 대표이사인 로저 이튼은 그의 전략의 초석을 수출하기로 결정했다. 매년 그는 호주 밖의 중요한 과제를 다룰 세 명의 고위 관리자를 선정했다. 이들 개인이 새로운 과제에 뛰어든 것처럼 호주의 기업

6) J. Immelt (untitled presentation at Electrical Products Group conference, Long Boat Keys, Florida, May 24, 2006).

은 성장하고 있다. "당신은 YUM을 피할 수 없다. 이튼이 말했다. "만약 당신이 회사에서 상위 200인의 임원을 발견한다면 당신은 20 호주 달러에 찾을 것이다. 글로벌기업에서 관심을 관리하는 것은 종종 특별하고 분명한 작은 행동이 된다.

원격도시에서 이사회를 개최하고, 신흥 시장 기회를 토론하는 포럼을 개최한다. 그러나 고위급의 관심이 적은 환경에서 작은 행동은 커다란 결과를 가져올 수 있다. 그들은 자회사에게 기회를 보여주는 쇼케이스 또는 자본 확대에 접근하는 기회를 얻는 것을 제공할 수 있다. 그들은 모기업의 성장궤도 안에서 중요한 변화를 일으킬 수 있다. 우리는 자회사를 상당히 고정된 역할을 하는 것으로 생각하는 데 익숙하다. 그러나 실제로 그 역할은 상당히 유동적이고 발전의 기회를 반영하기 위해 변화하며 새로운 역량을 자회사가 기여할 수 있게 한다. 경영진의 관심은 이러한 내부변화를 촉진할 수 있다. 관심은 궁극적인 목표가 될 수 없지만 글로벌기업 내에서 더욱 중추적인 역할을 하는 것을 찾고 있는 어떤 자회사에게나 중요한 요소이다.

Reading 7-2 글로벌 시장 공략을 위한 자회사의 활용

by Christopher A. Bartlett and Sumantra Ghoshal

1972년 EMI(Electric Musical Industries Ltd.)는 CAT 스캐너를 개발했다. 과학기술이 집약된 이 스캐너는 주기적으로 변동하는 음악예능 사업에 대한 과도한 의존으로부터 탈피하고 국제 시장에서 경쟁력을 강화하고자 영국에 본사를 둔 EMI가 오랫동안 연구해온 혁신적인 제품이었다. 의학계의 반응은 뜨거웠고, 4년만에 의학기기사업은 회사전체의 수익의 20% 창출하는 쾌거를 기록하였다. EMI의 스캐너는 독보적인 존재감과 화려한 명성, 강력한 기술적 선두주자로서의 자리매김했다.

■ **Christopher A. Bartlett** teaches management of international business at the Harvard Business School, where he is an associate professor. Before joining HBS he was a consultant for McKinsey & Company and general manager of the French subsidiary of Baxter Travenol Laboratories.

■ **Sumantra Ghoshal** is an assistant professor of business policy at the European Institute of Business Administration (INSEAD) in Fontainebleau, France. Before turning to teaching, he held line and staff positions with the Indian Oil Corporation Ltd. and directed domestic and foreign marketing for a large private commercial organization in India.

그럼에도 불구하고 1979년 중반부터 EMI는 이 사업부문에서 손실을 입기 시작하고 경영 상황이 악화되다가 급기야는 Thorn Electric사로부터 인수되었다. Thorn사는 부진했던 의학기기 사업을 즉시 정리하였다. 공교롭게도 인수가 발표된 날은 CAT스캐너를 개발한 EMI의 과학자 갓프레이 하운즈필드(Godfrey Hounsfield)가 스캐너 발명으로 인해 노벨상을 받은 날이기도 했다. 어떻게 이런 꿈과 같은 성공신화가 하루아침에 악몽으로 바뀔 수 있었던 것일까? 많은 이유가 있었겠지만 그 중심에는 회사의 기술자산과 글로벌 시장에서의 위치를 제대로 활용하는 데에 가장 큰 장애물이었던 경영 구조와 프로세스가 있었다.

EMI는 기술, 금융, 경영 자원의 대부분을 영국 본사에 집중시킴으로써 다양하게 급변하는 국제 시장의 니즈에 제대로 대응하지 못했다. 스캐너에 대한 수요가 점점 증가하면서 납품소요 시간이 12개월 이상으로 지연되었다. 이렇게 납품이 느리면 경쟁사가 진입할 여지를 제공할 수 있다는 미국 경영자의 이의에도 불구하고, 본사는 들어온 주문의 전략적 중요성을 따지기보다 들어온 순번대로 계속 처리하였다. 게다가 EMI 경영진은 지역 조달도, 납품 지연의 주범인 부품의 복제 제조도 허락하지 않았다.

의사결정이 런던에 편중되자 시장의 수요를 충족하는 전략을 만드는 능력마저 제한받게 되었다. 예를 들어 CAT스캐너의 핵심 고객인 미국의 의사들은 스캔 시간을 줄이는 것을 중요하게 생각했지만 영국의 국내시장을 염두해 둔 EMI본사연구소는 이미지 해상도(image resolution)를 향상시키는 데 주안점을 두었다. 제너럴 일렉트릭(General Electric)이 스캔 시간이 짧아진 더 나은 제품을 출시했을 때, EMI는 고객층을 빼앗겼다.

마지막 분석에 따르면 EMI는 제한된 조직능력은 본사가 보유하고 있던 엄청난 자원과 글로벌 시장에서의 높은 지위를 활용하는데 걸림돌이 되었다. EMI사의 약점은 다음과 같다.

- 첫째, 해외 시장의 시장수요 및 산업구조변화를 잘 감지하지 못했다.
- 둘째, 전 세계적으로 발생하는 도전 과제에 대응할 수 있는 전략을 만들고 데이터를 분석할 자원이 부족했다.
- 셋째, 급변하는 해외 기업 환경에 대응하기에 경영진의 투지, 동기 및 역량이 부족하였다.

물론 망한 스캐너 사업은 극단적인 예일 수 있지만 사실 EMI가 직면한 문제는 흔하다. 글로벌 전략을 너무 강조하다 보면 기업들은 그와 함께 오는 운영 관리의 어려움을 과소평가하는 경향을 보인다. 실제로 우리가 조사한 대부분의 다국적기업의 최고 경영진은 세계적으로 경쟁력을 갖추기 위해 어떤 전략을 추구해야 하는지는 확고하나 이 전략을 이루기 위해 어떻게 조직화해야 하는가는 그렇지 않다.

UN모델과 본사 신드롬

우리는 세 가지 산업분야에서 9개의 선두 기업을, 그리고 보다 다양한 산업 분야에서 12개의 추종 기업을 조사하였다. 이들 기업은 모두 미국, 유럽, 일본에서 선별되었다. 다양하게 선별되었음에도 불구하고 대부분의 기업들은 조직 운영에 대한 두 가지 공통적인 가정 하에 국제 업무를 수행하였다. 우리는 만연한 이 두 가정을 'UN모델'과 '본사 위계질서 신드롬'이라고 부르기로 하였다.

자회사의 업무가 아르헨티나, 말레이시아, 나이지리아에 있는지 아니면 독일, 일본, 미국과 같은 주요 시장에 있는지에 따라 중요도가 크게 다름에도 다국적기업들은 놀랍게도 자회사를 동일하게 대우한다. 우리가 인터뷰한 한 경영진은 이것을 '다국적기업 경영의 U.N.모델'이라고 이름을 붙였다. 경영자들이 통일된 용어와 개념을 사용하여 자회사의 역할과 책임을 정의하고, 자신의 계획 경영 시스템을 일괄적으로 적용하고, 자회사 경영자들을 비슷한 레벨의 계획에 동참시키고, 표준화된 기준으로 이들을 평가하는 것은 일상적인 일이다. 통일된 시스템과 절차 덕분에 자회사에 대한 비공식적으로 발생하는 차별대우를 어느 정도 줄일 수 있다.

각국의 자회사가 전략상, 운영상 독립적일 때 동등한 대우를 통해서 각국 사정에 맞는 계획을 수립할 수 있지만, 기업이 글로벌 시장을 확장하다 보면 자회사 간의 획일성이나 통일성은 필요가 없다. 하지만 기업 경영이 날로 복잡해짐에 따라 간단한 시스템이 더 각광받는다.

우리가 관찰한 두 번째 가정인 본사 위계질서 신드롬은 UN모델에서 파생되었고 보완적인 관계이다. 이 획일한 조직운영 접근법을 통해 경영진은 조직의 역할을 본사 그리고 자회사 이 두 가지로 그리고자 했다. 기업이 일관성 있는 글로벌 전략을 수립하고자 할 때, 본사 경영진은 주요 의사결정을 조율하고, 글로벌 자원을 통제하고, 자회사가 각자의 지역에서 본사의 글로벌 전략을 충실히 수행하도록 하는 강한 경향이 있다.

수립된 전략이 시행됨에 따라 자회사 경영자들은 자신들의 자율성, 유연성, 효율성을 지키고자 하며, 반면 본사 경영자들은 글로벌 전략의 통제자의 지배력과 정당성을 유지하고자 하였다. 따라서 본사와 자회사 간의 마찰이 일어나고 때로는 적대적이 될 수도 있다는 것은 놀라운 일이 아니었다.

이 두 가정이 합쳐진다면 기업의 국제 업무 조직 운영 능력을 크게 제한하는 효과를 가져오며, 그 효과를 3가지 양상으로 나눌 수 있다. 첫째, 동등한 대우의 원칙은 덜 중요한 소규모 시장에 불필요한 역량을 집중시키고, 동시에 중요한 지역의 수요에 대한 대응력을 떨어뜨린다. 둘째, 자회사 경영자의 역할을 글로벌 전략을 이행하는 지역담당자 정도로 격하시킴으로써 본사는 전체 자원과 운영 역량을 제대로 활용 못하는 위험을 안게 된다. 셋째, 본사의 지배가 계속해서 강해지면 자회사 경영자들은 자신의 역량과 창의적 에너지를 발휘할 수 없게 된다. 결국 사기가 떨어지고 소외감을 느끼는 것은 시간문제일 뿐이다.

책임 분산

일괄적인 위계질서 구조의 운영방식의 한계점이 갈수록 더 부각되자 경영진은 운영구조 대안을 찾기 위해 노력하였다. 이러한 다양한 시도들을 검토한 결과 우리는 중요하고도 새로운 가정에 근거한 완전히 다른 형태의 글로벌 운영방식을 발견하였다. 기업들이 외부환경과 내부역량 간의 차이를 명확하게 반영시키기 위해 자회사의 역할과 책임을 선별적으로 다양화하려는 했다. 또한 그러한 차이를 제도화하기 위해 중앙행정시스템을 변경하는 모습도 관찰할 수 있었다.

프록터 앤 겜블(P&G)의 유럽 지부가 그 대표적인 예이다. 10여 년 전, P&G의 유럽 자회사는 적절하다고 판단되면 본사의 기술, 제품, 마케팅 방식을 자유롭게 지역 상황에 맞게 적용시킬 수 있었다. 물론 각 국에서의 판매와 수익에 대한 책임을 졌다. 많은 자회사들이 성장하여 규모가 커졌지만 1970년대 중반 경제적 상황이 악화되고 경쟁이 심화되자 유럽 P&G의 수익성이 떨어졌다. 신시내티의 본사는 다음과 같이 결론을 내렸다. '느슨한 운영으로 인해 제품개발이 저해되고, 유럽 거대 시장을 활용하는 역량은 줄어들었으며, 경쟁사의 생산라인을 잠식시키는 공격에 제대로 방어하지 못했다.'

그래서 P&G는 UN모델과 본사 위계질서 모델을 토대로 한 가지 실험을 했으며 이는 후일 팸퍼스(Pampers) 실험이라고 알려지게 되었다. 이 실험에서 팸퍼스의 총체적인 유럽 전략을 수립하기 위한 경영자 자리를 브뤼셀 유럽본사에 마련하였다. 이 경영자에게 유럽 전체의 제품과 마케팅 전략에 대한 책임을 위임함으로써, 자회사 간의 활동을 조율하여 분산된 브랜드 전략을 통일할 수 있을 것이라고 경영진들은 기대하였다. 하지만 12개월 만에 팸퍼스 실험은 실패로 끝났다. 지역 정보를 무시하고 자회사의 역량을 충분히 활용하지 못했을 뿐 아니라, 자회사 경영자들은 사기가 떨어져서 자신이 담당하는 지역의 판매 성과에 대한 책임조차 느낄 수 없는 상황에 이르렀다.

따라서 다른 접근이 요구되었다. 최고 경영진은 본사가 제일이라는 생각에서 벗어나서 각국에 있는 자회사의 전문지식을 활용하자는 결론을 내렸다. 대부분의 제품군에 관해 P&G는 더 창의적, 헌신적, 성공적인 유럽 자회사를 적어도 한 두 개 보유하고 있었다. 이런 자회사들의 책임과 영향력을 확대시킴으로써 기업전체에 성공을 확대시켜나갈 수 있다고 최고 경영자들은 생각하였다. 이제 필요한 것은 기업의 업무가 분산, 독립됨에 따라 생기는 문제를 해결하기 위해서 자회사 간 협력을 촉진할 수 있는 방법을 강구하는 것이다. P&G의 해결책은 바로 유로 브랜드(Eurobrand)팀을 구성하는 것이었다.

P&G는 중요한 브랜드마다 제품개발과 유럽 내 마케팅전략 조율을 책임질 경영관리팀을 두고 있다. 각각의 유로 브랜드팀은 본사 경영자가 이끄는 것이

아니었다. 브랜드의 독창성과 성공에 기반하여 선별된 자회사의 브랜드팀과 총괄경영자가 유로 브랜드팀을 이끌었다. 다른 자회사의 경영자와 본사의 경영자 그리고 그 제품전략에 참여하는 그 밖의 모든 사람들이 이 팀을 지원하였다. 팀 미팅은 마치 포럼처럼 의견을 제시하고 행동방안을 마련하고 협정을 만들어내는 방식으로 진행되었다.

최초의 유로 브랜드팀은 비질(Vizir)이라는 새로운 액상세제를 담당하였다. 이 브랜드의 선두 국가인 서독에서 제품실험과 시장반응조사를 담당하였고, 포장디자인과 광고 주제를 선정하였으며, 마케팅 전략을 수립하였다. 유로 브랜드팀은 이 모든 것을 비준하고 1년 만에 6개의 신규시장에 비질을 출시하였다. P&G가 이렇게 짧은 기간 안에 이렇게 많은 시장에 신제품을 출시한 것은 처음이었다. 또한 단일제품의 표준화, 동일한 광고 주제, 표준 포장라인, 단일 제조원에 관해서 P&G의 여러 자회사가 합의한 것도 이번이 처음이었다. 그 후 유로 브랜드팀은 확산되었고, P&G의 자회사 운영관리방침은 근본적으로 변했다.

팸퍼스 실험은 실패하고 유로 브랜드팀이 성공을 거둔 것은 두 가지 요인에 있었다고 경영자들은 생각한다. 첫째, 유로 브랜드팀은 지식과 전문성, 현장에 가까운 경영자들의 헌신을 활용했다. 뿐만 아니라 유로 브랜드팀 내의 경영자들의 관계가 과거의 독립적인 모습이나 팸퍼스 실험에서와 같이 의존적인 모습이 아닌 상호의존적이었다는 사실이 또한 중요했다. 각각의 자회사가 각각의 브랜드에서 선도적인 역할을 수행하였기 때문에 상호협력은 필수적이었다.

다른 기업들도 국제 업무를 관리할 수 있는 새로운 방식에 관해 비슷한 접근을 하였다. NEC와 필립스, L.M.에릭슨과 마쓰시타, ITT와 유니레버의 경영진은 전통적인 본사–자회사 전제에 대해 의문을 제기했다. 이들은 리더 국가 개념, 핵심시장의 자회사, 글로벌시장 권한(mandate), 탁월함의 집중 등 다양한 용어를 사용해서 새로운 모델을 제시하였다. 이 모델은 기업조직운영의 어려움을 단 한 가지로 정리를 하였다. 즉 시장의 수요와 부족한 자원의 균형을 맞추고 자회사 간 역량 불균형을 해소하는 것이다. 제로베이스의 운영 방법은 기반이 다져진 다국적기업의 선택지는 아니라는 것을 최고 경영자들은 잘 알고 있었다. 그래서 실행 가능한 다른 접근방법이 필요했다.

블랙홀과 기타 등등 기업들은 동질적이기보다는 차별적인 자회사 역할 운영모델을, 집중형 책임보다는 분산형 책임 운영 모델을 제시한다. 자회사의 새로운 역할과 책임의 특징에 대해 분석하면서 역할 및 책임을 배분하는 특정 패턴과 기준을 확인할 수 있었다. 다음 장의 그림은 기준과 역할의 개념을 과하게 단순화하긴 했으나 이해를 돕기엔 충분하다.

특정 국가 자회사의 전략적 중요성은 그 지역의 중요성에 크게 좌우된다. 큰 규모, 경쟁사의 내수 시장, 그리고 고도로 발단된 기술은 시장을 중요하게 만드는 요소이다. 물론 특정 자회사의 운영 역량은 기술, 생산, 마케팅 그리고 다른 어떤 영역일 수 있다.

전략적 리더 이 역할은 전략적으로 중요한 시장에 위치한 경쟁력 있는 자회사가 수행할 수 있다. 전략의 개발 및 수행에 있어서 자회사는 본사의 파트너가 된다. 변화를 감지하는데 그치지 않고 위기와 기회를 분석하고 적절한 대응책을 마련해야 한다.

필립스가 텔레텍스트(teletext) TV사업에서 주도권을 장악하는 데에 영국 자회사가 기여한 역할이 좋은 예다. 1970년대 초반, BBC와 ITV(영국의 독립 TV 방송국)는 기존의 전송 용량으로 텍스트와 간단한 도표를 방송할 수 있게 두 프로젝트를 동시에 진행하였다. 하지만 텔레텍스트는 이름에서 알 수 있듯이 변경된 송출 자료를 받고 해독할 수 있는 TV수신기가 필요하다. TV제조사가 텔레텍스트 시장에 진입하려면 연구개발과 제조시설에 대한 큰 투자가 필요하고, 게다가 성공이 확신되는 것도 아니었다. 그래서 대부분의 제조사들이 투자를 하지 않는 방향으로 결정을 내렸다. 이들은 텔레텍스트를 화려해 보이나 쓸모없는

그림 현지 자회사의 역할

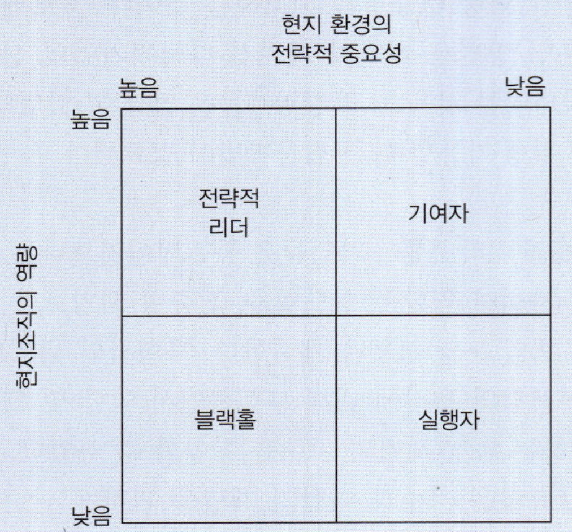

전형적인 영국식 장난감으로 취급하며 무시했다. 누가 TV로 문자 따위를 읽으려고 엄청난 월정액을 지불하겠는가?

하지만 필립스의 영국 자회사는 이 제품이 가능성이 있다고 확신했기에 자신의 계획을 그대로 추진했다. 자회사의 최고 경영자는 필립스의 부품제조부서에게 집적회로칩을 디자인하고 생산하도록 설득했으며 크로이돈(Croydon) 공장에 텔레텍스트 해독기(decoder) 생산을 주문하였다.

시장의 냉담한 반응에도(필립스는 첫 해에 겨우 1,000개의 텔레텍스트를 판매했다) 영국 자회사는 포기하지 않았다. 영국 정부와 함께 텔레텍스트를 홍보하고 대중화하는 노력에 가담했다. 그러면서 경영진은 계속해서 크로이돈 생산 공정의 비용 절감, 수신 품질향상을 요구했고 결국 이뤄냈다.

1979년 말 텔레텍스트는 급부상하기 시작했으며, 1982년까지 영국에서만 매년 5만 대가 판매되었다. 오늘날 거의 3백만 대의 텔레텍스트가 전 영국에서 사용되고 있으며, 해외로 진출하고 있다. 이 서비스가 제공되는 시장에서 필립스는 주도적 자리를 차지하였다. 본사 경영진은 필립스 전체의 텔레텍스트 개발, 제조, 마케팅에 대한 공식적 책임을 영국 자회사에 부여하였다. 또한 크로이돈 공장은 필립스 역량의 집결지로서, 텔레텍스트 TV의 글로벌 공급처로서 각광 받는다.

기여자 소규모 혹은 중요도가 떨어지는 시장에 위치하지만 독특한 역량을 지닌 자회사가 이 역할을 수행한다. L.M.에릭슨의 호주 자회사가 그 좋은 예다. 이 자회사는 'AXE 디지털 텔레커뮤니케이션 스위치'를 성공적으로 개발하는데 지대한 공헌을 하였다. 에릭슨의 호주 자회사는 초창기의 아날로그 디자인에서 디지털 디자인으로 시스템을 전환하는데 원동력이 되었다. 나중에는 자회사의 엔지니어들이 그 시스템의 중요 부분을 만드는 데 크게 기여하였다.

호주 전화당국이 세계 최초로 전자식전화 스위칭 장비를 입찰에 부쳤을 때, L.M.에릭슨의 호주 자회사는 충분한 기술적 우위를 확보하고 있었다. 호주정부는 시장접근의 조건으로 지역 기술 역량을 계속해서 주장하였다. 게다가 에릭슨의 호주 자회사를 이끄는 경영자는 본사의 전폭적인 지원 없이도 연구개발팀을 강화시킨 의지가 강하고 독립적이며 기업가 정신이 투철한 사람이었다.

이러한 여러 요소들이 결합된 결과 에릭슨의 호주 자회사는 규모와 중요도가 비슷한 다른 시장의 자회사에 비해서 훨씬 큰 기술역량과 연구개발 기반을 확보할 수 있었다. 재량권을 부여했던 경영진은 자회사에게 너무 많은 재량이 주어지면 글로벌 전략상 불필요하거나 방해가 되는 지엽적 과제에 과도하게 집중될 것을 우려하였다. 하지만 본사가 자회사의 개발 노력을 방해한다면 자회사가 특유의 역량을 상실할 수 있다. 그러한 상황하에 경영진은 자회사의 가치 있는 전문성을 기업 전체의 중요 프로젝트에 사용해야 한다는 것을 깨달았다.

실행자 세 번째 상황에서, 전략적으로 덜 중요한 시장의 자회사는 그 지역에서 사업 규모를 겨우 유지하는 역량을 지닌다. 시장 잠재력의 한계는 기업의 자원 배치도를 통해 쉽게 확인할 수 있다. 대다수 기업의 대부분의 자회사에게 실행자 역할을 수행한다. 여기에는 개발도상국, 캐나다, 유럽 작은 국가의 자회사도 포함된다. 주요 정보, 희소 자원에 접근을 하지 못하다 보니, 자회사는 기업 전략의 크게 기여하기 어렵다. 이들은 기업의 부가가치를 전달하는 역할을 한다. 그리고 기업이 계속 성장하고 확장할 수 있는 자금원으로서의 중요한 역할을 한다.

전략 실행자들의 효율성은 전략적 리더나 기여자의 창의성만큼이나 아니면 그 이상 중요하다. 왜냐하면 다국적 기업이 경쟁우위를 유지하도록 전략적 토대가 되는 것이 바로 실행자 역할을 하는 자회사이기 때문이다. 실행자들은 대다수 기업의 글로벌 전략의 핵심인 규모의 경제를 가능케 한다.

P&G가 유럽에 비질(Vizir)을 처음 소개할 때 프랑스 자회사는 2차 시장조사를 실시하고 나중에 광고 전략을 변경함으로써 많이 기여했다. 제품 출시 첫해에 오스트리아, 스페인, 네덜란드, 벨기에의 P&G 자회사는 이미 만들어진 전략을 받아들이고 자신의 시장에 적용하는 실행자의 역할을 했다. 제조방식(formula)을 변경하고 포장이나 광고 주제를 바꾸고 싶은 충동을 이겨낸 이 자회사들 덕분에 P&G는 효율적으로 수익을 창출할 수 있었다.

블랙홀 일본 필립스, 미국 에릭슨, 독일의 마쓰시타는 모두 블랙홀이다. 이런 각각의 주요 시장에서 높은 지명도는 기업의 글로벌 포지션을 유지하는데 필수적이다. 하지만 위에 언급한 지역 자회사들은 전혀 역할을 해내지 못했다.

블랙홀은 지향하는 바가 아니다. 앞서 설명했던 다른 역할과는 달리 블랙홀 개념을 설명하는 것은 목표로 삼기 위해서가 아니라 벗어나기 위함이다. 하지만 거대하고, 성숙하고, 경쟁이 치열한 각국의 시장에서 존재가 부각되는 것은 극도로 어렵고 비용과 시간이 많이 든다.

비록 사업 잠재력을 활용하지 못하더라도 배우기 위해서라도 블랙홀 지역에 전초기지를 세웠다. 미국과 유럽의 많은 회사들이 기술, 시장동향 및 경쟁 업체를 파악하기 위해 소규모 기관을 설립하였다. 본사로 피드백을 제공하여 지역의 전개상황이 지니는 국제적 함의를 추가적으로 분석할 수 있고, 적어도 다른 시장에서 기업의 지위를 잃지 않도록 도울 수 있다. 하지만 이 전략은 기대만큼 성공적이지 못했다. 일본 필립스의 예를 살펴보자.

비록 필립스는 마쓰시타와 공동투자를 두 건이나 진행한 경험은 있었으나, 1956년이 되어서야 마케팅 사업부를 설립하면서 일본시장에 진출하였다. 1960년대 후반 일본이 가전제품 시장의 강자로 떠오르자, 필립스는 일본시장에 버티기로 결정하였다. 주요 일본 제조업자들의 철벽 유통경로를 뚫어 보려는 몇 년간 노력이 성과가 없자 본사는 일본의 기술발전 정도를 확인할 수 있는 '일본 창구'를 확보하는데 의의를 뒀다. 하지만 결과는 실망스러웠다. 일본 필립스의 한 고위급 경영자는 눈과 귀만으로는 효과적 확인이 힘들다고 말했다. "제대로 확인하기 위해서는 사업의 핵심부로 들어가야 한다. 유통경로와 협력업체, 설비 제조업자와의 지속적이고 직접적인 교류도 필요하다."

새로운 현상을 뒤늦게 발견하면 소용이 없다. 왜냐면 따라잡을 시간이 없기 때문이다. 시장의 변화를 제때 감지하려면 관중에 아니라 선수가 되어야 한다. 게다가 감시창구 역할만 하는 지역 자회사는 전략적 역할을 수행할 수 없다. 따라서 영원한 블랙홀이다.

필립스는 일본시장의 핵심으로 진입하기로 결심하고 창구 수준에서 벗어나 시장 점유율을 높이기 위해 노력하고 있다. 이제 일본 필립스는 일본시장 상황을 감시하는 역할이 아니라 시장 점유율을 높이는 것에 전념하고 있다. 하지만 강력한 경쟁 업체에 비해 우위가 있는 분야에 선별적으로 초점을 맞추고 있다. 일본 필립스는 커피메이커와 전자면도기로 시작하였다. 필립스는 하이파이(고성능 음악재생장치) 제조업체 마란츠(Marantz)를 인수함으로써 전략적 기반을 넓히고 내부 역량을 강화할 수 있다. 이를 통해 일본 필립스는 블랙홀에서 빠져나올 수 있을 것이다.

블랙홀에서 빠져나올 수 있는 또 다른 방법은 전략적 동맹을 맺는 것이다. 그런 동맹에는 다른 차원의 협력이 수반된다. 미국에서 에릭슨이 허니웰(Honeywell)과 합작투자한 사례나 유럽에서 AT&T가 필립스와 합작투자한 사례가 블랙홀을 빠져 나오기 위한 두 번째 방법을 잘 보여준다. 강력한 지역 기업으로부터 자원과 역량을 지원받고 다른 역량을 내어주는 방법이다.

방향 설정하기, 차별화하기, 이끌기

기업 경영진은 책임감을 분산시키고, 자회사의 업무 차별화를 하는 과정에서 세 가지 도전과제가 있다. 첫째는 기업의 미션과 사업목표를 확인함으로써 기업의 전략적 방향을 설정하는 것이다. 둘째는 다양한 역할을 고안하고 과업을 배분하며 과업달성의 책임이 있는 경영자들에게 그에 맞는 권한을 부여함으로써 차별화된 조직을 만드는 것이다. 마지막 과제는 몇 가지 역할들이 조화를 이루고 분배된 책임감이 잘 통제될 수 있는 절차를 이끄는 것이다.

방향 설정하기 어떠한 기업이나 조직이든 확실한 통일된 방향성이 필요하다. 사업이 차별화되어 있고 책임감이 분산된 조직일수록 이러한 방향성은 더욱 중요하다. 방향성이 없는 분권화 경영관리 프로세스는 곧 전략상 무정부상태로 전락할 것이다. 전 세계 어디의 NEC 사업장을 방문하더라도 사람들은 '컴퓨터와 커뮤니케이션'을 의미하는 C&C라는 회사 모토를 볼 수 있다. 이 단순한 단어의 조합이 NEC 제품시장 그 이상을 알려준다. 그렇기 때문에 최고 경영자들은 이 모토를 글로벌 전략의 시금석으로 삼았다. 컴퓨터와 커뮤니케이션이라는 두 가지 기술을 연결시키는 핵심 전략에 전 사원들이 집중토록 한다. 뿐만 아니라 이 모토를 이용하여 경영자들은 덩치는 크지만 컴퓨터와 커뮤니케이션의 기술과 시장 사이의 연결성이 약한 IBM이나 AT&T와 같은 기업과 경쟁할 수 있다.

도쿄 NEC본사의 최고경영진은 C&C전략과 철학을 전 세계 NEC자회사에 주입시키기 위해 고심하고 있다. 이 전략의 공통된 이해를 바탕으로 경영과정의 차별화와 업무의 분산이 가능하기 때문이다.

하지만 기업의 비전을 만들고 전파하는 역할 이외에도 본사의 최고 경영진은 NEC의 세부 사업전략에 대한 총괄적 책임도 있다. 기업의 전략적 프로세스의 핵심적 역할을 포기하지 않으면서도 다국적기업의 최고경영자들은 조직의 다른 부분(특히 각 국의 자회사의 인재들)을 흡수하여 사업전략의 주요 역할을 맡긴다는 사실은 앞서 우리가 설명한 바 있다. 하지만 최고경영진은 리더 역할을 위임할 때는 반드시 그 역할을 위임 받은 사람에게 책임을 묻는다.

차별화하기 어떤 부서가 전략적 리더, 기여자, 혹은 추종자 역할을 할 것인가를 결정할 때, 경영진은 그 결정이 가져다 줄 전략적 영향뿐만 아니라 사기진작의 측면도 반드시 고려해야 한다. 새로운 조직모델이 제대로 이행되지 않는다면 해외의 모든 자회사는 영원히 부차적인 역할만을 수행해야 하는 균형적 위계질서 모델만큼이나 구성원의 사기를 꺾을 수 있다. 리더와 기여자의 역할이 몇몇에 집중되어 있는 조직은 본사가 모든 의사결정을 해버렸던 지난날의 구태의연한 상황에서 그다지 발전하지 못한 모습이라고 대부분의 자회사들은 생각한다. 다른 곳에서 개발된 전략을 시행만 해야 하는 자회사는 기술이 도태되고, 기업가 정신은 사라지고 보다 독립적이었을 때는 존재했던 혁신의 불꽃은 사그라진다.

리더 혹은 기여자 역할을 규모가 작거나 발전도가 낮은 자회사 또는 부서에 나눠주게 되면 비록 그것이 전략적으로 중요성이 떨어지는 제품 1~2개에서의 역할이라 할지라도 본사는 이들에게 상당한 동기부여가 된다. 비록 필립스 N.V.는 대규모 시장에 가깝거나 기업운영 노하우와 전문지식이 더 많은 다른 자회사가 있었지만 텔레비전 모니터(small-screen monitor) 사업의 리더 역할을 대만의 자회사에 맡겼다. 이렇게 본사의 신임을 받자 대만의 자회사는 사기가 진작되고 본사의 글로벌 전략의 핵심 파트너로서 자부심을 느끼게 되었다.

하지만 역할분배만으로는 충분치 않다. 리더 역할 담당자가 의사결정과정에 참여하고 접근이 가능하게 보장해줘야 그의 발언권이 강해질 수 있다. 이는 결코 쉬운 일이 아니다. 특히 전략적 이니셔티브와 의사결정권한이 오랫동안 본사에 집중되었다면 이는 더욱 어려운 것이다.

NEC는 약 10년 전 글로벌기업으로 성장하려다가 이 점을 배웠다. 일본의 전화당국인 NTT가 교환방식(exchange)을 디지털변환방식으로 바꾸는데 늑장을 부리는 바람에, NEC는 주요 시장이었던 일본의 설비생산에 집중하는 기존의 방식으로는 버틸 수 없었다. 'NEAC 61 디지털 스위치'는 이런 변환의 첫 산물이었다. 이 제품은 새로이 규제가 철폐된 미국의 전화시장을 목표로 삼았다.

NEC의 일본 경영자와 엔지니어들이 제품을 생산하였고, 미국 자회사는 거의 가담하지 않았다. 비록 하드웨어가 고객들로부터 호평 받았지만, 'NEAC 61 디지털 스위치'는 심각한 소프트웨어 결함으로 미국시장 진출에 크게 타격을 입었다.

경영방식을 바꿔야 된다는 사실을 깨닫게 된 NEC경영진은 해외 진출한 일본 기업보다 '진정한 글로벌기업'이 되기 위한 모든 노력을 다 기울였다. 미국 자회사가 상당한 발언권을 갖도록 본사는 지역 소프트웨어 개발 역량 지원을 아끼지 않았다. 이러한 본사의 지원 노력과 더불어 NEC의 주요 고객인 벨(Bell)의 협력사에 대한 전문적인 시각이 생기자 미국 자회사의 경영자들은 일본 본사에 대한 정당성과 권한을 갖추게 되었다.

NEC의 차세대 디지털 스위치인 'NEAC 61E'는 꽤 다른 형태로 발전하였다. 본사에서도 영향력이 있는 미국 자회사 경영자들이 그 외형과 사용설명서를 앞장서서 만들었으며 디자인 고안에도 상당한 역할을 하였다.

자회사의 권한강화의 다른 방법으로 의사결정과정을 본사로부터 멀어지게 하는 것이 있다. 에릭슨은 본사의 제품별 경영자와 직능별 경영자를 자회사의 이사회에 임명함으로써 본사 위계질서 신드롬을 극복하려 한다. 자회사 본사의 이사진을 섞는 것은 모두에게 이롭다. 마쓰시타는 특정 직무에서 두각을 나타낸다고 판단되는 자회사의 사무실에서 제조부문과 인사관리 같은 주요 직무에 대한 연례검토회의를 개최한다. 이렇듯 현장에서 개최하는 회의(siting)는 자회사 직원들에게 상징적인 의미가 있을 뿐만 아니라 도쿄본사 직원들이 현장에서 겪는 문제를 심사숙고할 기회를 제공하며, 자회사 경영자들이 의사결정과정에서 발언권을 높일 수 있도록 홈그라운드의 이점도 있다.

각 국가의 자회사에게 전략접근성과 영향력을 줄 수 있는 가장 효과적인 방법은 완전히 새로운 채널과 포럼을 형성하는 것이다. 이 방식을 따른다면 기존의 의사소통방식을 변경하거나 책임의 경계를 변경하는 것에 비해 제약이 적고 역할, 책임, 관계 등을 새롭게 정립할 수 있다. P&G의 유로 브랜드팀이 좋은 예이다.

프로세스 이끌기 자회사들의 역할이 차별화되고 책임이 분산될 때, 경영진은 전략 콘텐츠에 대한 직접적인 통제를 줄이고 분산된 전략적 프로세스의 운영 능력을 개발할 준비를 해야 한다. 그리고 본사는 유연한 태도로 각 사업부문에서의 특정 역할에 따라 각 자회사를, 그리고 한 자회사 내에서도 각 사업부에 대한 접근방식을 달리해야 한다.

전략적 리더 역할을 맡은 자회사의 경우, 개발된 사업전략이 회사 전체의 목표와 우선순위에 부합할 수 있도록 하는데 본사가 중요한 역할을 한다. 하지만 전통적 의미의 통제는 너무 느슨한 느낌이 든다. 기업의 경영진의 주요 기능은 바로 전략적 리더들을 지원하는 것이다. 전략적 리더가 혁신적이고 기업가 정신에 충실하게 자신의 역할을 잘 감당하도록 필요한 자원과 재량권을 제공하는 것도 경영진이 해야 할 일이다.

기여자의 역할을 맡은 자회사의 경우, 본사의 임무는 자회사의 역량 밖의 일에는 그 지역의 자원을 투입시키는 것이 일이다. 이 역할을 감당할 때 대부분의 자회사에서 흔히 나타나는 전사의 이익보다는 지역의 자회사의 이익에 더 초점을 맞추는 위계적 충성 구조를 잘 관리해야 한다. 반면 그 과정에서 본사는 지역 경영자나 기술자들이 사기가 떨어져 더 이상 회사에 공헌하지 않거나 좌절감으로 회사를 떠나는 사태가 발생하지 않도록 신중해야 한다. 기여자 역할을 담당하던 캐나다 자회사를 관리하던 많은 미국의 기업에서 이러한 일이 발생하였다. 에릭슨의 호주 자회사에서도 이런 문제가 발생했는데 해결 방식은 다음과 같았다. 연구개발팀의 절반을 본사로 일시적으로 이동을 시키고 이 엔지니어들에게 에릭슨의 글로벌 개발 프로그램의 일부인 프로젝트를 맡겼다.

실행자의 역할을 담당하는 자회사에 대해 본사는 더 강한 통제력을 행사한다. 이러한 자회사는 기업의 경쟁적 위치를 유지하는 데에 필요한 지식과 규모의 경제를 얻을 수 있는 기회를 제공하기 때문에 본사는 특히 제품 판매의 경제성과 효율성을 강조한다. 다른 곳에서 개발된 전략을 전달하고 일상 업무를 통제하는 일은 시스템을 통해서 이루어질 수 있다. 그렇게 되면 본사는 보다 효율적으로 자회사를 관리할 수 있다.

블랙홀 자회사에 대해 최고 경영자가 해야 할 일은 자원과 역량을 개발하여 시장 환경에 대한 대응력을 높이도록 지원하는 것이다. 이런 자회사의 경영자들은 본사의 지원과 도움에 크게 의존하고 있으므로 단기간 훈련 프로그램과 기술 및 자원 이전을 크게 필요로 한다.

기업가 정신에 불붙이기

다국적기업들은 세계 곳곳에 흩어진 사업장을 관리하고 여기서 생기는 다양하고 때로는 상충하는 수요를 충족시킬 목적으로 거대하고 값비싼 인프라를 구축하는 경향이 있다. 조율과 통제 업무가 확대되면서, 일반적으로 본사의 덩치는 거대해지는 반면, 각국의 자회사들은 본사에서 제조된 제품과 전략의 통로의 기능만을 수행하는 경우가 많아진다.

하지만 다국적 기업은 여타 기업에 비해 보다 넓고 다양한 자극을 받을 수 있다는 큰 이점이 있다. 광범위한 고객 선호도, 다양한 경쟁방식, 큰 정부의 수요, 다양한 기술 정보의 원천 등이 혁신의 잠재력을 한층 높여줄 것이며, 보다 풍부한 학습의 장을 마련해 줄 것이다. 이러한 이점을 잘 살리기 위해서는 환경 변화에 민감하게 반응하고, 수집한 정보를 잘 흡수할 수 있는 조직을 만드는 것이 중요하다.

각국의 자회사는 단순한 통로가 아니라 경쟁우위를 확보할 수 있는 정보와 전문지식의 원천으로서 대우받아야 한다. 이러한 자원을 가장 잘 활용할 수 있는 방안은 본사 중심의 명령과 통제 방식이 아니라 협동적 노력과 산개된 역량을 서로 흡수하는 방식이다. 이런 관계를 형성할 때 자회사의 기업가 정신은 원 없이 발휘된다.

Reading 7-3 협업

By Rick Lash

다양한 이유로서 앞서 경영문제는 협력중심의 리더의 기술을 요구할 수 있다. 그러나 많은 리더들은 의미 있게 협력하는 데 필요한 기술이 부족하다. 리더들은 이 글을 통해서 그러한 기술이 무엇이고 어떻게 개발할 수 있는지 배울 것이다.

조직은 점점 복잡하고 예측할 수 없는 경쟁 상황과 새롭고 공격적인 경쟁들로 채워진 상황에 직면하게 된다. 예를 들어 몇 년 전 누가 가전 및 조명시장에서 전자제조업체 삼성이 GE와 치열한 경쟁을 할 것이라 예측했을까?

앞으로 몇 년 동안 변동성과 불확실성이 시장을 압제할 것이고 기업들은 기능훈련, 지역과 문화에 걸쳐 각계각층의 그룹들을 이끌 수 있는 고도의 적응력, 지속적 학습자로서의 리더를 필요로 한다. 그들은 또한 자원에 관한 권한 혹은 공식적으로 직접적인 통제를 할 수 없더라도 어려운 실적을 달성하는 것을 필요로 할 것이다. 더 큰 혁신을 통해 더 많은 성장을 달성하는 것, 고객 계층에 걸쳐 새로운 비즈니스 기회를 찾는 것, 리더가 조직의 경계에 걸쳐 작업하는 방법을 알고 운영 효율성 향상을 요구하기 위해 최선의 비즈니스 관습을 활용하는 것이다. 이것은 국가의 경계를 걸치든 팀으로 걸치든 리더는 협력해야 할 것이다. 이 글은 앞으로 몇 년 동안 성공적으로 협력하기 위해 리더들이 개발해야 할 기술에 초점을 맞출 것이다.

■ Rick Lash is the National Practice leader, Leadership and Talent, the Hay Group. This is his third article for Ivey Business Journal. His most recent, Change From the Inside, was published in the November–December, 2008 edition.

협력 문제의 본질을 위한 활동

리더십 설문 조사에서 헤이 그룹의 최근 글로벌 최고 기업들에서 참가자의 대다수는 자신의 조직이 평평하고 더 매트릭스화 될 것임을 나타냈다. 개인은 다른 프로젝트팀에서 일을 하고 여러 관리자에게 보고하도록 할당될 수 있다. 새로운 혁신, 정보 공유의 증가, 복잡한 문제를 해결하기 위한 더 나은 능력 등의 장점은 엄청나게 많다. 그리고 아직 더 매트릭스 조직은 분명한 권한과 책임의 라인을 만들기 위해 큰 도전을 해야 할 것이다. 이러한 결정은 기업의 이익을 증가시킬 수 있는 사람들을 모아야 하기 때문에 시간이 오래 걸릴 수 있고 비용이 많이 들 수 있다. 게다가, 효과적인 협업에 필요한 기술은 기능팀에서 효율적으로 일하는 방식에 대해 알고 있는 것과는 다르다. 이 같은 기업은 또한 사람들이 그들의 새로운 조직 구조가 요구됨에 따라 서로에 대해 관계하는 방법과 협력 방법에 대해서 이해하는 데 문제가 있다고 보고했다. 이러한 조사 결과는 놀랍지 않다. 거의 4,500 리더를 포함하는 300개 이상의 조직을 포함하는 다른 HEY GROUP의 연구에서 경영진은 여전히 영향력, 영감을 주는 리더십, 코칭, 멘토링, 정서적 자기 인식 등과 같은 역량이 가장 많은 개발을 필요로 한다는 것이다—이러한 역량은 협력을 하는 데 있어 중요하다. 리더십 기술과 능력은 평평하고 더 매트릭스된 조직 구조의 급속한 변화를 유지할 수 없다.

왜 협력 리더십 기술의 개발은 조직 구조의 진화를 지연시키는가? 조직은 보통 보상받기 위한 여러 종류의 행동을 하며 그들은 역사적으로 단기성과를 이끄는 성취 지향적 리더에 의해 보상을 받는다. 그 결과 기업은 결국 강한 기능적 리더십과 관련한 성취 달성, 팀워크, 조직의 인식 능력에 뛰어난 리더를 원하게 되어있다.

문제는 회사가 불일치에 직면한다는 것이다: 리더는 책임 있는 결과를 성취하기 위해 활용할 수 있는 특정자원을 직접적으로 통제할 때 이를 잘 수행할 수 있도록 강력한 리더의 운영기반을 개발했다. 불행하게도 많은 조직에서 표준화되어진 매트릭스된 글로벌 구조는 더 큰 상품을 위해 자원을 포기하고 힘을 양보하고 그들의 의제에 종속시킬 수 있는 리더가 필요하다. 이러한 개념은 일반적인 기능과 기술 집합을 적용하는 것으로 공동의 노력으로 주도하려는 많은 리더들에게는 생소하다. 그리고 예상대로 나쁜 결과로 이어진다. 심지어 필요한 역량을 보유한 리더도 자신이 협력을 좌절시키는 조직 구조와 보상 시스템으로 엇갈린 목적에서 일하는 그들을 발견할 것이다.

매트릭스에서의 협력

대중적인 믿음에도 불구하고 협력은 팀워크와 동일하지 않다. 계층적 조직의 전통적인 기능의 리더들은 공동의 목표에 총괄적인 행동과 합의를 향함으로서 자신의 비즈니스 단위나 부서를 동기화된 의미에서 "팀워크"를 능가할 수 있을 것이다.

그러나 매트릭스 조직은 다르다. 기능과 상품에 의해 기업의 직원들이 매트릭스화되었다. 매트릭스 조직은 일반적으로 계층적 구조와는 거리가 멀며 기능적 리더로부터 간접적인 감독 아래 평평한 구조를 이루고 있다. 매트릭스 조직의 리더는 비즈니스 단위 및 기능 분야에 걸쳐 협력을 촉진하며, 직원을 조직화하고 동기화할 수 있는 방법을 알아야 한다. 모든 구성원에 즉시 나타나지 않을 수 있는 가치를 가진 목표로서 직접적인 권한이 없을지라도 그것을 넘어서 직원들을 자극해야 한다,

매트릭스 세계에서 좋은 협력은 차세대 시장에서 변화하는 제품의 신속한 출시로 이어질 수 있다. 나쁜 협력은 "me-too" 실패작을 향해 천천히 구불구불 한 길에 시간과 돈을 낭비 하는 결과를 나타낸다. UC 버클리 교수 모르 텐 한센은 그의 독창적인 책 "collaboration(협력)"에서 소니의 유사한 제품의 뒤늦은 출시를 대비하여 애플의 아이팟 음악 플레이어의 성공에 대해 서술하여 협력의 가치를 실증적으로 제시하였다. 한센은 애플이 조직에 걸쳐 협력하기 위해 삭제하는 것부터 아이팟을 창조하기 위한 방법을 발견하기까지 8개월이 걸렸다고 기술했다. 다른 한편 소니는 작은 성공을 거둔 경쟁 MP3 플레이어를 출시하기 전에 내부의 내분에 관여하는 데 3년을 소비했다.

애플은 더 나은 기술을 때문에 성공하지는 않았다. 사실 애플은 실제로 소니로부터 아이팟의 배터리를 공급 받았다. 아이팟의 성공은 우수한 내부 및 외부 협력 네트워크를 통해 빠른 혁신을 관리할 수 있는 애플의 능력에 더 기인할 수 있다. 협력을 넘어서 내부적 경쟁을 고취시키는 문화를 가진 소니의 디지털 음악 플레이어는 개별 비즈니스 단위에 대한 P&L 관점에서 많은 이해가 되지 않는다. 결과적으로 프로젝트는 비록 전체 조직에 대한 큰 P&L 혜택을 제공하는 잠재력을 보유했을지라도 전진하지 않았다.

그것은 협력의 리더는 전체 기업 가치를 추가할 가능성을 가진 주도권를 인식하고 추구하기 위해 자신의 지난 P&L 계산을 볼 수 있다고 밝혔다. 그러나 회사는 이러한 협력 행동이 자발적으로 구체화되기를 기대해서는 안 된다. 앞서 언급한 바와 같이, 조직은 여러 가지 종류의 보상행동으로 나타나는 경향이 있다. 관리자는 자신의 고유 P&L에 따라 보상을 한다면 협력을 계획하고자 하는 것이 열정적으로 나타나기 어렵다. 최고 수준의 조직은 프로젝트의 결과가 관리자의 사업단위의 P&L의 낮은 결과로 나타날지라도 이에 대한 문제점을 인지하고 협력 프로젝트 및 보상 리더로 인한 글로벌 P&L의 영향력을 측정할 방법을 찾기 시작했다.

협력적 문화의 구축

고위 경영자들은 책임과 협력의 문화를 장려하고 육성할 수 있는 능력 둘 다 가지고 있다. 협력은 프록터 앤드 갬블(P&G)에 있는 영향력을 고려하자. 2000년 초 P&G는 혼란에 있었다. 이 회사의 주가는 시가 총액 850억 달러를 잃음으로써 거의 50%가 떨어졌다. 연구개발(R&D)의 많은 지출에도 불구하고, 생산성이 바닥이고 회사의 혁신 성공률(재무 목표에 도달 새 제품의 비율)은 만족스럽지 못한 35%의 주위를 고수했다.

이 회사의 새로운 CEO, AG Lafley는 협력은 P&G가 그 값을 복구하고 그 혁신성과를 개선하는 데 도움의 핵심이 될 것이라는 것을 깨달았다. 그는 "세계의 다른 어떤 회사보다 더 나은, 안과 밖, 협력"이라는 회사로 알려진 P&G로 만들기로 결심하고 선언했다. Lafley와 그의 팀은 비즈니스 단위에 걸쳐 내부적 협력 혹은 외부적 연구자들의 외부적 협력으로 오는 P&G의 가장 수익성 있는 혁신의 대부분을 보여주는 분석을 실시했다. 그 결과 두 가지 종류의 협력을 지지하기로 결정했고, Lafley는 이 P&G에서 20 교차-기능 "실천의 공동체"를 설립하고 P&G의 제품, 아이디어와 기술의 50%가 외부 소스에 의해 개발될 것이라고 선언했다.

이러한 협력 사업은 소기의 성과를 거두었다. 2008년 P&G는 R&D 생산성을 거의 60%를 향상시켰고, 혁신 성공 비율은 두 배 이상이 되었으며 혁신에 대한 비용이 줄어들었다. 2000년부터 2008년까지 매출의 비율 대비 R&D 투자는 4.8%에서 3.4%로 하락했다.[1]

주요 협력적 역량

리더십과 조직 구조는 협력 문화를 구축하는 데 있어 문제점을 가지지만, 조직은 여전히 원하는 결과를 향해 협력 사업을 이끌 수 있는 올바른 기술을 가진 올바른 사람이 필요하다. 매트릭스 조직에서 발견된 헤이 그룹의 연구 결과는 최고의 협력 리더가 조직과 사람들 모두에 대한 강한 이해력을 가지고 있음을 보여준다. 그들은 그들 스스로 6가지의 주요 능력을 구별했다.

1. **기업 관점**—그들은 회사의 전반적인 비즈니스 전략과 그들이 하고자하는 전략과 어떻게 협력 작업을 하는지에 대해 포괄적으로 이해하고 있다. 그들은 발생할 수 있는 충돌을 해결할 수 있다.
2. **교차 기능의 관점은**—그들은 니즈, 인센티브 및 다른 기능과 사업 단위의 산출물을 이해한다. 그들은 운영모델 이내에 경쟁 우선순위를 정렬할 수 있다.
3. **고객 관점**—그들은 고객의 관심과 요구를 이해할 뿐만 아니라, 전반적인 고객 경험을 향상된 의사결정에 초점을 맞추고 팀을 유지하는 방법을 알고 있다.
4. **자기 관리**—문제 시 그들은 자기 통제를 나타낸다. 협력 사업의 공동 목적을 이해할 수 있는 문제를 가진 동료들과 거래할 때 그들은 인내심을 가지고 있다. 그들은 개인적으로 이견을 가지지 않는다.
5. **관점에 대해 듣다**—그들은 여러 의견을 객관적으로 정중하게 들을 수 있다. 그들은 누구의 위치, 상황이나 관점을 소유한 동료들과 공감은 자신과 다를 수 있다. 그들은 공동 작업자가 할 수 있는 자신의 최선을 다할 것이라는 가정에서 시작한다.
6. **매트릭스의 영향력**—서로 다른 이해 관계자와의 의사소통 및 공동 프로젝트를 지원하기 위해 그들에게 뛰어난 영향을 미친다.

협력적 리더의 구축

조직이 강력한 협업 기술을 필요로 하는 매트릭스된 리더십의 지위에 달성할 수 있는 후보를 어떻게 구별

---

1) For more details on how P&G created a collaborative culture and the benefits it reaped from that culture, see "Connect and Develop: Inside Procter & Gamble's New Model for Innovation," *Harvard Business Review*, Vol. 84, No. 3, March 2006.

할 수 있는가? 헤이 그룹의 역할 프로파일 매트릭스는 최고의 협력적 리더의 탁월함을 대인관계의 이해, 관계 구축과 계획에 대한 전념으로 제시하고 있다. 이것은 협력적 리더가 조직 전체의 잠재적인 협력 파트너의 동기와 두려움을 이해할 수 있어야 하기 때문이다. 협력적 리더는 특정 파트너를 위한 단기 위험이나 비용을 수반할 수 있는 협력 노력에 참여하기 위해 자신의 파트너를 설득할 수 있는 관계를 구축할 수 있어야 한다. 그리고 협력 프로젝트는 일반적으로 한 부서나 사업단위보다 더 크기 때문에 협력적 리더는 전사적 목표에 전념하게 되는 것을 필요로 한다,

매트릭스된 조직의 협력적 리더의 필요성을 감안할 때, 기업은 가능한 한 빨리 주니어 경영진의 경력에 협력 행동을 개발하기 위해 노력하고 시작하는 계획을 세워야한다. 젊은 경영진에게 다양한 경험을 제공하고 다양한 그룹을 관리하는 것을 자주 접한다면 그들이 협력 기술을 개발하는 데 도움이 될 수 있다. P&G와 GE 같은 회사들은 리더십 단체의 개발을 고려할 때 5~10년을 계획한다. 만약 그들이 특정 주니어 경영진의 성장 잠재력을 가지고 있다고 본다면 그들은 미래에 필수적인 협력 리더십 능력을 개발할 수 있는 기회를 경영진이 경험할 수 있도록 해야할 것이다. IBM은 차세대 리더들이 강력한 협력 리더십과 같은 행동을 볼 수 있도록 최고의 보스들로서 촉망받는 젊은 재능과 제휴할 것이다.

훈련이 리더십 후보자를 유능한 협력적 리더로 만든다는 것은 아니다. 광범위하게 말하자면 리더는 세 가지 요구의 조합에 의해 영향을 받는다: 성취, 제휴 및 힘. 모든 협력 리더는 서로 다른 크기의 동기를 가지고 있다. 헤이 그룹의 연구는 가장 효과적인 협업 매트릭스된 리더들은 상대적으로 동일한 분포로 세 가지 동기들의 평면 프로파일을 가지고 있다는 것으로 나타났다.

이것은 의미가 있다. 매트릭스된 리더의 역할은 그들이 많은 다른 기술을 요구하기 때문에 확실히 복잡하다. 개인성과에 의해 주로 동기부여를 받는 리더는 협의사항을 조정하거나 일을 끝내기 위해 협력자에 의존하는 데 걸리는 시간에 의해 종종 좌절된다. 반대로 자신의 이익을 위해 관계를 구축함의 조화를 즐기는 리더는 무거운 관계 구축의 구성 요소와 함께 협력적 위치에서 더욱 더 즐거워하고 성장할 것이다.

더 많은 협력, 더 나은 협력

협력은 보편적인 해결책이 아니다. 앞서 언급한 바와 같이 협력에 있어 직접 투자 비용 그리고 시간과 관련된 기회비용은 협력 조치를 촉구하는 데 소비한다. 회사는 특정 협력노력이 의미가 있는지 여부를 결정하고 특정 영업 리더로서 특정 협력 기회들에 대하여 노력하고 평가한다. 대부분의 경우 조직은 잠재적인 이득이 잠재적인 비용을 확실히 초과하는 협력 전략을 추구해야 한다.

그러나 비용과 이익의 계산에 따라 협력 기회를 선택하는 경우에 다음 매력적인 협력 사업의 영역을 확대하는 방법 중 하나는 전면적으로 협력의 비용을 절감하는 것이다. 즉 이것은 시스코 시스템즈가 이 회사가 통합된 해결책에 대한 고객의 요구를 충족하기 위해 내부 협력을 우선순위로 결정했을 때 취한 접근 방법의 일부였다. 시스코는 웹 사이트 구축 및 사용자 커뮤니티에 의해 편집된 위키를 활용함으로써 협력의 직접 비용을 절감했고 전 세계 직원들이 저렴하게 장거리 협력이 가능하도록 텔레프레즌스 기술(향상된 화상 회의)을 개척했으며 그것으로 협력의 하드비용과 기회비용은 절감되었다. 협력 기술 혁신 및 협력 행동 및 관리 실행을 육성함으로써, 시스코는 6억 9천 1백만 달러를 절약하고 2008 회계 연도에 4.9 %의 생산성을 증가시켰다.[2]

협력의 비용을 절감하는 것은 협력 사업이 긍정적인 투자 수익(ROI)이 될 가능성을 향상시킨다. 그러나

2) McBrearty, Rachael, Brian Suckow and Joel Barbier, "The Economics of Collaboration at Cisco," Cisco Point of View document, 2009. http://www.cisco.com/web/about/ac79/docs/pov/Economics_Collaboration_POV_FINAL_041009.pdf

기업은 성공적인 협력을 위한 다섯 지침을 통해 자신의 가능성을 향상시킬 수 있다:

1. **대상에 대해 명확하게** 골대를 정의하고 협력 파트너에게 그 정의를 이야기한다. 협력을 시작할 때 협력이 최대 이익을 달성했을 때와 해소할 수 있을 때를 알아라. Hay 그룹 조사에서 모범 협력 사업의 약 70%가 명확한 목적으로 시작함에 기반을 두었다. 반면 덜 성공적인 기반이 되는 협력팀들 중 40%가 출발부터 분명한 목적을 가지고 있다.
2. **상호 이해를 개발** 협력 성공은 신뢰에 의존하고 신뢰는 좋은 의사소통에 따라 달라진다. 협력 리더는 자신의 목표에 대해 명확할 뿐만 아니라, 그들은 또한 이러한 다양한 목표를 가지고 할 수 있는 방법을 찾고 이들을 정렬하기 위해 자신의 협력 파트너의 목표를 이해하고 존중해야 한다. 이 정렬을 달성하는 것은 모든 협력 파트너를 동기부여하여 최상의 결과를 달성하기 위한 필수조건이다. Hay 그룹의 조사에 따르면, 모범 협력 사업의 60% 이상이 협력 파트너로 이른 공동 목표에 매입했다. 동일하게 말하면 덜 성공적인 협력팀은 10% 이하라고 할 수 있다.
3. **이끌 때와 따를 때를 알라** 이것은 역설적 소리지만, 최고의 협력 리더들은 때때로 자신의 파트너가 지도적 역할을 할 수 있도록 해주는 편안한 사람들이다. 특정 시간이 되면 파트너는 앞으로 프로젝트를 추진해 나가는 데 필요한 자원을 가진 유일한 사람이 될 수 있다. 리더십 역할을 하는 파트너는 자신의 동기를 부여하고 성능을 향상시킬 수 있는 프로젝트에 주인 의식을 느낄 가능성이 더 높다. 모범 공동 협력자의 약 70%는 특정 협력 파트너가 지역에서 뛰어나거나 또는 최고의 고객 통찰력이 있는 것을 알 수 있도록 처음부터 역할을 명확히 해왔다. 다시 말하자면 덜 성공적 협력자의 10% 미만은 초기에 이러한 방식으로 역할을 명확히 하기 위해서는 시간이 걸릴 것이다.
4. **일정을 설정하고 그것을 고수하라** 많은 협력 노력은 빠르게 변화하는 시장에서 혁신을 가속화하기 위해 실시된다. 현실적인 시간표에 집착하는 것은 충돌을 방지하고 실망을 방지할 수 있다. 위에서 설명한 위키와 텔레프레즌스와 같은 기술 또는 쉐어포이트와 같은 정보 공유 포럼 등의 협력 도구는 프로세스의 속도를 높이고 일정에 모두를 유지하는 데 도움이 될 수 있다.
5. **정보 공유를 장려** 자신의 자원을 관리하고 제어하는 데 사용되는 기능적인 리더에게는 협력리더십 역할은 도전적이고 약간 혼란스러울 수도 있다. 이미 협력 프로젝트에서 수익성을 이끄는 경험이 풍부한 멘토는 새로운 협력리더들이 성공하기 위해 가져야 할 것이 무엇인지 알려주는 데에 도움이 될 수 있다.

   그들이 요령을 익히게 되면 협력 리더들은 다른 사람들을 지도하면서 그들의 지식을 전달하고, 위키 또는 다른 정보를 공유하는 포럼에서 자신의 지식을 집적화하며 유용한 협력 활동을 장려하기 위해 가이드라인을 설정할 것이다.

급하게 또는 엉성하게 하는 것은 협력에 있어 시간을 낭비하는 것이 될 수 있다. 올바르게 한다면 협력은 잠재된 창의성을 발휘하고 아직 채워지지 않은 고객의 요구를 충족하면서 기업들이 혁신과 성장을 촉진하는 데 도움이 될 수 있다.

협력은 목표이지 여행이 아니다

유용한 협력의 중요성에도 불구하고 협력은 토대를 설정하지 않아야 하고 그 자체가 숭배되지 않아야 한다. 그들은 조직이 보상 프로그램을 개조 및 구조 변경하는 것과 훈련리더들이 협력을 촉진하기 위해 노력하는 것에 있어서 모든 협력이 좋은 협력이 아님을 알아 두어야 한다.

UC 버클리 교수 Morten Hansen이 설득력 있게 똑똑히 말한 바와 같이, 협력은 자주 시간, 돈 및 기타 자원의 중요하고 지속적인 투자를 필요로 한다. 협력의 직접 비용 이외에도 자신의 그룹 또는 부서에서 참가하는 사업에 시간을 소비하지 않는 것과 관련된 기회비용이 있다.

조직은 모든 협력 사업이 명확하게 정의된 목적을 가지고 있음을 확인하여 사소함으로부터 좋은 협력을 골라낼 수 있다. 협력은 그 자체로 가치 있는 특성이나 끝으로 간주되어서는 안 되며 오히려 단지 다른 기능 지역과 함께 작업을 하는 사람들에게 혁신, 운영 향상 판매 운용을 위해 협력하도록 요구하는 강력한 비즈니스 문제에 대한 해결책으로 사용되어야 한다. 게다가 P&G는 협력에 있어 시장 변화 상품인 Crest White Strips로 창조된 고분자, 구강 건강과 접착제들 같은 여러 부서에 혁신을 가져왔을 때 좋은 상품 효과를 나타낼 수 있는 것들을 사용한다.

당신은 어떻게 그들이 피해를 입히기 이전에 가난한 협력 사업을 발견할 수 있는가? 나쁜 협력의 증상은 결과를 넘어선 우선순위에 의한 관계와 모든 사업 결정이 완전한 합의에 도달하기 위해 시간을 낭비한 것과 같은 분명치 않은 의제로 많은 회의들을 포함한다. 가치 있는 것과 쓸모없는 협력 사업을 구분하고 누구를 격려할지, 어떤 것을 억제할지를 알아내는 것은 조직을 발전시키기 위해 가장 중요한 능력이다.

협력 평가 도구

조직은 협력적 리더십의 역할에 대한 후보를 고려하여 다음 여섯 가지 질문을 해야 한다:

1. 이 리더가 지시가 아니라 영향력에 의해 결과를 얻을 수 있는가?
2. 이 리더의 지분은 나눌 때 그 지분이 신용과 보상을 의미할 수 있는가?
3. 이 리더가 대표자를 선정하고 다른 사람에게서 결과를 제공을 받을 수 있는가?
4. 이 리더가 자신의 관점이나 견해를 공유할 수 없을 때 다양한 개인의 그룹들을 동기부여하기 위한 능력을 증명할 수 있는가?
5. 이 리더는 공동으로 의사결정을 내리고 실행하는 능력을 증명할 수 있는가?
6. 이 리더는 사람이나 자원에 대하여 직접 제어할 수 없는 경우에서도 결과를 얻을 수 있는가?

Chapter **8**

초국적 기업의 미래: 진화하는 글로벌 역할

강력한 세계화로 인해 많은 다국적 기업들이 해외 시장에의 진출 및 확장을 진행한 지 수십 년이 지났다. 이제는 그 동안 다국적 기업이 축적한 강력한 권력에 함께 수반되는 책임감에 대한 문제가 제기되고 있다. 이번 마지막 장에서는 21세기 초반의 국제 정치 경제 부문의 다국적기업의 역할을 검토해 봄으로써 이러한 문제를 진단하고자 한다.

세계경제가 성장하는 동안 국가 간 무역과 투자의 호황을 통해 형성된 부로 인해 경제적, 사회적 인프라가 형성되어 다국적기업이 소재한 국가 역시 발전해 왔다. 그러나 세계화로 인해 부정적 영향을 받은 국가들도 존재한다. 부유한 나라들은 세계화의 밀물이 모든 배를 떠올릴 것이라고 주장했지만 가난한 나라에게는 사치스러운 요트(부자 국가)만 떠올리는 현상으로 나타났다. 지난 반세기 동안의 노력에도 불구하고 부유한 나라와 가난한 나라 사이에 증가하는 부의 격차를 줄이기 위한 국가원조 프로그램의 긍정적 효과는 놀라울 정도로 미미했다. 현재 세계 인구의 약 1/3이 하루에 2달러 미만으로 살아가고 있으며, 많은 이들은 세계 경제 성장의 혜택을 누린 많은 다국적기업들이 이러한 부의 불평등 분배 문제를 해결해야 할 책임이 있음을 느끼게 되었다.

이 장에서는 이렇게 전개되고 있는 상황에 대해 다룬 후 다국적 기업이 최근 수십 년간 취하게 된 4가지 태도인 착취형, 거래형, 대응형, 변혁형에 대해 설명하고자 한다. 이들 태도는 완전한 규범으로서의 구분이 아니라 개괄적인 설명일 뿐이며, 오늘날의 글로벌 환경에는 기업이 착취지향적인 범주에서 상호 보완적이고 심지어 변혁된 목표로 나아가도록 하는 분명한 압력이 존재한다. 이러한 압력은 유엔 글로벌 콤팩트(U.N. Global Compact)에서부터 자발적인 규범 및 표준까지 다양하며 이를 통해 21세기에도 기업 활동을 계속해 나가고자 하는 다국적기업에게 해외 사업장에 관한 책임에 대해 생각해볼 수 있는 지침을 제공한다.

대부분의 초국적 기업에게 새로운 세기에 대한 기대감은 지속적인 성장과 번영이라는 긍정적인 전망을 하게 했다. 그러나 지구상의 최빈국에서 서양의 대규모 다국적 기업의 평판은 매우 나빠졌고 심지어는 완전히 찢어진 넝마조각처럼 되었다. 사실 20세기 끝에 널리 알려진 일련의 사건들은 이들 다국적 기업들의 규제되지 않은 기업 활동에 추가적인 제약과 통제가 필요하다는 요구를 이끌어냈다.

- 인도네시아에서 나이키는 부유한 서양구매자들에게 한 켤레당 150달러로 판매되는 운동화를 만들기 위해 유해한 작업환경에서 어린이들을 하루 1.8달러를 지불하는 조건으로 고용했다.
- 유럽에서 코카콜라는 벨기에 공장에서 생산된 청량음료를 마신 소비자가 병이 났을 때, 그들의 책임을 부인했고 이 후 100명이 입원하고 다섯 국가에서 코카콜라사의 제품 판매를 금지한 후에야 그들의 제품이 문제가 있다고 인정했다.
- 인도에서는 지방정부가 Enron사와 체결된 Dabbol 발전소와 전력공급소 계약이 당초 협상과정에서 회사의 사기와 허위진술에 의해 추진되었다며 계약을 취소하려 했다.
- 남아프리카공화국에서는 39개 서양 제약 회사들이 남아공 정부와 넬슨 만델라 대통령을 고소하여 AIDS 특허약품의 값싼 복제약품의 수입을 금지하고자 했다. 남아프리카공화국의 HIV 양성 환자 수는 450만 명이다.

이들 상황은 모두 복잡하고 다각적인 문제를 대변한다. 이들 문제에 대해 아마 다국적기업의 지능적인 관리자들은 자신들이 합리적이고 정당한 방법으로 문제에 대응하고 있다고 생각할 것이다. 즉 나이키는 현지 노동 법률과 관행을 준수하고, 코카콜라는 품질테스트를 실시하고 그 결과를 공개하며, Enron사는 법적 계약 조항을 이행하고, 제약회사들이 지적재산권을 보호하고 있다고 믿는 것이다. 그러나 그들의 합리적이고 영리한 법적인 논리가 사리사욕과 탐욕적 오만에 의해 운영되어 온 서양 다국적기업의 지배적이고 중심적인 태도라는 여론의 판결이 넘쳐났다. 그들은 "가진 자"와 "가지지 못한 자" 사이에 벌어진 분열의 쐐기를 두드리는 망치(hammer)와 같이 인식되었다.

불만의 증가

다국적기업에 대한 불신이 커져감에 따라 21세기 초 세계화에 반대하는 여론에 힘이 더해졌다. 이러한 불신이 생겨나기 전, 세계화는 세계적으로 자유 시장 자본주의의 이익을 퍼뜨리는 경제 발전의 강력한 엔진으로 보여졌다. 그러나 점점 드러나는 사실은 극소수의 개발도상국들만이 그토록 많이 논의되었던 시대적 조류인 무역과 투자의 혜택을 얻었다는 것이다. 실제로 개발도상국 국민들에게 점점 커지는 빈부의 격차는 "세계화"라는 단어가 단지 선진국의 다국적기업들이 그들을 지속적으로 착취하기 위해 개발한 새로운 단어일 뿐이라는 명백한 근거를 제공한다.

그 결과 1999년 시애틀에서의 세계무역기구(WTO)회의에서 수많은 개발도상국들의 대표자들은 그들이 보기에 부유한 국가들에 의해 강요된 불공정한 규칙들을 없애기로 합의했다. 다수의 시위자들에 의해 지지 받은 이 회의는 세계화에 반대하는 첫 번째 시위로서 매우 유명하다. 이전에 많은 서양인들이 세계화가 불가피할 뿐만 아니라 유익한 것이라고 믿어왔던 것에 반대하는 첫 번째 사건이었던 것이다. 항의의 주요 타깃은 시위자들이 세계화의 주요 추진동력이자 수혜자로써 본 다국적기업과 부유한 국가들의 무역장관들이다. 이 사건을 계기로 많은 다국적기업들이 과거의 관행을 되돌아보고 미래의 우선순위를 수정하게 되었다.

시애틀 경찰이 시위대에게 고춧가루 스프레이와 최루탄을 사용하기 시작하자 대중은 더욱 시위대에 관심을 갖게 되었고 시위의 목적에 대해 엄청난 동정과 지지가 생겨나게 되었다. 그 후 몇 년간 시위대의 활동이 계속 이어졌고 그들의 주장은 몇몇 강력한 동맹들에 의해 지지되었다. 그 강력한 동맹 중에는 경제자문위원회의 전임 의장이며 세계은행 수석경제학자인 노벨 상수상자 Joseph Stiglitz가 포함되어 있었다. 그의 저서인 "세계화와 그 불만"에서 스티글리츠는 WTO, 국제 통화 기금, 그리고 세계은행의 과거 활동이 개발도상국 경제에 도움을 주기보다는 손상시켰다는 점을 주장했다.[1] 그는 부유한 제1세계 선진국들은 자유무역의 장점을 설교하지만, 여전히 농산물, 섬유, 의류 즉 제3세계 국가가 수출하는 상품들에 대해 보호무역을 하고 자국 산업에 보조금을 지급한다는 점을 지적한다. 또한 다국적 기업이 개발도상국에서 가치를 창출하기 보다는, 많은 경우에 현지 기업을 시장에서 몰아내고 독점적 지위를 이용해 가격을 인상시킨다고 주장하였다.

그러나 개도국의 주장을 가장 극적으로 확인시켜주는 것은 빈곤선 이하 인구수에 대한 세계은행의 연례보고서이다.[2] 보고서에 따르면 하루에 2달러 미만으로 살아가고 있는

---

1) Joseph E. Stiglitz, *Globalization and Its Discontents* (New York: WW Norton & Company, 2002).

2) World Bank, *Poverty Reduction and the World Bank* (Washington, D.C.: World Bank, 1999); World Bank, *Attacking Poverty* (New York: Oxford University Press, 2001).

사람들의 수가 1981년에는 25억 9천명이었으나 2008년에는 24억 7천명으로 소폭 감소하였다. 그러나 세계화에 의한 경제 성장이 거의 30년이나 진행된 지금, 인도와 중국과 같은 나라들이 급속한 경제 성장을 이뤘음에도 불구하고 세계은행의 자료는 세계 70억 명 인구의 3분의 1 이상이 여전히 극빈층임을 보여준다.

다국적기업들이 직면한 도전

세계 빈곤의 정도 그리고 이를 줄이려는 노력이 진전을 보이지 않는 상황을 감안할 때 정부의 지원 프로그램에 너무 크게 의존하는 접근을 근본적으로 재고해야 할 시기라고 보는 견해가 늘고 있다. 세계은행의 전 경제 연구가였던 William Easterly는 지난 50년 동안 선진국으로부터 개도국에 2조 3천억 달러의 원조가 유입된 후 서방의 개발 모델이 확실히 실패했다고 지적했다.[3] 그는 대외원조의 상당 부분이 문제와 해결 방법의 두 가지 측면에서 책임감과 피드백이 결여된 온정주의적인 관점을 가진다고 주장한다. 그 결과에 대한 예를 들면 지난 30년 동안 지속적으로 50억 달러의 국제 기금이 나이지리아에 국유 제철소를 짓는데 지원되었지만 해당 제철소는 철강을 전혀 생산하지 못했다.

반면, 인도와 중국의 뛰어난 경제 성공 사례는 대규모 지원 프로그램을 통한 것이 아니라 이들 시장 경제의 잠재력을 이용해 성취한 것이다. 1970년대 이후 중국의 수백만 명의 사람들이 가난에서 벗어났으며, 세계은행은 이를 가리켜 “인류 역사상 가장 위대한 빈곤 감소 프로그램”이라고 불렀다. 이 놀라운 변화는 많은 다국적기업들의 활동 덕분인데, 1979년 중국의 개방정책에 의해 30년 동안 3십만 외국기업이 승인 되었고, 이 기업들은 중국에 8천 7백억 달러를 투자했다. 이 중에는 세계 500대 기업들 중 490개 회사가 포함되어 있었고, 이들 기업은 중국을 저비용 노동력 및 빠르게 성장하는 거대 시장의 제공처로 인식했을 뿐만 아니라 기술력의 원천으로 만들고자 1,160개 R&D 센터를 설립하였다. 그들의 투자는 중국 경제를 도왔을 뿐 아니라 회사에도 큰 이윤을 남겼다. 1990년부터 2007년까지 동안 중국에서 창출되어 송금된 이익은 3천억 달러에 이를 정도이다. 이러한 윈-윈 결과는 부정할 수 없는 하나의 현실에 기인한다. 즉 가난한 사람이 부를 빠르게 얻을수록, 그들은 더 빨리 소비자가 된다.

이 인상적인 기록에 비추어서 국제 사회에서 다수의 시각들은 다국적기업이 다른 많은 나라들에서 너무 처리하기 힘들다고 여겨진 문제들에 대하여 적어도 일정 부분 해결의 단서를 제공해야 한다는 방향으로 돌아서기 시작했다. 그러나 이것은 외국인 투자의 개방과 자유무역의 혜택을 찬미하는 단순한 홍보활동 이상을 요구했다. 이를 위해서는 개도국에서 널리 퍼진 불만의 근본적인 원인을 다루는데 다국적기업이 어떤 역할을 할 수 있는지를 이해할 수 있어야 한다. 재정적인 힘의 측면에서 보면, 세계은행이 추산한 바에 의하면 2010년에 개도국에 대한 외국인 직접투자는 약 4천 1백 6십억 달러로, 이들 국가에 지원되는 대외원조 및 개발 자금의 4배였다.

3) William Easterly, *White Man's Burden* (New York: Penguin Press, 2006).

다국적기업이 직면한 과제는 이전 반세기 동안 그들의 성장과 확대를 이끌었던 세계화의 힘에 대해 증가하는 저항에 어떻게 대응할 것인가 하는 것이다. 장기적으로 해결해야 할 과제는 반세계화 운동의 근본적인 원인과 이유에 관한 문제를 처리하는 데에 있어서 그들이 흔쾌히 한발 더 나아가서 주도적인 역할을 맡을 것인지 아닌지를 결정하는 것이다.

개발도상국의 니즈에 대한 대응: 4가지 다국적기업의 태도

과거 다국적기업이 이런 문제에 어떻게 대응했는지 그리고 미래에 어떻게 할 것인지 이해하기 위해 우리는 "착취"라고 분류하는 접근에서 우리가 "변혁적"이라고 설명하는 것까지 이르는 가능한 행동의 스펙트럼을 따르는 원형질적인 4가지 반응을 설명할 것이다. 우리의 관측은 확실히 대부분의 다국적기업들이 이전 모델에서 멀어져가고 있다는 것을 제시한다. 우리의 희망은 그들이 후자 쪽으로 이동해 가는 것이다.

착취적인 다국적기업: 불이익을 이용하기

우리가 1장에서 보았듯이 기업이 국제화를 하는데 있어서 가장 강력하고 지속적인 동기들 중 하나는 생산 비용을 낮추고자 하는 욕구이기 때문에, 낮은 인건비로 사업을 시작할 수 있는 입지 조건은 많은 다국적기업들이 신흥시장에서 사업을 시작하도록 장려하는 요인으로 오래도록 작용했다. 이러한 환경 하의 기업 노동자들은 선진국과 비교할 때 임금이 크게 낮았을 뿐 아니라 노동 환경의 안전성과 노동자의 건강 상태 역시 좋지 않았으며, 심지어 노동자의 인권을 보장 받지 못한 것으로 곧 명확히 밝혀졌다. 따라서 다국적 기업이 당면한 경영상의 문제점은 이러한 상황에 어떻게 반응하는가 이다.

우리가 "착취적인 다국적기업"이라고 설명하는 기업군은 노동비용이 낮을수록, 작업시간이 길수록, 작업 환경 및 노동자의 권리에 대한 규제가 적을수록 더 좋다고 생각한다. 이 같은 기업들은 국가 간 임금, 근무 조건, 법적 요구사항 및 생활수준의 차이를 경쟁 우위를 확보하기 위한 규제 받지 않는 기회라고 생각한다.

이러한 관점은 1970년대에 시카고 대학의 경제학자 밀턴 프리드먼의 저술 및 연설에서 힘입어 최고조에 달했다. 모든 기업들은 이익 극대화에 대한 책임이 있고 주주는 그들의 유일한 법적 이해관계자라는 점에서, 그는 "기업이 사회적 양심을 가지고 있고 일자리를 제공하는 것에 책임을 져야 하고 차별을 없애고 오염을 방지하고... 등등을 믿는 사람들은 순수하고 오염되지 않은 사회주의를 설파하는 것이다."라고 주장한다. 노벨 경제학상 수상자인 밀턴 프리드먼의 이렇듯 대담하고 분명한 발언은 착취적 다국적 기업에게 그들이 억압적인 자세를 유지하는데 필요한 명분을 제공하였다.[4] 그리고 60~70년

4) Milton Friedman. "The Social Responsibility of Business Is to Increase its Profits," *The New York Times Magazine*, September 13, 1970.

대에는 실제로 많은 기업들이 착취적 관행을 유지했었다. 놀랍게도 오늘날까지 일부 기업은 여전히 이런 식으로 운영되고 있다.

다국적기업들과 가장 일반적으로 연관되는 부정적인 이미지 중 하나는 종종 "노동력 착취 공장"을 의미하는 스웻샵이다.—이런 작업 환경의 특징은 위험한 환경, 어두컴컴한 조명, 부족한 통풍, 더위 등으로 종종 아동 노동 착취를 수반하기도 한다. 착취 공장의 노동자들은 긴 노동시간에도 불구하고 "최저 생활 임금"보다 적게 월급을 받는다. 불행하게도 이러한 노동력 착취현장은 과거의 긴 역사에서의 극단적인 상황의 예가 아니라 여전히 오늘날의 많은 나라에서 존재한다. 2006년에 뉴욕타임즈는 Target과 Wal-Mart에 납품하는 의류를 생산하는 요르단 공장에 일자리를 구하기 위해 방글라데시 출신의 노동자들이 직업소개소에 인당 $1,000~$3,000를 지불했다고 보도했다. 노동자들이 공장에 도착했을 때, 공장에서는 노동자들이 그만두지 못하게 하려고 이들의 여권을 압수했다. 그들은 약속된 것보다 더 적은 임금(국가 최저임금보다 더 적은 임금)을 받았을 뿐만 아니라 하루에 20시간 동안 일하도록 강요당했고, 불평할 경우 감독관들로부터 폭행을 당했다.[5]

많은 다국적기업은 제조 위탁업체에 아웃소싱을 함으로써 노동력 착취 문제를 피해가려 했지만 나이키, 월마트와 많은 지명도가 높은 다른 기업들은 책임부담으로부터 회피하려하는 다국적기업의 교묘한 전략은 더 이상 효과가 없다는 것을 발견했다. 뉴욕타임즈의 예와 같은 사례들은 다국적기업이 그들의 물품을 생산하기 위해 체결한 계약의 공급자들에 대해서도 책임감을 가져야 한다는 전 세계적인 소비자의 분노와 공적인 요구를 야기했다. 최근에는 애플, 나이키, 월마트 등과 같은 주요 대기업들은 그들의 제품 공급자들에게 대해서도 모니터링을 강화해야 한다는 소비자들의 제품불매운동 압력과 여론의 비판에 대해 수긍하기로 했다.

그러나 이런 위험에도 불구하고 정부, 비정부기구(NGO), 초국적 조직으로부터 압박이 커지게 되면 착취하기 위해 최선을 다했던 다국적기업은 간단하게 공장을 폐쇄하고 다른 도시, 주 또는 국가로 이동한다. 이들 기업은 많은 국가들이 적극적으로 고용을 증진시키고 과세 기반을 증가시키며 새로운 투자로부터 오는 파생효과(spin-off) 이익을 얻으려 노력하고 있다는 점을 알고 있고 이들 국가들 간에 경쟁을 붙이기도 한다. 고전적인 예는 파키스탄에서 축구공을 생산하는 기업들을 통해 찾아볼 수 있다. 아동 노동력을 광범위하게 이용한다는 사실이 언론에 의해 알려지자 이들 기업은 어린아이들이 집에서 바느질을 해서 축구공을 생산할 수 있게 재료를 공급하는 쪽으로 방법을 바꾸었다. 다른 기업들은 방글라데시 정부의 인센티브를 받기 위해 사업체를 옮겼고 그 곳에서 계속해서 아동 노동력을 사용하였다.

부패와 뇌물이 일반적인 나라에서는, 지방 정부 공무원과 규제 기관으로부터 오는 양보와 보조금을 위한 압력은 몇몇의 착취적인 다국적기업들을 불법적인 행동을 하게

5) Steven Greenhouse and Michael Barbaro, "An Ugly Side of Free Trade: Sweatshops in Jordan," *The New York Times*, May 3, 2006.

끔 이끌었다. 몇몇 회사는 "로마에서는 로마법에 따르라"는 태도로 그들의 행동을 정당화하면서 이윤 극대화라는 명분으로 그러한 관행에 기꺼이 참여했다. 1970년대 악명 높은 두 개의 예로, United Brands의 대표는 바나나의 독점을 유지하기 위해 온두라스의 대통령에게 뇌물을 준 혐의로 기소되었고, 미국의 대기업 ITT는 미국에서 민주적으로 선출된 칠레의 정부를 전복시키기 위해 CIA(미국중앙정보국)와 공모한 혐의가 있었다.[6] 그 결과로 미국 의회는 1977년에 해외부패방지법을 통과시켰다. 그러나 이러한 부패 자금 문제는 계속되고 있는데, 2007년과 2011년 사이 미국 정부가 거둬들인 해외부패방지법 벌금은 거의 40억 달러에 이르며, 잘 알려진 가장 최근 사건으로는 월마트가 멕시코에서 점포 개발 허가를 받기 위해 제공한 수백만 달러의 뇌물을 은폐하는 사건이 있었다.

세계적 착취는 값 싼 노동력과 보조금의 지급이라는 비윤리적인 관행보다 더 심각한 형태로 나타나기도 한다. 몇몇 기업의 경우 경제, 사회, 또는 문화적 손상의 결과와 관계없이 시장 확장을 추구한 것이다. 이것의 전형적인 예는 1970년에 발생한 네슬레 사건이다. 당시 네슬레와 다른 영아 분유 제조업체는 선진국에서 출산율이 감소하고 있다는 것을 우려하게 되었다. 이들 기업은 신흥국 시장에 엄청난 기회가 있다고 생각하고 이들 국가에서 강력한 마케팅 정책을 시작했다. 그 일환으로 직원을 고용해 간호사 유니폼을 입히고 그들의 상품 샘플을 나눠주고 아기 분유와 병 샘플을 병원에 무료로 제공하는 전략을 폈다.

유아 사망률과 영양실조 증가의 후속 보고서는 (모유수유의) 관행이 건강에 부정적인 결과를 초래 한 주요 원인으로 우려된다는 결과를 발표했다. 이는 어머니들에게 분유가 "현대적이고 서구적"으로 보이고, 모유수유 관행은 감소하는 결과로 나타났다. 그러나 권장 수준에서의 분유를 사용할 여유가 없었던 어머니들은 분유에 물을 타서 사용했다. 아기는 필요로 하는 영양분을 공급받지 못했을 뿐만 아니라, 분유를 섞는데 사용되는 물은 대부분 설사, 탈수, 영양실조를 일으키는 비위생적인 물이였다. 더 나쁜 것은 모유수유를 통해 어머니로부터 전달되는 모든 면역력을 아기가 받지 못함으로 인해 아이는 병에 대한 저항력이 약해지게 된다는 것이다.

이에 따른 대중의 엄청난 분노는 네슬레 상품에 대한 소비자들의 전 세계적인 불매운동에 이르렀다. 30년이 더 지난 지금까지도 라오스, 방글라데시와 다른 개발도상국들에서 분유 소비를 촉진하는 네슬레의 비윤리적인 행태로부터 소비자를 보호하고자 하는 Save the Children, CARE 그리고 World Vision과 같은 NGO 단체에 의해 불매운동은 지속되고 있다.

다국적기업은 직원과 고객의 삶에 직접 영향을 미칠 뿐 아니라, 또한 그들이 경영활동을 하고 있는 지역사회에 영향을 준다. 하지만 이익 극대화 하나에만 초점을 맞춘 착취적인 다국적기업은 그들의 활동으로 인한 사회적, 환경적 결과에 대해 책임을 지려하지 않는다.

---

6) Anthony Sampson, *The Sovereign State of ITT* (New York: Stein and Day, 1973).

역사상 가장 심각한 산업적 비극 중 하나는 1984년 보팔(인도)의 유니온 카바이드사의 시설에서 있었던 가스 유출 사고이다. 그 사고로 1만 8천명의 사람들이 죽었고, 5만 명의 사람들은 영구적인 장애로 고통 받았다. 이 회사는 4억 7천 달러의 벌금을 부과 받고, 주요 경영진에 대한 형사 소송이 시작되었다. 결국 2010년 인도 법원이 임원 7명에 대한 2년 징역형을 선고했지만, 이를 너무 관대하게 여긴 정부는 곧바로 항소를 제기했다.[7]

이후 수십 년 동안 다국적기업이 책임져야 할 유사한 재해가 지속적으로 발생했다. 멕시코 만에서 일어난 BP의 2010년 딥 호라이즌 오일 장비 폭발 등과 같은 사건은 널리 알려져 높은 관심을 끌었다. 다른 사건 중 하나로 크게 보고되지 않았지만 세계 야생 생물 기금(WWF)에 따르면 니제르 델타에서의 지속적인 기름 유출은 1989년 엑손 발데즈의 기름 유출의 영향보다 최소 50배보다 더 큰 것으로 나타났다. 쉘과 엑손은 대부분의 기름 유출이 석유 파이프 라인 도둑과 무장 운동가들로 인해 야기되었다고 주장한다.

다국적기업은 단일 정부의 법적 구조 밖에서 운영될 수 있기 때문에 일부는 규제와 제어를 강화해야 할 필요가 있다고 생각한다. 대부분의 초국적인 조직과 기관(국제노동기구, 국제연합무역개발협의회, 유네스코)가 다국적기업의 행동을 통제하는데 비교적 효과가 없었기 때문에 다양한 국제 비정부기구가 착취적인 다국적기업들의 행동에 감시자와 통제자 역할을 담당하게 되었다. 비정부기구는 다국적기업의 고객과 주주 또는 규제기관을 대상으로 한 시위, 불매운동 또는 정치적 행동 조직 등을 통해 다국적 기업에 효과적으로 영향력을 행사할 수 있으며 네슬레, 나이키와 쉘은 그들의 경험을 통해 이를 직접 경험했다.

당연히 착취적인 다국적기업은 곧 비정부기구에 대해 적대적인 태도를 키웠고, 비정부기구 또한 마찬가지였다. 다국적 담배 회사의 예를 생각해 보면 규제 압력과 소비자 교육은 서구에서의 그들의 시장을 움츠러들게 했기 때문에 지난 수십 년간 이들은 개발도상국 시장을 타깃으로 해야 했다. 1990년대 초반 동안, 구소련이 몇몇의 독립적인 국가로 분열되었을 때, 담배 광고를 금지시키고, 많은 공공장소에서 흡연을 금지하며, 담배 포장지에 건강 경고 부착을 요구했던 기존의 법은 새로 생성된 국가에서 더 이상 법적 구속력을 갖지 못하였다. 연구원은 "분열 후 (다국적)담배 회사들은 그들의 브랜드를 확립하기 위해 거액의 광고를 통해 소련 법률의 합법성에 대한 혼란을 이용했다."고 밝혔다.[8] 이후 조사에서 밝혀진 바는, 서구와 마찬가지로 이들 국가에서 담배로 인해 성인 남성 사망 수가 두 배 증가한 지역에서는 청소년 흡연 인구도 눈에 띄게 증가했다는 것이다.

공공 보건 연구자와 비흡연 비정부기구들의 반응은 크게 지속되었다. 그들은 금연 통제를 재확립하기 위해 다양한 새로 설립된 정부에 로비를 벌였고 이들 지역에서의 다국적기업의 활동의 부정적인 영향을 선전하기 위해 적극적으로 노력했다. 담배 다국적

---

7) See www.bhopal.com and www.responsiblecare.org.

8) A. B. Gilmore and M. McKee, "Tobacco and Transition: An Overview of Industry Investment, Impact, and Influence in the Former Soviet Union," *Tobacco Control* 13 (2004), pp. 136–42.

기업은 고용 창출과 그들의 투자로 인한 지역 정부의 세수 증가를 강조함으로써 이러한 움직임에 대항했다.

두 집단간의 적대적 관계는 계속되고 있다. 2011년 British American Tobacco(BAT) 사가 담뱃갑 경고 문구 및 경고 사진 부착을 의무화하겠다는 계획에 대해 나미비안 정부를 고소하겠다고 협박하였다. 그러자 50개국의 NGO가 서로 협력하여 나미비안 정부의 계획을 지지하였고 BAT의 "괴롭힘"으로부터 나미비안 정부를 돕겠다는 의지를 표명했다.

착취적인 다국적기업이 잘한 것은 대체적으로 없다. 착취적인 다국적기업은 기꺼이 최종 소비자와 직원의 복지를 무시하고, 정치 엘리트와 공모하며 환경 규범을 위반하고 신흥 시장 지역사회를 잠재적인 위험에 노출시키는 조직이다. 다행히도 이들은 급속하게 쇠퇴하는 종과도 같아 보인다.

거래적인 다국적기업: 법을 존중하면서, 거래하기

비록 앞 절에서 언급한 예시들이 여전히 몇몇 다국적 기업이 착취적인 요소가 있다는 것을 보여주긴 하지만 현재는 이익 극대화를 위한 목적으로 주주만을 위해 운영되는 다국적기업은 거의 없다. 경제학자 밀턴 프리드먼(Milton Friedman)에 의해 주장되고 지지된 순수한 형태인 이 철학(착취적 기업)은 기업이 자선 기부를 하거나 어떤 사회 문제에 대해 반응하는 것에 대해 반대했다. 그러나 오늘날 대부분의 공기업은 적어도 자선의 관용을 발휘하고 지역 사회에 대한 최소한의 세심함을 보여준다. 극단적인 이윤 극대화에 대한 대중의 광범위한 거부로 인해 다국적기업에 대한 최소한의 기대는 오늘날 거래적인 태도라 불리는 것을 기반으로 하는 경향이 있다.

거래적인 태도가 착취적인 태도와 다른 점은 신흥 시장과의 거래에서 법을 준수하고 억압적인 태도를 보이지 않는다는 것이다. 착취적인 상대 기업과는 달리 거래적인 다국적 기업은 무슨 수를 써서라도 경제적 이윤만을 추구하지는 않는다. 실제로 공격적이고 무관심한 태도의 경영활동으로 만들어낸 심각한 일련의 문제에 대해 무심했던 여러 기업들은 착취적인 접근으로부터 좀 더 책임감 있는 거래적인 자세를 취하는 것으로 변화해 오고 있다.

신흥 시장 고객에 대해 거래적인 다국적기업의 관계는 네슬레의 경험이 보여주는 끔찍한 실수를 피할 수 있다. 이 변화는 매우 다른 요구를 하는 고객이나 매우 다른 특성을 가진 시장을 위해 개발된 상품의 판매가 사회적으로, 문화적으로, 경제적으로 부적합할 경우 해당 판매를 하지 않는 세심함을 가지는 것을 나타낸다. 이런 주의점을 넘어서서 기업들은 현지의 요구나 취향을 만족시키기 위해 기꺼이 제품이나 서비스에 사소한 수정을 가할 용의가 있으며 물론 이러한 변화는 시장 점유율을 확대시키고, 이익을 증가시키며 기타 다른 상업적 요구를 충족시킨다는 확실성이 있어야만 발생될 것이다.

예를 들어 맥도날드나 KFC 같은 세계적인 패스트푸드 거대조직은 국가별로 그들이 제공하는 상품이나 서비스 방식에 약간의 수정을 가할 수는 있지만 표준 메뉴로부터 아주 크게 벗어나지는 않는다. 그리고 그들은 일반적으로 그들이 진출한 나라에서 좋은, 법을 준수하는 납세 기업으로 여겨지지만, 한편 문화적인 무심함 혹은 그보다 심한 이유로 인해 비난을 받기도 한다. 특히 공중보건 분야에서 많은 정부 기관들은 지역에서 생산된 고섬유질의 자연식품을 먹는 식습관에서 고지방의 가공된 음식으로 식습관을 바꾸도록 유혹 당하고 있는 개발도상국 국민들의 건강에 대한 위험성이 증가하는 것에 대한 우려를 표명했다.

고용자들과의 관계에 있어서는 거래적인 다국적기업이 현지 노동법과 국제노동기구(ILO)의 지침을 준수하기 때문에 일반적인 다른 착취적인 기업보다 훨씬 덜 잔인하거나 덜 억압적인 방식으로 관계를 맺고 있다. 예를 들어 거래적인 다국적기업은 자사의 직원 또는 하청업체를 우리가 앞의 부분에서 살펴 본 '노동착취공장'과 같은 조건에서 일하도록 하지 않는다. 그러나 그 기업들이 노동법과 취업 규칙은 준수하지만, 그들의 당초 투자를 결심한 이유인 저임금 노동력의 혜택을 보기 위해 직원과 거래처에 압력을 행사할 수도 있다.

최근에 널리 알려진 사례를 살펴보자. 하청업체의 열악한 근로환경에 대한 보고가 계속되자 애플은 더 이상 문제를 묵인할 수 없음을 깨닫게 되었다. 지난 몇 년 동안 애플은 열악한 노동 관행이 애플이 아닌 하청 업체의 문제라고 주장하면서 시민 단체의 압력에서 한 발짝 비켜 있었다. 마침내 이러한 압력의 결과로 애플은 2007년부터 하청 업체의 생산 공장에 대한 감사 보고서를 작성하기 시작했다. 그러나 2010년 5월 애플의 제품을 생산하는 중국 남부에 있는 폭스콘 공장에서 9번째 자살이 발생했다고 알려졌고 이는 대중의 분노를 촉발시켰다. 이에 대응해 폭스콘은 기숙사에서 투신을 막기 위한 안전망을 설치했고, 공장 환경을 개선했으며 임금을 올려주었다. 그러나 1년 뒤 감사 기관은 폭스콘이 직원들에게 적절한 보상 없이 일주일에 100시간까지 작업하도록 강요했다고 보고했다.

더 바람직한 규정의 준수 및 투명성 보장을 위해, 애플은 이후 공정 노동 협회(이 협회에 가입한 첨단 기술 회사는 애플이 최초이다)에 가입하고, 비영리 단체가 애플 하청업체의 공장 검사를 실시할 것을 요청했다. 공급 업체 공장의 근로 조건에 대한 2012년 연례 보고서에서 애플은 부품 공급 회사 156곳의 이름과 그들의 표준 규정 준수 사실을 발표했다. 보고서가 출간된 후 애플과 토론을 거친 뒤, 폭스콘은 근로자의 임금을 25% 올리고 중국의 법정 노동 시간인 주당 49시간 이상을 근무할 필요가 없음을 직원들에게 약속했다.

그 지역 사회 및 사회 전반에 대한 태도에서 거래적인 다국적기업은 착취적인 다국적기업과 같은 수준의 무관심과 무책임을 드러내 보이지 않는다. 거래적인 다국적기업이 구소련의 담배회사들, 아프리카의 네슬레, 보팔의 유니온 카바이드(Union Carbide) 등의 경험에서 배운 하나의 교훈은 지역 및 국제 법률 및 규정의 문자와 정신을 모두 따르는 것이 경제적으로도 이득이라는 점이다.

이러한 변화의 증거는 북미 자유 무역 협정(NAFTA) 체결 이후에 등장하기 시작했다.

많은 이들은 다국적 기업이 멕시코의 낮은 환경 기준 혹은 느슨한 법의 집행을 이용해 더러운 화학, 금속 또는 제지 공장을 세울 것이고 이로 인해 멕시코가 다국적 기업의 오염 피난처가 될 것이라고 예측했다. 그러나 10년이 더 지난 후 주요 연구는 "더러운 산업의 확연한 이동은 발생하지 않았다"고 결론을 내렸다.[9] 기업의 규정을 강화하는 미국에서 멕시코로 도망가는 이러한 대규모 이동이 없었다는 사실은 대부분의 다국적기업이 신흥시장에서 법을 준수하고 비착취적인 태도를 가지기 시작했음을 나타낸다.

적어도 거래적인 다국적기업은 그 지역 사회에 히포크라테스 선언 스타일의 접근방식을 취하고 있다(고대 그리스의 의사인 히포크라테스는 의사들의 맹세 중 한 부분인 "먼저 해로움이 없게 하라"는 표현과 함께 신뢰를 받았다). 다국적기업의 이러한 태도는 최악의 폐단을 방지할 수는 있지만, 거래적인 다국적기업이 완전히 신뢰를 받거나 그들의 행동을 규제당국 또는 비정부기구들이 신중하게 감시하지 않는다는 의미가 아니다. 최근 세계적 비정부기구는 다국적기업으로 하여금 기업이 사회, 경제, 환경에 미치는 영향에 대해 더 많은 책임감을 가지도록 압박하는 좀 더 적극적인 역할을 수행하고 있다.

나이키의 예를 살펴보자. 1990년대 나이키가 비정부기구의 요구를 크게 수용했음에도 했음에도 불구하고—예를 들면 나이키는 신발 공장 노동자의 최소 나이를 14세에서 16세로, 결국에는 18세로 올렸다—비정부기구들은 나이키에 대한 감시를 계속 했다. 왜냐하면 나이키는 매우 수익성이 높고 독보적인 업계 리더이며, 주로 신흥시장에서 50만 명 이상을 채용하는 700개의 공장을 취급하기 때문이다. 하지만 나이키와 비정부기구들 간의 관계는 그 이후 서서히 변했다. 비록 활동가 중심의 제품불매운동과 시위가 일부에 남아 있지만 격렬함의 정도는 크게 줄어들었다. 회사가 비정부기구의 요구를 더욱 준수하기 위해 움직일수록 비정부기구의 역할은 활동적인 적으로부터 경계하는 감시단체로 진화했다.

비록 서로를 항상 열성적으로 포용하지는 않지만 비정부기구와 거래적인 다국적기업간의 관계는 대립과 비난은 덜하고, 감시와 도전은 더하도록 이루어져 있다. 비정부기구들은 "해가 되는 활동을 하지 않는 기업"이 긍정적이라는 점에는 분명 동의하지만 이를 넘어서 21세기의 다국적기업이 충분한 역할을 수행하고 있는지에 대한 여부를 검토하기 위해 도전하고 있다.

대응적인 다국적기업: 차이 만들기

우리가 앞서 살펴보았듯이 과거에 많은 수의(아마도 대부분의) 다국적기업은 매우 착취적이거나 거래적인 행동을 취해왔다. 그러나 최근에는 지속 가능한 전략의 관리 개념이 책임감 있는 기업 환경 정책을 개발할 필요성에 대한 통과승인으로부터 기업이 광범위한 사회적 경제적 환경 속에서 중요한 참가자로서, 원인제공자로서 기업의 장기적인

9) Gustavo Alanis-Ortega, "Is Global Environmental Governance Working?" *The Environmental Forum,* May/June 2006, p. 23.

생존능력을 반영한 철학을 명확히 해야 한다는 인식으로 이동하였다. 이러한 관점은 관리자들로 하여금 그들이 기업 활동을 하는 사회에서 그들의 책임감과 역할, 지역 주민에 대해 더 넓은 시각을 갖도록 요구한다.

2006년 맥킨지 조사는 전 세계의 임원들이 그들의 큰 책임을 인식해 가고 있고 그들이 수행해야 할 폭넓은 역할에 확신을 높여가고 있다는 사실을 보여준다. 16개국의 4,238 임원을 대상으로 한 조사에서 응답자의 16%만이 주주 수익률 극대화에 초점을 두는 것을 자신의 책무라고 본 반면 84%는 주주들에게 높은 수익을 제공하는 것은 더 폭넓은 선과 균형을 이루어야 한다는 입장을 나타낸 것으로 조사되었다.[10]

우리가 '대응적인 다국적 기업'이라고 명명한 이들 기업은 위의 조사와 같은 시각을 반영했고, 단순히 법을 준수하는 기업 이상이 될 것을 약속했다. 즉 다국적기업이 활동하는 모든 환경에서 기여적인 기업이 되기 위한 의식적인 노력을 하겠다는 것이다. 착취적/거래적인 기업과 비교해 볼 때, 대응적인 다국적기업은 개도국 이해관계자의 다양한 요구에 더 민감하게 대응하며 일반적으로 자사의 고객, 직원, 지역사회를 다루는 방식에서 이러한 행동들이 더 적극적으로 나타난다.

그의 책 '저소득층 시장을 공략하라'에서 C.K. Prahalad는 다국적기업은 세계에서 가장 가난한 국가의 발전에 기여해야 하는 책임이 있다고 주장했다. 그는 "큰 기업이 큰 문제를 해결할 수 있다."이라 했다. 그러나 그는 또한 그렇게 함으로써 기업들은 40억 명의 커다란 미개발 시장에 진입하는 엄청난 기회를 이용할 수 있다고 했다. Prahalad는 개발도상국에 투자하여 일자리와 부, 잠재적 고객을 창조함으로써 다국적기업이 일 년에 2,000달러 이하를 버는 전 세계인구의 2/3가 속한 수 백 만 명의 고객을 글로벌 시장으로 유치할 기회를 가질 수 있다고 주장한다.[11]

일부 기업은 이러한 기회에 대해 이미 수십 년 동안 알고 있었을 것이다. 그리고 이를 제일 잘 아는 기업이 인도의 유니레버 자회사인 Lever이다. 유니레버의 인도 자회사로 한 세기 이상 활동하며 Lever사는 인구가 조밀한 나라인 인도에서 개발 규모와 성장률을 높이기 위해서는 인도에 진입하는 대다수의 다국적기업들이 전형적으로 집중하는 중간 및 상위 소득 수준의 소비자들을 넘어서 타겟 시장을 확장해야 한다는 점을 알았다. 수십 년 동안 Lever사는 가난한 농촌지역 소비자의 매우 다양한 요구와 경제적 필요에 맞추어 회사의 제품과 기술을 수정함으로써 시장을 확정하고자 했다. 예를 들면 Lever는 유니레버의 우수한 세제 기술을 이용해 단순한 세탁비누를 개발했다. 주로 마을 세탁장이나 개울가에서 찬물로 빨래를 손세탁하는 현지 방식에 적합한 뛰어난 세척 기능을 가진 비누를 개발한 것이다. 또한 이 회사는 작은 시골 상점과 외딴 마을에서 제품을 판매하여 얻은 판매 수수료로 생계를 유지하고 있는 5만 명의 샤크티 여성의 네트워

10) "McKinsey Global Survey of Business Executives: Business and Society," *McKinsey Quarterly,* January 2006, available at http://www.mckinseyquarterly.com/article_page.aspx?ar=1741&L2=39&L3=29.

11) C. K. Prahalad, *The Fortune at the Bottom of the Pyramid* (Upper Saddle River, NJ: Wharton School Publishing/Pearson, 2005).

크를 통해 물건을 판매함으로써 지역 경제 현실과 사회 구조에 적응했다.

나아가 의료 진단 장비와 같은 정교한 제품 시장에서도 다국적기업은 대응적인 태도를 취함으로써 첨단 기술을 개발도상국에 도입할 수 있다. 예를 들어 GE 헬스 케어는 보건 의료 시스템 예산이 제한적이고 니즈가 단순한 개도국에 맞는 진단 제품을 개발하기 위해 인도의 R&D 센터에 6천만 달러를 투자했다. 비록 미국의 진보된 모델 가격보다 약 40% 정도 낮은 컴퓨터 단층촬영장치(CT)의 경제적인 모델을 판매하고 있지만 덜 개발된 시장에서의 이런 제품에 대한 시장 잠재력은 매우 크다. 이 회사는 현재 암, 심장병, 뇌에 대한 개선된 진단을 제공하는 CT 스캐너인 자사의 최신 양전자 방출 단층 촬영기(PET)를 2014년까지 변형하여 기계 가격을 최신 모델에 비해 30%에서 40% 정도 낮추고자 하고 있다.

이 거대하고 이전에는 수용되지 못했던 시장의 수요에 직면하여, GE사는 골드 실 프로그램이라 불리는 사업을 창출하기 위해 현재 제품군을 변형하는 것 이상의 노력을 하였다. 이 프로그램으로 이 회사는 중고 x-선 기계 및 CT 스캐너를 구해 원래의 사양으로 재개조하여 이를 개발도상국 시장에 재판매하였다. 비록 가장 최신 기술을 보유한 최신 모델은 아니지만, 개도국들의 수요는 매우 높았으며, GE사는 이러한 결단으로 10억 달러 규모의 개조 진단 장비의 시장에서 세계시장 30%의 점유율이라는 성과를 얻었다. 더욱 주목할 것은 이 시장이 연평균 15%로 성장하고 있다는 점이다.

그러나 대응적인 다국적기업들은 얼마나 유연하고 대응적인지가 문제가 아니라, 개도국의 경제를 개발하는 상업적인 참가자 이상의 역할을 받아들인다. 또한 이런 기업들은 자신들과의 관계를 통해 소비자의 삶에 긍정적인 영향을 미치는 좋은 기업 시민이 되어야 한다는 책임을 느낀다. 예를 들어 스타벅스는 지역의 환경 및 노동 관행을 개선하면서 동시에 자신들에게 커피를 공급하는 농부들이 더 높은 가격에 공급을 할 수 있도록 도와야 하는 책임이 있다는 것을 인정했다. 2004년에 스타벅스는 국제보전협회(Conservation International)과 협력하여 스타벅스와 공급 농민 간에 새로운 계약의 주요 사항을 제안하는 커피-농부 공정성 프로그램(CAFE)을 만들었다. 국제보전협회가 제정 및 모니터링 하는 노동 및 환경기준을 준수하는 보답으로, CAFE 기준을 충족한 농부들에게 장기계약과 가격 프리미엄을 포함한 '우선공급업체' 지위를 제공했다. 2011년에 스타벅스 커피의 86%가—8억 7천 5백 달러 상당의 커피 3억 6천 7백 파운드—이 CAFE의 가이드라인을 따른 농장들로부터 공급되었다.

이들과 다른 대응적인 다국적기업들의 행동 대부분은 유엔 사무총장인 코피 아난이 1999년 다보스에서 열린 세계 경제 포럼에서 도입한 이래로 130개국의 8,600개 이상의 기업이 서명한 자발적인 글로벌 콤팩트(Global Compact)가 장려하는 행동 표준을 반영한다.[12](글로벌 콤팩트의 핵심원리를 나타내는 표 8-1 항목 참고) 비록 법제화된 구속력

---

12) More recently, the Global Compact has helped establish the Principles for Responsible Management Education (PRME). Its mission is to "inspire and champion responsible management education, research, and thought leadership globally."

표 8-1 글로벌 콤팩트의 10대 원칙들

인권

1. 기업들은 국제적으로 선언된 인권보호를 지지하고 존중한다.
2. 인권 침해에 가담하지 않고 있음을 확인한다.

노동 기준

3. 기업들은 결사의 자유와 단체교섭의 권리를 보장한다.
4. 모든 형태의 강제 노동을 배제한다.
5. 아동 노동을 효과적으로 폐지한다.
6. 고용 및 업무상 차별을 근절한다.

환경

7. 기업들은 환경 문제에 대한 예방적 접근을 지지한다.
8. 보다 많은 환경적 책임을 지는 데 앞장선다.
9. 환경친화적인 기술의 개발 및 확산을 지원한다.

반부패

10. 기업들은 부당취득 및 뇌물 등 모든 형태의 부패를 근절하기 위해 노력한다.

Source: www.unglobalcompact.org/AboutTheGC/TheTenPrinciples/index.html.

있는 법안이 아니라 자발적이고 자율규제적인 규범이지만, 글로벌 콤팩트는 다국적기업이 개발도상국에서 좀 더 대응적이고 건설적인 역할을 받아들이도록 장려하는 발전 방법을 제시한다.

변혁적인 다국적기업: 폭 넓은 변화를 선도하기

최근에는 개도국의 문제와 요구에 즉각적이고 민감하게 대응할 뿐만 아니라 그 근본 원인을 해결하기 위한 광범위한 스케일의 노력에 솔선하는 민간기업의 사례가 증가하고 있다. 그런 조치를 취하기 위한 비용과 노력을 고려해볼 때 가장 대담하고 눈에 띄는 이니셔티브가 민간 분야의 개인 및 기업으로부터 시작된다는 점이 놀라운 것은 아니다. 빌 게이츠와 조지 소로스와 같이 두드러지는 현대의 글로벌 박애주의자는 세계에서 가장 도움이 필요한 사람들의 건강, 교육, 복지의 가장 큰 문제 중 일부를 해결하기 위해 수십억 달러를 투입하여 재단을 만들었다.

또한 몇몇 큰 회사는 도전을 강화했다. 엄청난 노력이 필요함에도 불구하고 이러한 선구적인 변혁적 다국적기업은 개발도상국이 직면한 문제의 해결을 돕기 위한 주요 사업을 이끌고 있다. 이들은 좋은 기업 시민이 되는 것을 넘어 개도국의 민족과 정부가 직면하고 있는 거대한 문제를 해결하기 위해 기업 자원을 동원함으로써 개도국에서의 더 큰 역할을 할 수 있고 해야만 한다는 결론을 내렸다.

대부분의 변혁적인 다국적기업은 우리가 대응적인 다국적기업라고 기술한 기업들의 비즈니스 연계 활동 노력이 높은 수준으로 발전한 것을 말한다. 예를 들면 하이네켄은 1990년대에 아프리카에서 AIDS가 유행할 때, 6천명의 아프리카 직원들을 위해 AIDS

예방 및 교육 프로그램을 만들었다. 2001년 이 회사는 프로그램을 확대해 감염된 모든 직원들에게 무료로 항 레트로 바이러스 약물을 제공했고, 나중에는 직원 가족에까지 혜택을 확대했다. 이후 몇 년 동안 하이네켄은 진료소를 확대하여 2007년까지 30,000명의 HIV 양성 환자들에게 치료를 제공하였다. 이 후 '하이네켄 아프리카 재단'을 설립했고 이를 통해 '사하라 사막 이남의 아프리카 국가 8곳에서 예방, 치료 및 연구 프로그램을 진행하였다.

최근 변혁적인 다국적기업으로 단숨에 변신을 이룬 또 다른 회사는 유니레버이다. 유니레버의 '지속 가능한 생활 계획'은 2020년까지 전 세계적으로 10억 명의 건강과 복지를 향상시키고, 그들의 제품이 환경에 미치는 영향을 50% 줄이며, 지속 가능한 생산자로부터 농산물을 100% 조달하는 노력하는 것이다. 이런 대담한 계획은 매년 모니터링 및 보고되는 60개 이상의 사회적, 경제적, 환경적 목표로 나뉜다. 초반 결과는 놀라웠다. 보고의 첫 해인 2011년, 60개 분야에 대한 보고서의 표본은 회사의 손 세척 및 구강 관리 프로그램이 1억명에게, 안전한 식수 프로젝트는 3천 5백명의 사람들에게 전달된 것으로 나타났다. 또한 지속 가능한 공급 원료의 비율이 14%에서 24%로 증가했다. 그리고 전 세계적으로 퍼져있는 50만 소농과 7만 5천개의 소규모 유통 업체를 프로그램에 참여시켰다. 유니레버의 CEO, Paul Polman은 프로그램에 대해 단지 책임감 있는 회사라면 당연히 해야 할 일이라고 설명했다. 그는 "나는 우리의 계획이 경쟁 우위를 제공하는지에 대해서는 관심이 없다. . . 단지 그것은 장기적으로 사업을 할 수 있는 유일한 방법일 뿐이다."라고 말했다.

종종 장기적인 문제나 뿌리 깊은 관습에 대한 도전을 다루기 때문에 이러한 변혁적인 프로그램은 특히 사회적, 경제적 환경이 매우 다른 문화적 규범과 법적 프레임의 적용을 받을 때 시행하기가 어려울 수 있다. 따라서 결과를 달성하기 위해서는 장기적인 학습, 적응, 무엇보다도 의지가 필요하다. 가장 오래 된 변혁적인 변화의 예 중 하나는 개발도상국에만 존재하는 질병인 사상충증 박멸을 위한 머크(Merch)의 노력이었다. 이 거대 제약 회사가 1987년 강변 실명증을 방지하기 위한 치료제를 개발했을 때 이 질병에 시달리는 1천 8백만 명의 환자 및 질병에 걸릴 위험이 있는 1억 명의 인구 중 치료제를 구매할 수 있는 사람은 거의 없다는 것을 알게 되었다. 그래서 이 회사는 이 질병으로 고통받거나 노출될 위험에 있는 사람들을 위해 필요한 기간 동안 이 약품을 무료로 제공하기로 결정했다. 지난 25년 동안 수많은 유엔 및 정부 기관, 시민 단체, 지역 사회와의 협력으로, 머크사의 프로그램은 아프리카와 남미에서 7억 명 이상의 환자를 치료하기 위한 Mectizan정제를 무료로 공급하였다. 최근에는 매년 이 혜택을 누리는 사람들이 1억 명에 이르고 연 4만 명으로 추정되는 실명 사례들을 방지하고 있다.

위의 예가 보여준 것처럼 이러한 활동의 대부분에서, 다국적기업은 비정부기구나 초정부기관(supragovernment agencies)과 파트너십을 맺어 기업이 부족한 부분인 사회 프로그램의 전달에 전문성을 더하곤 한다. 이렇게 함으로써 다국적 기업들은 착취적 혹은 거래적인 태도로 비정부기관들과 적대적 혹은 방어적 교류를 하던 것과는 매우 다른 관계를 이들 기관들과 형성하게 되었다. 이러한 파트너십은 두 그룹 모두의 자원과 능력을 활동하도록 하였고, 세계의 가장 가난한 나라들의 경제적, 사회적 발전을 가속화하기 위해 꼭 필요했으나 그 동안은 이루어지지 못했던 변화를 이끄는 원동력이 될 수도 있을 것이다. 그럴 경우 다국적 기업은 세계무대에서 더욱 중요하고 존경 받는 역할을 할 수 있을 것이다.

결언

시간이 지남에 따라, 전 세계의 현지에서 운영하는 다국적기업의 역할, 책임 그리고 기대에 대한 발전이 이루어져 왔다. 1970년대에 '위기에 처한 국가주권(Sovereignty at Bay)'과 '다국적기업의 위기(Storm over the Multinationals)'이라는 두 책을 출판한 하버드대 교수 Ray Vernon은 그의 저서에서 그 시대의 개발도상국 내 현지 정부와 다국적기업과의 관계를 특징지었던 "경제적 패권과 경제적 의존"에 대한 우려를 표명했다.[13] 그리고 그 당시 다국적 기업들에 의한 다양한 부패 또는 착취적인 행동을 "많은 국가에서의 긴장과 불안"으로 묘사하였다.

이 장의 첫 부분에 설명했던 일화처럼 다국적기업은 여전히 무감각과 무책임이라는 혐의로부터 자유롭지 못하다. 그러나 버논의 연구가 발표되고 30년이 흐른 뒤, 다국적기업이 '국가주권을 위태롭게 하고 있다'는 우려는 점차 가라앉았다. 그리고 한때 다국적기업의 제한 받지 않는 권력을 통제하는 데 꼭 필요하다고 생각되었던 효과적인 초국적 국제기관 설립은 비록 성공하지 못했지만 다수의 매우 효율적인 세계적인 비정부기구들은 활발한 "감시자"의 역할을 수행하고 있다. 이 장에서 보여주는 몇 가지 인용례처럼 비정부기구는 변화를 일으키기 위한 방법으로 소비자, 주주, 기타 회사의 이해관계자들에 대한 영향력을 매우 효율적으로 행사할 수 있게 되었다.

그러나 가장 큰 변화는 기업의 사회적 책임과 지속 가능한 전략에 대한 다국적 기업의 태도가 변했다는 것이다. 비록 소수의 기업들은 여전히 착취적인 태도를 보이고 있으나 대부분의 기업들은 적어도 거래적인 태도를 채택했다. 또한 대중, 정부, 비정부기관의 영향력이 커지고 주주들의 기대가 높아지면서 기업들이 점점 대응적 모델, 심지어는 변혁적인 모델로 이동하고 있는 것이 뚜렷한 트렌드이다.

신흥 시장에서의 사회적 요구는 크며, 다국적기업과 경영자들은 이러한 요구에 대응하도록 하는 압력과 격려 모두를 느끼고 있다. "피라미드 하단에 속하는 사람들"의 삶을 변화시키는 활동에 기업 자원을 투입하는 것은 다국적기업의 가장 중요한 투자 가운데 하나일 것이다.

---

13) Raymond Vernon, *Sovereignty at Bay* (New York: Basic Books, 1971); Raymond Vernon, *Storm Over the Multinationals: The Real Issues* (Cambridge, MA: Harvard University Press, 1977).

신흥시장에서의 MNE/이해관계자 관계: 유형별 분류

MNE의 대응과 태도	이해관계자					
	경제적			사회적	정치적/규제적	
	주주	고객	종업원/공급자	지역 사회	정부와 초국가기관/규제기관 (예: UN)	비정부기구
착취적 악용 가능한 기회로써 근무조건과 생활수준, 임금에 차이를 두는 관점	밀턴 프리드먼의 관점을 채택한다: 오직 합법적인 역할이 주주들의 수익을 극대화하는 것이다.	그들이 부정적인 사회적 또는 경제적 영향을 미칠 경우에도 기존의 제품과 서비스를 판매한다.	기존 지역의 임금, 근로조건 및 공급업체를 가능하면 그들을 낮추어 착취한다.	사회적 또는 환경적 영향에 대한 사회 책임을 지지 않는다.	서로에 대한 국가의 투자 판을 처리하는 협상력을 이용하여 양보와 보조금을 추구한다. 만약 뇌물과 부패가 존재하는 경우, 혜택을 이길 수 있는 지역의 관행에 종사.	상대방: 비정부기구는 정치운동, 불매운동, 보호를 통해 다국적 기업의 행동을 변화시키는 영향력을 위해 적극적으로 활동한다.
거래적 법을 준수하는, 비 착취적인, 상업 상호 작용에 종사한다.	주주의 수익에 초점을 두지만, 순수한 프리드먼 접근방식은 주주의 장기적 이익과 일치하지 않는다고 생각한다.	어떤 다른 시장으로 취급한다. 만약 그들이 경제적으로 실용적이며, 시장 점유율을 높일 수 있는 경우 제품을 개조한다.	현지의 노동 법률 및 직장 규정을 준수한다. 가격으로 그들을 압박하면서 비용 효율적인 현지의 원천을 사용한다.	사회를 향해 히포크라테스 선서 방식을 채택:(즉 "첫째, 해를 끼치지 않는다")	현지의 법률과 규정을 준수하지만 경쟁우위를 확보하기 위해 국가의 차이를 사용한다.	감시: 비정부기구는 촉구하거나 더 많은 것을 밀어붙여서 다국적기업의 행동을 감시한다.

	이해관계자					
	경제적			사회적	정치적/규제적	
	주주	고객	종업원/ 공급자	지역 사회	정부와 초국가기관/ 규제기관 (예: UN)	비정부기구
대응적						
모든 직접적인 이해관계자의 요구에 민감하게 반응하는 방식으로 행동한다.	운영되는 환경에서 좋은 기업 시민이 되어 책임감을 느낀다.	지역의 요구를 충족하기 위해 잠재적으로 중요한 제품이나 서비스 개발 및 개조에 투자한다.	직원에 대한 배려와 그들의 기술을 개발하기 위해 최선을 다한다. 직원의 근무 조건을 개선하기 위해 구매력을 사용하여 적극적으로 지역 원천에 관여한다.	운영되는 지역사회에서의 접촉하는 생활이 긍정적으로 영향을 미치는 것을 목표로 한다.	지역의 최소의 법적 요구사항을 초과하는 행동의 표준을 설정한다. 높은 국제 표준에 부합(예:ILO 또는 유네스코에 의해 설정)	관찰자: 비정부기구는 중립적 또는 부분적으로 다국적기업에 종사할 수 있다. 제한된 상호 신뢰.
변형적						
삶의 향상을 가져올 주요 전략은 폭넓은 사회로 변화시킨다.	문제의 근본원인에 대한 부담 자원을 가져와서 회사에 대한 해결책의 일부가 될 투자자들을 설득한다.	빈곤한 사람들을 도움으로써 안정성과 신용을 만들고 세계의 고객 기반을 성장시킬 것이라고 믿는다. 지역의 요구를 충족시키기 위해 특별히 제품이나 서비스를 개발한다.	직장의 내부 및 외부에서, 직원의 생활을 개선하기 위해 최선을 다한다. 지역 공급업체에 부응하는 작업 표준을 글로벌 공급 사슬 네트워크에 제공한다.	폭넓은 사회에서 삶의 질을 개발하도록 이끈다. (예: 건강 개선, 교육)	적극적으로 지역의 기준을 높인다. (예를 들어, 선진국의 직장 보건 및 안전 기준을 전송) 국제기구의 변화 의제를 지원(예: WHO, 유네스코)	파트너: 비정부기구가 함께 일하고 같은 목표를 향해 노력하여 다국적 기업을 지원한다.

Case 8-1 인도산 러그 및 아동 노동과 관련된 이케아의 글로벌 소싱 문제

Christopher A. Bartlett, Vincent Dessain and Anders Sjöman

1995년 5월, 마리안 바르너(Marianne Barner)는 어려운 결정에 직면했다. 그녀는 세계 최대 규모의 가구 소매업체인 이케아(IKEA)에서 근무한 지 이제 막 2년이 되었고 카펫사업 부문의 지역 관리자를 담당하게 된 지 채 1년이 안되었지만, 그녀는 회사의 주요 인도산 러그 공급자들 중의 하나를 잘라내야 하는지에 관한 의사결정을 해야만 했다. 이러한 결정은 공급의 혼란을 가져오고 판매에도 영향을 미치겠지만, 그렇게 해야 하는 이유들이 설득력이 있다는 것을 그녀는 알고 있었다. 독일 TV 방송국이 방금 해당 공급자를 이케아(IKEA)에 납품할 러그 생산과정에서 아동 노동을 사용한 업체로 지목하는 탐사보도를 방송했다. 바르너(Barner)를 화나게 하는 것은 다른 모든 이케아(IKEA) 공급자들과 마찬가지로 이 큰 규모의 인정받는 문제의 회사가 최근에 위반 시 계약을 해지하는 조건으로 아동 노동의 사용을 명백히 금지하는 공급계약의 추가조항에 서명했다는 것이었다.

이러한 단기적 결정보다 더욱 어려운 것은 이 문제에 대하여 이케아(IKEA)가 취해야 하는 것으로 바르너(Barner)가 알고 있는 장기적 행동이었다. 한편으로 그녀는 인도 카펫 산업에서 아동 노동의 사용에 대한 우려가 증가하자 이에 대한 업계 전반의 대응에 참여하라는 압력을 받고 있었다. 최근 조직된 제조업체들, 수입업자들, 소매업체들 그리고 인도의 비정부 조직들(NGOs)의 연합은 이 사안에 대하여, 아동의 노동 없이 제조된 카펫임을 인증하기 위해 부착되는 라벨인 "러그마크(Rugmark)"의 발급 및 사용의 감시를 제안하고 있었다. 이와 함께 바르너(Barner)는 현 상황에 대한 이케아(IKEA)의 대응이 의미하는 바가 무엇이든 간에 "아동에게 있어 최선의 이익"을 위한 것이어야 한다고 주장하는 스웨덴의 아동권리전문기관인 '세이브더칠드런(Save the Children)' 기구의 사람들과 대화를 나누었다. 마지막으로 이케아(IKEA)가 이 사태를 그대로 두어서는 안 된다고 생각하는 사람들이 있었다. 인도산 러그는 이케아(IKEA) 총매출액의 작은 부분을 차지했고, 이러한 사람들에게 이 제품 라인을 유지할 경우에 겪게 될 시간, 비용 그리고 평판의 위험은 잠재이익만큼의 가치가 없는 것으로 보였다.

세계적 기업의 탄생과 성장[1]

이케아(IKEA)의 사업 운영방식을 이해하기 위해서는, 70세의 창업자 잉바르 캄프라드(Ingvar Kamprad)의 철학과 신념을 이해해야 한다. 1986년 CEO의 자리에서 물러났지만 거의 십년 후까지 캄프라드(Kamprad)는 명예회장 직함을 유지했고 여전히 회사의 활동에 깊이 관여하고 있었다. 하지만 지속되는 그의 존재보다 훨씬 강력한 것은 아마도 그가 확고하게 지녔던 가치와 신념일 것이고, 이는 오래전에 이케아

■ Christopher A. Bartlett교수, HBS Europe Research Center 전무이사인 Vincent Dessain 그리고 Research Associate인 Anders Sjöman이 이 사례를 작성했습니다. HBS 사례들은 오로지 수업 토론용으로 작성되었습으며, 때때로 특정한 세부내용들은 위장되어 사용하였습니다. 본 사례 보고서는 사례 확인 자료나 1차 자료원 또는 효과적이거나 비효과적인 경영을 묘사하기 위해 작성되지 않았습니다.

1) 이 절에서 묘사하고 있는 회사의 상세한 역사는 다음의 문헌을 참고바람. Bertil Torekull, "Leading by Design—The IKEA Story" (New York: Harper Business, 1998), and on the IKEA website, available at http://www.ikea.com/ms/en_GB/about_ikea/splash.html(2005년 10월 5일 접속).

(IKEA)의 문화에 깊이 내재되어 있었다.

캄프라드(Kamprad)가 이케아(IKEA)라고 명명한 우편주문방식의 회사를 시작했을 때 그는 고작 17살이었다. 이케아(IKEA)란 이름은 그의 이니셜(IK) 그리고 스웨덴 남부의 숲에 위치한 가족 농장의 명칭인 엘름타리드(Elmtaryd)와 스웨덴 남부 숲에 위치한 교구명(敎區名)인 아군나리드(Agunnaryd)의 이니셜을 조합한 것이었다. 가족의 주방에서 일하면서 그는 저가 공급처에서 구매한 만년필, 라이터 그리고 바인더 같은 상품들을 판매했고 지역 가게 주인들에게 소식지를 보내어 광고를 했다. 1948년에 캄프라드(Kamprad)는 자신의 소식지에 가구를 추가하면서 경쟁자들과 일전을 벌였고 새로운 라인의 즉각적인 성공으로 인해 캄프라드(Kamprad)는 기존에 취급했던 작은 품목들을 포기하게 되었다.

1951년에 그는 제품의 반품을 줄이기 위하여 엘훌트(Älmhult) 인근지역에 전시 매장을 열고 고객들이 구매 전에 제품들을 살펴볼 수 있게 했다. 이러한 방식은 매우 성공적이었고 고객들은 매장을 방문하기 위하여 수도 스톡홀름에서 기차를 타고 7시간씩 여행을 했다. 매장의 성공을 바탕으로 이케아(IKEA)는 더 이상 우편으로 주문을 받는 방식을 중단했다. 후에 캄프라드(Kamprad)는 다음과 같이 회상했다.

"현대적 이케아(IKEA) 개념의 기초는 (그 시기에) 창조되었고, 원칙적으로 이 개념은 여전히 적용되고 있어요. 다른 무엇보다도 우리는 카탈로그를 사용하여 사람들이 전시장, 현재는 우리의 매장을 방문하도록 유인하고 있죠. 그리고 카탈로그를 손에 든 고객들은 자신을 위한 심플한 인테리어를 볼 수 있고 사고 싶은 가구를 만져볼 수 있어요. 그리고 주문서를 작성하는 거죠."[2]

캄프라드(Kamprad)는 자신의 가구 소매업 모델을 개발하고 개선할수록 굳게 단결된 가구 제조업체들의 카르텔이 가격을 높게 유지하기 위하여 스웨덴 산업을 조종하는 방식에 점점 더 실망했다. 그는 그 상황을 사업 기회뿐만 아니라 바로 잡고 싶은 받아들일 수 없는 사회문제로 보기 시작했다. 나중에 "많은 사람들을 위해 더 좋은 생활을 만듭니다."라고 표현되는 이케아(IKEA)의 비전이 나타나기 시작했다. 그는 다음과 같이 썼다.

"모든 자원의 불균형적인 상당 부분이 적은 수의 사람들을 만족시키는 데 사용되고 있습니다. 이케아(IKEA)의 목표는 이러한 상황을 바꾸는 것입니다. 우리는 좋은 디자인과 기능을 가진 광범위한 홈퍼니싱 품목들을 대부분의 사람들이 구매할 수 있을 정도로 낮은 가격으로 제공해야 합니다. 우리는 큰 야망을 가지고 있습니다."[3]

이케아(IKEA)의 작은 소식지는 곧 완전한 카탈로그로 확대되었다. 1953년도 카탈로그는 이케아(IKEA)의 또 다른 주요 특징이 되는 '직접 조립하는 가구'를 소개했다. 완전하게 조립된 상태의 가구를 구입하는 대신에 고객들은 평평한 포장(flat packages) 안에 든 가구를 구입했고 집에서 스스로 조립했다. 곧 이러한 이케아(IKEA)의 "조립식(knockdown)" 개념은 완전하게 체계화되었고, 운송비용과 보관비용을 절약시켜 주었다. 캄프라드(Kamprad)는 하던 대로 절약된 비용을 고객들에게 여전히 낮은 가격으로 돌려주었고, 좋은 디자인에 비싸지 않은 가구를 찾는 젊은 전후 주택소유자들이 많아지면서 판매는 더 늘어나게 되었다. 1953년과 1955년 사이에 회사의 매출은 3백만 SEK(스웨덴 크로나)에서 6백만 SEK로 두 배 증가하였다.[4]

공급자 관리: 대외 조달 원칙의 개발 1950년대 후반에 이케아(IKEA)의 매출이 급증하자 이케아(IKEA)의 철저히 새로운 개념들은 스웨덴의 대형가구 소매업체

2) Ingvar Kamprad, 다음 문헌에서 인용하였음. Torekull, "Leading by Design—The IKEA Story," p. 25.

3) 다음 문헌에서 인용하였음. Christopher A. Bartlett and Ashish Nanda, "Ingvar Kamprad and IKEA," HBS No. 390-132 (Boston: Harvard Business School Publishing, 1990).

4) 전게서(Bartlett and Nanda, 1990).

들의 극심한 반대에 부딪히게 되었다. 이케아(IKEA)가 무역 박람회에서 전시를 시작하자, 소매업체 카르텔 연합은 이케아(IKEA)가 전시회에서 주문을 접수하지 못하도록 공모했고 결국에는 가격을 게시하는 것도 방해하는 위협을 행했다. 또한 카르텔은 제조업체들에게 이케아(IKEA)에 제품을 납품하지 말라고 압력을 가했고, 그럼에도 이케아(IKEA)에 제품을 계속 납품하는 소수의 회사들은 한밤 중에 표시가 없는 차량으로 배달을 하곤 했다.

이렇게 제한된 현지 공급으로 인해 수요를 충족시킬 수 없게 되어서, 캄프라드(Kamprad)는 새로운 공급처를 찾기 위해 해외로 눈을 돌릴 수밖에 없었다. 1961년에 그는 동유럽 공산권의 한 국가인 폴란드의 여러 가구 공장들과 공급계약을 체결했다. 제품의 품질과 믿을 수 있는 배송을 보장하기 위하여 이케아(IKEA)는 자신의 노하우를 가져와서 그 과정을 전수해주었고 심지어는 신규 공급자들에게 기계 설비를 제공하기도 했다. 이러한 과정에서 폴란드의 가구 산업은 부흥되었다. 폴란드는 곧 이케아(IKEA)의 최대 공급처가 되었고, 이전보다 훨씬 낮은 비용으로 납품을 받을 수 있어서 캄프라드(Kamprad)는 한 번 더 제품의 가격을 낮출 수 있는 기쁨을 누릴 수 있었다.

폴란드에서 거둔 성공으로, 이케아(IKEA)는 생산수단을 직접 소유하지 않고 공급자들과 장기적인 관계를 유지하면서 그들을 지원하고 그들과 밀접한 유대를 발전시켜야 한다는 이케아(IKEA)의 일반적 조달 원칙을 채택했다.[5] 공급 계약과 기술 이전을 넘어서 그 관계는 이케아(IKEA)가 공급자에게 장래의 출하로 갚을 수 있는 합리적인 이율로 대출을 해주기도 했다. "우리의 목표는 장기적 사업 파트너들을 개발하는 것입니다."라고 한 구매 담당 고위 관리자가 설명했다. "우리는 공급자들이 경쟁력을 유지하도록 우리가 할 수 있는 모든 것을 할 것을 약속합니다. 다만 공급자들이 동등하게 우리와의 약속을 지키는 경우에 한해서 말이죠. 우리는 이를 오랜 기간 지켜나갈 것입니다."

이케아(IKEA)와 그 공급자들 사이의 관계는 상호의존적인 것으로 설명되곤 하지만, 공급자들도 그들의 계약을 유지하려면 경쟁력을 유지해야 한다는 것을 알고 있었다. 만약 더 비용 효율적인 대안이 나타나게 된다면 이케아(IKEA)는 그들이 공급자들에게 이에 대응할 수 있도록 도와주려 노력하겠지만, 그럼에도 불구하고 공급자들이 그러한 비용 효율성을 맞출 수 없다면 생산을 옮길 것임을 이해했다.

더 낮은 가격을 향한 이케아(IKEA)의 끝없는 추구 속에서 회사는 신규 공급처를 식별하는 특이한 방법을 개발했다. 이케아(IKEA)의 베테랑 관리자는 다음과 같이 말했다. "우리는 공급자들에게서 제품을 구매하지 않습니다. 우리는 사용되지 않은 생산 능력을 구매하는 것이죠." 이는 이케아(IKEA)의 구매담당 관리자들이 비시즌에 생산 여력이 있는 시즌별 제조업체들을 찾게 하는 철학이 되었다. 이케아(IKEA)가 공급자의 능력에 제품을 어떻게 맞추는지를 보여주는 고전적 사례들이 많이 있었다. 이케아(IKEA)는 비시즌 동안 돛 제조업체가 좌석 쿠션을 만들게 했고, 창문 공장이 탁자의 뼈대를 생산하게 했고, 스키 제조업체가 의자를 제작하게 했다. 그 관리자는 "우리는 언제나 우리의 공급자들에게 최신 설비가 있는지 보다 올바른 경영자가 있는지를 더 걱정합니다. 우리는 언제나 좋은 경영자가 그들의 능력을 개발하는 것을 도울 것입니다."라고 보충설명 했다.

성장하는 소매: 해외로의 확장 자신의 첫 번째 매장의 성공에 기초해 캄프라드(Kamprad)는 1965년 스톡홀름에 자기자본으로 매장을 열었다. 스웨덴에서 자동차의 사용이 증가하고 있음을 인식하고, 그는 시내에 전시실을 여는 기존의 관행에 반대했고 충분한 주차 공간을 갖춘 교외 지역을 선택했다. 고객들이 평평한

5) 베를린 장벽이 무너진 후에 새로운 시장이 열리자, 동유럽의 여러 공급자들이 이케아(IKEA)와의 계약을 파기한 후에 이 정책은 수정되었다. 이후의 공급 체인 문제와 상당한 투자의 손실로 이케아(IKEA) 경영진은 배송 안정성을 보장하기 위하여 내부의 자체생산 회사인 Swedwood를 설립했다. 그러나 이케아(IKEA)의 구매 중에서 제한된 양(아마도 10%)만을 Swedwood로부터 공급받기로 결정했다.

포장 상자(flat packed boxes)에 담긴 가구를 차에 싣고 집으로 간다면 그들은 전통적 가구 소매에서 가장 비용이 많이 드는 부분 중의 두 개, 배송과 조립을 직접 담당하게 되는 것이었다.

스톡홀름에 매장을 열기 전인 1963년에 이케아(IKEA)는 노르웨이, 오슬로로 확장했다. 십 년 후에 스위스는 이케아(IKEA)의 첫 번째 비(非) 스칸디나비아 시장이 되었고, 1974년에 이케아(IKEA)는 독일에 진출하였고, 독일은 곧 이케아(IKEA)의 가장 큰 시장이 되었다(〈**도표 1**〉은 이케아(IKEA)의 해외 확장을 제시하고 있음).

각각의 신규 매장에서 단순한 스칸디나비안 디자인의 동일한 제품들이 카탈로그와 회사를 "이상한 아이디어를 가진 믿을 수 없는 스웨덴인"으로 표현하는 색다른 광고를 통해 홍보되었다. 회사의 보수적 가치를 반영하여 각각의 신규 진출은 이전의 성공으로 재원을 조달했다.[6]

이러한 확장기 동안 이케아(IKEA)의 개념은 진화했고 점점 더 공식화되었다(〈**도표 2**〉는 이케아(IKEA)의 기업연혁에서 중요한 사건들을 요약하고 있음). 이케아(IKEA)는 여전히 교외에 대형 매장을 짓고, 손님들은 평평한 포장에 담긴 조립식 가구를 구매해 집에 가져가서 직접 조립한다. 하지만 이러한 이케아(IKEA)의 개념이 개선됨에 따라 회사는 각 매장이 미리 결정된 디자인을 따르고 제품 범위에 대한 고객의 노출을 최대화하는 구성을 요구했다. 예를 들면 이케아(IKEA)의 개념은 출입문 바로 앞에 거실 인테리어가 있을 것을 강제했다. 또한 이케아(IKEA)는 고객들에게 아이들을 위한 놀이방, 저가 식당 그리고 이케아(IKEA)를 스웨덴의 선두 음식 수출업체로 만든 "Sweden Shop"의 식료품 같은 특징들을 가지고 고객들을 서비스했다. 동시에 제품 범위는 점점 확장되어서 가구를 넘어 직물, 주방 기구, 바닥재, 러그와 카펫, 조명 그리고 식물 같은 홈퍼니싱 제품의 전체 라인을 포함하게 되었다.

도표 1 이케아(IKEA)의 매장들(1994년 8월에 종료되는 회계연도 기준)

a. 매장 수 증가현황

	1954	1964	1974	1984	1994
매장 수	0	2	9	52	114

b. 국가별 1호 매장 현황

	1호 매장(도시)	
년도	국가	도시
1958	스웨덴	엘훌트
1963	노르웨이	오슬로
1969	덴마크	코펜하겐
1973	스위스	취리히
1974	독일	뮌헨
1975	호주	아타몬
1976	캐나다	밴쿠버
1977	오스트리아	비엔나
1978	네덜란드	로테르담
1978	싱가포르	싱가포르
1980	스페인	그란 카나리아
1981	아이슬란드	레이캬비크
1981	프랑스	파리
1983	사우디아라비아	제다
1984	벨기에	브뤼셀
1984	쿠웨이트	쿠웨이트 시티
1985	미국	필라델피아
1987	영국	맨체스터
1988	홍콩	홍콩
1989	이탈리아	밀란
1990	헝가리	부다페스트
1991	폴란드	플라탄
1991	체코	프라하
1991	아랍 에미리트	두바이
1992	슬로바키아	브라티슬라바
1994	대만	타이베이

출처: 이케아(IKEA) 웹페이지, http://franchisor.ikea.com/txtfacts.html(2004년 10월 15일 접속).

부상하는 문화와 가치[7] 캄프라드(Kamprad)의 진화하는 사업 철학은 "많은 사람들을 위한 더 좋은 일상생활을 만듭니다."라는 이케아(IKEA)의 비전 선언문으로

6) 2005년까지 이케아(IKEA)는 회사 역사상, 단 한 번 은행 대출을 받았고 이도 현금 흐름이 풀리자마자 바로 상환했다는 회사의 전통이 있었다.

7) 전게서(Bartlett and Nanda, 1990).

도표 2 이케아(IKEA)의 역사: 선택된 사건

년도	주요 사건
1943	이케아(IKEA)가 설립됨. 잉바르 캄프라드는(Ingvar Kamprad) 자신의 이름(Ingvar Kamprad)과 그의 집 농장(Elmtaryd) 그리고 교구명(Agunnaryd)의 이니셜을 따서 회사의 이름을 지었음.
1945	이케아(IKEA)의 우편주문 제품에 대한 첫 광고가 언론에 실림.
1948	가구가 이케아(IKEA)의 제품 범주에 포함됨. 제품들은 여전히 광고만을 통해 홍보됨.
1951	이케아(IKEA)의 첫 번째 카탈로그가 배포됨.
1955	이케아(IKEA)는 자신들만의 가구를 디자인하기 시작함.
1956	평평하게 포장된(flat packs) 조립식 가구가 소개됨.
1958	이케아(IKEA)의 첫 번째 매장을 스웨덴의 엘훌트(Älmhult) 지역에서 오픈함.
1961	이케아(IKEA)의 첫 번째 비 스칸디나비안 공급자인 폴란드 공급자들과 납품계약을 체결함. 첫 배달은 2만 개의 의자였음.
1963	이케아(IKEA)의 첫 번째 해외매장을 노르웨이에서 오픈함.
1965	이케아(IKEA)는 1965년 스톡홀롬에서 매장을 오픈하고, 가구 소매에서 셀프서비스의 개념을 도입함.
1965	저렴한 가격에 좋은 품질의 주방기구를 제공하는 '더 쿡샵(The Cook Shop)'이라고 불리는 공간을 이케아(IKEA)의 매장 내에 추가함.
1973	스칸디나비아 반도를 벗어난 이케아(IKEA)의 첫 번째 매장을 스위스의 Spreitenbach에 오픈함.
1974	양동이를 주로 생산하는 공급자로부터 플라스틱 의자가 개발됨.
1978	빌리(BILLY) 책장시리즈가 제품범주에 포함되었고, 곧바로 베스트셀러가 됨.
1980	이케아(IKEA)의 베스트셀러 중 하나인 클리판 소파(KLIPPAN sofa, 이 소파는 제거할 수 있고, 세탁할 수 있는 커버를 지니고 있음)가 출시됨.
1980	인테리어 문(interior door) 제조업체로부터 강하고 가벼운 소재로 만든 랙(LACK) 커피 테이블이 출시됨.
1985	이케아(IKEA) 그룹의 첫 미국 매장이 오픈됨.
1985	슈퍼마켓 카트 제조업체로에 의해 설계된 프레임을 가지고 모멘트(MOMENT) 소파가 출시됨. 디자인 상을 수상함.
1991	이케아(IKEA)는 자신들의 산업그룹인 Swedwood를 설립함.

출처: IKEA Facts and Figures, 2003 and 2004 editions 그리고 이케아(IKEA)의 내부자료를 토대로 수정, 작성되었음.

공식화되었고, 이는 전 세계에 걸쳐 대중 시장의 소비자들에게 알맞은 가격으로 좋은 품질의 가구를 판매하는 회사 전략의 기초가 되었다. 또한 전략의 시행을 뒷받침하기 위하여 개발된 문화적 규범과 가치도 여러모로 캄프라드(Kamprad)의 개인적 신념과 스타일의 연장이었다.

그는 다음과 같이 말했다. "진정한 이케아(IKEA) 정신은 우리의 열정, 새로워지려는 우리의 끊임없는 의지, 우리의 원가의식, 기꺼이 책임을 지고 도움을 주려는 우리의 마음, 사명 앞에서 우리의 겸손함 그리고 우리의 행동의 단순함에 기반을 두고 있습니다." 이는 회사의 행동 규범에 관한 그의 열망의 요약이며, 또한 캄프라드(Kamprad) 자신의 개인적 경영 스타일에 대한 좋은 진술이었다.

이러한 가치들을 반영하여 수년간 아주 독특한 조직 문화와 경영 스타일이 이케아(IKEA)에서 나타났다. 예컨대 건물 내부가 벽으로 나뉘지 않는 오픈 플랜(open-plan) 방식에서 증명되듯이 회사는 형식에 구애받지 않게 운영되었고, 심지어 CEO는 독립적인 개별 사무실도 없었으며, 모든 직원들은 친숙하고 개인적인 방법으로 서로를 대했다. 하지만 격식을 차리지 않는 행위가 스스로 부과한 조직의 높은 기준에서 유래한 강렬함을 가리는 경우도 종종 있었다. 한 최고 중역은 다음과 같이 설명했다. "지위나 닫힌 문 뒤에서 이용할 수 있는 보안이 없기 때문에 이런 환경은 실제로 사람들에게 일해야 한다는 압력을 주기 마련입니다."

또한 이케아(IKEA)의 경영 과정은 단순함과 세부사항에 주목할 것을 강조한다. "복잡한 규칙은 무력하다!"라고 캄프라드(Kamprad)는 강조했다. 회사는 매년 "반 관료 주간"을 조직하여, 모든 관리자들이 매장에서 근무를 하며 현장 그리고 고객과의 관계를 재정립할 것을 요구했다. 중역들은 이케아(IKEA)가 "여기저기 뛰어 달리는 경영"을 믿는다고 농담을 할 정도였다.

원가의식은 경영 문화의 다른 중요한 부분이었다. "자원 낭비는 이케아(IKEA)에서 아주 큰 죄입니다. 값비싼 해결책은 평범하다는 표시이고, 가격표가 붙어있지 않은 아이디어는 절대로 허용되지 않습니다."라고 캄프라드(Kamprad)는 말했다. 원가 의식은 운영의 모든 측면에 걸쳐있지만, 출장비용과 접대비용이 특히 민감했다. 한 중역은 항공기 1등석 탑승을 승인받기 위하여 캄프라드(Kamprad)에게 전화했던 일을 회상하면서, "우리는 시간에 어떤 가격도 매기지 않아요."라는 답변을 들었다. 그는 이코노미 클래스가 만석이고 지켜야 하는 급한 약속이 있다고 설명했다. 캄프라드(Kamprad)는 "이케아(IKEA)에는 1등석이 없습니다. 차로 가셔야 할 것 같네요."라고 답했다. 그 중역은 350마일 거리의 여행을 택시로 해야 했다.

또한 창조적 해결책을 찾는 것은 이케아(IKEA)에서 높게 평가받는다. 캄프라드(Kamprad)는 "사람은 잘 때만 실수를 저지르지 않습니다. 실수에 대한 공포는 관료주의의 뿌리이고 모든 진화의 적입니다."라고 썼다. 미래에 대한 계획은 장려되지만, 과도한 분석은 그렇지 않다. "과도한 계획은 치명적일 수 있습니다."라고 캄프라드(Kamprad)는 중역들에게 조언한다. "단순함과 상식이 여러분들 계획의 특징이 되게 하십시오."

1976년에 캄프라드(Kamprad)는 지난 수십 년 동안 이케아(IKEA)에서 발전된 가치들을 글로 쓸 필요를 느꼈다. 그의 논지, 가구 딜러의 서약(Testament of a Furniture Dealer)은 특히 국제적으로 빠르게 확장하던 기간 동안 이케아(IKEA)의 철학을 널리 전파하는 중요한 수단이 되었다(이러한 서약의 요약은 〈**도표 3**〉에 제시되어 있음). 특별한 훈련을 받은 "이케아의 대사(IKEA ambassador)"들이 하급자들을 교육하고 롤모델로 행동하여서 회사의 철학과 가치를 전파하기 위하여 모든 부서의 주요 위치에 배속되었다.

1986년에 캄프라드(Kamprad)는 CEO의 지위에서 물러났고, 한 때 캄프라드(Kamprad)의 개인 비서였던 회사의 배테랑, 안데르스 모버그(Anders Moberg)가 회장과 CEO의 지위를 이어받았다. 하지만 캄프라드(Kamprad)는 의장으로 친밀하게 연관되어 있었고 그의 영향력은 계속되는 이케아(IKEA)의 일상적 운영에 널리 퍼져 있었다. 그는 이케아(IKEA)의 깊이 내재되어 있는 문화와 가치에 대한 자칭의 수호자였다.

환경 문제와 사회 문제를 깨치다

1990년대 중반까지 이케아(IKEA)는 세계 최대 규모의 가구특화 소매업체였다. 1994년 8월로 끝나는 회계 연도에서 이케아(IKEA) 그룹의 매출은 총 350억 SEK(약 45억 달러)였다. 직전 년도에 1억 천 6백만 명 이상이 17개국에 위치한 98개 이케아(IKEA) 매장 중의 한 곳을 방문했다. 그들 대부분은 회사의 제품 카탈로그를 보고 왔는데, 이 카탈로그는 34가지의 언어로 연간 7천 2백만 부가 인쇄되었다. 이 비공개 회사는 이윤 수준을 보고하지 않지만 1994년에 이케아(IKEA)의 순 마진은 8.4%이고 순 이익은 29억 SEK(약 3억 7천 5백만 달러)일 것이라고 추정한다.[8]

수십 년 동안 새로운 공급처를 찾은 후인, 1990년대 중반에 이케아(IKEA)는 70개국의 2,300여 공급자들과 협력하고 있었고, 이들로부터 약 11,200종의 제품들을 공급받고 있었다. 공급자들과의 관계는 상업적 문제들이 지배했고, 19개국의 24개 무역서비스 사무소는 주로 생산을 모니터하고 신상품 아이디어를 시험하고 가격을 협상하고 제품의 품질을 점검했다(1994년 기준 이케아(IKEA) 주요 수치는 〈**도표 4**〉를 참조). 하지만 그러한 관계는 몇몇 이케아(IKEA) 제품들에서 환경 문제가 제기되면서 1980년대에 바뀌기 시작했다. 그리고 1990년대 중반에 이케아(IKEA) 공급자가 아동 노동을 사용한 것이 드러나면서 더욱 심각한 어려움에 직면하게 되었다.

환경에 대한 각성: 포름알데히드 1980년대 초반, 덴마크 당국은 건축 자재의 포름알데히드 배출 허용치에 대한 제한을 규정하는 규제안을 통과시켰다. 그 화합물은 합판과 파티클보드와 같은 자재의 접착제로 사용되었고 종종 가스로 배어나오곤 했다. 이 화합물의

8) 추정치는 다음 문헌에서 참조했음. Estimation in Bo Pettersson, "Han släpper aldrig taget," Veckans Affärer, March 1, 2004, pp. 30–48.

도표 3 "가구 딜러의 서약" – 요약된 개관

1976년에 잉바르 캄프라드(Ingvar Kamprad)는 "많은 사람들을 위한 더 좋은 일상생활을 만듭니다."라는 비전 선언과 함께 이케아(IKEA) 문화의 기초를 구성한다고 믿는 이케아(IKEA)의 아홉 가지 측면을 열거했다. 이러한 측면들은 "가구 딜러의 서약"이란 제목의 책자로 모든 신입 사원들에게 전달되었다. 다음 표는 그 중 주된 요점들을 정리하고 있다.

주요 항목	요약설명
1. 제품 범위는 우리의 정체성이다.	이케아(IKEA)는 좋은 디자인의 기능적인 홈퍼니싱 제품들을 가능한 많은 사람들이 감당할 수 있는 정도의 저렴한 가격으로 판매한다.
2. 이케아(IKEA) 정신은 강력한 실생활의 현실에 있다.	이케아(IKEA)는 사명과 단순함을 위하여 열정, 일신, 절약, 책임감, 겸손하려고 한다.
3. 이윤은 우리에게 자원을 준다.	이케아(IKEA)는 가장 낮은 가격, 좋은 품질, 제품의 경제적 개발, 개선된 구매 과정 그리고 비용 절약을 통하여 이윤(Kamprad는 이것을 "놀라운 단어"라고 묘사한다.)을 달성할 것이다.
4. 작은 수단으로 좋은 결과에 도달한다.	"낭비는 큰 죄이다."
5. 단순함은 미덕이다.	복잡한 규정과 과장된 계획은 무력하다. 이케아(IKEA) 사람들은 스타일과 습관 그리고 그들의 조직적 접근 방법에서 단순함을 유지한다.
6. 다른 방식으로 한다.	이케아(IKEA)는 숲속의 작은 마을에서 운영된다. 이케아(IKEA)는 셔츠 공장에 좌석 쿠션을 그리고 창문 공장에 테이블 뼈대를 만들어 달라고 부탁한다. 이케아(IKEA)는 비가 올 때 우산을 할인한다. 이케아(IKEA)는 다르게 일한다.
7. 집중은 우리의 성공에 중요하다.	"우리는 절대로 동시에 모든 곳에서 모든 것을 할 수 없다." 이케아(IKEA)에서 당신이 가장 중요한 할 일을 선택하고 새로운 프로젝트를 시작하기 전에 그 일을 마무리한다.
8. 책임감이라는 특권을 갖는다.	"실수에 대한 공포는 관료주의의 뿌리이다." 모든 사람은 실수를 할 특권을 갖는다. 사실 모든 사람은 실수를 할 의무가 있다.
9. 대부분의 일은 아직 처리해야하는 채로 남겨져 있다. 영광스러운 미래!	이케아(IKEA)는 무엇이 되든지 아직 그 시작에 있다. 200개의 매장은 아무것도 아니다. "우리는 마음속으로 여전히 작은 회사라고 생각한다."

출처: 저자들이 다음 문헌과 인터뷰를 바탕으로 수정하였음. IKEA's "A Furniture Dealer's Testament"; Bertil Torekull, "Leading by Design: The IKEA Story" (New York: Harper Business, 1998, p. 112.

공기 중 농도가 0.1 mg/kg을 넘으면 눈물, 두통, 목의 열감 그리고 호흡 곤란 등을 야기할 수 있다. 이케아(IKEA)는 여러 제품에 파티클보드를 사용하는 선도적인 현지의 가구 소매업체였기 때문에 이케아(IKEA)는 새로운 기준이 공표되었음을 알리고자 하는 입법자들의 주요 표적이 되었다. 따라서 몇몇 이케아(IKEA) 제품들에서 포름알데히드가 법안에서 허용하는 것보다 더 많이 배출된다는 시험 결과가 나오자 사건은 널리 공개되었고 회사는 벌금을 물게 되었다. 그보다 중요하고 이케아(IKEA)에게 실제적인 교훈이 된 것은 그러한 공개로 인하여 덴마크 내 매출이 20% 정도나 떨어졌다는 것이었다.

이러한 상황에 대한 대응으로 회사는 신속하게 포름알데히드 배출에 관한 엄중한 조건을 설정했지만, 공급자들이 그 기준에 맞추지 못한다는 것을 곧 알게 되었다. 문제는 대부분의 공급자들이 하위 공급자들

도표 4 1993/1994년 이케아(IKEA) 경영 현황 (1994년 8월말 종료되는 회계연도 기준)

a. 매출

국가/지역	10억 SEK	퍼센트
독일	10.4	29.70%
스웨덴	3.9	11.20%
오스트리아, 프랑스, 이탈리아, 스위스	7.7	21.90%
벨기에, 네덜란드, 영국, 노르웨이	7.3	20.80%
북미(미국과 캐나다)	4.9	13.90%
체코, 헝가리, 폴란드, 슬로바키아	0.5	1.50%
호주	0.4	1.00%
	35.0	

b. 구매

국가/지역	퍼센트
북유럽국가	33.4%
중앙 및 동유럽	14.3%
유럽 나머지 지역	29.6%
전 세계 나머지 지역	22.7%

출처 : IKEA Facts and Figures, 1994.

로부터 제품을 구매하고, 하위 공급자들은 접합 재료를 접착제 생산자들에게서 구입한다는 것이었다. 결국 이케아(IKEA)는 접착제 생산 화학회사와 직접 일해야 한다고 결정했고, ICI와 BASF 같은 회사들과의 협업으로 이케아(IKEA) 제품에서 포름알데히드가 가스로 배출되는 것을 줄이는 방법을 곧바로 찾아냈다.[9]

그러나 10년 후에 포름알데히드 문제는 다시 제기되었다. 1992년에 독일의 대형 신문사와 TV 방송국의 탐사보도팀은 이케아(IKEA)의 베스트셀러 책장 시리즈인 빌리(Billy)에서 포름알데히드가 독일 법률에서 허용되는 것 이상으로 배출된다는 것을 발견했다. 그러나 이번에는 문제의 원인이 접착제가 아니라 책장에 사용되는 래커(광택제)였다. "치명적으로 중독된 책장"이라고 묘사하는 헤드라인 기사가 줄을 이었고, 이케아(IKEA)는 즉시 빌리(Billy) 책장의 생산과 판매를 전 세계에서 중단했고 판매를 재개하기 전에 문제를 바로 잡았다. 판매와 생산 손실에 대한 비용 또는 평판에 대한 피해를 계산에 포함시키지 않는다고 하더라도, 빌리(Billy) 사건으로 이케아(IKEA)는 6백만 달러에서 7백만 달러의 손해 본 것으로 추정되었다.[10]

이러한 사건들은 이케아(IKEA)가 광범위한 환경 문제들을 보다 직접적으로 다루게 했다. 목재는 모든 이케아(IKEA) 제품들 중의 약 절반 정도에서 주요 자재로 사용되었기 때문에 산림 관리는 자연스러운 출발점이 되었다. 그린피스(Greenpeace)와 세계자연보호기금(World Wide Fund for Nature, WWF, 이전에는 World Wildlife Fund) 모두와 논의를 하고 산림관리협의회(Forest Stewardship Council)가 정한 기준을 사용하여 이케아(IKEA)는 원시림이나 보존 가치가 높은 숲에서 나온 목재, 베니어판, 합판 또는 접착된 목재를 허용하지 않겠다는 산림 관리 정책을 확립했다. 이는 이케아(IKEA)가 제품에 사용되는 모든 목재에 대하여 그 출처까지 추적할 임무를 기꺼이 맡아야 한다는 의미였다.[11] 준수 여부를 모니터링하기 위하여 회사는 목재 공급자들에 대한 무작위 점검을 수행하며 책임감을 가지고 전 세계의 산림 관리 프로젝트를 운영할 산림 관리자(forest manager)들을 임명했다.

산림 관리에 더하여, 이케아(IKEA)는 환경 기준이 사업 운영에 적용되어야 하는 4개의 다른 분야를 발견했다. 이는 제품 범위의 조정, 공급자와 협업, 운송과 유통 그리고 환경에 특별한 관심이 있는 매장의 보장이었다. 예를 들면 1992년에 회사는 카탈로그에 무(無)염소처리 재활용 종이를 사용하기 시작했고, 베스트셀러인 OGLA 의자를 다시 디자인해서 원래는 너도밤나무(beech)로 제조하던 것을 요구르트 컵 생산

9) 다음 사례를 바탕으로 작성되었음. The Natural Step, "Organizational Case Summary: IKEA," available at http://www.naturalstep.org/learn/docs/cs/ case_ikea.pdf(2005년 10월 5일 접속).

10) 전게서(The Natural Step, 2005).

11) "IKEA—Social and Environmental Responsibility Report 2004," p. 33, available at http://www.ikea-group.ikea.com/corporate/PDF/ IKEA_SaER.pdf(2005년 10월 5일 접속).

에서 나오는 폐기물을 사용하여 만들 수 있게 하였고, PVC의 사용을 모두 없애기 위하여 포장 원칙을 개선했다. 또한 회사는 WWF와의 협력 관계를 유지하여 글로벌 산림의 보전에 대한 여러 프로젝트를 만들었고 전 세계 원시림의 지도를 만드는 '세계산림감시 프로그램(global forest watch program)'을 후원했다. 게다가 이케아(IKEA)는 그린피스(Greenpeace)와 산림관리에 대한 대화를 계속 진행하고 있었다.[12]

사회적 각성: 아동 노동 1994년 이케아(IKEA)가 여전히 포름알데히드 문제를 해결하기 위하여 노력하고 있을 때 스웨덴 TV 다큐멘터리는 직조실에서 일하는 파키스탄 어린이들을 방송했다. 다큐멘터리에서 언급된 파키스탄산 카펫을 수입하는 여러 스웨덴 회사들 중에서 이케아(IKEA)만이 세간의 이목을 끄는 이름이었다. 당시에 카펫사업 부문의 지역 관리자를 담당하게 된지 두 달째였던 마리안 바르너(Marianne Barner)는 TV 프로그램이 회사로 보낸 충격을 회상했다.

> 당시에 아동 노동의 사용은 세간의 이목을 끄는 공공의 문제가 아니었습니다. 실제로 UN아동인권협약(U.N. Convention on the Rights of the Child)은 1989년 12월에 공표되었죠. 따라서 이러한 TV 프로그램과 같은 미디어의 관심은 이케아(IKEA)를 포함한 일반에게 잘 알려지지 않고 이해되지 않은 주제에 대한 인식을 높인다는 점에서 중요한 역할을 수행한다고 볼 수 있어요. 우리는 사실 아무 것도 인지하지 못하고 있었어요. 솔직히 그 문제는 우리가 관심을 두고 있던 것이 사안이 아니었거든요. 예를 들면 나는 무역관련 업무를 배우느라 인도에서 두 달을 지냈지만 아동 노동을 본 적이 없었습니다. 우리의 바이어들은 도시에 있는 사무실에서 공급자들을 만났지만 생산이 이루어지는 곳에 가본 적은 거의 없었어요... 프로그램에 대한 우리의 즉각적 대응은 그간 우리의 무지에 대하여 사과하고 이 문제를 완전하게 통제하지 못하고 있음을 인정하는 것이었어요. 하지만 우리는 이에 대하여 무엇인가 조치를 취하겠다고 약속했죠.

12) 전게서, pp. 19-20.

대응책의 일환으로 이케아(IKEA)는 법률팀을 제네바(Geneva)로 보내어서 문제를 어떻게 다루어야 하는지에 대해서 국제노동기구(ILO)의 지식과 조언을 구했다. 그들은 ILO가 1973년에 채택하고 120개국에서 비준된 협약 제138조에 따라 비준국들은 15세 또는 해당 국가의 의무교육연령 미만 아동의 노동을 폐지하기 위하여 노력할 것을 약속했다는 것을 알았다. 하지만 인도, 파키스탄 그리고 네팔은 해당 협약의 조인국이 아니었다.[13] ILO와 협의 후에 이케아(IKEA)는 모든 공급 계약에 하나의 조항, 바르너(Barner)가 말했듯이 흑백 조항(논리가 단순한 조항)을 추가했다. 이 조항은 단순하게 공급자가 법적으로 규정된 근로연령 미만의 아이들을 고용하면 계약이 취소된다는 것을 규정하였다.

현장에 있는 거래관리자들의 부담을 덜어주고 모니터링 과정에서의 독립성을 부여하기 위하여 회사는 인도와 파키스탄 공급자들의 아동 노동 관행들을 모니터링할 제3의 대리인을 임명했다. 이러한 형태의 외부 모니터링은 아주 특이했기 때문에 이케아(IKEA)는 이 임무를 수행할 평판이 좋고 능력이 있는 회사를 찾는데 고생을 했다. 결국에 이케아(IKEA)는 회사들의 품질 보증 프로그램에 대한 외부 모니터링을 제공하는 분야에서 광범위한 경험이 있는 유명 스칸디나비아 회사를 선정했고, 불만사항을 조사하는 것뿐만 아니라 공급자의 공장에서 아동 노동이 어떻게 이루어지는지에 대한 무작위 감사를 수행할 수 있는 권한을 부여했다.

이른 교훈: 깊게 내포되어 있던 문제 인도가 카펫과 러그 분야에서 이케아(IKEA)의 최대 구매처가 됨에

13) ILO 홈페이지에서 이용할 수 있는 통계를 바탕으로 작성되었음. 자세한 사항은 ILO 홈페이지에 게시된 다음 페이지를 참고바람. "Convention No. C138 was ratified by 142 countries," available at http://www.ilo.org/ilolex/cgi-lex/ratifce.pl?C138(2005년 12월 4일 접속).

따라, 바르너(Barner)는 아동 노동, 특히 남아시아 지역의 문제에 대한 이해를 넓히고 조언을 구하기 위하여 스웨덴의 세이브더칠드런(Save the Children), UNICEF 그리고 ILO와 접촉했다. 그녀는 곧 하드데이터가 이해하기 어려운 경우가 자주 있다는 것을 발견했다. 인도의 아동 노동에 대한 추정치는 1991년 실시된 정부의 인구 조사에 따른 15세 미만 어린이들 중 1,130만 명이란 수치[14]에서 휴먼 라이츠 와치(Human Rights Watch)의 추정치인 6,000만 명에서 1억 1,500만 명 사이까지[15] 매우 다양하게 제시되고 있다. 하지만 5세 정도의 인도 어린이들 중 아주 많은 수가 농업, 채광, 채석과 제조업 그리고 가정부, 노점상 등에서 일하거나 또는 거지로 구걸하고 있다는 것은 명백했다. 이 중에서 20만 명으로 추정되는 어린이들이 카펫 산업에 고용되어 있으며, 이들은 소규모 하청업자들을 위해 큰 공장의 직조실에서 일하고 있고, 부수입을 벌기 위하여 온 가족이 일하는 가정에서도 일하고 있다.[16]

어린이들은 부모가 진 빚, 보통 1천 루피에서 1만 루피(30달러에서 300달러) 정도를 갚기 위하여 저당잡힐 수 있는데, 이는 본질적으로 아이들을 노예 상태에 묶어 버리는 것이다. 하지만 천문학적인 이율과 어린이들에게 지급되는 아주 낮은 임금 때문에 이러한 빚을 갚는 데 수년이 걸리기도 한다. 실제로 몇몇 아동계약 노동자들은 결국 그 빚을 자신들의 아이들에게까지 넘기게 되었다. 인도 정부는 영국의 통치 아래에 있던 1933년에 통과된 아동(노동 담보)법 이래로 불법인 빚으로 '속박된 노동(bonded labor)'의 폐지를 약속한다고 발표했다. 하지만 이러한 관행은 지금까지도 지속적으로 광범위하게 퍼져있었고, 1976년에 정부는 초기 법률을 강화하기 위하여 '속박된 노동시스템 금지 법안(Bonded Labour System (Abolition) Act)'을 통과시켰다.[17]

하지만 정부는 "가난과 미개발로 발생한 사회 경제적 현상"으로 묘사되는, 속박되지 않는 아동 노동에 대해서는 덜 강경한 자세를 취한다. 1986년의 아동 노동(금지와 규제)법은 "위험 산업"으로 정의된 특정 분야에서 아동 노동(14세 미만에게 적용)의 사용을 금지하고, 다른 분야에서는 아이들의 노동 시간과 작업 조건 등을 규제한다. 하지만 정부는 아동 노동의 대부분이 농업, 가내 공업과 가사보조에서 "자신의 부모와 함께 그리고 부모의 감독 아래에서 일하는 어린이들"과 연관이 있다는 것을 파악하고 있다. 실제로 법률은 "특화된 수공예 기술이 세대에서 세대로 전해지는 것을 금지하지 않기 위하여" 어린이들이 공예 산업에서 일하는 것을 구체적으로 허용한다.[18] 비판하는 사람들은 이러한 법률이 책에 있어도 법이 잘 집행되지 않고 형벌도 엄격한 적이 거의 없기 때문에 속박된 노동(bonded labor)을 포함한 착취적인 아동 노동이 널리 퍼져있다고 주장했다.[19]

요구되는 행동: 새로운 사안, 새로운 선택

1994년 가을, 위기에 대한 초기 대응을 관리한 후에 바르너(Barner)와 그녀의 직속 관리자는 더 많은 것을 배우기 위하여 인도, 네팔 그리고 파키스탄으로 여행을 떠났다. 바르너(Barner)는 그 여행을 다음과 같이 회상했다. "우리는 우리 스스로 더 학습할 필요가 있다고 느꼈고 그래서 공급자들을 만나러 갔어요. 하지만 우리는 노동조합, 정치인, 활동가, 비정부조직들, U.N 기구 그리고 카펫 수출기업들도 만났어요. 심지

14) Indian Government Policy Statements, "Child Labor and India," available at http://www.indianembassy.org/policy/Child_Labor/childlabor_2000.htm(2005년 10월 1일 접속).

15) Human Rights Watch figures, available at http://www.hrw.org/reports/1996/India3.htm(2005년 10월 1일 접속).

16) Country Reports in Human Rights, U.S. State Department, February 2000, available at http://www.state.gov/g/drl/rls/hrrpt/2000/(2005년 10월 1일 접속).

17) Indian Government Policy Statements, "Child Labor and India," available at http://www.indianembassy.org/policy/Child_Labor/childlabor_2000.htm(2005년 10월 1일 접속).

18) 전게서.

19) Human Rights Watch data, available at http://www.hrw.org/reports/1996/India3.htm(2005년 10월 1일 접속).

어 우리는 방문사실을 알리지 않고 현지 비정부기구 담당자들과 함께 카펫 공장을 기습 방문하기도 했죠. 그 과정에서 우리는 아동 노동 현장을 적발했고, 몇몇 곳은 계약을 해지했어요."

그 여행에서 바르너(Barner)는 인도 카펫산업의 아동 노동 문제에 대한 업계의 대응으로 최근 시작된 러그마크 재단(Rugmark Foundation)의 형성도 알게 되었다. 1990년대 초반에 독일에서 인권기구들, 소비자 활동가들 그리고 노동조합들에 의해 시작된 소비자 인식 프로그램이 실마리가 되었고, 인도–독일 수출진흥회(Indo-German Export Promotion Council)는 그 라벨이 부착된 손으로 짠 카펫은 아동 노동의 사용 없이 만들어진 것이라고 인증하는 라벨을 개발하기 위하여 중요한 인도 카펫 제조사들과 수출업자들 그리고 인도의 비정부조직들과 협력하였다. 이런 아이디어를 시행하기 위하여 그리고 라벨의 사용을 감독하기 위하여 러그마크 재단(Rugmark Foundation)이 조직되었다. 재단은 1995년 초에는 고유한 식별 번호가 부여된 러그의 수출이 시작될 것이라고 예측했다. 인도산 러그의 중요한 구매자로서, 이케아(IKEA)는 인도에서 구매되는 제품에 대하여 계속적으로 잠재되어 있는 아동 노동 문제를 다루는 하나의 방법으로 러그마크(Rugmark)에 참여할 것을 제안 받았다.

스웨덴으로 돌아온 뒤에도 바르너(Barner)는 다시 스웨덴 세이브더칠드런(Save the Children)의 아동 노동 전문가와 만났다. 바르너(Barner)는 "세이브더칠드런(Save the Children)의 전문가들은 문제에 대한 아주 진보적인 시각을 가지고 있으며, 많을 것을 제게 알려주었어요. 무엇보다도 그들은 언제나 아이들에게 최선의 이익이 되도록 행동하는 것을 보장해야 할 필요가 있다는 것을 강조했어요."고 말했다. 이는 UN 아동인권협약(1989)의 핵심에 규정된 원칙이었다. 바르너(Barner)도 이제는 이 문서에 꽤 익숙해졌다(UN 아동인권협약 제32조는 〈**도표 5**〉를 참조).

바르너(Barner)가 많은 것을 알게 될수록 상황은 더욱 복잡해졌다. 카펫부분의 이윤과 손실에 대하여 전부 책임지는 지역사업 관리자로서 그녀는 자신의 업무뿐만 아니라 이케아(IKEA)의 브랜드와 이미지도 보호해야 한다는 것을 알고 있었다. 하지만 그녀는 이러한 것보다 더 넓은 책임을 느끼고 있었다. 그녀는 회사가 자신이 목격했던 아이들의 삶을 바꾸기 위해서 무엇인가를 해야 한다고 느꼈다. 이러한 시각은 이케아(IKEA) 내에서 전체적으로 지지받지 못했고, 다수의 사람들은 경쟁 업체들에 비해 비용의 측면에서 상당한 부담을 사업부에 부과할 수 있는 너무 진보적인 입장이라며 우려를 나타냈다.

새로운 위기 그리고 이케아(IKEA)가 이런 문제를 다루기 시작한 지 1년 후인 1995년 봄, 유명한 독일의 다큐멘터리 제작자는 자신이 제작한 다큐멘터리가 독일

도표 5 UN의 아동인권협약: 제32조

1. 당사국은 아동에 대한 경제적 착취 그리고 아동의 교육에 위험하거나 방해되는 일 아동의 건강이나 신체적, 지적, 정신적, 도덕적 또는 사회적 발전에 유해한 노동의 수행으로부터 보호받을 수 있는 아동의 권리를 인정한다.

2. 당사국은 본 조의 이행을 보장하기 위한 입법적, 행정적, 사회적, 교육적 조치를 강구하여야 한다. 이 목적을 위하여 그리고 여타 국제문서의 관련 규정을 고려하여 당사국은 특히 다음의 조치를 취하여야 한다.
   a. 최저 고용연령의 규정
   b. 고용시간과 조건에 관한 적절한 규정의 수립
   c. 본 조의 효과적인 실시를 위한 적절한 처벌 또는 기타 제재수단의 규정

출처: 다음 문헌에서 발췌하였음. "Convention on the Rights of the Child," from the website of the Office of the United Nations High Commissioner for Human Rights, available at http://www.unhchr.ch/html/menu3/b/k2crc.htm(2005년 10월 접속).

TV에 방송 예정이며, 이 방송에는 이케아(IKEA)의 중요 공급자들 중 하나인 Rangan Exports의 직조실에서 일하는 아이들이 나온다는 것을 회사에 통지했다. 회사가 비디오를 미리 보는 것을 거부하는 대신에 다큐멘터리 제작자는 비디오에서 직접 뽑은 사진들을 회사에 건넸다. 그리고 제작자는 이케아(IKEA)에게 프로그램이 방송되는 동안에 생방송으로 토론에 참여할 담당직원의 출연을 요청했다. 바르너(Barner)는 다음과 같이 말했다. "어떤 한 기업을 겨냥하지 않고 파키스탄의 아동노동 실태에 관한 중요한 그리고 심각한 보도를 했던 스웨덴 프로그램에 비하면, 독일인들이 제작한 이 프로그램은 이케아(IKEA)와 우리의 공급자들 중 한 곳을 직접 겨냥한 대립적이고 공격적인 접근 방식이라는 것이 너무나 명백했어요."

바르너(Barner)에게 있어 첫 번째 문제는 이케아(IKEA)가 그 방송 프로그램에 출연할 담당자를 추천할지 아니면 그 요청을 거절할 것인지에 관한 것이었다. 즉각적인 홍보 문제를 넘어서 그녀는 아동 노동을 사용하지 않겠다는 계약상 약속에 관한 Rangan Exports의 명백한 위반을 어떻게 다룰지를 결정해야 했다. 그리고 마지막으로 이 위기는 아동 노동 문제에 대하여 이케아(IKEA)가 취한 전체적 접근 방법이 적절했는지에 대한 문제를 제기했다. 회사는 계속 공급자와의 직접적인 관계를 통하여 문제를 해결하려고 노력해야 할까? 아니면 한 발 물러서고 러그마크(Rugmark)가 회사를 대신하여 아동 노동의 사용을 모니터하게 해야 할까? 또는 그 문제가 이러한 국가들에 너무나 깊게 내재되어 있어서 어떠한 실질적 영향도 미칠 수 없다는 것을 인정하고 단순하게 철수해야 할까?

Case 8-2 젠자임의 CSR 딜레마: 젠자임의 HAND 프로그램 운영

Christopher A. Bartlett, Tarun Khanna, and Prithwiraj Choudhury

다소 쌀쌀했지만 눈부신 햇살이 내리 쬐던 2009년 1월의 어느 날, 젠자임(Genzyme)의 랜드마크인 "녹색(Green)" 본사의 조정할 수 있는 유리판을 통해 햇빛이 반사되는 것을 바라보면서, 짐 제러티(Jim Geraghty)는 막 마친 전화내용을 곱씹어보고 있었다. 제러티는 젠자임(Genzyme)의 수석 부사장으로, 그는 HAND(Humanitarian Assistance for Neglected Diseases, 소외질병 인도적 지원) 프로그램을 만드는 데 일조하고 있었다. 2006년 4월에 시작된 HAND는 젠자임(Genzyme)이 실시하는 기업의 사회적 책임활동(CSR, corporate social responsibility)의 초석이었으며 HAND의 운영위원회는 미래 사업의 우선순위를 결정하는 전화 회의를 막 끝마쳤다.

젠자임(Genzyme)의 인도법인 관리 이사인 샌디프 새니(Sandeep Sahney)와 라틴아메리카 운영본부의 수석 부사장인 로제리오 비발디(Rogerio Vivaldi)가 전화회의에 특별히 초대되었다. 위원회는 HAND의 향후 지원활동을 결정하는 데 도움이 되는 정보를

■ Christopher A. Bartlett교수, Tarun Khanna교수 그리고 박사과정생인 Prithwiraj Choudhury가 이 사례를 작성했습니다. HBS 사례들은 오로지 수업 토론용으로 작성되었습니다. 본 사례 보고서는 사례 확인 자료나 1차 자료원 또는 효과적이거나 비효과적인 경영을 묘사하기 위해 작성되지 않았습니다.

제공해 줄 것을 그들에게 요청했다. 새니(Sahney)는 인도 파트너 ICGEB와 함께 말라리아 연구 프로젝트를 대변하고 있었으며, 비발디(Vivaldi)는 현지 파트너인 Fiocruz와 함께 샤가스 질병(Chagas disease)에 대한 브라질 연구 프로그램을 확대하기 위한 강력한 사례를 만드는 데 힘을 쏟고 있었다. HAND 결핵 프로그램을 발의하는 아이디어를 비롯해서 그 밖의 옵션들은 테이블위에 올려져 있었다.

새니(Sahney) 그리고 비발디(Vivaldi)와의 전화통화를 마치고, 제러티(Geraghty)는 헨리 터미어(Henri Termeer) 젠자임(Genzyme) 회장의 권고사항들을 위원들에게 설명했다. 어떤 연구계획이 가장 영향력이 클 것인가? 파트너십에 있어 가장 바람직한 향후 모델은 무엇인가? 그리고 프로그램의 규모 확장에 필요한 자금과 자원은 무엇인가?

기업의 초석 쌓기[1]

젠자임(Genzyme)은 연구소와 제약회사에 효소, 정밀화학, 그리고 연구시약을 공급하는 회사로 1981년 사업을 시작했다. 그 시작은 미미했지만 젠자임(Genzyme)은 2007년 거의 40억 달러의 수익을 기록한 생명공학의 선도적인 기업으로 성장했다(**〈도표 1〉**은 주요 재무지표를, **〈도표 2〉**는 주가 변화를 제시하고 있음). 기업의 역할이 사회적 책임으로 분명히 정의되는 것은 환자들의 요구사항을 식별하고, 역점을 두는 기술역량을 목표로 삼아 가치 있는 것들을 개발함으로써 달성되었다.

젠자임(Genzyme)은 설립 초기부터 희귀질환(orphaned diseases) (약물개발의 관심을 끌기에는 너무 소규모 집단이 고통을 받는 질병들)에 초점을 맞추었으며 젠자임(Genzyme)의 전략은 약품의 포트폴리오에 반영되었다(**〈도표 3〉**은 주요 제품, **〈도표 4〉**는 희귀질환 및 소외질병을 위한 제품의 포트폴리오를 제시하고 있음).

초기 돌파구의 육성 회사를 세우고 2년이 지난 후에 설립자 헨리 블레어(Henry Blair)는 빠르게 성장하는 창업기업을 관리하기 위해 도움을 받을 필요가 있다는 것을 인식했다. 1983년에 그는 거대 제약회사인 백스터 인터내셔널(Baxter International)의 36세의 사업

1) 이 부분은 다음의 문헌을 수정하여 작성하였음. Christopher A. Bartlett and Andrew McLean, "Genzyme's Gaucher Initiative: Global Risk and Responsibility," HBS No. 303-048 (Boston: Harvard Business School Publishing, 2002).

도표 1 젠자임(Genzyme)의 주요 재무지표

단위: 천 달러 (공유자료 제외)	2003	2004	2005	2006	2007	2008
수익	1,574,817	2,201,145	2,734,842	3,187,013	3,813,519	4,605,039
매출총이익	1,143,123	1,599,997	2,082,030	2,433,856	2,856,774	3,414,436
영업이익(손실)	174,012	252,913	600,862	(190,509)	653,865	581,479
당기순이익(손실)	94,283	86,527	441,489	(16,797)	480,193	421,081
주당순이익(희석)	$0.42	$0.37	$1.65	$(0.06)	$1.74	$1.50
현금 및 투자	1,227,460	1,079,454	1,089,102	1,285,604	1,460,394	973,691
유동자산	930,951	1,009,231	1,114,976	1,338,062	1,137,904	1,601,852
자산총계	5,004,528	6,069,421	6,878,865	7,191,188	8,314,375	8,671,276
장기채무	1,676,091	1,064,867	1,178,975	879,038	217,511	451,000
자본	2,936,412	4,380,156	5,149,867	5,660,711	6,612,937	7,305,993

출처: 젠자임(Genzyme) 웹페이지. http://www.genzyme.com/corp/investors/ 2008_annualreport.pdf(2009년 8월 12일 접속).

도표 2 시장 제약지수(Pharmaceutical Index)를 고려한 젠자임(Genzyme)의 주가 움직임(2003~2008년)

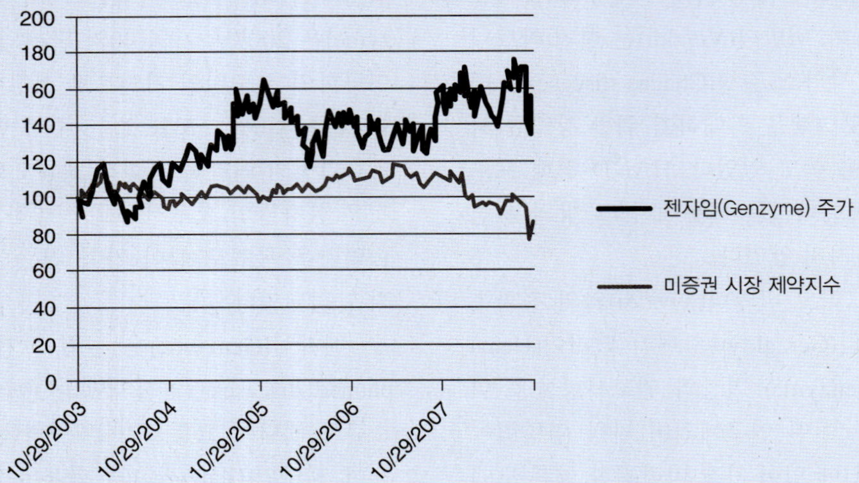

출처: 젠자임(Genzyme)의 주가자료는 Thomson Datastream(2009년 3월 31일 접속); 미증권 시장 제약지수(Amex pharmaceutical index data)는 http://www.amex.com/othProd/prodInf/OpPiChartDet.jsp?monthVal=12&Product_Symbol=DRG(2009년 3월 31일 접속)를 참고하였음 .

부 사장이었던 헨리 터미어(Henri Termeer)를 젠자임(Genzyme)의 사장으로 영입했다. 터미어(Termeer)는 다각화된 제품의 생산라인을 구축하기 위해, R&D의 중요성을 인식하고, 최고경영진, MIT 및 하버드 대학의 교수, 주요 투자자들 그리고 몇몇 외부 고문들을 포함한 일련의 주말 기술 전략 토론(weekend technology strategy discussions)을 개시했다.

터미어(Termeer)의 눈길을 사로잡은 하나의 잠재적인 기회는 NIH(National Institutes of Health－국립보건원)의 로스코 브래디(Roscoe Brady) 박사가 주창해서 지속되고 있는 연구였다. 브래디 박사는 고셔 병(Gaucher, '고－셰이'로 발음됨)에 대한 연구를 수행하고 있었으며, 젠자임(Genzyme)은 GCR이라 불리는 효소를 공급하기로 계약을 맺었다. 고셔(Gaucher)병은 GCR 효소를 생산하는 몸의 기능이 제 역할을 다 하지 못해 발생되는 매우 희귀한 질병으로 매우 치명적이다. 고셔(Gaucher)는 인구 백만 명당 6명 미만이 걸리는 희귀 병으로 그 중 1/4이 치료를 받아야 할 정도의 병세가 나타나는 것으로 알려져 있었다.

브래디(Brady) 박사가 수행한 초기의 치료연구는 실망스러웠다. 연구실험에서 7명의 환자 중에 오직 1명만이 치료법에 일부 반응을 보였다. 하지만 흥미로운 사실은 1명이 반응한 이러한 특별한 사례에서 증상이 극적으로 반전되었다는 사실이었다. 젠자임(Genzyme) 내에서 대부분은 그 치료연구에 대해 비관적인 태도를 지니고 있었다. 치료의 효용성에 대한 의문뿐만 아니라 두 가지 다른 중요한 문제가 있었는데 하나는 안전성의 여부이고(인간의 태반에서 효소를 추출해야 했기 때문에 HIV와 C형 간염이 전이되는 위험이 있었다.), 다른 하나는 투자가 상당한 수익을 올릴 수 있는지의 여부였다.

그러나 터미어(Termeer)는 포기하지 않았다. 터미어(Termeer)는 극적으로 회복된 한 명의 환자가 워싱턴 D.C에 사는 네 살짜리 사내아이라는 것을 알고 나서 그 소년의 가족을 몇 개월에 걸쳐 정기적으로 방문한 다음 치료의 효용성을 확신할 수 있었다. 결국 많은 사람들의 우려에도 불구하고, 터미어(Termeer)는 개발을 진행하기로 결심했다.

1985년, 터미어(Termeer)가 최고경영자에 지명되고 회사가 상장되었다. 그리고 나서 곧바로 젠자임

도표 3 젠자임(Genzyme)의 제품 포트폴리오

매출 순위에 따른 현재의 주요 제품들*

제품명	질병/상태	"희귀병"에 대한 의약품인가?	2007년 수익
세레자임(Cerezyme®)	고셔병	Yes	11억 3천만 달러
르네이글(Renagle®)	말기 신장병	No	6억 3백만 달러
파브라자임(Fabrazyme®)	파브리 병	Yes	4억 2천 4백만 달러
신비스크(Synvisc®)	무릎의 골관절염	No	2억 4천 2백만 달러

* 모든 제품들이 목록에 포함되지는 않았음.

곧 출시될 제품들

제품명	질병/상태
모조빌, 플러릭세이퍼(Mozobil™, plerixafor)	줄기 세포 이식
알렘투주맙, 캠패스(Alemtuzumab, Campath®)	다발성 경화증
클롤라, 클로파라빈(Clolar®, clofarabine)	성인 급성 골수성 백혈병
미포메르센(Mipomersen)	위험이 높은 고 콜레스테롤 혈증

제품영역별 수익비중

2000년 수익 7억 5천 2백만 달러

2007년 수익 38억 천 4백만 달러

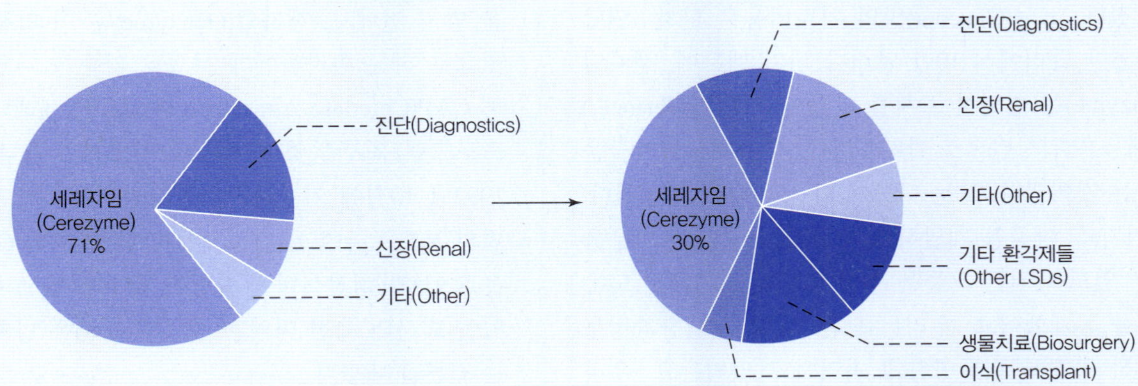

출처: 젠자임(Genzyme) 내부자료.

(Genzyme)은 희귀의약품법(Orphan Drug Act)[2]에 따라 세레다제 효소(Ceredase enzyme)를 이용한 희귀약품 시약을 만들었다. 회사는 향후 이 연구시도가 성공하고 희귀약품으로 인정을 받는다면 전 세계적으로 약 2,000명의 환자에게 약을 제공할 수 있으며 이를 통해 연간 약 1억 달러의 매출을 달성할 수 있을 것으로 예측했다. 마침내 1991년에 미국 FDA(Food and Drug Administration—식품의약청)는 미국 내 세레다제(Ceredase)의 판매를 승인했다.

정치 및 규제 압력을 견디다 세레다제(Ceredase)는 제약 및 생명공학 기업들이 어려움을 겪는 환경에서 출시되었다. 미국의 클린턴(Clinton) 대통령의 건강보험 개혁 강조는 자연스럽게 고가 치료에 대한 관심으로

2) 1983년 1월, 희귀의약품법(Orphan Drug Act)에 따라, 미국 내 20만 명 미만의 사람들에게 영향을 미치는 희귀질병에 대한 연구를 수행하는 기업들이 희귀의약품의 승인을 받게 되면, 승인 후 7년 동안 세제감면 및 마케팅 독점권을 부여받을 수 있었다.

도표 4 희귀질병 또는 소외질병에 대한 젠자임(Genzyme)의 기존 제품 포트폴리오

희귀/소외질병	치료제	첫 승인	2008년 1월 1일 기준으로 치료 중인 환자	환자 1인당 연간 치료 비용	무료 치료를 받는 환자의 비율
고셔병 type 1	세레자임(Cerezyme)	1991년(1세대 제품인 세레다제(Ceredase)의 승인 기준)	5,200명	20만 달러	10% (Hope 프로젝트를 통해)
파브리 병	파브라자임(Fabrazyme)	2001년	2,200명	20만 달러	10%
후들러 증후군 (MPS I)	앨더라자임(Aldurazyme) (바이오마린 제약(BioMarin Pharmaceutical)과 함께)	2003년	600명	20만 달러	10%
폼피병 (pompe disease)	마이오자임(Myozyme)	2006년	900명	30만 달러	10%

노트: 이 테이블의 마지막 열에서 알 수 있듯이 젠자임(Genzyme)은 이러한 제품들의 대부분을 상업적으로 판매하고 있다. HAND 프로그램은 이러한 계획과는 완전히 별개이다.

출처: 젠자임(Genzyme) 경영진과의 인터뷰.

이어졌다. 고셔(Gaucher)병의 치료비용은 환자 1인당 연간 5만 달러에서 10만 달러나 되기 때문에, 젠자임(Genzyme)은 면밀한 조사를 받았다. 터미어(Termeer)의 대응은 워싱턴으로 가서 의원들과 규제당국자들을 만나는 것이었다. 그는 나중에 다음과 같이 회상했다. "우리가 그 제품을 개발하고 생산하는 데 드는 비용을 알 수 있도록 저는 그들을 우리 회사에 초대해서 모든 장부를 공개했어요. 우리는 모든 개발 및 생산과정을 완전히 공개하고 투명하게 처리하고 있거든요. 우리는 우리가 한 일, 그리고 숨겨야 하는 것이 하나도 없다는 사실이 자랑스러웠어요."

방문자들에게 시설을 보여주고 의회의 기술평가위원회(OTA, Office of Technology Assessment)가 젠자임(Genzyme)의 모든 회계장부를 자유롭게 열람할 수 있게 해 주었다. 그 다음에 터미어(Termeer)는 회사의 경영철학을 다음과 같이 설명했다. "회사가 창립된 이래로, 저는 우리 조직의 첫 번째 책임은 질병으로 고통 받는 환자들을 치료하는 것이지 수익을 극대화하는 것이 아니라는 점을 늘 강조했습니다." 이러한 목적을 가지고 심지어는 세레다제(Ceredase)가 승인을 받기 전에도, 젠자임(Genzyme)은 이 약품을 가장 필요로 하는 환자들에게 무료로 약품을 지원하기 위해 CAP(Ceredase Assistance Program, 세레다제 지원 프로그램)를 만들었다. 세부적인 조사가 끝나고 난 후 1992년 10월에 기술평가위원회(OTA)는 희귀 의약품법의 보호로 위험을 감소시킨 반면, 젠자임(Genzyme)은 R&D와 생산설비에 상당한 투자를 했으며 약품에 있어 회사의 세전 이익은 산업의 표준을 넘지 않는다는 결론을 내렸다.

글로벌 조직을 구축하다 세레다제(Ceredase) 연구시도가 지속됨에 따라 젠자임(Genzyme)은 1억 8천만 달러의 신규 제조시설을 구축하기 시작했다. 고셔(Gaucher)병 환자들이 매우 소수라는 점을 고려해서 터미어(Termeer)는 공장의 규모에 맞는 생산을 위해서 글로벌 시장으로 확장해야 할 필요가 있다는 것을 인식했다. 젠자임(Genzyme)이 해외로 사업의 영역을 확장함에 따라 최고경영자는 마케팅의 초점을 기업의 핵심 가치인 "환자 최우선주의"에 두어야 한다고 주장했다.

희귀하고 좀처럼 진단이 되지 않는 질병들을 위

한 매우 비싼 치료약품을 판매할 수 있는 시장개척팀을 구성하는 것은 상당히 어려운 일이었다. 영업사원들은 상당히 다양한 건강관리 환경에서 의사, 약사 그리고 병원관계자들에게 질병에 대한 교육을 해야만 했다. 경영진은 "열의에 찬 실용적 몽상가(passionate practical dreamers)"라고 불릴 수 있는 사람들을 채용하는 것이 핵심이라는 결론을 재빠르게 내렸다. 터미어(Termeer)는 새천년 시대(2000년대)에 유럽, 중동, 아시아, 캐나다 그리고 라틴아메리카로 젠자임(Genzyme)을 진출시키고 이끌어 갈 수 있는 중역들을 고용하기 위해 그의 백스터(Baxter) 동문 네트워크를 활용했다.

미국 내 모든 고셔(Gaucher)병 환자들에게 치료제를 제공하기 위한 국내에서의 노력과 병행하여, 1988년 젠자임(Genzyme)은 저개발 국가의 고셔(Gaucher)병 환자들에게 치료제를 제공하기 위한 목적으로 '고셔 계획(Gaucher Initiative)'이라는 CAP(Ceredase Assistance Program, 세레다제 지원 프로그램)의 글로벌 버전을 발표했다. 이러한 국가들의 고셔(Gaucher)병 환자 치료를 돕기 위해 젠자임(Genzyme)은 세계적인 비정부기구(NGO)의 파트너로서 '프로젝트 HOPE(Health Opportunities for People Everywhere, 세계 모든 사람들에게 건강할 수 있는 기회를 제공하는 프로젝트)'와 팀을 구성하여 이집트와 중국에서 치료받지 못하고 있는 환자들의 치료에 먼저 집중하기로 결정했다.

'고셔 계획(Gaucher Initiative)'을 실행함에 있어 젠자임(Genzyme)은 그들의 기업가치인 '환자 최우선주의'를 정상가격(full price)과 지불능력이 없는 환자들을 위한 무료가격(free price) 등 상이한 '두 가지 가격정책'에 반영시켰다. 여섯 명으로 구성된 독립적인 의료심사위원회(medical review board)를 만들어 경제적으로 어려움을 겪는 환자들을 심사하고, 무료 가격을 승인했다. '프로젝트 HOPE'는 개발도상국들로의 약품제공을 담당하는 반면에 젠자임(Genzyme)은 무료약품의 제공에 동의하고 프로그램 관리자와 사무국의 비용을 지불하며, 훈련, 출장 그리고 지역처리 센터를 위한 사무실을 제공하게 되었다. 1998년에 '고셔 계획(Gaucher Initiative)'은 전 세계 60명의 환자들을 후원하게 되었으며, 3년 후에는 그 수가 140명으로 늘어났다.

새로운 산업 이미지 구축하기 젠자임(Genzyme)이 '고셔 계획(Gaucher Initiative)'을 개발하는 동안, 터미어(Termeer)는 특히 신흥시장에서 NGO, 정부기관 그리고 대형 공공기관들과 지속적인 선의를 만드는 데 있어서 제약 산업이 실패하고 있다는 점을 우려하고 있었다. 1999년에 28개의 대형 제약회사들이 남아프리카공화국 정부와 만델라 대통령을 상대로 소송을 제기했을 때, 터미어(Termeer)는 대단히 놀라운 경험을 했다. 만델라 대통령은 수백만의 환자들을 치료할 수 있는 특허로 보호받는 AIDS 치료약의 저렴한 제네릭 버전(generic versions, 특허기간이 만료된 후 원래의 제품과 유사한 제품)의 수입을 허용해 달라는 법률통과를 간청했었다. 소송을 제기한 대형 제약회사들은 법률이 그들을 부당하게 대우한다고 주장하는 반면에, NGO들과 AIDS 활동가들은 "상업적 이익이 단순히 살아남기 위해 노력하는 사람들의 인권을 무시할 수 없다"고 주장했다.[3]

터미어(Termeer)는 젠자임(Genzyme)이 근본적으로 다른 방법을 취하는 것이 옳다는 결정을 내렸다. 회사의 환자중심적인 문화와 기업의 사회적 책임의 개념을 고려하면서, 그는 개발도상국 정부의 요구에 대응하는 방법의 일환으로, 질병으로 고통받는 사람들이 많음에도 불구하고 약품개발의 관심을 끌지 못하는 희귀질병에 대한 대응으로, 그들을 도울 수 있도록 개발도상국 현지에 투자를 함으로써 주도권을 잡을 수 있는 기회가 있다는 것을 알았다. 회사는 고셔(Gaucher)병와 같은 희귀질병의 치료 목적을 달성하려는 전 세계의 정부 보건기관들과의 협력에 익숙해졌

3) 2001년 3월 5일자 언론기사 "South Africa battles for cheap AIDS drugs," http://www.thepost.ohiou.edu/archives3/mar01/030501/brief4.html(2009년 8월 15일 접속).

다. 이제 그는 이런 관계들이 흔히 방치된 질병들에 대한 해결책을 찾을 수 있게 도움을 줄 수 있는 지렛대의 역할을 할 수 있다고 느꼈다.

희귀질병을 넘어 소외질병에 이르기까지

2005년도 봄에 터미어(Termeer)는 피터 워스(Peter Wirth)와 함께 이러한 아이디어를 실험하기 시작했다. 터미어(Termeer)는 젠자임(Genzyme)의 기업고문이었던 피터 워스(Peter Wirth)에게 그의 아내 다이안 어스(Dyann Wirth)와의 논의를 제안했는데, 당시 다이안 어스(Dyann Wirth)는 하버드 공중 보건 대학원 면역 및 전염병 학과의 수장이었다. 그것이 바로 젠자임(Genzyme)의 역량에 영향을 미치게 될 소외질병에 대한 탐구의 첫 단계였다.

말라리아 터미어(Termeer)와의 대화에서 다이안 어스(Dyann Wirth)는 MIT, 하버드대 그리고 화이트 헤드 연구소(Whitehead Institute)의 합작투자기업인 브로드 연구소(Broad Institute)와의 협력으로 말라리아(malaria)에 대해 연구한 내용을 설명했다. 토론이 끝난 후 터미어(Termeer)는 제러티(Geraghty)에게 어스(Wirth) 그리고 MIT 공대 교수이자 브로드 연구소의 이사인 에릭 랜더(Eric Lander)와 함께 회의 주선을 요청했다. 그 회의에서 터미어(Termeer)와 제러티(Geraghty)는 약 5억 명의 사람들이 말라리아로 고통을 받고 있으며, 2025년까지 10억 명으로 그 숫자가 증가할 것으로 예상된다는 점을 알게 되었다.

그들은 말라리아로 인해 매년 백만 명 이상이 사망을 하지만 전 세계 건강분야 연구개발비의 약 3%만이 이 질병의 치료약품 연구에 사용되고 있다는 사실 또한 알게 되었다. 제러티(Geraghty)는 젠자임(Genzyme)이 이 분야에 기여할 수 있는 가능성에 대해 설명했다. "우리는 신약개발에 초점을 맞춘 기초 연구의 전문가인 어스(Wirth)와 랜더(Lander)같은 학자들과의 보완적인 스킬들을 보유하고 있습니다. 젠자임(Genzyme)은 연구단계에서 임상사례로 그들의 프로젝트를 전환할 수 있는 역량 역시 보유하고 있습니다. 우리는 이 분야에서 진정한 기여를 할 수 있습니다."

샤가스 병/수면 병 소외질병 치료를 위한 그 밖의 아이디어들은 제러티(Geraghty)가 말라리아 학회에서 만난 브라질 연구원과의 대화에서 나왔다. 그들은 샤가스 병 또는 아메리칸 트리파노소마증(American trypanosomiasis)이라 불리는 기생 질병(parasitic illness)에 대해 논의했다. 그 대화는 한 기억을 상기시켰다. 2004년 3월에 젠자임(Genzyme)은 Ilex Oncology Inc를 인수했는데 그 회사는 주로 방광암, 고형종양 그리고 기타 암 종류 치료에 중점을 둔 생명공학회사였다. 그러나 지속적인 사업의 일환으로 Ilex은 에플로티닌(eflornithine)이라 불리는 약품을 제약 포트폴리오에 남겨 놓았었는데 이 약은 부작용이 있으나 아프리칸 트리파노소마증 또는 수면병(sleeping sickness)에 효과가 있는 것으로 나타났다.

수면병은 체체파리(tsetse fly)에 의해 사람이나 동물들에게 전염되는 기생 질환이다. 이것은 특히 사하라 사막 이남의 아프리카에서 특히 유행을 하며, 매년 5만 명에서 7만 명에 이르는 사람들이 감염된다. 20세기에 들어 거의 근절된 후, 방제법이 완화되면서 다시 부활했다. 치료방법이 존재하긴 해도 그들은 상당히 독성이 강하고, 내성이 매우 빠르게 확산되었다. 초기 연구는 2기 수면병 치료에서 에플로티닌이 매우 효과적이었다는 것을 보여주었는데 단지 한 가지 문제점은 매일 4번에 달하는 정맥주사 요법을 아프리카 외진 지역에서 수행해야 한다는 것으로 이는 매우 비현실적이었다.

1909년에 브라질의 카를로스 샤가스(Carlos Chagas)라는 내과의사가 처음 발견한 후 샤가스병(Chagas disease)으로 명명된 샤가스병의 원인은 기생충과 관련이 있으며 라틴 아메리카에 널리 퍼져 있다. 이 질병은 백신이 없으며 주로 흡혈충(blood-sucking assassin bugs)에 의해 인간들이나 다른 동물들에게 전염된다.

결핵 세 번째 주요 소외질병의 후보로 2006년 세계결핵 약물개발협회(Global Alliance for TB Drug Development)의 토론에서 결핵(tuberculosis)이 제안되었다. 이 협회는 뉴욕에 본사를 두고 있는 비영리 협회이며, 더욱 저렴하고 효과가 빠른 결핵치료약품의 탐색 및 개발을 목적으로 하고 있다. 제러티(Geraghty)는 그 회의에 참석했고, 이를 통해 결핵에 대해 배우기 시작했으며, 젠자임(Genzyme)이 이 분야에 도움을 줄 수 있을 것으로 생각했다.

결핵은 전 세계에 널리 퍼져 있으며 전염성이 상당히 강한 질병으로, 특히 아프리카, 중국, 남아시아 그리고 기타 지역 등 굉장히 널리 퍼져 있으며 모든 소외질병 중에서 가장 높은 치사율을 보이고 있다(〈**도표 5**〉는 소외된 질병들을 비교하고 있음). 결핵은 세계 인구의 3분의 1에게 영향을 미치고 있으며, 기침이나 침을 통해 확산이 되며, 1초당 1명의 비율로 새로운 감염을 일으키고 있다. 비록 결핵의 대부분은 잠복해 있지만 10분의 1정도는 완전한 결핵으로 발전한다. 만약 결핵을 치료하지 않고 방치하면 결핵은 감염자의 절반 이상을 죽게 만들 것이다. 2004년에 거의 1,500만 명의 만성 결핵환자들이 보고되었으며, 9백만 명이 새로 결핵에 감염이 되었고, 그 해에 160만 명이 사망에 이르렀는데 사망의 대부분은 개발도상국에서 발생되었다.

이와 같이 우려할만한 통계에도 불구하고 결핵은 여전히 1960년대에 개발된 4가지 약물을 조합해서 치료되고 있었다. 고가의 건강관리 비용을 지불할 능력이 부족한 개발도상국에서 질병이 집중되어 있기 때문에 제약회사들은 최근 몇 십 년 동안 결핵에 대한 연구개발을 거의 하지 않고 있었다. 전염된 사례 중 절반 이하의 경우만이 약품을 이용할 수 있었고, 심지어는 약물을 제공받는 경우조차도 치료가 6개월이나 걸리기도 했다. 지속적으로 약물을 투여하면서 모니터링을 할 필요가 있었지만 이는 대부분의 개발도상국들이 지닌 역량의 범위를 벗어나는 것이었다. 그래서 치료는 종종 완치 전에 중단되었다. 이로 인해 이 질환의 변종이자 약물 내성이 더 강한 광범위 내성결핵(XDR-TB)이 증가하게 되었다.

도움의 손길 HAND를 개시하다: HAND 프로그램의 형성

이 같은 탐색적 토론이 이루어지던 중, 터미어(Termeer)는 젠자임(Genzyme)이 이처럼 널리 퍼져 있지만 소외질병으로 고통 받는 이들을 도울 수 있는 방법에 대한 자신의 비전을 구체화시키기로 결심했다. 2005년 9월 젠자임(Genzyme)의 영국 R&D 센터의 설립은 그에게 기회를 제공했다. R&D 센터의 축사에서 그는 다음과 같이 밝혔다. "새천년의 도전 과제는 전 세계의 소외질병으로 인해 고통받는 이들에게 극적으로 새로운 치료법을 제공하고, 특히 개발도상국에서 기존 제약회사들이 중시하지 않던 질병으로 고통받는 수십억 명을 돕는 데에 있습니다." 젠자임(Genzyme)의 홍보부 부사장인 캐런 아른스타인(Caren Arnstein)은 다음과 같이 그 연설을 회상했다. "헨리 터미어(Henri Termeer)의 연설은 우리 모두에게 조금 충격적이었습니다. 그는 우리보다 한 발 앞서 있었습니다. 그러나 그가 말한 내용은 희망적일뿐 아니라 고무적이었습니다. 또한 행동에 옮기고자 하는 개인적 의지를 분명히 보여주었습니다. 마치 그가 우리에게 도전 과제를 던지는 듯 했습니다. 이로 인해 HAND 프로그램이 태어나게 되었습니다."

목표 및 지침 설정 수많은 내부 협의를 거친 후 2006년 2월, 터미어(Termeer)는 제러티(Geraghty), 아른스타인(Arnstein), 과학담당 수석 부사장인 테드 시버츠(Ted Sybertz) 그리고 전염병 담당 부사장인 제프 클링(Jeff Klinger)과 함께 운영위원회를 구성했다.

위원회는 그해 4월에 HAND(Humanitarian Assistance for Neglected Diseases, 소외질병 인도적 지원) 프로그램을 공식적으로 출범시켰다. 터미어(Termeer)는 이 프로그램의 수립 배경에 대해 다음과 같이 밝혔다. "젠자임(Genzyme)의 고객들은 거의 대부분이 고

도표 5 주요 소외질병 비교

	말라리아	샤가스	수면병	병결핵
주요 발생지역	아메리카, 아시아, 아프리카의 적도 지역. 그러나 말라리아 사망자의 85%~90%는 사하라 사막 이남의 아프리카에서 발생.	멕시코, 중남미	사하라 사막 이남의 아프리카 36개국	개발도상국 전반에 걸쳐 발병됨. 특히 발병률이 높은 22개국에는 인도, 파키스탄, 중국, 인도네시아, 나이지리아, 방글라데시 등이 포함됨
매년 감염자 수	매년 2천 5백만 사례	16~18백만	~ 50만	~ 2천 5백만
질병으로부터 위협을 받은 사람들의 총계	33억	1억	6천만	>40억
매년 사망자 수	1백만	5만	>4만	1백5십만~2백만
전파	말라리아 매개모기(female Anopheles mosquitoes)에 의해 전파되는 원생동물 기생충(protozoan parasites)에 의해 발생. 열대 말라리아 열원충(Plasmodium falciparum, 아프리카, 인도, 기타 다른 지역)과 3일 말라리아 열원충(Plasmodium vivax, 주로 인도지역) 등 두 균주에 의해 발생됨.	병의 전파는 주로 흡혈충인 트리아토민 벌레(triatomine bugs)에 의해 이루어짐. 이 흡혈충은 낮에는 숨어 있다가 밤에 나타나며, 자고 있는 피해대상을 물어서 감염시킴.	포유류를 물고 있는 동안 감염된 체체 파리(tsetse fly)가 피부조직에 메타사이클릭 파동편모형 기생충(metacyclic trypomastigotes parasite)을 주입함으로써 전파됨.	질병에 걸린 사람의 기침, 재채기, 침 등이 공기를 통해 확산됨.

출처: 자료는 젠자임(Genzyme) 경영진과의 인터뷰 그리고 아래 웹페이지를 통해 수집되었음.
http://www.who.int/mediacentre/factsheets/fs094/ en/index.html(2009년 3월 31일 접속).
http://www.who.int/features/factfiles/malaria/en/index.html(2009년 8월 12일 접속).
http://www.who.int/ neglected_diseases/diseases/chagas/en/index.html(2009년 3월 31일 접속).
http://www.who.int/ mediacentre/factsheets/fs259/en/(2009년 3월 31일 접속).
http://www.sleepingsickness.org/Background.html(2009년 8월 15일 접속).

셔(Gaucher)병과 같은 희귀질병을 위한 고가의 의약품을 구매하는 정부기관들입니다. 장기적으로 볼 때, 이들 기관들은 냉혹한 상거래상의 원칙에 관여하는 것을 원치 않으며 우리 역시 이에 공감합니다. HAND 프로그램은 젠자임(Genzyme)이 사회에 기여할 수 있는 방법입니다."

엄밀하게 따지자면, 세계보건기구(WHO)에서 명시한 소외 받는 열대질병의 모든 항목들은 HAND 프로그램에 적격한 대상이 된다. 그러나 운영위원회는 향후 선택의 지침이 되는 몇 가지 간단한 기준을 제시했다(〈**도표 6**〉 운영위원회 회의록 참조). 프로젝트는 "충족되지 못한 중요한 의료적 니즈가 존재하며" 젠자임(Genzyme)이 이와 관련한 "기술적 역량" 및 "신뢰할 만한 파트너"를 가지고 있고, "이상적인 장기 투자로 다음 단계를 개발할 수 있는 역량"이 있는 것으로 국한되었다.

도표 6 HAND 운영위원회 회의록, 2006년 2월 (일부 발췌)

HAND 프로그램의 미션

말라리아와 같은 소외질병은 많은 지역에서 발생되는 심각한 공공보건 문제이다. 특히 매년 백만 명 이상이 사망하고 있는데, 이들 중 대부분이 어린이들이다. 새롭고 효과적인 의약품을 시급히 개발해야 할 필요가 있다. 제약 산업은 새로운 치료법을 개발하기 위해 의약품 개발 및 임상전 개발역량을 적용함으로써 사회 및 인류에 유일무이한 기여를 할 수 있다. 젠자임(Genzyme)은 다른 회사들과 협력하여 소외질병을 위한 새로운 치료법의 개발을 발전시키는 촉매제가 되고자 한다.

목표

- 중요한 소외질병을 위한 새로운 치료 방법의 개발을 촉진할 수 있는 연구수행을 위해 다른 회사와 협력한다.
- 과학적 프로젝트를 조사하고 선택해서 이유를 밝히기 위한 구조 및 과정을 갖춘 젠자임(Genzyme)의 글로벌 건강 프로그램을 위한 수단을 만든다.
- 이 분야에서 사용할 수 있는 지적 재산권(IP)을 만들기 위한 프로세스를 확립한다.

젝트 선정기준

- 충족되지 않은 중요한 의학적 필요성– 이상적으로 공공보건의 우선순위로 인식되는 것
- 의학적으로 효과가 있는 제품 프로파일– 이상적으로 매우 저렴한 것
- 증거를 기반으로 하는 과학적 합리성– 이상적으로 잘 정의된 경로 및 개발계획
- 환자에게 상당한 영향을 미칠 수 있는 기능– 이상적으로 유일한 역량을 사용하는 것
- 신뢰할 수 있는 학술 및 의학적 파트너– 이상적으로 잘 조직된 프레임워크
- 다음 개발단계를 감당할 수 있는 능력– 이상적으로 장기적인 투자 가능

출처: 젠자임(Genzyme) 경영진과의 인터뷰.

제러티(Geraghty)는 다른 회사들이 제휴에 참여하는 것에 대해 젠자임(Genzyme)이 선호하는 합리적인 배경을 설명했다. "심지어 우리가 6천만 달러에서 1억 달러 이상으로 2배에서 3배까지 자사의 투자를 증가시킨다 하더라도, 이에 비례해서 증가하는 영향력은 크지 않을 것입니다. 우리가 가진 역량을 활용해야 할 뿐 아니라 다른 이들에게도 영향을 미쳐 제약업계의 롤 모델이 되고자 합니다." 그는 또한 HAND의 목표가 "폭 좁은 상업적 이해관계"를 넘어서는 것이며 젠자임(Genzyme)이 "이들 프로그램으로부터 수익을 추구하지 않을 것"이라고 분명히 밝혔다. 실제로 이 회사는 HAND 프로그램에서 비롯되는 모든 지적 재산권을 전 세계적으로 정부나 파트너들이 사용할 수 있도록 할 것이라고 밝혔다.

역량 구축 HAND 프로그램은 분명 상당한 자원이 필요했고 젠자임(Genzyme)이 직면한 과제는 이 프로그램에 재원을 조성하고 지원해줄 상업적 활동을 저해하지 않으면서 HAND에 필요한 기술적 접근을 제공하는 것에 있었다(〈**도표 7**〉 젠자임(Genzyme)의 R&D 운영 설명 참조).

'고셔 계획(Gaucher Initiative)'과 마찬가지로 HAND는 종사원들의 대단한 관심을 자아냈다. 메사추세츠주 월섬(Waltham)의 R&D 센터에는 많은 프로젝트들이 진행되었는데, 이곳에서 근무하는 많은 이들이 프로그램에 참여를 원했고 첫 해 동안 많은 연구진이 자유 시간을 활용하여 이 프로그램 관련 업무를 수행했다. 첫 참여자들 중 몇몇은 그들이 느꼈던 흥미진진함을 다음과 같이 설명했다. "많은 사람들이 이 프로그램이 가진 사회적 파급 효과 때문에 이에 참여하기를 원했습니다. 우리가 그 중 첫 번째로 참여할 수 있었던 것은 그야말로 행운이었어요."

다양한 소외질병의 탐구와 잠재적인 파트너십에 대한 확장으로 젠자임(Genzyme)은 프로그램에 더

도표 7 젠자임(Genzyme)의 R&D, 종업원, CSR 현황

항목	지표(2008년 기준)
총 직원 수	11,000명
R&D 분야 종사 직원 수[a]	~900명
(HAND 프로젝트가 수행되는) 월섬(Waltham) 연구소에 근무하는 R&D 직원 수	205명
총 R&D 예산	7억 5천만 달러
의약품과 바이오 소재 장치 부문의 R&D 예산[b]	~8천만 달러
실질연구참여인력(R&D FTE) 1인당 평균비용	~30만 달러
글로벌 제품 기부 (2007 년의 경우)	1억 1천 백만 달러
미국의 현금 기부 (2007 년의 경우)	1천 4백만 달러

[a] 젠자임(Genzyme)에서 R&D 조직은 다음과 같은 위치에 있다. (1) 약물 및 바이오 소재에 관한 R&D는 작은 분자 및 바이오 소재 장치에 초점을 맞추고 있다(메사추세츠주 월섬). (2) 치료용 단백질 부문은 세포 및 유전자 치료에 초점을 맞추고 있다(메사추세츠주 프리이밍햄). (3) 분자 항생제 부문은 영국 캠프리지에 기반을 두고 있고 오크클라호마와 샌 안토니오에 두 개의 작은 센터를 두고 있다. 월섬 센터는 약 205명의 과학자들과 엔지니어들을 보유하고 있다. 프레이밍햄은 약 600명의 R&D 인력들을 보유하고 있으며, 영국 캠브리지, 오클라호마 그리고 샌 안토니오는 각각 50명 12명, 그리고 12명의 R&D 인력들을 보유하고 있다.

[b] 젠자임(Genzyme)의 나머지 R&D 예산의 대부분은 치료용 백신 부문에 할당된다.

출처: 총 직원 수 및 총 R&D 예산과 관련된 자료는 http://www.genzyme.com/corp/structure/fastfacts.asp(2009년 8월 12일 접속)을 참고하였으며 월섬 연구소에 근무하는 R&D 직원 수, 의약품과 바이오 소재 장치 부문의 R&D 예산, 실질연구참여인력(FTE) 1인당 평균비용 및 기타 자료들은 젠자임(Genzyme) 경영진과의 인터뷰를 통해 수집되었음.

많은 자원을 투자할 필요가 있다는 것을 알게 되었다. 클링(Klinger)은 다음과 같이 설명했다. "HAND는 그 스스로를 소규모(hip-pocket) 조직에서 보다 공식적이고, 다른 조직만큼이나 중요한 조직으로 변화시키기 시작했습니다." 직원들의 관점에서 볼 때 이것은 HAND에서 근무하는 것과 관련된 문제를 발생시키게 되었다. 한 프로젝트 멤버는 다음과 같이 비난했다. "저는 HAND 프로젝트의 업무를 보고 있지만, 또한 비용센터 관리자에게 정기적으로 보고를 하고 있어요. 이는 거의 제 직무의 150%는 되는 것 같아요. 심지어는 제가 HAND 프로그램에 기여하고 있다는 것을 제 담당 관리자가 아는지 모르는지 조차도 의문이 들 정도에요."

또한 주요 연구원들의 시간과 노력이 HAND 프로그램으로 투입되기 때문에 비용-센터 관리자들과 프로젝트 관리자들로부터 반감을 불러오기도 했다. 월섬(Waltham)에서 자원을 관리하는 짐 번즈(Jim Burns)는 종종 중재역할을 해야만 했다. "HAND 프로그램은 올바른 정책이고 약품 구성과 같은 분야에 진정한 가치를 부가할 수 있습니다. 그러나 균형이 잘 잡혀 있기 때문에 지나치게 이에 열중하는 것은 조심해야 할 것입니다."라고 그는 말했다. 클링(Klinger)도 역시 이에 동의하고 있다. "상업적 프로젝트 관리자뿐만 아니라 HAND 프로그램의 파트너들 모두 DMPK (Drug Metabolism and Pharmacokinetics, 약물 대사 및 약물 동역학)나 의약화학(medical chemistry)[4]과 같이 희귀한 기술자원이 부족합니다. 따라서 문제는 단순히 HAND가 필요로 하는 자원이 어느 정도이냐 뿐만 아니라 어떤 종류의 자원을 필요로 하느냐입니다."

HAND와 함께 가기: 파트너와의 협력

HAND에 필요한 내부 자원을 제공하는 것 이외에도 젠자임(Genzyme)은 또한 소외질병으로 식별된 분야

4) 의약화학(medical chemistry)은 약학 및 화학의 접점에 위치하며, 치료 목적으로 사용하기에 적합한 화학 성분들의 실험, 합성, 개발 등을 다룬다.

에 협력적 연구를 제공할 수 있을 것으로 보이는 다양한 파트너들을 찾기 시작했다. 그것은 잠재적인 장기적 연구 협력의 포트폴리오를 점진적으로 구성해야 하는 느리고도 반복적인 과정이었다.

DNDi 경험 파트너를 물색 단계의 초기였던 2006년도에 젠자임(Genzyme)은 '소외질병을 위한 약품(Drugs for Neglected Diseases initiative, DNDi)' 프로그램과 논의를 시작했다. DNDi는 2003년에 설립된 글로벌 조직이었는데 국경 없는 의사회(NGO Doctors Without Borders)라는 비정부 기관의 주도하에 UNDP(United Nations Development Programme, 유엔 개발프로그램)에 의해 후원되는 열대 질병에 관한 연구 및 연수 특별 프로그램(Special Programme for Research and Training in Tropical Diseases(TDR)), 세계은행 그리고 세계보건기구(WHO) 등 5개의 공공분야의 기관들이 협력하여 설립하였다.

DNDi의 소외질병에 대한 전문성과 세계 도처에서의 위상 등을 감안하면 이 단체는 수면병 치료를 위한 신약을 개발하고, 실험할 수 있는 이상적인 파트너로 여겨졌다. 이러한 가능성에 대한 논의에서 DNDi는 젠자임(Genzyme)의 참여를 환영하는 것처럼 보였으며, 심지어는 일부 실험을 수행하기 위해 스위스 열대 연구소(Swiss Tropical Institute)와 같은 추가 파트너를 참여시키자는 제안을 하기도 했다.

그러나 당시 DNDi는 변모기에 있었으며, 새로운 팀은 개발을 진행해야 하는 방법에 대해 상이한 관점을 취하고 있었다. DNDi는 또한 수면병 약물을 개발하는 다른 유망한 후보에게도 연구후원을 하고 있었다. 곧 두 조직은 프로젝트와 관련하여 서로 다른 방향으로 나아가기 시작했다.

그러나 좋은 관계는 유지되었기 때문에 젠자임(Genzyme)은 신약 실험에 DNDi 시설을 계속해서 사용했다. 그렇지만 미래 협력의 가능성은 여전히 열어둔 채 2008년에 이르러 두 조직은 더 이상 공동 프로젝트에 투자를 하지 않았다. 젠자임(Genzyme)에게 이와 같은 경험은 파트너들이 서로 상이한 이해관계를 가지고 프로젝트에 임하여 목표를 추구하는 것이 얼마나 어려운지를 가르쳐준 중요한 교훈이었다.

브로드/하버드/MMV 협상 한편 브로드(Broad), 하버드(Harvard)와의 말라리아 공동연구는 상당한 진척이 있었다. 브로드 연구소는 의약화학 및 화학정보(cheminformatics)[5] 분야에 기여를 했고 하버드 공중보건대학은 분자 유전학 및 임상시험에 대한 전문지식을 보유하고 있었으며, 젠자임(Genzyme)은 화합물의 어떤 요소가 대상 질병을 치료하는 데 효과가 있었는지를 확인하기 위해서 수백만 건의 화학 자료들을 조사했다.

그러나 이러한 협력관계 역시 시간이 지나면서 자금조달 문제에 이견이 발생했다. 초기 예산회의에서, 파트너들은 프로젝트 첫해에 연간 필요자금이 160만 달러에 달할 것으로 추정하고 3년 안에 약 660만 달러까지 늘어날 것으로 추정했다. 처음에 브로드 연구소는 젠자임(Genzyme)이 브로드 연구소의 스폰서로 활동할 수 있는 가능성을 모색했는데, 젠자임(Genzyme)이 전체 프로그램의 자금조달을 할 수 있는 위치가 아니라는 것이 분명해진 다음, 젠자임(Genzyme)의 대표는 자금마련에 도움을 제공하게 되었다.

자금조달과 부가적인 기능을 위한 연구는 MMV(-Medicines for Malaria Venture, 말라리아 벤처를 위한 의약품)로 이어졌는데, MMV는 제네바에 본부를 둔 비영리 조직으로 학계, NGO들 그리고 노바티스(Novartis)와 글락소스미스클라인(GlaxoSmithKline, GSK)과 같은 제약회사들을 포함한 공공-민간 협력 모델에 초점을 맞추고 있는 조직이었다. 2억 6천 3백만 달러의 자금(대부분은 게이츠 재단(Gates Foundation)에서 조달)으로 MMV는 새로운 파트너를 찾고 있는 중이었다. 파트너들의 신뢰성과 그들의 상호

5) 화학정보(cheminformatics) 분야는 화학과 컴퓨터 과학 분야의 접점에 있으며, 분자 및 화합물과 관련된 자료들을 저장하고 검색하는 것을 포함한다.

보완적 기술들을 감안하면, 브로드(Broad)-젠자임(Genzyme)-하버드(Harvard)의 제휴 관계는 매우 매력적으로 보였다. 이윽고 젠자임(Genzyme)과 그의 파트너들은 MMV로부터 4백만 달러의 자금 투자를 받고, 말라리아에 초점을 맞춘 5개의 프로젝트에 대한 연구에 착수했다.

되돌아보면 제러티(Geraghty)는 브로드(Broad)와의 초기 긴장상태가 불행 중 다행이라고 생각했다. "그것은 우리가 자금을 마련할 수 있다는 것을 알게 해준 깜짝 선물이었어요. 100% 우리 자금을 투자하는 제약 없이 그 프로그램에 우리의 인력과 기술로 기여할 수 있는 자유를 누릴 수 있게 된 것이죠."라고 그는 말했다.

피오크루즈(Fiocruz)[6]와의 관계 2006년도에 HAND 프로그램이 발표되고 나서 라틴 아메리카 총괄 관리자인 로게리오 비발디(Rogerio Vivaldi)는 보건복지부의 한 부서인 브라질 공공과학 연구소인 오스왈드 크루즈 재단(Oswald Cruz Institute) 또는 피오크루즈(Fiocruz)와 논의를 개시했다. 그 곳은 연구수행, 백신생산 그리고 공중보건 교육 등에 참여하고 있었다. 비발디(Vivaldi)는 이전에 브라질에서 세레자임(Cerezyme, 세레다제(Ceredase)의 이후 버전)의 생산 기술과 관련된 문제로 피오크루즈(Fiocruz)에 방문했던 적이 있었다. 비발디는 어쩌면 두 조직이 샤가스(Chagas)와 같은 소외질병을 위해 협력을 한다면 상당한 가치를 창출할 수 있을 것이라고 대답했다.

이러한 가능성을 탐구하기 위해 비발디(Vivaldi)는 피오크루즈(Fiocruz)의 과학자들을 젠자임(Genzyme)의 월섬(Waltham) R&D 센터에 파견해서 약물개발과정을 통해 새로운 치료법을 개발하는 방법을 배우게 하자는 제안을 했다. 젠자임(Genzyme)의 관점에서, 그와 같은 방문이 잠재적인 파트너에 대해 알 수 있는 기회이기는 하지만 문제가 없는 것은 아니었다. "우리의 가장 가치 있는 자원은 우리 과학자들의 시간과 에너지인데 그들이 파견되어 오면 우리 과학자들이 그들을 관리해야 합니다. 분명히 피오크루즈(Fiocruz)와 같은 조직과 제휴를 맺는다는 것은 지역 파트너들보다 자원에 대한 요구가 더 많아지겠지만 우리의 과학자들도 그들로부터 배울 수 있는 것이 있을 거예요."라고 제러티(Geraghty)는 말했다.

TB(결핵) 제휴 논의 제러티(Geraghty)는 결핵약물개발(TB Drug Development, 또는 TB Alliance로 알려짐)과의 글로벌 제휴와 관련된 논의를 계속하면서, 그는 이 제휴가 가상 바이오기술 기업처럼 운영되는 제품개발 파트너십이었다는 것을 알게 되었다. 이 제휴는 전 세계 몇몇 정부뿐만 아니라 게이츠와 록펠러 재단(Gates and Rockefeller foundations)으로부터 상당한 자금 지원이 있었으며, 그러한 자금들은 바이엘(Bayer)이나 GSK와 같은 제약회사에 약물개발을 아웃소싱하는 데 사용되었다. 그러나 그러한 회사들의 전통적 제품개발과는 달리 이 프로젝트의 분명한 목적은 개발도상국들에게 저렴하게 사용할 수 있는 치료방법을 개발하는 것이었다.

초기 프로젝트의 일환으로 TB 제휴는 특별연구 프로그램을 위한 자금투자를 제안했는데, 이 프로그램은 젠자임(Genzyme)이 프로젝트에 대한 DMPK(약물대사 및 약물 동역학) 및 의약 화학 기술을 보유한 과학자들을 할당함으로써 기존의 목표들을 조사하는 책임을 지는 것이었다. 제러티(Geraghty)는 젠자임(Genzyme)에서 이러한 것들을 담당하기에는 자원이 부족하지만 그는 회사의 제안을 고려해보기로 결정했다.

HAND 프로그램의 확장: 새로운 기회의 탐색

약 3년 후 HAND의 활동은 말라리아와 샤가스 프로젝트를 중심으로 통합되기 시작했다. 그러나 제러티(Geraghty)와 HAND 운영위원회가 프로그램의 미래에 관한 논의를 시작했지만, 그들은 자신들이 가장 적

6) 역자 주. 피오크루즈(Fiocruz)는 브라질 리오데 자네이루에 위치한 생명과학 연구 및 개발을 위한 과학 연구소를 말하며, 오스왈도 크루즈 재단(Oswaldo Cruz Foundation)이라고도 불리기도 한다.

절하게 소외질병을 분류하고 있는지, 가장 효과적인 파트너와 제휴를 맺었는지, 그리고 가장 적절한 자원을 프로그램에 적용하고 있는지의 여부에 의문이 생겼다. 프로세스를 검토하는 동안 각각의 옵션을 주창하고 옹호하는 자들이 매우 빠르게 나타났다.

샤가스(Chagas) 프로젝트: 브라질의 옹호자 HAND 프로그램이 발표되자마자 비발디(Vivaldi)는 이 계획을 젠자임(Genzyme) 브라질 지사의 성장과 연계시키는 기회로 보게 되었다. 비발디(Vivaldi)는 1991년에 브라질의 첫 번째 고셔(Gaucher)병 환자를 치료했던 의사였다. 1997년도 상파울로에 젠자임(Genzyme) 브라질 지사를 열었으며, 이후 비발디는 공을 들여 운영기반을 구축했고, 젠자임(Genzyme) 브라질 지사는 100명의 종업원들과 함께 최상위층의 브라질 제약회사로 도약했다.

젠자임(Genzyme) 브라질 지사가 영업활동을 개시하는 당시, 호세 세라(José Serra) 상파울로 시장은 2002년 대선후보였다. 국민건강보험 개혁이 그의 공약이었으며, 브라질의 일반 산업으로 그 붐이 확산되어 브라질 식품 및 약물 규제기관인 ANVISA(Agência Nacional de Vigilância Sanitária)가 설립되었다. 이러한 상황에서 비발디(Vivaldi)는 희귀질환을 위한 우수한 약물 목록에 세레자임(Cerezyme)을 등록시키는데 성공했다. 그에 따라 연방정부로부터 직접 환급을 보장받았다. 2008년에 브라질에서 젠자임(Genzyme)의 연간 예산 1억 8백만 달러 중 1억 달러는 연방정부로부터 환급받은 것이었다. "브라질은 라틴아메리카, 남아시아 그리고 동유럽의 신흥시장을 위한 모형을 만들었습니다. 우리는 칠레, 베네수엘라와 같은 국가들이 브라질의 사례를 따르도록 설득할 수 있었으며 고셔(Gaucher)병의 치료를 지원하는 프로그램을 만들 수 있었죠."라고 제러티(Geraghty)는 말했다.

여전히 소외질병 우수약물 목록에 세레자임(Cerezyme)의 지위를 유지하는 것은 쉬운 일이 아니었다. "건강보건 당국의 관리자들은 고셔(Gaucher)병에 직접 투자된 정도의 자금이면 브라질에서 결핵을 퇴치할 수 있다고 주장했다. 우리를 실질적으로 도왔던 것은 '고셔 계획(Gaucher Initiative)'에 따라 가난한 환자들을 치료해주겠다는 우리의 약속 그리고 정부와의 직접적인 의사소통이었다."고 비발디(Vivaldi)는 말했다. 그러나 우수약품 목록은 2011년에 개정될 예정이었는데 브라질 보건당국은 이 목록에 100개 이상의 약품들을 포함시키자고 주장했고, 여기에는 젠자임(Genzyme)의 5개 약품이 포함되어 있었다. 비발디(Vivaldi)에게 HAND 프로젝트는 목록개정의 결정에 앞서 젠자임(Genzyme) 위상을 드높일 수 있는 중요한 수단을 의미했다.

피오크루즈(Fiocruz)의 수석 과학자와 함께 한 제러티(Geraghty)의 회의에 이어, 비발디(Vivaldi)는 브라질 파트너와 함께 말라리아 및 결핵과 같은 다른 질병분야에서 두 조직이 어떻게 협력할 수 있는지에 대한 방법을 강구하기 시작했다. 젠자임(Genzyme) 내에서, 비발디(Vivaldi)는 이와 같은 협력적 활동의 확장을 적극적으로 지지하는 옹호자가 되었다.

2009년 1월 HAND 프로젝트의 전화회의에서 비발디(Vivaldi)는 자신이 강조한 고셔(Gaucher)병 프로그램이 브라질에게 진정한 기득권 일시유보(giveback)가 될 것이라며 고셔(Gaucher)병 프로그램에 대해 매우 낙관적인 태도를 지니고 있었다. 비발디(Vivaldi)는 또한 그들에게 몇몇 브라질 보건부 관계자들이 피오크루즈(Fiocruz)에 참여하고 있다는 점을 상기시키면서 연방정부가 승인한 우수약품 목록이 곧 업데이트 된다는 점을 고려했을 때, 프로젝트가 지속적으로 성공하는 것이 연방보건복지부 관리들에게 젠자임(Genzyme)의 신뢰성과 특히 중요한 목적을 강화시킨다는 점을 상기시켰다.

말라리아 프로그램: 인도에서의 로비 세계의 또 다른 한편에서, 젠자임(Genzyme) 인도지사의 총괄 책임자인 샌딥 새니(Sandeep Sahney)는 HAND를 대환영했다. 젠자임(Genzyme)은 2002년에 무릎 골관절

염(osteoarthritis) 치료제인 생명공학 제품 신비스크(Synvisc)를 출시했을 때 인도 시장에 진출했다. 2007년도에 회사는 지역 산업의 베테랑인 새니(Sahney)를 영입해서 조직의 기반을 구축했다.

젠자임(Genzyme) 브라질 지사의 지위와 비교했을 때 젠자임(Genzyme) 인도 지사는 여전히 걸음마 단계에 있었다. 비록 정부가 고셔(Gaucher)병 환자들을 보상하는 프로그램을 운영하지는 않았지만 젠자임(Genzyme)은 5년 내 3천만 달러에서 5천만 달러의 매출을 올릴 것으로 기대했다. 그러나 고셔(Gaucher)병에 대한 정부의 환급이 없다면 이와 같은 성장의 대부분은 개인영업 의사들과 영리병원들에게 암, 관절염 그리고 신장질환 치료제를 판매해서 달성해야만 할 것이다.

하지만 새니(Sahney)는 젠자임(Genzyme)이 인도에서도 정부와 민간연구소에서 세계적 수준의 R&D 자원에 접근할 수 있는 또 다른 좋은 미개발 기회가 있을 것으로 믿었다. 그는 다양한 지역 연구소와 그 지식을 활용할 수 있도록, 그리고 그들과 자원 및 아이디어를 함께 모을 수 있는 이상적인 플랫폼을 HAND 프로그램이 제공할 수 있을 것으로 생각했다. 제러티(Geraghty)와 시버츠(Sybertz)의 지원으로 새니(Sahney)는 과학 산업 연구 협의회(Council for Scientific and Industrial Research)와 같은 인도의 공공과학 기관들(Indian public science organizations)과 협의를 하는데 2007년과 2008년의 대부분을 보냈다. "인도 과학계는 상당한 재능은 있지만 그곳 사람들은 사일로(silos, 저장창고, 현실과 동떨어져 고립되어 근무하고 있음을 의미함)에서 일하고 있기 때문에, 젠자임(Genzyme)은 그 벽을 허무는데 도움을 줄 수 있을 거예요."라고 새니(Sahney)는 말했다.

말라리아가 인도 전역에서 광범위하게 발생하고 있다는 점을 감안해서, 새니(Sahney)는 HAND가 질병에 대한 새로운 백신을 개발하는 델리에 위치한 ICGEB와 논의를 시작할 수 있는 기회를 제공할 것으로 생각했다. "ICGEB는 유엔과 인도정부의 자금지원을 받고 있으며 백신에 대한 상당한 기술을 보유하고 있습니다. ICGEB는 말라리아 백신에 대해 15년 동안 연구해 오고 있으며, 이 질병이 어떻게 이 지역에서 널리 퍼지게 되었는지 등과 같은 지역적인 문제에 상당한 지식을 보유하고 있습니다."라고 새니(Sahney)는 말했다.

ICGEB는 또한 프로젝트에 기여할 수 있는 새로운 전문지식을 보유하고 있다. 대부분의 인간 말라리아는 열대 말라리아 열원충(Plasmodium falciparum)과 3일 말라리아 열원충(Plasmodium vivax)이라는 상이한 두 종류의 종(種)에 의해 발생된다. 기존 말라리아 연구(브로드-하버드 연구소를 포함)의 대부분은 전자인 열대 말라리아 열원충에 초점을 맞추고 있지만, 인도에서 발생되는 말라리아 원인의 65%는 후자에 속하는 3일 말라리아 열원충에 기인한다. 이처럼 연구가 미흡한 종은 최근에 매우 치명적인 질병의 원인으로 나타나고 있으며, ICGEB는 열대 말라리아 열원충과 3일 말라리아 열원충 모두를 대상으로 효과가 있는 목표와 특정한 식물 기반의 치료전략이라는 새로운 아이디어를 제시했다.

젠자임(Genzyme)은 잠재적인 파트너를 물색하기로 결정하고 피오크루즈(Fiocruz)와 마찬가지로 ICGEB가 소외질병 분야에 대한 프로그램에서 발생되는 모든 지적재산권(intellectual property)에 대한 권리를 보유하는 것에 동의했다. 그러나 초기 인도의 새로운 협력자들과의 의사소통 문제는 어떻게 국경을 넘는 협력관계의 문제들이 발생되는지를 보여주는 것이었다. 클링(Klinger)은 다음과 같이 회상했다. "초기 화상회의에서 저는 사람들이 관심을 보일 것으로 보이는 7개의 계획안들을 열거하면서 논의를 제기했죠. 그러나 제가 그것들의 우선순위를 정하는 방법에 대한 제안을 요청했을 때, 인도 측에서 누군가가 '우선순위를 정하는 것은 매우 비효율적입니다. 왜 그것들 모두를 동시에 진행하지 않는 거죠?'라고 발언했어요. 그 점에서 우리는 다른 접근법을 가지고 있다는 것이 분명했어요."

그러는 한편 젠자임(Genzyme)은 화학, DMPK 그리고 결정학(crystallography) 분야에서 상당한 기술을 보유하고 있는 인도 연구회사 애드바이너스(Advinus)와 제휴를 맺는 데 최선을 다했다. 그러나 애드바이너스(Advinus)와의 협상은 ICGEB 제휴와는 근본적으로 달랐다. 즉 파트너는 특정과제에 대해 시간 단위로 지불을 하고, 그들의 서비스는 브로드와 하버드 말라리아 연구팀을 포함해서 여러 HAND 프로그램팀들의 필요에 따라 사용되는 것이었다.

시간이 지나면서 ICGEB와의 관계는 초기의 문화적 장벽을 극복했다. 전화회의에서 새니(Sahney)는 이 신흥 파트너들을 지원하는 문제에 대해 매우 열정적이었다. 그는 말라리아 특히 3일 말라리아 열원충의 변형 말라리아가 실질적으로 인도에서 미해결된 문제이며, ICGEB는 검증할 수 있는 분자에 대한 구체적인 아이디어가 준비되었기 때문에 전망이 상당히 밝은 것으로 생각하고 있다고 설명했다. 그는 이 프로젝트의 성공이 젠자임(Genzyme)을 "인도"의 R&D 조직으로서의 지위에 올려놓고 지역 의료 및 연구계로부터 좋은 평판을 들을 수 있다고 분명히 믿고 있었다. 새니(Sahney)는 또한 인도의 말라리아 모델이 브라질과 그 외 아프리카와 같은 국가에서 사용될 수 있다고 주장했다.

TB옵션: 중앙에서의 소리 한편 젠자임(Genzyme)의 메사추세츠 캠브리지 본사에서 제러티(Geraghty)는 HAND의 미래 방향을 결정하는 가정과 우선순위를 정하는 문제에 대해 계속 질문을 던지고 있었다. 그 역할에서 그가 유지했던 문제 중 하나는 젠자임(Genzyme)이 결핵 치료제의 개발을 돕는 데 자원과 역량을 바칠 수 있는지 여부에 대한 문제였다.

2006년에 제러티(Geraghty)가 TB 제휴와 처음 접촉한 지 1년이 지난 시점에 제러티(Geraghty)와 논의를 했던 최고경영자는 사임을 했고, 관계는 더 이상 진전이 없었다. 2008년에 게이츠 재단(Gates Foundation)과의 미팅에서 그는 신임 최고경영자와 관련된 논의를 하고, 신속히 젠자임(Genzyme)을 방문해 줄 것을 요청했다. "우리는 협력 가능성을 논의하기 위해서 두 기관의 과학자들과 자리를 함께 했어요. 우리는 모두 많은 것을 배웠지만 사업을 개시할 수 있는 방법을 찾는데 어려움을 겪고 있었죠. 프로젝트를 확장하기에는 기반이 너무 약하다는 일반적인 우려 이상으로 우리 측 사람들 중 일부는 우리가 TB에 대해 너무 알지 못하고 있는 점을 우려했어요. 그러나 제가 지적한 바와 같이 우리는 HAND 프로그램을 개시하기 전까지 말라리아에 대해서도 너무 몰랐어요."라고 제러티(Geraghty)가 말했다.

또한 이때쯤 제러티(Geraghty)는 하버드 공중보건대학(TB에 대한 세계적 권위자인 배리 블룸(Barry Bloom) 학장이 주도하고 있었음)과 브로드 연구소에서 TB에 대한 연구를 하는 과학자들을 만났다. 그 과학자들은 정교한 게놈 분석을 사용해 새로운 분석법을 개발해서 TB 약물에 적용할 수 있는 고유의 대상을 식별했으며, 젠자임(Genzyme)은 말라리아 사례와 마찬가지로 그들을 도울 수 있을 것으로 생각했다. 제러티(Geraghty)는 프로젝트 관리의 지원을 제안했지만 그 관계는 발전되지 않았다. 여전히 그것은 미래에 참여할 수도 있는 잠재적인 자원이었다.

HAND 운영위원회가 직면했던 한 가지 문제점은 향후 부족한 자원을 가장 효과적으로 사용하도록 지원해야 할 소외질병이 어느 것인지를 결정해야 하는 것이었다. 이 기준으로 TB는 커다란 전 세계적 공중보건 문제였기 때문에 주목을 받게 되었다. 비교해보면, 샤가스(Chagas)병으로 고통을 받는 사람들은 상대적으로 소규모였으며, 그 영향력은 중남미에 집중되어 있었다(〈**도표 5**〉 참조). 반면 말라리아는 전 세계에 널리 퍼져 있으며 이환율(morbidity rate, 罹患率)[7]과 사망률이 매우 높았지만 최근에서야 상당한 자금과 기술적 자원의 투자를 끌어들이고 있었는데, 이는 특히 말라리아가 게이츠 재단(Gates Foundation) 내에서

7) 역자 주. 일정한 기간 내에 발생한 환자의 수를 인구당 비율로 나타낸 수치.

우선순위의 질병으로 등록되어 있었기 때문이었다. 그 중 한 가지 결과는 2009년 초에 나타났는데, 빌 게이츠(Bill Gates)는 2014년까지 획기적인 백신을 준비할 수 있을 것이라고 발표했다.[8] 말라리아 치료를 위해 전 세계에서 활동하고 있는 수많은 사람들과 상당한 자원을 고려했을 때 일부의 업계 관계자들은 여전히 말라리아가 소외질병으로 분류될 수 있는지의 여부에 대해 의문을 제기하기 시작했다.

이와는 달리 TB가 사망률이 매우 높은 전 세계적인 문제라는 사실에도 불구하고, 이 질병은 세계적인 주목을 받지 못하고 있었다. 그와 같은 맥락에서 제러티(Geraghty)는 젠자임(Genzyme)이 TB 제휴, 하버드 보건대학원 그리고 브로드 연구소 같이 TB에 관련된 논의를 재개해야 할지 여부에 대해 고민에 빠졌다. "나는 여전히 TB를 고려하는 HAND 프로그램의 옹호자로 남아 있어요. 그 이유는 우리가 희소한 우리자원을 어떻게 사용해야 하는지 계속해서 질문을 던진다는 것은 바람직하다고 생각하기 때문이죠."라고 그는 말했다. 그리고 브라질과 인도에 있는 파트너들보다 뉴욕과 보스톤에 있는 파트너와 함께 프로젝트를 진행하는 것이 훨씬 용이할 수 있었다.

HAND의 입장에서: 옵션을 중시하다

자신들의 사례를 소개하고 두 명의 초대 손님들이 전화회의를 마치고 떠난 후, 나머지 운영위원들은 그들이 HAND의 미래 방향과 우선순위에 대한 권고사항을 만드는 과정에서 고려해야 하는 다른 기회와 위기 요인들을 검토했다.

소외질병 제거 법(END)에 대한 미국 정부의 무관심 긍정적인 측면에서, 젠자임(Genzyme)과 그 파트너들은 워싱턴으로부터 좋은 소식을 들었는데, 그 소식에 의하면 최근 미국 상원은 FDA의 재승인 법안에 소외질병 제거 법(END, Elimination of Neglected Diseases)의 개정안을 채택하기로 했다는 것이다. END 법안은 소외질병을 위한 치료제를 시장에 출시하는 모든 회사에 "치료제 우선순위 심사 바우처(voucher)[9]"를 부여하게 된다.

심사를 받아야 하는 모든 신약에 대해서 사용할 수 있는 이 바우처는 정기 정밀심사에서는 18개월 걸리던 것을 FDA 우선순위 심사에서는 약 6개월 만에 심사가 완료되는 것을 보장받게 된다. 12개월이라는 단축 기간은 제약 및 생명공학 회사에게 최대 3억 달러 정도의 가치를 보전해줄 수 있게 되며, 획기적인 신약의 경우에는 그 가치가 더욱 클 것이다. 샘 브라운백(Sam Brownback) 상원의원은 다음과 같이 말했다. "우리는 말라리아와 콜레라와 같은 질병이 심각하게 위협이 되지 않는 국가에 살고 있는 축복을 받았지만 세계 인구의 약 6분의 1은 쉽게 치료할 수 있는 질병으로부터 죽음과 고통에 시달리고 있다는 사실을 잊지 말아야 합니다…(중략) 민간 기업들은 소외질병들과 싸우는 데 중요한 역할을 할 수 있는 잠재력을 가지고 있습니다."[10]

지적재산권(IP)의 위험: 노바티스의 경험 HAND 운영위원회의 가장 큰 우려 중에는 노바티스(Novartis)와 인도정부 간에 지속되고 있는 특허분쟁과 관련이 있는 개발 사안이 있었다. 인도규제 당국이 노바티스에게 글리벡(Glivec)이라는 항암제에 대한 특허권 부여를 거부하자, 노바티스(Novartis)는 기존 약품의 효용성보다 상당히 우수하다는 것을 입증할 수 없는 약품 변경에 대해서는 특허권의 부여를 거부할 수 있다는 2005년 인도 법률에 도전하는 법률적인 대응을 선택했다. 노바티스(Novartis)는 이것이 무역관련 지적 재

8) Gates Foundation, annual letter, p.15, http://www.gatesfoundation.org/annual-letter/Documents/2009-bill-gates-annual-letter.pdf(2009년 8월 15일 접속).

9) 역자 주. 바우처(boucher)는 정부가 특정 수혜자에게 교육, 주택, 의료 따위의 복지 서비스 구매에 대하여 직접적으로 비용을 보조해 주기 위하여 지불을 보증하여 내놓은 전표를 의미함.

10) News release,"Brownback Applauds Adoption of Neglected Diseases Amendment" September 21, 2007, http://brownback.senate.gov/public/ press/record.cfm?id=283848(2009년 8월 15일 접속).

산권에 대한 WTO의 규정(TRIPS)을 위반하는 것이라고 주장했다.[11]

그 소송은 신문의 헤드라인을 장식했으며, 몇몇 NGO 단체들은 노바티스(Novartis)의 행동을 강하게 비난했다. 예를 들면 일반 에이즈 약물 원료의 약 84%를 인도에 의존하고 있는 국경 없는 의사회의 대변인은 다음과 같이 논평했다. "자신들의 약물 자원을 인도에 의존하고 있는 전 세계 사람들은 노바티스(Novartis)가 승리할 경우 모두 영향을 받을 수 있을 것입니다."[12] 이에 노바티스(Novartis)의 대변인은 인도에서 글리벡(Glivec)으로 치료를 받는 환자들의 99%가 노바티스(Novartis)로부터 무료로 약품을 제공받고 있다는 점을 지적한 후, 다음과 같이 말했다. "인도에서 우리의 행동은 지금 존재하고 있는 국제적 보호장치에 따라 가난한 국가들로 의약품을 공급하는 것을 방해하지 않을 것입니다. 우리는 인도의 법률의 명확성을 촉구하고 있는 것입니다… (중략) 우리는 새로운 화학물질에 대해 특허를 제한하는 것은 단지 진정한 혁신을 인식하지 못하는 것이라고 생각합니다. 의료발전은 특히 점진적 혁신이라고 불리는 혁신의단계를 통해 성취될 수 있습니다."[13]

젠자임(Genzyme)은 MMV에서 노바티스(Novartis)와 접촉을 통해 차츰 회사가 소외질병에 대한 치료법을 찾는 데 더 노력해야 되겠다는 인식을 하게 되었다. 젠자임(Genzyme)은 9개의 MMV프로젝트에 참여하는 것뿐만 아니라 싱가포르 경제개발 위원회(Singapore Economic Development Board)와 협력해서 열대질병(Tropical Diseases)에 대한 비영리 연구소를 설립했다. 그러나 분명하게도 개발도상국가들이 필요로 하는 것을 개발하겠다는 이러한 약속들은 인도정부와 약속했던 것만큼 그렇게 비중 있게 수행되지는 않았다.

기업의 고문인 피터 워스(Peter Wirth)는 이러한 발전에 대해 우려했다. 이전에 보스턴 법률 회사에서 존경을 받았던 워스(Wirth)는 젠자임(Genzyme) 내에서 어렵지만 통찰력 있는 질문을 하는 것으로 알려졌다. "우리들 대부분은 밝은 면만 보려고 하는 반면에 피터 워스(Peter Wirth)는 잠재적인 위험을 감안해서 우리가 현실을 직시하도록 만들었어요."라고 제러티(Geraghty)가 말했다. 그와 같은 역할을 수행하면서, 워스(Wirth)는 HAND의 위원회에 노바티스(Novartis)의 사례(인도와의 관계, 지적재산권의 지위 그리고 이타적 동기 등)가 젠자임(Genzyme)에게 어떤 시사점을 주고 있는지에 대해서 생각해볼 것을 촉구했다.

그와 같은 문제들은 제러티(Geraghty)가 소외질병에 대해 더 많은 기업의 연구 참여를 촉진할 수 있는 방안에 대해 수행한 게이츠 재단과의 최근 논의에 반영되었다. 대부분의 기업들이 토로하는 두 가지 주요 장애물로 첫째, 소외질병을 위한 자금마련이 어렵고 둘째, 자신들의 지적재산권에 대한 통제권을 상실할 수도 있다는 두려움 등이 제시되었다. 옳거나 그르거나 그들은 일부 개발도상국가들이 대부분의 선진국들이 생각하는 것처럼 지적재산권을 존중하지 않는다고 생각하고 있었다.

경영진의 도전: 파트너십 및 기대 관리 워스(Wirth)는 또한 젠자임(Genzyme) 파트너들과 "올바른 기대의 설정"에 대해 우려했다. 특히, 각자의 미래 희망과 기대가 항상 명확하지 않은 개발도상국들의 파트너들에 대해 많은 우려를 했다. 그는 '고셔 계획(Gaucher Initiative)'을 진행하는 동안 이집트에서 지역건강 보건 시스템이 약품을 구입할 수 있는 능력이 생겼을 때, 젠자임(Genzyme) 환자에게 세레자임(Cerezyme)을 공급한 부분에 대한 부분환급을 요청했던 것에 대해 정부와 NGO파트너들이 강한 우려를 나타냈던 것을 상기했다. 이것이 긴장과 분쟁으로 이어졌으며 워스(Wirth)는 이러한 일을 반복하고 싶지 않았다.

11) http://www.medicalnewstoday.com/articles/61932.php(2009년 8월 15일 접속).

12) http://doctorswithoutborders.org/press/release.cfm?id=1870(2009년 8월 15일 접속).

13) Novartis release, http://www.novartis.com/downloads/about-novartis/ Novartis_position-Glivec_Gleevec_patent_case_india.pdf(2009년 8월 15일 접속).

워스(Wirth)의 견해는 젠자임(Genzyme)이 도움을 주어야 할 곳과 주지 말아야 할 곳을 분명하게 결정해야 한다는 것이다. 그러나 언어, 문화 그리고 거리상의 장벽으로 인해 워스(Wirth)는 수 없이 많은 의사소통의 잘못을 보았다. "제약사항과 한계점이 많은 지역에서 우리가 파트너와 정부 그리고 대중의 마음속에 강력한 인상을 새기는 것이 반드시 필요할 것입니다."라고 그는 말했다.

제러티(Geraghty) 역시 복잡한 제휴 네트워크가 증가하는 것을 우려했다. 비록 DNDi 및 브로드(Broad)와 처음 제휴를 시작할 때의 문제점들은 그들에게 중요한 교훈이라 생각했지만, 지난 몇 년 동안 HAND는 프로젝트에 많은 파트너들을 참여시켰다. 수면병 연구팀은 이제 뉴욕의 페이스 대학(Pace University), 스위스 열대질병 연구소(Swiss Tropical Institute) 그리고 최근에 브라질의 피오크루즈(Fiocruz)를 프로젝트에 참여시켰다. 브로드(Broad)와 하버드(Harvard)뿐만 아니라, 말라리아 프로그램은 이제 ICGEB와 애드바이너스(Advinus)를 포함하고 있으며 피오크루즈(Fiocruz)도 관심을 보이고 있다. "이러한 모든 제휴 관계들을 관리하는 데는 많은 시간이 필요하며, 이러한 복잡성의 수준을 다루기 위해 경영의 범위와 폭을 유지하는 것은 매우 어려워요."라고 제러티(Geraghty)는 말하고 있다.

자원결정: 자금 및 역량의 할당 HAND는 초기에 파트타임 자원봉사 직원 수준을 뛰어넘어 2009년에 이르러서는 월섬(Waltham)에서 약 10명이 프로젝트에 사실상 풀타임으로 종사하고 있다. 근로자 1인에게 지불해야 하는 비용이 연간 약 30만 달러에 이르기 때문에 10명의 근로자들에 대한 연간 투자액은 3백만 달러에 달했다. 또한 클링(Klinger)의 직책은 이제 전염병 및 소외질병 파트의 부사장이 되었는데, 이것은 그가 HAND에 기여하는 시간과 관심을 반영해서 결정된 것이다.

워스(Wirth)는 이러한 성장활동을 보면서, 젠자임(Genzyme)이 여러 개의 프로그램들과 파트너들을 관리하기 위해 지속적으로 자금과 인적자원을 투자할 수 있을지에 대해 의문이 들었다. 그는 최적의 기술과 파트너를 바탕으로 글로벌 의약품의 니즈에 균형을 맞추도록 촉구했다(〈**도표 5**〉, 〈**도표 8**〉, 〈**도표 9**〉의 자료 참조). 그는 또한 많은 프로그램을 추구하는 것은 감독의 부주의를 초래해서 상당한 위험이 발생될 수 있음을 우려했다.

• • •

제러티(Geraghty)는 이러한 모든 조언들이 귓가에 맴돌았지만, 분석 시간이 지났다는 것을 알고 있었다. 지금이 바로 결정을 내려야 할 시간이었다. 터미어(Termeer)는 어느 프로젝트를 수행해야 하며 어느 파트너가 참여해야 하는지, 그리고 어떤 자원을 그들에게 할당할 것인지, 그에 대한 분명한 어떤 제안을 HAND 운영위원회가 제공해 줄 것으로 기대하고 있었다.

도표 8 말라리아 – 과학적 전략 및 파트너의 기술

최근 과학의 비약적인 전진

- 다양한 열대 말라리아 열원충(Plasmodium falciparum) 균주의 시퀀싱(Sequencing, 염기서열)은 사용 가능한 대상 및 그들의 다양성에 대한 정보를 제공하고 있다.
- 고밀도 유전자 지도(HapMap)로 질병 중증도 및 약물 내성에 대한 책임 유전자에 대한 세부적인 매핑이 가능해졌다.
- 신약 발견 노력은 단백질 분해효소 방해물질(Protease inhibitor)에 집중되고 있다.

	새로운 표적 탐색	화학물질 검사	뛰어난 선택 및 최적화	임상전 개발	임상 시험 및 승인
젠자임 (Genzyme)	지원 역할	주된 역할: 표적을 가지고 '히트'를 탐색하는 것이 가능하도록 수백만 개의 화학물질을 포함하는 라이브러리의 생성	주된 역할: '히트'의 속성을 개선하기 위해 '히트'의 수백 가지 유사체를 설계하고 합성	주된 역할: 동물과 실험실 실험을 이용하여 약품의 효능과 안전성을 확인	지원 역할
브로드 & 하버드 (Broad & Harvard)	주된 역할: 질병에 대한 잠재적 개입점을 식별하는 생물학 연구를 주도	주된 역할: 칸 원자로를 이용하는 항플라스모디아 활동을 검사하기 위한 12만 개의 화학물질의 라이브러리 구축에 기여	주된 역할: 젠자임(Genzyme)과 의약화학 분야에서의 노력을 공유	주된 역할: 젠자임(Genzyme)과 화학정보 분야에서의 노력을 공유	지원 역할
MMV	지원 역할	지원 역할	지원 역할	지원 역할	주된 역할: 실험 및 동물 모델을 조직화
ICGEB	주된 역할: 열대 말라리아 열원충과 3일 말라리아 열원충 표적 아이디어 탐색	지원 역할	지원 역할	화학정보 분야에 대한 지원 역할	가능한 지원 역할

출처: 젠자임(Genzyme) 경영진과의 인터뷰.

도표 9 샤가스 - 과학적 전략 및 파트너의 기술

최근 과학의 비약적인 전진

- 2개의 주된 분야: (1) 샤가스 질병을 일으키는 기생충에서 새로운 생물학적 표적을 식별한다. (2) 샤가스 병의 심상손상에 기여하는 단백질을 중화시키기 위해 단일 클론 항체를 사용하는 실험의 효용성.
- 신약발견 노력은 메가졸 유사체(Megazol Analogs)에 집중하고 있다.

	새로운 표적 탐색	화학물질 검사	뛰어난 선택 및 최적화	임상전 개발	임상 시험 및 승인
젠자임 (Genzyme)	지원 역할	주된 역할: 표적을 가지고 '히트'를 탐색하는 것이 가능하도록 수백만 개의 화학물질을 포함하는 라이브러리의 생성 또한 수면병 기생충에 효과가 있는 화학물질의 검사	주된 역할: '히트'의 속성을 개선하기 위해 '히트'의 수백 가지 유사체를 설계하고 합성	주된 역할: 동물과 실험실 실험을 이용하여 약품의 효능과 안전성을 확인	지원 역할
피오크루즈 (Fiocruz)	주된 역할: 피오크루즈의 과학자들은 질병의 원인이되는 트리파노소마 크루스파동편모충(Trypanosoma cruzi parasite)의 대사지도를 개발 이 지도는 잠재적인 약물의 표적이 될 수 있는 특정한 대사 경로를 탐색하는 데 사용됨	지원 역할	지원 역할	지원 역할	지원 역할

출처: 젠자임(Genzyme) 경영진과의 인터뷰.

Reading 8-1 사업수행을 관리하는 글로벌 리더의 지침

by Lynn S. Paine, Rohit Deshpandé, and Joshua D. Margolis

그들의 가정 환경 외부에서 일하는 관리자는 그들 기업의 규범이 지역의 다른 기업에 의해 추구되는 관행과 일치하지 않는 것을 종종 발견한다. 이에 대응하여 많은 관리자는 아우구스티누스 밀라노의 주교에 의해 4세기에 전해진 오랜 조언을 따른다. 로마에 있을 때는 로마인 같이 행동하라.

그러나 그것은 매우 위험한 접근이다. 미디어가 멕시코 걸프만에서 BP의 석유 굴착 장치가 노르웨이와 브라질에서 유사한 기계에 필요했던 안전장치를 결여시켰다는 것을 발표했을 때 비록 걸프만에서 그 결함 있는 장비가 미국법적 요건을 만족시킨다 하더라도 미국에서 분개하는 것을 생각해보아라. 또는 그 회사의 공장이 근처의 수천만의 다른 공장보다 나쁘지 않다고 하더라도 일부 직원이 자살한 후 중국에서 폭스콘사의 근무 조건에 대한 전 세계 항의를 생각해보아라. 또는 그 회사가 운영되고 있는 나라에서 일반적으로 행해지는 다양한 종류의 비자금을 만들고 또는 뇌물을 준 후 지멘스, 루슨트, 다임러 크라이슬러가 기반을 갖추었다고 하는 곤경에 빠진 상황을 생각해보아라.

이러한 것들과 또 다른 사건들의 현지 법률과 관행 준수는 기업의 행동에 대해 이해관계자 또는 공공의 승인을 보장하지 않는다는 것을 보여준다. 그러나 그것은 회사가 그들 나라의 관행을 자동적으로 불이행해야 한다는 것을 의미하는가?

■ Lynn S. Paine is a John G. McLean Professor of Business Administration,

■ Rohit Deshpandé is the Sebastian S. Kresge Professor of Marketing, and

■ Joshua D. Margolis is the James Dinan and Elizabeth Miller Professor of Business Administration at Harvard Business School.

우리의 연구는 그 대답이 NO라고 제시한다. 미국, 유럽, 일본에 본사를 둔 네 개의 선도적인 다국적기업의 최상 직급부터 말단직원까지 6,200명 이상 직원의 설문 조사에서 우리는 회사가 전 세계적으로 따라야 할 행동의 기본 표준에 대한 강한 공감대를 발견했다. 우리의 연구 결과는 이러한 기준을 충족하는 것은 기업경영을 관리하기 위해서 새로운 접근이 필요하다는 것을 의미한다. 오늘날 대부분의 기업의 준수 및 윤리 프로그램은 다국적기업의 기본적인 책임, 즉 그들의 사람들을 개발시키거나 높은 품질의 제품을 공급하는 것을 알리는 데 다소 부족하다. 경쟁자들이 서로 다른 규칙을 따르는 시장에서 어떻게 경쟁에서 살아남을 것인가 하는 골치 아픈 문제를 보자. 준수에 그들의 초점을 심화하는 대신에 회사는 기업경영 관리를 하는데 그들의 품질, 혁신, 재무 결과를 관리하기 위한 것들과 동일한 실적 도구와 개념을 가지고 와야 한다. 리더는 글로벌 표준에 의해 이행되고 체계적인 데이터에 의한 정보가 입수되며 기업 상황에서 기반이 마련되고 긍정적인 목표에 초점을 맞추는 접근이 필요하다.

이러한 요구는 특별히 지금 절실하다. 최근 십 년 동안 전 세계의 회사들에 의한 윤리프로그램의 다양한 채택에도 불구하고 기업책임의 실패는 너무 빈번하며 기업에 공공의 신뢰는 괴로울 정도로 낮은 상태로 유지되고 있다. 한편 기대는 계속해서 상승하고 있다. 영국은 2011년 7월1일부터 적용되는 새로운 뇌물방지법을 만들었고 법률의 범위를 국내 및 해외까지 넓혔으며 위반행위가 어디에서 일어나든지 간에 연관된 사람 또는 기관에 의해 뇌물 수수를 막는 데 실패하거나 뇌물수수를 하는 것에 대해서 영국에서는 고소될 수 있다.

이 기사에서 우리는 다국적기업이 매일 당면하는 증가하는 엄격한 윤리 부분을 다루는 것에 대한 지침서를 제공한다.

당신의 경영 차이를 확인해라

정부관료나 공무원들은 단지 좀 더 나은 기업 규범을 요구하는 것은 아니다. 직원들은 기업경영에서의 개선을 위한 필요를 인식한다. 우리가 2006년과 2007년도에 몇몇 세계의 선두 글로벌기업에서 진행했던 조사는 충족되어야 하는 표준에 강한 일치가 있는 반면 많은 직원들은 그들의 회사는 이 기준을 충분히 만족시키지 못한다고 느꼈다(See the exhibit "The Conduct Gap.").

경영의 차이

우리가 주요 다국적기업에서 진행한 설문조사를 보면 직원들은 회사가 무엇을 해야 한다는 데 동의를 하는 경향이 있다는 것을 보여 주지만 많은 사람들은 그들의 고용주가 이 기준들을 충분히 만족시키지 않는다는 것을 알고 있다. 우리는 또한 그들 자신의 회사가 실제로 무엇을 해야 하는 것과 비교함으로써 회사가 해야 하는 것에 대해서 직원들 간에 더 큰 일치를 발견했다.

현재까지 880명의 응답자가 있는 글로벌 임원들의 동반자 연구에 의해 지원된 설문조사는 조직의 모든 직위에서 직원들은 우리가 몇 년 전에 기업경영의 기본적인 주요한 코드를 개발한 글로벌기업표준 사본

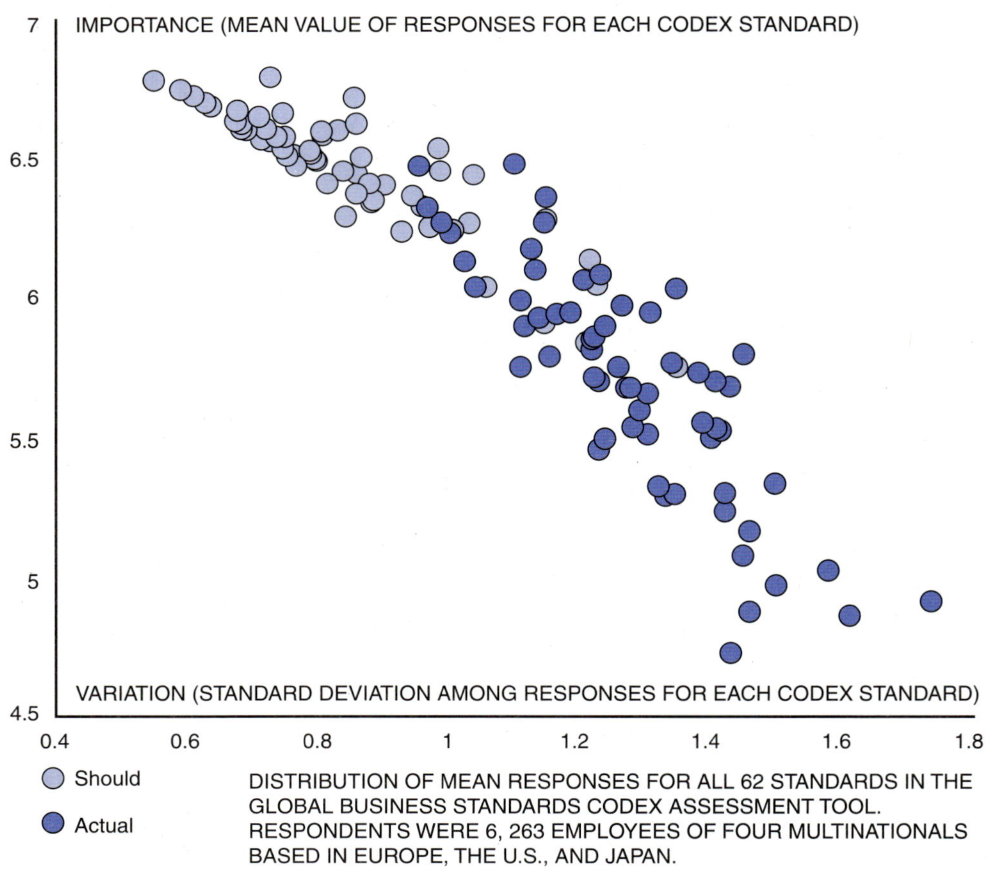

DISTRIBUTION OF MEAN RESPONSES FOR ALL 62 STANDARDS IN THE GLOBAL BUSINESS STANDARDS CODEX ASSESSMENT TOOL. RESPONDENTS WERE 6, 263 EMPLOYEES OF FOUR MULTINATIONALS BASED IN EUROPE, THE U.S., AND JAPAN.

에서 62 표준을 준수하는 것을 지지하는 것으로 나타났으며 우리의 2005년 HBR 논문 "Up to Code"에서 설명된 이 기준은 모든 회사의 책임을 포함하며 혁신적인 제품이나 기술을 창조하는 데 뇌물을 주는 것을 삼가는 직원들의 존엄성을 반영하고 있다.

문화 기원과 기업환경의 큰 차이에도 불구하고 직원들이 생각하기로 회사는 각각의 기준을 준수해야 하는 범위를 요구 받았을 때 직원들은 1~7점 중에 6.44의 평균값을 답변했다.

심지어 우리가 논쟁이 될 것이라고 생각하는 항목에 대하여, 예를 들면 존엄성이나 인권을 반영한다는 것에 대해서도 우리는 강한 지지를 발견했다. 이 조사들은 우리의 빠른 연구를 지지하였으며 우리는 글로벌기업을 위해 널리 수용되는 표준 경영에 대해 새로운 합의를 만들었다. 그리고 그들은 상대주의가 국경을 초월한 사업 관행을 관리해야 한다는 가설을 믿는다.

그러나 "should"와 "do"의 차이는 문제가 있다. 표준을 준수하는 데에 있어 평균 점수는 같은 7점 척도에서 5.68점이었다. 게다가 우리는 의무보다 실제에 있어 응답의 좀 더 큰 범위를 발견했으며 그것은 그들의 회사가 해야 하는 것에 대한 직원의 인식은 회사가 해야 하는 것에 대한 회사들의 인식보다 좀 더 다양하다는 것을 의미한다. 모든 회사가 그것의 경영과 그 경영이 수행되어야 하는 것을 직원들이 느끼는 사이에 다른 분석의 차이를 가지고 있다 할지라도 우리는 우리가 의심한 세 가지 패턴이 다양하게 널리 퍼지는 것을 관찰했다.

직위 효과. 기업 계층 구조의 맨 위에 있는 사람들은 일반적으로 자신 회사의 경영에 대해 긍정적인 시각을 가지고 있다. 다량의 표준에 대해서 기업 또는 부서수준의 임원으로서 그들 자신을 식별하는 응답자는 중간관리자, 주니어관리자 또는 비 관리 직원들로서 그들 자신을 인식하는 사람들보다 "should"와 "do" 사이에 좀 더 작은 차이를 보고했다. 이러한 직위효과는 직원과 관련된 문제에서 가장 두드러졌다. 그러나 그것은 공정거래 및 약속 유지 등의 사업도덕성의 기본 표준에 대해서 그리고 건강과 안전을 보호하는 인간 복지에 대해서 아주 뚜렷하다. 최상위 직급의 긍정적인 관점은 임원들이 점점 더 많은 정보를 받거나 또는 그들이 단지 접촉을 하지 않고, 그들의 평가와 다른 직원들로부터 제공된 평가의 차이는 일부 우려의 원인이 된다. 적어도 그것은 임원들이 그들 회사의 윤리 실적을 평가하기 위해 그들 자신의 관점보다 좀 더 다른 관점에 의존하는 것이 필요하다는 것을 가리킨다.

기본문제. 우리는 회사도덕성의 표준에 대한 차이는 가장 다양한 것들 중에 하나인 것을 알았다. 예측 가능하게, 큰 차이로 환경의 문제가 등장한다 할지라도 우리는 공정거래, 약속 지키기, 그리고 이해와 대립의 표출에 대해 평균보다 좀 더 큰 차이를 발견한다. 이러한 결과는 그들이 환경, 인권 및 공급업체관행에 관하여 새로운 기준의 기업 국적을 맞추기 위해 노력한다 할지라도 사업리더는 기본사업 도덕성에 대해 경계를 유지해야 하는 암시이다.

직원들은 조기 경보 체계이다. 공정한 보상에 관한 차이, 직원 고민에 대한 대응, 직원들과 의사소통 및 직원들의 숙련을 개발하는 것은 그 목록의 상위에 위치하고 있다. 다음 계층에서는 멀지 않은 아래에 자유연상에 관련한 차이, 직원의 존엄성, 동등 고용기회 그리고 고용이탈이 있다. 직원들은 그들에게 영향을 주는 관행에 매우 민감할 수도 있지만 임원들에게 너무 많은 위안을 공급해서는 안 된다. 연구의 큰 핵심은 부당대우를 느낀 직원들은 회사로부터 보상을 요구하고 많은 회사들은 직원을 대우하는 중요성을 그들이 직원들이 고객에게 대우하기를 원하는 방법을 채택하는 것을 지속적으로 보여준다. 우리가 직원 기준에서 발견한 상당한 차이는 문제유발의 조기 경보 일 수도 있다.

데이터 활용 도구를 개발해라

어떻게 기업은 좀 더 나은 기업의 행동을 보기 위한 욕망을 표현하는 직원들과 시민 그리고 정부에 그들의 경영을 개선하기 위해 측정 가능한 조치를 취할 수 있을까?

많은 임원들은 이 표준들에 엄격함을 평가하기 위한 데이터도 거의 없고 심지어 그들의 회사가 실제로 따라야 하는 어떤 기준을 결정하는 방법도 거의 없으면서 그들의 회사들이 가장 높은 윤리 기준을 준수한다고 말한다.

대신에 그들은 일반적으로 그 회사의 작성된 코드에 대한 자부심, 회사가 고용한 뛰어난 사람 또는 몇몇 특별한 악행이 어떻게 처리 되어야 하는 등을 지적한다.

이러한 근거 없는 주장은 사업의 다른 측면에서는 받아들여지지 않는다. 임원은 그 회사의 판매에 있어 그 사업분야가 가장 최고가 되도록 요구하지만 단지 그것의 증거는 회사의 작성된 판매계획, 우수한 판매사원 또는 지난주의 큰 판매가 그 결과를 빨리 보여주기도 하며 아마 심지어 사기 또는 과실에 대해 소송을 제기한다. 기업 경영을 관리하고 평가하는 데이터와 정밀함의 부족은 많은 기업들의 윤리와 경영에 있어 그것들이 측정 또는 평가로 제제를 받지 않는 “soft” 안건이기 때문에 허용된다.

물론 많은 회사들은 그들의 핫라인의 사용을 취하고 규정된 행동윤리강령위반에 대한 데이터를 모은다. 어떤 회사는 회사가치에 대한 그들의 인식 또는 합의된 기준을 준수하는 것에 대해 직원들의 설문 조사를 한다. 가장 부족한 것은 오늘날 선두기업들에 요구되는 경영의 기준에 대해 회사의 실적을 평가하는 체계적인 접근이다.

이 문제를 해결하고 리더를 좀더 정확하게 돕는 것은 그들의 회사의 윤리 실적을 측정하는 것이며 우리는 4개의 글로벌 회사를 평가하기 위하여 GBS (Global Business Standards) 코덱스에 기초한 평가 도구를 개발했다. 일반 평가 도구와 좀 더 비교해 본다면 이것은 여러 가지 중요한 특징을 가지고 있다. 첫째로 이것은 우리가 다양한 회사, 정부 및 다양한 분야의 그룹에 의해 넓게 수용 되어지는 주관적인 표준(회사가 선택한)보다 객관적인 것에 근거한 것이다. 두 번째로 그것은 상하 직급과 다양한 사업부가 있는 회사 전체로부터 데이터가 나왔으며 다양한 분야의 실적을 포함한다. 세 번째로 그것은 단지 부정적인 기준과 부정적인 관행뿐만 아니라 긍정적인 기준과 긍정적인 벤치마크에 대한 회사의 실적에도 초점을 맞춘다.

그 코덱스 평가도구는 기업리더가 회사의 윤리 강점, 약점과 실적에 대해 조직의 전체 사진을 구성하도록 할 수 있다. 일반적으로 인정하듯이 그것은 실제 행동보다 인식과 신념을 따라가고 인식은 실수를 유발할 수 있다(독립된 제 3자의 평가는 추가적인 입력을 유용하게 만들 것이다). 그러나 넓고 다양한 그룹의 직원들로부터의 인식은 실제 경영의 유용한 첫 번째 추정이다. 그리고 그들은 그 회사 안에서 직위나 의견을 관리하기 때문에 인식들은 그들 자신에게도 매우 중요하다. 그들은 관리자가 세 가지 필요한 단계를 취하는데 도움을 주는 것에 또한 유용하다. 추가 질문을 필요로 하는 문제를 식별하고, 회사와 평판에 대한 잠재적 위험을 정확히 파악하고, 학습에 대한 기회와 강점의 영역을 찾는 것이다.

글로벌기업 회사 표준 프로젝트

글로벌기업의 경영에 대한 명확하고 포괄적인 지침서의 부족에 대응하여 우리는 기업들이 시간이 흐르면서 그들의 행동에 벤치마크하기 위해 사용할 수 있는 기업-윤리 지표를 만들기 위해 2004년도에 그것들을 착수했다.

첫번째 단계로서 우리는 체계적으로 선택된 그룹의 기업경영의 코드를 분석했다. 세계에서 가장 큰 기업과 기관 14곳을 포함하여 23개 정보로부터 교훈을 추출하고—유엔, OECD, the Global Reporting Initiative, and the Caux Round Table 중에—우리는 널리 승인된 표준의 편집인 글로벌기업표준 코덱스을 만들어냈다.

우리는 전 세계에 기업가들이 회사가 이러한 기준을 준수해야 하는 것을 믿는 범위를 결정하기 위해 다국어 현장조사를 시행했다. 우리는 2006년부터 지금까지 하버드 Business School의 Advanced Management Program의 880명의 임원으로부터 결과와 2006년과 2007년의 네 개의 주요 글로벌기업의 6,200명 직원보다 더 많은 인원들로부터 나타난 결과 조사로부터 2개의 데이터 세트를 얻었고 이것은 23개국 나라와 지역에 있는 거주자들로부터 얻어졌다.

평상시 준수를 능가하라

과거 20년동안 많은 임원들은 부장~이사급 직원을 채용하고 그들 회사의 경영 코드의 준수를 촉진하기 위해 프로그램을 만들었다. 전형적인 준수 프로그램은 종종 이사회의 감사위원회 또는 준수위원회를 통해서 정의된 행위기준과 이행하는 정책 그리고 이사회까지 모든 방식이 적용되도록 감독 구조하는 모범사례 요소를 포함한다. 그런 프로그램을 따르는 회사는 직원들에게 그들의 기준을 공유하고, 옴부즈 사람을 임명하고, 익명의 핫라인을 구축하고 코드 위배 및 위험을 찾아내기 위한 모니터링과 감사 프로세스를 설치한다. 그들은 위배자나 원인을 추적함으로써 위배에 대하여 빠른 조치를 취한다.

이 프로그램들은 좋은 기능을 가진 법적 시스템이라 예견되어지고 행동에 영향을 주는 그들의 접근은 규칙과 처벌의 변호사의 도구 세트에 상당히 의존한다. 위반은 그 이외의 망연한 경영에 대하여 개인행동으로 발생한 것으로 추정되고 투명성을 육성함으로써 아이디어를 감지하고 불이익을 강화하여 위반을 방지하는 것이다. 이 장치는 조직 내 활동에 초점을 맞추고 조직이 운영하는 경제 및 사회적 범위에 크게 무관심하다. 또한 그것은 그 사업이 무엇이든지 그 코드의 내용이 무엇이든 간에 동일하다.

그러나 이 접근은 비즈니스 관행이 다른 지역에서는 일치하지 않는 것을 현저하게 보였다. 우리의 연구는 풍부한 도구에 대한 필요성과 윤리적인 수행을 향상하기 위해 좀 더 상황에 맞는 접근 방식을 제안한다. 우리는 “should”과 “do”사이의 차이를 더 깊이 탐구할 때 응답자들은 그들이 일하고 있는 좀 더 넓은 범위의 측면을 발견했다. 특히, 우리는 중국, 인도, 브라질, 동남 아시아의 신흥 시장에서의 직원들이 미국, 영국, 서유럽, 일본에 비해 큰 격차를 보이고 있음을 발견했다. 일반적으로 저소득 국가에서 사람들은 중산층과 고소득 나라들에 비해 큰 격차를 보였다. 신흥 및 선진 시장 사이의 차이는 경쟁 관행과 지역 사회 관계에 대한 직원개발 및 부패 방지 노력으로부터 지역의 넓은 범위에 걸쳐서 뚜렷하다. 단지 하나의 지역에서 선진국 시장의 응답자들은 제품 및 서비스에 대한 정확한 정보를 고객에게 제공함으로써 신흥 시장의 응답자보다 훨씬 더 큰 격차를 보였다.

이러한 경제적 및 법적 환경 등의 다양한 상황 요인과 관련된 차이는 개인의 위반을 억제하고 감지하는 데 초점을 맞추는 자율 준수 프로그램으로는 해결하기 어렵다. 이러한 요인에 대해서 코덱스 기준에서 낮은 준수는 특정 개인의 특성이나 동기 부여의 부족보다 사람이 일하는 환경에서 좀 더 발생할지도 모르며 다른 사람들과 직원 한 세트를 교체하는 것은 많은 차이를 만들기 쉽다. 여기에 요구되는 것은 어떻게 법적 또는 경제적 차이가 논쟁중인 기준들을 준수하는 행동과 지원을 형성 또는 억제하는지에 대하여 방법을 고려하는 다각적인 반응이다.

일부 지역에서 우리가 발견한 직장의 건강과 안전에 대한 큰 차이를 생각해 보아라. 많은 회사가 배운 것과 같이 작업장 안전 개선을 위한 효과적인 프로그램은 장비와 인프라 투자, 시설의 재설계, 작업공정의 변경, 교육 및 직원 훈련 및 성과 측정의 수정을 포함한다. 표준을 수립하고 강화된 관행을 개선하고, 안전에 대한 대중의 관심을 맞추는 외부 조직의 참여는 또한 필요할지도 모른다. 이러한 요소 중 어느 것도 이 전형적인 준수 도구 키트에 포함되어 있지 않다.

이와 같이 부패가 광범위한 환경에서는 뇌물 수수를 방지하기 위한 노력이 다각적이어야 한다. “그냥 거절”하라고 직원들을 가르치고 위반자를 처벌하는 것이 잘 될 수도 있다. 그러나 이것은 사업에 위험을 수행하고 부패를 더 지하로 몰아 넣을지도 모른다. 부패에 대한 최선의 방어로서 더 가능성이 있는 접근 방식은 고객을 위한 가치를 추가하고 다른 곳에서 쉽게 사용할 수 없는 우수한 제품임을 인식하는 것이다. 우수한 영업 및 마케팅 능력도 중요하다. 그들이 없으면 영업 사원은 훨씬 개인 호의, 선물, 엔터테인먼트를 제공하는데 더 의존하기 때문이다. 예를 들면 직장 안전의 경우에 특정 마케팅 비용에 대한 승인에 있어 내부 프로세스의 변경은 요구할 수 있다. 그리고 그것은 표준 세터, 규제 당국 및 반 부패 그룹과 같은 외부부서와 연계하는 것은 필수적이다.

일반적인 규정 준수 도구 키트는 특정 운영 환경에서 특정 기준을 강화하는 데 유용하다. 그러나 이러한 예에서 보여주듯이 비즈니스 리더는 우리의 연구에 의해 확인된 많은 차이가 있는 지역에 실적을 개선하기 위해서 훨씬 더 광범위한 도구가 필요하다. 이 행동강령, 감독 구조, 보고 프로세스 및 징계 시스템을 구축하는 것만으로는 충분하지 않다. 관리자는 또한 기업 핵심 측면 및 운영 환경을 검사해야 할 필요가 있으며 이들의 처리에 관리도구의 전체를 사용하여 제품, 프로세스 및 직원 교육, 개발, 동기 부여, 마케팅 전략, 외부 관계 및 지역 사회의 참여로부터 이 특별함에 맞춰지는 성과-향상 계획을 만들어야 한다. 지도자들은 사람들이 작업하는 동안 범위를 변경해야 한다. 그렇게 하기 위해서는 그들은 전형적인 준수 및 윤리 기능 수행을 넘어서는 활동을 해야 한다.

당신의 정신적 모델을 수정하라

기업 경영에 대해 심각성을 가지고 있는 많은 경영진은 대부분 준수 프로그램을 제공하는 율법의 정신으로 도전을 바라본다. 이 정신은 윤리 VS 비윤리, 불법 VS 합법, 정책을 준수하지 않는 것 VS 준수하는 것과 같은 두 개의 목록으로 특성 되는데 그 실적의 정도나 점진적인 개선에 있어 여유가 거의 없다. 그것은 사전에 지정할 수 있는 행동을 금지하거나 또는 필요한 기준에 초점을 맞춘다. 예를 들면 뇌물 수수에 대한 규칙, 내부자 거래, 또는 경쟁자들끼리의 공모 등 이 캠프의 임원은 때때로 그들 자신들이 비윤리적인 행동에는 무관하다고 하거나 윤리는 타협대상이 아니라고 주장을 함으로써 자부심을 갖는다. 준수는 즉시 해야 하며, 그것은 완료해야 한다.

준수의 생각과 무관은 그들의 환경에 있다고 할지라도 우리의 연구는 넓고, 동적이며 긍정적인 기업행위의 프로필을 볼 필요성을 강조한다.

넓게, 우리는 "너는 하지 말라"뿐만 아니라 전통적으로 "불완전한 의무"라고 불리는 기준을 포함하는 것을 의미한다. 특정 행동 또는 생략을 요구하는 법률적 기준과는 달리 불완전한 의무들이 어떻게 그들이 만족될 수 있는지에 대하여 상당한 자유의 정도를 허용한다. 예를 들어 직원의 존엄성 존중과 소수 이해관계자의 공정한 대우에 대한 코덱스 기준을 고려해보아라. 이 기준을 충족시키기 위해 필요한 작업은 쉽게 일반적 그리고 감사 약관에 명시할 수 없다. 그 코덱스 기준의 전체 세 번째는 이러한 불명확한 유형이다(3분의 1은 명확하고, 그리고 3분의 1은 혼합된 성격이다). 우리는 일반적으로 명확한 기준보다 불명확한 기준이 차이가 더 큰 것을 확인했다. 정말로 우리의 많은 나라의 조사에서 도출된 가장 큰 차이를 보면 약 절반은 불명확하거나 또는 혼합된 기준과 연관된 것들이었다. 예를 들면 직원이 기술과 지식을 개발할 수 있도록 도와주고 환경을 보호하고 공정한 보상을 직원에게 제공하고, 그리고 신흥 시장의 응답자들 사이에서 뇌물과 부패를 제거하기 위해 다른 사람과 협력하는 것들이 있다. 준수의 사고 방식에 갇혀 있는 회사는 이러한 윤리적 영역에서의 실적을 업그레이드하는 중요한 기회를 놓치고 있는 동안 효과적으로 위반을 순찰할 수 있다.

동적으로 우리는 시간이 지남에 따라 어떻게 실적 변화를 잡을 것인가를 의미한다. 거시 경제 및 산업 환경의 변화에 따라 개인과 기업의 행위를 형성하는 압력과 기회는 또한 변한다. 회사가 어떻게 코덱스 표준을 이행하는가에 대한 주기적인 평가는 새로운 위험과 기회를 알아 내는 데 매우 중요하다.

긍정적으로 우리는 단지 피하기 위한 경과보다는 오히려 노력하는 목표로서 윤리를 다루는 것을 의미한다. 그들이 다른 운영 상황에서 코덱스 표준의 전체 범위에 대한 준수를 지원하기 위한 필요한 조건과 제도를 만들기 위해 노력함으로써 비즈니스 리더는 지속적인 개선의 관점에 대하여 생각해야 한다.

기업행위를 관리하는 넓고, 동적이며 긍정적인 접근 방식은 기업 윤리를 보는 새로운 방법을 나타낸다. 새로운 방법을 육성하는 회사에 있어서 기업—행위 대시 보드는 필수적일 수 있다. 코덱스 평가 도구를 사용하여 수집 된 데이터를 사용하여 관리자는 비즈니스 리더에게 명백한 조직을 통하여 행위 문제를 만들기 위한 주요 지표에 대한 회사 실적을 스냅샷으로 제공할 수 있다. 데이터는 다양한 방법으로 모을 수 있다. 예를 들면 그들은 직원이 "should" 교감을 지원하는 범위를 보여주기 위해 구성될 수 있으며 또는 어떻게 직원이 이해 관계자에게 윤리 원칙 또는 책임에 대해 회사의 실적을 평가하는지에 대한 것들이 있다.

대시 보드는 회사를 통해서 그리고 다른 사업 단위, 지역, 기능 및 계층 수준 내에서 직원에 의해 보여짐으로써 가장 큰 격차를 전달할 수 있다. 데이터 분석 방법에 따라 그것은 다양한 지역과 사업 부문에 걸쳐 특정 표준 또는 주제 영역에 대한 격차의 더 세부적인 비교를 허용할 수 있다. 예를 들면 환경에 관한 표준의 클러스터에 대한 결과를 집계할 수 있고 다른 지역의 환경 문제에 대한 지표는 대시 보드에 포함될 수 있다.

코덱스 대시 보드는 대화의 시작에 불과하다. 캡처한 연구결과를 어떻게 차지하는지 이해하기 위해서 관리자 및 이사는 표면 아래를 보는 것이 필요할 것이며 다른 사실과 데이터에 비추어 관심과 판단으로 지표를 해석해야 한다. 그러나 코덱스 대시 보드는 기업의 중역들이 그들이 인지하는 것으로부터 체계적인 데이터 공개 및 준수로부터 이동할 수 있도록 도울 수 있다(중요한 표준에 대한 회사의 전반적인 실적에 대한 보다 포괄적인 시험에 핫라인 사용, 조사 및 징계 조치의 우선적인 검토와 같이).

보고된 사례 중에 스파이크가 직원들이 보고 시스템을 사용하는 것을 두려워하지 않는다는 것을 보여주기 때문에, 좋은지 혹은 실질적으로 위법 행위가 점점 더 커지기 때문에 나쁜지에 대한 논쟁 대신에 최고경영자와 이사회는 어떻게 회사가 행위의 목표를 달성할 수 있는지 그리고 어디서 위협과 기회가 놓여있는지에 초점을 맞출 수 있다.

풍부한 도구 키트 및 새로운 사고 방식으로 비즈니스 리더는 우리가 희망하는 것과 같이 점점 세계 다국적기업에 예상되는 표준을 수행할 수 있는 자신의 회사의 능력을 향상시킬 수 있다. 우리는 그렇게 하는 것이 기업 그리고 자유시장시스템에서 대중의 신뢰를 유지하기 위해 매우 중요하다고 생각한다.

Reading 8-2 세계의 빈곤층에게 수익성 있게 서비스를 제공하기

C.K. Prahalad and Allen Hammond

지금으로부터 15년 후 세계의 이 암울한 비전을 생각해보자. 세계 경제는 현재의 침체에서 회복되지만 성장은 빈약하다. 디플레이션은 지속적 위협으로 존재하며 빈부격차는 확대되고 경제 혼란이 일어나 정부는 붕괴되고 내란은 개발도상국에게 전염된다. 테러는 안보상의 우려로 큰 공공 및 민간 자원을 우회시키며 지속적인 위협으로 남아있다. 세계시장 시스템의 반대는 격화된다. 많은 다국적기업은 확장이 어렵다는 것을 알고, 위험을 회피하고 투자를 둔화하며 신흥시장에서 철수하게 되었다.

이제 훨씬 더 밝은 경우를 생각해 보자: 민간투자와 광범위한 기업 활동에 힘입어 개발도상국의 경제는 힘차게 성장하고 일자리와 부를 창조하며 매년 세계시장에 수백만의 새로운 소비자를 끌어들인다. 중국, 인도, 브라질, 그리고 점차적으로 남아프리카도 전세계의 번영을 촉진시키는 세계 경제 성장의 새로운 원동력이 된다. 그 결과로 초래된 빈곤의 감소는 많은 개발도상국을 안정시키고 시민과 국경 분쟁을 줄이는 것에 기여하는 사회적 이익의 범위를 생산한다. 테러와 전쟁의 위협은 약해진다. 다국적기업은 강력한 혁신과 경쟁의 시대 속에서 빠르게 확장된다.

이 시나리오는 둘 다 가능하다. 어느 쪽이 발생될지는 주로 하나의 요인(큰 다국적기업이 세계의 빈곤 시장에들어가서 투자할 의욕)에 의해 결정된다. 경제 피라미드 하단의 상업 발전을 자극함으로써, 다국적기업은 근본적으로 수십억 명의 사람들의 삶을 향상시키고, 더 안정적이며 덜 위험한 세계가 되는 것을 도울 수 있다. 이러한 목표를 달성하는 것은 다국적기업이 자선적인 목적을 위해 세계 사회 발전 계획을 이끄는 것을 필요로 하지 않는다. 다국적기업은 개발도상국 시장에 진출함으로써 막대한 영업적 이익을 얻을 수 있기 때문에, 오직 자신의 이득만을 위해 행동할 뿐이다. 사실 많은 혁신적인 기업은(기업가의 팀과 크고 확실히 자리 잡은 기업과 같이) 이미 강력한 수익을 창출하고, 더 큰 운영 효율성으로 이끌며, 혁신의 새로운 소스를 공개하는 방식으로 세계의 빈곤층에게 서비스를 제공하고 있다. 이러한 기업(그리고 그들을 따르는 것들)은 피라미드의 아래층을 겨냥한 구축 사업 때문에 21세기가 펼쳐짐에 따라 중요한 경쟁 우위를 제공할 것을 약속했다.

개발도상국 스스로는 물론 대기업도 개발도상국의 경제적 어려움을 해결할 생각은 없다. 이 문턱은 또한 선진국의 재정지원과 개발도상국 스스로의 구조개선을 목표로 한다. 하지만 번영이 다국적기업의 직접적이고 지속적인 참여를 통해 가장 빈곤한 지역에 올 수 있는 것은 우리에게 명백하다. 그리고 마찬가지로 다국적기업이 그러한 과정으로 그들 자신의 번영도 높일 수 있다는 것 또한 명백하다.

잠재적인 가능성

모두가 세계 빈곤층이 비참하게도 많다는 것을 알고 있다. 무려 전체 세계 인구의 67%가 각 해 당 2,000달러 이하를 번다. 즉 4억 명이다. 그러나 이 광대한 시장에도 불구하고 이것은 대부분 다국적기업의 미개발 상태로 남아있다. 투자를 꺼리는 것은 이해하기 쉽다. 기업은 저소득자가 상품이나 서비스에 거의 소비하지 않

■ C.K. Prahalad is the Harvey C. Fruehauf Professor of Business Administration at the University of Michigan Business School in Ann Arbor and the chairman of Praja, a software company in San Diego. Allen Hammond is the CIO, senior scientist, and director of the Digital Dividend project at the World Resources Institute in Washington, DC.

고 식량과 주거지와 같은 기본적 욕구를 위해 소비한다고 추측한다. 그들은 또한 상업 부패, 문맹, 부족한 사회 기반 시설, 통화의 등락, 관료적인 형식주의와 같이 그 지역에서 수익성 있는 사업을 실시하는 것을 불가능하게 하는 다양한 장벽을 추측했다.

그러나 이러한 추측은 개발도상국에 대한 좁고 큰 구시대적 생각을 반영한다. 사실 많은 다국적기업들은 이미 성공적으로 개발도상국에서 사업을 하고, (비록 대부분은 현재 그들 시장의 적은 상위 중산층에 초점을 맞춰 판매하지만) 그들의 경험은 상업에서의 장벽들이 일반적인 생각보다 훨씬 낮다는 것을 보여준다. 게다가 개발도상국에서의 몇몇의 긍정적인 경향은—정치 개혁에서부터 투자와 저비용 무선 통신 네트워크의 개발에 성장하는 개방에 이르기까지—도시 빈민가와 시골 지역 에서도 잘 접근하는 사업을 제공하는 동시에 이 곳에 효율적으로 접근할 수 있게 해주고 있다. 게다가 일단 오해가 없어지면 피라미드 하단에 자리 잡고 있는 거대한 경제적 잠재력은 명백해진다.

빈민층이 돈이 없다고 가정해 보자. 이것은 겉으로는 당연해 보이지만 틀렸다. 개인적 수입은 아마 낮겠지만 빈민 지역의 통합된 구매력은 실제로 매우 크다. 예를 들어 시골 방글라데시 마을의 1인당 소득 평균은 이하 연간 200달러이지만, 그룹으로는 그들은 전기 통신 서비스의 열성적인 소비자이다. 단일 기업에 소유되었지만 전체 지역사회에서 사용되고 있는 그라민 텔레콤의 마을 전화는 대략 매달 평균 90달러의 소득을 생성하고 몇몇의 대형 마을에서는 1,000달러 이상의 평균 소득을 생성한다. 각각의 사용에 대해 현금을 지불하는 이 마을 전화의 고객들은 그들 수입의 평균 7%를 전화 서비스에 지출한다. 즉 전통 시장의 고객보다 훨씬 더 높은 비율이다.

빈민층이 필수적이지 않은 상품에 돈을 "낭비"하기 때문에 그들의 기본적 욕구를 채우는 것에 대해 너무 많은 걱정을 한다는 가정 또한 잘못되었다. 사실 빈민층은 종종 "사치스러운" 물품을 산다. 예를 들면 다라비의 뭄바이 빈민가에서는 가구의 85%가 TV를, 75%가 압력솥과 믹서를, 56%가 가스 난로를, 21%가 전화를 소유했다. 피라미드 하단의 대부분이 뭄바이에서 집을 사기 때문에 현실적인 선택권이 없다. 누구도 흐르는 물에 접근할 수 없다. 그들은 그 현실을 받아들이고 오히려 비 오는 날을 위해 저축하기 보다 그들의 소득을 지금 그들의 삶의 질을 향상시키는 것에 소비한다.

개발도상국 시장에 대해 또 다른 큰 오해는 상품이 매우 저렴하게 팔리고 있기 때문에 진출하여 이익을 낼 새로운 경쟁자의 자리가 없다는 것이다. 실제로 피라미드 하단의 소비자는 중산층 소비자보다 대부분의 것들에 대한 훨씬 높은 가격을 지불하는데, 이것은 매력적인 마진을 유지하는 반면에 저렴한 가격으로 더 높은 품질의 상품을 제공함으로써 특히 규모의 경제 및 효율적인 공급망을 가진 대기업에 있어 시장 점유율을 획득하기 위한 진정한 기회를 의미한다. 사실 예를 들어 개발 도상국의 도시의 빈민가 거주자는 물을 마시기 위해 중간 및 상류층보다 4배~100배의 가격을 지불한다. 가난한 지역 사회에서는 대량 할인 매장에 대한 접근 권한이 없기 때문에 음식에 있어서 20%~30% 더 많은 비용이 든다. 경제의 서비스 측면에서 지역 자금 대출은 하루에 10~15%의 이자, 연간 2,000%의 이자를 부과한다. 비교적 운이 좋다고 할 수 있는 비영리 소액 금융기관에서 40%~70%의 연 이자율로 대출을 받은 소규모 기업가들도 대부분 선진국에서는 불법이라고 할 수 있다(부유한 지역과 가난한 지역의 상품의 가격을 비교하는 방법을 자세히 알기 위해서는 빈곤층의 고비용 경제를 참조하라).

또한 세계의 가난한 사람들에게 제품과 서비스를 제공하고 시장에 진입하는 것은 놀라울 정도로 저렴하다. 그것은 인구 밀도가 빽빽하게 밀집된 도시에 많은 사람들이 살고 있고 앞으로도 더욱 그렇게 될 것이기 때문이다. 2015년까지의 UN과 세계 자원 연구소의 수치를 보았을 때 아프리카, 라틴아메리카의 225개 도시, 아시아의 903개 도시에는 각각 1백만 이상의 인구가

빈곤층의 고비용 경제

백만 명 이상의 빈민들이 사는 인도 뭄바이 한복판에 위치한 Dharavi, 상류층이 사는 뭄바이 교외지역에 위치한 Warden Road의 필수 비용을 비교했을 때, 충격적인 실상이 드러났다. 만일 빈곤층이 거대기업의 범위, 규모, 공급사슬 효율화로부터 혜택을 본다면 중산층과 같이 비용은 분명히 급격하게 감소할 수 있었다. 이는 전 세계적으로 공통된 패턴이며 심지어 선진국에서도 이 패턴을 따른다. 예를 들어 덜 과장하더라도 유사하게 미국의 도심지역 빈민과 교외지역 부유층 간의 차이가 존재하는 것이다.

비용	Dharavi	Warden Road	Poverty premium
신용도(연이자)	600%–1,000%	12%–18%	53X
지방자치체의 수질 등급 (입방미터당)	$1.12	$0.03	37X
전화통화(분당)	$0.04–$0.05	$0.025	1.8X
설사약	$20	$2	10X
쌀(킬로그램당)	$0.28	$0.24	1.2X

있을 것이라는 점을 추정했다. 적어도 27개 도시의 인구는 800만에 도달하거나 그것을 초과한다. 공동적으로 1,300개의 가장 큰 도시들은 15억~20억 명으로 집게 되고 있으며 대략 그들 중 절반은 비공식 경제에 의해 주로 제공되는 BOP 소비자일 것이다. 이 지역에서 운영하는 기업은 수십억 달러를 지불할 수 있는 수많은 새로운 잠재적인 고객에게 접근할 수 있는 기회를 가지게 될 것이다. 예를 들어 리오 데 자네이로의 가난한 사람들은 12억 달러(1인당 600 $)의 총 구매력이 있다. 요하네스버그 또는 뭄바이의 빈민촌도 다를 것이 없다.

이 도시의 빈민가는 이미 소매점, 중소기업, 학교, 병원, 사채업자로 구성된 독특한 그들만의 생태계가 있다. 비록 빈민가에서의 상업적 업무 가치를 추정할 믿을만한 몇몇의 추정치가 있지만 기업 활동은 번성할 것으로 보인다. 다만 435개의 acres-boasts 중 다하라비가 차지한 지역은 가죽, 섬유, 플라스틱 재활용, 봉합 수술에서부터 금, 보석, 불법 주류, 세제 및 식료품에 이르기까지 사업의 점수를 매긴다. 사업의 규모는 한 사람이 운영하는 것에서부터 더 큰 것에 이르기 까지 다양하고, 브랜드 네임 제품의 생산자들은 더 잘 인식되었다. Dharavi은 제조 수익에 있어 대략 4억 5천만 달러 또는 토지 면적 당 약 1백만 달러를 발생시켰다. 상파울루, 리오, 멕시코시티에 있는 달동네 또한 마찬가지로 생산적이다. 성장하는 상업 부문의 씨앗은 뿌려졌다.

시골 빈민이 도시 빈민보다 자연스럽게 진입하기 더 힘이 드는 반면에, 그들은 또한 기업에 대한 대규모 미개발 기회를 나타낸다. 실제로 인도의 GDP의 60%가 농촌 지역에서 생성된다. 농촌 지역에서의 사업 활동의 주된 장벽은 구매력 부족이 아닌 유통 과정의 장벽이다. 그러나 새로운 정보 기술 및 통신 인프라(특히 무선통신)는 이 지역 사회에서 마케팅 및 유통 채널을 구축하는 저렴한 방법이 될 것이다.

통념상 사람들은 BOP 시장에서 그런 첨단 기술을 사용할 수 없다고들 하지만 그건 또 다른 오해이다. 방글라데시의 가난한 농촌 여성은 비록 어떤 종류의 휴대 전화도 사용해 본 적이 없었지만 GSM 휴대 전화를 사용하는 것에 있어서는 어려움이 없었다. 케냐의 빈민가 출신도 성공적으로 웹페이지 디자이너로 훈련되고 있다. 살바도르의 가난한 농부는 인터넷을 통해 그들의 작물의 규모를 협상할 때 텔레센터를 사용한다. 인도 코스탈 지방의 여성들은 아라비아 해에서 물고기 떼의 집합을 보여주는 실시간 위성 영상을 해석하는 PC의 사용방법을 일주일 좀 못되게 배웠다. 그래서 그들은 그들의 남편에게 최고의 낚시 지역을 알려 줄 수 있게 되었다. 분명히 가난한 사회는 그들의 경제적 기회 혹은 그들의 삶의 질을 향상시킬 새로운 기술을 받아들일 준비가 되어있다. 다국적기업에 대한 교훈은 BOP에 선진 기술을 전파시키는 것을 주저하지 말고 심지어 선진국에 배포하기 전에 BOP에 선진 기술을 배포하는 것을 주저하지 말라는 것이다.

최종 오해는 다국적기업에 의해 높게 대두되는 가난지역 착취에 대한 우려이다. 지금 가난한 사회를 서브하는 비공식적 경제는 무능과 착취 중개자들로 가득합니다. 만일 연간 50%의 이자를 부과하는 소액대출 제도가 1,000%의 부과하는 소액대출 제도 혹은 아무것도 빌려주지 않는 것의 대안이라면 이것은 착취인 것인가 아니면 가난한 사람을 돕는 것인가 만일 씨티그룹 같은 거대한 금융회사가 20%의 소액대출을 제공하는데 그 스케일을 사용한다면 이것은 착취인 것인가 아니면 가난한 사람을 돕는 것인가의 문제는 단지 비용뿐만 아니라 수질, 음식의 질, 금융 서비스 그리고 범위와 공정성에서의 품질관리이다. 우리는 다국적기업이 가난에 대한 비용을 절감하고 그들의 삶의 표준을 개선하는 데 도움이 되는 기본적인 상품과 서비스를 제공할 때 모두에게 투자대비 결과혜택이 수용되는 수익을 발생시킨다고 주장한다.

경영 사례

피라미드 하단에 있는 사업 기회는 아직 알려지지 않았다. 지난 5년 동안 우리는 비정부기구(NGO), 기업 창업 및 소수의 미래지향적 다국적기업이 가난한 지역 사회에서 활발한 상업적 실험을 실시하고 있다는 것을 알 수 있었습니다. 그들의 경험은 개념의 증거이다: 기업은 매출 성장의 새로운 원천, 효율성, 혁신에 대한 접근성을 제공하여 사업에서 세 가지 중요한 이점을 얻을 수 있다. 각각의 예들을 살펴 보자.

외형 성장 성장은 모든 기업의 중요한 도전이다. 하지만 그들이 존재하는 시장이 거의 포화된 상태로 보이는 대기업에 있어서는 특히 중요한데 이것은 BOP 시장이 다국적기업을 위한 기회로 대표되는 이유이다: 그들은 근본적인 성장을 위한 새로운 원천이다. 그리고 이러한 시장은 경제 발전의 초기 단계에 있기 때문에 성장은 매우 빠르게 될 수 있다.

저가, 고품질 제품에 대한 잠재 수요는 엄청나다. 힌두 스탄 레버, 유니레버의 인도 자회사가 BOP에서 사탕을 타깃으로 한 새로운 제품범주의 도입에 관해 보여진 반응에 대해서 고려해 보자. 고품질의 과자는 실제 설탕과 과일로 만들어지고 사탕은 오로지 약 1페니로 판매된다. 이 같은 가격에서 그것은 한계 사업 기회처럼 보일 수도 있지만, 불과 6개월 만에 이 회사의 포트폴리오에서 가장 빠르게 성장하는 부분이 되었다. 수익성뿐만 아니라 회사는 5년 안에 인도의 비교 시장에서 연간 2억 달러의 수익을 창출할 수 있는 잠재력을 가지고 있다고 추정하고 있다. 힌두 스탄 레버는 인도에서 저가 세제와 요오드 소금으로 유사한 성공을 거둔적이 있다. 새로운 스케일을 생성하는 것 이상으로 회사는 거대한 새 시장에서의 사업과 브랜드를 구축하고 있다.

저렴한 서비스를 위하여 동등하게 강한 요구가 있다. TARAhaat, 농촌 인도에 초점을 맞춘 시작은 직업 기술을 위한 영어 능력의 기본적인 IT 훈련을 통해서 컴퓨터 사용 교육 서비스의 범위를 도입했다. 그 제품은 향후 몇 년 동안 회사와 가맹점에게 있어 가장 큰 단일 매출을 발생시킬 것으로 예상된다.[1] 신용 및 금융 서비스는 빈곤층에서 또한 높은 수요를 가진다. 예를 들어 인도 씨티은행의 ATM을 기반으로 한 뱅킹 실험, 즉 $25의 최소 보증금이 필요한 Suvidha라고 하는 이 실험은 방갈로르시에서 1년에 15만 고객을 참여시켰다.

소규모 비즈니스 서비스는 BOP 시장에서도 또한 인기가 있다. 여성들의 전자 자원 서비스(WIRES)에 의해 운영되는 우간다의 센터는 현지 언어로 간단하게 즉시 사용 가능한 형식인 패키지 시장과 가격에

1) Andrew Lawlor, Caitlin Peterson, and Vivek Sandell, "Catalyzing Rural Development: TARAhaat.com" (World Resources Institute, July 2001).

대한 정보와 함께 여성 기업가 육성의 기회를 제공한다. 센터는 인쇄, 팩스, 복사 같은 다른 작은 비즈니스 서비스를 제공할 계획 중이며 성공을 위한 회계, 스프레드 시트 기타 소프트웨어를 제공할 계획이다. 볼리비아에서의 시동은 볼리비아생태 제공 조합 협회와 제휴함으로써 자연친화적농업 제품을 25,000명 이상의 작은 생산자에게 통신서비스와 사업정보를 제공하면서 시작되었다.

일부 서비스는 적어도 전통적인 기술이나 비즈니스 모델 아닌, 단순히 수익성이 있는 충분히 낮은 비용을 제공할 수 없는 것은 사실이다. 예를 들어 대부분의 이동 통신 사업자들은 아직 개발도상국에 저렴한 가격에 그들의 네트워크를 이익이 되게 운영할 수 없다. 하나의 대답은 대안적 기술을 찾을 수 있다. 예를 들어 볼리비아에 PROEDM라 불리는 서민금융 조직은 고객 당 한계 비용을 상당히 줄이기 위해 다국어 스마트카드 현금 지급기를 사용한다. 스마트카드는 고객의 개인정보, 계좌 번호, 거래기록 및 지문을 저장하여 현금 인출기가 원격지에서 열쇠로 연결되는 영구 네트워크 없이도 동작할 수 있도록 한다. 게다가 PRODEM 고객 기반은 문맹과 반 문맹의 사람들에게까지 확장하기 위해 스페인어와 여러 지역 방언 그리고 터치 스크린을 갖춘 목소리 명령을 기계를 통하여 제공한다.

또 다른 대답은 개인이 아닌 네트워크 고객 공동체를 만들어서 수요를 집합하는 것이다. 인구의 60%가 빈곤 수준 아래인 중앙 인도의 Dhar 지구에서 시작인 Gyan-doot은 공유 액세스 모델의 장점을 보여준다. 이 회사는 현지의 기업가들에게 인터넷과 통신 접속뿐만 아니라 정부적, 교육적 및 기타 서비스를 제공하는 39개 인터넷 기반 키오스크 네트워크를 가지고 있다. 각 키오스크를 25~30곳의 주변 마을에 제공한다면 전체 네트워크는 600마을 이상과 50만 명 이상에게 다다른다.

이와 같은 네트워크들은 마케팅과 많은 종류의 저가 제품과 서비스를 유통하기 위한 유용한 경로가 될 수 있다. 예를 들어 Aptech의 컴퓨터 교육 부분은 시장에서 인도에 1,000개 학습 센터의 자체 네트워크를 구축하고, 특히 컴퓨터 훈련 과정은 BOP 소비자들과 7개 인도 언어들을 위해 설계된 Vidaya를 배포 한다. Dupont회사의 Pioneer Hi-Bred는 라틴 아메리카에서 인터넷 키오스크를 농업 정보를 전달하고 고객과 함께 소통하기 위해 사용한다. 농부들은 다른 농작물 질병이나 날씨 상태를 보고할 수 있고, 유선으로 충고, 주문 종자, 비료 농약을 받을 수 있다. 이 네트워크 전략은 판매와 고객 충성도 모두를 증가시키고 있다.

감소된 비용들 외형 성장 못지 않게 중요한 감소된 절감은 원가절약의 기회이다. 물론 저가의 노동 시장에서 아웃소싱 운영은 오랫동안 비용을 포함하는 인기 있는 방법이었다. 그것은 소프트웨어에서는 인도, 제조에서는 중국의 증대하는 중요성을 주도했다. 지금의 급속한 확장 덕분에 고속 디지털 네트워크의 경우, 회사들은 개발지역에서 콜센터, 마케팅 서비스, 백 오피스 트랜잭션 처리와 같은 노동 집약적인 서비스기능을 두어서 더 큰 비용 절감을 실현하고 있다. 예를 들어 인도와 필리핀의 텔레센터를 통해 제공된 OrphanIT.com의 제휴 마케팅서비스를 사용하는 대략 20개 기업은 미국 및 호주에서10분의 1의 비용으로 서비스한다. 벤처 자본가 Vinod Khosla는 원격 서비스의 기회를 이 방법으로 설명한다. "2010년까지 나는 새로 만들어진 시장에서 많은 양의 달러와 함께 세계 경제의 급속한 성장 일환으로 원격 서비스에 대해 이야기할 것이라고 생각한다. 고용 창출은 결국 현지 소비자의 구매력을 증가시키기 때문에 생산비절감을 유지하면서 BOP 시장에 작업을 아웃소싱하는 것은 성장을 높일 수 있다."

그러나 값싼 노동력 풀을 활용 하는 것은 다국적 기업이 개발도상국에서 그들의 효율성을 강화시킬 수 있는 유일한 방법은 아니다. 이 분야에서 저비용 구조를 유지하는 경쟁적인 필요성은 생산성을 높이기 위해, 자사 제품, 재무, 공급망을 구성하는 창조적인

세계 피라미드

대부분의 기업은 그 기반에서의 사업 잠재력을 완전히 간과하면서 경제 피라미드의 위 층에 있는 소비자를 타깃으로 한다. 그러나 그들이 각각 1년에 2,000달러 이하의 소득을 벌지 모르지만, 피라미드 하단의 사람들은 40억의 거대한 시장(세계 인구의 과반수)을 구성한다.

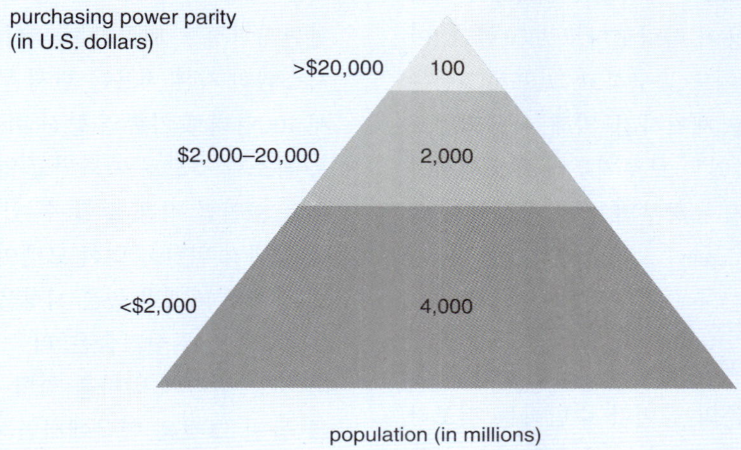

방법을 발견하기 위해 기업을 압박할 수 있다. 그리고 이러한 발견은 종종 선진국 시장에서는 그들의 기존 업무에 다시 통합될 수 있다.

예를 들어 BOP시장을 대상으로 하는 기업은 그들의 소비자 기반을 확대하는 것뿐 아니라 자산의 생산성을 증가시키는 소유권으로부터 접근을 분해하는 공유 액세스 모델을 찾고 있다. 가난한 사람들은 그 소유자의 컴퓨터, 인터넷, 휴대전화, 냉장고 심지어 차를 사는 것보다 오히려 이용 횟수제 기반에서 이러한 장비를 사용할 수 있다. 일반적으로 이러한 서비스의 공급자는 기본 자산에 대한 투자의 달러 당 훨씬 더 수익을 얻는다. 예를 들어 하나로 공유된 인터넷 회선은 평면 가격으로 단일 고객에 특화 한 경우보다 하루당 더 많은 수익을 올리고, 50명만큼의 사람들에게 서비스를 제공할 수 있다. 공유된 액세스는 모든 종류의 인프라 투자로부터 훨씬 더 큰 수익을 얻을 기회를 만든다.

관리자는 재정의 측면에서 볼 때 BOP시장에서 제대로 작동하도록 위해서는 높은 매출 총이익에서 전통적인 초점을 자사의 사업 측정에서 다시 생각해야 한다. 개발 시장에서 개별 유닛 이익률은 항상 낮을 것이다. 정말 계산해야 할 것은 가장 높은 자본 이익률(ROCE)을 얻는 자본 효율성이다. 예를 들어 힌두스탄 레버는 제로 운전자본을 가진 2.6억 달러 사업 포트폴리오를 운영하고 있다. 핵심은 광범위한 제조 아웃소싱, 공급체인 간소화, 적극적 채권관리로 인해 자본투자를 줄이기 위한 행동이다. 매우 낮은 자본요구, 유통 및 기술투자 집중, 낮은 마진에 큰 볼륨은 높은 투자자본 이익률을 이끌며, 주주들에게 큰 경제 가치를 창출한다.

공급망을 간소화하는 것은 종종 자산을 정보로 대체하는 것을 포함한다. 예를 들어 인도의 가장 큰 회사 중 하나인 ITC의 경험을 고려하자. 그 회사의 농업부분은 60만 농부에 의해 제공되는 총 970 가판대를 재배열하여 콩, 커피, 새우, 밀을 인도 전역의 5,000개의 마을에 제공하였다. e-choupal이라 불리는 키오스크 프로그램은 날씨와 농업의 모범 사례에 대한 최신 정보를 확산하여 농가의 생성을 높이는 데 도움이 되며 토양 및 수질 검사 같은 다른 서비스를 지원함으로써 농가와 ITC 모두에게 품질 투입의 공급을 촉진한다. 키오스는 또한 농부들이 마케팅 농산물과 관련된 거래 비용을 최소화함으로써 높은 가격을 얻는 것을 돕는 e-procurement 시스템을 서비스한다. 미국국제무역위원회의 농업관련 산업 보고서 제목은 e-Choupal 도입된 이후 회사의 조달 비용이 하락했다고 보고한다. 이 농가에 가격을 지불했음에도 불구하고 그 프로그램은 회사가 여러 교통수단을 제거하기 위해 사용되었고 체인에서 값을 추가하지 않는 브로커부터 프로세서까지, 시장에서 브로커까지, 농장부터 현지 시장까지 단계를 버리거나 처리한다.

혁신 BOP 시장은 상업적 및 기술적 실험의 온상이다. 예를 들어 스웨덴의 무선회사 에릭슨은 BOP 시장에서 로컬 운영자가 기존의 장비가 수반하는 것보다 근본적으로 저렴한 비용으로 작은 영역에 이동 전화 서비스를 제공하기 위해 사용할 수 있는 MiniGSM라는 이름의 소형 휴대 전화 시스템을 개발했다. 쉬운 선적 및 배포에 대한 패키지, 그것은 독립실행형, 음성, 데이터통신 네트워크를 35Km 반경 내에서 5,000명의 사용자가 사용 가능하게 한다. 지역사업자에 개별 통신 사용자와 공유하는 모델을 가정하면, 사용자당 $4만큼 운영자금을 낮출 수 있다. 인도 정부와 협력하는 MIT 미디어 랩은 사람들이 여러 언어로 각종 인터넷 사이트에서—키보드와 통신하지 않고—음성 명령을 사용할 수 있도록 저비용의 장치를 개발하고 있다. 이러한 새로운 엑세스 장치들은 기존 컴퓨터보다 덜 복잡하지만, 기본기능을 더 많이 수행할 것이다.[2]

우리가 본 것과 같이 BOP시장 고객에 대한 연결이 가장 큰 이슈이다. 극적으로 낮은 연결 비용으로 방법을 찾아 낼 수 있는 기업은 매우 강력한 시장 지위를 갖게 될 것이다. 그리고 그것은 인도 회사 n-Logue가 시도하려고 하는 것이다. 이것은 전국전화 네트워크 및 인터넷에 연결되어 중앙 노드와 컴퓨터와 전화기를 모두 함유한 프랜차이즈 가판대 수백 개를 연결한다. 각 노드 그리고 프랜차이즈는 인도의 시골지역의 3~5만 고객 사이에 전화, 이메일, 인터넷 그리고 관련지역정보 제공하는 역할을 할 수 있다. n-Logue 시스템의 자본 비용은 현재 무선 "행"당 약 400달러에서 100달러로 기존의 통신 비용보다 적어도 10배 이하로 감소할 것으로 예측되고 있다. 고객당 기준으로, 비용은 $1만큼 작게 달할 수 있다.[3] 이것은 농촌의 고립을 끝내기 위한 강력한 모델이 될 것처럼 보이고, 글로벌 경제에 미개발 농촌 시장을 연결한다.

새로운 무선기술은 더욱 더 비즈니스 모델 혁신과 비용 절감에 박차를 가할 수 있다. 초 광대역을 예를 들면 그것은 미국에서만 사용하도록 제한되어 있으며, 저전력 어플리케이션은 이미 분비는 부분에 걸쳐 신호를 확산하기 때문이다. 그러나 많은 개발도상국에서는 스펙트럼이 적게 군집하고 있다. 사실 미국에 기반을 둔 Dan-din Group은 Tonga왕국 위한 극단적 광 대역 시스템을 개발하고 있었고, 그것은 인터넷 접속의 경제성으로 변형시킬 수 있는 차세대 기술을 위한 시험대를 만들어 주면서 약 10만 명의 사람들이 수많은 섬에서 걸쳐 사용이 가능하다.

그들은 중개인 층에 대한 필요성을 제거하기 때문에 전화나 인터넷을 통해 실행하는 전자 상거래 시스템은 BOP 시장에서 엄청나게 중요하다. 미국의 신생기업 Voxiva가 어떻게 정보가 공유되는 방식을 변경했는지 그리고 페루에서 사업이 거래되는지를 생각해 보자. 지배적인 현지 경력을 가진 텔레포니카와 회사의 파트너는 전화를 통해 자동화된 비즈니스 애플리케이션을 제공한다. 저렴한 서비스는 음성 메일, 데이터 입력 및 주문을 포함 한다 고객은 계좌의 잔고, 모니터 배달 상태를 확인할 수 있고, 미리 녹음된 정보

2) Michael Best and Colin M. Maclay, "Community Internet Access in Rural Areas: Solving the Economic Sustainability Puzzle," *The Global Information Technology Report 2001–2002: Readiness for the Networked World*, ed., Geoffrey Kirkman (Oxford University Press, 2002), available on-line at http://www.cid.harvard.edu/cr/gitrr_030202.html.

3) Joy Howard, Erik Simanis, and Charis Simms, "Sustainable Deployment for Rural Connectivity: The n-Logue Model" (World Resources Institute, July 2001).

디렉터리에 접근할 수 있다. 보스턴 컨설팅 그룹에 따르면, 페루정부의 보건부는 정보를 확산하기 위해 Voxiva을 사용하여 의약품의 주문을 받고, 연결 의료 종사자는 6,000개 사업소와 병원에 분산한다. 소액 금융 기관은 Voxiva로 대출 신청을 처리하고 채무자와 통신하는 데 사용한다. Voxiva 또한 웹 기반 서비스를 제공하지만, 라틴 아메리카에 있는 그것의 훨씬 더 많은 잠재고객은 전화를 이용한다.

전재상거래 회사들만은 BOP 시장의 한계를 전략적 우위로 돌리는 유일한 회사는 아니다. 신뢰할 수 있는 전력의 부족은 영국에 기반을 두고 제한 없이 활동하는 신생 그룹이 이후에 미국의 등산가들에게 인기를 얻게 되는 수동식 라디오를 남아프리카에 소개하도록 자극했다. 유사한 전환점으로는 배터리 충전기, 워터 펌프 등의 태양력 동력 장치의 사용을 개척하고 있다. 중국에서는 13,000명의 작은 규모의 농부들이 현대 농업기술인 살충제사용을 제한하여 유전적으로 해충에 강하도록 작농되어지고 있다.

BOP 시장을 위한 전략

물론 BOP 시장에서 성공하려면 다국적기업은 창조적으로 생각할 수 있어야 한다. 그러나 가장 큰 변화는 경영진의 태도와 실천에서 와야 한다. CEO와 다른 비즈니스 리더들이 그들 자신의 선입견을 타파하지 않는다면, 기업이 BOP 시장에 대한 도전을 완수하는 것은 거의 불가능하다. 형식적 교육이 없이 높은 마진에 대한 운영에 집중된 전통적 노동력으로는 BOP 시장의 막대한 잠재력을 살펴볼 수 없을 것이다. 가장 시급히 필요한 것은 교육이다. 아마 다국적기업은 평화 봉사단과 동등한 것을 만들어 내야 할 것이다. 젊은 경영자들이 BOP 시장에서 2년 정도 그 시장의 동향을 보는 것은 그곳에서 사업을 하는 것에 대한 가능성과 현실성에 눈을 뜨게 한다.

현재까지 일부 다국적기업은 이러한 시장에 전문화된 임원진을 훈련시켜 왔다. 힌두스탄 레버(Hindustan Lever)는 예외 중 하나이다. 회사는 인도의 BOP 시장의 고수준의 경험을 얻기 위해 인도의 마을에서 최소한 8주간의 시간을 보낼 임원을 모집하길 기대했다. 새로운 경영진은 도로를 건설하고, 저수지역을 청소하며, 공교육을 제공하고, 보건을 향상시키는 지역사회 프로젝트에 반드시 참여해야 한다. 목표는 지역주민들과 관계를 맺는 것이다. 이 효과를 더 강화하기 위해 힌두스탄 레버(Hindustan Lever)는 그들의 가난한 고객들과 CEO 밑의 모든 계급의 관리자를 다시 연결시켜주는 대규모 프로젝트를 실시했다. 그들은 시골과 도시 지역에 살고 있는 가난한 사람들 모두와 얘기하고, 이 고객들이 자주 가는 매장에 방문해 회사의 제품과 경쟁사의 제품에 대한 그들의 경험에 관해 물을 것이다.

BOP 시장에 대한 경영자들의 이해를 확장시키는 것 이외에도 회사는 구조적인 변화를 만드는 것이 필요할 것이다. 예를 들어 이 시장의 혁신가능성을 이용하기 위해 그들은 특히 지역 가능성에 중점을 둔 개발도상국에서 R&D를 실행하려 할 것이다. Hewlett-Packard(HP)가 시골 지역에 집중한 전자기기 산업을 시작했을 때, 이 시장을 위한 상품과 서비스를 개발하는 것에 명백하게 책임이 있는 인도에 그것의 유명한 HP 연구소 지점을 설립했다. 또한 힌두스탄 레버(Hindustan Lever)는 인도에서 상당한 R&D에 대한 노력을 계속했다.

회사는 또한 BOP 시장에서 기업 활동의 근간이 되는 것을 목표로 하는 벤처 그룹과 내부 투자 펀드를 만들 수 있을 것이다. 이러한 투자는 사업경영과 시장개발의 측면에서 직접적인 혜택을 얻을 수 있다. 그들은 또한 궁극적으로 다국적기업에게 이익이 되는 분야에서 전체 BOP 시장을 성장시키는 중요한 역할을 하지만 간접적인 활동 또한 할 수 있다. 최소한 1개의 주요 미국 법인은 이러한 펀드를 출시할 계획이고, G8(최고 선진 8개국)의 Digital Opportunity Task Force팀은 디지털 사업에 초점을 맞춘, 유사한 것을 제안하고 있다.

다국적기업은 또한 이러한 시장을 위한 사업 개발

전문팀을 만들 것을 검토할 필요가 있다. 회사에서 다양한 사람들이 그룹을 조직하며 기존의 정설을 무시하고 엉뚱한 일에 힘을 주고 행동하는 것은 아마 큰 혁신으로 이어지게 작용될 것이다. 이 방법을 시도하는 회사는 특별팀이 만드는 흥미로운 것의 수들에 놀라게 되었다. 많은 직원들은 가난한 사람들의 삶을 실제로 차이 나게 바꿀 수 있는 잠재력을 가진 프로젝트를 수행하고 싶어 한다. 예를 들어 Hewlett-Packard회사는 전자기기 산업을 만들었을 때, 수용할 수 있는 것보다 더 많은 수의 자원봉사자에게 압도되었다.

내부적인 변화를 만드는 것은 중요하지만, 외부 파트너들에게 다가가는 것도 매우 중요하다. 더 좋은 시장 역할을 자연스럽게 이해하기 위해 이미 이 시장에 진출한 기업과 같이 사업에 참여하는 것은 효과적인 진입 전략이 될 수 있다. 각 참여자에 대한 위험을 제한할 뿐만 아니라, 파트너십은 또한 기존에 존재하는 물질적이고 사회적인 인프라를 극대화한다. 다국적기업은 NGO 및 지역 사회 단체에 대한 사업에 식견이 있는 파트너들을 요구한다. 그들은 고객의 행동에 대한 지식의 중요한 원천이며, 그들은 종종 거의 모든 새로운 서비스와 유통 모델을 시도한다. 사실 Digital Dividend Project Clearinghouse가 추적한 디지털 기술의 창조적인 이용법을 실험하고 있는 사회적 기업들에 있어서 거의 80%는 NGO들이다. 예를 들어 나미비아에서 School-Net라고 불리는 조직은 저렴하고 대체에너지기술—태양광 발전과 무선 기술 방식—을 학교들과 공공단체 그룹들에게 제공했다. School Net은 현재 매달 새로 무려 35개 학교를 연결한다.

또한 기업은 중요한 파트너가 될 것이다. McKinsey & Company에 의한 분석에 따르면 도입 후 십년간 5천만 대와 연결한 급속히 성장한 인도의 케이블TV는 대부분 적은 수의 설치한 사람들에게서부터 시작했다. 이러한 개인가입자는 자신의 집에 위성접시를 설치하고 이웃에게 연결해주는 것으로 네트워크의 마지막 마일을 구축해왔다. 그러나 주의할 점은 있다. 이런 BOP시장에서 기업가의 조언, 기술적 도움, 초기 자금 및 사업세계에 대한 지원서비스는 부족하다. 그래서 다국적기업은 지역사업개발을 위한 파트너 또는 멘토링 제도가 필요하며, 그것은 기업이 투자와 제휴를 할 수 있는 기회를 도울 수 있다.

이것은 대중의 의견에 반대되지만, 여성이 이들 지역의 경제 발전에 중요한 역할을 하는 것은 주목할 만하다. 따라서 다국적기업은 여성 기업가들에게 특히 주의해야 한다. 또한 여성은 그들을 위한 육아와 가정 관리 활동뿐만 아니라 그들의 지역에서 사회 자본 외에도 제품의 수용에서 가장 중요한 역할을 맡을 수 있을 것으로 보인다. 고객의 소리를 듣는 것은 성공의 필수적 요소이다.

기회에 상관없이 많은 기업은 BOP는 너무 위험하다고 생각할 것이다. 우리는 협력이 어떻게 위험을 제한하는지 제시해왔다. 또 다른 옵션은 컨소시엄에 가입하는 것입니다. 농촌과 통신회사가 네트워크를 구축하고 지시를 내리고, 그것의 판매를 확대하려는 소비재기업이 찾는 채널들, 건설자금을 조달하고 싶어 농촌의 고객들에게서 나온 예금을 대출하는데 필요한 비용을 나누는 걸 상상해보라.

강력한 시너지 효과가 존재하는 경우에는 투자 위험을 줄일 수 있다. 디지털산업 기회의 특징으로, 시장재단과 UN개발프로그램의 제휴는 소수의 작은 나라의 개발을 높이기 위한 정보통신기술의 힘을 활용하는 전략에 있어 많은 도움이 될 것이다. 국가는 관심과 그들의 의지를 기반으로 시장형성 및 규제에 대해 부분적으로 선택하게 될 것입니다. 자원을 집중시키고 효과를 강화시키기 위해서 그 계획은 실행을 돕는 국제원조기관과 글로벌기업을 장려할 것이다.

하지만 우리가 여기서 설명한 모든 전략들은 우리가 직면한 외부의 장벽—미흡한 사회기반시설, 불충분한 접근성, 부패한 중간과정, 그리고 이와 유사한 것들이 제거되지 않는다면 유용하지 않을 것이다. 이것이 바로 기술이 가장 많은 가능성을 가지고 있는 점이다. 정보와 통신 기술은 다른 고립된 지역사회에 접근을 허용하고, 마케팅과 유통 경로를 제공하며, 중간 과

정보 공유

디지털 기술을 가능하게 하는 BOP 시장에 서비스를 제공하는 새롭고 창조적인 접근은 무엇인가? 어떤 지역 또는 국가에서 가장 큰 경제 활동 혹은 가장 빠른 성장을 보여 줄까? 새로운 사업 모델은 어떤 약속을 보여줄까? 자금 조달, 유통, 홍보를 포함하는 파트너십에서 어떤 부분이 가장 성공하고 있을까?

디지털 배당 프로젝트 클리어링 하우스는 이러한 종류의 질문에 도움을 줄 수 있다. 이 사이트는 개발도상국에서 수용되지 못한 인구에게 연결성과 수송 서비스를 제공하기 위해 디지털 도구를 사용하는 단체의 활동을 달성하게 한다. 현재 II(후속시리즈)는 전 세계의 700 활동 프로젝트에 대한 정보가 포함되어 있다. 비영리 세계 자원 학회의 후원 하에 유지되는 이 사이트는 서로서로 지식을 교환하고 경험을 공유하는 다른 프로젝트들에 참여하게 한다. 게다가 이 사이트는 동향 분석 자료와 시장 분석, 현지 동업자 신속하고 저렴한 교육을 가능하게 하는 전문화된 연구들을 제공한다.

정을 생략시키고, 거래 비용을 절감하여 총수요와 구매력을 돕는다. 스마트 카드 및 기타 신기술은 가난한 고객에게 안전한 신원, 거래 또는 신용 기록, 심지어 가상 주소—바깥 경제와의 상호 작용을 위한 전제 조건—까지 제공하기 위한 저렴한 방법이다. 이것은 바로 첨단과학기술기업이 글로벌 디지털 격차를 없애는 것에 대한 관심을 가져야 하는 이유이다. 피라미드의 바닥에 저비용 디지털 네트워크의 확대를 장려하여 이 시장에 들어가 참여하고 싶은 것이 사실상 모든 회사의 위한 우선순위일 것이다. 높은 네트워크 연결은 소득수준을 높이고 경제성장을 촉진하는 중요하고 효과적인 시장 촉매제이다.

나아가 글로벌기업들은 이러한 시장에서 네트워크 확장의 영향으로부터 이익을 얻는다. Metcalfe의 법칙에 의하면 네트워크의 유용성은 사용자 수의 제곱과 같다. 같은 논리에서 이전엔 고립되었던 수백, 수천의 농촌들이 도시 시장에서 서로 구매하고 판매할 수 있을 때 창출될 수 있는 경제 활동의 질과 활력은 모든 참가자의 이익을 위해서 크게 증가할 것이다.

BOP 시장은 경영 관행에 상당한 재검토를 요구하기 때문에, 관리자가 '이것이 그 노력을 할 만한 가치가 있는가? 하고 묻는 것은 정당한 것이다.

우리는 대답을 '그렇다' 라고 생각한다. 우선 대기업은 큰 문제를 해결해야 한다—그리고 현재 40억 명이 빠져있는 빈곤을 완화하는 것보다 더 중요한 것은 무엇인가 다국적기업 선두 안에서의 기술과 재능의 풍부함은 피라미드 하단의 실제 요구들—그리고 실제 기회들을 설명하기 보다 기존 제품의 종류를 늘려 제공함으로써 더 잘 배분된다고 주장하기는 어렵다. 또한 경쟁을 통해 다국적기업들은 BOP 시장에 국제개발기구와 국가 정부가 지난 50년간 보여주지 못했던 수행과 자원에 대한 진정성있는 수준을 가져올 것이다. 다국적기업의 참여는 빈곤을 해결하기 위한 새로운 표준뿐만 아니라 새로운 시장 중심의 패러다임을 설정할 수 있다.

그러나 윤리적인 문제를 떠나서, 우리는 시장 하단을 확대시키는 것에 대한 잠재력이 너무 커서 무시할 수 없다는 것을 보여 왔다. 대기업들은 성장을 위해서는 크고 좋은 시장에 초점을 맞출 필요가 있다. 이것은 미개척 시장의 새로운 고객, 비용절감의 기회, 급진적 혁신에 대한 접근 대한 좋은 단순한 사업전략이다. 피라미드의 맨 아래의 있는 사업 기회는 진짜이고 그들이 참여하고 학습하고자 하는 다국적기업에게 개방되어 있다.

CREDITS

이 책에 대한 한국어 번역 판권은 McGraw-Hill Education Korea, Ltd.에 있습니다. 판권 소유자의 사전 서면 허락 없이는 이 책의 어느 부분도 검색 시스템을 통해 복제하거나 전달할 수 없습니다. 또한 복사, 녹음, 녹화를 포함하여 어떠한 전자적, 기계적인 방법이나 수단으로도 저장하거나 배포할 수 없습니다. 이 책은 Harvard Business School에서 정식 허가를 받고 출간하였으며, 별도의 언급이 없을 경우 영어와 한국어로 번역된 모든 케이스에 대한 판권은 President and Fellows of Harvard Business School의 소유입니다. Harvard University Graduate School of Business Administration에서 제공한 자료는 기업들의 요청으로 이름, 수량이나 그 밖의 세부사항에 대하여 익명으로 처리되었습니다. 수록된 케이스는 행정적인 상황 처리에 대한 효율성을 설명하기 보다는 강의 중의 토론을 진행하기 위한 토대로 만들어졌습니다.

MIT Sloan Management Review/Massachusetts Institute of Technology의 케이스에 대한 라이센스는 Tribune Content Agency를 통하여 공급 받았습니다.

Richard Ivey School of Business Foundation에 의해 전적으로 허가를 받고 울산대학교 박정민 교수님, 순천대학교 이재은 교수님이 번역하였습니다. 번역의 정확도에 대한 단독 책임은 역자들에게 있습니다. 이 책에 대한 한국어 번역 판권은 Richard Ivey School of Business Foundation과 McGraw-Hill Education Korea, Ltd.에 있습니다.

INDEX

ㄱ

ㄹ

ㅁ

ㅂ

ㅅ

ㅇ

ㅈ

ㅊ

ㅍ